Werner Plumpe

Carl Duisberg

Historische Bibliothek der GERDA HENKEL STIFTUNG

Die Historische Bibliothek der Gerda Henkel Stiftung wurde gemeinsam mit dem Verlag C.H. Beck gegründet. Ihr Ziel ist es, ausgewiesenen Wissenschaftlern die Möglichkeit zu geben, grundlegende Erkenntnisse aus dem Bereich der Historischen Geisteswissenschaften einer interessierten Öffentlichkeit näherzubringen. Die Stiftung unterstreicht damit ihr Anliegen, herausragende geisteswissenschaftliche Forschungsleistungen zu fördern – in diesem Fall in Form eines Buches, das höchsten Ansprüchen genügt und eine große Leserschaft findet.

Bereits erschienen:

Hermann Parzinger: Die frühen Völker Eurasiens
Roderich Ptak: Die maritime Seidenstraße
Hugh Barr Nisbet: Lessing
Jürgen Osterhammel: Die Verwandlung der Welt
Werner Busch: Das unklassische Bild
Bernd Stöver: Zuflucht DDR
Christian Marek / Peter Frei: Geschichte Kleinasiens in der Antike
Jörg Fisch: Das Selbstbestimmungsrecht der Völker
Willibald Sauerländer: Der katholische Rubens
Manfred Hildermeier: Geschichte Russlands
Stefan M. Maul: Die Wahrsagekunst im Alten Orient
Friedrich Lenger: Metropolen der Moderne
Heinz Halm: Kalifen und Assassinen
David Nirenberg: Anti-Judaismus
Wolfgang Reinhard: Die Unterwerfung der Welt
Jörg Rüpke: Pantheon

Werner Plumpe

Carl Duisberg

1861–1935

Anatomie eines Industriellen

C.H.Beck

Mit 39 Abbildungen aus dem Bayer-Archiv, Leverkusen

Gesetzt aus der Bembo und Frutiger bei Janß GmbH, Pfungstadt
Druck und Bindung: Beltz, Bad Langensalza
Umschlaggestaltung: Kunst oder Reklame, München
Umschlagabbildung: Max Liebermann, Carl Duisberg, 1909

Gedruckt auf säurefreiem, alterungsbeständigem Papier
(hergestellt aus chlorfrei gebleichtem Zellstoff)
Printed in Germany
ISBN 978 3 406 69637 4

www.chbeck.de

Inhalt

Krieg

Revolution und Anpassung

Republik

Krise

Epilog

Anhang

«Das Lebendige unterscheidet sich
vorzüglich dadurch von dem Todten,
daß es in sich und durch sich beweglich,
wechselnd und vorschreitend ist,
daß es nie aus einem einzelnen Zustand,
nur aus der Kraft begriffen werden kann,
welche jene alle begründet.»

Wilhelm von Humboldt

1 | Ein Liebling der Götter?

«Der Handelnde ist immer gewissenlos; es hat niemand Gewissen als der Betrachtende.»[1]

Bei seinem Tode 1935 galt Carl Duisberg, dessen Leben hier anhand seiner eigenen Hinterlassenschaft nacherzählt werden soll, als Deutschlands bedeutendster Unternehmer, ein Erfolg, der bei einem 1861 geborenen Jungen aus Wuppertaler Heimarbeitermilieu zumindest überrascht, legt man neuere Urteile über die Rekrutierung von Wirtschaftseliten zugrunde.[2] Duisbergs Leben kann als einziger Erfolgsweg gesehen werden, und er selbst wurde nicht müde, es auch so darzustellen. Ein «Liebling der Götter» sei er gewesen, ließ er zu Ende seines Lebens seinen Sohn wissen.[3] Seine bisherigen Biographen sind ihm, wenn auch nicht mit derartigen Worten, in dieser Bewertung gefolgt, die auch schon viele Zeitgenossen teilten.[4] Der erfolgreiche Unternehmer ist auch der Ausgangspunkt dieses Buches, doch interessiert hier, um es für's erste etwas banal auszudrücken, der Mensch hinter dem Erfolg. Was bestimmte die Karriere und den Erfolg dieses «Bilderbuchunternehmers», was waren die treibenden Kräfte, wie lassen sie sich begreifen. Dabei kann es nicht um die Freilegung einer personalen Identität gehen, die allen Erfolgen gleichsam vorauslag und ihren Weg bestimmte, sondern es wird gefragt, was einen Menschen ausmacht, der so erfolgreich ist und sich allen Erschütterungen zum Trotz bis zum Tode erfolgreich behauptet. Das unterstellt gerade nicht, dass Duisberg unverändert blieb. Vielmehr ist von einer großen Wandlungsfähigkeit auszugehen, überlebte Duisberg doch tiefe politische Zäsuren und gravierende wirtschaftliche Einschnitte und schaffte es jeweils, sich wieder aufzurappeln. Das gelingt niemandem, der zur «Identität» erstarrt ist. Der Wandel ist es, der eine Biographie interessant macht.

Duisbergs Erfolge waren in der Tat beeindruckend. Mit 22 Jahren wurde er zum Doktor der Philosophie promoviert, im Fach Chemie, das seinerzeit noch zur philosophischen Fakultät gehörte. Bereits ein Jahr nach seinem Eintritt in die Elberfelder Farbenfabriken vorm. Friedr. Bayer & Co. 1884 machte er wichtige Farbstoffentdeckungen, die die Firma retteten und ihren Aufstieg begründeten. Mit 27 Jahren war er Prokurist, wenig später gehörte er faktisch zur Unternehmensleitung. Er war maßgeblich für den Aufbau der Chemiestadt Leverkusen verantwortlich, gehörte seit 1900 zum Vorstand des Unternehmens, dessen alleiniger Generaldirektor er 1912 wurde. Die Gründung der Vorläufervereinigung und später der I. G. Farbenindustrie AG war vor allem sein Werk. Vor dem Krieg war er bereits Träger hoher Auszeichnungen und Mitglied der guten Gesellschaft des Deutschen Kaiserreiches – und er genoss Ruhm, Stellung und das Leben, das ihm so möglich wurde. Mit dem Krieg zerbrach diese Welt, auch wenn Duisberg sich nach Kräften mühte, zumindest die Möglichkeit ihrer Wiederkehr zu erhalten. Dazu gehörte auch die endgültige Gründung der I. G. Farbenindustrie AG (1916/1925), die aber zugleich das Ende seiner aktiven Unternehmerlaufbahn bedeutete. 1925 zog er sich aus der Unternehmensleitung zurück – er wurde allerdings Aufsichtsratsvorsitzender – und übernahm stattdessen den Vorsitz des Reichsverbandes der Deutschen Industrie (RDI), dem er bis 1931 präsidierte. Zahlreiche Ehrenämter, aber auch wichtige Funktionen in der Wissenschafts- und Studienförderung kamen in den 1920er Jahren hinzu, bis schließlich sein 70. Geburtstag das Signal zum Rückzug gab. Duisberg starb 1935 im Alter von 74 Jahren und wurde in Leverkusen auf dem Werksgelände beigesetzt.

Als sich Johannes Walther, Hallenser Geologe und seit der gemeinsamen Studienzeit in Jena enger Freund von Carl Duisberg, im Herbst 1893 durch ein Buchmanuskript quälte und nicht recht vorankam, gab ihm Carl Duisberg den Rat: «Schneidig zugegriffen und geschrieben, dann geht die Sache schon».[5] Ob er dieselbe Empfehlung gegeben hätte zu einem Text, der sein eigenes Leben behandelt? Wahrscheinlich schon, denn Duisberg liebte es, Probleme auf «schneidige» Weise zu lösen oder zumindest so von ihnen zu reden. Aber gerade in seinem eigenen Fall hätte er die paradoxe Erfahrung gemacht, dass sich ein «schneidiges» Leben zuweilen gar nicht «schneidig» erfassen lässt, was er wohl ahnte: «Im übrigen wird es nicht ganz so einfach …, aus der riesigen Fülle eines über 50 Jahre aufgestapelten Aktenmaterials, sowie meiner umfangreichen Autographen- und sonstigen Sammlungen das Wesentliche herauszuholen.»[6] Duisberg war von seiner eigenen Bedeutung schon frühzeitig derart überzeugt, dass er sie dokumentiert sehen wollte. Quellenmangel gibt es in seinem Fall daher nicht.

Der Historiker auf den Spuren von Carl Duisberg findet sich vor einer überbordenden Quellenmenge wieder, durch die er hindurch muss. Allein im Bayer-Archiv in Leverkusen finden sich zahllose Schreiben von Carl Duisberg aus den frühen 1880er Jahren bis zu seinem Tod im Jahr 1935. Sie sind nie gezählt worden; die Umfangsschätzungen liegen aber zwischen 25 000 und 35 000 Stück.[7] Zu diesen Briefen kommen die Sachakten aus seiner Tätigkeit als Chemiker, Prokurist, Direktor, Vorstandsmitglied und Generaldirektor der Farbenfabriken vorm. Friedr. Bayer & Co. hinzu, die mehrere hundert Bände umfassen und vor allem die Zeit seiner aktiven Unternehmensführung zwischen den 1890er und den 1920er Jahren dokumentieren. Des weiteren sind die umfangreichen Reden und Schriften erhalten; die wichtigsten von ihnen wurden bereits 1922 und 1933 von den Farbenfabriken in repräsentativen Bänden der Öffentlichkeit zugänglich gemacht.[8] Schließlich enthält das Bayer-Archiv eine Fülle an weiterem Sammlungsgut, insbesondere Zeitungsausschnitte, Photographien, Urkunden und Druckschriften, dann aber auch Sachgegenstände wie Reiseapotheken, Pharmazeutika, Medaillen und Skulpturen. Alles in allem ist der ältere Archivbestand in Leverkusen im Grunde eine umfassende Dokumentation von Duisbergs Leben und, da Duisberg eine wichtige Figur der Unternehmens- und Zeitgeschichte überhaupt war, auch ein wichtiger Quellenbestand für die deutsche Geschichte. So umfangreich die Bestände in Leverkusen sind, so gering fallen sie erstaunlicherweise in anderen Archiven aus. Duisbergs Leverkusener Omnipräsenz findet keinen Niederschlag in den staatlichen oder den Überlieferungen anderer Privatarchive. Hier sind Hinweise auf ihn eher selten, in den Korrespondenzen und Erinnerungen seiner Zeitgenossen wird Duisberg zumeist nur am Rande erwähnt, wenn überhaupt. Die Fülle der Leverkusener Überlieferung ist daher auch nicht unbedingt ein guter Gradmesser seiner wirtschaftlichen und politischen Bedeutung. Diese wird durch die akribische Dokumentation seines Lebens eher überzeichnet.

Das Archiv und seine Bestände sind daher selbst Ausdruck der «heroischen» Phase der Unternehmensgeschichte der Farbenfabriken vorm. Friedr. Bayer & Co., in der Carl Duisberg eine Schlüsselrolle spielte. Diese Rolle spielte er nicht zuletzt auch als Schreiber von Denkschriften, Organisationsschemata, Reden und Vorträgen und eben von Briefen.[9] Duisberg bezeichnete sich selbst zwar als «schreibfaul», und in der Tat sind von ihm nicht sonderlich viele handschriftliche Briefe überliefert. Seit den frühen 1890er Jahren aber konnte er seine Geschäftsbriefe diktieren. Da die Geschäftsleitung zugleich verwandtschaftlich verbunden war, entstanden so in immer dichterer Folge Diktate Duisbergs zur Lage der Firma und zum Wohlbefinden der Familie. Je bedeutender seine Stellung im Unternehmen wurde, umso mehr konnte er diktieren, bis schließlich seine ganze Korrespondenz von seinem Büro mit mehreren Abteilungen und entsprechenden Mitarbeitern abgewickelt wurde, das ein Privatsekretär leitete.[10] Im Regelfall diktierte Duisberg pro Tag mehrere Stunden lang wechselnden Stenographen Briefe und arbeitete auf diese Weise die vorgelegte Post ab.[11] Auf Reisen ließ er die Postmappen durch den langjährigen Privatsekretär Carl Wichelhaus hinterherbringen und nutzte dann die Infrastruktur der großen Hotels, um den gewohnten Postverkehr aufrechterhalten zu können. Nach den Erinnerungen von Otto Meesmann, der eine Zeit lang im RDI-Büro Duisbergs gearbeitet hatte, begann «die Arbeit ... – auch an den Sonn- und Feiertagen – mit der Durchsicht der eingegangenen Post, die ihm geschlossen vorgelegt wurde. Auf diese Weise war er über alle Vorgänge unterrichtet, und, wenn irgend möglich, mußten die Antworten am Abend schon abgesandt werden. Alle Briefe seines umfangreichen Schriftwechsels unterschrieb er selbst, sodaß die persönliche Fühlung mit den vielen Menschen, die sich mit Wünschen und Vorschlägen an ihn wandten, gewahrt blieb.»[12] Je älter er wurde, schrieb er seine Briefe aber kaum noch selbst, sondern attestierte durch seine Unterschrift seine Zustimmung.

Carl Wichelhaus[13] war für Duisberg der wichtigste Mitarbeiter, den er permanent um sich hatte und auf den er sich schließlich geradezu blind verließ. Wichelhaus war die graue Eminenz hinter Duisberg, die ihn mit den Mappen der Leverkusener Post versorgte, seine Anweisungen ausführte, die Verbindungen hielt, wenn Duisberg nicht schreiben konnte, ja, der schließlich sogar einen Teil der persönlichen Korrespondenz abfasste. Duisberg wusste sehr gut, was er an seinem Leverkusener Sekretariat bzw. an Carl Wichelhaus hatte, dem er wiederholt großzügige Geschenke machte.[14] Die gesamte Korrespondenz wurde von Anfang an einem gewissen Klassifikations- und Ablageschema unterworfen, das sich in Grundzügen bis heute erhalten hat und die Ursache sowohl der zum Teil perfekten Verwahrung der Akten wie ihrer Unübersichtlichkeit ist. Denn von jeder Korrespondenz wurden mehrere Kopien angefertigt, sodass die gleichen Vorgänge in verschiedenen Überlieferungssträngen existieren (Autographensammlung, persönlicher Nachlass, Personalakten zu den Korrespondenzpartnern, Sachakten des Unternehmens), die aber nicht völlig deckungsgleich sind.[15]

1 | Die Briefmanufaktur: Sekretariatsmitarbeiter von Carl Duisberg im November 1931, ganz links oben Heinrich Gattineau, in der Bildmitte am Tisch Carl Wichelhaus

Auf diese Weise entstand, getragen von «strengster Pflichterfüllung und unentwegter Arbeitskraft» (Carl Wichelhaus) eines der seltsamsten Gebilde der deutschen Unternehmens-, ja der neueren Geschichte überhaupt: Ein mehr als 40 Jahre andauernder Monolog des Chemikers und Industriellen Carl Duisberg, dokumentiert in der voluminösen Autographensammlung, die Duisberg schon vor 1914 anlegte und die – wohl in der Tradition der Goetheschen Sammlung[16] stehend – auch Ausdruck von Duisbergs eigener Bedeutung als Korrespondenzpartner bedeutender Zeitgenossen sein sollte. Dieser Monolog beginnt mit den Bürden des Berufsalltags, erzählt von ersten Erfolgen, der Familiengründung und der Kindererziehung, dem Aufstieg im Unternehmen, bahnbrechenden Errungenschaften und großen Erfolgen, die die Farbenfabriken und Carl Duisberg vor 1914 auf den Höhepunkt von wirtschaftlichem Erfolg und Ansehen brachten. Er schildert die Not und die Ängste beim Ausbruch des Krieges, den unbedingten Selbstbehauptungswillen und die Hybris jener Jahre, den Absturz von Niederlage und Revolution und das nur mühsame Wiederaufrichten in der Weimarer Republik, die von Krise zu Krise taumelt, bis in der Weltwirtschaftskrise die Hoffnung verloren zu gehen scheint. Dieser Monolog erzählt zugleich von den inneren Kämpfen eines Mannes, seinem Triumphalismus und seiner Zerknirschtheit, dem seelischen Preis, den das Leben verlangt, und von den Freuden, die es spenden kann. Dieser Monolog wirft auch ein perspektivisches Licht auf eine entscheidende Phase deutscher Geschichte, wie sie sich in der (kleinen) Welt eines Industriellen spiegelte.

Duisberg selbst war davon überzeugt, dass seine Hinterlassenschaft auf wissenschaftliches und historisches Interesse stoßen würde. Folgerichtig ließ er auch seine Reden und Stellungnahmen dokumentieren, die sich in vielfachen Abschriften, zum Teil in gebundener Form, im Archiv der Bayer AG finden.[17] Die zwei Bände seiner Abhandlungen sind bereits erwähnt, Bände, die Duisberg selbst großzügig an Freunde, Bekannte und wissenschaftliche Bibliotheken verschenkte. Diese umfassenden Dokumentationen seiner öffentlichen Auftritte ergänzen die Korrespondenz in erhellender Weise, da sie neben die nicht für die Öffentlichkeit bestimmte Korrespondenz gleichsam eine Art öffentliche Stimme des «Geheimrates» setzen, ein gelegentlich durchaus farbiger Kontrast. Überdies verfasste Duisberg eine Anzahl von autobiographischen Texten und Reiseberichten, beginnend mit seinen nüchternen, überaus informativen Erinnerungen in der nichtgedruckten Böttingerfestschrift aus Anlass des 50. Geburtstages der Farbenfabriken über zahlreiche Selbstdarstellungen und Reiseschilderungen aus den 1920er Jahren bis hin zu seinen Memoiren, die indes einen Fall für sich darstellen.[18] Die Memoiren enthalten nur sehr begrenzt eine Schilderung der eigenen Entwicklung, sondern dokumentieren vielmehr die Erlebnisse des bereits «fertigen» und gereiften Mannes. Diese Art der Erinnerungen, deren historischer Wert aus vielerlei Gründen nicht unproblematisch ist,[19] ist gerade deshalb so interessant, weil sie in einer Art Brennspiegel etwas zeigen, das auch seine Korrespondenz und sein öffentliches Sprechen kennzeichnet: Duisberg war ein Mann der Tat, zumindest in der Selbstdarstellung, ein Mann, der nicht dazu neigte, sich selbst zu problematisieren oder gar in Frage zu stellen. Seine Erfolge und seine Niederlagen, seine Triumphe und seine dunklen Momente sind in den Briefen zwar erkennbar, das Auf und Ab des Lebens erscheint bei Duisberg aber als eine Folge der äußeren Umstände und des eigenen raschen und zupackenden Handelns. Duisberg neigte zum Grübeln, gerade in seiner zweiten Lebenshälfte waren ihm depressive Stimmungen nicht fremd, aber wie viele Männer seiner Zeit setzte er sich diesen Stimmungen nicht bewusst aus, sondern suchte ihnen durch ein aktives Leben zu entkommen. Die Arbeit war Duisbergs Art, mit den Krisen des Lebens fertigzuwerden – und es ist ihm im Großen und Ganzen auch gelungen. Man muss die Briefe und die Reden daher immer auch als Ausdruck einer bestimmten Selbsthaltung begreifen, als Momente eines disziplinierten Lebens, um dessen Bedeutung der «temperamentvolle» Carl Duisberg nur zu gut wusste. Selbstreflexion war Duisbergs Sache nicht; dazu fehlte nicht allein die Zeit, sondern auch der Wille und wohl auch die Sensibilität.[20]

Dieser Mann also hat einen umfangreichen, 40 Jahre andauernden Monolog hinterlassen. Der Quellenwert dieser Selbstauskunft ist indes beschränkt. Wesentliche Ereignisse in Duisbergs Leben fanden hier nur sehr begrenzt Niederschlag. Einerseits wurden wichtige Verhandlungen in kleinem Kreis nicht dokumentiert; andererseits vermied Duisberg nicht selten bewusst die schriftliche Form. Vertrauliche Gespräche, ließ er Oskar von Miller wissen, seien oft besser als lange Briefe, «denn beim Schreiben kommt nie Gutes heraus, im Gegenteil, meist wird der Konflikt größer. Mündlich kann man Manches sagen, was sich nicht schreiben lässt.»[21] Dieser Punkt entwertet den Monolog nicht, macht ihn aber ergänzungsbedürftig, was angesichts der notorischen Verschwiegenheit der I. G.-Spitze, aber auch des durchaus informellen Charakters der Unternehmensführung in Elberfeld und Leverkusen nicht immer einfach ist. Doch das eigentliche Problem im Umgang mit der Fülle der Texte ist ein anderes. Dieser gigantische Monolog lässt sich nicht auch nur annähernd wiedergeben, obwohl zahlreiche seiner Stellen ein ausführliches Zitat geradezu verlangen. Allein seine Länge zwingt dazu, auszuwählen. Der Historiker muss den gesamten Monolog lesen, wenn er das Individuum Duisberg begreifen will. Aber wie Boswell in seinen Betrachtungen über den englischen Lexikographen Samuel Johnson bemerkte, ist jedes Detail wichtig, aber nicht jedes Detail kann auch dargestellt werden.[22] Darum kann es also nicht gehen, zumal Vollständigkeit ja nicht notwendig Transparenz nach sich zieht.

Es ist vielmehr «schneidig» zu wählen, was dargestellt werden soll. Der Kern der Darstellung sollte das «Eigentliche» des Individuums sein, mit dem man sich beschäftigt, so problematisch ein solcher Zugriff in theoretischer Sicht ist. Hier geht es also um den erfolgreichen Unternehmer, der Duisberg war und ohne den es eine historische Figur «Carl Duisberg» nicht gegeben hätte. Dieser Mensch soll aber nicht allein in seinen Handlungen nachgezeichnet werden, obwohl das schon verdienstvoll genug wäre. Mir geht es vielmehr auch darum, zu begreifen, was die Bedingungen der Möglichkeit des individuellen Erfolgs als Unternehmer im Falle Duisbergs waren, und ob man, lassen sie sich feststellen, hieraus Schlüsse ziehen kann, die helfen, die Dynamik des Kapitalismus zu begreifen. Das ist, nebenher gesagt, eine Frage, die die Sozial- und Wirtschaftswissenschaften der Jahre vor dem Ersten Weltkrieg intensiv beschäftigte, wobei Max Weber, Werner Sombart oder Joseph Schumpeter bei ihren Arbeiten zweifellos Figuren wie Carl Duisberg vor Augen hatten.[23] Es war vor allem Joseph Schumpeter, der in zahlreichen Texten die konkrete Tätigkeit des Unternehmers in den Vordergrund rückte.[24] Ohne Unternehmer, genauer: ohne Individuen, die Neues auch gegen Widerstand durchsetzen, war nach Schumpeters Auffassung der Kapitalismus zum Untergang verdammt.[25] Gleichwohl gibt es bis heute kaum eine nennenswerte historische Unternehmerforschung. Sie war das Lebensthema des Emigranten Fritz Redlich[26], der aber über verdienstvolle Vorstudien nicht hinausgekommen ist. Während sich die abstrakte Funktionsbeschreibung von erfolgreichen Unternehmern seit langem in der Literatur findet,[27] sind die Unternehmerindividuen bestenfalls in verstreuten Biographien erkennbar. Hiervon gibt es mittlerweile eine große Anzahl, die für das Verstehen des «Unternehmerischen» auch wertvolle Hinweise liefern. Die Lebensgeschichte wird rekonstruiert, und der Leser kann sich die für ihn wichtigen Erkenntnisse aus den Texten herausziehen. Im folgenden soll kurz der Platz skizziert werden, den Duisberg hier einnehmen könnte.[28]

Joseph Schumpeter hat, wie gesagt, als erster in umfassender Hinsicht das Problem des Unternehmerischen aufgegriffen. Mit der zu seiner Zeit vorherrschenden neoklassischen Gleichgewichtsökonomie, von der er fasziniert war, lasse sich wirtschaftliche Entwicklung, das ist Schumpeters zentraler Punkt, nicht erklären. Schumpeters dynamischer Faktor ist der Unternehmer, der in gegebenen Gleichgewichtssituationen alte Konfigurationen zerstört und durch neue ersetzt, sei es, indem er neue Produkte einführt, bessere Produktionsverfahren anwendet oder die Unternehmensorganisation grundlegend umbaut.[29] Sein Anreiz hierfür ist der zunächst unter günstigen Umständen anfallende Pioniergewinn, der so lange trägt, bis die Neuerung Allgemeingut geworden und ein neues Gleichgewicht erreicht ist. Die Unternehmerschaft und ihre Funktion, Neues im Zweifel gegen Widerstand durchzusetzen, sind mithin das dynamische Prinzip des Kapitalismus. Was aber sind das für Individuen, wo kommen sie her, was bestimmt ihre Karriere? Kann es sein, dass der Kapitalismus letztlich vom Zufall stets spontan neu auftauchender Unternehmer abhängt? Auf diese Fragen gibt es keine wirtschaftstheoretische

Antwort; hier können bestenfalls Eigenschaften beschrieben werden, die ein Unternehmer im Schumpeterschen Sinne besitzen muss. Aber woher sie kommen und welche Bedeutung sie gegebenenfalls erlangen, lässt sich nur historisch zeigen.

Schumpeter fasste seine Beobachtungen zu den unternehmerischen Individuen in drei Gruppen zusammen, die auch für die nachfolgende Analyse wichtige Impulse geben: Zunächst war ihm völlig klar, dass unternehmerisches Handeln erst im Nachhinein feststellbar ist. «Schöpferisches Reagieren» könne nur ex post, faktisch niemals ex ante verstanden werden, «d.h. daß es durch Anwendung der Regeln über das Schließen aus vorgegebenen Fakten nicht vorausgesagt werden kann».[30] Sodann bedeutet Unternehmerschaft bei Schumpeter grundlegende Veränderung, das heißt, es werden nicht nur kurzfristig Ereignisse beeinflusst, sondern deren «‹langfristiges› Ergebnis. Schöpferisches Handeln verändert soziale und ökonomische Situationen für immer. … Aus diesem Grund ist schöpferisches Reagieren ein wesentliches Element des historischen Prozesses; daran kann auch ein deterministisches Glaubensbekenntnis nichts ändern.» Diesen historischen Charakter des Unternehmertums spitzte Schumpeter in einem dritten Punkt noch zu: Schöpferisches Reagieren habe stets zu tun «(a) mit den Qualitäten der in einer Gesellschaft lebenden Menschen, (b) mit den relativen Qualitäten der Menschen, d.h. mit den für einen bestimmten Tätigkeitsbereich verfügbaren Qualitäten relativ zu den gleichzeitig für andere Bereiche verfügbaren Qualitäten, und (c) mit individuellen Entscheidungen, Handlungen und Verhaltensmustern. Demgemäß ist eine Analyse des schöpferischen Reagierens im Wirtschaftsleben gleichbedeutend mit einer Analyse des Unternehmertums.»[31]

Die Biographie von Carl Duisberg ist daher nicht nur aus allgemeinen historischen Gründen bedeutsam; sie kann zugleich maßgeblich dazu beitragen, den theoretisch bestimmten Rahmen des «Unternehmertums» in einer Weise zu füllen, die diesen überhaupt erst sinnvoll werden lässt. Es ist unbestreitbar, dass das Individuum Carl Duisberg für den Erfolg der Farbenfabriken in Elberfeld und Leverkusen von wesentlicher Bedeutung war, und zwar in einer Weise, die Schumpeters Anforderungen an «schöpferisches Handeln» geradezu passgenau genügt: Was also machte dieses Individuum aus? Und stellt man die Frage so, dann muss auf ein zentrales Problem der ökonomischen Theorie, nämlich auf die Frage nach dem dynamischen Faktor in der wirtschaftlichen Entwicklung, eine Antwort erfolgen, die selbst nur sehr bedingt ökonomisch sein kann. Es zeigt sich, dass der Kapitalismus auf individuellen Voraussetzungen beruht, die er selbst nur sehr bedingt herstellen kann. Wer also ist der Unternehmer Carl Duisberg? Will man diese Frage beantworten, kommen sehr viel mehr Momente ins Spiel als allein das reine wirtschaftliche Handeln. Auch die Persönlichkeitsmerkmale spielen eine wesentliche Rolle. Es wird eben nicht jeder Unternehmer, und höchstwahrscheinlich könnte es auch nicht jeder. Unternehmer ist kein Lehrberuf, Unternehmerschaft ist vielmehr eine Eigenschaft, die sich im Lebensprozess einstellt, aber von sehr vielen Voraussetzungen abhängig ist, die keineswegs zielgerichtet erworben werden können. Unternehmerschaft ist also, könnte man zusammengefasst sagen, ein nur ex-post identifizierbares Moment einer spezifischen Lebenspraxis, die sich auch nicht aus einer entsprechenden Herkunft oder Prägung gleichsam automatisch ergibt.

Unternehmer sind daher Individuen, die sich nur entsprechend rekonstruieren und betrachten lassen – im Vollzug ihres Lebens.[32] Das ist der Sinn dieses Buches, insofern ist auch von der Anatomie eines Unternehmers die Rede. Wenn von Voraussetzungen die Rede ist, dann sind sie allerdings nicht allein individueller Art. Carl Duisberg hätte sein können, wie er wollte: Wäre sein Leben nicht in eine bestimmte Phase des Aufstiegs der chemischen Industrie in Deutschland und in der Welt gefallen, dann wäre es völlig anders verlaufen.[33] Daher ist, bevor mit dem Erzählen seines Lebens begonnen wird, hierauf ein kurzer Blick zu werfen.[34]

Der Farbstoffbedarf vor allem des Textilgewerbes wurde traditionell durch den Anbau von Färberpflanzen gedeckt, namentlich Krapp, Waid und Indigo, um die gängigsten blau- und rotfärbenden Farbstoffe zu benennen. Die Qualität der Farben war ordentlich, wechselte aber mit den natürlichen und Klimabedingungen; das Farbspektrum und die Färbeeigenschaften waren begrenzt. Größere Nachfragesteigerungen erforderten eine erhebliche Erweiterung der Anbauflächen, was bis in die Mitte des 19. Jahrhunderts auch geschah. Doch ein Ende der «natürlichen» Expansion zeichnete sich ab, da eine größere Ausdehnung der natürlichen Farbstoffproduktion nur zu sehr hohen Kosten, wenn überhaupt möglich gewesen wäre. Gleichzeitig ließen das starke Bevölkerungswachstum und die Expansion der Textilindustrie im 19. Jahrhundert die Nachfrage nach Farben stark ansteigen; dass mit den in den 1850er Jahren gefundenen Teerfarbstoffen ein gutes Geschäft zu machen war, da durch diese die Nachfrage nun in technisch guter Qualität zu sehr viel günstigeren Preisen befriedigt werden konnte, lag daher auf der Hand.

Dass aus den Derivaten des Steinkohlenteers Farbstoffe gewonnen werden konnten, entdeckte der englische Chemiker William Henry Perkin (1838–1907) eher zufällig, als er versuchte, synthetisches Chinin herzustellen. Der von ihm aufgefundene Farbstoff «Mauve» erwies sich als strahlend und farbecht. Perkin meldete auf das Produkt ein Patent an, gründete ein Unternehmen und profitierte von seinem Monopol in England, weil der Farbstoff rasch auf große Nachfrage stieß. Das zog im Ausland Nachfolger auf den Plan, namentlich in Frankreich, wo mit dem Fuchsin, einem rötlichen Farbstoff, ein weiterer neuer Farbstoff entdeckt und auf den Markt gebracht wurde. Man wusste zwar, wie man diese Farbstoffe herstellen konnte, aber ihre chemische Konstitution konnte erst aufgeklärt werden, nachdem August Kekulé den Benzolring dargestellt hatte und nun klar war, dass bei der Farbenherstellung unterschiedliche Elemente an das Kohlenstoffmolekül angekoppelt wurden. Die chemische Erforschung der Farbstoffe und damit zugleich die Darstellung neuer Farbstoffgruppen erfolgten nun Schlag auf Schlag. Carl Graebe und Carl Liebermann stellten mit dem Alizarin einen hochwertigen Ersatz für das bisherige Krapp-Rot dar. Peter Wilhelm Gries entwickelte die Klasse der Azo-Farbstoffe, Adolf Baeyer gelang schließlich 1878/1883 die Synthetisierung des Indigo. Damit war das chemische Problem der Teerfarben zumindest theoretisch gelöst; es kam jetzt darauf an, diese Farbstoffe in guter Qualität und kostengünstig herzustellen. Entsprechend waren seit Beginn der 1860er Jahre in Deutschland derartige Fabriken wie Pilze aus dem Boden geschossen, zumal es hier kein einheitliches Patentrecht gab, das einen wirksamen Konkurrenzausschluss wie in Großbritannien ermöglicht hätte. Es herrschte unter den zahlreichen Konkurrenten vielmehr ein geradezu mörderischer Wettbewerb, in dessen Folge die Preise gedrückt blieben, die auch durch zeitweilige Konventionen nicht stabilisiert werden konnten. Die Unternehmen mussten sich in einem Wettlauf um neue Produkte und neue Produktionsverfahren behaupten, und konnten dies nur, wenn sie eigene Forschungs- und Entwicklungsabteilungen gründeten und eine Produktionstiefe erreichten, die es ihnen ermöglichte, wichtige Vor- und Zwischenprodukte, insbesondere Schwefel-, Salz- und Salpetersäure, kostengünstig und in gleichbleibender Qualität zu beziehen bzw. selbst herzustellen. Überleben konnte mithin – zumindest im Wettbewerb der großen Unternehmen – nur, wer über eine eigene Forschung und eine entsprechende Produktionsorganisation verfügte. Die deutschen Chemieunternehmen bewältigten diese Aufgabe bekanntermaßen derart grandios, dass sie vor dem Ersten Weltkrieg den Weltfarbenmarkt nach Belieben beherrschten und auch etwa ein Viertel der Weltpharmaproduktion aus Deutschland kam.[35] Nur in diesem Rahmen, der seine Karriere zugleich ermöglichte wie von ihr gestaltet wurde, ist Duisbergs Leben vorstellbar.[36] Und auch hier war Carl Duisberg weniger eine Ausnahmeerscheinung als das besonders energische Exemplar eines bestimmten Typus, der wissenschaftliche Forschung und industrielle Organisation miteinander zu verbinden verstand. Davon gab es in Deutschland zumal bei den großen Farbenunternehmen zahlreiche Vertreter, ja, man kann sagen, dass im Konkurrenzkampf nur der überlebte und groß wurde, der über entsprechende Begabungen verfügte.[37] Duisberg war in dieser Gruppe von Menschen durch besonderen Ehrgeiz und besondere Energie ausgezeichnet, nicht durch eine völlig andere Art. Und der hier erzielte Erfolg war wiederum die Voraussetzung und Bedingung für den sukzessiven Bedeutungszuwachs, den er nach der Jahrhundertwende in Wissenschaft und Wissenschaftspolitik erwarb, ja, hier lag schließlich auch der Grund für seine zentrale Rolle in der Kriegswirtschaft des Ersten Weltkrieges. Es war der erfolgreiche Unternehmer, nach dem Militär und Staat riefen, als ihnen der leichtfertig eingegangene Krieg industriell und wirtschaftlich über den Kopf zu wachsen drohte.

Obwohl Carl Duisberg zu den prominenten Figuren der jüngeren deutschen Unternehmensgeschichte zählt und in zahlreichen Texten Gegenstand der Untersuchung war, hat die einfache Frage nach den individuellen Bedingungen der Möglichkeit von Unternehmerschaft bisher niemand gestellt. In der Literatur[38] erscheint er als geradezu prototypischer Chemieindustrieller und Lobbyist, interessiert aber zumeist nicht als Individuum. Eigentlich ist Duisberg in der Literatur nur ein Name; das gilt in gewisser Hinsicht sogar für die bisher einzige große Biographie von Hans Joachim Flechtner, in der Duisberg zu einer Art Übererfolgsmensch, im Übrigen auch moralisch, versteift wird.[39] Andere biographische Studien hangeln sich an einzelnen Gesichtspunkten des Lebens von Carl Duisberg entlang, ohne ihn als Menschen ganz in den Blick zu nehmen. Entsprechend hölzern fallen die Urteile aus; sie prüfen, ob Duisberg bestimmten Klischees entsprach («Sozialistenfresser») oder ob bestimmte Vorwürfe zutreffen («Kriegshetze», Giftgas etc.). All das ist verdienstvoll, lässt den «Geheimrat» im Grunde aber im Dunklen. Die DDR-Geschichtsschreibung sah in ihm, der in den 1920er Jahren als Vorsitzender des RDI zum Repräsentanten der gesamten deutschen Industrie aufstieg, gerne auch den «Sprecher» des modernen Flügels der imperialistischen Bourgeoisie, den taktischen Gegenspieler der «Hardliner» aus der Schwerindustrie. Berücksichtigung fanden in der Literatur sodann vor allem Duisbergs exzeptionelle Leistungen bei der Planung, dem Aufbau und der Organisation des Chemiestandortes Leverkusen[40] sowie seine wiederholten Initiativen, die schließlich zur Bildung der I. G. Farbenindustrie AG führten[41], wobei sich auch eine Anzahl von Studien findet, die weniger an Duisbergs Tätigkeit als an der vermeintlich von Anfang an verhängnisvollen Geschichte dieses deutschen Chemiekonzerns interessiert sind.[42]

Hier geht es also um den Unternehmer Carl Duisberg in seiner Entwicklung vom jungen Chemiker zum alten RDI-Präsidenten. Diese Unternehmergeschichte, ich deutete es an, kann indes nicht allein nach wirtschaftlichen Aspekten erzählt werden.[43] Nimmt man die Literatur, auch die zahlreichen jetzt neu erscheinenden oder schon erschienenen Unternehmerbiographien zur Hand, so fällt rasch ins Auge, dass sich eine Trennung zwischen Kultur- und Wirtschaftsgeschichte in der praktischen Arbeit bestenfalls als hinderlich erweist. Alles ökonomische Handeln von Menschen ist immer auch kulturelles Handeln. Historisch kann man das nicht trennen, weil es der Historiker mit dem «Leben» zu tun hat und nicht mit der «Theorie». Eine solche Unterscheidung ist in der Theorie nur schwer plausibilisierbar, im Leben ist sie schlicht naheliegend. In der Forschung ist der Trennung daher unbedingt Rechnung zu tragen, in der Darstellung aber umso weniger; dieser Punkt soll im folgenden auch nicht dadurch geheilt werden, dass vermeintlich theoretisch plausible Kategorien als empirische Beschreibungen verwendet werden (Habitus, Kapitalsorten etc.). Das ist zumeist nur metaphorisches Reden, mit dem empirischen Befunden eine Art höhere Weihe verliehen werden soll. Gegenüber der empirischen Beschreibung bringt diese Art der Etikettierung keinerlei Zusatznutzen. Die Darstellung folgt, ganz konventionell, dem Leben Carl Duisbergs und beschreibt es in seinen wesentlichen Aspekten. So entsteht das Bild eines Lebensweges, das um das unternehmerische Handeln kreist, es aber immer wieder verlässt, um die Dynamik dieses Mannes begreiflich zu machen, seinem Dämon[44] nachzuspüren.

Die nachfolgende Lebensgeschichte Carl Duisbergs ist weitgehend chronologisch geordnet, lässt sich aber nicht nur so erzählen. Vielmehr gibt es Kapitel, die den Lebensgang des Unternehmers Carl Duisberg im Zeitverlauf schildern, aber eben auch Kapitel, die bestimmte Aspekte seiner Tätigkeit oder seines Lebens herausgreifen und gesondert erzählen. Das führt unvermeidlich zu Vor- und Rückgriffen sowie zu Wiederholungen, unter denen der Lektüregenuss insbesondere desjenigen Lesers, der den Text an einem Stück liest, gelegentlich leiden mag. Dieses Problem der «continuity» ließ sich nicht immer vermeiden; es empfiehlt sich aber durchaus, manche Kapitel erst einmal beiseitezulassen und sich stärker an die Abläufe in Duisbergs Lebensgeschichte zu halten, um von dort aus bei Gelegenheit Exkursionen in einzelne Themenbereiche zu unternehmen.

AUF DEM WEG

2 | Herkunft und frühe Prägungen

Ich stamme … aus kleinen, einfachen, bürgerlichen Verhältnissen. Der Bandstuhl war es, der mir meine Wiegenlieder gesungen, und mit Leder wurden meine Hosen geflickt, wenn ich sie auf der Schulbank der Elementarschule auf dem Heid zu Barmen verschlissen hatte.»[1] Carl Duisbergs Herkunft ist trotz der scheinbaren Eindeutigkeit dieser Worte, die er auf dem Höhepunkt seines Erfolges anlässlich seines 25-jährigen Firmenjubiläums in den Farbenfabriken 1909 sprach, stets in einem gewissen Zwielicht geblieben, auch wenn ihr handwerklich-bäuerlicher Charakter unstrittig ist. Das liegt daran, dass er selbst in wechselnder Perspektive von seinem Elternhaus gesprochen hat. In seinen Militärakten gab er an, sein Vater Johann Karl sei Fabrikant gewesen.[2] Zu Beginn der 1880er Jahre dürfte damit wohl der Inhaber eines heimgewerblichen Betriebes gemeint sein, und das war sein Vater in der Tat, der gemeinsam mit seinen Brüdern eine kleine Bandwirkerei in Barmen betrieb.[3] In seinen Erinnerungen schildert der am 29. September 1861 als einziger Sohn geborene Duisberg den Vater dann allerdings als Heimarbeiter, der für einen Verleger arbeitete: «Mein Vater bekam die Seide und Baumwolle von einem Kaufmann geliefert. Diese wurden auf den Bandwebstühlen zu Bändern verwebt, und dafür erhielt er dann den Weblohn.»[4] Duisberg beschreibt ihn zugleich als guten Landwirt, der das geerbte Ackerland bewirtschaftete. Duisbergs Mutter Wilhelmine betrieb mit den Produkten der Milchwirtschaft einen kleinen Handel. Wohlstand gab es nicht. Insbesondere in der wirtschaftlichen Depression der 1870er Jahre war die wirtschaftliche Lage schlecht; der väterliche «Betrieb» schaffte es kaum, sich zu erhalten.

Wilhelmine Duisberg war eine geborene Weskott, ein in Barmen verbreiteter Name von Bauern und kleinen Fabrikanten. Über ihre Familie ist wenig bekannt, umso mehr aber über das Milieu, dem sie entstammte. Der ebenfalls aus Barmen stammende spätere Vorstandsvorsitzende der Hoechst AG, Karl Winnacker, erinnerte sich an die puritanische Engherzigkeit des Wuppertales, die ihren literarischen Niederschlag im Roman «Die Wiskottens» des seinerzeit populären Schriftstellers Rudolf Herzog[5] gefunden hat:

2 | Carl Duisberg 1868 im Alter von sieben Jahren

«Es war die Welt des Muckertums, einer strengen protestantischen Religiosität, in der die Großmutter Wiskotten den Arbeiterinnen in der Bandwirkerei während der Frühstückspause aus der Bibel vorlas, in der echten Überzeugung, ‹dass Gott in der Arbeit ist›.»[6] Ob Wilhelmine Duisberg diesem Muckertum huldigte – wer kann es sagen: Sie selbst war Lutheranerin, entstammte aber der «Mischehe» eines reformierten Vaters und einer lutheranischen Mutter; insofern mochte das harte Puritanische durch den Einfluss des Luthertums gemildert sein.[7] Fest steht aber, dass sie die Einheirat in einen wirtschaftlich wenig gesicherten Heimarbeiterhaushalt, zu dem sie durch landwirtschaftliche Arbeiten selbst hinzuverdienen musste, wohl zeitlebens als einen gewissen gesellschaftlichen Abstieg empfunden hat, auch weil die Lohngewerbetreibenden, die Heimarbeiter zu den «proletaroiden Existenzen» (Wolfgang Köllmann) zählten. Auch aus der Sicht der Großmutter Weskott, die in Heckinghausen auf einem Bauernhof gelebt hatte, war die Ehe der Tochter mit dem Bandwirker Duisberg, der wiederholt in wirtschaftlich unsicheren Verhältnissen lebte, alles andere als ein sozialer Aufstieg. Im Alter trauerte sie ihrem Hof nach und hatte für die Bandwirkerei nur abschätzige Worte übrig.[8]

Der gesellschaftliche Zuschnitt des Elternhauses war traditionell; er atmete eine spezifische Mischung bäuerlicher und gewerblicher Luft.[9] Sie hatte für Jahrhunderte das Leben der einfachen Menschen in dem agrarisch schwachen, dafür aber gewerbereichen Tal geprägt. Die Bandwirker und die anderen Heimgewerbetreibenden rekrutierten sich auch aus denselben Familien, Zuzug oder soziale Mobilität gab es hier kaum. So bildeten sich regelrechte Dynastien, die schon Friedrich Engels in seinen Briefen aus dem Wuppertal Ende der 1830er Jahre anschaulich schilderte.[10] «Hier lag das besonders ausgeprägte Traditionsbewusstsein begründet, aber auch das Beharren, das Festhalten an alten Formen und Lebensgewohnheiten, das viele Weber und Wirker auszeichnete, so dass sich der Typus des Heimgewerbetreibenden im Verlaufe des Jahrhunderts kaum änderte. In den Außenbezirken bewirtschafteten diese vielfach neben der gewerblichen Arbeit ein kleines Grundstück, das eine gewisse Nahrungsgrundlage sicherte; in solchen ‹Weberköttern› lebte der bäuerliche Ursprung der Wuppertaler Gewerbe fort.»[11] Duisberg ließ gegen Ende seines Lebens seine Familiengeschichte aufarbeiten[12] und konnte schließlich mehr oder weniger gesicherte Erkenntnisse bis hin zu einem Pfarrer vorweisen, der im 16. Jahrhundert in Hückeswagen mit seiner Gemeinde zur Reformation übergetreten sei. Doch war das der einzige «vorzeigbare» Ahn; ansonsten verbleibt Duisbergs Familiengeschichte im Dunkel der relativen Geschichtslosigkeit der kleinen Leute des mittleren Wuppertales.

«Bürgerlich» war Duisbergs Herkunft also nicht. Als «arm» wollte Duisberg sein Elternhaus allerdings auch nicht bezeichnet wissen und intervenierte noch Jahrzehnte später, als der Reclam-Verlag seine Memoiren mit der Formulierung «Der arme Bandwirkersohn» bewerben wollte.[13] Verleugnet hat Duisberg die einfachen Verhältnisse, aus denen er kam, indes nie, ganz im Gegenteil: Aus seinem sozialen Aufstieg hat er bei passender Gelegenheit ein wesentliches Element seiner Selbstkonstruktion gemacht.[14] Er kämpfte sein Lebtag um Anerkennung für die Leistung, die er gerade wegen seiner Herkunft erbringen musste. Es bestimmte seinen Stolz, ja sein Selbstbild, durch Mühen und Fleiß etwas geschafft zu haben, das ihm niemand zugetraut hatte. In einer Welt wie der des Wuppertales, in der die sozialen Gruppen klar und deutlich voneinander abgegrenzt waren, war das zugleich ein Plädoyer für moderne soziale Mobilität. Duisberg hielt die für die Gesellschaft des Kaiserreiches typischen Standesunterschiede,[15] die er als Kind aus der Perspektive der unteren Stände erlebt hatte, denn auch für überholt, ja für sozial schädlich.[16]

Carl Duisbergs Geburt am 29. September 1861 fiel in eine Zeit, in der diese alte Welt, die sein Vater noch repräsentierte, allerdings bereits in Auflösung begriffen war. Die Heimarbeit war zwar noch bis zur Jahrhundertwende von Bedeutung, wurde aber von anderen, dynamischeren Entwicklungen überlagert. Die 1927 zu Wuppertal zusammengelegten Städte Barmen und Elberfeld erlebten in den mittleren Jahrzehnten des 19. Jahrhunderts eine überaus stürmische Entwicklung. Die Bevölkerung Barmens stieg von 16 000 Menschen am Ende der Napoleonischen Kriege auf mehr als 140 000 Einwohner um 1900; die Zahlen für Elberfeld lauten 19 000 und 160 000 Einwohner. Zusammen lebten in beiden Orte um 1900 also gut 330 000 Menschen, damit waren sie immer noch größer als die meisten Städte an der Ruhr, obwohl diese seit den 1860er Jahren schneller wuchsen als das «deutsche Manchester» an der Wupper.[17] Das Wuppertal war eines der Zentren der deutschen Frühindustrialisierung. Durch den Anschluss an das große preußische Wirtschaftsgebiet und die Bildung des Zollvereins 1834 erweiterte sich der Markt für die Textilprodukte des Tales rasch. Seit den 1830er Jahren expandierte das sich industrialisierende Textilgewerbe in bislang ungeahntem Ausmaß und trug auch zum Aufschwung der verwandten Gewerbe im Bereich Färberei, Farbstoffe, Textilmaschinen bei. Das Gros der Beschäftigten war im Textilgewerbe tätig; 1861 waren es 68 %, 1907 immerhin noch 42 %. Wenn auch vom Gewicht her nicht vergleichbar, so war die Entwicklung der Metallverarbeitung und der chemischen Industrie in den letzten Jahrzehnten vor dem Ausbruch des Krieges deutlich dynamischer. Im Tal der Wupper arbeiteten mit 3,1 % der Beschäftigten 1907 so viele Menschen in der chemischen Industrie wie sonst in keiner vergleichbaren deutschen Region.[18] Das Tal war mithin ein frühes Zentrum der modernen Wirtschaft, die von der Textilindustrie ausging, bei ihr aber keineswegs stehen blieb.

Und es war ein Zentrum unterschiedlicher sozialer Bewegungen, die frühzeitig einen proletarischen Charakter annahmen. Im Wuppertal zeigten sich die sozialen Probleme industrieller Ballungsgebiete früh und besonders ausgeprägt. Die materielle Lage der Arbeiterschaft war bis in die 1880er Jahre hinein prekär. Noch in der Mitte des 19. Jahrhunderts gaben die Städte Elberfeld und Barmen fast die Hälfte ihres Budgets für die kommunale Sozialpolitik aus, ein Anteil, der auch später nur langsam zurückging.[19] Die Lohnsteigerungen seit den späten 1880er Jahren waren dann zwar eindrucksvoll, doch wurden sie durch die wachsenden Lebenshaltungskosten zumindest zu einem Teil neutralisiert. Das proletarische Leben im Wuppertal war vor 1914 mithin alles andere als einfach.[20] Und es kontrastierte stark mit der reich gewordenen bzw. traditionell wohlhabenden Unternehmerschicht, namentlich den reichen Fabrikanten- und Händlerfamilien Elberfelds und Barmens, die das kommunale und kirchliche Leben des Tales weitgehend bestimmten.

Gleichwohl war das Wuppertal der Jahrzehnte vor dem Ersten Weltkrieg nicht unbedingt eine Hochburg der Sozialdemokratie und der freien Gewerkschaften. Zwar stellte die Sozialdemokratie im Tal der Wupper seit den 1870er Jahren bis auf eine bemerkenswerte Ausnahme, als ein christsozialer Kandidat gewählt wurde, durchweg die Reichstagsabgeordneten; zuletzt war das Friedrich Ebert. Für die von den verschiedenen evangelischen Strömungen geprägte Welt der Hausindustrie war die Sozialdemokratie, die sich vornehmlich an die eigentliche Industriearbeiterschaft wandte, aber nicht sonderlich attraktiv. Es gab vielmehr starke evangelisch-soziale Bestrebungen, die zum Teil vom aufgeschlossenen Industriebürgertum getragen und unterstützt wurden. Sie waren eine Art evangelischer Arbeiterbewegung, in der sich vaterländische und soziale Gedanken eng miteinander verbanden. Solidarismus, Christlichkeit, Pflichtbewusstsein und Aufstiegswille standen im Vordergrund; die herkömmliche Gesellschaft wurde weniger aus sozialistischen Motiven kritisiert als wegen ihrer Hartherzigkeit und mangelnden Durchlässigkeit.[21] Nicht zuletzt die antisemitische christlich-soziale Bewegung des Hofpredigers Adolf Stoecker fand in dieser proletaroiden Welt der evangelisch geprägten Heimarbeiterhaushalte zeitweilig einen gewissen Rückhalt. Die verbreitete Kritik an der sozialen Ungerechtigkeit, vor allem aber an der Undurchlässigkeit der kaiserzeitlichen Gesellschaft, die auch für Carl Duisberg typisch war, musste daher nicht sozialdemokratisch geprägt sein, sondern konnte mit der christlich-sozialen Bewegung verknüpft sein. Wenn auch für Duisberg im weiteren Leben der christliche Aspekt kaum nachweisbar ist, ist es doch mehr als wahrscheinlich, dass er in der Kinder- und Jugendzeit über seine Mutter mit dem christlichen Milieu in Berührung kam. Von der Herkunft jedenfalls lag es nahe, einerseits gegenüber sozialen Fragen offen zu sein, andererseits aber die Sozialdemokratie als Orientierung auszuschließen.

Dass eine Zukunft im Heimgewerbe wenig aussichtsreich war, lag auf der Hand. Das Abrutschen in die Industriearbeiterschaft war nicht unwahrscheinlich. Ein Ausweg aus dieser Lage war nur über höhere Bildungsabschlüsse vorstellbar, die den Zugang zu anderen Tätigkeiten öffneten, aber einen Bruch mit der Herkunft darstellten. Denn die ältere Gewerbewelt des Wuppertales, die Duisbergs Vater noch ungebrochen verkörperte, baute auf Tradition und handwerklichem Wissen auf. Selbst der Unternehmernachwuchs wurde in den Kaufmannshäusern selbst herangezogen, gelegentlich auch durch Auslandsreisen oder Hospitanzen in fremden Unternehmen auf die spätere Arbeit vorbereitet.[22] Akademische Bildung war lange regelrecht verpönt. Erst der technologische Wandel nach der Jahrhundertmitte änderte langsam das Bild. Insbesondere in der jungen chemischen Industrie spielte Fachschul- bzw. akademisches Wissen eine wachsende Rolle, die ersten Elberfelder und Barmer Fabrikantensöhne besuchten Universitäten bzw. Fachschulen.[23] Wenn Carl Duisberg der unsicheren Heimarbeiterexistenz entkommen wollte, war klar, dass dies nur mit Hilfe einer guten Ausbildung gelingen würde.

Seine Voraussetzungen hierfür waren nicht sonderlich gut. Die Schule fiel ihm schwer. Der Vater wollte seinen Sohn nach der Schule entsprechend der Tradition bei sich im Geschäft sehen,[24] außerdem kosteten weiterführende Schulen und gar ein Studium Geld.[25] Allein, die Zeitläufte kamen dem jungen Duisberg zugute: Nach 1870 trat in Preußen die «Realienförderung», d. h. die stärkere Betonung der praktischen Seite der Schulbildung, in den Vordergrund, während der preußische Staat im Kulturkampf den konfessionellen Einfluss auf die Schulen drastisch beschnitt.[26] In den Wupperstädten wurde seit Beginn der 1870er Jahre der Schuletat deutlich erweitert, vor allem aber für das niedere Schulwesen das Schulgeld vollständig gestrichen. Zumindest der Besuch der Realschule war nun kostenlos.[27] All das kam Wilhelmine Duisberg sehr gelegen. Anders als ihr Mann war sie mit dem kärglichen Leben als Heimarbeiterfamilie nicht zufrieden, für sie stand außer Frage, dass ihrem Sohn Carl ein anderes Leben möglich sein sollte.[28] Gerade in den Krisenjahren nach 1873, als die Entscheidung über Duisbergs weiteren Schulbesuch fiel, machten vergleichbare Unternehmen wie das des Vaters reihenweise bankrott; allein in Barmen wurden 1876 149 Konkurse kleiner Unternehmen registriert.[29] Dass Carl Duisberg eine weiterführende Schule besuchen konnte, hatte er allein der Hartnäckigkeit seiner Mutter zu verdanken. Sie förderte – ganz in Übereinstimmung mit dem Interesse an «Realien» in dieser Zeit – seine früh geäußerten Interessen an der Chemie und setzte durch, dass, für einen Jungen aus der Hausindustrie Ende der 1870er Jahre geradezu revolutionär, schließlich ein akademisches Studium ins Auge gefasst wurde.

Die Durchsetzungsfähigkeit von Wilhelmine Duisberg beeindruckte die Zeitgenossen. Noch an ihrem Totenbett[30] betonte der Pfarrer Kraft das

«Männliche» ihres Charakters: «Der äußere Lebensweg der Entschlafenen war ein sehr einfacher. Sie ist, abgesehen von einem Jugendaufenthalt in Herdecke, sowie von ihren jährlichen Erholungsreisen nach Leverkusen und Wiesbaden und an die von ihr so geliebte See, kaum längere Zeit von Barmen fortgewesen. Aber innerlich war sie eine in ihrer Art seltene Frau, ein origineller und fest umgrenzter Charakter. Das Wort unseres Textes: ‹seid männlich und seid stark› paßt buchstäblich auf sie. Sie hatte einen männlichen Charakter und bestimmte, feste Grundsätze. Sie wußte, was sie wollte und wollte, was sie wußte. Nicht als ob sie dem modernen Femini zugeneigt hätte, weit gefehlt! Ihre Männlichkeit bewegte sich durchaus in den Grenzen des weiblichen Geschlechts. Aus einfachen und bescheidenen, fast möchte man sagen: patriarchalisch einfachen Verhältnissen herstammend, ist sie auch bis in ihr Alter hinein für ihre Person bescheiden und anspruchslos geblieben, ein echtes Kind des bergischen Landes und des Wuppertales.»[31]

Der Sohn wurde von der Vorstellungswelt der Mutter geprägt und profitierte zugleich von der Energie, mit der sie sein Vorwärtskommen betrieb. Sein später vielfach bezeugtes Arbeitsideal entsprach den Erwartungen der Mutter und des Herkunftsmilieus, auch das ihm später häufig nachgesagte, eher sanguinische Temperament scheint von der Mutter, die eben keine reformierte Frömmlerin war,[32] beeinflusst worden zu sein. Die Vorstellung unbedingter Pflichterfüllung, für die Selbstwahrnehmung der Menschen des Wuppertals von zentraler Bedeutung,[33], war für ihn konstitutiv und drückte allen Lebensbereichen ihren Stempel auf. Die Mutter respektierte er über alle Maßen: «Meine Mutter war eine prachtvolle Frau. Sie war einfach und unkompliziert, besaß eine fabelhafte Energie und einen besonders klaren Verstand. Sie war naturverbunden und erdverwachsen. Mit beiden Füßen stand sie in der Wirklichkeit. Zeit ihres Lebens hat sie einen großen Einfluß auf ihre Umgebung ausgeübt. … Entscheidend griff sie in mein Leben ein. Ihr verdanke ich es, dass sich mein Lebensweg zum Erfolg gestaltet hat.»[34] Mit seiner Mutter hat sich Duisberg stets identifiziert; ja, er ging schließlich so weit, sich als ihr Ebenbild zu sehen, «nicht nur in körperlicher, sondern vor allem auch in geistiger Beziehung». Vom Vater habe er hingegen «nur die Statur und die Liebe zur Natur geerbt».[35]

Der Vater trat daher auch ganz hinter der Mutter zurück; in Duisbergs Lebenserinnerungen bleibt er blass und wird kaum erwähnt. Er dürfte im Alltagsleben der Familie eine eher zurückhaltende Rolle gespielt haben, auch wenn Duisbergs Erinnerungen nicht immer zu trauen ist. Dass der

Vater ein vorsichtiger Mann war und deshalb den Besuch einer weiterführenden Schule skeptisch sah, ist nachvollziehbar. Sein Widerstand wurde von seiner Ehefrau allerdings rasch gebrochen: «Meine Mutter ließ ihn ruhig brummen und setzte durch, dass ich die Schule weiterbesuchen durfte. Sie verstand es eben glänzend, mit ihm umzugehen.»[36] Carl Duisberg hat seine Mutter sein Leben lang dafür verehrt, dass sie ihm den Ausbruch aus der Enge des Wuppertaler Heimarbeitermilieus ermöglichte. Zu ihrem 51. Geburtstag im November 1882, Duisberg hatte in der Mitte des Jahres sein Studium mit dem Doktortitel abgeschlossen und leistete nun seinen Militärdienst ab, dankte er der Mutter für die sorglosen Jahre seines Studiums. Leider sei er noch nicht in der Lage, angemessen seine Dankesschuld bei der «geliebtesten Mutter» abzutragen. Der Aufstieg in den Elberfelder Farbenfabriken gab ihm dann die Möglichkeit, seinen Dank zu erweisen, ja, er war in gewisser Weise selbst der Dank, den die Mutter sich wünschte. Später überhäufte er sie mit Geschenken, wollte den Eltern ein Haus in Königswinter kaufen[37] und nahm die Mutter nach dem Tod des Vaters zeitweilig bei sich auf. Der Ton der Glückwünsche und Dankesworte war dabei nicht selten gestelzt, so als wollte der Sohn durch die Gravität der Worte die Tiefe der Gefühle zeigen.

Sein «Familienauftrag», ausgesprochen von der dominanten Mutter, war klar: Der Junge sollte die prekäre Welt der Heimarbeit verlassen und damit zugleich den sozialen (Wieder-)Aufstieg schaffen und die soziale Deklassierung der Mutter ausgleichen. Hierfür brachte sie erhebliche Energien auf, war auch zum Verzicht bereit, da den Duisbergs die Finanzierung von weiterführender Schule und Studium nicht leichtfiel. Der Sohn hat sich nach Kräften bemüht, den mütterlichen Auftrag zu erfüllen und den Erwartungen gerecht zu werden. Dass Duisberg gegen die Erwartungen nicht rebellierte, hatte möglicherweise auch mit dem Schicksal seiner älteren Schwester zu tun, die in seinen Papieren nur am Rande erwähnt wird, aber in seiner Kinder- und Jugendzeit wesentliche Prägekraft besessen haben muss. Adele Duisberg, die Anfang der 1920er Jahre nach einer langen Krankengeschichte verstarb, zeigte früh Anzeichen einer Nervenkrankheit, wie man damals sagte. Seit Mitte der 1880er Jahre war sie offensichtlich ein Pflegefall. Duisberg sprach gegenüber Johannes Walther 1887 von einem «schon Jahre hindurch dauernden hysterischen Leiden», das seine Mutter zwinge, die Schwester zu pflegen.[38] Mit der Diagnose Epilepsie kam sie schließlich, als die Pflege die Mutter Duisberg überforderte, nach Bethel, zu Duisbergs Entsetzen in eine geschlossene Abteilung, was er seiner Mutter verschwieg, die sich sonst zu sehr gegrämt hätte.[39] Seit 1902 wurde sie auf dem Tannenhof bei Lüttringhausen betreut, wo Adele Duisberg im Februar 1925 auch verstarb. Carl Duisberg, der im Sommer 1905 die Vormundschaft für seine Schwester übernahm, kümmerte sich bis zu ihrem Tod darum, dass sie in geborgenen Verhältnissen lebte; in seiner Korrespondenz aber beschwieg er das Schicksal seiner Schwester fast vollständig, nicht ganz unverständlich, galt Epilepsie doch bis weit in das 20. Jahrhundert noch als Geisteskrankheit.[40] Das Schicksal seiner Schwester verpflichtete Carl Duisberg nur umso mehr, der Mutter keine Sorgen zu machen, sondern ein folgsamer Sohn zu sein und seine Pflicht zu erfüllen.

Der Junge bemühte sich nach Kräften, aber trotz aller großen Anstrengungen waren seine Schulnoten nicht sonderlich gut. «Da mir das Lernen nicht leicht wurde, so habe ich neben der Arbeit nicht viel Zeit für Spiele gehabt. Sport wurde gar nicht betrieben.»[41] Die Anfänge auf der Realschule in Barmen, auf die ihn seine Mutter nach dem Besuch der Volksschule schickte, waren immerhin noch vielversprechend, mit der Pubertät 1875/76 ließen die schulischen Leistungen dann aber nach. Ende 1875 hatte Duisberg nur noch in Chemie gute Noten, ein Hinweis, dass das in den Lebenserinnerungen früh bekundete Interesse für die Chemie wohl den Tatsachen entsprach. Das mag, wie er selbst schreibt, mit dem Chemielehrer zu tun gehabt haben.[42] Dass er ein Interesse für die Chemie von zu Hause mitbrachte, kann hingegen als ausgeschlossen gelten.[43] Aus dem Leistungstief des Jahres 1875 kämpfte Carl Duisberg sich mit Fleiß heraus, ohne aber überragende Ergebnisse zu erzielen. Das Zeugnis vom August 1876 verzeichnete fast durchweg die Zensur «genügend», also nach heutigen Maßstäben eine befriedigende bis ausreichende schulische Leistung. Nach dem Ablegen des «Einjährigen» wechselte er auf die Oberrealschule in Elberfeld, ein Wechsel, den er in seinen Lebenserinnerungen als gesundheitlich bedingt darstellt: Der lange Fußweg habe geholfen, einen frühen Herzfehler auszugleichen.[44] Was wirklich hinter dem Wechsel steckte, lässt sich heute nicht mehr klären. Den Anforderungen der Oberrealschule, die mit dem Reifezeugnis schloss, konnte Duisberg nur mit großer Mühe entsprechen.[45] «Besonders die höhere Mathematik machte mir sehr zu schaffen.»[46] Im September 1877 wurde er zur Versetzung in die Fachklasse, in der er das Abitur erwerben konnte, für reif erklärt. Das Reifezeugnis wurde schließlich am 17. August 1878 ausgestellt: Die Leistungen waren durchweg gut bzw. genügend, der Schwerpunkt der Ausbildung lag neben Sprachen und Mathematik im Bereich von Mechanik, Maschinenkunde, Landver-

3 | Carl Duisberg als Abiturient 1877

messung etc. Das Ende der Schule empfand Duisberg als Befreiung.: «Ich und meine Compenäler mit mir», schrieb er Jahre später, als es um die Reform des naturwissenschaftlichen Unterrichts an den Gymnasien ging, «wir haben uns seinerzeit wie Rohrspatzen gefreut, als wir fertig waren und die ekelhafte Schule verlassen konnten.»[47]

Eigentlich hätte Duisberg nun, im Alter von 16 Jahren, die Universität beziehen können. Jedoch wurde er wegen seines jugendlichen Alters von den Eltern noch ein Jahr lang weiter zur Schule geschickt, in die Fabrikklasse der königlichen Gewerbeschule, die er bis Ostern 1879 besuchte. Deren Schwerpunkt lag seit der Mitte der 1850er Jahre als Folge des Aufschwungs der chemischen Industrie im Bereich der Chemie.[48] Hier fühlte sich Duisberg im Gegensatz zur Schule unmittelbar wohl: «Immer mehr merkte ich, dass die Chemie und wieder die Chemie der Beruf meines Lebens werden musste. Vom Herbst 1878 bis Ostern 1879 besuchte ich die Fachschule. Ich arbeitete unermüdlich von früh bis spät. Das Pensum fiel mir außerordentlich leicht und ich erledigte spielend die mir gestellten Aufgaben.»[49]

Neben diesen schulischen Erinnerungen gibt es von Duisberg kaum Erinnerungen an Kindheit und Jugend. Bismarcks Reichsgründung, bei der Duisberg neun Jahre alt war, scheint ihn sehr beeindruckt zu haben, namentlich die Hochstimmung nach dem Sieg über Frankreich, die das ganze Wuppertal patriotisch gestimmt hatte. Diese Prägung, die von der Schule gezielt gefördert wurde,[50] sollte sich bis zum Tod halten. Auch führte er seine Vorliebe für Goethe auf schulische Einflüsse bzw. darauf zurück, dass man in der Schule mit Goethe bekannt gemacht worden sei. Am sozialen Leben in Barmen nahm die wenig vermögende Familie nicht teil. Obwohl Barmen und Elberfeld vor 1914 Zentren der evangelischen «Jünglingsbewegung» waren, deren Aktivitäten sich vorwiegend an jugendliche Menschen richteten, die sich eine teure Freizeitgestaltung nicht leisten konnten,[51] gibt es keinerlei Hinweise, dass Carl Duisberg dort Anschluss suchte. Liest man die Hinterlassenschaften zwischen den Zeilen, so war es keine schöne Kindheit und Jugend, die Duisberg durchlebte, sondern eher eine von einsamer Mühsal bestimmte Zeit, die der Junge vor allem in der Familie verbrachte. Von Schulfreunden ist nirgends die Rede. Vielleicht schloss man sich auch wegen des Leidens der Schwester vom geselligen Verkehr aus; das kann heute nicht mehr festgestellt werden. Unbeschwert jedenfalls war das alles nicht. Es war, im Nachhinein gesehen, eine Zeit der Selbstbehauptung, die Duisberg nicht leichtfiel, deren Erfolg ihn aber für den Rest des Lebens begleitete.

3 | Studentenjahre

Am Ende seiner Schulzeit wusste Carl Duisberg, was seine Mutter von ihm erwartete, und er wusste auch, dass das Chemiestudium für ihn eine Option war. Doch wie sich ein solches Studium anfangen ließ, das wusste der knapp 18-Jährige aus bildungsfernem Milieu keineswegs. Der Tradition folgend, sich an der jeweiligen Landesuniversität einzuschreiben, hätte es für ihn nahegelegen, nach Bonn oder Münster, also an eine der beiden rheinisch-westfälischen Hochschulen zu gehen. Duisberg aber folgte dem Tipp eines Bekannten der Familie, der in Göttingen Chemie studiert hatte und ihm auch seine dortige Studentenbude überließ.[1] Mit Ewald Herzog dürfte Duisberg auch seine Zukunftsaussichten besprochen haben, und da war die chemische Industrie vielversprechend. Ende der 1870er Jahre zählte sie zu den aufstrebenden Industriezweigen, insbesondere im Wuppertal. Wegen der Ballung von Textilbetrieben bestand eine starke Nachfrage nach Farben und Färbehilfsmitteln. 1861 gab es allein in Elberfeld sieben Türkischrotfärbereien, die durchschnittlich knapp 100 Beschäftigte hatten. Zusätzlich existierten zahlreiche handwerkliche Färbereien. Elberfeld und Barmen waren so bereits vor der Einführung der Teerfarben Zentren der Farbstoffindustrie.[2]

Die Grenzen der Nutzung von Naturfarbstoffen waren angesichts der stürmischen Expansion der Textilindustrie abzusehen, zumal Preise und Qualität überaus schwankend waren und eine vorausschauende Kalkulation erschwerten. Die neuen Teerfarbstoffe waren hier eine vielversprechende Alternative. Für die etablierten Farbstoffhändler schien das Risiko der neuen Produktionstechnik tragbar, zumal es mit den neuen Farbstoffen möglich war, die Herstellung in direkter Nachbarschaft zur Textilindustrie anzusiedeln. Diese Chance nutzten auch Friedrich Bayer und Friedrich Weskott, die Gründer von Duisbergs späterem Arbeitgeber. Bayer war mit dem Farbstoffhandel vermögend geworden; Weskott kam aus der Garnbleicherei und Färberei. Beide hörten vom Erfolg der neuen Teerfarben in England und Frankreich und begannen daraufhin, mit diesem neuen Produkt zu experimentieren. Als die Experimente glückten, gründeten sie 1863 in Barmen die Farbenfabriken Friedrich Bayer & Co., um zunächst vor allem Fuchsinrot, später auch andere Anilinfarben herzustellen. Ihr Betrieb, der mit drei Beschäftigten anfing, entwickelte sich rasch.[3] Bei der Übersiedlung nach Elberfeld 1866 zählte das Unternehmen bereits mehr als 50 Beschäftigte, darunter auch erste akademisch gebildete Kräfte, die allerdings nicht in der Entwicklung, sondern in der Produktion arbeiteten.[4] Der Aufschwung verstärkte sich noch, als es möglich wurde, den Farbstoff der Krapp-Pflanze, das Alizarin, synthetisch herzustellen. Als die Farbenfabriken vorm. Friedr. Bayer & Co. am 1. Juli 1881 zu einer Aktiengesellschaft wurden, also nur kurz nach Duisbergs Entscheidung für das Chemiestudium, beschäftigten sie immerhin fünf Prokuristen, 14 Chemiker, einen Ingenieur, 14 kaufmännische Angestellte und 340 Arbeiter. In Barmen und Elberfeld waren die Farbenfabriken bereits eines der großen Unternehmen.[5] Gut ausgebildet konnte man hier sein Glück versuchen.

Die chemische Industrie war also alles in allem eine junge, vielversprechende Sache, ihr Bedarf an qualifizierten Arbeitskräften offensichtlich. Ein Studium der Chemie erschien aussichtsreich und lag zudem noch im Horizont des Vorstellbaren der Familie Duisberg; in der Bandwirkerei wusste man um die Bedeutung des Bleichens und Färbens. Duisberg bestritt jedoch stets, das Fach aus Brotgründen gewählt zu haben: «Neigung und Eignung, aber auch Studienfreunde und Lehrer haben mich dazu bewogen», sagte er später Heinrich Gattineau; strategische Überlegungen über eine Karriere, wie er sie schließlich machte, hätten zunächst keine Rolle gespielt.[6] Neigung und Nutzen – das musste sich nicht ausschließen. «Chemiker» war keine geschützte Berufsbezeichnung. Im 19. Jahrhundert verbarg sich hinter diesem Titel eine völlig heterogene Welt unterschiedlicher Ausbildungen und Erfahrungen.[7] Die Chemiker, die die junge Industrie benötigte, kamen zunächst nicht von der Universität, sondern von den in Preußen zahlreichen Gewerbeschulen, in denen seit den 1860er Jahren auch die Grundlagen der Teerfarbenherstellung gelehrt wurden. Überdies gab es chemische Lehranstalten wie das Fresenius-Institut in Wiesbaden, welche Chemiker hervorbrachten, die nach Duisbergs späterer Auffassung allerdings bestenfalls halbgebildet waren.[8] Eine solide wissenschaftliche Ausbildung vermittelten nur jene Universitäten, die nach Liebigs Vorbild[9] bereits eigene Laboratorien besaßen und ihre Studenten entsprechend praktisch zu genauer wissenschaftlicher Arbeit erzogen.[10] Der Doktorgrad einer renommierten Universität war daher zweifellos eine gute

Hilfe beim Einstieg in den Beruf, und er verlieh Selbstbewusstsein gegenüber den Autodidakten und Fachschülern, die bis dato das Feld beherrscht hatten. Göttingen besaß ein eigenes Laboratorium, das unter dem berühmten Chemiker und Liebig-Freund Friedrich Wöhler[11] eingerichtet worden war, der auch während Duisbergs kurzem Aufenthalt in Göttingen, obwohl emeritiert, immer noch im Labor präsent war. Ewald Herzog hatte also viele gute Argumente, als er Göttingen empfahl.

Duisberg ging mit ganz anderen Erwartungen an die Universität als die durchschnittlichen Abiturienten jener Jahre. Sein Ziel war es, so schnell wie möglich das Chemiestudium mit der Promotion abzuschließen, um danach in der Industrie eine Stellung zu finden.[12] Große Hoffnungen auf das Studentenleben hegte er nicht. Als Grund für seinen Pragmatismus gab er die wirtschaftlichen Verhältnisse seiner Eltern an; «Bummelei» sei für ihn keinesfalls in Frage gekommen. Die Erfahrungen in Göttingen, wo er sich zum Sommersemester 1879 immatrikulierte, waren in dieser Hinsicht freilich alles andere als berauschend.[13] Ein eigentliches Curriculum gab es nicht. Einmal eingeschrieben, belegte man verschiedene einschlägige Vorlesungen und bemühte sich zugleich darum, einen Laboratoriumsplatz zu bekommen. Hatte man den ergattert, wurde man ins kalte Wasser geworfen: «Erinnere ich mich doch noch mit Grausen der Zeit, als ich vor 15 Jahren schon mit Beginn des 2. Semesters meines akademischen Studiums … ein selbständiges organisches Spezialthema zur Bearbeitung bekam. Ich hatte damals kein einziges anorganisches Präparat dargestellt und war nie organisch präparativ tätig gewesen. Mein damaliger Lehrer war aber der Meinung, die beste Übung in dieser Richtung sei das selbständige wissenschaftliche Forschen. Schon am Ende des 2. Semesters hatte ich das mir gestellte Problem gelöst und hätte mit dieser Arbeit mich zur Promotion melden können.»[14] Aus einer Promotion in Göttingen wurde jedoch nichts, da das preußische Kultusministerium Ende 1879 das Latinum zur Voraussetzung einer Promotion machte. Statt sich dieser Vorgabe zu unterziehen, sah Duisberg sich nach der Möglichkeit einer lateinlosen Promotion an anderen Universitäten um. «Ich schrieb sofort nach Jena, Freiburg und Heidelberg und frug an, ob ich dort als Abiturient einer Oberrealschule, ohne ein Examen in Latein nachzumachen, promovieren könne. Von Jena traf als erste die Antwort ein, die auf ‹Ja› lautete, und so entschloß ich mich denn, Göttingen zu verlassen und im Wintersemester nach Jena zu gehen.»[15] Aus Göttingen nahm Duisberg nicht viel mit; allein der Impuls blieb, das Studium der Chemie zu reformieren und die Anforderungen an die Absolventen so zu systematisieren, dass ein hinreichender Ausbildungsstand zu Ende des Studiums zu erwarten war.

Die Lateinforderung war ihm völlig unverständlich, da sie mit seinem Studium nichts zu tun zu haben schien. Er setzte sich späterhin wiederholt und nachdrücklich dafür ein, den naturwissenschaftlichen Unterricht auf den höheren Lehranstalten zu stärken, und betrachtete den aus seiner Sicht neuhumanistischen Bildungsdünkel, der das Kaiserreich noch beherrschte, mit kritischer Distanz. Wenngleich er nicht so weit ging, das humanistische Gymnasium grundsätzlich in Frage zu stellen, verlangte er doch eine Aufwertung der anderen höheren Lehranstalten, also der Realgymnasien und Oberrealschulen, und das nicht allein, weil die chemische Industrie hieraus den größten Nutzen haben musste, sondern auch, weil er die Bedeutung der alten Sprachen nicht wirklich einsah.[16] Dass man in Preußen ohne Latinum nicht promoviert werden konnte, blieb ihm zeitlebens ein Dorn im Auge.[17] Zwar ließ er, je älter er wurde, umso häufiger lateinische Floskeln in seine Reden einfließen, aber noch kurz vor seinem Tod bemerkte er ganz grundsätzlich: «Mir hat der Mangel an Latein oder Griechisch während meines Studiums und auch später im Leben nie geschadet. Im Gegenteil. Ich war stolz darauf, trotz dieses Mangels soweit gekommen zu sein. Die besseren Kenntnisse in den Naturwissenschaften, im Englischen und Französischen haben mir sehr genützt, sodass ich schon im 6. Semester den Doctor magna cum laude machen konnte. … Auf Grund meiner umfassenden Berufserfahrungen … muss ich schon sagen, dass mich die empfangene Oberrealschul-Vorbildung nicht nur befriedigt hat, (ich) sie der gymnasialen als gleichwertig erachte. Ich muß sogar darüber hinaus betonen, dass ich der naturwissenschaftlich-mathematischen Vorbildung gegenüber der humanistischen bei der Berufswahl als Naturwissenschaftler, besonders als Chemiker oder Physiker, unbedingt den Vorzug gebe.»[18]

Was das Studium anging, war er mit dem Wechsel von Preußen nach Thüringen freilich vom Regen in die Traufe geraten. Der Jenaer Ordinarius der Chemie Anton Geuther, der den Lehrstuhl seit 1863 innehatte, legte zwar großen Wert auf eine systematische Grundbildung der künftigen Chemiker, hatte aber von wissenschaftlicher Forschung ein ganz anderes Verständnis, als es gleichzeitig an den avancierten Universitäten, etwa in München, vorherrschte. Das mochte an Anton Geuther selbst liegen, hatte vor allem aber mit der Jenaer Universität zu tun, die in der Mitte des 19. Jahrhunderts in keiner guten Verfassung war. Die Hochschule, die zu Zeiten von Klassik und Romantik einen großen Ruf gehabt hatte, war seitdem zu einer unterfinanzierten Provinzeinrichtung geworden, die über keinerlei neue Institute verfügte. In den 1860er Jahren wurde immerhin ein Kollegienhaus errichtet; der Übergang zur modernen Forschungsuniversität gelang allerdings erst seit den 1890er Jahren, als vor allem durch die umfangreichen Zuwendungen der Carl-Zeiss-Stiftung moderne Forschungseinrichtungen geschaffen wurden.[19] Zuvor war ihr Ruf nicht gut; sie galt allgemein als Ort der Erstberufung, den man nach Möglichkeit rasch wieder verließ, um an eine renommierte Universität zu kommen.

Das Chemische Institut unterschied sich 1880, als Duisberg nach Jena kam, nicht vom desolaten Zustand der anderen Universitätsinstitute. Das Laboratorium war bestenfalls altmodisch. Duisberg selbst sprach im Rückblick von einer «Alchimistenküche». «Das Chemische Laboratorium in Jena war damals ein kleines, zu Institutszwecken umgebautes Wohnhaus, schiefwinklig und durch die zahlreichen Anbauten nicht gerade schöner geworden. Schön war nur der Garten mit seinen hohen, alten Bäumen. Die Einrichtung war denkbar primitiv. Einfache Tische aus Tannenholz dienten zum Arbeiten, Gasanschluß war zwar vorhanden, Wasser aber wurde aus der Regentonne geholt. Der Bestand an Geräten und Instrumenten war höchst bescheiden. Oft musste der Student sich ein Glasgerät selbst am Gebläsetisch aus Glasröhren herstellen.»[20] Geuther forderte während seiner Dienstzeit wiederholt den Neubau eines chemischen Laboratoriums, den allerdings erst sein Nachfolger Ludwig Knorr 1892 eröffnen konnte.[21]

Der Studienalltag war zunächst vor allem davon bestimmt, dass Duisberg unter der Anleitung Geuthers, eines Schülers von Friedrich Wöhler im Übrigen, die Grundlagen der anorganischen Analyse paukte: «Zunächst», schrieb er in seinen Erinnerungen, «holte ich die anorganischen Präparate, die ich in Göttingen nicht gemacht hatte, nach. Unter anderem stellte ich Aluminium her und zwar in mit Holzkohle geheizten Windöfen. Dabei brachte mir Geuther das Schneiden von Holzkohle in nußgroße und runde Stücke selbst bei.»[22] Geuther sei geradezu entsetzt gewesen, berichtete Duisberg später, dass er in Göttingen, «ohne vorher anorganische und eine größere Anzahl organischer Präparate gemacht zu haben», mit der Doktorarbeit begonnen habe.[23] So ginge das in Jena nicht. Besser wurde es dadurch indes nicht unbedingt, denn Duisberg geriet in Jena in eine fast handwerklich ausgerichtete chemische Lehre. «Die Universität Jena hatte in der Hochschulchemie zunächst deutlich zurückgestanden, bestimmte hier doch bis an die Schwelle der 1890er Jahre Anton Geuther, der 1863 das Chemieordinariat übernommen hatte, die chemische Forschung und

Lehre. Geuther, der sich dem Trend seit dem zweiten Drittel des 19. Jahrhunderts entsprechend, vor allem mit Problemen der organischen Chemie beschäftigte und als Entdecker des Acetessigesters gilt (über dessen Strukturformel Duisberg später seine Doktorarbeit schreiben sollte, W. P.), vollzog den Schritt zur Struktur- und Stereochemie nicht mit und war damit kaum noch anschlussfähig zur modernen Chemie», heißt es in der neuesten Geschichte der Jenaer Universität.[24] Carl Duisberg waren das niedrige Niveau und der nicht sonderlich gute Ruf Anton Geuthers erkennbar gleichgültig, ihm ging es allein darum, möglichst schnell promoviert zu werden. Er hat Geuther später gelobt, ja sogar in Schutz genommen, und setzte sich Anfang der 1930er Jahre sehr für eine Ehrung Geuthers zu dessen 100. Geburtstag ein.[25]

In Jena musste Duisberg nach den anorganischen Analysen, die er nicht abschloss, die gesamte Liebigsche Elementaranalyse absolvieren, bevor er sich an organische Präparate machen durfte. Erst Ende 1881 wurde er im organischen Labor mit der Aufklärung der chemischen Zusammensetzung des von Geuther dargestellten Acetessigesters beauftragt, insbesondere mit der Feststellung der Formel dieser Verbindung. Hieraus entstand seine Doktorarbeit: «Beiträge zur Kenntnis des Acetessigesters», die der erst 21-jährige Student Anfang 1882 vorlegte.[26] Geprüft wurde Duisberg nicht allein in Chemie, sondern auch in zwei Nebenfächern. Das traditionelle Nebenfach der Chemiestudenten, Physik, hatte er allerdings abgebrochen, da er an ihr «keine rechte Freude» fand und ihm die Vorlesungen letztlich zu anekdotisch waren. Stattdessen belegte Duisberg das Nebenfach «Nationalökonomie» und hörte fortan bei Julius Pierstorff.[27] Duisberg erklärte seine Wahl später mit seinem bereits damals erkennbaren Interesse an wirtschaftlichen Zusammenhängen. Das Fach «Nationalökonomie» genoss seinerzeit noch einen gewissen «Exotenstatus». Ihre Vertreter, zusammengeschlossen im 1872 in Halle an der Saale gegründeten Verein für Socialpolitik, redeten neben der empirischen Erforschung der modernen Wirtschaft auch einer mehr oder minder umfänglichen staatlichen Sozialpolitik das Wort und waren im Rahmen der Bismarckschen Sozialgesetzgebung, die damals einen ersten Höhepunkt erreichte, durchaus einflussreich.[28] In den Augen zahlreicher Großindustrieller war die junge akademische Nationalökonomie dadurch allerdings zu einer Art von Kathedersozialismus verkommen, der der Sozialdemokratie Tür und Tor öffnete und die Unternehmen wirtschaftlich über Gebühr belastete.[29] 1881, als Duisberg Pierstorffs Vorlesungen und sein Seminar besuchte, tobte gerade der Streit um die Unfall- und die Krankenversicherung.[30] Duisberg berichtet in seinen Erinnerungen von Auseinandersetzungen mit Pierstorff: «Ich besuchte auch fleißig das nationalökonomische Seminar. Dort haben wir uns oft gestritten, denn mein Lehrer war Kathedersozialist, ich war gerade das Gegenteil. Vor allem wirtschaftlich stand ich auf der anderen Seite. Schon damals war ich für Freiheit der Wirtschaft, Pierstorff hingegen wollte gebundene Wirtschaft, das war damals das Bestreben der Kathedersozialisten.»[31] Da verzerrten Duisbergs Erinnerungen das Programm des Vereins für Socialpolitik doch erheblich, zumal er Begriffe nutzte, die im Kaiserreich noch weitgehend ungebräuchlich waren. Der Streit mit Pierstorff drehte sich um die Sozialpolitik und die Rolle der Unternehmen, wobei Pierstorff keineswegs ein Anhänger umfassender staatlicher Eingriffe war, sondern eher auf das Eigeninteresse der Unternehmen setzte. Pierstorffs großes Vorbild und Beispiel war der Jenaer Physiker und Industrielle Ernst Abbe[32], der in den Zeiss-Werken seit den 1880er Jahren eine geradezu vorbildliche betriebliche Sozialpolitik veranlasst hatte.[33] Hierüber blieb Pierstorff mit Carl Duisberg auch in den Jahren, als dieser selbst Verantwortung in den Elberfelder Farbenfabriken trug, in engem Gedankenaustausch.

Duisbergs anderes Nebenfach, die Mineralogie, taucht in seinen Studienerinnerungen und auch anderswo hingegen nicht mehr auf; immerhin besaß er später eine umfangreiche mineralogische Sammlung. Es waren Chemie und Volkswirtschaftslehre, die ihn zwischen dem Frühjahr 1880 und dem Sommer 1882 maßgeblich beschäftigten. Am 9. Mai 1882 bescheinigte das Chemische Universitätslaboratorium in Jena, dass Duisberg als Praktikant vier Semester dort gearbeitet habe und nun zu allen chemischen Arbeiten in der Lage sei.[34] Die mündliche Doktorprüfung in den Fächern Chemie, Mineralogie und Nationalökonomie hatte Duisberg bereits am 14. Januar 1882, zu seiner Genugtuung noch im sechsten Semester, abgelegt.[35] Nach Duisbergs Erinnerung habe ihm Pierstorff die erhoffte Bestnote dadurch vermasselt, dass er keine der vorher abgesprochenen Fragen stellte. «In allen anderen Fächern verlief die Prüfung tadellos, aber die Entschuldigungen Pierstorffs konnten mich nicht darüber trösten, dass das Ergebnis nur ‹magna cum laude› und nicht ‹summa cum laude› war.»[36] Duisbergs Erinnerungen trogen allerdings, zumindest was den Prüfungsausgang anging; Pierstorff hatte ihn «vorzüglich» bewertet, während er bei Geuther in allgemeiner Chemie sowie bei dem Mineralogen Schmid nur ein «recht gut» erhielt.[37] Insgesamt kam das Prüfungsgremium zu dem Ergebnis: «Auf

Grund dieser Urtheile wurde die Promotion u. zwar bezüglich der mündlichen Prüfung magna cum laude beschlossen.»[38] Die Dissertation selbst wurde hingegen nur mit «rite» bewertet.[39] Das bemerkenswert kurze Gutachten Geuthers war wenig aussagekräftig: «Die vorliegende Untersuchung enthält die Resultate einer sehr fleißigen und wohl durchgeführten Untersuchung über einen ziemlich schwierigen Gegenstand. Sie bereichert unsere Kenntnisse über die Methyldiacetsäure in mehrfacher Hinsicht und ist, wenn einige Härten im Stil entfernt werden, durchaus druckwürdig.»[40] Das war kein überragendes Urteil, aber die Doktorurkunde vom 7. Juli 1882 verzeichnete für das Examen die Note «magna cum laude», die Duisberg dann in den folgenden Jahren auch stets zitierte.[41]

Ob er wirklich nur ein mittelmäßiger Student und später kein sonderlich begabter Chemiker war, wie in der Literatur gelegentlich behauptet, lässt sich heute nicht mehr sagen.[42] Immerhin wurde er mit einer Arbeit über Acetessigester promoviert, die in den Randbereich der seinerzeit boomenden Farbenchemie fiel, vor allem aber konnte er später in München in der Kooperation mit Hans von Pechmann hieran anknüpfen. Duisberg fehlte aber wohl ein wissenschaftlicher Habitus im eigentlichen Sinn. Er war mehr Ausprobierer, chemischer Tüftler und Experimentator als systematischer Forscher; das umfangreiche Literaturstudium lag ihm nicht.[43] Hier mag auch einer der Gründe zu finden sein, warum der Jenaer Naturphilosoph und Biologe Ernst Haeckel auf Duisberg so großen Eindruck machte. Denn diese Art des «Forschens» entsprach der von Ernst Haeckel gepflegten Art des Arbeitens. Auch Haeckel setzte mehr auf unmittelbare Beobachtung und deren Interpretation, während das Literaturstudium nicht im Vordergrund stand. «Die wirklichen gymnastischen Denkübungen, die wir in seinem Laboratorium und Seminarium mit Eifer betrieben haben, seine eiserne Logik, die sich unserem Geist einprägte, seine Methoden: Induktion und Deduktion, Beobachtung und Schlussfolgerung, vergleichendes und genetisches Studium usw. usw., das war eigentlich das große Kapital, das wir von Haeckel mitgenommen haben. Dadurch wurden wir von ihm also nicht als große Gelehrte mit vielen positiven Kenntnissen überladen entlassen, wir wurden hier als selbständige Forscher erzogen.»[44] Duisberg hätte sich hier wohl wiedererkannt.

In Jena war Duisberg rasch mit Studenten des kurz zuvor gegründeten Naturwissenschaftlichen Vereins[45] in Kontakt gekommen, mit denen er sich anfreundete.[46] Dieser Verein war eine bewusste Gegengründung zu den farbentragenden Verbindungen, Corps und Landsmannschaften, deren

Rituale die jungen Naturwissenschaftler fast durchweg ablehnten.[47] Johannes Walther, der bald Duisbergs engster Freund in Jena wurde, schrieb Ende 1915 über die Gründung des Vereins: «Als wir im Jahre 1880 unseren N. W. V. gründeten, geschah es in der Absicht, eine Verein. von Studenten der Universität Jena herbeizuführen, die sich für Farben- und Mensurwesen nicht interessierten, die aber in gegenseitiger wissenschaftlicher Anregung bei Vorträgen und Discussionen eine notwendige Ergänzung ihres Studienganges erblickten. Auch die bei Farben- und Mensurwesen unvermeidlichen höheren Ausgaben widersprachen den Grundsätzen, die wir an die Verfassung eines studentischen N. W. V. stellten.»[48] Im Naturwissenschaftlichen Verein hielt sich Duisberg allerdings auch zurück. In den Kommerszeitungen taucht er nur gelegentlich auf. Als im Vorfeld von Duisbergs 25. Berufsjubiläum 1909 nach Anekdoten aus seiner Studentenzeit gesucht wurde, gab es aus Jena wenig zu berichten: «Aus den Notizen scheint hervorzugehen, daß D. (activ vom Mai 80 bis Mai 82) zunächst kein großes Kneipgenie gewesen ist. …. Erst am Schluß seiner Jenenser Tage sehen wir ihn in No. II der Zeitung bei Gelegenheit einer Weihnachtsfeier als ‹gekröntes Haupt› vor dem aufgeschlagenen Kommersbuche die Praesidienglocke wohl in der fidulitas schwingen. Unter ‹neueste Litteratur› finden wir u. a. die Ankündigung zweier epochemachender Werke von D. unter dem Titel ‹Erfahrungsweisheit auf dem Gebiete des Bierpraesidiums› und ‹Ueber den Nutzen der Sandbäder im Allgemeinen und Speziellen›.»[49]

Duisberg war ein scharfer Gegner des gesamten studentischen Brauchtums, das gerade in Jena, dem Hort der Urburschenschaft, ausgesprochen stark war.[50] Die Ablehnung des Verbindungswesens und seiner Bräuche sollte sich später zu einer Art Obsession steigern, auch weil er das den Verbindungen nachgesagte Protektionswesen entschieden ablehnte. «Ist es auch für den jungen Studio verlockend, durch äussere Abzeichen der Aussenwelt zu zeigen, zu welcher Korporation er gehört, nach welchen Prinzipien er zu leben und zu handeln beschlossen, so darf es einem alten Herrn (Duisberg war 27, als er diese Sätze diktierte!, W. P.) nicht verübelt werden, wenn derselbe aufgrund seiner Erfahrungen, die das Philisterium gezeitigt, darauf hinweist, dass der schroffe Gegensatz, der dadurch auf den Universitäten hervorgerufen wird, verschwindet und dass nicht Protection es ist, welche den Menschen zum Manne macht, sondern das eigene Verdienst, das durch derartige Abzeichen nicht gefördert wird.» Und dann schloss er in einem Schreiben an den N. W. V. in Jena eine Art Credo an: «Mag der einzelne denken, was im-

4 | Der Naturwissenschaftliche Verein zu Jena, Sommersemester 1881

mer er auch über die Pflichten eines Studenten denken will, bleibt seine Ehre gewahrt, so hat er auch dasselbe Anrecht auf Fortkommen, wie Derjenige, der mit seiner Ehre prahlt; ihm wird, wenn er Wissenschaftlichkeit und Fleiß zur Parole wählt, mehr Erfolg als Anderen blühen.»[51] Spätere Versuche, den N. W. V., der ihn 1890 zum Ehrenmitglied machte, in Richtung einer farbentragenden Verbindung zu ändern, verfolgte Duisberg – gemeinsam mit seinem Freund Johannes Walther – mit Misstrauen.[52] Für Duisberg war dies vor allem der Weg in die Saufkumpanei, der er sich während des Studiums nicht hingegeben hatte – von der Sauferei im Anschluss an die bestandenen Promotionsexamen abgesehen, die Duisberg mit einer Ordnungsstrafe von 10 Mark vergleichsweise teuer zu stehen kam, weil er und seine Studienfreunde in den Straßen Jenas randaliert hatten.[53] In den ersten Jahren nach dem Ende des Studiums besuchte Duisberg noch regelmäßig die Stiftungsfeste des Vereins,[54] nahm am Leben der Alten Herren Anteil und war auch mit Geschenken großzügig.[55] Die Stiftung einer Haeckel-Medaille durch den N. W. V. unterstützte er besonders eifrig.[56]

Es entsprach also durchaus auch Duisbergs Persönlichkeit, wenn er während der Jenaer Studienjahre die Freizeit mit seinen engeren Freunden

Johannes Walther und Carl Hauptmann, die er beide im Naturwissenschaftlichen Verein kennengelernt hatte, nicht sehr studentisch verbrachte, zumindest nicht in einem traditionellen Sinn: Nußecken und Kaffee spielten eine größere Rolle als Bier.[57] Montags traf man sich im Naturwissenschaftlichen Verein; nach Duisbergs Erinnerung war auch Ernst Haeckel oft zu Gast.[58] Überhaupt seien die Jenaer Naturwissenschaftler alle Anhänger des «deutschen Darwin» gewesen: «Wir standen vollkommen unter seinem Einfluß, denn wir waren alle Freigeister und begeistert von Haeckels Ideen.» In Jena seien sie als «Haeckelianer» bekannt gewesen. Duisberg vertrat auch später stets Haeckels Weltsicht und dessen biologische Abstammungslehre; selbst als ihm die ev.-theologische Fakultät der Universität Marburg die Ehrendoktorwürde verlieh, machte er aus seiner Skepsis gegenüber der christlichen Schöpfungslehre keinen Hehl und bekannte sich als Schüler Haeckels.[59] Vor allem dürfte dessen Zuspitzung der Konflikte der Zeit auf eine Art Kampf zwischen Fortschritt und Obskurantismus auf Duisberg eine große Faszination ausgeübt haben, da der eigene Lebensentwurf als Naturwissenschaftler hierdurch eine höhere Weihe bekam.[60] Der Haeckelsche Monismus[61] hielt Duisberg freilich Zeit seines Lebens auch nicht davon ab, selbst eher obskurantischen Ideen nachzuhängen, sich das Geburtshoroskop legen zu lassen oder der seinerzeit populären Graphologie zu huldigen.

Der Haeckelianismus war wohl eher eine Mode, Duisberg äußerte sich später selten «monistisch». Aber die Haeckel-Mode prägte eine Art materialistisch-pragmatischer Grundhaltung, und Duisbergs unbedingter Leistungswille, ja seine Vorstellung, ohne Leistung gehe jede Welt unter, mochte mit dem im Haeckelschen Denken zumindest angelegten Sozialdarwinismus korrespondieren. Überdies kam ihm Haeckels «Hemdsärmeligkeit» im wissenschaftlichen Arbeiten, die Beobachtung und Probieren dem systematischen Arbeiten vorzog, entgegen. Ansonsten spielten philosophische Fragen bei Duisberg keine große Rolle. Ebenso wenig die Politik, auch wenn die Grundhaltung «oppositionell» gewesen sei: «Jugend ist immer radikal.»[62] Es dürfte ohne Zweifel von einer gewissen Brisanz gewesen sein, sich zu Haeckel und damit im Grunde zu einer Lehre der Evolution zu bekennen, die zum christlichen Schöpfungsglauben in unmittelbarem Widerspruch stand.[63] Duisberg bekam das später, nach seiner Rückkehr ins Wuppertal, auch zu spüren, als dort ein von ihm vorgeschlagener Vortrag seines Freundes Johannes Walther über die «Sintflutsage im Lichte der Naturwissenschaft» nicht auf Gegenliebe stieß: «Schöne Denker das – nicht wahr», schrieb

5 | Duisberg mit seinen Studienfreunden Carl Hauptmann und Johannes Walther, 1881

er an Walther.[64] Das einzige politische Ereignis aus seiner Studentenzeit, über das Duisberg berichtet, ist eine Protestveranstaltung der Jenaer Studenten gegen die Schikanierung deutscher Studenten in Prag. Da habe er als Vorsitzender des N. W. V. eine Protestversammlung geleitet und diese, als sie wegen eines Streits zwischen Corps-Studenten und Burschenschaftlern aus dem Ruder zu laufen drohte, dadurch zusammengehalten, dass er das Deutschland-Lied singen ließ. 1880 mochte das zumindest insofern «oppositionell» erscheinen, als Bismarck die Prager Studentenunruhen für eine innerösterreichische Sache erklärt hatte, die das Reich nichts angehe.[65] Ansonsten war Duisberg politisch nicht wirklich interessiert, auch wenn er im Grunde «vaterländisch» dachte.[66] Jahrzehnte später erklärte er in der Vossischen Zeitung seine damalige Haltung, nicht ohne Seitenhieb auf die Zeitströmungen in der Weimarer Republik: «Ich sag's den Studenten immer wieder, sie sollen sein wie wir früher. Wir haben uns alles angehört und von allem gelernt. Dazu ist die Jugend da. Nicht zum ‹Stellung nehmen› und Politik treiben. Aber was wollen Sie, wenn man Zwanzigjährigen das Wahlrecht gibt!»[67]

Das alles lässt nicht an eine sonderlich aufregende Studentenzeit denken, die aber vielleicht nicht ganz so langweilig war, wie Duisberg sich später erinnern wollte. Eine Reise mit Johannes Walther nach Holland führte immerhin nach Amsterdam, Utrecht und Den Haag, musste aber schließlich wegen Geldmangels abgebrochen werden.[68] Von weiteren Reisen, größeren Wanderungen, kulturhistorischen Exkursionen gar ist nirgends die Rede; die Freunde machten allerdings häufig Ausflüge in die in der Tat hübsche Umgebung Jenas. Duisbergs Studentenjahre haben auch sonst wenig Spuren hinterlassen; Briefe an seine Eltern aus dieser Zeit finden sich nicht. Ob Duisberg ihnen seinen Alltag schilderte, ob er von Problemen während des Studiums berichtete, ist nicht bekannt. Wahrscheinlich ist es nicht, da er stets sehr pragmatisch und erfolgsorientiert war. Er gestattete sich keine Abschweifungen und dürfte auch gegenüber den Eltern, insbesondere der Mutter, diese Seite hervorgekehrt haben. Zu den Ausflügen, die er mit Johannes Walther unternahm, gehörten auch Besuche in dessen Elternhaus, wo sich Carl Duisberg in Walthers Schwester verliebte. Er habe diese Verbindung, die wohl nicht unrealistisch war, schließlich aufgegeben, weil er noch keinen Studienabschluss hatte und materiell nicht gesichert war, was ihm nach eigener Darstellung nicht leichtfiel: «Das hübsche junge Mädchen hatte einen tiefen Eindruck auf mich gemacht, ja, ich war drauf und dran, ihr meine Liebe zu gestehen. Aber ich habe den Mund gehalten und nichts gesagt, denn ich wollte mich nicht binden, solange ich Student war. Bei einem Spaziergang in der Umgebung von Dermbach war die kritische Stunde, in der ich glaubte, von meiner Liebe sprechen zu müssen. Ich habe nichts gesagt, nur mein Spazierstock musste dran glauben. An einem Baum habe ich ihn in Fetzen zerschlagen.»[69]

Mit Geuther kam er nach dem Rigorosum ganz gut zurecht. Als Duisberg sich erfolgreich um die Stellung eines Nahrungsmittelchemikers im Rheinland bemühte, riet ihm Geuther ab und bot ihm eine freilich nicht sonderlich gut dotierte Privatassistentenstelle in seinem Laboratorium an. «Ich schlug ein und damit war ich Privatassistent und habe mit Geheimrat Geuther zusammen eine Reihe sehr schöner Arbeiten auf dem anorganischen und organischen Gebiet gemacht.»[70] Geuther bescheinigte ihm am 5. September 1882 eine halbjährige Privatassistenz.[71] Duisberg wollte anschließend in die Industrie wechseln, nach eigener Auskunft wurde ihm jedoch auf seine Bewerbungen wiederholt mitgeteilt, bevor er seinen Militärdienst nicht absolviert habe, sei an eine Einstellung nicht zu denken.[72] Daher leitete er im Sommer 1882 seinen Eintritt in das Münchener Infanterie-Leibregiment in die Wege und verließ im Herbst 1882 Jena. Geuther lehnte allerdings zu Duisbergs Überraschung dessen Kündigung zum September 1882 mit der Begründung ab, er dürfe seine Stellung nur zum Übertritt in die Industrie aufgeben, nicht aber wegen des Militärdienstes.[73] Duisberg reagierte auf die Vorhaltungen ausgesprochen aggressiv: «Mit diesen Worten wollte Geheimrath Geuther das Laboratorium, in dem sich die ganze Unterhaltung abspielte, verlassen. Da packte mich ein fürchterlicher Zorn, und ich warf ihm einen Glaskolben, den ich gerade zum Reinigen in der Hand hatte, vor die Füße, dass er in tausend Stücke sprang.»[74] Duisberg wurde schnell klar, dass eine derartige Undiszipliniertheit geeignet war, seine Aussichten auf den Rang eines Reserveoffiziers zu verdüstern: Was würde passieren, wenn Geuther den Vorfall an die große Glocke hing? Auf Anraten des Jenaer Rektors schrieb er Geuther einen Entschuldigungsbrief, aber nicht, weil er sich versöhnen wollte, sondern um Schlimmeres zu verhüten. Beruhigt hatte er sich keineswegs, im Gegenteil beherrschten ihn Vernichtungsphantasien: Ich «mag … nicht gern an die unangenehme Affaire mit Geuther denken, da mir noch jetzt bei dem bloßen Gedanken daran das Blut zu Kopf steigt. Solch ein elender Schuft wie G. verdiente wahrhaftig als Lehrer seiner Tätigkeit entsetzt zu werden.»[75]

4 | Der Weg in die Fabrik

Anfang September 1882 kehrte Carl Duisberg für einige Wochen nach Barmen zurück, wo er sich bald unwohl fühlte: «Schon nach 8tägiger Anwesenheit hier in Barmen bin ich das hiesige Leben leid; da überall das kaufmännische Wesen und Gebahren (!) vorherrscht und Jeder so schnell wie möglich in meist rennender Weise sucht Geld zu verdienen. Zu höherem, ja selbst zu dem niedrigsten höheren Gedanken können sich diese Reiseonkels nicht emporschwingen. Hier gibt es weder Kunst noch Wissenschaft, weder Theater noch Konzert. Selbst zu einem gemütlichen Freundesverkehr, wie ich ihn in Jena gewohnt bin, will es hier nicht kommen, da fast alle meine Bekannten im Geschäfte tätig sind, oder aber examensochsender Weise sich in die Klausel (!) zurückziehen. Kurz, wenn ich hier nicht bei meinen Eltern weilte, so wäre es nicht auszuhalten.»[1] Ganz ähnlich hatte sich Jahrzehnte zuvor Ferdinand Freiligrath, der für einige Zeit in Barmen als Schreiber tätig war, geäußert und Barmen ein «vermaledeites Nest, prosaisch, kleinstädtisch, dünkelhaft und verletzend, wie kein anderes» genannt.[2] Auch jetzt, 50 Jahre später, hatte sich wenig geändert; die verschiedenen Kirchengemeinden, gleich, ob reformierter oder lutherischer Provenienz, verdammten den Karneval, ja, bekämpften alles, «was den herkömmlichen christlichen Tugenden der Schlichtheit, der Bescheidenheit und der inneren Besinnung zuwiderlief», namentlich «Schandliteratur», Bälle, «Tingeltangel» und alle Formen von Wirtshäusern.[3] Nur die Aussicht auf die baldige Abreise in das «heitere München» hielt den frustrierten Studenten, der hier über das Philisterium klagte, aufrecht. Vorerst stürzte er sich, einsam, wie er war, in «schöne Literatur», nach Auffassung seiner Umgebung «Schandliteratur», wozu er populäre Geschichtsromane, aber auch einen Text von Gustav Freytag oder Gottfried Kinkels Gedichte rechnete.

Viel Zeit zum Lesen in «dem großen Dorfe», wie er Barmen titulierte, blieb Duisberg allerdings nicht, da er bereits zum 1. Oktober 1882 seinen Dienst im Münchener Infanterie-Leibregiment anzutreten hatte. Warum der Preuße Carl Duisberg zum Wehrdienst in die Hauptstadt des Königreichs Bayern ging, darüber lässt sich im Nachhinein nur spekulieren. Seine Offizierspersonalakten, die im Kriegsarchiv des Bayerischen Hauptstaatsarchivs lagern,[4] geben darüber keine Auskunft. Dort erfährt man zwar, dass der 1,68 m große und uneingeschränkt felddienstfähige Mann einen «energischen Charakter» sowie einen kräftigen, gedrungenen Körper[5] hatte und sich «moralisch tadellos» verhielt, über seine Gründe, zum Militärdienst in den Süden zu ziehen, findet man aber nichts.[6] Auch in seiner Autobiographie schweigt sich Duisberg über seine Gründe aus.[7] Flechtner, Duisbergs erster Biograph, nennt «die Wahl dieses Regiments und damit Münchens als Garnisonsstadt» wohl glücklich; warum Duisberg von der Universität Jena ausgerechnet dorthin ging, sagt aber auch Flechtner nicht.[8]

Für München sprach vor allem Adolf Baeyer, «der Glanz und der Ruhm des helleuchtenden Sterns am chemischen Firmament»[9]. Nach seiner Promotion im Frühjahr 1882 hatte sich Duisberg unter anderem auch bei den Farbenfabriken im heimischen Elberfeld beworben. Carl Rumpff, Schwiegersohn von Friedrich Bayer sen. und nach dessen Tod 1880 der Chef der Farbenfabriken vorm. Friedr. Bayer & Co., hielt ihn zunächst hin, stellte ihm dann aber eine Anstellung nach der Absolvierung seines Militärdienstes in Aussicht. Er empfahl ihm wohl auch, seinen Militärdienst zur chemischen Weiterbildung zu nutzen. Als sich Duisberg vor Ablauf seiner Militärzeit bei Carl Rumpff meldete, konnte er darauf verweisen, dass er im Sommersemester 1883 «Ihrem Wunsche entsprechend einige Stunden täglich in dem Laboratorium von Herrn Prof. Ad. Baeyer» gearbeitet und eine wissenschaftliche Untersuchung über Phenylacetessigester angestellt habe, die demnächst veröffentlicht werde».[10] Aus der Sicht Rumpffs, der an der Herstellung eines blauen Farbstoffes als Ersatz für den natürlichen Indigo sehr interessiert war, bot es sich in der Tat an, künftige Mitarbeiter zunächst zu Adolf Baeyer[11] nach München zu schicken, dem Ende der 1870er Jahre unter großem Aufsehen die erste Indigo-Synthese gelungen war. Die durch den Gründerkrach und die starke Konkurrenz bei den Alizarin-Farbstoffen gebeutelte Branche brauchte zukunftsträchtige Innovationen – und ein preiswerter und guter Ersatz für den natürlichen Indigo erschien als lukratives Geschäft.

Ansonsten sprach in dieser Zeit nicht so viel für München. Die Stadt galt noch Mitte der 1870er Jahre als außerordentlich ungesunder Ort. Als sich der spätere Chemienobelpreisträger Emil Fischer 1875 die Frage stellte, ob er mit seinem akademischen Lehrer Adolf Baeyer von Straßburg nach München wechseln sollte, waren seine Eltern «entschieden dagegen ... Der

Typhus war so weitverbreitet, dass junge Leute aus dem Rheinland, falls sie nicht durch vorherige Erkrankung immunisiert waren, ziemlich sicher darauf rechnen konnten, in München infiziert zu werden. Und zwei Jahre vorher, im Jahre 1873 hatte dort auch die Cholera sehr stark gehaust. Zudem war das Klima der hochgelegenen Stadt mit rasch wechselnden Temperaturen im Rheinland gefürchtet.»[12] Adolf Baeyer konnte Fischer, der später mit zum Ruf des Chemischen Instituts der Universität beitrug, nur dadurch zum Wechsel überreden, dass er ihm den hygienischen Schutz der Pettenkoferschen Schule[13] versprach: «Wir lernten durch Baeyer die Assistenten Pettenkofers kennen, unter ihnen besonders Dr. Forster … Er besaß eine Typhuskarte der Stadt, in der nicht allein die verdächtigen Straßen, sondern die einzelnen Häuser mit Typhuserkrankung bezeichnet waren. Wir haben nach dieser Karte unser Quartier in der gesunden Umgebung des chemischen Instituts (Arcisstraße 1, W. P.) gewählt und sind auch sonst immer dem hygienischen Rat von Forster gefolgt.»[14] Fischers Skepsis gegenüber München war keine Einzelmeinung. «Münchens Ruf in sanitärer Hinsicht hatte … einen derart tiefen Stand erreicht, dass nicht zuletzt nach der Choleraepidemie von 1873 Wissenschaftler in internationalen Magazinen von einem Besuch der Stadt ausdrücklich abrieten.»[15] Maßnahmen zur Verbesserung der Frischwasserversorgung und die Einrichtung einer umfassenden Kanalisation senkten die Seuchengefahr in den folgenden Jahren allerdings deutlich. Seit 1880 ging die Zahl der Typhus-Fälle zurück. Duisberg konnte es also wagen, an die Isar zu kommen.

Zunächst ließ ihm sein Dienst allerdings keine Zeit, um sich chemischen Studien zu widmen. In seinen Lebenserinnerungen schildert er die ersten Wochen der Grundausbildung als durchaus hart, doch habe er sich geschickt angestellt und bereits frühzeitig das Wohlwollen seines Kompanieführers erworben.[16] Die Karriere beim Militär verlief in den üblichen Bahnen. Zum 1. April 1883, also nach sechs Monaten Dienst, wurde er Gefreiter, den aktiven Dienst verließ er Ende September 1883 als Unteroffizier der Reserve. Zum Secondeleutnant der Reserve im 12. Infanterieregiment wurde er nach weiteren Reserveübungen erst im Januar 1886 befördert. Nach dem Ende der aktiven Zeit wurde er 1890 dem 1. Aufgebot der Landwehr zugeteilt. Nach weiteren Wehrübungen avancierte Duisberg schließlich Ende Oktober 1894 zum Premiereleutnant der Reserve. Im Februar 1905 reichte er seinen Abschied ein und weigerte sich auch, für den Mobilisierungsfall einer Reaktivierung zuzustimmen.[17] Insgesamt war Duisberg kein besonders militärisch orientierter Mensch, nicht zuletzt, da

6 | Carl Duisberg als Einjährig-Freiwilliger, 1883

es ihm schwerfiel, sich im Zweifelsfall unterzuordnen. Bei der Einstellung von Chemikern für die Farbenfabriken schätzte er ein Reserveoffizierspatent später allein deshalb, weil der betreffende Kandidat den Umgang mit Menschen, insbesondere mit Untergebenen gelernt habe.

Nach dem Weltkrieg verlor Duisberg jedes Interesse am Militär, wurde ihm gegenüber sogar fast feindselig. Der Vereinigung ehemaliger Angehöriger des Leibregiments beizutreten, lehnte er ab: «Wenn ich mich auch noch gern meiner Münchener Militärzeit erinnere, so bitte ich Sie doch freundlichst, von meiner Zuwahl in die Vereinigung vormaliger Angehöriger des kgl. Bayrischen Infanterie-Leib-Regiments absehen zu wollen, da ich durch den leider zu unseren Ungunsten entschiedenen Krieg das Interesse an allen militärischen Dingen verloren habe. Damit Sie aber sehen, daß ich den guten Zweck der Errichtung eines Denkmals für die im Weltkriege gefallenen Regimentskameraden auch voll und ganz anerkenne, lasse ich Ihnen nebengehend M 1000,– zugehen, über die Sie zugunsten des vorgenannten Denkmals verfügen wollen.»[18] Als Ferdinand Sauerbruch um die Unterstützung deutscher Offiziere im Ausland durch die I. G. Farben bat, machte Duisberg aus seiner Ablehnung des Militärs kein Hehl: »... auch politisch betrachtet, legen wir in der Lage, in der wir uns heute befinden, einer solchen militärischen Betätigung deutscher Offiziere keine Bedeutung bei. Im Gegenteil fürchten wir, dass uns daraus nur immer und immer wieder Unannehmlichkeiten aller Art erwachsen. Wir hier im besetzten Gebiet, die wir dauernd sehen, dass da, wo der Kommiss-Stiefel hintritt, bildlich gesprochen, wirtschaftlich kein Gras wächst, was ja auch bei der Tendenz, die jedes Militär hat, nicht aufzubauen, sondern zu vernichten und zu zerstören, kein Wunder nimmt. Wir werden von Tag zu Tag mehr antimilitaristisch, als wir es durch den verlorenen Krieg und seine Folgen an sich schon geworden sind.»[19]

Die Grundausbildung in München dauerte nur zwei Monate. Danach hatte Duisberg mehr Zeit und musste vor allem nicht mehr mit den übrigen Mannschaften in der Kaserne leben. Er fand eine Unterkunft in der Innenstadt, in der Nähe des späteren Deutschen Museums, als Untermieter bei einem «Leibhardschier» (umgangssprachlicher Name für einen Angehörigen des Leibregiments), dessen Frau ihn mitversorgte. Obwohl Duisberg noch nicht an der Universität unterkam, konnte er bereits erste Kontakt zum dortigen chemischen Seminar knüpfen, an dessen «Kneipabenden» er gelegentlich teilnehmen durfte: «Wenn uns auch die militärischen Pflichten im ersten Halbjahr tagsüber meist voll und ganz in Anspruch nahmen, so fand sich doch abends am Stammtisch im Deutschen Kaiser oder einmal wöchentlich auf der Kegelbahn ein Kreis lieber Freunde und Kollegen zusammen, von denen ich nur die folgenden hier besonders hervorheben und nennen möchte: Otto Fischer, Wilhelm Koenigs, Hans v. Pechmann, Theodor Curtius, Eduard Buchner, Claisen, Leukhardt, Friedländer, Bamberger, Rudolf Geigy, W. H. Perkin usw. Des öfteren erschien auch Adolf Baeyer selbst.»[20] Das war eine Versammlung vielversprechender junger Chemiker und Studenten, von denen viele später Universitätsprofessuren erhielten. Für Duisberg, der bisher lediglich die Arbeit in Geuthers Jenaer Seminar kannte, musste das wie eine ganz neue Welt wirken. Die meisten Abende verbrachte er freilich zu Hause, nicht selten gemeinsam mit seinem Studienfreund Johannes Walther, der ihm nach München gefolgt war, aus gesundheitlichen Gründen aber nicht zum Militär musste, sondern ein Studium der Paläontologie aufgenommen hatte.

In seinen Lebenserinnerungen schildert Duisberg den Eintritt in das Münchener Universitätslaboratorium.[21] Ausgestattet mit einem Empfehlungskärtchen von Ernst Haeckel,[22] stellte sich der Gefreite Duisberg wahrscheinlich im Januar oder Februar 1883 bei Adolf Baeyer als bereits promovierter Chemiker vor und bat darum, in dessen Universitätslaboratorium einen Arbeitsplatz zu bekommen. Diese Art des Hospitierens war zu jener Zeit nicht unüblich. Baeyer, der für seine schroffe, einsilbige Art gegenüber Fremden bekannt war, meinte allerdings, als er Duisbergs Uniform sah, eine Viertelstelle möchte dem militärisch doch sehr beschäftigten jungen Mann genügen. Duisberg bekam zum Sommersemester dann aber einen halben Arbeitsplatz im Laboratorium, den er nach Dienstende vormittags von 10 bis 13 Uhr und nachmittags nach dem Ende weiteren militärischen Unterrichts nutzen konnte.[23] Dort lernte er nicht nur die modernen Verfahren der chemischen Analyse und Stoffdarstellung kennen, an die ihn sein bisheriger Lehrer in Jena nicht herangeführt hatte, sondern fand in Hans von Pechmann auch ein Vorbild: «Noch heute (1907, W. P.) stehe ich bewundernd vor dem großen Experimentator und Synthetiker, der mich an Stelle der älteren und umständlicheren Methode, wie ich sie in Jena erlernt, mit den einfachsten Mitteln chemisch zu arbeiten lehrte, und dem ich nach dieser Beziehung hin unendlich viel verdanke. Er verstand es, durch Reagensrohrversuche die widerstrebendsten Verbindungen in kürzester Frist zu meistern. Ähnlich wie sein Lehrer Adolf Baeyer sah er sich die chemischen Körper so lange an, reizte und neckte sie, bis sie ihm etwas Neues zeigten oder sagten oder ihre Eigenart enthüllten.»[24] Diese Art zu arbeiten war ganz nach Duisbergs Geschmack.

Hans von Pechmann prägte Duisberg nicht nur wissenschaftlich. Das Münchener Labor war der Inbegriff einer akademischen Männergemeinschaft[25], die sich durch eine Vielzahl von wissenschaftlichen und freundschaftlichen Banden als außerordentlich lebenskräftig und erfolgreich erwies. Es gelang ihr über Jahrzehnte, immer wieder erfolgreiche Chemiker hervorzubringen. Die Mitarbeiter des Laboratoriums forschten miteinander, verbrachten ihre Abende zusammen, gingen gemeinsam in den Ferien in die Berge oder in den Süden, zum Teil lebten sie in Wohngemeinschaften, um es modern auszudrücken. Das hatte auch damit zu tun, dass zwischen den 1850er Jahren und der Mitte der 1920er Jahre überhaupt nur drei Professoren den großen chemischen Lehrstuhl innehatten, und zwar nacheinander Justus von Liebig, Adolf (von) Baeyer und Richard Willstätter, wobei letzterer, der Baeyer 1916 im Amt folgte, selbst aus dessen Schule kam.[26] Vor allem Baeyers lange Tätigkeit wirkte schulbildend.[27]

Baeyer war fast 30 Jahre Ordinarius der Chemie in München; in seine ersten Jahre fiel eine grundlegende Reform der chemischen Laborarbeit und ein Neubau des chemischen Laboratoriums. Danach wurde auf avanciertem Niveau gelehrt und geforscht, wobei es Baeyer, der sich aus dem alltäglichen Betrieb weitgehend heraushielt, immer wieder gelang, bedeutende Nachwuchswissenschaftler an sich zu binden. Die treibende wissenschaftliche Kraft, kurz bevor Duisberg dazu stieß, war der Privatdozent Emil Fischer[28]; das Labor war das Reich der Assistenten Wilhelm Koenigs[29] und Hans von Pechmann[30], die den Arbeitsstil und den Ton entscheidend prägten. Friedrich von Müller, Ende der 1870er Jahre Student der Medizin in München, später langjähriger Direktor der Münchener Universitätsklinik und Arzt Carl Duisbergs, hörte auch chemische Vorlesungen und gab das Klima im chemischen Laboratorium so wider: «Durch meine Freunde Gustav von Zwehl und Ludwig Knorr, welche beide Chemiker werden wollten, kam ich in näheren Kontakt mit den Chemikern der Baeyerschen Schule. Emil Fischer und die anderen Mitarbeiter und Schüler Baeyers nahmen sich ihrer Studenten freundlich an. Ich durfte an ihren Kneipabenden teilnehmen, an denen es unter der Führung des Rheinländers Dr. Königs, der beiden Fischer und ihrer Münchener Freunde außerordentlich feuchtfröhlich zuging und gewaltige Mengen von ‹Böwlchen› getrunken wurden. Meist wurden sehr schlechte Witze gerissen, aber doch blitzten an diesen langen Abenden oft die Ideen und Debatten jener Männer auf, die sich fast ausnahmslos im späteren Leben zu bedeutenden Persönlichkeiten entwickelt haben. Emil Fischer war ihr Haupt und Anführer. Im Laboratorium war er streng und sorgte für sauberes Arbeiten.»[31] Wilhelm Koenigs und Hans von Pechmann sahen sich nach Fischers Weggang in dieser Tradition und hielten die Disziplin hoch.

Duisberg nahm aus dem halben Jahr im Baeyerschen Laboratorium prägende Eindrücke mit, deren Bedeutung gar nicht überschätzt werden kann. Hier lernte er eine gute Labororganisation kennen und wurde in das ernsthafte und effiziente chemische Arbeiten eingeführt. Mit Hans von Pechmann zusammen arbeitete er weiter auf dem Gebiete des Acetessigesters und seiner Derivate. Daraus entstand eine von Duisbergs ersten Publikationen (gemeinsam mit Pechmann): «Über die Verbindungen der Phenole mit Acetessigäther».[32] Hier begriff er aber auch, dass Erfolg und Kameradschaft, ja gegenseitige Loyalität sich nicht ausschlossen, sondern geradezu bedingten. «Es herrschte ein schöner, kameradschaftlicher und wissenschaftlicher Geist unter der verhältnismässig geringen Zahl von Organikern im Baeyer'schen Laboratorium, und daneben kam auch der Humor zu seinem Recht. Selbst bescheidene Entdeckungen wurden durch ein ‹Extra-Fläschchen› beim gemeinsamen Mittagstisch gefeiert. Sprang ein Kolben oder Becherglas oder brannte etwas an, so erklang die teilnehmende Frage: ‹Nun, tüchtig am Entdecken?› An derartigen spöttischen Bemerkungen fehlte es nicht, indessen wusste man, dass die ebenso zu Scherz wie zu ernster Arbeit aufgelegten Collegen stets gerne bereit waren, mit Rath und That zu helfen.»[33] Und man war erfolgreich. Viele Baeyer-Schüler, wie etwa Theodor Curtius[34], Eugen Bamberger[35], Johannes Thiele[36], Ludwig Claisen[37] oder August Darapsky[38], von Emil Fischer und Richard Willstätter ganz zu schweigen, machten akademische Karriere. Das sprach für sich.

Wilhelm Koenigs und Hans von Pechmann gaben auch den Ton an, wenn es um Freizeitgestaltung und Reisen ging. «Beide», so erinnerte sich der spätere Heidelberger Ordinarius der Chemie Theodor Curtius, «besaßen dieselbe Empfänglichkeit für alles Schöne in Natur und Kunst, für fremde Völker und Sitten. Die Herbstferien waren meist längeren Aufenthalten an einzelnen Orten der Tiroler oder Schweizer Alpen gewidmet. … Die Zeit der Osterferien und des späten Herbstes wurde sehr oft in Bozen, am Gardasee oder an der Riviera zugebracht, besonders seitdem von Pechmann Orte wie Salo, Rapallo oder Cannes eigentlich erst für seine Freunde entdeckt hatte. Allmählich wurden in den Osterferien die Ziele immer weiter gesteckt: Venedig, Florenz, Rom, Capri, Neapel, Salerno, Paestum, Amalfi, Sizilien, Korsika, Dalmatien; dann der Orient mit Konstantinopel, Athen und Korfu, Ägypten bis zum ersten Katarakt, Algier mit Biskra, Constantine und Tunis.»[39]

Für Duisberg wurden Hans von Pechmann und Wilhelm Koenigs zu Leitfiguren. Die Freundschaft zu Pechmann endete erst mit dessen Freitod 1902: «Während dieser zwar kurzen, aber arbeitsreichen, mir unvergesslichen Zeit im Münchener Laboratorium im Jahre 1883 wurde durch gegenseitiges Kennenlernen und Verstehen die Freundschaft besiegelt, die mich mit Hans von Pechmann fast 19 Jahre lang auf's innigste verbunden hat.»[40] Mit Wilhelm Koenigs,[41] der über Weihnachten stets seine Familie im Rheinland besuchte, traf sich eine Münchener Runde jeweils Ende des Jahres zum «Fest der unschuldigen Kindlein»[42] im Kölner Domhotel, um Erinnerungen auszutauschen und Freundschaften zu pflegen. Duisberg bemühte sich auch nach seiner Münchener Zeit um enge Kontakte, nicht zuletzt weil ihm über die Münchener Chemie der Zugang zu Talenten und Ideen leicht möglich schien, eine Hoffnung, die trotz der Bindung Adolf Baeyers an die BASF nicht trog. Aber auch Adolf Baeyer pflegte die Beziehung zu Carl Duisberg, insbesondere nachdem dieser in Elberfeld bzw.

Leverkusen in eine einflussreiche Position gekommen war. Zu seinem 25-jährigen Geschäftsjubiläum verschaffte er ihm 1909 den Ehrendoktor der medizinischen Fakultät der Münchener Universität. Duisberg war hingerissen: «Man hat mich von allen Seiten derartig erfreut und geehrt, dass ich stolz und eingebildet werden könnte; aber ich bin zu kritisch veranlagt, um dies alles meinem Konto gut zu schreiben. Ich wälze ab, wo immer ich kann, und da müssen Sie es sich gefallen lassen, wenn ich auf Sie hinweise und Sie anführe als denjenigen, der mir Vorbild war und ist, dem ich nicht nur mein äußeres Ansehen verdanke, sondern der mir auch durch seine Persönlichkeit und die mir stets erwiesene Freundschaft den Weg gewiesen hat, den ich in wissenschaftlicher Richtung einzuhalten habe und den die Technik wandeln muss, wenn ihr Erfolg von Dauer sein soll. Daher meine Bewunderung und Verehrung für Sie, der ohne es direkt zu sein mein bester Lehrer war und daher meine Anhänglichkeit und Dankbarkeit an und gegen das ganze Haus Adolf von Baeyers.»[43]

Im Herbst 1883 war die Münchener Zeit zu Ende, Duisberg packte seine Sachen und kehrte ins Wuppertal zurück. An der Isar hatte er die moderne chemische Forschung kennengelernt und Menschen gefunden, mit denen ihn eine dauerhafte produktive und wohl auch freundschaftliche Beziehung verband. Mit Adolf Baeyer war das persönliche Verhältnis zwar kühl geblieben, doch konnte Duisberg sich nun immerhin zur Baeyer-Schule rechnen, was in der Welt der organischen Chemie dieser Jahre schon etwas hieß. Aus dem Münchener Jahr nahm Duisberg aber nicht nur wichtige Eindrücke für seine chemische Arbeit mit; es scheint, dass er sich hier auch über seine Ambitionen und Lebensziele klarer wurde, denn in den Abschlussbericht, den er als Einjährig-Freiwilliger über seine Dienstzeit abzugeben hatte, schrieb er, «das Bekanntwerden mit den militärischen Institutionen» sei für ihn als «Leiter einer chemischen Fabrik, welchem Beruf ich mich in Zukunft widmen will, von größtem, Nutzen gewesen».[44] Diese Aussage spricht für Duisbergs ausgeprägten Ehrgeiz. Der Karriere sollte er in Zukunft alles, aber auch wirklich alles unterordnen.

***

Duisbergs Anfang in den Farbenfabriken in Elberfeld war indes nicht vielversprechend. Das Unternehmen befand sich 1883 in keiner besonders guten Verfassung. Gemessen an den Hauptkonkurrenten BASF, Hoechst, Cassella und Agfa waren die Farbenfabriken weder bemerkenswert innovativ noch produzierten sie im Bereich der Anilinfarben und des Alizarin sonderlich effizient. 1884 bezahlte die 1881 gegründete Aktiengesellschaft noch eine kleine Dividende, obwohl sie keinen Gewinn gemacht hatte; 1885 fiel die Dividendenzahlung aus: Die Berliner Börsenzeitung bewertete die Aktie als «hochspekulativ» und riet vom Kauf ab.[45] Das seit der Einführung von synthetischen Farben zunächst boomende Geschäft war aufgrund eines Überangebotes bei den wichtigsten Farbstoffen, insbesondere beim Rotfarbstoff Alizarin[46] schwierig geworden; überhaupt waren die wirtschaftlichen Rahmenbedingungen in den späten 1870er und den 1880er Jahren nach dem Gründerkrach nicht günstig.[47] Schwankende Rohstoff- und Zwischenproduktpreise belasteten das Geschäft mit Anilinfarben, und bei den neu entwickelten Azofarben kam es rasch zur Überproduktion. Die Elberfelder Farbenfabriken waren auch deshalb in einer besonders schwierigen Lage, weil sie nicht nur keine nennenswerte eigene Forschung betrieben; angesichts ihrer geringen Produktionstiefe wirkten sich Preisschwankungen bei Vor- und Zwischenprodukten unmittelbar auf Kosten und Erträge des Unternehmens aus. Bei den Konkurrenten in Ludwigshafen und Höchst war man autonomer. Es war klar, dass es zu strategischen Änderungen in Elberfeld kommen musste, wollte man gegen die intensive Konkurrenz bestehen.[48]

Friedrich Weskott und Friedrich Bayer sen. hatten in den 1860er Jahren zwar die großen Geschäftsmöglichkeiten im Bereich der Anilinfarben, des Mauve und des Fuchsin, schließlich auch des Alizarins erkannt und ausgenutzt, hatten aber in Barmen und später in Elberfeld zunächst nur die Farben zusammengemischt, getestet und vertrieben. Sie kauften alle Vor- und Zwischenprodukte und verarbeiteten sie nach der Methode «trial and error».[49] Der erste eigentliche Chemiker im Unternehmen war der 1864 eingestellte August Siller, der spätere Schwiegersohn Friedrich Weskotts, der aber keine akademische Bildung besaß, sondern von einer Fachschule kam.[50] Das gilt auch für den in den 1870er Jahren angeheuerten Techniker Eduard Tust, der die Alizarin-Herstellung auf eigene Faust im ständigen Probierverfahren wesentlich verbesserte.[51] Zum wirtschaftlichen Erfolg trug allerdings erst eine gründliche Reorganisation der Produktion in den 1870er Jahren unter Leitung des ersten akademisch gebildeten Chemikers der Farbenfabriken, Dr. Schaal, bei.[52] Der sich nun langsam einstellende wirtschaftliche Erfolg verlangte nach einer Vergrößerung der Produktionskapazitäten und der Fabrikorganisation.[53] Carl Rumpff erwarb das Betriebsgelände der fallierten Elberfelder Aktiengesellschaft für Chemische Industrie auf eigene Rechnung und ermöglichte damit eine deutliche Vergrößerung der Produktion.[54] 1877 stieg die tägliche Alizarin-Erzeugung

7 | Carl Rumpff, undatiertes Gemälde (1880er Jahre)

von 3500 auf 6000 kg an, und auch die Zahl der Beschäftigten nahm von 136 Arbeitern 1877 auf schließlich mehr als 300 im Jahr 1880 zu.[55] Ohne Rumpff wäre Bayer in der harten Konkurrenz auf dem Alizarin-Markt wahrscheinlich den überlegenen Wettbewerbern, insbesondere der BASF und Hoechst, schon früh erlegen. Und ohne ihn gäbe es keine eigene Industrieforschung im Wuppertal.

Da es vor 1877 in Deutschland keinen wirksamen Patentschutz gab, existierte auf dem Gebiet der Anilinfarben und der Alizarin-Herstellung eine geradezu mörderische Konkurrenz mit einem extrem hohen Preisdruck. Preisabsprachen der Firmen hielten in der Regel nur kurze Zeit, da der technische Fortschritt ihren Bestand immer wieder neu in Frage stellte. Eine Konvention der wichtigsten Hersteller von Alizarin[56], 1881 geschlossen, hielt nur wenige Jahre, weil Unternehmen wie die BASF und Hoechst, die kostengünstig produzieren konnten, sich nicht lange binden wollten. Dadurch war die Zahl der Pleiten unter den Farbenherstellern in Deutschland sehr viel größer als im vergleichsweise effektiv patentgeschützten England.[57] Jene Unternehmen in Deutschland, die in dieser Konkurrenz erfolgreich sein wollten, mussten gleichzeitig ständig Neuigkeiten auf den Markt bringen und deren kostengünstige Herstellung gewährleisten können. Die Farbenfabriken in Elberfeld stellten Alizarin zwar vergleichsweise kostengünstig her, hatten aber nach der Wende zu den 1880er Jahren kaum neue Produkte, da sie im Gegensatz zu den größeren Unternehmen wie BASF und Hoechst, aber auch im Gegensatz zu Cassella und Agfa keine Kontakte in die chemischen Wissenschaften besaßen, aus denen die neuen Produktideen bei der Farbenherstellung kamen.[58] Die großen Konkurrenzunternehmen wurden zudem durchweg von chemisch hochgebildeten Männern geleitet, während man bei den Farbenfabriken akademisch gebildete Chemiker in der Unternehmensleitung vergeblich suchte.[59] Wollten die Farbenfabriken in der Branche bestehen, musste die Meisterwirtschaft im Unternehmen in Frage gestellt werden.[60] Die Notwendigkeit der Beschäftigung akademisch gebildeter Chemiker lag auf der Hand. Doch als im Herbst 1883 Duisberg aus München zurückkam und um eine Beschäftigung in den Farbenfabriken nachsuchte, scheute das Direktorium den finanziellen Aufwand und lehnte seine Einstellung ab.

Rumpff, der 1882 eine Beschäftigung in Aussicht gestellt hatte, hielt sich jedoch an seine Zusage und engagierte Duisberg und zwei weitere Chemiker auf eigene Kosten. Da die Farbenfabriken kein eigenes Laboratorium besaßen, schickte er sie zur Überprüfung von Farbstoffpatenten erneut auf die Universität. Ausgestattet mit einem monatlichen Gehalt von 150 Mark machte sich Duisberg im Herbst 1883 an die Universität Straßburg auf. Dort sollte er im Auftrag von Carl Rumpff, der das entsprechende Patent von Paul J. Meyer erworben hatte,[61] Versuche anstellen, «ob es möglich ist, zu angemessenen Preisen vom Isatin zum Indigo zu gelangen».[62] Duisberg ging mit Feuereifer an die Arbeit, befürchtete aber bald, sowohl chemisch wie ökonomisch in eine Sackgasse geraten zu sein. Er habe zwar bei seinen Versuchen ein brauchbares Zwischenprodukt[63] gefunden, schrieb er an Johannes Walther, über das er auch gern veröffentlichen würde, aber allein der niedrige Indigo-Preis mache den eingeschlagenen Weg dorthin aussichtslos: «Was noch den Indigo betrifft, so ist es nicht denkbar, dass es gelingt, den natürlichen durch den künstlichen zu verdrängen, wenn letzteres nicht für 10 Mark pro Kilo – ein wahrer Jammer und Spottpreis – dargestellt werden kann.»[64] Duisberg erhielt in Straßburg zudem keinerlei Unterstützung, der Kontrast zum offenen und kreativen Klima in München hätte stärker nicht sein können: «Das Schaffen und Arbeiten, wie es chemisch hier geschieht, ist zwar sehr exakt und für Anfänger sehr zu empfehlen – entbehrt aber im Übrigen jeglicher Genialität, wie sie in München zu Hause.»[65] Duisberg fühlte sich isoliert: «Dass es da natürlich nicht angenehm ist, wenn man bei Ausführung von Gedanken und Ideen immer auf sich selbst angewiesen ist und nicht einmal mit einem anderen sich darüber unterhalten oder belehren lassen kann, scheint mir erklärlich.»[66]

Duisberg berichtete über seine Straßburger Arbeit und deren geringe Resultate laufend an Carl Rumpff. Zwischen November und Dezember 1883 fertigte er acht detaillierte Berichte über seine Versuche an, vom Isatin zum Indigo zu kommen,[67] um dann im Februar 1884 gegenüber Johannes Walther festzustellen, dass auf diese Weise ein ökonomisch sinnvoller Weg nicht möglich war.[68] Im Frühjahr 1884 kehrte Duisberg in das Wuppertal zurück und wartete auf neue Aufgaben: «Ob ich zurückkehren werde nach Straßburg oder vielleicht einer anderen Universität zuzueilen das Vergnügen haben werde, oder ob gar ein dumpfes Tor mich von früh bis spät in öde Fabrikmauern mit lärmenden und keuchenden Maschinen einschliessen soll», werde sich Ostern 1884 entscheiden.[69] Rumpff schickte ihn wieder nach Straßburg, diesmal aber mit einer anderen Aufgabe. Die Farbenfabriken hatten 1883 Peter Grieß' Azofarbenpatent[70] erworben und standen nun vor dem Problem, das neue Verfahren technisch umzusetzen. Dabei erwies sich eines der Zwischenprodukte der Azofarben, die Benzidinsulfondisulfosäure, als Problem, da sie sich technisch nicht leicht herstellen ließ. Duisberg begann daher, an der Benzidinsulfondisulfosäure zu arbeiten und erzielte, so die Memoiren, rasch schöne Resultate, als es ihm gelang, einen ertragreichen Weg zur Herstellung des Ausgangsstoffs der Säure, des Benzidins, zu finden. Bevor er sich allerdings mit der Herstellung der Säure selbst befassen konnte, wurde er zu einer Militärübung nach Ulm einberufen, die er mit der Beförderung zum Feldwebel der Reserve erfolgreich absolvierte. Danach ließ ihn Rumpff nicht mehr nach Straßburg zurück, sondern holte ihn endgültig nach Elberfeld. Am 29. September 1884, Duisbergs 23. Geburtstag, wurde der erste Arbeitsvertrag mit den Farbenfabriken geschlossen.[71]

***

Mit dem Eintritt in die Fabrik begann für den gerade 23-jährigen Carl Duisberg in jeder Hinsicht ein neuer Lebensabschnitt.[72] Sein Dreijahresvertrag sah ein jährlich um 300 Mark steigendes Anfangsgehalt von 2100 Mark vor; er würde sich stillschweigend um drei weitere Jahre verlängern, sollte er nicht zuvor gekündigt werden. Das war gemessen an der Summe von 1800 Mark, die er zuvor als Privatangestellter von Carl Rumpff verdient hatte, nicht überragend viel mehr, aber immerhin: Es gab jetzt eine Perspektive, und Duisberg sah das auch so. Schon im Mai 1885 schrieb er an Johannes Walther, er sei mit seinem Gehalt zufrieden: «Im Vertrauen Dir mitgeteilt empfange ich im 2. Jahr 800, im 3. 900, im 4. 1000 und 5. und 6. je 1200 Taler[73] Gehalt – für heutige Verhältnisse eine ganz hübsche Summe. Dazu werden Neuerungen und Erfindungen extra vergütet. Sollte es mir nun gelingen, einen schönen, roten Baumwollfarbstoff, den ich seit einigen Wochen kenne und bereits in sämtlichen Ländern zu Patent angemeldet habe, der voraussichtlich in nächster (Zeit) versuchsweise im Grossen dargestellt werden soll, der praktischen Verwendung zugängig zu machen, vor allem als Alizarin-Ersatz zu fungieren, so würde mir dieses auch von Vorteil sein. Alles dieses natürlich enter vous (!).»[74]

Der Eintritt Duisbergs in die Farbenfabriken markierte auch für das Unternehmen eine wichtige Zäsur. Die Farbenfabriken beschäftigten zwar bereits akademisch vorgebildete Chemiker, 1881 insgesamt zwölf. Anders als ihre großen Konkurrenten in Ludwigshafen und Höchst gab es an der Wupper aber keine Chemiker, die sich ausschließlich mit der Farbstoff-Forschung befassten[75] – und das, obwohl das Patentgesetz von 1877[76] eigene Forschung zur Voraussetzung für Patenterteilungen bzw. für die Überprüfung fremder Patente machte. Es war bezeichnend, dass die Beschäftigung von Chemikern ausschließlich zu Forschungszwecken und Patentfragen erst einmal aus der

Privatschatulle von Carl Rumpff erfolgen musste und sie am Anfang nicht einmal einen eigenen Arbeitsplatz in den Farbenfabriken erhielten. Mit dem Eintritt Duisbergs und weiterer Chemiker sollte sich das ändern, doch konnte er keinesfalls damit rechnen, mit offenen Armen aufgenommen zu werden. Die bisher Entwicklung und Produktion dominierenden Direktoren und Meister sahen in den neu eintretenden Chemikern vor allem eines: eine Konkurrenz, die es kleinzuhalten galt.[77]

Duisberg wurde mit dem Vertrag ein wenig das «chemische Mädel für alles». Er war den betriebsleitenden Meistern nachgeordnet, denen er neue Rezepturen zu liefern hatte, ohne selbst Einblick in die eigentliche Produktion zu erlangen.[78] Duisberg arbeitete in einem Hinterzimmer des Azo-Betriebes an den begonnenen Forschungen zu blauen Azofarbstoffen weiter und musste gelegentlich Patentschriften auswerten.[79] Frank, der Leiter des Azo-Betriebes, ließ ihn überdies mit einem gelben Azofarbstoff experimentieren, sodass Duisberg in seinem kleinen Hinterzimmer reichlich zu tun hatte.[80] Von einem Labor im strengen Sinne konnte keine Rede sein.[81] Die Arbeitsbedingungen waren für Duisberg und die anderen Chemiker, die mit ihm bzw. kurz nach ihm ihre Arbeit aufnahmen, alles andere als gut.[82] Der Chemiker Arnold Fischer, der 1885 seine Stelle in Elberfeld antrat, beschrieb das dortige Labor so: «Das Laboratorium bestand aus 2 Arbeitszimmern, einem Wägezimmer und einem Vorzimmer, welches als Spülraum diente. Die Wände dieser Räume waren schwarz, und eine unbeschreiblich schlechte Luft herrschte in denselben, d.h. keine chemische Luft, sondern eine mit Öldampf geschwängerte, herrührend von einer großen Ölpfanne, auf der ein Chinonfilter trocknete. Im Laboratorium hantierte mein kleiner zukünftiger Herr College, auch nicht gerade im Sonntagsstaat und mit Holzschuhen an den Füßen. Herr Bayer bemerkte mein Unbehagen und gab mir die Versicherung, dass das Laboratorium vor meinem Eintritt gereinigt und frisch gekälkt werden sollte.»[83] Die im Labor geradezu eingesperrten Chemiker hatten auch kaum Möglichkeiten, die Produktionsprozesse kennenzulernen, da die Betriebsmeister ihre Geheimnisse ungern preisgaben und überall Verrat witterten.[84] Auch Duisberg erinnerte sich, dass er bei seinem Eintritt in das Azo-Laboratorium der Farbenfabriken 1884 erst einmal gründlich sauber machen musste: «Ich begann meine Tätigkeit damit, dass ich das mir überwiesene, von Seidler[85] (Duisbergs Vorgänger, W.P.) in vollkommen verwahrlostem und beschmutztem Zustand hinterlassene Laboratorium einer gründlichen Reinigung unterzog. … Dieses Laboratorium war zwar hell, aber klein … Im übrigen war die Ausstattung ärmlich, ja erbärmlich im Vergleich zu der unserer heutigen Laboratorien.»[86] Der Betrieb selber, so Duisberg im Rückblick kurz vor dem Ersten Weltkrieg, war noch ganz herkömmlich. Man arbeitete mit «halbgebildeten Chemikern[87]…, die ihre Ausbildung in der damaligen Fresenius'schen Chemieschule genommen hatten, oder übergab die Fabrikation an aus dem Arbeiterstande hervorgegangene Vorarbeiter und Meister, die sich durch Aus- und Herumprobieren gewisse Verdienste um die Betriebe, in denen sie tätig waren, erworben hatten und denen man dafür und vor allem auch zur Wahrung der in ihre Hände gelegten Betriebsgeheimnisse unglaublich hohe Gehälter, bis zu 6000 Mark jährlich (für die damalige Zeit sehr respektable Summen) zahlte.»[88] Das bestimmte die Hierarchie im Betrieb: «So erklärt es sich, dass Männer, wie August Siller und Eduard Tust, zu Teilhabern der Firma Friedrich Bayer & Co. gemacht worden sind, von denen der erstere, wie wir gesehen, zwar etwas analytische Chemie in Wiesbaden erlernt, aber im übrigen wenig Ahnung von der eigentlichen wissenschaftlichen organischen Chemie hatte, und der letztere sich vom Laboratoriumsjungen aufwärts, über die Stellung eines Meisters hinweg, zum Firmeninhaber emporgearbeitet hat.»[89] Damals habe ein Kampf zwischen Chemikern und Meistern getobt, der mit den neuen Farbstoffen nach und nach zugunsten der Chemiker entschieden worden sei.[90] Lediglich im Alizarin-Betrieb, der von den Meistern aufgebaut worden war, hielt sich die alte Wirtschaft noch lange. Der Arbeitsalltag war für den jungen Mann anfangs daher keineswegs angenehm, zumal er jedes Mal einen weiten Weg zur Fabrik zurücklegen musste: «Ich fahre morgens um 7¼ mit der Pferdebahn von Hause, bin nach 1stündiger Fahrt um 8¼ Uhr im Geschäft – arbeite dort bis 12 Uhr und gehe dann zu Tisch in ein Elberfelder Hotel, wo ich bis 2½ Uhr bleibe, um dann bis 7 Uhr wieder im Laboratorium tätig zu sein und nach abermals 1stündiger Pferdebahnfahrt das Tagwerk zu beenden. Dass nach solch anstrengender Arbeit an private Beschäftigung nicht zu denken ist, liegt auf der Hand. Dann erst empfindet man es recht, was ein Sonntag oder Feiertag für eine wohltuende Wirkung auszuüben vermag.»[91] Der 23-Jährige wohnte in der ersten Zeit wieder bei seinen Eltern, doch die weite Strecke zur Arbeit erzwang nach knapp zwei Jahren einen Umzug. Im Sommer 1885 bezog Carl Duisberg eine möblierte Wohnung ganz in der Nähe der Farbenfabriken.[92]

Die schwierigen Arbeitsbedingungen hielten Duisberg nicht davon ab, sich voller Energie in die Arbeit zu stürzen. Und seine Arbeit im Labor erwies sich von Anfang an als überaus erfolgreich. Duisberg hatte aus Straßburg eine erste patentfähige Entwicklung mitgebracht, an deren Umsetzung in einen Farbstoff er direkt nach Arbeitsbeginn in Elberfeld ziemlich energisch arbeitete.[93] In der Böttingerfestschrift, die zum 50-jährigen Jubiläum der Farbenfabriken kurz vor dem Ersten Weltkrieg entstand, schilderte Duisberg seine ersten Erfolge in der Fabrik: «Dann fand ich auf dem substantiven Farbstoffgebiet, und zwar zuerst am 20. November 1884, gelbe Azofarbstoffe aus Tetrazodiphenyl und Sulfanilsäure und am 20. Januar 1885 das Verfahren zur Herstellung von Benzidin-sulfon und seine Überführung in die Disulfosäure.» Daran schlossen sich später eine ganze Reihe von weiteren Patenten an. «Nicht nur diese Patentanmeldungen und Patentansprüche wurden von mir entworfen, sondern ich führte die ganze Korrespondenz mit dem Patentamt selbst, wenn auch immer noch durch Vermittlung des Berliner Rechtsanwalts.[94] Alle diese schriftlichen Arbeiten konnte ich natürlich nicht während des Tages machen, wo ich mit meinem Laboratoriumsjungen Heinrich Dornseif experimentell tätig war. Sie wurden nach Laboratoriumsschluss an dem im Laboratorium selbst befindlichen Schreibtisch ausgeführt und nahmen mich meist bis spät abends, bis 10 und 11 Uhr, in Anspruch, zumal die Arbeit durch die gegen unsere eigenen Patente gerichteten Einsprüche, speziell beim Benzopurpurinpatent, Benzoazurinpatent usw. noch mehr wuchs.»[95] Mit den beiden letzteren Patenten trug Duisberg 1885 und 1886 maßgeblich zum wirtschaftlichen Erfolg der Firma bei. Dass er diese Erfolge in einem zunächst wenig innovativen Umfeld erzielte, bestimmte sein Selbstbild dauerhaft.[96]

Die Farbenfabriken, ihr Erfolg und damit seine eigene Karriere – das war jetzt, nachdem er so rasch erste Erfolge erzielt hatte und weitere in greifbarer Nähe schienen, sein Horizont, nicht mehr das akademische Leben. «So gern ich nochmals nach Straßburg zurückgekehrt wäre, ich bin doch jetzt froh, dass ich endlich in den sicheren Hafen eingelaufen bin. – Man kommt endlich einmal zur Ruhe und braucht nicht mehr in hastiger Eile zu arbeiten und vorwärts zu streben. Da ich auf 3 resp. 6 Jahre unter ganz günstigen Bedingungen engagiert bin, so werde ich wohl so leicht nicht mehr aus dem Wuppertal fortkommen», schrieb er im Oktober 1884, einen Monat nach seinem endgültigen Eintritt in die Fabrik, an Johannes Walther.[97] Ein wenig neidisch auf seine Studienfreunde, die ihre Forschungen fortsetzten, Johannes Walther in Neapel und Carl Hauptmann in Zürich, blieb er allerdings. Ein nicht erhaltener Brief an den Studienfreund Carl Hauptmann dürfte das haben anklingen lassen, ist doch dessen Antwort aus dem Februar 1885 eindeutig: «Du hast mit Deiner Schilderung der wissenschaftl. Beschränkung durch die Fabrik bei mir lebhaftes Mitgefühl erweckt, aber ich meine auch wieder, es ist gut, wenn der Geist gezwungen wird, sich zu spannen in aller Stille.» Duisberg solle die Zeit nutzen: «Zuerst ist man Handlanger, dann wird man Gehilfe, ... endlich legt man sich langsam selbst Stein auf Stein, damit man auch ein Haus zum Wohnen hat, drin man Herr und Meister ist.»[98]

Duisberg fühlte sich in Elberfeld nach den Anfangsschwierigkeiten wohl und genoss seinen Aufstieg, blieb sich aber der damit verbundenen Zwänge bewusst. Johannes Walther versicherte er, dass ihn weiterhin die rein wissenschaftliche Arbeit begeistere, ja, er verstieg sich zu der heroischen Aussage: «Da aber ein Arbeiten über rein wissenschaftliche Gegenstände, von denen ein technischer Nutzen nicht zu erwarten, nicht im Interesse unserer Fabriken liegen kann, so werde ich, um dem oben geschilderten Bedürfnis (nach wissenschaftlicher Arbeit, W. P.) Rechnung zu tragen, wohl demnächst freie Morgen- oder Abendstunden, ev. Sonntags zu diesem Zwecke benutzen müssen. Schaffen und Nützen und damit das Gefühl der gesellschaftlichen Nutzbarmachung befriedigen, gewährt mir das grösste Wohlbehagen.»[99] Das war nicht unbedingt gelogen, zumal Duisberg auch später sehr viel daran lag, Anerkennung im Kreise der Wissenschaft zu finden. Gegenüber seinen engen Studienfreunden Walther und Hauptmann wollte Duisberg nicht als schnöder Materialist dastehen und sprach das auch in geradezu entwaffnender Offenheit aus. Er bat Walther, der sich mittlerweile zu Duisbergs Freude und Bewunderung habilitiert hatte,[100] doch von sich zu erzählen, «damit ich nicht ganz in jenem nach Gelderwerb trachtenden Realismus versinke, sondern auch wieder etwas von jenem idealen Streben erfahre, das Dich und Heo[101] beseelt, damit auch ich angespornt werde, für die Unsterblichkeit des Geistes etwas zu tun.»[102]

Die akademische Chemie und das mit ihr verbundene freie Leben blieben für Duisberg sein Leben lang ein Maßstab und ein Anspruch. Als der Chemiker Alfred Einhorn, den Duisberg aus dem Münchener Laboratorium Adolf Baeyers kannte, sich mit Plänen trug, von der Universität in die Industrie zu wechseln, riet Duisberg in klaren Worten ab: «Sie geben damit selbstverständlich ein großes Stück Freiheit auf und belasten sich mit Ihnen bisher unbekannten Sorgen und oft auch wenig interessanten, aber für die Technik notwendigen Arbeiten. Da, wie mir mitgeteilt wurde, Ihre pekuniären Verhältnisse einen derartigen Entschluß nicht notwendig machen, so verstehe ich nicht, weshalb Sie die goldene Freiheit, das ungebundene Arbeiten, das

Schaffen nach Wohlgefallen aufgeben und dafür den nicht immer rosigen, nur in pekuniärer Entschädigung gipfelnden Weg des Technikers wandeln wollen. Stellen Sie sich die Sache keineswegs so leicht vor, wie Sie glauben, da es in der Technik nicht auf große wissenschaftliche Kenntnisse und Erfahrungen, sondern vor allem auf ein Begreifen der praktischen Bedürfnisse und Lösen einfacher praktischer Fragen ankommt. … Hätte ich zu wählen und gestatteten mir meine pekuniären Verhältnisse freie Wahl, so würde ich keinen Moment zögern, um das nervenzerrüttende, qualvolle Arbeiten in der Technik aufzugeben und mich chemischen Forschungen zu widmen. Heute kann nur noch der etwas in unserer Branche leisten, der von früh bis spät, ohne Rast und Ruh, sich der Technik widmet und auf alles andere verzichtet.»[103]

Man muss Duisberg indes realistisch sehen. In seiner Korrespondenz neigte er dazu, den Partner zu bestätigen, ja, dessen Ansichten zum Teil regelrecht zu spiegeln, ohne dass diese Spiegelungen unbedingt immer seinen eigenen Auffassungen entsprachen. Gegenüber Walther und Hauptmann, seinen verschworenen Mitstudenten, hielt er lange am gemeinsamen Comment der antiphiliströsen Kommunikation fest; auch Einhorn gegenüber distanzierte er sich von einer Industrie, mit der er selbst längst seinen Frieden gemacht hatte. Sosehr Duisberg später auch die Nähe der Wissenschaft suchte, den Weg in die Industrie hat er nie bereut. Ihm gefielen Erfolg und Geldverdienen, der Aufstieg in der Fabrik und seine wachsende Bedeutung sehr. Als es den Farbenfabriken nicht zuletzt wegen des Erfolgs von Duisbergs Erfindungen langsam besser ging und auch sein eigenes Vorankommen erste Früchte trug, schrieb er ganz stolz an Johannes Walther: «Diese mageren Jahre hoffen wir nun glücklich überwinden zu können, wenn es uns gelingen sollte, einen guten Absatz meiner neuen Produkte zu erzielen, wozu Du hoffentlich durch Däumchenhalten Deinerseits beitragen wirst. Bis jetzt produzieren wir täglich 200 kg von demselben (blauen Farbstoff, W. P.), hoffen aber, die Produktion noch auf 1000 Kilo steigern zu können. Ich würde in dem Falle natürlich fein heraus sein und etwa pro Arbeitstag 100 Mark verdienen. Doch Träume sind Schäume.»[104] Und er konnte es sich auch später nicht verkneifen, mit seinem Einkommen zu renommieren: «Geschäftlich bin ich, wie ich Dir schon früher mitteilte, ausserordentlich zufrieden. Ich habe jetzt ein grosses Laboratorium mit 9 Assistenten und verdiene, weil die von mir eingeführten direktfärbenden Farbstoffe sehr gut gehen, auch viel. Auch hier will ich, weil ich weiß, dass Du Dich mit mir freust, Dir unter dem Siegel der Verschwiegenheit mitteilen, dass ich im verg. Jahr neben einem Jahresgehalt von M 6000,– ca. 7000–8000 M Tantieme erhalten habe und das (!) in diesem Jahr reichlich das Doppelte betragen wird, so dass ich also auf 20 bis 21 000 Einkommen pro Jahr vorläufig rechnen kann.»[105] Für einen 26-jährigen Mann war das in der Tat eindrucksvoll, verdiente doch selbst ein Facharbeiter in diesen Jahren kaum mehr als 1000 Mark im Jahr.

In seinen Lebenserinnerungen heißt es zu diesem Abschnitt seines Lebens resümierend: «Ich hatte das Benzopurpurin 4B im zweiten Jahr meiner Zugehörigkeit zu den Elberfelder Farbenfabriken gefunden. Damals bekam ich 2700 Mark Gehalt, aber die Entdeckung des Benzopurpurins hatte meine Ernennung zum Prokuristen zur Folge, und mein Gehalt wurde auf 6000 Mark erhöht. Außerdem war ich mit 2½ Prozent am Reingewinn meiner Erfindungen beteiligt. Gleich im ersten Jahr erhielt ich 9000 Mark Tantieme. Für diese 9000 Mark kaufte ich mir dann die ersten Farbenfabrikaktien zum Kurse von 80 Prozent. Nun fühlte ich mich als Mitinhaber der Fabrik und handelte entsprechend. Überall wo ich sah, dass etwas Unrechtes geschah, schritt ich ein. Wenn ich bemerkte, dass jemand den Interessen der Firma zuwiderhandelte, trat ich dem entgegen. Ich habe stets so gehandelt und mich dabei immer als Eigentümer gefühlt.»[106]

BEWÄHRUNG

5 | Erste Bewährungen

Duisberg blieb bis zum Jahr 1887 im Laboratorium des Azo-Betriebes. Den Durchbruch seiner Arbeit brachte 1884/85 das Benzopurpurin 4B, Duisbergs drittes Patent innerhalb kurzer Zeit.[1] «Millionen … haben die Farbenfabriken in erster Linie und daneben auch die Aktien-Gesellschaft für Anilinfabrikation an diesem Artikel verdient, und er ist dadurch eine Quelle des Segens und Reichtums für beide geworden.»[2] Dem Benzopurpurin 4B folgten weitere Farbstoffdarstellungen, darunter im November 1885 das Benzoazurin, ein direkt färbender blauer Farbstoff, der geradezu in die Mythologie der Farbenfabriken einging. Als der neue blaue Farbstoff Friedrich Bayer jun. gezeigt wurde, blieb der so lange im Labor, bis Duisberg ihm auch eine erste wirtschaftliche Kalkulation des Farbstoffes auf einem kleinen Zettel präsentieren konnte, den Bayer daraufhin jahrzehntelang in seiner Zigarrentasche bei sich trug.[3] Duisberg war sich der Bedeutung dieser Produkte für die Geschichte der Farbenfabriken bewusst, sah seine eigene Rolle dabei aber durchaus realistisch: «Benzopurpurin ist zusammen mit dem Benzoazurin … das starke und bleibende Fundament gewesen, auf das sich das grosse Gebäude der Farbenfabriken aufgebaut hat. … Dass die Erfindung des Benzopurpurins 4B keine auf Gedankenblitz beruhende grosse Heldentat war, sondern, wenn auch auf gute Beobachtungsgabe gestützt, dem Zufall zu verdanken ist, sei hier besonders hervorgehoben.»[4]

Duisberg war in der ersten Zeit seiner Arbeit ganz auf sich angewiesen. «Ich musste nicht nur die ausfindig gemachten, in Patentanmeldungen unter Schutz zu stellenden Erfindungsgebiete nach allen Richtungen hin experimentell abstecken und Umgehungen von anderer Seite zu verhindern suchen, sondern auch das ganze Gebiet allein auf technische Brauchbarkeit der in dem Bereich des Patentschutzes liegenden Produkte durchstöbern.»[5] Neue Aufgaben kamen hinzu, insbesondere Vertretungen im Betrieb. Duisberg wurde u. a. mit der Stellvertretung eines Abteilungsleiters beauftragt. «Gleichzeitig mit dieser Vertrauensbezeugung – es ist nämlich in unseren Fabriken ausserordentlich schwierig, Einblick in den Betrieb zu erhalten; die meisten Betriebsführer haben jahrelang warten müssen, ehe sie dahin gelangten – erfuhr mein Kontrakt eine mir sehr liebe Verlängerung von 3 auf 6 Jahre, so dass ich vorläufig einer event. Stellungsnot überhoben bin.»[6] Und er durfte sich endlich frei bewegen: «War mir bisher jeglicher Zutritt zur Fabrik kontraktlich verboten, durfte ich die Grenzen des Laboratoriums nicht überschreiten, so kann ich jetzt ungehindert die ziemlich ausgedehnten Fabrikräume des Scharlachdepartements betreten, mich genau über die technische Darstellung der Farbstoffe im Grossen unterrichten und mitwirken an der qualitativen und quantitativen Verbesserung mancher Körper.»[7] Die Arbeit forderte ihn sehr: «Von früh morgens bis spät abends, meist bis 10 oder 11 Uhr, mit ganz kurzer Mittagspause, war ich in der Fabrik tätig. Wenn ich heute (1910, W. P.) auf die arbeitsreichen Jahre meiner ersten Tätigkeit in der Praxis zurückblicke, so lassen sich die erzielten Leistungen nur durch die Elastizität von Körper und Geist im Alter zwischen 20 und 30 Jahren erklären.» Schließlich habe er eine ganze Fülle von Aufgaben gleichzeitig wahrgenommen: «Kurz, ich musste neben meiner rein wissenschaftlichen Laboratoriumstätigkeit die eines Betriebsführers und eines Betriebsingenieurs in einer Person vereinigen.»[8] Das wertete ihn in der Fabrikhierarchie auf.

Mit dem Erfolg der neuen Azofarben[9] nahm die Arbeit im Labor so zu, dass ein einzelner sie nicht mehr bewältigen konnte.[10] Sein erster Laborassistent wurde Duisberg von Adolf Baeyer empfohlen,[11] weitere kamen im Laufe der Zeit ebenfalls über Empfehlungen hinzu oder wurden bei Konkurrenten abgeworben. In diesen Jahren entwickelte Duisberg seine später perfektionierte Strategie, befreundete Hochschullehrer um Personalempfehlungen zu bitten. Der Stab des Azo-Laboratoriums nahm nach und nach zu, es wurde zum wissenschaftlichen Laboratorium schlechthin.[12] Fast alle späteren Angehörigen des Direktoriums mit wissenschaftlich-technischem Hintergrund durchliefen diese Station und gerieten daher frühzeitig in unmittelbaren Kontakt zu Carl Duisberg, so der Schüler Victor Meyers Karl Krekeler, den Duisberg im Hause von Carl Rumpff vor der Einstellung examinieren musste,[13] die beiden von Baeyer empfohlenen Chemiker Alexander Nieme und Bernhard Heymann oder Philipp Ott, den Duisberg in Straßburg bei Fittig kennengelernt hatte.

Duisbergs Aufgaben wandelten sich. Neben Forschung und Entwicklung im engeren Sinne musste nun die Arbeit im Labor koordiniert werden, wofür ihn Carl Rumpff gezielt einsetzte.[14] Duisberg sollte den frisch von der Universität kommenden Chemikern beibringen, was Orientierung an Technik, Produktion und wirtschaftlichem Erfolg bedeutete: «Ich musste ihnen zeigen, wie man, im Gegensatz zur Hochschule, in der Technik ganz anders zu arbeiten hat, wie die Analyse weit zurück und dafür das technische Erkennen in anderer Art in den Vordergrund rückt.»[15] Mit der eigenen praktischen Laborarbeit war es seit 1887 daher im Wesentlichen vorbei. Auch die alten Räume wurden zu klein. Trotz Um- und Erweiterungsbauten blieb das alte Azo-Laboratorium, das nach und nach zum Hauptlaboratorium geworden war, ein Provisorium.[16] Die Arbeitsmoral stimmte allerdings: «Trotz der primitiven Verhältnisse, unter denen wir damals zu arbeiten hatten, war man auf dem neuerschlossenen Gebiet mit einer Emsigkeit und Arbeitsfreudigkeit von früh bis spät tätig, dass man von einem bienenartigen Fleisse reden konnte. Es herrschte aber nicht nur ein vorzüglicher Geist, sondern auch ein angenehmer Ton vor, nämlich der der echten Kollegialität der Chemiker untereinander und mit mir, als ihrem schon damals zum Prokuristen ernannten Vorgesetzten.»[17] Dabei setzte Duisberg durchweg auf Leistung und Wettbewerb untereinander, so etwa, als auf seinen Vorschlag hin die Direktion eine Prämie für denjenigen Chemiker aussetzte, dem es gelang, die chemische Zusammensetzung eines nicht patentgeschützten neuen Farbstoffs (Primulin) aufzuklären, den eine englische Firma in der vermeintlichen Sicherheit ungeschützt anbot, es werde doch niemandem gelingen, die Konstitution des Produktes zu klären.[18] Die Arbeit war von zahlreichen Erfolgen gekrönt: «Überall, wo wir uns systematisch und intensiv betätigten, schlugen wir mehr oder minder wertvolle Quellen an, die in den von manchen für Wüste gehaltenen Gebieten mehr oder minder brauchbare Oasen entstehen ließen.»[19] Und auch die nüchterne Patent- bzw. Innovationsstatistik unterstreicht Duisbergs Aussage: Wurden zwischen 1870 und 1884 zwölf Neuheiten auf den Markt gebracht, so waren es allein 1885, in Duisbergs großem Erfinderjahr, zehn. Zwischen 1885 und 1899, dem Zeitraum, in dem Duisberg selbst auch praktisch an der Spitze der Forschung stand, betrug die Zahl 151.[20] Duisberg sah seine eigene Rolle dabei durchaus realistisch; er war eine Art chemischer Tüftler, der das Literaturstudium nicht liebte, sondern gleich im Labor zum Experiment schritt und dann Versuche anstellte. Versuch, Beobachtung und letztlich Zufall schienen ihm auch später die beste Methode, Neues zu finden und neue technische Eigenschaften zu erkunden.[21] Aber auch ihm war klar, dass man sich auf diese Weise in der von Patentkämpfen geprägten Welt der miteinander konkurrierenden Farbenfabriken kaum würde behaupten können. Eine systematische Forschung mit entsprechender Dokumentation wurde mehr und mehr unabdingbar.

Systematische wissenschaftliche Arbeit im Unternehmen setzte die Bereitstellung einer entsprechenden Infrastruktur voraus, also den Bau eines völlig neuen Laboratoriums ebenso wie die Erweiterung des wissenschaftlichen Personals. Beides schlug Duisberg Ende der 1880er Jahre der Direktion vor, die anfangs vor den Kosten zurückschreckte. Die veranschlagte Summe von 500 000 Mark war in der Tat kein Pappenstiel, doch Duisberg warb nachdrücklich für den Bau, der zweifellos bald seine Kosten mehr als amortisiert haben dürfte. «Im Vertrauen auf meinen Optimismus, der mich bis jetzt im Leben immer gut geführt hat, wurde der Bau beschlossen und ich beauftragt, zusammen mit dem Baurat Bormann die Pläne dafür zu entwerfen.»[22] Duisbergs Konzeption des zukünftigen Hauptlabors[23] war dabei das Ergebnis seiner eigenen praktischen Erfahrungen und seiner – in gewisser Weise – unkonventionellen Arbeitsweise.[24] Diese Art der Forschung hatte sich bewährt; die neu eingestellten Chemiker nahmen als Duisbergs Assistenten daran teil, da eine räumliche Trennung der Chemiker gar nicht möglich war.[25] Dieses gemeinsame Arbeiten und auch das spontane Drauflosexperimentieren kannte Duisberg vor allem aus seiner Münchener Zeit; er übertrug nun diese Erfahrungen auf die Konzeption des neuen Hauptlaboratoriums. Das großzügige, dreigeschossige Gebäude beherbergte neben Arbeitsplätzen für betriebsleitende Chemiker, der Produktsammlung und der Bücherei die gemeinsam in einem großen Raum arbeitenden Chemiker, von denen jeder eine gesonderte Box erhielt, in der er alle notwendigen Einrichtungen und Materialien für individuelles Arbeiten vorfand, gleichzeitig aber auch in unmittelbarem Kontakt zu seinen Kollegen blieb. Dieses von Duisberg erdachte Box-System setzte ganz auf Zusammenarbeit. Die einzelnen Chemiker mussten neu erschienene Patente daraufhin durcharbeiten, ob sie Anregungen für die eigene Produktentwicklung enthielten, bzw. mögliche Patentverletzungen aufdecken. Durch den Ankauf von größeren Wissenschaftler-Bibliotheken (insbesondere der nachgelassenen Bibliothek des Bonner Chemikers Kekulé) wurde die Laborarbeit durch die Möglichkeit zum umfassenden Literaturstudium erweitert. Sogenannte Chemikerkonferenzen, die auf Duisbergs Anregung hin regelmäßig abgehalten wurden, dienten dem Austausch. Duisberg, der auf das von ihm erdachte Laboratorium und die dort realisierte Art der industriebezogenen Forschung außerordentlich stolz war, fungierte als Laborvorstand. Gegenüber Johannes Walther prahlte er: «Davon bin ich aber jetzt schon überzeugt, bevor ich es gesehen habe (das neue Laboratorium in Jena, W. P.), dass es mit meinem Laboratorium hier nicht konkurrieren kann, denn so grossartig wie dieses geworden ist, kannst Du Dir kaum vorstellen. Denke Dir nur, dass unser neues Laboratorium, von dem ich Dir in kurzem Photographien zu senden hoffe, 25 Chemiker beherbergt, welche in zwei grossen Arbeitssälen untergebracht sind. Jeder Platz eines Chemikers stellt ein Laboratorium für sich dar, nimmt 15 laufende Meter Raum ein und hat ein Schreibpult, einen Eisschrank, 4 Abzüge, 1 Spültisch, 4 Hähne für komprimierte Luft, 4 Hähne für evakierte Luft, 16 Gashähne und 9 Wasserhähne. In jedem Saal sind ausserdem noch allgemeine Arbeitsplätze, an welchen 8 verschiedene Gase, Chlor, Schwefeligsäure, Kohlensäure, Ammoniak, Wasserstoff, Sauerstoff, Chlor-Methyloxyd und Phosgengas gezapft werden können. Du wirst staunen, wenn Du dieses Laboratorium siehst und wirst Dich mit mir freuen, dass ich endlich ein Laboratorium zur Verfügung habe, in welchem wir ohne Konkurrenz dastehen.»[26]

Duisbergs eigene Tätigkeit schlug mit dem neuen Laboratorium eine ganz neue Richtung ein: «Ich übernahm die Leitung (des Laboratoriums, W. P.) und führte eine intensive Arbeitsteilung in der Weise durch, dass ich jedem Chemiker ein bestimmtes Gebiet der Farbenchemie zur dauerhaften Überwachung aller auf demselben erscheinenden Publikationen und Patentanmeldungen usw. und zur alleinigen Bearbeitung zuwies. So wurde ich, obgleich Arbeitnehmer, doch schon Arbeitgeber. Als solcher habe ich eine ganz eigentümliche Taktik befolgt, die ich jedem empfehle, der sich in ähnlicher Stellung befindet oder etwa dahin gelangen sollte. Ich habe nämlich Kuckuck gespielt, ich habe gar keine Erfindungen mehr gemacht, sondern ich habe einfach Ideen, die ich hatte, den andern untergeschoben, meist ohne dass sie es merkten, habe sie selbst auf den Gedanken gebracht, und die betreffenden Herren haben dann neben eigenen Ideen auch meine ausgeführt. Das war klug und hat sich praktisch bewährt. Nichts ist verfehlter, als wenn man als Leiter nur seine Ideen von anderen ausführen lassen will oder Anregungen anderer nur zulässt, wenn sie durch das eigene Gehirn filtriert worden sind.»[27] Duisberg hielt sein Leben lang daran fest, dass chemisches Erfinden im Kern Gemeinschaftsarbeit sei, dass es im strengen Sinne nur sogenannte Etablissementserfindungen geben könne, wobei es ihm freilich nicht darum ging, die Chemiker um den Ertrag ihrer Arbeit zu bringen. Denn Duisberg war sich völlig im Klaren, dass eine materielle Beteiligung der Chemiker am Erfolg ihrer Arbeit nur nützlich sein würde.

Er setzte daher bei der in diesen Fragen außerordentlich zögerlichen Direktion eine feste Tantieme für jeden Erfinder am Reingewinn «seines» Produktes in Höhe von 3 % durch, eine Maßnahme, die sich in seinen Augen außerordentlich bewährte.[28]

Das neue Forschungslaboratorium der Farbenfabriken in Elberfeld war in der Tat eine wesentliche Neuerung, in der Literatur findet sich dafür der Begriff der «industrialization of innovation».[29] Die Zeitgenossen sahen das ganz ähnlich. Der englische Chemiker Henry E. Armstrong, mit dem Duisberg in engem Kontakt stand, schrieb 1893, nachdem er das neue Labor besichtigt hatte: «If, at the present time, it were desired to fit up a research laboratory for chemical purposes in London, we could not do better than take these plans and reproduce them in their entirety, and that we should then, I believe, have reason to congratulate ourselves on possessing the best-appointed public research laboratory in the world.»[30] Folglich wurde es zum Vorbild vieler in den kommenden Jahren geschaffener Industrielaboratorien, und selbst zahlreiche Universitätsprofessoren reisten voller Bewunderung wieder von Elberfeld ab, nachdem sie Duisbergs Schöpfung besichtigt hatten.[31] In diesem Laboratorium wurde in den Folgejahren der Innovationsprozess in der Tat industrialisiert; allein die Zahl der akademisch gebildeten Chemiker in den Farbenfabriken stieg von 102 1896 auf 321 im Jahr 1913.[32] Sie verteilten sich neben der Arbeit in der Produktion auf zahlreiche Laboratorien, die nach 1891 neben dem Hauptlabor für gesonderte Forschungsfragen bzw. für die Bedürfnisse einzelner Produktionslinien eingerichtet worden waren.[33] 1912 waren immerhin 22 % der Chemiker in den Farbenfabriken allein mit Forschungsaufgaben betraut.[34] Den Kern der Forschung bildete das Hauptlaboratorium, um das herum sich das Patentbüro, das Lehrlaboratorium, die Bibliothek, die Versuchsfärberei und das Kontrollaboratorium gruppierten.[35]

Die Farbenfabriken hielten in den Jahren vor dem Ersten Weltkrieg die meisten Farbenpatente in Deutschland, insgesamt waren es mehr als 8000 in- und ausländische Patente.[36] Duisberg selbst war an mehr als 30 Patenten beteiligt, neun hielt er allein, wobei seine eigene Forschungstätigkeit schon Anfang der 1890er Jahre abgeschlossen war.[37] Nicht alle diese Patente, Neuentwicklungen und Produkt- bzw. Prozessverbesserungen führten auch zu entsprechenden wirtschaftlichen Erfolgen. Nur jene Stoffe, die die Barriere der scharfen Produktkontrolle in den Versuchsfärbereien überwanden, gelangten bis zur Produktion. 1906 wurden von 2656 dargestellten chemischen Verbindungen überhaupt nur 60 längeren Tests unterzogen. Hiervon wiederum erreichten nur 36 Produktionsreife und kamen auf den Markt.[38] Insgesamt aber stieg die Zahl der in Elberfeld und Leverkusen hergestellten Farbstoffe von etwa 100 Anfang der 1880er Jahre auf mehr als 1300 im Jahre 1913.[39] Entsprechend expandierten Umsatz und Gewinn des Unternehmens. Duisbergs Versprechen, die Investition von 500 000 Mark werde sich lohnen, hatte sich zwei Jahrzehnte später bewahrheitet.

Bei der Herstellung von Pharmazeutika, die sich ebenfalls eng mit Duisbergs Namen verbindet, stand am Beginn keine strategische Entscheidung, sondern schlicht das Problem, einen Engpass produktiv zu überwinden. Mit der massenhaften Herstellung des blauen Farbstoffs Benzoazurin fielen große Mengen Paranitrophenol als Abfallprodukt an, mit denen man zunächst nichts anfangen konnte. Bei den Höchster Farbwerken und auch bei Kalle in Biebrich hatte man durch Acetylierung ähnlicher Abfallprodukte fiebersenkende Medikamente[40] entwickelt, sodass es nahelag, dies auch beim Phenol zu probieren. Duisberg veranlasste entsprechende Versuche, und bald fand man eine Substanz, die vielversprechend aussah. In der Tat erwies sich die Phenacetin genannte Substanz im klinischen Versuch in Freiburg nicht nur als wirksam; sie war auch verträglicher als die Produkte von Hoechst und Kalle.[41] Am 19. Februar 1888 beschloss daher der Aufsichtsrat der Farbenfabriken, Phenacetin zu produzieren, zunächst 20 kg am Tag. Die Produktion stieg sehr rasch an. Der Erfolg veranlasste im Herbst 1888 auch den Erwerb der Rechte am Schlafmittel Sulfonal, die bei dem Freiburger Chemiker Baumann lagen, der auch Trional, eine Weiterentwicklung des Sulfonals, zur Elberfelder Produktpalette beisteuerte. Ende 1888 gab es eine kleine Pharmaabteilung auf dem Elberfelder Werksgelände, deren Leitung Carl Duisberg übernahm.[42] All das zahlte sich auch für sein Avancement im Hause aus: Am 5. Juli 1888 teilten die Farbenfabriken mit, «dass wir Herrn Dr. Carl Duisberg unterm heutigen Tage Procura erteilt und denselben gemäß § 21 unseres Statuts bevollmächtigt haben, unsere Firma in Gemeinschaft mit einem unserer Direktoren zu zeichnen».[43]

Der Aufstieg Carl Duisbergs in den Farbenfabriken vom wissenschaftlichen Laborchemiker zum Prokuristen dauerte nur knappe vier Jahre. Er war eng verknüpft mit der Entstehung einer eigenständigen chemischen Forschung in den Farbenfabriken, die schließlich im neuen Hauptlaboratorium von 1891 ihren krönenden Abschluss fand. Nicht allein in der Forschung, auch im Produktionsprozess spielten die Chemiker nun eine größere Rolle. Naheliegenderweise wurde Duisberg daher auch immer wieder zu Fragen der Organisation des Produktionsprozesses gehört, ja, konnte nach und nach vom Labor- zum Betriebschemiker avancieren.[44] Der Kern seiner Aufgaben blieb aber die Forschung, wobei sich seine Aufgaben mit zunehmendem Chemikerstab hin zur Forschungsorganisation verschoben. Duisberg konnte auch deshalb so eigenständig agieren, weil in Direktorium und Vorstand der Farbenfabriken chemische Sachkompetenz im strengen Sinne nicht vorhanden war. Nicht zuletzt aufgrund seiner persönlichen Energie und Durchsetzungsfähigkeit nutzte er daher die sich ihm seit der Mitte der 1880er Jahre bietenden Möglichkeiten konsequent. Ob ihm dies in einem anderen Unternehmen mit wissenschaftlich kompetenter Leitung auch gelungen wäre, ist fraglich. Man muss die Unterschiede in der Forschungsorganisation zwischen der BASF, Hoechst, den Farbenfabriken und den anderen deutschen Farbstoffherstellern nicht so betonen, wie Ernst Homburg dies tut. Es ist allerdings auffällig, dass in der Mehrzahl der anderen Unternehmen die Leitung der Forschung nicht intern besetzt wurde, sondern man versuchte, hochrangiges akademisches Personal hierfür zu gewinnen. Den leitenden Herren in Elberfeld fehlten indes die Kontakte zur akademischen Forschung, und Duisberg bot sich als interne Lösung nicht zuletzt aufgrund seiner Erfolge und seiner Energie an. Er hatte etwas, was der Unternehmensleitung in Elberfeld fehlte, wie er in seinen Memoiren treffend formulierte: «Das Gefühl für technische Dinge, das der wahre Techniker sich im Laufe der Zeit aneignet und das sich sehr oft nicht mit dem Verstande kontrollieren und begründen lässt, spielt überhaupt eine größere Rolle, als man allgemein annimmt. Deshalb ist es auch so wichtig, dass in der Direktion, wo bei dem großen Angebot von neuen Erfindungen und Fabrikationsverfahren die Entscheidung darüber zu treffen ist, ob man das eine erwerben oder aufnehmen, das andere aber verwerfen soll, neben tüchtigen Kaufleuten auch tüchtige Techniker sitzen. Sie müssen sich ihre Sporen im Laboratorium und Betrieb selbst verdient haben und auf Grund ihrer Beobachtungen und Erfahrungen mit diesem Sinn für Technik ausgerüstet sein.»[45]

***

Der Aufschwung der Farbenfabriken seit der Mitte der 1880er Jahre verdankte sich vor allem den neuen direktfärbenden Farbstoffen der Azo-Klasse, mit denen sie in die vordere Reihe der deutschen Farbstoffunternehmen vorstießen. Im August 1891 war selbst das Direktoriumsmitglied Henry Theodor Böttinger davon fasziniert, «welch unendliche Mehrung von neuen Fabrikationszweigen wir haben gegen ein kurzes Decennium zurück».[46] Für die großen und kleinen Konkurrenten der Farbenfabriken war deren Aufstieg allerdings eine eminente Herausforderung. Es setzte seit 1884 ein mit Zähnen und Klauen bewehrter Konkurrenzkampf ein, der vor allem durch das damals geltende Patent- und Markenrecht bestimmt war. Deutschland hatte im Gegensatz zu vielen westeuropäischen Staaten und den USA lange kein einheitliches Patentrecht besessen.[47] Nicht zuletzt wegen des fehlenden Patentschutzes war hier mit den ersten Erfolgen der Anilin- und Alizarinfarbstoffe eine große Anzahl von Unternehmen aus dem Boden geschossen, die sich, da die Produkte recht ähnlich waren, einen heftigen Preiskampf lieferten. Das erwies sich insgesamt als Entwicklungsvorteil, da die britischen Firmen, die zunächst bei den neuen Farbstoffklassen die Nase vorn gehabt hatten, angesichts eines wirksamen Patentschutzes mit Konkurrenz nicht zu rechnen hatten, gut verdienten und den Weg in die Farbstoff-Forschung daher vernachlässigten. Die Unternehmen in Deutschland waren indes mit einem sehr viel größeren Risiko konfrontiert, was sich auch in den hohen Insolvenzziffern niederschlug, die vor allem nach dem Gründerkrach zu verzeichnen waren.[48]

Das Patentgesetz von 1877[49] veränderte die Lage, machte sie aber keineswegs einfacher, da keine Stoffe, sondern nur Herstellungsverfahren patentfähig wurden. Es kam daher darauf an, nicht nur neue Stoffklassen zu identifizieren, sondern sie auch mit neuen Herstellungsverfahren so zu verbinden, dass die Patentfähigkeit außer Frage stand. Da ein unbestrittener Patentschutz faktisch für 15 Jahre eine Monopolstellung auf dem deutschen Markt begründen konnte, hatten allerdings die Konkurrenten ein großes Interesse daran, derartige Patentgewährungen zu verhindern. Diese Konflikte waren durch das Gesetz in gewisser Hinsicht sogar programmiert, da in Deutschland im Gegensatz zu Großbritannien und Frankreich kein reines Anmeldeverfahren galt. Entsprechend der liberalen preußischen Tradition, die Patente als vermeintliche Innovationsbarrieren betrachtete, wurde eine Vorprüfung mit Einspruchsrecht installiert, in der zunächst die Patentfähigkeit der Erfindung geprüft werden musste. Einsprüche kamen aber nicht nur in großer Zahl von der Konkurrenz; auch die Farbenfabriken selbst mussten nun jede vom Kaiserlichen Patentamt ausgelegte Patentschrift daraufhin prüfen, ob mit einer eventuellen Patentvergabe nicht eigene Rechte verletzt wurden. Es entstand ein doppelter Wettlauf, da es darum ging, neue Verfahren möglichst rasch anzumelden, um der Konkurrenz zuvorzukommen, und andererseits andere Patentanmeldungen rasch auf mögliche Rechteverletzungen hin zu überprüfen. Das Kaiserliche Patentamt, bis 1891 nicht einmal professionell organisiert, sondern von einer undurchsichtigen Gemengelage öffentlicher Autorität und privater Interessen geprägt, kam auf diese Weise in eine Schlüsselstellung, da seine Patentvergabe oder -verweigerung ganz erheblich in das Marktgeschehen eingriff und über das Wohl und Wehe zahlreicher Firmen entschied. Das Reichsoberhandelsgericht und später das Reichsgericht in Leipzig wurden schließlich zur höchsten Autorität über die Gültigkeit von Patenten – und sahen sich folgerichtig mit einer Flut von Nichtigkeitsklagen regelrecht bedrängt.[50]

Für die Unternehmen der Farbenherstellung wurden damit zusätzliche Kompetenzen und Fähigkeiten unabdingbar.[51] Man musste in der Lage sein, fremde Patente wissenschaftlich zu überprüfen,[52] und man benötigte juristischen Sachverstand, um Patentstreitigkeiten erfolgreich führen zu können.[53] Die Farbenfabriken waren für derartige Auseinandersetzungen zunächst kaum gerüstet. Auch wenn sie sich häufig mit der Konkurrenz verständigten, um kostspielige Konflikte zu vermeiden, musste es zu einer Änderung kommen. Duisberg beschrieb vor dem Ersten Weltkrieg den Zustand im Hause: «Die Kontrolle über unsere Patente und den Verkehr mit Dr. Richard Alexander-Katz (dem Anwalt der Farbenfabriken, W. P.) führte Scheele, der die ganzen Patentsachen in einem Schubfach seines Pultes aufbewahrte. Ein Patentbureau im heutigen Sinne gab es ebenfalls nicht, und dieses ist von mir erst langsam herangebildet worden. Die ganze Arbeit in allen diesen Angelegenheiten ruhte in der ersten Zeit allein auf meinen Schultern … Ich instruierte nicht nur die Anwälte persönlich, sondern entwarf die ganzen Schriftsätze selbst, und diese wurden meist ohne Korrektur vonseiten des Anwalts zur Einreichung bei den Gerichten gebracht.»[54] Duisberg erledigte die Arbeit zunächst nebenher, doch zeigte sich bald, dass das weder praktisch noch sicher war. Sehr rasch erhielt er daher nach Intervention von Henry Theodor Böttinger eine Hilfskraft, die ihm ausschließlich in Patentsachen zuarbeitete und Schreibarbeiten ausführte. Per Zufall lernte Duisberg später, im Jahre 1895, Dr. Edmund Kloeppel kennen, der eine chemische und juristische Doppelqualifikation besaß. Duisberg engagierte ihn vom Fleck weg; Anfang 1896 trat Kloeppel als Patentanwalt in die Farbenfabriken ein.[55]

Die größten Auseinandersetzungen gab es mit der Agfa; aber auch mit der Cassella/Frankfurt am Main oder Oehler aus Offenbach traf man sich häufig vor Gericht. Der Konflikt mit der Agfa führte zu einem regelrechten Hassverhältnis zwischen dem Aufsichtsratsvorsitzenden der Farbenfabriken

Carl Rumpff und Carl Alexander von Martius, einem Liebig-Schüler, der 1880 die Leitung der Agfa übernommen hatte. Rumpff kämpfte mit harten Bandagen, aber die Agfa klagte erfolgreich gegen Duisbergs Benzopurpurin 4. Böttinger plädierte für eine verbesserte Prozesstaktik, Friedrich Bayer jun., der im Direktorium für technische Fragen zuständig war, für eine Verständigung mit der Agfa, sodass schließlich Duisberg selbst, der gerade ein Jahr in der Firma war, um eine Stellungnahme gebeten wurde, die für Bayers Position votierte. Duisberg wurde danach wiederholt in die Auseinandersetzungen mit der Agfa einbezogen, an denen er sich nach eigener Erinnerung gelegentlich auch lautstark beteiligte.[56] Mit der Agfa verständigte man sich schließlich mehr oder weniger zähneknirschend auch beim Benzopurpurin; mit anderen Firmen focht man jedoch harte juristische Konflikte bis zum Ende aus.

Für Duisberg war das eine Chance, die er auch nutzte, als es ihm vor dem Reichsgericht gelang, einen fast schon verlorenen Patentprozess gegen die Firma Ewer & Pick noch zu drehen und dabei den eigenen Rechtsanwalt, der von der chemischen Materie kaum einen Schimmer hatte und dazu noch taktisch ungeschickt agierte, auszustechen.[57] Der Konflikt war für die frühe Farbstoffindustrie typisch. Die Agfa und Bayer produzierten nach ihrer Verständigung gemeinsam den roten Farbstoff Benzopurpurin 4B (Kongorot), den Duisberg selbst dargestellt hatte. Der sehr populäre Farbstoff wurde mit einem leicht variierten Herstellungsverfahren auch von der Firma Ewer & Pick angeboten, die die Agfa und die Farbenfabriken daraufhin wegen Patentverletzung verklagten, was Ewer & Pick wiederum mit einer Nichtigkeitsklage gegen das Patent beantwortete.[58] Der Streit zog sich hin, verschiedene Vermittlungsversuche und Absprachen scheiterten an der Weigerung von Ewer & Pick, die Produktion einzustellen.[59] Die Sache war schließlich beim Reichsgericht in Leipzig anhängig. Duisberg war, weil er wusste, dass das gesamte Gebiet der direktfärbenden Azo-Farbstoffe auf dem Spiel stand, nach Leipzig gereist und hatte sich die erforderlichen Unterlagen geben lassen, um ggf. vor Gericht sprechen zu können. Die eigentliche Prozessführung lag bei dem Anwalt der Agfa, Justizrat Reuling. Zunächst neigte das Gericht der Auffassung von Ewer & Pick zu, dass das Kongorot-Patent nichtig sei, da es sich um einen ohnehin nicht patentfähigen Farbstoff sowie um ein allgemein bekanntes Herstellungsverfahren handele. Diese Meinung wurde von den Sachverständigen Professor Heinrich Caro, Forschungsleiter der BASF, und Gustav Wilhelm Wislicenus, Professor an der Universität Leipzig, sowie von einem Gutachten von Adolf Baeyer bestätigt. Der Anwalt der Agfa verschlimmbesserte die Lage noch durch sein zu energisches Auftreten. Erst eine Intervention Duisbergs wendete den bereits verloren geglaubten Prozess, wie Duisberg in einem Brief an Carl Rumpff ausführlich schilderte.[60] Der vergangene Mittwoch, begann er, sei der «denkwürdigste Tag (s)eines Lebens gewesen.» Alles schien in Leipzig bereits verloren. «Da richtete ich in der Erwartung, dass mir die Erlaubnis ertheilt werden würde, an den Präsidenten die Bitte, mir zu gestatten, vom chemischen Standpunkt aus, dem Dr. Caro zu erwiedern (!) und glücklicher, wie zu jener Stunde, muss ich wohl niemals gesprochen haben. … Ich sprach ca. ¾ Stunden, zeigte dem hohen Gerichtshof, wozu eine Entscheidung führen würde, wie sie im Begriffe seien, eine solche zu bestätigen, zeigte, dass Dr. Caro die Azo-Farbstoffmethode viel zu einseitig beurtheile, zeigte, dass das Benzopurpurin 4B nicht von einem Laboratoriumsdiener gemacht werden könne, trotzdem es in analoger Weise hergestellt werden müsse, und dass es auch mir nur zufällig gelungen sei, es zu finden, zeigte, dass der technische Effect gar nicht maßgebend sein könne, dass das Congo doch von den drei grossen Fabriken geprüft, auch von Dr. Caro selbst geprüft worden sei, ohne dass diese seinen Wert erkannt hätten, kurz, machte auf den Unterschied zwischen der Methodik in der Chemie und dem chemischen patentierbaren Verfahren aufmerksam und erreichte das nicht erwartete Resultat, dass nicht nur der vereidigte Dr. Caro nicht mehr gefragt wurde …, sondern sichtlich ein vollkommener Umschwung in der Auffassung der Richter eingetreten war.» Im Grunde wies Duisberg mit seinem Vortrag darauf hin, dass das Gericht, sollte es dem Antrag von Ewer & Pick und den Ausführungen Caros folgen, das gesamte Gebiet der Azofarben aus dem Patentschutz herausnehmen würde.[61]

Duisberg triumphierte, das Reichsgericht wies nach nur kurzer Beratung die Nichtigkeitsklage ab. Es war ein Sieg auf ganzer Linie, und Duisberg vergaß nicht, seine Rolle ordentlich herauszustreichen: «Dass Caro enttäuscht war, siehst Du am besten aus der Bemerkung, dass er mich für einen gefährlichen Menschen erklärte, mit dem man sich gut halten müsse, der aber die Folgen seiner Handlung nicht erwäge.»[62] Denn Caro drohte als Reaktion an, neue Chemiker einzustellen, ein neues Laboratorium zu bauen und «alles (zu) patentiren (!), was überhaupt Anspruch auf Neuheit haben könnte». Beim anschließenden gemeinsamen Diner sei Caro dann aber wieder ganz verträglich gewesen, «bis er schliesslich vor Liebenswürdigkeit überlief, mir nicht nur, als ich mir in einem Cigarrenladen neue

Cigarren erwerben wollte, seinen ganzen Cigarrenvorrath einpackte, sondern mich auch in strömendem Regen zu einer Droschke begleitete und rührenden Abschied nahm».[63]

Dem in Elberfeld verbliebenen Direktorium, namentlich Friedrich Bayer jun. und Hermann König, berichtete Duisberg ausführlich von seinem Erfolg. Die Botschaft dürfte für alle klar gewesen sein: Ich, Duisberg, habe die Firma erneut, nach dem Erfolg meiner Farbstoffe, nun vor Gericht vor dem Abgrund bewahrt. Das war nicht ohne Berechtigung. Das Kongorot-Patent der Agfa und der Farbenfabriken, ja die Patentierbarkeit des gesamten Gebietes der Azofarben, die auf dem Spiel gestanden hatte, blieb nach Duisbergs erfolgreicher Intervention erhalten, der wirtschaftliche Erfolg gesichert. Man zog in Elberfeld hieraus nun allerdings keineswegs den Schluss, in weiteren Konflikten stets den Gerichtsweg zu gehen, sondern bevorzugte weiterhin außergerichtliche Einigungen.[64] Mit der Cassella tobte zur gleichen Zeit ein umfassender Patentkrieg, in dem erneut die Agfa und die Farbenfabriken in einem Boot saßen. Duisbergs Bericht zeigt sein eigenes Verhandlungsgeschick. Er jubilierte: «Wir haben uns mit Cassella verständigt und sage und schreibe vierzehn Prozesse dadurch aus der Welt geschafft. Cassella fabriziert und verkauft kein Diaminrot (das Konkurrenzprodukt zu Kongorot bzw. Benzopurpurin, W. P.) mehr; wir haben die Erlaubnis, die Naphtol-Sulfosäure F und die sich daraus herleitende billige Naphtylamin-Sulfosäure bezw. Naphtylamin-Disulfosäure (wichtige Zwischenprodukte im Azo-Verfahren, W. P.) lizenzfrei herzustellen und das alles für lumpige M 200 000: 2, d. h. für jede Firma 100 000 Mark.» Auch wenn er an der letzten Verhandlung der Chefs nicht teilnehmen durfte (so weit war er noch nicht), hatte er gleichwohl die harte Verhandlungsposition entwickelt, die sich dann auch durchsetzte.

Wann immer es möglich war, gingen die Farbenfabriken in der kommenden Zeit größeren gerichtlichen Auseinandersetzungen aus dem Weg und suchten zu Absprachen zu kommen. Andernfalls scheute man in Elberfeld aber weder vor harter wirtschaftlicher Konkurrenz noch vor langwierigen gerichtlichen Auseinandersetzungen zurück. Es herrschte zumindest bis zur Gründung der großen Verbünde (Dreiverband, Dreibund) nach der Jahrhundertwende weiterhin ein «legal warfare», der nur punktuell unterbrochen wurde. Insofern lässt sich für den Farben- und Pharma-Markt kaum davon sprechen, dass hier eine Art «Vermachtung der Märkte» oder gar eine Tendenz zum «Organisierten Kapitalismus» zu beobachten gewesen sei. Es gab zwar zahlreiche Absprachen, diese waren aber zumeist brüchig, da sie durch eine Vielzahl von Ereignissen gegenstandslos oder unwirksam werden konnten (technische Änderungen bei Produkten oder Produktionsverfahren, neue Marktteilnehmer, opportunistisches Verhalten, Änderung der Nachfrage der Konsumenten, Änderungen der gesetzlichen Rahmenbedingungen etc.). Überdies beendeten Absprachen nicht den Wettbewerb, sondern heizten ihn zum Teil noch an. Denn von den Preisabsprachen profitierten vor allem diejenigen Unternehmen, die am günstigsten produzierten, also die höchsten Differentialrenten realisieren konnten. Der Konkurrenzkampf verlagerte sich durch Absprachen nur, er wurde keineswegs aufgehoben. Im Inland brachen immer wieder neue, zum Teil heftige Patentstreitigkeiten aus, im Ausland bekämpften sich die deutschen Farbenhersteller nicht zuletzt unter Nutzung der dort jeweils geltenden Patentregeln «bis auf's Messer».[65] Von Frieden in der Branche konnte keine Rede sein, zumal die Auseinandersetzungen nicht auf die Farbstoffe beschränkt blieben.

Geradezu klassisch verliefen die Auseinandersetzungen um das Schlafmittel «Sulfonal», das auf der Basis einer Lizenz der Erfinder[66] von einer ganzen Anzahl Firmen hergestellt und vertrieben wurde. Diese hatten sich zu einer Konvention zusammengeschlossen, die aber brüchig wurde, als neue Firmen auftauchten und den Markt mit billigem Sulfonal überschwemmten.[67] Bei den Farbenfabriken, die sich seit 1888 unter großem Aufwand um eine kostengünstige Herstellung des Mittels bemühten, um im Rahmen der Konvention auf ihre Kosten zu kommen, gingen die Absätze zurück.[68] Duisberg, der zuständige Leiter der Pharmaproduktion, plädierte schließlich dafür, die Konvention aufzugeben und aufgrund der Fortschritte in der Produktionstechnik und der Tatsache, dass die Farbenfabriken sich in Amerika «Sulfonal-Bayer» hatten patentieren lassen, in eine harte Konkurrenz zu treten: «Die Ursachen, weshalb dieses Produkt im Konsum zurückgegangen ist, bezw. wir nicht mehr das frühere Quantum liefern, ist nun nicht in seiner Wirkung zu suchen, die es etwa auf uns ausgeübt hat, sondern in der ausserhalb der Konvention stattfindenden Konkurrenz. … Meiner Meinung nach muss hier ganz schneidig eingegriffen werden, dass (!) wir um so besser können, da wir ja mit Schering die Majorität in der Convention besitzen und unser Rückgrad (!) in Amerika finden. Schneidig insofern, als die Antwort auf diese Concurrenz eine sofortige grosse Preisreduktion sein muss, damit die ausser der Konvention stehenden Fabriken sich nicht erst einnisten, sondern wir sie mit noch schärferen Waffen sofort zur Mutlosigkeit zwingen.» Allein mit verbesserter Werbung sei wenig zu machen, zumal man mit aggressiver Reklame bei den Ärzten zurückhaltend sein müsse, um diese «nicht vor den Kopf zu stossen». Es bleibe nichts als ein klarer Preisschnitt, da auch der Name Sulfonal-Bayer nichts nutze, wenn das «reine Sulfonal» der Konkurrenz um ein Viertel billiger sei.[69] Rumpff gab grünes Licht für ein hartes Vorgehen gegen die Konkurrenz. Duisbergs Strategie war nicht unbedingt eine Auflösung, sondern eine Einbeziehung der größten Konkurrenten in die Konvention und gleichzeitig eine Senkung der Preise, sodass den kleineren Konkurrenten wenig Marktchancen blieben.[70] Das forderte allerdings auch von den Farbenfabriken viel: «Meines Erachtens nach sind die fetten Sulfonaltage schon vorüber, resp. werden bald zu Ende sein und dafür magere beginnen. Wir in der Technik, wo auch, wenn der Verdienst sehr hoch, nicht mit der Peinlichkeit und Sparsamkeit gearbeitet wird, als wenn einem das Messer an der Kehle sitzt, machen uns schon kriegsbereit und suchen, wo es immerhin möglich, Arbeitskräfte, Material und Dampf zu sparen und die Ausbeute zu erhöhen.»[71] Als wenige Tage später die Gespräche um eine Fortführung der Konvention endgültig scheiterten, da Schering und Hofmann derartige Preissenkungen nicht mittragen wollten, war man in Elberfeld vorbereitet: «Heute früh hat dann der Telegraph wie wohl kaum zuvor für uns gearbeitet und ist nach allen Richtungen hin an alle grösseren Kunden und Agenten die Mitteilung gemacht worden, dass wir ihnen Sulfonal-Bayer zum Preis von 50 M bei 100 Kilo und kleineren Quantitäten 60 M abgeben würden und ihnen Baisse garantieren; darauf sind schon einige schöne Abschlüsse eingetroffen.»[72] Duisberg war sich sicher, auf diese Weise am Markt bestehen zu können, da das Sulfonal aus dem eigenen Hause den Konkurrenzprodukten an Reinheit überlegen war und man auch ein neues Produktionsverfahren vorbereitete, das an der Göttinger Universität erarbeitet worden war.[73] Gegen mögliche Trittbrettfahrer, insbesondere im Ausland, wollte man strikt vorgehen. Duisberg war siegessicher: «Wir haben den Kampf in schneidiger Weise aufgenommen, wie es wahrscheinlich Niemand der Konkurrenten getan haben wird, und hoffen wir, uns auf diese Weise den ganzen Absatz zu sichern. ... Wahrscheinlich werden die kleineren Fabriken unter diesen Verhältnissen bald von der Bildfläche verschwinden.»[74]

6 | In der Bayer-Familie

Über die Patentfragen war Duisberg seit der Mitte der 1880er Jahre faktisch zum Assistenten der Geschäftsführung geworden. Was ihm zum Aufstieg und zur bürgerlichen Reputation allerdings noch fehlte, war eine Ehefrau. Verheiratet zu sein war im späten 19. Jahrhundert keineswegs nur eine Privatsache. Insbesondere bei Führungskräften wurde es auch erwartet. Erst eine gelingende Ehe verschaffte dem im Berufsleben stehenden Mann die notwendige Freiheit und Sicherheit, sich ganz seiner beruflichen Herausforderung widmen zu können. Insofern war die konventionelle bürgerliche Ehe nicht eine Art Dekor der damaligen Welt; sie war vielmehr deren funktionale Bedingung – auch und gerade in wirtschaftlicher Hinsicht. Zugespitzt formuliert: Ohne die Hingabe der Frau an den Mann wäre dessen Hingabe an den Beruf kaum vorstellbar gewesen. Den Zeitgenossen war dieser Zusammenhang vollständig bewusst. Das Heiraten gehörte einfach dazu. Auch für Duisberg stellte sich nach den ersten Erfolgen in der Fabrik und dem Beginn einer Karriere daher die entscheidende Frage: Wen soll ich heiraten?

Als «rechte Hand» von Carl Rumpff in Patentfragen verkehrte er häufig in dessen Haus. Dort lernte er seine spätere Frau Johanna Seebohm kennen, Spitzname Hans bzw. Hänschen,[1] mit der er sich im Dezember 1887 verlobte. Das Junggesellenleben habe ihm nicht mehr behagt, schrieb er an Johannes Walther: «Mehr und mehr bin ich zu der Ansicht gekommen, dass es nicht gut ist, wenn der Mensch, nachdem er den ganzen lieben Tag sich abgeplagt und abgeärgert hat, am Abend denn noch lieber dem Wirtshaus zueilt, um einige Stunden sorgenlosen und frohen Daseins bei Wein oder Bier im Kreise der Freunde zu verbringen. Wenn auch meine Familie in Barmen wohnt, so lässt doch die kolossale Entfernung nur einen Sonntagsbesuch zu und in der Woche, wo ich bald dort bald bei Freunden oder Bekannten eingeladen war, fand ich ebenso wenig die Ruhe, die ich suchte und die ich nervöse Ratte notwendigerweise brauche.» Er habe sich daher seit einiger Zeit mit dem Gedanken getragen zu heiraten, obwohl ihm die Aufgabe der persönlichen Unabhängigkeit nicht leichtfalle. Aber nun habe er die für einen «etwas stark mit Selbständigkeit und Willen begabten Mensch(en)» richtige Frau gefunden, eine «hingebende, sanftmütige, aber dennoch selbständig denkende Maid».[2] Das waren nicht nur leere Worte, sondern wohl Duisbergs feste Überzeugung von der Bestimmung der Frau. Als auch Walther sich Ende 1898 schließlich verlobte – Duisberg, mittlerweile Vater von vier Kindern, hatte den Freund immer wieder gedrängt, sich endlich zu binden –, schrieb ihm Duisberg: «Schon aus Hentschels Mitteilungen und Beschreibungen war mir klar geworden, dass gerade sie als ruhiger und treuherziger Charakter mit schüchterner Zurückhaltung die rechte Frau für Dich werden wird. Ich war umsomehr hierüber erfreut, als ja mein Hans genau dieselben Eigenschaften aufweist und ich mir nie eine andere Frau wünschen könnte.»[3] Vor allem aber, so ließ er Walther gegenüber von Anfang an durchblicken, war das eine glänzende Partie, die er ins Auge gefasst hatte. Er sei des öfteren bei Carl Rumpff auf dessen Landsitz Schloss Aprath zu Besuch gewesen, «ja fast jeden Sonntag Nachmittag, an dem die Familie draussen weilte, war ich auch dort. In diesem mit hübschem Park und Teich umgebenen, lieblich gelegenen Hause lernte ich nun jetzt vor einem Jahre beim Eislauf die Nichte jenes kinderlosen Herrn Rumpff, die Tochter des Kaufmanns und Direktors der Zeche Holland bei Wattenscheid kennen. Ich sah und fing an zu lieben, ohne sonst so recht zu wissen, ob ich wiedergeliebt wurde.»[4] Folgt man Duisbergs Erinnerungen, handelte es sich nicht um Liebe auf den ersten Blick. «Ein Jahr lang haben wir uns … ab und zu gesehen, bis es mir klar wurde, dass sie die Frau sei, die für mich zur Ehegefährtin geschaffen war. Nachdem wir uns im Elberfelder Stadttheater – es wurde das Stück ‹Almenrausch und Edelweiß› gegeben – hinter dem Rücken der Tante Clara Rumpff, der ältesten Tochter des verstorbenen Friedrich Bayer, der jetzigen Frau Baronin von Gamp-Massaunen, ausgesprochen und heimlich verlobt hatten, schrieb ich an die Eltern und erhielt am 12. Dezember 1887 ihre segnende Zustimmung. Seit dieser Zeit war ich heimlich verlobt und glücklicher Bräutigam.» Einige Tage später wurde die Verlobung gefeiert, und zwar in Berlin bei Carl Rumpff, der Mitglied des Preußischen Abgeordnetenhauses war und dort seinen zweiten Wohnsitz hatte, «an dem berühmten Tage, an dem Bismarck das Wort prägte: ‹Wir Deutsche fürchten Gott und sonst nichts auf der Welt›.»[5]

Duisberg strotzte nur so von «Hahnenstolz»[6]: «Nun bin ich also, das ist der langen Rede kurzer Sinn, verlobt, glücklicher Besitzer eines braven, liebenden kleinen Herzens mit Namen Johanna oder Hänschen Seebohm und hätte es nie für möglich gehalten, dass ich so verliebt, so glücklich sein könnte, nachdem die Realität des Lebens so manchen zarten Hauch hinweggefegt.» Während des Studiums hatte er sich in die (früh verstorbene) Schwester von Johannes Walther verliebt, dies aber nicht weiter verfolgt. Jetzt war die beschwingte Stimmung jener Tage zurückgekehrt: «Ich möchte sagen, ich habe mich wiedergefunden; ich bin jetzt wieder das, was ich mit Dir zusammen in Jena war und mich so oft an jene schönen Semestertage erinnerte, was uns diese klassische Stätte lieb und wert gemacht hat.»[7] Die Hochzeit war nach der feierlichen Verlobung Weihnachten 1887 in Schloß Aprath für den Sommer 1888 geplant. Die Wartezeit nahm Duisberg klaglos hin: «Ich habe die Erlaubnis, jeden Abend nach Aprath kommen zu dürfen und lasse selbstverständlich diese Gelegenheit nie unbenutzt vorübergehen. Ich gehe pünktlich um 6 Uhr von hier fort, bin um 7 Uhr drüben, habe den Genuß eines schönen Spazierganges und den, mein Bräutchen sehen und sprechen zu können und fühle mich recht wohl hierbei, trotzdem ich regelmässig früh 6 Uhr nach Haan fahre. Das einzige ist eine große Müdigkeit, die nicht schadet, sondern schlank macht.»[8] Die Ehe wurde schließlich an Duisbergs 27. Geburtstag, dem 29. September 1888, auf Schloss Aprath geschlossen – und hielt bis zu seinem Tode am 19. März 1935.

«Meine kleine Frau» – mit dieser Lieblingsphrase sprach Carl Duisberg in den kommenden Jahren von seiner Gattin und schilderte sie auch sonst als einen zu beschützenden und zu behütenden Menschen. Das hatte angesichts der Tatsache, dass Johanna Duisberg nach der Geburt ihrer vier Kinder zwischen 1889 und 1898 mehrfach schwer erkrankte, durchaus seinen guten Grund, verdeutlicht aber vor allem das Selbstverständnis des jungen Ehemanns als Herr und Beschützer. Die Ehe verlief, soweit Ehen das überhaupt können, harmonisch, doch Johanna Duisberg spielte keineswegs nur die Rolle der «behüteten Maid». Im Laufe der Jahre war es Carl Duisberg immer weniger möglich, ohne die Begleitung seiner Frau zu sein. Konnte sie ihn auf seinen Reisen nicht begleiten, litt er erkennbar.[9] Schon in der Verlobungszeit konnte Duisberg es nicht gut aushalten, wenn seine Braut fort war. Wenn sie in den kommenden Jahren allein oder mit den Kindern zur Kur oder in die Sommerfrische ging, beklagte er stets sein Strohwitwerdasein. Zwar gab es Einladungen, Skatrunden, Kegelabende und Ausflüge auch ohne seine Frau, aber so recht gefiel ihm das nicht.[10] Die Sehnsucht war offensichtlich gegenseitig, wie ein Schreiben an Johannes Walther vom 13. Juli 1893 zeigt, in dem Duisberg berichtet, dass er seine

8 | Johanna und Carl Duisberg (1888 o. 1889)

Frau in der Kur auf Norderney besuchen möchte, da sie «mich schon jetzt nach einigen Tagen in jedem Brief darum bittet. Die Strohwitwerzeit ist grässlich langweilig, da ich mich in dem grossen Hause sehr einsam und verlassen fühle, umsomehr als ich die Köchin nach Hause geschickt und nur ein Mädchen behalten habe.»[11] Diese Sehnsucht nacheinander blieb ein Leben lang erhalten, ja, nahm im Alter weiter zu. Nicht zuletzt deshalb findet sich in dem umfangreichen Briefwechsel von Carl Duisberg kaum ein Schreiben an seine Frau – sie besprachen alles Wichtige unmittelbar miteinander.[12] Die Arbeitsteilung war dabei klar: Der Mittelpunkt von Johanna Duisbergs Leben waren das im Laufe der Jahre immer aufwendiger und luxuriöser gestaltete Heim, die Leitung des mehrköpfigen Haushaltes und schließlich insbesondere die Erziehung der Kinder.[13]

Mit Haus, Küche und Kindern wäre die Bedeutung von Johanna Duisberg aber ganz unzureichend erfasst. Im Grunde ermöglichte sie ihrem Mann überhaupt erst das Leben, das er führte und in dem er so rasch so große Erfolge erzielte.[14] Dass Duisberg sich selber als «nervöse Ratte» bezeichnete, die eines sicheren und – vor allem – beruhigenden Nestes bedurfte, war ja nicht so daher gesagt, sondern entsprach den Tatsachen. Er hatte sich in die Arbeit in den Farbenfabriken gestürzt und die akademische Freiheit bereits aufgegeben, als er noch keine 23 Jahre alt war. Der Erfolg ließ zwar nicht allzu lange auf sich warten, doch dürfte das den jungen Mann keineswegs ausgefüllt haben, zumal Duisberg dazu neigte, seine Abende in Kneipen oder beim Kartenspielen zu verbringen. Die Ehe mit einer Frau, die seinen Weg in den Farbenfabriken stützte und ihm abends einen Fluchtpunkt bot, war für den ehrgeizigen, aber durchaus nervösen jungen Mann daher weit mehr als eine günstige Versorgungsstation und eine Türöffnerin in die erstrebten besseren Kreise. Es war sogar andersherum: Erst Duisbergs Avancement in den Farbenfabriken zum vielversprechenden jungen Mann öffnete ihm die Tür zum Haus des Vorstandsvorsitzenden und dann zum Herzen seiner künftigen Frau. Johanna Duisberg stabilisierte ganz offensichtlich ihren Mann, sie trug wesentlich zu seiner Karriere bei. Sie war nach der Mutter eine der wesentlichen Stützen seines Lebens, wie es kurz nach Duisbergs Tod auch der älteste Sohn Carl-Ludwig zum Ausdruck brachte: «Ihre völlige Hingabe und restlose Aufopferungsfähigkeit ermöglichten ihm neue Kraft, trotz der tausend Aufregungen, in die ihn sein heftiges Temperament versetzte. Wäre meine Mutter eine schwierige und komplizierte, problematische Natur gewesen, so hätte er im häuslichen Kampf einen großen Teil seiner Kraft verzehren müssen. Hier konnte er sich nach Herzenslust aussprechen, austoben und der tiefe häusliche Frieden gab ihm immer wieder nach den schwersten Kämpfen erneuten jugendlichen Elan und Stoßkraft.»[15]

Carl-Ludwig Duisberg, der mit seinem Vater keineswegs immer auf gutem Fuß stand, traf hier den Punkt. Carl Duisberg wurde bis zum Lebensende nicht müde, seine Ehe zu loben, ja, die Ehe überhaupt als den besten Zustand zu beschreiben, den man erreichen könne: «Das schönste, was man sich im Leben bereiten kann und von dem man am meisten Genuss hat, ist und bleibt das eigene Nest», verkündete er im Dezember 1900, als er selber gerade eine depressive Phase durchmachte.[16] Er bedürfe «nach des Tages Last und Mühen dringend des Friedens der Häuslichkeit».[17] Ob das im Alltag immer ohne Konflikte abging, ist aus den Quellen nicht ersichtlich, zu existentiellen Krisen kam es auf keinen Fall. Duisberg war sich auch stets völlig darüber im Klaren, wie sehr er von seiner Frau abhängig, wie sehr die Tatkraft des Mannes überhaupt von seinen Verhältnissen bestimmt war.[18] Wann immer er konnte, nahm er seine Frau auf Geschäftsreisen mit.[19] Hier liegt auch der eigentliche Grund für die auffällige Karriere der Hausdame Minna Sonntag. Hausdamen und/oder Gesellschafterinnen waren in den bürgerlichen Haushalten des 19. Jahrhunderts keineswegs ungewöhnlich,[20] doch die Karriere Minna Sonntags, die diese Aufgabe im Hause Duisberg von 1895 bis zu ihrem Tod 1934 versah, ist bemerkenswert.[21] Sie war zunächst für die Kinderbetreuung eingestellt worden und wurde erst nach und nach Hausdame, da sie zunehmend Aufgaben für und mit der Hausfrau übernahm.[22] Für das Ehepaar Duisberg wurde sie auch deshalb unentbehrlich, weil ohne sie die gemeinsamen Reisen nicht möglich gewesen wären. Sie begleitete Johanna Duisberg, während ihr Mann auf Sitzungen oder Besprechungen war. Abends war dann in den entsprechenden Grandhotels, in denen das Ehepaar Duisberg verkehrte, für Carl eine Art Heimkehr in den Familienkreis möglich. Duisberg sprach gelegentlich von Minna Sonntag als einer weiteren Tochter;[23] seit den 1920er Jahren galten die Duisbergs mit Hausdame auch als «heilige Dreieinigkeit», weil sie stets zusammen auftraten. Ihr 25-jähriges Dienstjubiläum bei den Duisbergs ließ der Geheimrat in die Zeitung setzen.[24] Der Tod von Minna Sonntag im Frühsommer 1934 war für beide ein schwerer Schlag, in der Todesanzeige sprach die Familie Duisberg von «39jähriger aufopfernder Lebensgemeinschaft».[25]

Die runden Jahrestage der Ehe wurden feierlich begangen, die Silberne Hochzeit im September 1913 geradezu generalstabsmäßig geplant. Diese

Feiern, die stets einen mondänen Rahmen hatten, dokumentierten vor allem die Zusammengehörigkeit des Paares. Sie trugen neben dem Pompös-Inszenierten immer wieder auch geradezu anrührend kleinbürgerliche Züge. Es wurde Selbstgedichtetes vorgetragen, Operettenmelodien gespielt, bei den Mahlzeiten auch ordentlich zugegriffen, wenngleich im Nachhinein die Kosten bis auf den letzten Pfennig und den letzten Rest in einer Weinflasche genau abgerechnet wurden. Für Carl Duisberg war diese Mischung aus großer Welt und Kleinbürgertum offensichtlich typisch; seine Frau machte das ohne zu klagen mit – und saß bei den oft langen Abenden treu dabei. Für die Duisbergs hatte dieses öffentliche Auftreten geradezu etwas Programmatisches und Demonstratives. Sie hatten keine Hemmungen, sich privat zu zeigen, um, das kann man gewiss unterstellen, als Vorbild zu wirken.[26] Duisberg hielt mit Eheratschlägen auch bei anderen Gelegenheiten keineswegs hinterm Berg, wobei stets die eigenen Erfahrungen mit einflossen. «Aber das große Glück, das Ihnen wurde, trägt in sich noch größere Verantwortung: Hegen Sie das Kleinod, das Sie gefunden, pflegen Sie alle die seelischen und ethischen Kräfte, die zur Grundlage eines harmonischen und gleichgerichteten Zusammenlebens gehören, und das Eheleben wird der Hort individuellen Werdens und der Brunnen, aus dem die Lebensenergien fließen, die den Mann zu rastlosem Schaffen und gestaltendem Wirken befeuern», ließ er später einen jüngeren Bekannten wissen.[27] Und seinem Schwager Hermann Seebohm gegenüber bekannte er: «Die Ehe ist keine geschäftliche Angelegenheit, und von der Harmonie zwischen Mann und Frau hängt das ganze Lebensglück, nicht nur Deines, sondern auch das Deiner Frau ab.»[28] Duisberg fühlte sich für das Wohlergehen seiner Frau denn auch verantwortlich. Schon zu Beginn der Ehe lässt sich ein intensives Sorgen auch und gerade in Krankheitszeiten feststellen; nicht selten flüchteten beide Duisbergs dann aus der Elberfelder bzw. Leverkusener Enge auf größere Reisen, die sich so stets gut begründen ließen. Nach dem Krieg nahmen die Krankheiten, damit die Kuraufenthalte und die gemeinsamen Erholungsreisen einen immer größeren Platz ein, wobei sich die Eheleute jeweils rührend umeinander kümmerten. Das fiel auch seinen Mitarbeitern auf: «Die Quelle seiner sich immer erneuernden Arbeitskraft aber war die Seele seines Hauses, Frau Johanna Duisberg.»[29]

Die Verbindung mit der Nichte von Carl Rumpff nützte ihm auch geschäftlich. Es spricht allerdings wenig dafür, die Wahl von Johanna Seebohm auf diese strategischen Momente zu reduzieren. Sie war eben nicht allein ein Arrangement zu gegenseitigem Nutzen, sondern eine nach den Maßstäben der Zeit und den Selbstauskünften des Ehepaars glückliche Beziehung. Überdies: Warum sollte eine «gute Partie» eine Liebesheirat unbedingt ausschließen?[30] Im Duisbergschen Fall spricht viel dafür, dass Neigung und Nutzen zusammentrafen. Wir wissen nicht einmal sicher, ob Johanna Seebohm im materiellen Sinn überhaupt eine gute Partie war. Von einer großen Mitgift war nicht die Rede, und auch im späteren Vermögensstatus der Duisbergs finden sich keine Hinweise darauf, dass sie Vermögen in die Ehe eingebracht hätte. Wenn Johanna Seebohm eine Art «strategischen Wert» besaß, dann war es ihre zumindest indirekte Zugehörigkeit zur Bayer-Familie. Angesichts der Verteilung des Aktienbesitzes in den Jahren vor den großen Kapitalerhöhungen nach der Jahrhundertwende war ein Zugang zur Familie, wollte man in die Spitze des Unternehmens aufrücken, zweifellos von Vorteil, und Duisberg dürften diese Chancen nicht entgangen sein. Doch um das überhaupt zu sehen, musste er der Familie schon recht nahe sein, denn von außen war das nicht offensichtlich.

Johanna Seebohm war die Tochter von Carls Rumpffs Schwester und wuchs als Ziehtochter bei ihrem kinderlosen Onkel auf, der mit Clara, der ältesten Tochter von Friedrich Bayer sen., verheiratet war. Dass hier ein engeres Verhältnis bestand, konnte Duisberg erst wissen, als er bereits im Hause Carl Rumpffs ein- und ausging. Dort verkehrten auch der Sohn Friedrich Bayers, Friedrich (genannt Fritz) Bayer jun. mit seiner Frau Anna, geb. Wolff, sowie Henry Theodor Böttinger, der die andere Tochter Friedrich Bayers, Adele, geheiratet hatte. Friedrich Bayer jun. und Henry Theodor Böttinger waren gemeinsam mit Carl Rumpff und den Erben des anderen Unternehmensgründers Friedrich Weskott in der Geschäftsleitung der Farbenfabriken tätig; seit 1886 bildeten sie nach dem Ausscheiden von Friedrich Weskott gemeinsam mit Hermann König ihren Vorstand.[31] Im Hause Rumpff versammelten sich mithin die Gründer- und Eigentümerfamilien der Farbenfabriken, die Duisberg alle bereits vor seiner Verlobung kannte. Mit der Ehe wurde aus dem freundschaftlich-geschäftlichen Verkehr eine verwandtschaftliche Beziehung, die rasch eng wurde, da man Feste und Feiertage in der Regel miteinander verbrachte.[32] Das mag ein Motiv für Duisberg gewesen sein, um Johanna Seebohm zu werben, aber die Möglichkeit hierzu gaben ihm erst seine großen Erfolge in der Farbstoffdarstellung und in den Patentkonflikten.

Mit seiner neuen Familie, mit Rumpff, Bayer jun. und Böttinger, verstand sich Duisberg offensichtlich gut; bis zu seinem frühen Tod im Juni

1889 blieb Carl Rumpff (geb. 1839)[33] Duisbergs wichtigster Ansprechpartner. Während er mit «Onkel Carl» schnell zum «Du» überging, dauerte das bei Fritz Bayer und Henry Böttinger noch bis in die 1890er Jahre, hier blieb das Verhältnis zunächst von den Rangunterschieden im Unternehmen geprägt. Jedoch bildete sich schon Ende der 1880er Jahre das Fundament der späteren Männerfreundschaft aus, wie ein Brief Duisbergs an den auf Weltreise befindlichen Böttinger Anfang Januar 1889 unschwer erkennen lässt: «Eigentlich war gestern Posttag, aber wie es so oft in dem Getriebe unseres Geschäftes geht, wird man durch allerlei Zwischenfälle abgehalten und kommt nicht zur Erledigung des Notwendigsten, zumal wenn man angesteckt durch die verlassenen Ehemänner, Strohwittwer (!), deren Frauen in Montreux weilen, mit diesen am Abend unsolide ist, und auch der Abend nicht zur vollen Ausnutzung gelangt. So waren vorgestern Abend Fr. Bayer, Fritz Bölling und natürlich der unsolideste von Allen, das Carlchen[34] (Hülsenbusch, W. P.) bei uns zum Abendessen, mit darauffolgendem Skat. Wenn nicht der sonst so unsolide, aber in Anbetracht seiner bei Gegenwart von Damen stets in den Vordergrund zu schiebenden guten Eigenschaften so solide erscheinende Carl – wir kennen ihn ja – um 1 Uhr den Gehorsam verweigert hätte, so wäre Fritz Bölling[35] über Nacht und natürlich ich und die übrigen noch viel länger sitzen geblieben und vielleicht sässen wir jetzt noch und spielten Skat. ... Heute Mittag ist zuerst grosser Frühschoppen in Schöllers Wohnung, daraufhin ist F. B. und C. H.[36] bei Schöller zum Mittagessen eingeladen, wie es da zugeht, können Sie sich denken – und am Abend kommt dann Friedrich Wilhelm aus Barmen, um im Verein mit uns übrigen die allein zurückgebliebene Fräulein Wachter (die Hausdame der Böttingers, W. P.) zu überfallen; schon längst ist ihr dies annonciert worden und sie hat auch die Erlaubnis Ihrer Frau, uns splendid zu bewirten. Natürlich verlangen wir Austern und Sekt. Ob wir es bekommen werden, ist eine andere Frage.» Elberfeld sei so gesehen «ein fideles Gefängnis! Nicht wahr! Ob auch Sie so froh und fidel dort bei den Natives sein werden, glaube ich nicht... Sie brauchen sich aber in dieser Hinsicht nicht im mindesten Sorge zu machen. .... Wie ich heute morgen aus einem Brief aus Montreux ersah, geht es Ihrer Gemahlin ganz gut.»[37]

Zwischen den Familien Rumpff, Bayer, Böttinger[38] und Hülsenbusch einerseits, Carl Duisberg und seiner jungen Familie andererseits entstand nach und nach ein Verbund, der seinen Kern in der erfolgreichen Männerfreundschaft der führenden Köpfe der Farbenfabriken hatte. Das war und blieb die Voraussetzung für die Akzeptanz Carl Duisbergs, worüber er sich auch stets im Klaren war. Der Erfolg der Farbenfabriken schuf erst den Freiraum, in dem man sich freundschaftlich begegnen konnte, der dann allerdings auch weidlich genutzt wurde. Die Berichte von längeren Skatabenden sind nicht selten; ebenso ging man zusammen im Bergischen Land zum Wandern[39] oder schob abendelang Kegel in bestimmten Elberfelder Wirtshäusern. Hier galt das Gleiche wie bei seiner Eheschließung: Freundschaftliche Neigung und wirtschaftlicher Nutzen standen nicht in Konkurrenz zueinander, sondern eher schon in einem gegenseitigen Ermöglichungsverhältnis. «Ich denke an meine drei Freunde Bayer, Böttinger und Rumpff. Ich denke ihrer wehmütig und mit dem Gedanken, daß ich persönlich so eng mit ihnen verbunden war und daß ich ohne diese drei Freunde nicht das hätte schaffen können, was ich geleistet habe. Wir haben eine Gemeinschaft gebildet, in der wir alle zusammen wirkten. Der eine wurde fortgerissen von dem andern. Friedrich Bayer war der Bedächtige, Henry von Böttinger war der Stürmende, und ich war das ausgleichende Mitglied», schrieb Duisberg in seinen Lebenserinnerungen, die Charaktere ein wenig durcheinanderbringend. Als ihm Vorstand und Aufsichtsrat zum 25-jährigen Geschäftsjubiläum am 29. September 1909 ihre Aufwartung machten, drückte er es so aus: «Während Du, lieber Fritz, das Erbe Deines Vaters, die etwas pessimistische und vorsichtige, nicht dem Wagen zugeneigte Art zu denken und zu handeln in unserem Kreise übst, versuche ich, dem verstorbenen Onkel gleich, mit meinem Optimismus, mit meiner Begeisterung für alles Neue, für jeden wissenschaftlichen und technischen Fortschritt, Dich mit fortzuziehen und für das Betreten neuer Gebiete zu interessieren. Im Widerstreit der Meinungen standest Du, lieber Henry, dann in der Mitte und zogest bald Deinen Schwager Fritz vorwärts, bald bremstest Du mich und stelltest auf diese Weise das goldene Gleichgewicht her. Da gab es zwar stürmische Szenen, heftige Wortgefechte, aber keine das Endergebnis überdauernden Verstimmungen oder gar Differenzen persönlicher Art. Stets war das Ergebnis dieser Dissonanzen ... ein harmonischer Schlussakkord.»[40]

Nach dem Tod der Freunde Bayer, Böttinger und Carl Gamp, die zwischen 1918 und 1920 verstarben, wurde Carl Duisberg so etwas wie das «Familienoberhaupt», so zumindest titulierte ihn die Tochter von Carl Gamp und dessen Frau Clara, geb. Bayer, verw. Rumpff. Carl Duisberg kümmerte sich nicht nur um das berufliche Fortkommen seiner «Neffen»[41] und «Nichten», er beriet sie auch in finanziellen Fragen und stand ihnen in zum Teil schwierigen und langwierigen Scheidungsverfahren zur Seite.[42]

Von den Kindern Friedrich Bayers jun., Henry Böttingers und Carl Gamps wurde er entsprechend auch gesehen – als der hilfreiche «Onkel» mit den guten Beziehungen, auf den man sich im Zweifelsfall immer verlassen konnte. «Lieber Onkel Carl! Das ist wirklich furchtbar freundlich von Dir, daß Du Dir soviel Mühe gemacht hast. Karl läßt Dir sehr vielmals danken für die Empfehlung an Herrn Gerschel. Es war uns schrecklich peinlich, Dich so anschnorren zu müssen. Darum der Umweg über Tante Hans. Du siehst, den Dank für die erfüllte Bitte riskiere ich schon an die richtige Adresse zu senden. Ein bißchen davon gib bitte Tante Hans ab für ihre freundliche Vermittelung.»[43] Inge Armster, geb. Gamp, bat Carl Duisberg aber nicht nur um Hilfe für ihren Mann Karl, einen stellungslosen Opernsänger, sondern beriet mit ihm auch die Angelegenheiten des Pommerschen Gutes ihrer Mutter (Hebron-Damnitz), das in der Weltwirtschaftskrise völlig überschuldet war. Duisberg half mit dem Rat, zu verkaufen und sich zukünftig «nach der Decke (zu) strecken, wie dies jeder im Deutschen Reich tun muß».[44] Die familiären Bindungen blieben so dauerhaft erhalten, auch als Ausdruck von Duisbergs tiefer Dankbarkeit gegenüber seinen Verwandten, Gönnern und Freunden: «Mein 70. Geburtstag soll nicht vorübergehen, ohne derjenigen zu gedenken, die mir in meinem Leben besonders nahe gestanden haben», schrieb Duisberg 1931 an Waldemar von Böttinger. «Dazu zählt in erster Linie Dein guter Vater, mein lieber und treuer Freund! Deshalb bitte ich Dich freundschaftlichst, zu veranlassen, daß am 29. September die Ruhestätte Deines Vaters in Arensdorf mit einem schönen Kranz geschmückt wird, der auch gleichzeitig dem Gedenken des Hauses Duisberg an Deine treue Mutter dienen soll. In gleichem Sinne werde ich Carl Rumpff und Fritz Bayer ehren und am genannten Tage auch an deren Gruft einen Kranz niederlegen lassen.»[45]

Zur Familie seiner Frau entwickelte Duisberg im Laufe der Jahre ebenfalls engere Beziehungen, auch wenn sich das in seiner Korrespondenz kaum niederschlug, da die eigentliche Privatkorrespondenz – im Übrigen auch mit den eigenen Kindern – seine Frau führte.[46] Diese Korrespondenz ist nicht überliefert, sodass das Verhältnis zu Schwiegermutter und Schwägerinnen aus Duisbergs Korrespondenz erschlossen werden muss. Seine Schwiegermutter lebte mit den zwei älteren Schwestern seiner Frau in Düsseldorf; die drei Damen kamen regelmäßig sonntags nach Elberfeld und später nach Leverkusen zu Besuch. Das Verhältnis hier war offensichtlich freundschaftlich. Zum jüngeren Bruder seiner Frau, dem 1880 geborenen Hermann Seebohm, der nach der Jahrhundertwende in das amerikanische

Geschäft der Farbenfabriken eintrat und dort Karriere zu machen hoffte, entwickelte Duisberg ein fast väterliches Verhältnis. Ihm erteilte er immer wieder Ratschläge, wie man sich in einem Unternehmen wie den Farbenfabriken richtig zu verhalten hatte. Duisberg förderte ihn durchaus, hielt sich aber mit direkter Protektion zurück, ähnlich, wie er das später auch bei den eigenen Söhnen handhaben sollte.[47] Die Seebohmsche Verwandtschaft spielte darüber hinaus in Duisbergs Leben keine prominente Rolle.

Das war bei den eigenen Kindern naturgemäß anders. Carl Duisberg erzog sie mit väterlicher Strenge, die seine Erwartungen an das angemessene (Lern-)Verhalten der Kinder nachdrücklich zum Ausdruck brachte. Damit unterschied er sich in keiner Weise von seinen Zeitgenossen. Hugo Stinnes etwa band Lob und Belohnung der Kinder ganz ähnlich an deren Verhalten.[48] In Industriellenhaushalten dominierte generell ein gewissenhafter Erziehungsstil, der bereits von den Kindern das Erfüllen ihrer Pflichten verlangte und entsprechend Lob und Tadel verteilte.[49] Irrationale Gewaltanwendung, Sadismus oder Schikane, wie oft behauptet, finden sich in den Quellen nicht. Auffällig mochte vielleicht sein, dass in Industriellenfamilien die musisch-literarische Erziehung der Kinder weniger gepflegt wurde als im Bildungsbürgertum. Hier spielten mitunter, namentlich bei der Erziehung der männlichen Nachkommen, «Realia» und die Vorbereitung auf die spätere Geschäftstätigkeit eine größere Rolle, aber das waren bestenfalls graduelle Unterschiede.[50] Duisberg war alles in allem ein ganz durchschnittlicher Vater, der sich nur wegen seiner großen Arbeitsbelastung von den Vätern des Bildungsbürgertums unterschied, die doch häufiger zu Hause waren. Ähnlich wie Hugo Stinnes[51] oder Emil Rathenau[52] hatte Duisberg zu wenig Zeit, um sich um die Erziehung der Kinder intensiv zu kümmern. Dennoch beschäftigte sie ihn. Zwischen 1889 und 1898 geboren (Carl-Ludwig 18. Juli 1889, Walther 27. August 1892, Hildegard 18. November 1893, Curt 29. März 1898[53]), war das ganze Jahrzehnt zwischen 1890 und 1900 im Hause Duisberg von den Krankheiten der Kinder und den Leiden der Mutter bestimmt.[54] Hinzu kam 1895 die Feststellung eines angeborenen Hüftleidens, einer Luxation, bei der Tochter Hildegard, die in den kommenden Jahren immer wieder korrigierende Eingriffe verlangte, ohne dass eine völlige Heilung erreicht wurde. Curt, der 1898 geborene dritte Sohn, hatte dieses Leiden auch, das den Eltern sehr viel Sorgen bereitete.[55]

Carl Duisberg nahm an den familiären Sorgen weniger Anteil,[56] die alltägliche Erziehung der Kinder lag eindeutig in der Hand der Mutter: «Die

9 | Carl Duisberg und seine Familie 1902. O. R. v. r. n. l.: Minna Sonntag, Carl-Ludwig Duisberg, Johanna Duisberg; u. R. v. r. n. l.: Curt Duisberg, Hildegard Duisberg, Carl Duisberg, Walter Duisberg, unbek. Frau

Erziehung von 3 schulpflichtigen Kindern macht selbstverständlich der Mutter viel Mühe und Sorgen und Hans fühlt sich deshalb auch recht angegriffen. Körperlich ist sie jedoch ganz wohl und jammert nur darüber, dass sie von ihrem Mann so wenig hat, da ich in den letzten Monaten sehr viel verreist war.»[57] Wenn er zu Hause war, verlangte er Gehorsam und Einordnung, die er mitunter auch brachial durchsetzte. Das führte dazu, dass Johanna Duisberg den Nachwuchs gelegentlich vor dem aufbrausenden Temperament und den Erziehungsvorstellungen ihres Mannes schützen musste, wie Sohn Curt erinnert. «Im ganzen aber hatte ich eine schöne Kinderzeit», resümierte Curt Duisberg, «manchmal allerdings beeinträchtigt durch Speisen, die ich nicht essen mochte oder konnte, wie fettes Schweinefleisch oder Sauerbraten, die mir mit dem Rohrstock des Vaters nahegebracht oder die bei Aufnahmeverweigerung dann mit Schlägen ausgeglichen wurden. Im übrigen galt der Satz: ‹Was auf dem Teller ist, wird aufgegessen›.»[58] Widerspruch ließ der Vater nicht zu: «Für mich wie für alle, auch wenn das meinem Bruder Carl-Ludwig im Grunde widerstrebte, waren die Worte des Vaters oberstes Gesetz.»[59] Aber die Mutter setzte der väterlichen Willkür und Unberechenbarkeit deutliche Grenzen: «In Bezug auf Behandlung und Pflege des kleinen Kurt, den sie, wie seinerzeit Hilde, nicht aus den Fingern gibt, sondern selbst massiert, selbst überall hinträgt und rein und sauber hält, hört sie auf Niemand, sodass selbst der kräftigste Wille des Ehemanns an der in der Kindesliebe verkörperten Energie der Mutter scheitert.»[60]

Duisbergs Selbstverständnis als Vater, wenn auch nirgendwo explizit aufgezeichnet, hatte bestimmte, völlig unhinterfragte Charakteristika, an denen er sein Leben lang festhielt. Er war zunächst für das materielle Wohl seiner Familie verantwortlich; sodann hatte er die wichtigen Entscheidungen zu treffen, um den Kindern einen möglichst reibungslosen Weg in ein hoffentlich erfolgreiches Leben zu ebnen.[61] Den Bereich der materiellen Fürsorge nahm Duisberg auch deshalb sehr ernst, weil es zumindest in der ersten Zeit kaum Reserven gab, sollte er als Ernährer ausfallen. Die ersten größeren Verdienste wurden daher gespart[62] und schließlich in eine Familienstiftung investiert, um der eigenen Frau und den Kindern für den Fall, dass ihm etwas zustoßen sollte, materielle Sicherheit zu verschaffen.[63] Ganz ähnlich verfuhr er mit der Versorgung seiner Hausangestellten und Bediensteten, für die ebenfalls eine Stiftung bzw. ein «Pensionsfonds für unser Hausdienstpersonal» eingerichtet wurde, dessen Zweck es war, ihre Alterssicherung zu gewährleisten.[64] Diese Fürsorge war – zumindest im Nachhinein gesehen – außerordentlich klug. Die Familienstiftung, überhaupt Einkommen und Vermögen des Vaters wurden von den Kindern wiederholt beansprucht, zeitweilig griffen in den 1920er Jahren alle Kinder auf väterliche Unterstützung zurück. Carl-Ludwig, der als Schauspieler von seinen Engagements nicht leben konnte, und Hildegard, die nach ihrer Scheidung «privatisierte», waren dauerhaft auf väterliche Hilfe angewiesen.

Die Art, wie die Kinder in der großen Inflation um Hilfe baten, zeigt, dass sie sich auf ihren Vater verließen. Die «I.-G. der I.-G.'schen Kinder» schrieb zu Weihnachten 1923 an die «lieben Eltern»: «Soweit wir heute schon voraussehen können, werden zum erstenmale unsere Privatgeschäfte und damit auch die anderen Quellen ihre Zahlungen einstellen. Das bedeutet für Euch, die Ihr durch den Besitz von Aktien in Euerem Einkommen ganz oder teilweise abhängig von I.-G. seid, ein großes Mißgeschick. Da andere Einnahmequellen fehlen, können wir oder einige von uns nicht mehr standesgemäß leben. Es tritt also der Fall ein, wie die Satzung ausdrücklich erwähnt, daß wir die Hilfe von Dr. C. Duisberg und Frau in Anspruch zu nehmen bereit sind. Was soll nun geschehen? Als Kinder haben wir uns den Fall gründlich überlegt und folgendes zu tun beschlossen: Wir wollen einmal die fingierte Annahme machen, daß wir unserem Impulse folgend, jegliche Hilfe ablehnend, nur von unserer Hände Arbeit leben würden. Um uns aber für nächsten (!) Weihnachten bescheerungsfähig (!) und trinkfest zu erhalten, haben wir beschlossen, unseren Eltern das große Opfer zu bringen, ihnen nach Einblick in unsere Privatgeschäfte die Ausschüttung einer standesgemäßen Rente zu ermöglichen. Ihr sollt dabei gleichzeitig sehen und lernen, wie wir uns die Wirkung des Verhältnisses zwischen Kindern und Eltern gedacht haben und später entsprechend handeln. Als Entgelt für dieses Opfer müssen wir von Euch verlangen, daß Ihr, liebe Eltern, unseren wertbeständigen, zu 10% verzinslichen Dank schon heute für das ganze Jahr entgegennehmt. I.-G- der I.-G.'schen Kinder.»[65] Duisberg kam den Wünschen der Kinder nach.

Duisberg hatte trotz der Abwesenheit im Erziehungsalltag genaue Vorstellungen davon, was aus seinen Kindern werden sollte. Er wünschte sich, dass die Jungen seinem Vorbild folgten, eine Naturwissenschaft studierten und später in der «Technik», wie er sich ausdrückte, ihren Mann stünden. Sein Wunsch war, sie in den Führungsetagen der Farbenfabriken zu sehen.[66] Von der Tochter erwartete er hingegen die Annahme der Rolle als Ehefrau und Mutter. Hildegard erhielt entsprechend keine höhere Schulbildung, sondern wurde in englischen und Schweizer Pensionaten auf ihr späteres Leben vorbereitet. Bei den Jungen waren daher neben ihrem Verhalten in der Familie vor allem die Schulnoten ein wichtiger Indikator, wie weit die Wünsche des Vaters in Erfüllung gingen;[67] bei dem Mädchen war es eher Hildes Wesen, auf das es ihm ankam. Die Kinder gingen mit den großen Erwartungen des Vaters und der Unerbittlichkeit seiner Autorität ganz unterschiedlich um. Offenen Widerstand gegen seine Pläne gab es nicht; auch engagierten sich die beiden älteren Söhne nicht in der Jugendbewegung, deren Auswirkungen auch das Wuppertal erreicht und das Selbstverständnis der beiden Jungen beeinflusst haben dürften.[68] Der jüngste Sohn Curt, der seine Autobiographie «Nur ein Sohn» betitelte, schilderte die Beziehung zum Vater im Nachhinein folgendermaßen: «Ich bin also nur ein Sohn eines berühmten Vaters. Ich selbst habe nie unter dem großen Namen gelitten. Das gleiche war bei meinem Bruder Carl-Ludwig der Fall. Mein Bruder Walther hingegen, selbst Chemiker, litt lange unter dem großen Namen und glaubte, es dem Vater mindestens gleich tun zu müssen. Zum Glück endete seine an sich sehr vielversprechende Laufbahn als Chemiker wegen eines Laborekzems, das ihn zu einer Berufsumstellung zwang. Er baute sich in den USA eine neue Position auf und konnte dadurch aus dem Schatten des Vaters heraustreten.»[69] In den Kindheitserinnerungen von Curt Duisberg erscheint die Mutter nicht als fordernde, sondern als eine zarte und behütende Autorität, die gemeinsam mit Fräulein Sonntag die Kinderwelt wohl ganz kindgerecht gestaltete und vor dem Vater abschirmte. Von Johanna Duisberg sind kaum Erwartungen an das Werden der Kinder und ihre Zukunft überliefert; dies überließ sie ihrem Mann. Carl Duisberg war mit seinen Erwartungen an die Kinder gleichwohl nicht sonderlich erfolgreich.

Der älteste Sohn Carl-Ludwig äußerte früh Interesse an der Schauspielerei und ließ sich nur widerwillig zu einem naturwissenschaftlichen Studium überreden, das er aber bald abbrach. Das Jurastudium schloss er mit dem ersten Staatsexamen und der Promotion ab, doch hinderte ihn der Krieg am Referendariat. Während des Krieges entschloss er sich gegen den heftigen Protest des Vaters zur Schauspielerei, brachte es aber über kurzfristige Engagements nie hinaus, sondern blieb auf die Unterstützung der Eltern angewiesen. Am Ende der Weltwirtschaftskrise übernahm er kurzzeitig die Intendanz des Deutschen Theaters in Berlin, aber nur deshalb, weil sein Vater ihm das Geld für die Übernahme der zahlungsunfähigen Bühne geschenkt hatte. Sein jüngerer Bruder Walther opponierte nicht derart offen, sondern suchte die Erwartungen des Vaters zu erfüllen, ja, war ehrpusselig wie dieser, ohne freilich dessen Erfolg zu haben. Nach dem Ende des Krieges wurde er von Richard Willstätter promoviert und arbeitete eine Zeit lang im Labor der Farbenfabriken, bis ihn ein Ekzem zwang, die Laborarbeit aufzugeben. Walther flüchtete schließlich aus dem Umkreis des Vaters in die USA, wo er Aufgaben für die dortige I. G.-Niederlassung übernahm. Mit seiner Tochter hatte Duisberg zunächst die geringsten Probleme, da sie die ihr zugedachte Rolle klaglos hinnahm. Verlobung und Heirat mit dem Kunsthistoriker Hans-Hasso von Veltheim[70] waren für Duisberg gewöhnungsbedürftig, der auf jeden Fall ausschließen wollte, dass seine Tochter zum Opfer eines adeligen Mitgiftjägers wurde. Dann aber gewann Duisberg Zutrauen; in dem während des Krieges hochdekorierten Offizier sah Duisberg schließlich das, was ihm bei den älteren Söhnen fehlte, nämlich den Mann, der in die eigenen Fußstapfen trat. Doch Veltheim hielt es in den Farbenfabriken, in denen Duisberg ihn aufbauen wollte, nicht lange aus, sondern ging bald nach dem Krieg nach München, gründete einen Kunstverlag und entfremdete sich rasch von der Welt des

10 | Taufe eines von Duisberg gestifteten Rennruderbootes auf den Namen seiner ersten Enkelin «Michaela», Leverkusen 1924

Schwiegervaters, aber auch von seiner Frau. Die Scheidung empfand Duisberg, der schon Veltheims Austritt aus den Farbenfabriken nur schwer akzeptiert hatte, als Verrat. Veltheim war für ihn damit gestorben. Der jüngste Sohn Curt machte den Eltern wegen der Hüftluxation Sorgen, war aber ansonsten kaum auffällig. Er schloss sein Studium rasch mit der Promotion ab und arbeitete danach auf verschiedenen Posten in der I. G. Die Tatsache, dass er nicht Soldat werden konnte, belastete ihn, was später zu seiner Neigung, in SA-Uniform am Arbeitsplatz aufzutreten, beigetragen haben mag. Eine wirkliche Karriere machte auch er nicht.

Die Hoffnung auf eine Familiendynastie musste Duisberg schließlich aufgeben. Trotz aller Enttäuschung brach er mit seinen Kindern aber nicht, sondern unterstützte sie bis zu seinem Tod. Sein Erbe ermöglichte ihnen auch danach eine gesicherte Existenz. Dass er nicht brach, ist auch deshalb bemerkenswert, weil die Kinder ja nicht nur die Karriereerwartungen des Vaters enttäuschten. Auch ihre Lebensführung war alles andere als gutbürgerlich und entsprach schon gar nicht der Solidität der elterlichen Ehe. Carl-Ludwig und Curt Duisberg gingen jeweils mehrere Ehen ein, ohne die eigenen Eltern überhaupt vorher von ihren Absichten zu informieren; Hildegard wurde unter recht großem Aufsehen geschieden. Allein Walter führte mit der Tochter eines Hoteliers aus Berchtesgaden eine Ehe, die den Eltern zusagte. Die Duisbergs, namentlich Carl, regten sich jeweils erheblich auf, nahmen aber letztlich alles hin, bemühten sich um die Kinder, noch mehr schließlich um die Enkel und fanden sich damit ab. Dass es bei den anderen Zweigen der «Bayer-Familie» so anders nicht war, dürfte das erleichtert haben.

7 | Die Chance

Karrieren verdanken sich nicht allein Ehrgeiz und Talent, sie sind auch abhängig von Zufällen und Gelegenheiten. Die Karriere des Friedrich-Karl Duisberg aus Barmen ist ohne diese Zufälle nicht zu begreifen. Entscheidende Bedeutung kam dabei Carl Rumpff zu, und zwar in mehrfacher Hinsicht. Ohne ihn wäre Duisberg gar nicht bei den Farbenfabriken eingestellt worden. Ohne Rumpffs Vorbild wäre Duisberg die Orientierung im Unternehmen sehr viel schwerer gefallen – und ohne Rumpffs Krankheit hätte Duisberg kaum die Gelegenheit bekommen, bereits in jungen Jahren Aufgaben der Unternehmensleitung wahrzunehmen. Ohne bei Rumpff ein- und auszugehen hätte Duisberg seine Frau nicht kennengelernt. Und vermutlich war es auch Carl Rumpff, der das Vorbild für den stillen Vornamenswandel vom gewöhnlichen «Karl» zum vornehmen «Carl» abgab. Während in der Familie noch lange von Karl die Rede war, trat Duisberg spätestens seit Beginn der 1890er Jahre als Carl auf.[1]

Dass die Farbenfabriken in Elberfeld die Krise der frühen 1880er Jahre überwanden, ja, dass sie seit der Mitte des Jahrzehnts und dann in den 1890er Jahren schneller wuchsen als die Konkurrenz und außerdem deutlich profitabler waren,[2] hatte eine Fülle von Ursachen, wäre aber ohne den persönlichen Beitrag von Carl Rumpff und Carl Duisberg nicht vorstellbar gewesen. Rumpff und Duisberg erfüllten, wenn man so will, zwei wesentliche Anforderungen, die Schumpeter an das unternehmerische Handeln stellt, im Team. Während Rumpff die herkömmliche Unternehmens- und Produktionsorganisation mit seiner Hinwendung zu wissenschaftlicher Forschung de facto zerstörte, gelang es Carl Duisberg zunächst im Bereich der Forschung und der Forschungsorganisation, dann in der Neustrukturierung der Produktion, die ihren Höhepunkt in der Neukonzeption des Leverkusener Werkes fand, den von Rumpff geschaffenen Spielraum zu nutzen. In diesem langwierigen Prozess bot sich Duisberg eine einmalige Chance. Das Wachstum des Unternehmens verlangte eine ständig größer werdende Anzahl von Organisations- und Personalentscheidungen, für die es bisher kaum Routinen gab. Es musste ja nicht allein das Wachstum des

Unternehmens technisch bewältigt werden, auch Entscheidungsstrukturen und Entscheidungsprozesse mussten permanent neu ausgehandelt werden. Und gerade als sich hier die Probleme zuspitzten, war die Unternehmensleitung wegen der Erkrankung von Carl Rumpff nur eingeschränkt handlungsfähig, faktisch führungslos.

Formal ergab sich die Leitungsstruktur aus den Eigentumsverhältnissen und den gesetzlichen Vorschriften. Eine Aktiengesellschaft musste einen von den Eigentümern zu bestimmenden Aufsichtsrat besitzen, der den Vorstand bzw. das Direktorium auswählte, das für die eigentliche Leitung des Geschäftes verantwortlich war. Die Grenzen zwischen Aufsichtsrat und Vorstand waren freilich im Gesetz von 1884 nicht wirklich klar gezogen worden. Die Leitung der Farbenfabriken lag entsprechend in den Händen der Eigentümer bzw. ihrer Nachkommen, also vor allem bei den Familien Bayer und Weskott, die auch später einen bestimmenden Einfluss behielten, weil die Kapitalerhöhungen zumeist durch die Familien der Alteigentümer getragen wurden. Der Aufsichtsrat war insofern in der Zeit vor 1914 familiär geprägt. Carl Rumpff, der bereits vor der Aktienrechtsnovelle von 1884 und damit vor der Funktionsteilung zwischen Aufsicht und Geschäftsleitung ins Amt gekommen war, saß bis zu seinem Tod dem Aufsichtsrat vor; er leitete das Unternehmen auch im alltäglichen Geschäft, ohne nominell Mitglied des Vorstandes bzw. des Direktoriums zu sein. Nach Rumpffs Tod 1889 folgten als Aufsichtsratsvorsitzende «Onkel» August Viefhaus bis 1902, Ernst von Eynern bis 1907 und Henry Theodor Böttinger von 1907 bis 1920. Im Vorstand war der Familieneinfluss ebenfalls groß, auch wenn mit Friedrich Weskott der letzte Angehörige dieser Familie 1886 in den Aufsichtsrat wechselte. Friedrich Bayer jun. gehörte dem Vorstand von 1881 mit einer kurzen Unterbrechung bis 1911 an und wechselte dann in den Aufsichtsrat. Henry Theodor Böttinger war von 1883 bis 1906 im Vorstand. Hermann König, im Vorstand von 1883 bis 1902 unter anderem für kaufmännische Fragen verantwortlich, war das einzige Nichtfamilienmitglied, während die 1900 neu in den Vorstand eintretenden Carl Hülsenbusch (bis 1905) und Carl Duisberg Neffen bzw. Titularneffen von Friedrich Bayer sen. bzw. der Bayer-Familie waren.

Ende der 1880er Jahre lag die Unternehmensführung damit ganz in der Hand der Kinder und Schwiegerkinder von Friedrich Bayer sen., wobei Carl Rumpff das größte Gewicht zukam, das er in den letzten Jahren aufgrund einer ausgeprägten Herzschwäche nur noch eingeschränkt wahrnehmen konnte. Die praktische Leitung fiel Friedrich Bayer jun. als techni-

11 | Friedrich Bayer jun., 1908

schem und Henry Theodor Böttinger als kaufmännischem Vorstandsmitglied (Verkaufsbereiche England, Russland, Übersee) zu; Hermann König verantwortete das Rechnungswesen und den Verkauf in Deutschland und Europa. Die Bedeutung Carl Rumpffs wurde von keinem der drei formell gleichberechtigten Vorstandsmitglieder erreicht. Sie bildeten gemeinsam mit den zunächst vier Prokuristen, zu denen Duisberg seit 1888 gehörte, das Direktorium.[3] Die faktische Überforderung der Unternehmensspitze war kaum zu übersehen. Dass Duisberg früh zur Unterstützung benötigt wurde, überrascht nicht.

Zwischen Carl Rumpff und Carl Duisberg entwickelte sich nach und nach ein ausgesprochen enges Verhältnis, das schließlich von persönlicher Zuneigung geprägt war. Offenbar gefiel dem welterfahrenen Carl Rumpff der junge Mann, der auf sich aufmerksam zu machen wusste.[4] Seine frühen Farbstoffdarstellungen sprachen für ihn. Mit der Erweiterung der Forschung und dem Ausbau des Labors stieg der Bedarf an akademisch gebildeten Chemikern; hier konnte Duisberg seine Kontakte zu den Universitäten Straßburg und München einbringen, während Rumpff die Leistungsfähigkeit der neu eingestellten Chemiker nicht beurteilen konnte. Als Chemiker, Patentsachverständiger und wohl auch als ehrgeizig auftretender junger «Manager» wuchs Duisberg zusehends in die Rolle einer rechten Hand von Rumpff hinein, der sich schließlich während seiner krankheitsbedingten Abwesenheiten weitgehend auf ihn stützte.[5] So schlüpfte Duisberg fast automatisch in die Rolle der Unternehmensleitung. Auf der anderen Seite ist der Einfluss Rumpffs auf Duisberg kaum zu überschätzen. Rumpff war, zumindest solange es seine Gesundheit zuließ, ein dynamischer und risikofreudiger Unternehmer, der gleichzeitig das Leben genoss. Über ihn und seine Familie kam Duisberg überhaupt erst in Kontakt zur «großen Welt» der Berliner Politik, der Unternehmensleitungen und – nicht zuletzt – der Grand Hotels und der Kurorte. Auch Rumpffs robuste Art in den Patentstreitereien mit der Agfa dürfte Duisberg genau beobachtet haben, zumal er hierüber auch die Arbeitsteilung im Direktorium und die Stärken und Schwächen der übrigen Vorstandsmitglieder kennenlernte. Die zögerliche Art von Friedrich Bayer jun. dürfte ebenso offensichtlich geworden sein wie Böttingers primäres Interesse an der «Außenvertretung» und der finanziellen Entwicklung des Unternehmens. Mit Rumpffs körperlicher Schwäche und seinem Tod entstand mithin eine Leerstelle in der Unternehmensleitung, für die vor allem chemische Kompetenz und organisatorisches Geschick gefragt waren.

Duisbergs Aufstieg war aber keineswegs allein ein Ergebnis der Schwäche Rumpffs. Er hätte auch im Schatten Rumpffs Karriere gemacht. Duisberg war von fast ungebändigtem Ehrgeiz geprägt; er beließ es keineswegs bei der Erfüllung seiner eigentlichen Aufgaben in der Forschung, sondern griff auch von sich aus immer wieder in die Produktion der neu entwickelten Farbstoffe ein. Gerade weil er seine Aufgaben so eifrig und akkurat erledigte, entstand die besondere Vertrauensbeziehung zu Carl Rumpff. «Hoffentlich hat Deine Besserung», schrieb Carl Duisberg am 24. Juni 1888 an Carl Rumpff nach Berlin, «in den letzten 8 Tagen in denselbem Masse Fortschritte gemacht, wie vorher, so dass Du wieder im vollen Besitz Deiner bekannten Frische und sprudelnden Rüstigkeit bist. … Damit Du aber morgen früh in Berlin nicht ganz ohne Nachricht von hier bist, will ich Dir kurz über das, was sich in den letzten 8 Tagen hier geschäftlich zugetragen hat, berichten.»[6] Der Geschäftsbericht, den Duisberg dann erstattete, zeigt eine erstaunliche Souveränität nicht nur in der Schilderung der Produktionsschwierigkeiten und ihrer Behebung, sondern auch bei der Beurteilung des Personals und der jeweils zu ergreifenden Schritte. Nur zwei Tage später schloss er einen ausführlichen Bericht über die Probleme, die Geruchsbelästigung bei der Sulfonalproduktion in den Griff zu bekommen, mit dem markigen Satz: «Jeder tut seine Pflicht und wer sie nicht erfüllt, kriegt einen Rippenstoß – gerastet darf bei uns nicht werden.»[7] Als Carl Rumpff den Sommer 1888 zum Auskurieren seiner Herzschwäche in Kreuth verbrachte, erhielt er laufend Berichte aus Elberfeld, in denen Duisberg nicht nur signalisierte, das Unternehmen erfolgreich zu leiten, sondern auch den «Onkel Rumpff» immer wieder anregte, diese oder jene Maßnahme zu ergreifen.[8] Die Patentangelegenheiten waren dabei ebenso Gegenstand wie technische Probleme im Betrieb, namentlich bei der Sulfonalherstellung, die Entwicklung und Ausbringung neuer Farbstoffe sowie die generellen Absatzprobleme im Farbstoffbetrieb, die aufgrund des konjunkturellen Rückgangs 1887/88 zugenommen hatten. Da galt es dann, den Verkauf zu intensivieren: «Wenn nur die Herren Kaufleute es nicht an der nötigen Poussierung fehlen lassen, wird sich sicherlich unser Frühjahrsabsatz wieder Bahn brechen. ... Die Aufträge mehren sich und werden jetzt ..., speziell in den neuen Farben, noch zahlreicher einlaufen, wenn nicht der Moment verpasst ... wird. Ein diesbezüglicher R-Stoss (Rippenstoß, W. P.) Deinerseits könnte, wie mir scheint, nicht schaden.»[9]

Duisberg beließ es aber nicht bei diesen konkreten Berichten und Vorschlägen zu Produktion und Absatz, er ging auch die einzelnen Chemiker durch und beurteilte ihre Leistung in Forschung und Produktion. Dabei empfahl er sich geschickt für höhere Aufgaben: «Es ist wirklich zu traurig, dass immer jemand da sein muß, der den Herren etwas Feuer unterheizt. Wenn auch ohne Dampf eine Maschine nicht läuft, so sollten mir doch wenigstens die Heizerdienste erspart bleiben und die Herren sich selber treiben, um vorwärts zu kommen.» Er selbst wollte weg von der Organisation der Forschung und der Beaufsichtigung der Chemiker hin zur Unternehmensleitung: «Dass ich mich unter diesen Umständen freue, einen schneidigen Chemiker dazu zu bekommen, der einmal durchbricht, wie ich dies von Krekeler hoffe, kannst Du Dir denken. Ist kein Platz vorhanden, so nimmt er vorläufig den meinigen, der jetzt doch den ganzen Tag unbenutzt bleibt.»[10]

Damit war es ausgesprochen. Duisberg benötigte seinen Arbeitsplatz in der Forschung gar nicht mehr, sondern sah sich im Unternehmen mittlerweile als eine Art Direktor ohne Titel, der sich mit den zahlreichen Problemen der Unternehmensleitung herumschlug und dadurch Carl Rumpff den Rücken freihielt. Das ging, weil Rumpff ihm mittlerweile völlig vertraute und sein in gewisser Hinsicht anmaßendes Verhalten deckte. Duisberg imponierte damit aber nicht nur Rumpff. Friedrich Bayer jun., der eigentlich in dem ehrgeizigen jungen Mann eine unmittelbare Konkurrenz für seine Stellung als technischer Vorstand der Farbenfabriken hätte sehen müssen, nahm Duisbergs Aufstieg nicht nur hin, sondern förderte ihn sogar, da er sich hiervon selbst Entlastung versprach. Er verbrachte den Sommer 1888 in der Schweiz, überließ Duisberg das Feld in Elberfeld und reagierte nicht einmal auf dessen Berichte: «Friedr. Bayer scheint sich in Pontresina recht wohl gefühlt zu haben», bemerkte Duisberg gegenüber Rumpff, «da er mir auf meine Briefe bisher niemals geantwortet hat und als ich dann 8 Tage schwieg, mir durch Anna eine Karte zugehen ließ, in der Andeutungen gemacht waren, dass ihrem Mann eine Fortsetzung meiner Berichte sehr erwünscht sei.»[11] Henry Theodor Böttinger war da zwar von anderem Kaliber, als Kaufmann aber nicht direkt in die technischen Abläufe des Betriebes involviert. So lag es für Duisberg nahe, die zeitweilig verwaiste Unternehmensleitung an sich zu reißen. Da er damit erfolgreich war, blieb Kritik vorerst aus. Er vermied es überdies, sich zu sehr aufzuspielen.[12] Insbesondere gegenüber den Vorstandsmitgliedern Bayer und Böttinger blieb er im Ton nicht unbedingt bescheiden, aber er signalisierte immer wieder, dass er sich keine Rolle anzumaßen gedachte, die er zumindest formell nicht hatte.[13]

Entscheidend für Duisbergs Erfolg war aber nicht allein seine Begeisterung, seine chemisch-technische Kompetenz und die Energie, mit der er in den technischen Betrieb eingriff[14], sondern vor allem sein erstaunliches Gespür für die wirtschaftliche Dimension technischer Problemlösungen. Denn das Farbengeschäft war ökonomisch außerordentlich komplex, es genügte keineswegs, ständig neue Farben darzustellen und ggf. auf den Markt zu bringen. Neue Farben mussten in der Regel gegen bereits bestehende oder identische Farbstoffe konkurrieren, und das Patentrecht half gegen Konkurrenz nicht immer. Wenn Duisberg auch die großen Erfolge der Azofarben-Entwicklung lobte, sah er das Problem nur zu klar, «dass es sich bei derartigen Farbstoffen, welche konkurrierend gegen bestehende aufzutreten haben, weniger um die Darstellung derselben, als vor allem um die billigere Darstellung handelt».[15] Die technische Optimierung der Betriebsabläufe als Voraussetzung des wirtschaftlichen Erfolgs wurde das zentrale Thema des Aufstiegs von Carl Duisberg. «Noch viel ist zu tun in chemischer Richtung, um nicht nur die Ausbeute zu erhöhen und damit das Produkt zu verbilligen und die Produktion zu vermehren, sondern auch, um geeignete Vorrichtungen zu treffen, die ausserordentlich anstrengende Arbeit des Butterns (i. e. des Rührens der Farbstoffe und der Zwischenprodukte, W. P.), wie es jetzt geschieht durch Maschinen zu ersetzen.»[16] Neben der Mechanisierung der Rührvorgänge lag ein besonderes Augenmerk auch im Bereich der Zwischenprodukte, die die Farbenfabriken zum Teil selbst herstellten, zum Teil über den Markt bezogen: «Bei Azofarbstoffen spielen aber die Rohprodukte (eigentlich Zwischenprodukte wie Benzidin, Tolidin, Dianisidin etc., W. P.), ihre Darstellung und ihre Reinheit die grösste Rolle. Besitzt man sie billig und gut, so ist ihre Verwendung zu Farbstoffzwecken Kinderspiel. Daher müssen auch alle Fortschritte, welche wir machen wollen, zur Vergrösserung der Ausbeuten und zur Verbesserung unserer Qualität in diesen gesucht werden.»[17] Ohne Wissenschaft, d. h. auch ohne Duisbergs Expertise war aber alles wertlos: «Speziell das Arbeiten in der Fabrik selbst ist am meisten geeignet, der Wissenschaft das Rückgrat zu geben und sie zu befähigen, die chemische Technik zu fördern. Was hilft uns alle Mechanik, was helfen uns Dampfkessel und Maschinen, wenn ein Versuch im Laboratorium unsere bisherigen Methoden stürzt und uns zeigt, dass das, was bisher mit dieser komplizierten Apparatur geschaffen, sich durch einen einfachen chemischen Prozess ohne diese erstellen lässt.»[18]

Duisbergs zahlreiche Berichte an die abwesenden Rumpff und Böttinger machten die wachsenden Probleme des Unternehmens offensichtlich, die nach einer gründlichen Reorganisation der Farbenfabriken und nach neuen Standorten verlangten. Produktion und Absatz nahmen laufend zu. Der Standort Elberfeld wurde für das schnell wachsende Unternehmen langsam zu klein, sodass ständig improvisiert werden musste. Die effiziente Gestaltung der Produktion wurde unter den gegebenen Bedingungen Duisbergs Hauptarbeitsfeld. Dabei war er nicht erfolglos und betonte das in seinen Berichten auch. Das war nicht nur Eitelkeit, da er faktisch, wenn auch ohne explizites Mandat[19], nach Friedrich Bayer jun. zum wichtigsten Mann in den Farbenfabriken geworden war – zumindest während Böttingers Abwesenheit. Wegen der Postlaufzeiten war es auch gar nicht möglich, dass Rumpff und Böttinger in die alltäglichen Probleme eingriffen. Duisberg musste zumeist auf eigene Faust handeln und konnte Rumpff und Böttinger erst im Nachhinein informieren.[20] Er nahm dieses Risiko auf sich, was ein bezeichnendes Licht auf sein mittlerweile deutlich gestiegenes Selbstbewusstsein, aber auch seine Entschlussfähigkeit wirft. Dabei war Vorsicht durchaus noch am Platze. Gegenüber Böttinger stellte er seinen Aufgabenzuwachs folgerichtig noch als Ablenkung von der Laborarbeit dar,[21] doch der Umfang seiner Vertretungstätigkeit lässt ahnen, dass hier eine grundlegende Verschiebung in den Tätigkeitsfeldern im Gang war: «Eine geraume Zeit ist wiederum verflossen und Sie sind ohne Nachricht von mir geblieben; aber Ihre Abwesenheit von hier macht mir mehr zu schaffen, als ich je gedacht hätte, da eine grosse Zahl der bisher von Ihnen erledigten Korrespondenzen mir zugefallen ist und die Pflichten im Laboratorium nicht geringer, sondern täglich größer werden. Leider komme ich heute selbstständig überhaupt nicht mehr dazu, wissenschaftlich zu arbeiten und selten erübrigt mir Zeit, den zahlreichen Herren im Laboratorium meinen Rat zu leihen. Natürlich bin in nach Möglichkeit bestrebt, dieses unrichtige Verhältnis wieder richtigzustellen, und habe zu dem Zweck einmal vor Ostern alles liegengebliebene, schriftlich zu erledigende Material bei Seite geschafft, um mich nach den Feiertagen mit Mut und Wut in die Fabrik zu stürzen, wo wichtige Arbeiten und Aufgaben unserer harren.»[22]

Duisberg wurde klar, dass er die nötige Aufsicht im Labor gar nicht mehr führen konnte, und schlug Rumpff die Einstellung eines Laborleiters vor, der an seine Stelle treten sollte: «Nun, ich habe bereits mündlich mit Dir diesen Gegenstand ausführlich besprochen und, wie ich hoffe, Dich von meiner Idee überzeugt. Eine solche Frage kann aber nicht sofort erledigt werden, sondern bedarf, und dies ist auch für Dich notwendig, einer gründlichen Überlegung und der, der gefunden werden soll, muß tatsächlich nicht nur tüchtig, sondern muß auch die Interessen unserer Technik voll und ganz kennen. Unsere ganze chemische Industrie, speziell aber die der organischen Farbstoffe und der pharmazeutischen Produkte, ist durch die Wissenschaft das geworden, was sie ist, und deshalb entspricht es meiner innersten Überzeugung, wenn ich bemerke, dass wir nicht die letzten sein sollten, die dieser Wissenschaft auch in unseren Fabriken einen gebührenden Platz anweisen, um ev. in dieser Richtung die ersten zu sein.»[23] Spätestens dieses Schreiben signalisierte, dass die eigentliche Führung im Hause auf Duisberg übergegangen war,[24] der Rumpff die Stichworte lieferte, nach denen dieser dann die Duisbergschen Vorstellungen durchsetzte und ggf. noch zu erwartenden Widerstand gegen eine Vorherrschaft der Chemiker brach: «Alles, was ich Dir erzähle, sind Dir längst bekannte

Dinge und ich weiß, wie sehr wir in diesen Punkten einig gehen. Es ist mir nur schon längst Bedürfnis geworden, diesen meinen Gedanken den richtigen Ausdruck zu geben, zumal wenn von anderer Seite eine gegenteilige Auffassung Platz zu greifen drohte.»[25] Es dauerte dann freilich noch bis 1895, bis mit Bernhard Heymann, der bei Baeyer in München promoviert worden war und sich seit 1894 in der Fabrik bewährt hatte, auch formell der richtige Nachfolger für Duisberg im chemischen Laboratorium gefunden war.

Duisberg wurde in seiner neuen Rolle als faktisches Direktoriumsmitglied immer selbstsicherer. «Hier geht alles wie geschmiert», schrieb er am 27. Februar 1889 an den weiterhin krank in Berlin liegenden Carl Rumpff, «und daß (!) wird Dir jetzt, wo Du weniger wie sonst in die Triebräder des Geschäftes eingreifen kannst, um so erfreulicher sein. Schöne Ordres, gute Produkte, gute Ausbeuten und was für mich das Wichtigste ist, eine Menge interessanter Neuheiten, Herz, was willst du noch mehr!»[26] Carl Rumpff unterstützte Duisberg in der Regel auch im Aufsichtsrat, wenn Duisbergs Vorschläge Hand und Fuß hatten und der Lage in der Fabrik zu entsprechen schienen. Das war auch notwendig, weil die Probleme in Elberfeld mit der sich bessernden Konjunktur 1889 immer drängender wurden. Neben den laufenden Erweiterungen für neue Produkte mussten auch die Kapazitäten in den bestehenden Produktionslinien erweitert werden. Waren in den ersten Monaten des Jahres noch die Läger übervoll und hatte Duisberg daher sogar noch bestimmte Produktionen gedrosselt, so verkehrte sich die Situation nach und nach in ihr Gegenteil.[27] Die Hochkonjunktur hielt in den kommenden Monaten an, die Farbenfabriken produzierten durchweg an der Kapazitätsgrenze und waren gezwungen, ihre Kapazitäten laufend zu erweitern. Duisberg war hochgestimmt: «Die Läger nehmen mehr und mehr ab, trotzdem wir seit Wochen energisch vorwärts arbeiten, trotzdem wir, speziell in unserer Scharlachfabrik unsere Apparatur gewaltig vergrößert haben; weder von den neuen, noch von den alten Farben sind erhebliche Quantitäten auf Lager. Ach, wenn es doch immer so bliebe!»[28]

***

Es war indes nicht allein der Alltag der Unternehmensführung, in dem Duisberg seine Meriten verdiente; er machte sich auch in anderen Fragen unentbehrlich, namentlich bei einem Streik in Elberfeld und im Bereich der betrieblichen Sozialpolitik. Das Schreiben, mit dem Duisberg Henry Theodor Böttinger die Erfolge beim Vergleich mit der Cassella und beim Kongorot-Patent mitteilte, endete mit der Bemerkung: «Große Streiks sind hier im Wuppertal im Werden. Morgen ist Generalversammlung unserer Arbeiter auf dem Johannisberg, wo beschlossen werden soll, ob Minimum 21 oder 24 Mark zu fordern sind. Die Überstunde soll mit 60 Pfennig und der Sonntag mit 1 Mark bezahlt werden. Schöne Bedingungen dies. Wir sind natürlich hart wie Eisen, auch wenn nächste Woche die Fabrik stilliegt ....»[29] In der Tat trat wenig später die Arbeiterschaft der Farbenfabriken mit Lohnforderungen in den Streik.[30] Eine Streikwelle, die bereits mehrere Industriezweige erfasst hatte und Ende April 1889 in den ersten großen Streik der Bergarbeiter des Ruhrgebietes mündete, erreichte damit auch die chemische Industrie des Wuppertales.[31] Da weder Rumpff noch Böttinger in Elberfeld anwesend waren, wurde Carl Duisberg gemeinsam mit Friedrich Bayer jun. zum Bollwerk gegen die Streikenden. Nachgeben wollten sie nicht, nur hatten beide keine Streikerfahrungen. Arbeitgeberorganisationen, die hier hätten hilfreich sein können, gab es noch nicht. Als die Arbeiter in den Ausstand traten, musste improvisiert werden, was Duisberg mit einer Mischung aus Draufgängertum und Überlegung auch tat. Die später immer wieder angewandte Taktik: Aussperrung und Entlassung der streikenden Arbeiter, Nichtwiedereinstellung von Rädelsführern, Wiederaufnahme von Streikteilnehmern nur in Ausnahmefällen, wurde hier ausprobiert, wobei Duisberg zweifellos die treibende Kraft war. Er war es, der durch eine groß angelegte Inszenierung den streikenden Arbeitern zunächst den Schneid abkaufte und dann durch die Anwerbung auswärtiger Arbeitskräfte die Streikfront brach. Er begriff den Streik als Angriff, als Kräftemessen, wobei er das Anliegen der Arbeiter, solange sie sich an Recht und Gesetz hielten, eigentlich durchaus legitim fand. Er hielt jedenfalls Carl Rumpff davon ab, direkt die Regierung einzuschalten: «Es ist ein Kampf, den der Arbeitgeber, ebenso energisch wie der Arbeiter selbst kämpfen darf und kämpfen muß und in dem man nur siegen wird, wenn man die Pläne der Arbeiter zu durchkreuzen versteht bzw. ausharrt. Solange nun dieser gesetzliche Boden nicht verlassen wird, und das ist bisher tatsächlich nicht der Fall gewesen – ... – liegt kein Grund vor, so meinten wir hier, die Depesche, wie Du sie abgefaßt hast, an den Regierungspräsidenten zu richten.»[32]

Der Streik wurde für Duisberg gleichermaßen zum Kräftemessen wie zur Bewährungsprobe, die er allein zu bestehen hatte, denn zumindest der Korrespondenz nach hielt sich Friedrich Bayer jun. zurück. Er nahm die Herausforderung ohne Zögern an und war sich sicher, den Konflikt bestehen zu können: «Bisher ist alles in schönster Ruhe und Ordnung verlaufen, und wenn der Alkoholteufel die Gesellschaft nicht anstecken wird, wird alles auch weiter in Ruhe zu Ende gehen», schrieb Duisberg am 30. März 1889 an Carl Rumpff und fuhr fort: «Schon jetzt erklären die Arbeiter, daß sie es wohl 8 Tage aushalten würden und sich dann noch einige Tage krummlegen könnten. Nun, wir können es sicherlich besser als diese abzuwarten und werden uns bei unseren großen Vorräten durchhelfen, so gut es geht. Und da kannst Du überzeugt sein, wird nichts versäumt werden.»[33] Dass Duisberg der eigentliche Gegner der streikenden Arbeiter war, bemerkte auch die Elberfelder «Freie Presse», worüber der erst 27-jährige Mann nicht wenig stolz war: «Die ‹Freie Presse› hat natürlich die Direktion in ihrer heutigen Nummer bei der Besprechung unseres Streiks etwas mitgenommen und den ‹Prokuraträger Duisberg› als den ‹getreuen Ekkehardt› gut geschildert – eine hohe Ehre das?!»[34] An Carl Rumpff berichtete Duisberg auch, dass man den Betrieb so gut wie möglich aufrechterhalten wolle: «Als ich nun die Mühlen unter rasselndem Geräusch in Betrieb setzen ließ, hättest Du die verwunderten Gesichter der Streikenden, welche die Fabrik an allen Enden umschwärmten, sehen sollen. Im Laufe des Nachmittags stellten sich dann auch eine Reihe neuer Arbeiter ein, und wenn dieselben auch ein wenig versprechendes Aussehen haben, so gewähren wir ihnen doch, wenn der Arzt sie für brauchbar gefunden, vorläufig wenigstens Aufnahme, um den Streikenden zu zeigen, daß sie es doch nicht fertigbringen, uns lahm zu legen.»[35]

Duisbergs Taktik ging auf. Während die Fabrik arbeitswillige Arbeiter schützte und jedes Vorgehen der Streikenden gegen Streikbrecher mit Anzeigen bei der Staatsanwaltschaft ahndete, zeigte man sich gegenüber den Forderungen der Arbeiter durchweg unnachgiebig, selbst als diese, von der «Potemkinschen Fabrik» und dem Zuzug auswärtiger Arbeiter verunsichert, Verhandlungen suchten und ihre Forderungen reduzierten. Mit einem Streikkomitee verhandelte die Werksleitung erst gar nicht, und auch zwei einzelne Arbeiter wurden recht barsch abgefertigt, wobei Duisbergs Wille, sich durchzusetzen, unübersehbar war: «Als den beiden Vertretern … nichts weiter als ein entschiedenes ‹Nein› erwidert wurde, zogen sie ziemlich betrübt ab, sandten dann aber zwei andere, die in viel bescheidener Weise nochmals ihre Wünsche vortrugen …; auch diese fanden eine derartige Widerlegung, daß sie ebenso betrübt wie die anderen wieder hinausgingen. Wahrscheinlich wird heute ein neuer Vorschlag beschlossen werden und muß die Kommission wiederum erscheinen, aber gewankt und gewichen wird niemals.»[36] Die Härte war erfolgreich; nach wenigen

Tagen bröckelte der am 30. März 1889 ausgebrochene Streik. Nachdem ein letzter Versuch der Streikenden gescheitert war, die Fabrik zu blockieren, konnte Duisberg dem «Onkel» am 3. April 1889 telegraphisch melden: «Streik gänzlich gebrochen. Fabrik vollständig in Betrieb, Arbeitssuchende erscheinen so zahlreich, daß weitere Annahme ausgesetzt werden muß.»[37]

Den Erfolg führte er auf die Konsequenz der Werksleitung zurück: «Ich bin gewiß der Letzte, der dafür ist, dem Arbeiter nur kärglichen Lohn zu bewilligen, aber bei unsern unbestritten guten Lohnsätzen erschien der Streik vom Zaun gebrochen und deshalb trat ich auch mit voller Energie und mit meiner ganzen Person für uns ein. … Selbstverständlich haben wir die Gelegenheit benutzt, um die unbrauchbaren Leute abzustoßen und die Rädelsführer überhaupt nicht wieder in der Fabrik zu beschäftigen. Jeder Betriebsführer hat eine Liste der von ihm nicht mehr anzustellenden Leute angefertigt, diese ist dann zusammengestellt und Jedem mit der Weisung übergeben worden, die in derselben aufgeführten Leute mit der Bemerkung abzuweisen, ihre Stellen seien besetzt, denn die Rache für die unüberlegte Tat wird dem Streik auf dem Fuße folgen. Wir haben in den beiden letzten Tagen 200–250 neue Arbeiter angenommen und diese werden wir selbstverständlich doch nicht wieder entlassen, zumal es ganz gute und kräftige Gestalten sind, sondern nur dafür die alten Krüppel ausrangieren. – Soviel über den Streik.»[38]

In Elberfeld war die Streikstimmung schnell vergessen; dadurch wurden auch die repressiven Maßnahmen der Farbenfabriken ein wenig abgemildert: «Hier herrscht jetzt wieder Friede und Ruhe. Das einzige, was uns an die unruhigen Tage der vergangenen Woche erinnert, ist das Flehen und Bitten derjenigen Arbeiter, welche auf der Liste sich befanden, oder durch ihr spätes Eintreffen keinen Platz mehr gefunden haben. Wir lassen, soweit dies möglich, Milde vor Recht ergehen und haben in einzelnen Fällen Ausnahmen gemacht, wenn die Betroffenen den Eindruck dauernder Ruhe hervorriefen und wenn wir die Garantie gewonnen hatten resp. zu haben glaubten, dass sie von ihrem Wahne kouriert (!) seien. Aber Strafe muß sein, und deshalb sind sie nicht zu ihrem alten Lohne, sondern zu einem etwas niedrigeren Lohn wieder angestellt worden.»[39]

Der Streikausgang bestätigte Duisbergs Verhalten, der auch in zukünftigen Konflikten stets auf eine Politik der Stärke setzte. Dabei handelte er in diesem Bereich in gewisser Hinsicht so intuitiv wie kurze Zeit später auf dem Gebiet der betrieblichen Sozialpolitik, wobei er sich sogar mit dem Direktoriumsmitglied Henry Theodor Böttinger anlegte. Duisberg war schon klar, dass allein Repression die Arbeitswilligkeit der Beschäftigten nicht garantierte, sondern dass es auch auf materielle Anreize ankam. Sollten diese Anreize aber mehr als milde Gaben sein, mussten sie mit der Leistungsfähigkeit der Betriebe gekoppelt werden. Unter den Bedingungen der scharfen Konkurrenz auf dem Farben- und Pharmamarkt hieß das, dass allein jene sozialpolitischen Maßnahmen vertretbar waren, die die Produktivität rascher steigen ließen als den Lohnaufwand. Im Elberfeld der späten 1880er Jahre hieß dies konkret, die Lohnkosten zu begrenzen und die Leistungsfähigkeit der Arbeiterschaft durch kluge Organisation und durch Disziplin und Kontrolle zu steigern. Lohnkostenbegrenzung und Leistungssteigerung waren indes nur begrenzt miteinander kompatibel, sodass sich erst nach und nach Wege fanden, diese Ziele miteinander zu vereinbaren. Das Rezept lautete schließlich: Vergünstigungen in Form höherer Löhne und ausgedehnter betrieblicher Sozialleistungen nur bei entsprechenden Leistungssteigerungen. Doch angesichts der noch problematischen wirtschaftlichen Bedingungen und des raschen Expansionstempos der späten 1880er und der frühen 1890er Jahre waren die Möglichkeiten zu materiellen Zugeständnissen noch vergleichsweise gering. Henry Theodor Böttinger war daher auf die Idee gekommen, die Erträge des Fabrikkasinos, das die Arbeiter auch während der Arbeitszeit aufsuchen konnten, um sich Bier zu kaufen, der betrieblichen Krankenkasse zufließen zu lassen. So glaubte der Brauereibesitzer Böttinger – ihm gehörte die Würzburger Hofbräu AG –, zwei Fliegen mit einer Klappe schlagen zu können: Arbeitszufriedenheit und sozialpolitische Entlastung des Unternehmens.

Duisberg lief gegen diese Einrichtung, die immerhin die Lieblingsidee eines Vorstandsmitglieds war, allerdings Sturm. Seine ausführliche Argumentation gegen das Biertrinken[40] während der Arbeitszeit, mit der er im Spätsommer 1891 Böttinger zu bewegen suchte, die Regelung abzuschaffen, wirft ein bezeichnendes Licht auf sein Verständnis der sozialen Beziehungen im Betrieb.[41] Zwar entschuldigte sich Duisberg zunächst für seine Einlassungen, da ihn Fragen der betrieblichen Sozialpolitik ja eigentlich nichts angingen, sondern die wissenschaftliche Forschung seine Sache sei. Doch im Spätsommer 1891 war er wieder einmal völlig auf sich allein gestellt, da weder Böttinger noch Friedrich Bayer in Elberfeld waren. Da habe er sich einfach auch um den Fabrikalltag kümmern müssen, teilte er Böttinger mit, und da seien ihm schon schwere Missstände aufgefallen: «Während ich mich sonst ja, wie Sie wissen, um die Fabrik weniger bekümmert hatte, da ich es als meine höchste Pflicht erachte, die reine Che-

12 | Henry Theodor (von) Böttinger, undatiertes Gemälde (nach 1900)

mie auf der Höhe zu halten, war ich während der Abwesenheit von Friedrich gezwungen, mich mehr dem technischen Teil zu widmen.» Und dabei sei ihm nun das Problem mit der Kantine ins Auge gefallen, das keinen Aufschub mehr dulde: «Wenn ich Ihre Rückkehr nicht abwarte, um über dieses Lieblingskind von Ihnen persönlich Rücksprache zu nehmen, so geschieht dies deshalb, weil tatsächlich von allen Seiten Klagen über dieselbe einlaufen & weil es nicht nur im Interesse der Fabrik, sondern auch der einzelnen Arbeiter liegt, dass hier eine Beschränkung sobald als möglich eingeführt wird.» Böttingers Hoffnung, die Kantine diene den Interessen der Arbeiter und der Krankenkasse, sei trügerisch. «Leider haben viele unserer Betriebsführer nicht den Mut, Ihnen gegenüber die Nachteile dieser Kantine hervorzuheben, weil sie von der unberechtigten Voraussetzung ausgehen, dass Ihnen alle diesbezüglichen Mitteilungen unangenehm sein würden.» Er sei daher gar nicht richtig informiert. Erst jüngst habe man wieder drei Arbeiter wegen Volltrunkenheit entlassen müssen. Außerdem sei es ganz unmöglich, die Disziplin in der Fabrik zu halten, «weil die Leute sich darauf beriefen, sie hätten ein Recht, während der Arbeitszeit in die Kantine zu gehen».

Die Existenz der Kantine störte Duisberg nicht, ebenso wenig die Tatsache, dass dort Alkohol verkauft wurde: «Fraglich und bedenklich ist es nur, wenn auch das Recht dem Arbeiter eingeräumt wird, jederzeit, wenn es ihm passt und beliebt, von seinem Posten in der Fabrik fortzugehen, um in der Kantine das Verlangen nach Alkohol in weitgehendstem Masse zu befriedigen.» Eigentlich sollte man doch während der Arbeit gar nichts Alkoholisches trinken. Duisberg schlug daher vor: «Wir würden deshalb im Interesse der Arbeiter handeln, wenn wir die Kantine während der Arbeitszeit zumachen würden und nur duldeten, dass während der Arbeitspausen, sagen wir morgens von 8–½9, mittags von 12–1 und abends von 6–7 Uhr die Kantine geöffnet ist.»[42] Nun hatte aber Böttinger den Überschuss der Kantine zur Finanzierung der betrieblichen Krankenkasse vorgesehen, was Duisberg wusste. Auch hier wurde er grundsätzlich, ja geradezu heftig: «Sie werden möglicherweise einwenden, dass zwar alle diese Gründe zutreffen, dass aber dadurch, dass die Kantine von der Krankenkasse verwaltet wird, die Arbeiter indirekt einen Nutzen von dem Genuß des Bieres insofern haben, als die Ersparnisse des Bierkonsums ihnen Vorteile bei Krankheit und Todesfall bringen. Es bedarf wohl ein solcher Einwand, wenn er erhoben werden sollte, nicht der geringsten Widerlegung, da dieser Grund als unmoralisch bezeichnet werden muß, unmoralisch auch deshalb ist, weil dann die Tugend mit einem Laster fundiert würde.» Die derzeitige Regelung sei für die Farbenfabriken aber auch aus einem anderen Grund nachteilig. Täglich würden 1000 Glas Bier ausgeschenkt. Die Arbeiter verbrauchten pro Glas Bier etwa 10 Minuten für An- und Abmarsch und Trinken: «Wir würden also täglich durchschnittlich 50 Mk. sparen an Arbeitslohn, wenn die Arbeiter nicht zur Kantine pilgerten, sondern ruhig bei ihrer Arbeit blieben, ausser dem oben schon erwähnten weiteren Vorteile, dass die Arbeit dadurch eine wesentlich energischere wäre. Bei 300 Arbeitstagen pro Jahr macht das 15 000,–.» Daher sei es nur sinnvoll, die Kantine während der Arbeitszeit zu schließen.

Duisberg entschuldigte sich dann noch einmal, so lange auf dem Thema beharrt zu haben, obwohl er wisse, «dass es sich hierbei um eine Lieblingseinrichtung von Ihnen handelt». Friedrich Bayer jun. und Wilhelm König seien im Übrigen auch seiner Auffassung, und wohl auch die Chemiker und Betriebsleiter, die im Bierkonsum einen Grund für schlechte Ergebnisse sehen könnten: «Ich wenigstens, wenn ich einen Betrieb in der Fabrik ausschließlich leiten würde, müsste jegliche Verantwortung ablehnen, solange nicht diese Beschränkung in dem Betrieb der Kantine eintritt.» Er wolle Böttinger keinesfalls zu sehr belästigen: «Ich habe mich aber heute so sehr über die wiederholten Klagen der Chemiker und der Meister geärgert, dass ich es für meine Pflicht gehalten habe, Ihnen sofort hierüber Mitteilung zu machen und um Ihre Entscheidung zu bitten. Sie wissen ja, für uns alle gibt es nichts Höheres als die Pflicht, das Geschäft zu einem Mustergeschäft zu machen, wie Onkel Rumpff sich auszudrücken beliebte, die Fahne der Firma stets höher zu bringen. Daß ich hierzu meinen Weg geradeaus gehe und nicht rechts und nicht links mich wende, mag mir wohl von manchem der mir untergebenen verdacht werden, ist aber, soweit ich Erfahrungen gesammelt habe, das richtige Mittel, um zum Ziel zu gelangen. Habe ich einen Übelstand erkannt, so suche ich seine Wurzeln klarzulegen und scheue keine Arbeit und keine Mühe, um im Interesse des Geschäfts zu handeln.»[43] Böttinger ging in seiner Antwort auf die Argumente kaum ein, meinte nur, man solle einen «goldenen Mittelweg» suchen.

Im Grunde störte Duisberg der Schlendrian in der Fabrik nicht nur, weil er wirtschaftlich nachteilig war. Es war ihm auch einfach persönlich zuwider, dass sich jemand gehen ließ und seine Aufgaben vernachlässigte. Und der Widerwille ging so weit, dass er einen Konflikt mit Henry Theodor Böttinger in Kauf nahm, dem er ja zumindest implizit unterstellte, die Schlamperei in der Firma zu dulden, wenn nicht gefördert zu haben. Nach der Arbeit hatte er gegen Geselligkeit und Trinken nichts einzuwenden, aber während der Arbeit hatte man sich zusammenzunehmen und Leistung zu zeigen. Aus diesen Impulsen speisten sich seine sozialpolitischen Überzeugungen, denen er in der Zukunft konsequent folgen sollte. Die betriebliche Sozialpolitik folgte so einerseits dem klaren Kalkül, die Leistung zu steigern, sie entsprach andererseits aber auch, wie später noch genau zu zeigen sein wird, Duisbergs Vorstellung von Gerechtigkeit, Schönheit und Ordnung. Das war schon einen Konflikt mit einem Vorgesetzten wert, ein Konflikt zumal, der geführt werden musste, zu dem aber außer Duisberg niemand den Mut aufbrachte. Auch dieser

Mut zeichnete ihn aus – ohne ihn wäre er nicht so rasch vorangekommen, vor allem, hätte er sich nicht so klar von den anderen Angehörigen der Unternehmensleitung unterschieden.

***

Mit dem Tod von Carl Rumpff am 2. Juni 1889 war die Unternehmensspitze verwaist. Weder Henry Theodor Böttinger noch Friedrich Bayer jun., geschweige denn Hermann König waren dazu in der Lage oder willens, an die Stelle von Rumpff zu treten. Für die Spitze des Aufsichtsrates war mit August Viefhaus schnell ein Nachfolger gefunden, der sich aber aus der Unternehmensleitung heraushielt. Der Vorstand blieb wie bisher im Amt, sodass alle Stellen besetzt waren, doch fehlte nun eine Gestalt, die wie Carl Rumpff die Initiative ergriff. Eine idealere Konstellation hätte für Duisberg kaum eintreten können. Formal waren alle Stellen besetzt, und es musste niemand Neues für die Führung des Unternehmens gesucht werden, Konkurrenz war mithin zunächst nicht zu befürchten. Henry Theodor Böttinger und Friedrich Bayer jun. waren häufig abwesend, und der andere Prokurist Carl Hülsenbusch, ebenfalls Mitglied der Bayer-Familie, scheint entsprechenden Ehrgeiz nicht besessen zu haben, ja, er hätte ohne die familiären Verbindungen den Sprung zur Prokura und 1900 sogar in den Vorstand wohl nicht geschafft.[44] Er war für Duisberg jedenfalls in dieser Zeit keine ernsthafte Konkurrenz, zumal sein Feld der Verkauf und nicht Forschung, Entwicklung und Produktion waren. Den anderen Prokuristen fehlte der Ehrgeiz, oder sie starben, wie Richard Lekebusch, früh. So fehlte an der Spitze die energische, ordnende Hand. Carl Duisberg war entschlossen, seine Chance zu nutzen, und er übernahm überall, wo er konnte, Verantwortung.

Die auch nach Rumpffs Tod anhaltenden Vertretungen verschafften ihm die entscheidenden Handlungsspielräume.[45] Seit dem Jahr 1890 trug Duisberg mehr oder weniger regelmäßig für jeweils einige Wochen die Verantwortung für den gesamten Produktionsbereich. Er berichtete Bayer im März 1890 nach Neapel, im April 1890 mehrfach nach Konstantinopel, im Sommer 1891 nach Berchtesgaden, im Frühherbst 1892 nach Florenz, jetzt allerdings ging der Bericht bereits an den «lieben Friedrich» (noch mit Sie!) und nicht mehr an «Herrn Bayer». Der Oktoberbericht 1892 war nach Neapel adressiert, der nächste Bericht, ebenfalls Oktober 1892, ging nach Rom, von wo aus Bayer an die Riviera bei Menton weiterreiste. Auch dort erreichte ihn ein langer Bericht Duisbergs. Im Sommer 1893 verbrachte Bayer mehrere Wochen in Pontresina in Graubünden. «Gegenwärtig habe ich hier in der Fabrik recht viel zu tun, da Herr Bayer vor 8 Tagen seinen Urlaub angetreten hat und ich somit den ganzen chemischen Betrieb allein zu besorgen habe», schrieb er entsprechend im Sommer 1893 an Johannes Walther[46], um nur wenige Monate später, im Februar 1894 zu notieren, er habe «Hausarrest», da er Böttinger und Bayer zugleich vertreten müsse.[47] Im folgenden Sommer das gleiche Bild. Nun war aus dem «lieben Friedrich» der «liebe Fritz» geworden, den Duisberg duzte.[48] Ähnliche Vertretungen lassen sich, wenn auch nicht in dieser Regelmäßigkeit, bei Henry Böttinger nachweisen, der als kaufmännisches Vorstandsmitglied einen anderen Aufgabenbereich besaß und auf die Kooperation von Hermann König bzw. Carl Hülsenbusch zurückgreifen konnte. Auch hier wurde spätestens 1896 aus dem «lieben Herrn Böttinger» der «liebe Henry».[49] Und einige Jahre später: «Herr Bayer ist in Urlaub und wird erst Ende nächster Woche zurückkehren, Herr Dr. Böttinger weilt, um sich von nervösen Erscheinungen zu curieren, für 8 Wochen in Constanz. Beide Herren habe ich zu vertreten und da wird es oft zu viel des Guten.»[50] Auf diese Weise wurde aus den mehr oder weniger gezielten Grenzüberschreitungen der späten 1880er und frühen 1890er Jahre eine Praxis der gegenseitigen Vertretung, die Duisbergs Stellung deutlich aufwertete. Im Februar 1893 schrieb er schon sehr selbstbewusst an das Vorstandsmitglied der BASF, den Farbenchemiker Heinrich Caro, «dass die wissenschaftliche, patentrechtliche und technische Leitung des Ganzen Herrn Bayer und mir allein obliegt».[51] Duisberg selbst verreiste in diesen Jahren nur wenig. Erst mit erfolgreich absolvierter Karriere sollte sich das ändern, dann allerdings gründlich. Das Engagement zahlte sich aber finanziell unmittelbar aus. 1891 erhielt Duisberg analog zu den übrigen Prokuristen eine Beteiligung am Gewinn des Gesamtgeschäftes und nicht mehr nur eine Tantieme auf die Erträge der eigenen Erfindungen. Sein materieller Status wurde dadurch schlagartig erheblich verbessert.[52] Nachdem 1894 auch der Vertrag unter gleichen Bedingungen für fünf weitere Jahre verlängert wurde, konnte er ein großes Haus in Elberfeld kaufen und im Lebensstil zu den übrigen Angehörigen der Unternehmensleitung aufschließen.[53]

1895 gab Duisberg die Leitung des Forschungslaboratoriums endgültig ab und widmete sich nunmehr ganz offiziell Fragen der Organisation der Produktion und des allgemeinen Betriebes. Welche Bedeutung Duisberg schließlich auf diese Weise erlangte, zeigt der Organisationsplan der Farbenfabriken vom Juni 1899.[54] Danach war Duisberg bereits vor der Jahrhundertwende, also vor seiner förmlichen Aufnahme in den Vorstand zum 1. Januar

1900, der entscheidende Mann im Unternehmen. Der Vorstand umfasste nach 1900 fünf Personen, und zwar neben Duisberg die älteren Vorstandsmitglieder Bayer jun., Böttinger und König, der 1902 verstarb.[55] 1900 wurde ebenfalls Carl Hülsenbusch in den Vorstand aufgenommen, der ihn nach einem heftigen Streit mit Duisberg in der Frage der Gründung der I. G. 1905 aber bereits wieder verlassen musste.[56] Die Führung durch den vergrößerten Vorstand sollte zwar kollegial erfolgen; alle wichtigen Entscheidungen konnten nur gemeinsam getroffen werden.[57] Doch Duisbergs Zuständigkeitsbereich war überwältigend. Auch den Führungsstil gab er vor: «Das lehren wenigstens die Erfahrungen, die wir hier gemacht haben, es fehlt aber drüben (er schrieb an die New Yorker Vertretung, bei der es wiederholt Ärger mit Angestellten gegeben hatte, W. P.) oft der Schneid und alles wird allzu sehr durch die juristische Brille gesehen, was eine Zeit lang bei uns hier der Fall war, womit ich aber energisch gebrochen habe.»[58] Energische Führung: Das war Duisbergs Devise und zweifellos auch ein wesentliches Moment seines Vorankommens, wenngleich er damit das Prinzip der kollegialen Führung nicht in Frage stellen wollte. Beides gehörte für ihn vielmehr zusammen, wie er seinem Schwager Hermann Seebohm wiederholt ins Stammbuch schrieb: «Es ist wirklich schade, dass Du immer noch so eifersüchtig bist und nicht einsehen lernst, dass mit der autokratischen Methode auf die Dauer keine Erfolge zu erzielen sind, und wir durchaus kollegiale Behandlung aller Angelegenheiten wünschen. Wir müssen dringend verlangen, dass hier bald, recht bald, eine Änderung eintritt, denn sonst kommen wir nicht vorwärts, sondern bleiben stehen oder gehen rückwärts. … Aller Fleiss und alle Tüchtigkeit helfen nichts, wenn Du nicht lernst, mit Jedermann im Geschäft in guter Weise auszukommen und anstelle des Diktators den liebenswürdigen Kollegen setzest.»[59]

Das Direktorium traf sich mehrmals in der Woche und besprach die anfallenden Angelegenheiten. Dabei informierte man sich zugleich gegenseitig über die Fragen, für die einzelne Direktoriumsmitglieder allein zuständig waren, und sicherte so einen möglichst reibungslosen Informationsfluss. Bei Entscheidungen sollten alle fünf faktischen Vorstandsmitglieder bzw. Direktoren (1899: Bayer, Böttinger, König, Hülsenbusch und Duisberg) anwesend sein; Beschlüsse galten bei drei Ja-Stimmen. Die Einstellung von Angestellten erfolgte gemeinsam, der Einkauf unterstand den technischen Direktoren. Dem Kollegialbeschluss unterlagen u. a. folgende Angelegenheiten: Fremdbeteiligungen (verantwortlich Böttinger oder Duisberg), Grundstücke (Böttinger oder Duisberg), Fabrikationsverfahren,

Patente (Bayer oder Duisberg), Prozesse (Bayer oder Duisberg), Regeln der Bilanzierung (König, Bayer, oder Duisberg), Kundenkredit (König oder Hülsenbusch), Conventionen etc. (je nach dem Carl Duisberg), Verkaufspreise (je nach dem), Verkauf (je nach dem), Farbstoffreklame (Hülsenbusch oder Bayer oder Duisberg), Pharmaceutica-Reklame (König, Bayer oder Duisberg), Wohlfahrtseinrichtungen (je nach dem, Carl Duisberg), Bewilligung von Unterstützungen, Pensionen (Böttinger oder Duisberg). Duisberg war noch für Statistik und Rendementsbesprechung zuständig, schließlich auch für die gesamte innere Verwaltung des Unternehmens, für die Fabrikbahn, die Feuerwehr, die Wohlfahrtseinrichtungen sowie für die Kontrolle der Auslandsbetriebe. Die juristische Abteilung unterstand Duisberg, ebenso das Versicherungswesen, die Fabrikkontore, die Läger, die Färbereien und Druckereien, das wissenschaftlich-pharmaceutische Büro und die Kleinbahn. Hier übte Duisberg die Kontrolle zumeist in Abwechslung mit Bayer und Böttinger aus. Lediglich im Bereich des ausländischen Verkaufswesens war Duisberg zu dieser Zeit nicht gefragt. Im Direktorium ging bereits 1899 nichts mehr ohne ihn, und auch auf die ausländischen Vertretungen und den Verkauf sollte er in den kommenden Jahren großen Einfluss nehmen.

Aufsichtsrat und Vorstand waren zwar rein rechtlich geschieden, und alle größeren Investitionsentscheidungen, ja alle strategischen Entscheidungen hatte formell der Aufsichtsrat zu treffen, doch gab es hier keineswegs eine strikte Arbeitsteilung. Die Vorsitzenden August Viefhaus und später Ernst von Eynern folgten den Vorschlägen des Vorstandes, zumal alle wesentlichen Entscheidungen zwischen den verantwortlichen Herren auf kurzem Dienstweg erledigt, nicht selten in Bayers Weinstube in der Elberfelder Königstraße. Aufsichtsratssitzungen fanden selten statt, und wenn, dann dienten sie vor allem der Entgegennahme des Jahresabschlusses. Die großen, strategischen Entscheidungen, etwa über Kapitalerhöhungen, große Investitionen oder Verträge, fielen zwar in diesem Gremium, doch immer erst nach detaillierter Vorbereitung durch den Vorstand, der den Aufsichtsrat dann je nach Bedarf einberief. Im Vorfeld der Beteiligung der Farbenfabriken an der Norsk Hydro las sich das dann etwa so: «Da wir nun alle diese Dinge unserem Aufsichtsrat mitteilen und evtl. seine Genehmigung zu den diesbezüglichen Beschlüssen einholen wollen», so sei es doch sinnvoll, eine Aufsichtsratssitzung dann zu machen, wenn Entscheidungen in Norwegen das verlangten.[60] Einige Jahre später meinte Duisberg gar, es sei besser, zeitweilig ohne Aufsichtsratssitzung auszukommen: «Endlich die Frage der Aufsichtsratssitzung. Nach Rücksprache mit Friedrich (Bayer, W. P.) brauchen wir meiner Meinung nach eine offizielle Aufsichtsratssitzung am Freitag nicht abzuhalten, handelt es sich doch nur um die Frage, was wir über das abgelaufene und über das kommende Jahr sagen wollen. In der nächsten Direktoriumskonferenz werden wir einen diesbezüglichen Wortlaut vereinbaren und Dir (Carl Gamp, stv. Vorsitzender des Aufsichtsrates, W. P.) dann vor der Sitzung am Samstag zur Genehmigung unterbreiten. Friedrich hat überdies die Absicht, die Herren des Aufsichtsrats und der Direktion (also des Vorstands, W. P.) zum Abendessen am Freitag … einzuladen, und können wir bei dieser Gelegenheit ja die Sache sub rosa behandeln. Eine Aufsichtsratssitzung ist auch deshalb nicht erwünscht, weil wir sie sonst offiziell der I.-G. anmelden und Berlin und Ludwigshafen einladen müssen.»[61] Den Stil des Umgangs beschreibt ein Bericht von Carl Duisberg über die Hauptversammlung im Mai 1889. Die Besucher der Hauptversammlung entstammten entweder den Gründerfamilien oder der Honoratiorenschaft Elberfelds und Barmens, insgesamt 17 Personen, und zwar vier Aufsichtsratsmitglieder, drei Direktoren, drei Prokuristen und sieben Aktionäre ohne Funktion. Von diesen wohnte «Onkel August» (Viefhaus) bei den Duisbergs. Nach der kurzen Versammlung, in der man für die schönen Erfolge dankte, traf man sich zu Frühschoppen und Mittagessen, währenddessen der Aufsichtsrat noch tagte. Nach Tisch wanderte man zunächst zu Johanna Duisberg, um ihr die Aufwartung zu machen, dann besuchte man Frau Böttinger, schaute im Geschäft vorbei, «wo selbstverständlich nicht mehr viel getan wurde», und besuchte dann Friedrich Bayer jun. zu Hause. Gegen 9 Uhr abends gingen Friedrich Bayer jun. und Carl Duisberg in das Hotel «Weidenhof» weiter, in dem tags zuvor die Generalversammlung stattgefunden hatte, «wo inzwischen Onkel August, Präsident Jonas (Aufsichtsrat, W. P.), von Eynern und Lekebusch dem Skat gehuldigt hatten. Inzwischen kamen noch Onkel Albert (Neuhaus, Aktionär, W. P.) und Herr König und so wurde Skat spielend und plaudernd der Abend weiter verbracht, bis in früher Morgenstunde der unsolideste Teil der Gesellschaft bestehend aus Onkel Albert an der Spitze als Strohwittwer (!), Onkel August, Friedrich, Lekebusch und ich, teils schwankend und wankend nach Hause wanderten.»[62]

Die Eigentümerstruktur in den Farbenfabriken und ihre Finanzierung über Kapitalerhöhungen und langfristige Obligationen hielten fremden Einfluss aus dem Unternehmen heraus und bildeten die Basis dafür, dass Duisberg schließlich wie ein Eigentümer auftreten konnte. Das galt es zu verteidigen, zumal hierdurch Chancen für die eigenen Söhne entstanden:

«Auch liegt uns sehr daran, dass wir Vertreter unserer grossen Geldinteressen im Direktorium ständig besitzen. Nachdem nun einmal keiner von den Familien Böttinger und Gamp hierzu Lust hat und von der Familie Bayer nur Richard Bayer in Frage kommt, dieser aber, wie es scheint, nicht die nötige körperliche Kraft besitzt, sich dauernd zu betätigen, ist es dringend erwünscht, dass wenigstens Söhne der Familie Duisberg sich bereitfinden, die Vertretung dieser Familieninteressen zu übernehmen. ... Deshalb rechne ich auch sehr darauf, dass Ihr einsichtig genug seid, im Interesse unserer Familie, hauptsächlich und in erster Linie aber in Eurem Interesse diese Gelegenheit, die sich Euch bietet und die nur solange dauert, solange wir leben, zu benutzen.»[63]

Die Kombination von wenigen Eigentümerfamilien und untereinander befreundeten Männern, die sich wegen langer Unternehmenszugehörigkeit gut kannten, wenn sie nicht ohnehin miteinander verwandt waren, prägte den Alltag der Unternehmensleitung um 1900 derart, dass Duisberg alle neu aufwachsenden Führungskräfte gezielt in diesen Verbund einbezog. Das war keineswegs ganz freiwillig, sondern faktisch Bedingung, wollte jemand in den Farbenfabriken Karriere machen. Sich als Chemiker hier zu bewähren, war die eigentliche Herausforderung. Das konnte sehr erfreulich sein, war aber alles andere als harmlos. Während des Ersten Weltkrieges wurde ein Direktionskegelclub sogar ganz förmlich gegründet, zu dem nur die Mitglieder von Aufsichtsrat und Direktorium sowie deren Gattinnen Zugang hatten. Die Vereinsmitglieder verpflichteten sich zur regelmäßigen Teilnahme; ansonsten war eine Strafgebühr von 1 Mark in die Gemeinschaftskasse fällig. Die «angesammelten Kegelgelder» flossen in eine Gemeinschaftskasse, die am Ende des Jahres für eine Weihnachtsfeier Verwendung finden sollten. Der Club bekam zudem einen Vorstand aus Vorsitzendem, Stellvertreter und Kassenwart.[64] Zu den Erstunterzeichnern gehörten die Ehepaare Duisberg, Quincke, Nobbe, Doermer, Hess, Nieme, Heymann, Mann, Girtler, Ott, aber auch Minna Sonntag und Clara Weskott, faktisch also die gesamte Führung der Farbenfabriken. Die Aufsichtsratsmitglieder Böttinger und Bayer waren aus Altersgründen nicht mehr beteiligt; Böttinger stiftete 1918 aber immerhin noch einen Ehrenpreis, den Carl Duisberg und die Frau des Chefingenieurs Girtler «erkegelten».

Diese Art der Loyalitätsbindung, in der familiäre, freundschaftliche und geschäftliche Gesichtspunkte bruchlos, ja untrennbar ineinander übergingen, war überaus erfolgreich, da sie die persönlichen Reibungsverluste an der Spitze der Farbenfabriken verminderte und einen raschen Austausch unterschiedlicher Standpunkte zuließ. Für Duisberg war sie die Möglichkeit, zu zeigen, was er konnte, und dabei zugleich freundschaftliche Beziehungen zu knüpfen. Ihr Kern war die unbedingte Loyalität zu den Farbenfabriken und die gegenseitige Unterstützung und Förderung. In der Tat stieß Duisberg auf diese Weise nicht nur bis an die Spitze des Unternehmens vor, sie bewahrte ihn auch bis zum Ende seiner Direktorentätigkeit 1925 vor größeren Loyalitätsverlusten. Von wirklicher Kritik an ihm aus dem Hause ist in den Quellen wenig zu finden, obwohl Duisberg im Unternehmen durchaus autoritär auftrat und seine Zornesausbrüche berüchtigt waren. Das spiegelte zum einen den engen Zusammenhalt in der Unternehmensleitung wider, vor allem aber dokumentierte diese Loyalität Duisbergs Bedeutung für die Entwicklung der Farbenfabriken. Denn seit dem Ende der 1880er und dem Beginn der 1890er Jahre nahm das Unternehmen einen ungeahnten Aufschwung, der nicht zu Unrecht Duisbergs Wirken zugeschrieben wurde. Die Loyalitätsstrukturen der Männerfreundschaft an der Spitze der Farbenfabriken waren daher zugleich Bedingung wie Ausdruck des Unternehmenserfolgs.

8 | Leverkusen

Doch kehren wir zurück in die frühen 1890er Jahre. Der Aufbau des Werkes in Leverkusen, der 1892 begann, war, zumindest im Nachhinein betrachtet, Duisbergs eigentliche Lebensleistung. Er wurde nicht müde, wieder und wieder von seinem «Kind» zu berichten. War es in seinen Erzählungen zu Anfang noch das gemeinschaftliche Werk der befreundeten Männer an der Spitze der Farbenfabriken, so lautete der Titel des Berichtes, den er 1931 in Reclams Universum gab, schlicht nur noch: «Wie ich Leverkusen aufbaute».[1] Sein zuvor geschilderter Aufstieg im Unternehmen hing wesentlich mit diesem Erfolg zusammen. Neben der personellen Konstellation in der Unternehmensführung war die Tatsache, dass nach 1890 in Leverkusen die Farbenfabriken auf der grünen Wiese einen Neustart vornehmen mussten, zweifellos Duisbergs zweite große Chance, die er wiederum erfolgreich nutzte.

Dass in Elberfeld für die weitere Expansion des Unternehmens nicht mehr genug Platz vorhanden war, hatte sich schon Ende der 1880er Jahre gezeigt. Duisbergs energische Organisationsvorschläge für die Fabrik konnten die immer bedrängender werdende Enge nicht lindern. Einerseits gab es im Wuppertal kaum noch Raum für Neubauten; andererseits waren die Fabrikanlagen derart ungeplant gewachsen, dass nur eine gründliche Entzerrung und Reorganisation der einzelnen Betriebe einen rationellen Ablauf erlaubt hätten: «Die Gebäude und Einrichtungen der Elberfelder Farbenfabriken waren im allgemeinen höchst primitiv und irrationell.»[2] Die chemischen Prozesse liefen häufig offen ab; die Gesundheitsgefährdung war groß. Vor allem aber waren die Betriebsabläufe ineffizient: «Die Apparatur stand kunterbunt durcheinander.» Transportprobleme waren an der Tagesordnung, und die Chemiker mussten sich für die Erledigung einfacher Aufgaben häufig auf Wanderschaft durch das Werksgelände begeben. Auch der Aufbau und die Konfiguration neuer Anlagen erfolgten nach Duisbergs Erinnerung nicht überlegt, sondern mehr aus dem unmittelbaren Bedürfnis der jeweiligen Betriebsleiter heraus. «Weder Akten noch Zeichnungen waren vorhanden, alles wurde ex faustibus gemacht, es mussten die Lieferanten die Zeichnungen auf Grund von persönlichen Besprechungen und Bleistiftskizzen selbst anfertigen.»[3] Dieses System, so Duisberg später, hatte aufgrund seiner großen Flexibilität gewisse Vorzüge, doch «um keinen Preis» wollte er schließlich «zu dieser alten Methode des Auf- und Umbaus der Fabrik zurückkehren».[4]

Mehr als intelligentes Improvisieren war in Elberfeld um 1890 nicht mehr möglich. Bei der vorherrschenden Raumnot brachte jedes neue Produkt, jeder neue Produktionsvorgang zusätzliche Engpässe und Streit mit den von Geruch und Abgasen geplagten Anliegern.[5] Als Anfang der 1890er Jahre die Nachfrage anzog und große Produktionserweiterungen notwendig wurden, lag es nahe, sich nach Standortalternativen umzusehen.[6] Der ständig wachsende Produktionsumfang und die Beschäftigtenzahlen, die in Elberfeld von 1885 bis 1890 von 500 auf 1000 angestiegen waren,[7] zeigten einen Platzbedarf an, der nicht durch das einfache Hinzukaufen von Terrain in der Nähe der bisherigen Produktionsanlagen zu befriedigen war. Überdies stellte sich eine weitere, bisher nur aufgeschobene Frage: Wollten die Farbenfabriken sich zu einer integrierten chemischen Fabrik entwickeln oder der Farbenhersteller mit relativ geringer Produktionstiefe bleiben, der sie bisher gewesen waren? Entschied man sich für den Aufbau eigener Vor- und Zwischenproduktstufen, war der Standort Elberfeld in jedem Fall zu klein.

Mit der Suche nach einem neuen Standort war Carl Duisberg nicht befasst. Diese Aufgabe übernahm Henry Theodor Böttinger. Er hielt im Auftrag des Direktoriums nach einem verkehrsgünstig, möglichst am Rhein gelegenen großen Grundstück Ausschau.[8] Der in der Literatur häufig beschriebene Kauf der Alizarin-Fabrik des Carl Leverkues nördlich von Köln durch die Farbenfabriken im Jahre 1891 sowie weiterer noch freier Grundstücke in der Umgebung erfolgte allerdings anfangs nicht aus strategischen Überlegungen, sondern eher zufällig.[9] Man suchte Terrain, und der Platz am Rhein bot sich an. Anfänglich war auch gar nicht geplant, dass hier eine völlig neue Chemiefabrik entstehen sollte. Vielmehr sollten nur einzelne Produktionen an den Rhein verlegt werden, was sich auch deshalb anbot, weil dort eine technisch gut eingerichtete Alizarin-Herstellung bereits existierte. Folgerichtig verlegte man zunächst die Vor- und Zwischenproduktaufbereitung des Alizarins, insbesondere die Anthracen-Reinigung, nach Leverkusen. Am 20. Oktober 1892 nahmen die Farbenfabriken dort den Betrieb auf.[10] Neue Maschinen zur Anthracen- und Antrachinon-Reinigung wurden in den alten Gebäuden aufgestellt, obwohl man, wie

Duisberg im Rückblick meinte, alles hätte abreißen müssen.[11] Aber das schien zu aufwendig und zu teuer. Es zeichnete sich ab, dass man am Rhein die gleichen Fehler machen würde wie an der Wupper. Doch es sollte ganz anders kommen.

Anfang der 1890er Jahre verschärfte sich der Konkurrenzkampf unter den deutschen Farbenfabriken erneut. Die Patentprozesse und Verabredungen der vorhergehenden Jahre hatten nur Waffenstillstandslinien markiert, und auch diese nur zwischen bestimmten Marktteilnehmern für bestimmte Produkte auf bestimmten Märkten. Jedes neue Produkt, das auf den Markt kam, eröffnete neue Fronten – der Zwang, möglichst kostengünstig zu produzieren, blieb bestehen. Die Patentbestimmungen halfen auch nicht wirklich, da sie die Veröffentlichung der neuen Verfahren erzwangen und damit die Konkurrenz häufig erst auf die Spur setzten. Die Elberfelder Farbenfabriken hatten in diesem Wettbewerb den zusätzlichen Nachteil einer ausgesprochen geringen Produktionstiefe. Wichtige Vor- und Zwischenprodukte mussten auf dem Markt gekauft werden; Preisschwankungen etwa bei den Basissäuren schlugen unmittelbar auf die Kostenstrukturen des Unternehmens durch. Die Hauptkonkurrenten hatten sich von diesen Zwängen zumindest teilweise, die BASF sogar weitgehend befreit. Was lag da näher, als es ihnen gleichzutun?

Das Auslaufen der Lieferverträge der Farbenfabriken mit dem Rheinisch-Westfälischen Schwefelsäuresyndikat 1892 setzte die Frage unmittelbar auf die Tagesordnung.[12] In Elberfeld musste entschieden werden, ob man die Verträge erneuern, zu neuen Bedingungen weiterführen oder auslaufen lassen sollte, um selbst die Produktion von Schwefelsäure aufzunehmen. Da das Syndikat die geforderte Preissenkung ablehnte, wurde in Elberfeld darüber nachgedacht, «ob man sich nicht unabhängig machen und jetzt, wo man ein für diesen Zweck geeignetes Terrain in Leverkusen zur Verfügung hatte, diese Rohstoffe selbst herstellen sollte».[13] In der Direktion kam es darüber zum Konflikt, da Bayer und Duisberg einen derartigen Schritt befürworteten, Böttinger und König ihn als zu riskant ablehnten. Der Vertreter des Syndikates hatte keinen Zweifel daran gelassen, dass es aus seiner Sicht kaum möglich sein würde, dessen Herstellungskosten zu unterbieten. Keine Fabrik der Welt könne billiger als die «Rhenania» produzieren, «da sie, und das entsprach der Wahrheit, die bei der Röstung der Zinkblende auftretende schweflige Säure von den um Aachen herum gelegenen Zinkhütten sozusagen gratis beziehe, während wir bei der Selbstfabrikation gezwungen waren, von teuren spanischen Pyriten, dem einzigen uns zur Verfügung stehenden Rohmaterial auszugehen».[14] Letztlich war es daher keine Frage des Preises, wie auch Duisberg offen einräumte: «Hätte das Syndikat nur halbes Entgegenkommen gezeigt und den Preis auf etwa 2,50 Mark ermäßigt, so wäre wahrscheinlich der Vertrag auf weitere 5 Jahre geschlossen und die Aufnahme der Fabrikation der anorganischen Produkte, wenn auch nicht definitiv aufgegeben, so doch vertagt worden. Da aber das Syndikat mit seinem alten Preis durchzudringen hoffte, so wurde ein von Elberfeld gestelltes Ultimatum abgelehnt. Wir waren nunmehr gezwungen, so schnell wie möglich nach Mitteln und Wegen zu suchen, um eine Schwefelsäure- und Salzsäurefabrik zu bauen.»[15]

Diese Entscheidung ist auch deshalb so interessant, weil sie letztlich keinem naheliegenden ökonomischen Kalkül folgte. Die Farbenfabriken hatten, obwohl es in Leverkusen bereits Versuche zur Schwefelsäureproduktion gab, damit kaum Erfahrungen. Es war alles andere als sicher, ob man in absehbarer Zeit Schwefel-, Salz- und Salpetersäure zu vertretbaren Kosten würde produzieren können. Nein, das Direktorium der Farbenfabriken traf letztlich eine strategische Entscheidung aus Gründen, die man am ehesten mit Autonomiewahrung bezeichnen kann. Man wollte nicht von der Preissetzungsmacht des Syndikats abhängig sein – und ging stattdessen lieber das Risiko einer eigenen Produktion ein. Eine Rolle dürfte dabei gespielt haben, dass auch die anderen großen Chemiefirmen ihre anorganischen Produkte selbst erzeugten. Mit der Entscheidung für die eigene Schwefelsäureproduktion zog man mit den anderen großen Fabriken gleich und eröffnete eine ganz neue Entwicklungsperspektive hin zur integrierten chemischen Fabrik, technisch zweifellos eine große Vision. Wiederholte Versuche der «Rhenania», die Elberfelder Entscheidung doch noch umzudrehen, scheiterten an Duisbergs Gegenwehr, der dabei sogar die Unterstützung von Hoechst fand. Die dortigen Herren, erzählte er im August 1893 Friedrich Bayer, hätten ihn in Gegenwart von Hasenclever von der «Rhenania» eingeladen, die Säureproduktion in Höchst zu besichtigen. «Sie können sich das Gesicht von Hasenclever denken, der jede Gelegenheit benutzte, mich von der Idee der Selbstfabrikation von H2 S O4 abzubringen. Es war wirklich höchst interessant, die verschiedenen Bemerkungen, die bei dieser Gelegenheit fielen, anzuhören. Ich bin dadurch in unserer beiderseitigen Meinung bestärkt worden, dass es unbedingt das Richtigste ist, wenn wir die Schwefelsäurefabrikation aufnehmen, selbst wenn wir keinen Groschen dabei profitieren.»[16]

Der Aufbau Leverkusens zur integrierten Chemiefabrik war wie jede große Investitionsentscheidung in der Direktion umstritten, da zwischen technischem Ertrag und finanziellem Risiko jeweils neu abzuwägen war. Dabei setzten sich Friedrich Bayer jun. und Carl Duisberg keineswegs immer durch, zumal ihnen auch dieses Mal ja das taktisch ungeschickte Verhalten der Rhenania hatte zu Hilfe kommen müssen. War es wirtschaftlich nicht vertretbar, verzichteten die Farbenfabriken mitunter auch dann auf den Bau neuer Anlagen, wenn sich dadurch eine gefährliche Abhängigkeit vom Markt ergeben konnte. So hätte man z. B. Carbolsäure, ein wichtiges Vorprodukt für die Farben- und Pharmazeutikaherstellung, selber produzieren können, doch hätte der Preis deutlich über dem Marktpreis gelegen, sodass man sich auf englische Lieferungen verließ. Ein kurzfristiges englisches Ausfuhrverbot für Carbolsäure während des Burenkrieges erzwang dann allerdings ein Umdenken.[17] Die vorhandenen Herstellungskapazitäten wurden nun ausgebaut.[18] Aber erst 1907 erwarben die Farbenfabriken eine Anlage zur Teerdestillation in der Nähe von Antwerpen, mit der sie sich endgültig aus der Abhängigkeit von fremden Lieferanten befreiten.[19] Dieser Fall zeigt deutlich, dass man in Elberfeld die Autonomie nicht um jeden Preis suchte, sondern offenbar von Fall zu Fall entschied.

Dass die Entscheidung für die eigene Produktion der Basissäuren nicht zur Regel für die Zukunft wurde, dürfte allerdings auch eine Folge der Entwicklungen gewesen sein, die der Aufbau einer eigenen anorganischen Produktion in Leverkusen mit sich brachte. Denn sehr rasch stellte sich heraus, dass der Neuanfang auf anorganischem Gebiet alles andere als einfach war. «Gegenwärtig sind wir mit Plänen für grosse Neubauten sehr in Anspruch genommen. ... Derartige Neubauten und Verlegungen verursachen natürlich, zumal, wenn man so praktisch wie möglich bauen will, sehr viel Kopfzerbrechen.»[20] Zwar waren bis 1894 die Arbeiten so weit fortgeschritten, dass die Produktion aufgenommen werden konnte, doch arbeitete insbesondere die Schwefelsäureproduktion, die man nach dem traditionellen Bleikammerverfahren eingerichtet hatte, bis zur Jahrhundertwende nicht zufriedenstellend. Die Leitung der Farbenfabriken hatte einen zwar gutwilligen, letztlich aber überforderten Techniker mit dem Aufbau der Anlage betraut, statt einen deutlich teureren belgischen Spezialisten zu verpflichten.[21] Das eingesparte Geld ging nun im alltäglichen Produktionsprozess in vielfacher Höhe verloren; die Produktionskosten lagen, wie Hasenclever es prophezeit hatte, deutlich über den Syndikatspreisen. Das lag allerdings auch daran, dass man die Schwefelkiese zu teuer einkaufte und die Abbrände nicht gewinnbringend verkaufen konnte.[22] Der neue Standort schien unter keinem guten Stern zu stehen.

Ob es daran lag, dass Duisberg für dessen Entwicklung nicht verantwortlich war? Es ist nicht ganz unwahrscheinlich, dass er, der als technischer Leiter von Elberfeld allerdings reichlich zu tun hatte, dies so sah. Er verfolgte die Zustände am Rhein jedenfalls überaus kritisch. Angesichts der Tatsache, dass sich in Leverkusen schon nach kurzer Bauzeit Verhältnisse wie in Elberfeld abzeichneten, ist seine offensichtliche Verärgerung gut nachzuvollziehen. Durch zwischenzeitliche Besuche anderer Fabriken, namentlich der BASF, verstärkte sich bei ihm das Gefühl, dass die Farbenfabriken dabei waren, in Leverkusen eine Chance zu verspielen. Zwar hatte man den Besuchern aus Elberfeld in Ludwigshafen keine Einblicke in den Produktionsalltag ermöglicht, aber bereits die Großzügigkeit der Anlagen und das schöne Verwaltungsgebäude hatten gereicht, um Duisberg neidisch werden zu lassen. Es ging ihm allerdings nicht primär um ästhetische Fragen; er vermutete zu Recht hinter der schönen Fassade eine effiziente Organisation der Produktion. Ins Auge stachen ihm auch die Arbeiterspeiseanstalt, die Kolonien und die betriebliche Sozialpolitik. Mit all dem konnten die Farbenfabriken nicht mithalten.[23] Im Aufholen dieses Vorsprungs lag dann auch ein Hauptmotiv für den von Duisberg geforderten planmäßigen Aufbau Leverkusens: «Dass wir bei der großen Konkurrenz, welche auf dem Farbengebiet sich schon jetzt bemerkbar macht, nur dann erfolgreich bestehen können, wenn wir obigen Plan tatkräftig durchführen, bedarf bei der Tatsache, dass unsere größten Konkurrenten schon jetzt in der glücklichen Lage einer derartigen Position sind, keiner weiteren Begründung.»[24] Und als Leverkusen dann fertig war und allgemein wegen der Klarheit seiner Anlagen gelobt wurde, bekannte Duisberg gegenüber Emil Fischer auch ganz offen, dass es das Vorbild der BASF war, dem er nachgeeifert hatte, ja, das er übertreffen wollte: «Als ich vor 20 Jahren in die Farbenfabrik eintrat, welche damals 14 Chemiker und etwa 400 Arbeiter hatten, war die Badische Anilin- & Soda-Fabrik mit ihrer trefflichen Organisation, mit ihren zahlreichen wichtigen patentierten Produkten, mit ihrer grossartigen technischen Einrichtung mein Vorbild und ist es geblieben, bis es uns möglich wurde, in Leverkusen eine Fabrik aufzubauen, welche wohl einzig in ihrer Art dasteht und bei der ich mein ganzes Wissen und Können eingesetzt habe, um etwas Gutes und Grosses zu schaffen.»[25]

***

Aus den Akten ist nicht erkennbar, ob Duisberg den Auftrag erhielt, in Leverkusen für Ordnung zu sorgen. Die Denkschrift zum Aufbau von Leverkusen,[26] die Carl Duisberg im Januar 1895 vorlegte und die bis heute seinen Ruf als maßgeblicher Gestalter der modernen Chemiefabrik bestimmt, war offensichtlich das Ergebnis eines längeren Diskussionsprozesses in der Direktion der Farbenfabriken.[27] Der Gedanke einer nachhaltigen, von wissenschaftsbasierter Technik getragenen Unternehmensentwicklung, den Duisberg beim Bau des Elberfelder Laboratoriums erfolgreich ins Spiel gebracht und der auch bei der Entscheidung zum Aufbau einer eigenen Schwefelsäureproduktion Pate gestanden hatte, kam in der Denkschrift mustergültig zum Ausdruck. Sie war das Dokument eines Sieges der technisch-wissenschaftlichen über die kurzfristige ökonomische Rationalität. Und Duisberg, der in seinen Erinnerungen Konflikte eigentlich nicht erwähnte oder im Licht späterer Erfolge relativierte, räumte die harten Kämpfe um die Konzeption des Aufbaus von Leverkusen auch deshalb offen ein, weil er sich hier durchgesetzt und damit Erfolg gehabt hatte. Dabei beharrte Duisberg nicht einmal pedantisch auf seinem Konzept, sondern stellte es wiederholt zur Diskussion, konnte allerdings bei aus seiner Sicht unverständlichem Widerstand auch jähzornig aus der Haut fahren. Die Schlusspassage der Denkschrift lautete: «Im Interesse des Geschäfts ist es unbedingt erforderlich, dass die in der obigen Denkschrift und hauptsächlich zu diesem Zwecke niedergelegten Gesichtspunkte durch alle Herren des Geschäfts, welche langjährige Erfahrungen auf dem Gebiete der chemischen Fabrikationsbranche besitzen, auf ihre Richtigkeit geprüft und im freien Meinungsaustausch geklärt werden.»[28] Das war durchaus ernst gemeint. Das Direktorium verabschiedete die Denkschrift als Grundlage des Aufbaus in Leverkusen im April 1895 dann allerdings ohne große Diskussion,[29] weil in den Monaten zuvor die wesentlichen Streitfragen geklärt worden waren: «Die in dieser Denkschrift vorgesehenen technischen Anordnungen und Vorschläge sind seinerzeit einer eingehenden Beratung mit den maßgebenden Chemikern und Ingenieuren unserer Firma unterworfen und alle zweckentsprechenden Änderungen berücksichtigt worden.»[30]

Die Denkschrift war zugleich Ausdruck einer infrastrukturellen Vision wie einer technokratischen Obsession. Die Werksanlagen in Elberfeld waren derart unübersichtlich, dass es Betriebsführern und Aufsehern schwerfiel, die Arbeitsprozesse zu überblicken und das Arbeitsverhalten der Beschäftigten zu kontrollieren. Duisberg war zwar weit davon entfernt, eine Art Benthamsche Überwachungsmaschine[31] bauen zu lassen, doch verlangte er beim Neubau von Betriebsgebäuden, «dass sie ein einheitliches Ganzes bilden und eine bequeme Übersicht für die Betriebsführer und Aufseher gestatten», insbesondere sollte, so weit möglich, auf Trennwände verzichtet werden bzw., wenn das nicht möglich war, mit Glaswänden gearbeitet werden.[32] Ziel der gesamten Planung war es, das in Leverkusen vorhandene große Territorium so zu nutzen, dass die Betriebe nach technisch-wissenschaftlichen Kriterien stimmig angeordnet waren, dass genügend Reserveflächen für weitere Expansion blieben und dass die Transportprozesse zwischen den Abteilungen maximal vereinfacht wurden. Auf dieser rationellen Basis ließen sich dann, so Duisbergs Überzeugung, eine wirklich effiziente Organisation und eine entsprechend klare Arbeitskontrolle verwirklichen.

Duisberg verglich seine Überlegungen mit der Konzeption für den Bau einer Stadt, die auf lange Sicht angelegt sein müsse. Er teilte das Terrain vom Rhein ausgehend bis zur Staatsstraße bzw. Eisenbahn schachbrettartig in einzelne Teilfelder auf. Jeder Betrieb bekam eines dieser Teilfelder; verwandte Betriebe wurden zu Abteilungen zusammengefasst.[33] Durch die systematische Anordnung der Abteilungen, beginnend bei den rohstoffintensiven Säurebetrieben am Rhein über die Zwischenproduktfabrikation in der Mitte bis hin zu den Farb- und Arzneimittelbetrieben an der anderen Seite des Terrains, ließen sich die Transportprozesse optimieren und die Versorgung mit Dampf und Frischwasser sowie die Abwasserreinigung und -beseitigung so festlegen, dass sie bei Neu- oder Umbauten nicht grundlegend geändert werden mussten. Der Hand-, Karren- oder Fasstransport hatte ganz aufzuhören; an seine Stelle sollte ein Normal- und Kleinbahnbetrieb treten, der über die Haupt- und Querstraßen alle Betriebe bequem versorgen konnte. Die neuen Gebäude sollten alle in der seinerzeit neuen Shed-Architektur ausgeführt werden und zudem derart mit Platzreserven ausgestattet sein, «dass sie bequem eine Vergrößerung wenigstens nach einer Richtung, am besten aber nach zwei Richtungen zulassen. An diesen Stellen sind dann nur Fachwerkmauern aufzubauen, welche bei einer Vergrößerung schnell weggenommen werden können. Für jeden Betrieb ist ein solches großes Terrain zu reservieren, dass es voraussichtlich in den nächsten 30 Jahren nicht notwendig wird, an eine Verlegung des Betriebes oder Errichtung eines zweiten, entfernt davon liegenden, analogen Betriebes zu denken.»[34] Diese überaus rationale Anlage sollte durch eine weitgehende Standardisierung aller technischen Maße und Größen ebenso ergänzt werden wie durch eine zweckmäßige Anordnung von Versorgungsbetrieben.[35]

Duisberg sah in diesem Entwurf zu Recht «das ideale Zukunftsbild der Farbenfabriken von Leverkusen», doch ließ er es nicht bei der strukturellen Ordnung der Produktionsbetriebe bewenden, sondern gab der Fabrik auch eine neue organisatorische Ordnung, die seither unter dem Stichwort der dezentralen Zentralisierung bekannt ist.[36] Die technische Neukonzipierung eines Standortes unter Anlehnung an Vorbilder aus anderen Farbenfabriken wurde durch diese Verbindung mit einer Organisationsreform zu einer wirklichen Innovation. Duisberg schlug nichts weniger als eine, wenn auch noch rudimentäre Form der Divisionalisierung des Unternehmens vor.[37] Denn er sah in den Abteilungen nicht allein technische Einheiten, sie sollten zusätzlich eine begrenzte wissenschaftliche und ökonomische Autonomie erhalten. Unter dem Direktorium, bestehend aus Vorstandsmitgliedern, Direktoren und Prokuristen, sollten sieben teilautonome Abteilungsleiter ihre wiederum in Betriebe aufgeteilten Abteilungen technisch-wissenschaftlich und ökonomisch führen. Unter ihrer Aufsicht lag die eigentliche operative Leitung bei den Betriebsführern, die ihre Betriebe technisch überwachten, die Produkte laufend kontrollierten und auf Prozessverbesserungen hin prüften. Ihnen unterstanden Aufseher/Meister, die den Arbeitsprozess selbst kleinteilig zu kontrollieren hatten. Die Abteilungen hatten eigene Laboratorien, kleine ingenieurtechnische Abteilungen und Reparaturwerkstätten sowie, falls es technisch zwingend war, eigene Versorgungsbetriebe (Gas, Dampf, Eis). Entsprechend der jeweiligen Größe wurden Abteilungsvorstände und Betriebsführer durch Abteilungsassistenten und Betriebsassistenten unterstützt. Schließlich sah Duisberg für die größeren Abteilungen auch eine eigene Kostenrechnung und Buchhaltung vor, die entweder die Abteilungsleitung oder extra einzustellende Buchhalter übernehmen sollten. Die Kosten sollten so detailliert wie möglich erfasst werden; entsprechend wurden Messgeräte für den Dampf-, Wasser- und Gasverbrauch für jeden Betrieb standardmäßig vorgeschrieben.

Abteilungsleiter und Betriebsführer sollten im Regelfall akademisch gebildete Chemiker sein, da nach Duisbergs Vorstellung nur entsprechend wissenschaftlich gebildete Chemiker in der Lage waren, das richtige technische Verständnis für die Unternehmensleitung aufzubringen. Insbesondere die Abteilungsleiter spielten in Duisbergs Konzept eine herausragende Rolle, denn er war sich der Gefahren durchaus bewusst, die mit einer weitgehenden Dezentralisierung verbunden sein konnten. «Bei der Leitung der einzelnen Abteilung kommt es darauf an, dass die … in weitgehendster Weise durch Zerlegung in einzelne Abteilungen und Betriebe vollzogene

Dezentralisation wiederum ihre Grenzen in einer geeigneten Zentralisation der Abteilung findet. In direkter Beziehung zu und in Verbindung mit der allgemeinen Verwaltung stehend, denken wir uns die Leitung einer technischen Abteilung verkörpert in einem das gesamte wissenschaftliche und technische Gebiet beherrschenden, energischen Abteilungsvorstand.» Dieser Abteilungsleiter war faktisch der Chef eines eigenen kleineren Unternehmens. Seine Aufgaben bestanden einerseits darin, «den Verkehr der Abteilung mit der allgemeinen Verwaltung zu führen», andererseits trug er «der Direktion gegenüber die Verantwortung dafür, dass in der Abteilung alles vorschriftsmäßig verläuft, dass die Betriebe in der billigsten und rationellsten Weise geführt werden und dass zur Darstellung der verschiedenen Produkte nur die besten und billigsten Methoden unter Benutzung der zweckentsprechenden Apparate zur Anwendung kommen». Die Anforderungen an die Qualifikation der Abteilungsleiter, aber auch an ihre Autorität und Durchsetzungsfähigkeit waren hoch; Duisberg dürfte sie in gewisser Weise nach seinem eigenen Vorbild modelliert haben, wie folgende Anmerkung der Denkschrift nahelegt: «Es würde unrichtig sein, sollte der Abteilungsvorstand neben seiner allgemein kontrollierenden Tätigkeit und vor allem anregenden Tätigkeit selbst einen Betrieb führen. Aus Erfahrung wissen wir, dass nichts fördernder auf die einzelnen Betriebsführer wirkt, als täglich mit denselben die sämtlichen Aufgaben des Betriebs durchzusprechen und die Betriebsführer auf alle Neuerungen und Verbesserungen in der Technik im allgemeinen und in den einzelnen Betrieben im Speziellen aufmerksam zu machen.»[38]

Die Betriebsführer ihrerseits sollten die Produktion organisieren, leiten und deren Ergebnisse laufend chemisch kontrollieren, um eine möglichst effiziente und qualitativ hochwertige Produktion zu sichern. Ihr eigentliches Arbeitsfeld sollte jedoch, so Duisberg, das Labor sein: «Er soll nicht, wie es irrtümlicherweise oft geschieht, die Zeit damit zubringen, den Aufseher über die Arbeiter zu spielen, sondern er muß sich darauf beschränken, täglich einmal oder zweimal seinen Betrieb gründlich durchzugehen, um zu sehen, ob alles in Ordnung ist und dafür zu sorgen, dass alle Befehle, welche er erteilt, durch die Aufseher in gewissenhafter Weise vollzogen werden. Es verbleibt ihm dann der größte Teil des Tages zu experimentellen Versuchen behufs Ermittelung neuer und Verbesserung der älteren Methoden. Die Kontrolle über den chemischen Teil des Betriebs übt er an Betriebsproben, die er sich ins Laboratorium bringen lässt.»[39] Zum Scharnier zur Produktion wurden die Aufseher: «Den Betriebsführern und

Betriebsingenieuren bzw. deren Assistenten untergeordnet sind die Aufseher, welche als direkte Vorgesetzte der Arbeiter zu betrachten sind und vornehmlich die Aufgabe haben, dafür zu sorgen, dass alle Befehle, welche die Betriebsführer direkt oder indirekt den Arbeitern erteilen, in der befohlenen Weise strikte und pünktlich vollzogen werden, dass die Fabrikordnung streng befolgt wird, und dass nicht mehr Arbeiter als dringend notwendig in den Betrieben tätig sind. Sie sollen und müssen die ersten beim Beginn der Arbeit und die letzten beim Schluß derselben sein und haben außerdem dafür zu sorgen, dass in ihrer Abwesenheit keine Unregelmäßigkeiten oder Gesetzwidrigkeiten vorkommen.» Dabei hatten ihnen die Betriebsführer den Rücken zu stärken: «Es muß aber als selbstverständliche Voraussetzung gelten, dass der Betriebsführer seine Aufseher nach jeder Richtung hin gegen Insubordination der Arbeiter schützt und in Zweifelsfällen immer dem Aufseher vor dem Arbeiter recht gibt.»[40] Die Aufseher konnten Arbeiter im Benehmen mit den Betriebsführern einstellen und entlassen und legten auch gemeinsam mit ihren Vorgesetzten den Lohn fest, wobei der Betriebsführer das letzte Wort hatte.

Diese Denkschrift verband eine kluge Strukturplanung mit einem technokratischen Organisationskonzept, das mit Hilfe genau festgelegter Kompetenzen und Verantwortlichkeiten das Unternehmen wie eine Maschine steuern sollte. Das Direktorium war dadurch von unmittelbarer operativer Arbeit befreit und konnte sich ganz um Fragen der strategischen Unternehmensführung kümmern. Im Unternehmen selbst verliefen alle Prozesse hierarchisch gesteuert, aber eben nicht willkürlich, sondern nach technisch-wissenschaftlicher Rationalität, die bis hinein in einzelne Arbeitsabläufe das Handeln der Beschäftigten bestimmte. Diese fast obsessive Planung war Duisbergs Antwort auf die organisatorischen Probleme Elberfelds: Wissenschaft, Organisation, Kontrolle – das alles gepaart mit großem persönlichen Ehrgeiz und dem Bestreben, im wirtschaftlichen Konkurrenzkampf mit den Großen der Branche mithalten zu können.

***

Nicht zuletzt die letzten beiden Gesichtspunkte verhalfen dem Konzept schließlich auch zu seiner Realisierung. Die bisherigen Praktiken waren nicht so einfach über Bord zu werfen, viele Beschäftigte hingen daran mit einer gewissen Zähigkeit, vor allem aber trieben Duisbergs Vorstellungen die Kosten nach oben – und provozierten daher laufend den Widerstand der kaufmännischen Seite. Nur sein starker Durchsetzungswille und die Erfahrung, dass man in der harten Konkurrenz ohne eine Optimierung der

Produktionsprozesse sich nicht würde behaupten können, verhalfen Duisberg immer wieder zu Etappensiegen, bis schließlich der voll ausgebaute Standort Leverkusen nach der Jahrhundertwende sich nicht nur als wirtschaftlich erfolgreich erwies, sondern auch von außen als eine «Musterstätte» der chemischen Industrie gelobt wurde. Erst jetzt konnte Duisberg sicher sein, sich mit seinen Vorstellungen durchgesetzt zu haben: «Mit der Zeit hat ja jeder unserer Chemiker und Ingenieure sich in den Gedankenkreis, der der Organisation und dem Aufbau von Leverkusen zugrunde liegt, hineingefunden und in ihrem Geist zu denken und zu handeln gelernt. Aber in den ersten Jahren war dies anders; da war es schwer, die mit der Verlegung alter oder dem Bau neuer Betriebe beauftragten Beamten davon zu überzeugen, dass die Grundsätze, wie ich sie aufgestellt, die richtigen und zweckmäßigen sind; da hat es manchen Kampf und Strauß gegeben, bis man endlich eingesehen hat, wie wichtig auch hier, ähnlich wie in der Armee, unbedingte Voraussetzung des Erfolges ist, einem Oberbefehlshaber zu gehorchen und einem auf reifer Überlegung und reicher Erfahrung beruhenden Willen zu folgen.»[41]

Die Schwierigkeiten im Alltag waren in der Tat groß. Von 1895 an konnte sich Duisberg neben seinen Elberfelder Verpflichtungen dem Aufbau in Leverkusen widmen. Zeitweilig übernahm er dort selbst wegen der großen Probleme die Leitung der anorganischen Abteilung, vor allem aber sorgte er sich um die Durchführung des Konzeptes und das Brechen von Widerständen unterschiedlichster Art.[42] Das Pendeln zwischen Elberfeld und Leverkusen war in der ersten Zeit anstrengend, da die Zugverbindungen hin und zurück umständlich waren und teilweise mit der Kutsche gefahren werden musste; von einem ganzen Arbeitstag blieben dann zumeist nur vier Stunden für Leverkusen übrig. Ein Automobil, damals fast eine Sensation, musste her: «Dasselbe, ein großes 6sitziges mit 10pferdigem Motor ausgerüstetes Fahrzeug soll mich in derselben Zeit, wie die Eisenbahn von hier nach Leverkusen befördern. Ich hoffe, daß ich an diesem modernen Sportinstrument meine Freude habe und Dir nicht eines schönen Tages aus irgendeinem Chaussee-Graben die Nachricht melden muß, daß die Herrlichkeit ein kurzes Ende gehabt.»[43] Das Anfang September 1901 gelieferte Auto erleichterte dann das Pendeln zwischen Elberfeld und Leverkusen sehr, zumal Duisberg, der sich chauffieren ließ, während der Autofahrten Zeit zur Entspannung fand.[44]

Ziel war es, in Leverkusen so schnell wie möglich die vorgesehenen Bauten für die Säure- und Zwischenproduktherstellung zu errichten und

13 | Carl Duisberg und eines der ersten Automobile 1905

zum Laufen zu bringen. Beides war nicht einfach, da alle Planungen neu gemacht werden mussten, incl. der bautechnischen Details, und überdies mit den eigentlichen Produktionsprozessen nur wenig Erfahrung bestand. Insbesondere das nötige ingenieurtechnische Personal mangelte an allen Ecken und Enden, sodass man zunächst mit Elberfelder Mitarbeitern auskommen musste, bevor erste Neueinstellungen vorgenommen werden konnten.[45] Die Arbeit war auch deshalb kompliziert, weil die gesamte Planung incl. der architektonischen und ingenieurtechnischen Vorbereitungen in Elberfeld erfolgte, eine schon bald nicht mehr tragbare Situation, wie ein Bericht Duisbergs an Henry Theodor Böttinger zeigt: «In Leverkusen sieht es immer noch nicht so aus, wie ich es wünschte. Es fehlt hier nicht an der chemischen, sondern an der technischen Controle (!) … Wir müssen Leverkusen – da hat Friedrich ganz recht – so selbständig wie möglich machen und müssen alle jene Bureaus, wie Spesenbureau, technisches Bureau, Registratur, Bau-Constructionsbureau, Maschinenconstructions-Bureau und Betriebs-Bureau einrichten, selbst auf die Gefahr hin, dass uns diese Einrichtung anfänglich mehr Spesen verursacht, als uns lieb ist, wobei ja ein Ingenieur über mehrere Bureaus die Aufsicht führen kann.» Man müsse noch weitere Techniker einstellen, er habe schon vier junge Ingenieure engagiert und hoffe jetzt auf den neuen Ingenieur Bosselmann, um Ludwig Girtler[46] für Elberfeld zu entlasten. «Der Winter ist so wunderbar mild, haben wir doch gegenwärtig das reinste Frühlingswetter, dass alle Bauten glatt unter Dach kommen, und wir also nach dieser Richtung hin gar keine Störungen mehr zu fürchten haben. Trotzdem geht es mir noch viel zu langsam, zumal mit der Montage noch gar nicht in dem Maße begonnen ist, wie dies wünschenswerth wäre, wenn wir mit der Schöllkopfschen Säurefabrik wenigstens Mitte des Jahres fertig werden wollen. Ich gehe wöchentlich einmal nach Leverkusen, muss aber zu meinem Bedauern gestehen, dass man eigentlich nicht das ausrichtet, was nothwendig wäre, da eben doch noch die nöthige Organisation fehlt. Es ist daher meine vornehmste Aufgabe, nach der Richtung hin so schnell wie möglich Wandel zu schaffen.»[47] Die Gasfabrik laufe seit 14 Tagen, die Salpetersäurefabrik seit gestern: «Wir sind jetzt im Stande, unseren gesamten Bedarf an Salpetersäure zu decken.» Die Salzsäurefabrikation sei zufriedenstellend, nur bei der Schwefelsäurefabrik komme man nicht voran.[48]

Duisberg trieb den Aufbau Leverkusens mit Leidenschaft voran, Konflikten keinesfalls aus dem Weg gehend. Sein sich hier zeigender Führungsstil war weniger autoritär als energisch, gelegentlich aufbrausend, ja jähzornig. Er ertrug es schwer, wenn sich jemand den Lösungen widersetzte, die sich ihm selbst als technisch und wissenschaftlich zwingend darstellten. Dann war er auch ökonomischen Bedenken gegenüber völlig unzugänglich. Als Ende 1897 die Ingenieurverwaltung den Ausbau der Kleinbahn in Leverkusen aus Kostengründen einschränken wollte, fuhr Duisberg aus der Haut: «Auf einer bequemen und ohne Umladung vollziehbaren Communication beruht aber unser ganzes Leverkusener System und muss ich dabei beharren, dass den Wünschen der Chemiker im weitesten Maße Rechnung getragen wird. Nichts wäre verfehlter, als hier zu sparen, so sehr ich sonst ein Vertreter dieser Richtung bin», teilte er dem in Konstanz zur Erholung weilenden Henry Theodor Böttinger unmissverständlich mit. So weitsichtig war freilich auch Duisberg nicht immer, denn die Schwierigkeiten bei der Schwefelsäureherstellung hatten die Farbenfabriken durch ihre Knausrigkeit selbst provoziert. Das rächte sich jetzt. Mittlerweile war bekannt geworden, dass die BASF ein völlig neues Verfahren entwickelt hatte, dessen Einrichtung mit einem Schlag alle Elberfelder Sorgen beseitigt hätte.[49] Da die Umstellung auf das neue Verfahren sehr kostspielig werden würde, versuchte Duisberg zu tricksen. Anstatt die BASF um Unterstützung zu bitten und deren Verfahren regulär zu erwerben, verhandelten die Farbenfabriken zunächst mit einem Chemiker, der die Unterlagen des neuen Verfahrens offensichtlich illegal an sich gebracht hatte. Duisberg hatte keine Skrupel, mit diesem Wissen die BASF unter Druck zu setzen und zu einem für die Farbenfabriken günstigen Abschluss zu bewegen.[50] Erst nach massiven Drohungen der BASF brachen die Farbenfabriken ihre Kontakte zu dem offensichtlich kriminellen Chemiker ab,[51] woraufhin die BASF sich bereit erklärte, eine moderne Schwefelsäureanlage in Leverkusen zu errichten. Die Forderung der BASF, 1,25 Mio. Mark für die Lizenz und Anteile an Verkaufserlösen, war dann sehr hoch, während Duisberg nur eine geringe Lizenz zahlen und die BASF am Gewinn des Verkaufs der überschüssigen Schwefelsäure beteiligen wollte. Doch sein Verhandlungsspielraum war nicht groß: «Auf alle Fälle müssen wir das neue Schwefelsäure-Verfahren haben und zwar so schnell wie möglich.»[52]

Man bekam es schließlich auch, und zwar sogar zu den von Duisberg gewünschten Konditionen, da die BASF die Leverkusener Konkurrenz nicht fürchtete, sondern im Gegenteil an der Verbreitung ihres Wissens noch verdiente. Damit war das Ziel einer autonomen Versorgung mit den Basissäuren endlich erreicht. Auch der Ausbau in Leverkusen schritt voran; den prospektierten Raumbedarf sicherten die Farbenfabriken durch umfangreiche Grundstückskäufe ab, suchten dabei aber so stillschweigend wie möglich vorzugehen, «denn wenn die Bauern erst sehen, dass wir sie dringend nötig haben, so sind sie in ihren Forderungen sofort wesentlich höher».[53] Spekulative Grundstückskäufe und -verkäufe tätigten die Farbenfabriken zu keinem Zeitpunkt.[54] So wurden nach und nach weitere Betriebe an den Rhein verlegt. Als schließlich ein großer Brand im Farbenlager in Elberfeld mit nachfolgendem Farbenregen über der Stadt die Probleme zeigte, die eine chemische Produktion mitten in einem dicht besiedelten Tal nach sich ziehen konnte, beschleunigte sich der Umzug noch einmal. Ende 1900 war Duisberg optimistisch: «Leverkusen in seinen allgemeinen Umrissen, mit seinen großen allgemeinen Anlagen, ist so weit gediehen, dass es nur noch der Detailarbeit bedarf, um nunmehr in dem grossen Plan, an den bereits bezeichneten Stellen diejenigen Produkte zu verpflanzen, die wir hier in Elberfeld seit Jahren herstellen, oder deren Herstellung wir bisher wegen Raum- und Platzmangel bis jetzt nicht aufnehmen konnten. Noch 1 Jahr wird etwa vergehen und Leverkusen bedarf meiner nur noch in kleinen, nicht mehr in großen Fragen.»[55] Das war ein bisschen voreilig, da die Bauarbeiten sich weiter hinzogen und auch 1902 noch kein Ende absehbar war. Aber immerhin hatte sich «sein» Geist durchgesetzt: «Im allgemeinen ist dort alles so gut organisiert, dass ich viel ruhiger sein kann. Auch sind (!) jetzt schon eine grosse Zahl von Herren vorhanden, welche ganz in meinem Sinne die Anlagen bauen und die Fabrik weiterbilden.»[56]

Spätestens zur Jahrhundertwende war klar, dass Leverkusen zum Hauptstandort der Farbenfabriken werden würde. 1902 wurde auch der Bau eines repräsentativen Verwaltungsgebäudes am Rhein in Auftrag gegeben, das 1912 bezogen werde konnte. Das neue Verwaltungsgebäude atmete den Geist des architektonischen Historismus jener Jahre, fiel aber trotz allen Aufwands, des recht eindrucksvoll mit edlen Materialien gestalteten Eingangsbereiches und eines Direktionstraktes, der zugleich als Ehrenhalle der großen Chemiker diente, durchaus maßvoll aus, nicht zuletzt, weil Duisberg alles Pompöse der Kosten wegen ablehnte.[57] Mit dem Umzug 1912 war auch symbolisch der Aufbau Leverkusens abgeschlossen.[58] Jetzt wurde es auch zwingend, dass Duisberg seinen eigenen Wohnsitz verlegte, wovor ihm 1898 noch gegraut hatte.[59] Zugleich mit dem Verwaltungsgebäude und dem repräsentativen Kasino wurde eine Direktionsvilla in Auftrag gegeben, deren Zuschnitt sich ganz nach Duisbergs Wünschen richtete.[60] 1912 zog die Familie in die neu errichtete Villa, die dem Verwaltungsgebäude gegenüber auf der anderen Seite der Straße lag. «In dem Park, der sich an der Südseite des Werkes hinzieht, ließ sich Duisberg das Haus errichten, das ihm und seiner Familie als Wohnstätte diente. Unmittelbar dem Verwaltungsgebäude gegenüberstehend, bildet es mit diesem gewissermaßen eine Achse, um die seine Welt, sein Reich sich drehte – ein Sinnbild für den Mann und sein Werk.»[61]

Die Verlagerung seines persönlichen Wohnsitzes auf das Werksgelände war mehr als eine Geste. Es war fast eine Form der persönlichen Aneignung, da jetzt auch jeder private Gast der Duisbergs zu ihm in «seine» Fabrik kommen musste. Und Duisberg verlangte das Gleiche auch von den «leitenden Beamten» der Farbenfabriken; sie mussten nicht nur zu einem großen Teil von Elberfeld nach Leverkusen ziehen, sondern ihre Wohnung in Werksbauten direkt beim Werk nehmen. Die berühmte «Beamtenkolonie» wurde ihre neue Heimat. Das dürfte den meisten nicht gerade leichtgefallen sein, da es, das räumte Duisberg ein, noch gar keine funktionierende Kommune gab: «Der Umzug nach Leverkusen wird uns noch manchen Kummer bereiten, da es nicht so einfach und leicht ist, mit etwa 400 Beamten und ihren Familien, die jetzt noch hier in Elberfeld zurückgeblieben sind, umzuziehen. ... Ich selbst, der ich das Landleben gern habe, der ich ein Freund von Pflanzen und Blumen bin, der ich überdies den ganzen Tag in der Verwaltung und in der Fabrik zu tun habe, werde mich sehr schnell, wie ich hoffe, einleben. Nicht so schnell wird dies bei meiner Frau und vor allem bei unserer Tochter Hilde der Fall sein. Diese müssen auf manches verzichten, was ihnen in der Stadt in bequemerer und angenehmerer Weise geboten wird. Aber Köln ist nicht

14 | Direktionsvilla in Leverkusen, nach 1912

allzu weit entfernt – 25 Minuten mit dem Automobil – und bietet in vieler Beziehung weit mehr als Elberfeld. Dort werden wir auch unseren gesellschaftlichen Anschluss suchen müssen, im übrigen aber in dem grossen Kreise der akademisch gebildeten Beamten in Leverkusen manches Neue schaffen, das den auf dem Lande Wohnenden Ersatz für das aufgegebene Stadtleben bieten soll.»[62]

***

Leverkusen wurde für die Duisbergs zum idealen Ort – zumindest stellte er das nach außen so dar. Die neue Fabrik vorzuführen, war Duisberg ein Bedürfnis. Stolz meldete er 1902, der Kronprinz komme zur Besichtigung.[63] 1909 bekannte er aus vollem Herzen, nachdem ihm zur Feier seines 25-jährigen Berufsjubiläums ein Bronzerelief der Fabrik in Leverkusen geschenkt worden war: «Jetzt, wo ich das schönste Geschenk, befreit von der Hülle, vor mir sehe, bin ich aufs höchste erfreut, denn eine meisterhafte und glückliche Darstellung, noch dazu in der künstlerischen Bronzefassung, gibt mir das Schönste, was man mir zur dauernden Erinnerung am heutigen Tage verehren konnte, mein geliebtes Leverkusen, wie ich es mitschaffen durfte, und wie es heute als eine Musterstätte der chemischen

Industrie dasteht … Möge unser schönes Leverkusen, mögen die geliebten Farbenfabriken immer weiter wachsen, blühen und gedeihen. Das mein innigster Wunsch (!).»[64] Leverkusen galt schließlich, nach einem Wort des Nobelpreisträgers Emil Fischer, als «schönste Chemiefabrik der Welt». In den folgenden Jahren gaben sich Industrielle[65], Professoren[66] und Studentengruppen die Klinke in die Hand; das Gästebuch der Farbenfabriken verzeichnet Besucher aus aller Welt.[67] Duisberg führte die Besuchergruppen, wenn möglich, am liebsten selbst über das Werksgelände und erklärte Struktur und Aufbau der Anlage, bevor die Gäste in die Arbeiterspeiseanstalt, später in das repräsentative Beamtenkasino gebeten wurden.

Duisberg hatte sich schon Ende des 19. Jahrhunderts immer wieder rückversichert, dass das Werk, das er häufig auch als «sein Kind» bezeichnete, Bestand haben würde: «Ich verglich immer und überall die Einrichtungen, wie ich sie auf einer Reise durch Nordamerika im Jahre 1896 kennengelernt, mit dem Bild, das ich mir von der zukünftigen Leverkusener Fabrik gemacht hatte. Wie aber schon erwähnt, war es nicht notwendig, Änderungen irgendwelcher Art an den allgemeinen und großen Grundzügen vorzunehmen. Dagegen empfing ich manche Anregung, im einzelnen vieles nach amerikanischen Prinzipien auszugestalten.»[68] Und auch später betonte er stets den Wert seiner eigenen Planung. Im Frühsommer 1921 besuchte er mit Theodor Plieninger, wie Duisberg Mitglied des Gemeinschaftsrates der 1916 gebildeten I. G. Farbenindustrie, von Berlin aus Bitterfeld, um die dortigen Anlagen von Griesheim-Elektron zu besuchen. Er fand dort «alles bis auf die neu erworbenen Elektrochemischen Werke in tadelloser Ordnung und Verfassung. … Nur die Anordnung der einzelnen Gebäude und Betriebe läßt zu wünschen übrig; das liegt aber in dem von Anfang an nicht vorgesehenen Gesamtplan».[69] Kritik, selbst wenn sie selten vorkam, verkraftete er nicht so ohne weiteres: «Gelegentlich der Naturforscherversammlung in Düsseldorf (1898)», heißt es in den Erinnerungen Richard Willstätters, «gab es einen Ausflug einer eingeladenen Gesellschaft von Chemikern nach Leverkusen, wo die großen Werke der Farbenfabriken vorm. Fr. Bayer & Co. im Entstehen waren. Daran schloß sich ein Festessen in der Arbeiterspeisehalle an. Als man in Baeyer drang, eine Rede zu halten, sagte er: ‹In Ihren großen Fabriken stimmt es mich immer traurig, zu sehen, wie Sie da unsere schönen Erfindungen aus unseren Reagensgläsern (!) in Ihre großen Kessel übertragen, ohne dass Sie viel Neues dazugeben.› Duisberg erzählte dies immer als eine arge Entgleisung, und eine Entgleisung ist ja etwas Unfreiwilliges. Damals stand gleich der liebenswürdige Kollege aus Braunschweig auf und stellte mit einer der begeisterten Lobreden die Stimmung wieder her.»[70] Vielleicht, weil allgemein bekannt war, dass Duisberg Kritik an Leverkusen nur schwer hinnehmen konnte, bekam er nach Besuchen zumeist geradezu überschäumende Lobeshymnen zu hören, die das Werk und das Heim des Geheimrats als Gesamtkunstwerk lobten. Der Leiter der Wirtschaftshilfe der deutschen Studenten Reinhold Schairer erinnerte sich im Sommer 1924 nach einem Besuch bei den Duisbergs an «Leverkusen als an einen Fleck reinsten Glücks und echtester Freude».[71] Duisberg genoss dieses Lob, denn Leverkusen war und blieb der Ausdruck seiner Lebensleistung – folgerichtig hat er auch auf dem Werksgelände zusammen mit seiner Frau seine letzte Ruhestätte gefunden.

Mit Leverkusen schrieb Duisberg zugleich ein wesentliches Stück Unternehmensgeschichte. Denn er gehört mit seinem Konzept zweifellos zu den Pionieren einer modernen Unternehmensorganisation. Seine Bedeutung wird noch dadurch unterstrichen, dass die Pläne für Leverkusen zum Zeitpunkt ihrer Realisierung weitgehend ohne Vorbild waren, zumindest ohne eines, das man an einer Universität oder Technischen Hochschule hätte lernen können. Duisberg kannte industrielle Einrichtungen, namentlich die BASF dürfte anregend gewesen sein, doch ist das Konzept selbst im Kern eine aus den Elberfelder Erfahrungen gespeiste Eigenleistung, die auch im eigenen Hause erst durchzusetzen war. Und sie trägt die individuelle Handschrift eines Mannes, für den in einer stringenten Organisation der Schlüssel zum wirtschaftlichen Erfolg lag. Es ist daher nur teilweise zutreffend, wenn namentlich bei Alfred Chandler die moderne Unternehmensorganisation als folgerichtiges Produkt der Größenentwicklung angesehen wird. Das war zu dem Zeitpunkt, als das Konzept entwickelt und durchgesetzt wurde, noch gar nicht erkennbar. Es ging um Zukunftsvorstellungen, die durchaus kontrovers diskutiert wurden. Leverkusen blieb in gewisser Hinsicht auch stets ein Einzelfall. Duisberg handelte hier in der Tat wie ein Schumpeterscher Unternehmer.

KARRIERE

9 | Der Chemiker als König

Duisbergs Vision der Chemiefabrik der Zukunft hatte einen entscheidenden Angelpunkt: die unbeschränkte Dominanz der Chemiker bei der Führung und Gestaltung des Unternehmens. Das war Ausdruck seiner eigenen Karriere; das hatte aber angesichts des Innovationswettlaufs in der noch jungen Farbstoffindustrie auch seine sachliche Berechtigung. Duisberg unterschied in der Personalpolitik daher streng zwischen Arbeitern, «Beamten» (also Angestellten) und wissenschaftlich qualifizierten Chemikern. Er wählte für diese Unterscheidung militärische Bilder von Soldaten, Unteroffizieren und Offizieren. Die Mannschaften und die Unteroffiziere waren für ihn wichtig. Doch den akademisch gebildeten Chemikern kam eine zentrale Rolle zu; sie bildeten den Rekrutierungspool für das operative Führungspersonal. Der Rekrutierung und Bindung eines hochqualifizierten und entwicklungsfähigen Chemikernachwuchses kam mithin eine überragende Bedeutung zu. Bis weit in die 1890er Jahre hinein hatten die Farbenfabriken den stetig steigenden Bedarf an Chemikern bei anderen Firmen abgeworben oder durch Beziehungen zu Universitätsinstituten gedeckt, die man um Empfehlungen bat. Eine der wichtigsten Quellen für Personalempfehlungen zumindest anfangs war die Münchener Universität. Die Kontakte zu den dortigen Chemikern wurden von Duisberg nach seinem Weggang sorgsam gepflegt.[1] Wiederholt schrieb er in der zweiten Hälfte der 1880er Jahre nach München und bat um Empfehlungen: «Ich lege … grosses Gewicht auf Selbständigkeit und möchte gerne von jetzt an nur noch Chemiker anstellen, welche in dieser Eigenschaft, z.B. als Assistent, erprobt worden sind.»[2] Er hatte also genaue Vorstellungen, wen er haben wollte. Insbesondere lege man «außerordentlich großen Wert auf eine vollständige und gründliche Ausbildung in der Methodik der organischen Chemie und auf Selbständigkeit im Denken und Arbeiten».[3]

Da die jungen, frisch promovierten Chemiker ihrerseits stark daran interessiert waren, in lukrative Industriestellungen vermittelt zu werden, mangelte es den Farbenfabriken an Empfehlungen in der Regel nicht.[4] Nur machte man die Erfahrung, dass die Vorbildung der Chemiker zumeist für den technisch-industriellen Großbetrieb unzureichend war. Die Empfehlungen der Universitätslehrer bedeuteten auch nicht immer viel, da das Chemiestudium an deutschen Universitäten und Technischen Hochschulen keineswegs einheitlichen Standards folgte. In manchen Bundesstaaten konnte man ein Chemiestudium ohne Abitur aufnehmen, und auch die analytisch-chemische Grundausbildung ließ nicht selten zu wünschen übrig. Den Farbenfabriken, namentlich Carl Duisberg, war relativ schnell klar, dass das Nachwuchsproblem allein über das «Anzapfen» befreundeter Professoren dauerhaft nicht zu lösen sein würde. Ziel musste vielmehr nicht nur eine Verbesserung des mathematisch-naturwissenschaftlichen Unterrichts im höheren Schulwesen sein, sondern hieran anknüpfend eine grundlegende Reform des Chemiestudiums an den deutschen Universitäten. Der Verein zur Wahrung der Interessen der Chemischen Industrie, also die Vereinigung der chemischen Unternehmen (im folgenden VzW), hatte schon seit den 1880er Jahren auf eine Professionalisierung der Ausbildung gedrungen.[5] Das frühzeitige Engagement Carl Duisbergs im Verein Deutscher Chemiker, dem Berufsverband der akademisch vorgebildeten Chemiker, findet in der Frage der Qualifikation des chemischen Nachwuchses seinen eigentlichen Grund.[6] Im Verband setzte er sich vor allem dafür ein, den «Stand der Chemiker» im gesellschaftlichen Ansehen zu heben, um den Eindruck loszuwerden, im Chemiestudium versammelten sich die Faulen und Minderbegabten, was seiner Auffassung nach nur durch eine verbesserte Ausbildung, insbesondere eine grundlegende Reform des Studiums geschehen konnte.[7]

***

Duisbergs Sprachrohr und Verbindungsmann zu Politik und Verwaltung war Henry Theodor Böttinger, nationalliberales Mitglied des Abgeordnetenhauses und persönlicher Freund des Kultuspolitikers Friedrich Althoff, der sein Corps-Bruder war. Duisberg bemühte sich vor allem um die Reform selbst, während Böttinger, den Duisberg vor parlamentarischen Verhandlungen zum Thema regelmäßig «munitionierte», die Vorschläge politisch durchsetzen sollte.[8] Die Industrie war vor allem mit dem unterschiedlichen Niveau der Chemikerausbildung an den einzelnen Universitäten unzufrieden, das die Nachwuchsrekrutierung zum Glücksspiel werden ließ. Als Ausweg bot sich ein einheitliches Staatsexamen im Fach Chemie als Regelabschluss an.[9] Diese Forderung bekam erst größeres Gewicht, als sich die Industrie hinter sie stellte und auch der Verein Deutscher Chemiker, der sich als Standesorganisation hierzu besonders eignete, aktiv wurde.[10] Der Verein Deutscher Chemiker setzte schließlich eine Kommission ein, die ein derartiges Staatsexamen vorbereiten sollte; 1896 legte er eine entsprechende Denkschrift zunächst dem preußischen Kultusministerium und dann dem Reichskanzleramt vor.[11] Duisberg rechnete allerdings nicht mit einem schnellen Erfolg: «Was die Einführung des Staatsexamens anbetrifft, so wird es hiermit wohl noch gute Wege haben. Wir sind vom Minister (Kultusminister Bosse, W. P.) damit vertröstet worden, dass demnächst eine Enquete veranstaltet werden soll und man dann erst diese Frage zu erörtern beabsichtige.»[12] Auf Hinweise von Ernst von Mayer, es sei nicht allein die Bürokratie, die Verzögerungen verursache, räumte Duisberg ein: «Dass von mancher Seite gegen das Staatsexamen agitiert wird, glaube ich gerne, da viele Universitäts-Professoren dasselbe als eine grosse Last bezeichnen. Doch diese Schwierigkeiten werden wir ja zu überbrücken wissen. Auf alle Fälle wird Herr Dr. Böttinger bei der nächsten Etatsberatung im Landtage erneut die Aufmerksamkeit auf die Frage lenken und eine Antwort vom Minister erzwingen.»[13]

Der größte Widerstand gegen eine Änderung des universitären Curriculums kam dann in der Tat auch nicht aus der Regierung, sondern von den Ordinarien der chemischen Seminare selbst, die ernsthaft befürchteten, durch die Reform zu Hilfsanstalten für die Bedürfnisse der chemischen Industrie herabgewürdigt zu werden. Selbst den Technischen Hochschulen, die seinerzeit um das Promotionsrecht und damit um die Gleichstellung mit den klassischen Universitäten kämpften, schmeckten die industriellen Wünsche nicht, obwohl Duisbergs Vorschläge ihre faktische Gleichstellung mit den Universitäten beinhalteten. Carl Theodor Liebermann, berühmter Farbenchemiker am Charlottenburger Gewerbeinstitut, der späteren TH Charlottenburg, meinte nur abschätzig, «derartige Laboratorien, in welchen die Herstellung von Druckpasten, Kleistern, Färben und Drucken gelehrt wird, können in einer Fachschule vielleicht Platz finden, an die technische Hochschule gehören sie nicht».[14] Dieser absehbaren Kritik wollte der Verein Deutscher Chemiker den Wind aus den Segeln nehmen. Das Staatsexamen, das er 1896 forderte, erhielt unter Duisbergs maßgeblichem Einfluss einen ganz neuen Zuschnitt. Carl Duisberg kritisierte das niedrige wissenschaftliche Niveau des Studiums, die mangelnden analytischen Fähigkeiten der Absolventen, ihre Unkenntnis im Bereich der anorganischen Chemie und schließlich – als eine wesentliche Ursache hiervon – die viel zu frühe Spezialisierung auf ein Promotionsthema. Das

Staatsexamen diente nach seiner Vorstellung daher der Wissenschaft, weniger einer an den Universitäten ohnehin nicht imitierbaren industriellen Praxis. Duisberg wusste, wovon er sprach. Das Staatsexamen sollte etwas sichern, das er sich in den Stationen Göttingen, Jena, München und Straßburg mühsam und zumeist auf eigene Faust hatte erarbeiten müssen: eine systematische Ausbildung in den Grundlagen der anorganischen und organischen Chemie als Voraussetzung für eine mit der Promotion dokumentierte eigene Forschungstätigkeit.

In einem längeren Beitrag für die Zeitschrift für angewandte Chemie, dem Organ des Vereins Deutscher Chemiker, legte Duisberg Verfahren und Motivation in der Frage der Studienreform offen.[15] Duisberg hoffte, mit seiner differenzierten Argumentation nicht gegen den Comment der akademischen Chemie zu verstoßen, doch er sollte sich wundern, welche Reaktionen seine Vorschläge auslösten. Der Widerstand an den Universitäten, die ohnehin über ihre Gleichsetzung mit den Technischen Hochschulen kaum erfreut gewesen sein dürften, war enorm.[16] Vor allem waren die Universitätschemiker in ihrem Stolz getroffen und unterstellten der Industrie, die akademische Chemie ihren Interessen unterordnen zu wollen. Zum eigentlichen Gegenspieler Duisbergs wurde Wilhelm Ostwald, der führende Elektrochemiker, Professor in Leipzig und Nobelpreisträger des Jahres 1909, der auf der Münchener Tagung der Deutschen Elektrochemischen Gesellschaft im Sommer 1897 scharfe Kritik an den Vorschlägen des Vereins Deutscher Chemiker übte, der sich als Gastredner auch Adolf Baeyer anschloss.[17] Für Baeyer wies alles in die falsche Richtung; nicht zuletzt liefen die Vorschläge auf eine Abwertung der Promotion und eine Aufwertung der Technischen Hochschulen hinaus, von der unakademischen Überfrachtung des Studiums mit Zwangsveranstaltungen und Prüfungen noch ganz abgesehen.

Baeyers Widerstand ließ Duisberg aufhorchen. In einem langen Brief versuchte er, ihn von einer Grundsatzopposition gegen das Staatsexamen abzubringen, da er wusste, dass diese seinen ganzen Plan zu Fall bringen konnte: «Wir waren aber einstimmig der Ansicht, dass mit der Einführung eines solchen Examens die Zahl derjenigen, welche ohne genügende Schulkenntnisse sich dem Studium der Chemie widmen, geringer werden wird, dass der junge Chemiker leichter als bisher den Weg findet, um das chemische Studium richtig einzurichten, dass durch das Vorexamen kein Chemiker zu den schwierigeren Kapiteln der organischen Chemie, der selbständigen Arbeit zugelassen wird, bevor er sich nicht die in der anorganischen und analytischen Chemie erforderlichen gründlichen Kenntnisse erworben, und dass endlich das Schlussexamen dem Studium einen vorläufigen Abschluss geben und uns Technikern den Beweis für eine umfassende, gründliche chemische Bildung bringen soll. Im Examen soll der grösste Wert, wie dies ja heute auch bei dem Doktorexamen der Fall ist, auf eine selbständige wissenschaftliche Arbeit, die ebenso wie die Doktorarbeit gedruckt werden muss, gelegt werden und damit eigentlich das ganze Examen nichts weiter als ein über ganz Deutschland geltendes, verbessertes Doktorexamen sein, mit dessen Ablegung jedoch nicht die Verleihung eines Titels oder dergleichen verbunden ist. Das eigentliche Doktorexamen kann dann durch Anfertigung einer noch umfassenderen wissenschaftlichen Arbeit und eventl. Dispensation von der mündlichen Prüfung der staatlich geprüften Chemiker nachher abgelegt werden, wodurch unbedingt das Doktorexamen selbst auf eine höhere Stufe gehoben wird.»[18]

Auch vor Baeyers Antwort dürfte Duisberg allerdings bereits klar gewesen sein, dass er den Kampf um das Staatsexamen für's erste verloren hatte. «Durch Ostwalds Rede in München in der Elektrochemischen Gesellschaft und durch Baeyers Tischrede ist der Kampf der Universitätslehrer gegen die Lehrer an technischen Hochschulen entbrannt, und es heißt nicht mehr ‹Doktor- oder Chemikerexamen› sondern ‹Technische Hochschule oder Universität!› Ich fürchte sehr, daß wir in der vom Kaiserl. Gesundheitsamt geplanten Kommissionssitzung bei der Opposition der Universitätslehrer keinen Erfolg haben werden. Die Regierung wird sich nicht dazu verstehen können, ein Examen einzuführen, gegen das die Universitäten mit allen Ihnen zu Gebote stehenden Mitteln Front machen.»[19] Er wolle aber nicht so schnell klein beigeben, sondern sowohl in der Kommission als auch in der Öffentlichkeit Ostwalds Widerstand angreifen.

Tatsächlich erschien unter dem Titel «Prof. W. Ostwald und das Staatsexamen für Chemiker» in der Zeitschrift für angewandte Chemie im Sommer 1897 eine scharfe Abrechnung Duisbergs mit seinem Hauptkritiker.[20] Er warf Ostwald vor, die unbefriedigende Lage einfach weiter laufen zu lassen, was aber weder für die akademische Chemie noch für die chemische Industrie gut sei. Dem Verein Deutscher Chemiker und der Industrie gehe es nicht um einseitige Parteistandpunkte, er suchte später auch, als Ostwald geantwortet hatte, die Professoren aus der Schusslinie zu nehmen: «Der Hauptfehler, den wir zu rügen haben, und den wir beseitigen wollen, liegt nicht im Unterricht, sondern beim Studierenden. Dieser weiß in den meisten Fällen nicht, wie er seinen Studiengang einrichten soll, was er unbedingt wissen muß, wann er die einzelnen Fächer zu treiben hat und ob er auch wirklich auf dem Weg ist, sich das, was zu seinem späteren Fortkommen erforderlich ist, zur rechten Zeit anzueignen. Hier soll in erster Linie Wandel geschaffen werden. Durch Verbesserung des Unterrichts und Aufklärung von Seiten der Lehrer über den besten Lehrplan allein wird man hier wenig erzielen, nur durch die Einführung eines Zwischen- und Hauptexamens, wie wir es erstreben, wird man den Studierenden in erfolgreicher Weise auf die nächstliegenden Erfordernisse hinlenken.» Die akademische Freiheit jedenfalls, an der ihm ebenso wie Ostwald viel liege, würde dadurch nicht gefährdet. Was man wolle, sei doch ganz einfach: 9-jähriges Abitur, Studium mit Zwischenprüfung und Staatsexamen, dann ggf. Promotion. Durch ein verpflichtendes Abitur, das seinerzeit in einer Vielzahl deutscher Staaten nicht als Studienvoraussetzung verlangt wurde, könne man endlich den Zustrom von jungen Menschen in die Chemie, die das Abitur nicht geschafft haben, beenden, was im Übrigen dem Ansehen der Chemiker am meisten geschadet habe.[21]

Zu diesem Zeitpunkt war allerdings längst klar, dass die Initiative des Vereins Deutscher Chemiker scheitern musste. Ostwald und Baeyer hatten eine regelrechte Kampagne gegen das Staatsexamen unter den Universitätschemikern losgetreten. Nur Emil Fischer hielt sich zurück, da er die Notwendigkeit einer Reform nicht bestritt. Beim Kaiserlichen Gesundheitsamt gebe es in dieser Frage ohnehin bereits eine Kommission, ließ er Wilhelm Ostwald wissen. Da die Industrie auf einer Besserung der Situation bestehe, sei die gänzliche Ablehnung von Examina kaum durchzuhalten. «Wäre es nicht überhaupt richtiger, in diesem Punkt nachzugeben und dafür die Prüfungsordnung so zu gestalten, dass auch die Interessen der Wissenschaft und der Wissenschaftlichkeit des chemischen Unterrichts gewahrt werden?»[22] Fischers Wort hatte Gewicht. Ostwald griff die Überlegungen auf und votierte gegenüber Baeyer für die Gründung eines Verbandes der Chemieprofessoren deutscher Universitäten, der dann eine Vorprüfung vor der Zulassung zur Promotion beschließen könne.[23] Baeyer zeigte sich aufgeschlossen, zumal zahlreiche befragte Chemiker Zustimmung signalisierten. Eine solche Vereinigung nähme den Professoren der THs, denen es ohnehin nur um das Promotionsrecht bzw., sollten sie es nicht bekommen, um die Schwächung des Doktortitels gehe, den Wind aus den Segeln.[24] Aufgrund der großen Zustimmung wurde dann in der Tat der Verband der Laboratoriumsvorstände (die sog. Braunschweiger Vereinigung) gebildet, die als Gegenvorschlag zum Staatsexamen die Einführung eines rein akademischen Zwischenexamens in Anlehnung an die Praxis Baeyers an der Münchener Universität beschloss.

Duisberg hielt diese kleine Lösung nicht für ausreichend. Auf der Baden-Badener Versammlung des Chemieverbandes 1897 verteidigte er das Staatsexamen vehement. Die Braunschweiger Vereinigung sei eine gute Sache, zumal sie Universitäten und Technische Hochschulen vereine. Aber das reiche nicht. «Ich will mehr, auch das Doktorexamen muß einer gründlichen Reform unterzogen werden. Denn die Klagen über vielfach unzureichende Qualifikation der heutigen Doktoren der Chemie sind ja allgemein bekannt. Den Vertretern der organischen Chemie wenigstens genügen die ihnen angebotenen Doktoren der Chemie zum größten Teile nicht. Im Interesse des ganzen Standes wie auch der Industrie selbst ist eine gründliche Reform des Doktorexamens und eine Verlängerung des Studiums anzustreben.» Doch Duisberg war realistisch: «Nachdem ich aber gesehen habe, dass die Universitätsprofessoren sich auf der Braunschweiger Konferenz gegen ein Staatsexamen ausgesprochen haben, bin ich weit davon entfernt, den Herren ein solches Examen aufzudrängen, auch wenn die Lehrer der technischen Hochschulen sich dafür erklärt hätten, da ich fürchte, dass ... die Professoren dann einfach streiken werden.» Bevor allerdings der Chemieverband sich abschließend äußere, bat Duisberg, die Beratungen im Kaiserlichen Gesundheitsamt erst einmal abzuwarten.[25]

Der Chemieverband stimmte allerdings völlig anders ab, als Böttinger und Duisberg erwartet hatten: «Es kam wegen des Chemikerexamens zu einer heftigen Debatte, bei der Adolf von Baeyer und der Vorstand auf der einen, Geheimrat Bunte und Engler vom Karlsruher Politechnikum und ich auf der anderen Seite waren. Der Vorstand hatte eine Resolution beantragt, welche das Bedürfnis nach einem Chemikerexamen verneinte. Ich habe es wenigstens durchgesetzt, dass der Vorstandsbeschluss nicht angenommen, sondern eine Resolution von mir durchgegangen ist, welche eine Vertagung der Angelegenheit bis nach der Sitzung der Enquete-Kommission (im Kaiserl. Gesundheitsamt, W. P.) ausspricht.» Duisberg setzte auf langsame Fortschritte: «In der Ende Oktober stattfindenden Enquet(!)-Kommission werde ich daher versuchen, das staatlich zu regelnde Chemikerexamen nur den technischen Hochschulen, deren Lehrer alle dafür sind, zukommen zu lassen und wird sich dann schon zeigen, ob die Universitätler nicht bald nachfolgen müssen. Selbst wenn aber die Regierung nicht geneigt ist, einseitig vorzugehen, ist mir die bereits von allen Seiten konstatierte Tatsache süßer Lohn für meine Bemühungen, daß man allseitig mehr darauf sehen wird, nur tüchtig vorgebildete, also bessere Elemente dem Studium der Chemie zuzuführen und den Studierenden eine gründlichere Ausbildung als bisher zu geben.»[26] Mit diesem Erfolg gab sich Duisberg in den nächsten Jahren zufrieden. Der eingetretene Zustand war zwar nicht völlig zufriedenstellend, bedeutete aber eine deutliche Verbesserung, wie er bereits im November 1897 gegenüber Henry Theodor Böttinger konstatierte.[27] In der akademischen Praxis ließen sich allenthalben bereits Verschärfungen der Leistungsanforderungen feststellen. Auf der Darmstädter Versammlung 1898 verzichtete der Verein Deutscher Chemiker auf die Forderung nach dem Staatsexamen. Das lasse sich momentan nur durch Zwang erreichen, und der war, so Duisberg, nie gut. Man solle die weitere Entwicklung abwarten, «Gewehr bei Fuß». An der Grundvorstellung: Abitur, Zwischen- und Hauptprüfung, reformiertes Doktorexamen hielt man allerdings fest und plädierte zugleich erneut für den Ausbau der technischen Chemie an den Universitäten.[28]

Damit war ein weiterer Konfliktpunkt mit den Universitäten markiert, der für Duisberg aber nicht verhandelbar war: «Es muß deshalb gründlich mit dem veralteten Standpunkt aufgeräumt werden, welcher eine scharfe Trennung von Wissenschaft und Technik fordert, wobei die erstere nur an den Universitäten, die letztere nur an den technischen Hochschulen gelehrt werden soll. Wissenschaft und Technik gehören zusammen, keine kann heute mehr ohne die andere sein, die Trennung ist ein großer Fehler. Das alte Jahrhundert darf nicht zu Ende gehen, bevor sich die Überzeugung Bahn gebrochen hat, dass die Trennung von Theorie und Praxis falsch ist, dass man früher besser getan hätte, eine Trennung der höheren Bildungsanstalten in Universitäten und technische Hochschulen überhaupt nicht vorzunehmen.»[29] Die Politik würde gern zwei Fliegen mit einer Klappe schlagen und den Mangel an Technikern und Anorganikern dadurch lösen, dass man jeweils einen Professor für beides berufe. Die Förderung der anorganischen Chemie sei sehr wichtig, aber das müsse getrennt bleiben. Daher forderte Duisberg erfolgreich die Verabschiedung einer Resolution, nach der zunächst Extraordinariate, später Ordinariate für technische Chemie eingerichtet werden sollten.

In der folgenden Zeit hielten die Klagen über das schlechte Ausbildungsniveau der Chemiker an.[30] Duisberg konnte bei einer Tagung des Vereins Deutscher Chemiker in Königshütte allerdings berichten, dass die Technischen Hochschulen ihr Diplom am Vorschlag des Vereins zum Staatsexamen ausrichten wollten. Die TH Charlottenburg solle überdies das Promotionsrecht bekommen, sodass dann dort der Idealzustand der Ausbildung vom Abitur bis zur Promotion erreicht werden könne. Mit vielen TH-Doktoren rechnete Duisberg zunächst aber nicht, da er annahm, die Mehrzahl der Studenten werde die einfachere Promotion an einer Universität vorziehen, aber letztlich würden auch die Universitäten dem höheren Niveau der THs folgen.[31] Doch diese begrüßenswerte Entwicklung, die die Personalrekrutierung in der Industrie in Zukunft deutlich erleichtern würde, schien so lange gefährdet, als der Zugang zum Studium nicht restriktiver gehandhabt wurde: «Bei uns kann überhaupt jeder, was bei den Apothekern nicht der Fall ist, seine Bildung sei noch so gering, nicht nur Chemie studieren, sondern auch an einzelnen Universitäten sogar das bisher einzige Abschlußexamen für Chemiker, das Doktorexamen, machen. Fast will es uns scheinen, als wenn die besseren und tüchtigeren Elemente sich vom Studium der Chemie ab- und anderen Fächern zuwenden und mehr die Unfähigen, welche es nicht so weit gebracht, sich das Recht zum Studium eines anderen höheren Berufes erwerben, als einzige Zufluchtsstätte ‹die Chemie› ansehen.»[32] Der Verband der Laboratoriumsvorstände müsse sich daher verpflichten, nur noch Abiturienten zum Verbandsexamen zuzulassen; auf keinen Fall aber dürfe man ohne Abitur promoviert werden.

Das blieb aber ein zäher Kampf, da die Universitäten sich nicht reinreden lassen wollten, zumal Duisbergs Vorstellungen in der chemischen Wissenschaft auch nicht unumstritten waren. Da der Höhepunkt der Farbenchemie um die Jahrhundertwende überschritten war, waren die Versuche, die technische Chemie an den Universitäten zu verankern, nicht sehr erfolgreich. Das war aus Duisbergs Sicht auch eine Folge der zu starken Neuausrichtung der Chemiker in Richtung physikalischer Chemie. Deren Bedeutung vor allem im Bereich der großtechnisch angelegten Chemie wollte er nicht bestreiten, doch sei sie die Krönung und nicht der «Stamm» der Chemie und müsse daher im Studium am Ende und nicht am Anfang stehen.[33] Praktisch habe sie bisher kaum etwas geleistet, und die meisten ihrer Absolventen seien zwar kluge Theoretiker, im Labor aber sei mit ihnen nichts anzufangen. «Sie können nicht chemisch arbeiten, und es fehlt ihnen auch sehr oft die Beobachtungsgabe und das Gefühl für das chemische Experimentieren. Dass wir diese Art der Chemiker, wenn sie noch so intelligent und noch so tüchtig in ihrem Spezialfach sind, in der Technik nicht gebrauchen können, werden Sie begreiflich finden», schrieb er an den Dresdner Chemiker Fritz Förster.[34] Dass er mit einer so strikten Vorstellung in einem sich neu orientierenden akademischen Fach nicht so ohne weiteres durchdringen konnte, war wohl nur für ihn selbst überraschend.

***

Die sukzessive Verdrängung der Nichtabiturienten aus dem Studium schuf ein weiteres Problem, da aus den Realgymnasien und Gymnasien nur wenige Bewerber mit Interesse und Vorkenntnissen in naturwissenschaftlichen Fächern an die Universitäten drängten. Nachdem das Studium reformiert worden war, bemühte sich Carl Duisberg nun an vorderster Front um eine Aufwertung des mathematisch-naturwissenschaftlichen Unterrichts an den höheren Schulen.[35] Er wurde Mitglied der 1904 konstituierten Unterrichtskommission der Gesellschaft Deutscher Naturforscher und Ärzte (GDNÄ).[36] Über Henry Theodor Böttinger wurde der naturwissenschaftliche Unterricht an den höheren Bildungsanstalten auch im Abgeordnetenhaus und im preußischen Kultusministerium zur Sprache gebracht. Ministerialdirektor Althoff signalisierte, dass er Modellversuche von Schulen mit erweitertem mathematisch-naturwissenschaftlichem Unterricht durchaus begrüße.[37] Die GDNÄ überreichte ihm daraufhin auf der Basis einer Mitgliederumfrage eine umfassende Eingabe zur Erweiterung des mathematisch-naturwissenschaftlichen Unterrichts, die Duisberg angefertigt hatte.[38] 1906 veröffentlichte er eine erweiterte Fassung der Denkschrift, in der er einerseits von der Umfrage bei Professoren und Lehrern berichtete und andererseits ein Minimalprogramm für die Naturwissenschaften im Schulunterricht entwickelte.[39] Der Chemieunterricht müsse in Mittel- und Oberstufe zumindest zwei Stunden umfassen, doch ließen die gymnasialen Stundentafeln hierzu keinen Raum. Es müsste daher der Umfang der klassischen Sprachen reduziert werden. Die Mehrzahl der von der GDNÄ befragten Professoren und Lehrer sei für eine Kürzung des Griechisch-Unterrichts, während Duisberg selbst das Lateinische zu reduzieren gedachte. Auch die Chemie besitze einen «universellen Bildungswert», der freilich bisher nicht erkannt werde: «Es unterliegt demnach keinem Zweifel, dass jeder, der eine höhere deutsche Schule verlässt, sei es mit dem Zeugnis für den einjährig-freiwilligen Dienst, sei es als Abiturient, um sich irgendeinem Beruf mit akademischem Studium oder ohne ein solches zu widmen, in entsprechendem Umfange Chemieunterricht gehabt haben muß.» Der Chemie-Unterricht habe Grundlagen zu legen: «Keine umfangreiche oder ins einzelne gehende, fachwissenschaftliche chemische Ausbildung, sondern nur Unterweisung in den Grundlagen und Grundzügen der Chemie und der im Leben und in der Technik wichtigen chemischen Prozesse.» Auch sollten die Schüler möglichst frühzeitig die industrielle Wirklichkeit kennenlernen und Fabriken besuchen: «Sie lernen dadurch nicht nur den volkswirtschaftlichen Wert der Industrie kennen, sondern auch die große Bedeutung der Chemie für alle Zweige der Technik würdigen und bekommen, was nicht zu unterschätzen ist, eine heute vielfach fehlende Achtung vor der Industrie und dem Handwerk.» Entsprechend sollten die Chemielehrer schon ihr Fach beherrschen, aber vor allem auch entsprechende didaktische Fähigkeiten vorweisen. Daher sei es sinnvoll, die Ausbildung der Chemielehrer an den Universitäten fachdidaktisch zu erweitern: «Wir fordern vom Lehrer also nur die wissenschaftlichen Grundlagen der analytischen Chemie und legen in praktischer Hinsicht den Schwerpunkt auf die Experimentierkunst.» Chemielehrer sollten keine Wissenschaftler sein, sondern Schüler für die Chemie gewinnen.

Auch vor dem Verein Deutscher Chemiker, dessen Hauptversammlung 1906 in Nürnberg stattfand, trat Duisberg als Berichterstatter in der Sache auf und konnte von der Meraner Tagung der GDNÄ berichten, «daß dieser Bericht dort allgemeinen, ja stürmischen Beifall und große Anerkennung gefunden hat».[40] Nun müsse sich auch der Verein für die Ausweitung des chemischen Unterrichts starkmachen: «Während, wie Sie wissen, im Auslande Unterrichtsfragen in allen Kreisen der Bevölkerung lebhafte Erörterung finden, speziell in den englisch sprechenden Ländern, in England selbst und in Amerika, ist bei uns eine gewisse Gleichgültigkeit gegenüber derartigen Fragen zu konstatieren, die aber meiner Ansicht nach wenig angebracht ist, da es auch bei uns außerordentlich schwer fällt, bestehende Zustände zu ändern und an die Stelle des Alten, Überlebten Neues und Besseres zu setzen.» Hier müsse sich jetzt wirklich etwas ändern, denn die Erfahrung habe gezeigt, dass man auch in Deutschland nicht vor Obskurantismus gefeit sei: «Der Biologieunterricht ist … bekanntlich vor vielen Jahren unter dem Regime Falk in den oberen Klassen gestrichen worden, weil gewisse maßgebende politische Parteien Angst vor dem Darwinismus hatten. Nichts ist meines Erachtens von diesem Gesichtsauspunkt aus gefährlicher als der jetzige Zustand, wo man die liebe Jugend ohne Kritik und Vorkenntnis loslässt auf Bücher aller Art, ohne dass eine genügende kritische Belehrung vorangegangen ist.» Die Zeichen stünden im Moment nicht schlecht, da das Ministerium Versuche zulassen wolle, und Duisberg sei es gelungen, am Realgymnasium in Elberfeld einen derartigen Versuch zu etablieren. Aber das sei ein Einzelfall und erst der Anfang, denn es gebe insgesamt bisher an den Gymnasien nur ein halbes Jahr «einige Krümel

Chemie». «Wir wünschen also, dass der Chemieunterricht mehr und mehr in den Lehrplan des Gymnasiums hineinkommt.» Das gelte für alle höheren Schulen, vor allem aber für die neuen Oberlyzeen, an denen Mädchen ein gleichberechtigtes Abitur machen könnten. Da spiele Chemie überhaupt keine Rolle: Wir bedauern das «aufs tiefste, weil wir der Ansicht sind, dass gerade die Frau einen reichen Schatz von naturwissenschaftlichen Kenntnissen mit auf den Lebensweg bekommen muß».[41] Wenn es um den naturwissenschaftlichen Unterricht ging, vergaß Duisberg gelegentlich sogar seine Vorstellungen von der Rolle der Frau, die er mit Sicherheit nicht im Laboratorium der Farbenfabriken wünschte. Aber solange die Reform der chemischen Industrie nutzte, kannte er keine Tabus.

1907 hatte man den Eindruck, endlich den großen Durchbruch erreicht zu haben, nachdem der maßgebliche Ministerialbeamte Friedrich Althoff eine grundlegende Regelung avisiert hatte.[42] Doch so einfach, wie es Duisberg erhofft hatte, war es dann doch nicht, denn die Ausweitung des mathematisch-naturwissenschaftlichen Unterrichts geriet bald erneut ins Stocken.[43] Erst 1908 wurde in Preußen der Biologie-Unterricht wieder eingeführt; der Chemie-Unterricht blieb ein Stiefkind und wurde bestenfalls an einzelnen Schulen realisiert. Die Kommission setzte als «Deutscher Ausschuss für den mathematisch-naturwissenschaftlichen Unterricht» in den kommenden Jahren ihre Arbeit fort, und Duisberg blieb ein treues Mitglied. Die Chemie konnte zwar nicht so verankert werden, wie er das wünschte, zumal sie in Konkurrenz zu anderen Fächern, insbesondere der Biologie stand. Auch erwiesen sich die Modellversuche nicht immer als vielversprechend, doch Duisberg blieb hartnäckig. Auf Wunsch des Münchener Reformpädagogen Georg Kerschensteiner setzte er 1909 auch die Frage des naturwissenschaftlichen Unterrichts an den Volksschulen, die ja 95 % aller Schüler besuchten, auf die Tagesordnung.[44] Der Reformeifer war mithin ungebrochen, auch wenn mit staatlichem Wohlwollen nicht immer zu rechnen und der Widerstand der «Philologen» anhielt. Die Naturwissenschaften blieben an den höheren Bildungsanstalten in einer prekären Situation, auch wenn Duisberg schließlich mit den Erfolgen ganz zufrieden war: «Die Ausbildung des Geistes, die Erziehung zum logischen Denken und die Anleitung zum richtigen Arbeiten, die mit gleichem Erfolge in unseren Gymnasien, Realgymnasien und Oberrealschulen durchgeführt wird, hat es erst unserer Jugend möglich gemacht, im wirtschaftlichen und geistigen Leben unserer Nation Führerrollen zu übernehmen und dadurch mit zu dem beispiellosen Aufstieg Deutschlands beigetragen.»[45]

***

Die Mängel in der Chemikerausbildung an Technischen Hochschulen und Universitäten konnten dank der Bemühungen um die Studienreform zwar verringert, aber aus der Sicht der Farbenfabriken nicht wirklich beseitigt werden. Die Lage zwang die Farbenfabriken dazu, die eintretenden Chemiker selbst auf den Beruf in der Technik vorzubereiten. Die Unsicherheit über das Können der zukünftigen Betriebschemiker bedingte insofern nicht nur einen intensiven Auswahlprozess, an dem sich Carl Duisberg in jedem einzelnen Fall persönlich beteiligte. Die Farbenfabriken schlossen auch zunächst grundsätzlich Zeitverträge über fünf Jahre ab, die sich um jeweils fünf Jahre verlängerten, sollte nicht eine der beiden Seiten ihre Auflösung anstreben. Die Chemiker unterlagen insofern einer recht engmaschigen Kontrolle. Die Vertragsgestaltung war freilich nur das eine. Jeder neue Chemiker wurde intensiv trainiert. Schon zu Beginn der 1890er Jahre führte man in Elberfeld einen «Ausbildungskurs» ein, «den jeder bei uns eintretende Chemiker behufs Erlernung der Färberei und Druckerei und der Anfangsgründe der Farbstoffchemie durchmachen muss».[46] Später wurde daraus ein regelrechtes Lehrlaboratorium, das von 1902 an jeder neu eingestellte Chemiker der Farbenfabriken u. U. mehrere Jahre lang zu absolvieren hatte, bevor er der Forschung oder einem Betrieb zugewiesen wurde.[47] Die Erfolge dieses «Referendariats» wurde Duisberg nicht müde zu betonen: «Bis sie (die angehenden Betriebschemiker, W. P.) auf allen diesen Gebieten gründlich ausgebildet sind, braucht ein tüchtiger und äußerst fleißiger Chemiker mindestens 1½ Jahre. Inzwischen haben wir ihn sowohl persönlich, wie auch in Bezug auf seine Veranlagung und Leistungen kennen gelernt und können ihn nun entsprechend placieren. Das Wunderbare ist, daß die bis jetzt in diesem Laboratorium tätigen Chemiker, obgleich sie alle gründliche Ausbildung an der Universität oder Technischen Hochschule erhalten und mindestens 1 meistens 2 Jahre nach der Promotion Assistenten gewesen sind, mit einer unerwarteten Lust und Liebe in diesem Lehrlaboratorium tätig sind. Manche haben mich schon wiederholt gebeten, sie doch nicht früher in der Technik unterbringen zu wollen, bis sie den Kursus in vollen Zügen genossen. Daß diese Herren selbstverständlich ein Gehalt in der bisherigen Höhe, beginnend mit 2700 Mark und steigend mit jährlich 300 Mark bekommen, will ich nicht unerwähnt lassen. Diese Einrichtung habe ich seit etwa 2 Jahren in Betrieb und scheint sich ganz ausgezeichnet, sowohl im Interesse der Chemiker wie in unserem Interesse, zu bewähren.»[48] Ein etablierter Chemiker der Farbenfabriken hatte schließlich folgende Stufen durchlaufen, bevor er in Labor oder Betrieb beschäftigt wurde: Abitur, Studium mit Verbandsexamen, TH-Diplom oder Promotion, persönliche Prüfung durch Carl Duisberg auf Kompetenz und Charaktermerkmale[49], Lehrbataillon/«Referendariat». Waren es zunächst bestimmte Universitäten, von denen man seine «Rekruten» bezog, namentlich München, so traten später vor allem bestimmte Technische Hochschulen in den Vordergrund, die sich den Reformwünschen der Farbenfabriken gegenüber offener zeigten. Carl Duisberg entwickelte neben dem Technicum in Karlsruhe besonders enge Beziehungen zur Technischen Hochschule Dresden, die für ihn unter dem Chemiker Walter Hempel lange Zeit der Inbegriff einer guten Lehranstalt war. An die TH Dresden sollte er später auch seinen eigenen Sohn schicken. Die Dresdner sahen die Beziehung gern; sie verliehen, kaum dass die Technischen Hochschulen das Promotionsrecht erlangt hatten, Carl Duisberg umgehend den Ehrendoktor.

Betrachtet man allein die Zahl der in den Farbenfabriken beschäftigten Chemiker, so konnte man in Elberfeld und in Leverkusen mit der Rekrutierungspolitik durchaus zufrieden sein. Waren in den 1880er Jahren erst eine Handvoll akademisch gebildeter Chemiker engagiert, so waren es Ende 1899 bereits 109. 1907 wurde die Marke von 200 überschritten, bei Kriegsausbruch waren es schließlich deutlich mehr als 300 akademische Chemiker. Zugleich hatte sich die Anzahl der Beschäftigten mit ingenieurwissenschaftlicher Qualifikation auf knapp 70 erhöht. Die Gesamtzahl der «akademischen Beamten» lag Ende 1912 bei 390. Gemessen an den 1700 kaufmännischen und technischen Angestellten war die Zahl zwar überschaubar, doch im Vergleich zu anderen Firmen hoch.[50] Duisberg verfolgte die einzelnen Karrieren auch nach der Einstellung weiter und griff wiederholt ein, nicht zuletzt indem er auf die materiellen Verhältnisse der Chemiker Einfluss nahm. Auf diese Weise entwickelte Duisberg zu jedem Chemiker ein fast persönliches Verhältnis. Auf Abwerbeversuche reagierte er entsprechend ausgesprochen allergisch, nicht nur, wenn Konkurrenten ihre Hand im Spiel hatten, sondern selbst dann, wenn Bayer-Chemiker für Professuren an Universitäten oder Technischen Hochschulen in Aussicht genommen wurden: «Nach jahrelanger Mühe habe ich uns einen tüchtigen Stab von Abteilungs- und Betriebsleitern herangezogen und werde mit allen mir zu Gebote stehenden Mitteln dagegen ankämpfen, daß mir auch nur ein einziger derselben genommen wird, selbst wenn es sich hierbei um einen ehrenvollen Ruf handelt. Sie erweisen mir deshalb also einen Gefallen, wenn Sie schon in Aachen dahin wirken, daß auf keinen unserer Herren irgendwie Rücksicht genommen werden kann.»[51]

Einen guten Stamm an forschenden und betriebsleitenden Chemikern zu gewinnen und zu halten, war der Kern der neuen Personalpolitik Duisbergs, das passende Gegenstück zu seiner technokratisch perfektionierten Vorstellung des neuen Standortes in Leverkusen. Doch wie konnten diese Chemiker gehalten werden? Die wesentlichen Mittel waren materielle Anreize und gute Arbeitsbedingungen, dessen war man sich im Direktorium bewusst. Doch galt es hier, den schmalen Grat zwischen allgemeinen Grundsätzen und individueller Behandlung in jedem einzelnen Fall sicher zu finden. Eine zu restriktive Bezahlung und Arbeitskontrolle konnte Chemiker für Abwerbungsversuche anfällig machen; eine zu hohe Dotierung hingegen die Erträge des Unternehmens und die Anreizwirkung von Prämien schmälern. Generelle Regelungen verboten sich, es kam vor allem auf die Vertragsgestaltung an, und da spielten die Karenzfrage und vor allem der Streit um die Erfinderrechte eine große Rolle.

Die Verträge der Chemiker der Farbenfabriken waren, wie gesagt, zeitlich befristet, begannen mit einem niedrigen Gehalt, das sich nach und nach steigerte, sahen gesonderte Prämien und Erfindertantiemen vor und enthielten sog. Karenz-Klauseln. Danach war es den Chemikern für eine bestimmte Zeit nach dem Ausscheiden aus den Diensten der Farbenfabriken untersagt, in einer Konkurrenzfirma anzufangen. Für die Zeit der Karenz wurde bei den Farbenfabriken in der Regel das Gehalt oder doch ein hoher Prozentsatz desselben weitergezahlt. Das sollte zum einen das Abwerben erschweren, wenn nicht unterbinden, zum anderen diente es den Unternehmen als Schutz gegen die Weitergabe von Fabrikationsgeheimnissen. Diese Karenz-Regeln galten grundsätzlich in der chemischen Industrie, doch viele Firmen zahlten in der Karenz-Zeit nur wenig oder gar nichts. Duisberg plädierte hingegen für Großzügigkeit: Restriktive Vorschriften würden den studentischen Nachwuchs abschrecken, die guten Studenten hätten Zweifel, ob man in der Chemie überhaupt noch Karriere machen könne, wenn man sich einmal mit einem Arbeitgeber überworfen habe. Die Frage der Karenz solle man daher bewusst angehen, ansonsten werde sich unter Umständen eine schablonenhafte Allgemeinregelung durchsetzen, von der niemand in der Industrie etwas habe. Man brauche aber den Freiraum, um die Verträge den betrieblichen Verhältnissen gemäß gestalten zu können, und daher überlege man im Verein Deutscher Chemiker, eine juristische Zentralstelle einzurichten, um Material zu sammeln und jüngere Chemiker beraten zu können. Duisberg empfahl, sich in dieser Frage, «die vielleicht noch wichtiger ist als das Erfinderrecht der Angestellten», rasch zu verständigen, um auch hier eventuellen gesetzgeberischen Vorschlägen zuvorzukommen.[52] Duisberg plädierte damit letztlich für materielles Entgegenkommen, um pauschale Regelungen zu verhindern. Man solle aus freien Stücken und im eigenen Interesse handeln, bevor man vom Gesetzgeber gezwungen werde und dann kaum noch Spielraum habe. Ende 1906 konnte er, zumindest was die Vergütung während der Karenzzeit betraf, einen großen Erfolg verzeichnen. Auf seinen Antrag hin stimmten nicht nur die Dreibundfirmen Bayer, BASF und Agfa, sondern später der gesamte VzW einer Vereinbarung zu, dass die Karenzzeit mit dem vollen letzten Jahresgehalt zu bezahlen war, zumindest aber mit einer Summe, «welche dem Chemiker eine seinem Stande entsprechende Lebensführung ermöglicht».[53]

Ansonsten gab es individuelle Arbeitsverträge, in denen die Grundeinkommen und die jeweiligen Zulagen fixiert waren. Offiziell waren die Einkommen, die in den Farbenfabriken erzielt werden konnten, vertraulich. Gegenüber Emil Fischer war Duisberg allerdings offen: Altgediente Chemiker der Farbenfabriken würden es 1906/1907 auf ein Jahresgehalt von gut 16 000 Mark[54] bringen; dann mussten sie allerdings bereits seit mehr als 20 Jahren bei der Firma sein. Junge Chemiker gingen hingegen mit etwa 3780 Mark im Jahr nach Hause.[55] Die Anfängergehälter im «Lehrbataillon» lagen allerdings darunter. Die Bezahlung war insgesamt nicht schlecht. Das Grundgehalt war beim akademischen Personal zudem nur ein Teil des Einkommens. Entscheidend waren die Regelungen über Erfindertantiemen und Umsatzbeteiligungen. Das Besoldungssystem setzte insgesamt auf starke Leistungsanreize und hielt daher die Grundgehälter eher niedrig. Gegenüber dem Generaldirektor der Norsk Hydro erläuterte Duisberg im November 1914 die Grundsätze, an denen sich die Farbenfabriken orientierten. Man beteiligte die Angestellten nach bestimmten Kriterien am Reingewinn (Forschende Chemiker nach Erfindungen, Betriebschemiker und Ingenieure nach Ertrag, Kaufleute nach Umsatz/Gewinn in ihren Gebieten). «Im allgemeinen gilt bei uns als Grundsatz, dass, wenn ein Angestellter Tantiéme bezieht, also an dem Reingewinn der von ihm erfundenen oder von ihm fabrizierten oder von ihm verkauften Produkte aller Art beteiligt ist, sein Gesamteinkommen, bestehend aus Gehalt und Tantiéme – da die letztere bald gross bald klein sein muss – ca. 25 bis 30 % grösser sein muss, als wenn er nur mit Gehalt angestellt ist.» Der Tantieme-

Satz liege bei höchstens drei Prozent, über den man nur in Ausnahmefällen hinausgehe. «Obgleich dieser noch, wie Sie einwenden werden, relativ niedrig ist, kommen doch, da sehr oft eine grosse Zahl von Herren am Reingewinn eines Produktes beteiligt sind (!), sehr erhebliche Beträge dabei heraus, so dass wir zurzeit jährlich ca. 2,5 Millionen an Tantiéme, ohne Berücksichtigung der Tantiéme des Direktoriums, ausbezahlen.»[56]

In den Farbenfabriken hatte man auf diese Weise mögliche Konflikte zwischen den unterschiedlichen Interessen weitgehend eingedämmt: «Dieses System hat sich bei uns glänzend bewährt, denn jeder ist darauf bedacht, soviel wie möglich zu sparen und so hoch als möglich die Produkte zu verkaufen.» Das war nicht einfach zu handhaben, da man dafür eine gut funktionierende Buchhaltung und entsprechendes Personal benötigte, doch war es das Duisberg wert. Eine exakte Berechnung müsse auf jeden Fall sichergestellt sein, «da natürlich jeder, dem eine solche Tantiéme kontraktlich zugesichert ist, das Recht der Kontrolle und Klage hat». In anderen Firmen habe es daher erheblichen Ärger gegeben: «Bei uns ist aber nicht ein einziges Mal, obgleich fast alle massgebenden Beamten in dieser Weise beteiligt sind, eine Schwierigkeit entstanden.» Man unterscheide sich aber auch von den anderen großen Farbwerken: «Die Badische Anilin- & Sodafabrik z. B. gibt Tantiéme nur an Direktoren und einige wenige Abteilungsvorstände, im übrigen aber die von uns verabscheuten und seit vielen Jahren abgeschafften, dem Wohlwollen des einzelnen Direktors ganz und gar überlassenen Gratifikationen.» Ähnlich verfahre man bei Hoechst. Das lehnte Duisberg ab, da es seinen Grundsätzen einer wissenschaftlich-rationalen Unternehmensführung widersprach.

***

Dass Carl Duisberg im November 1914 das eigene Anreizsystem derart erfolgreich darstellen konnte, lag nicht zuletzt daran, dass die Farbenfabriken in der Ausgestaltung ihrer Arbeitsverträge den Forderungen der Chemiker deutlich mehr entgegengekommen waren als andere Unternehmen. Der größte Streitpunkt war dabei die Auseinandersetzung um die Erfinderrechte der Angestellten. Das Patentgesetz von 1877/91 hatte keine Vorschriften darüber gemacht, wer ein Patent anmelden konnte. Sowohl der Erfinder selbst als auch die Firma, in der er arbeitete, konnten einen Antrag stellen. Da die Gebühren lange Zeit sehr hoch waren, waren in der Praxis die Firmen als Anmelder begünstigt, die nicht einmal gezwungen waren, die Namen der eigentlichen Erfinder zu nennen. Wie diese dann für ihre Erfindungen entschädigt wurden, war eine Frage der internen Vertragsgestaltung. Diese Regelungen stießen auf immer größeren Widerspruch in der Öffentlichkeit. Der 1904 gegründete «Bund der technisch-industriellen Beamten» (Butib), eine später zur Sozialdemokratie neigende, frühe Angestelltengewerkschaft, forderte seit dem März 1905 das Recht des angestellten Erfinders auf seine Entdeckung ein.[57] Die Etatverhandlungen des Reichspatentamtes im Reichstag wurden regelmäßig zu Foren, um die Ungerechtigkeit der Gesetzgebung zu brandmarken[58], und die Stimmung in der Rechtsprechung[59] und in der Öffentlichkeit wandelte sich nach und nach zugunsten einer Ausweitung des Erfinderschutzes. Aus der Patentfrage wurde in wachsendem Maße eine die Öffentlichkeit beschäftigende «soziale Frage», in der die Position der Industrie in der Kritik stand.[60] Die diese Entwicklung reflektierenden Novellierungsvorschläge zum Patentgesetz, die seit 1910 kursierten, stießen auf die massive Ablehnung der Industrie,[61] Carl Duisberg als Mitglied einer Enquete-Kommission des Reichstages zur Novelle des Patentgesetzes dabei – wie immer – in erster Reihe.[62]

Nun wäre es allerdings völlig falsch, aus Duisbergs Ablehnung des Erfinderprinzips nur kleinmütige Profitgier herauszulesen. Schon eher hätte er von einer Aufstockung der Erfindertantieme profitiert, stand er doch mit mehr als einem Dutzend wichtiger Erfindungen unter den innovativen Köpfen der Farbenfabriken selbst weit vorne. Wenn ihn auch die Ablehnung der Patentgesetznovelle mit den anderen Unternehmensleitern der chemischen Industrie verband, so waren seine Gründe zumindest partiell unterschiedlich.[63] Grundsätzlich war es seine Überzeugung, dass ein individuelles Erfinderrecht der Realität der Industrieforschung gar nicht gerecht werde; Duisberg plädierte vielmehr nachdrücklich für das Prinzip der «Etablissementserfindung»[64]: «Die meisten Erfindungen in unserer Industrie sind nämlich Etablissementserfindungen. Wir wollen hier gar nicht vom Kapital reden», erklärte er 1909 vor dem Kongress für gewerblichen Rechtsschutz in Stettin. «Das Kapital spielt gar keine Rolle bei derartigen Fragen; das ist eine ganz untergeordnete Sache. Es spielt eine große Rolle das Gebiet, auf dem die Firma tätig ist; der spiritus loci, der Geist, der in der Fabrik bezw. in dem Laboratorium weht, die Arbeitsteilung, die dort eingeführt ist, die Präparate, welche dort zur Verfügung stehen, die Methodik, die dort gehandhabt wird.»[65] Duisberg skizzierte dann die Arbeitsweise der Chemiker in den Farbenfabriken:. «Bei uns in Elberfeld werden zur Zeit täglich, sagen wir etwa fünfzig, neue Farbstoffe gemacht. Es wird einfach ein bestimmter auf wissenschaftlicher Basis beruhender Gedankengang verfolgt, den entweder der Laboratoriumschef anregt oder das betreffende Mitglied des Laboratoriums selbst fasst. Daß das Produkt färbende Eigenschaften besitzen muß, sagt uns die Theorie. Aber darauf kommt es nicht an, sondern darauf, ob der neue Farbstoff etwas neues kann oder neue Eigenschaften in bezug auf Echtheit usw. zeigt. Der Chemiker schickt daher ohne weiteres jedes neue Produkt, das er gemacht hat, in die Färberei und wartet ab, was der Färbereileiter dazu sagt. Findet dieser irgendeine neue Eigenschaft, wobei der Zufall oft auch eigentümlich mitspielt, so bekommt das chemische Verfahren, das der Chemiker angewandt hat, erst erfinderische Eigenschaften, und durch die Entdeckung des Färbers wird der Chemiker zum Erfinder. Von Gedankenblitz keine Spur: der Erfinder hat nichts weiter getan, als handwerksmäßig auf Grund der Fabrikmethodik einen bestimmten Weg beschritten, und schließlich hat eigentlich sehr oft der gewöhnliche Färbereiarbeiter die Entdeckung gemacht, die die Reaktion erst zu einer Erfindung stempelt.»[66] Auch seine nachfolgende Bemerkung, dass die akademisch gebildeten Ingenieure in Elberfeld im Gegensatz zu den Chemikern keine Erfindungen gemacht hätten, traf den Nagel auf den Kopf: «Wir sind eben eine chemische Fabrik und keine Maschinenfabrik.»[67]

Duisbergs Argumentation war im Bereich der Farbstoffe nur schwer zu bestreiten, doch machten diese am gesamten Patentaufkommen in Deutschland vor 1914 keinen sonderlich großen Anteil aus. 1913 kamen nur elf Prozent aller Patente aus der chemischen Industrie, während die Metallverarbeitung den größten Beitrag leistete.[68] Daher konnte Duisberg kaum verlangen, dass ein allgemeines Gesetz auf die Bedürfnisse seiner Industrie besondere Rücksicht nahm. Aber er wollte ja auch keineswegs, dass die Erfinder grundsätzlich nicht genannt wurden, er wies nur auf die Schwierigkeiten hin, die eine Zwangsvorschrift nach sich ziehen musste. Das galt auch für den Bereich der Pharma-Produktion, wo die Farbenfabriken allerdings nur wenige eigene Wirkstoffe entwickelten, bei denen es wie beim Phenacetin dann auch zu Auseinandersetzungen um die Erfinderrechte kam. Zumeist erwarb man Rechte an bestimmten, in der Regel in Universitätslaboratorien entdeckten Wirkstoffen, die dann gemeinsam mit dem Entdecker in die industrielle Produktion überführt wurden.[69] Aber auch hier beharrte Duisberg auf dem Prinzip der Etablissementerfindung, letztlich wiederum vor allem aus forschungspraktischen Überlegungen heraus, wie er am Beispiel der Geschichte der Darstellung des Phenacetins 1913 erklärte.[70]

Dass bei Produkten, bei denen die Erfindertantieme unter Umständen beträchtlich ausfallen konnte – die Universitätschemiker, die wichtige Entdeckungen gemacht hatten, wie etwa Paul Ehrlich, Emil Behring, Ludwig Knorr, Emil Fischer oder Richard Willstätter waren über ihre Gewinnbeteiligungen zu vermögenden Menschen geworden –, der Streit nahelag, ist offensichtlich. Die Verträge der Farbenfabriken mit den entsprechenden Chemikern verrieten daher auch durchaus Wertschätzung für erfinderische Tätigkeit, Duisberg sperrte sich auch keinesfalls gegen eine entsprechende Beteiligung der betreffenden Personen, so sie denn eindeutig identifizierbar waren. Er wollte nicht das Recht oder den Ruhm des möglichen Erfinders schmälern; was ihn antrieb, war allein die Frage der wirtschaftlichen Verwertungsrechte an Erfindungen, die durch die Chemiker des Unternehmens gemacht wurden. Vor der Hauptversammlung des Vereins zur Wahrung der Interessen der chemischen Industrie griff er die Frage der Patentgesetzgebung auf, erläuterte die Ablehnung des Erfinderprinzips, um dann aber ganz klarzumachen: «Ich brauche nicht besonders zu konstatieren, dass wir chemischen Fabrikanten keinen Sekt aus den Hirnschalen unserer Erfinder trinken, aber ich glaube, es ist doch sehr angezeigt, wenn wir über diese Frage in unseren Kreisen mehr und mehr eine Verständigung anzubahnen suchen, und wenn wir auf diese Weise gesetzgeberischen Vorschriften vorgreifen.»[71] Gesetzgeberische Regeln zu verhindern, die die eigene Handlungsautonomie beschränkten, war also Duisbergs eigentliches Ziel. Seine Bereitschaft, sich im Rahmen des Deutschen Vereins für den gewerblichen Rechtsschutz zu engagieren, entsprang dem Wunsch, sowohl die Industrie wie ihre Angestellten zufriedenzustellen. Letztlich ging es um die Beziehungen des Unternehmens zu seinen akademischen Angestellten. Der Verein, dessen Kongresse nach und nach zum Forum für die Probleme des Patentrechtes wurden, wählte Duisberg im Dezember 1909 in seinen Vorstand[72] und 1913 zum Vorsitzenden, ein Amt, das er bis zum Frühjahr 1919 innehatte.[73] Auf dem Kongress 1909 in Stettin einigte man sich auf die Verankerung des Erfinderprinzips in einer Patentgesetznovelle. Das geschah gegen den Widerstand der Angestelltenverbände, aber mit Zustimmung der Juristen und der Vertreter der Industrie, namentlich Carl Duisbergs. Die chemische Industrie zog auch nicht mit, als später insbesondere Metallverarbeitung und Maschinenbau das Erfinderprinzip rneut in Abrede stellten.[74] Carl Gamp, Mitglied des Aufsichtsrates der Farbenfabriken und freikonservativer Reichstagsabgeordneter, setzte sich im Reichstag auch explizit für die Namensnennung der Erfinder und ihre finanzielle Beteiligung am Ertrag der Erfindungen ein.[75]

Der Gesetzentwurf der Reichsregierung aus dem Jahre 1913 wurde vom Verein für Gewerblichen Rechtsschutz und seiner Patentkommission intensiv debattiert, und man einigte sich schließlich mehrheitlich auf das Anmelderprinzip mit der Verpflichtung, den Namen des tatsächlichen Erfinders zu nennen. Damit konnte Duisberg gut leben. Die Einwände wurden von der Reichsregierung aufgegriffen; im Sommer 1914 kam es im Reichsamt des Inneren zu Sachverständigenberatungen, an denen auch Carl Duisberg teilnahm.[76] Ein weiterer Vorschlag des Vereins Deutscher Chemiker, der zwar das Erfinderprinzip akzeptierte, aber den Bereich der Etablissements- bzw. Betriebserfindung deutlich ausweitete, war für die Vertreter der metallverarbeitenden Industrie nicht akzeptabel. Duisberg vermittelte recht erfolgreich, sodass schließlich die Vorschläge des Vereins Deutscher Chemiker in den Gesetzentwurf übernommen wurden, der dann aber dem Krieg zum Opfer fiel.[77]

***

Duisberg ging es in diesen Auseinandersetzungen vor allem um einen dauerhaft tragfähigen Interessenausgleich mit einer besonders wichtigen Beschäftigtengruppe, durch den beide Seiten auf ihre Kosten kamen. Die Gewerkschaften sahen darin freilich nur Gewinnsucht. Duisbergs Haltung, das Erfinderrecht im einzelnen symbolisch zu akzeptieren, dessen Ausgestaltung aber der Vertragsfreiheit zu überlassen, lehnten die nach und nach entstehenden Angestelltenverbände, namentlich der Butib entschieden ab; sie bemühten sich vielmehr, die Wirklichkeit in den Fabriken in ein möglichst schlechtes Licht zu rücken. Auf derartige Vorhaltungen reagierte Duisberg, der in der öffentlichen Meinung die Felle der Industrie davonschwimmen sah, geradezu allergisch, wie seine wütenden Angriffe auf Robert Brunhuber, einen liberalen Kandidaten für den Reichstagswahlkreis Solingen, zeigten, der sich wiederholt um die Situation der kaufmännischen und technischen Angestellten auch in der chemischen Industrie besorgt zeigte: «Soeben lese ich in der neuesten Nummer der Sozialen Praxis Ihren Aufsatz: Der kollektive Arbeitsvertrag und die Privatbeamten. In denselbem fällt mir unter Anderem der Satz auf, man weiß, daß es eine allgemein gehaltene Statistik der Privatbeamten nicht gibt, aber monatliche Sätze von 60 bis 70 Mark für Bureauschreiber, von 80 bis 90 Mark für Zeichner von 100 bis 120 Mark für akademisch gebildete Ingenieure und Chemiker mit langer, häufig ungeregelter Arbeitszeit und Sonntagsdienst sind nicht vereinzelt, sondern symptomatisch. Da mir als Techniker von derart niedrigen Gehältern bei Chemikern nichts bekannt ist, und ich mich als Vorsitzender des Vereins Deutscher Chemiker für derartige Ausnahmen, denn nur um solche und nicht um symptomatische Fälle kann es sich handeln, außerordentlich interessiere, so wäre ich Ihnen zu Dank verbunden, wenn Sie mir Ihnen bekannte Fälle namhaft machen oder mir die Quellen mitteilen wollten, aus denen Ihre Nachrichten stammen.»[78] Brunhuber antwortete ausweichend, er habe sich noch einmal bei zuständiger Stelle kundig gemacht. Bei den Angaben über Anfangsgehälter handele es sich «um kleinere chemische Fabriken im Osten Deutschlands», derartige Zahlen seien ihm aber auch von Leverkusener Chemikern genannt worden, Da er nicht wisse, mit welchen Konsequenzen diese rechnen müssten, könne er Namen allerdings nicht nennen.[79] Brunhuber warf Carl Duisberg und den Farbenfabriken überdies vor, durch ihre intransigente Haltung in Fragen des Koalitionsrechtes die Arbeiter nur in die Arme der Sozialdemokratie zu treiben und damit der liberalen Sache massiv zu schaden.[80]

Das war ein Vorwurf, den Duisberg nicht auf sich sitzen ließ, zumal Robert Brunhuber als Redner des Butib auch im politischen Berlin und in nationalliberalen Kreisen auftrat und daher durchaus zu einer Gefahr werden konnte. Im Februar 1907 schrieb Henry Theodor Böttinger aus Berlin, er habe im «Hofmannhause einen Sauvortrag eines Herrn Dr. Brunhuber» gehört. «So etwas Widerwärtiges und Unverschämtes habe ich schon lange nicht mehr gehört.»[81] Duisberg erklärte Brunhuber daraufhin zu einem «verkappten Sozialisten»[82], war sich aber nicht zu schade, ihm mit einem 15 Seiten langen Schreiben seine Haltung noch einmal grundsätzlich zu erläutern.[83] Nach dessen zahlreichen öffentlichen Auftritten und den falschen Behauptungen, die sich entsprechend in der Presse wiederfänden, würde sich ein völlig falscher Eindruck festsetzen. Duisberg wies ihm detailliert nach, dass die niedrigen Gehälter in der Industrie bestenfalls länger zurückliegende Ausnahmen seien; von einem «symptomatischen» Charakter könne nicht die Rede sein. Es sei dreist, die Gehälter der Chemiker in Assistenten- bzw. Übergangsstellungen als niedrig hinzustellen, aber unerwähnt zu lassen, dass anderswo (beim Staat, bei den Ärzten, in vielen Industriezweigen) für Volontäre und Referendare überhaupt nichts gezahlt werde. Der Verein Deutscher Chemiker verlange ein Monatsminimum von 100 Mark Gehalt. Er selber sei sogar für 150 Mark, doch habe man mit Rücksicht auf die staatlichen Stellen von einer solchen Forderung Abstand genommen. Er sei auch Brunhubers Behauptung über die Farbenfabriken nachgegangen und habe die Informanten ausfindig gemacht. Beide hätten Brunhuber von ihren eigenen Anfangsgehältern Anfang der 1890er Jahre erzählt. Man müsse sich doch die Dinge genau anschauen, und ein kurzer Blick in die Farbenfabriken hätte ihn überzeugen können, dass ein Chemiker zu Anfang ausgebildet würde. «Während dieser Zeit ist er für die Fabrik nicht im mindesten produktiv tätig, im Gegenteil, er verbraucht etwa 5000 Mark an Materialien, Energien und Apparaten. Obgleich er berechtigt ist, innerhalb des ersten Jahres jederzeit das für 5 Jahre geschlossene Kontraktverhältnis zu kündigen, erhält er, wie ich schon mitteilte, ein Anfangsgehalt von 2700 bezw. 3000 Mark, das jährlich um 300 Mark steigt.»[84] «Ob Sie damit einzelnen Firmen, ja einer grossen vaterländischen Industrie, Unrecht tun und diese auf's schärfste kompromittieren, ist Ihnen gleich, wenn nur das erstrebte Ziel erreicht wird.» Duisberg beendete den Briefwechsel: «Und damit Schluss der Korrespondenz mit Ihnen und Ihren Helfershelfern.»

***

Die Auseinandersetzungen um Erfinderprinzip, Karenz und Tantiemen zeigten deutlich, dass diese Themen für die Farbenfabriken und Duisbergs Art der Unternehmensleitung zentrale Bedeutung besaßen. Die Rekrutierung, Motivierung und Bindung hochqualifizierten Personals war ein Schlüsselproblem. Schon der Eindruck, die Farbenfabriken würden ihre Chemiker schlecht oder schlechter als die Konkurrenz behandeln, konnte den Unternehmenserfolg ernsthaft gefährden. Von daher war Duisberg geradezu gezwungen, eine intelligente Vertragspolitik zu betreiben und jeder Kritik entgegenzutreten, ja, Gerüchte aus der Welt zu schaffen. Duisberg hielt schematische Regelungen für wenig nützlich; im Zweifelsfall würden nur die Kosten steigen, ohne dass sich die Leistungsanreize erhöhten. Das musste verhindert werden, denn die Wirksamkeit der Leistungsanreize war auch in anderer Hinsicht zentral für den Unternehmenserfolg.

Rekrutierung, Fortbildung und langfristige Bindung akademischer Chemiker waren allerdings nur ein Moment der Personalpolitik, die Duisberg seit den 1890er Jahren nach und nach in den Farbenfabriken durchsetzte. Seit den 1880er Jahren, streng genommen mit Carl Duisberg selbst, hatten die Farbenfabriken begonnen, Führungspositionen im Unternehmen vor allem mit technisch versierten und durchsetzungsfähigen Chemikern zu besetzen. Mit dem Aufbau von Leverkusen wurde dies zum Grundsatz der Personalpolitik. Allerdings eigneten sich nur wenige Chemiker als Betriebsführer und Abteilungsleiter, geschweige denn später als

Direktoriumsmitglied, wie Duisberg schon frühzeitig gegenüber Eugen Bamberger klagte: «Es ist erstaunlich, aber wahr, daß von allen Chemikern, die ich bis jetzt genauer kennengelernt habe – und die Zahl derselben ist nicht gering, da wir gegenwärtig zu 74 Chemikern sind – nur außerordentlich wenige sich zur Leitung eines Betriebes eignen. Nicht 5 % genügen den Anforderungen, die wir an einen tüchtigen Betriebsführer stellen müssen. Mit der Erledigung der laufenden Betriebs-Geschäfte ist es bei unseren Betriebsführern nicht getan. Dieselben müssen vom Laboratorium aus die zahlreichen Artikel ihres Betriebes dauernd verbessern und vervollkommnen und außerdem ihre zahlreichen praktischen Erfahrungen, die sie sammeln, mit Unterstützung von eigenen Assistenten zur Auffindung von neuen Verfahren und Produkten zu verwerten suchen. Außer theoretischer und praktischer chemischer Durchbildung muß also ein Betriebsführer, wie ich ihn mir zur Leitung eines größeren Betriebes denke, auch die nötige Fähigkeit, mit gebildeten und ungebildeten Menschen umzugehen, besitzen, sich den nötigen Respekt zu verschaffen und Befehle zu erteilen wissen. Solche Leute, wie wir sie in vereinzelten Exemplaren besitzen, haben die größten Aussichten in unseren Fabriken und werden vorzüglich bezahlt. Leider bilden sich aber die meisten jüngeren Chemiker ein, wenn sie promoviert haben und einige Jahre Assistenten gewesen sind, daß nun die Fabrik ihnen die lang erhoffte und ersehnte Versorgung bringe, daß sie nichts weiter als ihre Pflicht zu tun haben, also von morgens 8–12 Uhr & nachmittags von 2–6 zu arbeiten brauchen, um ihrer Stellung zu genügen. Daß es besonders in der Farben-Industrie notwendig ist, durch eifriges Streben sich vorwärts zu bilden und jede Minute zu benutzen, um alles, was die Fabrik ihnen bietet, zu verwerten – das vergessen leider die meisten jungen Leute. Ich bin deshalb auch in der letzten Zeit rücksichtsloser wie früher vorgegangen und habe einfach, wenn ich diese Eigenschaften bei einem Chemiker vermißte, von dem uns nach dem ersten Jahre des Kontraktes zustehenden Rechte der Kündigung Gebrauch gemacht. Ich weiß, daß ich damit im Interesse der Firma, aber auch im Interesse des Einzelnen gehandelt habe.»[85] Ein gutes Jahrzehnt später monierte Duisberg gegenüber Wilhelm Koenigs: «Unter den vielen Chemikern, welche wir engagiert haben, weil sie unseren Ansprüchen an Selbständigkeit an Denken und Arbeiten zu entsprechen schienen, sind kaum 15 % welche das gehalten haben, was wir erwarteten.»[86]

Es bedurfte besonderer Anstrengungen, um die geeigneten Kandidaten für größere Karrieren herauszufinden, wobei die Kriterien Fleiß, eigenständiges Arbeitsverhalten, sicheres Auftreten und Durchsetzungsfähigkeit von Duisberg immer wieder betont wurden. Der Führungsnachwuchs hatte sich im Betrieb zu bewähren und wurde dabei von den jeweiligen Vorgesetzten zum Teil sehr genau beobachtet. Duisberg hielt daher auch wenig davon, bereits ältere und erfahrene Chemiker einzustellen, da diese nicht mehr durch die Entwicklung im Unternehmen prägbar waren.[87] Bewährung war das Karrieremittel schlechthin. Schon als Laboratoriumsleiter berichtete Duisberg regelmäßig, zunächst an Carl Rumpff, später an Friedrich Bayer jun. über das Arbeitsverhalten und die Leistungsfähigkeit der Chemiker, immer darauf aus, Kandidaten für Vorgesetztenpositionen zu finden, die es zugleich ihm selbst ermöglichen sollten, einen Teil seiner Aufgaben weiterzugeben oder zu delegieren. Der von Adolf Baeyer empfohlene Chemiker Dr. Bernhard Heymann schaffte es auf diese Weise vom Laborchemiker zum Leiter des Zentrallaboratoriums 1896, einen ähnlichen Aufstieg erlebte Karl Krekeler, den man Ende der 1880er Jahre an der Universität Göttingen abgeworben hatte. Einen formalen Bewährungsweg gab es in den Farbenfabriken nicht; vielmehr hatte sich jeder einzelne Chemiker in den Augen seines oder seiner Vorgesetzten zu behaupten, um einen Sprung auf der Karriereleiter zu machen. Bei Chemikern und Technikern mit Aussicht auf großes Avancement lagen alle Entscheidungen schließlich beim Direktorium. Dieses behielt sich nicht nur die Einstellung aller akademisch vorgebildeten Mitarbeiter vor, sondern entschied auch im Einzelfall über Schritte auf der Karriereleiter oder Gehaltsfragen. Dabei war unausgesprochene Regel, dass der Bewährungsweg vom Laboratorium über die Betriebsassistenz und die Betriebsführung hin zur Abteilungsassistenz und zum Abteilungsvorstand führte und ggf. im Direktorium endete. Das Erreichen von Führungspositionen setzte zumindest im Bereich von Produktion und Technik Führungserfahrung voraus.

Auf diese Weise schafften es die Farbenfabriken schließlich, ihren Führungsnachwuchs nicht nur selbst zu rekrutieren, sondern ihn auch im Hause entsprechend den Vorgaben von Carl Duisbergs «wissenschaftlicher Betriebsführung» zu sozialisieren. Diese verband effizientes Arbeiten in den gegebenen organisatorischen Strukturen mit großer Härte bei der Durchsetzung vorgegebener Ziele, im Zweifel auch gegen Widerstände unter Kollegen und Beschäftigten, setzte allerdings unbedingte Loyalität zum Unternehmen, Teamfähigkeit und «einen angenehmen Charakter» ebenso voraus.[88] Wer es auf diese Weise bis zum Abteilungsvorstand oder zum stellv. bzw. ordentlichen Direktoriumsmitglied gebracht hatte, atmete den Duisbergschen Geist einer «verschworenen Truppe». Als sich die Frage stellte, ob Friedrich Bayers Sohn Richard in die Führung der Farbenfabriken aufrücken könne, war Duisberg skeptisch: «Ob er speziell sich für unsere Zwecke eignet, muss die Zukunft lehren. Als Leiter der Farbenfabriken gehört ausser Pflichttreue, Zuverlässigkeit und Fleiss dazu auch grosse Energie und vor allem hohe Intelligenz.» So mahnte Duisberg auch den Großaktionär Carl Gamp: «Von der Tüchtigkeit der Direktion der grossen Geschäfte hängt meines Erachtens, in der Zukunft noch mehr als in der Gegenwart, alles ab und die Aktionäre tun gut, sich nach dieser Richtung hin nur die tüchtigsten und befähigsten Menschen auszusuchen.»[89] 1909, bei seinem eigenen Geschäftsjubiläum, brachte er schließlich sein Verständnis von Personalführung und -entwicklung auch öffentlich auf den Begriff, als er sich Gedanken darüber machte, wie die Nachfolger aussehen sollten, «die an unsere Stellen treten können, nicht nur, wenn wir nicht mehr sind, sondern so lange wir noch da sind. Dies ist eine der wichtigsten Aufgaben eines jeden Vorgesetzten und vor allem der Direktoren. Daher war von Anfang an unser hauptsächlichstes Augenmerk darauf gerichtet, und wir betrachteten es als unsere vornehmste Aufgabe, einen Stamm tüchtiger, wohl vorgebildeter Chemiker und Techniker selbst auszubilden und heranzuziehen. In letzter Zeit haben wir dies auch bei den Kaufleuten getan, und zwar, wie ich hier sagen kann, mit großen Kosten und Schwierigkeiten, aber hoffentlich auch mit großem Erfolg. Aus dem Kreise dieser Elitetruppe unseres Geschäftes haben wir dann diejenigen ausgewählt, welche wir für besonders geeignet und befähigt halten, später einmal unsere Stelle einzunehmen, um sie als stellvertretende Direktoren in alle Verwaltungsgeschäfte einzuweihen und im Direktionsrat zu sehen, ob sie für den hohen Zweck geeignet sind.» An die anwesenden stellvertretenden Direktoren gewandt, meinte er: «Ob wir uns nicht getäuscht haben, haben Sie zu entscheiden. Wir sind überzeugt, dass wir die rechte und richtige Wahl getroffen (!).» Dann empfahl Duisberg sich an seinem Festtage als Vorbild: «Für die stellvertretenden Direktoren ist auch der heutige Tag ein solcher, der ihnen als Vorbild dienen kann, und bei dem sie manches sehen und lernen werden. Mögen diese nie vergessen das Goethesche Wort: ‹Wer befehlen soll, muß im Befehlen Seligkeit empfinden›.»[90]

10 | Eine Musterstätte der Arbeit

Die Wachstumsstrategie der Farbenfabriken war durchaus riskant. Sie setzte auf eine an technologischen Maßstäben orientierte rasche Expansion, die das Unternehmen im Wesentlichen aus eigener Kraft finanzieren sollte. Eine zu starke Fremdfinanzierung hätte externen Geldgebern zu großen Einfluss gegeben. Das wollte in der Führungsriege der Farbenfabriken niemand, am wenigsten Carl Duisberg, dessen persönliche Stellung davon abhing, dass die Bedeutung der weiteren Bayer-Familie, die ihn stützte, erhalten blieb. Ausschlaggebend war insofern der wirtschaftliche Erfolg des Unternehmens, der wiederum eng mit der Entwicklung der Arbeitsproduktivität zusammenhing. Die Beziehungen des Unternehmens zu seiner Arbeiterschaft waren daher von großer Bedeutung. Die Rahmenbedingungen für ihre Gestaltung waren in den Jahren vor 1914 aber nur bedingt günstig: Seit der Mitte der 1890er Jahre war die konjunkturelle Lage zwar zumeist gut. Aber die damit verbundene Vollbeschäftigung verbesserte die Bedingungen für soziale Kämpfe zugunsten der Arbeiterschaft. Die Farbenfabriken waren insofern in einer ambivalenten Lage. Einerseits profitierten sie von der wirtschaftlichen Prosperität; ihre Handlungsspielräume wuchsen. Andererseits waren sie als schnell wachsendes Unternehmen auf einen ständigen Zustrom neuer Arbeitskräfte angewiesen. Die Zahlen zeigen die Problematik deutlich. Waren Anfang der 1880er Jahre lediglich 383 Personen (340 Arbeiter, 14 Chemiker, 14 Angestellte, 15 Meister) im Wuppertal bei den Farbenfabriken beschäftigt, so stieg deren Zahl bis 1888 auf 1147 und schließlich auf 5500 Personen im Jahre 1905. 1914 betrug allein die Zahl der Arbeiter 6520, die Zahl der Angestellten betrug bei Kriegsausbruch etwa 1300, die große Mehrzahl beider Gruppen mittlerweile in Leverkusen beschäftigt.[1] Von den Arbeitern waren etwa die Hälfte «Farbenkumpel», also un- oder angelernte Arbeiter in der chemischen Produktion. Ein Viertel der Arbeitskräfte waren Facharbeiter verschiedener Branchen, die vor allem im Bereich der Wartung und der Reparatur der Anlagen beschäftigt waren. Hinzu kamen Heizer, Maschinisten, Hilfshandwerker und Lehrlinge sowie weibliche Arbeitskräfte im Bereich der Verpackung.[2] Die industriellen Beziehungen im Werk so zu gestalten, dass die Produktivität hoch und die Handlungsautonomie der Werksleitung gewährleistet blieb, war ein zentrales Problem, zumal überall im Deutschen Reich in dieser Zeit die sozialen Auseinandersetzungen an Schärfe gewannen, Streiks sich häuften und der politische Ton aggressiv, ja vergiftet war. Nachrichten wie die von der russischen Revolution von 1905 strahlten zudem nach Deutschland aus und wurden zumindest von einem Teil der Sozialdemokratie als Ausdruck einer sich zuspitzenden sozialen Krise interpretiert.

Schon Ende der 1880er Jahre hatte sich in Elberfeld gezeigt, dass Löhne, Arbeitsbedingungen und Arbeitszeiten großes Konfliktpotential bargen. Sollte die Arbeiterschaft zur Durchsetzung ihrer Forderungen zu kollektiven Aktionen greifen, drohten harte Auseinandersetzungen, die noch an Schärfe gewinnen mussten, wenn die Arbeiterschaft organisiert war und auf die Unterstützung der Gewerkschaften setzen konnte. Im Zweifel stand die gesamte Lohn- und Arbeitszeitpolitik des Unternehmens auf dem Spiel. Deren Kernstück vor 1914 war der individuelle Arbeitsvertrag mit beidseitig kurzer Kündigungsfrist. Die Lohnhöhe und eventuelle Zulagen wurden durch die Meister im Rahmen allgemeiner Richtlinien festgesetzt. Diese individuelle Lohnpolitik wurde von Bestimmungen zu den Arbeitszeiten ergänzt, die sich – ähnlich wie die Zahlung von Prämien und Zulagen – ganz unmittelbar an die Bedürfnisse des jeweiligen Betriebes anlehnten. Auch hier spielten folgerichtig die Meister und Aufseher eine entscheidende Rolle. Kompliziert wurde die Lage überdies dadurch, dass in Elberfeld, vor allem aber später in Leverkusen strikt zwischen Produktion und Aufbau beziehungsweise Instandhaltung unterschieden wurde. In der eigentlichen Produktion beschäftigte das Unternehmen angelernte Arbeitskräfte, die zum Teil große Arbeitserfahrungen hatten, ja, haben mussten, zu einem anderen Teil aber faktisch Tagelöhnerarbeiten ausführten. Entsprechend suchte das Werk über Dienstaltersprämien und Zulagen wirksame Leistungsanreize zu schaffen und wichtige Arbeitergruppen an den Betrieb zu binden. Anders war die Lage in den «Handwerkerbetrieben», in denen qualifizierte Arbeitskräfte, vor allem Metallarbeiter, mit dem Aufbau und der Wartung der Anlagen beschäftigt waren. Hier hatte die Lohnpolitik den «Berufsstolz» der Beschäftigten zu berücksichtigen, zumal bei den Facharbeitern auch die Bereitschaft größer war, sich den jeweiligen christlichen oder sozialistischen Berufsgewerkschaften anzuschließen, während bei den «Farbenkumpeln» der Fabrikarbeiterverband, also die Gewerkschaft der ungelernten Industriearbeiter, bis zur Revolution 1918 kaum Anklang fand. Die Lohnstruktur im Unternehmen war folgerichtig außerordentlich vielfältig; kollektive Lösungen gab es nicht, da die Werksleitung «schematische» Regelungen ablehnte und zu Verhandlungen mit den Gewerkschaften nicht bereit war. Den Arbeitern blieb mithin, wollten sie Einfluss auf ihre Arbeits- und Lohnbedingungen nehmen, nur das Gespräch mit den unmittelbaren Vorgesetzten oder, sollte das nicht von Erfolg gekrönt sein, der Wechsel des Arbeitsplatzes. Beides wurde vor 1914 umfänglich praktiziert. Dabei scheint es, dass die Vorgesetzten zumindest bei wichtigen Arbeitskräften durchaus zu Verbesserungen der Löhne bereit waren. Bei den eigentlichen «Farbenkumpeln» hingegen war die Fluktuation bis zum Krieg außerordentlich hoch, in vielen Betrieben lag sie über 100 %, d. h., auf 100 Beschäftigte kamen pro Jahr mehr als 100 Entlassungen und Neueinstellungen.[3]

Für das Werk in Leverkusen mit seinem großen Arbeitskräftebedarf war diese Fluktuation ein großes Problem, da auch Facharbeiter rasch den Bettel hinwarfen. An den Löhnen lag das nicht unbedingt, auch nicht an fehlenden Tarifverträgen. Die schwierigen Lebensbedingungen in Leverkusen wären zumindest in den ersten Jahren auch durch Tarifverträge nicht wirklich gebessert worden; hier bedurfte es des Aufbaus einer umfassenden sozialen Infrastruktur. «Es ist in Leverkusen keine Lohnfrage, welche uns die Arbeiter forttreibt, sondern eine Frage der Oertlichkeit, da die jungen Arbeiter alle eine Thätigkeit in einer Stadt derjenigen auf dem Lande vorziehen. Wir müssen deshalb versuchen, ob wir nicht ländliche Arbeiter, welche nach der Richtung hin nicht verwöhnt sind, nach Leverkusen übersiedeln können.» Daher bat Duisberg den in Berlin weilenden Böttinger 1897, «doch so schnell wie möglich die geeigneten Quellen auszuforschen, welche uns mit ostpreussischen Arbeitern versehen können».[4] Böttingers Berliner Erfahrungsbericht war freilich ernüchternd. Er habe von den Arbeitsnachweisen nur abschlägige Antworten erhalten, und vor allem unter 18 Mark Wochenlohn werde man wohl keine Leute bekommen.[5] Das hätte das Leverkusener Lohngefüge empfindlich gestört, schrieb Duisberg zurück. Da wäre es besser, keine Berliner Arbeitsnachweise einzuschalten, sondern, wie Krupp das tue, potentielle Arbeitskräfte in den Ostprovinzen direkt über Werber anzusprechen.[6] Zu Duisbergs Glück entspannte sich die Lage schließlich von selbst.

In der Lohnpolitik, da war sich Duisberg sicher, musste es stets darum gehen, den individuellen Arbeitsanreiz entsprechend den Erfordernissen des betreffenden Betriebes zu optimieren. Daher zahlten die Farbenfabriken im Durchschnitt leicht höhere Löhne als die benachbarten Chemiefabriken, hielten diese aber doch so niedrig, dass Zulagen und Prämien als Leistungsanreize wirksam blieben.[7] Die Jahresdurchschnittseinkommen der Arbeiterschaft stiegen in Leverkusen, wo leicht höhere Löhne als in Elberfeld gezahlt wurden, von 1237 Mark im Jahr 1908 auf 1401 Mark im Jahr 1913.[8] Die Summen lagen zwar deutlich über dem Durchschnitt für das gesamte Reich;[9] bei einem Vergleich der industriellen Ballungsgebiete dürften die Farbenfabriken aber nicht gut abgeschnitten haben. Berliner Metallarbeiter konnten vor 1914 schon Jahreseinkommen von 2000 Mark erzielen. Die Lohnstruktur in Elberfeld und Leverkusen war allerdings sehr stark ausdifferenziert. Hohe «schematische» Löhne waren für Duisberg der Feind des Leistungsgedankens, wobei er hier nahe bei Max Weber war, der ebenfalls kühl konstatiert hatte, dass Akkordlohn und Kündigungsgefahr im Kapitalismus die Grundlage der Arbeitswilligkeit seien.[10] Auch in der Arbeitszeitfrage war Duisberg alles andere als dogmatisch; er wollte in seinen Entscheidungen nur autonom sein. So zählten die Farbenfabriken zu jenen Betrieben des rheinisch-westfälischen Industriegebiets, die die Arbeitszeit, wenn es möglich war, herabsetzten. 1905 wurde in den Normalbetrieben die Neun-Stunden-Schicht eingeführt, bei den Dauerbetrieben mit Wechselschicht ging man bereits 1909 zur achtstündigen Schicht über, wofür sich Duisberg selbst lobte, er sei der «Vater der Idee» gewesen.[11]

***

Die größte Bedrohung für diese Art der Lohn- und Sozialpolitik bestand vor 1914 in dem wachsenden Einfluss der Sozialdemokratie und der Ausbreitung der freien (sozialdemokratischen) und christlichen Gewerkschaften, die in dieser Zeit zu Massenorganisationen wurden. Viele Fabriken fühlten sich machtlos angesichts der anschwellenden Gewerkschaftsbewegung. Aus diesem Grund engagierten sich die Farbenfabriken im Frühjahr 1900 bei der Gründung des Verbandes von Arbeitgebern im bergischen Industriebezirk, zu dessen Vorsitzenden Carl Duisberg wiederholt gewählt wurde: «Angesichts dieser Machtlosigkeit des Einzelnen gegen den Ansturm der vereinten, von berufsmäßigen, bezahlten Agitatoren geleiteten Lohnarbeiter erscheint der Zusammenschluß der Unternehmer als eine durch die Notwehr gebotene Selbstverteidigung. Diese Abwehr erweist sich als besonders dringend, weil heutzutage die Ausstandsbewegungen ihren Entstehungsgrund nur selten in der augenblicklichen Unzufriedenheit der Arbeiter mit den Zuständen ihres eigenen Betriebes haben; viel häufiger ist die Erscheinung, dass die Ausstandsbewegungen von außen in die Arbeiterschaft hineingetragen, dass bei anscheinend friedlicher und ruhiger Sachlage den Arbeitern die Stellung maßloser Forderungen aufgezwungen wird, und dass die Bewegung vielfach gerade in solchen Betrieben ansetzt, die, mit ihren Einrichtungen und Lohnverhältnissen an erster Stelle stehend, eine Ausstandsmöglichkeit am wenigsten sollten vermuten lassen. Nicht Missstände in dem angegriffenen Betriebe sind die Ursache, sondern die bewegende Kraft liegt unverkennbar in der treibenden Wirksamkeit der gesamten Organisation. Denn wer wollte leugnen, dass diese Organisation, die dem einzelnen Arbeiter nicht unerhebliche Opfer in der Form von laufenden Beiträgen auferlegt, nur ihrem Selbsterhaltungstriebe folgt, wenn sie die Massen fortgesetzt in Gärung hält, die Unzufriedenheit schürt und die Begehrlichkeit immer weiter steigert; sie muß, um nicht auseinanderzufallen, Erfolge dartun und dem Arbeiter durch siegreiche Ausstände den Beweis liefern, dass die Organisation ihm etwas wert sein darf. Die nach Tausenden messende Zahl der Ausstände in den letzten Jahren spricht in dieser Hinsicht eine beredte Sprache.»[12] Die wachsende Bedrohung der so mühsam errungenen inneren Ordnung in den Betrieben durch den Organisationsegoismus der Gewerkschaften galt es, mit allen Mitteln zurückzuweisen – und genau diesem Zweck diente der bergische Arbeitgeberverband, den die ansonsten eher vereinigungsscheuen Farbenfabriken daher massiv unterstützten. «Liegen die Verhältnisse so, dass Ausstände ins Werk gesetzt werden ... mit dem Endziele, ... die natürliche Führerstellung des gewerbefleißigen Unternehmers zu erschüttern und statt ihrer die Herrschaft der politisierenden Arbeiterführer einzusetzen, dann tritt an die Arbeitgeber gebieterisch die Pflicht heran, sich zusammenzuschaaren (!) und solche Versuche mit vereinten Kräften zurückzuweisen.»[13]

Duisberg betonte in den kommenden Jahren mehrfach den defensiven Charakter der Vereinigung. Man bekämpfe «Machtansprüche», wolle «berechtigten Forderungen der Arbeitnehmer aber keineswegs im Wege»[14] stehen. Der Arbeitgeberverband sei kein Scharfmacher, sondern setze sich allein gegen die Ansprüche der Gewerkschaften zur Wehr. Und in der Tat traten die bergischen Arbeitgeber auch nicht der 1904 gegründeten Hauptstelle der deutschen Arbeitgeberverbände bei, die der Schwerindustrie nahestand, obwohl man an der Gründungsversammlung noch teilgenommen hatte.[15] In Elberfeld wünschten die leitenden Herren zwar einen reichsweiten Zusammenschluss der Arbeitgeber, lehnten aber jede Verquickung sozialpolitischer Fragen «mit Fragen der allgemeinen oder

Wirtschaftspolitik» grundsätzlich ab. Man wollte auf keinen Fall in das wirtschafts- und handelspolitische Fahrwasser der Schwerindustrie geraten.[16] Die bergischen Arbeitgeber beteiligten sich daher an der Gründung der Vereinigung der Arbeitgeberverbände (VdA), die dem nicht schwerindustriell orientierten Bund der Industriellen nahestand, auch wenn sie das Nichtzustandekommen einer einheitlichen Organisation durchaus bedauerten.[17]

Viele Industrielle, nicht zuletzt Carl Duisberg, glaubten, in der Auseinandersetzung mit den Gewerkschaften allein, insbesondere ohne Hilfe des Staates dazustehen. Beurteilt man die Rolle des Staates in den sozialen Konflikten vor 1914 aus heutiger Sicht, war das eine geradezu groteske Fehleinschätzung.[18] Für Duisbergs Urteil war aber das konkrete Handeln des Staates ausschlaggebend, und dieser bemühte sich seit den 1880er Jahren gleichzeitig um eine umfassende soziale Sicherung wie um eine Regelung der industriellen Beziehungen, die den Mitsprachewünschen der Arbeiterschaft zumindest punktuell entgegenkam.[19] Insbesondere die öffentlichen und staatlichen Reaktionen auf die großen Bergarbeiterstreiks von 1889 und 1905,[20] die jeweils direkt oder indirekt zu Gesetzesänderungen und einer Ausdehnung von betrieblichen Mitsprachemöglichkeiten geführt hatten, waren in den Augen von Carl Duisberg eindeutige Achsverschiebungen zu Lasten der Unternehmen. «Dies alles in einem Lande, dessen Industrie in sozialpolitischer Fürsorge die unbestrittene Führerschaft der Welt besitzt, dessen steigender Wohlstand unbedingt in erster Linie der Tatkraft und Unternehmungslust seiner Industriellen zu verdanken ist.» Die Staatsverwaltung habe «durch ihr Vorgehen die öffentliche Meinung mitgerissen, die Begehrlichkeit der Arbeitermassen geweckt, die Streiklust allerwärts ermuntert und eine Sachlage geschaffen, die niemanden befriedigt und ihr seitens der sozialistischen Presse nur Hohn und Spott eingetragen hat».[21] Die große Rolle, die Duisberg den Arbeitgeberverbänden zumaß, erklärt sich vor diesem Hintergrund: «Es gibt nichts, was in höherem Maße als diese Erfahrungen bei der Arbeitgeberschaft die Erkenntnis befestigen könnte, dass sie in dem Entwickelungskampfe zwischen Unternehmern und Lohnarbeitern weder von der Gesellschaft noch von den gesetzgeberischen Gewalten auf Unterstützung zu rechnen hat, dass sie vielmehr auf sich selbst angewiesen ist und in einer immer innigeren und weitergreifenden Vereinigung ihr Heil suchen muß.»[22] Nur so könne dem «immer unerträglicher werdenden Terrorismus der Gewerkschaften endlich ein Damm» entgegengesetzt werden, so könne man vielleicht «den Eroberungszug der Sozialdemokraten wenn nicht aufhalten, so doch in seinen schlimmsten Auswüchsen bekämpfen und unschädlich machen».[23] Daher musste es vom Kampfverhalten der Arbeitgeber selbst abhängen, was die Zukunft bringen würde. Für das Wuppertal jedenfalls bewährte sich der Arbeitgeberverband; die Erfolge der Streikbewegungen dort gingen nach der Bildung des Verbandes deutlich zurück.[24]

***

Dass es im Werk in Leverkusen vor dem Ersten Weltkrieg keinen einzigen großen Streik gab, betrachtete Duisberg stets als Erfolg seiner Strategie: Konzessionslosigkeit im Konflikt, Entgegenkommen in der Kooperation. Der sog. Handwerkerausstand von 1904 bedeutete trotzdem eine Zäsur, auch wenn der eigentliche Streik, der sich auf der Basis von Forderungen aus einzelnen Werkstätten unter dem Einfluss der Gewerkschaften zu einem generellen Facharbeiterausstand auszuweiten drohte, rasch niedergeschlagen war.[25] Bei den Metallarbeitern war es seit längerem zu Unruhen gekommen, die sowohl mit der relativ starken Stellung dieser Arbeitergruppe beim Aufbau Leverkusens wie mit den Versuchen von SPD und Metallarbeiterverband zusammenhingen, in den Farbenfabriken Fuß zu fassen. Während die eigentlichen Chemiearbeiter ihre Konflikte vorwiegend über die Fluktuation individuell lösten und der Fabrikarbeiterverband einflusslos blieb, setzte der Metallarbeiterverband seine Hoffnung auf die Facharbeiter und deren Berufsstolz.[26] Duisberg suchte das Gespräch mit den unzufriedenen Arbeitern, doch gab es nach seinem Eindruck gar keine konkreten Forderungen, denen das Werk hätte nachkommen können. Da die Arbeiter im Kern nur wenig vorzubringen hatten, verlangte er von ihnen, durch Unterschrift zu bestätigen, dass es nichts zu beanstanden gebe. Die Masse der betroffenen Arbeiter folgte Duisbergs Aufforderung; lediglich 13 Metallarbeiter verweigerten ihre Unterschrift. Als daraufhin die sozialistischen und liberalen Metallarbeiterverbände vor dem Werkstor zum Streik aufriefen, reagierte Duisberg hart und ließ folgenden Aushang aufhängen: «Da in einer am Montag Abend stattgehabten Versammlung der beiden Gewerkschaften des ‹Deutschen Metallarbeiter-Verbandes› und des ‹Deutschen Gewerkvereins der Maschinenbau- und Metallarbeiter (Hirsch-Duncker)› die Sperre über unsere Fabrik verhängt und uns damit der Krieg erklärt worden ist, so können wir selbstverständlich Angehörige dieser beiden Gewerkschaften in unseren Fabriken nicht mehr dulden und fordern alle Mitglieder derselben auf, sofort ihren Austritt aus diesen Gewerkschaften zu nehmen oder die Arbeit bei uns einzustellen.»[27] Daraufhin trat eine größere Anzahl Arbeiter aus den Farbenfabriken aus bzw. in den Streik; von bis zu 1000 Arbeitern ist in verschiedenen Quellen die Rede. Ein richtiger Streik kam aber gar nicht erst zu Stande, da es im strengen Sinne keine Forderungen gab.[28] Die Organisationen bildeten zwar eine Streikleitung und suchten den Konflikt auszuweiten, doch ohne großen Erfolg: «Was den Streik betrifft, so glaube ich zuversichtlich, dass wir ihn gewonnen haben. Man hat sich bemüht, ihn von Leverkusen aus nach hier zu verpflanzen, aber vergeblich. Die Streikleitung und die sozialdemokratische Presse wetteifern miteinander, Lügen zu verbreiten und unsere Arbeiter aufzuhetzen. Dass sich die Hauptangriffe jetzt, wo man zugeben muss, verloren zu haben, gegen mich richten, kannst Du Dir denken», schrieb Carl Duisberg am 11. August 1904 aus Elberfeld an Carl Gamp. «Jeden Schlag, den die Organisationen gegen uns führen, suche ich mit wuchtigen Keulenhieben zu parieren. Gestern abend hat man in einer schwach besuchten Versammlung der Streikenden in Leverkusen beschlossen, die noch in der Fabrik im Interesse der Organisation tätigen Mitglieder und Agitatoren sollten nun rücksichtslos auf die Arbeitswilligen einzuwirken suchen. Meine Antwort ist der in einem Exemplar beiliegende Erlaß, der heute Mittag jedem unserer Leverkusener Arbeiter zugeht. Damit betrachte ich im wesentlichen unsere Tätigkeit auf diesem Gebiete für erledigt.»[29] Duisbergs Erlass war simpel: Wer wieder in die Fabrik wollte, musste durch Unterschrift zusichern, dass er «zur Zeit keiner der obengenannten Gewerkschaften und Verbände angehöre und auch, solange ich in den Farbenfabriken arbeite, denselben nicht beitreten werde».[30] Von den seinerzeit etwa 3000 Beschäftigten in Leverkusen unterzeichneten nur zwölf die Erklärung nicht. Sie wurden entlassen und auch später nicht wieder eingestellt, ebenso wie die insgesamt etwa 480 Metallarbeiter, die wegen des Konfliktes das Werk verlassen hatten, durch Neuanwerbungen ersetzt wurden. Die Farbenfabriken schlossen darüber hinaus für die Zukunft alle Mitglieder von Gewerkschaften, die der Fabrik «den Krieg erklärten», von der Beschäftigung aus. Neu eintretende Arbeiter hatten einen entsprechenden Revers zu unterschreiben.[31] Der Konflikt endete so mit einer geradezu kompletten Unterwerfung der Belegschaft unter «König Carl», wie ihn später die in Solingen erscheinende sozialdemokratische «Bergische Arbeiterstimme» zu titulieren pflegte. Duisberg war stolz auf sich: «Wenn nur jeder Arbeitgeber in gleicher Weise, wie wir es getan haben, niemals offensiv, sondern stets defensiv, aber schneidig und energisch vorgehen wollte, würde mancher als verloren zu betrachtende Streik gewonnen werden.»[32]

Duisberg traf damit durchaus ins Schwarze. In der Tat war der Konflikt nicht von der Werksleitung ausgegangen. Nur, was er als «defensiv» und «schneidig» zugleich deutete, bestand darin, dass die Farbenfabriken die Eskalationsspirale von sich aus so weiterdrehten, dass die Gegenseite kaum mithalten konnte. Ihre Versuche blieben jedenfalls hilflos angesichts der Wucht der Duisbergschen «Keulenhiebe». Diese waren möglich, weil 1904 die Bedingungen günstig waren, Gewerkschaften und Sozialdemokratie fehlte es an Rückhalt in der Leverkusener Belegschaft.[33] Insofern war Duisbergs Handeln auch keineswegs Folge einer Art ungezügelten Kampfinstinkts, sondern genau kalkuliert. Diese Kälte war offenbar selbst Carl Gamp ein wenig unheimlich, der sich um die entlassenen Arbeiter und ihr Schicksal sorgte.[34] Duisberg ließ das nicht gelten: Die Mehrzahl der Streikenden gehöre zu den unverheirateten Arbeitern, «welche noch nicht ein Jahr bei uns tätig waren (ca. 85 %). Nur wenige ältere Arbeiter haben sich dem Vorgehen der jungen angeschlossen. … Bis jetzt ist nur die Frau eines einzigen älteren Arbeiters an mich herangetreten, um Gnade für ihren Mann zu erbitten. Da er einer der Hauptführer war, habe ich ihn persönlich gefragt, er will aber von einer Wiedereinstellung nichts wissen. Wollten wir allgemein, wie es ja sonst bei Streiks üblich ist, die Streikenden, welche reumütig zurückkehren, wieder aufnehmen, so müsste der Streik länger angedauert und für die Streikenden unangenehmere Folgen gehabt haben, als dies jetzt bei uns der Fall ist. Die meisten derselben sind entweder, wenn sie unverheiratet waren, sofort von den Organisationen nach anderen Ortschaften abgeschoben worden, oder die verheirateten haben bei dem großen Arbeitermangel, der zurzeit hier immer noch besteht, und bei der geringen Ausbreitung von Arbeitgeberverbänden Stellung gefunden.» Duisberg beunruhigte daher weniger das Schicksal der Entlassenen als vielmehr der öffentliche Eindruck, der entstehen konnte, wenn der Streik in Leverkusen und seine harte Haltung Gegenstand größerer Debatten werden sollten. Daher verfasste er eine minutiöse Darstellung des Streikes: «Sollte, was nicht unmöglich ist, der Streik im Reichstag von sozialdemokratischer Seite zur Sprache gebracht werden, so steht Dir selbstverständlich alles erforderliche Material zur Verfügung.»[35]

Trotz der Unterdrückung des Streiks und der Verfolgung der Gewerkschaften zeigte Duisberg sich zu Anpassungen und Korrekturen fähig, ein sicheres Zeichen dafür, dass er funktionsfähige industrielle Beziehungen nie aus dem Auge verlor. Die Forderungen der Arbeiter hatten offengelegt, dass die Lohnpolitik in der Tat weitgehend unkoordiniert ablief und

Ungerechtigkeiten nicht ausgeschlossen werden konnten. Duisberg reagierte hierauf, für ihn überaus typisch, mit organisatorischer Anpassung. «Zur Behandlung der damaligen Unruhen wurde auf Ihre Veranlassung ein sogenannter Ausschuß für Arbeiterangelegenheiten – später Fabrikkontor-Ausschuß genannt – ins Leben gerufen, der aus Herren der einzelnen Betriebsabteilungen zusammengesetzt, die ihm gestellte Aufgabe zur Zufriedenheit löste.»[36] Die Aufgabe dieses Ausschusses bestand in der Koordinierung der betrieblichen Lohnpolitik, da es offensichtlich zu riskant geworden war, diese ganz der Autonomie der Betriebe zu überlassen. Im Anschluss an den Streik intensivierten die Farbenfabriken auch ihre sozialpolitischen Maßnahmen.[37] Zu den bereits existierenden Stiftungen und Vereinigungen traten neue hinzu; insbesondere suchte Duisberg durch die Gründung von kleinen, werkstatt- oder betriebsbezogenen Berufsvereinigungen eine engere Loyalitätsbindung zwischen den Betrieben und ihren Beschäftigten herzustellen. All das musste freilich eine Werksangelegenheit bleiben. Selbst wirtschaftsfriedliche Verbände, die sog. gelben Gewerkschaften, waren nicht nach Duisbergs Geschmack. Als ihm Max Delbrück 1910 den Vorteil solcher Verbände nahelegte, antwortete er, diese seien nur dort sinnvoll, wo die «roten Brüder» großen Schaden angerichtet hätten. «In unseren Fabriken ist das zurzeit noch nicht der Fall, weil wir auf dem ganz primitiven Standpunkt stehen, daß es besser ist, die Arbeiter koalieren sich überhaupt nicht, als wenn sie sich den industriefeindlichen Gewerkschaften, ob rot oder christlich, das ist bekanntlich einerlei, anschließen. Wir tun trotzdem unsere Pflicht und mehr als das, und unsere Arbeiter fühlen sich bei diesem Ausnahmezustand so wohl, daß uns Arbeiter, welche unter dem Terrorismus der Gewerkschaften gelitten haben, direkt zuströmen.»[38]

Alles, was gegen unabhängige Gewerkschaften hilfreich sein konnte, war Duisberg recht. Er dünkte sich damit so erfolgreich, dass er behauptete, das zeitweilige Abflauen der Streiks nach 1905 sei eine direkte Folge des energischen Durchgreifens der Arbeitgeber. Auch meinte er 1906, einen Umschwung der öffentlichen Meinung zu erkennen, und stellte mit Befriedigung fest: «Das eine Gute haben die an revolutionäre Kundgebungen streifenden Vorkommnisse gehabt, dass unsere öffentliche Meinung, die unbegreiflicherweise zur Zeit des Bergarbeiterstreiks eine der Arbeitgeberschaft geradezu feindselige war, durch die Erfahrungen des letzten Jahres gewitzigt, einen völligen Umschwung durchgemacht und trotz der von unverbesserlichen Optimisten und Theoretikern auf der Mannheimer

Generalversammlung des Vereins für Sozialpolitik (!) eingenommenen Stellung sich zu einer sachlicheren und gerechteren Auffassung der Dinge bekehrt hat. Allmählich bricht sich die Überzeugung Bahn, dass die großen Massenaussperrungen des letzten Jahres nicht ein frivoles Kampfmittel waren, um die Arbeiterorganisationen auseinander zu sprengen, sondern dass sie den letzten, die eigenen Interessen aufs äußerste gefährdenden Notbehelf bildeten, um die geradezu übermütigen Angriffe, mit denen die Gesamtheit der gegnerischen Organisation die einzelnen Glieder der Industrie nacheinander zu vernichten trachtete, wirksam zu bekämpfen. Schließlich müssen doch auch den Blödesten die Augen darüber aufgehen, dass die fortgesetzten Beunruhigungen und Erschütterungen unserer Industrie die Wohlfahrt des ganzen Landes in Mitleidenschaft ziehen, und dass es der Trieb der Selbsterhaltung verlangt, endlich durchgreifende Maßregeln zu treffen, um den unerträglichen Terrorismus der Gegner gebührend in die Schranken zu verweisen.»[39]

***

Die Farbenfabriken handelten entsprechend. Als in ihrer Niederlassung in Flers in Nordfrankreich 1909 ein Streik ausbrach, war man über das Verhalten der dortigen Direktion, die dazu riet, den Streikenden nachzugeben, geradezu entsetzt. In Flers hatten die Arbeiter im April 1909 höhere Löhne und verbesserte Arbeitsbedingungen gefordert und waren, nachdem die dortige Direktion die Forderungen zurückgewiesen hatte, unter Tumulten und Handgreiflichkeiten in den Streik getreten. Die Direktion wollte sich nun in einer Art Schlichtung mit der Arbeiterschaft verständigen, wofür sie in Elberfeld um Unterstützung nachsuchte. Der Elberfelder Vorstand, genauer Friedrich Bayer jun. und Carl Duisberg, reagierten in einem Grundsatzschreiben vom 29. April 1909, das Duisbergs Handschrift trug, empört.[40] Die Kompromissbereitschaft der Direktion in Flers war aus Elberfelder Sicht völlig unverständlich: «Ja, wenn Sie diesen Standpunkt heute vertreten, warum haben Sie es dann so weit kommen lassen? Warum haben Sie dann nicht schon sofort nachgegeben? Warum wollen Sie den Arbeitern nunmehr derartig den Rücken stärken, daß sie nach kurzer Frist neue Forderungen stellen und erneut zu streiken anfangen?» In den Augen von Fritz Bayer und Carl Duisberg war das Nachgeben eine einzige Dummheit: «Nein, meine Herren, das geben wir hier, die wir Erfahrung auf diesem Gebiet besitzen, die wir schon Dutzende Streiks[41] geleitet und noch keinen einzigen verloren haben, noch kein einziges Mal einen Vermittler zuließen, nicht zu. Zu solcher blamablen Vermittlung erhalten Sie unsere Zustimmung nun und nimmermehr.» Anstatt feige nachzugeben, solle man sich in Flers lieber ein Beispiel an der harten Haltung im Fall des Leverkusener Handwerkerstreiks nehmen. «Wenn auch die Verhältnisse im Norden Frankreichs anders liegen, wenn wir auch dort als Deutsche Gäste der Franzosen sind, wenn auch jeder Streik sein eigenes Gepräge hat und anders behandelt werden muß, wenn auch Ihr Streik direkt nicht zu vergleichen ist mit dem unsrigen vor 7 Jahren, so werden Sie doch daraus (aus der mitgesandten, von Carl Duisberg verfassten Broschüre zum Streik in Leverkusen[42], W. P.) entnehmen, wie wir über Streik denken, wie wir dabei verfahren, und daß wir nicht zu unterliegen, sondern zu siegen gewohnt sind, noch dazu in dem vorliegenden Falle, wo wir unsere Kunden direkt von hier und indirekt durch die I.-G. Firmen bedienen können, wo es sich lediglich um eine Geldfrage handelt, und Geld in Streikfragen überhaupt keine Rolle spielen darf.»

Da war es deutlich ausgesprochen. Es ging Duisberg nicht um Geld, sondern jeder Streik war für ihn eine Machtfrage, eine Auseinandersetzung um die Handlungsautonomie der Direktion.[43] Da gab es kein Zurückweichen, auch wenn klar war, dass einer guten Unternehmensleitung eigentlich keine Eskalation unterlaufen durfte: «Sie werden aber auch daraus ersehen, daß man rechtzeitig Vorkehrung treffen muß, um es nicht zu einem Totalstreik kommen zu lassen, daß man Fühlung mit seinen Arbeitern haben und behalten muß, um rechtzeitig vorher inbezug auf Lohn, inbezug auf Prämie, inbezug auf Arbeitszeit sich den Wünschen und Bedürfnissen der Zeit und des Ortes, an dem man lebt, anzupassen. In dieser Beziehung scheinen Sie im Großen und Ganzen nicht die erforderliche Vorsicht geübt zu haben. Denn, wenn Sie jetzt den Stundenlohn in Tagelohn umwandeln, wenn Sie Überstunden mit 10 % höher bezahlen, wenn Sie die Löhne erhöhen und sich sogar in die Zwangsjacke der schematischen Normierung des Lohns hineinbegeben wollen, warum haben Sie das nicht alles vorher vorgeschlagen und mit uns zu vereinbaren gesucht? Das allerfaulste aber an Ihren Vorschlägen, und das hat uns geradezu erschrocken, ist die Ungewißheit, in der Sie noch bezüglich der Hauptführer und gar der Attentäter schweben. Sie wissen jetzt noch nicht einmal, ob Sie die Hauptführer ausschließen und diejenigen, die unsere Beamten angegriffen haben, entlassen sollen. Das fehlte uns noch gerade, daß wir die Brandstifter im eigenen Hause beherbergen. Unterstehen Sie sich nur nicht, uns noch einmal mit einem solchen Gedanken zu kommen, wir kommen sonst zu Haufen nach dort und bringen Ihnen einmal bei, wie man mit Streikenden umzugehen hat.»

In Elberfelder Augen hatte die Werksleitung in Flers komplett versagt. Eine Unterstützung durch Elberfeld kam daher nicht in Frage; im Gegenteil forderte man die Direktion in Flers unmissverständlich auf, nach dem Muster der bisherigen Konflikte in Elberfeld und Leverkusen Härte zu zeigen: «Aus dem obigen ersehen Sie zur Genüge, wie wir über Ihre Vorschläge denken, und wir bitten Sie dringend, dafür zu sorgen, daß sobald als möglich nach dem 1. Mai die Fabrik auf die eine oder andere Weise wieder in Betrieb kommt, sei es auch, daß Sie persönlich mit Ihren Beamten den Dampfkessel heizen und die Maschinen in Betrieb setzen lassen. Aus allen Öffnungen, wo Dampfrohre sichtbar, muß Dampf herauskommen, und Sie müssen alle Mühlen und Lärm machende Apparate in Betrieb setzen, selbst wenn kein einziger Arbeiter in der Fabrik ist. Arbeitswillige müssen Sie suchen in der Fabrik selbst unterzubringen, zu beköstigen und zu logieren und alles tun, um Streikbrecher, selbst wenn es die unfähigsten Leute sind, einzustellen. … Wenn Sie dann wieder langsam zu arbeiten anfangen und am besten keinen einzigen der früheren Arbeiter mehr einstellen, dann dürfen Sie unter keiner Bedingung an den Arbeitsbedingungen in der ersten Zeit etwas ändern, sondern Sie müssen verlangen, daß diese voll und ganz in der früheren Weise aufrecht erhalten bleiben. Nur inbezug auf den Lohn haben Sie plaine pouvoir und Sie müssen hier, aber ohne Lohnskalen und schematische Lohnsteigerungen vorzugehen suchen.»

Das Schreiben tat seine Wirkung. Die Direktion in Flers suchte die Konfrontation mit der Arbeiterschaft und war damit erfolgreich. Nun forderte Duisberg nachdrücklich, die Gunst der Stunde zu nutzen: «Sie haben jetzt gesehen, wie recht es war, daß wir Ihnen den Rücken stärkten. Sie haben aber jetzt auch Ruhe, wenn Sie den erzielten Erfolg voll und ganz ausnutzen. Also unter keiner Bedingung irgendeinen der Hetzer oder Attentäter begnadigen und in die Fabrik aufnehmen. Wenn möglich auch, sollten Sie alle Organisierten ausschließen, oder, wenn dieses nicht durchführbar ist, wenigstens keine solche Arbeiter dulden, welche sich als Organisatoren aufspielen. … Dafür aber, wenn Sie diese Taktik durchführen wollen und können, müssen Sie dann zukünftig sich mehr, als es bisher der Fall gewesen ist, um Ihre Arbeiter kümmern. … Es hat aber auch gar keinen Zweck, in Lohnfragen dem ortsüblichen Lohn allzu sehr vorauszueilen, sondern dieser muß die Richtschnur für Sie sein, wobei selbstverständlich hervorragend tüchtige Arbeiter wesentlich mehr als ungeschickte und faule bekommen, und sie im Durchschnitt den ortsüblichen Löhnen um 30 bis 50 Centimes voraus sind. Das müssen wir schon als Deutsche tun, das müssen wir machen, weil wir eine Farbenfabrik sind, das muß geschehen, weil unsere Arbeiter der Außenwelt gegenüber wenigstens schmutzigere Arbeit als in Webereien und Färbereien auszuführen haben.»[44] Wieder wurde erkennbar, dass es Duisberg nicht ums Geld ging, zumal der Lohnkostenanteil an den Gesamtkosten in der chemischen Industrie ohnehin niedrig war. Ihm ging es um die richtige Art der Unternehmensführung und um die eigene Handlungsautonomie, die er aber stets an das funktionierende Unternehmen zurückband. Es war kein abstrakter Herr-im-Hause-Standpunkt, sondern das Konzept einer zugleich der Fabrik wie den Arbeitern dienenden disziplinären Harmonie. Folgerichtig schärfte er Hassencamp, dem Direktor in Flers, ein: «Mehr aber noch als das, Sie müssen auch, so weit es durchführbar und angezeigt ist, Wohlfahrtspflege üben. Lesen Sie deshalb das Ihnen separat zugehende Merkbuch eingehend durch und teilen Sie uns bald einmal mit, welche von den von uns getroffenen Wohlfahrtseinrichtungen Sie eventuell auch für die dortigen Verhältnisse passend halten. Wir wollen dann hier überlegen, was wir auch nach der Richtung hin tun können.»

***

Zur Streikvorbeugung und Konfliktvermeidung zählte auch die sich seit den 1890er Jahren grundlegend wandelnde betriebliche Sozialpolitik, die neben der Gestaltung der Löhne und Arbeitsbedingungen ein weiterer Kernbestandteil der Produktivitätspolitik des Unternehmens wurde. Die Farbenfabriken vorm. Friedr. Bayer & Co. waren zwar bereits seit den 1880er Jahren der größte Industriebetrieb im Wuppertal. Die betriebliche Sozialpolitik der Farbenfabriken war im Rahmen dieser Expansion auch umfangreicher geworden, bewegte sich aber lange in den hergebrachten Bahnen der gerade im Wuppertal ausgeprägten, patriarchalisch orientierten Wohlfahrtspolitik. Henry Theodor Böttinger war Vorstandsmitglied im Elberfelder Verein für Gemeinwohl, einem auf Initiative des Düsseldorfer Regierungspräsidenten in den 1880er Jahren gegründeten Vereins, der der Sozialdemokratie das Wasser abgraben sollte. Dieser Verein betrieb «Volkskaffeehäuser», organisierte einen Arbeitsnachweis, unterstützte den Bau von Erholungsheimen und Krankenanstalten, setzte sich für den Bau von Arbeiterwohnungen ein, bekämpfte den Alkoholismus und forderte seine Mitglieder, zu denen alle führenden Industriellen des Wuppertals zählten, zu einer umsichtigen betrieblichen Lohn- und Sozialpolitik auf.[45] Das alles stand noch ganz in der Tradition (bevormundender) Wohlfahrtsförderung, die mit den Problemen, mit denen sich Carl Duisberg namentlich in Leverkusen konfrontiert sah, nur sehr bedingt zu tun hatte. Duisberg betrachtete die betriebliche Sozialpolitik bereits aus einer ganz anderen Perspektive, die den Wohlfahrtsgedanken nicht negierte, aber doch zur funktionalen Ergänzung eines an der Arbeitsproduktivität orientierten Ansatzes machte. Die umfangreichen Wohlfahrtsaktivitäten des Vereins dürften Duisberg gleichwohl beeindruckt haben, denn die später in Leverkusen entwickelte Organisation des Soziallebens in den dortigen Arbeitersiedlungen, in dem sich ästhetische, ethische und pragmatische Gesichtspunkte verbanden, war ganz von dem Denken geprägt, das die ältere christliche Wohlfahrtspolitik im Wuppertal bestimmt hatte.

In einer bezeichnenden Auseinandersetzung mit seinem alten Lehrer Julius Pierstorff, zu dem Duisberg auch nach seiner Jenaer Zeit den Kontakt aufrechterhalten hatte, wird deutlich, worum es ihm in Fragen der Sozialpolitik ging. Von Pierstorff mit dem Ansatz Ernst Abbes konfrontiert, der bereits in den 1890er Jahren in Jena die Optische Werkstätte Carl Zeiss in einer seinerzeit aufsehenerregenden Weise sozial organisiert hatte (mit Achtstundentag, Kündigungsschutz, Urlaubsgeld etc.)[46], erklärte Duisberg seine eigenen Vorstellungen. Er war von Abbes Weg einer umfassenden freiwilligen Sozialpolitik und relativ großer Mitspracherechte der Belegschaft durchaus angetan, nur hielt er dessen Konzept nicht für verallgemeinerbar: «Ich glaube kaum, dass Professor Abbe auf dem von ihm betretenen Wege Nacheiferer finden wird, um so weniger, als in wenigen Fabriken die Verhältnisse ähnlich wie bei ihm liegen, wo ich möchte fast sagen, die Tagelöhner gegenüber den Handwerkern beziehungsweise Feinmechanikern derartig in den Hintergrund treten, dass jene Feinmechaniker arbeitstechnisch und kulturell fast höher stehen, wie viele kaufmännische und technische Beamte, bei uns wenigstens in der chemischen Industrie liegen die Verhältnisse wesentlich anders.»[47] Gleichwohl tue man viel in der chemischen Industrie, insbesondere für die Chemiker, aber auch für die immer zahlreicheren Arbeiter. Ziel sei es, die wichtigen Beschäftigtengruppen an das Werk zu binden, die Fluktuation einzuschränken und die Arbeitsproduktivität hoch zu halten. Die betriebliche Sozialpolitik der Farbenfabriken müsse den spezifischen Bedingungen in der chemischen Industrie und da wiederum den Leverkusener Verhältnissen angepasst sein. Pierstorff fand das auch ganz in Ordnung, bemängelte aber das «geringe Mass der Selbständigkeit, das den Arbeitern bei der Verwaltung der Wohlfahrtseinrichtungen eingeräumt worden ist». Er sei vielmehr «der Überzeugung, dass bei weniger weitgehender Bevormundung in erzieherischem Wert die Einrichtungen wesentlich gewinnen würden».[48] Das mochte

Duisberg nicht auf sich sitzen lassen: «Derartige Fragen lassen sich meines Ermessens nicht ohne Kenntnis der lokalen Verhältnisse richtig beurteilen. Wir stehen hier als Fabrikanten in einem dauernden Kampf mit der Sozialdemokratie und den Arbeiter-Organisationen. Pflicht der Selbsterhaltung für uns ist es, jegliche Agitationen aus der Fabrik fernzuhalten. Wollten wir aber die Ausschüsse für die verschiedenen Wohlfahrtseinrichtungen durch eine Majoritätswahl billigen lassen, so würden wir die besseren Elemente, welche nicht der sozialdemokratischen Partei angehören, von der Beteiligung an unseren Wohlfahrtseinrichtungen fernhalten und auch einen Agitationsstoff in die Arbeiterschaft hineinwerfen, der für uns verhängnisvoll werden könnte.»[49] Duisberg blieb für Anregungen aber offen und bat den Sozialpolitiker Pierstorff auch um Personalempfehlungen für den Verband der Arbeitgeber im Bergischen Land.[50] Professorale Bevormundung ließ Duisberg sich allerdings nicht gefallen. Als Pierstorff nach der Mannheimer Tagung des Vereins für Socialpolitik im Oktober 1905 einen Besuch in Elberfeld absagen musste, klang in Duisbergs Schreiben zwar Bedauern durch, aber in der Sache war er unmissverständlich: «Damit man uns Fabrikanten und Industrielle nicht sozialpolitisch totschlägt, wird es wohl notwendig sein, dass man demnächst an den Versammlungen dieses für meinen Geschmack etwas merkwürdigen Vereins der Herren vom grünen Tisch teilnimmt.[51] Diese Herren kennen die Menschen nur aus dem Verkehr mit ihresgleichen und aus den Büchern, stehen aber dem Volk, wie es leibt und lebt, leider allzu fern.»[52] Und an anderer Stelle wies er die Attitüde der akademischen Sozialpolitik, im Gegensatz zur Industrie für die Belange der Arbeiterschaft offen zu sein, vehement zurück: «Ich bilde mir ein, dass ich auch mit sozialem Öl gesalbt bin; allerdings betreibe ich praktische Sozialpolitik, während die Herren es nur mit dem Munde tun.»[53]

Die betriebliche Sozialpolitik, wie Duisberg sie sah, konnte nur gelingen, wenn die durch sie ermöglichten Leistungssteigerungen ihre Kosten mehr als ausglichen. Der Schlüssel hierfür war ihre Orientierung an der Entwicklung der Arbeitsproduktivität beziehungsweise an der Ertragslage des Unternehmens. Mit dem wirtschaftlichen Erfolg der Farbenfabriken seit den 1890er Jahren stiegen daher nicht nur die Löhne, die «Wohlfahrtspolitik»[54] zugunsten der Arbeiter und Angestellten nahm – gemessen sowohl an der Lohnsumme wie an den gesetzlichen Sozialaufwendungen – sogar überproportional zu.[55] Das hatte zweifellos auch mit den besonderen Bedingungen Leverkusens zu tun, das es als lebensfähigen Ort zunächst gar nicht gab, aber die Sozialpolitik der Farbenfabriken ging über die funktionalen Erfordernisse der Standortentwicklung deutlich hinaus.[56] Sobald es wirtschaftlich möglich war, wollte Duisberg mehr als nur eine funktionale Sozialpolitik. Seit den späten 1890er Jahren ging es der Leitung der Farbenfabriken auch um die Schaffung einer «Musterstätte der Arbeit». Denn die betriebliche Sozialpolitik lag Duisberg auch deshalb am Herzen, weil er in ihr seine Harmonie-, Ordnungs- und Schönheitsvorstellungen mustergültig zum Ausdruck bringen konnte. 1909 resümierte er die vergangenen Jahre und Jahrzehnte: «Getreu dem Ausspruch Alexander von Humboldts: ‹Die Pflicht ist der höchste Zweck der Sittlichkeit› war es mein ganzes Bemühen, der Wohlfahrtspflege für Beamte und Arbeiter, soweit es sich pekuniär rechtfertigen ließ, jedes Opfer zu bringen. Wie Sie gehört haben, war das in früherer Zeit ausgeschlossen. Erst mit der vor etwa 15 Jahren einsetzenden rapiden Entwicklung der Fabrik kamen wir in die Lage, auch nach dieser Richtung hin Gutes zu tun. Man kann einen tüchtigen Arbeiter- und Beamtenstamm nur dann heranziehen und erhalten, wenn man dafür sorgt, dass die Werksangehörigen nicht nur innerhalb der Fabrik gut aufgehoben und gut gestellt sind, sondern auch zu Hause ohne Not und Sorgen leben und sich dabei heiterm Lebensgenuß hingeben können. Unsere Aufgabe musste es daher sein, zuerst für Kranke und Schwache, für Witwen und Waisen zu sorgen, dann alle Einrichtungen der Erziehung und Bildung zu fördern und endlich auch der Geselligkeit Rechnung zu tragen, damit sich jeder unserer Angehörigen nach des Tages Last und Mühen, neben der Pflege der geistigen und körperlichen Entwicklung, auch der Erholung und der in Vereinen zu pflegenden Gemütlichkeit hingeben könne. Viel ist auf diesem Gebiet geschehen, wie jeder weiß, der unsere diesbezüglichen Einrichtungen aller Art kennt, aber manches bleibt noch zu tun übrig. Ich bin mir bewusst, dass die Bahn, die wir nach dieser Richtung eingeschlagen und der Weg, den wir beschritten haben, nicht in die Irre führt, sondern uns, unseren Werksangehörigen und damit unserem ganzen Unternehmen zum Segen gereichen wird. Ließe es sich durchführen, so sorgte ich in erster Linie dafür, dass jeder Beamte und jeder Arbeiter unserer Fabrik neben einer guten, gesunden und schönen Wohnung eine wohlerzogene brave und sparsame Frau hätte. Das wäre mehr als das, was Heinrich IV. seinen Untertanen wünschte: ein gebratenes Huhn im Topf zu haben.»[57] Hinter allem Pragmatismus steckte, das zeigen diese Worte zu seinem 25-jährigen Geschäftsjubiläum, eine fast kleinbürgerlich anmutende Harmoniesehnsucht, aus der sich Duisberg selbst überhaupt nicht ausschloss. Seine eigenen Idealvorstellungen wichen von der hier skizzierten Idylle ja keineswegs ab: Arbeit, ein schönes Heim, eine fröhliche Familie, Erholung und Erbauung – damit ließe sich, wenngleich auf einem anderen materiellen Niveau, auch Duisbergs Leben beschreiben.[58] Diese keineswegs zufällige Parallelität ist stets zu berücksichtigen, wenn man Duisbergs Reden betrachtet. Er wollte für die Beschäftigten der Farbenfabriken letztlich nichts anderes als für sich selbst – und er glaubte, dies könne man am besten erreichen, wenn niemand von außen, der von der Sache nichts verstehe, in die Welt des Unternehmens hineinregierte.

Der staatlichen Sozialpolitik gegenüber blieb Duisberg daher skeptisch, ja, er reagierte auf ihren weiteren Ausbau (Angestelltenversicherung) in den Jahren vor dem Ersten Weltkrieg ablehnend: «Man hat auf allen Seiten der bedrückten Lage, in der sich die Klasse der arbeitenden Bevölkerung befand, Rechnung getragen und mit staatlichen und privaten Mitteln Abhilfe verschaffen», bemerkte er 1907 vor der Hauptversammlung des Vereins Deutscher Chemiker: «Ja, man möchte sagen, dass nach dieser Richtung hin fast zu viel oder in zu schnellem Tempo geschehen ist und geschieht. Überall ist man bemüht, die Staatshilfe an die Stelle der Selbsthilfe, die fast ganz ausgeschaltet ist, zu setzen.»[59] Und nur ein knappes Jahr später, mitten in der konjunkturellen Depression des Jahres 1908, wurde er noch deutlicher. Wenn die Krise in Deutschland schwerer ausfalle und womöglich länger dauere als in anderen Ländern, dann dürfe man sich nicht wundern: «Wir haben etwas die alte Wahrheit vergessen, dass die Bäume nicht in den Himmel wachsen. Unsere Entwickelung, auch in sozialpolitischer Beziehung, ist allzuschnell vor sich gegangen. Wir sind den anderen Nationen hierin allzusehr vorangeeilt. Wir haben in unserem idealen Streben etwas den realen Boden unter den Füßen verloren und sind der Sonne allzuschnell nahe gekommen. Da läuft man stets Gefahr, abzustürzen. ‹Festina lente› muß unseren Politikern häufiger zugerufen werden. In unserem politischen Leben mit seinen vielfältigen Zerklüftungen, Spaltungen und Zersplitterungen der Parteien haben wir, den anderen Nationen vorauseilend, eine fieberhafte gesetzgeberische Tätigkeit entfaltet und durch allzu weitgehende Unterstützung und allzu schnelle Hebung des vierten Standes, vielfach auf Kosten des jetzt notleidenden Mittelstandes, Beunruhigung in alle erwerbenden Kreise gebracht.»[60]

Die Ablehnung der staatlichen Sozialpolitik setzte allerdings voraus, dass die Farbenindustrie selbst aktiv wurde, nicht zuletzt, um der öffentlichen Kritik an den Zuständen in der chemischen Industrie etwas entgegensetzen zu können. Vor dem Hansa-Bund erklärte Duisberg 1910: «Als Arbeitgeber leiden wir mit der gesamten deutschen Groß- und Kleinindustrie und dem Handwerk unter dem Streben aller politischen Parteien, auf dem Gebiet der Sozialpolitik einen Wettlauf um die Gunst der Massen zu veranstalten und immer neue Maßnahmen und Forderungen durchzusetzen, ehe das mit uns konkurrierende Ausland uns auch nur in den längst hinter uns liegenden Anfangsgründen der Sozialpolitik nachgefolgt ist. Dabei sind es weniger die pekuniären Belastungen, die uns drücken und über die wir klagen, als die Chicanen (!) und Polizeimaßnahmen aller Art, die man bei der Forderung freiheitlicherer Entwicklung der Arbeiter zur Kneblung und Kontrolle der bösen Arbeitgeber fordert. Man möchte am liebsten auf jeden Fabrikschornstein einen Polizisten oder Kontrolleur setzen. Man vergisst aber, dass heute schon jeder Arbeitgeber in seinem eigenen Interesse alles tun muß, um bei dem Mangel an tüchtigen und guten, sesshaften Arbeitskräften sich die Zufriedenheit seiner Angestellten zu sichern.»[61] Der Staat, insbesondere aber die Parlamente waren so gesehen sogar Hindernisse einer sinnvollen Entwicklung der betrieblichen Sozialpolitik, da sie mit ihren Zwangsvorschriften mehr zerstörten als gestalteten. Der kluge Unternehmer, so Duisbergs Überzeugung, brauche den Staat nicht; er würde schon aus Eigeninteresse richtig handeln. Das war, wenn auch die Maßnahmen beschränkt blieben, nicht ganz falsch. In der chemischen Industrie wurden die ersten systematischen Untersuchungen zur Umweltbelastung durch die Industrie durchgeführt, hier zeigte sich eine gewisse Bereitschaft, mit der Gewerbeaufsicht und den anderen staatlichen Stellen etwa in Fragen der Gewässerreinhaltung zu kooperieren, hier gab es auch die ersten Fabrikärzte Deutschlands.[62] All diese Maßnahmen waren aber nicht aus Altruismus ergriffen worden, sondern teils um den Klagen von Nachbarn, teils um möglichen staatlichen Regulierungen zuvorzukommen. Ein Beispiel mag das zeigen.

***

Nach einem schweren Unfall in Elberfeld im Frühjahr 1897, bei dem durch das Einatmen von Salpetersäuredämpfen mehrere Feuerwehrleute starben und zahlreiche verletzt wurden, wurde auch in den Farbenfabriken das Problem des Unfallschutzes, ja generell die Frage nach den gesundheitlichen Gefährdungen durch den Betrieb einer Chemiefabrik so akut, dass an grundsätzliche Lösungen gedacht werden musste. Klagen über Umweltbelastungen hatte es durch die Nachbarn der Elberfelder Fabrik und der anderen Fabrikstandorte immer gegeben, das war nichts Neues.[63] Die Mehrzahl der Einsprüche und Klagen wurde von den zuständigen Behörden zurückgewiesen, Auflagen kam das Unternehmen, wenn auch zögerlich, zumeist nach. Überdies zog man sich, wenn es nicht anders ging, mit Entschädigungszahlungen aus der Affäre.[64] Die Dramatik dieses Unfalls, der große öffentliche Beachtung fand, war jedoch eine ganz andere: «Leider muss ich Dir», schrieb Duisberg an Henry Theodor Böttinger, «heute einen ausserordentlich betrübenden Unglücksfall melden, der sich gestern beziehungsweise heute in der Fabrik ereignet hat, und von dem Du sicherlich schon morgen in den Zeitungen Näheres lesen wirst. Wie vor einem Viertel Jahr, so ist auch gestern Abend gegen ½ 9 Uhr von den auf dem Schillerplatz lagernden ca. 40 Salpetersäureflaschen mit concentrirter Salpetersäure eine geplatzt, und damit sind die Verpackungen in Brand gerathen. In Folge des vielen Kohlenstaubs, der sich auf diesem Platz in der Nähe des Briketthaufens befindet, hat die Salpetersäure auf diesen Kohlenstaub eingewirkt und grosse Quantitäten Untersalpetersäure entwickelt. Als ich gegen ¼ vor 9 gerufen wurde, lagerte eine mächtige rothe Untersalpetersäurewolke über dem Schillerplatz, auf dem nur das Dach, unter dem Flaschen standen, brannte. Unsere Feuerwehr war, wie immer, sofort mit 14 Mann zur Stelle und auch die Stadtfeuerwehr kurz darauf am Platz.» Beide Feuerwehren löschten, einige Feuerwehrleute atmeten etwa eine halbe Minute lang Salpetersäuredämpfe ein, doch nachdem das Feuer nach einer halben Stunde gelöscht gewesen sei, seien die Feuerwehren ohne erkennbare gesundheitliche Probleme wieder abgezogen. In der Nacht sei es dann aber zu Erstickungsanfällen gekommen, die der sofort gerufene Kassenarzt durch «Kampferinjektionen» habe lindern können. «Nur ein Feuerwehrmann … welcher bis 12 Uhr auf der Wache war und dann abgelöst wurde, ohne seinem Nachfolger über die geringsten Schmerzen zu klagen, ist nach Hause gegangen, um ½ 2 Uhr in seiner Wohnung angekommen, hat sich dort auf einen Stuhl gesetzt und ist tot umgefallen.»[65] Die anderen Feuerwehrleute, «von denen sechs noch an den Folgen der Erstickungsanfälle litten, sind dann gegen Morgen in ihre Wohnungen gefahren worden, in der Hoffnung, dass sie auf dem Wege der Besserung seien». Man habe gleich die Kassenärzte «zusammengetrommelt» und außerdem eine toxikologische Untersuchung eingeleitet, um zukünftig gewappnet zu sein. «Es ist nun leider im Laufe des Tages bei den sechs Feuerwehrleuten eine Verschlimmerung eingetreten»; ein weiterer sei gestorben, drei schwebten in Lebensgefahr. Man könne nur hoffen.

«Professor Dreser hat nun in der Literatur ausfindig gemacht, was aber uns Chemikern absolute Unkenntnis war, dass die Untersalpetersäure ausserordentlich ätzend auf das Lungengewebe einwirkt und diese Gasätzung nach einigen Stunden derartige Schwellungen der Lungenbläschen hervorruft, dass sehr oft der Tod selbst nach Wochen noch nach dem Einathmen dieser Gase eintritt.»[66] Duisberg, der in den folgenden Wochen stets bestritt, die Wirkung der Dämpfe gekannt zu haben, war ziemlich getroffen: «Du kannst Dir denken, dass wir sehr deprimiert sind, zumal wir nicht wissen, ob das Unglück nicht noch grösser wird.» Immerhin habe man die Feuerwehrleute außer bei der Berufsgenossenschaft noch bei der Kölnischen Unfallversicherungsgesellschaft zusatzversichert, sodass die Hinterbliebenen jetzt zur Rente noch eine Entschädigung von 3000 Mark bekämen. «Zur Vermeidung zukünftiger Vergiftungserscheinungen werden wir geeignete Vorschriften ausarbeiten.» Außerdem werde die Lagerung der Salpetersäure verändert, um den verhängnisvollen Kontakt zur Kohle zukünftig zu verhindern.[67] Duisberg war klar, dass der Unfall einen erheblichen Imageschaden für die Farbenfabriken nach sich ziehen konnte; daher schrieb er gleich einen ausführlichen Bericht für die örtliche und überörtliche Presse, in der er den Unfall aus seiner Sicht darstellte. Normalerweise neigte er dazu, die Risiken der chemischen Industrie, denen er sich selbst ja täglich aussetzte, herunterzuspielen, was diesmal kaum möglich war. Duisberg nahm den Unfall vielmehr zum Anlass, auf der Hauptversammlung des Vereins Deutscher Chemiker 1897 einen Vortrag zu halten, der sich mit «Massenvergiftungen durch Einatmen von Untersalpetersäure»[68] befasste. Denn, wie sich nach dem Brand gezeigt hatte, waren derartige Unfälle keine Seltenheit. Es war nicht leicht glaubhaft zu machen, dass die Firma auf die Folgewirkungen des Brandes wegen mangelnden Wissens nicht vorbereitet gewesen sein konnte. Duisberg war klar, dass er der Öffentlichkeit mit Ahnungslosigkeit kaum würde begegnen können, zumal die Gefahren der Salpetersäure in der Wissenschaft bekannt waren. Man habe zwar geahnt, dass diese Dämpfe bei längerem Einatmen gesundheitsgefährdend seien, hätte aber nicht angenommen, dass dies auch unter freiem Himmel der Fall sein könne. Als Beleg seiner Ahnungslosigkeit zitierte er eine Fülle toxikologischer Literatur, in der das ältere Wissen der Giftigkeit der Dämpfe der Salpetersäure im Laufe der Zeit an den Rand geschoben worden sei. Daraus zog er den Schluss: «Sie sehen, meine Herren, es ist heute nicht mehr genügend bekannt, wie gefährlich die Salpetrigsäure bzw. die Untersalpetersäure wirkt, und es erscheint mir deshalb dringend erforderlich, dass wir alle unsere Kollegen in der gesamten chemischen Industrie und die darin tätigen Arbeiter, die ja täglich gezwungen sind, mit

Salpetersäure umzugehen, vor diesen bösartigen giftigen Gasen warnen.» Er forderte die versammelten Industriellen auf, von sich aus geeignete Maßnahmen zu ergreifen, um eine staatliche Intervention zu vermeiden.[69]

Duisberg ging selbst voran. In den Farbenfabriken in Elberfeld und später in Leverkusen setzte eine umfassende Aufklärung über Unfall- und Vergiftungsverfahren am Arbeitsplatz ein. Zu den größten Unfall- und Vergiftungsgefahren wurden jeweils Merkblätter erstellt und über die Betriebsführer und Meister bis an die einzelnen Arbeitsplätze weitergereicht. Überdies begann man mit der Kennzeichnung möglicher Gefahrenquellen und suchte nicht zuletzt aus Gründen der Unfallverhütung den Anteil der Prozesse, die in geschlossenen Verfahren abliefen, ständig zu erweitern. Bei aller in den Jahren nach 1900 stärker anschwellenden Kritik am mangelnden Unfallschutz in den Unternehmen und den verstärkten Bemühungen der Gewerbeaufsicht, hier zumindest teilweise Abhilfe zu schaffen, schnitten die Farbenfabriken daher zumeist noch relativ günstig ab. Duisberg, mittlerweile auch Vorsitzender des Arbeitgeberverbandes für den bergischen Industriebezirk, hielt trotzdem weiter hart gegen die Kritik, die u. a. auf der 14. Konferenz der Zentralstelle für Arbeiterwohlfahrtseinrichtungen 1905 gegen die chemische Industrie laut wurde. Zunächst seien die Giftgefahren gar nicht so groß wie behauptet. Zusätzlich blieben alle geforderten Maßnahmen, durch Kooperation mit der Arbeiterschaft und durch Aufklärung gegen die Giftgefahren vorzugehen, deutlich hinter den Erwartungen zurück. Die meisten Kritiker hätten als «Theoretiker» von den realen Verhältnissen in den Unternehmen kaum zureichende Kenntnis, sonst würden sie nicht die Gefahren übertreiben und die Bedeutung der Aufklärung der Arbeiter überschätzen. Die Befunde in der Poliklinik der Farbenfabriken zeichneten nach Duisbergs Auffassung ein gänzlich anderes Bild, als die Kritiker behaupteten; der Krankenstand liege seit 1899 fast durchweg unter 1 %, teilweise nur bei 0,2 %, «und dabei werden alle Vergiftungen, selbst die kleinste Übelkeit mitgerechnet, denn alle derartigen Vorkommnisse sollen uns gemeldet werden, damit wir Mittel und Wege finden, sie zu bekämpfen».[70] Gemessen an der Zahl der mechanischen Unfälle, zu deren Verhütung es in der Zwischenzeit eine Menge an Vorschriften und Auflagen gebe, seien die Fälle von Vergiftungen verschwindend gering.

Die Aufklärung der Arbeiter sei aber kein wirklich wirksames Mittel, selbst die Zusammenarbeit mit dem fakultativen Arbeiterrat der Farbenfabriken bringe wenig. «Ich verspreche mir von einer derartigen Belehrung der Arbeiter, auf einem so schwierigen und dem Verständnisse des Arbeiters schwer zugängigen Gebiete, wie sie hier geplant ist, außerordentlich wenig. Wir haben ja diese belehrenden Flugblätter schon seit Jahren eingeführt. Sie sehen sie hier in den verschiedensten Farben, welche die Verschiedenartigkeit der Betriebe kennzeichnen soll, vor sich. Sie sind für jeden Betrieb gesondert abgefasst und enthalten nicht nur die allgemeinen Bestimmungen über Unfallverhütung, in einer dem Arbeiter verständlichen Form abgefasst, wie z. B.: ‹Man soll in unsern Fabriken nichts in den Mund nehmen› – denn das geschieht leider sehr oft, Sie glauben ja gar nicht, wie töricht manche Menschen in dieser Richtung sind – sondern es sind auch die besonders gefährlichen und giftigen Stoffe, mit denen der Arbeiter hantieren muß, namentlich aufgeführt und gekennzeichnet. Diese Flugblätter werden nicht nur jedem in die Fabrik eintretenden Arbeiter überreicht, sondern müssen diesem vom Aufseher oder Meister vorgelesen und erklärt werden. Der Arbeiter muß dann bescheinigen, dass dies geschehen ist und er alles verstanden hat.»[71] Das nütze aber alles nicht viel, Abhilfe schüfen im Grunde nur technische Verbesserungen, und hier seien eben die Arbeitgeber gefragt. Anstatt sie zu kritisieren, sollte man sie unterstützen, doch insbesondere die sozialdemokratische Presse gefalle sich darin, die Chemiefabriken als «Gifthütten» zu verunglimpfen. Dadurch werde aber bestenfalls erreicht, dass die Arbeiter die chemische Industrie mieden und diese dann auswandern müsste. «Meine Herren! Das ist eine viel größere Gefahr als Sie annehmen. Wäre ich Arbeiter und hätte als solcher den Vortrag von Professor Lewin heute früh hier gehört und ihm geglaubt, ich würde laufen, soweit ich könnte, und würde nie in einen chemischen Betrieb eintreten, obgleich, wie ich gezeigt habe, eine solche Giftgefahr dort überhaupt nicht besteht, obgleich wir durchaus keine Giftbetriebe sind, obgleich man bei uns von Giftarbeitern nicht reden kann.» Diese Kritik müsse daher aufhören. Dabei stelle keineswegs nur die sozialdemokratische Presse die Gefahren in den Chemiebetrieben falsch dar, «sondern auch leider manches bürgerliche Blatt. (Die bürgerliche Presse) ist nach meinen Erfahrungen auf dem Arbeitergebiet eine viel größere Gefahr als die Giftgefahr, mit der wir uns hier beschäftigt haben.»[72]

Zweifellos hatte Duisberg ein Interesse, die Giftgefährdung in den chemischen Betrieben herunterzuspielen, zweifellos war auch das Bemühen sehr stark, unter Umständen kostenträchtige Vorschriften und Berufskrankheitsverordnungen zu vermeiden, doch lag hier nicht der eigentliche Handlungsimpuls.[73] Duisberg ging es wieder einmal vor allem darum, den

Ruf der Fabrik und die eigene Handlungsautonomie zu wahren, da er der festen Überzeugung war, dass ohnehin alles passiere, was für den Unfallschutz getan werden könne. Auf dem Kongress der Zentralstelle für Arbeiterwohlfahrt waren seine emphatischen Schlussbemerkungen daher durchaus glaubwürdig: «Wir Arbeitgeber haben ein Herz für unsere Arbeiter. Das wird ja vielfach in der letzten Zeit bezweifelt, aber glauben Sie mir nur, wir haben ein warmfühlendes Herz für alle unsere Mitarbeiter. Wir sind von morgens bis abends mit ihnen zusammen, wir arbeiten, wir schuften mit ihnen und sie mit uns, und das ist es, was uns mit den Arbeitern verbindet, was uns veranlasst, alles zu tun, was wir können, um nicht nur die Giftgefahr, wo sie besteht, zu beseitigen, sondern auch sozial nach jeder Richtung hin für die Arbeiter einzutreten.»[74] Es blieb daher bis zum Krieg bei der in mancher Hinsicht paradoxen Situation, dass die Farbenfabriken nach außen hin die Gesundheitsgefährdungen durch ihren Betrieb herunterspielten, intern aber sehr viel taten, um sie zu verringern.[75] In der Frage der Umweltbelastungen, namentlich der Abwasserbeseitigung und der Belastung von Rhein und Wupper tobte zugleich ein Kampf zwischen Behörden und Werk.[76] Hier suchten die Farbenfabriken – wie gesagt – zweifellos teure Auflagen zu vermeiden, spielten die Gefahren herunter und bestritten generell die Kompetenz der Aufsichtsbehörden. Auch in der Frage möglicher Berufskrankheiten suchte man jede Festlegung zu vermeiden, wobei der Nachweis der Krankheitsverursachung durch längere Belastung mit bestimmten Stoffen in der Tat seinerzeit noch eine offene Frage war. Alles in allem genommen war man damit zumindest bis zum Krieg erfolgreich, da die Behörden, selbst wenn sie wiederholt gegen die verschiedenen Praktiken der Abfallbeseitigung und der damit verbundenen Umweltbelastungen sowie gegen gesundheitsgefährdende Arbeitsbedingungen einschritten, die Bedeutung und den Wert der chemischen Industrie so hoch einschätzten, dass deren Belange im Zweifelsfalle Vorrang hatten vor den Interessen von möglichen Geschädigten.

***

Die Unfallschutzmaßnahmen waren nur ein Teilbereich der betrieblichen Wohlfahrtsmaßnahmen, allerdings einer, der in der Öffentlichkeit besonders sensibel verfolgt wurde. Für den Alltag in den Betrieben waren andere Maßnahmen wichtiger, gleichermaßen, um Konflikte zu unterdrücken und die Arbeitszufriedenheit zu gewährleisten. Die freiwilligen betrieblichen Sozialleistungen umfassten ein ganzes Bündel an Maßnahmen. Zusätzlich wurden «treue Arbeiter» von 1909[77] an auf jährlichen Jubilarfeiern symbolisch belohnt. Auch das geschah aus klarem Kalkül, das Duisberg vor den Jubilaren auch eingestand: «Diese Wohlfahrts- und Erholungspflege im weitesten Sinne wird aber nur dann ihren sozialen Zweck erfüllen, wenn etwas Verbindendes, etwas Kittendes zwischen die verschiedenen Kategorien der in unserer Firma tätigen Beamten und Arbeiter gebracht wird. Dieser edlen Absicht sollen die Fabrikfeste im allgemeinen und das heutige Jubilarfest im besonderen dienen.» Dabei kontrastierte Duisberg bewusst die Wärme der Fabrikfamilie mit der Kälte der Welt: «Heute soll jeder Standes- und Berufsunterschied schwinden, heute wollen wir uns alle als Glieder einer Familie fühlen. ... Wir wollen fest und treu zusammenstehen.» Denn: «Draußen weht ein rauher Sturm, schwarze Wolken, von Blitzen durchzuckt, stehen am Horizont, es herrscht Gewitterschwüle in unserem politischen Leben. Systematisch wird gehetzt und gewühlt. Man träufelt entsetzlich wirkendes Gift der Unzufriedenheit, des Neides und der Mißgunst unserem deutschen Volke in die Milch der frommen Denkungsart. Alles Schöne und Erhabene wird in den Staub gezogen und mit Füßen getreten. Die Bemühungen edler Menschen, hilfreich und gut zu sein, werden verunglimpft und als Ausfluß krassen Egoismus und gemeinen Strebertums hingestellt. Daß dies, meine hochverehrten Damen und Herren, gerade in unserem lieben Vaterlande geschieht, ist ein Verbrechen an unserem deutschen Volk.»[78]

An der Vorstellung, die Farbenfabriken seien eine harmonische Welt, die auch vor den Unbilden der Welt schütze, hielt Duisberg in den kommenden Jahren fest. Kritik innerhalb der Fabrik wurde nicht hingenommen, Kritik von außen scharf zurückgewiesen. «Trotz des Lärmens und Tobens unserer Gegner da draußen, die mit wüstem Gebell uns verfolgen, Schmähartikel auf Schmähartikel gegen uns loslassen, sich nicht scheuen, dicke Bücher mit schaudererregenden Abbildungen zu verbreiten, um unsere Arbeiter unzufrieden zu machen und gegen uns aufzuhetzen, lassen wir uns nicht von unserer Bahn abbringen.» Kurz: «Wir haben ein warmes Herz für unsere Werksangehörigen, nehmen es ernst mit unserer Stellung und unserem Beruf, meinen es aufrichtig und ehrlich mit Ihnen allen, dulden kein Unrecht. Nichts liegt uns so sehr am Herzen als die Wohlfahrt, das Wohlergehen und das Wohlbefinden unserer Arbeiter und Beamten. Keiner, der der Hilfe bedarf, klopft vergeblich bei uns an, wir suchen zu helfen, wo immer wir können.»[79]

Zumindest aus Duisbergs Sicht entsprachen diese Aussagen den Tatsachen. Bis 1912 hatten die Farbenfabriken knapp 250 Häuser mit mehr als

1000 Wohnungen gebaut, wobei die Wohnungsgröße laufend zugenommen hatte. Die Masse der Wohnungen bestand aus Drei- und Vierraum-Wohnungen. Die Nachfrage danach war außerordentlich hoch und konnte trotz der Neubauten vor dem Krieg zu keinem Zeitpunkt befriedigt werden. 1912 mussten 472 Wohnungsgesuche mangels Wohnraum abgelehnt werden. Man begann daher in diesem Jahr mit dem Bau einer weiteren Kolonie. Die Zahl der Bewohner der Leverkusener Werkskolonien nahm kontinuierlich zu; seit 1907 wohnten durchweg mehr als 20 % der Beschäftigten in werkseigenen Häusern. Zumindest innerhalb des Werks war man trotz des Wohnungsmangels mit der Gesamtsituation nicht unzufrieden.[80] Der eigens eingesetzte Arbeiterwohnungsausschuss jedenfalls verkündete nach einem Besuch bei ähnlichen Einrichtungen der Firma Krupp, in Leverkusen seien die Arbeiter preiswerter und besser untergebracht.[81] Die Chancen, eine Wohnung zu bekommen, stiegen mit der Dauer der Betriebszugehörigkeit; das Kostgängerwesen suchten die Farbenfabriken hingegen zu unterbinden.[82] Durch zahlreiche Vereine und Stiftungen trachtete man eher danach, das Ideal der Kleinfamilie im schönen Heim zu fördern. Im Kaufhaus der Farbenfabriken gab es Musterwohnungen; Arbeiter konnten sich hier zu verbilligten Preisen einrichten. Für die Pflege und Ausschmückung der Wohnungen gab es Wettbewerbe und Preise, etwa für besonders schöne Blumenbretter an den Fenstern. Vom Werk geförderte Vereine etwa zur Verschönerung der Vorgärten sollten die Arbeiter ermuntern, ihre Wohnungen und Häuser herauszuputzen und ein entsprechendes Familienleben zu führen. Der Wohnungsbau, angesichts der Verhältnisse in Leverkusen zwingend,[83] besaß somit zugleich einen symbolischen und ästhetischen Wert, der sich nicht nur in der Ausgestaltung der Wohnungen und Siedlungen niederschlug – die Kolonien wiesen schließlich auch eine große Anzahl an Skulpturen und kunstvoll gestalteten Brunnen wie etwa den Feierabend-Brunnen von Jacob Hammerschmidt in der Kolonie II (1913) auf; der Wohnungsbau sollte eben auch gemeinschaftsstiftend wirken.

Bau und Betrieb der Werkswohnungen waren der nach außen hin sichtbarste Teil der Sozialpolitik, umfassten aber zu keinem Zeitpunkt mehr als 15 % der Sozialaufwendungen.[84] Ihre übrigen Hauptbestandteile waren die betriebliche Krankenversicherung und Krankenversorgung durch eigene Ärzte und eine eigene Poliklinik, die insbesondere von der Arbeiterschaft auch intensiv genutzt wurde. 1912 wurden bei 5125 beschäftigten Arbeitern 11 300 Behandlungsfälle in der Leverkusener Poliklinik registriert; in

Elberfeld waren die Zahlen ähnlich.[85] Die Familienangehörigen der Beschäftigten waren mitversichert, die Leistungen der Krankenversicherung (Sterbegeld, Krankengeld, Wöchnerinnen-Versorgung) lagen deutlich über den vergleichbaren Leistungen anderer Unternehmen. Zwar waren noch bis in die 1890er Jahre hinein die Leistungen strikt reglementiert, Zahlungen etwa bei vermuteter Bummelei oder Eigenverschulden ausgeschlossen. Doch im Laufe der Zeit wurden zahlreiche restriktive Vorschriften gelockert oder ganz aufgehoben. Ein weiterer wichtiger Teil der betrieblichen Sozialpolitik waren die Unterstützungskassen, die Beschäftigten in Notlagen durch Zuschüsse oder Kredite halfen, aber auch Waisen und Witwen unterstützten oder im Fall von Altersarmut einsprangen. Die zunächst durch einbehaltene Strafgelder, später vor allem durch Zustiftungen gespeisten Unterstützungen wurden nach Vorschlag des Fabrikkontorausschusses und der Zuziehung vertrauenswürdiger Arbeiter von der Direktion selbst vor allem unter der Berücksichtigung des Dienstalters und der Notlage vergeben. Die ausgeschüttete Summe betrug schließlich 1910 152 000 Mark, nachdem der Betrag 1890 bei nur 1500 Mark gelegen hatte. Die Zahl der Begünstigten war 1910 mit 640 Personen relativ hoch, die im Durchschnitt 238 Mark erhielten, was bei einem Jahresverdienst eines Arbeiters in Höhe von 1279 Mark nicht wenig war.[86] Ähnlich lagen die Verhältnisse bei den Angestellten. Die Unterstützungszahlungen machten schließlich knapp 15 % der freiwilligen Sozialleistungen aus. Des weiteren gab es die Beamtenpensionskasse, den Konsumverein der Farbenfabriken und die Werkskantine, in denen Güter und Speisen verbilligt bezogen werden konnten, Junggesellen- und Mädchenheime, Fabrik- und Haushaltsschulen, schließlich bezuschusste Sparkassen, Feiertagslöhne und Dienstaltersprämien (1912 zusammen 3,5 % der Lohnsumme) sowie die zahlreichen Werks- oder werksnahen Sport- und Freizeitvereine.[87] 1913 betrugen die gesetzlichen Sozialleistungen im Bereich der Arbeiter 2,5 % der Lohnsumme oder 273 000 Mark, die freiwilligen Sozialleistungen hingegen 15,1 % der Lohnsumme oder 1,64 Mio. Mark. Diese freiwilligen Sozialleistungen waren vor allem 1905/06 parallel zum wirtschaftlichen Erfolg der Farbenfabriken in die Höhe geschnellt und pendelten trotz konjunktureller Schwankungen seither bei etwa 14–15 % der Lohnsumme. Bei den Angestellten waren die freiwilligen Sozialleistungen von Anfang an deutlich höher; sie erreichten 1913 gut 20 %.[88]

Wenn Duisberg auf den Jubilarfeiern der Farbenfabriken die eigene betriebliche Sozialpolitik würdigte, die ja in der Tat weit über das hinausging, was andere Großunternehmen leisteten, so hatte er den ganzen Leistungskatalog im Kopf, der hier beschrieben worden ist. Die Jubilarfeiern selbst waren der unmittelbarste Ausdruck dessen, worum es ging: um den Gleichklang von Prosperität, Wohlstand und Schönheit. Man müsse zeigen, fuhr er fort, «dass die Werksangehörigen der Farbenfabriken eine große Armee bilden, bei der zwar Rangunterschiede bestehen und auch notwendig sind – denn neben den Soldaten muß es Unteroffiziere und besonders bei uns in der chemischen Industrie auch zahlreiche, noch dazu wissenschaftlich gebildete Offiziere geben –, dass aber ein Geist der Kameradschaft und der gegenseitigen Achtung alle miteinander verbindet. Auch bei uns kann mit Goethe ‹der Geringste, wenn er etwas ganz ist, glücklich und in seiner Art vollkommen sein.›»[89]

***

Immerhin gelang es auf diese Weise, den Anteil der länger beschäftigten Arbeiter deutlich zu erhöhen, sodass die Fluktuation schließlich vor allem ein Phänomen junger und erst kurz beschäftigter Arbeiter wurde. 1913 hatten die Farbenfabriken bereits 356 Arbeiter (von etwa 6500), die 25 und mehr Jahre in Elberfeld oder Leverkusen dabei waren, eine Zahl, die laut Duisberg progressiv wuchs: «Dadurch bekommen wir mehr und mehr eine Armee von zuverlässigen Männern, die die Träger der Tradition unserer Fabriken sind.» Vor allem sollten diese Jubilare Vorbilder werden, rief er ihnen zu: «Sie alle müssen es sich zur Aufgabe machen, gerade in den Kreisen der Jugend erzieherisch zu wirken und dahin zu streben, dass diese lernen, treu zur Firma zu stehen und sich nicht durch Lug und Trug, durch Verleumdung und Verdrehung der Wahrheit ins gegnerische Lager verlocken lassen, zum Schaden ihrer selbst und ihrer Familien.»[90] Als Gegenleistung gab es nicht nur Prämien und Auszeichnungen für die lange Betriebszugehörigkeit; es gab auch große verbale Anerkennung und vor allen Dinge eine Pensionszusage: «Zum Zeichen dessen ..., dass sie heute, dass Sie mit dem heutigen Tage in den Kreis der Fabrikgarde eintreten, sollen Sie als Symbol der treuen Kameradschaft und des unermüdlichen Fleißes die Vorstecknadel bzw. das Uhrgehänge erhalten, die ich gelegentlich meines Jubiläums vor 4 Jahren stiftete. Es ist das Zeichen, mit dem Sie bei jedem Ihrer Vorgesetzten darauf hinweisen können, dass Sie nunmehr endgültig in den sicheren Hort der Farbenfabriken eingetreten sind. Mit diesem Fabrikwappen und Bayerkreuz geschmückt können und dürfen Sie sicher darauf fußen und zählen, dass die Firma Sie nie und nimmer vergessen wird, wenn Sie weiter Ihre Pflicht tun und treu zur Firma halten, denn auch unser Wahlspruch lautet: Treue um Treue!»[91] Die Farbenfabriken bemühten sich auch, nicht zuletzt über Duisbergs gute persönliche Beziehungen zum Solinger Gewerberat Ludwig Czimatis, die altgedienten Fabrikangehörigen mit staatlichen Ehrungen auszeichnen zu lassen.[92] 1913 konnte Duisberg erste Träger des königlichen Ehrenzeichens in Bronze oder Silber benennen, bedauerte aber, dass es nicht alle Jubilare getroffen habe: «Wir hoffen, es doch noch durchzusetzen, dass zukünftig alle diejenigen, die wirklich königstreu sind – und das ist selbstverständliche Voraussetzung, das muß verlangt werden – auf dem Boden unserer heutigen Rechtsordnung stehen – selbst wenn sie vielleicht einmal in früheren Jahren kleinere Verfehlungen begangen haben, diese schönen Auszeichnungen erhalten.»[93]

Kurz vor Ausbruch des Weltkrieges waren die Farbenfabriken sozialpolitisch mit sich im Reinen: «Und die Verhältnisse in der Fabrik, wie haben sie sich geändert! Die Löhne – ich habe sie genau verglichen – sind in diesen 25 Jahren fast aufs Doppelte gestiegen. Alles ist auch besser, alles ist auch bequemer, alles ist luftiger, gesunder und, was wir auch nicht vergessen wollen zu betonen, schöner geworden. Damals existierte unser großes und prachtvolles Leverkusen noch nicht, das jetzt unseren Stolz und unsere Zuversicht bildet. In diesen 25 Jahren haben wir hier eine Musterstätte der Arbeit geschaffen.»[94] Die Fabrik in Leverkusen war nach Duisbergs Selbstverständnis keine seelenlose ökonomische «Maschine», im Gegenteil. «Die Farbenfabriken vertreten den Grundsatz, dass sie nicht ausschließlich Geschäftsunternehmung sind, sondern auch soziale und ethische Aufgaben zu erfüllen haben, denn nur durch deren Lösung kann das für alle Teile so fördernde und befriedigende Gefühl der Zusammengehörigkeit zwischen Arbeitgeber und Arbeitnehmer zustande kommen und dauernd gestärkt werden.»[95] Im Grunde lief das alles auf eine autoritäre Form der Sozialpartnerschaft hinaus, und genau das hatte Julius Pierstorff ja auch gegenüber Carl Duisberg an der betrieblichen Sozialpolitik der Farbenfabriken kritisiert, als er das «geringe Mass der Selbständigkeit, das den Arbeitern bei der Verwaltung der Wohlfahrtseinrichtungen eingeräumt worden ist»[96] monierte. Das hatte Duisberg sich zu Herzen genommen, denn in Elberfeld und Leverkusen bemühte er sich durchaus um eine Art Selbstverwaltung der Wohlfahrtspolitik durch freilich handverlesene, von der Werksleitung ausgesuchte Arbeitervertreter. «Wie Ihnen zur Genüge bekannt, ist die Handhabung unserer Wohlfahrts- und Bildungspflege keine patriarchalische, sondern sie ist auf rein demokratischer Basis aufgebaut. Alles, was geschieht, geschieht nicht von oben herab, sondern von unten herauf. Bei allen Einrichtungen ist Selbstverwaltung eingeführt, und überall wirken Vertreter der Werksangehörigen mit.»[97] Angesichts der Tatsache, dass Sozialdemokraten und Gewerkschaftsmitglieder bei Entdeckung mit Entlassung zu rechnen hatten, mussten diese Aussagen in den Ohren der Arbeiterbewegung zynisch klingen, für Duisberg war das aber kein Gegenargument. Aus der vorhandenen Belegschaft nahmen vertrauenswürdige Arbeiter an der Gestaltung der betrieblichen Sozialpolitik teil: Was sollte daran falsch sein. Nein, in Duisbergs Augen war die von ihm praktizierte Sozialpartnerschaft nicht autoritär, sondern entsprach den Bedingungen der Fabrik. Patriarchalisch war sie schon gar nicht, sondern schlicht funktional und modern. Dass Duisbergs eigener Sohn in einer Studie über die Arbeiterschaft nach dem Ersten Weltkrieg zu der Einsicht kam, diese Form der autoritären Sozialpartnerschaft habe in der Fabrik ein gewisses Kriechertum erzeugt und sei letztlich für die interne Kommunikation keineswegs nützlich gewesen, sah Carl Duisberg schließlich auch selbst.[98] Vor dem Krieg aber mochte er auch offensichtliche Mängel nicht erkennen oder zumindest nicht ernst nehmen.

11 | Amerika

Die Farbenfabriken waren ein weltmarktorientiertes Unternehmen; das stand schon zu Duisbergs Dienstantritt 1884 fest. 1914, bei Ausbruch des Weltkrieges, waren sie ein globales Unternehmen, das mehr als 80 % seines Umsatzes in Farbstoffen außerhalb der Grenzen des Deutschen Reiches erwirtschaftete. Neben Elberfeld und Leverkusen gab es Produktionsbetriebe in den USA, in Russland, Frankreich, Belgien und Großbritannien. In Norwegen war man an der Norsk Hydro beteiligt, Duisberg bekleidete dort seit 1907 ein Aufsichtsratsmandat. Der Aufbau eigener Produktionsanlagen im Ausland, den Duisberg selbst vor allem in Großbritannien, den USA und Belgien vorantrieb, war dabei fast ausschließlich der gesetzlichen Lage und wirtschaftlichen Zwängen geschuldet; einer unabhängigen Strategie folgten die Auslandsinvestitionen nicht.[1] Denn spätestens seit Leverkusen als integrierter Chemiestandort voll funktionsfähig war, war eine Produktion im Ausland, die notwendigerweise in kleinerem Umfang und zu höheren Kosten erfolgen musste, nicht mehr erstrebenswert. Am besten sei die Produktion, so Duisberg kurz vor dem Krieg, in Deutschland, doch gelegentlich ließen sich Auslandsniederlassungen nicht umgehen, nicht zuletzt auch, um ausländische Konkurrenz gar nicht erst hochkommen zu lassen.[2]

Wenn man mit der Produktion trotzdem ins Ausland ging, hatte das einfache Gründe. Zum einen zwangen die jeweiligen Patentgesetze dazu, was insbesondere für Frankreich galt, wo zusätzlich relativ hohe Einfuhrzölle ins Spiel kamen. In Großbritannien brachten erst die Ausübungsvorschriften im Patentgesetz von 1907 den Zwang zu eigener Produktion; zuvor hatten die Farbenfabriken ihre Produkte aus Deutschland dorthin geliefert. Die schließlich bei Manchester errichteten Anlagen erreichten nie eine besondere Größe; hier galt es allein, den Patentgesetzen Genüge zu tun.[3] Dort, wo derartige Vorschriften nicht existierten und die Zollsätze keine anderen Entscheidungen erzwangen, verzichteten die Farbenfabriken folgerichtig auf die Errichtung eigener Produktionsanlagen, wie Duisberg im Sommer 1907 dem Mitglied des Direktoriums der Deutschen Bank

Arthur von Gwinner erklärte: «Für Ihre Anregung, die chemische Fabrik zu Gijon in Asturien zu kaufen und dort eine Farbenfabrik zu errichten, danken wir Ihnen verbindlichst. Zurzeit aber sind die Zollverhältnisse in Spanien noch derartig, dass wir – dem Himmel sei dank – unsere Fabrikation nicht noch weiter zu zersplittern brauchen. Wir gehorchen überhaupt in Bezug auf die Fabrikation von Teerfarbstoffen im Ausland nur der Not, nie dem eigenen Triebe und hoffen, dass der spanische Markt uns für unsere deutschen Produkte für das nächste Dezennium wenigstens erhalten bleibt. Sollte es wider Erwarten aber auch hier der deutschen Regierung nicht gelingen, uns gegen allzu hohe Einfuhrzölle zu schützen, so werden wir uns selbstverständlich gern Ihres guten Rates erinnern und auf das gemachte Angebot zurückkommen.»[4]

Neben dem Patentrecht waren es vor allem die Zollsätze, die darüber entschieden, ob eine Produktion im Ausland wirtschaftlich war. Dass sich Duisberg in den Jahren vor dem Ersten Weltkrieg wiederholt in die Debatten um die Zollpolitik des Deutschen Reiches einmischte, hatte hier seinen eigentlichen Grund; die Farbenfabriken hatten ein massives Interesse an Handelsverträgen, in denen Farbstoffe und Pharmazeutika nicht diskriminiert wurden.[5] Wenn das Reich eine restriktive Zollpolitik betrieb, war mit entsprechenden Vergeltungszöllen in jenen Ländern zu rechnen, die derartige Produkte aus-, aber deutsche Industriegüter einführten.[6] Doch waren hohe Zölle auf Farben noch ein geringes Problem, da in den meisten Staaten eine eigene Farbstoffproduktion, die es zu schützen galt, überhaupt nicht existierte. Mit Zollprotektion hatten die deutschen Farbenhersteller in großem Umfang daher erst nach dem Krieg zu kämpfen. Entscheidender war häufig, dass überhaupt Handelsverträge zustande kamen, damit es nicht zu Handelskriegen mit ihren schwer kalkulierbaren Auswirkungen kam. Die Farbenfabriken plädierten letztlich auch deshalb für eine zurückhaltende Zollpolitik, weil sie nur so ein Abgleiten in unberechenbare Handelskonflikte für vermeidbar hielten. Ließen sich hohe Zölle nicht vermeiden, musste reagiert werden. Im russischen Fall erzwangen die hohen Zölle auf fertige Farbstoffe eine eigene Endproduktion in Moskau, in der Vor- und Zwischenprodukte aus Deutschland zu fertigen Farbstoffen «zusammengerührt» wurden.[7] Hier entstand im Laufe der Zeit die größte ausländische Produktionsstätte der Farbenfabriken, die man in den Jahren vor dem Ersten Weltkrieg systematisch nach Leverkusener Grundsätzen ausbaute.[8]

Allein in den USA lagen die Dinge anders. Die Vereinigten Staaten kannten keinen Ausführungszwang im Patentrecht,[9] und auch die Zollsätze waren nicht entscheidend dafür, dass die Farbenfabriken dort frühzeitig eine eigene Produktion ins Auge fassten. Hier spielten in der Tat strategische Überlegungen in Richtung einer Internationalisierung des Unternehmens die ausschlaggebende Rolle. Die US-Zölle auf Farbstoffe waren – anders als das übrige Zollniveau – nicht sonderlich hoch, da Farbstoffe keinen großen Anteil am US-Import hatten.[10] Die Farbenfabriken waren bereits seit 1882 an den «Hudson River Aniline and Color Works» in Albany beteiligt, doch war das lange Zeit nicht mehr als eine Finanzbeteiligung.[11] Der Aufbau eines eigenen Vertriebsnetzes, das 1896 unter der Leitung von I. J. R. Muurling über Niederlassungen in New York, Boston, Chicago und Philadelphia verfügte, stand im Vordergrund. Dass das nicht reichen würde, dämmerte aber nach und nach. Denn die unglaubliche Dynamik des amerikanischen Marktes übte auf die gesamte deutsche Geschäftswelt eine große Faszination aus.[12] Die USA übertrafen in den Jahrzehnten vor dem Großen Krieg in ihrer wirtschaftlichen Entwicklung alle europäischen Staaten um ein Mehrfaches. Selbst das überaus dynamische Deutschland konnte mit dem amerikanischen Entwicklungstempo kaum Schritt halten, das sich in fast allen industriellen Bereichen zeigte. Der Roheisenausstoß, der 1870 nur ein Viertel der britischen Mengen umfasst hatte, übertraf 1913 den Wert, den England, Frankreich und Deutschland zusammen erbrachten. Bei der Kohlenförderung sah es ähnlich aus. Auch die Textilindustrie, und hier wiederum die Baumwollverarbeitung, erlebten einen rauschhaften Aufstieg. 1913 verarbeiteten die amerikanischen Firmen bereits mehr Baumwolle als die deutschen und englischen Fabriken gemeinsam[13] – und das ohne eine eigene Farbstoffindustrie. Dass auch Duisberg das US-Geschäft schließlich sehr am Herzen lag, verwundert nicht.[14]

Der Ausgangspunkt für seine Beschäftigung mit der Situation in den USA war allerdings recht trivial. Zwar verdienten die Farbenfabriken in den USA insbesondere mit dem Verkauf von Farbstoffen und von patentgeschützten Pharmazeutika (Phenacetin, Sulfonal-Bayer, Trional, Aspirin) ganz gut, doch die dortigen Verkaufspraktiken, insbesondere die verbreitete Korruption und der umfangreiche Schmuggel mit patentgeschützten Arzneimitteln, gaben immer wieder Anlass zur Sorge.[15] Eine Revision des amerikanischen Geschäftes war in den 1890er Jahren dringend geboten, und was lag da näher, als das «schärfste Schwert» der Direktion in die USA zur Inspektion zu schicken.[16] 1896 machte sich Duisberg das erste Mal in die USA auf. Er inspizierte das Verkaufsbüro in Boston, fand zahlreiche

Hinweise auf die elende Praxis der Rückvergütungen, mit denen Farbstoffabnehmer bestochen wurden, war aber mit dem Verkaufspersonal selbst durchaus zufrieden, insbesondere der dortige Leiter sei ein guter Verkäufer. Duisberg besichtigte aber auch zahlreiche Textilbetriebe, die einen gewaltigen Eindruck auf ihn machten: Bei den Amerikanern sei immer alles das Weltgrößte. Angesichts der dortigen Absatzchancen sei es auf jeden Fall sinnvoll, so schnell wie möglich Verkaufskonferenzen der dortigen Vertreter der Farbenfabriken durchzuführen und das Verkaufsgeschehen besser zu koordinieren.[17]

Nach Hause zurückgekehrt, kam er während eines Vortrages im Verein für Kunst und Gewerbe in Barmen aus dem Schwärmen nicht mehr heraus: «Was aber an dieser amerikanischen Industrie immer auffällt, das ist einerseits die weitgehendste Arbeitsteilung und andererseits die weitgehendste Verwendung der Maschinenarbeit, zwei Momente, welche nicht zum wenigsten beigetragen haben zu dem enormen Aufschwung, welchen drüben die Industrie genommen. Möge jeder, der es ermöglichen kann, ... sich hinüberbegeben und mit offenen Augen beobachten, so wird er zwar manches finden, was ihm nicht gefällt und was bei uns besser ist, aber er wird auch vieles finden, was er zum Heile unserer heimischen Industrie ausnutzen kann.»[18] Nach dieser Reise und den auch in den kommenden Jahren einlaufenden stets guten Nachrichten über die Entwicklung des USA-Geschäftes – die USA wurden nach und nach zum wichtigsten Markt der Farbenfabriken überhaupt – reifte in der Elberfelder Direktion der Entschluss, in den USA selbst mit der Produktion zu beginnen und dort eine Tochtergesellschaft aufzubauen.[19] Dabei ließen das Auslaufen des Patentschutzes für wichtige Pharmazeutika wie die Angst vor einer aufkommenden amerikanischen Konkurrenz den Entschluss reifen.[20] Für 1903 jedenfalls planten Friedrich Bayer jun., Carl Duisberg und der Chefingenieur der Farbenfabriken, Ludwig Girtler, eine Reise in die USA, um die Möglichkeiten für eine eigene Fabrikation konkret zu erkunden: «Herr Bayer und ich werden daher im Laufe des nächsten Jahres nach dort kommen, um nochmals die Fabrikationsverhältnisse an Ort und Stelle zu studieren, ein geeignetes Terrain auszusuchen und dann sofort mit dem Bau zu beginnen. ... Ich rechne darauf, dass wir mindestens drei bis vier Monate drüben sein müssen.»[21]

Im Frühjahr 1903 reisten die Herren mit fertigen Plänen in der Tasche über den Atlantik, und nachdem Duisberg und Bayer die New Yorker Verkaufsorganisation inspiziert hatten und sie vorzüglich organisiert fanden (keineswegs «im amerikanischen Stil luxuriös», wie Duisberg befürchtet hatte), nachdem sie sich auch mit der Pharma-Werbung in den USA vertraut gemacht hatten und diese unbedingt für Europa übernehmen wollten, ging es darum, ein geeignetes Grundstück für eine neue Fabrik zu finden, das möglichst ähnlich günstig wie Leverkusen zum Wasser liegen sollte. Daher bot sich vor allem der Hudson an, an dem ja bereits die Hudson Aniline lag.[22] Aber es galt auch, sich nach Alternativen umzusehen, und vor allem weitere Geschäftsmöglichkeiten in den USA zu erkunden. Dafür hatte Duisberg bei Ido Muurling ein umfangreiches Besuchsprogramm erbeten: «Nach Rücksprache mit Herrn Dr. Hess (Direktoriumsmitglied der Farbenfabriken mit US-Erfahrung, W. P.) wollten wir unsere Rundreise in folgender Weise machen: Philadelphia mit eventuellem Abstecher nach Pittsburg, über Washington nach dem Süden, Charlotte und Florida. New Orleans zu sehen, hat wohl keinen Zweck. Von da nach St. Louis, Chicago, Milwaukee, Cincinnati, Cleveland, Buffalo, Niagarafälle, Boston-Distrikt, Albany, New-York. Bleibt uns noch Zeit, so können wir dann zum Schluss eventuell noch eine Reise durch Canada anschliessen. Ich fürchte aber, dass dies nicht möglich ist. Ausser Webereien, Druckereien, Färbereien aller Art, die ja hauptsächlich im Süden und im Boston-Distrikt in glänzender Auslese zu sehen sind, möchten wir gerne einige Papierfabriken und die grossen Brauereien in St. Louis und Milwaukee sehen. In Philadelphia können wir vielleicht eine Schiffswerft besichtigen, in Pittsburg Hochöfen und Eisenindustrie aller Art, in Chicago und Cincinnati Klempnereien und Fassfabriken. Sodann möchten wir natürlich chemische Fabriken aller Art, … wo wir nur in solche hineinkönnen, ansehen.»[23] Muurling organisierte alles wunschgemäß. Im April und Mai 1903 absolvierten die Herren zahllose Fabrikbesichtigungen, sodass Bayer und Duisberg schließlich umfassend informiert waren und Vergleiche anstellen konnten. Das Reiseprogramm war derart intensiv, dass Duisberg schließlich «einige Tage der Ruhe und Erholung» wünschte, zumal man noch an den Hudson fahren musste, um das Grundstücksgeschäft, das nun auf die Hudson Aniline und angrenzende Grundstücke der American Chemical & Color hinauszulaufen schien, voranzutreiben. Einen definitiven Grundstückskauf schloss Duisberg nach der Reise allerdings zunächst aus; hierzu bedürfe es Zeit.[24]

Duisberg nutzte auch gleich die Anwesenheit in den USA, um die Pläne der Farbenfabriken öffentlich zu machen. Anlässlich eines Festvortrages zur Liebig-Gedächtnisfeier des New Yorker Zweiges des Vereins Deutscher Chemiker verkündete er den Bau einer eigenen Fabrik und begründete diesen Schritt mit der Überlegenheit der deutschen chemischen Technik. Dass er damit implizit das Niveau der amerikanischen Industrie abqualifizierte, dürfte er nicht einmal bemerkt haben. Er wollte ja nur klar machen, warum die Farbenfabriken in den USA eine neue Fabrik selbst errichteten. Die zum Teil harschen Reaktionen überraschten ihn, und er ließ den Vortrag auf Deutsch und Englisch drucken und verteilen, um Missverständnisse auszuschließen.[25] Nach ihrer Rückkehr nach Deutschland trieb der amerikanische Agent der Farbenfabriken, Muurling, die Sache weiter voran. Im Herbst 1903 beschloss das Direktorium, die Grundstücke am Hudson zu erwerben und eine eigene US-Tochtergesellschaft zu gründen, die nach zwei Jahren Vorbereitung 1905 die Produktion von Phenacetin, Sulfonal-Bayer, Trional, Piperazin, Somatose und Aspirin aufnahm.[26] Der Coup war geglückt.

***

Das Amerikabild Duisbergs sollte sich in den kommenden Jahren differenzieren. Die frühe Faszination ging nach und nach verloren und machte einem realistischeren Bild von den wirtschaftlichen Möglichkeiten und dem gesellschaftlichen und kulturellen Leben jenseits des Atlantiks Platz. Duisberg reiste erneut 1908 und 1912 in die Vereinigten Staaten, nur zum Teil aus rein geschäftlichen Gründen. 1908 absolvierte er neben geschäftlichen Aufgaben ein umfangreiches touristisches Programm, 1912 war er offizieller Vertreter des Deutschen Reiches beim internationalen Kongress für angewandte Chemie. Land und Leute aber nahmen ihn weiterhin gefangen. Duisberg genoss das amerikanische Alltagsleben und er passte sich an. Als ihm Muurling 1903 riet, sich für die Schlafwagenfahrten in den USA Pyjamas zuzulegen, konnte er ihm schon antworten: «Seit meiner Amerikareise trage ich nur noch, nicht nur auf der Reise, Pijamos (!) und auch Herr Bayer wird sich solche zulegen.» Amerika verdrängte aber nicht nur deutsche Nachthemden, Duisberg fand auch Gefallen an den Barsitten der Hotels mit ihren Cocktails, vor allem aber bewunderte er die Natur. Die Besichtigungstour 1908 gelang auch deshalb gut, weil sein Schwager Hermann Seebohm mittlerweile Vertreter der Farbenfabriken in New York war und bei der Reiseplanung helfen konnte. Ihm verdankten die Duisbergs eine ausgefeilte Tour zu den schönsten Touristenzielen des Westens.[27] «Unsere Amerikareise ist uns außerordentlich gut bekommen, besser als ich, von meiner Frau wenigstens, bei den 40 verschiedenen Betten, in denen wir geschlafen, bei den 300 Stunden, die wir in der Eisenbahn zugebracht und bei dem 14tägigen Aufenthalt auf stürmischer See, auf stets rollendem und tauchendem Schiffe, erwartet hatte. Wie Dir unsere Kartengrüße gezeigt, bin ich diesmal Deinen Spuren im Westen gefolgt und habe mir außer dem Yellestone (!) Park, der leider schon geschlossen war, alle Naturwunder Amerikas angesehen. Am meisten hat mir das Cannon (!), der Colorado in Arizona, dann die big trees in Marie Posa Grove und vor allem die paradiesische Natur in Südkalifornien ‹Los Angeles› mit Pasadena und Sta. Katalina Island gefallen. Ich kannte Amerika nur diesseits der Rocky Mountains bis zum Mississippi hinunter. Wer noch nicht jenseits der Rocky Mountains war, kennt die landschaftlichen Reize des eigenartigen Kontinents nicht»[28], schrieb er nach seiner Rückkehr an Johannes Walther.

Der eigentliche Zweck der Reise blieb geschäftlich, und hier zeigte sich erneut Duisbergs außerordentliche Beharrlichkeit. War er zunächst von den USA, ihren Möglichkeiten und ihren technischen Kapazitäten stark beeindruckt und übernahm zahlreiche amerikanische Modelle zur Reorganisation von Verkauf und Werbung, so wandelte sich das Bild jetzt: «So sehr mir früher und auch jetzt noch alle Einrichtungen für Transport, Ersparung von Arbeit etc. hier imponiert haben, ich auch in kaufmännischer Beziehung manches sah und hörte, was für uns in Europa und speziell in Elberfeld und Leverkusen von Interesse war, jetzt imponiert mir in kaufm. Beziehung hier vieles nicht oder nicht mehr. Wir haben in Leverkusen spec. gelernt, amerikanische Prinzipien an allen Ecken und Enden zur Durchführung zu bringen und damit technisch enorm viel erreicht.» Aber in Amerika hatte sich nach seinem Eindruck auch einiges zum Schlechteren hin gewandt. Zwar seien die Büroräume weiterhin zweckmäßig und einfach, zu großer Aufwand werde nicht getrieben, gleichwohl stiegen die «Verkaufsspesen» in einer Weise, die auf Dauer alle Fabrikationserfolge in Frage zu stellen geeignet sei.[29] Duisberg schlug für New York daher eine radikale Änderung der Lagerhaltung vor. Bisher stapelten die Farbenfabriken ihre Farben in dem New Yorker Bürogebäude, in dem auch das Kontor war. Die Farben mussten vom Hafen antransportiert, in die zweite und dritte Etage gehoben, dort gelagert und bei Nachfrage gemischt, portioniert und versandt werden. Die Lagermiete war sehr hoch, die Arbeitsvorgänge aufwendig und – vor allem – personalintensiv, in New York meinte das insbesondere: teuer! Duisberg plädierte dafür, in Albany ein Zentrallager ebenerdig so einzurichten, dass man mit den geringsten Personal- und Transportkosten die Kundenwünsche befriedigen konnte. Ansonsten gefiel ihm das schlichte Büro gut, die Ordnung stimmte, die Pünktlichkeit wurde mit einer Stechuhr nach Leverkusener Vorbild genau geprüft, und die Angestellten waren akkurat und freundlich.

Die Schlichtheit der Kontore der Farbenfabriken stach in seinen Augen dabei wohltuend von der um sich greifenden New Yorker Protzerei ab. Das war 1908 überhaupt sein stärkster Eindruck. Die Stadt hatte sich verändert: «N. Y. ist die Stadt der Vereinigten Staaten, bei der sich die Licht- und Schattenseiten der gewaltigen industriellen und kommerziellen Entwicklung dieses so reich gesegneten Landes von Jahr zu Jahr immer deutlicher bemerkbar machen und ihm den Charakter einer wenig erfreulichen Überkultur verleihen.» Duisberg stand mit dieser Beobachtung nicht allein; viele Deutsche, die seinerzeit nach New York und in die USA fuhren, machten ähnliche Beobachtungen, etwa Max Weber.[30] Die Kritik am Geldalltag, die Carl Duisberg in den Oktobertagen des Jahres 1908 nach Deutschland sandte, verwundert angesichts der Tatsache, dass die Farbenfabriken hier wirtschaftlich ordentlich mitmischten, nur auf den ersten Blick. Was Duisberg nicht passte, war die vermeintliche oder wirkliche Geldverschwendung: «Hier strömt der ganze Reichtum zusammen, hier haben alle, welche Geld ererbt, hart oder leicht erworben, welche überhaupt mit mehr oder weniger Geld privatim, öffentlich oder politisch etwas sein und bedeuten wollen, ganz oder teilweise ihren Wohnsitz, hier rollt das Gold (oder besser das Papier, denn Gold sieht man überhaupt nicht als Münze), als wenn es wie in Monte Carlo an der Spielbank oder wie die Austern an den Bänken gewonnen würde.» Dieser Satz war geradezu ein puritanisches Glaubensbekenntnis. Auch gegenüber Berlin pflegte Duisberg im Übrigen entsprechende Vorbehalte. In New York schien ihm alles aus dem Gleichgewicht, seine «moralische Ökonomie» rebellierte: «Wenn ich vor 12 Jahren berichtete, dass der Dollar hier in N. Y. nur 2 Mark wert sei und vor 5 Jahren fand, das man für ihn nicht mehr als für 1.50–1.80 Mark bei uns erhält, so glaube ich jetzt sagen zu müssen, dass sein Wert weiter gesunken ist, dass die Ansprüche an das Leben und alles, was damit im Zusammenhang steht, weiter gewachsen sind. Was vor 5 Jahren noch, in Bezug auf Hotels, Wohnungen, Bureaus, mit ihren praktischen, ingeniösen und eleganten Einrichtungen meine ganze Bewunderung erregte, ist jetzt schon zur second class Ware heruntergesunken und durch grössere, höhere, luxuriösere und ingeniöser ausgestattete Paläste übertrumpft. Ohne Marmor nicht nur Innen wie früher, sondern auch Aussen, ohne Bronze an Türen, Fenster, Treppen und Aufzüge geht es jetzt selbst bei den höchsten Wolkenkratzern von 40 und 48 Etagen nicht mehr. Überall, selbst in den Geschäftsräumen, in denen nicht Brillanten und Juwelen, sondern einfache, billige Baumwollstoffe gehandelt werden, wird ein Luxus getrieben, der keine Grenzen zu kennen scheint. Nicht zu reden von dem Aufwand, den Damen und selbst Herren in ihrer Toilette, in Clubs, in Appartements etc. treiben. Alles ist teurer, alles ist grossartiger geworden, alle Ansprüche an das Leben sind gesteigert. Ob sich die Menschen dabei auch glücklicher fühlen? Ich glaube nicht. Im Gegenteil, das Glück steht m. E. zur Einfachheit im umgekehrten Quadrat der Entfernung.»[31]

Duisberg schrieb diese «ethnologischen» Betrachtungen zu Beginn eines langen Geschäftsbriefes an die daheimgebliebene Direktion, der sich vor allem um die Organisation der Absatzwirtschaft in den USA drehte. Es wäre jedoch völlig falsch, anzunehmen, diese aus heutiger Sicht fast kuriosen Beobachtungen hätten nichts mit der Geschäftsführung zu tun. Dies haben sie nur dann nicht, wenn man Führung in einem Unternehmen für eine vorrangig technische Funktion hält, was Duisberg aber nicht tat. Für ihn war Führung eine, ohne dass er je zu dieser Begrifflichkeit geneigt hätte, totale Aufgabe, die eine vollständige und angemessene Wahrnehmung und Betrachtung aller relevanten Phänomene der Welt einschloss. Gerade das ermöglichte ja auch erst, dass man die in Deutschland erprobten Grundsätze der Unternehmensführung in den USA und in Russland entsprechend modifizieren konnte, dass man sich in Frankreich gegenüber den Behörden und gegenüber der Belegschaft wie ein «Gast» benahm, wie Duisberg es ausdrückte, und dass man sich überhaupt auf die jeweiligen Besonderheiten der Auslandsmärkte einstellte. Dabei konnte man sich irren, und Duisbergs Ansichten von den USA waren zweifellos alles andere als repräsentativ, aber sie zeigten eine bemerkenswerte Sensibilität in der Wahrnehmung. Seine zunehmend kritische Auffassung von den USA war freilich auch von Erfahrungen gespeist, die er mit den Zuständen in der New Yorker Verkaufsorganisation machen musste. Der zunächst hoch geschätzte Muurling erwies sich mehr und mehr als Autokrat, der später dorthin geschickte Hermann Seebohm beteiligte sich an autoritären Spielchen und «Eifersüchteleien». Die Stimmung in den USA war schlecht, die Verkäufe blieben hinter denen der Agfa und der BASF zurück, und unter den Beschäftigten herrschte ein derartiges Misstrauen, dass Muurling mit Wissen Seebohms sogar Detektivbüros auf Mitarbeiter ansetzen ließ. Duisberg war durch die Korrespondenz mit seinem Schwager in die Details eingeweiht und bemühte sich lange vergeblich, auf diesen mäßigend einzuwirken. Vor allem mochte er nicht akzeptieren, dass man ihm Misstrauen und Spitzeleien als amerikanische Geschäftspraktiken verkaufte: «Es liegt in Deinem und vor allem im Geschäftsinteresse», schrieb er an Hermann Seebohm, «dass in das amerikanische Geschäft der Geist Einzug hält, der hier herrscht, dass nach den Regeln gearbeitet wird, die hier als richtig erkannt sind, und dass nur Veränderungen an ihnen zugelassen werden, soweit dies die Landesverhältnisse notwendig machen.»[32]

Amerika war nicht der einzige Fixpunkt der Strategiebildung des Carl Duisberg, aber es war doch die maßgebliche Größe.[33] Frankreich und England waren bedeutend, die dortigen Märkte verloren aber relativ an Gewicht, und die dortige chemische Industrie, zumindest soweit Organika betroffen waren, stellte keine wirkliche Herausforderung dar. England war aufgrund der Qualität seiner Kohle der wichtigste Carbol-Lieferant der Farbenfabriken; die politisch bedingten Schwierigkeiten bei der Versorgungssicherheit seit der Jahrhundertwende brachten die Farbenfabriken aber dazu, bei Antwerpen einen Kohlenverwerter aufzukaufen, um sich von den englischen Lieferungen unabhängiger zu machen.[34] Unter Produktionsgesichtspunkten war zweifellos Moskau am interessantesten,[35] hier entstand vor 1914 eine größere Produktionseinheit, während selbst in den USA die Produktion von Pharmazeutika gering blieb. Nimmt man alles zusammen, waren die Farbenfabriken vor dem Krieg ein global aufgestelltes deutsches Unternehmen; Eigentums- und Leitungsstrukturen waren typisch deutsch, galten aber nicht zuletzt deshalb zugleich auch als weltmarktfähig. Die Exporterfolge sprachen für sich; vor dem Krieg exportierten die Farbenfabriken ihre Produktion in mehr als 100 Länder der Welt. Das Unternehmen hatte insgesamt fünf Tochtergesellschaften, 44 eigene Auslandsvertretungen und mehr als 100 Verkaufsagenturen. Im Ausland wurden je nach Jahr zwischen 60 und 80% der Umsätze erzielt.[36] Man könnte schließlich geneigt sein, in den internationalen Strategien der Farbenfabriken imperialistische Motive zu vermuten. Doch ist das schlicht unzutreffend, da die Farbenfabriken einfach den Märkten folgten und auf ihnen zunehmend erfolgreich waren. Die Strategie wurde durch pragmatische Faktoren bestimmt, wobei das Patentrecht und die Zollmauern die wesentlichen Größen waren. In Elberfeld wäre auch niemand auf die Idee gekommen, aus politischen oder ideologischen Motiven Geschäfte zu verfolgen, die sich eigentlich nicht lohnten. Das Reichskolonialamt suchte 1911 händeringend nach industrieller Hilfe bei der Ausbeutung von Natronsalzlagern in den ostafrikanischen Kolonien, lief bei der chemischen Industrie aber damit gegen eine Wand: «Schon seit Monaten hat mich Dr. v. Martius mit dieser Sache gequält und mir vor wenigen Wochen einen Akt mit dem gesamten Material zugestellt. Ich will die Angelegenheit an

Hand des Materials noch einmal eingehend prüfen. Wie ich Dir aber schon in meinem Telegramm mitteilte, ist es nichts für uns, und hat deshalb auch der Besuch des Staatssekretärs Lindquist keinen rechten Zweck», schrieb Carl Duisberg am 26. August 1911 an Henry Theodor Böttinger. Duisberg erklärte sich immerhin bereit, den Staatssekretär zu empfangen, wenn Böttinger das wünsche. Aber eigentlich sei das nichts für die Farbenfabriken; auch die BASF habe dankend abgelehnt.

Nicht nur Verkauf und Produktion fanden mehr und mehr im Ausland statt. Duisberg verfolgte die wirtschaftlichen und wissenschaftlichen Entwicklungen jenseits der deutschen Grenzen außerordentlich aufmerksam. Er pflegte Kontakte zu ausländischen Chemikern ebenso, wie er Veranstaltungen, Messen und Kongresse besuchte. Auf der Pariser Weltausstellung im Jahre 1900 trieb er sich mit Gattin ganze zehn Tage herum, war danach allerdings auch ziemlich erschöpft.[37] Die Auslandsvertretungen informierten das Direktorium der Farbenfabriken auch ständig über neue Entwicklungen, über das ausländische Patentwesen, das die deutschen Farbenfabriken allerdings – zumindest im Bereich der Farben und der Pharmazeutika – ohnehin dominierten, über die dortige Konkurrenz sowie die Entwicklung der Nachfrage. Gerade weil Duisberg vor 1914 eine Art internationaler Manager geworden war, der seine knappe Freizeit noch für Englischkurse an der Berlitz-School nutzte, wurden schließlich auch die deutschen Eigenheiten viel stärker profiliert wahrgenommen und mitunter positiv hervorgehoben: «So praktisch die Engländer im allgemeinen sind, ihnen fehlt – was uns Deutsche auszeichnet – nicht etwa die Ausdauer, sondern die Geduld, den Erfolg abzuwarten. Für alles, was man in England tut, will man recht bald klingenden Erfolg sehen. Auf keinem Gebiet der technischen Betätigung muß aber mit einem solchen Aufwand von Geduld und evt. Verzicht auf materielle Entschädigung gearbeitet werden, wie auf demjenigen der Kohlentheerindustrie. Es genügt nicht, den Boden in der intensivsten Weise zu durchwühlen und zu beackern, es genügt nicht, ihm geistige Düngemittel aller Art – also den Stickstoff in Form tüchtiger Techniker, den Phosphor in Form von hervorragenden Erfindern und Chemikern zuzuführen, – beides ist käuflich zu haben und oft versucht worden –, sondern der Boden verlangt vor allem der langjährigen Brache und zwar einer ganz eigenartigen Wartezeit unter Aufwendung unendlicher Geduld und Mühe, bis er endlich reif ist, um neue Gattungen und Arten auf ihm zur Entwicklung zu bringen. Diese Eigenschaften des Arbeitens und Wartens zugleich, der Freude an wissenschaftlichen Resultaten auch ohne technische Erfolge, besitzen die Deutschen in hervorragendem Maße.»[38]

***

Während des Krieges befasste sich Duisberg mit Amerika anfangs kaum bzw. nur dann, wenn dort lebende Verwandte von den Kriegsereignissen betroffen waren oder es galt, ihnen die deutsche Perspektive zu erklären. Erst Ende 1916 kam Duisberg vermehrt auf die USA zu sprechen, um nun mit seiner vermeintlichen Kenntnis des Landes zu renommieren, dessen Feindschaft man hinnehmen könne, ja, für den U-Boot-Krieg sogar hinnehmen müsse. Darauf wird später zurückzukommen sein. Seine Amerikabegeisterung nach 1918 war durch den Kriegsausgang und die Verluste der I. G.-Firmen in Nordamerika gedämpft, doch gelang es der I. G., dort relativ rasch wieder Fuß zu fassen, mit amerikanischen Firmen zu kooperieren bzw. dauerhafte Bindungen etwa zu Standard Oil einzugehen.[39] Duisberg wirkte anfangs an der Beteiligung der Farbenfabriken an der Grasselli Com. mit, überließ aber später alle konkreten Fragen Carl Bosch bzw. dem jüngeren Management der I. G., das häufig zu Geschäftsreisen in den USA war. Die Duisbergs, deren Sohn Walther Mitte der 1920er Jahre nach New York gezogen war, besuchten die USA im Rahmen ihrer beiden großen Weltreisen noch zweimal, 1926 und 1929, wobei 1926 auch die Westindischen Inseln das Ziel waren. Duisberg war von den USA immer noch beeindruckt; es war ihm ein Herzensanliegen, deutschen Studenten Werkstudentenaufenthalte in den USA zu vermitteln, vor allem aber faszinierte ihn das dortige Alltagsleben. Der kulturpessimistische Ton, den er bereits vor dem Krieg gelegentlich hatte anklingen lassen, ging allerdings nach dem Krieg nicht verloren. Nach seiner Reise durch die Westindischen Inseln notierte er, «dass die Niggerfrage oder besser die Frage des coloured people den Amerikanern auch auf amerikanischem Boden noch Kopfschmerzen bereiten wird». Freilich weniger als soziales Problem als aus «Rassengründen». In sozialer Hinsicht waren die USA für ihn fast das Paradies: «Auf jeden Fall ist in Amerika eitel Freude», schrieb er im Mai 1926 an Paul Moldenhauer. «Man schwimmt dort in Gold und lebt herrlich und geniesst die Welt. Das merkt man auf Schritt und Tritt. Ich schätze, dass jeder Amerikaner, und das Land zählt jetzt mehr als 120 Millionen Einwohner – etwa das 2 bis 3 Fache an Nahrung, Kleidung und Lebensaufwand verbraucht als der Europäer, insbesondere der Deutsche. Kein anderes Land der Erde als Amerika hat eben den Krieg gewonnen und nutzt die Lage, in der es sich befindet, die an sich schon, vermöge des

Reichtums seines Bodens nach jeder Richtung hin, den anderen Ländern überlegen ist.»[40]

Noch 1926, als Duisberg vor der Mitgliederversammlung des RDI seine Reiseeindrücke zusammenfasste, kam er aus dem Schwärmen gar nicht heraus: «Es herrscht ein Wohlleben, wie wir es in Europa nie gekannt. … Man schwimmt im Golde und gibt das Geld mit vollen Händen aus. Aber nicht nur für materielle, sondern in reichem Maße auch für ideelle Güter, für Erziehung und Bildung, für Wissenschaft und Forschung für charitative und soziale Zwecke. Bei starker Betonung und Bekräftigung eines einheitlichen nationalen Willens erhält man den Eindruck einer Einigkeit und Einmütigkeit, auch zwischen Arbeitgebern und Arbeitnehmern, die bewundernswert ist, zumal in diesem hyperkapitalistischen Lande. Hier kennt man eine den Charakter schwächende Sozialpolitik nicht. Man ist dagegen bemüht alles zu tun zur Beseitigung von Standesunterschieden und zur Erhaltung der Selbständigkeit und Förderung des Aufstiegs der Einzelindividuen. Die beste Sozialpolitik, das sieht man in Amerika, ist und bleibt eine gute Wirtschaftspolitik. Die Blüte dieses amerikanischen Wirtschaftslebens kann noch Jahrzehnte dauern, wenn man vorbeugend die Maßnahmen trifft, die nötig sind, um Verfallserscheinungen auf ein Mindestmaß zurückzuführen.»[41]

12 | Kampf bis aufs Messer

Hatte Duisberg mit Leverkusen sein technisches Meisterstück abgeliefert, so zeigte sich spätestens mit den Erfahrungen seiner Amerikaaufenthalte 1896 und 1903, dass sich Unternehmensführung nicht auf Erfindungen und eine technisch möglichst effiziente Produktion beschränken konnte. Nach der Vollendung Leverkusens war klar, dass eine weitere technische Effizienzsteigerung in großem Ausmaß nicht mehr möglich sein würde. Die zukünftigen Erfolge konnten nur das Ergebnis einer Erweiterung der Produktpalette und einer Verbesserung von Marketing und Verkauf sein. Aber selbst wenn eine perfekte Organisation des Vertriebs erreichbar war, zeichneten sich die Grenzen der autonomen Handlungsfähigkeit der Farbenfabriken allein deshalb ab, weil die Forschung und Entwicklung neuer Produkte immer kostspieliger wurde, der Konkurrenzkampf um die «guten Ideen» an Schärfe zunahm. Der ausgebildete Farben-Chemiker Carl Duisberg war trotz seiner Sympathien für Pharmazie, Fotoartikel und synthetischen Kautschuk zudem pessimistisch, was die Innovationskraft der chemischen Industrie betraf, und sprach von Zeiten, «wo, wie ich glaube, die wissenschaftliche und technische Chemie ihren Höhepunkt erreicht hat, oder besser auf dem Abmarsch von der Höhe ins Tal befindlich ist».[1]

Für die reine Farbenchemie, die mit der Indigo-Synthese[2] und den Indanthren-Farben in den Jahren vor dem Krieg ihren Höhepunkt erlebte, war dieses Urteil nicht unzutreffend, doch verbot sich eine Generalisierung des Arguments für die gesamte chemische Industrie.[3] Dass Duisberg gleichwohl so argumentierte, wirft ein interessantes Licht auf die Entwicklung hin zur Gründung der I. G. Farben. Ging man davon aus, dass die Entwicklung in der Zukunft technologisch und wirtschaftlich schwieriger werden würde, dann war es klug, jetzt – in dieser günstigen Situation – die Kräfte zu bündeln. Duisbergs Initiative zum Zusammenschluss der großen deutschen Farbenhersteller folgte diesem strategischen Kalkül. In der Literatur ist bislang vor allem darauf verwiesen worden, Duisberg habe den Trust-Gedanken aus den USA mitgebracht, was auch durch seine Memoiren

Bestätigung findet,[4] doch liest man in den Berichten aus den USA an das Elberfelder Direktorium erstaunlich wenig zu diesem Punkt. Der Trust-Gedanke lag seinerzeit, so Hugo Stinnes, ohnehin in der Luft.[5] Da bedurfte es keiner Anstöße aus den USA. Auch in Deutschland waren starke Konzentrationsbewegungen bemerkbar; insbesondere hatte die Syndizierung des Ruhrkohlenbergbaus eine deutliche Beschleunigung der Bildung sogenannter industrieller Herzogtümer begünstigt, integrierter Montankonzerne, die von der Kohlenförderung über die Roheisen- und Stahlherstellung und den Walzprozess bis hin zur Weiterverarbeitung reichten und eine bis dahin unbekannte wirtschaftliche Kraft unter einem Dach zusammenfassten.[6] Auch die elektrotechnische Industrie trug sich mit Trust-Plänen: Walther Rathenau hatte, allerdings erfolglos, bereits 1902 einer «Reorganisation der elektrischen Industrie» das Wort geredet.[7] Seit den 1890er Jahren bemühten sich auch die Chemiefirmen, größere Bereiche der Wertschöpfungskette unter ihre Kontrolle zu bringen, ein Prozess, der sich nach der Jahrhundertwende beschleunigte. Der Erwerb der Kohlenzeche Auguste-Victoria bei Recklinghausen sowie die Beteiligung an der norwegischen Stickstoffproduktion in den Jahren vor dem Ersten Weltkrieg konnten allerdings erst nach dem Zusammenschluss der BASF mit den Elberfelder Farbenfabriken und der Agfa zum sogenannten Dreibund realisiert werden, für jedes Unternehmen allein wären das zu große Brocken gewesen. In der Farbenchemie war die horizontale Integration mithin, anders als im Montansektor, die Voraussetzung dafür, um überhaupt erfolgreiche Schritte zur Rück- und Vorwärtsintegration gehen zu können. Denn bei allen Erfolgen der großen Farbenhersteller waren die Unternehmen immer noch vergleichsweise klein; sie hatten kurz vor Ausbruch des Ersten Weltkrieges nach Angaben von Carl Duisberg auch nur einen Umsatz von 500 Millionen Mark.[8] Das war gemessen an anderen Branchen wenig. Selbst zusammen genommen kamen die Großen aus Ludwigshafen, Frankfurt am Main und Elberfeld nicht auf das Aktienkapital, das etwa Krupp, die Gelsenkirchener Bergwerks AG oder der Stinnes-Konzern allein besaßen, von den großen oberschlesischen Magnaten und ihren Hüttenwerken zu schweigen.[9] Auch die Berliner Elektrokonzerne Siemens und AEG spielten, salopp formuliert, in einer anderen Liga.

Wollte die Farbenindustrie angesichts zumindest schlechter werdender Zukunftsaussichten ihre Handlungsfähigkeit behalten, war ein Zusammenschluss sinnvoll. Dieser zielte zweifellos darauf ab, im Bereich der Farben eine marktbeherrschende Position zu erzielen und kosten- und nervenaufreibende Konkurrenzkämpfe zu vermeiden sowie die vorhandenen Ressourcen für kostenträchtige Innovationen zu bündeln. Angesichts des wirtschaftlichen Gewichts der chemischen Industrie, die alles zusammengenommen weniger als sechs Prozent zum Bruttoinlandsprodukt beisteuerte, waren gleichwohl die Auswirkungen einer derartigen Vereinigung gering, zumal sie nicht einmal die gesamte chemische Industrie umfasste. Die größte deutsche Chemiefirma der Zeit, die Solvay,[10] beschäftigte sich überhaupt nicht mit Farbstoffen, die pharmazeutische Produktion sollte nicht einbezogen werden, und auch andere Produktionszweige blieben unberührt.[11] Duisbergs Gedanke einer Interessengemeinschaft der Farbenindustrie, den er im September 1903 den versammelten Granden der deutschen Farbstoffindustrie in Frankfurt unterbreitete, war daher ein nachvollziehbarer Schritt, und genauso sahen das zunächst auch die von Duisberg angesprochenen Vertreter der großen Unternehmen.

Denn gerade die Versuche, sich allein zu behaupten, hatten in den Jahren zuvor nur zu einer Intensivierung der Konkurrenz geführt. Die Kämpfe beschränkten sich nicht auf das Farbstoffgebiet und schon gar nicht auf Deutschland. Die Konventionen der 1880er Jahre, insbesondere die Alizarin-Konvention von 1881, waren längst Vergangenheit. Neue Konventionen kamen jeweils nur unter großen Mühen zustande; durch Neuentdeckungen verschärften sich die Konflikte stets aufs Neue. Der Wettlauf um den synthetischen Indigo, an dem sich die Farbenfabriken nicht beteiligt hatten, war dafür ein schlagendes Beispiel.[12] Von der Indigo-Synthese beflügelt intensivierte sich wiederum die Suche nach neuen, wasch- und lichtechten Anilin-Farbstoffen, die mit der stark umkämpften Indanthren-Farbstoffklasse schließlich auch erfolgreich war. Hier waren die Farbenfabriken mit zahlreichen neuen Farbstoffen beteiligt. Aber die Erfahrungen waren eindeutig: Innovationen halfen nur begrenzt, im Extremfall verschärften sie sogar den Überlebenskampf. Die Farbenfabriken waren in einer Art Dilemma: Ihre Innovationsstrategie führte gerade zu den Kämpfen, die die mühsam errungenen Erfolge wiederum bedrohten. Auf Dauer war der damit verbundene «legal warfare» wirtschaftlich inakzeptabel, da auch das Patentrecht nicht zum Frieden beitrug.

***

Die Zahl der Patentkonflikte nahm in den 1890er Jahren trotz der 1889 erzielten weitreichenden Verständigungen beziehungsweise der seinerzeit gewonnenen Patentprozesse erheblich zu, und zwar nicht nur in Deutschland, sondern auch auf den anderen großen Märkten.[13] Der Ton dabei konnte zum Teil recht grob werden. Im Februar 1896 löste die Erteilung eines Markenschutzrechtes auf den Namen «Phenacetin» nach Duisbergs Wahrnehmung einen Sturm der Entrüstung aus, vor allem die Firma Riedel, die das Produkt auch anbot, führe sich wie ein «wildes unanständiges Tier» auf.[14] Die Farbenfabriken waren in diesem «Kampf» Täter und Opfer, Kläger und Beklagter zugleich. Eine gute chemische Vorbereitung von Patentanmeldungen, eine Überprüfung aller zum Patent angemeldeten Erfindungen und schließlich eine genaue Prüfung neu auf den Markt kommender Stoffe unter dem Gesichtspunkt möglicher Patentverletzungen waren im harten Konkurrenzkampf entscheidend.[15] Mit Edmund Kloeppel wurde ein Jurist mit chemischer Qualifikation gewonnen, der zunächst von Duisberg die Patentangelegenheiten übernahm und schließlich alle einschlägigen Fragen allein bearbeitete. Die Farbenfabriken waren vor Gericht aber nicht nur auf ihren eigenen Sachverstand angewiesen; sie benötigten auch externen Beistand, und zwar in Form gutachtender Hochschullehrer. Auch deshalb bemühte sich Duisberg stets um gute Kontakte in die Universitätswissenschaft hinein.[16] Noch wichtiger waren aber letztlich die gesetzlichen Vorschriften und die Sachkunde der Richter. Denn die Frage, ob ein Patent verletzt wurde oder nicht, war vor Gericht in der Regel ebenso strittig wie die Frage, ob ein Patent überhaupt erteilt werden durfte, ob etwas als Neues zu qualifizieren war, ob es sich um eine echte oder eine abgeleitete Erfindung handelte. Es hing häufig allein von der Qualität des Patentamtes und später gelegentlich vom Sachverstand der Richter ab, wie derartige Verfahren ausgingen. Dass Duisberg sich für die Einrichtung eigener Patentgerichtshöfe und eine entsprechende Qualifikation der Richter einsetzte, ist wenig überraschend.[17]

Entsprechend mischte er sich intensiv in die Debatten um die Reform des Patentrechtes Anfang der 1890er Jahre ein.[18] Duisberg plädierte für die Stärkung des Patentamtes gegenüber Einsprüchen und für die Einrichtung kompetenter Gerichtshöfe.[19] Eine Liberalisierung des Patentrechtes im angelsächsischen Sinne, wonach Patente ohne Prüfung allein auf Anmeldung hin dem Erfinder erteilt wurden, wollte er auf jeden Fall verhindern: «Wir stehen auf dem Standpunkt eines gut organisierten Patentamts, welches nach gründlicher Vorprüfung Patente erteilt, die wirklich, da die Patente ja auch mit Hilfe von Juristen und Sachverständigen zustande kommen, für die ordentlichen Gerichte in ihrem ganzen Umfange bindend sind und dass ein derartig erteiltes Patent nicht in frivolster Weise angegriffen und vernichtet werden darf – daher Beschränkung der Nichtigkeitsklage.

Das Patentgesetz muß dem Erfinder einen Schutz gewähren, der ihn nicht lähmt, sondern ermuntert, nach weiteren Erfindungen zu streben, um sich auch hierfür einen wirksamen Schutz zu verschaffen.»[20] Eine Aufweichung der Patentvergaberegeln konnte tatsächlich verhindert werden, nicht zuletzt auch deshalb, weil die Farbenfabriken Carl Gamp mit umfangreichem Material versorgten.[21] In Deutschland mussten nach der Novelle Patentanmeldungen weiterhin von Amts wegen auf ihre Patentfähigkeit hin geprüft und vor Erteilung des Patentes öffentlich so ausgelegt werden, dass Widerspruch gegen eine Patenterteilung eingelegt werden konnte.[22] Vor allem gelang es der chemischen Industrie durchzusetzen, dass die Patentfähigkeit auf Stoffe und Stoffklassen,[23] die bisher nicht patentfähig waren, ausgeweitet wurde.[24] Duisberg und die Farbenfabriken scheiterten allerdings mit ihrem Wunsch, eigene Patentgerichtshöfe einzurichten; nicht einmal eigene Kammern für Patentfragen waren durchsetzbar, und auch die Forderung nach einer entsprechenden technisch-naturwissenschaftlichen Qualifikation der Richter war nicht erfolgreich.[25]

Diese Niederlagen entmutigten Duisberg nicht, der sich weiterhin für entsprechende Änderungen in den Gerichtsverfahren einsetzte und in den 1910er Jahren eine Initiative des Oberlandesgerichtsrates Alfred Bozi vom OLG Hamm unterstützte, die juristische Ausbildung in diesem Punkt grundlegend zu verbessern. Im Verein «Recht und Wirtschaft», der allerdings vor 1914 nicht so recht in Gang kam, war Duisberg eine der treibenden Kräfte.[26] Vorerst aber musste er sich mit der Lage arrangieren, in der es auf gute Beziehungen zum Kaiserlichen Patentamt ebenso ankam wie auf die Gutachter und technischen Sachverständigen in den Gerichtsverfahren. Duisberg war mit dem Patentrecht selbst aber durchaus zufrieden und kam dem Wunsch des Präsidenten des Kaiserlichen Patentamtes Carl Hauß[27] gerne nach, zu betonen, «dass die chemische Industrie zur Zeit kein Interesse an der Änderung des Patentgesetzes hat, im Gegenteil, im Grossen und Ganzen mit dem gegenwärtigen Zustand recht zufrieden ist».[28]

Die Patentgesetznovelle von 1891 änderte mithin die gegebene Lage keineswegs zuungunsten der Farbenfabriken, sondern erweiterte zunächst durch die Ausweitung des Patentrechtes ihre Handlungsmöglichkeiten. Mit der Professionalisierung des Kaiserlichen Patentamtes wurden Patentanträge allerdings sehr viel schärfer geprüft. Folgerichtig sanken die Chancen, Neuheiten, oder was man dafür hielt, auch wirklich als Patent anmelden zu können.[29] Insbesondere in der Frage sogenannter abgeleiteter Erfindungen, die für die Industrie sehr wichtig waren, zeigte sich das Kaiserliche Patentamt nach der Novelle sehr viel strenger. Die Konflikte mit dem Patentamt nahmen zu, und die Farbenfabriken änderten ihr Verhalten. Dem Mitarbeiter des Patentamtes und ao. Professor der Chemie an der TH Charlottenburg Rudolf Biedermann erklärte Duisberg im Mai 1897 die Lage aus seiner Sicht: «Allzugern würde auch ich mich einmal mit Ihnen über verschiedene Punkte im Gebiete des Patentrechts unterhalten. Sie werden sicherlich schon gesehen haben, dass wir seit einiger Zeit insofern eine Schwenkung gemacht haben, als wir ganz erheblich weniger Patente anmelden, obgleich nach wie vor Erfindung auf Erfindung in unseren Laboratorien gemacht werden. Erfindungen von Produkten, welche wir nicht im Handel kontrollieren können, wie bei chemischen Zwischenprodukten und einzelnen Farbstoffen, melden wir nur im äussersten Notfalle an und ziehen die Geheimhaltung vor. Aber auch bei Farbstoffen, deren Constitution schwer zu ermitteln sind, wollen wir von jetzt an lieber unpatentiert als patentiert in den Handel bringen, da seitdem das Patentamt, wie gar nicht anders möglich, die Auffassung des Reichsgerichts über Zusatzpatente auch zu der seinigen gemacht hat, wir eines kräftigen Patentschutzes entbehren, wozu noch kommt, dass wir bei den ordentlichen Gerichten in Patentverletzungsfragen nicht jenen Schutz finden, den wir erwarten sollten.»[30]

Das Patentrecht war insofern auf dem Papier günstig, praktisch aber eine schwierige Sache. Die Geheimhaltung als Alternative war durchaus nicht nach Duisbergs Geschmack, wie er gegenüber Friedrich Bayer jun. im Oktober 1897 betonte: «Mir sind, offen gestanden, die vielen Fabrikgeheimnisse, die wir uns im Laufe der Zeit schon angeschafft haben, sehr wenig angenehm. Unsere ganzen Einrichtungen sind auf Geheimhaltung nicht getroffen und müssen wir uns schon für ganze Betriebe ganz anders organisieren, wenn wir hier mit Geheimmethoden erfolgreich arbeiten wollen.»[31] Geheimhaltung war offensichtlich teuer, nicht zuletzt standen die Meister und Vorarbeiter unter Abwerbungsdruck, in vielen Fällen aber auch schlicht unwirksam. Gute Kontakte zum Patentamt spielten also eine entscheidende Rolle. Den Kontakt zu Rudolf Biedermann pflegte Duisberg daher auch gezielt, da dieser ihn mit internen Informationen aus dem Patentamt versorgte.[32] Da sich in Berlin zwei Parteien, die jeweils für eine liberale bzw. restriktive Lösung eintraten, schroff gegenüberstanden, sei es wichtig, die Meinung der Industrie zu kennen, ließ Biedermann, der mit Duisberg für eine liberale Lösung eintrat, wissen. Biedermann schilderte Duisberg den Konflikt detailliert und schloss seinen Brief vom 1. April

1898 mit der Bitte um eine direkte Intervention Duisbergs beim Präsidenten des Kaiserlichen Patentamtes, wenn ihm das notwendig erscheine.[33]

Die Aktion ging freilich schief, wie Biedermann drei Wochen später einräumen musste. Der Präsident des Patentamtes habe die Initiativen der Farbenfabriken und ihres Verbandes ebenso wie Biedermanns eigene Einlassungen abschmettern lassen und sich darüber hinaus auch gegen eine Enquete unter herausragenden Chemieindustriellen über die Wirkungen der restriktiven Auslegung des Patentgesetzes gesperrt. Er, Biedermann, sei sehr entmutigt, da es den Menschen im Patentamt nicht begreiflich zu machen sei, «daß es verschiedene Sorten von Erfindungen gibt». Es sei jetzt Sache der Industrie, in der Angelegenheit öffentlich das Wort zu ergreifen, und da hoffe er darauf, dass Duisberg nicht locker lasse. Biedermann erklärte sich überdies bereit, Duisberg Material für eine öffentliche Kampagne gegen die Praxis des Patentamtes zu liefern, damit dieser die besondere Bedeutung von Zusatzerfindungen und deren Patentfähigkeit herausstreichen könne.[34] Duisberg tat das auch, aber erst einige Jahre später lockerte das Kaiserliche Patentamt seine restriktive Haltung. Die gesetzliche Lage, vor allem aber die Praxis des Patentamtes waren nach der Jahrhundertwende gleichwohl alles in allem günstig, und Carl Duisberg nutzte die Jahresversammlung des Vereins Deutscher Chemiker 1902 in Düsseldorf, um das deutsche Patentrecht sehr zu loben.[35] Ihm habe die chemische Industrie zu nicht geringem Teil ihren Aufschwung zu verdanken. Doch zeigte die Praxis des Konkurrenzkampfes zwischen den Firmen, dass allein die Patentgesetzgebung keinen zufriedenstellenden Zustand herbeiführen konnte.

***

Denn die Konflikte um Patente, Lizenzen und Rechte blieben finanziell belastend,[36] vor allem aber drückten sie auf die Stimmung: «Daß der Neid den Menschen im Menschen aufzufressen vermag, hat das Verhalten dieser Herren (Heinrich Caro und Heinrich von Brunck von der BASF, W. P.) gezeigt. Mir ist es ein neuer Sporn, was in meinen Kräften steht, dazu beizutragen, diesen Neid nicht zu verkleinern, sondern zu vergrößern und dafür zu sorgen, dass wir der Badischen niemals nachstehen. Stolz darf man sein, niemals hochmütig!»[37] Aber Wut war kein guter Ratgeber, das wusste Duisberg, der auch vor ungezügelten Preiskämpfen zurückschreckte, die die Elberfelder Kaufleute als das beste Mittel ansahen, in der Konkurrenz die Nase vorn zu haben.[38] Duisberg, und mit ihm wohl auch Friedrich Bayer jun., neigte bereits seit den 1880er Jahren dazu, wenn es nicht anders möglich schien, auf Absprachen zu setzen, und wich auch Ende der 1890er Jahre von dieser Überlegung nicht ab. Dabei boten sich insbesondere Absprachen mit der BASF auf dem Gebiet der neuen Alizarin-Farbstoffe an. Ähnlich wie bereits beim Alizarin-Blau war auch eine Verabredung bei den Cyanin-Farben vorstellbar, wie Duisberg nach einem Gespräch mit dem Vorstandsvorsitzenden der BASF, von Brunck, berichtete: «Gelegentlich der Festveranstaltung im Frankfurter Theater traf ich auch in der Pause Brunck, mit dem ich dann eine mehr als 1-stündige Unterhaltung hatte, bei der ich schliesslich beobachtete, dass die Badische nicht abgeneigt ist, … eine Alizarin-Cyanin-Konvention mit uns zu machen. … Wie immer sind natürlich unsere kaufmännischen Herren nicht sehr für ein derartiges Arrangement, im Gegenteil bekämpfen dasselbe sogar. Aber nachdem, wie auch Brunck selbst zugesteht, durch die grosse Reduktion der Preise in Alizarin-Cyanin der Absatz (sich) durchaus nicht entsprechend vermehrt hat, wie dies gehofft wurde, ist meiner Meinung nach der Boden für eine Konvention sehr gut geeignet, zumal es bis jetzt noch Niemanden (!), auch den Höchstern nicht gelungen ist, in das durch Patente gesicherte Gebiet der blauen Anthrachinon-Farbstoffe hineinzukommen. Ich bin Deiner Zustimmung sicher, dass, wenn es uns gelingt, unseren Absatz zu erhalten und dafür eine extra Einnahme zu erzielen, wir wohl tun, eine Konvention abzuschliessen.»[39] In ähnlicher Weise bemühte sich Duisberg auch um den Abschluss weiterer Konventionen, etwa im Bereich der substantiven schwarzen Farben mit der Cassella und der Agfa, ohne allerdings damit erfolgreich zu sein.[40] Mit der BASF kam es schließlich zu weiteren Konventionen im Bereich der substantiven Wollfarben, doch waren all diese Konventionen stets nur kurze Ruhepunkte in einem weiterhin heftig tobenden Konkurrenzkampf. Sie mussten zudem auch international abgeschlossen und durchgesetzt werden. Aber zur Preisstabilisierung durch Absprachen gab es keine realistische Alternative, wie Duisberg fest glaubte: «Die verteuerten Kohlen, Rohmaterialien, die gestiegenen Arbeitslöhne haben in der chemischen Industrie, um dem Weiterfallen der Preise Einhalt zu tun, Verständigungen aller Art notwendig gemacht. Die Leitung der diesbezüglichen Verhandlungen lag fast ausschliesslich bei mir. Ich fühle mich jetzt, nachdem mehrere derselben abgeschlossen, und hoffentlich am nächsten Freitag die wichtigste Verständigung auf dem Gebiete des Alizarin-Rots in Paris zu Stande kommen wird, etwas ermattet und nervös.»[41]

Duisberg setzte die Politik der Absprachen auch im eigenen Hause mit großer Energie durch. Will man es ordnungspolitisch qualifizieren, so plädierte Duisberg zumindest punktuell immer wieder für die Bildung von Kartellen, doch war das gesamte System angesichts der Vielzahl von Akteuren, der Fülle von Farbstoffen, der Heterogenität der Märkte und ihrer rechtlichen Bindungen und schließlich nicht zuletzt wegen der großen Innovationsdynamik ausgesprochen labil. Die Mischung aus hartem Konkurrenzkampf und zeitweiligen Absprachen war wirtschaftlich auf Dauer nicht vertretbar, noch schonte sie Duisbergs Gesundheit, da er an fast allen Absprachen als Hauptakteur beteiligt war und keinem Streit aus dem Wege ging. So gesehen war die Initiative zur Bildung einer dauerhaften Gemeinschaft der Farbenfabriken auch eine Art Selbstschutz, und das in mehrfacher Hinsicht. Zunächst konnte sie die Zahl der nervenaufreibenden Konflikte vermindern und Duisberg allein deshalb entlasten. Sodann hatte Duisberg, nachdem Leverkusen weitgehend realisiert worden war, seine großen Ziele bereits erreicht, indem die Farbenfabriken in Elberfeld aus dem Schatten der lange übermächtigen Konkurrenz herausgetreten waren. Ende 1900 befiel ihn zudem eine gewisse Leere. «Ich fühle mich nur wohl, wenn ich mir große Ziele stecke, wenn ich mitten im Kampf stehe, wenn mich Sorgen und Plagen zu ersticken drohen, dann fühle ich mich im Abwälzen aller Bedrängnisse, im Ringen und Kämpfen mit den Widerwärtigkeiten des Lebens im raschen Entschluss und raschen Handeln befriedigt, dann allein leide ich nicht an Weltschmerz, und trübe Gedanken umschleichen mich nicht.»[42] Man kann aus diesem persönlichen Drang nach einer neuen Aufgabe nicht gradlinig auf die Verhandlungen zum Zusammenschluss der Farbenfabriken schließen, das würde zu weit gehen. Der Gedanke lag ja ohnehin in der Luft. Doch ist dessen Realisierung ohne Duisbergs persönliches Engagement unvorstellbar – und das hatte viel damit zu tun, dass er unbedingt eine neue Herausforderung brauchte. Das war wohl auch der Grund des Zerwürfnisses mit Carl Hülsenbusch, der Duisberg vorwarf, den Zusammenschluss aus letztlich egoistischen Motiven zu betreiben. Darauf wird zurückzukommen sein.

***

Es kamen also objektive Gründe und der individuelle Betätigungsdrang von Carl Duisberg zusammen; sie ließen aus der verbreiteten Idee, Interessengemeinschaften zu bilden, im Herbst 1903 konkrete Schritte hervorgehen. Es kann als sicher gelten, dass Duisberg bereits in den Monaten seit der Amerikareise im Direktorium wiederholt die Frage einer möglichen Fusion der großen Farbenhersteller zur Sprache brachte. Er dürfte damit im eigenen Haus nicht unbedingt auf Zustimmung gestoßen sein; sicher ist, dass Friedrich Bayer nicht begeistert war. Doch Carl Duisberg setzte sich durch, wohl auch deshalb, weil seine pessimistischen Zukunftserwartungen und die Beschreibung der Wettbewerbsmärkte im Wesentlichen geteilt wurden. Bei der Jahresversammlung des Vereins zur Wahrung der Interessen der Chemischen Industrie im Herbst 1893 in Baden-Baden saß Duisberg neben dem Leiter der Höchster Farbwerke, Gustav von Brüning, der ebenfalls kurz zuvor in den USA gewesen war, und schilderte ihm nicht nur seine Eindrücke, sondern berichtete auch von seiner Absicht, hierüber bei Gelegenheit eine Denkschrift zu verfassen.[43] Brüning zeigte sich insbesondere an Duisbergs Überlegungen zu den Trusts sehr interessiert, ja, setzte offenbar von sich aus die Gespräche hierüber auch mit Vertretern der BASF fort.[44] Als er dort auf positive Resonanz stieß, erinnerte er Duisberg an das Gespräch und bat ihn, doch einmal seine Absichten genauer darzulegen.[45] Duisberg zögerte nicht und entwickelte schon wenige Tage später seine Idee gegenüber Gustav von Brüning: «Mehr denn je bin ich der Meinung, dass es das beste und richtigste wäre, wenn die grossen chemischen Fabriken, welche gleiche Ziele verfolgen, nicht abwarten, bis schlechte Zeiten sie zu einem Zusammenschluss zwingen, der dann nur unter Erhöhung der Verkaufspreise erfolgreich durchzuführen ist, sondern wenn der doch dereinst notwendige Zusammenschluss sobald als möglich, ehe die Zeiten schlechter geworden, … vollzogen würde. Die Zeitverhältnisse zur Vorbesprechung dieser Fragen und zur Erwägung eines derartigen Zusammenschlusses sind günstig.»[46] Es war aber nicht allein der wirtschaftliche Aufschwung des Jahres 1903, der die Konjunkturflaute der beiden Vorjahre beendet hatte und für gefüllte Auftragsbücher und zumindest teilweise steigende Preise sorgte, der Duisberg motivierte. Vielmehr zeichnete sich eine Verschärfung des Wettbewerbs ab, die über kurz oder lang jede Kooperation in Frage stellen würde: «Die Aktiengesellschaft für Anilin-Fabrikation muss und will ihre Betriebe von Crepin verlegen und sucht Terrain am Rhein. Die Firma Weiler ter Meer befindet sich in Bezug auf ihre Kölner Anilin- und Naphtylamin-Fabrik in ähnlich schwieriger Lage und sucht Anschluß an eine grössere Fabrik. … Wir, die Farbenfabriken, stellen zurzeit noch keinen Indigo her, sind aber selbstverständlich auch gezwungen, uns in dieses Gebiet hineinzubegeben. Ihre Firma, die Höchster Farbwerke, will die photographischen Artikel aufnehmen. Die Badische Anilin- & Soda-Fabrik beschäftigt sich schon lange mit der Frage, ob sie die pharmazeutischen Produkte ihren Abteilungen angliedern soll. Die sämtlichen ausländischen Filialen der deutschen Farbenfabriken kranken daran, dass der Absatz zu klein und dementsprechend die Spesen zu gross sind. Wie die Verhältnisse sich nach Erneuerung der Handelsverträge gestalten werden, lässt sich vorerst noch gar nicht ersehen, aber schon hat sich die Firma Kalle & Co. breitschlagen lassen, eine österreichische Fabrik zu bauen und auch Sie bzw. Ihr Vertreter hat die anderen Firmen durch Einrichtung einer Saccharin- und Indigo-Präparationsfabrik aufgeregt.»[47] Kurz: Sollte nichts geschehen, stehe eine dramatische Zuspitzung der Konkurrenz bevor, obwohl die Farbenindustrie für das Nutzen von Synergieeffekten eigentlich prädestiniert sei: «Vermöge seiner Eigenart und des Hineingreifens in alle Gebiete industrieller Tätigkeit ist keine Industrie so sehr zur Vereinigung der widerstreitenden Interessen, ohne dass dadurch die Grundprinzipien des Wettbewerbs und damit die Bedingungen des Fortschritts beseitigt werden dürfen, geeignet, wie gerade die chemische und speziell die Farben- und pharmazeutische Industrie.»[48] Er, Duisberg, werde bis zum Jahresende einmal alles in einer Denkschrift aufschreiben: «Selbstverständlich sind Sie der Erste, dem ich dann die Denkschrift in mehreren Exemplaren zusenden werde.» Er wolle nicht drängeln, sondern sei sich darüber im Klaren, dass alle Fragen ernsthaft und in Ruhe beraten werden müssten. Deshalb sei auf der Basis der Denkschrift eine Besprechung sinnvoll, von der er sich Klärung erhoffe. Denn: «Dass sie (die Frage eines Zusammenschlusses, W. P.) in den nächsten Dezennien eine definitive Erledigung finden wird, darüber herrscht für mich nicht der geringste Zweifel.»[49]

Duisberg rechnete offenbar mit Vorbehalten von Brünings; und er konnte sich dessen umso sicherer sein, als er ja mit seiner Initiative erneut eine Grenzüberschreitung beging, ähnlich wie bereits in den 1890er Jahren in den Farbenfabriken. Denn dass ein Vorstandsmitglied eines Unternehmens, das selbst nicht einmal zum eigentlichen Kreis der Eigentümer zählte, hier voranpreschte, war auffällig genug und widersprach der Rangordnung, nach der ein solcher Vorstoß von Friedrich Bayer jun. oder Henry Theodor Böttinger hätte kommen müssen. Im Kern lief der Vorschlag zudem darauf hinaus, das Gewicht der bisherigen Eigentümer deutlich zu senken und damit auch die Stellung der eigentlichen Unternehmensleitung zu stärken – ein Punkt, der weder den Brünings noch den Bayers entging. Friedrich Bayer jun. sprach sich daher auch intern gegen Duisbergs Pläne aus, wurde aber zunächst überstimmt. Duisberg jedenfalls stellte seine Denkschrift fertig und sandte sie an die ins Auge gefassten Fusionspartner.[50] Gustav von Brüning teilte ihm rasch mit, dass sich Hoechst und Ludwigshafen besprochen hätten. Auf der Basis der Denkschrift wollten sich die vier großen Aktiengesellschaften demnächst auf Einladung von Dr. Martius von der Agfa in Berlin einmal zusammensetzen, um ihren Meinungsaustausch voranzutreiben. «Es wurde die Ansicht ausgesprochen, dass Ihre Anwesenheit hierbei sehr wesentlich sei und beauftragte man mich, falls die Einladung ergehen sollte, Sie zu bitten, auch nach Berlin zu kommen.»[51] Auf dem Treffen, das am 22. Januar 1904[52] stattfand, war man sich im Kern einig, dass eine Fusion sinnvoll sei und gab auch bereits Entwürfe für einen Fusionsvertrag und für die Statuten der neuen Firma in Auftrag. Duisbergs Denkschrift wurde detailliert besprochen, insbesondere auch die Frage debattiert, wie die Vermögensbestände der einzelnen Firmen bei einer Fusion zu bewerten seien. Als Voraussetzung weiterer Fusionsgespräche sollte Duisberg die Denkschrift noch einmal überarbeiten, was er in Windeseile tat. Schon am 3. Februar 1904 konnte er sie in revidierter Fassung herausgeben. Duisberg informierte auch die Inhaber der Cassella, Gans und Weinberg, und brachte zugleich seine Erwartung zum Ausdruck, dass schon in der nächsten Woche in Frankfurt weiterverhandelt werden könne.

***

Die Denkschrift über die Vereinigung der deutschen Farbenfabriken vom Februar 1904 war erneut ein Meisterstück Duisbergscher Strategie und Organisationsplanung.[53] Ausgehend von Betrachtungen über die weltweit zu beobachtende Entstehung großer Unternehmenskomplexe warf Duisberg die Frage auf, ob das nicht auch die deutsche Farbenchemie tun solle, nicht zuletzt, um ihre auf dem Weltmarkt so mühsam errungene Stellung zu behaupten und zu sichern. Es sei besser, eine Phase der Prosperität zur Fusion zu nutzen, denn als «Kinder der Not» stießen derartige Zusammenschlüsse auf Kritik, da die Öffentlichkeit dabei zu Recht Preistreibereien vermute. Die deutschen Farbenfabriken jedenfalls könnten ihr hohes Niveau nur behaupten, wenn sie ihre Kräfte bündelten. Man stehe auf dem Weltmarkt zweifellos gut da, habe aber gerade was die Verkaufsorganisation im Ausland angehe, große, kostentreibende Schwächen. Das sei angesichts der Unsicherheit über die zukünftigen Weltmarktstrukturen eine große Hypothek.

Duisberg begann seine Überlegungen recht geschickt mit einer Erörterung der offensichtlichen Nachteile einer großen Fusion: Die harte Konkurrenz habe die Leistungsfähigkeit der Forschung und der Produktion bislang sehr gefördert. «Wäre der Konkurrenzkampf nicht gewesen, der deutschen Teerfarbenindustrie wäre es sicherlich nicht gelungen, die Alleinherrschaft auf dem Weltmarkt zu erlangen und diese Industrie den Franzosen und Engländern zu entreissen, die in diesen Ländern bestehenden ausserdeutschen Fabriken nieder zu ringen. Mit der Aufhebung der Konkurrenz tritt aber überall eine Stagnation des Fortschritts, ein Ausruhen und sich Gehenlassen ein; schlimmer noch als das, mit der Vereinigung der industriellen Macht in einer Hand liegt die Versuchung zum Missbrauch dieser Macht allzu nahe. Wir sehen davon ab, dass die an der Spitze stehenden Männer dem Grössenwahn verfallen können. Aber es kann nicht ausbleiben, dass in einer solch mächtigen Kapitalgesellschaft ein kleiner Staat im Staat[54] entsteht, den die Gesetzgeber hassen, weil er sich nicht leicht unterordnen lässt, und den das Publikum fürchtet, weil die Preise eventuell gesteigert werden.» Das waren Argumente aus dem (seinerzeit noch nicht vorhandenen) ordnungspolitischen Lehrbuch, die zeigen, dass Duisberg sich über die möglichen Folgen einer Großfusion völlig im Klaren war. «Hier gilt aber, was sich in der Natur immer wieder und wieder zeigt: Die Bäume wachsen nie in den Himmel; je grösser ein Organismus wird, um so mehr neigt er zum Zerfall und Untergang», malte Duisberg die Gefahren regelrecht an die Wand, «es sei denn, dass es ihm gelingt, sich so einzurichten, und unter centraler Leitung eine solche Decentralisation durchzuführen, wie wir es bei den doch hoch organisierten Lebewesen mit ihren verschiedenartigen Organen sehen.» Duisberg benannte hier ein zentrales Prinzip der Unternehmenspolitik, das in theoretischer Form erst Ronald H. Coase in den 1930er Jahren formulierte, nämlich dass die Größenentwicklung eines Unternehmens durch die Möglichkeiten einer effizienten Organisationsentwicklung bestimmt und limitiert ist.[55] 1991 erhielt Coase für den Gedanken, den Duisberg bereits 1904 formuliert und in allen Organisationsentscheidungen im Rahmen der I. G. stets berücksichtigt hat, den Nobelpreis für Wirtschaftswissenschaften.[56]

Mit dieser Wendung war er auf sicherem Terrain, denn nun konnte er seine Fähigkeiten voll ausspielen. Bei richtiger Leitung und guter Organisation stellten sich dann auch die Vorteile ein, die Duisberg nunmehr Punkt für Punkt durchging. Schon der erste genannte Vorteil dürfte bei manchem Unternehmensvertreter allerdings Stirnrunzeln ausgelöst haben, denn Duisberg sah einen zentralen Vorteil der Vereinigung «in kapitalistischer Beziehung»: Durch die mit der Fusion (und eine gleichzeitig durchgeführte Kapitalerhöhung) eintretende Verwässerung des Kapitals sinke die nominale Dividendenhöhe, deren bisherige Höhe (die Farbenfabriken zahlten im Durchschnitt mehr als 20 % Dividende auf das Nominalkapital, W. P.) nur zu Neid geführt habe: «Der schielende Neid des In- und Auslandes, die

Überschätzung dieser Industrie im Inlande und die damit verbundene Gefahr der Belastung mit allen möglichen gesetzlichen Abgaben kämen in Fortfall.» Sinke der Aktienkurs, würde zudem der Börsenverkehr einfacher. Der Zusammenschluss bringe aber auch Vorteile in sozialer Hinsicht, da im Unternehmen die Aufstiegschancen verbessert würden und auch bessere Wohlfahrtseinrichtungen geschaffen werden könnten. Die größten Vorteile zeichneten sich in technischer Beziehung ab, da es durch das Zusammenfassen von Produktionen möglich werde, erhebliche Skalenvorteile zu realisieren und überflüssige Neuanlagen zu vermeiden, und schließlich durch den intensiven Erfahrungsaustausch die technische Effizienz insgesamt zunehme, was allerdings voraussetze, dass das Konkurrenzprinzip in der Fabrikation aufrechterhalten werde. Überdies ließen sich die Werkstätten zentralisieren, die Auslandsfilialen vereinheitlichen und manches mehr. Auch in kaufmännischer Hinsicht sah Duisberg große Vorteile, namentlich bei der Zentralisation des Einkaufs, beim Schutz vor Preistreibereien durch Kartelle und Syndikate und beim Erwerb von Erfindungen. Für das Publikum, behauptete Duisberg, entstehe kein Schaden, wobei er freilich unterstellte, dass die Synergieeffekte auch weitergegeben wurden. Neu aufkommende Konkurrenz befürchtete er nicht; stattdessen sah er in dem Zusammenschluss auch eine Stärkung der Arbeitsmarktposition, da die Vereinigung ja gleichzeitig auch eine Art Arbeitgeberverband wäre.

Duisberg setzte sich dann mit der Form der Vereinigung auseinander. Weder Syndikat noch Kartell, in anderen Branchen wie dem Kohlenbergbau oder der Eisen- und Stahlindustrie in diesen Jahren die Mittel der Wahl, schienen ihm geeignet. Er plädierte vielmehr für eine richtige Fusion: «Die sich an der Fusion beteiligenden Gesellschaften gründen eine neue Aktiengesellschaft unter dem Namen ‹Vereinigte Farbenfabriken›.» Das Konzept dafür bildet das zweite Kernstück der Denkschrift. Tragender Gedanke war für Duisberg, dass die neue Organisation nicht nur die Individualität der Werke erhalten, sondern zugleich zwischen ihnen auch eine Art Idealkonkurrenz gewährleisten müsse. Die allgemeine Verwaltung sei auf jeden Fall zu zentralisieren, aber die Werke und Abteilungen selbst sollten ihren Charakter behalten. Vor allem: «Die grossen Artikel sollen immer in 2 Fabriken gemacht werden», wobei die Produktion auf die jeweils leistungsfähigsten Standorte konzentriert werden sollte; schwache Betriebe seien zu schließen. Die Unternehmensleitung habe dafür zu sorgen, «dass die Organisation nicht starre Formen annimmt, sondern dauernd lebendig bleibt und sich dem Wechsel der Verhältnisse und Zeiten und allen technischen Fortschritten anzupassen sucht». Die neue Vereinigung sollte durch einen Aufsichts- und Delegationsrat als Überwachungsorgane der Eigentümer beaufsichtigt und von einem 10- bis 12-köpfigen Direktorium operativ geleitet werden. Die Direktoren und ihre Stellvertreter seien jeweils für einzelne Dezernate verantwortlich, hätten aber im Direktorium ganz allgemein Sitz und Stimme. Der Aufsichtsrat sollte zudem aus dem Direktorium einen Vorsitzenden bestimmen, dessen Votum bei Stimmengleichheit ausschlaggebend sei. Der Vorsitzende sei vor allem in der Gründungsphase die entscheidende Figur, auf ihm ruhe die Arbeit: «Aber auch später, wenn der Idealzustand erreicht ist, wenn die Einheit in der Verwaltung hergestellt ist, wenn sich die Organisation bewährt hat, muss einem Mitglied in der Direktion die Pflicht auferlegt werden, die Vertretung der Gesellschaft nach außen zu übernehmen, die Organisationseinrichtungen den Fortschritten der Zeit und den Verhältnissen anzupassen, die Initiative zu Verbesserungen auf solchen Gebieten zu ergreifen, wo sich Rückständigkeit bemerkbar macht und vor allem nach jeder Richtung anregend und fördernd zu wirken. Ob der Vorsitzende noch neben dieser allgemeinen Thätigkeit das eine oder andere Specialdezernat übernimmt, hängt von seiner Arbeitskraft und von seinen Fähigkeiten ab. Besser er huldigte dem Grundsatz ‹In der Beschränkung zeigt sich der Meister› und suchte sich dadurch im Interesse des Ganzen nützlich zu machen, dass er auf allen Gebieten durch Besuch der verschiedenen Fabrikations- und eventuell auch der Verkaufsfilialen sich orientiert hält, die Einheit der Verwaltung wahrt und nach jeder Richtung hin belebend wirkt.» Als Sitz der Gesellschaft schlug Duisberg Frankfurt am Main vor, da die Stadt am günstigsten zu den verschiedenen Werke liege. Der Vorsitzende und sein Stellvertreter müssten so schnell wie möglich nach Frankfurt gehen, während die technischen Direktoren (Vorstandsmitglieder) an ihren bisherigen Standorten verbleiben könnten.

Dass Duisbergs Idee eines von Alltagspflichten freien Generaldirektors wohl auch als eigene Stellenbeschreibung gelesen werden konnte, ist nicht von der Hand zu weisen, zumal die später zu schildernde Organisationsreform in Elberfeld und Leverkusen von 1906 ganz den hier niedergelegten Grundsätzen folgte. Wie die Vertreter der anderen Firmen hierauf reagieren würden, war indes offen. Bevor diese Frage überhaupt geprüft werden konnte, waren zuerst die Modalitäten der Vereinigung zu klären. Hier war sehr viel mehr Konfliktstoff angelegt. Denn die große Frage war, wie die

Vermögens- und Ertragswerte der sich vereinigenden Firmen zu bewerten waren und welcher Anteil am Kapital der neuen Gesellschaft und damit an deren Gewinn den Altfirmen zustand. Duisberg diskutierte mehrere Möglichkeiten. Das Aktienkapital selber sei jeweils leicht festzustellen, doch blieben dabei etwa die zum Teil sehr großen stillen Reserven unberücksichtigt. Im Anhang zur Denkschrift plädierte Duisberg schließlich dafür, nachdem er auch die Börsenkapitalisierung und den Gewinn je Aktie als Kriterien verworfen hatte, den «wirklichen Reingewinn» im Durchschnitt der letzten drei bis fünf Jahre als Maßstab zu nehmen. Zwar sei auch hier nach verschiedenen Ermittlungsgrundsätzen gearbeitet worden und es gebe Abgrenzungsprobleme, doch sei dieser Weg immerhin möglich. Eine zu bildende Vertrauenskommission könne schnell die Arbeit aufnehmen und die Bewertungsfragen im Detail klären. Der Zeitpunkt hierfür sei jedenfalls günstig: Wenn man rasch mit der Arbeit beginne, könne die neue Gesellschaft zum 1. Januar 1905 ihre Arbeit aufnehmen.

***

Die Denkschrift, die von Duisberg zusammen mit Fragebogen zu den Bilanzzahlen und einem Vertragsentwurf über die Fusion versandt wurde, verfehlte ihre Wirkung nicht, machte aber wegen ihres entschiedenen Tons und des rigiden Zeitplans vor allem den Widerstand gegen die Vereinigung größer.[57] Die BASF lud nach Frankfurt am Main ein, doch Hoechst signalisierte sehr schnell, dass man die für die Ausarbeitung des Fusionsvertrages erbetenen Zahlen so schnell nicht liefern werde, und auch der BASF war der Zeitraum bis zum 19. Februar 1904 zu kurz.[58] Man wollte sich am 19. Februar 1904 auch nicht gleich auf regelrechte Fusionsverhandlungen einlassen. Die Besprechung könne «trotz der vielen unleugbaren Vorteile der in der Denkschrift niedergelegten Grundsätze … nur dazu dienen, die ganze Situation zu klären, resp. die unserer Ansicht nach ungemein großen Schwierigkeiten und Gefahren zu besprechen». Eigentlich waren auch diese Gespräche Brüning schon zu offiziell: «Bei den Schwierigkeiten der vielen vorhandenen Fragen wäre es mir sehr angenehm, wenn wir vor der offiziellen Sitzung mit der Badischen und der Berliner Aktiengesellschaft eine vertrauliche, unverbindliche Aussprache über die ganze Angelegenheit haben könnten.»[59] Zwei Tage später, nachdem eine «nochmalige Aufforderung» Duisbergs eingegangen war, doch bitte die Bilanzzahlen möglichst rasch vorzulegen, wurde von Brüning deutlicher: «Eine so schnelle Erledigung der Angelegenheit, wie Sie jetzt von Ihnen vorausgesehen wird, halten wir für ganz ausgeschlossen, und stimmt diese auch nicht mit den

Ansichten überein, die Sie selber noch im Dezember vor. Jahres geäussert haben. Der in Frage kommende Schritt ist von so eminenter Wichtigkeit für alle Beteiligten, dass es unseres Erachtens gleichgültig ist, falls sich überhaupt eine befriedigende Lösung findet, ob er ein oder zwei Jahre früher oder später zur Verwirklichung kommt.»[60] Hoechst war zudem entschieden dagegen, Cassella frühzeitig mit einzubeziehen, wie es Duisberg vorhatte, der «die Gänse» und die Brüder Weinberg immer informiert hielt.[61] Duisberg ging, wenn auch widerwillig, auf alle Wünsche Hoechsts (und der BASF) ein: «Meine hiesigen Freunde und ich wären nun gern bereit, schon am Donnerstag nach dort zu kommen, um unverbindlich und vertraulich die ganze Angelegenheit mit Ihnen ohne Hinzuziehung der übrigen Herren zu besprechen, wenn nicht Herr Dr. Böttinger für diesen Abend schon seit längerer Zeit eine grössere Gesellschaft eingeladen hätte. Meine Freunde werden daher erst am Freitag früh von hier fahren und um ½ 1 Uhr in Frankfurt eintreffen. Ich bin aber gern bereit, diese Gesellschaft zu opfern und Ihrer freundlichen Einladung zu folgen.»[62]

Hoechst störten indes nicht allein Zeitplan und Verfahren; Gustav von Brüning ließ eine regelrechte Gegendenkschrift erarbeiten, die er Duisberg umgehend zusandte.[63] Hiernach hatten Duisbergs «Vorschläge, die gemacht werden zur Verminderung der Produktions- und Verkaufsspesen, zur Verminderung eines ruinösen Konkurrenzkampfes, zur Verminderung der allgemeinen Unkosten und der Unarten im Verkauf, … sehr viel bestechendes und scheinen auf den ersten Blick wohl ausführbar. Wenn man jedoch näher zusieht und dem Verlauf der Entwicklung eines ev. zu bildenden Trust folgt, so kommt man doch zu einzelnen Punkten, die in sich die schwersten Bedenken für die Zukunft bergen.» Dazu gehöre es, dass es nach einer Fusion mit den entsprechenden Synergien de facto keinen Rückweg mehr gebe, sollten sich die wirtschaftlichen Verhältnisse ändern. Das sei bei den Syndikaten und Kartellen an der Ruhr anders. «Man wagt mithin einen Schritt in's Dunkle, den man nie mehr zurückgehen kann.» Sodann bestehe das schwere Bedenken, dass die Wettbewerbsvorteile infolge der harten Konkurrenz verloren gingen, dass man sich dann behaglich einrichte und auf die anderen verlasse. Die Leitungsorgane würden zu groß und zu abgehoben, gerade in den entscheidenden Personalfragen sei eine enge Fühlung der Leitung mit dem Betrieb kaum mehr möglich. Die neuen Direktoren wären auch viel abhängiger als die jetzigen Fabrikleiter, die frei entscheiden könnten, diese Direktoren «werden als verhältnismässig leicht absetzbare und ersetzbare Persönlichkeiten darauf bedacht sein, ihre Stellung auf jede nur mögliche Weise zu halten und natürlich junge und aufstrebende Elemente, aus denen der Delegationsrat in der Lage wäre, Ersatz für sie herauszuschaffen, zu unterdrücken bzw. nicht bekannt werden zu lassen». Den tüchtigen jungen Leuten sei dann auch jeder Ausweg verbaut, da es außer dem Trust ja kaum Arbeitsgelegenheiten geben werde; sie würden damit, was das Schlimmste wäre, in das Ausland abgedrängt. Für die bisherigen Unternehmensleiter sei die Vereinigung auch deshalb unattraktiv, weil es zu Anfang zu einer Abrechnung mit ihrer bisherigen Arbeitsweise kommen werde, deren «Schattenseiten und Fehler …, nämlich die Feststellung und die Schliessung unrentabler und schlechtgehender Betriebe, zur Sprache kommen werden». Und es werde noch schlimmer kommen, da die bisherigen Unternehmensleiter das Interesse an den Werken verlieren und ihre Aktien auf den Markt werfen: «Die grossen Banken werden die Aktien in die Hand bekommen und wird die chemische Industrie binnen kurzem im besten Falle genau das tun müssen, was die grossen Banken für richtig und gut finden. Es werden im Aufsichtsrat nicht mehr Fachleute massgebend sein, sondern schon nach ev. 5 Jahren Vertreter des Grosskapitals hineingewählt werden.» Die seien aber nur am schnellen Gewinn interessiert und würden der Entwicklung der Firma schaden. Kurz: Das höre sich zwar alles gut an, doch komme man zu dem Ergebnis, «dass dieselbe (Fusion, W. P.) auf der vorgeschlagenen Basis unter den heutigen Verhältnissen nicht durchgeführt werden kann, da es unverantwortlich wäre, durch übereiltes und zu schnelles Vorgehen, Organisationen und Unternehmen zu gefährden, zu deren Aufbau viele Jahre, ausserordentliche Summen von Arbeit, Intelligenz und Kapital notwendig waren und die bis heute der Stolz unserer vaterländischen Industrie gewesen sind.» Die Botschaft war klar: Hoechst würde sich an einem Trust nicht beteiligen.

Brünings Reaktion ernüchterte Carl Duisberg ersichtlich. Als er am Aschermittwoch 1904 Carl von Weinberg, von dem er ebenfalls eine Stellungnahme zur Denkschrift erbeten hatte, mitteilte, dass die anderen Firmen zunächst ohne Cassella verhandeln wollten, war seine optimistische Stimmung umgeschlagen: «Nach Kenntnis der Meinung der verschiedenen Firmenvertreter habe ich zwar wenig oder gar keine Hoffnung, dass aus der Sache etwas wird. Immerhin wird aber eine eventuell offene Aussprache die Sachlage klären und den Vorläufer für einen in späterer Zeit notwendigen Zusammenschluss bilden.»[64] Das Frankfurter Gespräch vom 19. Februar 1904 endete aus Duisbergs Sicht dann auch ergebnislos, da «vorerst keine Möglichkeit der Verständigung besteht».[65] Der Verlauf der Konferenz legt diesen Eindruck in der Tat nahe. Nach der Erinnerung Gustav von Brünings trat man erst gar nicht richtig in die Tagesordnung ein, da «sich gleich zu Anfang … bereits so viele Schwierigkeiten ergeben hatten, dass dieser erste Versuch gescheitert und waren (die Teilnehmer, W. P.) wohl ziemlich einig darüber, dass einstweilen das Projekt zur weiteren Behandlung noch nicht reif sei.»[66] Man einigte sich immerhin, verbesserte Formulare zum Vergleich der jeweiligen Bilanzziffern zu entwickeln. Da aber auf jeden Fall die Zahlen für 1903 Berücksichtigung finden sollten, gab es auch hier keine Eile mehr, denn diese Zahlen würden ohnehin erst Ende April vorliegen. Duisberg ließ neue Formulare ausarbeiten und schickte sie herum, Hoechst war aber wieder nicht bereit, Zahlen auf den Tisch zu legen, und konnte sich dabei auch der zögerlichen Haltung der BASF sicher sein. Brüning machte zudem erneut klar, dass es gar nicht vorrangig um die Zahlen ging. Vielmehr müsse man die Einkommensinteressen der Aktionäre, die bei einer Verwässerung des Kapitals leiden würden, berücksichtigen. Zwischen den Zeilen forderte von Brüning von Duisberg überhaupt mehr Sensibilität: «Wenn wir uns auch nur andeutungsweise ausgesprochen haben, so kennen Sie doch ebenso wie wir die Situationen und die Beweggründe der einzelnen Fabriken sehr genau. Die Schwierigkeit einer Verständigung liegt eben darin, dass z. Zt. die Interessen der einzelnen Fabriken nicht dieselben sind und dass es gerade in dem jetzigen Moment sehr schwierig ist, diese Interessen zu einander in Einklang zu bringen.»[67]

Duisberg reichte es jetzt. Die Zahlen, egal wie unterschiedlich sie berechnet und damit ausfallen würden, seien schlicht notwendig, um überhaupt eine Gesprächsbasis zu bekommen. Brüning rede aber nur von «Versuchen» und «späteren Gelegenheiten». «Ich kann wenigstens trotz wiederholten Durchlesens Ihres Briefes nicht herausbringen, ob Sie die Formulare ausfüllen und die Zahlen austauschen wollen oder nicht. Das Betreiben einer Verschleppungspolitik ist, glaube ich, unpraktisch; besser ist meines Ermessens volle Klarheit.» Elberfeld und Berlin hätten die Formulare ausgefüllt, die BASF und Hoechst (aber auch Cassella) stünden noch aus: «Seien Sie daher so liebenswürdig und teilen Sie mir baldmöglichst mit, ob Sie dasselbe tun wollen, was … die Aktiengesellschaft für Anilinfabrikation und meine Firma zu tun bereit sind.» Eile sei allerdings nicht mehr erforderlich.[68] Brüning blieb bei der Ablehnung, eine Vereinigung habe für Hoechst «wenig verlockendes». Für die Elberfelder sei das etwas anderes: «Die Situation Ihrer Farbenfabriken ist eine äusserst glänzende. Seit Jahren bewegen Sie sich in aufsteigender Linie, sodass ich von

Ihrem Standpunkt aus es sehr begreiflich finde, dass Sie diesen günstigen Moment benutzen und festhalten möchten, ohne dass ich damit sagen will, dass die Farbenfabriken schon auf ihrem höchsten Punkt angelangt seien.»[69] Auch die BASF, die sich mit großen Investitionen hervorgetan und nun Angst vor Enttäuschungen habe, könne von einer Vereinigung nur profitieren, zumal sie an Fusionsvorstellungen festhalte, die ihr ein dauerndes Übergewicht garantierten. Die Berliner schließlich seien zu klein und müssten ohnehin eine neue Fabrik errichten; das würde ihnen mit der Fusion erspart. Hoechst hingegen habe nichts von dieser Vereinigung. Man habe mit dem Arzneimittel Antipyrin lange glänzend verdient, doch sei die Entwicklung danach unbefriedigend gelaufen. Nun zeigten sich mit neuen Farbstoffen, vor allem mit dem Indigo, bei dem die Farbwerke in Höchst am Main tatsächlich einen technischen Vorsprung vor der BASF hatten, sehr positive Aussichten, die in einer Fusion, die auf der Basis der Gewinnziffern der vergangenen Jahre vollzogen würde, aber untergingen. «Für uns ist also der jetzige Moment sehr ungünstig», meinte Brüning, da die Hoechster Farbwerke die einzigen seien, «die bei einem Abkommen schlecht fahren würden». Deshalb habe man das Ende der Verhandlungen nicht bedauert und sehe auch für die kommende Zeit keine geänderte Situation. Er wolle das Verfahren auch gar nicht verschleppen, sondern schnell zu Ende bringen. Die Formulare werde man nicht mehr ausfüllen.[70]

Duisberg bedankte sich dafür, dass die Ablehnungsgründe so «offen und überzeugend» benannt worden seien, machte nur darauf aufmerksam, dass man die Angelegenheit nicht einfach in die Zukunft verschieben könne: «Für heute nur die eine Bemerkung, dass Sie Ihre Ablehnung mit Hoffnungen begründen, welche in der Zukunft liegen. Werden dieselben, wie ich von ganzem Herzen wünsche, erfüllt, so wissen Sie nicht, ob dann nicht eine derjenigen Firmen, welche jetzt mitzumachen bereit ist, ablehnt, vielleicht auch, weil sie dann ebenfalls mehr von der Zukunft als von der Gegenwart erhofft. Werden Sie aber, was auch nicht unmöglich ist, in Ihren Zukunftserwartungen getäuscht, dann sind vermutlich die Verhältnisse weder für Sie noch für die anderen glücklicher, wahrscheinlich ungünstiger, als dies heute der Fall ist.»[71] Damit hatte Duisberg die konstitutive Entscheidungsparadoxie jedes Unternehmens auf den Begriff gebracht, das weder nicht entscheiden noch wissen kann, ob seine Entscheidung richtig sein wird, weil dies eben erst nach getroffener Entscheidung möglich ist.[72] Brünings Nichtentscheidung war eben auch eine Entscheidung mit ebenso unkalkulierbaren Folgen wie eine Entscheidung zugunsten der Vereinigung. Was genau in einer solchen durch Regeln nicht lösbaren Situation geschieht, ist letztlich eine Frage der individuellen Führung, die hier im Duisbergschen Fall das Risiko der Fusion eingehen, im Falle Brünings vermeiden wollte. Duisberg war sich seiner Entscheidung so sicher, dass er auch der eintretenden Verzögerung noch etwas abgewann: «Die Bedenken, die Sie und Ihre Mitarbeiter haben, sie werden, davon bin ich überzeugt, bei längerem Erwägen geringer werden und sicherlich ganz schwinden.» Daher schloss der Brief an Brüning auch überaus versöhnlich, obwohl es als sicher gelten kann, dass Duisberg zwischenzeitlich über die Hoechster Verzögerei getobt haben dürfte: «Lassen Sie uns aber, und speziell uns beide, die jüngeren Vertreter unserer beider Firmen[73], den Abbruch der in den letzten Wochen gepflogenen interessanten Verhandlungen nicht Ursache dafür sein, dass nunmehr die Gegensätze sich schärfen, wie dies so oft bei gescheiterten Verhandlungen der Fall ist. Lassen Sie uns, wie auch bisher, dafür Sorge tragen – jeder in seinem Wirkungskreis –, dass wir in freundschaftlicher Weise gegeneinander wirken und arbeiten, damit jede Firma auf ihrem Felde grösstmöglichste Erfolge zeitigen kann, ohne dass Feindschaft, Neid und Missgunst die Gegensätze schärfen und die Freude an der Tätigkeit beeinträchtigen.»[74] Dass Duisberg von der preußischen Regierung just in diesen Tagen zum Professor ernannt wurde, mag zur irenischen Grundstimmung beigetragen haben. Gustav von Brüning jedenfalls erging sich in seinem Antwortschreiben zunächst in lobenden Worten über den neuen Titel und war froh, dass es nicht zu einem persönlichen Bruch gekommen war. «Sie können mir glauben, dass von mir aus in keiner Weise zu einer Verschärfung von Gegensätzen beigetragen wird und dass ich alles tun werde, um den Verkehr speziell zwischen unseren Firmen zu einem möglichst angenehmen und freundschaftlichen zu gestalten.»[75]

***

Diese Versicherung gegenseitiger Hochachtung hatte indes auch ganz einfache Gründe. Mit dem Scheitern der Fusionsverhandlungen war der Zustand des «legal warfare» wieder eingetreten, und nun musste von Fall zu Fall entschieden werden, ob man sich verständigen oder bekämpfen wollte. Für Duisberg war jedenfalls jetzt erst einmal Erholung angesagt. Nach Abschluss der Bilanzarbeiten in Elberfeld fuhr er mit seiner Frau für drei Wochen nach Cannes an die Côte d'Azur[76], nicht nur, um die Anspannung der Fusionsgespräche abzustreifen, sondern wohl auch, um die Niederlage zu verkraften.[77] Die Verhandlungen hatten seine inneren Spannungen deutlich verstärkt, und die Herzneurose, über die er seit Jahren immer wieder klagte, machte sich erneut bemerkbar. Da war es ihm immerhin ein Trost, dass trotz abgebrochener Fusionsverhandlungen der Kurs der Aktie der Farbenfabriken weiter stieg und er Anfang Mai 1904 erstmals den der BASF übertraf: «Ich bin … stolz darauf, dass ich in 20jähriger Tätigkeit aus der kleinen, wenig angesehenen Firma ein so bedeutendes Weltgeschäft gemacht habe.»[78] In der Tat war das Scheitern der Fusionsgespräche für die Farbenfabriken noch die geringste Belastung; die Gründe des Scheiterns lagen offensichtlich in der Schwäche der anderen Parteien. Im Nachhinein beurteilte er den ersten gescheiterten Versuch, zu einer Fusion der großen Farbenhersteller zu kommen, als Folge des Zögerns der beteiligten Menschen: «Mit dem Zusammenschluß solch großer Vereinigungen, bei denen die Personen von größter Wichtigkeit sind … geht es ähnlich wie mit der Ehe. Wenn sich die verschiedenen Partner allzu lange betrachten und allzu sehr die Umstände, die für und wider eine Vereinigung sprechen, überlegen, dann kommt keine Verlobung, aber auch keine derartige Firmenvereinigung zustande. Dazu gehört ein gewisser Mut der Überzeugung und des Wollens. Von allen Seiten müssen persönliche Opfer gebracht werden, um derartige große Aufgaben zu lösen, zumal wenn, wie ich es wollte, dies nicht in der Not, sondern zu einer Zeit geschehen sollte, wo es unserer Industrie recht gut ging. Schade, dass diese Einsicht und dieser Mut gefehlt haben.»[79] Das sahen die anderen Herren wahrscheinlich ähnlich, nur war es dort gerade die Person Duisberg, die Zweifel an einer gleichberechtigten Behandlung weckte; jedenfalls fürchtete man zumindest bei der BASF den geschäftlichen Ehrgeiz der Elberfelder.[80] Nicht zuletzt in Elberfeld selbst dürfte das eine oder andere Vorstandsmitglied, namentlich Friedrich Bayer jun. und Carl Hülsenbusch, froh gewesen sein, dass die Herren aus Höchst und Ludwigshafen Duisberg gebremst hatten.

Die Fusionsgespräche mit der BASF flammten gelegentlich wieder auf, wobei die Werbung diesmal stärker von der BASF ausging, etwa, wenn deren technischer Direktor Rudolf Knietsch[81] während der Mannheimer Versammlung des Vereins Deutscher Chemiker gegenüber Duisberg über einen möglichen Zusammenschluss philosophierte.[82] Konkret wurde es allerdings erst wieder im August 1904, als sich Carl Duisberg und Heinrich von Brunck am Rande der Blumenausstellung in Köln und Düsseldorf über einen gemeinsamen Erwerb von Kohlefeldern an der Ruhr unterhielten, der wegen der Preispolitik des Rheinisch-Westfälischen Kohlensyndikats dringlich geworden war. Die Farbenfabriken mit ihrem großen Kohlenverbrauch waren nicht bereit, die Syndikatspreise zu bezahlen, sondern liebäugelten mit dem Selbstkostenpreis durch eine eigene Zeche. Eine solche zu kaufen und zu betreiben, überforderte eine einzelne Firma. Brunck beließ es aber nicht bei Überlegungen zum Kauf der Zeche: «Sehr erstaunt war ich, dass Freund B. eine von mir gemachte Bemerkung über die Vorteile einer eventuellen Fusion unserer beiden Firmen sofort ernsthaft aufgegriffen hat.»[83] Man wolle sich demnächst in Frankfurt mit Hoechst und der BASF treffen, um über den Ankauf von Kohlefeldern zu sprechen, Gespräche, bei denen auch Friedrich Bayer jun. und Henry Theodor Böttinger beteiligt sein würden. Da könne man dann auch weiter über alles reden, doch war jetzt Duisberg zurückhaltender: «So sehr ich das Projekt einer Vereinigung der Badischen und der Farbenfabriken begünstige, weil ich dies, wie Du bereits weißt, als den ersten und besten Schritt zum Zusammenschluss sämtlicher Farbenfabriken ansehe, so darf ich Dir auch nicht verschweigen, dass der Verwirklichung desselben sehr viel grössere Schwierigkeiten entgegenstehen, als wenn sich die sämtlichen Firmen zusammenschliessen. Es liegt dies vor allem in den Personal- und Lokalfragen, und auf finanziellem Gebiet, nämlich den richtigen Maßstab und den Ausgleich der Aktien zu finden und den Wert des Indigoverfahrens der Badischen andererseits richtig abzuschätzen. Zu kleinlich darf man ja bei solchen Dingen überhaupt nicht denken», meinte Duisberg gegenüber Carl Gamp, und fuhr fort: «Auf jeden Fall siehst Du, dass ich weiter tätig bin, das Fusionseisen zu schmieden. Mach Dir bitte aber vorerst keine Hoffnungen, so schön sich ja die Sache von Eurem Tuskulum aus ansieht, wobei ich um eins dringend bitten muss, bis jetzt hat (!) nur Friedrich, Henry und Carl Hülsenbusch Kenntnis von dem Brunck'schen Brief und Niemand vom Aufsichtsrat ausser Dir ist unterrichtet. Ich habe auch nicht die Absicht, dem Aufsichtsrat vorher Kenntnis von der Sache zu geben, bis wir einen Schritt weiter sind. Ich fürchte nämlich, dass es diesmal ähnlich wie damals im Frankfurter Hof ergeht, dass auch jetzt der richtige Weg noch nicht gefunden wird, aber in solchen Dingen sind viele Kerbe erforderlich, um den Baum zu Fall zu bringen. Also bitte nochmals die strengste Diskretion.»[84]

Diesmal versuchte Duisberg nicht, die Gespräche in eine bestimmte Richtung zu lenken, sondern ließ sie laufen. Man vereinbarte erneut einen Austausch der Bilanzzahlen, um danach weiterzusehen. Duisberg trat Ende August einen Urlaub an. Dort hinein platzte die Nachricht, dass sich Hoechst und Cassella zusammentun würden. Duisberg, der sich zu dieser Zeit im Grandhotel Bellagio am Comer See aufhielt, wurde am 17. September 1904 von Böttinger und dem Justitiar der Farbenfabriken, Rechtsanwalt Doermer, über die Zeitungsmeldungen aus Frankfurt informiert.[85] Es sei wohl keine Fusion beabsichtigt, «sondern offenbar an eine Gewinnverteilung gedacht». Ersichtlich unter dem Eindruck dieser Meldungen hatte die BASF sofort die Initiative ergriffen, ihre Bilanzzahlen zusammengestellt, nach Elberfeld geschickt und dort um rasche Aufnahme von Fusionsverhandlungen, am besten in der letzten Septemberwoche, nachgesucht. Die Elberfelder Herren berichteten auch das, ohne sich allerdings zur Sache zu äußern. Man könne sich mit den Herren der BASF in 14 Tagen in Köln oder Koblenz treffen, Frankfurt sei hingegen derzeit kein so sinnvoller Konferenzort. Was Duisberg davon halte? Dieser antwortete umgehend in einem langen Schreiben, das vor allem an das eigene Haus appellierte, sich sinnvollen Kooperationen nicht zu verschließen, dabei aber geschickter vorzugehen als bisher.[86] Hatte Duisberg zur Jahreswende noch für eine rasche Fusion der großen Farbenhersteller plädiert, war er nun von der Aussicht, mit der BASF zu verschmelzen, keineswegs besonders entzückt. Man müsse die ganze Angelegenheit im Direktorium intensiv beraten, aber eine Fusion sei im Moment sehr unwahrscheinlich, da die Ludwigshafener sich nicht auf eine realistische Bewertung der jeweiligen Partner einlassen würden: «Ich kenne aber meine Freunde in Ludwigshafen zu genau. Von ihnen gilt der Goethe'sche Spruch: ‹Mann mit zugeknöpften Taschen, Dir tut keiner was zulieb; Hand wird nur von Hand gewaschen, wenn Du nehmen willst, so gib›. Man fordert von uns Opfer & diese können wir bei der großen Differenz im Reingewinn nicht bringen. Andererseits werden die Aktionäre der Badischen nicht dafür zu haben sein, und nach Lage des Aktienmarktes & des Kurses können sie dies auch kaum, uns eine dem höheren Reingewinn & dem höheren Einbringen an Werthen entsprechende Überlegenheit einzuräumen. Die Fusion wird also, wie ich dies oft bemerkt habe, an diesen Klippen scheitern.»

In der Tat hatten die Farbenfabriken zur BASF nicht nur von der Kapitalausstattung und von der Börsenkapitalisierung her aufgeschlossen, sie besaßen nicht nur den größten Patentschatz einer chemischen Fabrik in Deutschland und verfügten mit dem Standort Leverkusen über die modernste integrierte chemische Fabrik der Welt, sie standen auch im Reingewinn deutlich vor der BASF, wie die ausgetauschten Zahlen unschwer erkennen ließen. Nur ging das aus den öffentlichen Bilanzziffern, die ja stille Reserven und faktische Gewinne nicht auswiesen, keineswegs hervor, so dass die Aktionäre der BASF schon einen Zusammenschluss unter Gleichen skeptisch sehen mussten, eine Vorrangstellung der Aktionäre der

Farbenfabriken aber vehement abgelehnt hätten. Sollte es zu dem unwahrscheinlichen Fall kommen, dass die BASF einer Fusion unter Berücksichtigung der realen Zahlen zustimmte, dann «um so besser, denn m. E. wird es für uns keinen besseren Moment geben als den gegenwärtigen, um unseren großen Gewinn, den wir in den letzten 3 Jahren incl. 1904 erzielt haben resp. erzielen werden, für die Zukunft festzulegen». Überhaupt sei man auf der Höhe des Erfolges angekommen: «höher zu steigen, sehe ich bei dem scharfen Wettbewerb keine Möglichkeit. Wir werden Mühe haben, den hohen Gewinn zu halten.» Der Badischen, die ihre besten Jahre hinter sich habe, gehe es ganz ähnlich: «Sie ist schon auf der schiefen Ebene angelangt.» Daher werde die BASF nach Verständigungen suchen, evt. mit Hoechst in der Indigo-Frage. Aber das Zusammengehen von Hoechst und Cassella verschlechtere auch die Wettbewerbsbedingungen der Farbenfabriken: «Dies alles hat mich schon während der letzten 3 Wochen auf den Gedanken gebracht, ob im Falle die Fusion mit der Badischen scheitert, keine andere Lösung möglich ist. Ich bin nun aufgrund der von Höchst & Cassella geplanten Interessengemeinschaft auf den Gedanken gekommen, ob wir & die Badische nicht dasselbe machen könnten & zwar lediglich als Übergang für die in einigen Jahren nicht mehr aufzuhaltende Fusion aller beteiligten Firmen.» Durch Bilanz- und Gewinnaustausch sei das Fundament gelegt, nun könne man damit beginnen, dass man die Interessengemeinschaft als «gegenseitige Gewinnversicherung» ins Auge fasse. Auf der Basis der bisherigen Gewinnziffern könne man die Gewinnverteilung für die Zukunft festlegen, ansonsten blieben die jeweiligen Gesellschaften autonom, nur würden die Direktoren der Gesellschaften jeweils in den Aufsichtsrat der anderen Gesellschaft eintreten. Ein aus Direktoren und Aufsichtsratsmitgliedern zu wählender Delegationsrat könne im Fall von Konflikten als Entscheidungsinstanz dienen. «Verständigungen in allen Einkaufs- & Verkaufs- sowie in den Betriebsangelegenheiten .... ist der Sache sehr einfach & von großem Nutzen. Das Interesse der beiden Gesellschaften wäre nicht nur, den eigenen Nutzen zu erhöhen, sondern auch denjenigen der Partnerin zu steigern.» Die Synergieeffekte, die Duisberg noch einmal detailliert aufzählte, seien beträchtlich. Man könne auch die Organisation angleichen und Fabrikationsmethoden austauschen: «Kurz in technischen Dingen wäre der Erfolg groß & die Schwierigkeiten gering.» Aber auch im Verkauf, insbesondere im Auslandsgeschäft seien erhebliche Einsparungen möglich. «Ich glaube daher, dass man den Gedanken der Interessengemeinschaft nicht von der Hand weisen, sondern jetzt, wo wir durch den Austausch der Bilanzen uns bis auf das Hemd kennengelernt haben, nähertreten sollten. Wir, die F. F. können dabei nur profitieren.» Gegenüber der Öffentlichkeit und den Aktionären sei man zudem überhaupt nicht eingeschränkt: «Wir machen am Ende des Jahres unsere öffentliche Bilanz auf, wie es uns passt; wir verteilen Dividende nach unserem Ermessen & nach spätestens 5 Jahren ist dann die Fusion reif & der Zusammenschluß viel einfacher & bequemer.» Bei Scheitern der Fusion sei dieser Weg der richtige: «Jeder behält, was er hat & theilt nur mit dem anderen das Mehr oder Weniger, was er zukünftig erzielt & hat damit ein Interesse am Wohlergehen des anderen & nicht, wie es jetzt der Fall ist – das Gegentheil.» Duisberg bat den Justitiar der Farbenfabriken noch um eine Ausarbeitung der Rechtsproblematik einer Interessengemeinschaft und überließ es dann den Leverkusener Vorstandskollegen, sich mit seinen Plänen auseinanderzusetzen.

Deren Reaktion war ablehnend, was Duisberg auch unmittelbar telegraphiert wurde. Doermer fasste die Ablehnungsgründe in einem Schreiben vom 23. September 1904 zusammen und zählte die Schwierigkeiten noch einmal detailliert auf.[87] Wollte man eine Fusion nach den realen Zahlen, sei man gezwungen, diese zu veröffentlichen: Das gelte, so Doermer die Widerstände im Elberfelder Vorstand signalisierend, allerdings auch für die Gewinnpool-Lösung. Ein Kartell zwischen der BASF und den Farbenfabriken, wonach der Gewinn nach einem bestimmten Schlüssel kontingentiert werde und zwar noch bevor er den Hauptversammlungen zur Abstimmung vorgelegt werde, sei rechtlich zulässig. Nur: Duisberg wolle ja, dass beide Firmen trotz der internen Gewinnverteilung weiterhin öffentlich in der bisherigen Weise bilanzierten. Das sei wohl nicht möglich. «Nach meiner Ansicht gestatten uns die gesetzlichen Bestimmungen über die Bilanzierung nicht, zweierlei Bilanz aufzumachen.» Man sei bei Realisierung von Duisbergs Plan zukünftig gezwungen, die ganze Bilanzierung umzustellen, vor allem müsse man den faktischen Reingewinn öffentlich machen. So gesehen seien sowohl Fusion als auch Interessengemeinschaft nicht möglich. Zusätzlich zu dieser Schwierigkeit sei zu bedenken, dass Interessengemeinschaftsverträge auch mit fest vereinbarter langer Laufzeit jederzeit kündbar seien. «Im Hinblick auf diese Möglichkeit wäre wohl nicht ausgeschlossen, dass sich beide Firmen bezüglich des Austauschs ihrer Fabrikationsmethoden und sonstigen Erfahrungen misstrauisch entgegenständen.» Doermer schlussfolgerte daher ganz folgerichtig: «Ich komme zu dem Resultat, dass der Zusammenschluss unserer beiden Firmen z. Zt. nicht durchführbar und erst zu erreichen ist, wenn wir mit unserer bisherigen Bilanzpolitik gebrochen und einige Jahre lang höhere Gewinne verteilt haben, sodass schon das Verhältnis des Kursstandes unserer beiderseitigen Aktien die richtigen Kontingentierungsquoten der beiden Firmen ergiebt.» Das sei aber nicht so schlimm, da die Nachteile gering seien. Duisbergs Erwartungen an eine Vereinigung träten ohnehin nur ein, wenn alle mitmachten. Die Synergien zwischen den Farbenfabriken und der BASF seien nicht groß, im Verkauf dürften sich vielmehr große Konflikte ergeben, zumal «die Prinzipien, in denen unsere beiderseitigen Verkäufer erzogen sind, doch wohl sehr erheblich von einander abweichen». Sein Fazit: «Die für einen Zusammenschluss wirklich ausschlaggebenden grossen Gesichtspunkte treffen für eine Vereinigung Farbenfabriken-Badische meines Erachtens nicht zu.»[88]

Das war deutlich. In Elberfeld wollte eine Mehrheit kein Zusammengehen mit der BASF, ja, man war wahrscheinlich froh, als die Gespräche im Frühjahr an Hoechst gescheitert waren. Über die Gespräche nach Duisbergs Rückkehr sind wir nur aus seinen Erinnerungen informiert, doch die ergeben ein ähnliches Bild. Duisberg musste sich erheblich anstrengen, um Böttinger «und dann langsam und allmählich auch Freund Bayer davon zu überzeugen, dass (Duisbergs Plan, W. P.) doch diskutierbar und möglicherweise auch für Ludwigshafen annehmbar sei. Nur der Vierte im Bunde unserer Direktion, C. Hülsenbusch, ließ sich … nicht bekehren. Er war der Meinung, dass für uns die Zeit noch nicht gekommen sei.»[89] Mehrheitlich beschloss der Vorstand, die Verhandlungen mit der BASF fortzusetzen. Duisberg hat diese Verhandlungen detailliert geschildert, deren Kern wiederum die Frage der bisherigen Bilanzzahlen und damit die der zukünftigen Gewinnkontingentierung war. Man einigte sich schließlich auf eine Gleichstellung beider Firmen, zusätzlich leistete die BASF eine Barzahlung zum Ausgleich vermuteter geringerer Gewinne in den kommenden Jahren. Hier war Elberfeld Ludwigshafen deutlich entgegengekommen,[90] und auch der von der BASF favorisierten Aufnahme der Agfa in das neue Bündnis stimmten die Farbenfabriken schließlich zu, obwohl zumindest Duisberg der Wert dieser Erweiterung zunächst nicht einleuchten wollte.[91] Das Druckmittel, das Duisberg gegenüber seinen zögerlichen Vorstandskollegen eingesetzt hatte, dass nämlich ein Scheitern der Gespräche eine Eskalation der Konkurrenzkämpfe nach sich ziehen musste, kehrte sich hier gegen ihn selbst. Er beugte sich, half dann in den Verhandlungen sogar noch, die Position der Agfa gegenüber den ursprünglichen Überlegungen der

BASF zu verbessern, ohne freilich allen Wünschen der Agfa zu entsprechen.[92] Die Interessengemeinschaft wurde schließlich in Form eines Gewinnpools zwischen der BASF, der Agfa und den Farbenfabriken am 23. November 1904 abgeschlossen und trat zum 1.Januar 1905 in Kraft.[93]

***

Für Duisberg begann eine neue Zeit; jedenfalls schrieb er geradezu euphorisierte Briefe und beschwor den Beginn einer neuen Ära. Ludwig Gattermann gegenüber erläuterte er die Motive des Zusammenschlusses: «Wir haben nun in unserem Dreibund durchaus nicht die Absicht, die Konsumenten zu plündern oder unsere Gewalt zu missbrauchen, sondern wir wollen nur die Uebelstände des allzu häufigen Konkurrenzkampfes beseitigen ohne Aufhebung der Konkurrenz, ja wenn meine Absichten realisiert werden, soll die Idealkonkurrenz der einzelnen Angestellten, ob Direktoren, ob Techniker, ob Kaufleute, viel intensiver wie bisher gestaltet werden. Durch Austausch der Erfahrungen und dauernde gegenseitige Kontrolle der Betriebsergebnisse, der Fortschritte der einzelnen Erfindungslaboratorien, der Ergebnisse der Verkaufsorganisationen soll sich in unserem Reich keiner konkurrenzlos mehr fühlen, sondern gezwungen sein, alles einzusetzen, um sich nicht überflügeln zu lassen. Die Vorteile, die sich in betriebstechnischer Hinsicht ergeben, zählen schon nach vielen Millionen. Die Einstandspreise unserer Produkte werden noch mehr als bisher sinken; wir werden dadurch konkurrenz- und leistungsfähiger gegen unsere in- und ausländische Konkurrenz, und nicht in letzter Linie wird der Konsument unserer Produkte dabei seinen Vorteil mitfinden. Dass die von uns geschlossene Interessengemeinschaft im Laufe der Jahre zur Fusion nicht nur unserer drei Gesellschaften, sondern der ganzen deutschen Farbindustrie führt, unterliegt für mich keinem Zweifel. Mit mir werden Sie es, der Sie die Entwicklung unserer Fabrik miterlebt und in ihren einzelnen Stadien mit empfunden haben, begreiflich finden, wenn ich persönlich auf den erzielten Erfolg stolz bin. Nicht, dass es mir mit Unterstützung meiner Kollegen, der Badischen Anilin- & Soda-Fabrik und der Berliner Aktiengesellschaft gelungen ist, diese neue wirtschaftliche Form auch in der chemischen Industrie zur Durchführung zu bringen, sondern dass durch die vollkommene Gleichstellung der Farbenfabriken mit der Badischen Anilin- & Soda-Fabrik ein Abschluss meines Lebens erzielt ist, den ich, offen gestanden, nicht so bald zu erleben hoffen konnte. Als ich vor 20 Jahren in die Farbenfabriken eintrat, welche damals 14 Chemiker und etwa 400 Arbeiter hatten, war die Badische Anilin- & Soda-

Fabrik mit ihrer trefflichen Organisation, mit ihren zahlreichen wichtigen patentierten Produkten, mit ihrer grossartigen technischen Einrichtung mein Vorbild und ist es geblieben, bis es uns möglich wurde, in Leverkusen eine Fabrik aufzubauen, welche einzig in ihrer Art dasteht, und bei der ich mein ganzes Wissen und Können eingesetzt habe, um etwas Gutes und Grosses zu schaffen. Eine neue Epoche in der Farbenindustrie wird nunmehr beginnen, und es wird von dem Geist abhängen, der in der neuen Organisation wirken soll. Nicht ausruhen auf den erzielten Lorbeeren und rasten nach erfolgreicher Arbeit soll die Parole, sondern Excelsior muss der Ruf sein, mit dem alle Beteiligten in die neue Gemeinschaft hineingehen. Dann ist uns nicht nur der Erfolg sicher, sondern auch die Weltherrschaft der deutschen chemischen Industrie für die nächsten Dezennien besiegelt.»[94]

Mit der Interessengemeinschaft hatte Duisberg zwar nicht sein eigentliches Ziel, die Vereinigung der großen Farbenfabriken, erreicht, aber eine wesentliche Etappe war bewältigt. In typischer Übertreibung schrieb er an Johannes Walther: «Damit ist das erreicht, was ich seit vielen, vielen Jahren angestrebt habe. Eine Epoche in meinem Leben und im Leben der Farbenindustrie findet damit ihren Abschluss und eine neue Aera soll mit dem 1. Januar beginnen.»[95] Dass er diese Pläne derart lange verfolgt hatte, ist nicht wahrscheinlich; zumindest tauchen sie vor 1903 nirgends auf. Der Dreibund, wie die Interessengemeinschaft von BASF, Farbenfabriken und Agfa bald genannt wurde, nahm gleichwohl rasch Gestalt an, eine Gestalt, die Duisberg entworfen hatte und der er auch seinen Stempel aufzudrücken gedachte: «Mir fällt in erster Linie mit die Aufgabe zu, diese grosse Vereinigung, welche durch den in den letzten Tagen erfolgten Anschluss der Aktiengesellschaft für Anilinfabrikation in Berlin bereits ein Ungeheuer mit 18 000 Werksangehörigen geworden ist, richtig zu organisieren, zu leiten und ihm die für seine Entwickelung wichtigen und notwendigen Lebensbedingungen zu verschaffen.» Das machte ihm durchaus Spaß: «Schliesst also das alte Jahr mit viel Arbeit, Mühe und Sorge ab, so wird das neue noch viel mehr bringen. Aber gern und freudig will ich mich in den Dienst dieser grossen Sache stellen und mein bestes versuchen, aus diesem von mir geschaffenen Werk – das kann ich ruhig und ohne Überhebung sagen – etwas Grosses zu machen. Kommt mein Organisationsplan zur Durchführung, so möchte ich für den Erfolg garantieren.»[96]

Dieser grobe Organisationsplan sah in etwa so aus: Jede Firma benannte einen Geschäftsführer (incl. Stellvertreter) in Dreibundsfragen; gemeinsam bildeten diese eine Art geschäftsführenden Ausschuss. Für Elberfeld übernahm naheliegenderweise Carl Duisberg das Amt. Zudem wurde aus den jeweiligen Direktorien ein Delegationsrat gebildet, der in Grundsatz- und Konfliktfragen entscheiden sollte.[97] Ziel der gemeinsamen Arbeit sollten Synergien sein, vor allem durch organisatorische Vereinheitlichung und Straffung, durch Zusammenfassung von Einkaufs- und Verkaufsstrukturen und durch den Austausch von Patenten, Lizenzen und Fabrikationsmethoden. Duisberg war überaus optimistisch, was die Chancen betraf, auch wenn die Bilanzzahlen für 1904 mit schlechten Ergebnissen in Ludwigshafen den Eindruck, Elberfeld habe kein gutes Geschäft gemacht, noch verstärkten.[98] Gegenüber Carl Gamp sprudelte Duisberg Anfang 1905 allerdings vor Zuversicht: «Die Eindrücke der Besichtigungen der Berliner und Ludwigshafener Fabriken schildere ich Dir am besten mündlich, wozu mir ja sicherlich bald Gelegenheit geboten wird durch die häufigen Reisen, zu denen ich als Geschäftsführer der Farbenfabriken in Interessengemeinschaftsangelegenheiten gezwungen bin und dann oft nach Berlin komme. Ich kann Dir aber schon heute die beruhigende Versicherung geben, dass meine Erwartungen nicht getäuscht, sondern weit übertroffen sind, und dass die von mir auf 2 Millionen geschätzten Ersparnisse, wenn auch nicht sofort im ersten Jahre, so doch in einigen Jahren erheblich höher sein werden.»[99] Ihm war indes von Anfang an auch bewusst, dass die Zusammenarbeit nicht reibungslos sein würde, hatten doch nicht zuletzt die Verhandlungen selbst gezeigt, dass die anderen Firmen organisatorisch hinter den Farbenfabriken zurück waren. «Je mehr ich mich in den Organisationsplan für die zwischen uns geschlossene Interessengemeinschaft einarbeite, mit dessen Feststellung ich zur Zeit beschäftigt bin, um so mehr komme ich zu der Erkenntnis, dass wir etwas Gutes und Grosses geschaffen haben. Selbstverständliche Voraussetzung ist hierbei allerdings, dass jeder, der zur Mitwirkung berufen ist, sich frei macht von Eifersucht und kleinlicher Empfindlichkeit, dass jeder sich persönlich bemüht, Opfer zu bringen, um damit der Interessengemeinschaft zu dienen und zu nützen.»[100]

Duisberg selbst konnte es kaum erwarten, der Alltag wurde dann allerdings sehr ernüchternd. Zwar traten nach und nach einige der erhofften Synergieeffekte ein; insbesondere nahm die Zahl der Patentkonflikte und der Streitigkeiten deutlich ab,[101] doch schritt die Organisationsvereinheitlichung ebenso wenig voran wie die Neustrukturierung des Verkaufsgeschäftes, insbesondere im Ausland. Dabei war es offensichtlich Duisbergs voranstürmende, nicht selten herrische Art, die die Herren der BASF zurückschrecken ließ.[102] Die Widerstände gegen seine Versuche, die Interessengemeinschaft organisatorisch zu vereinheitlichen, ließen die Farbenfabriken schließlich zu einem Mittel greifen, das die Konflikte nur weiter verschärfen musste: «Der Ankauf von Agfa-Aktien durch die Farbenfabriken hat scheinbar die Bundesgenossen sehr erregt. Die diesbezügliche Korrespondenz wird dem Aufsichtsrat bei seiner Sitzung vorgelegt. … Juristische Bedenken sind zwar von Seiten der Badischen erhoben worden, aber absolut hinfällig. Man fürchtet, was wir ja auch nebenbei beabsichtigen, unseren Einfluss bei den Generalversammlungen; aber gerade weil man das fürchtet, und weil es für uns sehr wichtig ist, auf diese Weise Dinge durchzusetzen, die wir auf Grund des I.-G.-Vertrages nicht erreichen können, bin ich unbedingt für den Kauf von Aktien der Agfa oder Ludwigshafen. Aus diesem Grund hat jeder von uns 4 Direktoren 15 Stück erworben, und ich empfehle auch Dir, wenn Du Gelder disponibel hast und solche anlegen willst, in erster Linie bei günstigem Kursstand die Agfa-Aktien zu bevorzugen. Es ist ja heute, wo wir durch die I.-G. verbunden sind, ganz gleichgültig, ob wir Aktien der Farbenfabriken oder diejenigen von Berlin oder Ludwigshafen erwerben.»[103]

Das musste in den Augen der anderen Firmen den Eindruck bestätigen, den Hoechst schon von Anfang an hatte, dass nämlich die Farbenfabriken ihre zeitweilige wirtschaftliche Überlegenheit zu einer Dominanz in der Gestaltung des gemeinsamen Unternehmens nutzen wollten. Zu deutlich hatte sich Duisberg in seiner Denkschrift die Rolle des Vorstandsvorsitzenden auf den Leib geschrieben, zu sehr versuchte er, sie nun auf Biegen und Brechen zumindest de facto durchzusetzen. Für die Stimmung war das alles andere als hilfreich. «Dass die so nothwendige Harmonie leider nicht eingetreten ist, werden Sie ebenso wie ich bedauern», schrieb der Vorstandsvorsitzende der Agfa und Co-Geschäftsführer des Dreibundes Franz Oppenheim im Januar 1906 an Duisberg und überlegte, wie man die bevorstehenden Verhandlungen konsensualer gestalten könnte. «Auch möchte ich anregen, ob es nicht möglich wäre, ein gemeinsames Essen aller Betheiligten am Freitag nach der Sitzung zu veranstalten.»[104] Duisberg, dem eine bessere Verständigung nur recht sein konnte, kabelte unmittelbar zurück: «Sind mit Ihnen für harmonische Behandlung aller I.G.-Fragen. Erbitte Ihren Besuch gegen sieben in meiner Wohnung.»[105] Gleichwohl blieben die Beziehungen weiterhin förmlich.[106] Carl Duisberg sollte mit seiner Prognose, dass es mehrere Jahre dauern würde, bis die Barrieren zu einer Fusion gefallen seien, Recht behalten. Gegenüber Carl Gamp, der den Fusionsgedanken seines «Neffen» teilte und dessen Fürsprecher im Aufsichtsrat war, äußerte er sich im Mai 1906 skeptisch: «So optimistisch wie Du, denke ich auch nicht über die Fusion; bis diese zu Stande kommt, werden noch einige Jahre vergehen müssen. Es liegt auch nicht im Interesse der Gesellschaften, sobald zu verschmelzen, solange die Anschauungen über viele Dinge soweit auseinandergehen. Die Interessengemeinschaft bietet die beste Gelegenheit zu einem Aneinanderschleifen der verschiedenen Persönlichkeiten.»[107] Das geschah auch nach und nach, aber die Gegensätze zwischen den einzelnen Firmen brachen immer wieder auf, vor allem, wenn die Frage der Finanzierung großer Geschäfte anstand. Duisberg plädierte etwa beim Kauf der Kohlenzeche Auguste-Victoria 1907 für eine Kapitalerhöhung, mit der endlich auch die von ihm immer wieder geforderte Verwässerung des Eigenkapitals und damit eine Senkung der Dividendenhöhe ermöglicht worden wäre.[108] Die BASF, deren Kurs unter dem der Farbenfabriken stand, lehnte diese Variante wiederum ab, da sie entweder die Aktionäre zu einem erheblichen Agio hätte verpflichten oder eine zusätzliche Barzahlung hätte aufbringen müssen. In Ludwigshafen favorisierte man die Ausgabe von Obligationen, was wiederum Elberfeld skeptisch beurteilte. Die Verhandlungen, die schließlich zum Erwerb der Zeche über eine Kapitalerhöhung und die Ausgabe von Obligationen führten, waren entsprechend konfliktreich.[109] In anderen Fragen lag die Interessengemeinschaft ähnlich auseinander[110] und war gezwungen, neue Strukturen wie die gemeinsame Verkaufsorganisation in New York wieder aufzulösen.[111] Erst die außerordentlich gute wirtschaftliche Entwicklung im Jahr 1907, in dem die BASF die Farbenfabriken im Gewinn überholten, brachte eine gewisse Entspannung und rechtfertigte auch Duisberg, der sichtlich erleichtert war: «Damit sind meine Erwartungen über die Interessengemeinschaft viel früher, als ich vermutet hatte, eingetroffen, und ich stehe wegen der Empfehlung I.-G. glänzend gerechtfertigt da. Das befriedigt mich sehr, und ich stecke die grosse Summe, die Ludwigshafen diesmal an uns herauszahlen musste, gern ein, erkenne aber andererseits auch an, dass Ludwigshafen sich famos gelöffelt hat.»[112]

Als wenig später Gustav von Brüning mitteilte, dass durch den Beitritt der Biebricher Firma Kalle in das Bündnis von Hoechst und Cassella der Dreiverband entstanden war, und zugleich bedauerte, dass man eine Dividende von 56 %, welche die Farbenfabriken für 1907 zahlten, leider nicht erreicht habe,[113] freute Duisberg sich aufrichtig: «Äußerst interessant war mir, gerade von Ihnen, den ich bisher für den entschiedensten (!) Gegner des großen Zusammenschlusses gehalten hatte, zu hören, daß Sie mit der Aufnahme von Kalle ‹einen weiteren Schritt zur großen Vereinigung getan haben›. Ich gratuliere sowohl Kalle wie Ihnen, dem alten wie dem neuen Dreibund zu diesem Fortschritt und hoffe, daß bald weitere Erfolge auf diesem Wege erzielt werden.»[114] Gustav von Brüning entgegnete, er sei ja nicht grundsätzlich gegen eine Vereinigung, nur dürfe das nicht zu schnell gehen. Er regte weitere Absprachen zwischen den Chemiefabriken an, blieb im Grundsatz aber zurückhaltend.[115] Duisberg war milde geworden: «Wir müssen versuchen, die bestehenden Interessengemeinschaften auszubauen und eventl., wie Sie es gemacht haben, die eine oder andere Firma an dieselbe anzugliedern, um dann vielleicht, wenn uns der Kopf nicht mehr wehe tut oder wir wenigstens keine Lust mehr haben, mitzumachen, endlich das erstrebenswerte Ziel zu erreichen. Zur Zeit geht es uns ja allen zufriedenstellend, und wir haben keine Veranlassung, darüber zu klagen, dass es damals nichts geworden ist mit unseren grossen Plänen, obgleich es meiner Meinung nach dann heute noch besser um uns stehen würde.»[116] Denn technisch sei der Dreibund zwar ein voller Erfolg. «Aber in kaufmännischer Beziehung sind die Interessengemeinschaften nicht geeignet, uns aus der schwierigen Situation zu befreien, in der wir uns allesamt befinden. Da gibt es nur die eine Lösung der grossen Vereinigung und damit aber auch ohne Schädigung unserer Industrie eine Reihe gewaltiger Vorteile.»[117] Da nun aber derzeit niemand bereit sei, dafür etwas zu tun, seien seine Betrachtungen «rein theoretischer Art».

In der Praxis hielt der harte Konkurrenzkampf an; nicht nur die Firmen von Dreibund und Dreiverband konkurrierten miteinander; auch die außenstehenden Farbstoffhersteller wie Weiler ter Mer oder Griesheim spielten eine eigene Rolle, ja, profitierten von den zeitweiligen Absprachen, die Dreibund und Dreiverband zur Sicherung der Preise trafen. So führte die Schwefelschwarzkonvention zwischen Dreibund und Dreiverband, die 1905 zur Stabilisierung der Preise getroffen worden war[118], letztlich auch dazu, dass die Markteinstiegs- und Entfaltungsbedingungen für die nichtgebundene Konkurrenz sich deutlich verbesserten. Duisberg klagte 1908 darüber, dass man die Konkurrenz geradezu großziehe, und es daher richtig sei, die Konvention zu kündigen.[119] Ohne marktbeherrschenden Zusammenschluss, das sah er nun ganz deutlich, konnten die bestehenden Absprachen sich geradezu schädigend auswirken. Eine Kontrolle und Stabilisierung der Preise jedenfalls war auf diese Weise ausgeschlossen. Überdies band sich auch das eigene Unternehmen, dessen zum Teil aggressive Verkaufspolitik auf den Auslandsmärkten durch die Konventionen behindert wurde. Daher kam es immer wieder zu teilweise heftigen Konflikten namentlich mit der Cassella, wenn beide Unternehmen vergleichbare Farbstoffe anboten (Schwefelschwarz, Naphtylaminschwarz, Benzoechtscharlach etc.), in denen sich die Farbenfabriken nicht durch eine Konvention die Handlungsspielräume nehmen lassen wollten. Wiederholt drohte die Gefahr von Preiskriegen.[120] Duisberg sah ganz klar, dass Absprachen letztlich nur die Außenseiter begünstigen würden, die dann mit weniger guten, aber deutlich preiswerteren Produkten den Markt überschwemmten. Daher stimmte das Direktorium der Farbenfabriken Absprachen und Konventionen nur dann zu, wenn man sicher war, auch die angestrebten Ziele zu erreichen.[121] Bei der Cassella, die als reines Farbstoffunternehmen freilich kleiner war und auch keinen vergleichbaren Expansionskurs wie die Farbenfabriken in Elberfeld/Leverkusen verfolgte, setzte man auf Qualitätsfarben, die über hohe, durch Konventionen geschützte Preise auch bei kleineren Absatzmengen gute Margen erbrachten.[122] Für Duisberg war eine derartige Strategie insgesamt unattraktiv, da sie seine aggressive Expansionsstrategie behinderte.[123] Abhilfe aus dieser Situation hätte nur ein umfassendes Bündnis und in diesem Rahmen eine durchgreifende Reorganisation und Vereinheitlichung von Vertrieb und Verkauf ermöglicht, woran vor allem die Cassella interessiert war, die auch frühzeitig versuchte, bei derartigen Überlegungen die Außenseiter Griesheim und Weiler ter Mer ins Boot zu holen.[124] Duisberg zeigte sich für solche Überlegungen offen und schob deren Scheitern aber auf die ablehnende Haltung von Hoechst.[125] Er wollte sich aber auch selbst nicht binden: «So lange wir noch feindliche Brüder sind», meinte er vor allem bezüglich einer Verständigung mit den Außenseitern, «die sich im Markte auf's bitterste bekämpfen, ist ein frisch fröhlicher Krieg mir wenigstens lieber, als ein geflickter, fauler Friede, der noch dazu mit allen möglichen Kautelen beschwert ist und bei dem es bald zu Reibereien kommen muss. Mein Grundsatz war immer, ganz oder garnicht. Und so lange man in Hoechst nicht einsieht, dass die weitgehendste Form der Verständigung die richtige ist, solange geben wir lieber alle Versuche auf, Zwischenstufen zu finden. Vielleicht kommt doch einmal der Tag, an dem auch dort eine bessere Einsicht durchdringt.»[126] Carl von Weinberg von der Cassella hoffte darauf: «Noch immer gebe ich die Hoffnung nicht auf, dass die deutsche Teerfarbenindustrie ihre Weltstellung durch engeren Zusammenschluss sichern wird.»[127] Duisberg war da nicht so zuversichtlich: «Ich bewundere Ihren Optimismus», antwortete er.

«Schon längst bin ich, Hyperoptimist, inbezug auf den engeren Zusammenschluss der deutschen Teerfarbenindustrie zum Pessimisten geworden. Ich habe keine Hoffnung, dass, so lange wir Beide noch zu leben haben, sich unsere beiden Dreibunde näherkommen werden. Das ist schade und bedauerlich, aber lediglich und allein eine Personenfrage. Ich fürchte, erst dann, wenn es der deutschen Teefarbenindustrie wirklich schlecht geht, wird man zur Einsicht kommen. Dann aber ist gewöhnlich der günstigste Termin für ein derartiges Arrangement verpasst.»[128]

Bei diesen Andeutungen ging es vor allem um das kaum zueinander passende Temperament von Carl Duisberg und dem nunmehrigen Hoechster Vorstandsvorsitzenden, dem Juristen Adolf Haeuser. Selbst kleinere Schritte der Kooperation, wie die Einrichtung einer Art Markenschutz-Zentrale der Teerfarbenindustrie, wollte Duisberg daher nicht selbst vorschlagen, sondern forderte Carl von Weinberg hierzu auf: «Sobald meine Firma oder ich auf dem Plane erscheinen, wird sofort wieder Argwohn geschöpft und es gibt von vorneherein Schwierigkeiten. Sobald Sie aber die Sache anregen», da war sich Duisberg sicher, werde das keine Probleme bereiten. Er würde Weinberg im Zweifelsfall mit der dafür fälligen Denkschrift versorgen.[129] Man verständigte sich auf Gespräche, doch auch hieraus wurde nichts. Der alltägliche Konkurrenzkampf hielt mit unvermittelter Härte an. Es schien, als sollte Duisberg mit seiner Prophezeiung, aus einem umfassenden Zusammenschluss werde zu seinen Lebzeiten nichts, recht behalten. Ebenso wurde allerdings seine Ahnung bestätigt, schwere Zeiten würden die Situation ändern. Der Krieg sollte das in der Tat zeigen.

13 | Technokratische Obsessionen

Mit der Gründung des Dreibundes hatten sich auch bestimmte Konflikte im Direktorium der Farbenfabriken zugespitzt. Zwischen Duisberg und Carl Hülsenbusch war das Tischtuch zerschnitten, weil Hülsenbusch Duisberg persönliche Motive als Grund für die I. G.-Bildung unterstellte. Als auch Bayer und Böttinger Duisbergs Partei ergriffen, verließ Hülsenbusch den Vorstand und wechselte in den Aufsichtsrat.[1] Henry Theodor Böttinger, der bereits seit den 1890er Jahren unter der Bürde des Vorstandsamtes litt, nahm den Tod des bisherigen Aufsichtsratsvorsitzenden der Farbenfabriken von Eynern im Dezember 1906 zum Anlass, sein Vorstandsmandat aufzugeben und zum 1. Januar 1907 als Vorsitzender in den Aufsichtsrat zu wechseln. Nun gab es nur noch zwei reguläre Vorstände, eine Reihe an Abteilungsleitern und eine in Duisbergs Sicht übergroße und wenig effiziente Verkaufsorganisation. Eine Reform der Unternehmensführung stand an, und Duisberg hatte endlich auch die Möglichkeit, die gesamte kaufmännische Seite der Farbenfabriken nach seinen Vorstellungen umzugestalten: «Ich stecke zur Zeit bis über die Ohren in Arbeit. Durch den Austritt meines Kollegen Hülsenbusch aus der Direktion und die damit notwendig gewordene Neuorganisation unseres internen kaufmännischen Apparates ist mir eine grosse Mühe zugewachsen. Die von mir gemachten Vorschläge sind nunmehr von meinen Kollegen und dem Aufsichtsrat akzeptiert worden, sodass am 1. April c. der neue Apparat mit 7 stellvertretenden Direktoren und einer ganzen Reihe von neuen kaufmännischen und technischen Abteilungsvorständen in Funktion treten kann. Hat sich dann die Maschine einen Monat lang eingelaufen, und sind die vielfach auftretenden Reibungen beseitigt, so gedenke ich endlich gegen Mitte April mein müdes Haupt an irgend einer schönen entlegenen und ruhigen Stelle ausruhen und meine stark mitgenommenen Nerven wieder reparieren zu können.»[2] Gegenüber seinem «väterlichen Freund» Heinrich Caro[3], dem Aufsichtsratsmitglied der BASF, stellte sich Duisberg erneut als derjenige dar, der Ordnung zu schaffen hatte, die es eben unter Hülsenbusch und Böttinger bisher nicht wirklich gegeben hatte. «Nachdem unsere technische Verwaltung schon seit mehreren Jahren tadellos organisiert war, wird dann hoffentlich auch die kaufmännische besser noch als bisher arbeiten und uns vor allem in der Direktion die bisherigen vielen Aufregungen ersparen und mehr Ruhe geben. Allzu gern würde ich Ihnen die diesbezügliche Denkschrift und den voluminösen Organisationsplan[4] zur Kenntnisnahme unterbreiten, aber leider darf ich dies nicht, weil Sie immer noch zu den Konkurrenten rechnen, obgleich Sie es doch nicht sind. Es würde mir sonst eine grosse Freude bereiten, gerade Ihr Urteil über diese grosse Arbeit, die sozusagen mein geschäftliches Testament in technischer und kaufmännischer Beziehung enthält, kennen zu lernen.»[5]

Das war aber nicht der einzige Grund, weshalb Duisberg 1906 eine grundlegende Reorganisation der Farbenfabriken anstrebte. Seine zahlreichen Erfolge, ja Siege der vergangenen Jahre waren durchaus janusköpfig, da sie stets mit einem Einsatz erkauft worden waren, der auf Dauer nicht durchzuhalten war. «Ich bin also allein auf weiter Flur und fühle allmählich doch, dass mir die Vertretung so vieler bewährter Kräfte fast zu schwer wird. Ich fange an, schlecht zu schlafen und nervös zu werden», bemerkte er schon 1902.[6] Das Mittel seines Aufstieges, die Vertretung, war nach und nach zu einer schweren Belastung geworden. Das konnte nicht so weitergehen, hatte er doch bei Böttinger gesehen, wohin das führte: «Dass Henry für 6 Wochen nach Konstanz geht, um sich elektrisieren zu lassen, habt Ihr wohl vernommen; hoffentlich verfällt er», meinte Duisberg gegenüber Friedrich Bayer jun., «wenn sein Zustand sich wieder gebessert hat, nicht wieder in das alte Übel des Hetzens und Rennens und Allgegenwärtigseins. Er wird vieles aufgeben müssen, was er sich jetzt aufgehalst hat.»[7]

Die von Duisberg betriebene Reorganisation der Unternehmensleitung folgte also einmal seiner Vorstellung eines effizienten, integrierten Chemieunternehmens und eng damit zusammenhängend seinem organisatorischen Perfektionismus, zumindest zu gleichen Teilen diente sie aber auch der eigenen Entlastung. Das hieß, die Arbeit musste auf so viele Schultern verteilt werden, dass die ständigen Vertretungsengpässe ein Ende fanden, ja, dass insgesamt seine eigene Einbindung in das operative Alltagsgeschäft aufhörte oder doch deutlich reduziert wurde. Dass er sich zur Durchführung seiner Überlegungen erneut des Mittels einer Denkschrift bediente, ist für die historische Forschung insofern ein Glücksfall, weil diese Organisationsdenkschrift ein für die Zeit geradezu einmaliges Dokument technokratischen Organisationswillens darstellt. Unterzeichnet war es von Bayer, Böttinger und Duisberg, doch an der eigentlichen Urheberschaft besteht kein Zweifel.[8] Die Denkschrift umfasste neben einer allgemeinen Präambel mehrere Großkapitel, und zwar zur Organisation der Direktion (3 S.), zur Leitung und Arbeitsteilung in der Direktion der Farbenfabriken (11 S.), zur Geschäftsführung der Interessengemeinschaft innerhalb der Farbenfabriken vorm. Friedr. Bayer & Co. (3 S.), zur Organisation des Verkaufsgeschäfts (37 S.), zur Organisation des Einkaufs (4 S.), zur Organisation der technischen Verwaltung (19 S.) und schließlich zur Organisation der Färberei (15 S.). Die Analysen selbst waren offensichtlich nicht von Duisberg selbst geschrieben, doch ist seine Handschrift in den Organisationsvorschriften bis in das Detail zu spüren. Parallel hierzu wurde ein Organisationsplan aufgestellt, in dem die Abteilungen und ihre Ausdifferenzierungen inklusive der jeweils zuständigen Herren in Übersichten dargestellt waren.[9] Der Organisationsplan selbst sollte zunächst den Aufsichtsrat von der Sinnhaftigkeit der Reorganisation überzeugen. Zugleich aber beabsichtigte Duisberg auch, mit diesem Plan eine Art Handbuch der guten Unternehmensführung vorzulegen, an dem sich die leitenden Herren des Hauses orientieren konnten. Schließlich sollte der Plan dazu dienen, auch die Abteilungsvorstände, denen man die jeweiligen Passagen zur Kenntnis geben wollte, über ihre Aufgaben umfassend und verbindlich zu instruieren. Sollte der Aufsichtsrat den Plan akzeptieren, könnten entsprechend die Direktoren und stellvertretenden Direktoren ernannt werden. Auf diese Weise schien gesichert, dass die Arbeit auf mehr verantwortliche Schultern verlagert wurde, zugleich aber die Einheitlichkeit der Verwaltung gesichert blieb.

Der Text war in seiner Detailliertheit eine technokratische Vision, wie sie sich nur Carl Duisberg hatte ausdenken können, doch er war realistisch genug, sie für Änderungen offenzuhalten. Schon der Plan selbst sollte in der neuen Direktion einer gründlichen Prüfung unterzogen werden: «In derselben wird Jeder Gelegenheit haben, abweichende Ansichten und Meinungen zur Geltung zu bringen.» Erst dann werde der Organisationsplan endgültig in Kraft gesetzt: «Ist dies geschehen, so muss jedes Mitglied der Direktion sich verpflichten, die nunmehr massgebenden Grundsätze in allen Fällen voll und ganz zur Geltung zu bringen.» Das gelte dann auch für alle nachgeordneten Ebenen. Sollte sich aus der Entwicklung des Geschäfts Bedarf für Änderungen ergeben, «so müssen diese sofort beantragt und beraten werden. In einer Direktionskonferenz, in der möglichst alle Mitglieder der Direktion anwesend sind, ist dann darüber Beschluss zu fassen. Erfolgt Ablehnung, so hat sich Jeder ohne Groll zu fügen. Niemals dürfen einseitig von einem oder mehreren Mitgliedern der Direktion allein derartige Bestimmungen über die Organisation abgeändert oder Direktionsbeschlüsse missachtet werden.»[10] Typisch für Duisberg war nicht allein die technokratische Steuerung; ebenso typisch war auch, diese Vision mit der kollegialen Führung der Farbenfabriken zu verknüpfen und dadurch für Wandel offenzuhalten. Auch wenn er selbst innerhalb dieser Strukturen nicht selten autokratisch vorgehen sollte, so war das Prinzip keineswegs autokratisch. Es war allerdings auch nicht «demokratisch», wie Duisberg u. a. gegenüber seinem Schwager Hermann Seebohm in New York behauptete: «Die hier übliche und von mir besonders bevorzugte demokratische Methode, bei der jeder nach seiner Veranlagung gehört wird und zu Wort kommt, und bei der weitgehendste Arbeitsteilung auch bei wichtigen Entscheidungen durchgeführt ist, ist die einzig richtige. Du musst, wenn Du Muurling zu vertreten hast, nur sie anwenden und dabei jeden, herunter bis zum kleinsten Verkäufer, anhören und um seine Meinung fragen. … falle nur ja nicht in den großen Fehler, den Muurling immer gemacht hat, dass er auch bei reinen Verkaufsgeschäften die Techniker hinter die Kaufleute zurücksetzte, sondern betrachte sie als Dir gleich und ebenbürtig; denn nur so werden Sie sich mit Interesse der Erledigung der Geschäfte widmen.»[11] Duisberg ging es um eine kollegiale und flexible Leitungsstruktur, um technokratische Effizienz, die eben mit bloßer Befehlswirtschaft in der Regel nicht erreichbar waren. Das verlangte von den leitenden Herren die Fähigkeit, sich selbst gezielt zurückzunehmen, worauf Duisberg wiederholt pochte. Es sei falsch, alles selbst machen zu wollen, belehrte er Hermann Seebohm: «Das ist grundfalsch, das führt auf die abschüssige Bahn sowohl geschäftlich wie gesundheitlich.»[12] Später, bei der Fusion zur I. G. Ende 1924, sollte es um diese Frage zu einer Kontroverse zwischen Carl Duisberg und Carl Bosch kommen, in der Bosch zur Gewährleistung einer effizienten Führung auf autokratische Strukturen setzte, was Duisberg entschieden ablehnte. Auch wenn Autokratie zeitweilig durchaus erfolgreich sein könne, sei sie für große Unternehmen nicht sinnvoll, da man ja mit einem «Diktator» allein gar nicht auskomme. «Daneben hat die Autokratie den grossen Fehler, dass sie von grossen Persönlichkeiten vollkommen abhängig ist, die bekanntlich auch in unserer Zeit sehr selten sind. Wenn diese ausscheiden, so bricht damit auch die auf sie gestellte Organisation unrettbar zusammen. Ausserdem, und das ist nach meiner Meinung das allerschlimmste, behandelt die Autokratie alle in der Organisation tätigen Menschen wie leblose Werkzeuge ohne Willen und ohne Seele. Ich bin daher ein grundsätzlicher Gegner dieser Autokratie, obgleich ich sie selbst am eigenen Leibe nicht nur erlebt, sondern sie auch erfolgreich mitgemacht habe.»[13]

Auf eine «demokratisch» legitimierte Führung kam es der Denkschrift dann auch vor allem an. «Die Krone der Organisation sowohl in technischer wie in kaufmännischer Beziehung muss die Direktion sein, der nicht nur die Aufgabe zufällt, die ihr zugewiesenen Pflichten zu erfüllen, sondern vor allem, was das wichtigste ist, dauernd anregend, fördernd und belebend auf alle Geschäftsorgane zu wirken.»[14] Das war ganz im Geiste von Duisbergs I. G.-Denkschrift, und er wurde noch deutlicher. Die Direktoren (Vorstandsmitglieder) sollten zwar ihren Verantwortungsbereich behalten, aber verpflichtet sein, immer auch das Gesamtgeschäft im Auge zu haben. Die eigentliche operative Tätigkeit lag mithin nicht beim Vorstand, sondern auf der Ebene der Abteilungsleiter: «Ist die Zahl der Direktoren nicht gross genug, um das Gesamtgebiet in geeigneter Weise überwachen zu können, oder tritt durch die dann erforderliche Arbeitsteilung eine zu grosse Belastung des Einzelnen ein, was unbedingt vermieden werden muss, da mehr noch als bei den Vorständen der kaufmännischen und technischen Abteilungen es bei den Direktoren nötig ist, dass sie jeden Augenblick frei über ihre Zeit verfügen, so sind stellvertretende Direktoren vorzusehen. Diese sind auch an sich, als Zwischenglieder zwischen den Abteilungsvorständen und den Direktoren sehr erwünscht.»[15]

Damit war klar, worauf Duisberg hinauswollte, nämlich auf die völlige Befreiung des Vorstandes von der operativen Leitungstätigkeit. Diese sollte stellvertretenden Direktoren/Vorstandsmitgliedern zufallen, die in der Regel aus dem Kreis der Abteilungsvorstände kommen sollten. Die «Bestimmungen über die Leitung und Arbeitsteilung in der Direktion der Farbenfabriken» führten diese Neuregelung dann detailliert aus. Das Direktorium umfasste danach drei Mitglieder (Bayer, Böttinger, Duisberg), die alle drei die gleichen Rechte und Pflichten hatten. ‹Den Direktoren stehen stellvertretende Direktoren mit beratender, aber nicht mit beschliessender Stimme zur Seite.» Die Direktoren sollten durch ihre Stellvertreter in Abwesenheit vertreten werden. Entscheidend blieb immer der Kollegialbeschluss des Direktoriums, dem «unbedingt» Folge zu leisten war. Zwar leite jeder stellvertretende Direktor seinen Zuständigkeitsbereich selbständig, doch seien in schwierigen Fragen grundsätzlich Kollegialbeschlüsse herbeizuführen, wobei jedes Direktionsmitglied Beschlüsse in allen Fragen herbeiführen könne. «Im allgemeinen ist es wünschenswert, dass alle Kollegialbeschlüsse der Direktoren einstimmig erfolgen. Sollte aber eine Einigung sämtlicher Direktoren nicht möglich sein, so muss die Majorität entscheiden.»[16] In den wöchentlichen, teilweise sogar mehrmals wöchentlichen Direktionskonferenzen bestand Anwesenheitspflicht.[17] Zur Vorbereitung der Sitzungen musste jede Abteilung kurze Wochenberichte vorlegen, die dann die Grundlage der Beratungen wurden. Die eingehende Post wurde sortiert; spezielle Fragen wurden unmittelbar den zuständigen Abteilungsvorständen vorgelegt, die allgemeine Post zirkulierte zunächst unter den Direktoren und konnte danach auch von den stellvertretenden Direktoren eingesehen werden. Die Einstellung und die Entlassung kaufmännischer und technischer «Beamter» hatte durch die zuständigen Direktoren und die entsprechenden Stellvertreter zu erfolgen, der Einkauf oblag den technischen Direktoren (Bayer, Duisberg), der Verkauf wurde von dem kaufmännischen Direktor (Böttinger) geleitet. Danach wurden die Zuständigkeiten des Direktoriums und der Stellvertreter im Einzelnen fixiert; Duisberg war insbesondere verantwortlich für Beteiligungen, Patente und Lizenzen, Bilanz- und I. G.-Fragen, Abschluss von Konventionen, Festsetzung der pharmazeutischen Verkaufspreise sowie für die gesamte betriebliche Sozialpolitik (Wohlfahrtseinrichtungen) inklusive der Vergabe von Krediten und Unterstützungen an die technischen «Beamten». Im Rahmen der Verwaltung kontrollierte Duisberg die Hauptbuchhaltung und Rendementsberechnung (Ertragsberechnung), beaufsichtigte die I. G.-Angelegenheiten, inspizierte die pharmazeutischen Läger und deren Versand und warf überdies ein Auge auf das wissenschaftlich-pharmazeutische Büro. Duisbergs Zuständigkeit war zwar weiterhin groß, doch hatte er jetzt keine unmittelbar betriebsleitenden Funktionen mehr. Strategische Entscheidungen, Kontrolle und allgemeine Verwaltung: Das war nach der Organisationsreform das Aufgabenfeld von Carl Duisberg. Hinzu trat als gesonderter Punkt die Tätigkeit als Geschäftsführer der Interessengemeinschaftsangelegenheiten innerhalb der Farbenfabriken. Dafür wurde ein gesondertes Büro eingerichtet, das eine für die Direktion transparente Aktenführung garantierte. Carl Duisberg als dessen Leiter wurde überdies verpflichtet, einmal in der Woche alle relevanten Fragen des Dreibundes im Direktorium vorzutragen.[18]

Der Aufsichtsrat der Farbenfabriken stimmte der Denkschrift keine drei Wochen nach ihrer Vorlage zu und ernannte sieben stellv. Direktoren. Aus Forschung und Farbstofftechnik wurden die Duisberg-Vertrauten Robert Emanuel Schmidt und Karl Krekeler zu stellvertretenden Direktoren, für den anorganischen und Zwischenprodukte-Bereich wurde Dr. Bammann Mitglied des Direktoriums, im kaufmännischen Bereich (Verkauf, Werbung, Verkaufsorganisation) wurden Wilhelm Gansser, Wilhelm Rudolf Mann und Christian Hess, letzterer ein Freund Duisbergs, sowie schließlich der Justitiar Justizrat Doermer zu stellvertretenden Direktoren befördert.[19] Duisberg benutzte dieses Revirement keineswegs, um eine Art persönlicher Herrschaft festzuschreiben; im Gegenteil bedeutete diese Organisationsreform für ihn das Ende einer Epoche der Autokratie. Er unterwarf sich selbst seinen technokratischen Vorstellungen, wenn er auch sicher war, sich im Zweifelsfall weiterhin durchsetzen zu können.[20] Die Organisation war aber gerade nicht auf eine einzelne Person zugeschnitten, sondern stellte eine kollegiale Weiterentwicklung und Ausdifferenzierung der bisherigen Führungsorganisation dar.[21] Dass Duisberg die Organisationsfrage so energisch vorantrieb, war freilich nicht ohne Ironie, denn gerade im Fehlen einer entsprechenden Organisation hatte seine Chance zum unkonventionellen Aufstieg gelegen. Eine Karriere, wie er sie gemacht hatte, würde in Zukunft jedenfalls nicht mehr möglich sein.

Diese Bereitschaft, sich in eine feste Organisationsstruktur zu fügen, hatte neben den bereits genannten weitere Ursachen. Von Bedeutung war insbesondere, dass Duisberg nicht der Eigentümer der Firma, ja nicht einmal ein bedeutender Teilhaber war, sondern lediglich der Besitzer von «ein paar Aktien». Alle Hoffnungen, einmal zu den großen Anteilseignern des Hauses zu gehören, blieben illusionär, und Duisberg wusste das. Allein dieser Umstand verbot ihm die Attitüden eines August Thyssen, Hugo Stinnes oder Friedrich Alfred Krupp, die stets auch formal auf ihrem Letztentscheidungsrecht bestanden.[22] Duisbergs Verhalten entsprach sehr viel mehr den Verhaltensweisen bedeutender Manager seiner Generation wie etwa Emil Kirdorf, Paul Reusch, Paul Silverberg oder dem ihm auch menschlich sympathischen Albert Vögler.[23] Hier bildeten jeweils die Unternehmen und ihre Organisation den Fokus eines in gewisser Hinsicht selbstlosen Engagements; der «Mann und sein Werk» verschmolzen in der Selbstwahrnehmung, da der Erfolg des Werkes die Bedingung der Bedeutung des Mannes war. Duisberg jedenfalls war dies nur zu bewusst, und daher hätte jeder Versuch, eine autokratische Struktur zu implementieren, geradezu etwas Selbstmörderisches gehabt, da das Werk offensichtlich von einem Angestellten nicht autokratisch geführt werden konnte.[24]

***

Der Geist der Organisationsreform, die neue Governance Structure, zeigte sich am deutlichsten in der Reorganisation des Verkaufsgeschäftes. Nach Duisbergs Wahrnehmung litt die Ertragskraft der Farbenfabriken insbesondere unter dessen schlechter Organisation und den daraus resultierenden hohen Kosten des Verkaufs.[25] Hier galt es ähnlich wie im Bereich der Forschung und der Technik Remedur zu schaffen, wozu Duisberg nunmehr auch formal die Kompetenz hatte. Der Abschnitt «Organisation des Verkaufsgeschäftes» war folgerichtig der mit Abstand größte des Organisationsplanes. Er enthält Regeln, die zum Teil auf bereits existierenden Strukturen aufsetzten, insbesondere aber deren Systematisierung und Empfehlungen beziehungsweise Richtlinien zu deren konsequenter Durchführung. Die Wortwahl dieses großen Abschnittes weist Duisberg unzweifelhaft als Verfasser aus. Aufgrund der Vorteile von Leverkusen sei man dazu in der Lage, alle Produkte in hoher Qualität und zu niedrigen Preisen anzubieten. Die neu konzipierte Organisation für den Farbenverkauf schrieb nun eine vergleichsweise bürokratische, dafür aber vollständig transparente Struktur vor. Auf allen relevanten Märkten, wo bisher Agenturen beauftragt waren oder Verkaufsfilialen bestanden, sollte zukünftig eine Filialstruktur unter der Leitung einer Hauptfiliale entstehen. Vorbild war die amerikanische Verkaufsorganisation. In den Verkaufsfilialen sollten technisch geschulte Verkäufer, eventuell auch Koloristen mit chemischer Ausbildung tätig sein, die Hauptfilialen sollten auf jeden Fall eine technische und kaufmännische Doppelspitze haben. Sie leiteten und kontrollierten einerseits die Filialen und hielten auch selbst engen Kontakt zu den Abnehmern, andererseits waren sie die Kontaktstelle zur Verwaltung in Elberfeld. Dort wurden Spiegelabteilungen eingerichtet, sodass in Elberfeld für die großen Märkte jeweils eigene Abteilungen existierten, deren Aufgabe die Sicherstellung der Lieferkette und die unverzügliche Bearbeitung von Reklamationen und Beschwerden war. Die hier tätigen Kaufleute hatten daher engen Kontakt zu den Produktionsabteilungen zu halten und mussten ihrerseits die jeweiligen Auslandsfilialen kontrollieren. Die zuständigen «Beamten» mussten nicht nur die jeweiligen Sprachen beherrschen, sondern auch stets zu Kontrollreisen bereit sein.[26] Überdies fanden in Elberfeld wöchentliche Verkaufskonferenzen mit dem Direktorium statt, die so gut vorzubereiten waren, dass «der Einzelne nicht zu viel Zeit hierfür zu opfern braucht».[27]

Im Kern der Verkaufsorganisation stand, das wusste man in Elberfeld nur zu genau, allerdings ein Komplex, der modern mit dem Begriff Prinzipal-Agent-Beziehung bezeichnet wird.[28] Die «Verkaufsspesen» in vielen Auslandsfilialen waren nach Duisbergs Geschmack viel zu hoch; der Eindruck, dass es hier keine genaue Kostenkontrolle gab, unsystematisch Rabatt gewährt wurde, Bestechung an der Tagesordnung war und überhaupt in vielen Fällen schlampig gearbeitet wurde, hatte sich bei Duisberg verfestigt. Die Neuorganisation sollte hier nicht nur zu mehr Transparenz und niedrigeren «Spesen» führen; präzise benannte Anreize und Sanktionen sollten die Mitarbeiter disziplinieren. Zunächst schrieb Duisberg im Zweifelsfall durchgreifende Personalmaßnahmen vor: «Es sei … zum Schluss besonders hervorgehoben, dass es Aufgabe aller kaufmännischen wie technischen Abteilungsvorstände sein muss, von den ihnen unterstellten Verkaufsfilialen und Agenturen dauernd die grössten Leistungen zu verlangen und rücksichtslos überall da, wo ein Verkaufsleiter, ein Verkäufer oder ein Agent nicht seine Pflichten tut, oder auch nur in der Erfüllung derselben pausiert, unnachsichtig vorzugehen und an die Stelle lässiger Leiter, Verkäufer oder Agenten tüchtigere zu setzen. Nichts hemmt die Fabrikation und schadet dem Gesamtgeschäft mehr, als wenn da, wo die direkte Fühlung mit der Kundschaft eintritt, ungeeignete oder lässige Organe wirksam sind.»[29] Allerdings sollte es nicht bei dieser Art der negativen Sanktionierung bleiben: «Während das Einkommen der eigentlichen Verkäufer sich aus Gehalt und Umsatzprovision, dasjenige der Leiter der Verkaufsfilialen ausserdem aus Beteiligung am Reingewinn des betreffenden Landes zusammensetzen soll, sind die Vorstände der Verkaufsabteilungen nur am Reingewinn des betreffenden Landes, nicht aber am Umsatz zu beteiligen. Vermöge der ihnen zugewiesenen selbständigen Entscheidungen über die niedrigsten Verkaufspreise bis zu einer von dem Direktorium gezogenen Grenze soll es ihre Hauptaufgabe sein, für möglichst hohen Gewinn zu sorgen.»[30]

Das Verkaufsgeschäft im Bereich Pharma, Photographica und Anorganika unterschied sich zwar in mancherlei Hinsicht – so gab es bei Arzneimitteln im Grunde nur sehr eingeschränkt einen freien Markt, weshalb sich der Verkauf auf die «Poussierung» der Ärzteschaft konzentrieren sollte –, die Grundsätze waren aber identisch. Die insgesamt mit der Effektuierung des Verkaufs verbundene Bürokratisierung – die Zahl der kaufmännischen «Beamten» bei den Farbenfabriken stieg zwischen 1897 und 1912 von 419 auf 1227[31] und damit deutlich schneller als die Zahl der Chemiker und Ingenieure sowie die der Arbeiter – war auffällig, wenn auch für das Gros der deutschen Unternehmen in der Zeit vor dem Ersten Weltkrieg keineswegs untypisch.[32] Diese Bürokratisierung folgte nicht irgendwelchen ideologischen Obsessionen, sondern war ein Ergebnis der Spiegelung der heterogenen Auslandsmärkte in den Mutterhäusern.[33] Im Fall der deutschen Chemiefabriken hatten die Unternehmenszentralen entsprechend vielfältige Dienstleistungen zu erbringen und taten das vergleichsweise erfolgreich auch deshalb, weil es gelang, funktionierende Prinzipal-Agenten-Strukturen zu etablieren. Das brauchte allerdings seine Zeit. Der Aufsichtsrat genehmigte zwar die neue Organisationsstruktur zügig, doch konnten sich die neuen Regeln im Verkaufsbereich, vor allem die straffe Kontrolle der Filialen und die im Zweifelsfall harte Personalpolitik, nur nach und nach durchsetzen. Offenen Widerstand gab es, doch war es für Duisberg nicht schwer, diesen unter Verweis auf die Beschlusslage zu unterdrücken.[34] Erst Anfang 1909 waren die Zirkulare zur Kosteneinsparung in den Auslandsfilialen fertig, doch liefen jetzt zumindest die bürokratischen Abläufe reibungslos. Die Vielzahl der neu eingeführten Verkaufskonferenzen zeigte allerdings früh deutliche Verschleißerscheinungen: «Inzwischen haben wir auch die grosse pharmazeutische Konferenz abgehalten. Dieselbe war, soweit Somatosereklame in Frage kam, langweilig und ledern, wie immer viele Phrasen und wenig Neues. Aber auch bei der Besprechung der einzelnen Produkte ist nicht viel herausgekommen, da uns ja eigentlich alles bekannt ist. Wir wollen deshalb künftig auch diese pharmazeutischen Konferenzen, die wir jetzt schon erheblich eingeschränkt hatten, fallen lassen und die Herren lieber länderweise hierher kommen lassen. Die Verhältnisse liegen doch in jedem Land anders und sind verschieden.»[35] Insbesondere machte weiterhin das verbreitete Diskretionsgelderwesen Sorgen, doch konnte oder wollte man die verbreiteten Bestechungspraktiken nicht aufgeben, da hierdurch nicht zuletzt in den USA, aber auch in Deutschland selbst relevante Umsatzanteile gefährdet worden wären. Man vermied daher auch, die entsprechende Korrespondenz offiziell zu führen: «Die Korrespondenz wegen der Diskretionsgelder soll nicht offiziell durch die Firma, sondern stets privatim durch die betreffenden Abteilungsvorstände geführt werden», beschloss die Direktion unter Duisbergs Vorsitz am 8. August 1907.[36] Zumindest den Umfang aber wollte man überschauen. Auf Duisbergs Vorschlag wurde daher, nicht zuletzt da die Gewinnmargen zu sinken drohten, Kalkulations- und Kontrollbüros für die Auslandsfilialen eingerichtet: «Dieser Kontrolle sollen auch die Diskretionsgelder unterstehen, deren Auszahlung durch Stichproben geprüft werden muss, indem dann und wann ein Kontrollbeamter bei der Auszahlung zugegen ist.»[37] Wenn die Korruption schon unvermeidbar war, so sollte auf diese Weise zumindest sichergestellt werden, dass die Firma selbst dadurch nicht geschädigt wurde.

Das waren aber bereits Funktionsprobleme der neuen Organisation. Ihre Konstitution war in den Jahren 1908/09 abgeschlossen, wobei als sicheres Zeichen hierfür genommen werden kann, dass erneut Reformbedarf artikuliert wurde. Duisberg war sich der neuen Organisationsstrukturen aber insgesamt sehr sicher. An Jakob Rießer, den Vorsitzenden des Hansa-Bundes, schrieb er Anfang 1910, kurz bevor er zu einer Reise nach Ägypten aufbrach: «Man wird sich wundern, wenn man hört, daß ich nicht mit meiner Frau allein reise, sondern daß mein Freund Geheimrat Dr. v. Böttinger mit mir fährt, der seiner Gesundheit wegen (Nieren) einige Monate in Assuan leben soll, und auch mein Freund und Kollege Kommerzienrat Bayer und Frau mitreisen. Wie man hier sagt, verlegen wir die Direktion der Farbenfabriken für einige Wochen nach Assuan. Wir wollen einmal sehen, wie sich unsere Stellvertreter im Direktorium bewähren. Ich zweifle nicht, daß unsere Organisation diese harte Probe bestehen wird.»[38] Damit sollte er Recht behalten. Duisberg selbst nahm zwischen 1906 und 1914 an den insgesamt 411 Direktionskonferenzen 151 Mal nicht teil, fehlte also wegen Urlaub oder Geschäftsreisen bei mehr als 37 Prozent der Sitzungen. Henry Theodor Böttinger beteuerte nach seinem Wechsel in den Aufsichtsrat zwar, den Farbenfabriken weiterhin voll zur Verfügung zu stehen; auf den Direktionskonferenzen der folgenden Jahre war er aber ein seltener Gast. Friedrich Bayer jun. fehlte schließlich noch öfter als Carl Duisberg, wenn auch zu unterschiedlichen Terminen, sodass zumeist eines der beiden verbliebenen Vorstandsmitglieder, Bayer oder Duisberg, die Direktionskonferenzen leitete. Die eigentliche Führung des laufenden Geschäftes lag aber längst bei den stellvertretenden Direktoren. Die I. G.-Angelegenheiten blieben freilich seine Domäne, wie Duisberg überhaupt die Farbenfabriken in diesen Jahren strategisch führte. Diesen Rang machte ihm niemand streitig, im Gegenteil: Die «Herren» der Farbenfabriken waren froh, ein derart einflussreiches und durchsetzungsstarkes Aushängeschild zu besitzen.

***

Der Arbeitsalltag von Duisberg änderte sich nach der Organisationsreform grundlegend. Er war auch schon zuvor viel gereist, sei es aus beruflichen, sei es aus privaten Gründen, aber im Vordergrund stand doch immer die operative Leitung des Geschäftes sowie die Kontrolle der alltäglichen Arbeits- und Produktionsabläufe in Elberfeld beziehungsweise Leverkusen.

Damit war es nun weitgehend vorbei. Dafür häuften sich die auswärtigen Sitzungen der I. G.-Geschäftsführung, Aufsichtsratssitzungen der Beteiligungen in Norwegen, an der Ruhr, in Berlin und in Mitteldeutschland sowie Inspektionsreisen wie folgende: «Mit Krekeler habe ich vereinbart, dass wir Anfang Mai ds. Js. zusammen nach Moskau reisen, damit er die Fabrik und ich das Stadtkontor einer eingehenden Inspizierung unterziehen.»[39] Wichtige politische Termine in Berlin kamen hinzu, wo er etwa im Juni 1914 eine ganze Woche zu tun hatte, «um fast ausschließlich für des Reiches Herrlichkeit tätig zu sein, und zwar teils als Mitglied einer Kommission, die in zweitägiger Sitzung im Reichsamt des Innern das neue Patentgesetz beraten hat, teils als Mitglied des Reichsgesundheitsrates, der ebenfalls in zweitägiger Sitzung die Konservierungsmittel behandelt hat, teils als Mitglied der Rüstungskommission, um im Verein mit einigen Reichstagsabgeordneten den Versuch zu unternehmen, die Pulverfabrik in Spandau nach industriellen Grundsätzen zu kalkulieren».[40] Überdies mussten die Kontakte zu Wissenschaftlern und Universitäten gepflegt werden, und schließlich standen private Termine an, wie die berühmten Bayerschen Familientage, die nun immer öfter in der Neumark (Gut von Henry Theodor Böttinger) oder in Ostpreußen bzw. Pommern (Güter der Familie Gamp) stattfanden. Elberfeld und später Leverkusen erhielten damit einen anderen Rahmen, vor allem aber wurden sie zu reinen Etappen, die vor allem im Herbst und im Frühjahr (Bilanzarbeiten) ein größeres Zeitbudget verlangten, aber nicht mehr den Alltag dominierten. Im Oktober 1912 bemerkte Duisberg gegenüber Heinz Böttinger, dem Sohn des Aufsichtsratsvorsitzenden, dass man, obwohl bereits vier Monate seit dem Umzug vergangen seien, Leverkusen noch gar nicht kennengelernt habe, «denn kaum waren wir hier, musste ich nach Amerika und wiederum von Amerika zurück, musste ich nach München und, wie ich erst heute früh bei meiner Rückkehr erfuhr, Mitte nächster Woche wieder nach Berlin. So geht es in einem fort.» Er sei «auf dem besten Wege, Deinen lieben Vater, der mir ja in dieser Beziehung bis jetzt gewaltig über war, beinahe zu übertreffen».[41] Das zahlte sich auch in anderer Hinsicht aus, denn die preußische Regierung machte Duisberg 1906 zunächst zum Professor und wenig später zum Geheimen Regierungsrat, wobei Böttinger seine Hand im Spiel gehabt haben dürfte. Der Aufwand lohnte sich offenkundig. Dass Duisberg ihn überhaupt nur leisten konnte, weil und wenn das Management an Wupper und Rhein reibungslos funktionierte, ist offensichtlich.

Die Stimmung in der Direktion war offensichtlich gut, die Rollen waren akzeptiert. Bei der Hauptversammlung 1911 präsentierte man sich als verschworene Gemeinschaft: «Am heutigen Tage fand die Jahresversammlung der Farbenfabriken vormals Fried. Bayer & Co. in Elberfeld statt & daran anschließend ein gemeinsames Mittagessen im Hause des derzeitigen Vorsitzenden Geh. Rat Dr. Böttinger – des Aufsichtsrates & der Direktion der genannten Gesellschaft. Anwesend waren außer Dr. Böttinger auch Freiherr von Gamp-Massaunen, Justizrath Krüll, Commerzienrath Leverkues, Carl Hülsenbusch & die Direktoren Commerzienrath Bayer, Geheimrath Prof. Dr. Duisberg, Dr. R. E. Schmitt, Dr. Krekeler, Rud. Mann sowie Commerzienrath Fried. W. Bölling aus Barmen. In zehnter Abendstunde wurde des gemütlichen Zusammenseins noch besonders gedankt & seitens der Unterzeichneten noch anwesend die feierliche Verpflichtung – die auch für die bereits schon Abgereisten bindend sein soll – eingegangen, am gleichen Tage des Jahres 1920 wieder in Sonneck zusammen zu kommen, soweit ihnen dann ein günstiges Geschick das Leben beschieden hat. Herr Dr. Böttinger ging die weitere Verpflichtung ein, daß an seiner Stelle sein Sohn die Freunde zu empfangen und zu bewirten habe, sollte das Schicksal ihn bereits abberufen haben. Dr. Böttinger, Dr. C. Duisberg, Dr. Schmitt, Fried. W. Bölling, Bayer, Krüll, R. Mann.»[42] Friedrich Bayers Geschäftsinteresse ließ in dieser Zeit allerdings bereits stark nach; auch seine Gesundheit spielte nicht mehr so mit wie zuvor.[43] Es war daher nur eine Frage der Zeit, bis die Unternehmensspitze erneut vor personellen Änderungen stand. Bayer jun. erklärte im Herbst 1911 seinen Rückzug in den Aufsichtsrat. Auf dessen Sitzung am 8. Oktober 1911 (anwesend vom Aufsichtsrat: Böttinger, Gamp, Hülsenbusch, Krüll, vom Vorstand: Duisberg, Bayer, entschuldigt: Leverkues) erläuterte Duisberg die Lage nach dem bevorstehenden Rückzug von Fritz Bayer und schlug vor, in Zukunft einen förmlichen, großen Vorstand mit ordentlichen und stellvertretenden Vorstandsmitgliedern zu bilden sowie die Anzahl der Prokuristen deutlich zu erhöhen. Dadurch würden die Farbenfabriken eine breite und voll funktionsfähige Spitze mit ihm selbst als ordentlichem Vorstandsmitglied bekommen. Der Aufsichtsrat stimmte zu, aber mit der Ergänzung: «Der Aufsichtsrat beschließt, dem Herrn Geheimrat Duisberg innerhalb des Vorstandes mit Rücksicht auf seine Verdienste um die Gesellschaft die Oberaufsicht und die Bezeichnung ‹Generaldirector› zu geben und sein festes Gehalt auf 100 000 M festzusetzen.»[44] Die Verpflichtungen des neuen Generaldirektors, der keine operativen Aufgaben hatte, gleichwohl aber jederzeit und überall in das Geschäft eingreifen konnte, wurden in Duisbergs Sinne fixiert. Die übrigen Vorstandsmitglieder und ihre Stellvertreter bekamen jeweils bestimmte Aufgabenbereiche zugewiesen, waren aber in ihrem Stimmverhalten und den Diskussionen ebenfalls frei. So entstand ein Duisbergs Vorstellungen entsprechendes, großes und flexibles Führungsgremium, in dem er die strategischen Funktionen wahrnahm. Seinem Studienfreund Johannes Walther gegenüber brachte er die neue Lage auf den Punkt: «Dass ich allein in der Direktion geblieben, nachdem sich meine beiden Freunde Bayer und v. Böttinger zurückgezogen haben, hast Du ja aus dem geschäftlichen Rundschreiben ersehen. Ich habe mich aber mit einem grossen Stabe von Direktoren umgeben, wie es in der Zukunft sowieso in unserem ausgedehnten Geschäfte nötig geworden ist, und, was für mich das wichtigste ist, frei von jedem geschäftlichen Dezernat gemacht. Nur das Recht, überall, wo ich will, einzugreifen und eventuell gegen Beschlüsse des Direktoriums, die ich nicht für richtig halte, mein Veto einlegen zu können, habe ich mir vorbehalten. Es bleibt natürlich noch viel zu tun, bis die neuen Direktoren eingelebt und eingearbeitet sind und die geschäftliche Maschine überall gut funktioniert.»[45] Das, da war er sich sicher, würde ihm aber auch noch gelingen. Bei seinem 40. Berufsjubiläum 1923 konstatierte er voller Stolz: «Es gibt sicherlich nur ganz wenige Firmen, bei denen, noch dazu bei einem solch großen, vielköpfigen Kollegium von 28 Mitgliedern, ein so schönes und harmonisches Zusammenarbeiten besteht, wie bei uns.»[46]

1923 beschrieb er auch die Führungsstrukturen des Unternehmens, indem er sich beim Aufsichtsrat bedankte, «daß ich als Vorsitzender des Direktoriums unter Ihrer gütigen Aufsicht so frei und unabhängig schalten und walten konnte, wie es für jeden, der etwas leisten will, erforderlich ist». Er hatte dabei auch von seiner eigenen Rolle eine klare Vorstellung: «Ich kann und will ja in dem großen Direktionsorchester, wo ein jeder ein besonderes Instrument spielt, nicht selbst mitspielen. Ich kann nur dirigieren, jeden an den richtigen Platz stellen und ihm das für ihn passendste Gebiet zuteilen, um daneben dafür zu sorgen, daß trotz nicht zu vermeidender Gegensätze die Grundlage aller Musik, die Harmonie, nicht gestört wird und keiner, selbst der Paukenschläger, nicht aus der Rolle fällt. In einem jeden Aktienunternehmen ist nur dann ein großer Erfolg möglich, wenn der Aufsichtsrat die richtigen Direktoren sucht, diesen volles Vertrauen entgegenbringt und freies Verfügungsrecht bei

15 | Weinfest im Leverkusener Casino (undatiert)

allen wichtigen Entscheidungen läßt.»[47] Duisberg war aber völlig bewusst, dass diese Freiheiten strikt an den Erfolg gekoppelt waren. Er war eben gerade kein Eigentümer, sondern leistungsabhängiger Manager: «Hat … das Orchester keinen Erfolg, machen sich die Konzerte, die es gibt, nicht mehr bezahlt, dann muß zuerst der Dirigent, und wenn auch das nichts hilft, das ganze Orchester entfernt und durch ein neues ersetzt werden.»[48]

Das war realistisch gesehen. Duisberg erreichte 1906/1912 die Spitze seiner Karriere, was aber eben nur möglich war, weil zugleich die Farbenfabriken wirtschaftlich geradezu glänzend dastanden. Seine technisch-ökonomische und seine organisatorische Strategie zahlten sich in den Jahren vor dem Ersten Weltkrieg – trotz der üblichen konjunkturellen Schwankungen – voll aus. Die Umsätze der Farbenfabriken stiegen zwischen 1906 und 1913 von 71,9 auf 113,3 Millionen Mark und lagen dabei durchweg nur sehr knapp hinter denen der BASF, aber deutlich vor denen der Agfa und der Farbwerke in Höchst. Nur 1908 gab es einen leichten konjunkturellen Rückschlag, ansonsten stiegen die Umsätze. 1909 und 1912 waren glänzende Jahre, was Duisberg jeweils genüsslich zur Kennt-

16 | Carl Duisberg mit der schwarzen Weste, Gemälde von Max Liebermann 1909

nis nahm. In einem ersten Überblick über den Monat Januar 1909 schrieb er am 5. Februar 1909 an Henry Theodor Böttinger, nachdem er für alle Absatzgebiete geradezu explodierende Absatzzahlen aufgelistet hatte: «Mehr kann man wirklich nicht verlangen.»[49] Auch 1912 konnte Duisberg jubilieren. Aus New York schrieb er an den Aufsichtsratsvorsitzenden: «Hier ist alles in bester Ordnung, das Geschäft geht weiter so gut, wie nie zuvor. In Amerika haben wir schon jetzt mit den grossen Verkäufen, die dort im September wiederum gemacht sind, die entsprechenden Zahlen des berühmten und bis dahin unerreichten Jahres 1909 überholt. … Es ist wirklich hocherfreulich, dass auch das Umzugsjahr, das uns an sich grosse Opfer auferlegt, die aber durch bessere Übersicht und straffere Organisation wieder eingebracht werden müssen, gut verläuft.»[50] Aber nicht nur die Steigerung der Umsatzziffern und die Zunahme des Aktienkapitals, das sich zwischen 1900 und 1913 von 12 auf 36 Millionen Mark verdreifachte,[51] lösten die große Freude aus, sondern die überproportionale Steigerung der Erträge. Trotz der mehrfachen Erhöhung des Aktienkapitals blieb die Dividendenhöhe durchweg bei über 20 Prozent des Nominalkapitals, für 1907 wurden insgesamt 56 Prozent Dividende ausgeschüttet; die Aktionäre der Farbenfabriken konnten also mehr als zufrieden sein.[52] Dass sich Böttinger und Gamp in jenen Jahren Landgüter im Osten kauften, spricht eine deutliche Sprache, aber auch Duisberg selbst, der neben seinem Festgehalt und seinen Erfinderprovisionen Tantieme auf den Unternehmensgewinn bezog, wurde in diesen Jahren ein wohlhabender Mann.

***

Mit der Organisationsreform war Duisbergs Unternehmertätigkeit im eigentlichen Sinne am Ziel. Die Durchsetzung des Dreibundes und die Etablierung einer flexiblen, technokratisch effizienten Organisationsstruktur – zunächst zwar nur in den Farbenfabriken, doch höchstwahrscheinlich zukünftig auch in einem größeren Zusammenschluss der deutschen Farbenfabriken – waren nach der Begründung der wissenschaftlichen Forschung im Labor und der Durchsetzung des integrierten Konzeptes von Leverkusen Duisbergs dritte große unternehmerische Tat, die er überdies mit einer avancierten betrieblichen Sozial- und Personalpolitik sowohl gegen äußere Irritationen wie gegen innere Konflikte abzuschirmen trachtete. Beides gelang bis 1914 mit großem Erfolg, was auch im an wirtschaftlichen Erfolgen nicht armen Kaiserreich außergewöhnlich war: «Schließlich darf … nicht vergessen werden, dass die Schaffung eines neuen Trusts eine typische Unternehmertat und insofern die höchste Betätigung der individuellen Initiative darstellt – auch, dass es damit ja nicht getan ist, sondern weitere erfolgreiche Führung hinzukommen muß, wenn der ganze Organismus nicht verkalken soll.»[53] Kein Geringerer als Joseph Schumpeter schrieb diese Sätze, die auf Carl Duisberg unmittelbar zutreffen.

Wie konnte Duisberg derartige Leistungen vollbringen? Das Überraschende an ihnen ist ja auch und gerade ihre Voraussetzungslosigkeit. Zwar lagen viele dieser Entscheidungen in gewisser Hinsicht in der Luft – aber von dort mussten sie ja erst einmal in das Entscheidungskalkül des Vorstandes der Farbenfabriken gelangen und dann die richtigen Reaktionen auslösen. Hier bestand keineswegs ein Automatismus. Duisberg handelte zwar in einem bestimmten Milieu, doch tat er das, ohne ein Vorbild im strengeren Sinne zu haben. Theoretischen Vorüberlegungen folgten die Duisbergschen Entscheidungen nicht; sie gab es kaum, und Duisberg war nach eigenem Bekunden ohnehin nicht der Mann des intensiven Literaturstudiums. Er begriff sich als Praktiker. Die akademische Prägung durch Hans von Pechmann, die genaue Beobachtungsgabe insbesondere auch gegenüber der Konkurrenz und ihren Praktiken, ein lösungsbezogener Pragmatismus und schließlich höchstwahrscheinlich intensive Diskussionen im Elberfelder Direktorium dürften den Stoff abgegeben haben, aus dem Duisberg seine, zumeist in Denkschriften vorgelegten Ordnungsentwürfe formte. Dass diese sich praktisch bewähren mussten, war ihm überaus klar. Taten sie das, stand er allerdings auch nicht an, sich selbst als deren Schöpfer darzustellen, ja, zu begreifen. Insofern war Duisberg durchweg ein Mann der Tat und der praktischen Erfahrungen; ein Ideologe war er nicht.

Duisbergs Entwicklung zwischen dem faktischen Vorrücken an die Spitze des Unternehmens Anfang der 1890er Jahre, der Gründung des Dreibundes 1904 bis zur Übernahme der Generaldirektion 1912 war – von außen betrachtet – eine einzige Erfolgsgeschichte. Doch war dies in der Tat nur der «schöne Schein», denn hinter der Fassade des Erfolgsmenschen zeigte sich der Preis, der für das große Engagement, die harte Arbeit und die mit ihr verbundenen Aufregungen entrichtet werden musste. Dieser Preis war nicht unmittelbar körperlich. Dazu war Duisberg, der im Jahre 1901 40 Jahre alt wurde, noch zu jung. Nein, es machten sich seit den 1890er Jahren immer wieder nervöse Erschöpfungszustände und auch regelrechte Phobien bemerkbar, die einem gewissen Rhythmus folgten, den Duisberg auch selbst konstatierte. Solange er mitten in einer Aufgabe steckte, die ihn gefangen nahm, erschien ihm das Leben leicht, ja heiter, während er nach dem Ende großer Aufgaben und in Zeiten gemächlicher Entwicklung zum Grübeln neigte, die Lebenslust verlor und von Ängsten und Zweifeln gequält wurde. Auch konnte er Niederlagen oder nur Verzögerungen kaum ertragen. Manche Beschwerden, die sich im Laufe der Zeit einstellten, waren sicherlich auch ein Preis des Erfolges, harmlos, wenn auch quälend, wie die von Duisberg wieder und wieder beklagte Neigung zur «Korpulenz», die sich als eine Folge des guten Essens, des vielen Trinkens und der einseitigen Lebensführung schon seit den 1890er Jahren eingestellt hatte und von da an sein ständiger Begleiter werden sollte.

Der offensichtliche Preis, den er zu entrichten hatte, bestand in einer wiederkehrenden «Herzneurose», die durch Überarbeitungssymptome verstärkt wurde.[54] Wo sie herrührte, ob sie Folge eines Herzfehlers aus der Pubertät war, ob sie mit der Herzkrankheit des Vaters oder dem frühen Herztod des bewunderten Carl Rumpff zusammenhing, ist schwer zu sagen. Es mochte auch damit zu tun haben, dass Duisberg seine Gesundheit ziemlich genau beobachtete – es finden sich in sehr vielen Briefen Hinweise auf sein Befinden[55] – und dazu neigte, manche Symptome zu dramatisieren. Seine Frau war ihm darin sehr ähnlich; Johanna Duisberg litt in den 1890er Jahren allerdings auch ernsthaft unter den Folgen ihrer vier Geburten, sodass Carl Duisberg in ständiger Sorge um ihre Gesundheit war. Diese sich gegenseitig verstärkenden Krankheitsgeschichten begründeten schon recht früh ein geradezu eskapistisches Verhalten: Das Ehepaar Duisberg floh seit den 1890er Jahren, insbesondere aber nach der Jahrhundertwende regelmäßig aus dem Elberfelder und Leverkusener Alltag, um «auszuspannen», in der Regel mehrfach im Jahr. So geriet namentlich Carl Duisberg nach und nach in ein eigentümliches Gewirr konkurrierender Selbstbeschreibungen: Einerseits war er der Mann, von dessen Energie Wohl und Wehe der Firma abhing, andererseits brachte ihn gerade diese Belastung an den Rand seiner Leistungsfähigkeit, was wiederum den Erfolg der Firma zu gefährden schien. Dieses Wechselbad aus «energisch die Zügel in die Hand nehmen» und «endlich einmal ausspannen» bestimmte den Rhythmus seines Lebens.[56]

Der Anfang dieser Entwicklung zu Ende der 1880er Jahre war noch ganz harmlos. Duisberg wusste von sich, dass er eine «nervöse Ratte» war; nicht zuletzt deshalb hatte er sich ja auch in den Hafen der Ehe geflüchtet, die für ihn ein Leben lang Ruhepunkt war. Aber trotzdem tauchten frühzeitig Spannungen auf: «Mir geht es gesundheitlich sehr gut», schrieb er noch während der Verlobungszeit an Carl Rumpff. «Ein klein wenig nervös, infolge des mannigfachen Ärgers, den ich hier, in Folge von Unverstand zu ertragen habe – aber die am 23. ds. erfolgende 4wöchentliche Übung wird schon dazu beitragen, den ganzen Schaden zu reparieren.»[57]

Die Hoffnung, Militärübungen könnten gesundheitlich hilfreich sein, sollte sich nicht bewahrheiten. Im September 1893 musste er für drei Wochen in der Nähe von Bamberg ins Manöver: «Mich hat das Manöver allzu sehr angestrengt. Ich habe in 14 Tagen 11 Pfund verloren, was ja kein Fehler ist. Doch fühle ich mich seit der Zeit recht matt und bin auch mit meinem Herzen nicht ganz zufrieden. Ich leide etwas an Herzneurose und Herzschwäche und muss mich deshalb vor Aufregungen hüten»[58], schrieb er danach an Johannes Walther.

Seit dieser Zeit häuften sich in Duisbergs Korrespondenz mit Johannes Walther die Erschöpfungsberichte: «Trotz der vielen Vorzüge des Lebens, welche wir geniessen, umschleicht doch Frau Sorge[59] blasswangig und hohläugig unser Haus und lässt uns nicht zur Ruhe kommen; ob es wohl im kommenden Jahre anders sein wird, ich glaube es nicht, bei mir fängt der Optimismus an, dem Pessimisten Platz zu machen.»[60] Um die Wende zum 20. Jahrhundert spitzten sich die psychosomatischen Probleme dann erheblich zu. Zum 1. Januar 1900 war Carl Duisberg auch formell Mitglied des Vorstands der Farbenfabriken geworden, der Aufbau Leverkusens stand vor dem Abschluss: «Was nun endlich mich angeht, so beschliesse ich das alte Jahr mit eigentümlichen Gefühlen. Ich könnte ja mit dem, was ich erreicht, voll und ganz zufrieden sein, ich könnte mich endlich einmal auch in der Sonne des Glücks, das mich umstrahlt hat, ausruhen, ich könnte in ruhigerer und beschaulicherer Weise meine Daseinskreise zu vollenden suchen, aber das befriedigt mich nicht, ich fühle mich nur wohl, wenn ich mir große Ziele stecke, wenn ich mitten im Kampf stehe, wenn mich Sorgen und Plagen zu ersticken drohen, dann fühle ich mich im Abwälzen aller Bedrängnisse, im Ringen und Kämpfen mit den Widerwärtigkeiten des Lebens im raschen Entschluss und raschen Handeln befriedigt, dann allein leide ich nicht an Weltschmerz, und trübe Gedanken umschleichen mich nicht.»[61] Im März 1902 plagte ihn erneut schwere Überarbeitung, da er gleichzeitig Friedrich Bayer jun. und den Abteilungsvorstand Karl Krekeler fast acht Wochen zu vertreten hatte, sich «sehr abgespannt» fühlte und an Schlaflosigkeit litt. Er müsse dringend ausspannen und plane daher, mit seiner Frau «nach Ende der Vertretung für 14 Tage nach Oberitalien zu reisen».[62]

Das Auf und Ab hielt in den kommenden Monaten an, auch wenn es zur Jahreswende 1902 entspannter wurde. Dafür machte sich nun eine deutliche Gewichtszunahme bemerkbar, was möglicherweise in der Familie liege, denn seine Mutter sei auch dick und neige zur Gicht. Nach der Reise in die USA litt Duisberg erheblich unter nervösen Verstimmungen, von denen er sich im Juli 1903 durch Kuranwendungen vergeblich zu befreien suchte: «Wir können uns gegenseitig trösten, da ich nicht nur eine Karlsbader Kur durchmache, um von meinen 160 Pfd. auf 145 herunter zu kommen, sondern auch jeden Tag mein Herz mit Vibrationsmassage behandele, um die Herzneurose mit Aussetzen des Pulses, an der ich seit einigen Wochen leide, zu beseitigen. Die Gewichtsverminderung will trotz aller Quälerei nicht eintreten, dagegen scheint mir die neueste Behandlung der Neurose ausserordentlich gut zu bekommen. Habe ich Erfolg, so lasse ich die Herzmassage auch bei Hans durchführen, die leider immer noch nicht ihr nervöses Asthma mit Herzschwäche loswerden kann.»[63] Doch die Massagen hielten nicht vor; Carl und Johanna Duisberg ließen sich schließlich in Bonn gründlich untersuchen, ohne dass ein organischer Befund festgestellt werden konnte. Der Arzt habe ihm nur empfohlen, weniger zu arbeiten, und Johanna solle dicker werden. Man wolle jetzt erst einmal in die Schweiz, um sich zu erholen.[64] «Daß es Hans und mir eine zeitlang nicht gut ging, wie dies erforderlich, und daß wir deshalb eiligst nach Rigi-Kaltbad gereist sind, um dort unsere wackeligen Herzen in Höhenluft und kaltem Wasser zu stählen, hast Du wohl gehört. Mich hatte die amerikanische Reise diesmal mehr angegriffen als früher, und sie liegt mir eigentlich jetzt noch etwas in den Knochen. Hans war durch die Erziehung der drei schulpflichtigen Kinder, zu denen sich übrigens Ostern auch der Curt noch gesellt, ebenfalls sehr heruntergekommen. Wir fühlen uns nach vierwöchentlicher Kur und seitdem wir wie die Heiligen leben, wesentlich besser. Nach Ansicht des Professors in Bonn muß ich mich auch ferner geschäftlich erheblich beschränken und will den Winter über seinem Rat folgen. Ich hoffe, daß es mir dann gelingt, das Wackelherz wieder in Ordnung zu bringen»[65], schrieb er an Carl Gamp.

Es war ganz offensichtlich neben der Neigung zu starken Stimmungsschwankungen, vor allem zu Jähzorn und Wutanfällen, der Lebensstil, der das seinige dazu tat, dass sich Duisberg zunehmend körperlich eingeschränkt fühlte. Da aber nach den Ferien in der Schweiz fast unmittelbar die Verhandlungen um den Zusammenschluss der Farbenfabriken mit ihren häufigen Treffen in großen Hotels anschlossen, war nicht davon auszugehen, dass Duisberg aus seinem Tief wirklich herauskam. Gegen Jahresende 1903 zog er jedenfalls eine katastrophale Bilanz: «Allmählich komme ich zu der Einsicht, dass meine körperlichen Kräfte dem geschäft-

17 | Carl und Johanna Duisberg um 1900

lichen Hetzen und Jagen nicht gewachsen sind und dass auch, wenn ich infolgedessen eines Tages zusammenklappe, der Dank der Hinterbliebenen nicht in dem Masse (!) zu erwarten steht, wie man sich dies ausmalt. Der Trieb der Selbsterhaltung zwingt mich deshalb, sparsamer mit meinen Kräften umzugehen. Auch ist das Geschäft heute nach jeder Richtung hin so sicher gestellt, dass diese früher von mir geleistete intensive Arbeit nicht mehr notwendig ist. Aus allen diesen Gründen werde ich deshalb von jetzt an 2 mal im Jahr, sowohl im Frühjahr wie im Herbst ausspannen, um die Gedanken von den geschäftlichen Dingen hinweg auf andere abzulenken und damit den Geist ausruhen zu lassen»[66], teilte er Johannes Walther seine Überlegungen mit. Das war eine kluge Entscheidung. Überhaupt war Duisberg sich wohl über die psychosomatische Seite seiner Beschwerden im Klaren. Sie korrespondierten mit seiner ganzen Art und seinem Arbeitsverhalten, daher war es naheliegend, sich stärker zurückzuziehen. Nur war das leichter gesagt als getan, denn im Herbst 1903 hatten die Verhandlungen über den Zusammenschluss der Farbenfabriken begonnen, die sich das ganze Jahr 1904 in wechselnder Intensität hinzogen. Da konnte er sich nicht wirklich distanzieren, zumal bei ihm große Entscheidungen ja auch jeweils große Energien freisetzten. Schon im Februar 1904 hatte sich das Rad daher wieder weitergedreht: «Nach anstrengender Arbeit, die ich in den letzten Wochen zu leisten hatte und von der Du vielleicht demnächst hören wirst (I. G.-Denkschrift und beginnende Diskussion, W. P.), fühle ich mich zwar etwas ermattet, aber doch recht wohl. Die Neurasthenie, die mich ein ganzes Jahr furchtbar gequält hat, habe ich glücklich überwunden; sie wird mich sicherlich dann und wann, wenn ich allzu sehr sündige, heimsuchen, aber ich weiss wenigstens jetzt, wie ich sie bekämpfen kann»[67], berichtete er Walther. Jetzt gehe man erst einmal mit befreundeten Paaren für einige Zeit an die Côte d'Azur und an die oberitalienischen Seen.

Nachdem der I. G.-Vertrag im Herbst 1904 unter Dach und Fach war, ging es Duisberg erkennbar besser. «Ich sehne mich nach der Arbeit, wie sie mir im neuen Jahr bergenhaft zuwachsen wird, aber ich bin auch entschlossen, sie mit Ruhe und ohne Überanstrengung zu bewältigen»[68], schrieb er wiederum an Walther. Mit dieser Ruhe war es allerdings nicht weit her. Die Verhandlungen mit den Vertretern der BASF waren anstrengend. Duisbergs Durchsetzungswille, ja sein aufbrausendes Temperament ließen die Sitzungen oft nicht sonderlich «harmonisch» verlaufen, wie der I. G.-Verhandlungspartner der Agfa Franz Oppenheim bedauernd anmerkte, und auch Duisberg gab wiederholt zu, es müsse sich noch manches abschleifen, bis die Organisation reibungslos funktioniere. Aber das Jahr 1905 ging gesundheitlich doch einigermaßen zufriedenstellend zu Ende: «Meiner Frau, den Kindern und mir ist es bis jetzt gut ergangen, wenn ich absehe von kleinen nervösen Störungen, an denen sowohl meine Frau wie ich nun einmal zu leiden haben, und die wir als eine uns aufgepackte Last ererbten oder erworbenen Ursprungs mit durch's Leben schleppen müssen»[69], ließ er Carl Hauptmann wissen. In den Weihnachtstagen ließ er es sich offensichtlich gut gehen; allein die Weihnachtsfeier, zu der er im Dezember 1905 die Mitglieder von Aufsichtsrat, Vorstand und Procura zu sich nach Hause einlud, bot eine üppige Menüfolge. Dass er sich nach dem Ende der Festtage Entzug verordnete, nimmt da kein Wunder. Interessant ist allein, wie er das seinem Freund Johannes Walther gegenüber begründete: «Der grossen Aufregungen und vermehrten Anstrengungen wegen, die ich durchzumachen hatte, habe ich seit Ende vorigen Jahres auf jeglichen Genuss alkoholischer Getränke verzichtet und beabsichtige auch, so schwer es mir fällt, diese Kur noch eine Zeit-lang fortzusetzen. Sie bekommt mir recht gut und ich fühle mich, wenn auch zuerst etwas deprimiert, so doch jetzt recht wohl dabei.»[70]

Die Klärung der I. G.-Frage und die Organisationsreform in Elberfeld, die Duisberg deutlich entlasteten, schlugen sich in den kommenden Jahren auch in den medizinischen Kommuniqués nieder, die er jeweils zum Jahresende Johannes Walther zukommen ließ.[71] Zudem scheint der Hinweis eines Heidelberger Arztes, Herzneurosen hätten keine organischen Ursachen, überaus entlastend gewirkt zu haben; sie tauchen in Duisbergs Korrespondenz seither kaum mehr auf.[72] Was von den Leiden blieb, war die Neigung zur Korpulenz. 1911 meinte er zu Theodor Curtius: «Seit Neujahr bemühe ich mich, durch Bremsen im Essen und Trinken und durch Einschiebung von Fasttagen, mein im vorigen Jahr um fast 10 Pfund gestiegenes Körpergewicht wieder normal zu gestalten. Als wir an die Riviera reisten, hatte ich dies fast erreicht. Obgleich ich auch dort äußerst mäßig lebte und meine Fasttage beibehielt, nahm ich doch wieder in den 3 Wochen, zumal als wir uns zum Schluß in 2tägigem Aufenthalt in München dem leckeren Bier hingaben, wieder um 5 Pfund zu. 3 davon sind zwar wieder fort, aber den Rest fortzubringen und eventuell auch noch etwas mehr, macht mir unglaubliche Mühe.»[73] Der Umgang mit der im späten Kaiserreich ubiquitären «Neurasthenie»[74] bekam hingegen zunehmend spielerische Züge. Dass er seinem nervösen zweitältesten Sohn den Spruch «Haste nie und raste nie/dann haste nie Neurasthenie»[75] ins Stammbuch schrieb, klang schon fast spöttisch.

Spätestens jetzt wurde offensichtlich, was immer schon eine Rolle gespielt hatte. Duisberg flüchtete sich in Krankheiten oder beschwor sie, wenn er sich Verpflichtungen entziehen wollte. Denn wirklich krank war er nicht, und spätestens seit 1907 waren auch die übertriebene Nervosität und die sich in der Herzneurose äußernden Ängste Vergangenheit. Als ihn im Sommer 1912 Jakob Rießer dafür gewinnen wollte, im Hansa-Bund eine Grundsatzrede zu halten, die zwangsläufig auf eine weitere Entfremdung mit der Schwerindustrie hinausgelaufen wäre, musste die Neurasthenie herhalten, um Duisberg den Rückzug von einer Rede, die er längst zugesagt hatte, jetzt aber nicht mehr halten wollte, zu ermöglichen. In den letzten Vorkriegsjahren dienten verschiedene Krankheitszustände Duisberg vor allem dazu, unangenehmen Verpflichtungen zu entkommen. Wirkliche Befunde finden sich nicht.[76] Nein, seit der endgültigen Durchsetzung seines Führungsanspruches in den Farbenfabriken ging es Duisberg gut. Seine wiederholten Magerkuren und der periodische Alkoholentzug sprechen nicht dagegen, sondern sind vielmehr Zeichen eines angenehmen Lebens, das seit dieser Zeit auch viel weniger von der aufreibenden operativen Tätigkeit im Unternehmen mit ihren zahlreichen Alltagskonflikten geprägt war. Seit jener Zeit war Duisberg frei, im vollen Sinne des Wortes. In seiner Korrespondenz ging es nun vor allem um die Gesundheit der älteren Freunde Bayer jun., Böttinger und Gamp, an deren verschiedenen Leiden Duisberg aufmerksam und mitfühlend Anteil nahm. Er sah seine Rolle schließlich darin, seine Freunde – mit freilich mäßigem Erfolg – zum gesunden Leben anzuhalten. Er selbst hatte immerhin mittlerweile das Rauchen, keineswegs aber das Trinken aufgegeben.[77] Bei Friedrich Bayer, der seit seinem Rückzug in den Aufsichtsrat immer stärker unter den Folgen seiner Alkoholkrankheit litt, waren Duisbergs Ratschläge allein deshalb nicht sehr durchdringend, weil er ihn regelmäßig zu luxuriösen Abendessen einlud. Böttingers Gesundheit ließ auch nach, Folge sowohl seines Lebensstils wie seiner zahlreichen Ämter in Politik und Wissenschaft. Duisberg sah das mit einer gewissen Sorge, nicht zuletzt, weil Böttinger die Person war, durch die die Farbenfabriken unmittelbaren Zugang zum Berliner Establishment und zu den Spitzen von Wissenschaft und Verwaltung hatten. Er bemühte sich nach Kräften, in Böttingers Rolle hineinzuwachsen, doch waren ihm hier aufgrund seines Status und wohl auch seiner Art Grenzen gesetzt, die Böttinger sehr viel leichter hatte überspringen können. Daher war es wichtig, Böttinger für die Farbenfabriken zu erhalten, und Duisberg drang wiederholt darauf, er möge sich mehr Zeit für sich nehmen: «Du bist ja tatsächlich schon jetzt nicht mehr Freiherr, wie Du es sein solltest, sondern der Sklave Deiner zahlreichen Ehrenämter. Jetzt, nachdem Du den Wilhelmsorden bekommen, zu dem wir Dir ja telegraphisch unsere Glückwünsche übersandten, die Du hoffentlich erhalten hast, kannst Du Dir doch einmal Erholung gönnen.»[78] Böttinger hielt sich in der Tat mehr und mehr in Kurorten auf, namentlich Baden-Baden und die dortige Kurklinik Dengler gefielen ihm ausgezeichnet.[79] Duisberg brauchte den berühmten Kurarzt Dr. Dengler indes noch nicht, da er sich ja vorgenommen hatte, ruhiger zu leben: «In der ersten Woche (nach der Rückkehr von der Reise aus Anlass der Silbernen Hochzeit, W. P.) wenigstens haben wir alle geselligen Veranstaltungen, die uns schon bevorstanden, abgesagt, werden aber nicht umhin können, in der nächsten Woche schon einiges mit zu machen. Im allgemeinen aber wollen wir möglichst nicht zu Gesellschaften an zwei aufeinander folgenden Tagen zusagen, doch hat hier natürlich auch Deine Hildegard (die Tochter Duisbergs und das Patenkind Böttingers, W. P.) ein Wörtlein mit zu reden.»[80] Dengler, diese Empfehlung sollte Carl Duisberg nicht vergessen, auch wenn er sie vorerst nicht benötigte. In den Jahren nach dem Krieg wurde Baden-Baden mit der dortigen Kurklinik zeitweilig zu einer von Duisbergs Lieblingsadressen.

IN DER WELT

14 | Nützliche Bekanntschaften

Die Verbindung von Wissenschaft und Wirtschaft: Das war für Carl Duisberg das Geheimnis des unaufhaltsamen Fortschritts seiner Zeit. Als er zur Jahrhundertwende von der Deutschen Industrie-Zeitung um eine Stellungnahme gebeten wurde, sagte er kurz und klar: «Die deutsche chemische Industrie, deren Aufgabe es ist, unedle Stoffe in edle zu verwandeln, wird nur dann ihre im 19. Jahrhundert erworbene Weltstellung behaupten, wenn sie nicht ablässt, sich stets in innigster Fühlung mit der Wissenschaft zu halten und sich nur solcher Chemiker bedient, die umfassend vor und gründlich allgemein chemisch gebildet sind.»[1] Sollte diese Verbindung halten, dann war sie zu Großem fähig: «Aber noch ist des Fortschritts keine Ende», verkündete er auf der Hauptversammlung des Vereins Deutscher Chemiker 1902. «Noch vermögen wir den Gipfel des Berges, den wir in der chemischen Technik zu erklimmen uns bemühen, nicht zu erblicken. Wir scheinen erst auf halber Höhe angelangt zu sein.»[2] Und, indem er die jüngsten Errungenschaften der Farbstoffchemie beschwor, schloss er mit den pathetischen Worten: «Wir wollen gleichen dem Jüngling in Longfellows berühmtem Gedicht, der, unentwegt höher strebend, sterbend noch in Eis und Schnee, in der erstarrten Hand die Fahne hielt, auf der die Worte standen: Excelsior.»[3] Dabei war Duisberg, wenn er sich nicht in der Öffentlichkeit programmatisch äußerte, von den technischen Aussichten der Farbstoffchemie keineswegs so begeistert, sondern ging nach 1900 davon aus, dass zumindest der rasante Fortschritt der vergangenen Jahrzehnte seine Grenzen erreicht hatte. Umso mehr war die Industrie auf die Wissenschaft angewiesen, zunächst im Bereich der Farbstoffforschung und später im Bereich der Pharmazeutika; sie brauchten zugleich deren Absolventen für ihre Labors und Betriebe, und es galt schließlich, in den Augen der Wissenschaft und der Öffentlichkeit einen guten Ruf, ja Anerkennung zu erwerben, da nur so die notwendigen Verbindungen auf Dauer aufrechtzuerhalten waren. Nachdem in Leverkusen das Haus bestellt war, kümmerte sich Duisberg daher in den kommenden Jahren vor allem um eine gute und intensive Verbindung mit der wissenschaftlichen Welt.

Dabei kam ihm zugute, dass auch die Hochschullehrer der sich nach und nach etablierenden modernen Forschungsuniversitäten den Kontakt zur Industrie suchten, sei es wegen der Beschäftigungsmöglichkeiten für ihre Absolventen, sei es, um ihre eigenen Stoffdarstellungen möglichst ertragreich zu verwerten oder um Unterstützung beim Ausbau ihrer Forschungsinfrastruktur zu bekommen.[4] Das war nicht spannungsfrei, da viele Hochschullehrer befürchteten, in ein Abhängigkeitsverhältnis von der Industrie zu geraten, und daher auf ihre Autonomie achteten. Andererseits hatte auch die Industrie ihre ganz eigenen Interessen, zumal sich rasch zeigte, dass die Universitätsforschung Grenzen kannte. Nicht zuletzt der Aufbau einer eigenen Industrieforschung lockerte die Abhängigkeit der Unternehmen von der chemischen Wissenschaft deutlich. War man zu Anfang in der Farbenindustrie in der Forschung noch auf universitäre Vorgaben angewiesen, war bereits seit den 1890er Jahren die Industrieforschung in diesem Bereich, in dem es vor allem um die routinemäßige Durchprüfung von Verbindungen ging, den zumeist kleineren Universitätslaboratorien deutlich überlegen.[5] Duisberg jedenfalls war kurz vor dem Ersten Weltkrieg klar, dass sich die Beziehungen zur Universitätswissenschaft seit seinen frühen Jahren deutlich gewandelt hatten: «Überhaupt hat meine Tätigkeit in Straßburg uns gelehrt und die vielen Erfahrungen, die wir inzwischen mit den an Universitäten technisch arbeitenden Chemikern und Dozenten gemacht haben, haben uns zu dem Ergebnis geführt, dass der Chemiker für die Technik fruchtbringend und erfolgreich heutzutage nicht mehr an den Hochschulen, sondern in der Technik selbst arbeiten muss und vielleicht nur auf dem Gebiet der Pharmaceutika von der früheren Art zu forschen noch Erfolge zu erwarten sind.»[6]

Das traf es recht genau. Die Industrie machte sich in großen Bereichen von der universitären Farbenforschung unabhängig oder gewann doch deutlich an Autonomie. Adolf Baeyers süffisante Bemerkung, es sei traurig zu sehen, dass die Industrie die Entdeckungen der Wissenschaft einfach nur umsetze, ohne etwas Neues beizutragen,[7] ging an der Realität der Industrieforschung weitgehend vorbei. Nach Duisbergs Auffassung gewann die Forschung in der Industrie eine ganz neue Qualität. Gegenüber aller vermeintlichen oder wirklichen Überheblichkeit der Wissenschaft liebte Duisbergs es, Peter Rosegger zu zitieren: «Wissen ist Macht, – wie schief gedacht, / Wissen ist wenig, Können ist König.»[8] Baeyers Äußerung war vielleicht aber nur eine Reaktion auf die mittlerweile umgekehrte Lage, denn die Universitäten waren in zunehmendem

Maße zu Bittstellern um industrielle Förderung geworden, ein Faktum, das den im folgenden dargestellten geradezu kometenhaften Aufstieg Carl Duisbergs in der deutschen Wissenschaftspolitik plausibel macht.

Dieser Wandel der Beziehungen von Wissenschaft und Industrie änderte an der Grundkonstellation indes nichts: Die Industrie benötigte Ideen, Absolventen und Reputation, die Universitäten Arbeitsplätze für Absolventen und Möglichkeiten zur Verwertung von neuen Stoffdarstellungen, deren technische Nutzbarkeit sie selbst kaum beurteilen konnte. Die Frage war allerdings, wie die Verbindungen zwischen chemischer Industrie und Wissenschaft gestaltet werden konnten, zumal es ja um sehr viel Geld ging. Das Verhältnis zur Universität musste aktiv gestaltet und – im Zweifelsfall – auch gegen Konkurrenz behauptet werden, was Duisberg spätestens seit dem Tage klar war, an dem ihm die Direktion 1887 die Einstellung von zwei Laborassistenten gestattet hatte, die er nur von einer Universität bekommen konnte. Die Rekrutierung von Chemikern war mithin das erste Verbindungsglied. Die Pharmaproduktion, bei der die Farbenfabriken von Anfang an mit der Universität, den Professoren Baumann und Kast in Freiburg, kooperierten, war die zweite Verbindung. Seit den 1890er Jahren begann dann der gezielte Aufbau von ertragreichen Kontakten in die universitäre Pharmaforschung, bei dem Duisberg zunächst eher eine beobachtende Rolle spielte, da der aktive Part vorerst Henry Theodor Böttinger war. Duisberg erkannte früh, erneut im Fahrwasser von Böttinger, welche Rolle wissenschaftliche Fachgesellschaften und Vereinigungen spielten, um Kontakte zu knüpfen, zu pflegen und das eigene Unternehmen zielgenau zu repräsentieren. Dabei ließ sich auch das Verhalten der Konkurrenz beobachten. Im Oktober 1896 berichtete er Friedrich Bayer jun. von der Versammlung der Naturforscher und Ärzte in Frankfurt am Main, er habe «bis Mittwoch Mittag dort einige recht fidele Tage verbracht. Mehr wie je waren diesmal die Chemiker auf der Naturforscherversammlung anwesend, darunter Adolf Baeyer, Emil Fischer, Victor Meyer, Curtius etc. … Die Höchster Herren hatten sich vor Allem angestrengt, um sich den Chemikern gewogen zu zeigen, so hatte (!) der Aufsichtsrat und die Direktion einen Teil der Akademiker zu sich geladen, auch wurden ausser der offiziellen Einladung der ganzen Naturforscherversammlung zur Besichtigung der Serumabteilung die chemischen Coryphäen extra eingeladen, um auch andere Departments der Fabrik zu besichtigen. Die Badische delegierte jeden Tag einen anderen Herrn nach Frankfurt und auch Brunck unterbrach seinen Urlaub, um wenigstens zwei Tage mitzumachen. Bei einer

Versammlung der Schüler Kekulé's hat Brunck für ein vor dem Laboratorium zu Bonn zu errichtendes Denkmal im Auftrag der Badischen sofort M 10 000 bewilligt. Als Kekulé's Nachfolger ist in erster Linie Emil Fischer, in zweiter Curtius vorgeschlagen. Emil Fischer will nun den Ruf annehmen, wenn ihm die Regierung in Berlin kein neues Laboratorium errichtet.»[9]

Was Duisberg hier noch aus der Distanz beschrieb, wurde nun mehr und mehr zum eigentlichen Inhalt seiner Arbeit, nämlich das wissenschaftliche Umfeld für den Erfolg der Farbenfabriken zu gestalten, eine Aufgabe, die ihm zusehends Freude machte, da er mit ihr auch Anerkennung in der akademischen Welt gewinnen konnte. Gerade hier gab es allerdings auch eine wesentliche Schranke. Duisberg suchte Anerkennung als Wissenschaftler, die er schließlich bekam, auch wenn stets sein großes Organisationstalent im Vordergrund stand. Er verkörperte allerdings eine Chemie (organische Chemie der Teerfarben) und ein wissenschaftliches Selbstverständnis (Experiment, Beobachtung), für die Adolf Baeyer und Emil Fischer standen, die um die Jahrhundertwende ihren Höhepunkt bereits überschritten hatten und einerseits durch die sehr viel exakteren Verfahrensweisen der physikalischen Chemie und die damit verbundenen neuen wirtschaftlichen Perspektiven der Großsynthese in den Hintergrund gedrängt, andererseits aber auch von der beginnenden Biochemie abgelöst wurden.[10] Diesen Wandel, insbesondere den Aufstieg der physikalischen Chemie, nahm Duisberg als bedrohlich wahr, da er der wirtschaftlichen Realität der chemischen Industrie, deren rasanter Aufstieg bis dato von der Farbstoffchemie und der Pharmazeutik bestimmt worden war, nicht zu entsprechen schien. Sein Versuch, das Verhältnis von Technik und Wissenschaft zu gestalten, bekam mit der Zeit daher einen defensiven Zug; schließlich suchte er den wissenschaftlichen Wandel aufzuhalten oder doch stark abzufedern, was ihm aber nicht mehr gelang. Spätestens nach dem Krieg verschoben sich die Gewichte innerhalb der chemischen Forschung auch in förmlicher Hinsicht deutlich. 1927 sprach der Münchener Chemieprofessor Heinrich Wieland von einer «fast zur Mode gewordenen Diskreditierung der organischen Chemie».[11] Davon war freilich im Jahrzehnt vor dem Ersten Weltkrieg erst ein laues Lüftchen zu spüren. Aber es war da.

***

Nimmt man Duisbergs Korrespondenz mit Naturwissenschaftlern und Chemikern als Maßstab, so wird man ihn als einen großen «Netzwerker» beschreiben müssen. Gleichwohl wird hier der Begriff «Netzwerk» bestenfalls metaphorisch verwendet, nicht als analytische Kategorie.[12] Zum einen beschreibt er die Entwicklung der persönlichen Kontakte Duisbergs nicht genau; ein «Netzwerk» konnte bestenfalls an deren Ende stehen, so dass die Gründe für sein Entstehen eben nicht in ihm selbst liegen können. Überdies bedeutet persönliche Nähe, «Vernetztsein» an sich noch gar nichts: Auch Streithähne sind ja miteinander vernetzt. Schließlich ist es geradezu trivial zu betonen, dass ein Mann von der Bedeutung Carl Duisbergs sehr viele Menschen kannte. In Duisbergs Fall lassen sich verschiedene Lagen sich nach und nach überlappender Kreise identifizieren, die sich wie Sedimente im Laufe der Jahre übereinander legten. Die Studienfreundschaften, die nur im Falle von Johannes Walther lange und intensiv anhielten, spielten keine Rolle. Erst die Münchener Bekanntschaften brachten so etwas wie ein dauerhaftes Netz von Beziehungen, das Duisberg nicht zuletzt wegen seiner Nützlichkeit anhaltend pflegte. Dem Leiter des Münchener Universitätslaboratoriums, Adolf Baeyer, kam er allerdings nicht wirklich nahe. Baeyer blieb Duisberg gegenüber stets ein wenig distanziert. Gleichwohl kämpfte Duisberg mit großem Elan darum, von dem Nestor der deutschen Farbstoffchemie anerkannt zu werden. Bei den öffentlichen Feiern zu Baeyers runden Geburtstagen war er stets sehr engagiert, er gab erhebliche Summen, um Baeyer zu seinem 60. Geburtstag von Lenbach malen[13] und zu seinem 70. Geburtstag von Adolf Hildebrand modellieren zu lassen.[14] Zu Baeyers 75. Geburtstag stiftete Carl Duisberg 1910 die Adolf-Baeyer-Denkmünze, die durch den Verein Deutscher Chemiker an herausragende Gelehrte vergeben wurde und aus den Erträgen einer eigens von Duisberg gemachten Stiftung finanziert wurde.[15] In seinen Briefen suchte Duisberg auch stets den Rat der «Hochverehrten Exzellenz», stellte sich selbst als «jugendlichen Stürmer» hin[16] und schmeichelte Baeyer, von dem Duisberg wusste, dass er auf die Industrie und die Technik herabsah[17]: «Wie viel schöner und angenehmer hat es doch der Akademiker und Lehrer, der wie Sie auf den höchsten Höhen des Lebens und des unvergänglichen wissenschaftlichen Ruhms wandelt, und dabei im höchsten Alter eines köstlichen Lebens die Welt mit den schönsten wissenschaftlichen Arbeiten erfreut.»[18] Duisberg war es auch wichtig, als Baeyers Schüler zu erscheinen; dass er das bestenfalls mittelbar gewesen war, hinderte ihn nicht, bei zahlreichen Gelegenheiten von «meinen hochverehrten Lehrer Adolf von Baeyer»[19] zu sprechen.

Die Anhänglichkeit an Baeyer hatte zweifellos taktische Züge, da Baeyer als Forscher und akademischer Lehrer einerseits, als wissenschaftliche Größe, Gutachter, öffentliche Person andererseits ein Mann war, mit dem die chemische Industrie rechnen musste. Duisberg geriet mit ihm häufig aneinander; auch als Gutachter vertrat Baeyer in Patenverfahren zumeist eine andere Auffassung. Baeyer war ein systematischer Forscher, ganz anders als der große Experimentierer Duisberg, und zeigte einen gewissen Dünkel gegenüber dem humanistisch nicht gebildeten Praktiker: «Wer im Griechischen nicht gründlich ausgebildet war, galt ihm als inferior, als unfähig, Fremdwörter anzuwenden.»[20] Es scheint aber, dass Duisberg Baeyer trotz allem wirklich mochte. Als es mit ihm im fortgeschrittenen Alter gesundheitlich bergab ging, war Duisberg durchaus teilnahmsvoll. Im März 1909 hielt er sich in München auf, um sich von Adolf Hildebrand modellieren lassen: «Nachmittags saß ich dann fast täglich mehrere Stunden am Schmerzenslager unseres alten Lehrers v. Baeyer, und wir plauderten über alles mögliche. Damals glaubte man noch, daß man bei dem Leistenbruch ohne Operation durchkommen würde. Leider ist dies nicht der Fall gewesen, und, wie ich Frau v. Baeyer hörte, geht es jetzt wieder gut, ja sie erwartet, daß er sich in den nächsten Tagen in gewohnter Weise wieder den Berufsgeschäften widmet.»[21] Duisberg fand es bei aller Wertschätzung allerdings bedauerlich, dass Baeyer sich nicht zurückzog und so Gefahr lief, seinen guten Ruf aufs Spiel zu setzen. Man traf sich regelmäßig, wenn Duisberg in München war, in Baeyers Domizil am Starnberger See und sprach etwa die anstehenden Berufungsfragen auf chemische Lehrstühle durch. Später konnte Duisberg als Vorsitzender des Vereins Deutscher Chemiker auch von sich aus das eine oder andere Detail beisteuern, er war sogar zum Teil besser informiert als Adolf Baeyer, dem er nun selbst manchen guten Rat geben konnte.[22] Als Baeyer 1917 starb, war Duisberg sehr betroffen und schrieb an Emil Fischer, München habe durch Baeyers Tod für ihn an Attraktivität verloren.[23]

Über Baeyer war Duisberg in den Münchener Kreis hineingekommen und hatte nach und nach alle Chemiker der Baeyer-Schule mehr oder weniger gut kennengelernt. Auch wenn diese Beziehungen für ihn in der Praxis viel bedeutender wurden als der doch eher symbolische Kontakt zu Adolf Baeyer, blieb dieser das symbolische Zentrum einer Welt, die Duisberg maßgeblich geprägt hatte. Und das Beziehungsnetz blieb auch ohne Baeyer erhalten, denn der Münchener Kreis von Freunden, Vertrauten und Bekannten war relativ groß – und da die Mehrzahl der Baeyer-Schüler Ordinariate erhielt, nach und nach auch breit gestreut. Eugen Bamberger, lange Jahre Extraordinarius in München, wurde Professor in Zürich. Duisberg half ihm ebenso wie seinem Vorgänger Hans von Pechmann, als dieser nach Tübingen berufen worden war, bei der Laborausstattung. Pechmann spendierte er eine vollständige Farbstoffsammlung. Mit Theodor Curtius, der nach München über Kiel und Bonn schließlich in Heidelberg landete, verband Duisberg bis zu dessen Tod eine engere Freundschaft.[24] Mit dem Freitod Pechmanns 1902 ging ein Stück dieser Verbindung verloren, ebenso mit dem Tod von Wilhelm Koenigs 1906. Erst mit der Berufung seines Nachfolgers Richard Willstätter 1915/16 wurden die Kontakte nach München wieder enger, doch stellte sich ihre alte Unbeschwertheit nicht wieder ein, zumal München schließlich auch nicht mehr das Zentrum der chemischen Forschung war.

***

Die Münchener Welt hielt Duisberg bis an sein Lebensende gefangen, da er von der Stadt fasziniert war und seine dortigen Kontakte sich keineswegs nur auf die Universität und ihr chemisches Institut beschränkten.[25] Seit den 1890er Jahren traten aber mehr und mehr andere wissenschaftliche Kreise in den Vordergrund. Nicht zuletzt aus wissenschaftspolitischen Fragen heraus gewann dabei die Berliner Universität und das dortige Forschungsumfeld eine zentrale Stellung. Berlin wurde zusätzlich dadurch aufgewertet, dass dort alle für die Farbenfabriken relevanten politischen Entscheidungen (Patentrecht, Sozialgesetzgebung, Steuergesetzgebung, Handels-, Hochschul- und Schulpolitik) fielen. Kontakte in das Berliner akademische Milieu gewannen daher rasant an Bedeutung. Die Aufgabe, diese Kontakte zu suchen und zu pflegen, fiel anfangs Henry Theodor Böttinger fast naturwüchsig zu, der als nationalliberales Mitglied des Abgeordnetenhauses und später des Herrenhauses in Berlin eine politisch wichtige Rolle spielte. Mit dem in Fragen der Wissenschafts- und Bildungspolitik entscheidenden Ministerialdirektor Friedrich Althoff[26] war Böttinger seit dem Studium befreundet. Überdies war er in der Hauptstadt gut bekannt, in seinen Briefen an Carl Duisberg verwies er stets darauf, wen er wo traf, u. a. hohe Beamte in der Ministerialbürokratie.[27] 1907 wurde er in den erblichen Adel erhoben. Böttinger hatte sich überdies bereits seit den 1880er Jahren in verschiedenen wissenschaftlichen Gesellschaften betätigt. Er war Vorsitzender der Göttinger Vereinigung, der ältesten Verbindung von Wissenschaft und Industrie überhaupt, stellvertretender Vorsitzender der Deutschen Elektrochemikalischen Gesellschaft und später einer der Gründungssenatoren der Kaiser-Wilhelm-Gesellschaft. Böttinger besaß zudem ein ausgesprochen gewinnendes Wesen, auch wenn er in seinen Briefen an Carl Duisberg nicht an offenen Worten über andere Menschen sparte. In seinem Schatten konnte Duisberg langsam in die wichtigen Kreise der Reichshauptstadt eindringen. Dabei sollte ein Kontakt wesentliche Bedeutung gewinnen.

Böttinger öffnete Carl Duisberg die Tür zu Emil Fischer, der an der Berliner Universität mehr und mehr zum fakultätsübergreifend geachteten Großordinarius wurde.[28] «Gestern Abend war ich mit einer sehr netten Gesellschaft bei Emil Fischer zum Diner in einem Kreis von ca. 15 Professoren, u. a. A. Tiemann, Liebermann, Alteneck, Gabriel, Waldau, van t'Hoff (bei dem ich übrigens für nächsten Sonntag zum Essen geladen bin), Buchka[29] etc. etc», schrieb ihm Böttinger im Mai 1897.[30] Duisberg bedankte sich für Böttingers Informationen, «aus denen ich mit grossem Interesse ersah, dass Du Deine Zirkel immer weiter schlägst und immer weitere chemische Kreise in die bestrickenden Netze Deiner Liebenswürdigkeit hineinziehst».[31] In der Tat verlief der Abend sehr zu Böttingers Zufriedenheit, zumal er Emil Fischer, der mit dem preußischen Kultusministerium um den Neubau seines Laboratoriums[32] stritt, zu Diensten sein konnte: «Emil Fischer war gestern besonders liebenswürdig und erbat sich auch noch meine Mitwirkung bei der Regelung und Förderung noch einiger Fragen für sein neues Laboratorium und zwar sowohl bei dem Minister der öffentlichen Arbeiten, wie auch beim Finanzminister, wo es sich noch um einige Nachbewilligungen handelt. Ich habe ihm dies natürlich sofort sehr gerne zugesagt. Er zeigte mir auch die Pläne des neuen Laboratoriums, welches geradezu wundervoll practisch werden wird. Er machte noch weiter die Bemerkung, ich sei der Einzigste, der ihm nützen könne; von Rath[33] sei ihm nutzlos, da er von diesen Fragen nichts verstände und es auch nicht vorzubringen wisse. Es war mir dies besonders interessant, da ich hoffe, wir werden dadurch noch weitere Fühlung mit ihm bekommen. Sehr erfreut war er über die gestern eingetroffenen von Euch ihm geschenkten kleinen Apparate.»[34]

Emil Fischer wurde in der Tat in den kommenden Jahren zur zentralen Figur der wissenschaftspolitischen Entwicklung, zumindest, soweit das Fach Chemie eine Rolle spielte. Böttingers Einsatz im Streit Fischers mit dem preußischen Kultusministerium wegen des Neubaus des chemischen Universitätslaboratoriums war hilfreich. Der Neubau war Fischer bereits bei seiner Berufung nach Berlin versprochen worden, kam jedoch nicht recht voran. Fischer nutzte daher 1896/97 einen Ruf an die Bonner Universität, um dadurch Bewegung in die Sache zu bringen. Er machte sein Verbleiben in Berlin vom Bau des neuen Laboratoriums abhängig, was Böttinger nun vehement unterstützte. Die Wechseldrohung und industrieller Druck erreichten schließlich, dass das neue, seinerzeit weltgrößte Labor 1900 endlich eingeweiht werden konnte.[35] Emil Fischer war ein ausgesprochen produktiver Forscher; schon in den 1870er Jahren hatte er durch die Darstellung des Phenylhydrazins wichtige Schritte in der Farbstoffchemie ermöglicht. Als Schüler von Adolf Baeyer zunächst in Straßburg und dann in München wurde er schließlich selbst prägend für Generationen von Chemikern aus der Baeyer-Schule, die bei ihm im Laboratorium ihr Praktikum absolvieren mussten.[36] Auch seine späteren pharmazeutischen Darstellungen, die er teilweise gemeinsam mit den Farbenfabriken verwertete, erwiesen sich als wirksame Medikamente und zugleich große Verkaufserfolge; mit Fischer verbinden sich auch wesentliche Forschungen zur Aufklärung der Kohlenhydrate, später auch der Aminosäuren, Polypeptide und Proteine.[37] Er war zweifellos eine entscheidende Figur in dem Bereich, der heute als Biochemie bezeichnet wird.[38] Enge Kontakte zu ihm waren in jeder Hinsicht vielversprechend, und Böttinger bemühte sich daher unmittelbar, seine Kontakte zu Friedrich Althoff für Fischer zu nutzen. «Dass Du Emil Fischer hast dienlich sein können, freut mich sehr», freute sich Duisberg und machte aus seinen großen Erwartungen kein Hehl: «Je mehr wir uns den Akademikern einflussreich und dienlich zeigen, um so freundlicher werden sich diese Herren zu uns stellen und uns bei eventuellen Erfindungen, die sie machen, in erster Linie heranziehen.»[39]

Die Entwicklung des Vereins Chemische Reichsanstalt sowie die schließliche Gründung der Kaiser-Wilhelm-Gesellschaft (KWG) und des Kaiser-Wilhelm-Instituts für Chemie (KWI Chemie) in Berlin-Dahlem sind für diese Art der von Duisberg gewünschten Kooperation treffliche Beispiele. Ihre Geschichte ist durch die Arbeiten von Jeffrey Allan Johnson und Margit Szöllösi-Janze gut bekannt.[40] Die Initiative zur Gründung einer Chemischen Reichsanstalt ging 1904 von Emil Fischer, Wilhelm Ostwald und Walther Nernst aus.[41] Hintergrund war nicht nur der rasante Aufstieg der Naturwissenschaften in den USA, sondern auch die Tatsache, dass bestimmte langwierige und teure Grundlagenforschungen an den Universitätsinstituten mit ihrer besonderen Verknüpfung von Forschung und Lehre nur schwer durchführbar waren, zumal die öffentliche Hand nicht in der Lage oder willens war, die Universitätsforschung entsprechend auszubauen. Bereits 1887 war daher mit der Physikalisch-Technischen Reichsanstalt ein reines, zum Teil industriell finanziertes Forschungsinstitut gegründet worden, das jetzt als Vorbild galt.[42] Die wissenschaftliche Unterstützung für ein derartiges Institut auf chemischem Gebiet war relativ rasch gesichert; die große Frage war dagegen, wie eine solche Anstalt finanziert werden sollte, wenn der Staat es nicht tat. Walther Nernst, zuvor in Göttingen tätig, kannte die Struktur der dortigen Göttinger Vereinigung, einer von der Industrie unterstützten wissenschaftlichen Gesellschaft, die im Bereich der physikalischen Forschung zahlreiche Projekte förderte.[43] Henry Theodor Böttinger, zur Zeit von Nernsts Wechsel von Göttingen nach Berlin noch Vorstandsmitglied in Elberfeld, war Vorsitzender der Göttinger Vereinigung. Die Verbindung zur chemischen Industrie war damit gegeben. Gemeinsam mit Emil Fischer und Wilhelm Ostwald entwickelte Walther Nernst daher die Idee zur Gründung eines Vereins Chemische Reichsanstalt.[44]

Für den zu gründenden Verein Chemische Reichsanstalt warb man um Mitglieder nicht zuletzt in der Industrie, um auf diese Weise zumindest einen finanziellen Grundstock zu schaffen, doch war bald klar, dass deren Beiträge allein nicht ausreichen würden, ein solches Institut zu finanzieren. Duisberg, der in der chemischen Industrie zu den wichtigsten Unterstützern der Initiative zählte, plädierte daher frühzeitig dafür, den Staat in die Pflicht zu nehmen.[45] Sein starkes Engagement rief freilich auch die Konkurrenz auf den Plan, der es keineswegs gefiel, dass wichtige Vorhaben zur chemischen Forschung scheinbar allein zum Vorteil der Elberfelder Farbenfabriken aufgezogen wurden.[46] Vor allem der ehemalige Agfa-Direktor Alexander von Martius sah Duisberg sehr kritisch. Die beiden Männer waren sich schon in den 1880er Jahren als Kontrahenten in Patentfragen begegnet und durchaus lautstark aneinandergeraten. Johnson vermutet überdies einen gewissen Dünkel bei dem Berliner Chemieindustriellen aus alter bildungsbürgerlicher Familie, dessen Vater als Naturforscher in den bayerischen Ritterstand erhoben worden war, gegenüber den «Aufsteigern» Fischer und Duisberg sowie eine Verstimmung darüber, nicht schon zu Beginn in die Planungen einbezogen worden zu sein.[47] Martius, der über gute Beziehungen zum Schatzamt verfügte, wurde einer der entscheidenden Widersacher der Gründung einer Chemischen Reichsanstalt, die in der Öffentlichkeit in den Ruf geriet, hier ginge es im Grunde nur um industrielle Interessen und nicht um öffentlichen Nutzen. Kritik kam auch aus der Landwirtschaft und der Schwerindustrie, die sich von einem solchen Institut wenig versprachen. In der Wissenschaft selbst gab es hingegen faktisch keinen Gegenwind, wie Emil Fischer zufrieden feststellte. Die Opposition war allerdings ausreichend, um ein staatliches Finanzengagement zu erschweren: Wenn die Industrie so etwas haben wolle, dann solle sie es auch selbst finanzieren.[48] Es waren allerdings weniger grundsätzliche Vorbehalte als finanzielle Überlegungen, die das Reich zögern ließen, während Preußen, u. a. durch Zurverfügungstellung eines Grundstückes in Dahlem, den Plänen zur Gründung einer Reichsanstalt erheblich entgegenkam.[49]

Angesichts dieser Lage hing sehr viel von der industriellen Bereitschaft ab, die chemische Forschung dauerhaft zu finanzieren. Auch wenn sich Duisberg sehr bemühte, Mittel zu mobilisieren, war ihm klar, dass man realistisch bleiben musste. Das Ziel, zwei Millionen Mark zu sammeln, wurde schließlich aufgegeben. Schon eine Million Mark war schwer zu bekommen. Im März 1908 wurde der Verein Chemische Reichsanstalt förmlich gegründet, der Vorstandsrat umfasste aus der Industrie die Vertreter des Dreibundes Böttinger, Brunck, Duisberg und Oppenheim sowie Gustav von Brüning von Hoechst, Bernhard Lepsius von Griesheim Elektron und mit Emil Ehrensberger ein Vorstandsmitglied von Krupp. Dem Vorstandsrat gehörten ebenfalls acht Wissenschaftler, unter ihnen Emil Fischer, Walther Nernst und Max Delbrück, an.[50] Da die Stimmen nach den Zeichnungsbeträgen gewichtet waren, beherrschten wenige große Chemieunternehmen den Verein. Die Farbenfabriken, die zwölf Stimmen gezeichnet hatten, spielten entsprechend eine einflussreiche Rolle. Die Firmen des Dreibundes besaßen eine Mehrheit der Stimmen.[51] Fischer plädierte überdies zusammen mit Walther Nernst dafür, Duisberg die Geschäftsführung des Vereins anzutragen. Es sei sinnvoll, «Sie als den tatkräftigsten und gewandtesten Mann in unserem Kreise zum Vorsitzenden des Ausschusses zu machen», und zwar des geschäftsführenden Ausschusses des Vorstandsrates. Industrielle könnten die Sache gegenüber dem Reich besser durchsetzen. Überhaupt sei es ganz gut, wenn Nernst und er in die zweite Reihe träten, obwohl das keineswegs bedeute, dass sie sich zurückzögen.[52] Duisberg lehnte das Angebot unter Verweis auf seine Belastung als Vorstandsmitglied in den Farbenfabriken allerdings ab. Die Finanzierungsprobleme wurden nach der Gründung des Vereins nicht geringer; der chemischen Industrie gelang es nicht, ausreichend Mittel aufzutreiben, um ein großes Forschungsinstitut zu errichten und zu unterhalten. Die spätere Gründung des KWI Chemie, vorbereitet seit 1909 und 1912 eröffnet, war bezogen auf die früheren Pläne daher eine Art Kompromiss, getragen einerseits vom Verein, andererseits von Preußen, das die Stelle des Direktors und eines weiteren Abteilungsleiters finanzierte.[53] Duisberg war für die Beschaffung der notwendigen Geldmittel von großer Bedeutung; er erwies sich in dieser Zeit in der Industrie als überaus energischer und ausdauernder Geldsammler. Auch wenn das Ziel nicht vollständig erreicht wurde, hatte Duisberg doch seither den Ruf weg, in der Wissenschaftsfinanzierung eine erste Adresse zu sein.

Bei der Konzeption der KWG und des KWI Chemie war Duisberg zunächst nicht beteiligt, Emil Fischer hielt ihn über den Gründungsprozess allerdings auf dem Laufenden.[54] Duisberg, der zunächst auch gar nicht persönliches Mitglied der KWG werden wollte, da er bereits zu viele Verpflichtungen übernommen habe, dann aber mit einem eher geringen Beitrag doch beitrat[55], war nun vor allem interessiert, «dem Verein Chemische Reichsanstalt (also den Geldgebern, W. P.) in dem Kuratorium des Kaiser-Wilhelm-Institutes für Chemie die Majorität zu sichern».[56] Auch wenn man Duisberg dabei nicht primär Eigeninteresse unterstellen darf, wie es Kritiker aus anderen Unternehmen taten, war er doch sehr bemüht, der geldgebenden Industrie einen maßgeblichen Einfluss zu verschaffen. Er war auch sofort bereit, Mitglied im Verwaltungsrat des KWI Chemie zu werden, und engagierte sich bei der Konzeption des Neubaus in Dahlem und bei der Auswahl von Richard Willstätter als wichtigstem Forscher des neuen Instituts.[57] 1912, nach dem Tode Heinrich Bruncks, des BASF-Direktors und bisherigen Vorsitzenden des Verwaltungsrates des KWI Chemie, wurde er zum Vorsitzenden des Verwaltungsrates des KWI Chemie in Berlin gewählt[58], eine Aufgabe, die er gerne übernahm: «Dass Sie mich als Nachfolger von Bruncks zum Vorsitzenden des Verwaltungsrates des Kaiser-Wilhelm-Instituts vorschlagen wollen, ehrt mich sehr. Sie wissen ja auch am besten, wie sehr ich persönlich bereit war und noch bereit bin, die Interessen dieses neuen Forschungsinstitutes zu sichern. Ich kann aber die mir zugedachte Aufgabe nur übernehmen, wenn nicht zuviel Arbeit damit verbunden ist.» Das Geschäft gehe vor.[59]

So ganz ehrlich war das nicht gemeint, denn an einer Karriere in der KWG hatte er durchaus großes Interesse. Jedenfalls ließ er gegenüber Emil Fischer, dem Vizepräsidenten der KWG, wiederholt durchblicken, dass er gerne in deren Senat gewählt würde. Emil Fischer machte ihm allerdings keine großen Hoffnungen: «Was die Wahl in den Senat der Kaiser Wilhelm-Gesellschaft betrifft, so werde ich sie gerne wieder vorschlagen, aber es ist mir schon früher geantwortet worden, dass Herr von Böttinger, der Ihnen so nahe steht, bereits Mitglied des Senats und des Verwaltungsausschusses sei. Und dann wird bei der Wahl in den Senat die Höhe der Zeichnung stark mit berücksichtigt. Darum kann ich für den Erfolg nicht einstehen.»[60] Die Einschätzung bewahrheitete sich: «In der Kaiser Wilhelm-Gesellschaft ist es also so gegangen, wie Sie im Voraus gefürchtet haben. Ich bin darüber nicht traurig, denn nicht Eitelkeit oder Ehrgeiz, sondern das grosse Interesse, das ich an allem nehme, was die Kaiser Wilhelm-Gesellschaft, speziell auch auf dem biologischen Gebiete tut, würde mich reizen, ihr näher zu treten, als es jetzt als einfaches Mitglied der Fall ist. Jedenfalls ist mein Verständnis und mein Interesse für diese Dinge grösser, wie das des Herrn Delius in Aachen, der aber womöglicherweise pekuniär mehr wie ich getan hat und seiner Situation nach auch tun konnte.»[61] So konnte Duisberg erst 1917 als Nachfolger Böttingers in den Senat der KWG eintreten. Im Verwaltungsrat des KWI Chemie blieb er freilich eine der ausschlaggebenden Größen. Nutzlos war das Engagement zudem nicht. Auf Vorschlag Emil Fischers wurde Carl Duisberg 1912 in den Reichsgesundheitsrat berufen, wo er auf die gesetzlichen und bürokratischen Regulierungen des Pharma-Marktes direkt Einfluss nehmen konnte, zumindest indirekt wohl auch auf die gesamte Reichsgesundheitspolitik.

***

Duisberg konnte sich 1911/12 gleichwohl fragen, was sein bemerkenswertes Engagement für die Chemische Reichsanstalt sowie das KWI Chemie den Farbenfabriken beziehungsweise dem Dreibund letztlich gebracht hatte. Die verbreitete Kritik an der privaten Finanzierung der Kaiser-Wilhelm-Gesellschaft, insbesondere Maximilian Harden geißelte das finanzielle Engagement der Industrie, war jedenfalls gegenstandslos, denn ein unmittelbarer materieller Ertrag für die Farbenfabriken war nicht zu erkennen.[62] Im Gegenteil hatte das Engagement Geld gekostet. Die Gründung des KWI Chemie hatte die Industrie auch keineswegs geeint, vielmehr hatte neben dem ehemaligen Agfa-Chef von Martius auch der Geschäftsinhaber der Frankfurter Cassella, Leo Gans, Duisbergs Engagement durchweg misstrauisch betrachtet und die Entwicklung gebremst, wo er nur konnte. Duisberg war, darauf hat Gerald Feldman hingewiesen, im Bereich der Wissenschaftsförderung keineswegs von einem engstirnigen Utilitarismus oder gar direkter Vorteilssuche geprägt.[63] Seine Begeisterung hatte sehr viel komplexere Ursachen. Einerseits war er wohl auch dabei, um dem später zu besprechenden Verein Deutscher Chemiker eine Stimme zu geben; sodann aber entstand über das Engagement ein zunehmend engerer

Kontakt zu Emil Fischer und Walther Nernst, mit denen er schließlich über die unmittelbare Kooperation hinaus auch persönlich gut bekannt war. Hier lag denn auch der wesentliche Impuls neben der eher allgemein motivierten Förderung der chemischen Forschung, die Duisberg glaubhaft am Herzen lag.

Die enge Kooperation in der Frage der Chemischen Reichsanstalt und des KWI schufen zugleich auch ein Forum für ständige Begegnungen von Wissenschaft und Industrie. Das förderte deren wirtschaftliche Zusammenarbeit, woraus wiederum auch wichtige Impulse für die Forschungsförderung resultierten. Die Farbenfabriken nutzten die so geknüpften beziehungsweise vertieften Kontakte jedenfalls intensiv aus, wobei sie bereit waren, den jeweiligen Forschern weit entgegenzukommen, namentlich, indem sie deren Ideen und Entdeckungen in den eigenen Laboratorien prüften und gegebenenfalls zur Marktreife entwickelten. Die Farbenfabriken übernahmen auch die jeweiligen in- und ausländischen Patentanmeldungen und ersparten den Forschern so eine Menge an juristischem Aufwand. Mit Emil Fischer etwa kooperierten die Farbenfabriken gemeinsam mit E. Merck in Darmstadt und der Hoechst AG bei der Herstellung und Vermarktung von Veronal. Später kamen die Medikamente Sajodin und Sabromin hinzu, unmittelbar vor dem Krieg die Arsenpräparate Elarson und Solarson. Kurz: Die Kooperation zahlte sich für beide Seiten wirtschaftlich aus.[64] Dabei ging es aber keineswegs nur um neue Medikamente und deren Markterfolg. Duisberg war auch an einer langfristigen wissenschaftlichen Zusammenarbeit interessiert. In den Jahren vor dem Ersten Weltkrieg kam es zu einer hier im Einzelnen nicht darzustellenden, interessanten Konstellation in der Frage der Chemotherapie von Krebserkrankungen, in die zusätzlich der Berliner Arzt Georg Klemperer sowie der Düsseldorfer Medizinalrat Witzel, der auf amerikanische Anregungen hin mit Strahlentherapie experimentierte, einbezogen waren.[65] Die Farbenfabriken hatten an der Entwicklung von Krebsmedikamenten ein doppeltes Interesse, da hiermit einerseits ein gutes Geschäft zu machen war, andererseits immer wieder Krebserkrankungen insbesondere bei Beschäftigten des Anilinbetriebes auftraten, an deren Bekämpfung Duisberg auch persönlich gelegen war. Hier ging es nicht um kurzfristige Erfolge, die sich auch nicht einstellten, sondern um ein langfristiges Engagement.[66] Der Briefwechsel zwischen Carl Duisberg und Emil Fischer vor 1914 ist daher auch ein Dokument der wissenschaftlichen Forschungsbemühungen, das weit über deren kurzfristige Verwertbarkeit hinausgeht.[67]

Verglichen etwa mit Adolf Baeyer oder Wilhelm Ostwald, den notorischen Kritikern der Industrie, äußerte Emil Fischer zu keinem Zeitpunkt den Eindruck, seine wissenschaftliche Autonomie sei bedroht.[68] Seine Beziehung zu Carl Duisberg litt jedenfalls nicht unter derartigen Vorbehalten; beide verstanden sich offensichtlich persönlich gut.[69] Duisberg gab sich aber auch alle Mühe, Fischer zu beeindrucken: «Nach Tisch ruhte Emil Fischer in dem schönen Sessel aus, den Du so liebenswürdig gewesen bist, mir seinerzeit zu verehren», schrieb Duisberg an Henry Theodor Böttinger über Vertragsverhandlungen im Jahre 1911. «Nicht nur dieser, sondern auch das daran befindliche Lesepult interessierten ihn so sehr, dass ich beschloss, ihm einen solchen zu schenken. Ich wäre Dir daher sehr zu Dank verbunden, wenn Du mir das Geschäft mitteilen wolltest, von dem Du den Sessel bezogen hast.»[70] Nach einer Beobachtung Heinrich Hörleins, des Leiters der Elberfelder Pharmaforschung und eigentlichen Ansprechpartners Fischers in den Farbenfabriken, war der Kontakt zwischen den beiden Männern zumindest in der Spätphase freundschaftlich, und die hinterlassene umfangreiche Korrespondenz legt dieses Urteil ebenfalls nahe, soweit zwischen etablierten Geheimräten jener Tage eine unkomplizierte Nähe überhaupt möglich war. Die Beziehungen waren anfangs eher durch Fischers Nüchternheit geprägt, doch die gegenseitige Wertschätzung beruhte keineswegs allein darauf, dass man sich nützlich war.[71] Vielmehr fanden Duisbergs Vorstellungen eines modernen Bildungssystems mit mathematisch-naturwissenschaftlich orientierten Schulen, reformierten Studiengängen und eines Abbaus nur historisch erklärbarer Schranken etwa zwischen Universitäten und Technischen Hochschulen bei Fischer ebenso offene Ohren, wie dieser den Bildungsdünkel der Neuhumanisten ablehnte und seine philologischen Kollegen in der gemeinsamen Berliner Philosophischen Fakultät für Schwätzer hielt, die vernünftigen Argumenten kaum zugänglich seien.[72] Das dürfte Duisberg gefallen haben. Schließlich sah Fischer, dessen wissenschaftlicher Zenith um 1900 lag, den Aufstieg der physikalischen Chemie und insbesondere die Ostwaldsche Richtung ebenfalls mit einer gewissen Skepsis.[73] Das dürfte Duisberg zusätzlich eingenommen haben.[74] Duisberg teilte mit Fischer wohl auch einige Charakterzüge, nicht zuletzt die strikten Ordnungsvorstellungen und den Willen, diese im Zweifelsfall auch rigoros gegen Widerstand zur Geltung zu bringen, auch bei der Erziehung der Söhne.[75]

***

Der Krieg veränderte die Zusammenarbeit zwischen Fischer und Duisberg, die industriell-wissenschaftliche Kooperation verlor an Bedeutung. Beide wurden sehr rasch Teil der Kriegswirtschaft, Duisberg im Bereich der chemischen Industrie, Fischer als Bevollmächtigter des Kriegsministeriums im Bereich Kohlen und Teer.[76] Zu Beginn tauschten sich Fischer und Duisberg auch über die allgemeine Lage aus, wobei Fischer offenkundig sehr viel pessimistischer als Duisberg war, der nach einigen Wochen des Bangens doch fest an einen deutschen Sieg glaubte und sich mit zunehmender Energie hierfür einsetzte. Insbesondere die Entwicklung von Gaswaffen brachte beide Chemiker mehrfach in Kontakt, wobei Emil Fischer freilich keine aktive Rolle spielte.[77] 1916 ließ der Briefkontakt dann deutlich nach, da man sich wegen Duisbergs zahlreicher Reisen nach Berlin häufig persönlich traf. Duisbergs starkes Engagement für die Kriegszielbewegung und für die Oberste Heeresleitung dürfte Fischer mit einer gewissen Skepsis gesehen haben. Er selbst unterzeichnete 1914 zwar den «Aufruf an die Kulturwelt»[78] und ließ keinen Zweifel daran, dass er die deutsche Position im Krieg verteidigte[79], doch das auftrumpfende Gebaren Duisbergs und auch die Radikalisierung der Kriegsführung verhießen für ihn nichts Gutes.[80] Zwei seiner drei Söhne kamen im Krieg zu Tode; der eine durch Selbstmord, der andere infolge einer Fleckfieberinfektion.[81] Duisberg selbst beschrieb die Stimmung Fischers in dieser Zeit als depressiv: «Bei jedem meiner fast wöchentlichen Besuche in Berlin trafen wir uns, bald hier, bald dort, und plauderten stundenlang über alles, was unser Herz bewegte. Da nahm ich tiefen Einblick in sein Inneres und empfand mit ihm den großen Schmerz, den die Kriegszeit im allgemeinen und der Verlust seiner prächtigen Söhne insbesondere ihm bereitete.»[82] Duisberg suchte gegen Kriegsende noch einmal den möglichst engen Anschluss an Emil Fischer, einerseits wohl aus freundschaftlichen Gründen, zum anderen, um seine Projekte zur Gründung von wissenschaftlichen Fördergesellschaften voranzubringen, bei denen er auf Fischers Unterstützung und Reputation angewiesen war.[83] Überdies betrieben Böttinger und Duisberg noch im Frühjahr 1919 den Beitritt Emil Fischers in den Aufsichtsrat der Farbenfabriken, der allerdings unter Verweis auf das preußische Beamtenrecht ablehnte.[84] In der Erwartung, nur durch erfolgreiche wissenschaftliche Forschung an den Entwicklungsstand der Vorkriegszeit anknüpfen zu können, waren sich Fischer und Duisberg ebenso einig wie in der kompromisslosen Ablehnung des in ihren Augen durch die Revolution verursachten Chaos. Beide hofften letztlich auf eine gemeinsame bürgerliche Haltung, um zu einer stabilen Nachkriegsordnung zu kommen, wobei Fischer sich anders als Carl Duisberg in der neu gegründeten Deutschen Demokratischen Partei engagierte. Über den Erfolg der bürgerlichen Parteien in der bevorstehenden Wahl zur Nationalversammlung machte er sich indes kaum Illusionen.[85] Ob der Freitod Fischers im Frühsommer 1919 Duisberg wirklich überraschend traf, ist angesichts dessen Krankengeschichte zweifelhaft. In seiner Gedächtnisrede deutete Duisberg an, Fischer habe schon im Krieg Selbstmordgedanken gehabt.[86] Von Fischers Tod war Duisberg gleichwohl sehr getroffen. Gegenüber Richard Willstätter beklagte er den Verlust seines «besten Freundes», nicht ohne – und das war für Duisberg absolut typisch – gleich anzumerken: «Sie verehrter lieber Freund, müssen seine Nachfolge übernehmen.»[87] Auch Fritz Haber gegenüber machte Duisberg aus seiner großen Betroffenheit kein Geheimnis: «Dass auch mich der plötzliche Tod unseres gemeinsamen Freundes Emil Fischer sehr erschüttert hat, können Sie sich denken. Er stand mir viel näher, als ich dachte und wusste. Das merkte ich erst, als er tot war. Viele Tage und Nächte habe ich still für mich um ihn getrauert. Nicht nur einer der Grossen der Wissenschaft, sondern eine ganz hervorragende und bedeutende Persönlichkeit ist mit ihm dahingegangen.»[88]

In seiner Rede anlässlich der Gedächtnisfeier für Emil Fischer[89] bemerkte Duisberg, ein «unerschütterlicher Tatsachensinn» habe ihn gekennzeichnet, den er an ihm bewundert habe. Vor allem aber habe Fischer Fragen der Technik offen gegenübergestanden, ganz anders als sein Lehrer Adolf Baeyer, dem die Technik «im gewissen Grade unsympathisch» gewesen sei.[90] Fischer dagegen habe «die Technik» verstanden, er «fühlte mit ihr und vertrat vor allen Dingen den Standpunkt, dass die reine Wissenschaft nicht ausschließlich um ihrer selbst willen da ist, sondern als wesentlicher Kulturfaktor mit dem praktischen Leben in enger Fühlung stehen muß».[91] Fischer war aus Duisbergs Sicht insbesondere als Verbindungsglied zwischen Wissenschaft und Technik von außerordentlicher Bedeutung: «Wir in der Praxis stehenden Techniker hoffen, dass Fischer, wie er in der reinen Wissenschaft eine Schule gegründet und hinterlassen hat, so auch in der Pflege der Beziehungen von Technik und Wissenschaft für die jüngere Generation vorbildlich bleiben möge. Die verständnisvolle, wohlwollende Teilnahme, die der große Wissenschaftler der Industrie entgegenbrachte, schätzen wir als das höchste Verdienst ein, das Emil Fischer sich um die angewandte Chemie erworben hat.» Die nutzbaren Stoffdarstellungen hätten wahrscheinlich auch andere Forscher zuwege gebracht, aber die

Herstellung einer engen Beziehung zwischen Wissenschaft und Technik sei doch die originäre Leistung Fischers gewesen: «Die ganze Entwicklung der bislang so blühenden deutschen chemischen Industrie ist in erster Linie auf die befruchtende Wechselwirkung zwischen diesen beiden Disziplinen zurückzuführen.»[92] Duisberg war Fischer daher in jeder Hinsicht verpflichtet; nicht zuletzt auf sein Betreiben hin finanzierte die I. G. ein von Fritz Klimsch geschaffenes Denkmal, das 1921 vor dem Chemischen Institut in der Luisenstraße in Berlin-Mitte aufgestellt wurde.

15 | Spinne im Netz

Adolf Baeyer und Emil Fischer waren wichtige Kontakte, reichten aber allein nicht aus. Die Farbenfabriken waren in dem Wettlauf der Firmen um die Zusammenarbeit mit vielversprechenden Wissenschaftlern ohnehin ein Nachzügler; vor allem Hoechst hatte die Nase mit engen Beziehungen zu Paul Ehrlich, Ludwig Knorr oder Emil Behring vorn. Dies, aber auch die Erfahrung, dass die Kontakte keineswegs leicht herzustellen waren, erklären die Beharrlichkeit, mit der Duisberg um enge Verbindungen in die Wissenschaft bemüht war. Dabei kam ihm die Ausdifferenzierung eines breiten wissenschaftlichen und wissenschaftsnahen Verbandswesens, das auch die chemische Wissenschaft früh einbezog, sehr zu Hilfe.[1] Eine herausgehobene Rolle spielte die 1867 gegründete Deutsche Chemische Gesellschaft, in der es vor allem um wissenschaftliche Fragen der Chemie ging. Diese Gesellschaft war für Duisberg nicht zuletzt wichtig, um Anerkennung in wissenschaftlichen Kreisen zu gewinnen. Noch wichtiger wurde allerdings eine Vereinigung, in der sich nicht die akademischen, sondern vor allem die in der Industrie und in außeruniversitären Einrichtungen arbeitenden Chemiker trafen. 1895 waren das etwa drei Viertel aller akademisch gebildeten Chemiker, die für die Fabriken von überragender Bedeutung waren. Ihr Verein war 1887 als Gesellschaft für angewandte Chemie gegründet worden und führte zunächst ein Nischendasein, da die großen Themen aus Wissenschaft und Industrie durch die «Deutsche Chemische Gesellschaft» bzw. den Zusammenschluss der Chemiefirmen, den Verein zur Wahrung der Interessen der Chemischen Industrie (VzW), bereits besetzt waren.[2] Duisberg kannte nach eigenem Bekunden den späteren Verein Deutscher Chemiker gar nicht, sondern wurde erst durch einen befreundeten Industriellen auf ihn aufmerksam gemacht. Er trat dem Verein 1892 bei und nahm 1895 in Frankfurt am Main erstmals an einer seiner Versammlungen teil.[3] Angesichts seiner nur geringen Bekanntheit setzte die Frankfurter Versammlung eine Kommission zur Überarbeitung der Vereinssatzung ein, in der Duisberg mitarbeitete und das Heft rasch an sich riss. 1896 präsentierte er die Ergebnisse der Kommissionsarbeit in der «Zeitschrift für angewandte Chemie». In dem Bericht wurde geklagt, der Ruf sei trotz recht ansehnlicher Mitgliederzahl nicht sonderlich gut, was nicht zuletzt mit dem geringen Ansehen der praktisch arbeitenden Chemiker zusammenhänge, die ja keineswegs alle auf ein akademisches Studium verweisen konnten. Das Ziel müsse sein, zu einer Standesorganisation aller Chemiker zu werden, egal ob sie an den Universitäten, Hochschulen, in der Industrie oder in freien Laboratorien beschäftigt seien. Und das müsse auch im Namen zum Ausdruck kommen. Duisberg schlug vor, die Gesellschaft in Verein bzw. Gesellschaft Deutscher Chemiker umzubenennen und zugleich ihren Aufgabenkreis auszuweiten, nämlich, «die Standesinteressen der deutschen Chemiker zu fördern, das Standesbewusstsein zu heben und den deutschen Chemikern eine ähnliche Stellung in der Gesellschaft zu verschaffen, wie sie die Vertreter anderer akademisch gebildeter Berufskreise, wie Staatsbeamte, Ärzte, Apotheker, Anwälte, Ingenieure usw. besitzen».[4] Hier liegt ein weiterer Grund, weshalb sich Duisberg in der bereits besprochenen Examensfrage so starkmachte. Mit diesem Thema stieg er auch im Verein auf. Bereits 1897 leitete er in Vertretung des erkrankten Vorsitzenden Richard Curtius die Hamburger Jahresversammlung. Die Eröffnungsrede nutzte er, um für eine programmatische Neuausrichtung des Vereins zu werben, der sich darum bemühen solle, «Sammelpunkt aller derjenigen zu sein, die wissenschaftlich und technisch auf irgendeinem Gebiet Chemie betreiben».[5] Die Hamburger Versammlung war von Duisberg so beeindruckt, dass sie ihn in den Vorstand wählte. Vorsitzender wurde das ehemalige Vorstandsmitglied der BASF, der Pionier der Farbenchemie Heinrich Caro.[6] 1901 folgte ihm Emanuel A. Merck widerstrebend nach, der das Amt am liebsten gleich an Carl Duisberg abgetreten hätte. Duisberg war zwar bereit, Merck bei der Leitung der Düsseldorfer Tagung des Vereins zu vertreten[7], lehnte «aber, für den Fall Sie nicht gewillt sein sollten, den Vorsitz weiter zu behalten, ganz entschieden eine eventl. auf mich entfallende Wahl als Vorsitzender des Vereins ab. Dazu ist die Zeit für mich noch nicht gekommen.»[8] Gleichwohl trat er auf der kommenden Düsseldorfer Versammlung mit Nachdruck auf, namentlich, um die sich abzeichnenden Gegensätze zwischen chemischer Industrie und Chemikerschaft in der Patentfrage zu überbrücken. Duisberg lobte das deutsche Patentrecht, das er für den Aufschwung der chemischen Forschung und den entsprechenden industriellen Fortschritt verantwortlich machte, gestand aber beim Erfinderschutz Verbesserungsbedarf zu.[9] Er traf damit offenbar den Ton, denn die Versammlung wählte ihn zum stellvertretenden Vorsitzenden. Duisberg konnte auch durchsetzen, dass der Leiter der Patentabteilung der Farbenfabriken, Edmund Kloeppel, den Verein in den Beratungen des Kaiserlichen Patentamtes vertrat.[10] «Heiser wie eine Krähe und matt wie ein gehetztes Wild schied ich von Düsseldorf; eine volle Woche war nötig, um mich wieder in's rechte Geleise zu bringen. Es hat mir aber Freude gemacht, daß alles gut ging», schrieb er an Emanuel Merck, der sich nach der Rückkehr von einer USA-Reise nach dem Ausgang des Düsseldorfer Treffens erkundigt hatte.[11]

Obwohl nur zweiter Vorsitzender, fiel Duisberg in den kommenden Jahren faktisch eine viel größere Verantwortung zu. Emanuel Merck tat wenig, und die Geschäftsführung unter dem Mannheimer BASF-Direktor Fritz Lüty dümpelte vor sich hin. 1906 war die Zeit gekommen, Duisberg wurde in Nürnberg zum Vorsitzenden gewählt und 1909 in Frankfurt am Main für weitere drei Jahre im Amt bestätigt.[12] Damit bestimmte er für mehr als zehn Jahre die Geschicke des Vereins. In dieser Zeit wurde aus der anfänglich umstrittenen Organisation mit schließlich mehr als 5000 Mitgliedern die größte Chemikervereinigung der Welt. Berthold Rassow, der unter Duisberg zum neuen Geschäftsführer geworden war, fasste Duisbergs Bedeutung in der Geschichte des Vereins 1912 so zusammen: «… aus der folgenden Zusammenstellung der Vereinseinrichtungen und Vereinstätigkeit geht aber hervor, wie groß die Arbeitslast war, die Duisberg im Interesse des Vereins auf sich genommen hat, und wie mächtig der Verein sich unter seiner Leitung nach innen wie nach außen entwickelt hat. Wenn auch zahlreiche andre Mitglieder des Vorstandes und des Vereins anregend und helfend mitgewirkt haben, so sind doch alle Fäden bei dem Vorsitzenden zusammengelaufen, und alle Handlungen, alle neuen und viele ältere Einrichtungen des Vereins tragen seine persönliche Marke.»[13]

Duisberg hatte sich in der Tat viel für die Zeit seines Vorsitzes vorgenommen. Seinem Schwager Hermann Seebohm schrieb er schon am Heiligabend 1906, dass er den Verein Deutscher Chemiker gleich umgekrempelt habe: «Die ganze Organisation habe ich hier neugestaltet und hoffe auf guten Erfolg. Wenn das Räderwerk, das ich konstruiert, einmal arbeitet, so werde ich selbst nicht mehr allzu viel die treibende Unruhe zu sein brauchen und trotzdem es hoffentlich dahin bringen, dass der Verein während der dreijährigen Dauer meines Amtes um mindestens 5000 Mitglieder zunimmt. … Apropos bist Du übrigens schon selbst Mitglied? Wenn nicht, so gib mir Nachricht, damit ich Dich sofort anmelde.»[14] Die wesentlichen Änderungen betrafen die Geschäftsführung, die mit Berthold Rassow, einem Professor für chemische Technologie an der Universität Leipzig, einen neuen Chef bekam, der dieses Amt (und die Geschäftsführung des Gesellschaft Deutscher Naturforscher und Ärzte) in den kommenden Jahrzehnten völlig anders ausfüllte als sein wenig aktiver Vorgänger.[15] Duisberg und Rassow, obwohl beide keine einfachen Charaktere, kamen gut miteinander aus, da Rassow Duisbergs Bereitschaft und Willen, zu delegieren, als positive Herausforderung annahm. Duisberg ließ sich zudem in den Farbenfabriken zuarbeiten. Der Leiter des wissenschaftlichen Hauptlaboratoriums, Dr. Heymann, erleichterte es Duisberg durch seine Expertise wesentlich, sich auch in zahlreichen Sachfragen kompetent zu äußern.[16]

Duisbergs primäres Ziel war es, die jährlichen Versammlungen des Vereins Deutscher Chemiker zu großen, publikumswirksamen Veranstaltungen zu machen, was ihm auch nach und nach gelang. Er suchte mit Rassow nach Themen, um den Verein ins Gespräch zu bringen, und forcierte den öffentlichen Streit um den naturwissenschaftlichen Unterricht an Gymnasien auch deshalb: «erwächst doch damit dem Verein deutscher Chemiker nach längerer Pause eine neue interessante Diskussionsfrage, die auch zur Belebung unserer Zeitschrift mit beitragen wird.»[17] Überdies war ihm wichtig, die Versammlungen des Vereins durch einen schlagkräftigen und öffentlichkeitswirksamen Vortrag eröffnen zu lassen.[18] 1912, auf der Jubiläumsversammlung zum 25. Geburtstag des Vereins in Freiburg sah er sich am Ziel. In Freiburg war nicht nur die deutsche Chemikerschaft fast geschlossen vertreten; auch hochrangige Mitglieder des großherzoglich-badischen Hofes waren gekommen und erwiesen dem Verein ihre Reverenz. «Es war eine große Parade der deutschen Chemie und ihrer Vertreter, die wir dort in der Gegenwart des Großherzogs von Baden und der badischen Minister abhalten konnten. … Da ich mit dem Ende des Jahres vom Vorsitz[19] zurücktrete, so habe ich mir damit einen schönen Abgang gesichert.»[20] Duisberg schied, wie er Rassow wissen ließ, mit einem «lachenden und einem weinenden Auge».[21] Seine Ernennung zum Ehrenmitglied ein Jahr später in Breslau rührte ihn sehr: «Die höchste Auszeichnung, die jemand zuteil werden kann, ist nicht diejenige, die von oben oder unten kommt, sondern diejenige, die seine Kollegen verleihen. Wenn Sie daher soeben einmütig beschlossen haben, mich zum Ehrenmitglied des Vereins zu ernennen, so betrachte ich das als die höchste Ehrung, die mir überhaupt in meinem Leben zuteil werden kann, und dafür sage ich Ihnen innigen und aufrichtigen Dank.»[22]

***

Dieser große Erfolg war Duisberg dabei zunächst keineswegs in den Schoß gefallen, verkörperte er doch in seiner Person den Industriellen und den Chemiker, deren Interessen keineswegs identisch waren, wie in der Frage der Patentgesetzgebung und der Regelung der sogenannten Karenz deutlich wurde. Vor allem boten die üblichen Regelungen in der Karenz- und der Patentfrage einen Angriffspunkt für die entstehenden Angestelltengewerkschaften, die Industriechemiker auf ihre Seite zu ziehen. Nicht zuletzt weil in den frühen Jahren der chemischen Forschung in den Unternehmen Abwerbungen gang und gäbe waren, hatten alle Chemieunternehmen das Problem, wie man ausscheidende Wissenschaftler davon abhalten konnte, Fabrikationsgeheimnisse an ihren neuen Arbeitsplatz mitzunehmen. Die Lösung waren Vertragsklauseln in den Arbeitsverträgen, die eine Karenzzeit von bis zu fünf Jahren vorsahen, in denen keine Tätigkeit in einem vergleichbaren Unternehmen aufgenommen werden durfte. Diese Regelungen waren weniger strittig als die Frage, wie diese Karenzzeit vergütet werden sollte. Viele Firmen zahlten wenig oder gar nichts. Da die ausscheidenden Chemiker dann rechtlich nicht verpflichtet werden konnten, auf eine Neuanstellung zu verzichten, suchte man sie durch abverlangte Ehrenworte zu binden. Entsprechende Klauseln waren zwar nicht öffentlich, aber doch vom Hörensagen bekannt und wirkten auf potentielle Nachwuchsforscher überaus abschreckend. Die Frage der Karenz hatte auch das Klima zwischen dem VzW und dem Verein Deutscher Chemiker vergiftet.

Carl Duisberg, der das Problem aus der Praxis gut kannte, wurde von Emil Fischer wiederholt auf die Realität in vielen Unternehmen hingewiesen, auch in namhaften Großunternehmen. Dies sei, so Fischer, ein bedenkliches Verfahren, «denn auf diese Weise kann ein Chemiker in die übelste materielle Lage kommen, da ihm die Möglichkeit genommen ist, durch seine Kenntnisse die Mittel für seinen Lebensunterhalt zu erwerben».[23] Hier sei dringend Abhilfe notwendig. «Da ich weiss, dass Sie sich sehr für die soziale Frage der angestellten Chemiker interessieren und namentlich auch im Verein deutscher Chemiker zu ihren Gunsten sich vielfach bemüht haben; da es Ihr Bestreben ist, die Qualität und auch das moralische Empfinden unserer Chemiker zu stärken, so möchte ich Sie bitten, dieser Frage Ihr Interesse zuzuwenden. … Denn ich begegne jetzt hier allzu häufig der Anschauung, dass es sich nicht mehr lohne, Chemiker zu werden.»[24] Duisberg, zu dieser Zeit noch Stellvertreter von Emanuel Merck, ließ die Intervention Fischers aufhorchen: «Wo immer es sich um die Hebung des Standes der Chemiker handelt, finden Sie mich an Ihrer Seite.»[25]

Auf Duisbergs Initiative ging der Verein den von Fischer namentlich genannten Fällen nach und suchte Änderungen zu erreichen, doch erst nach Duisbergs Wahl zum Vorsitzenden Ende 1906 kam es zu einem förmlichen Beschluss, mit dem die Mitgliedsfirmen des VzW sich verpflichteten, die Karenzzeiten zu bezahlen.[26] Dieser Schritt kam gerade noch zur rechten Zeit, denn seit einiger Zeit bemühte sich der Bund der technisch-industriellen Beamten (Butib) darum, die angestellten Chemiker gerade über diese Frage für sich zu gewinnen. Auch der Verein Deutscher Chemiker geriet in das Schussfeld des Butib, nicht zuletzt weil er durch die enge personelle Verbindung von Vereinsführung und Unternehmen ein leichtes Angriffsziel war. Duisbergs Pläne, die Zeitschriften des Vereins und des VzW zusammenzulegen, gossen zusätzliches Öl ins Feuer. Gerüchte über eine Fusion der Verbände machten die Runde. In einem anonymen Flugblatt hieß es, zwar seien auch bislang schon Unternehmer Mitglied im Verein Deutscher Chemiker gewesen, doch habe der sich vorwiegend noch als Vertretung der angestellten Chemiker begriffen. Nun aber sei eine Fusion geplant, und dann sei es mit der Interessenvertretung vorbei. Dann bleibe nichts, als den Verein zu verlassen, empfahl «Einer für viele».[27] Rassow maß dem Flugblatt durchaus Gewicht bei: «Ich fürchte, dass in manchen Kreisen unseres Vereins eine gar zu intime Liaison mit dem Interessenverein mit argwöhnischen Augen betrachtet werden würde, weil der letztere ausschliesslich ein Unternehmerverein ist. Diese Bedenken sind ja sicher nicht ausschlaggebend, sie dürfen aber nicht ganz ausser acht gelassen werden, wenn wir uns mit unseren Bureauräumlichkeiten und in Bezug auf unsere Zeitschrift in so enge Beziehungen zum Interessenverein begeben.»[28] Für Carl Duisberg waren die Gerüchte, die seine Stellung als neu gewählter Vorsitzender des Vereins untergruben, nicht ungefährlich. Hinter den Angriffen vermutete er den Butib, der «uns das soziale Wasser abgraben und seinem Verein zuführen möchte». Man solle auf Gerüchte nichts geben: «Dennoch bitte ich Sie», schrieb Duisberg an Rassow, «überall dort diesem Gerücht mündlich auf das entschiedenste entgegenzutreten und es für baren Unsinn zu erklären. Auch wenn Sie gefragt werden, ob Verhandlungen über eine Fusion der Zeitschriften beständen, so sagen Sie, dass Ihnen darüber nichts bekannt sei.» Rassow solle vielmehr die Unterschiede zwischen den Organisationen «recht scharf» und «besonders die Existenzberechtigung und Trennung dieser Vereine betonen». Aber er müsse auch klarmachen, dass man nicht mehr wie früher verfeindet sei, sondern eine gute Zusammenarbeit anstrebe. Wichtig sei vor allem, klar zu machen, dass der Verein Deutscher Chemiker keine Angestelltenorganisation sei, sondern für alle Chemiker da sei.[29] Auch wenn Duisberg nach außen hin zurückruderte, gab er seine Pläne zur Bildung einer Interessengemeinschaft der Publikationen keineswegs auf. Sie scheiterten daran, dass die Zeitschrift «Chemische Industrie» ihr Profil als umfassende chemische Zeitschrift behalten wollte.[30] Immerhin aber sah sich der Verein genötigt, alle Fusionsgerüchte auch durch den Vereinsvorsitzenden Merck offiziell dementieren zu lassen.[31]

Die Danziger Tagung des Vereins Deutscher Chemiker 1907 war die erste, die Duisberg als Vorsitzender leitete. Sie wurde für ihn auch wegen ihrer sozialpolitischen Schwerpunktsetzung zur großen Prüfung. Duisberg hielt zur Eröffnung eine lange programmatische Rede, in der er versuchte, die Mitglieder von einem gewerkschaftlichen Selbstverständnis abzubringen; stattdessen warb er für eine Standesorganisation der akademischen Chemiker: «Die gemeinsame Wissenschaft, der gemeinsame Beruf soll ähnlich wie es bei den Ärzten, Juristen und vor allem den Soldaten der Fall ist, uns alle zusammenschweißen und nach außen hin zu einer einzigen Einheit verbinden. Nicht, wie es in jüngster Zeit auf allen Gassen gepredigt worden ist, müssen wir uns aus wirtschaftlichen Gründen in zwei Lager, in Arbeitgeber und Arbeitnehmer trennen. Das in der Chemie stark ausgeprägte Verwandtschaftsgefühl hat unseren Verein groß und größer gemacht, so dass wir uns jetzt stolz die größte chemische Vereinigung nennen können.»[32] Im Rahmen einer gewerkschaftsähnlichen Organisation wie dem Butib sei ein Zusammenschluss der Chemiker hingegen illusorisch: «Wenn sich aber alle in der Industrie tätigen Beamten, wie Chemiker, Ingenieure, Techniker, Meister, Aufseher, also die Vertreter der verschiedenen Berufsarten, zu einer Vereinigung zusammenschließen, lediglich um eine große Macht zu bilden, um als Masse zu wirken, welche ohne Rücksicht auf die Einzel- und Fachinteressen die Forderungen aller vertritt, so halten wir dies für grundsätzlich falsch und verfehlt.»[33] Die Interessen der Chemiker seien besondere, sie hätten mit denjenigen der anderen Industrieangestellten nichts zu tun. «Bei aller Hochachtung eines jeden Standes kann man im Ernst nicht verlangen, dass die an Hochschulen erzogenen Chemiker ihre Lebens- und Standesinteressen vereinigen sollen mit denen der in der Industrie tätigen Handwerksmeister, Fabrikaufseher oder der an Fachschulen ausgebildeten Berufstechniker.» Es seien ja auch vor allem

Juristen und Volkswirte gewesen, die sich bisher für den Beitritt der Chemiker zum Butib eingesetzt hätten: «Eine große und wüste Literatur ist in kurzer Zeit über den scheinbar traurigsten aller Stände, den Chemikerstand, erschienen.»[34] Als gebildete Menschen sollte man derartige Bestrebungen, die auf Klassenkampf hinausliefen, eigentlich ablehnen. Zumindest die Chemiker hätten derartige kollektive Aktionen nicht nötig; sie seien unter ihrem Niveau.

Duisberg verschwieg die sozialen Probleme nicht, von denen er die Karenzfrage, die Erfindervergütung, die Einstiegsgehälter und die Alterssicherung näher behandelte. Das waren in der Tat die Punkte, bei denen der Butib handfeste Argumente besaß und eine reine Zurückweisung wenig half. Duisberg verwies auf die erzielten Erfolge. Gesetzliche oder kollektive Regelungen würden nicht helfen, da die Dinge zumeist sehr kompliziert seien. Der Verein als «Sammelstätte für alle chemisch gebildeten Kreise»[35] habe hingegen bereits viel erreicht. Duisberg verwies auf den Beschluss, die Karenz, auf die vernünftig nicht verzichtet werden könne, zu bezahlen, er erläuterte die Beteiligung der Erfinder an den Erträgen der Erfindungen in vielen Unternehmen, wovon beide Seiten profitierten. Er wies die Vorwürfe zurück, junge Chemiker würden zu Hungerlöhnen beschäftigt. Hier würden Praktikanten und Anfänger in einen Topf mit regulär beschäftigten Chemikern geworfen. Eine von ihm veranstaltete Umfrage nach den Durchschnittsgehältern, die er nicht öffentlich machen könne, die aber von Emil Fischer geprüft und bewertet worden sei, habe gezeigt, dass regulär beschäftigte Chemiker nicht schlecht verdienen würden. Die Chemie habe schließlich auch nichts grundsätzlich dagegen, dass die Chemiker in die gesetzliche Sozialpolitik einbezogen würden, nur sei es doch nicht sinnvoll, die umfangreichen Pensionsregelungen, die längst existierten, einfach zu zerstören. Kurz: Es gebe Probleme, doch zeige die Praxis, dass der Ansatz des Vereins, derartige Dinge untereinander zu regeln, viel erfolgreicher sei als alles gewerkschaftliche Geschrei. Gerade er könne das schließlich aus voller Überzeugung sagen, denn er sei ein Chemiker, der sich ganz von unten her Stufe für Stufe hochgearbeitet habe: «Wer mich kennt, wird wissen, dass ich immer in erster Linie da zu finden war und bin, wo es heißt gegen Miß- und Übelstände des Berufs vorzugehen.» Es könne allein nur der erfolgreich sein, der auf sich achte: «Vollen Erfolg werden und können wir nur haben, wenn wir uns nicht mit minder gebildeten Elementen zu einer trägen oder gar gewalttätig vorgehenden Masse verbünden, sondern alle

Fachgenossen, die bisher noch unseren Bestrebungen fernstehen, in unsere Reihen ziehen.»[36]

Das Protokoll verzeichnet an dieser Stelle lang anhaltenden und stürmischen Beifall, und in der Tat setzte sich Duisbergs Auffassung von Sozialpolitik im Unternehmen in den kommenden Jahren nicht nur im Verein Deutscher Chemiker, sondern in der gesamten chemischen Industrie als maßgeblich durch. Dazu trug auch der in Danzig eingesetzte «Soziale Ausschuß» des Vereins bei, der die entsprechenden Fragen aufgriff und debattierte. In Jena 1908 konnte Duisberg stolz verkünden, dass der Verein in den vergangenen zwei Jahren mehr als 700 Mitglieder gewonnen und jetzt etwa 3900 habe. Das Größenwachstum des Vereins brachte allerdings auch neue Probleme. Duisberg ließ auf dem Jenaer Treffen über die Professionalisierung und Verbesserung der Geschäftsführung förmlich abstimmen und betrieb jetzt auch eine fachliche Ausdifferenzierung des Vereins, der mit der wachsenden Größe ja eine zunehmend heterogene Mitgliedschaft hatte. Die damit gegebene Tendenz zur Spaltung oder Teilung des Vereins suchte Duisberg durch die Einrichtung von Fachgruppen zu neutralisieren, was ihm auch weitgehend gelang.[37] In Jena jedenfalls wurden neben den 19 Bezirksvereinen auch elf Fachgruppen konstituiert, das Programm der Chemikertreffen entsprechend verlängert und ausgeweitet; das Exkursionsprogramm wurde zugunsten der Fachgruppensitzungen zusammengestrichen. Der Programmzettel, so Duisberg stolz, umfasste schon in Jena vier statt der bisher üblichen zwei Seiten. Auf diese Weise ließen sich auch die wissenschaftlichen Bedürfnisse der einzelnen Fachgruppen, zum Teil in Parallel-Sektionen, unter einen Hut bekommen.[38]

***

Damit erledigte sich auch nach und nach ein Problem, das Duisberg von Anfang an beschäftigt hatte: das Ansehen der praktisch tätigen Chemiker und ihres Vereins. Um es zu fördern, war Duisberg in den kommenden Jahren, wie er selbst es gesagt hätte, fast rastlos tätig. Ehrung und Auszeichnungen standen dabei im Vordergrund. Mit der Liebig-Medaille besaß der Verein Deutscher Chemiker eine bereits 1903 gestiftete Ehrung für exzellente naturwissenschaftliche Arbeiten, mit der in den kommenden Jahren herausragende Forscher wie Eduard Buchner oder Paul Ehrlich ausgezeichnet wurden. Erster Träger der Medaille war allerdings der Münchener Chemiker Adolf Baeyer, für dessen Auszeichnung sich Duisberg sehr eingesetzt hatte. Überhaupt merkte Duisberg sehr schnell, welche Bedeutungen symbolische Ehrungen und Auszeichnungen besaßen. Bei seinem

Amtsantritt gab es außer der Liebig-Denkmünze nur die Möglichkeit, Ehrenmitglieder zu ernennen (jeweils einmal pro Jahr). Auch hier hatte Duisberg im Übrigen Baeyer protegiert, der in der Tat dann auch das erste Ehrenmitglied des Vereins wurde. Ihm folgte wenig später auf Duisbergs Vorschlag Emil Fischer, von dessen Ernennung sich Duisberg nicht zu Unrecht eine Aufwertung des Vereins im Verhältnis zur Deutschen Chemischen Gesellschaft erwartete.[39] Und in der Tat: Adolf Baeyer, der dem «Allerweltsverein» gegenüber lange die Nase gerümpft hatte, wurde zugänglicher, und Emil Fischer half, die Kluft zu schließen: «Es freut mich ausserordentlich, dass die beiden Vereine sich in so glücklicher Weise ergänzen; dass Sie namentlich die Aufgabe, welche die Deutsche Chemische Gesellschaft infolge ihres internationalen und mehr wissenschaftlichen Gepräges nicht erfüllen kann, mit so grossem Eifer und Geschick anfassen. Standesfragen, wie Ausbildung, gesellschaftliche Stellung, soziale Wohlfahrt, Repräsentation der Chemiker gegenüber den anderen Berufskreisen in unserem deutschen Vaterlande hat der Verein und ganz besonders Sie an seiner Spitze mit richtigem Blick zum Gegenstand Ihrer Arbeiten gemacht und wir haben alle vollen Grund, Ihnen dafür dankbar zu sein.»[40] Das bedeutete zwar nicht Ranggleichheit in akademischer Hinsicht, aber es gab jetzt doch so etwas wie eine auf gegenseitiger Achtung beruhende Arbeitsteilung.

Ehrungen wirkten, und zwar besonders dann, wenn sie öffentlichkeitswirksam erfolgten. Gleich zu Beginn seiner Amtszeit als Vorsitzender sorgte Duisberg daher dafür, dass Ehrungen und Auszeichnungen aller Art in der Vereinszeitschrift mitgeteilt wurden. Die Veranstaltungen des Vereins wurden nach und nach zu einer Art «Weihefest» mit fachlichem Anspruch und geselligem Ausklang. In Frankfurt am Main 1909 gelang das wegen des großen Ortskomitees, das sich sehr viel Mühe bei der Vorbereitung des Chemikertages gab, außerordentlich gut. München 1910, eine Versammlung, die Duisberg minutiös vorbereiten ließ bzw. selbst plante, stand dann ganz im Schatten der erstmaligen Vergabe der Adolf-Baeyer-Medaille, die Carl Duisberg zu Ehren des 50. Dozentenjubiläums von Baeyer und seines bevorstehenden 75. Geburtstages gestiftet hatte. Diese Medaille sollte der Verein von nun an alle zwei Jahre für herausragende Arbeiten auf dem Gebiet der organischen und Farbstoffchemie verleihen. Dass Baeyer der Benennung der Medaille nach ihm zustimmte, ja, selbst in München das Wort ergriff, obwohl es ihm nicht mehr sehr leichtfiel, zu reden, rechnete sich Duisberg als großen Erfolg an.[41] Darüber hinaus war es ihm gelungen, den bayerischen Kronprinzen Ludwig als Ehrengast für die Eröffnung zu gewinnen. Damit stand der Verein Deutscher Chemiker endgültig im Rampenlicht.[42] Auch auf Nachrufe legte Duisberg Wert. Den größten Teil seiner Reden auf der Jahresversammlung 1911 in Stettin bestimmten die Nachrufe, für die er sich noch mehr Zeit als gewöhnlich nahm, da zwei Ehrenmitglieder des Vereins (Jacob Volhard und Heinrich Caro) sowie weitere bedeutende Chemiker und Industrielle verstorben waren.[43] Der Verein wurde so auch ein Forum für die individuelle Anerkennung, die ein Chemiker unter Fachgenossen erreichen konnte.

All diese Ehrungen und Inszenierungen galten zweifellos auch Duisberg selbst. Die Freiburger Jubiläumstagung 1912 sollte eben auch ihn auf dem Gipfel seiner persönlichen Entwicklung zeigen; schließlich war er zu Jahresbeginn alleiniger Generaldirektor eines der profitabelsten und technisch führenden deutschen Chemieunternehmen geworden und galt unbestritten als der starke Mann des Dreibundes. Im Vorfeld der Freiburger Tagung hatte man bereits in der Industrie und bei Privatpersonen Geld für eine Stiftung gesammelt, die jungen Chemikern einen längeren USA-Aufenthalt ermöglichen sollte.[44] Auch diesmal wurde der Ablauf des «Chemikertages» zwischen Ortskomitee und Geschäftsstelle minutiös geplant. Duisberg war mit seinem Abschluss-Kongress zufrieden: «Sobald ich Zeit habe, werde ich auch wieder meine Kritik schreiben, die aber diesmal kurz und gnädig ausfallen wird; abgesehen vom Begrüssungsabend,[45] der vollkommen misslungen war, ist der Verlauf sämtlicher Veranstaltungen derartig gewesen, dass wir voll und ganz zufrieden sein können.»[46] Der Großherzog und Prinz Max von Baden waren bei der festlichen Eröffnung zugegen, was Duisberg zu Hochrufen begeisterte.[47] Auch an Kaiser Wilhelm schickte man – wie üblich – ein Telegramm und sprach dem «erhabenen Schutz- und Schirmherrn weltumspannender Kulturarbeit» den Kaisergruß aus, was Duisberg im Übrigen lieber vermieden hätte.[48] Duisberg nutzte die Eröffnungsrede vor allem, um das geringe Ansehen der Chemiker in den 1880er Jahren mit der glänzenden Gegenwart zu kontrastieren. Heute sei man anerkannt, aber man habe es sich selbst erarbeitet: «Nicht Überhebung, sondern das Gefühl des Stolz ist es, das uns den Mut gibt, dies hier zu sagen, das jeder empfinden muß und soll, der sich aus kleinen Anfängen heraus zu achtunggebietender Stellung emporgearbeitet hat.»[49] Wie gering sei hingegen das Ansehen noch in den 1870er und 1880er Jahren gewesen. Selbst im chemiereichen Wuppertal hätte man sich vor 30 Jahren unter einem Chemiker nichts Rechtes vorstellen können. Auch die Unternehmer hätten kaum eine Vorstellung gehabt und akademische Chemiker mit großem Misstrauen betrachtet. Duisberg erzählte hier dem Großherzog und allen anderen auch seine eigene Geschichte, die in der Entwicklung des Vereins zugleich zu allgemeiner Bedeutung kam. Dass er nun zu seinem Ausscheiden seine eigene Stiftung zugunsten des Vereins von 30 000 auf 50 000 Mark erhöhte, um damit zusätzlich zur Baeyer-Denkmünze eine Emil-Fischer-Medaille für besondere wissenschaftliche Leistungen vergeben zu können, symbolisierte diese Symbiose perfekt. Nun konnte der Verein jedes Jahr, so er wollte, herausragende Leistungen ehren – und jedes Jahr würde auch des Stifters der Preise, würde Carl Duisbergs gedacht werden. Das kündigte er mit dem gehörigen Pathos der Versammlung in Freiburg an: «Außer der von mir früher gestifteten und von dem Bildhauer Prof. Hermann Hahn in München entworfenen, Ihnen allen bekannten Adolf-Baeyer-Denk-Münze, welche dem Preisträger der Stiftung in Gold verliehen wurde, habe ich in Verehrung für unseren neben Adolf v. Baeyer wohl bedeutendsten organischen Chemiker Emil Fischer und zur Erinnerung an seinen in diesem Jahr stattfindenden 60. Geburtstag von dem Bildhauer Prof. Fritz Klimsch in Charlottenburg eine Emil-Fischer-Medaille anfertigen lassen, die Sie dort in vergrößertem Maßstabe vor sich sehen und die nunmehr, abwechselnd mit der Adolf-Baeyer-Medaille, zur Verteilung kommen soll. Ich hoffe, dass auch diese Stiftung und ihre Kennzeichnung durch unsere bedeutendsten Chemiker dazu beitragen wird, besonders die organische Chemie in Wissenschaft und Technik weiter zu heben und zu beleben.»[50] Emil Fischer nahm danach die erste Ehrung mit der nach ihm benannten Medaille selbst vor, und zwar an Fritz Hofmann für seine Arbeiten auf dem Gebiet des synthetischen Kautschuks, während zuvor Carl Harries für das gleiche Gebiet mit der Liebig-Medaille ausgezeichnet worden war.[51]

Es war die persönliche Entscheidung von Carl Duisberg, Fritz Klimsch um Entwürfe für die Medaille zu bitten, die Emil Fischer nebenher nicht so ganz zusagte; sie sei «in der derben deutschen Manier hergestellt», aber insgesamt doch ganz gelungen.[52] Für Duisberg, der Klimsch zu dieser Zeit bereits verehrte, war das nicht von Bedeutung, er freute sich vor allem, dass Emil Fischer, der entscheidende Mann bei der Entwicklung der Kaiser-Wilhelm-Gesellschaft, diese Medaille in Freiburg selbst verlieh und Duisbergs Bedeutung damit öffentlich unterstrich.[53] So ließ sich Abschied nehmen: «Wer so lange wie ich, 16 Jahre lang, im Vorstande war, wer wie ich 16 Hauptversammlungen regelmäßig mitgemacht und sein Interesse aufs

Intensivste betätigt hat, der wird mehr und mehr arbeitsmüde und gedankenarm und sieht ein, dass neue Kräfte sich betätigen müssen, um nicht stehen zu bleiben, sondern immer weiter und weiter zu kommen.»[54] Er bleibe dem Verein verbunden; und ein Jahr später konnte er aus der Distanz heraus auch ein Fazit seiner Arbeit ziehen: «Von allen Aufgaben, die sich unser Verein gestellt hat, war für mich von jeher die wichtigste diejenige, die freilich die jüngeren von ihnen nicht mehr zu würdigen wissen, da sie bereits im Vollbesitz und Vollgenuss dessen sind, was wir damals noch erstreben mussten, die aber uns älteren Kollegen viel Mühe und Arbeit gemacht hat, es war das Ansehen des Chemikerstandes, die Würdigung und Achtung der Allgemeinheit vor den Leistungen der Chemiker. Unser Verein hat sich neben seinen wissenschaftlichen, wirtschaftlichen und sozialen Bestrebungen auch dieser Aufgabe stellen müssen. Er hat sie aber nicht in dem Sinne zu lösen gesucht, wie das heute in gewerkschaftlichen Kreisen üblich ist, indem man mehr fordert, ohne mehr zu leisten, sondern indem wir durch tüchtige Arbeiten und Leistungen, durch Vervollkommnung unserer Vor- und Ausbildung das Ansehen bei unseren Mitbürgern steigerten und so die höhere Achtung ehrlich verdienten.»[55]

***

Mit Duisbergs Tätigkeit im Vorstand des Vereins Deutscher Chemiker ist sein Engagement in naturwissenschaftlichen Organisationen keineswegs vollständig beschrieben. Auch in der Gesellschaft Deutscher Naturforscher und Ärzte (GDNÄ), deren Treffen er seit Ende der 1880er Jahre besuchte, spielte er eine wichtige Rolle. 1904 wurde er in die Unterrichtskommission der GDNÄ gewählt, die sich für die Aufnahme naturwissenschaftlicher Fächer in den Lehrstoff der Gymnasien einsetzte.[56] An den Jahresversammlungen nahm er nun regelmäßig teil. Auch hier war er offensichtlich ein Freund der Geselligkeit, bedankte sich doch der spätere Vorsitzende der Gesellschaft, der Leipziger Zoologe Carl Chun, im April 1907 für die Zusendung von Aristochin mit der Bemerkung, die Darmstädter Tagung sei überaus angenehm gewesen; er leide «momentan an keinen Nachwirkungen Pfälzer Weinstudien».[57] Die Bekanntschaft zu Chun pflegte Duisberg auch über die bei ihm übliche Zusendung von Arzneimitteln, ja ganzen Reiseapotheken hinaus, etwa durch Übermittlung einer signierten Photographie. Nicht zuletzt wegen Chuns Einfluss schlug ihn die Gesellschaft im Jahr 1907 zunächst für einen Sitz in ihrem Vorstand vor. Duisberg war durchaus aufgeschlossen, wollte aber von Carl Chun, der mittlerweile Rektor der Leipziger Universität geworden war, Ende Dezember 1907 wissen, was da womöglich auf ihn zukomme; immerhin habe er ja noch ein «kleines Geschäft» zu leiten.[58] Chun antwortete ganz offen, es gehe nicht um irgendeinen Vorstandsposten, sondern man wolle Duisberg als einen von drei Vorsitzenden der Gesellschaft vorschlagen. Das sei nicht sonderlich viel Arbeit, und Duisberg werde sicher Freude an der Aufgabe haben, «ganz abgesehen davon, dass man ganz allgemein Ihre Wahl zum Vorsitzenden als eine besonders glückliche bezeichnen und Ihnen von vorneherein mit Sympathie begegnen wird».[59] Duisberg blieb indes bei seiner ablehnenden Haltung, da er sich von einer Stellung als dritter Vorsitzender der Gesellschaft wenig versprach. 1911 trug man ihm das Amt eines Schatzmeisters an, das Duisberg unter bestimmten Bedingungen zu übernehmen bereit war. Er wollte, wie er schrieb, nicht einfach der Vermögensverwalter der Gesellschaft sein, sondern tatkräftig dabei helfen, der «Naturforscherversammlung (Bezeichnung der Jahrestreffen der GDNÄ, W. P.) ihre alte Stellung im deutschen Geistesleben zu erhalten und zur Erfüllung der in unserer Zeit so notwendigen Aufgabe beizutragen, die Zersplitterung in der Forschung auf dem Gebiete der Naturwissenschaften und der Medizin zu verhindern». Duisberg sollte dem Vorstand der GDNÄ fast 20 Jahre angehören; erst mit seinem 70. Geburtstag 1931 legte er dieses Amt nieder.

Die Forderungen, die Duisberg stellte, waren bezeichnend. Zunächst verlangte er, dass der Schatzmeister «zu allen Beratungen heranzuziehen und ihm Kenntnis zu geben (sei) von allen wichtigen Korrespondenzen», die der Vorstand bzw. die Vorsitzenden untereinander und mit der Geschäftsführung führten. Zweitens müsse man ihm 1200 Mark pro Jahr zur Verfügung stellen, um eine geeignete Kraft für die Einziehung der Beiträge und für die Kassenführung beschäftigen zu können. Drittens könne er das Amt erst nach der Verlegung des Sitzes der Farbenfabriken von Elberfeld nach Leverkusen in vollem Umfang übernehmen. Viertens sei die Geschäftsführung zu reformieren. Da Berthold Rassow ohnehin bereits geschäftsführender Sekretär der Naturforscherversammlung sei, geschehe dies am besten durch die Zusammenlegung der Geschäftsstellen von GDNÄ und Verein Deutscher Chemiker. «Wenn der Vorstand bereit ist, hierauf einzugehen, so will ich gerne die nicht leichte Bürde eines Schatzmeisters auf mich nehmen und mit ganzer Kraft mich der Gesellschaft Deutscher Naturforscher und Ärzte widmen.»[60] Duisberg war also nur zu seinen eigenen Bedingungen bereit, in den Vorstand der GDNÄ einzutreten, und hätte auch nur dann den Vorsitz übernommen, wenn diese Funktion deutlich aufgewertet worden wäre. Der seinerzeitige Vorsitzende der

GDNÄ, der Würzburger Physiologe Maximilian von Frey, kam ihm in allen Punkten entgegen und versprach ihm, sich bei den anderen Vorsitzenden für die Forderungen einzusetzen; lediglich in der Frage des Vorsitzes könne man wenig machen, da hier Satzungsänderungen notwendig würden.[61] Die GDNÄ stellte daraufhin den Farbenfabriken 1200 Mark zur Verfügung, die diese auch zur Einstellung eines entsprechenden Mitarbeiters nutzten.[62] Duisberg konnte seine Sanierungsarbeiten beginnen.[63] De facto war er auf diese Weise zum eigentlichen Vorsitzenden der Naturforschergesellschaft geworden, da er mit dem Geschäftsführer Berthold Rassow gut kooperierte und in allen Fragen vom Rat der drei Vorsitzenden zwingend zu beteiligen war. 1913 wählte ihn auch noch die Deutsche Chemische Gesellschaft, in deren Ausschuss er bereits seit Ende der 1890er Jahre wiederholt vertreten war, zu einem ihrer auswärtigen Vizepräsidenten (bis 1916), wodurch Duisberg auch ständiges Vorstandsmitglied der eigentlichen chemischen Fachgesellschaft wurde.[64]

Duisberg hatte damit in allen für die organische Chemie wichtigen naturwissenschaftlichen Gesellschaften wenn nicht die Fäden in der Hand, so doch maßgeblichen Einfluss. Dabei spielte auch eine Rolle, dass er deren Versammlungen fleißig besuchte, ja, dass er seinen Jahresablauf an den großen naturwissenschaftlichen Treffen orientierte. Die Jahrestagungen des Vereins Deutscher Chemiker fanden immer gegen Pfingsten an schönen oder zumindest bedeutenden Orten des Reiches statt, sodass Duisberg die Teilnahme stets mit Autotouren verband, bei denen die gesamte Familie dabei war. Auch andere Kongresse lagen günstig, zumeist in den Sommersemesterferien, sodass größere Reisen mit ihnen verbunden werden konnten. Auf den Tagungen achtete Duisberg sehr darauf, Bekanntschaften und Kontakte zu pflegen, zu erneuern oder überhaupt zu schließen.[65] Die Kongresse wurden dadurch im Laufe der Zeit zu regelrechten «Familientreffen», auf denen man Freunde und Bekannte traf, die man sonst nicht sah. Neben den Hauptversammlungen des Vereins waren es insbesondere die Naturforschertreffen,[66] die zudem auch einen größeren Kreis ansprachen.[67] «Ich fahre heute Mittag für einige Tage nach Aachen zur Naturforscherversammlung und reise am Donnerstag nach Hamburg zur Generalversammlung des Vereins mit dem langen Namen (Verein zur Wahrung der Interessen der Chemischen Industrie, W. P.). Kommen Sie nicht nach dort? Es wäre zu schön, wenn wir uns dann treffen könnten. Ende dieses Monats mache ich mit Koenigs aus München, der zurzeit auf der Ausstellung in Paris weilt, eine Städtetour durch Belgien und Holland. Wahrscheinlich wird sich Pechmann, der sich aber nur ungern von seinen Bergen in Südtirol trennt, anschließen.»[68] Diese Versammlungen wurden für Duisberg im Laufe der Zeit so wichtig, dass er kaum eine ausließ. Hier fühlte er sich ganz offensichtlich gut aufgehoben. «Es war schade, daß Sie nicht auf der Hauptversammlung in Stettin anwesend waren. Sie hätten sich sicherlich, wie alle Teilnehmer, über den Ernst der Arbeit, die dort geleistet wurde, und die damit verbundene fröhliche Geselligkeit, sehr gefreut.»[69] Noch in den 1920er Jahren konnte Duisberg so ausgelassen wie ausgiebig an derartigen Treffen teilnehmen, was mit der ihm bis in das Alter hinein von vielen Kollegen bescheinigten «Frische» zu tun haben mochte.

Dass Duisberg die Ämter zufielen, verwundert nicht, betrachtet man seine Karriere im Verein Deutscher Chemiker. Er war auffallend energisch, er hatte klare Vorstellungen von der zukünftigen Entwicklung und er war nicht zuletzt ein erfolgreicher Chemiker und ein noch erfolgreicherer Manager, der mit dem Dreibund den bedeutendsten Unternehmenskomplex in der chemischen Industrie repräsentierte. Über Henry Theodor Böttinger war er eng mit den Berliner Schaltstellen verbunden, in die er nach und nach selber hineinwuchs. Mit Adolf Baeyer und Emil Fischer konnte er sich der engen Beziehung zu Deutschlands führenden organischen Chemikern rühmen. Auch seine Programmatik, der Wunsch nach elitärer Abgrenzung der Chemiker von anderen Beschäftigtengruppen, stieß bei den Chemikern des Vereins nicht auf Kritik, sondern entsprach ihrem Selbstbild, dem sich ja auch Duisberg persönlich verbunden fühlte: Man war unter sich und wollte es sein und bleiben. Dafür war er auch zu finanziellen Opfern bereit. Möglich wurde seine umfangreiche Aktivität freilich nur, weil er die alltägliche Arbeit geschickt auf viele Schultern zu verteilen wusste. Sobald sein Einfluss ausreichte, drang er auf Organisationsreformen, um die Arbeit effektiver zu gestalten, de facto also auf eine Professionalisierung der Geschäftsstellen. In Elberfeld bzw. Leverkusen ließ er sich von Anfang an zuarbeiten, sei es, dass extra für diese Aufgaben Personal eingestellt wurde, sei es, dass Mitarbeiter der Farbenfabriken herangezogen wurden. Eine Schlüsselstellung kam dabei schließlich Bernhard Heymann zu, der seit den 1890er Jahren das Hauptlabor der Farbenfabriken leitete. Er wurde Duisbergs rechte Hand in allen Fragen, die die wissenschaftlichen Verbände betrafen, wie Duisberg in einem Schreiben zu seinem Tod selbst sagte: «Persönlich verlor ich in Ihrem Gatten einen hochgeschätzten lieben Freund und Mitarbeiter, der auch nach seinem Übertritt in den wohlverdienten Ruhestand im Jahre 1929 zu meiner Entlastung weiterhin die Betreuung der wissenschaftlichen Vereine, deren Vorsitz ich zum Teil inne hatte, übernahm, wie er dies in so aufopfernder Weise schon seit Jahren getan hatte.»[70]

***

Duisbergs Aufstieg im Deutschen Museum folgte einem ähnlichen Muster, nicht zuletzt weil auch das Museum zunächst auf eine Art wissenschaftlichen Förderverein zurückging. Das Münchener Museumsprojekt sprengte indes nach einiger Zeit den Rahmen der wissenschaftlichen Gesellschaften, weil es zu einem Prestigeobjekt des späten Kaiserreiches von hoher symbolischer Bedeutung wurde. Die von ausländischen Vorbildern inspirierte Idee faszinierte Duisberg und viele seiner Zeitgenossen: Die Schaffung eines Museums der Meisterwerke von Wissenschaft und Technik, das zugleich Ausdruck, Dokumentation und Leitbild des phönixhaften Aufstiegs der deutschen Industrie zur Weltgeltung sein sollte, der durch die Kooperation von Wissenschaft, Technik und Industrie möglich geworden war. Der 1903 auf Initiative des Ingenieurs Oskar von Miller gegründete ‹Verein des Museums von Meisterwerken der Naturwissenschaften und der Technik› sowie dessen Gründungsaufruf für ein entsprechendes Museum[71] fanden nicht nur allerhöchste Unterstützung, sondern das Projekt vereinte bald die großen Namen der deutschen Industrie und Wissenschaft. Mit der Satzung von 1906 erhielt der Verein eine feste Struktur. Die Leitung bestand seitdem aus dem dreiköpfigen Vorstand sowie einem Vorstandsrat, in dem auch die großen Wissenschaftsorganisationen vertreten waren.[72] Der Verein Deutscher Chemiker, der dort keinen Sitz hatte, fühlte sich zurückgesetzt. Carl Duisberg schrieb im Februar 1907 an Oskar von Miller, «dass der Verein Deutscher Chemiker wohl in erster Linie dazu berufen sein dürfte, bei den Aufgaben, welche dem Vorstandsrat unterliegen und bei der Förderung des Deutschen Museums mitzuwirken. Abgesehen davon, dass unser Verein die grösste Vereinigung von Chemikern darstellt und zur Zeit ca. 3500 Mitglieder zählt, umfasst dieselbe nicht nur Wissenschaftler, wie dies die im Vorstandsrat vertretene deutsch-chemische Gesellschaft tut und nicht nur physikalische Chemiker, wie die ebenfalls im Vorstandsrat vertretene Bunsengesellschaft für physikalische Chemie, sondern sämtliche Chemiker, Wissenschaftler und Techniker aller Spezialitäten und hat als erstes Ziel die Förderung der angewandten Chemie, die doch für das deutsche Museum am meisten in Frage kommt, zum Gegenstand.»[73] Von Miller versprach, den Wunsch demnächst zu behandeln[74], und in der Tat konnte Carl Duisberg bald als Vertreter des Vereins in den Vorstandsrat einziehen.[75] Ob er sich das insgeheim so gewünscht hatte? Wahrscheinlich ist es. Duisberg avancierte jedenfalls sehr schnell zum Vertreter der chemischen Industrie im Deutschen Museum; der Vereinsvorsitz war im Rückblick nur das Vehikel, das er für die Mitgliedschaft benötigte.

Im Vorstandsrat, das erkannte Duisberg sehr schnell, kam es vor allem darauf an, die Ideen des in jeder Hinsicht maßgeblichen Oskar von Miller[76] zu unterstützen, und das hieß: Spenden und Stiften! Duisberg war so eifrig dabei, dass er zu einem der größten privaten Einzelspender des Museums wurde, vor allem aber mobilisierte er Unterstützung aus der chemischen Industrie.[77] Zunächst sammelte oder besorgte er Exponate aus diesem Bereich, sodann motivierte er einzelne Chemieindustrielle, durch große Einzelspenden selbst Mitglieder des Deutschen Museums zu werden. Duisberg ging so weit, auch seine eigene Frau und die Gattin von Friedrich Bayer zu werben; beide stifteten größere Summen beziehungsweise einen wertvollen Flügel und die Ausstattung des Musiksaales.[78] Darüber hinaus veranlasste er, dass die Sammlung des Pioniers der Farbstoff-Forschung Heinrich Caro ins Deutsche Museum kam, steuerte aber auch Proben des ersten synthetischen Kautschuks aus eigener Produktion bei.[79] Im Oktober 1911 richtete Duisberg eine Reisestiftung für Leverkusener Schüler zugunsten des Deutschen Museums ein,[80] 1912 überließ er die Medaillen von Baeyer und Fischer der Münchener Sammlung,[81] zu seiner Silbernen Hochzeit 1913 stiftete er 30 000 Mark für den astronomischen Teil der Sammlung und kündigte eine größere Stiftung von Friedrich Bayer an, der damit auch lebenslanges Mitglied des Deutschen Museums wurde.[82] Mit der Zeit fühlte sich Duisberg im Vorstandsrat des Deutschen Museums für den gesamten Bereich der chemischen Industrie zuständig und konnte ungehalten werden, wenn man ihn zu übergehen schien. Als das Deutsche Museum sich auf der Suche nach einer alten Apothekeneinrichtung im Herbst 1913 an Henry Theodor Böttinger wandte, zeigte sich Duisberg «auf's höchste erstaunt», dass man nicht ihn gefragt habe.[83] Während des Krieges, insbesondere nach der Bildung der großen I. G. 1916, versuchte er erfolgreich, auch deren leitende Herren für das Museum zu gewinnen.[84] Wie solche Werbungen im Einzelnen vonstattengingen, mag das Beispiel des Generaldirektors der Bayerischen Stickstoffwerke Nikodem Caro zeigen. Caro, ein Namensvetter des BASF-Direktors und Farbenchemikers Heinrich Caro, hatte sich an Duisberg mit der Bitte gewandt, ihm Zugang zum Vorstandsrat des Deutschen Museums zu verschaffen.[85] So einfach sei das nicht, antwortete Duisberg. Zunächst müsse er Ausschussmitglied werden, doch setze das eine Stiftung voraus, die es bei ihm bisher nicht gebe. Er könne angesichts der bevorstehenden Kriegsgewinnsteuer das Versäumte jetzt aber günstig nachholen; er lasse ihm eine Liste der Wünsche des Deutschen Museums zugehen. «Im übrigen bitte ich, sich wegen des weiteren an Herrn Reichsrat von Miller zu wenden. Ich zweifele nicht, daß er gern bereit ist, Ihrem Wunsch Rechnung zu tragen und bin auch meinerseits gern erbötig, Ihnen dabei zu helfen und sobald ich Näheres höre, für Sie einzutreten.»[86]

Duisberg machte sich auf vielfältige Weise nützlich, bis es schließlich auch zu privaten Kontakten zu Oskar von Miller kam, der anlässlich der Verhandlungen über die Rheinlandausstellung im Sommer 1913 Leverkusen und die Familie Duisberg besuchte.[87] Für Duisberg war das der Beginn einer persönlichen Freundschaft, die er gezielt pflegte. Miller und Duisberg kamen persönlich gut miteinander aus, da sie ein ähnliches Naturell besaßen. Beide waren «Tatmenschen».[88] Von solchen Menschen, gerade wenn sie erfolgreich waren, war Duisberg schon seit seinen Erfahrungen mit Carl Rumpff ersichtlich angetan – und offensichtlich gefiel auch Oskar von Miller die zupackende Art Duisbergs, zumal das Deutsche Museum erheblich davon profitierte. Der Besuch in Leverkusen wurde erwidert; die Duisbergs waren schließlich des öfteren Gäste in der «Villa Miller» in Niederpöcking am Starnberger See. Seit dem Sommer 1916 duzten sich die beiden Männer, was bei Duisberg bisher nur im engsten Freundeskreis üblich gewesen war. Die Vertrautheit hielt bis zum Tode von Millers an und schlug sich in zahlreichen Privatbesuchen nieder. Duisberg, der 1925 zu seiner eigenen, zumindest behaupteten Überraschung zum Ehrenmitglied des Deutschen Museums ernannt wurde,[89] blieb auch nach seinem Ausscheiden aus den Vorstandsgremien für das Deutsche Museum tätig; seinem Engagement war es zu verdanken, dass die I. G. Farbenindustrie AG schließlich einen Teil der Kosten des Bibliothekbaus trug.[90] Er konnte aber nicht verhindern, dass sich die I. G. 1929/30 aus der Finanzierung der Bibliothek zurückzog, was Oskar von Miller als «tiefe Wunde» empfand, die man ihm geschlagen habe.[91] Persönlich stiftete Duisberg aber weiter, etwa die Erinnerungsplakette anlässlich der Eröffnung des Deutschen Museums 1925 oder Felder in der Bronzetür des Museumsgebäudes.[92]

Seine Erfolge bei der Unterstützung Millers prädestinierten Duisberg für höhere Aufgaben. Als er im Sommer 1911 für die Wahl zum Vorsitzenden des Vorstandsrates des Deutschen Museums vorgeschlagen wurde, zierte er sich nicht lange, sondern fühlte sich geschmeichelt und geehrt.[93] Gegenüber Freunden und Bekannten unterließ er es in der folgenden Zeit auch nicht, auf die bevorstehende Wahl und sein neues Amt hinzuweisen.[94] Das Amt führte Duisberg durchaus selbstbewusst, aber stets im Sinne von Oskar von Miller. Denn bei allem Interesse an der eigenen Reputation war Duisberg klar, dass er nur profitieren würde, wenn zugleich auch der Zweck des Ganzen gefördert würde. Über seine Zeit als Vorsitzender von 1912 bis 1916 bemerkte er später nur trocken: «Ich habe als Vorsitzender des Vorstandsrates des Deutschen Museums getreulich das getan, was ungeschrieben heute noch über dem Museum steht: ‹In diesem Hause darf jeder tun, was ich will. Oskar von Miller.›»[95] Das war als Kompliment gemeint, zumal Duisberg mit Miller nie in Konkurrenz trat. Für ihn war der Vorsitz im Vorstandsrat des Deutschen Museums schon Anerkennung genug. Denn mit seiner Wahl gelangte Duisberg in Kreise, die ihm bis dahin verschlossen waren oder die er doch eher von außen beobachtet hatte. Bei den Sitzungen traf er hohe Vertreter des Reiches und des Königreiches Bayern, führende Wissenschaftler und Industrielle. Der Staatssekretär des Reichsamtes des Inneren, Delbrück, war ebenso vertreten wie der bayerische Kultusminister von Knilling, der Münchener Oberbürgermeister Wilhelm von Borscht ebenso wie der Präsident der Bayerischen Akademie der Wissenschaften von Heigel. Duisberg nutzte die sich hier bietenden Gelegenheiten strategisch aus; fast alle Mitglieder des Vorstandsrates wurden mit gut gefüllten Reiseapotheken versorgt, Oskar von Miller, der die Geschenke aber an seine Kinder weitergab, sogar mehrfach. Duisberg gefielen die Treffen außerordentlich. An den Kölner Bankier Louis Hagen, den er im Sommer 1913 für eine Mitgliedschaft im Deutschen Museum gewonnen hatte, schrieb er, «dass die Ausschuss-Sitzungen des Deutschen Museums mit zu den interessantesten gehören, die in Deutschland stattfinden. An denselben nehmen ausser Vertretern des Reiches und der verschiedenen Bundesstaaten die führenden Männer der deutschen Industrie und des Handels teil. Sie treffen sich nicht nur gelegentlich des stets abwechslungsreichen Festabends, den die Stadt München zu Ehren der Teilnehmer im altehrwürdigen Rathaus veranstaltet, sondern auch beim Vortrag mit abschliessender Abendunterhaltung.»[96]

Als Höhepunkt seiner Tätigkeit schwebte Duisberg ein festliches Treffen von Vorstand und Vorstandsrat des Deutschen Museums in Leverkusen und Essen im Herbst 1914 vor, wo er Gelegenheit gehabt hätte, sein Werk der deutschen Öffentlichkeit bekannt zu machen und sich als dessen Schöpfer angemessen darzustellen. Der Krieg machte indes dieser Inszenierung einen Strich durch die Rechnung.[97] Zur Sitzung nach Leverkusen kamen nur die Vorsitzenden, Ehrenvorsitzenden und Schriftführer von Vorstand und Vorstandsrat, die Duisberg bei sich und im Fabrikkasino unterbrachte und der Lage entsprechend eher spartanisch bewirtete.[98] Der Besuch litt zudem darunter, dass die Gäste zügig von Leverkusen nach Essen weiterreisten. Duisberg musste selbst einräumen, dass dort «mehr als bei uns Interessantes und Zeitgemässes» zu besichtigen sei. Gleichwohl blieben die Sitzungen des Vorstandsrates für Duisberg die Chance, sich zu präsentieren, und er tat dies auch. Geradezu fasziniert war er von der Sitzung im Herbst 1915 in Berlin, von der er seinem Schwiegersohn Hans-Hasso von Veltheim begeistert berichtete.[99] Am Eröffnungsabend hätten die Berliner Herren einen Empfang gegeben, «zu dem mehr als 150 Herren der ersten Gesellschaft, darunter die Spitzen der Zivil- und Militärverwaltung erschienen waren». Er habe beim Essen zwischen Krupp und Tirpitz gesessen. Dabei habe man ausführlich über den Krieg und insbesondere über die Kriegsziele im Westen gesprochen. Die Vorstandssitzung des Deutschen Museums am nächsten Tag im Reichstag, auf der Duisberg für ein drittes Jahr im Amt bestätigt wurde, eröffnete er mit dem markigen Satz: «Der endgültige Sieg kann nicht mehr allzu fern sein»[100], und gab dann eine «Plauderei», wie er Veltheim schrieb, über die Leistungen der chemischen Industrie im Kriege, die er demnächst zu einem Vortrag ausarbeiten werde, jedenfalls hätten das zahlreiche Herren gewünscht. Die anwesenden Münchener Politiker seien von der Rede angetan gewesen, Generaloberst von Moltke habe gar verkündet, er werde wiederkommen, sollte Duisberg den Vortrag wiederholen. Auch das Beiprogramm mit Besuchen bei Siemens, in den Ateliers von Liebermann und Klimsch und gemeinsamen Mahlzeiten und langen Bierabenden kam bei Duisberg überaus gut an. Ein zweites Frühstück beim Staatssekretär des Reichsamts des Innern und preußischen Innenminister Delbrück besuchten, was Duisberg sehr beeindruckte, das «ganze preußische Staatsministerium und die Staatssekretäre». Für Duisberg war die Spitze erreicht: Das Deutsche Museum und sein Vorstandsrat machten aus dem rheinischen Chemieindustriellen endgültig eine Persönlichkeit von nationaler Bedeutung.

Inwieweit Duisberg nach 1933 in die Umstände der Verdrängung Oskar von Millers aus dem Amt einbezogen war, muss beim derzeitigen Stand der Forschung als offen gelten.[101] Verschiedene Handlungen Millers hatten frühzeitig die Kritik der Nationalsozialisten auf sich gezogen: Er lehnte es 1926 ab, eine Bismarck-Statue auf dem Museums-Gelände aufzustellen; 1932 konnten die drei Ehrenvorsitzenden des Deutschen Museums nur gegen von Millers Widerstand einen Kranz am Bismarck-Denkmal niederlegen. Miller äußerte sich auch anerkennend über das Aufbauwerk in der Sowjetunion. Nach der Machtergreifung weigerte sich Miller, an der Vorstellung des politisch neutralen Museums konsequent festhaltend, die Hakenkreuzfahne aufzuziehen und setzte sich damit auch öffentlich vom neuen Regime ab, das ihn schließlich aus dem Amt drängte und mit dem Münchener Verleger Hugo Bruckmann einen «bewährten» Nationalsozialisten als Nachfolger präsentierte.[102] In Duisbergs Briefwechsel mit Oskar von Miller spielt dessen Rückzug keine Rolle. In den Monaten zwischen Oktober 1932 und August 1933 gingen, zumindest ausweislich von Duisbergs Autographensammlung, keine Briefe zwischen den beiden hin und her, danach war der Umgang distanziert, aber weiterhin ausgesprochen freundlich. Dass Duisberg um die Umstände von Millers Amtsverdrängung wusste, ist sicher, ebenso auch der Kontakt zu Hugo Bruckmann, den Duisberg persönlich kannte, auch wenn keine Korrespondenz überliefert ist. 1931 war sein Sohn Carl-Ludwig Mitglied des Aufsichtsrates der Bruckmannschen Verlagsgesellschaft geworden, was den Vater sehr freute.[103] Trotz dieser wohl recht engen Kontakte und der unstrittig in der Weltwirtschaftskrise zunehmend rechtskonservativen Einstellung Duisbergs ist es indes unwahrscheinlich, dass er an der Amtsverdrängung Millers selbst beteiligt war. Gründe hierzu hatte er jedenfalls nicht.

***

Duisberg merkte schnell, dass mit den vielen Ämtern, die ihm zufielen, Gestaltungsmöglichkeiten verbunden waren, insbesondere wenn es an Universitäten und Hochschulen darum ging, Stellen zu besetzen oder über Strukturen zu entscheiden. Da die deutschen Hochschulen seit den 1880er Jahren nicht nur rasch wuchsen, sondern sich zugleich zur modernen Forschungsuniversität wandelten, waren derartige Fragen an der Tagesordnung. In den Fächern, die eng mit dem industriellen Fortschritt der Zeit verbunden waren, war es üblich, über Probleme der Forschung und der Nachwuchsausbildung an den Universitäten mit der Industrie zumindest zu reden. Für die Farbenfabriken in Elberfeld waren das keine gänzlich neuen Herausforderungen, weil Henry Theodor Böttinger als Freund Friedrich Althoffs mit diesem Gegenstand wiederholt befasst war. Duisberg selbst kannte Althoff, der bereits 1908 starb, nur flüchtig[104] und fand auch zu seinem Nachfolger Friedrich Schmidt (von 1920 an Schmidt-Ott), der 1908 die Abteilung Kunst und Wissenschaft im preußischen Kultusministerium übernahm, zunächst keinen unmittelbaren Zugang.[105] In den Jahren vor dem Krieg kam es allerdings mit dem für die Universitäten zuständigen Ministerialdirektor im Kultusministerium Naumann, dem er später auch einmal ein Kistchen Moselwein zukommen ließ, zu regelmäßigen Kontakten[106] in Berufungsangelegenheiten.[107] Naumann fragte ihn nach seiner Meinung, entschied aber deshalb nicht nach Duisbergs Wunsch.[108] Auch in Bayern, wo Duisberg den zuständigen Kultusminister Eugen von Knilling privat kannte, war sein durchaus gesuchter Rat von begrenzter Wirkung, da sich Knilling in seiner Berufungspolitik zumeist an den Listen der Fakultäten orientierte, von denen er nach Duisbergs Beobachtung nur ungern abwich.[109] Wenn Friedrich Glum, der Generalsekretär der Kaiser-Wilhelm-Gesellschaft während der Weimarer Jahre in seinen Memoiren schrieb, «es gab so gut wie keinen chemischen Lehrstuhl und kein chemisches Institut in Deutschland, bei dem er (Carl Duisberg, W. P.) nicht seine Hand im Spiel gehabt hätte»[110], so trifft das gleichzeitig zu und eben auch nicht zu: Duisberg hatte zweifellos eine Stimme, aber eben nicht die entscheidende.

Duisberg beeinflusste Berufungen nicht direkt, da sich kein Ministerium von außen Vorschriften machen ließ. Er hatte im Laufe der Zeit aufgrund seiner zahlreichen Funktionen und Ämter vielmehr einen guten Überblick über die Lage des wissenschaftlichen Nachwuchses und konnte daher überaus kompetente Ratschläge geben. Er handelte, wenn er Empfehlungen aussprach, zudem nicht autonom, sondern sicherte sich selbst ab. Vor allem Emil Fischer wurde zu Duisbergs wichtigstem Stichwortgeber. Auf seinen akademischen Rat verließ sich Duisberg blind, doch war er beileibe nicht der Einzige, den Duisberg um Rat fragte. In den Vorständen der Fachgesellschaften bekam er immer wieder wichtige Anregungen, wobei namentlich die Dresdner Professoren Walter Hempel und Fritz Förster zu nennen sind. In der einschlägigen Korrespondenz waren Berufungsangelegenheiten Standardthema: Welcher Chemiker wohin wechselte, wer wo welche Aussichten hatte, wen man für eine entsprechende Position empfehlen könnte. Sie zeigt ähnlich wie die Korrespondenz mit den Ministerien, dass Duisberg an den Berufungsentscheidungen selbst keinen Anteil hatte, seine Stimme in den Fakultäten aber bei der Aufstellung von Listen sehr gefragt war.

Selbstlos war dieses Engagement nicht. Duisberg warb zeitlebens für die organische Chemie bzw. versuchte, den Aufstieg der physikalischen Chemie zu bremsen: «Physikalische Chemie ist aber auch eine Spezialität, die nur Ostwalds und Nernsts Schüler forcieren und die ja als Modesache heute viel poussiert wird, die aber dem für die Praxis bestimmten Chemiker wenig oder gar nichts nützt. Die physikalische Chemie ist eben eine für die theoretische Erkenntnis der chemischen Vorgänge sehr wichtige Wissenschaft, wird aber practische Dienste niemals leisten», bemerkte Duisberg schon Anfang 1897 gegenüber Henry Theodor Böttinger.[111] Dieses Urteil spricht für die Verkennung des sich bereits abzeichnenden Aufstieges der physikalischen Chemie, die nach der Jahrhundertwende auch wirtschaftlich eine immer größere Bedeutung bekam.[112] Das sah Duisberg schließlich auch, doch bestärkte ihn das nur in seinem Eintreten für die Organik, da er befürchtete, der Farbenindustrie könnte der akademische Nachwuchs ausbleiben, sollte die Bedeutung der Organik an den Hochschulen zurückgehen. Den vermeintlichen Nachwuchsmangel in der organischen Chemie führte er vor dem Krieg daher auch folgerichtig auf die «Propaganda» zurück, «welche die physikalische Chemie in allzu wilder Weise gemacht hat. … Manch tüchtige junge Kraft hat sich verleiten lassen, den Sirenengesängen Ostwalds, Nernst's, van t'Hoff's und Konsorten zu folgen und sitzt jetzt auf dem Trocknen, weil in der Wissenschaft nicht viel zu machen ist und wir in der Technik diese Leute nicht brauchen.»[113] Entsprechend suchte er die Stellung der physikalischen Chemie zu schwächen, zumindest aber deren Aussichten zu dämpfen. Ihre Absolventen hätten es schwer, denn die Technik lehne alle Bewerber ab, «die statt einer gründlichen chemischen Experimentalarbeit nur rein messende Untersuchungen vorgenommen haben, wie sie vielfach in physikalisch-chemischen Laboratorien üblich sind. Diese jungen Chemiker tun mir immer leid, denn sie versuchen überall in der Technik anzukommen und werden höchst selten genommen», während ihre Konkurrenten rasch Arbeit finden würden.[114]

Angesichts ihrer unbestreitbaren Erfolge kamen ihm im Laufe der Jahre hinter verschlossenen Türen aber doch gewisse Zweifel an seiner geradezu schroffen Ablehnung. Er frage daher seinen guten Bekannten Foerster von der TH Dresden, der selbst physikalischer Chemiker war, was er von der Entwicklung halte.[115] Foerster, der Duisbergs Vorbehalte kannte, antwortete freundlich, diplomatisch, aber doch recht deutlich. Zwar teilte er Duisbergs Auffassung, dass im Studium alle Bereiche der Chemie gleichberechtigt vertreten sein müssten, und plädierte daher ebenfalls dafür, die gegenwärtige Struktur der Lehrstühle nicht weiter zu ändern. Duisbergs Beurteilung der physikalischen Chemie rückte Foerster aber deutlich zurecht. Sie sei nicht die Spitze, die nur für wenige erreichbar und daher auch nur für wenige sinnvoll sei, sondern sie erfülle wesentliche Aufgaben auch für die Anwendungsbereiche und für die Technik, da sie maßgeblich zur Aufklärung und damit zur technischen Beherrschbarkeit der chemischen Reaktionen beitrage, wovon sowohl Anorganiker wie Organiker sehr viel Nutzen ziehen könnten. Er gab dafür eine Reihe von Beispielen und empfahl Duisberg, sich nicht kritisch in der Öffentlichkeit zu exponieren, sondern lieber ruhig auf eine ausgeglichene Entwicklung hinzuwirken.[116] Duisberg nahm sich Foersters Rat durchaus zu Herzen, zumal die Ausbildung an der TH Dresden, neben der in Karlsruhe, in seinen Augen vorbildlich war und in Dresden auch die einzige deutsche Professur existierte, die die Farbstoffchemie in der Denomination trug. Dass er seinen Sohn Walther zum Chemiestudium nach Dresden schickte, war zweifellos kein Zufall. Nach Foersters freundlichen, aber bestimmten Hinweisen mäßigte Duisberg seine Kritik in der Öffentlichkeit und plädierte von nun an für eine Gleichberechtigung der verschiedenen Richtungen der Chemie, meinte damit aber immer, dass der Status der Organik nicht geschmälert werden dürfe. Für seine Abneigung hatte er auch persönliche Gründe, namentlich die Wut auf seinen alten Gegner Wilhelm Ostwald, neben Nernst der Nestor der physikalischen Chemie, der freilich mehr und mehr in die Wissenschaftsphilosophie abwanderte, was Duisberg freute.[117] Mit Henricus van t'Hoff verstand Duisberg sich gut, mit Walther Nernst war er befreundet; die Bunsen-Gesellschaft, die Fachvereinigung der physikalischen Chemie, ehrte ihn schließlich nach dem Krieg auch offiziell. Da zeichnete sich aber bereits ab, dass Duisbergs Eintreten für die organische Chemie den Wandel nicht hatte aufhalten können. Spätestens in der Mitte der 1920er Jahre vollzog auch die chemische Industrie den Wechsel zu Lasten der Organik nach. Zumindest eine Verzögerung des Wandels hatte Duisberg mit seiner Beharrlichkeit aber erreicht.

Duisbergs «Personal- und Strukturpolitik» war also zunächst vor allem daran orientiert, den weiteren Aufstieg der physikalischen Chemie zumindest zu bremsen und die Bedeutung der organischen Chemie zu sichern. In diesem Rahmen, aber auch ganz generell bei Berufungsfragen ging es ihm dann aber vor allem darum, Freunden und Bekannten zu helfen, soweit diese Unterstützung nicht wegen mangelnder Qualität der Vorgeschlagenen auf ihn selbst zurückzufallen drohte. War er sich sicher, intervenierte er hartnäckig, etwa für seinen Studienfreund Johannes Walther, dann aber auch für Baeyers Schwiegersohn Piloty, seinen Freund Ludwig Knorr oder jüngere vielversprechende Chemiker wie Richard Willstätter oder Alfred Stock, auf die ihn in der Regel Emil Fischer hinwies. Dabei war er keineswegs immer erfolgreich, aber darum ging es auch nicht wirklich. Duisberg war in den Verfahren dabei, erhob seine Stimme, spielte mit. Nach und nach gewann Duisberg allein dadurch an Bedeutung, dass er viele Professoren und Privatdozenten von Tagungen und Konferenzen kannte, denen er nicht selten bei der Einrichtung ihrer Laboratorien behilflich war. So etwas verpflichtete und machte Nachfragen, ob Duisberg nicht Personalempfehlungen habe, zumindest nicht unwahrscheinlicher. Diese Kontakte und die zahlreichen Verbindungen, die Duisberg aus seinen Funktionen und Aufgaben in den großen wissenschaftlichen Gesellschaften hatte, ließen ihn schließlich zum vielleicht bestinformierten Chemiker des Kaiserreichs, zumindest an der Schnittstelle Wissenschaft/Industrie, werden, dessen Rat von daher einfach gefragt war. Ein Blick auf Münchener Berufungsfragen mag das, aber auch Duisbergs Grenzen verdeutlichen.

In München hatte Duisberg seit seiner Wahl zum Vorsitzenden des Vorstandsrates des Deutschen Museums beste Kontakte. Beim Abendessen anlässlich der Nachfeier zu seiner silbernen Hochzeit, zu der er im Herbst 1913 in das Münchener Regina-Palast-Hotel eingeladen hatte, sprach Duisberg mit dem bayerischen Kultusminister Eugen von Knilling geradezu selbstverständlich über Berufungsfragen, worauf Knilling einige Zeit später zurückkam: «Gelegentlich unseres Beisammenseins im Oktober vor. Js. wurde zwischen uns gelegentlich auch die Frage der Wiederbesetzung der durch den Tod Muthmanns erledigten Professur für anorganische Chemie in der Technischen Hochschule berührt. Euer Hochwohlgeboren haben dabei der Anschauung Ausdruck gegeben, dass die Wiederbesetzung wohl keinen Schwierigkeiten begegnen würde, da der gegebene Mann für diesen Lehrstuhl Professor Hofmann in Berlin sei.»[118] Auch der Senat der Technischen Hochschule München habe Hofmann vorgeschlagen, nur habe der dummerweise kurzfristig abgesagt. Die Liste enthalte weitere Namen, daher bitte er um Rat, wen er denn nun nehmen solle. Duisberg, der zugleich auch mit Karl Hofmann in Berlin in engem brieflichen Kontakt stand, war gut informiert und hielt Knilling vor, die Absage habe die TH wohl mit der Teilung der Professur provoziert, durch die man zugleich die Möglichkeit gewinnen wollte, einen eigenen Extraordinarius zum Ordinarius machen zu können. So etwas sei immer ungeschickt: «So hat (man) – nehmen Sie es mir nicht übel, wenn ich dies offen ausspreche – den großen Fehler gemacht, eine Neuorganisation auf eine bestimmte Person zuzuschneiden.»[119] Auf die geteilte Stelle werde man wohl keinen renommierten Herren gewinnen, was Duisberg für die TH, deren Niveau nicht besser werde, aber auch für die Industrie leidtue. Er ging dann die Liste der Kandidaten durch und schlug schließlich zunächst einen Nichtgelisteten vor, war sich aber klar, dass Knilling wohl nicht gegen die Vorschläge der TH entscheiden würde. Dennoch informierte er seinen «Vorschlag», den Breslauer Anorganiker Alfred Stock: «Es hat mir sehr leid getan, daß Hofmann nicht nach München gegangen ist, denn mit Naumann (dem für Hochschulen zuständigen Referenten im preußischen Kultusministerium, W. P.) hatte ich schon gesprochen und er war bereit, Sie zu rufen. Auch dem bayerischen Kultusminister, der mich vertraulich fragte, wem er nach der Ablehnung Hofmanns den Vorzug geben sollte, Manchot oder Wöhler, habe ich geraten, er solle Sie zuerst fragen. Ob er das tun wird, ist eine andere Frage.»[120] Stock wurde nicht berufen, was Duisberg durchaus ärgerte, da eine falsche Personalentscheidung die «chemische Abteilung an der technischen Hochschule zu München in die II., wenn nicht gar in die dritte Linie» zurückwerfe.[121]

Auch in der Baeyer-Nachfolge mischte Duisberg kräftig mit, tat das allerdings in gewisser Hinsicht in offiziellem Auftrag. Denn nachdem Baeyer zu Jahresbeginn 1915 auf eigenen Wunsch alle Verpflichtungen an der Universität aufgegeben hatte, wandte sich der Rektor der Universität München, der Mediziner Friedrich von Müller, den Duisberg seit der Vorkriegszeit kannte, vertraulich mit der Bitte um Unterstützung an ihn. Eigentlich müsste man, so Müller, entsprechend der wissenschaftlichen Entwicklung auf dem Gebiet der Chemie die Professur teilen und je einen Ordinarius für anorganische und für organische Chemie berufen. Unter Umständen sei sogar eine Erweiterung hin zur physikalischen Chemie ratsam, die ja doch auf dem Vormarsch sei. Müller bat Duisberg, der in der Sache ja ganz unparteiisch sei, um Hilfe, vor allem aber um konkrete Namensnennungen, damit er sich in der Berufungsangelegenheit orientieren könne.[122] Duisberg antwortete ausführlich und schreckte auch vor klaren Personalbeurteilungen nicht zurück, da er sich selbst ebenfalls als unparteiisch ansah. Die Teilung der Professur sei sinnvoll, erfordere aber neue Laboratorien, die angesichts ihres Alters allerdings ohnehin notwendig seien. Nur dürfte jetzt während des Krieges das Geld fehlen, sodass eine Zweiteilung der Professur wohl das äußerste sei, was erreichbar schiene. Auf anorganischem Gebiet machte Duisberg einige Vorschläge, unterstrich erneut die Qualitäten von Karl Hofmann, der nach seiner Absage auf den Ruf der TH bei Kultusminister von Knilling aber wohl kaum eine Chance habe, und empfahl dann besonders Alfred Stock aus Breslau. Insgesamt gebe es aber reichlich gute junge Anorganiker. Schwieriger sei die Baeyer-Nachfolge auf organischem Gebiet, nicht zuletzt weil die lange Zeit hochgehandelten Baeyer-Schüler Thiele und Curtius nicht das gehalten hätten, was man sich seinerzeit von ihnen versprochen habe. Hingegen kämen die beiden anderen Schüler Ludwig Knorr und Richard Willstätter auf jeden Fall in Frage, der letztere vor allem, weil er von der Forschung her der beste Organiker Deutschlands, «dazu ein ausgezeichneter Redner, wenn auch etwas affektiert» sei. Er sei allerdings Jude. Er, Duisberg, habe hierüber auch mit Kultusminister von Knilling gesprochen, der ihm ganz offen gesagt habe, «dass er es nach Lage der Verhältnisse nicht wagen dürfe, an diese wichtige Stelle einen jüdischen Mann zu setzen». Duisberg verstand das nicht, da es im Interesse der Wissenschaft ein schwerer Fehler sei, zumal er «selbst kein Antisemit (sei) … und … hierauf keine Rücksicht nehmen (würde)».[123]

Die Sache nahm dann aber doch einen völlig anderen Verlauf, da sich von Knilling besann und die Vorbehalte hintanstellte. Unter dem Einfluss von Adolf Baeyer sprach sich die Fakultät nicht nur aus finanziellen Gründen gegen eine Teilung der Professur aus; sie ließ auch wissen, dass sie nur Richard Willstätter als Nachfolger Adolf Baeyers akzeptieren würde, und plazierte ihn entsprechend «primo et unico loco». Duisberg ruderte Ludwig Knorr gegenüber, dem er Andeutungen gemacht hatte, er habe gute Aussichten auf die Baeyer-Nachfolge, denn auch rasch zurück, nachdem die Entscheidung gefallen war: «Zu meinem großen Schmerz erfuhr ich aber am nächsten Tage, als mich zuerst der neue Dezernent, von Winterstein, und später der Minister in dieser wichtigen Angelegenheit befragten, daß die Fakultät in Aussicht genommen hat, als einzigen, der auf die Liste gesetzt werden soll, Willstätter zu nennen. Das bestätigte auch Adolf Baeyer, als ich noch am Abend zusammen mit Emil Fischer ihn in seiner Wohnung aufsuchte. Bei dieser Gelegenheit erfuhr ich auch, was ich Ihnen streng vertraulich sage, daß Adolf Baeyer in erster Linie für Willstätter eintritt. … Obgleich ich wiederholt auf Sie hingewiesen habe und Sie ja im Falle die Verhandlungen mit Willstätter scheitern, wie ich herausfühlte, die besten Chancen in München haben und sicherlich in erster Linie in Betracht kommen, obgleich Sie mehr Gegner in München haben, als ich glaubte, stehen die Chancen, daß es uns gelingen würde, Sie nach München zu bringen, jetzt viel schlechter, als ich an dem Abend, als ich Ihrer Frau Gemahlin Hoffnung erweckte, glauben konnte. Das tut mir von Herzen leid, denn ich hätte allzu gerne gesehen, wenn Ihnen diese schöne Professur zugefallen wäre.»[124]

Als sich Johannes Walther, der mit Duisbergs Vermittlung in den 1890er Jahren schließlich an der Universität Halle eine Professur bekommen hatte, 1918 für eine Münchener Professur interessierte, antwortete Duisberg ihm: «Du fragst mich, was ich in München über die Besetzung des freiwerdenden Lehrstuhls für Geologie gehört habe. Ich habe darüber mit dem Ministerialdirektor des Kultusministeriums und dem Kultusminister selbst, Exzellenz von Knilling, gesprochen. … Ich habe selbstverständlich die Gelegenheit benutzt, auch auf Dich aufmerksam zu machen, doch wurde mir die ebenfalls selbstverständliche Antwort, dass es hierbei im wesentlichen auf die Vorschläge der Fakultät ankäme, falls es sich um eine Neubesetzung handeln sollte. Da ich nun sehr befreundet mit Willstätter bin, der jetzt als Nachfolger Adolf von Baeyers ein wichtiges Wort mitzureden hat, so kann ich geeignetenfalls meinen Einfluss geltend machen. Du tust aber gut, wenn Du auch durch Hertwig und andere Dozenten in München dich dauernd in empfehlende Erinnerung bringst.»[125] Diese Antwort auf Walthers Bitte ist deshalb bezeichnend, weil sie die Möglichkeiten und Grenzen von Duisbergs Einflussnahme treffend zeigt. Von kleinen Anfängen ausgehend war Duisberg schließlich zu einer wichtigen Figur bei der Berufung von Professoren geworden, ohne aber deshalb den Ton angeben zu können. Einerseits kannte Duisberg zumindest in Preußen und Bayern die entscheidenden Ministerialbeamten, sodass er dort seine Wünsche und Vorschläge vorbringen konnte. Andererseits hatte Duisberg weitreichende Kontakte in die Fakultäten, die es ihm ermöglichten, auch dort die Meinungsfindung und damit mitunter die Vorschlagslisten zu beeinflussen. Nirgendwo besaß er förmliche Mitbestimmungsmöglichkeiten, faktisch aber war er überall gefragt, weil er zumeist auch über die potentielle Bewerberlage gut informiert war. Schließlich waren sich alle beteiligten Stellen und Personen bewusst, dass gute Beziehungen zur Industrie mehr als förderlich waren, sowohl, um die Absolventen zu versorgen, wie auch, um eigene Forschungsergebnisse wirtschaftlich erfolgreich nutzen zu können. Das deutsche Berufungsrecht und die mit ihm verbundene Praxis, die durch ein hohes Maß an Informalität gekennzeichnet waren, sowie die wirtschaftlichen Bedingungen schufen mithin eine Welt, in der sich Duisberg Gehör verschaffen konnte.

16 | Der Unternehmer und die Politik im Kaiserreich

Carl Duisberg hat sein Leben lang mit dem Satz kokettiert, er sei kein Politiker. Daraus zu schlussfolgern, Duisberg wäre unpolitisch gewesen, ist falsch. Er hatte im Gegenteil feste Vorstellungen von der politischen Ordnung, von der Bedeutung der Verwaltung und – wenn auch negativer Art – der politischen Parteien. Er war in jeder Hinsicht ein Mann der Ordnung, der geregelten Verhältnisse und er beurteilte die wirkenden Kräfte seiner Zeit unter diesem Gesichtspunkt: Trugen sie zu einer vernünftigen Ordnung etwas bei, waren sie für die Ordnung gefährlich, oder waren sie insofern ohne Belang. Die politische Ordnung war für Duisberg von zentraler Bedeutung; sie schuf den Rahmen und die Entfaltungsmöglichkeiten für die Farbenfabriken; sie sorgte auch dafür, dass das Unternehmen Einfluss auf wichtige politische und administrative Entscheidungen nehmen konnte. Dass hier eine Bruchzone lag, dass die Bedingungen der Ordnung und die Erfüllung der je besonderen Wünsche der Farbenfabriken nicht stets in eins fielen, ja, dass man aus partikularen Gründen in Widerspruch zu einer Ordnung geraten konnte, deren Geltung man wiederum als Bedingung der eigenen Blüte voraussetzte, ahnte Duisberg, doch glaubte er fest – ganz ein Mann des materialistischen Pragmatismus seiner Zeit – an die Möglichkeit sachlicher Lösungen. Wenn es zu Konflikten, Widersprüchen, Auseinandersetzungen kam, war dies für Duisberg stets der Ausdruck eines Mangels an Vernunft, den es durch Sachkunde auszugleichen galt. Dass man interessengeleitet handeln konnte, dass aus unterschiedlichen Interessen Probleme resultieren konnten, war ihm klar, doch durfte das vernünftige Schritte nicht behindern. Hier lag in seinen Augen auch das Problem der politischen Parteien, die in die vorhandene Ordnung eine unvernünftige Unruhe brachten, die sich allein der notwendigen Partikularität ihrer Standpunkte verdankte. Insofern sympathisierte Duisberg mit der Vorstellung einer über den Parteien stehenden Verwaltung als maßgeblich gestaltender Kraft. Die Staatsform selbst war ihm dabei ziemlich gleichgültig: «Aber auch heute, nachdem mehr als 40 Jahre seit der Gründung des Deutschen Reiches dahingegangen sind, hängt das Wohl der Staaten nicht davon ab, ob sie monarchisch oder republikanisch regiert werden, sondern davon, wie sie regiert werden, ob die Regierung das Wohl des Ganzen als oberstes Gesetz anerkennt und über allen persönlichen Interessen steht. … Über die Formen der Regierung mögen Toren streiten, der bestverwaltete Staat ist und bleibt der beste Staat, und jeder, der sich den Auslandswind einmal hat um die Nase wehen lassen, kehrt mit der Erfahrung zurück, dass die Staatsverwaltung Deutschlands nun doch einmal die beste der Welt ist.»[1]

Duisberg begrüßte das politische System des Kaiserreiches, weil es durch die Abschottung der Regierung von unmittelbaren parlamentarischen Einflüssen zumindest die Möglichkeit einer sachkundigen Politik offenhielt. Daraus machte er auch kein Geheimnis: «Wenn die Geschicke Deutschlands von unseren parlamentarischen Mehrheiten allein abhingen, dann so fürchte ich, würde es um uns schlecht stehen. Dann würde wahrscheinlich die jetzt eingetretene Krisis (Scheitern des Kabinetts Bülow 1908, W. P.) zu einer Katastrophe geführt werden. Daß wir diesem Schicksal glücklicherweise entgangen sind, dass es m. E. dazu auch nicht kommen wird, selbst wenn die schlechten Zeiten, wie zu fürchten, noch länger anhalten sollten, das verdanken wir unseren konstitutionellen Staatseinrichtungen. Im deutschen Reich und deutschen Land stehen über den Parteien, fern dem aufhetzenden Gewühl der Masse, unsere deutschen Fürstengeschlechter, die, in alten bewährten Traditionen erzogen, sich ihren freien, ungetrübten Blick für die Wohlfahrt des Reiches und des Landes bewahrt haben. An ihnen und an den von ihnen berufenen Regierungen hat die zur Zeit notleidende Industrie, hat die Nation heute mehr Halt und findet weitgehendes und besseres Verständnis als bei den politischen Parteien.»[2]

Die Reichsverfassung von 1871[3] war eine Art Zwitter; sie erlaubte zwar eine Regierung über den Parteien, gab jedoch dem aus dem allgemeinen und gleichen Männerwahlrecht hervorgehenden Reichstag das Budget- und das Gesetzgebungsrecht. Die fehlende parlamentarische Verantwortlichkeit der Reichsleitung war zudem nur theoretisch ein Vorteil. Es war ja keineswegs garantiert, dass die Verwaltung stets von Sachverstand bestimmt war. «Du glaubst nicht», klagte Duisberg gegenüber Johannes Walther, «wie sehr wir in der Technik uns über die Verfügung vom ‹grünen Tisch› des Ministeriums aus täglich zu ärgern haben, wie sehr wir die Zurücksetzung aller fachmännisch gebildeten Männer bei der Besetzung der technisch-politischen Behörden beklagen und wie sehr wir doch selbst empfinden, dass nur der Fachmann, der Spezialist auf dem heutigen Felde wissenschaftlicher und gewerblicher Tätigkeit in der Lage ist, etwas

Neues zu schaffen, die Wissenschaft und Technik zu fördern.»[4] Vor allem das Juristenmonopol störte den «Techniker» Duisberg ganz erheblich. Der Juristenzopf müsse abgeschnitten werden, das könne nur der Kaiser, doch auf den sei auch kein Verlass: «Leider versucht Majestät an Stelle der Juristen die Offiziere zu setzen, aber wie man schon des häufigeren gesehen hat mit demselben negativen Erfolge!»[5] Wäre nicht durch eine parlamentarisch kontrollierte Regierung eine Auswahl der leistungsfähigsten Personen für die führenden Ämter in Staat und Verwaltung sehr viel besser möglich gewesen als durch die scheinbar feudale Art, in der wichtige Aufgaben weiterhin vor allem Adligen übertragen wurden? Die verbreitete Kritik an der wenig effizienten Elitenrekrutierung im Kaiserreich teilte Duisberg, doch ging er nicht so weit wie Max Weber oder Walther Rathenau, die gerade deshalb eine durchgreifende Parlamentarisierung der Staatsverwaltung forderten.[6] Hiervon versprach er sich nichts Gutes. Für ihn lag der Ausweg anderswo.

Bismarck war sein Name. Duisbergs Bismarck-Verehrung verwundert nicht. Von der Prägung her war Duisberg – aufgewachsen im puritanisch geprägten Wuppertal – ein Mensch, der auf Selbstverantwortung große Stücke hielt und in der Arbeit mehr als einen Erwerb, vielmehr einen Lebenszweck, gelegentlich gar eine Rettung vor seelischen Nöten erblickte. Diese protestantisch-konservative Sozialisation begründete seine Nähe zum politischen System der konstitutionellen Monarchie, insbesondere aber zu Bismarck, dem Tatmenschen schlechthin. Bismarck begleitete Duisberg in seinen ersten Lebensjahrzehnten. Bis zu seinem 29. Lebensjahr gab es keinen anderen preußischen Ministerpräsidenten. Er war der Reichskanzler des 1871 gegründeten Kaiserreichs, das es ohne ihn nicht gegeben hätte. Er bestimmte danach die äußere und innere Politik. Für Duisberg waren das alles herausragende Eindrücke. Die Gründung des Reiches und der vorhergehende militärische Sieg gegen Frankreich blieben ihm sein Lebtag in starker Erinnerung[7], Bismarck der Inbegriff der politischen Führung: «Es ist wirklich schade», schrieb er an Carl Rumpff, «dass es Dir und unseren Damen[8] nicht möglich sein wird, der Reichstagseröffnung im weissen Saale (des Berliner Schlosses, W. P.) beizuwohnen, zusehen zu können, wie die gesamte deutsche Fürstenschaar sich um den jugendlichen geistvollen Kaiser versammelt, um zum Heile Deutschlands festes und einmütiges Zusammenhalten aufs Neue zu geloben. Es ist schade, daß es Euch leider versagt war, die inhaltlich und stilistisch so vorzügliche Thronrede[9] mit anhören zu können. Schon um ½ 2 Uhr waren wir bei Tisch in ihrem

Besitz und riefen nach dem lauten Verlesen ein mächtig Bravo. Dass unser grosser Kanzler bei ihr Pathe gestanden, merkt man an vielen Sätzen und charakteristischen Redewendungen. Sie ist ein Musterwerk der Politik, ein Grundpfeiler für weitere Friedenswerke.»[10] Duisbergs Bismarck-Verehrung war aber nicht nur Folge seiner Prägung. Persönliche Eindrücke kamen hinzu. Die Faszination durch den großen Mann folgte einer Lebenserfahrung, die Problemlösung durch tatkräftiges Handeln – und weniger durch normatives Räsonnement – gewohnt war und erwartete, zumal man durch die große Persönlichkeit auch von dem Zwang befreit wurde, Einrichtungen zu schaffen, die so widerspruchfrei waren, dass sie ihn möglicherweise ersetzen konnten. Der große Mann, das war die Lösung angesichts einer strukturell unverfügbaren Welt. Duisberg kam es weniger auf die Verfassung an als auf die tatkräftige Führung durch vernünftige Männer. Damit wird auch klar, warum Bismarck weit über seine Kanzlerschaft hinaus Duisbergs Leitbild blieb.

Nicht nur aus Duisbergs Sicht fehlte nach Bismarcks Abgang ein «großer Mann»: Kaiser Wilhelm II. brachte es in der Industrie nie zu mehr als zu jenem Respekt, der seinem Amt entgegenzubringen war.[11] Die Reichskanzler nach Bismarck, insbesondere Caprivi, Hohenlohe und Bülow, spielen in Duisbergs Korrespondenz keine Rolle; Bethmann-Hollweg gewinnt erst im Krieg Prominenz. Ohne einen «großen Mann», auf den man vertrauen konnte, musste man sich auf die gegebenen Strukturen der Entscheidungsfindung einlassen, und das hieß – in welcher Form auch immer –, an politischen Debatten teilzunehmen. Hier gewann Duisberg rasch den Eindruck, dass man trotz vernünftiger Vorschläge selten gehört, vor allem aber nicht unbedingt mehrheitsfähig war, dass also – aus seiner Sicht – vernünftiges Handeln nicht von Erfolg gekrönt sein musste. Konnte man die Opposition der SPD noch ideologisch interpretieren und die Partei als notorischen Ordnungsfeind identifizieren, so fiel diese Klassifikation rechts von der SPD nicht mehr so leicht. Das Zentrum war zwischen staatstreuem katholischem Konservativismus und konfessioneller Arbeiterbewegung hin und her gerissen[12]; im Rheinland, also vor Duisbergs Haustür, war das Zentrum vor allem der Arbeiterpartei[13], und Duisberg ließ keine Gelegenheit aus, darauf hinzuweisen, die «Schwarzen» seien genauso gefährlich wie die «Roten». Die Konservativen unterschiedlicher Couleur wurden, zumindest aus Duisbergs Sicht, mehr und mehr zur Partei agrarischer Sonderinteressen.[14] Die ohnehin gespaltenen Liberalen schwankten zwischen einem nach rechts tendierenden Nationalliberalismus und linksliberalen Strömungen, die sich durchaus ein Zusammengehen mit gemäßigten Sozialdemokraten vorstellen konnten.[15] Für Duisberg war es nicht leicht, sich hier einzuordnen. Sein Vorbild und Freund Henry Theodor Böttinger war ein rechts stehender Nationalliberaler, der die Partei 1912 verließ, da sie sich ihm zu sehr nach links zu öffnen schien. Duisberg hielt das für «Prinzipienreiterei». Carl Gamp war freikonservativer Reichstagsabgeordneter und erfüllte in Berlin für die Farbenfabriken als deren Aufsichtsrat wichtige Vermittlerfunktionen etwa in der Handels- oder der Patentpolitik. In den 1880er Jahren war er Mitarbeiter Bismarcks bei der Sozialgesetzgebung als Angehöriger des preußischen Handelsministeriums gewesen, kannte Bismarck also aus der täglichen Arbeit und dürfte von diesem Wissen in Elberfeld und Leverkusen auch reichlich Gebrauch gemacht haben. Gamp neigte, nachdem er zum Freiherrn Gamp-Massaunen geadelt und Rittergutsbesitzer in Pommern und Ostpreußen geworden war, nicht nur wirtschaftlich, sondern auch politisch stärker zum Agrarkonservativismus. Dies lehnte Duisberg ab, da er sich eine solche Haltung als zentrale Figur des Dreibundes nicht nur wegen der möglichen handelspolitischen Folgen für die exportabhängige Farbstoffindustrie nicht leisten konnte; das konservative Milieu stieß auch bei den südwestdeutschen Chemieindustriellen aus Frankfurt, Mannheim und Heidelberg nicht auf Gegenliebe. Die Farbenfabriken mit ihrem Aufsichtsrat aus frischgebackenen Gutsbesitzern (der Vorsitzende Böttinger in Arensdorf in der Neumark, der stellvertretende Vorsitzende Gamp in Hebrondamnitz und Massaunen) waren ja keineswegs repräsentativ für die chemische Industrie und das politische Milieu, das dort herrschte.[16] Im Hause selbst wusste man um die Meinungsverschiedenheiten. Zumindest zwischen Böttinger und Duisberg gab es die Absprache, sich gegenseitig mit entsprechenden Auseinandersetzungen zu verschonen.[17]

Schließlich sollte nicht vergessen werden, dass Duisberg sich als modernen Naturwissenschaftler im Geiste Ernst Haeckels sah, der ein großes Interesse daran hatte, den Naturwissenschaften und ihrem Denken einen größeren Platz im deutschen Bildungssystem, ja in der Gesellschaft überhaupt zu verschaffen. Auch hier waren die schnell identifizierten Gegner vor allem die protestantischen Konservativen und der katholische Antimodernismus. In Bismarcks Kulturkampf zurückgedrängt, von dessen laizistischer Stoßrichtung in der Bildungspolitik Duisberg selbst profitiert hatte, zeichnete sich in den 1890er Jahren aber eine Rückkehr zu «dunklen Verhältnissen» ab. Seither stand Duisberg dem, was in Preußen «Kartell» genannt wurde, nämlich einem Bündnis von Konservativen, Zentrum und Liberalen, überaus skeptisch gegenüber. Die katholisch beeinflusste Schul- und Bildungspolitik schien eine Wende gegen die modernen Naturwissenschaften an den Schulen nach sich zu ziehen. Duisberg ärgerte das sehr: «Ich jedenfalls werde niemals einem Kartell-Kandidaten mehr meine Stimme geben und ich bin für schonungslose Rücksichtslosigkeit gegen den Klerikalismus und den Ultramontanismus. Nur kein Entgegenkommen, sondern Kampf bis aufs Messer!»[18] Duisberg unterstützte dabei ausdrücklich die antikonfessionelle Haltung von Ernst Haeckel in der Bildungspolitik, die dieser in der «Freien Bühne» äußerte, und schrieb geradezu enthusiastisch an Haeckel: «Allerherzlichsten Dank für die freundliche Übersendung der Separatabdrücke Ihrer herzerquickenden Broschüre. Dieselbe hat nicht nur mir, sondern auch meiner Familie, meinen Freunden und Bekannten die größte Freude und Genugtuung bereitet, und danken wir Ihnen alle dafür, dass Sie, ein Feind des politischen Kampfes, dennoch, als die freie Wissenschaft und freie Lehre bedroht war und man uns in die mittelalterliche Geistesknechtschaft zurückführen wollte, die Führung gegen die Gegenreformation übernommen haben. Zwar scheint es ja, als wenn auf den abschüssigen Pfaden halt gemacht und mit den Zugeständnissen an den Klerikalismus nicht weiter gegangen werden sollte.[19] Doch ist Vorsicht sehr angezeigt, da der neue Kultusminister Dr. Bosse gerade derjenige ist, der, sei es aus Überzeugungstreue (?) oder wahrscheinlich aus höfischer Unterwürfigkeit die offiziellen Tischgebete bei Repräsentationsfesten in Berlin eingeführt hat. Ich bin sehr gespannt darauf, was dieser bigotte Jurist über das Wesen der Volksschule verbrechen wird. Seine erste Massnahme wird sicherlich die sein, dass er auf Grund Ihres Artikels über die Weltanschauung des neuen Kurses Sie in den preussisch-papistischen Bann erklärt und im Kultusministerium für Ihre reumütige Umkehr beten lässt. Wäre die Situation nicht so erschreckend ernst, man könnte die schönsten Humoresken schreiben. Aber Zedlitz-Trützschler (der bisherige preußische Kultusminister, W. P.) hat wenigstens das Gute bewirkt, dass die freidenkenden Schläfer und Träumer erwacht und die wachenden Liberalen ernüchtert worden sind, dass man endlich eingesehen hat, wie schädlich derartige Kartell- und Versöhnungspolitik werden kann.»[20]

Die vollmundigen Bekenntnisse von 1892 hat Duisberg später so nicht mehr wiederholt, aber sein Widerwille gegen mögliche Bündnisse von Konservativen und Zentrum blieb ausgeprägt, ja, fand 1909 beim Sturz des Reichskanzlers Bernhard von Bülow neue Nahrung. Duisberg neigte insgesamt wahrscheinlich zu einer gemäßigten, vor allem durch die Interessen der Industrie bestimmten nationalliberalen Haltung. Er hätte eine Art bürgerliche Sammlungsbewegung begrüßt, die einen modernen und international verflochtenen Industriestaat angestrebt hätte. Die Gegner einer solchen offenen und modernen Welt sah Duisberg seit den 1890er Jahren vor allem in den agrarischen Sonderinteressen und in der klerikalen Welt des Zentrums, die entweder aus Egoismus oder aus ideologischen Vorbehalten eine breite bürgerliche Bewegung unmöglich machten. Mit dem Aufstieg der Sozialdemokratie kam ein weiterer Gegner hinzu, der, so glaubte Duisberg zumindest zeitweilig, immerhin den Vorteil hatte, das bürgerliche Lager zum Zusammenhalt zu bringen. Die Beschwörung der Bedrohung durch die Sozialdemokratie, von der später noch ausführlich die Rede sein wird, hatte daher durchweg einen instrumentellen Beigeschmack, da sie eben auch dazu dienen sollte, die Reihen zu schließen und Sonderinteressen hintanzustellen.[21] Dabei war ihm klar, dass die eigentlichen Gegner einer bürgerlichen Sammlungsbewegung auf der rechten Seite standen: «Schade ist nur, dass dadurch (den Austritt des CDI–Vorsitzenden Roetger aus dem Hansa-Bund, W. P.) die so schwer erzielte Einigkeit des deutschen Bürgertums durchbrochen und unseren Gegnern auf der äussersten Rechten und Linken, sowie im Zentrum Wasser auf die Mühlen getrieben wurde. Die Verantwortung aber trägt lediglich und allein die Leitung des Zentralverbandes[22], die schon so oft, so in der Frage des Zusammenschlusses der Arbeitgeberverbände, wie in manchen Fragen der Sozialpolitik und der deutschen Volkswirtschaft die Zeit, in der wir leben, nicht verstanden und ihre frühere führende Stellung in der Industrie nicht richtig gewürdigt hat.»[23] Da politische Alltagsfragen in den Jahren des Aufbaus von Leverkusen und der Bildung des Dreibundes im Hintergrund blieben und auch in der Korrespondenz nur selten erwähnt werden, ist es schwer, definitive Aussagen zu treffen, doch scheint es zumindest, als sei Duisberg mit der Politik Bernhard von Bülows, der von 1900 bis 1909 Reichskanzler war, weitgehend einverstanden gewesen, zumal deutsche Weltpolitik und globale Unternehmensexpansion sich gut ergänzten.[24]

Am liebsten wäre es Duisberg gewesen, die Parteien hätten zumindest in der Wirtschaftspolitik gar keinen Einfluss gehabt. «Parteipolitik und Wirtschaftspolitik sind nicht identisch, sie vertragen sich meist sogar sehr schwer miteinander. Die erstere muß immer Rücksicht auf die Massen nehmen, muß deren Forderungen – ob sie richtig oder gerecht sind, ist gleichgültig – nachkommen. Die Parteipolitik muß populär sein.»[25] Da konnten einzelne

Industrielle, selbst wenn sie gewählt wurden, wenig ausrichten: «Selbst wenn ... ein Industrieller gefunden ist, der sich den Schmähungen der Sozialdemokratie auszusetzen und als Kandidat aufstellen zu lassen bereit ist, wenn er dann das Glück hat, gewählt zu werden, muß er sich ohne Gnade und Barmherzigkeit irgendeiner politischen Partei anschließen, und damit ist es meist mit seiner Freiheit und Unabhängigkeit in Wirtschaftsfragen dahin. Jetzt heißt es, aus parteipolitischen Gründen Rücksicht nehmen, denn wir leben in einem Lande, wo nur durch den Kompromiß mehrerer, in ihren wirtschaftlichen Anschauungen divergierender Parteien ein Majoritätsbeschluß zustande kommen kann.»[26] Da er das über allgemeine Wahlen gebildete Parlament distanziert sah, war er angesichts der wachsenden Bedeutung des Reichstages in den Jahren vor dem Krieg auch gegenüber der Idee eigenständiger Wirtschaftskammern offen, die nach, wie er das sah, sachlichen Gesichtspunkten funktionieren sollten. Als Albert Osterrieth, der Geschäftsführer des Deutschen Vereins für den gewerblichen Rechtsschutz, 1910 den schon älteren Gedanken eigenständiger Wirtschaftskammern erneut ins Spiel brachte, war Duisberg angetan: «Ihr Vorschlag, den verderblichen Einfluß der auf das allgemeine direkte geheime Wahlrecht aufgebauten Parlamente (Reichstag und Landtag) durch auf wirtschaftlicher Basis und auf Standesvertretungen beruhende Oberhäuser zu parallelisieren, ist ja auch von anderer Seite gemacht worden und findet meinen ungeteilten Beifall. ... Zwar glaube ich nicht, dass wir dieses Ziel sehr bald erreichen werden. Sicherlich ist dies nur zu machen, wenn die rote Gefahr weiter fortschreitet und die sozialdemokratischen Abgeordneten so zahlreich im Reichstag erscheinen, dass sie nahe daran sind, die Mehrheit zu bekommen.»[27] Aber sosehr sich viele Industrielle ein Wirtschaftsparlament wünschten, so unrealistisch war dessen Einrichtung. Man musste sich also nolens volens auf die Prozesse politischer Entscheidungsfindung einlassen und jeweils nach Mehrheiten suchen. Das war nicht ideal, aber ohne Alternative.

***

Im wirtschafts- und sozialpolitischen Alltag der Kaiserzeit ging es indes selten um Grundsatzfragen, die Duisberg überhaupt ungern debattierte: «Wir wollen keine Prinzipienreiter, sondern Gegenwartspolitiker sein, die die Zeit und Gelegenheit zu nützen wissen», verkündete er 1911.[28] Dabei machte er mitunter gemischte Erfahrungen. War die Industrie in wirtschaftspolitischen Fragen zumeist durchaus erfolgreich, so lag das in der Sozialpolitik vermeintlich anders: «Als Arbeitgeber leiden wir mit der gesamten deutschen Groß- und Kleinindustrie und dem Handwerk unter dem Streben aller politischen Parteien, auf dem Gebiet der Sozialpolitik einen Wettlauf um die Gunst der Massen zu veranstalten und immer neue Maßnahmen und Forderungen durchzusetzen, ehe das mit uns konkurrierende Ausland uns auch nur in den längst hinter uns liegenden Anfangsgründen der Sozialpolitik nachgefolgt ist», äußerte Duisberg 1910.[29] Aus der Sicht der Industrie hatte die Sozialpolitik «Pferdefüße»: Einerseits wurde sie am «grünen Tisch» gemacht und ging damit zumindest in Duisbergs Sicht an der Realität der Unternehmen vorbei, andererseits achteten die staatlichen Maßnahmen zu wenig auf die internationale Konkurrenzfähigkeit der deutschen Industrie. Schließlich sah sich die Industrie politisch völlig in der Defensive; die Politik höre einfach nicht auf den wirtschaftlichen Sachverstand. Im Zusammenhang mit dem schließlich gescheiterten Arbeitskammergesetzentwurf klagte Duisberg, die Industrie habe keinen Rückhalt im Reichstag. «Es freut uns sehr», schrieb er im Februar 1909 an Carl Gamp, nachdem dieser gegen den Gesetzentwurf zu den Arbeitskammern im Reichstag gesprochen hatte, «dass Du einmal eine Lanze für die armen und bedrängten Arbeitgeber gebrochen hast. Aber helfen wird dies nicht, bis wir uns zum rücksichtslosen Vorgehen entschliessen. Doch leider sind dazu Fabrikanten zu vornehm, und deshalb haut man auf sie weiter herum, bis hoffentlich der Esel endlich einmal ausschlägt. Ich fürchte allerdings, dass es dann zu spät ist, und dass bis dahin unsere schöne deutsche Industrie bankerott ist und am Boden liegt, wie dies ja bei der Textilindustrie, wenigstens hier im Wuppertal, in vieler Beziehung schon der Fall.»[30] Gamp stimmte zu, sah aber nur die Möglichkeit, mit dem Geld der Industrie mehr ihr geneigte Kandidaten in den Reichstag zu bringen: «Ich glaube», schrieb er an Duisberg, «es würde ein anderer Geist bei Nationalliberalen und Freisinnigen einziehen, wenn Ihr diesen Parteien gegenüber es bestimmt zum Ausdruck bringen würdet, dass sie auf Unterstützung für Wahlzwecke nicht zu rechnen hätten, wenn sie ihre Haltung den Arbeitgebern gegenüber nicht ändern».[31] Am Parlament führte aber auch für Gamp kein Weg vorbei.

Die sachlichen Vorwürfe gegen die staatliche Sozialpolitik bezogen sich vor allem auf die Eingriffe in die Unternehmensautonomie durch Vorschriften über Arbeiterausschüsse und rigide Gesundheits- und Unfallschutzvorschriften, wie sie sich mit der Sozialpolitik des «Neuen Kurses» zu Beginn der Regierungszeit von Wilhelm II. verbanden.[32] Die im Reichstag scheiternden Versuche, die wachsende Gewerkschaftsbewegung durch harte Strafen gegen Streikposten (Zuchthausvorlage) wieder einzudämmen, waren da kein Trost. Auch nach der Jahrhundertwende blieb der Staat in den Augen der Elberfelder Herren zu sehr der Sozialpolitik verpflichtet. Die Ausweitung der betrieblichen Interessenvertretung nach dem zweiten großen Streik im Ruhrgebiet, der Entwurf des Arbeitskammergesetzes, auch die Ausweitung der Invalidenversicherung auf Witwen und Waisen sowie schließlich die Einbeziehung der Angestellten in die Sozialversicherung – all das waren für Carl Duisberg und die Farbenfabriken Zeichen einer fortschreitenden Zerstörung der Unternehmensautonomie, die zudem für ihn sachlich nicht begründet waren. Denn in all diesen Fragen besaßen zumindest die Farbenfabriken längst funktionierende Lösungen. Duisberg sprach das auch ganz offen aus: «Dabei sind es weniger die pekuniären Belastungen, die uns drücken und über die wir klagen, als die Chikanen und Polizeimaßnahmen aller Art, die man bei der Forderung freiheitlicherer Entwicklung der Arbeiter zur Kneblung und Kontrolle der bösen Arbeitgeber fordert. Man möchte am liebsten auf jeden Fabrikschornstein einen Polizisten oder Kontrolleur setzen. Man vergißt aber, daß heute schon jeder Arbeitgeber in seinem eigenen Interesse alles tun muß, um bei dem Mangel an tüchtigen und guten, seßhaften Arbeitern sich die Zufriedenheit seiner Angestellten zu sichern.»[33] Selbst eine Art Mitwirkung der Arbeiterschaft an der Verwaltung der betrieblichen Sozialpolitik gebe es längst.

Die staatliche Sozialpolitik war aus Duisbergs Sicht aber nicht nur falsch und weltfremd. Duisberg zufolge verschlechterte die Sozialpolitik die Konkurrenzfähigkeit der deutschen Industrie, da man derlei Maßnahmen in anderen Ländern nicht kannte. Sie trieb in seiner Sicht die Lohnkosten derart, dass Duisberg um den «Standort Deutschland» fürchtete: «Die deutschen Löhne sind erheblich höher, fast doppelt so hoch wie die in unseren Nachbarländern und bedeuten für alle Industrien, die zu exportieren gezwungen sind und bei denen der Lohn einen großen Teil des Einstandspreises ausmacht, eine große Gefahr.»[34] Die staatliche Sozialpolitik werde so zu einer Bedrohung der internationalen Konkurrenzfähigkeit der deutschen Wirtschaft. Man fürchte «am meisten die oft gut gemeinten, aber die Arbeiterschaft in ihrer Leistungsfähigkeit herabsetzenden und die Arbeitgeber verbitternden, alle Berufsfabrikationsarten gleichmäßig behandelnden Zwangsbestimmungen, wie die Verallgemeinerung der Tarifverträge, die Forderung von obligatorischen Arbeiterausschüssen und Arbeitskammern, die schablonenartige Regelung der

Arbeitszeit für alle Industriezweige und einheitlich über ganz Deutschland, überhaupt die Gleichmacherei, welche das Persönliche und die freie Entwicklung der Einzelbetriebe hemmt».[35] Die Bedrohung durch die ausufernde staatliche Sozialpolitik war von Duisberg deutlich übertrieben worden, doch war es zum Teil ebendieser industrielle Widerstand, an dem schließlich die Pläne der Sozialpolitiker scheiterten. Auch die Angst, die neue Angestelltenversicherung benachteilige die Chemiker und zerstöre die betriebliche Altersversorgung der Farbenfabriken, erwies sich als unbegründet.[36] Insgesamt war die sozialpolitische Lage 1914 aus Duisbergs Sicht letztlich durchaus erträglich; Fundamentalopposition betrieb er keineswegs. Im Vorfeld der Abstimmung über die Angestelltenkrankenversicherung warnte er Böttinger und über ihn den Chemieverband vor einer unfruchtbaren Verweigerungshaltung: «Ihr mögt so viel protestieren als Ihr wollt, das Gesetz wird auf alle Fälle von sämtlichen Parteien des Reichstags angenommen. Da ist es doch besser, Ihr tragt dazu bei, es zu verbessern, statt es abzulehnen, und sorgt dafür, dass die Privatkassen nicht nur bestehen bleiben, sondern auch gut abschneiden, und so vor allem die Verwaltung so billig wie möglich gestaltet wird.»[37]

Ähnlich erfolgreich waren die Bemühungen in Fragen der Handels- und Zollpolitik. Die industriefreundliche Politik der Ära Caprivi stand zur Jahrhundertwende auf dem Prüfstand, da 1903 die meisten Zoll- und Handelsabkommen ausliefen und neu verhandelt werden mussten. Im Vorfeld tobte im Reichstag und in der Gesellschaft insgesamt eine heftige Auseinandersetzung um die in den Verträgen zu fordernden Zollsätze. Der Bund der Landwirte und die mit ihm verbündeten konservativen Parteien wünschten eine agrarfreundliche Handelspolitik, eine Heraufsetzung der Agrarzölle und ihre Fixierung auf Mindestniveaus, die in den Handelsverträgen nicht unterschritten werden sollten. Aus der Sicht der Industrie waren hohe Mindesttarife nicht akzeptabel, da sie Abwehrmaßnahmen bei den Handelspartnern provozieren mussten beziehungsweise das Zustandekommen von Handelsverträgen ganz verhindern konnten. Ansonsten war zumindest in der Farbenindustrie das Interesse an Importzöllen wenig ausgeprägt, da Deutschland de facto weder Farben noch Arzneimittel importierte und Zölle hier gar nicht zur Debatte standen. Es ging allein darum, nicht zum Kollateralschaden einer aggressiven Schutzzollpolitik von Landwirtschaft und Schwerindustrie zu werden. Wenn überhaupt, waren die Farbenfabriken dort an den Zollsätzen interessiert, wo sie selbst als Importeure auftraten, also etwa bei Carbolsäure, Spiritus/Holzgeist, Rohaceton und Soda. Wichtig waren auch die Zollsätze für jene Güter, bei denen mit Gegenmaßnahmen von Ländern zu rechnen war, in die Farbstoffe und Pharmazeutika exportiert wurden. Konflikte mit den Schutzzollforderungen der Landwirtschaft waren daher vorprogrammiert, im Grunde aber waren die Farbenfabriken vergleichsweise flexibel: «Was den Zolltarif betrifft, so habe ich Dir auf beiliegendem Bogen die hauptsächlich in Betracht kommenden Produkte, um welche es sich bei uns handelt, nebst unserem Verbrauch, den Aus- und Einfuhrziffern aufschreiben lassen», schrieb Duisberg im Februar 1902 an Carl Gamp, der in dieser Frage im Reichstag zumindest teilweise die Interessen der Farbenfabriken vertrat. «Du ersiehst daraus, dass unser Interesse an den einzelnen Positionen unseres Zolltarifs im allgemeinen nicht gross ist. Für uns ist es von höchster Bedeutung, daß Handelsverträge, in denen die von uns exportierten Produkte, wie Farbstoffe und pharmazeutische Waren günstig tarifiert werden, zustande kommen. Als wichtigste Länder kommen für uns Amerika und England in Betracht, in Russland und Frankreich, von denen das erstere ja England an Bedeutung überlegen ist, fabrizieren wir selbst in eigenen Fabriken, können uns also helfen. Selbstverständlich würden wir auch hier unsere dortigen Fabriken so klein wie möglich halten, wenn wir günstige Zollsätze bekämen. Dass die Länder Österreich, Italien, Spanien, Schweden-Norwegen ebenfalls grosse Bedeutung haben, wenn sie auch im Absatz erheblich hinter den erstgenannten zurückstehen, ist Dir bekannt.»[38] Aufgrund der agrarischen Forderungen nach hohen Mindestzollsätzen schien im Herbst 1902 eine Einigung schwierig, sodass Duisberg Gamp bedrängte, die Konservativen möchten doch eine «Kleinigkeit» nachgeben, damit endlich Ruhe in die Zollfrage komme.[39] Der Kompromissvorschlag des freikonservativen Abgeordneten Kardorff, eines Fraktionskollegen von Carl Gamp, brachte dann eine Lösung, die den Farbenfabriken genügte, da sie moderate Zollerhöhungen brachte, die in den Handelsverträgen flexibel ausgehandelt werden konnten.[40] In der Folge stiegen zwar auf dem Papier die Zollsätze; insgesamt aber stieg das Protektionsniveau nicht, vor allem aber kam es nicht zu Handelskriegen oder handelsvertragslosen Zuständen, die die Farbenfabriken am meisten fürchteten. Carl Gamp machte sich für die Farbenfabriken, nicht zuletzt bei der Bändigung der konservativen Forderungen, in den Verhandlungen so nützlich, dass Friedrich Bayer und Carl Duisberg ihm schließlich den gewünschten Sitz im Aufsichtsrat der Farbenfabriken anboten.[41] Auch in anderen Fragen waren die Leverkusener Herren recht erfolgreich. Vom Patentgesetz und Markenschutz war bereits die Rede. Alles in allem konnte man in Elberfeld und Leverkusen daher mit der Gesetzgebung und den Möglichkeiten, Entscheidungen des Parlaments zu beeinflussen, zufrieden sein.

Doch trotz der Erfolge in der Wirtschafts- und Handelspolitik, trotz der Begrenzung der Reichweite der staatlichen Sozialpolitik blieb eine dauerhafte Unzufriedenheit mit der Politik spürbar, die über den Einzelfall hinausging. Zum Teil erklärt sich diese Unzufriedenheit aus der Kritik am Parlamentarismus, zum Teil aber auch aus generellen Vorbehalten gegenüber der rasch wachsenden Bürokratie. Der Obrigkeitsstaat wurde als bürokratisch und weltfremd kritisiert, wenn er auf die Bedürfnisse der gewerblichen Wirtschaft keine Rücksicht nahm, sondern sie in ihrer Entwicklung zu behindern schien.[42] Überhaupt sah man die Entwicklung des Staates in Elberfeld und Leverkusen durchaus skeptisch, namentlich den raschen Ausbau der Verwaltung, der in der Tat beeindruckend war. Die Zahl der Beschäftigten im öffentlichen Dienst stieg laufend an, von 525 000 Personen im Jahr 1875 auf nahezu 1,5 Millionen Beschäftigte im Jahr 1907, das bedeutet eine knappe Verdreifachung, während die Bevölkerung in dieser Zeit nur um 50 Prozent wuchs.[43] Das starke Wachstum spiegelte insbesondere den Anstieg der Beschäftigung bei Post, Bahn und im Erziehungswesen wider. Der Anteil der allgemeinen Verwaltung an allen Beschäftigten im öffentlichen Dienst sank sogar, in absoluten Zahlen stieg aber auch sie von 220 000 auf 416 000 Köpfe an. Aus Sicht Duisbergs war das viel zu viel, zumal die Mehrzahl dieser Beamten, insbesondere, wenn es Juristen waren, in seinen Augen bestenfalls mit wenig Sachverstand gesegnet war. Für die Budgetberatungen des Reichstages 1910 munitionierte er Carl Gamp mit entsprechenden Zahlen, die sich mit den Angaben in der neueren Forschung im Übrigen weitgehend decken.[44] Die öffentliche und kommunale Verwaltung jedenfalls war in den Augen der Farbenfabriken zu groß, zu ineffizient und – mit Blick auf die kommunalen Zuschläge zur Einkommenssteuer[45] – auch viel zu teuer. Die Kritik an der inkompetenten, ineffizienten Bürokratie wurde bei allem Lob für die gute Verwaltung geradezu eine Art «basso continuo» in den politischen Äußerungen Carl Duisbergs. Ein obrigkeitsstaatsgläubiger Wilhelminer war er auf keinen Fall.

Seine parteipolitische Zurückhaltung gab Duisberg nur ein einziges Mal auf. Der Zerfall des Blocks aus Liberalen und Konservativen im Mai 1909, der den Reichskanzler Bernhard von Bülow gestützt hatte, war für Duisberg schon an sich ärgerlich. Einmal entsprach der Bülow-Block noch am ehesten seinen politischen Vorlieben, dann aber war der Grund, warum die

Konservativen ihn aufkündigten, in Duisbergs Augen geradezu empörend. Hintergrund waren Auseinandersetzungen um eine Reform der Reichsfinanzen.[46] Die Unterfinanzierung des Reiches, das selbst keine direkten Steuern erhob, erwies sich nicht zuletzt im Rahmen des Flottenbauprogramms als drängendes Problem. Für 1909 drohte eine Haushaltslücke von 500 Millionen Mark, die eine Änderung der Finanzierung des Reiches notwendig machte, wollte man nicht eine rasant ansteigende Verschuldung in Kauf nehmen. Die Reichsleitung unter Bernhard von Bülow schlug daraufhin eine Steuerreform vor, die neben der Erhöhung indirekter Steuern und der Beseitigung von Steuerprivilegien auch eine Erhöhung der Erbschaftssteuer zugunsten des Reiches vorsah. Diese Reichsfinanzreform war moderat und hätte die Industrie kaum belastet, dafür aber den Reichshaushalt vorläufig saniert. Aber dazu kam es nicht. Vielmehr ließen die Konservativen den Bülow-Block platzen, indem sie gemeinsam mit dem Zentrum gegen die Gesetzesvorlage der Regierung stimmten und stattdessen für eine Haushaltssanierung durch Maßnahmen plädierten, die Industrie und Bankenwelt einseitig belastet hätten.[47]

Aus Protest gegen die Steuerpläne des Bündnisses von Zentrum und Konservativen bildete sich auf Betreiben des Vorsitzenden des Verbandes der Privatbankiers, Jakob Rießer, der Hansa-Bund für Gewerbe und Industrie, den Carl Duisberg von Anfang an enthusiastisch unterstützte.[48] Er wurde nicht allein der bedeutendste Industrielle in der Führung der neuen Organisation. Er drängte auch die Angestellten der Farbenfabriken zum Beitritt, um einen Verband zu stärken, der exakt jene Position vertrat, die Duisberg für vernünftig hielt, nämlich ein Bündnis von moderner Industrie und liberaler politischer Bewegung, das sich zugleich gegen agrarische Sonderinteressen, katholischen Obskurantismus, überbordende staatliche Sozialpolitik und die wachsende Bedeutung der Sozialdemokratie richtete.[49] Duisberg wurde zum maßgeblichen industriellen Stichwortgeber bei der Formulierung der programmatischen Positionen des Hansa-Bundes, dessen erklärtes Ziel es war, in der Öffentlichkeit, aber auch durch die Mobilisierung industriellen Geldes bei Wahlen die politische Entscheidungsfindung zu Gunsten der modernen Industrien und der Finanzwelt zu beeinflussen.[50] Duisbergs Engagement beschränkte sich nicht auf programmatische Arbeiten und Geldsammeln. Er trat auch als Redner des Hansa-Bundes auf und scheute dabei vor heftigen Attacken auf die agrarischen und schwerindustriellen Stichwortgeber der konservativen Parteien nicht zurück. Zeitweilig spielte er mit dem Gedanken, für die nationalliberale

Partei zum Reichstag zu kandidieren, doch führte deren Wahlniederlage 1912 zu einer raschen Ernüchterung Duisbergs, der sich seit dieser Zeit von dem offensichtlich wenig erfolgversprechenden Projekt des Hansa-Bundes zurückzog. Aber auch zuvor scheute er trotz aller Polemik gegen die Schwerindustrie an der Ruhr[51] vor einem endgültigen Bruch mit den führenden Köpfen des Centralverbandes deutscher Industrieller, des von der Montanindustrie an der Ruhr beherrschten großen Industrieverbandes, zurück, der ihn ja auch in offenen Gegensatz zu Gamp und Böttinger gebracht hätte. Die Hoffnung, für eine in seinen Augen vernünftige Wirtschafts- und Finanzpolitik zumindest eine bürgerliche politische Mehrheit zu bekommen, gab er nicht auf. Sie sollte seine Zeit als Vorsitzender des Reichsverbandes der deutschen Industrie nach 1925 maßgeblich prägen.

***

Duisberg war ein Mann des naturwissenschaftlichen Fortschritts und der modernen Industrie. Das brachte ihn notgedrungen in Distanz zur Welt von Landwirtschaft und Schwerindustrie, das begründete auch die weltanschauliche Kluft zum Katholizismus. Wenn es gleichwohl niemals zu einem wirklichen Bruch mit diesen Gegnern kam, dann hatte das vor allem mit zwei Gesichtspunkten zu tun: seinem Patriotismus und mit der Ablehnung der Sozialdemokratie. Wie er beides ausgelebt hat, ist aber wiederum keineswegs so eindeutig und klar, wie man im Nachhinein vermuten kann. Die Orientierung am Vaterland[52] ist eine der Konstanten in Duisbergs Leben. Der militärische Sieg über Frankreich und die verbreitete antifranzösische Stimmung prägten ihn 1870/71 nach eigener Auskunft sehr. Der sich anschließende politische und wirtschaftliche Aufstieg des Reiches erfüllte Duisberg mit Stolz, nicht zuletzt, weil er sich selbst als Teil dieser Erfolgsgeschichte begriff. Die Symbole dieses Erfolges feierte man in Elberfeld und Leverkusen wie überall im Reich. Für Duisberg wurde es zu einer Art feststehender Wendung, davon zu sprechen, Bismarck habe mit der Reichsgründung die Grundlagen gelegt, um aus der «bleichsüchtigen Jungfer die stolze Jungfrau Germania» zu machen. Das betonte er vor 1914 regelmäßig, aber zum Teil geradezu routiniert. Die Kaiseradressen auf den wissenschaftlichen Tagungen etwa, mit denen die Liebe zu Kaiser und Reich rituell beschworen wurde, hätte Duisberg lieber unterlassen, doch was sollte man tun?[53] Wie bedeutend die vaterländische Orientierung als Moment der Selbstmobilisierung war, wurde letztlich erst nach dem Krieg deutlich, als für Duisberg und seine Welt die nationale Rhetorik zur Leitsemantik für den deutschen Wiederaufstieg wurde: Nationale Geschlossenheit als Voraussetzung nationaler Größe wurde zwar auch im Kaiserreich andauernd beschworen, bekam aber nach dem Krieg eine ganz andere Bedeutung, die Duisberg 1923 so formulierte: «Unser deutsches Vaterland in all seiner Not und Erniedrigung werktätig lieben, heißt …: ‹Arbeiten und immer wieder Arbeiten.›»[54]

Duisberg ging nicht von einer rassischen oder sonstigen überlegenen Qualität des deutschen Volkes aus, auch wenn er, wie das seinerzeit allgemein üblich war, kollektive, auch nationale Stereotype in der Alltagskommunikation wie selbstverständlich benutzte. In rassischen Kategorien, wie sie etwa Walther Rathenau wiederholt nutzte, dachte er nicht.[55] Die nationalen Stereotype konnten im deutschen Fall auch durchaus einmal negativ ausfallen, etwa, wenn er dem Denken in Deutschland einen Hang zur «Dekadenz» nachsagte, wo immer er das auch aufgeschnappt haben mochte.[56] Die Nation war in Duisbergs Rhetorik nicht an sich etwas Besonderes, sondern musste durch gemeinsame Anstrengungen erst dazu gemacht werden. Die Liebe zum Vaterland sollte insofern ein Mittel der (Selbst-)Mobilisierung sein. Ohne diese Anstrengung konnte die Nation ohne weiteres in der Bedeutungslosigkeit versinken, wieder zur «bleichsüchtigen Jungfer Germania» werden. Der große, insbesondere wirtschaftliche Erfolg des Reiches war für Duisberg Ergebnis wissenschaftlich-technischer Prinzipien bei der Gestaltung von Wirtschaft und Gesellschaft und fleißiger Arbeit, wenn er auch glaubte, dass die Bedingungen hierfür in Deutschland aufgrund seiner Geschichte, der Mentalität seiner Menschen und seiner Institutionen besonders günstig seien.[57] Dieser Erfolg war stets gefährdet, vor allem durch die Vernachlässigung dieser Prinzipien und durch sinkende Leistungsbereitschaft. Namentlich der industrielle und wissenschaftliche Fortschritt der USA wurden für Duisberg dabei zu einer Art «benchmark» der eigenen Anstrengungen. Das für die Zeit vor dem Ersten Weltkrieg typische Denken in «Wettläufen» war bei ihm geradezu mustergültig ausgeprägt, zumal die Haeckelschen Evolutionstheorien den passenden Hintergrund abgaben («Sozialdarwinismus»). Ein Nachlassen in den wissenschaftlich-technischen Anstrengungen jedenfalls musste in den Augen Duisbergs notwendigerweise dazu führen, dass andere Nationen im internationalen Wettbewerb schließlich überlegen wurden. Sollte Deutschland hingegen leistungsfähig bleiben, schien ein weiterer wirtschaftlicher Aufstieg möglich. An den großen außenpolitischen Debatten des Kaiserreiches nahm Duisberg nicht teil; schriftliche Äußerungen hierzu finden sich faktisch nicht. Die Weltpolitik eines Bernhard von Bülow kommentierte er weder zustimmend noch ablehnend. Die Kolonialfrage interessierte ihn nicht, zumal die Kolonien wirtschaftlich keine Bedeutung besaßen. Und auch die Flottenrüstung fand keine Beachtung, zumindest nicht in der Korrespondenz.

Bei einer Rede in New York zum Gedenken an Ernst von Liebig im Jahre 1903, als Duisberg die deutsche chemische Wissenschaft und die Industrie international verorten musste, brachte er seine Sicht der Dinge klar zum Ausdruck. Die USA seien sowohl naturräumlich als auch von der Ressourcenausstattung her Deutschland überlegen, aus der relativen Menschenarmut hätten sie überdies «Hervorragendes in bezug auf das Heben und Bewegen von Massengütern und Lasten und in bezug auf den Ersatz der menschlichen Arbeit durch die Arbeitsmaschine geleistet …. Hier liegt vor allem die Stärke der amerikanischen Industrie und des amerikanischen Geistes, hier ist sie für die ganze Welt vorbildlich.» In der chemischen Industrie lägen die Dinge indes anders, da es hier nicht um Massenproduktion gehe, sondern auf die «Gabe des Naturforschers in der Erkenntnis der Naturkräfte und ihrer Produkte» ankomme. Auf diesem Gebiet liege die «Stärke Deutschlands, bedingt durch die Eigenart des Volkscharakters in lehrender und forschender Richtung und nicht zum mindesten durch den Mangel an Naturschätzen, der uns gezwungen hat, weil wir nicht, wie Sie, aus dem Vollen schöpfen konnten, einfacher und genügsamer zu sein und früher als Sie an die chemische Veredlung der Produkte heranzutreten». Die chemische Industrie der USA mache zwar bemerkenswerte Fortschritte, «aber für den Aufbau der organisch-chemischen Industrie im großen Maßstabe ist die Zeit noch nicht gekommen. Sind es einerseits die oben schon erwähnten Gründe, handelt es sich zumal um eine große Reihe von Spezialitäten, in denen wir Deutsche Meister sind, während Sie diesen Ehrentitel für Massenfabrikationen voll und ganz beanspruchen können, so sind es andererseits die außerordentlich hohen Löhne, die hier herrschen – die wesentlich teureren Lebensbedingungen und nicht zuletzt die Unabhängigkeitsbestrebungen ihrer Arbeiter, welche sich in unangenehmer Weise in den letzten Jahren hier in den ‹unions› bemerkbar machen; auch Sie werden gezwungen sein, mit Ihren Naturschätzen sparsamer zu wirtschaften, auch Sie werden manches noch durchzumachen haben, was bei uns in Europa, im Laufe der geschichtlichen Entwicklung, hinter uns liegt, und dann wird auch die Zeit der organischen chemischen Industrie dieses Landes anbrechen. Dann werden Sie finden, daß der einzige Weg, der hier zum Ziele führt, die Vereinigung der Wissenschaft mit der Technik ist.»[58]

Sein Denken vor dem Krieg bewegte sich ganz selbstverständlich in nationalen Codes, ohne deshalb im eigentlichen Sinne «nationalistisch» zu sein. Allerdings ist gerade diese Rede als Ausweis von Duisbergs Nationalismus gewertet worden[59]; selbst Hans-Joachim Flechtner, der Duisberg ansonsten bestenfalls zwischen den Zeilen kritisiert, sieht sich genötigt, sie mühsam mit der Überanstrengung des damals von den Strapazen der USA-Reise geplagten Mannes zu erklären, behauptet aber auch: «Kaum je in seinem Leben – wenn wir von den Kriegsjahren absehen – war Duisberg so sehr Exponent seiner Zeit und seines Volkes – und diesmal leider im negativen Sinn – wie bei diesem Vortrag. Er glaubte sicherlich, objektiv, ja unparteiisch zu sein, wenn er solche Sätze verkündete, und hoffte, auf diese Weise das gegenseitige Verständnis der Völker bessern zu können.»[60] Die Kritiker übersehen bei ihrer berechtigten Kritik an Duisbergs Ton freilich, dass er in der Sache völlig richtig lag, sieht man einmal von dem Hinweis auf den Volkscharakter ab. Der Weg der deutschen Großindustrie führte anders als derjenige der amerikanischen Großunternehmen weniger über die Massenproduktion als über die diversifizierte, sich auf die unterschiedlichen Marktbedingungen einstellende Produktion kleiner Serien und Mengen.[61] Der Diversifikationsgrad deutscher Unternehmen war vor 1914 signifikant höher als bei vergleichbaren Unternehmen des Auslands – und auch die in Deutschland enge Verbindung von Hochschulwissenschaft und Industrie war durchaus exzeptionell. Duisberg beurteilte die Lage der deutschen chemischen Industrie im internationalen Vergleich völlig realistisch.[62]

Duisberg erkannte auch relativ früh, dass sich die Art der Unternehmensführung in Deutschland von den Praktiken in den USA, vor allem aber denen in England unterschied. Auch hier vermutete er als Grund Mentalitätsunterschiede, die sich letztlich zum Vorteil deutscher Unternehmen auszahlen würden. Die Beobachtung, dass englische Unternehmen sehr viel stärker am kurzfristigen ökonomischen Erfolg interessiert waren, musste sich ihm umso mehr aufdrängen, als er ja gerade in Leverkusen maßgeblich dazu beigetragen hatte, das Gegenteil zu praktizieren – auch gegen Widerstand im eigenen Hause. Modern gesprochen plädierte Duisberg für eine Unternehmensstrategie der Weitsichtigkeit und des langen Atems im Bereich der Investitionen und verknüpfte diese, von ihm zum Teil übertrieben dargestellte Haltung mit bestimmten Eigenschaften der Menschen in Deutschland, deren Zuweisung seinerzeit wohl allgemein akzeptiert war. Gegenüber der «New York Herald Tribune» erklärte Duisberg 1912 das starke Wachstum der deutschen organischen Chemie mit den günstigen Bedingungen im Deutschen Reich. Als ihn der Reporter daraufhin fragte, was denn nun die günstigen Bedingungen seien, griff er wie schon 1903 auf nationale Merkmale zurück: «‹I will tell you› said Dr. Duisberg. ‹I think it is in the German character. The German does not work for money only. He has an interest in scientific work for itself and is willing to spend money only to find out. As an example: – ten years ago we found out how to make films for cinematograph machines which were non-inflammable. We could make the films, but not at a price at which we could sell them. We set ourselves to find out how to do this, too, and though for ten long years we were continually spending money for scientific research and getting nothing at all for it, we went on and now have what we want›.»[63] Duisberg sah die Orientierung von Forschung, Entwicklung und Produktion an langfristigen Zielen als wesentlichen Unterschied zur kurzfristig ausgelegten Unternehmensführung in den USA und Großbritannien: Seine Beobachtung folgte nationalen Codes, insofern sie auf nationale Einheiten referierte und nationale Merkmale zu deren Begründung heranzog. Aber das war empirisch ja nicht grundlos. «Nationalistisch» war es eigentlich nicht, konnte dahin aber schnell abgleiten. Der amerikanischen Welt fühlte sich Duisberg im Übrigen durchaus verbunden, nicht nur wegen seiner zahlreichen Reisen durch die gesamten USA. Amerikanischen Ingenieuren, die 1913 Leverkusen besuchten, erklärte er: «We in this country are not as rich as you. We are in a more difficult position. You have all kinds of mineral in your soil, and on the surface of your soil all kinds of agricultural products can be gained. It is not so with us. Many of these products must be imported from you and we are compelled to work harder than you to be able to compete and to hold our place under the sun. Although among all nations the American and German Nation are the most prosperous and it will be rebound to our mutual good to hold together, to be good friends and to remain so forever.»[64]

Duisberg war ohne Zweifel ein deutscher Patriot, doch bedeutete dies nicht, dass er den Begriff des Nationalen unrealistisch normativ überhöhte. Er sah sich – bildlich gesprochen – als Teil einer deutschen Mannschaft und begriff nicht zuletzt den wirtschaftlichen Wettbewerb auch als Wettkampf zwischen Nationen. Dabei war er keineswegs davon überzeugt, dass die deutsche Mannschaft immer siegen könne oder gar siegen werde, allein weil es die deutsche Mannschaft war. Die Schwächen und Stärken des «Wirtschaftsstandortes» blieben ihm nur zu bewusst, er bemühte sich von seiner Position aus, Schwächen zu überwinden und Stärken zu fördern, wobei er fehlende beziehungsweise vorhandene Geschlossenheit bei der Verfolgung gemeinsamer Ziele als mögliche Quellen von Schwäche und Stärken ausgemacht hatte. In diesem Zusammenhang auch an die Vaterlandsliebe seiner Landsleute zu appellieren, lag nahe, doch blieben diese Appelle auf öffentliche Situationen beschränkt – insbesondere auf die Jubilarfeiern der Farbenfabriken, wenn Duisberg zu den Arbeitern in Elberfeld und Leverkusen sprach, oder auf Treffen des Vereins Deutscher Chemiker, während derer Duisberg nach 1906 auch die offiziellen «Kaiserreden» halten musste. Patriotische Argumente, die Duisberg in seiner Korrespondenz und auch in seinen Reden sonst kaum benutzte, tauchen hier häufiger auf – man kann sich des Eindrucks kaum erwehren, dass er hierin vor allem ein geeignetes Mittel zur Bekämpfung der Sozialdemokratie sah, deren Agitation er sehr ernst nahm. Bei solchen Angriffen griff Duisberg schon tief in die vaterländische Argumentationskiste: «Wie herrlich weit haben wir es doch in Deutschland in sozialer, in ethischer und in materieller Hinsicht gebracht im Vergleich zu all den anderen uns umgebenden Ländern, wie Frankreich, Belgien, England, Spanien, Portugal, Italien und Russland. Gewiß bleibt noch viel zu tun übrig. Aber alle Schichten unserer deutschen Bevölkerung haben einen Aufschwung genommen, wie es in den siebziger Jahren, als die Einheit der deutschen Volksstämme mit Blut und Eisen geschmiedet wurde, wohl keiner ahnen konnte.» Die Direktoren und Mitarbeiter der Farbenfabriken seien schließlich oft genug im Ausland, um die dortigen Zustände mit den Verhältnissen in der Heimat – unparteiisch – vergleichen zu können: «Da sehen wir dann mit Staunen, aber auch mit Freude und Befriedigung, wie unsere deutschen Arbeiter und unsere deutschen Beamten es viel besser haben wie ihre belgischen, französischen, englischen und in vielfacher Beziehung auch wie ihre amerikanischen Kollegen. Im Verhältnis zur Landeswährung sind bei uns nicht nur die Löhne höher, ja im Vergleich zum nahegelegenen Belgien sogar doppelt so hoch, sondern Nahrung, Wohnung und Kleidung sind bei uns auch besser und die Lebensfreude ist größer. Ich kann Ihnen die felsenfeste Versicherung geben, und das werden diejenigen, die häufig im Auslande weilen, bestätigen, so gut, wie es der ordentliche fleißige Arbeiter hat, hat es keiner seiner Kollegen draußen, jenseits der schwarz-weiß-roten Grenzpfähle.»[65]

Wenn man derartige Appelle liest, wird die spätere Reaktion Duisbergs auf den Ausbruch des Ersten Weltkrieges verständlicher: Duisberg hatte die Vorstellung, in einer Welt voller Neider zu leben, was seinen Ausgang in der Wahrnehmung der Konkurrenzsituation vor 1914 hatte. 1912 berichtete er der Belegschaft von seiner letzten Amerikareise: «Bei dem internationalen Kongreß für angewandte Chemie in Washington und Neuyork, von dem wir soeben kommen, konnte man deutlich beobachten, wie wir Deutschen von allen um uns herum wohnenden Völkern beneidet werden, und zwar, weil wir uns in wirtschaftlicher, industrieller und technischer Beziehung so gewaltig entwickelt und gehoben haben, so dass wir infolge dieses gewaltigen Aufschwunges, der überall, auch im Leben unserer arbeitenden Bevölkerung, zu sehen ist, beneidet werden.» Das war ungeschickt formuliert, brachte aber den Eindruck, den viele europäische Beobachter von der deutschen Entwicklung in jener Zeit hatten, auf den Punkt.[66] Mancher Deutsche trug durch sein teilweise überhebliches Auftreten freilich dazu bei, negative Gefühle zu verstärken. Carl Duisberg gestand in den 1920er Jahren ein, man hätte vor dem Krieg bescheidener sein sollen.[67] Doch diese Schlussfolgerung zog er 1913 zumindest vor der Belegschaft der Farbenfabriken gerade nicht: «Wir dürfen daher nicht dulden, dass, wie es leider bei uns der Fall ist, Unzufriedenheit, Neid und Zwietracht in unsere Reihen gesät werden. Hinweg mit jedem, der so Verbrecher an seinem Kameraden, am deutschen Volke wird. Wir müssen uns fest, treu und einmütig um unser schwarz-weiß-rotes Banner scharen, damit unsere zahlreichen, auswärtigen Feinde uns einig und stark finden.» In diesem Sinn bat Duisberg um ein Hoch «auf unser liebes, deutsches Vaterland. Unser deutsches Vaterland, es lebe hoch, abermals hoch und immerdar hoch.»[68]

Duisbergs Vaterlandsliebe war stark; aber sie diente allein dessen weiterer Stärkung, nicht der äußeren Expansion oder gar einer kriegerischen Aggression. Für den Verein Deutscher Chemiker, der alle deutschen Chemiker im In- und Ausland umfassen sollte, verkündete er: «Deutsch bis ins Mark sind und wollen wir bleiben. Friedliche Deutsche, welche nicht Kampf und Streit, Zank und Raub lieben, sondern die in friedlicher wissenschaftlicher und gewerblicher Arbeit dem in ihnen schlummernden Idealismus folgend der Sonne zuzustreben gewillt sind. Wir wollen uns gern in freiem wissenschaftlichen und wirtschaftlichen Kampf betätigen, wollen uns unseren Platz an der Sonne erobern, wollen aber nicht uns vorschreiben lassen, am wenigsten vom Ausland, was unseren Zwecken frommt und dient. Wir wissen selbst genau, was wir im Interesse unserer Sicherheit und Durchführung idealer Ziele nötig haben. Auch allen Bestrebungen, welche den Frieden im Innern zu stören drohen, sind wir abhold und setzen dem Drachen, der mit giftiger Zunge Unzufriedenheit zu erzeugen sich bemüht, mit kühnem Mut den Fuß aufs Haupt.»[69] Duisbergs vaterländische Grundprägung schloss an seine Weltsicht an: Sie setzte einen geordneten Bereich des Inneren und eine chaotische Außenwelt gegenüber, in der ihm persönlich die Rolle desjenigen zufiel, der die Ordnung zu schaffen und gegen das äußere Chaos zu sichern hatte. Dieses Chaos konnte gefährlich werden, wenn es den Erfolg der Ordnung in Frage stellte. Dann wären die großen Opfer umsonst, die man etwa erbracht hatte, um Leverkusen zu schaffen oder Deutschlands wirtschaftlichen Aufstieg zu ermöglichen. In seinen Reden setzte Duisberg, wohl teils gezielt, teils ganz unbewusst, die Ordnung der Fabrik und die Ordnung des Vaterlandes in eins, dann konnte er auch Angriffe auf die Fabrik und Kritik am Reich aus dem Ausland in eins setzen. Es muss deshalb festgehalten werden: Duisbergs Ton war in diesem Sinne kein aggressiver, sondern ein defensiver, der freilich anderem Denken Anknüpfungspunkte bot – die Duisberg selbst aber zumindest vor dem Krieg nicht herstellte. Die Achtung des Militärs blieb bei ihm doch eher abstrakt. Obwohl sich militärische Metaphern und Floskeln bei ihm häufig finden, trat er keinem Kriegerverein bei; soweit ersichtlich war er auch nicht Mitglied des Flottenvereins oder des Kolonialvereins. Die vaterländischen Feiertage der Kaiserzeit wurden, wie das auch heute der Fall ist, als freie Zeit genutzt: «Gottlob haben wir die verschiedenen Sedanfeiern glücklich hinter uns. Schon am Sonntag war hier bezw. in Barmen grosse Vorfeier. Fritz Bölling, Dr. Walther Wollf und ich sind aber dem Trubel entflohen und haben eine allerliebste Tour ins Siebengebirge gemacht: Königswinter, Petersberg, Oelberg, Drachenfels zu Fuss, von da per Bahn und Schiff nach Rolandseck und von dort per Dampfer nach Köln, wo wir eine so wunderbare Illumination der Stadt, des Domes und der verschiedenen Denkmäler gesehen haben, wie ich sie noch nicht kannte. Am eigentlichen Sedantag, am Montag, an welchem wir, wie bereits bei Deiner Anwesenheit hier vereinbart, die Fabrik geschlossen, aber doch die Ingenieurbüros, der Mahl- und Mischraum und der Ott'sche Betrieb gearbeitet haben, war nachmittags die Einweihung des Moltke-Denkmals und abends große Feier bei Königs, die bis früh morgens gedauert hat, der ich aber gegen 1 Uhr glücklich entronnen bin.»[70] An öffentlichen Kampagnen beteiligte er sich nicht, wenn er nicht dazu gedrängt wurde. Als 1913 die Hundertjahrfeier der Völkerschlacht bei Leipzig und das 25-jährige Thronjubiläum Wilhelms II. in das gleiche Jahr fielen, ging der Landrat des Kreises Solingen, in dem Leverkusen lag, mit dem «Klingelbeutel» herum, um Geld für die geplanten Feiern und aus diesem Anlass zu stiftende Wohlfahrtseinrichtungen zu sammeln. Die Farbenfabriken zeigten sich überaus spröde. Man habe genug für die Arbeiterschaft und ihre Familien zu tun; für die restliche Bevölkerung müsse der Landkreis schon selbst sorgen. Überdies falle in das Jahr 1913 auch seine silberne Hochzeit, ließ Duisberg wissen, aus diesem Anlass werde er schon spenden und stiften: «Manch politisch kluger Kopf würde nun vielleicht geneigt sein, solche Stiftungen zu kombinieren mit dem Jubiläum des Kaisers. Das widerspricht aber meinem graden Sinn, meinem Denken und Empfinden und deshalb werde ich mit der Bekanntgabe meiner Stiftungen bis zu unserer silbernen Hochzeit warten.»[71] Der Landrat ließ nicht locker, woraufhin sich Duisberg seine Ablehnung vom Direktorium der Farbenfabriken bestätigen ließ. Man werde ohnehin bereits über die Maßen besteuert. «Dazu kommt, dass trotz der hohen Steuern auf allen Seiten in der letzten Zeit geradezu eine Sammelwut herrscht, bei der jeder für seine Lieblingsideen anderen das Geld aus der Tasche zu ziehen sucht, und meine Freunde und ich deshalb schon seit einiger Zeit nur noch dann Beiträge für bestimmte, uns interessierende Angelegenheiten leisten, wenn man uns für unsere mehr auf dem Gebiete der Kunst und der Wissenschaft liegenden Betätigungen den gleichen Beitrag zu geben bereit ist.» Da man aber nun einmal neu im Kreise Solingen sei, (das Werk war erst 1912 offiziell an den Rhein verlegt worden), wolle man Lucas aber immerhin einen Anerkennungsbetrag geben.[72] «Hurrapatriotismus» war das nicht.

Es war auch kein Hurrapatriotismus, der ihn an die Welt des Kaiserreiches band. Diese Welt war für Duisberg im guten Sinne geordnet; er hatte eher Angst, dass sie zerstört werden könnte, als den Wunsch, sie weltweit auszubreiten. Anlässlich der zweiten Marokko-Krise 1911 schrieb er an Carl Gamp, dessen Reichspartei nicht zuletzt aus innenpolitischen Gründen eine aggressivere deutsche Außenpolitik forderte:[73] «Fritz (Friedrich Bayer jun., W. P.) und ich sind auf's höchste verwundert über den kriegerisch gesinnten Reichstag und auch darüber, dass selbst die Konservativen rotes Wasser auf die Mühlen der Sozis und der extremen Linken treiben. Das Volk, d.h. die Leute, die ihre Haut zum Markte tragen müssen und ihre Angehörigen, die mit ihrem Gut und Blut haften, wollen durchaus keinen Krieg, freuen sich, dass Marokko auf friedlichem Wege geordnet wurde und sind mit dem Abkommen zufrieden.»[74] In Elberfeld war man keineswegs auf Seiten der erregten öffentlichen Meinung, die in den Abkommen vom 4. November 1911 und dem faktischen Kleinbeigeben eine Demütigung Deutschlands sah.[75] Im Gegenteil hieß es im Bericht des Vorstandes und des Aufsichtsrates zum 31. Dezember 1911: «Die schwierigen diplomatischen Verhandlungen mit Frankreich und England wegen Marokko blieben auf die wirtschaftliche Entwicklung in den beteiligten Ländern nicht ohne Einfluß. Es ist sehr zu begrüßen, daß sie jetzt glücklich beendet sind. Hoffentlich wird nun auch ein besseres Einvernehmen zwischen den in ihren Lebensinteressen so sehr aufeinander angewiesenen Nationen die Folge sein.»[76]

***

Richtet man den Blick nicht allein auf die Aussagen, sondern auch auf den alltäglichen Umgang mit entsprechenden Fragen, entsteht ein noch viel differenzierteres Bild. Duisbergs ganze Lebensführung, wie später noch genau zu betrachten sein wird, war bereits kosmopolitisch angelegt, sei es, was die Speisen anging, was die Reiseziele betraf, oder – maßgeblich – wenn es um das Geschäftsgebaren der Farbenfabriken ging. Auslandsreisen waren an der Tagesordnung; Verhandlungen mit ausländischen Unternehmensvertretern selbstverständlich. Dumpfer Nationalismus wäre hier geradezu töricht gewesen. Vielmehr lernte Duisberg, obwohl er es schon auf der Schule gepaukt hatte, noch als er bereits dem Direktorium der Farbenfabriken angehörte, auf der Berlitz-School in Elberfeld weiter Englisch.[77] Seine Tochter schickte Duisberg ebenso selbstverständlich auf ausländische Internate wie den ältesten Sohn zum Studium nach Cambridge und Schottland. Und in der weltweiten Chemikerschaft gab es zwar nationale Konkurrenzen, aber der Zusammenhalt war stark. Man verstand sich gut, wie der Brief eines englischen Chemikers aus dem Jahr 1923 belegt: «Sehr lebhaft erinnere ich mich unseres letzten Zusammenseins und der vielen schönen Stunden, die wir zusammen in Köln, Bonn und Leverkusen verbracht haben. Das war noch in der guten alten Zeit, im Juni 1914. Ich war damals der Vorsitzende der kleinen Gruppe englischer Chemiker, welche der Jahresversammlung des Vereins der angewandten Chemie etc. beiwohnte. Es wird mir bei dieser Erinnerung ganz wehmütig ums Herz.»[78] Auch Duisbergs Haltung in einem seltsam aktuell wirkenden Streit zeigt, dass er zumindest im Alltag alles andere als ein vernagelter Deutschnationaler war. Das deutsche Komitee zur Vorbereitung des VIII. Weltkongresses für angewandte Chemie 1912 in New York hatte Duisberg gebeten, auf dem Kongress das deutsche Hauptreferat zu halten. Dieser ging zunächst ganz selbstverständlich davon aus, dass er auf Englisch vortragen werde.[79] Nachdem der englische Vortragstitel bekannt geworden war, kam es in Deutschland zu seinem völligen Unverständnis zu heftigen Reaktionen:

«Was meinen Vortrag angeht», schrieb er an den Geschäftsführer des Vereins Deutscher Chemiker, Berthold Rassow, «so finde ich es ja auch nicht richtig, dass man den Titel desselben in's englische übersetzt hat, ohne mich zu fragen. Man hätte ihn deutsch annoncieren können. Alle raten mir aber dringend, ihn in englischer Sprache zu halten, und das bin ich auch gewillt zu tun. Ich teile dabei durchaus nicht Ihren Standpunkt, dass wir Deutschen uns damit etwas an unserer Nationalität vergeben, derartige altdeutsche Empfindungen kenne ich nicht und verurteile sie sogar.»[80] Duisberg wies Rassow an, beim New Yorker Organisationskomitee dafür zu sorgen, dass der Vortrag auf Deutsch annonciert werde, er solle aber zugleich mitteilen, dass Duisberg englisch reden werde. Alles andere erschien ihm sinnlos. Er werde sich ja auch keine italienischen Vorträge anhören, da er die nicht verstehe. Rassow gab aber ebenso wenig nach wie andere Vertreter in den beteiligten wissenschaftlichen Gesellschaften, die in der Sprache eine Frage der nationalen Ehre sahen. Duisberg signalisierte, sich einer Mehrheitsentscheidung zu beugen.[81] Der Dresdner Chemiker Walther Hempel suchte noch zu vermitteln: Er könne sich ja dadurch aus der Affäre ziehen, dass er auf Deutsch beginne und schließe und den eigentlichen Vortrag auf Englisch halte.[82]

Man einigte sich schließlich auf eine Abstimmung. «Ob ich den Vortrag in englischer Sprache halten kann», schrieb Duisberg daher nach New York, «ist noch nicht sicher. Sie wissen, dass ich hierzu bereit war, aber die hiesigen chemischen Gesellschaften sind in einen grossen Streit darüber geraten und erst eine Abstimmung wird zeigen, ob die Majorität dafür ist, oder, was wahrscheinlich, ob man mich verpflichtet, deutsch zu reden. Wenn nämlich die Vertreter der anderen Nationen in der Sprache ihres Landes sprechen, verlangen, soweit ich sehen kann, die Mehrzahl der hiesigen Gesellschaften, dass dann auch ich deutsch spreche. Mir ist es gleich, welcher Sprache ich mich bedienen soll. Werde ich verpflichtet, deutsch zu reden, so muss natürlich mein Vortrag in englischer Übersetzung jedem, der zuhören will, überreicht werden, damit auch diejenigen, welche nicht deutsch verstehen, folgen können.»[83] Die Abstimmung fiel schließlich klar zugunsten eines deutschen Vortrages aus; nur eine einzige Stimme entfiel auf Duisbergs Haltung (wahrscheinlich seine eigene als Vorsitzender des Vereins Deutscher Chemiker), immerhin acht für Hempels Kompromissvorschlag.[84] Duisberg beugte sich dem Mehrheitsbeschluss des Vorbereitungskomitees[85] und sprach deutsch.[86] Das kam vor allem bei den englischen Chemikern in New York nicht gut an, die sich demonstrativ feindselig verhielten. Zum Eklat kam es, als Duisberg englische Pläne zur Herstellung von synthetischem Kautschuk durch das Vorzeigen von zwei Reifen aus Leverkusener Synthesekautschuk konterte. Solches Renommieren mit den – faktisch allerdings noch gar nicht spruchreifen – Erfolgen der Kautschuksynthese war für die englische Seite auch deshalb ein schwieriges Thema, da nach der Verdrängung des natürlichen durch den synthetischen Indigo hier erneut ein Desaster auf einem der zentralen Rohstoffmärkte der Welt drohte, den britische Unternehmen bisher weitgehend kontrollierten.[87] Duisberg brachte das Verhalten der englischen Delegierten nach seiner Rückkehr aus den USA gegenüber dem mit ihm befreundeten Cambridger Chemiker Armstrong offen zur Sprache: «Sie wissen, wie englischfreundlich meine Meinung ist, wie sehr ich bemüht gewesen bin und immer wieder bemüht sein werde, die beiden großen Völker, denen unsere Kultur so unendlich viel verdankt, zusammen zu halten und nicht zu dulden, daß Neid und Zwiespalt sich zwischen sie drängen. Gerade aber von diesem Gesichtspunkte aus hat das Vorgehen Ihrer im übrigen von mir sehr verehrten Landsleute und Kollegen auf uns Deutsche den allerunangenehmsten Eindruck hervorgerufen, zumal, wie Sie ganz mit Recht sagen, die englische Wissenschaft dadurch in den Augen der Öffentlichkeit herabgesetzt worden ist. Diesem Gefühl verliehen die Amerikaner denn auch beim Kongreß unverhohlen Ausdruck und es tat mir leid, dem nicht widersprechen zu können.»[88]

In den USA stießen die deutschen Erfolge auf großes Interesse. Dennoch schwante Duisberg, dass die Außensicht auf Deutschland in zunehmender Weise nicht nur positiv geprägt war: «Was die Politik anbetrifft, so sind wir im Auslande die bestgehasste Nation», schrieb er am 23. Dezember 1908 an Emil Fischer. «Man fürchtet uns technisch und kaufmännisch überall, am wenigsten natürlich in den Vereinigten Staaten, wo die meisten Artikel durch hohen Zoll geschützt sind, aber man liebt uns auch dort nicht so, wie es bei den vielen Diensten, die wir den Vereinigten Staaten geleistet haben, und bei den vielen Deutschen, welche nach dort verzogen sind, aber selten noch als solche sprechen und denken, notwendig wäre. Wir sind aber auch selbst schuld daran, da wir politisch so unreif und in diesen Dingen mehr mit dem Gefühl als mit dem Kopfe arbeiten, wo die meisten gesetzgeberischen Handlungen nicht zur Bestätigung der Regel, sondern zur Bekämpfung von Ausnahmen erlassen werden und wo der den Deutschen meist innewohnende Neid und die Missgunst sehr oft die Triebfeder öffentlicher Betrachtungen ist. Auch bei uns macht sich, wie in Amerika, eine gewisse

Überkultur, es machen sich Zeichen der Decadence bemerkbar, und die Rückkehr zur Einfachheit und zur nüchternen, vernunftgemässen Betrachtung der Dinge kann allein Besserung bringen. Ich fürchte zwar, alles predigen nach dieser Richtung hin wird nicht helfen; wir Deutsche sind gewöhnt, uns dann erst wieder selbst zu erkennen, Besserung und Änderung eintreten zu lassen, wenn wir ordentlich etwas auf den Kopf bekommen haben.»[89] Dieses Schreiben ist wegen der zum Ausdruck kommenden Unsicherheit interessant. Duisberg nutzte vaterländische Argumente zumeist instrumentell, um die Leistungsbereitschaft in Deutschland zu befördern, deren Erfolge er dann freilich international selbstbewusst zeigte. Gerade diese Erfolge führten aber nicht zu Anerkennung, wie Duisberg sie wünschte und erwartete, sondern zu Misstrauen. Dieses Misstrauen verunsicherte ihn, brachte ihn aber nicht dazu, sein eigenes Verhalten kritisch zu überprüfen. Bösartig, das stand für Duisberg fest, waren immer die anderen. Der beste Beleg dafür waren die in seinen Augen unsäglichen Angriffe der Sozialdemokratie.

***

Die Sozialdemokraten und ihr revolutionäres Programm – das waren für Duisberg die eigentlichen Bedrohungen der bestehenden Ordnung, die im Zweifelsfall auch eine robuste Gegenwehr rechtfertigten. Die ersten Auseinandersetzungen mit der Arbeiterschaft Ende der 1880er Jahre in Elberfeld hatte er noch «sportlich» gesehen und der Arbeiterschaft nicht ihre Legitimation zum Handeln abgesprochen. Mit dem Aufschwung der Gewerkschaftsbewegung und den starken Stimmengewinnen der Sozialdemokratie nach der Jahrhundertwende wendete sich das Blatt indes. Bei den Reichstagswahlen 1903 erreichte die SPD mehr als 30 Prozent der Stimmen und steigerte ihren Stimmenanteil damit um die Hälfte. Zugleich nahm der Zulauf zu den freien Gewerkschaften, aber auch zu den christlichen Verbänden zu, die Zahl der Streiks sprengte den bisher bekannten Rahmen.[90] Duisbergs Bereitschaft, die entstehende Arbeitgeberbewegung zu unterstützen, wir sahen es, war eine unmittelbare Reaktion auf die zahlreichen Streiks, die das Industriegebiet des bergisch-rheinischen Raumes um die Jahrhundertwende erfassten.[91] Vorrevolutionäre Zeiten schienen anzubrechen, obwohl sich eigentlich das Gegenteil vollzog. In der historischen Forschung ist der Wandel der Sozialdemokratie von einer revolutionären zu einer reformistischen Bewegung in den Jahren vor 1914 ausführlich behandelt worden.[92] Dieser Wandel bestimmt die heutige Sicht auf die seinerzeitigen Klassenkämpfe. Aus Duisbergs Sicht war die abnehmende revolutionäre Gefahr aber bis 1905 nur sehr schwer zu erkennen. Zumindest programmatisch wollte die Sozialdemokratie weiterhin das ganze kapitalistische System revolutionär ändern. Der auf evolutionäre Veränderungen setzende Reformismus gewann zwar in den Jahren vor dem Ersten Weltkrieg insbesondere bei den Gewerkschaften und den süddeutschen SPD-Gruppierungen maßgeblichen Einfluss, aber die Parteiführung (August Bebel, Karl Kautsky) und der linke Flügel der SPD um Rosa Luxemburg und Karl Liebknecht blieben revolutionär.[93] Die Herausforderung für die «Bourgeoisie», zu der sich Duisberg ja in gewisser Weise rechnen musste, blieb mithin bestehen, zumal das Wahlrecht im Reich der SPD ein politisches Einfallstor bot. Von der «Hottentottenwahl» 1907 abgesehen konnte die SPD auch in jeder Wahl vor 1914 ihren Stimmen- und Sitzanteil steigern. Mit den Reichstagswahlen von 1912 wurde sie zur stärksten politischen Kraft. Es war nur eine Frage der Zeit, bis sich diese Bedeutung auch politisch auszahlen würde. Das preußische Dreiklassenwahlrecht bot noch einen gewissen Schutz gegen den Vormarsch der SPD, doch war auch hier offensichtlich, dass eine Regelung, die Duisberg selbst nicht sonderlich schätzte[94], nicht allein erhalten bleiben konnte, weil sie den Aufstieg einer einzigen Partei bremste, zumal damit gleichzeitig auch die Privilegien der Landwirtschaft geschützt wurden. Hätte Duisberg sich vor 1914 intensiver damit beschäftigt – und seine Wendung seit 1917 legt nahe, dass das möglich war –, hätte er bereits vor dem Weltkrieg begriffen, dass eine Kooperation mit den nichtrevolutionären Teilen der Arbeiterbewegung in Zukunft so unausweichlich wie eben auch nützlich sein würde, zumindest solange am allgemeinen Wahlrecht und an der Gesetzgebungskompetenz des Reichstages festgehalten wurde. Und wenn die Zusammenarbeit eine Notwendigkeit war, hätte man sie auch von Anfang an gestalten können. Doch vor dem Krieg waren die Fronten, in denen Duisberg wie gewohnt ganz vorne stand, verhärtet, da die Farbenfabriken nicht zu Zugeständnissen an die SPD und die Gewerkschaften bereit waren. Duisberg war fest davon überzeugt, dass die Sozialdemokratie aus politischen Motiven heraus sein Werk zerstören wollte, ein Werk, das sie als betriebsferne Kraft gar nicht verstand. Sie hielt für patriarchalische Willkür, was doch nur eine sinnvolle Ordnung der Dinge und der industriellen Beziehungen war. In Duisbergs Augen war der einzige Grund für das Vorgehen der Sozialdemokratie Organisationsegoismus: Sozialdemokratie und Gewerkschaften machten die Farbenfabriken und ihn schlecht, um Wasser auf die Mühlen der eigenen Organisation zu lenken. Die Arbeiterschaft, um die sich Duisberg mit der betrieblichen Sozialpolitik stark bemühte, war in seinen Augen verführbar und für sozialdemokratische Agitation anfällig. Ein weiterer Grund im Übrigen, der in seinen Augen gegen das allgemeine Wahlrecht sprach. Duisberg ging davon aus, dass die große Masse der Arbeiterschaft letztlich ein naives Weltbild hatte, man dürfe die «Urteilsfähigkeit der Menge unseres Volkes und vor allem der Arbeiter» nicht überschätzen.[95] Diese «Milch der frommen Denkungsart» störte ihn gar nicht; sie schien ihm vielmehr bewahrenswert, weil sie die Arbeit der Unternehmensleitung erleichterte. Diese vermeintlich naive Art hatte allerdings ihre Tücken, denn sie machte die Arbeiterschaft nicht nur führ-, sondern eben auch verführbar.

Die Abwehr der Sozialdemokratie und der Gewerkschaften, soweit die Farbenfabriken selbst betroffen waren, war seit 1904 vergleichsweise erfolgreich. Die im Anschluss an den «Handwerkerstreik» durchgesetzte Revers-Politik – jeder Beschäftigte hatte schriftlich zu versichern, keiner Gewerkschaft anzugehören – verhinderte, dass im Werk selbst größere gewerkschaftliche Gruppen entstanden oder gar aktiv wurden.[96] In den Kommunen des späteren Leverkusen blieb die politische Bedeutung der Sozialdemokratie ebenfalls gering. Das Kommunalwahlrecht hinderte die Partei an lokalen Erfolgen; der Wiesdorfer Ortsverein der SPD war vergleichsweise schwach und trat schließlich bei Kommunalwahlen gar nicht mehr an.[97] Die Ruhe im Betrieb und der nicht vorhandene politische Einfluss der SPD auf kommunaler Ebene konnten indes nicht darüber hinwegtäuschen, dass die Belegschaft der Farbenfabriken in großer Mehrheit sozialdemokratisch wählte.[98] Bei den Reichstagswahlen 1907 vereinigte die SPD in Wiesdorf etwa 47 Prozent der Stimmen auf sich, 1912 sogar mehr als 54 Prozent.[99] In der Bürgermeisterei Küppersteg, die auch Wiesdorf und die Kolonien der Farbenfabriken umfasste, waren es 1912 knapp 52 Prozent.[100] Dazu kamen die Zentrums-Stimmen im Rheinland, die vornehmlich Stimmen für die katholische Arbeiterbewegung waren. Aber erst nach dem Krieg gestand Duisberg ein, dass es nicht gelungen war, die Arbeiter durch betriebliche Sozialpolitik von der SPD fernzuhalten. Nach einem Bericht des DIHT von 1919 sagte er, «weder bei Krupp noch in Leverkusen (ist) dadurch eine Zufriedenheit unter den Arbeitern erzeugt worden; im Gegenteil, gerade hier hätten sich die unbequemsten Verhältnisse gezeigt, und in Leverkusen seien mehr Stimmen für die unabhängige Sozialdemokratie abgegeben worden als in ganz Köln».[101]

***

Die Notwendigkeit eines Kampfes gegen die Sozialdemokratie stand für Duisberg außer Frage, auch weil ihn zu dieser Zeit vor dem Hintergrund der Russischen Revolution und des großen Bergarbeiterstreiks an der Ruhr 1905 düstere Phantasien befielen: «Ich glaube …, dass demnächst und wahrscheinlich schon bald die Zeit kommen wird, wo wir uns alle energischer als bisher gegen das Vordringen der Sozialdemokratie wehren müssen; denn nach meiner Meinung sind auch für uns die Tage von Generalstreiks nicht allzu fern. So etwas wirkt, wenn in einem Lande (wie Russland, W. P.) begonnen worden ist und andere Länder damit Erfolge erzielt haben, wie eine ansteckende Krankheit.»[102] Der politische Kampf gegen die Sozialdemokratie war allerdings nicht einfach, ein erster Versuch ging auf bemerkenswerte Weise daneben. Als Carl Gamp zur Bekämpfung der SPD in Wiesdorf Unterstützung für den Einsatz eines geschulten Agitators des u. a. von seiner freikonservativen Partei geförderten Reichsverbands gegen die Sozialdemokratie[103] erbat, reagierte Duisberg erst einmal zurückhaltend. Denn Gamp verfolgte offensichtlich das Ziel, in der bergischen Industrie beziehungsweise bei den Farbenfabriken Geld für den Reichsverband und damit indirekt für die dem CDI nahestehende Zentralstelle der deutschen Arbeitgeber zu bekommen: «Was dann die Bekämpfung der Sozialdemokratie anbetrifft, so genießt der diesbezügliche Verein hier kein grosses Vertrauen, vermutlich deshalb, weil er von Berlin aus geleitet wird, und weil alle Versuche, die wir hier im Westen bisher gemacht haben, um die Sozialdemokratie durch Wort und Schrift zu bekämpfen, vergebens gewesen sind. Zumal bei den Reichstagswahlen hat bei uns in allen sozialdemokratisch verseuchten Gegenden bei dem allgemeinen geheimen Wahlrecht die Masse der unzufriedenen Elemente stets die Majorität, und alle Versuche, durch vereintes Zusammenwirken der anderen Parteien, den Gegner zu schlagen, sind stets gescheitert», schrieb Duisberg am 23. Dezember 1905 an Carl Gamp.[104] Die bergischen Arbeitgeber begriffen sich im Gegensatz zu den großen Berliner Arbeitgeberverbänden als unpolitisch und wollten nicht in konservatives Fahrwasser geraten: «Die Geldmittel, die wir ansammeln, sollen daher auch in erster Linie nur für Streikzwecke, nicht zur Bekämpfung von politischen Parteien verwandt werden.»[105] Dahinter steckte die Angst, vor den Karren des CDI gespannt zu werden, was die bergische Industrie auf keinen Fall wollte.

1907 erklärten sich die Farbenfabriken schließlich doch bereit, einen Agitator des Reichsverbandes gegen die Sozialdemokratie verdeckt zu finanzieren. Sie gaben Geld für die Beschäftigung eines Dr. Rohe, der in

Wiesdorf im Namen des Reichsverbandes auftrat, allerdings mit den mehrheitlich wohl liberal denkenden Angestellten der Farbenfabriken schnell in Konflikt geriet. Der Reichsverband beschwerte sich, dass der Liberale Verein in Wiesdorf und die Beamten der Farbenfabriken gegen seinen Mitarbeiter arbeiten würden.[106] Die Verstimmung suchte Duisberg auszubügeln: «Wir durften und wollten nicht offiziell als Firma noch als Direktoren als Förderer des Reichsverbandes auftreten; wir konnten auch nicht bekannt geben und mussten das Geheimnis streng zu wahren suchen, dass Herr Rohe in unserem Auftrage und mit unserer pekuniären Unterstützung nach Wiesdorf beordert ist.» Man habe einige leitende Angestellte informiert, die sich auch um Rohe bemüht hätten. Dass dieser keinen Arbeiterbildungsverein zustande gebracht habe, liege daher nicht an den Farbenfabriken. Rohe müsse sich mehr Mühe geben: Man wolle das jetzt noch einige Monate beobachten, schrieb Duisberg dem Vorsitzenden des Reichsverbandes; dann müsse eventuell ein anderer Mann geschickt werden.[107] Der Konflikt wurde stärker, als die Farbenfabriken 1909 offen für den neu gegründeten Hansa-Bund eintraten, der sich auch gegen die freikonservative Partei richtete, die wiederum hinter dem Reichsverband gegen die Sozialdemokratie stand. Das konnte nicht gut gehen; Duisbergs schon 1905 angesichts der konservativen Haltung des Reichsverbandes geäußerte Skepsis wurde voll bestätigt. Mit dem Vorwurf, Rohe arbeite gegen die Farbenfabriken, warf Duisberg den Mann im Sommer 1911 kurzerhand hinaus und beendete jede Unterstützung für den Reichsverband, da dieser seine Beamten nicht im Griff habe.[108]

Duisberg musste den Kampf gegen die SPD also allein führen. Er hatte dies ja schon seit Jahren getan, praktisch durch die betriebliche Sozialpolitik, rhetorisch durch seine großen Ansprachen auf den Jubilarfesten der Farbenfabriken. Dass man sie überhaupt eingeführt hatte im Jahr nach seiner eigenen Jubiläumsfeier, sollte ja schon dem Zusammenhalt dienen. Sie sollten ein Forum sein, um die Erfolge der Gemeinschaftsarbeit herauszustreichen und die Arbeiterschaft gegen sozialdemokratische Kritik zu immunisieren. Die Stimmung für die SPD minderten sie jedoch kaum. Andererseits waren es aber wohl gerade Industrielle wie Duisberg, die letztlich zu einer Deradikalisierung der Arbeiterschaft beitrugen, weil er ja in der Sache häufig gar nicht unrecht hatte. Die Arbeiterschaft wollte nicht bevormundet werden, sondern mitbestimmen, aber Duisbergs Unternehmensführung kritisierte sie nicht. Anders als 1905 mit russischer Februarrevolution und großem Bergarbeiterstreik waren die letzten Jahre vor dem

Krieg deutlich entspannter. Während der Jubiläumsfeiern 1912 und 1913 äußerte sich Carl Duisberg rhetorisch auch viel zurückhaltender als früher; nun zählte er allein die Erfolge des Unternehmens auf, lobte die Wohlfahrtseinrichtungen und war stolz auf die stets wachsende, schließlich recht große Zahl der Jubilare. Die betriebliche Sozialpolitik und die wirtschaftlichen Erfolge des Unternehmens begannen Früchte zu tragen, das war der beste Beitrag im Kampf gegen die Sozialdemokratie. 1913 verkündete Duisberg daher auch, ohne überhaupt auf die SPD einzugehen, dass der bezahlte Urlaub für alle Werksangehörigen um 42 Prozent ausgedehnt und überdies ein Urlaubsgeld in Höhe von 30 Prozent des Durchschnittsverdienstes gezahlt werde – selbstverständlich freiwillige Leistungen: «Sie sehen also, die Firma ist immer bemüht, den Wünschen ihrer Werksangehörigen gerecht zu werden, soweit dies nur möglich ist. Sie können das Vertrauen zu uns haben, dass wir alles tun, was denkbar ist, um ein gutes Verhältnis aufrecht zu erhalten. Natürlich muß im Betriebe Ordnung, Pünktlichkeit und Disziplin herrschen. Aber nach dem Dienst gilt das, was der heute morgen eingeweihte Feierabendbrunnen versinnbildlichen will: da soll Feiertagsstimmung sein, da soll jeder sich erholen können, da soll es möglich sein, sich näherzutreten und Mensch bei Menschen zu sein. Das ist aber nur möglich und durchführbar, wenn es den Farbenfabriken, unserer Nährmutter, gut geht.»[109]

Die Auseinandersetzungen mit der Sozialdemokratie waren für Duisberg vor dem Ersten Weltkrieg deshalb so wichtig, weil seine Rolle als erfolgreicher Unternehmensleiter durch deren Kritik unmittelbar herausgefordert wurde. Er war daher auch bereit, dem Kampf gegen die SPD andere politische Fragen unterzuordnen und Bündnisse gegen die SPD auch dort anzustreben, wo eigentlich größere Interessengegensätze bestanden. Offiziell hat er diese Haltung vor dem Krieg nicht revidiert, doch scheint es, als ob er sich nach und nach von der starren Fixierung auf die SPD löste, eben weil der «Klassenkampf» in Leverkusen zunehmend abstrakt wurde und die gemeinsame Front gegen die SPD nicht – wie erhofft – die tiefen Gegensätze überbrückte, die im bürgerlich-konservativen Lager bestanden. Die starre Ablehnung der SPD und der Gewerkschaften konnte sich schließlich auch nicht mehr des ungeteilten gesellschaftlichen Beifalls sicher sein; eine harte Haltung hier führte doch zunehmend in die Isolation. Die bürgerlichen Sozialreformer waren «in jedem Fall gegen die antisozialpolitische Front von Arbeitgebern und Konservativen und gegen das Zögern und Schwanken der Regierung zwischen antigewerkschaftlichen Maßnahmen,

Stillstand oder Fortführung von Sozialpolitik. Die sozialpolitische Situation war ambivalent, wie so vieles in Deutschland vor 1914», schreibt Thomas Nipperdey.[110] Es war offensichtlich, dass ein Wandel eintreten würde. Und streng genommen waren die Farbenfabriken darauf gar nicht besonders schlecht vorbereitet.

GANZ OBEN

17 | Ein gutes Leben?

Nachdem bisher vor allem Duisbergs geschäftlicher Aufstieg und seine Rolle in der kaiserzeitlichen Welt von Wissenschaft und Politik betrachtet wurden, wird es Zeit, sein privates Leben in den Blick zu nehmen. Dieses private Leben atmete den Geist seiner Herkunft und des raschen Aufstiegs. Letzterer bestimmte die Veränderungsdynamik, besonders seit den 1890er Jahren. Diese Dynamik fiel dabei in eine Zeit zunehmenden Wohlstandes und der verbreiteten Neigung, materielle Erfolge auch zu zeigen. Kurz nach Ausbruch des Ersten Weltkrieges brachte es ein französischer Betrachter so auf den Begriff: «Noch etwas überraschte den Reisenden – ich meine nicht den Touristen, sondern den aufmerksamen Besucher, der Deutschland häufiger in kurzen Abständen durchreiste –, nämlich der zunehmende Luxus: die luxuriöse Ausstattung der Wohnungen, der Möbel, der Kleidung und der Tafel. In zwanzig Jahren haben sich die deutschen Gewohnheiten selbst beim Mittel- und Kleinbürgertum vollkommen verändert. Der Genuß von Weißbrot und Wein wurde allgemein üblich, ebenso die Vorliebe für Kleidung aus englischem Tuch und Schnitt. Mit der Gier eines ‹Parvenu› strebte Deutschland danach, an den neuen Freuden teilzuhaben, so als betrachte es sie als Symbol für seinen endgültigen Eintritt in den Kreis der gebildeten zivilisierten Völker des Westens.»[1] Das war nicht ohne eine gewisse Gehässigkeit gesagt, kennzeichnete jedoch die Welt des Carl Duisberg recht treffend, der von der «Belle Epoque» so geprägt wurde, wie er sie selbst verkörperte. Die Weltläufigkeit war ihm nicht in die Wiege gelegt; er musste sie erst nach und nach mühsam erwerben. In Duisbergs Elternhaus hatten Sparsamkeit und Bescheidenheit dominiert. Die Prägung durch das relativ einfache, dem Luxus abgeneigte reformierte Milieu der Heimarbeiter streifte Duisberg niemals ab. Er legte Zeit seines Lebens auf finanzielle Genauigkeit und Sparsamkeit großen Wert. Nach den Erinnerungen seines Enkels wurde er im Alter regelrecht knauserig. Er war auf jeden Fall alles andere als verschwenderisch. Das Preis-Leistungs-Verhältnis hatte zu stimmen. Vielleicht am treffendsten kam diese Haltung in einem Brief zum Ausdruck, mit dem er im Sommer 1927 ein Angebot der Weingroßhandlung Frankfurter Hof A. G., einen kleinen Posten Champagner Rosé Veuve Cliquot von 1911 als Rarität zum Preis von 50 Mark zu kaufen, ablehnte: «Mit bestem Dank bestätige ich Ihr freundliches Angebot vom 2. d. M. Ich bedauere, davon keinen Gebrauch machen zu können, da ich schon aus Prinzipsgründen keine 50,– M für eine Flasche Wein zahle.»[2]

Dem «guten Leben» war Duisberg keineswegs abgeneigt. Genießen konnte er es aber nur, wenn es Ausdruck erfolgreicher Arbeit war. Eine Existenz ohne Arbeit war für ihn nicht zu rechtfertigen; «Standesdünkel» oder einen entsprechenden Lebenszuschnitt verabscheute er sein Leben lang. Von fundamentaler Bedeutung für seine Entwicklung wurde Carl Rumpff, der ihm eine erste und offensichtlich verlockende Ahnung einer bürgerlichen Existenz gab. Auf «Schloß Aprath», einem von Rumpffs Wohnsitzen, verkehrte Duisberg seit 1884 einigermaßen regelmäßig; seit 1887 nahm er über seine Verlobte Johanna Seebohm, die Ziehtochter der Rumpffs, am dortigen Familienleben teil. Von Rumpff, den er auch wiederholt nach Berlin begleitete, dürfte er sich sehr vieles abgeschaut haben. Carl Rumpff war über Jahre als Vorbild bedeutend.[3] Auf andere Weise prägend dürfte Henry Theodor Böttinger gewirkt haben, den Duisberg wiederholt für sein «vortreffliches und bis jetzt unübertroffenes Reiseführertalent» lobte.[4] Böttinger hatte in den späten 1880er Jahren eine viel beachtete Weltreise gemacht und darüber ein dickes Reisetagebuch veröffentlicht, das Duisberg zweifellos kannte.[5] Auch später war er viel unterwegs, wieder in Südasien, aber auch mehrfach in Amerika. Böttinger, der 1907 in den erblichen Adelstand erhoben wurde, bewegte sich nicht nur in der Welt, sondern vor allem auch in zahlreichen Berliner Kreisen von Adel, Wissenschaft und Politik mit großer Sicherheit und öffnete Duisberg dort viele Türen, ebenso wie später auch der Reichstagsabgeordnete Carl Gamp, der die Witwe von Carl Rumpff, Clara, geheiratet hatte. Rumpff, Gamp und Böttinger, deren Leben sich zwischen Elberfeld, Berlin, ihren Landgütern in der Neumark, in Pommern und Ostpreußen und zahlreichen Auslandsaufenthalten abspielte, waren entscheidende Leitfiguren, als es galt, sich in der unbekannten Welt der «gehobenen Stände» zu behaupten.

Angekommen ist Duisberg dort allerdings nie. Er verkehrte zwar schließlich geschäftlich und auch politisch mit den führenden Repräsentanten von Industrie, Wissenschaft und Politik, doch in den bedeutenden Berliner Salons war er nur selten zu Gast. Das Berliner Leben behagte ihm nicht. Zwar hielt er im Adlon standesgemäß Hof, aber er war stets froh, wenn er den Nachtzug zurück ins Rheinland besteigen konnte. Auch eine gewisse Distanz gegenüber großen Allüren blieb Duisberg immer erhalten, dafür sorgte nicht allein sein sparsamer Charakter, sondern offensichtlich hatte er zur hauptstädtischen Weltläufigkeit weder Neigung noch Interesse, ja, er dürfte hin und wieder die Distanz gespürt haben, die zu dieser Welt aufgrund von Herkunft und Bildung erhalten blieb. Aber es war nicht nur der «Habitus», der hier eine Rolle spielte, denn viele Jongleure auf dem Berliner Parkett[6] hatten eine ähnliche Herkunft wie Duisberg. Zu manchen Vergnügungen von Adel und Großbürgertum fehlte ihm wohl auch schlicht die Lust. Die Jagd lehnte er ab, obwohl ihn Carl Gamp wiederholt zu Jagdpartien einlud: «Für Deine freundliche Einladung zu der großen Jagd am 29. d.M. herzlichsten Dank. Du nimmst es mir gewiß nicht übel, wenn ich als Nichtjäger auf dieses Vergnügen des Massenmordes verzichte.»[7] Duisberg bemühte sich nicht einmal um einen «Landsitz», obwohl auch dieser spätestens nach der Jahrhundertwende bei den reichen Wirtschaftsbürgern immer populärer wurde,[8] und kaufte auch keine Berliner Wohnung, die Rumpff, Gamp und Böttinger selbstverständlich besaßen. Zum Lebensende hin ließ er in Partenkirchen ein Sommerhaus errichten, das er dann selbst aber nicht mehr beziehen konnte. Mit einem «feudalen Landsitz» hatte dieses Haus im bäuerlichen Stil wenig gemein. Auch fühlte sich Duisberg durchweg im «gemütlichen» München wohler als im dynamischen Berlin der Zeit vor dem Ersten Weltkrieg. Wiederholt nahm er in München an Faschingsfeiern teil, aber auch in Elberfeld und später Leverkusen war es üblich, dass man sich zu Karneval mit Freunden verabredete, verkleidete und dann gemeinsam – durchaus lange – feierte. Insofern blieb Duisberg stets der reich gewordene «bergische Junge» aus dem einfachen Milieu seiner Herkunft, der zum großrahmigen Leben nur bedingt Zugang fand, sei es, weil er sich dort nicht angenommen fühlte, sei es, weil er es als nicht leistungsorientiert ablehnte, sei es, weil er sich dort einfach nicht wohlfühlte.

Seit den 1890er Jahren schloss Duisberg sich gesellschaftlich immer stärker an Friedrich Bayer jun. an. Dieser verkörperte nur bedingt das angesehene und reiche Elberfelder Bürgertum. Er war zwar mit der Fabrikantentochter Anna Wolff verheiratet; seine vier überlebenden Kinder wiederum gingen Ehen mit Fabrikantensprösslingen aus dem Wuppertal ein. Aber sein Vater, der Fabrikgründer Friedrich Bayer sen., stammte wie Carl Duisberg aus der Welt der Wuppertaler Hausindustrie und hatte sich

18 | Carl Duisberg beim Münchener Fasching 1908

selbst hochgearbeitet.[9] Insofern dürfte seinem Sohn Fritz auch der Aufsteiger Carl Duisberg so fern nicht gestanden sein. Fritz Bayer jun. und seine Familie halfen entscheidend bei der Integration der Duisbergs in die Elberfelder gute Gesellschaft, über ihn, der 1902 Kommerzienrat[10] und 1912 sogar Geheimer Kommerzienrat[11] und die höchstbesteuerte Person Elberfelds wurde, öffneten sich die Türen in die besseren Kreise des Wuppertales, über ihn dürfte er auch Mitglied der Dienstagsgesellschaft geworden sein, eines Vereins Elberfelder Honoratioren und Wirtschaftsbürger.[12] Auch der Bayersche Lebensstil mit gastfreiem Haus, zahlreichen Feiern, gutem Essen und gleichzeitiger Freude an handfester Unterhaltung (Skat, Kegeln, Wandern) sowie dessen zahlreiche Reisen in die Schweiz, nach Oberitalien, Tirol und Bayern waren zweifellos beispielgebend. Diesen Lebensstil, die Art der Haushaltsführung, der Gastfreundschaft, der Geselligkeit,[13] der Kunstsammlungen und auch der sozialen Verantwortung und des Mäzenatentums – all das übernahm Carl Duisberg im Laufe der Jahre nicht zuletzt deshalb, weil er zu dem unprätentiösen Friedrich Bayer wirklich persönlichen Zugang fand. Dessen Bodenständigkeit und die fehlenden Allüren gaben Duisberg offenbar ein Gefühl von Geborgenheit, das ihm das Auftreten und Handeln als führender Vertreter des Unternehmens sehr erleichterte. Friedrich Bayer jun. verkörperte den erfolgreichen und angesehenen Bürger – und er nahm Duisberg, nach allem was wir wissen, vorbehaltlos in seine Kreise auf. In Bayers Haus, genauer in seiner Wein- und Bierstube, ging Duisberg nicht nur ein und aus; hier wurden auch wesentliche Entscheidungen über die Zukunft der Farbenfabriken im kleinsten Kreise besprochen und getroffen.[14]

Duisbergs Lebensstil wandelte sich im Laufe seiner ersten Lebensjahrzehnte. Erst mit dem Alter kam es zu Routinen und Gewohnheiten. Er war – im Gegensatz zu seinen älteren Freunden – modernen Entwicklungen gegenüber sehr aufgeschlossen. Namentlich das Automobil wurde frühzeitig eine große Leidenschaft. Auch andere Segnungen der technischen Moderne begrüßte Duisberg begeistert, das Schallplattengerät etwa und den Rundfunk. Elektrischen Strom hatte man schon in den 1890er Jahren, ein Telefon, das auch fleißig aus privaten Anlässen genutzt wurde, spätestens seit der Jahrhundertwende. Dem Fliegen gegenüber, das für ihn erst im Alter zu einer realen Möglichkeit wurde, blieb er hingegen skeptisch. Insgesamt aber war Duisberg allen technischen Neuerungen gegenüber aufgeschlossen. Schon sein Selbstverständnis als Naturwissenschaftler prädestinierte ihn für eine derartige Haltung, aber auch die praktischen

Erfahrungen als viel reisender Unternehmensleiter ließen eine «fortschrittsfeindliche» Haltung geradezu lächerlich erscheinen. Duisberg verkehrte mit großer Selbstverständlichkeit in den modernen, gut ausgestatteten Grand Hotels und nutzte ebenfalls ohne jedes Zögern die neuen modernen und luxuriösen Schnelldampfer[15] über den Atlantik bei seinen vier Amerikabesuchen vor 1914. Überhaupt Amerika: Wenn Duisberg auch die dortige «Überkultur» kritisierte, so war er vom Alltagsleben der USA sehr angetan. Die dort verbreiteten Mix-Getränke, das viele frische Obst und überhaupt die amerikanische Hotelkultur faszinierten ihn; die Menuekarten des Royal Hawaiian Hotel in Honolulu hatten es ihm derart angetan, dass er sie im Mai 1929 nach der Rückkehr von seiner zweiten Weltreise an Luis Adlon (Adlon Berlin), den Frankfurter Hof und Alfred Walterspiel (Vier Jahreszeiten, München) als Anregung weitergab.[16] Dieser Lebensstil und die Aufgeschlossenheit für das Neue verbanden Duisberg im Übrigen mit der Wirtschaftselite anderer europäischer Staaten, die zumeist ganz ähnlich lebten. Ein deutscher Sonderweg war das jedenfalls nicht.[17]

***

Duisberg wurde im Laufe seines Lebens ein wohlhabender Mann. Vor dem Krieg wurde sein Vermögen auf etwa vier bis fünf Millionen Mark geschätzt; 1932 veranschlagten Beobachter es auf ungefähr 20 Millionen Reichsmark.[18] Dabei sind allerdings die Relationen zu beachten. Duisberg war kein Eigentümer und blieb trotz gelegentlicher Aktienkäufe stets ein angestellter Manager der Farbenfabriken.[19] Vergleicht man ihn etwa mit Hugo Stinnes, August Thyssen oder der Krupp-Familie, so sticht der Unterschied unmittelbar ins Auge.[20] Er hielt sich einiges darauf zugute, vor allem betonte er später, dass er weder «Ar noch Halm»[21] besitze. Verglichen mit Eigentümern wie Krupp, Thyssen, Stinnes, Bayer oder Böttinger, wohnte Duisberg bescheiden. Selbst vergleichbare Manager wie Paul Reusch, der den Katharinenhof in Württemberg erworben hatte, oder Emil Kirdorf von der Gelsenkirchener Bergwerks-AG mit seinem Streithof bei Mülheim an der Ruhr legten mehr Wert auf eine standesgemäße Unterkunft.

Duisbergs materieller Aufstieg hing eng mit seinen Farbstofferfindungen zusammen. Schon Ende der 1880er Jahre verdiente er mehr als 20 000 Mark im Jahr, weil sein Festgehalt von 3000 Mark um eine entsprechende Erfindertantieme erhöht wurde. Mit der Procura stieg das Festgehalt deutlich an; als Generaldirektor hatte er schließlich ein Festgehalt von 100 000 Mark. Nach 1918 wurde das Gehalt noch einmal erhöht[22], schließlich laufend der Inflation angepasst. Nach seinem Ausscheiden 1925 bezog er feste Einkünfte als Vorsitzender von Aufsichts- und Verwaltungsrat, die sehr hoch waren. Hinzu kamen jeweils neben den Erfinder- und Aufsichtsratstantiemen und der Gewinnbeteiligung erhebliche Einnahmen aus Dividenden. 1908 zahlten die Farbenfabriken eine Dividende von mehr als 50 Prozent des Nominalkapitals, und auch in den Jahren danach sank der Satz nicht unter 25 Prozent.[23] Die Farbenfabriken beziehungsweise die I. G. zahlten auch in der Nachkriegszeit durchweg Dividenden, auch wenn diese zwischen 1919 und 1924 und in der Weltwirtschaftskrise 1931 und 1932 gekürzt werden mussten. Duisbergs laufende Einnahmen lagen mithin deutlich über den vereinbarten festen Summen.

Da die Steuererklärungen nicht durchlaufend erhalten sind, lassen sich die realen Einkommensströme nur punktuell genau erfassen. 1912 versteuerte Duisberg 571 832 Mark und hatte mit allen Zuschlägen eine Steuer in Höhe von insgesamt 53 000 Mark zu bezahlen.[24] Duisberg zahlte 1912 also rund 10 Prozent seines steuerpflichtigen Einkommens an direkten Steuern. In den letzten Jahren vor dem Ersten Weltkrieg lag Duisbergs Jahreseinkommen durchweg deutlich über 500 000 Mark; im Vergleich dazu erhielten langjährige Chemiker etwa 16 000 Mark Festgehalt und eventuell Tantiemen, Facharbeiter verdienten jährlich bis zu 2000 Mark. Duisberg verdiente also mehr als das 250-fache eines Facharbeiters, die Einkommensspreizung war daher schon gewaltig. Alles zusammengenommen zählte Duisberg vor 1914 zur kleinen Gruppe der bestverdienenden Personen im Deutschen Reich, wenn man einmal von den Kapitaleinkommen absieht, die bei ihm nicht so reichlich flossen wie bei den großen Familien. Aber auch in dieser Hinsicht stand er nicht mit leeren Händen da.

Den systematischen Aufbau eigenen Vermögens hatte Duisberg früh begonnen. Schon von seiner ersten Erfindertantieme hatte er sich Mitte der 1880er Jahre Aktien der Farbenfabriken gekauft. Die einkommensstarken Jahre bis 1914 sahen ihn als regelmäßigen Käufer von Aktien der Farbenfabriken, der BASF und der Agfa. Obwohl die zum Teil starken Kurssteigerungen ihn schon lockten, zu verkaufen, war er grundsätzlich nicht an einer kurzfristigen Gewinnsteigerung, sondern am langfristigen Vermögensaufbau ausgerichtet.[25] Börsenspekulation war ihm suspekt – in der Tat sind von Duisberg spekulative Geschäfte bis zu seinem Tod nicht überliefert –, und auch vergleichbare Handlungen (etwa Grundstückskäufe) lehnte er ab. Als sich zu Beginn der Weltwirtschaftskrise eine Enkelin des früheren Unternehmensteilhabers Albert Hülsenbusch bei ihm meldete und um

Rat bat, wie sie in ihrer schwierigen Finanzsituation zukünftig verfahren solle, gab er ihr gerne Rat, war aber geradezu entsetzt über ihre Verschuldung: «Ihr habt doch nicht, wie so viele Menschen aller Klassen es getan, früher einmal spekuliert oder, wie ich es nenne, gespielt und damit, wie es allen Spielern kleineren Umfangs, nach dem mir gemachten Zugeständnis zahlreicher Direktoren der Groß- und Klein-Banken, geht, Euer Vermögen verloren?»[26] Die Abwehr spekulativen Verhaltens ging so weit, dass sich Duisberg in der Inflation 1921 und 1922 weigerte, die Vermögenswerte der Kaiser-Wilhelm-Gesellschaft (KWG) ins Ausland zu transferieren beziehungsweise auf industrielle Effekten umzustellen, weil er dies für zu riskant hielt. Der spätere Generalsekretär der KWG, Friedrich Glum, rühmte sich entsprechend, dass er derartige Maßnahmen zur Vermögenssicherung gegen bedeutende Industrielle wie eben Carl Duisberg auf eigene Faust habe durchsetzen müssen.[27]

Duisbergs Anlagepolitik war darum keineswegs erfolglos. In der Liste der bei den Farbenfabriken gehaltenen Depots im Jahre 1902 schnitt er im Mittelfeld der Vorstandsmitglieder und Prokuristen ab.[28] Im Juli 1903 hatten die in seinem Depot befindlichen 200 Aktien der Farbenfabriken einen Kurswert von etwa 700 000 Mark[29]; das Eigenkapital der Farbenfabriken belief sich zu dieser Zeit nominal auf 12 Millionen Mark[30], wovon Duisberg mithin etwa 1,66 Prozent hielt. Dieser Anteil stieg wegen der Kapitalerhöhungen nicht weiter an, aber Duisbergs Depot legte in den kommenden Jahren kontinuierlich zu. In Martins Jahrbuch der Millionäre in Preußen rangierte er zwar weit im hinteren Bereich und konnte sich mit Bayer, Böttinger oder Gamp, deren Vermögen für 1910 jeweils mit etwa 15 Millionen Mark angegeben wurde und die jeweils etwa zehn Prozent des Aktienkapitals der Farbenfabriken hielten, nicht messen; er wurde von Martin 1912 aber bereits auf ein Vermögen von vier bis fünf Millionen Mark taxiert.[31] Sein Bestand an Aktien der Farbenfabriken nahm jedenfalls laufend zu; 1909 besaß er 300 alte und 310 junge Aktien der Farbenfabriken, hinzu kamen 24 Anteilsscheine der BASF und 21 der Agfa, ein Bestand, den er bis zum Krieg im Wesentlichen konstant hielt.[32] Sollte die Zuwachsdynamik anhalten, war absehbar, dass Carl Duisberg über kurz oder lang ein wirklich reicher Mann sein würde. Doch der Krieg machte dem allen einen dicken Strich durch die Rechnung.

***

Mit dem Krieg brach die Dynamik der Vermögensbildung ab. Die Einnahmen sanken zwar nominell nicht, aber die Dividendenerträge gingen zurück. Überdies fraß die bereits im zweiten Kriegsjahr einsetzende Inflation einen zunehmend großen Teil des Einkommens auf. Duisbergs feste Bezüge stiegen während des Krieges nur unbedeutend an, von 100 000 auf 108 000 Mark. Die Festgehaltserhöhung von 1919 auf über 160 000 Mark reflektierte weniger auf die Inflation als vielmehr explizit auf die sinkenden Dividendeneinnahmen und sollte dafür eine gewisse Kompensation darstellen. Die Einkommensentwicklung in der Inflation nach 1918 ist aber insgesamt schwer zu rekonstruieren; sicher ist, dass ein Teil der Einnahmen in wertbeständigen Devisen erfolgte. Duisberg war daher vor den unmittelbaren Auswirkungen der Inflation geschützt. Duisbergs Einkommen in der zweiten Hälfte der 1920er Jahre und in der Weltwirtschaftskrise lässt sich nicht mehr exakt angeben; in der Arbeiterpresse war von Summen von 1 bis 1,5 Millionen Reichsmark die Rede, doch ist es schwer, derartige Spekulationen zu überprüfen.[33] Nach eigener Aussage sank sein Einkommen beim Wechsel vom Vorstand in den Aufsichtsrat Ende 1925.[34] Die Vergütung der Aufsichtsräte der I. G., die ja zu einem großen Teil aus den Eigentümerfamilien der Gründerfirmen stammten und dort in der Geschäftsführung tätig gewesen waren, war in der Tat eher gut, nicht zuletzt, um auf diese Weise eine mögliche Unzufriedenheit mit der neuen I. G. abzufangen. Das I. G.-Vorstandsmitglied Hans Kühne gab nach 1945 zu Protokoll, die Vergütungen seien überaus großzügig gewesen; teilweise hätten die Witwen der Aufsichtsratsmitglieder ein höheres Einkommen als die regulären Vorstände bezogen, was auf Johanna Duisberg gemünzt sein könnte.[35]

Die Bruttoeinkommenshöhe war seit der zweiten Hälfte des Ersten Weltkrieges aber gar nicht mehr so entscheidend, da die direkten Abgaben stark zunahmen und die Steuerlastquote, die vor dem Krieg zwischen 10 und 20 Prozent gelegen hatte, deutlich anstieg. Auch hier ist es schwierig, genaue Unterlagen zu finden, da die Steuererklärungen für die späte Kriegszeit und die 1920er Jahre fehlen. Duisberg selbst hat wiederholt über die gestiegenen Belastungen geklagt, dabei zweifellos auch übertrieben, doch ist unstrittig, dass sich seine wirtschaftliche Lage durch den Krieg und die Steuergesetzgebung der Nachkriegszeit deutlich verschlechterte. Nach dem Krieg änderte sich die Einkommensbesteuerung dramatisch. Duisberg fühlte sich regelrecht enteignet, wie er den Bildhauer Fritz Klimsch wissen ließ, dessen Honorarforderung freilich auch dazu beitrug, dass Duisberg sich arm rechnete: «Mein Vermögen hat sich durch das Fallen des Kurses unserer Aktien fast auf die Hälfte reduziert. Dazu kommt, dass nach den neuen Steuerentwürfen man uns noch vom verbliebenen Vermögen 50% fortnehmen will und dass wir bis zu 65 und 70% unseres Einkommens als Steuer zahlen sollen.»[36] So schlimm, wie Duisberg es gegenüber Fritz Klimsch darstellte, kam es nicht. Immerhin stieg der Spitzensteuersatz 1919 auf 60 Prozent.[37] Das ärgerte, obwohl Duisberg klar war, dass er nicht einmal am schlimmsten dran war. Am schlechtesten gehe es den kleinen Rentiers, schrieb er Johannes Walther. «Das sind die kleinen Rentner, die sich mit ihrer Hände und Köpfe Fleiß in früheren Jahren ein kleines Kapital zusammengespart hatten und dessen Zinsen vor dem Kriege auch ausreichten, um im Alter sorgenfrei davon zu leben, die aber jetzt nicht den 4. Teil dessen zur Verfügung haben, was sie notwendig für ihr Leben brauchen. Diesen Ärmsten der Armen hilft niemand. Sie müssen sich mit Kartoffeln und trockenem Brot durchschlagen, davon weißt nicht nur Du, sondern auch ich in meiner Familie ein Lied zu singen. Dazu zählen sogar, wenn es auch nicht so schlimm ist, die 3 Schwestern meiner Frau; selbstverständlich helfen wir bei denen uns nahe stehenden Familienangehörigen, wo wir können. Aber auch unsere Hilfe ist beschränkt. Wir können auch nicht mehr wie früher tun, was uns vor dem Krieg zu tun ein leichtes und eine Freude war. Denke nur daran, daß während des Krieges, wo wir weniger verdient haben, als wir verdient hätten, wenn uns dieser unselige Krieg nicht beschert worden wäre, eine Vermehrung meines Vermögens nicht eingetreten ist. Alles, was wir uns bei einfachstem Leben, wie ich jetzt sagen muß, dummerweise erspart haben, ist uns durch die Steuer vom Vermögens- und Einkommenszuwachs weggenommen worden. Jetzt werden uns durch das Reichsnotopfer 60% unserer Vorkriegsersparnisse fortgenommen. Von den Zinsen des Restes verfallen 10% der Kapitalrenten-Steuer und von dem übrig bleibenden Betrage, zusammen mit Gehalt und Tantieme, werden wiederum 50% durch die Einkommensteuer weggesteuert. Da bleibt zwar soviel übrig, daß wir noch leben können, wenn auch so einfach, wie wir es überhaupt inbezug auf Essen und Trinken immer getan haben, aber für unsere 4 Kinder bleibt wenig übrig.»[38]

Das war dick aufgetragen, traf aber den Kern der Sache schon. Mit der Erzbergerschen Finanzreform von 1919/1920 wurde das Steuersystem in Deutschland grundlegend umgestaltet und vor allem an den Finanzierungsbedürfnissen des Reiches ausgerichtet, das die Steuerhoheit an sich zog. Überdies waren die Reparationslasten zu finanzieren, was zum Teil auch über die Einführung zusätzlicher indirekter Steuern geschah. Erzberger ließ zudem keinen Zweifel daran, dass er mit der Steuerreform auch eine Umverteilung der Steuerlast zugunsten der kleinen und mittleren Einkommen anstrebte. Die Steuern auf Einkommen, Gewinn (Körperschaftssteuer) und Vermögen wurden vereinheitlicht und die Steuersätze drastisch erhöht.[39] Die neue, nunmehr vom Reich eingezogene Einkommenssteuer hatte einen Spitzensteuersatz von 60 Prozent, den Duisberg zu zahlen hatte. Die Vermögenszuwachsbesteuerung belegte den über 5000 Mark hinausgehenden Vermögenszuwachs zwischen 1913 und 1919 mit einer gestaffelten Abgabe von 10 bis 100 Prozent. Schließlich wurde angesichts der finanziellen Notlage des Reiches Ende 1919 das sogenannte Reichsnotopfer auf große Vermögen eingeführt, gedacht zunächst als Sonderabgabe, aber seit 1922 als Vermögenssteuer verstetigt.[40] Für einkommens- und vermögensstarke Zensiten wie Carl Duisberg bedeutete das neue Steuersystem daher einen scharfen Einschnitt. Nach zeitgenössischen Berechnungen war 1922 die direkte Steuerlast in Deutschland bei einem Einkommen von 50 000 Goldmark mit 43,06 Prozent zehn Prozent höher als in Großbritannien, und fast 2,5 Mal so hoch wie in Frankreich.[41] Für einen Großverdiener, der vor 1914 200 000 Mark und 1922 20 000 000 Mark verdiente, hatte sich die Steuerbelastung von knapp 11 Prozent auf knapp 59 Prozent mehr als verfünffacht.[42] In der sich beschleunigenden Inflation griffen die neuen Steuersätze aber gerade bei Beziehern von Einkommen und Kapitaleinkünften nur begrenzt, da zwischen der Deklaration der Einkommen und der Fälligkeit der Steuern in der Regel ein längerer Zeitraum verstrich, in dem die Steuerschuld durch die Inflation erheblich «gemildert» wurde. Die realen Belastungen in den Jahren 1922 und 1923, womöglich aber bereits 1921, dürften daher deutlich niedriger gelegen haben, als die hohen Steuersätze suggerierten.[43]

1923/24 in der Hyperinflation beziehungsweise in der Stabilisierungskrise, als die Steuersätze reale Bedeutung erhielten, die Farbenfabriken nur wenig Gewinn erwirtschafteten und entsprechend keine Dividende zahlten, ging es auch bei Duisberg, zumindest nach eigener Auskunft, an die Ersparnisse. Im November 1923 erklärte er gegenüber dem Worpsweder Bildhauer Prof. Hoetger, der den Löwen am Eingang zum Werk Leverkusen schaffen sollte: «Wir leben in einer Zeit, wo ein Reichskanzler, wie Sie wohl gelesen haben werden, Goldmark 15 000,– und ein Minister M 12 000,– bekommt, und wo wir alle nicht den fünften oder zehnten Teil dessen verdienen, was wir früher als Einkommen rechneten und wo wir uns deshalb weitgehendste Beschränkung auch in der Kunst auferlegen müssen.»[44] Und ein Jahr später ließ er den erneut um Geld für die geologische Forschung in Halle bittenden Johannes Walther wissen: «Die letzteren, die Privatpersonen, haben meist auch nur noch einen Bruchteil dessen, was sie früher besessen und daneben noch viele neue Verpflichtungen Familienangehörigen oder Verwandten gegenüber, deren Kapitalien, von denen sie leben, vernichtet worden sind. Zu den letzteren gehöre auch ich, da ich mich zu den Dummen rechne, die bei Beginn der Inflation bzw. des Krieges ihre Aktien nicht verkauft und in Dollar angelegt, sondern die Aktien behalten und durch Zuzahlung bei der Kapitalvermehrung immer mehr derartig verwässert haben, dass das Vermögen, das ich früher besaß, auf ein Viertel bis ein Fünftel reduziert worden ist. Dazu kommen die 4 Familien der Kinder, die ich jetzt auch noch unterhalten muss, so dass im Augenblick, wo wir weder Dividende noch Tantieme beziehen und unser Gehalt auch erheblich kleiner als in der Vorkriegszeit ist, mir nichts anderes übrigbleibt, als die Substanz anzugreifen.»[45]

Duisberg sah sich 1924 daher als großen materiellen Verlierer des Weltkrieges, zumal auch die Steuerreform von 1925, mit der der Spitzensteuersatz von 60 auf 40 Prozent abgesenkt wurde, angesichts der Tatsache, dass dieser Prozentsatz nun effektiv zu zahlen war, die Lage nicht grundlegend änderte. In der zweiten Hälfte der 1920er Jahre verschob sich die Steuerlast weiter eindeutig zu Lasten der höheren Einkommen und der Kapitalerträge.[46] Zeitgenössische Schätzungen gingen davon aus, dass sich die Steuerbelastung bei Einkommen über 100 000 Reichsmark insgesamt zwischen 44 und 56 Prozent bewegt habe.[47] Duisbergs Nettoeinkommen nach dem Krieg war deutlich geschrumpft und sein Vermögensstatus hatte sich, so wurde er nicht müde zu behaupten, nicht nur ähnlich verschlechtert, es hingen jetzt auch noch viel mehr Menschen von seinem Einkommen und Vermögen ab.[48] Die alte Herrlichkeit, so schien es, war endgültig vorbei, zumal nach einer Erholung der Kurse der Farbenwerte diese an den Börsen in der Weltwirtschaftskrise erneut deutlich an Wert verloren. Der alarmierte Ton der Jahre 1923/24 fehlte nun allerdings in Duisbergs Stellungnahme, er hatte sich offensichtlich an die starken Kursschwankungen gewöhnt und war bereit, diese «auszusitzen»: «Unsere Aktien stehen ja beim Kurs von 140 zu niedrig. Ich habe versucht, den Kurs zu heben. Das ist mir auch vorübergehend gelungen. Aber dann kam die Wahl[49] und seither ist alles vergeblich. Ich aber rechne nicht jeden Tag, wie gross oder wie wenig gross nach Lage des Kurses mein Vermögen ist, sondern ich sehe darauf, wie viel Dividende ich bekomme, und solange diese hoch ist, wie wir sie auch für dieses Jahr in Aussicht nehmen, ist mir alles andere gleich.»[50]

Auf Duisbergs Vermögensverhältnisse hatte der Krieg an sich zunächst keine unmittelbaren Auswirkungen, sieht man einmal davon ab, dass der Geheimrat auch Kriegsanleihen auf eigene Rechnung erwarb, denen schließlich wegen der Inflation ein deutlicher Wertverlust drohte. Im Krieg und in der unmittelbaren Nachkriegszeit[51] stieg der Aktienbestand erneut an. 1922 besaß das Haus Duisberg 4688 Aktien der Farbenfabriken mit einem Kurswert von etwa 7,12 Millionen Mark. Davon entfielen 1588 Stück auf Carl Duisberg selbst, je 450 auf die Kinder, je 50 auf die beiden mittlerweile geborenen Enkel und 1200 Stück auf die Dr. Carl Duisberg'sche Familienstiftung, aus deren Ertrag den Angehörigen im Zweifel eine angemessene Lebensführung ermöglicht werden sollte.[52] Daneben hielt Duisberg noch Aktien der Agfa und Karlsruher Industrieaktien. Ende 1922 betrug der Wert des Aktiendepots exakt 9 781 000 Mark.[53] Allem Anschein nach versuchte Duisberg nicht, Geldvermögen durch Erwerb von Devisen zu sichern oder doch nur in geringerem Umfang. Vielmehr bestand die Strategie während der Hyperinflation wohl in der Vermögenssicherung durch Aktienbesitz. Nach der Umstellung auf I. G.-Aktien lag der Kurswert Ende 1926 bei 2,4 Millionen Reichsmark. Der Kurs schwankte in den folgenden Jahren stark, Ende 1927 etwa, als Duisberg das Depot von der Disconto-Gesellschaft auf die Deutsche Länderbank übertrug, an der die I. G. beteiligt war[54], lag der Kurswert mit 1,8 Millionen Reichsmark deutlich unter dem Vorjahreswert[55], erholte sich dann aber bis zur Weltwirtschaftskrise. Der Vermögensstatus von Carl Duisberg dürfte sich in dieser Zeit grundsätzlich nicht mehr geändert haben. Er war nach den Maßstäben der Zeit ein wohlhabender Mann, aber sein Vermögen hatte bereits vor dem Krieg seinen Zenit erreicht; nach 1918 beziehungsweise 1924 gelang es Duisberg lediglich, seinen Status zu halten. Die Aufstiegsjahre kehrten nicht mehr wieder.

Die Zahlen zu Einkommen und Vermögen sind nicht vollständig, wahrscheinlich gab es weitere Vermögenswerte, vor allem aber sind hier Duisbergs Kunstschätze und Sammlungen nicht eingerechnet. Auch hierüber ließ er in den 1920er Jahren aus Versicherungsgründen detaillierte Listen anfertigen. So schätzte ein Frankfurter Juwelier allein den Schmuck von Johanna Duisberg auf etwa 370 000 Mark.[56] Der Hausrat wurde etwa zur gleichen Zeit auf knapp 312 000 Mark geschätzt.[57] Die Gemäldesammlung Duisbergs hatte zum 1. Mai 1930 einen geschätzten Wiederverkaufswert von knapp 1,23 Millionen Reichsmark.[58] Nimmt man das alles zusammen, so kommt man für das Haus Duisberg um 1930 auf einen Vermögenswert von etwa vier Millionen Reichsmark und laufende Bruttoeinnahmen von etwa einer Million Reichsmark. Das alles ermöglichte ein überaus angenehmes Leben, mit dem Duisberg zufrieden war, wie er seinem Studienkollegen Otto Plarre im Januar 1925 geradezu pathetisch erklärte: «Im Gegensatz zu den vielen Menschen, die besonders nach der Revolution egozentrisch denken und handeln und immer an ihr eigenes Ich denken, bin ich von meiner Universitätszeit an mit viel Gemeinsinn versehen gewesen und stelle, wie das auch allein richtig, meine Person nicht nur immer unter die Sache, sondern auch unter die Allgemeinheit. Das ist auch der Grund dafür, weshalb ich nicht, wie der verstorbene Hugo Stinnes, oder der noch lebende alte August Thyssen über ein sehr großes Vermögen verfüge, das ich hätte haben können, wenn ich nach dieser Richtung spekulativ veranlagt gewesen wäre. Ich habe soviel Einkommen, dass ich sehr gut leben kann und soviel Vermögen, – auch nach den grossen Verlusten, die mir die Inflation gebracht – dass meine Kinder, selbst wenn sie nicht zu verdienen imstande sind, anständig und standesgemäss leben können. Ich lege sogar grossen Wert darauf, dass die Kinder nicht zuviel Vermögen vorfinden, wenn meine Frau und ich sterben. Sie sollen gezwungen sein, kraft der guten Bildung, die wir ihnen gegeben, sich selbst mit ihren Kindern durchs Leben zu schlagen.»[59] Nach seinem Tod bestand das Vermögen vor allem in I. G.-Aktien, in Anleihen verschiedener Unternehmen und I. G.-Bonds, deren Erträge Johanna Duisberg und den Kindern über die Verwaltung der I. G. in Leverkusen, die das Vermögen auch betreute, jeweils gutgeschrieben wurden. Versteuert wurde alles ordentlich.[60]

***

Das Wohnen umgab Duisberg im späteren Leben mit einem Schein, der den Tatsachen nur bedingt entspricht.[61] Er habe nicht einmal ein eigenes Haus, verkündete er in den 1920er Jahren wiederholt, und zu dieser Zeit traf diese Aussage in der Tat zu. Doch die Häuser, die er zwischen 1890 und 1912 in Elberfeld bewohnte, gehörten ihm jeweils, und er war außerordentlich stolz darauf, unter die angesehenen Elberfelder Hausbesitzer gekommen zu sein. Anfangs zog das frisch verheiratete Ehepaar in eine Etagenwohnung an der Brillerstraße 10 in Elberfeld: «Hier geht alles beim Besten. Hans und ich fühlen uns recht wohl und hatten gestern wieder das Vergnügen, den Friedrich, Carl und Friedrich Wilhelm mit Fräulein Tochter, Frau Hülsenbusch und Ida bei uns zu sehen. Wie freue ich mich, ein solch reizendes Heim zu haben, in dem man die Gedanken, die das Geschäft in so überreichem Masse in dem Schädel zur Entwicklung bringt, ausruhen lässt bis man aufs Neue das Fabriktor durchschreitet.»[62] Die Wohnung wurde nach der Geburt des ersten Sohnes aber schnell zu klein; schon 1890 erfolgte der Umzug in das Haus Gustavstraße 10 in Elberfeld, das Duisberg 1893 käuflich erwarb: «Nach langem Feilschen habe ich dann eigentlich heute das Haus in der Gustavstrasse, in dem ich jetzt wohne, zum Preise von M 44 500,– hypothekenfrei gekauft. Ich bin damit auch unter die Hauseigentümer gegangen und glaube, kein schlechtes Geschäft gemacht zu haben, da Bormann das Haus auf 62 000 M abgeschätzt hat, was aber viel zu teuer ist, der frühere Besitzer 51 000 M haben wollte und ich zu oben genannter Summe angekommen bin.»[63] Nach dem Kauf ließ er das Haus gründlich umbauen, was die mittlerweile fünfköpfige Familie mehrfach zu zeitweiliger Ausquartierung zwang. Kein Stein sei auf dem anderen geblieben, berichtete Duisberg stolz an Johannes Walther: «Im Garten eine Grotte mit Goldfischteich und Springbrunnen und allen möglichen blühenden und nichtblühenden Pflanzen, dazu ein grosser Spielplatz für die Kinder mit Ring- und Sitzschaukel, Turnreck, Kletterstange, Flaggenstange und Sandplatz, in der Ecke ein hübsches geschütztes Gartenhaus mit Blumenampeln, im Inneren des Hauses Marmor und Terrazzo im Entree, Parketboden (!) und Paneelen und Stofftapeten, sowie hübschen ölbemalten Decken mit Blindekuh spielenden Engeln im Esszimmer, Küche und Küchenveranda in Porzellan, Teppiche und Läufer im Corridor und Zimmern Smyrna, Wohnzimmer mit festliegenden Teppichen, Ledertapeten, bemalten Decken, und bemalten Türen, neue Gardinen und Portieren – pickfein Schlafzimmer und Kinderzimmer aber einfach und geschmackvoll, last not least ein Fremdenschlafzimmer mit zwei neuen Nussbaumbetten, Betthimmel und festliegendem Teppich – pickfein; Gasheizung, Gasbeleuchtung und elektrisches Licht, letzteres aber nur noch ohne Anschluß, da das Kabel noch nicht bis in unsere Gegend gelegt, sowie Telegraph und Telefon durch das ganze Haus.»[64]

Das war ein modernes Haus, aber weit davon entfernt, großbürgerliche Züge zu tragen – von Kunst oder Antiquitäten, von Dienstbotenzimmern oder Köchinnen war noch keine Rede. Die Familie hatte zwar Hilfe, doch das Haus wurde von Johanna Duisberg selbst geführt. Man fühlte sich erkennbar wohl: «Wir freuen uns jetzt unseres Heimes, dass wir gar keine Lust haben, auszugehen oder irgendeine Reise zu machen»[65], schrieb Duisberg an Johannes Walther. Vor allem der Garten und seine Blumen hatten es der Familie, insbesondere aber Carl Duisberg angetan, der zeitlebens ein Garten- und Blumenfreund blieb. Dass Duisberg 1900 mit dem Aufstieg in den Vorstand das Haus aufgab, war daher nicht unbedingt eine Entscheidung gegen die Gustavstraße. Die Gelegenheit, die sich durch den Tod der Mutter von Friedrich Bayer jun. ergab, war einfach zu günstig. Duisberg konnte aus deren Nachlass die repräsentative Villa an der Platzhoffstraße 25 preiswert (mit einem Kredit der Farbenfabriken) erwerben und bezog damit ein in jeder Hinsicht standesgemäßes Heim: «Wir verlegen unsere Wohnung von der Gustavstrasse zur Platzhoffstr. in das Haus der verstorbenen Frau Bayer, das Dir ja mit seinem schönen, einen Morgen grossen Garten wohl bekannt ist, und das ich, ohne es eigentlich zu wollen, über Nacht erworben habe. Die Familie Bayer wünschte nämlich nicht, dass das Haus in fremde Hände überging und ohne dass Hans und ich eigentlich darauf reflektierten, hat man uns ein solch billiges Angebot gemacht, dass wir sofort zugesagt haben. … Wir lassen uns jetzt die wirklich reizend gelegene Villa herrichten und hoffen, bis Ostern so weit zu sein, dass wir dann umziehen können. Wir machen einen guten Tausch, da wir jetzt einen wunderschön angelegten, grossen Garten für die Kinder und grosse, luftige, prachtvoll eingerichtete Gesellschafts- und Wohnräume erhalten. Die Lage in der Platzhoffstr. ist unbestritten die beste in ganz Elberfeld …»[66] Der Umzug erfolgte im April 1899 ganz rasch, anschließend gestaltete man das Haus nach und nach im eigenen Sinne um: «Zurzeit sind wir in unserem Haus mit Umkrempelungsarbeiten beschäftigt, die leider auch vor den Feiertagen ihren Abschluss nicht finden werden, da uns der Möbelfabrikant im Stich lässt. Das Wohnzimmer, in welches die Salonmöbel transloziert sind, sowie ein neugeschaffenes Vorzimmer für Bilder ist zwar schon fertig, dagegen wird der Salon leider der Hauptmöblierungsstücke noch entbehren, da diese nicht fertig werden, nur ein Steinway-Flügel, den ich Hans zu Weihnachten schenke, wird den umgebauten Raum zieren. Nach 15jähriger Ehe fangen Möbel und Dekorationen an zu verschleissen und muss für Ersatz gesorgt werden.»[67]

Diese wenigen Sätze deuten einen wichtigen Wandel an. Im neuen großen Haus hatte man nunmehr Platz für Kunst und für einen Flügel. Ob Johanna Duisberg selbst spielte, ist nicht überliefert. Nur von Sohn Curt ist bekannt, dass er einigermaßen gut Geige spielen konnte. Ein Flügel war aber zweifellos ein «Kulturmöbel», das Zugehörigkeit signalisierte, ebenso wie die Ausschmückung der Vorhalle mit Kunstwerken zugleich Geschmack wie Vermögen verraten sollte. Das Haus wurde zur Visitenkarte eines erfolgreichen Industriellen, auf die man sehr viel Wert legte. Zwischen 1902 und 1912 sind allein 23 große Abendgesellschaften dokumentiert, die mit erheblichem Aufwand begangen wurden. Die kleineren Gesellschaften wurden gar nicht erwähnt, doch ist davon auszugehen, dass zwischen den offiziellen Anlässen auch viele kleinere und private Feiern stattfanden. Mit einem Abendessen im Kreise von Verwandten und Freunden wurde im Oktober 1902 das neue Gästebuch eingeweiht. Das Menue begann mit Caviar, gefolgt von Schildkrötenbouillon und Hummer americain. Dann gab es Salmi vom Rebhuhn, Stangenspargel, Artischocken und Zungenkotelettes, Fasanen mit Salat und Kompott, Gänseleber in Gelee sowie schließlich Eis, Käse, Obst und Dessert.[68] Nur einen Monat später trafen sich Freunde der Familie am 21. November 1902 zum Abendessen mit einem ähnlich opulenten Menue. Die Weinbegleitung begann mit altem Port und Sherry superior, dann gab es Tischweine sowie schließlich Henkell Trocken und Pommery & Greno sec und nature.[69]

Allein diese Menuefolge, die für das reiche Wirtschaftsbürgertum des Kaiserreiches freilich eine Art Standard war,[70] signalisierte unmissverständlich, dass die Duisbergs bei den angesehenen und wohlhabenden Familien des Wuppertales ankommen wollten. Im Juni 1912 war sogar der preußische Handelsminister Sydow zu Gast, zu dessen Ehren man überdies das Ehepaar Friedrich Bayer jr., Henry Theodor Böttinger, Oberregierungsrat Göppert/Berlin, Regierungsrat Kamlah/Düsseldorf, den Regierungspräsidenten Kruse/Düsseldorf, den Gewerbeinspektor Kuhlmann/Solingen, den Gewerberat Simon/Düsseldorf, den Kölner Regierungspräsidenten Steinmeister und den Chefingenieur der Farbenfabriken Girtler zu Tisch gebeten hatte. Dieser Abend war indes eine Ausnahme. Gemessen an den Gästen war das Haus an der Platzhoffstraße ein Treffpunkt des lokalen Wirtschaftsbürgertums, hier vor allen Dingen der weiteren Verwandtschaft und Bekanntschaft der Familie Bayer und der Führung der Farbenfabriken. Ein Ort, an dem sich die politische und wirtschaftliche Prominenz, wenn nicht des Reiches, so doch zumindest der Rheinprovinz beziehungsweise des rheinisch-westfälischen Wirtschaftsgebietes getroffen hätte, war das Haus Duisberg nicht, ja, nicht einmal führende Vertreter konkurrierender oder verbundener Chemie-Unternehmen waren häufig zu Gast. Man war in Elberfeld geselliger als etwa August Thyssen auf dem nur wenige Kilometer entfernten Schloss Landsberg, doch traf dieser zumindest vor 1914 die wichtigeren Vertreter aus Politik und Wirtschaft.[71] Die chemische Industrie, das kann man aus Duisbergs Elberfelder Sozialkontakten schlussfolgern, war noch weit von dem Ansehen und der Bedeutung der Schwerindustrie des Ruhrgebietes entfernt. Umso mehr musste dies für

Carl Duisberg gelten, der ja nicht einmal Eigentümer der Farbenfabriken, sondern «nur» deren Manager war.

Ausweislich seiner Gästelisten jedenfalls war Duisberg vor dem Ersten Weltkrieg bestenfalls eine regionale Größe und eine Branchengröße. Sein jüngster Sohn schrieb noch Jahrzehnte später, die Familie habe zumindest anfangs nicht einmal zur guten Gesellschaft Elberfelds gehört. In der Tat finden sich die großen Elberfelder Namen, von der Bayer-Sippe abgesehen, nicht auf der Gästeliste. Selbst die Lebensführung eines Mannes, dessen sozialer Aufstieg dem Duisbergs gar nicht unähnlich war, des Reeders Albert Ballin, blieb für ihn unerreicht.[72] Das dürfte Duisberg, der die anderen führenden Industriellen des Reiches aus den Verbänden und durch Berliner Kontakte kannte, durchaus gewurmt haben. Seine Bemühungen, über den Vorstandsrat des Deutschen Museums an Bedeutung und Ansehen zu gewinnen, ja überhaupt die wiederholten Versuche, mit dem Leverkusener Werk Eindruck zu machen, markierten zumindest den Willen, es anderen Industriellen gleichzutun. Möglich wäre das vielleicht gewesen, denn Duisberg genoss als Schöpfer von Leverkusen schon einen gewissen Ruf. Der Kölner Bankier Louis Hagen, ein Schmeichler vor dem Herrn, jedenfalls bedauerte es sehr, dass Duisberg im Herbst 1913 wegen seiner zweiten Hochzeitsreise (Silberne Hochzeit) nach Rom nicht im Lande weilte: «Ich hatte die Absicht gehabt, Sie zu bitten an einem Diner vorigen Freitag in meinem Hause teil zu nehmen, bei dem der gesamte Pulver- & Dynamit-Concern incl. der Engländer zugegen war und wo eine Reihe von Herren wie der Generaldirektor Dr. Aufschläger von der Hamburger Dynamitgesellschaft etc. gerne Ihre Bekanntschaft gemacht hätten. Bei der Gelegenheit hatte ich auch die Freude, die Herren von Schorlemer[73] und von Rheinbaben[74] mit einer Reihe anderer Exzellenzen bei mir zu sehen, die sich auch gefreut hätten, den berühmten Mann von Leverkusen zu sprechen. Hoffentlich habe ich ein anderes Mal mehr Glück, wenn ich meinen Freunden und Bekannten berühmte Leute vorführen will.»

Als die Duisbergs Elberfeld im Juli 1912 gen Leverkusen verließen, war das ein Abschied für immer, der Carl Duisberg trotz der Leverkusener Öde nicht schwerfiel, ein sicheres Zeichen dafür, dass er sich in der Elberfelder Gesellschaft nicht unbedingt verwurzelt gefühlt hatte, zumal sich Friedrich Bayer jun. mehr und mehr zurückzog und Henry Theodor Böttinger und Carl Gamp zumeist in Berlin oder auf ihren Landgütern waren. Das Haus an der Platzhoffstraße verkaufte Duisberg. Die neue Direktionsvilla in Leverkusen erfüllte seine Erwartungen, da sie groß und zweckmäßig war und er auf die Gestaltung unter anderem durch den Einbau eines Oberlichtsaales für seine Sammlung «moderne(r) Gemälde deutscher Künstler» Einfluss nehmen konnte.[75] Auch eine Ruhmeshalle gab es, in der Duisberg seine Urkunden, Ehrungen, Medaillen und anderen Auszeichnungen zur Schau stellen konnte. Ähnlich wie in Elberfeld bekam zumindest ein Teil des Hauses wieder einen musealen Charakter.[76] Ansonsten war die Einrichtung eher zweckmäßig als bombastisch, wie Duisberg überhaupt jeden in seinen Augen übertriebenen Ausstattungsaufwand ablehnte. Modern und praktisch wollte er leben – und auch das Bekenntnis zu Landleben und Garten war nicht gekünstelt, sondern entsprach den Tatsachen. Die Bereitschaft, das eigene Haus aufzugeben und in eine Art gehobene Werkswohnung zu ziehen, ja, sich schließlich ganz in der Nähe auf dem Werksgelände beerdigen zu lassen, deuten zusätzlich wichtige Momente seines Selbstverständnisses an, das bei allem Streben nach Anerkennung eben doch elementar mit «seinem» Werk verknüpft war. Eine davon abgelöste wirtschaftsbürgerliche Existenz, die an Statussymbolen und Attitüden um ihrer selbst willen festhielt, war Duisberg offensichtlich fremd. Er war ein erfolgreicher und wohlhabender Techniker, der Anerkennung erstrebte; aber das eben als Techniker!

In den 1920er Jahren ließ Duisberg eine detaillierte Inventarisierung des Hauses und seiner Räume vornehmen.[77] Das Haus hatte, großzügig gerechnet, 36 Zimmer, darunter freilich eine Anzahl von Fluren und Vorhallen. Im Erdgeschoss befanden sich das große Esszimmer, der Gartensaal, das Wohnzimmer, der Wintergarten, ein Musikzimmer, der Salon, das Herrenzimmer, die große Halle, die Ruhmeshalle, das Kneipzimmer, das Billardzimmer, Vorräume, Garderoben, Durchgänge und die Küche. Die Räume waren von unterschiedlicher Größe; allein die mit Teppichen bedeckte Fläche betrug mehr als 250 Quadratmeter, das Esszimmer und der Salon waren nach den Hallen im Erdgeschoss und im ersten Stock, die jeweils circa 60 Quadratmeter groß waren, die größten Räume. Im ersten Stock befanden sich die Zimmer der vier Kinder, die in Leverkusen auch dann noch ihre eigenen Räume hatten, als sie längst «ausgeflogen» waren, das «Herrschafts-Schlafzimmer» mit dem Herrschaftsbad, je ein Zimmer für Großmutter Duisberg und Großmutter Seebohm, ein Japanisches und ein Rotes Zimmer, die obere Halle, Waschküche, Bügelzimmer, Mädchenzimmer und Speicher. Die Ausstattung der Räume war durchaus kostbar, aber nicht übertrieben.[78] Den höchsten Wert stellte die über das Haus verteilte Gemäldesammlung dar, deren Prunkstücke über die Hallen sowie die großen Repräsentationszimmer verteilt waren. Duisberg schätzte den Einrichtungswert des Esszimmers auf knapp 15 000 Mark, des Musikzimmers auf 16 000 Mark, des Salons auf 21 190 Mark. Die Große Halle im Erdgeschoss brachte es auf 15 360 Mark, das Herrenzimmer noch auf 7360 Mark. Die dort befindliche Bibliothek ließ Duisberg nicht schätzen; hier finden sich nur Fragezeichen in der Aufstellung. Ein eigenes Bibliothekszimmer besaß er nicht. Die Ruhmeshalle übertraf alle anderen Zimmer an Einrichtungswert mit 37 785 Mark bei Weitem, wobei Duisberg hier den Wert seiner Sammlungen (Medaillen, teure Autographen, Urkunden etc.) mitgeschätzt hatte, den er allein auf 20 000 Mark veranschlagte. Auch wenn die Ausstattung unterschiedlich ausfiel, gespart worden war nirgendwo an der Einrichtung. Überall herrschte Gediegenheit und, wie die zahlreichen Besucher stets betonten, Geschmack und Behaglichkeit im Hause Duisberg.

Duisberg ließ das Haus, aber auch die umliegenden Gärten und Parks nach und nach zu einer Art Gesamtkunstwerk erweitern, in das schließlich auch die künstlerische Ausschmückung der Arbeiter- und Beamtenkolonien und des Werkes selber einbezogen wurde. Zu seinem 50. Dienstjubiläum 1933 wurde dieser Art von künstlerischer Raumgestaltung ein großes Denkmal in dem Bildband «Kunst in Leverkusen» gesetzt, der ein Dokument des Duisbergschen Kunst- und Formwillens sein sollte.[79] Duisberg ging es darum, sein eigenes Heim in eine kunstvoll gestaltete Landschaft einzubeziehen, in der Arbeit, Freizeit und Erholung durch Schönheit verbunden und integriert waren. Von der «Ruhmeshalle» im Verwaltungsgebäude über die eigenen Sammlungen in der Direktionsvilla bis hin zur Gestaltung der Parkanlagen und schließlich seiner eigenen Grablege sollte der gesamte Komplex eine ästhetische Einheit bilden, geprägt durch Blickachsen und Skulpturen, die den Werkcharakter der Farbenfabriken aufnahmen. Die reduzierte skulpturale Formensprache der Gestalten, Reliefs und Inszenierungen von Fritz Klimsch kam Duisberg dabei offenbar entscheidend entgegen, erlaubte sie doch, Arbeit und Leistung zugleich darzustellen und ästhetisch zu überhöhen. Die Direktionsvilla in Leverkusen wurde auf diese Weise «organisch» mit dem Werk, dessen Kolonien und den dort arbeitenden Menschen verschmolzen. Damit habe er sich zum «Vater von Leverkusen» gemacht, schrieb der Landschaftsarchitekt Richard Hartnauer: «Davon kann er sich täglich überzeugen, wenn er auf seinen Spaziergängen dem munteren Treiben, das sich hier entwickelt, zuschaut.»[80]

Der Reigen der Einladungen setzte sich nach dem Umzug in Leverkusen fort. Auch ihr Charakter blieb erhalten, doch kamen jetzt mehr auswärtige Gäste. Im Dezember 1912 etwa waren neben dem Aufsichtsrat der Farbenfabriken auch die Industriellen Emanuel Merck aus Darmstadt und Karl Goldschmidt aus Essen sowie die Professoren Theodor Diehl aus Berlin und Berthold Rassow aus Leipzig gekommen. Auch diesmal war die Menuefolge kaum zu übertreffen. Sie dürfte ihre Wirkung kaum verfehlt haben, zumal im akademischen Milieu, das solchen Luxus bestenfalls vom Hörensagen kannte.[81] Ob diese Menues immer ein großer Genuss waren – wer weiß es zu sagen. Duisberg galt als angenehmer Gastgeber, der aber vor allem die Zeit nach dem offiziellen Essen, das gemütliche Beisammensein und «Plaudern» genoss. Vorher hatte alles geordnet zu sein, und dürfte daher unter Umständen recht steif gewesen sein. Ungezwungenheit jedenfalls lehnte er ab. Die aufkommende Mode des «kalten Buffets» fand er «widerwärtig»: «Lieber ein einfaches, wenn auch kaltes Abendessen, bei dem jeder von allem etwas bekommt, als ein kaltes Buffet an einzelnen Tischen, bei dem die einen nur Hummer, die anderen nur Fleisch und die dritten nur Gemüse erhalten, so dass schliesslich ein Kampf um die einzelnen Schüsseln ausgefochten werden muss.»[82]

Dieses üppige Gesellschaftsleben beendete der Krieg. Die Duisbergs knüpften auch nach 1918 beziehungsweise 1923 nicht mehr daran an. Das lag nicht zuletzt daran, dass zwischen 1917 und den frühen 1920er Jahren die Direktionsvilla nicht uneingeschränkt zur Verfügung stand. Im Januar 1917 zerstörte eine große Explosion in Leverkusen einen Teil des Hauses; alle Fenster barsten, und die Inneneinrichtung wurde verwüstet.[83] Im Winter 1917/18 sah man von Festen ab, seit dem Sommer 1918 verdüsterte sich die militärische Lage, und die Revolution, die Anfang November 1918 auch Leverkusen erreichte, ließ den Gedanken an große Feste gar nicht erst aufkommen. Die unmittelbare Bedrohung durch die Revolution wurde zwar durch den Einzug neuseeländischer Truppen noch im Dezember 1918 gebannt, doch nahmen diese sowie die ihnen folgenden englischen Truppen große Teile des Hauses in Beschlag. Duisberg, obwohl über den Kriegsausgang alles andere als glücklich, nahm die Einschränkungen hin: «Jetzt sind wir froh, dass wir die Engländer hier haben, trotz der Erschwernisse, die die Besatzung mit sich bringt. Wir haben wenigstens polizeilichen Schutz und der Kommunismus und Bolschewismus kann sich nicht breit machen …. Dafür sind uns in unserem Hause nur noch drei Schlafzimmer für meine Frau und mich, für meine Mutter, die seit der Revolution bei uns weilt und für Fräulein Sonntag, sowie 2 Wohnzimmer im Keller geblieben. … Wir müssen mit den Dienstboten durch den Kücheneingang gehen, dürfen uns auch in den von den Engländern beschlagnahmten Räumen nicht sehen lassen», beschrieb Duisberg die Lage im April 1919 seinem Freund Johannes Walther.[84]

Auch nach dem Rückzug der Besatzungstruppen kehrte die opulente Welt der Vorkriegszeit nicht mehr zurück. Das einfachere Leben war indes nur bedingt eine Folge der Versorgungsschwierigkeiten und hatte auch nicht allein mit Duisbergs nach dem Krieg gesunkenen Einnahmen zu tun. Er war, wie wir noch sehen werden, auch älter, deprimierter und anfälliger geworden. Kuraufenthalte häuften sich. Überdies flohen die Duisbergs nun immer öfter aus Leverkusen, ihrem vormals «idealen» Ort. Die Familienfeiern wurden in den bayerischen Alpen, in München oder am Rhein (Petersberg, Königswinter) begangen. Abendeinladungen wurden seltener und intimer. In Leverkusen, das seit 1920 nach und nach wieder in den alten Zustand versetzt worden war, traf man sich jetzt eher zu Teerunden. Das Haus wurde nun mehr und mehr ein Museum, eine Art «Ruhmeshalle» der Duisbergschen Erfolge und Ort seiner Sammlungen (Bilder, Spazierstöcke, Mineralien, Medaillen, Schnäpse etc.), an dem sich selbst die Hauseltern nicht mehr so häufig aufhielten. Der Entschluss, ein Haus in den Alpen bauen zu lassen, dokumentierte dann Anfang der 1930er Jahre einen gewissen Abschied vom offiziellen Leben, nicht zuletzt deshalb, weil Partenkirchen als ein Familienrefugium geplant war.

Die Direktionsvilla in Leverkusen, für die Duisberg zwar keine Miete zahlen musste, aber die sonstigen laufenden Kosten zu tragen hatte, wurde nach seinem Tode und dem Auszug seiner Frau (sie verlebte ihre letzten Lebensjahre in einer Wohnung im Kölner Süden) nicht mehr privat genutzt; in den 1960er Jahren fiel sie wegen des Neubaus der Verwaltung der Spitzhacke zum Opfer. Sie war zweifellos kein eindrucksvolles Gebäude, besaß aber doch einen gewissen Seltenheitswert allein wegen ihrer Existenz. Dass ein wohlhabender Generaldirektor in eine Dienstwohnung zog, unmittelbar am Werk gelegen und von den Ausdünstungen der chemischen Produktion keineswegs unbehelligt, war schon bemerkenswert. Die Nähe zur Fabrik führte in den revolutionären Wirren der Nachkriegszeit nach dem Abzug der Engländer mehrfach dazu, dass streikende Arbeiter das Haus besetzten und auf Waffen oder Vorräte durchsuchten. Ein solches Risiko gingen andere Unternehmer und Werksdirektoren in der Regel nicht ein. Die Brüder Weinberg etwa, Inhaber und Direktoren der

Cassella, ließen sich in Frankfurt große, schlossähnliche Anlagen an das Niederräder Mainufer bauen, die Direktoren und Eigentümer der Farbwerke Hoechst lebten im vornehmen Frankfurter Westend oder im Vordertaunus, jeweils weit weg von den Werksanlagen in Höchst beziehungsweise Fechenheim.[85] Selbst das notorische Arbeitstier August Thyssen hatte nach 1900 ein Schloss an der Ruhr erworben und aufwendig renovieren lassen.[86] Überhaupt verhielt sich Duisberg geradezu antizyklisch, da seit den 1880er Jahren immer mehr wohlhabende und reiche Bürger an den Stadtrand oder in ländliche Gebiete zogen.[87] Da war seine Entscheidung, unmittelbar an das Werksgelände und dann noch in eine urban fast unerschlossene Welt zu gehen, ein ganz klares Signal, wie es auch der jüngste Sohn Curt in seinen Erinnerungen schildert: «Typisch für Vater Duisberg war, dass er sich seine Dienstwohnung genau gegenüber der Hauptverwaltung der Fabrik errichten ließ. Auch in den Vorstands- und Direktionsverträgen war die Bestimmung enthalten, dass die Herren gehalten waren, in unmittelbarer Nähe des Werks ihren Wohnsitz zu nehmen, was sie mit einer Ausnahme auch taten. Duisberg stand auf dem Standpunkt, dass, wenn er und seine Herren unmittelbar beim Werk wohnten, die Umgebung des Werkes, worauf er Wert legte, schön und gepflegt sein würde, wodurch jene damals so weit verbreitete Atmosphäre von Proletariertum, von hässlichen, düsteren Fabrikhallen und tristen Mietskasernen vermieden werden sollte.»[88]

***

Nimmt man sein Reiseverhalten, so bestätigt sich der Eindruck, Duisberg sei ein moderner Mensch gewesen, sehr viel mehr. Vergleichbar mit heutigen Managern war Duisberg, seit der Aufbau Leverkusens abgeschlossen war, ständig auf Reisen. Seine Privatsekretäre mussten Zusammenstellungen machen, aus denen ersichtlich wird, dass er in manchen Jahren kaum ein Drittel der Nächte das Leverkusener Schlafzimmer betrat.[89] Die Reisen hatten die unterschiedlichsten Anlässe, doch dominierten insgesamt die Geschäfts- und Kongressreisen. Mit der Bildung des Dreibundes 1904 nahmen vor allem erstere stark zu. Duisberg hielt sich häufig in Ludwigshafen bei der BASF und in Berlin bei der Agfa auf, später wurde Frankfurt der Ort, an dem die wichtigen Sitzungen der I. G. stattfanden. Die naturwissenschaftlichen Kongresse nutzten die Duisbergs insbesondere in den Jahren vor dem Weltkrieg gerne für Erkundungsreisen in der Heimat. Im Laufe der Zeit nahmen aber auch die Urlaubsreisen immer mehr Zeit in Anspruch, nachdem es lange so gut wie keine privat veranlassten Reisen gegeben hatte. In den frühen 1880er Jahren hatte Duisberg lediglich einmal eine Spritztour nach Holland unternommen, danach geschah lange nichts mehr. Ferienreisen setzten eigentlich erst in den 1890er Jahren ein, und zwar zunächst als Sommerurlaub, den die Familie an der Nordseeküste verbrachte. Die zahlreichen Erkrankungen von Ehefrau und Kindern brachten mit Kur- und Erholungsreisen aber bald mehr Abwechslung. Auch ging Carl Duisberg gelegentlich allein auf Erholungsreise. Das machte ihm aber kaum Freude, er suchte vielmehr jeweils intensiv nach Gesellschaft. Mitte der 1890er Jahre, mit der Beschäftigung von Minna Sonntag, wurde das Reisen dann regelmäßiger, da nun die Eheleute Duisberg auch ohne Kinder fahren konnten.

Schließlich stellte sich ein gewisser Rhythmus ein, an dem die Duisbergs bis zu seinem Tode recht konstant festhielten, auch wenn sich nach 1914 zunächst politisch bedingte, später auch altersbedingte Verschiebungen und Variationen einstellten. Der «normale» Jahresablauf war demnach etwa so: In den ersten beiden Monaten des Jahres fuhr das Ehepaar für einige Wochen an die Côte d'Azur, besonders gern in das neue Grand Hotel Cap Martin bei Menton, nahe der Grenze zu Italien. In den darauffolgenden Wochen fielen in Elberfeld und später in Leverkusen der Jahresabschluss und die Vorbereitung der Hauptversammlung an, sodass erst zu Pfingsten wieder Spielraum für Reisen war, der zumeist für eine große Autofahrt durch Deutschland genutzt wurde, die an den jeweiligen Ort der Jahrestagung des Vereins Deutscher Chemiker führte. Weitere Kongresse und Treffen schlossen sich an, bevor wieder einige Zeit in Elberfeld/Leverkusen verbracht wurde. Die Sommerferien führten in den ersten Jahren an die Nordseeküste, später war die Schweiz, insbesondere das Hotel «Waldhaus» in Sils Maria, ein beliebtes Ziel. Aber auch Schottland wurde besucht. Im Herbst standen zumeist wieder Kongressreisen an, später verband man die Tagungen des Deutschen Museums, die zumeist in den Oktober in München fielen, mit Reisen nach Norditalien, insbesondere an die Oberitalienischen Seen. In den Monaten November und Dezember war Carl Duisberg in der Regel zu Hause, bis dann mit dem Jahreswechsel der Rhythmus erneut einsetzte.

Die Jahre vor dem Ersten Weltkrieg gelten als die Geburtsstunde des modernen Tourismus.[90] Das hatte mit Massentourismus nur sehr begrenzt zu tun; dazu war das Reisen einfach noch zu teuer und die Durchschnittseinkommen waren zu niedrig. Einfache Menschen konnten bestenfalls Tagesausflüge an die See oder zu nahe gelegenen Ausflugsorten bezahlen.

19 | Carl Duisberg mit seinen Söhnen Curt und Carl-Ludwig in Schottland 1908

Aber bei denjenigen, die es sich leisten konnten, war das anders. Eine touristische Infrastruktur entstand, Verbindungslinien wurden gezogen, Erfahrungen ausgetauscht – Reisen, zumal größere Reisen wurden üblich, ja prestigeträchtig. Kinder erhielten Weltreisen als Abiturgeschenk; im Übergang von der Ausbildung zum Beruf wurden sie geradezu zu «rites de passage». Es begann die große Zeit des Grand Hotels.[91] Nicht nur in den europäischen und amerikanischen Metropolen schossen sie wie Pilze aus dem Boden; auch an beliebten Urlaubsorten in Südfrankreich, in Italien und der Schweiz waren sie bald zu finden und boten betuchten Reisenden jeden seinerzeit nur vorstellbaren Komfort. In dieser Welt des aufblühenden Tourismus und des luxuriösen Reisens fühlten sich die Duisbergs uneingeschränkt wohl. In der Schweiz, in Frankreich und Italien fand man sie wiederholt als Gäste der Grand Hotels, auch im Reich selbst bevorzugte man die schöne neue Welt der modernen Hotels. In Berlin im Adlon, in Frankfurt im Frankfurter Hof und in München im Bayerischen Hof, im Vierjahreszeiten und im Regina Palast Hotel, überall waren die Duisbergs Stammgäste.

Neben diesem normalen Reiseprogramm reiste Duisberg aus geschäftlichen Gründen mehrfach nach Großbritannien (Gründung einer Niederlassung der Farbenfabriken), Russland (Inspektion der Moskauer Fabrik), Belgien und Frankreich (Inspektion der jeweiligen Niederlassungen). Nach der Beteiligung der Dreibund-Firmen hielt er sich einige Male zu Aufsichtsratssitzungen der Norsk Hydro in Oslo beziehungsweise an der norwegischen Westküste auf. In die USA reiste er vor 1914 insgesamt viermal, zuletzt 1912 zum VIII. Internationalen Kongress für Angewandte Chemie, der zwei Jahre zuvor in London stattgefunden hatte. Auch dort war Duisberg selbstverständlich dabei.

Reine Urlaubsreisen außerhalb Europas blieben die Ausnahme. Ägypten, das sich in den Jahren vor dem Krieg bei der europäischen Oberschicht großer Beliebtheit erfreute, durfte allerdings nicht fehlen. Henry Theodor Böttinger, der sich 1909 zur Kur in Assuan aufhielt, hatte Duisberg den Mund wässrig gemacht, woraufhin dieser schrieb: «Es muß wirklich einzigartig und schön dort im Innern Afrikas mit seiner alten, abgestorbenen Kultur, vergraben im Wüstensande, sein. Nicht nur Walter Wolffs und wir, sondern auch Friedrich und Anna, sowie Julius Schmits und Frau wollen im nächsten Frühjahre, und zwar nach einer am vergangenen Sonntag Abend in Weidenhof getroffenen Vereinbarung, gemeinsam nach Oberägypten reisen. Werden die Krokodile eine Freude haben, wenn sie das Geschnatter dieser lebhaften Frauen zu hören bekommen. Friedrich wollte zunächst nicht, weil er zu alt sei, aber schließlich hat ihn Frau Schmits überredet und er hat begeistert zugestimmt. Wir haben uns auf Dein vortreffliches und bis jetzt unübertroffenes Reiseführertalent berufen und kannst Du jetzt schon die nötigen Kamele für unsere Wüstenritte bestellen.»[92] 1910 war es dann so weit. Man fuhr in großer Reisegruppe nach Ägypten. Die Reise dauerte, inklusive Schifffahrt nach Alexandria, gut zwei Monate, in denen Duisberg aus Elberfeld und Leverkusen fort war. Eine Nachkur in Cap Martin bei Menton schloss die Reise ab.

Duisberg war ein harter Arbeiter, keine Frage, doch war für ihn spätestens seit den 1890er Jahren auch klar, dass er regelmäßig ausspannen musste, wie er das nannte, wollte er nicht an den körperlichen und psychosomati-

20 | Carl Duisberg (links), Friedrich Bayer jun. (Mitte unten) und Henry Theodor Böttinger (rechts) in Ägypten mit Gattinnen 1910

schen Folgen seiner energischen Art der Unternehmensführung zugrunde gehen. Duisberg konnte zum Leidwesen seiner Frau allerdings auch in den Ferien nicht völlig abschalten. Wichtige Korrespondenz wurde in die jeweiligen Hotels nachgeschickt, häufig verabredete er sich auch mit befreundeten Industriellen und Wissenschaftlern, um zumindest Teile der Ferien zusammen zu verbringen, die Duisberg nebenher auch zu Besichtigungen von Fabrikanlagen oder wirtschaftlichen Einrichtungen nutzte. Kunstreisen jedenfalls waren bei ihm weitgehend ausgeschlossen; Erholung und Geschäft standen im Vordergrund.[93] Der Erste Weltkrieg brachte in diese Routine eine deutliche Zäsur, da mit dem Sommer 1914 Urlaubsreisen ins Ausland faktisch nicht mehr möglich waren. Zugleich nahmen die Berliner Verpflichtungen stark zu, sodass in den ersten Kriegsjahren an größere Reisen nicht zu denken war. 1915 verbrachte Duisberg zwei Wochen Ferien in Berchtesgaden, 1918 ging er im Frühsommer für vier Wochen in die Denglersche Kurklinik nach Baden-Baden, ein bei Industriellen beliebter Ort.[94] Bei den zahlreichen Reisen der Kriegsjahre nahm er sich zwar stets auch Zeit, um Freundschaften zu pflegen oder Museen zu besuchen; richtigen Urlaub aber hatte Duisberg in der Tat nicht. Er fehlte ihm nach eigenem Bekunden auch nicht. Nach 1918 kehrte der Rhythmus der Vorkriegszeit zurück, doch traten Kuraufenthalte in den Vordergrund, die das Ehepaar schließlich fast jährlich absolvierte, mehrfach in Baden-Baden, später in Badgastein[95] und Partenkirchen. Nun waren in eingeschränktem Maße auch wieder Auslandsreisen möglich. Die alte Reisefreude nach Italien und Frankreich kehrte aber nicht wieder. An der Côte d'Azur war man noch einmal, gelegentlich fuhr man in die Schweizer Berge. Der Favorit aber war nach dem Krieg Oberbayern. Eine Erholungsreise nach Ägypten 1927 war ein völliger Reinfall; zwei große Weltreisen, 1926 und 1928/29, auf die später zurückzukommen sein wird, wurden aber noch gemacht.[96]

Als Fortbewegungsmittel bevorzugte Duisberg nach dem Krieg weiterhin Eisenbahn, Automobil und Schiff. Die Eisenbahn war das schnellste und günstigste Verkehrsmittel, das zudem für die große Gemeinde der Geschäftsleute die Möglichkeit der Nachtreise bot, von der Duisberg überaus häufig Gebrauch machte. Er reiste im Schlafwagen von Köln zum Bahnhof Friedrichstraße, ließ sich in das Hotel Adlon bringen, das er am Abreisetag gegen 9 Uhr abends wieder verließ, um den Nachtzug zurück nach Köln zu nehmen. Diese Art des zeitsparenden Reisens war derart beliebt, ja gefordert, dass Friedrich Flick nachgesagt wird, er habe in den 1920er Jahren die Einstellung eines Mannes mit der Bemerkung verweigert: «Reist bei Tage!» Lediglich zu Beginn und gegen Ende des großen Krieges und in der unmittelbaren Nachkriegszeit waren die Verbindungen derart schlecht, dass Duisberg auf die Reise mit der Bahn, damit aber auch auf einen großen Teil seiner Mobilität verzichtete. Dabei waren es nicht nur die Unsicherheit der Verbindungen und die häufigen Verspätungen, die ihn abschreckten. Schlimmer noch war für ihn die Tatsache, dass der Komfort in den nun zumeist ungeheizten Zügen miserabel war. Überdies waren sie derart überfüllt, dass der gewohnte Luxus in der ersten Klasse nicht mehr aufrechterhalten werden konnte. Die Revolutionäre in den Monaten nach 1918 erkannten die «Klassengrenzen» ohnehin nicht mehr an, ein Verschleiß am Material, der Duisberg abstieß, hatte allerdings bereits seit der zweiten Kriegshälfte eingesetzt. Beschreibungen von für ihn grässlichen Eisenbahnfahrten finden sich zahlreich, so z. B. aus dem Februar 1919: «Neulich war ich in Frankfurt; meine einzige Reise seit der Revolution. Zur Hinfahrt habe ich 17, zur Rückfahrt 14 Stunden gebraucht, noch dazu meist 3. Klasse mit zerbrochenen Fensterscheiben im ungeheizten und unbeleuchteten Kupee. Da habe ich genug bekommen und warte nunmehr mit dem Reisen, bis die Verhältnisse sich gebessert haben.»[97]

Die Probleme der Eisenbahn mochten Duisbergs Liebe zum Automobil noch verstärken. Diese war aber ganz eigener Art. Duisberg hatte das Auto als bequeme Reisemöglichkeit gleich nach der Jahrhundertwende kennengelernt. Ein früh angeschafftes Automobil erleichterte die zeitweilig notwendige Pendelei zwischen Elberfeld und Leverkusen sehr. Das Auto – Duisberg fuhr nicht selbst, sondern hatte von Anfang an von den Farbenfabriken bezahlte Chauffeure – erwies sich sehr schnell als umfassende Lebensbereicherung. Er war derart angetan, dass er gleich auch Friedrich Bayer jun. überredete, sich ein Auto anzuschaffen.[98] Zu diesem Zweck fuhr er mit ihm extra zur Automobilausstellung nach Berlin, um die neuesten Modelle in Augenschein zu nehmen. Duisberg nutzte das Auto intensiv, manche Kongresse konnte er hintereinander nur deshalb besuchen, weil ihm das Auto eine schnelle Reaktion ermöglichte. «Da ich in der Woche nach Pfingsten Hauptversammlung des Vereins Deutscher Chemiker in Nürnberg habe, so fahre ich mit der ganzen Familie, einschließlich Fräulein Sonntag, am nächsten Freitag per Auto nach Wilhelmshöhe, Eisenach, Oberhof, Coburg, Bamberg, Nürnberg, wo wir Dienstagabend nach Pfingsten einzutreffen hoffen und dort bis Ende der Woche bleiben. Hoffentlich hat der Himmel endlich ein Einsehen und zeigt uns nach seinem langen Murren und Muksen anstelle des verweinten Gesichtes ein freundliches, sonniges Lächeln», schrieb Duisberg im Mai 1906 an Carl Gamp.[99] Nach und nach gewann das Auto allerdings auch Bedeutung für die größeren Ferienreisen und wurde auch hier zu einer ernsthaften Konkurrenz für die Eisenbahn, zumal es vor Ort große Möglichkeiten schuf.[100] Und auch in den 1920er Jahren war das Auto der treue Begleiter, wenn etwa im Anschluss an die Ferien im Engadin eine größere Autotour durch Oberitalien und Tirol veranstaltet wurde.[101] Kurz: Das Auto veränderte Duisbergs Lebensgewohnheiten nicht, sondern es ermöglichte sie! Nun war eine zuvor unvorstellbare Mobilität möglich, und sie eroberte schnell den Alltag, ja die Sprache. Die Wochenenden, wenn sie denn frei waren, wurden nun mit Autotouren durch die weitere und nähere Umgebung gefüllt, für die Duisberg ein eigenes Wort einführte: «Wir hatten die Absicht … ins bergische Land zu auteln», schrieb er im Juli 1907 an seinen Schwager Hermann Seebohm.[102]

Das Auto spielte mithin in Duisbergs Leben eine große Rolle. Insofern verwundert es nicht, dass Duisberg die mit dem Auto verbundenen Fragen ausgesprochen ernst nahm. Zunächst hatte er wechselnde Chauffeure; von

1912 bis zu seinem Tod wurde er dann von Max Hartung gefahren. Dessen Dienstvertrag vom Dezember 1912 hatte es in sich. Hartung hatte nicht nur im Prinzip rund um die Uhr zur Verfügung zu stehen, er unterlag auch strikten Auflagen und Verboten. Der Mietvertrag für die Dienstwohnung über der Garage war selbstverständlich an den Arbeitsvertrag geknüpft.[103] Bei der Arbeit war Hartung bewaffnet, da Duisberg offenbar nicht so recht an die Sicherheit auf den Straßen des Reiches glaubte: «Ich bescheinige hierdurch, von Herrn Geheimrat Duisberg eine 6schüssige Selbstlade-Pistole ‹Dreyse› Kal. 6,35 Nr. 3650 erhalten zu haben und bestätige ausdrücklich, daß ich im Besitz eines vorschriftsmäßigen Waffenscheins bin. Ich verpflichte mich, die Pistole stets sorgfältig zu verwahren, damit sie nicht in unbesorgte Hände geraten kann, dieselbe auch nur im Falle der höchsten Notwehr zu benutzen. Leverkusen, den 27. August 1913. Max Hartung.»[104] Trotz der nach heutigen Maßstäben harten Vertragsbedingungen fuhr Hartung Duisberg und seine Familie offensichtlich gern, das Verhältnis war spannungsfrei und, vor allem, dauerhaft. Hartung erhielt regelmäßig Gehaltserhöhungen auf schließlich 4212 Reichsmark 1932, was ein ausgesprochen gutes Einkommen verglichen zu den Facharbeitern der Farbenfabriken war. Duisberg kümmerte sich auch sonst um Hartung, etwa, indem er ihn von Ferdinand Sauerbruch ärztlich betreuen ließ. Insofern kann man sicher sein, dass Hartung eine Vertrauensstellung hatte, und dass das beide Seiten so sahen.

Duisberg stellte sich auch vor seinen Fahrer, wenn es Probleme mit der Straßenverkehrsordnung oder Unfälle gab.[105] Er widersprach jedem Strafzettel, ging aber auch juristischen Konflikten um umstrittene Unfallfolgen nicht aus dem Weg. Seine Argumentation war dabei ausgesprochen modern, unterstellte er doch der Polizei wiederholt, nicht nur inkompetent zu sein, sondern auch Verkehrsdelikte aus finanziellen Gründen geradezu zu provozieren. Er konnte sich regelrecht empören, der Autofahrer werde zu einer Art Melkkuh der Obrigkeit gemacht – und wetterte, er werde als eines der ersten Mitglieder des Kaiserlichen Automobilclubs hierzu nicht schweigen. Dass ihn dabei gelegentlich eine übertriebene Sparsamkeit antrieb, zeigt ein Vorfall, bei dem er gegen ein Strafgeld für die Nutzung einer gesperrten Straße vorging: Die Straße hatte er den Chauffeur nur fahren lassen, um 20 Pfennig Brückenmaut zu sparen, die ansonsten fällig geworden wären. Nicht jeder Unfall beziehungsweise Vorfall war derart belang- oder folgenlos. Zweimal kamen Menschen bei Autounfällen ums Leben, ohne dass Duisberg oder seinen Chauffeur hierfür die Schuld ge-

21 | Autounfall mit Carl Duisbergs Wagen 1931

troffen hätte. Die Vorwürfe, er lasse zu schnell fahren, waren allerdings nicht selten, was in einer Zeit, in der das Auto noch Seltenheitswert besaß, erhebliche Folgen haben konnte, wenn etwa Pferde durchgingen und Menschen und Tiere zu Schaden kamen. Derartige Konflikte sind mehrfach überliefert.

Duisberg interessierte sich auch für die technischen Details der Automobile. Insbesondere nach dem Krieg, als Vorsitzender des Reichsverbandes der Deutschen Industrie, glaubte er geradezu, ein Mandat zu haben, derartige Fragen direkt gegenüber den Automobilproduzenten, sozusagen von Chef zu Chef, anzusprechen. 1925 hatte Duisberg sich mehrfach über den Kompressor eines neuen Daimler-Wagens aufgeregt und das auch Otto Fischer mitgeteilt, der sowohl dem Aufsichtsrat von Daimler wie dem der I.G. angehörte. Dieser schrieb ihm zurück: «Wir haben in Heidelberg zusammen eine kurze Unterhaltung über Daimler-Wagen gehabt. Da ich dem Aufsichtsrat dieser Gesellschaft angehöre, hat diese Sache natürlich mein besonderes Interesse erweckt. Ich habe mich nun an den technischen Direktor von Daimler gewendet, um Aufklärung über die von Ihnen erwähnten Klagen über die neuen Daimler-Wagen zu erhalten. Ich erlaube mir Ihnen die schriftliche Mitteilung, die mir heute zugegangen ist, einliegend in Abschrift zu übersenden in der Hoffnung, daß diese Mitteilung Ihre Ansicht oder diejenige ihrer Freunde über die Frage des Kompressors doch einigermaßen zugunsten der Daimler-Konstruktion beeinflussen wird. Ich möchte hinzufügen, daß ich auch von verschiedenen Seiten, die neue Daimlerwagen gekauft haben, sehr günstiges darüber gehört habe, nachdem einige kleinere Mängel, die bei den ersten Wagen der neuen Typen sich gezeigt haben, die aber bei den jetzt herauskommenden Wagen nicht mehr auftreten werden, beseitigt waren.»[106] Duisberg stellte das nicht zufrieden: «Soeben komme ich nach viertägigem Aufenthalt in Berlin von dort zurück und finde Ihre werten Zeilen vom 7. nebst Brief des Herrn Direktor Lang vor. Was Herr L. sagt, ist alles richtig, nur ist der 15/70 PS Mercedes-Wagen in den Bergen ohne Kompressor bei weitem nicht so leistungsfähig, wie z.B. der in meinem Besitz befindliche gleich starke Fiat. Gewiß kann man durch Einschalten des heulenden Kompressors die Leistung steigern, aber abgesehen vom Geräusch, das für die Insassen unangenehm ist, hat er auch sonst durch Verölung der Kerzen, größere Reparaturen und Verschleiß, Nachteile. Ich, der ich einer der ältesten Automobilfahrer bin und bis jetzt abgesehen von dem letzten Fiatwagen, nur Mercedeswagen besessen habe, bedauere deshalb, sagen zu müssen, daß ich an diesem Typ, wenigstens an dem Exemplar, das meine Firma für mich bezogen hat, nicht die Lösung sehe. ... Es tut mir das aufrichtig leid, da ich, wie gesagt, bisher immer die Mercedeswagen in Konstruktion und Material für die besten gehalten habe, besonders auch in meiner Lage als Vorsitzender des Reichsverbandes der deutschen Industrie. Es wird Sie übrigens interessieren zu hören, daß wir für die Geschäftsführer des Reichsverbandes, insbesondere für den Berliner Stadtverkehr, einen einfachen kleinen 50 PS Benz-Wagen gekauft haben.» Wenig später beschwerte er sich bei der Direktion von Daimler-Benz, sein neuer Wagen habe ständig Pannen und Mängel. Und das passiere ihm, der als RDI-Chef für deutsche Produkte, besonders auch für deutsche Autos werbe.[107] Daimler-Benz zeigte sich reumütig; Duisberg müsse aber zumindest auch zugestehen, dass auch ausländische Autos nicht pannenfrei seien.

***

Ein letzter Punkt verdient Beachtung. Carl Duisberg konnte nicht gut alleine sein. Schon sein Entschluss zu heiraten, folgte ja der zutreffenden Selbstbeobachtung, er würde ohne ein gediegenes Heim in ein unsolides Junggesellenleben abrutschen. Die Familie war der zentrale Bezugspunkt

22 | Familienfeier im Hause Duisberg undatiert. Oben v. l. n. r.: Jolanthe Duisberg, Carl-Ludwig Duisberg, Elfi Jehle-Duisberg, Walther Duisberg, Curt Duisberg, Minna Sonntag. Unten v. l. n. r. Hans-Hasso von Veltheim, Michaela von Veltheim, Johanna Duisberg, Carl Duisberg

seines Lebens, zu dem er stets zurückkehrte und an dem er mit Fürsorge und Strenge hing: «Ich bedarf nach des Tages Last und Mühen dringend des Friedens der Häuslichkeit», schrieb er am 4. Januar 1901 an Johannes Walther. Dieses Familienleben hing maßgeblich von Johanna Duisberg ab. Seine Mutter, so Curt Duisberg in seinen Erinnerungen, sei die gute Seele des Hauses gewesen: «Vater beteiligte sich nur passiv am Geschehen und besorgte mit den Jahren immer spärlicher den kleinen Weihnachtstisch unserer Mutter, die ein wahres Christkind war und nicht nur für uns Kinder die Tische deckte, sondern mit gleicher Liebe für die im Hause wohnenden Hausgeister. Daß die Familie einschließlich des Hauspersonals zusammen Weihnachten beging und alle Tische im gleichen Raume waren, ist uns Kindern in Fleisch und Blut übergegangen und wird noch heute bei den letzten Duisberg Kindern, meiner Schwester und mir, so gehandhabt.»[108]

Höhepunkte des Familienlebens waren in der Tat die Weihnachtsfeiern, über die auch Carl Duisberg in seinen Briefen, seine Frau lobend, häufig berichtete. Dann versammelte sich nicht nur die engere Familie, auch Duisbergs Mutter kam, ebenso seine Schwiegermutter und seine Schwägerinnen.[109] «Wir haben sehr vergnügte Weihnachtsfeiertage im Kreise der gesamten Familie hier verbracht. Der einzige Jammer ist nur der, dass ich bei dem vielen essen und trinken und der nur geringen Bewegung wieder einige Pfund zugenommen habe, die ich mir mit Beginn des neuen Jahres abquälen muss. Ich habe eine grosse Not, mein Körpergewicht im Gleichgewichtszustand zu halten und muss oft fasten und hungern, um zu vermeiden, dass ich nicht so korpulent werde wie meine geistig und körperlich gesunde Mutter», ließ Duisberg zu Silvester 1909 seinen Studienfreund Walther wissen.[110] Auch Geburtstage und Jubiläen wurden gebührend gewürdigt, jedoch scheint es so, als habe sich Duisberg zumindest der Feier des eigenen Geburtstages lange entzogen. Ebenfalls aufwendig wurden die sogenannten Bayerschen Familientage begangen, an denen Duisberg seit seiner Heirat regelmäßig teilnahm. Die Duisbergsche Familie hingegen spielte für das Alltagsleben keine Rolle; es scheint, als habe Duisberg spätestens mit seiner Eheschließung die väterliche Welt endgültig hinter sich gelassen.

Umso mehr wurde in der nun neu gewonnenen Familie und deren Umfeld die Geselligkeit gepflegt.[111] Die Duisbergs wurden Mitglied in einem Wanderverein, der regelmäßig Touren durch das Bergische Land machte, man traf sich zum Skat und zum Kegeln. Im Laufe der Jahre kamen parallel zum beruflichen Erfolg immer mehr Einladungen hinzu. Teilweise verbrachten die Duisbergs keinen Abend in der Woche zu Hause, auch eine Folge davon, dass man selber ein offenes Haus pflegte. «Da wir uns zurzeit hier in Elberfeld im Zeichen der Feste und Gesellschaften befinden, so sind die Anforderungen, die an Hans gestellt werden, recht groß. Fast jeder Tag bringt eine Einladung und auch uns steht noch das Vergnügen bevor, an zwei Abenden der Fastnachtswoche jedes Mal etwa 40 Personen bei uns zu sehen»[112], erfuhr Johannes Walther in einem Brief von Duisberg. Das musste, man spürt es zwischen den Zeilen, nicht immer die reine Freude sein, aber Duisberg verhielt sich auch hier ganz pflichtgemäß. Denn das «Dinerwesen» wurde in diesen Jahren zu einem Kennzeichen der guten, insbesondere der schnell reich gewordenen Gruppen der wilhelminischen Gesellschaft. Die Gastfreundschaft war für Carl Duisberg ein Moment sozialen Verhaltens, das von ihm erwartet wurde – und dem entsprach er zumeist auch gern.

Mit dem Erfolg und der Übernahme von Ämtern verlagerte sich Duisbergs Lebensmittelpunkt zumindest teilweise in andere Städte, namentlich Berlin, und damit in verschiedene Hotels. Doch auch dort hielt er an den häuslichen Traditionen fest; abends saß er mit seiner Frau und Fräulein Sonntag zusammen oder lud Freunde und Geschäftspartner zum Abendessen ins Hotel. In Berlin ging man zusammen kegeln, traf sich in verschiedenen Clubs; ein beliebter Treffpunkt für Geschäftsessen war der Kaiserliche Automobil-Club, in dem sich nicht nur Duisberg und befreundete Chemiker und Industrielle trafen, sondern auch Vertreter der «besseren» Berliner Gesellschaft verkehrten.[113] Während des Weltkrieges war Duisberg ständiger Gast im Adlon, wo es ihm zur Gewohnheit wurde, abends Freunde um sich zu versammeln. So gab es einen fast legendären Sonnabend-Adlon-Abend, an dem neben Duisberg die Mitarbeiter Max Bauers aus dem Großen Hauptquartier Edgar Schlubach und Bodo von Harbou sowie der Künstler Fritz Klimsch teilnahmen.[114] Die Leidenschaft für fröhliche Abende teilte Duisberg mit vielen seiner Bekannten;[115] wahrscheinlich suchte er sie danach aus, denn wiederholt war in der Korrespondenz die Klage zu lesen, das beabsichtigte nette «Plaudern» sei leider nicht zustande gekommen. Der Aachener Industrielle Georg Talbot schwärmte noch im November 1933, nachdem er Duisbergs Lebenserinnerungen gekauft hatte, von den Abenden im Adlon. Die Bilder haben «in mir Erinnerungen wach gerufen an fröhliche Stunden, die ich nach gemeinsamem Mahl mit Ihnen und Ihrer lieben Frau im Anschluss an Sitzungen im Hotel Adlon verleben durfte. Wenn es dabei auch manchmal ‹anderen Tages› wurde, so waren Sie trotz anstrengender Tagesarbeit unter uns Fröhlichen doch immer der fröhlichste und frischeste.»[116] Auch die zahlreichen Ferienreisen suchte man in Gesellschaft zu verbringen, zumeist mit Elberfelder Freunden; man verabredete sich aber auch mit anderen Industriellen oder Chemikern, um zumindest einige Tage des Jahres gemeinsam in der Schweiz, an der Côte d'Azur, der Riviera oder an den Oberitalienischen Seen zu sein. Der Krieg unterbrach dieses Leben, das nach 1918 nur eingeschränkt wieder aufgenommen wurde. Doch auch an den Kurorten, in Baden-Baden oder Badgastein, in Berchtesgaden oder in Garmisch-Partenkirchen, wo man die «heilige Dreieinigkeit» aus Carl und Johanna Duisberg und Minna Sonntag nach dem Weltkrieg regelmäßig traf, waren sie selten allein. Zumeist verabredete man sich mit Bekannten, häufig schloss man an den Urlaubsorten Freundschaften, die Duisberg auch pflegte. Wenn ihm jemand gefiel, dann machte er sich eine Notiz und ließ den Betreffenden kleine Geschenke wie Reiseapotheken, Sonderdrucke oder auch Porträtphotographien zukommen. Auf seinen Auslandsreisen kaufte er auch deshalb groß ein, weil er mit kleinen Aufmerksamkeiten renommieren konnte.

Von Freundschaften war das Leben des Geheimrats nicht bestimmt, aber doch von dauerhaften, gelegentlich auch herzlichen Beziehungen. Wirkliche Freundschaft bestand, wenn überhaupt, lebenslang zu dem Geologen Johannes Walther. Seit den 1890er Jahren sah man sich jedoch nicht mehr oft; Walther wich häufigen Besuchen vielleicht auch deshalb aus, weil er, der noch auf einen großen Ruf wartete, Duisbergs Renommieren mit seinen Erfolgen nicht gut ertragen konnte. Nach dem Krieg stritt man sich zeitweilig um Finanzhilfen, die Duisberg, der dafür mit persönlichen Geschenken wie etwa einem Radiogerät umso großzügiger war, nicht geben wollte. Walther blieb bis zu Duisbergs Tod sein einziger Vertrauter außerhalb der Familie. Eine, wenn auch nicht so enge Bindung entstand zu Carl Hauptmann, ebenfalls Studienfreund aus Jena, die aber nach dem Ende des Studiums nach und nach brüchiger wurde. Hauptmann suchte finanzielle Engpässe mehrfach durch Anleihen bei Carl Duisberg auszugleichen, der in dieser Hinsicht allerdings völlig unzugänglich war. Geld verlieh er nicht, auch nicht an gute Freunde. Walther und Hauptmann waren für Duisberg einzigartig: «Dort (in Jena, W. P.) lernte ich meine beiden besten Freunde im Leben, Johannes Walther, jetzt Geheimer Regierungsrat, Professor der Geologie in Halle an der Saale – genannt Weo – und den verstorbenen Philosophen, Direktor und Schriftsteller Dr. Carl Hauptmann aus Schreiberhau – genannt Heo – kennen. Wir bildeten zusammen – ich als Deo – das Triklinium, das in Jena überall bekannt war»[117], äußerte sich Duisberg später während einer Dankesrede an der Universität Jena. Freundschaftliche Beziehungen hatte er auch zur Bayer-Familie; hier verbrachte man vor allem vor dem Krieg einen großen Teil der Freizeit miteinander und traf sich auch in den Ferien. Carl Rumpff, Friedrich Bayer jun. und Henry Theodor Böttinger bezeichnete Duisberg ebenfalls als seine «besten Freunde», an deren Gräbern er zu seinem 70. Geburtstag Kränze niederlegen ließ: «Ich habe es getan aus dem Gefühl heraus, dass ich persönlich mit diesen Freunden verbunden war und dass ich nicht das hätte schaffen können, was ich geleistet habe, ohne diese drei Freunde.»[118] Insbesondere im Verhältnis zu Fritz Bayer spielte dabei auch das Moment «Männerfreundschaft» eine Rolle, das sich bei Duisberg auch in anderen freundschaftlichen Beziehungen als wesentlich erwies. Bei den Münchener Kollegen, bei Curtius, Koenigs und Pechmann, war das ein wesentlicher

Zusammenhalt; auch später verstand sich Duisberg besonders gut mit Menschen, die seine robuste, fröhliche, manchmal zweifellos auch übergriffige Art ertragen oder kontern konnten, wie Emil Fischer, Fritz Klimsch oder Ferdinand Sauerbruch. Andere, wie Richard Willstätter, mochten Duisbergs übergriffige Art nicht, ließen ihn dies aber nicht spüren.

Duisbergs Geselligkeit zog stets weitere Menschen an, die er auch selbst gezielt ansprach. Die zahlreichen Einladungen nach Leverkusen, denen viele Menschen folgten, die die Duisbergs bei wechselnden Anlässen kennengelernt hatten, spiegeln diese Art von «Freundschaften» gut wider. Man ging durchaus herzlich miteinander um, «verplauderte» die Zeit in angenehmer Atmosphäre, ohne dass, von wenigen Ausnahmen abgesehen, engere Verbindungen entstanden. Willstätter war beileibe nicht der einzige Mensch, dem Duisberg wohl gelegentlich zu weit ging. Er hatte eine gewisse Art, Besucher, Kollegen, Freunde und gute Bekannte zu «umarmen», ihnen dabei – je nach deren Temperament – gelegentlich auch die Luft zu nehmen. Aber das gehöre eben auch zu seiner Art, wie er Otto Hahn, der im Frühjahr 1914 Vorträge in Leverkusen über seine Arbeit auf dem Gebiet der Radioaktivität gehalten hatte, wissen ließ. Nicht nur forderte er ihn auf, möglichst mit Frau bald wieder nach Leverkusen zu kommen: «Wie mir soeben meine Frau mitteilt, haben Sie sich aber noch einer Unterschlagung schuldig gemacht, für die Sie eigentlich nachträglich bestraft werden müssten, denn wenn jemand, wie es bei Ihnen am verg. Sonntag der Fall war, seinen Geburtstag begeht, dann hat er die ‹verdammte› Schuldigkeit, dies nicht zu verheimlichen und zu verschweigen, sondern es seinen Mitmenschen zu ermöglichen, auf die Gesundheit des Geburtstagskindes eine Extraflasche zu leeren, wie wir es ja, ohne es zu ahnen, noch kurz vor Ablauf dieses für Sie und Ihre Gattin so wichtigen Tages getan haben.»[119] Jovial, freundlich bestimmend, aber doch stets auch distanziert, diese eigentümliche Form von Verbindlichkeit und Reserviertheit, die für die Duisbergsche Geselligkeit wohl typisch war, zeigen auch die meisten der zahllosen Dankesbriefe und Karten, die das Ehepaar Duisberg nach derartigen Anlässen erhielt. Zitiert sei nur ein Brief: «Heimgekehrt drängt es mich, Ihnen für die wunderschönen Tage im Rheinland und für die überwältigende Gastfreundschaft, mit der Sie uns Ihre großartigen Schöpfungen, die wohl in ihrer einzigartigen Verbindung des Nützlichen mit dem Schönen auf der Erde nicht ihresgleichen haben, haben genießen lassen, noch einmal meinen wärmsten und herzlichsten Dank zu sagen. Ganz besonders danke ich Ihnen und Ihrer hochverehrten Frau Gemahlin für die schönen Stunden in Ihrem vom Zauber der Kunst erfüllten Heim, dem Ihre Persönlichkeit den Stempel aufgedrückt hat. Die Fahrt in das herrliche bergische Land und das Frühstück in der Kemenate des alten Hohenzollernschlosses an der Wupper werden wohl uns allen unvergeßlich bleiben»[120], schrieb Walter von Brüning im August 1926 an Duisberg.

So wenig wirkliche Freunde Duisberg hatte; auch erklärte Feinde gab es kaum, was für eine Unternehmenskarriere schon auffällig ist. In den Farbenfabriken gab es ein Konkurrenzverhältnis allenfalls zu Carl Hülsenbusch. Mit Carl Bosch, dem aufgehenden Stern der BASF, blieb das Verhältnis distanziert, doch war dieser jünger und die wirkliche Rivalität auf wenige Monate 1924/25 beschränkt. Nach Holdermann waren beide Männer sehr verschieden, Bosch zurückhaltend, schweigsam und sehr reserviert, Duisberg «temperamentvoll», redselig und so auf Anerkennung bedacht, dass der insofern genügsame Carl Bosch, dessen Visitenkarte geradezu puristisch gestaltet war, das kaum verstehen und schon gar nicht akzeptieren konnte.[121] Geschäftlich zogen beide zumeist an einem Strang; menschlich verstanden haben sich beide Männer nicht. Kurz vor Duisbergs Tod kam es in Leverkusen anlässlich eines Krankenbesuchs von Carl Bosch zu einer längeren Aussprache, nach der Duisberg meinte, er habe zum Schluss doch noch dessen Freundschaft gewonnen.[122] Nach den Beobachtungen von Else Bosch, der Gattin des I. G.-Vorstandsvorsitzenden, war Duisberg ein jähzorniges Scheusal, dessen Empfindlichkeit sich schließlich bis zum «Verfolgungswahn» steigerte.[123] Duisberg fühlte sich in der Tat leicht angegriffen und war nur schwer dazu in der Lage, Kränkungen oder Niederlagen zu verkraften[124], doch gibt es für derart gravierende Befunde neben den Äußerungen von Else Bosch keine handfesten Belege. Auch mit den Vertretern der Cassella, dem Hauptkonkurrenten der Farbenfabriken vor dem Krieg in bestimmten Farbstoffklassen, kam es mehrfach zu ernsthaften Auseinandersetzungen, die auch einen persönlichen Zug hatten, insbesondere in Böttingers antisemitischen Ausfällen. Mit den Weinberg-Brüdern kam er während des Krieges und danach bei allen Meinungsverschiedenheiten immer besser zurecht, und selbst zum greisen Leopold Gans bestand schließlich eine Art Vertrauensverhältnis. Selbst mit führenden Sozialdemokraten und freigewerkschaftlichen Belegschaftsvertretern erreichte Duisberg schließlich ein zumindest persönlich unproblematisches Verhältnis. Aus der Korrespondenz ist freilich nur schwer zu erkennen, wie weit diese Beziehungen gingen. Alles in allem deutet vieles daraufhin an, dass man es sich aus welchen Gründen auch immer mit Carl Duisberg nicht verdarb, der Kontakt also selten über ein freundliches gegenseitiges Interesse hinausging. Für wirkliche Freundschaften gibt es, wie gesagt, keine Belege.

Dafür aber konnte sich Duisberg einer Feindschaft sicher sein. Schon vor dem Krieg hatte ihn die bergische Sozialdemokratie als Hauptgegner identifiziert und diese Erbschaft nach 1918 den Kommunisten und ihren Presseorganen hinterlassen. Die «Bergische Arbeiterstimme» bewahrte eine bemerkenswerte Kontinuität in der Berichterstattung über «König Karl» von den Vorkriegsjahren bis zur Weltwirtschaftskrise: «Hurra, der ungekrönte König Karl von Jammerkusen ist wieder da! Also Dr. Duisberg ist von seiner Weltreise wieder in seine Residenz Leverkusen zurückgekehrt. Von seinen Hofschranzen, an der Spitze der General z. D. Anzeiger von Wiesdorf, begeistert empfangen. Einige Untertanen haben ihn wahrscheinlich sehr vermißt. Deshalb mußten der Orchester-Verein und der Männergesang-Verein der I. G. Farbenindustrie aus Anlaß der Rückkehr Karl Duisbergs und seiner Frau zum Ständchen antreten. Was da zu freuen und zu singen für Ursache sein soll, muß doch den Farbenkumpels schleierhaft sein. Die Reise um die Welt der Familie Duisberg, welche am 14. Februar begann und über Nordamerika, Mittelamerika, Westindien, Japan, China und weiß der Teufel wo überall hin ging, hat auf alle Fälle klotzig Geld gekostet. Die Kumpels müssen ihm dieses Geld erarbeiten, und während dieser Vergnügungsreise hat mancher Leverkusener Arbeiter ins Gras beißen müssen. Wir haben dieser Tage gelesen, wie die alten Pensionäre der FF. behandelt werden. Dann kann man so richtig die ‹humane›, mit Wohlfahrtseinrichtungen gespickte Firma I. G. Farbenindustrie in bezug auf ihre Belegschaft erkennen. Hier für ein Lebensalter lang geleistete Arbeit einige Mark Pension verbunden mit allerlei Schikanen, dort eine fünfmonatige Vergnügungsreise mit allem Komfort. Arbeiter, denkt drüber nach.»[125]

18 | Kunst und Literatur

Carl Duisberg war, das hat das vorhergehende Kapitel gezeigt, alles andere als ein Intellektueller, und er hätte das auch nie prätendiert. Intellektuelle Betrachtungen von ihm sind nicht überliefert. Seine Weltsicht war pragmatisch, an Problemlösungen orientiert. Das bedeutete aber keineswegs, dass er am kulturellen Leben seiner Zeit nicht teilgenommen hätte. Im Gegenteil, als ihn 1928 der Sanitätsrat Dr. Leven aus Elberfeld, der eine Studie zum Thema «Mütter in der Erbbiologie grosser Männer» schreiben wollte, um Auskünfte zu Fragen der Herkunft und zu den eigenen Charaktermerkmalen bat, antwortete Duisberg auf die Frage nach besonderen Anlagen: «Musik- und Kunstliebend, ohne sie selbst auszuüben. Kenner und sicherer Beurteiler von Kunstwerken der Malerei und Plastik.»[1] Duisberg entdeckte die «Kunst» erst nach der Jahrhundertwende, nach seinem Aufstieg an die Spitze der Farbenfabriken und damit auch in die besseren Kreise der Elberfelder Gesellschaft. Kunst war in diesen Kreisen zugleich ein Medium der Repräsentation von Erfolg und Ansehen wie ein Ausweis geschmacklicher Bildung und Zugehörigkeit. Auch, das darf nicht vergessen werden, musste man sie sich leisten können, und das war bei Duisberg wohl nicht vor Mitte der 1900er Jahre möglich. Da in dieser Zeit auch die sonstigen Ehrungen zunahmen, der Professoren- und Geheimratstitel und der erste Ehrendoktor seien genannt, häuften sich überdies die Anlässe, die durch ein Gemälde angemessen festzuhalten waren. Zu seinem 25-jährigen Firmenjubiläum 1909 wurde er im Auftrage der Arbeiter des Werkes von Adolf Hildebrand in Bronze gegossen, und der Aufsichtsrat ließ ihn von Max Liebermann, einem der gefragten Porträtisten der Zeit, malen. Dieter Schütz datiert den Beginn von Duisbergs Kunstleidenschaft mit guten Gründen auf die Jahre 1908/09, weil seit dieser Zeit der Erwerb von Kunstwerken nachgewiesen ist.[2] Anregungen dürfte er aber bereits früher aus dem lokalen Umfeld, wahrscheinlich über den Umgang mit Friedrich Bayer jun. und dessen Kreisen bekommen haben.[3] Hier spielten die Privatsammlungen der reichen Elberfelder Familien eine wichtige Rolle (Bayer, Wolff, von der Heydt, Boeddinghaus,

Simons). Duisberg wurde, wie es sich für einen Angehörigen der besseren Gesellschaft gehörte, Mitglied im Barmer Kunstverein und im Elberfelder Museumsverein, der 1902 wesentlich zur Gründung der Kunsthalle Elberfeld beigetragen hatte. Deren Leiter Friedrich Fries, der zuvor am Städel in Frankfurt am Main tätig gewesen war, legte einen Sammlungsschwerpunkt auf die französische Kunst des 19. Jahrhunderts, schenkte aber auch der deutschen Gegenwartskunst, etwa Wilhelm Leibl, seine Aufmerksamkeit. 1903 fand in Elberfeld eine reichsweit beachtete Ausstellung mit Werken von Hans Thoma statt, der auch später in der Duisbergschen Sammlung nicht schlecht vertreten war.[4] Unterstützung fand Fries mit diesem durchaus modernen, in der «Sektenschlucht» anfänglich heftig umstrittenen Profil vor allem bei dem Bankier und herausragenden privaten Sammler August von der Heydt. Fries, bis 1929 Leiter des Elberfelder Museums, stellte in den folgenden Jahren wiederholt Künstler der Münchener und der Berliner Secession aus, die auf Duisberg einen nachhaltigen Einfluss hatten.[5] Im März 1911 etwa waren unter dem Titel «Deutsche Ausstellung» Gemälde von Hubert Haider, Walter Leistikow, Emil Lugo, Johann Sperl und Gustav Schönleber zu sehen, im November 1912 wurden Arbeiten der Berliner Secession gezeigt, und im Februar 1913 kam es zu einer Ausstellung von Münchner Künstlern, vor allem aus dem «Scholle-Kreis».[6] All das regte Duisbergs Sammelleidenschaft stark an.

Er konnte bald auf eine eigene umfangreiche Sammlung blicken, die bei ihrer Inventarisierung 1930 259 Ölgemälde, Pastelle und Aquarelle zu einem geschätzten Zeitwert von 1,13 Millionen Reichsmark umfasste. Die Leverkusener Direktionsvilla wurde im Laufe der Zeit zu einer Art Museum. Die untere große Halle, das Esszimmer, der Salon und die obere große Halle versammelten dabei die besonders teuren und repräsentativen Stücke. Die Sammlung selbst war heterogen, nicht zuletzt deshalb, weil sich Duisberg anders als die meisten bekannten Kunstsammler der Zeit bei seinen Käufen nicht fachlich beraten ließ. Er kaufte mehr oder weniger auf eigene Faust oder machte die Auswahl von den jeweiligen Kunsthändlern abhängig, bei denen er kaufte.[7] Gelegentlich folgte er auch dem Rat oder Empfehlungen von Freunden, insbesondere dann, wenn er Bilder etwa von Familienangehörigen in Auftrag gab. Ganz ohne Linie war seine Sammlung nicht. Duisberg war ein Freund der gegenständlichen Malerei, was nach 1900 nicht mehr selbstverständlich war. Seine Sammelobjekte reichten von alter Kunst über niederländische Meister in das deutsche 19. Jahrhundert und endeten bei impressionistischen Stücken und Werken der

Münchener Malerschule des späten 19. und frühen 20. Jahrhunderts. Manche Werke hatte Duisberg aus Verehrung erworben oder sich schenken lassen, so ein Porträt Hindenburgs von Angelo Jank oder Darstellungen bekannter Chemiker und Naturwissenschaftler (Baeyer, Helmholtz, Curtius, Bunsen). Zahlreiche Bilder stellten Familienangehörige oder Freunde und Bekannte dar. So finden sich nicht wenige Porträts von ihm selbst, seiner Frau und seinen Kindern, die vor allem die Privatzimmer schmückten. Das Gros der Sammlung aber waren Landschaftsdarstellungen, Stilleben oder Genre-Bilder. Das teuerste Bild, das Duisberg je kaufte, war eine als «Heiliger Abend» bezeichnete Darstellung von Fritz von Uhde[8] zu einem Einstandspreis von 45 000 Mark (geschätzter Preis 1930: 60 000 Reichsmark).[9] Uhde, von dem Duisberg weitere Bilder besaß, war, so sagte es zumindest Pastor Zurhellen bei der Trauerfeier 1935, Duisbergs Lieblingskünstler, das Bild von der Madonna im Schnee sein Lieblingsbild.[10] Uhde war ein in München lebender Realist und späterer Impressionist, wegen der Darstellung des alltäglichen Lebens und seiner Härte durchaus umstritten, wie ja auch die Liebermann-Porträts von Carl Duisberg keineswegs überall Bewunderung auslösten. Der überaus kunstsinnige Arthur von Weinberg bedankte sich bei Carl Duisberg 1923 für die Übersendung eines Exemplars seiner Schriften und Reden, das mit einer Reproduktion eines der Liebermann-Porträts geschmückt war, mit der Bemerkung: «Während der Inhalt des Buches ein rühmliches Kapitel deutscher Geistesgeschichte darstellt, zeigt es leider zugleich den Verfall deutscher Kunst. Was haben Liebermann und die anderen Schmiermeister aus ihren Zügen gemacht!»[11]

Duisbergs Kunstgeschmack lag offensichtlich zwischen dem zweier ausgewiesener Kenner, des Elberfelder Bankiers August von der Heydt, der der Avantgarde gegenüber aufgeschlossenen war, und des Frankfurter Industriellen Arthur von Weinberg, der die alten Meister bevorzugte. Duisberg fremdelte mit beiden Haltungen nicht, war aber doch ein entschiedener Anhänger der zeitgenössischen Strömungen, also der modernen deutschen Kunst.[12] Damit fiel er zumindest ein wenig aus den industriellen Moden der Vorkriegszeit heraus, in der es ohne Frage eine Vorliebe für die alten Meister gab, während sich zeitgenössische Kunst eher in der Zeit nach dem Krieg in den industriellen Sammlungen durchsetzte.[13] Nach seiner Rückkehr aus Rom 1913 zeigte er sich von der älteren Kunst beeindruckt, fühlte sich aber in seinen Vorlieben bestätigt: «Auch bin ich mit einem ganz gehörigen Respekt vor den Arbeiten unserer ernsthaft ringenden deutschen modernen Kunst nach Hause zurückgekehrt, bei aller Hochachtung vor der Antike und den Kunstwerken der Renaissance, ohne diese als die allein seligmachenden zu betrachten.»[14] Auch unter den Zeitgenossen, die seine Sammlung kannten, galt er als Sammler der Moderne, ja als Vermittler der französischen Malerei des 19. Jahrhunderts, zumal er als Leihgeber der Barmer Sonderbundausstellungen auftrat.[15]

Seine alten Niederländer, etwa die Rosenkranzmadonna des Anton van Dyck, konnten Weinberg gefallen haben, während von der Heydt an Emil Noldes «Boot im Schilf» seine Freude gehabt haben dürfte. Der Schwerpunkt der Duisbergschen Sammlung lag aber zweifellos auf der zeitgenössischen Malerei. Duisbergs teuerste Bilder (nach dem Uhde) kamen fast durchweg von Zeitgenossen, so von Karl Schuch[16], Wilhelm Trübner, Max Liebermann, Hans Thoma, Franz von Stuck, Franz von Defregger, Oswald Achenbach, Antoni Palamedesz, schließlich Karl Haider. Andere Bilder hatte Duisberg weitaus preiswerter erstanden, was zum Teil zu schönen Buchgewinnen geführt hatte, als die Bilder 1930, freilich in RM, geschätzt wurden. Fritz Erlers «Dame in Rot» hatte sich von 5000 Mark auf 15 000 Reichsmark im Wert gesteigert, Wilhelm Leibls Porträt des Malers Jul. Bodenstein war im Wert von 9700 Mark auf 20 000 Reichsmark angestiegen, und bei anderen Bildern war es ähnlich. Den größten Erfolg erzielte Duisberg – unter Wertgesichtspunkten – mit Édouard Manets «Mädchenkopf mit Hut und blauem Kleid», das er für 900 Mark gekauft hatte und in der Weltwirtschaftskrise für 18 000 Reichsmark hätte weiterverkaufen können. Insgesamt war der Wert der Sammlung im Laufe der Jahre kontinuierlich angestiegen und verkörperte wahrscheinlich einen noch höheren Wert, als Duisberg ihn 1930 schätzte, da in der Weltwirtschaftskrise die Kunstpreise niedrig waren.[17] Die Summe der Einstandspreise betrug im Mai 1930 700 497,81 Reichsmark, der geschätzte Verkaufswert lag bei 1 129 850 Reichsmark, was trotz der niedrigen Preise in der Weltwirtschaftskrise einer Wertsteigerung von mehr als 50 Prozent entsprach. Den Geheimrat dürfte das gefreut haben.

Schütz bezeichnet Duisbergs Kunstgeschmack als bürgerlich-konservativ, doch ist diese Charakterisierung nicht recht treffend, zumal vermögende Industrielle im Kaiserreich eben nicht vorwiegend zeitgenössische Kunst kauften. Was heute konventionell wirkt, war es seinerzeit nicht unbedingt, namentlich nicht im Elberfeld der Wende zum 20. Jahrhundert, wo das Eintreten des Museums-Direktors für die Münchener und Berliner Secession Massenaustritte aus dem Kunstverein auslöste. Duisberg war sicher kein Anhänger der Avantgarde und konnte mit nichtgegenständlicher Malerei oder Skulptur wenig anfangen. Im Gegensatz zu August von der Heydt, der früh Picasso, Cézanne, Matisse, Gauguin, aber auch deutsche Expressionisten sammelte, fand Duisberg hieran nur wenig Gefallen. Ausstellungen des «Blauen Reiter» oder Bilder von August Macke, die er in München zweifellos sah, beeindruckten ihn offenkundig wenig.[18] Ihm angebotene Bilder von Picasso und anderen Avantgardisten erwarb er nicht. Gerade die Porträts, die er sehr schätzte, sollten immer auch Männlichkeit und Ordnung repräsentieren – und das war für ihn nur gegenständlich möglich.[19]

Duisberg interessierte sich ernsthaft für Kunst und investierte Zeit und Geld in diese Leidenschaft.[20] Das war unter Industriellen nicht selbstverständlich. Walther Rathenau, der allgemein als Kunstfreund und Kenner galt, wurde zwar ähnlich häufig wie Duisberg gemalt und hatte, das Munch-Porträt zeigt es, eine Neigung zum Expressionismus, doch seine Sammlung umfasste sehr viel zweitrangige Werke und war überdies erheblich kleiner als die Carl Duisbergs. Rathenaus eigentliche Vorliebe galt zudem der Kunst der Wende zum 19. Jahrhundert; gemessen an Duisbergs Vorlieben war er im Grunde sehr viel konventioneller.[21] Duisberg war aber, das zeigen seine Diktion und die Art und Weise, wie er mit Künstlern umging, keineswegs ein einfühlsamer Kunstfreund.[22] Als er von der von ihm mitgestifteten Haeckel-Plakette zwei Original-Bronzeabgüsse wünschte, der Künstler aber nur einen herstellen wollte, erklärte er kurzerhand: «Die Künstler sind ja bekanntlich in solchen Dingen eigensinnig, aber ein fester Wille vermag auch ihnen gegenüber manches durchzusetzen.»[23] August Thyssen war ähnlich. Auch er feilschte mit Rodin um den Preis der Skulpturen, die er haben wollte; auch bei ihm findet sich diese eigentümliche Mischung aus der Staatskunst des späten 19. Jahrhunderts (Lenbachs Bismarck!) und einer Zusammenstellung von Moderne und alten Meistern.[24] Auch bei August Thyssen diente die Kunst zugleich zur Repräsentation des eigenen Lebens, doch ging Duisberg in der Musealisierung des eigenen Hauses offenbar noch einen Schritt weiter: Kunst hing in 26 Zimmern, im Schnitt waren das ziemlich exakt zehn Bilder pro Raum, wobei die Dienstmädchenzimmer, in denen sich nur wenige Bilder befanden, mitgerechnet sind.

Alles das zusammengenommen verweist nicht zwingend auf einen bürgerlich-konventionellen Geschmack. Die Liebe zum Realismus und zum Impressionismus mögen für einen Teil der Gesellschaft des späten Kaiserreiches typisch gewesen sein, aber das unterschied sich doch ganz wesentlich von den «großen historischen Schinken» und den bereits damals überaus teuren «alten Meistern». Duisberg bediente etwa mit den Porträts von Lenbach, die er auch besaß, durchaus dieses Segment, aber seine Liebe galt der Secession, also dem bewussten Bruch mit der Akademie-Malerei. Der Realismus der Leibl-Schule war nicht jedermanns Sache, aber Duisberg hinderte das nicht, seine Begeisterung war echt. Die Berliner Freie Secession wählte ihn im Mai 1918 zum Mitglied, worauf er, der in dem maßgeblichen Kaiser-Friedrich-Museums-Verein[25] kein Mitglied war, sichtlich stolz war: «Welche Rechte mir aus dieser Mitgliedschaft erwachsen, weiss ich zwar noch nicht. Ich nehme an, dass ich nicht selbst malen oder zu bildhauern brauche, wohl aber, dass ich kritisieren darf und das werde ich als Gegner aller Übertreibungen gerade bei der Freien Secession gründlich besorgen.» Aber auch den Pflichten sehe er freudig entgegen, ließ er Fritz Klimsch, dem er die Wahl zu verdanken hatte, wissen.[26]

Was den konkreten Anlass zum Aufbau einer Bildersammlung angeht, lässt sich im Nachhinein nur vermuten. Wahrscheinlich waren die gestiegene Bedeutung des Geheimrats und der Professorentitel der Auslöser dafür, dass Duisberg sich 1907 von Leo Samberger in München porträtieren ließ, ein Bild, das er seiner Frau verehrte. Das Jahr 1909[27], in dem Duisberg sein 25-jähriges Firmenjubiläum beging, dürfte, da ist Schütz zuzustimmen, das ausschlaggebende Jahr gewesen sein, da Duisberg nun mit Kunstgeschenken überhäuft wurde und er selber auch in engeren Kontakt zu Künstlern kam, namentlich zu Adolf Hildebrand, der ihn modellierte,[28] und zu Max Liebermann, der ihn porträtierte. Beide Atelierbesuche imponierten ihm mächtig. Gegenüber Theodor Curtius sprach Duisberg nach dem Besuch bei Hildebrand von einer «köstliche(n) Zeit, fern von Pflicht und Beruf den Tag über mit einem unserer vornehmsten Künstler und im Kreise seiner Familie plaudern zu können».[29] Und auch von Liebermann war er so beeindruckt, dass er sich für das Porträt mit der weißen Weste mit den Worten bedankte: «Ich bedaure unendlich, daß die schöne Zeit des Zusammenseins mit Ihnen im Atelier, welche mich aus der Sphäre meiner gewohnten Tätigkeit heraushob und in andere Kreise des Denkens und Empfindens brachte, vorbei ist. Es war ohne Übertreibung eine köstliche Zeit, die mir unvergeßlich sein wird. Sie haben mich, ich aber auch Sie kennengelernt und zwar in einer solchen Weise, daß Sie verzeihen müssen, wenn ich gelegentlich nachmittags einmal, sobald mich das Geschäft nach Berlin führt, bei Ihnen vorspreche, um Sie und Ihre verehrten Damen zu begrüßen und wiederzusehen.»[30]

Die Kreise weiteten sich aus. Duisberg begann, systematisch Ausstellungen zu besuchen, aber auch Künstlerkontakte aufzubauen, nicht zuletzt weil seit 1912 durch den Umzug nach Leverkusen viel Raum vorhanden war, der geschmückt werden musste. Typisch waren seine Versuche, sich Franz von Stuck zu nähern. Im Jahr 1911 war ihm auf der Münchener Secession das von Stuck gemalte Bildnis des Fräulein Littmann aufgefallen; Anfang 1912 hatte er zudem das Stuck-Bild von dessen Tochter erworben. Die Bilder machten auf Duisberg einen so starken Eindruck, dass er im April 1912 über die Berliner Kunsthandlung Schulte bei Stuck anfragen ließ, ob dieser bereit sei, seine Tochter Hildegard zu malen. Stuck erbat eine Photographie, stimmte zu und nannte den Preis von 12 000 Mark für ein Bild im Stile des «Fräulein Littmann».[31] Duisberg war hocherfreut und verabredete gleich für Oktober 1912 Sitzungstermine in München, da er zu dieser Zeit ohnehin als «Vorsitzender des Vorstandsrates des Deutschen Museums», wie er ausdrücklich betonte, in München zu tun habe und mit Frau und Tochter reise.[32] Als das Bild in der zweiten Novemberhälfte 1912 in Leverkusen eintraf, war Carl Duisberg entzückt: «Das Porträt ist Ihnen glänzend gelungen und die Ähnlichkeit ist treffend.» Man habe es gleich aufgehängt: «Jetzt hängt das Bild schon in den Räumen meiner Frau, und bewundernd sitzt die ganze Familie vor Ihrem neuesten Kunstwerk, das sich leuchtend von der roten Stofftapete abhebt.»[33] Der Versuch, über Porträt und Büste mit Stuck und Hildebrand auch persönliche Beziehungen herzustellen, scheiterte allerdings. Beide schlugen Einladungen nach Leverkusen aus und nahmen auch am Abendessen aus Anlass von Duisbergs Silberner Hochzeit im Münchener Regina Palast-Hotel nicht teil.

Duisberg kaufte, wenn er nicht selbst Auftraggeber war oder Ateliers besuchte, die Kunstwerke in Galerien, und zwar bei den Kunsthändlern Brakl, Caspari, Heinemann, Hermes und Thannhauser in München[34], bei Cassirer, Haberstock und Schulte in Berlin und bei Exinger in Brüssel.[35] Hin und wieder kaufte er auch bei Privatpersonen, so bei Kerschensteiner oder dem Münchener Hofschauspieler Karl Dreher, den er bei Franz von Stuck kennengelernt hatte. Die direkten Beziehungen zu verschiedenen Künstlern behielt Duisberg aber bei, nicht zuletzt weil die Anlässe für Kunsterwerb vor dem Krieg nicht abrissen. Duisbergs Kunstkäufe waren ja nicht allein auf den privaten Bereich beschränkt; es galt auch, die Farbenfabriken, ihre Gebäude und ihre Kolonien zu schmücken. Überdies mussten Auszeichnungen, Erinnerungsstücke und Denkmale vor allem für verdiente Chemiker gestaltet werden. Eine besondere Beziehung stellte sich dabei nach und nach zu dem Bildhauer Fritz Klimsch ein, der zumindest eine Zeit lang Duisbergs Favorit wurde.[36] Klimsch, der sehr gesellig war[37], lud den Geheimrat wiederholt ein, kam aber auch selbst mit Gattin nach Leverkusen. Er hat Duisberg in seinen Erinnerungen ein kleines, recht liebevolles Denkmal gesetzt, was nicht unbedingt überrascht, da Klimsch fast aller Menschen, denen er begegnete, sehr wohlwollend gedachte. Über Duisberg hatte er zunächst von Emil Fischer, der ihm für die von Duisberg gestiftete Medaille Modell saß, gehört. «Eines Tages erschien Duisberg überraschend, ohne vorherige Anmeldung, in meinem Atelier, und schon nach dieser ersten Begegnung fand ich alles, was Fischer gesagt hatte, bestätigt. Duisberg wurde sehr bald außer einem guten Freund auch mein Mäzen in des Wortes schönster Bedeutung. Nicht allein, dass er mich mit Aufträgen für sein Heim und sein Werk Leverkusen reich bedachte, er erwarb auch nebenher noch für seine Kunstsammlung verschiedene Werke von mir, darunter ein ganz besonderes: die von mir selbst aus dem Block gehauene Marmorfigur ‹Der Abend›. Ein reger geselliger Verkehr begann zwischen uns, teils bei mir in der Wohnung, teils im Hotel Adlon, wo er in Berlin zu wohnen pflegte. Seine rheinische Natur sorgte für die nötige Stimmung und seine Liebe für einen guten Tropfen erhöhte die Fröhlichkeit dieser Abende.»[38] In der Tat verkehrte man sehr rasch auf freundschaftlichem Fuß und nahm am gegenseitigen Schicksal großen Anteil. Duisberg beauftragte Klimsch im Sommer 1915 mit einer Gedenkstätte für die im Krieg gefallenen Angestellten der Farbenfabriken, die im Eingangsbereich der Leverkusener Hauptverwaltung aufgestellt wurde, und mit der Schaffung eines Ehrenhains für die gefallenen Arbeiter in der Kolonie.[39] Von dem Denkmal war er entzückt: «Jeder, der sie sieht, ist hingerissen von der Schönheit, der Grazie und dem wundervollen Raum, dem sie erst die nötige Wirkung und Weihe verleiht. Man glaubt sie schwebend zu sehen und ist weihevoll gestimmt. … Etwas Schöneres zur Ehrung der Opfer des Krieges konnten wir nicht schaffen.»[40] Er gab bei Klimsch auch Brunnen für die Leverkusener Kolonien (etwa den Mutter-Kind-Brunnen von 1913) in Auftrag, mischte sich aber auch in Klimschs Schaffen ein und erteilte ihm Ratschläge für die Gestaltung der Figuren, mit denen Klimsch den Sitzungssaal des Reichstages schmücken sollte.[41] Als Duisberg dem Elberfelder Museum einen Ludendorff-Kopf schenken wollte, war es selbstverständlich Fritz Klimsch, der ihn modellierte.[42] Er beließ es aber nicht allein bei Aufträgen und Besuchen. Er versorgte die Familie Klimsch mit Likör und Arzneimitteln[43], den Söhnen an der Front schickte Johanna Duisberg

Liebesgaben. Alles das brachte Klimsch schließlich dazu, Duisberg als Mitglied der Berliner Freien Secession vorzuschlagen.[44]

Einige von Duisbergs Favoriten erlangten im Nationalsozialismus Berühmtheit. Fritz Klimsch und Fritz Erler machten als prominente Künstler große Karrieren, Klimsch stand sogar auf Hitlers Gottbegnadeten-Liste[45], doch fällt es schwer, Duisberg eine Vorliebe zum «Blut-und-Boden-Stil» der Nazi-Kunst zu bescheinigen. Davon konnte vor dem Krieg nicht die Rede sein. Im Übrigen war Duisberg in gleichem Maße mit Künstlern verbunden, die mit dem Nationalsozialismus nichts zu tun hatten. Nein, Duisberg war ein Kunstsammler, geprägt von den Moden und Schulen der Zeit vor dem Ersten Weltkrieg, dessen Kunstverständnis und dessen Geschmack politisch nicht zu greifen sind, dessen Vorliebe für eine realistische Darstellung des Alltagslebens des Volkes aber auffällig ist. Er war ein Anhänger der Malerei der «deutschen Moderne» um 1900, nicht mehr und nicht weniger, der allerdings auf die Grenzen des «guten Geschmacks» stets achtete. In die großen Kunstdebatten vor dem Ersten Weltkrieg, insbesondere auch in die Auseinandersetzungen um die sogenannte Lex Heinze[46], mit der Sittlichkeitsgefährdungen aus der Öffentlichkeit verbannt werden sollten, mischte er sich nicht ein, doch ist sicher, dass Duisberg sexuelle oder erotische Darstellungen nicht goutierte, ohne dabei freilich zum Eiferer zu werden, jedenfalls nicht vor dem Krieg.

Konventionell verhielt sich Duisberg in Architekturfragen. Beim Neubau des zwischen 1906 und 1912 errichteten Verwaltungsgebäudes in Leverkusen orientierte man sich architektonisch, so Schütz, am Münchener Neoklassizismus. Im Inneren sollte ein Pantheon der modernen Chemie entstehen, sollten die Köpfe (im Wortsinne!) der führenden Chemiker und Chemieindustriellen des 19. und frühen 20. Jahrhunderts versammelt werden.[47] Duisberg plante von Anfang an, dort später auch Fritz Bayer, Henry Theodor Böttinger und ggf. sich selbst aufzunehmen. Er kümmerte sich bis zu seinem Tod um diese «Walhalla der Chemie» persönlich, die jedem eintretenden Besucher sogleich signalisierte: Hier ist ein Weihetempel der modernen Naturwissenschaft. Das Gebäude selbst war mit seiner Architektur zum Zeitpunkt seiner Entstehung bereits veraltet; die moderne, funktionale Architektur war in der Industrie mit ihren Zweckbauten längst auf dem Vormarsch.[48] Aber die Avantgarde interessierte Duisberg auch hier nicht, der allerdings über die Entwürfe ohnehin nicht allein entscheiden konnte. Man wählte eine seinerzeit risikolose Architektur, die überdies ganz zweckmäßig ausgestattet wurde. Die Gestaltung der Kolonien in

Leverkusen folgte einem ähnlichen Prinzip: solide, preiswert und nach Duisbergs Begriffen ästhetisch anspruchsvoll. Duisberg verfolgte seit seiner Mitgliedschaft im Vorstandsrat des Deutschen Museums die Entwicklungen in München und Bayern aufmerksam, wobei ihm insbesondere der bayerische Heimatschutzstil gefiel. Gegenüber dem Regierungsrat im bayerischen Innenministerium, Staatsrat Ritter von Kahr, fand er lobende Worte dafür: «Ähnliche, wenn auch lange nicht so vielgestaltige Ziele verfolgt unser bergischer Geschichtsverein, der jetzt dabei ist, die altbergische Bauweise wieder in Aufnahme zu bringen. Bei einer demnächst in Angriff zu nehmenden neuen Arbeiterkolonie für ca. 1000 Familien haben wir, die Farbenfabriken vorm. Friedr. Bayer & Co., ein Preisausschreiben erlassen, bei dem in erster Linie diese bergische Bauart berücksichtigt werden soll.»[49] Solide und preiswert, dabei ästhetisch anspruchsvoll, so kann man vielleicht Duisbergs Grundhaltung vor 1914 beschreiben.

Das änderte sich auch durch den und nach dem Krieg nicht wesentlich, nur traten jetzt die finanziellen Gesichtspunkte sehr viel stärker in den Vordergrund. Duisberg wehrte nach 1918 die Forderungen der Künstler, denen er zuvor zumeist nachgekommen war, nicht nur ab; er suchte die Preise mit dem Argument zu drücken, er selbst habe durch Krieg und Inflation so hohe Verluste gehabt, dass an die alte Großzügigkeit nicht mehr zu denken sei. Das bekam besonders Fritz Klimsch zu spüren, dem Duisberg noch während des Krieges den Auftrag erteilt hatte, die Grablege des Ehepaars Duisberg im Park der Direktionsvilla zu gestalten. Klimsch musste von seinen Honorarforderungen ein Stück zurücknehmen, wurde allerdings durch den Auftrag für das Fischer-Denkmal in Berlin entschädigt. Bei seiner Grablege, dem Flora-Tempel, ging es dem Geheimrat aber nicht nur um das Geld; er hatte auch genaue Vorstellungen davon, wie an ihn gedacht werden sollte – und er setzte sich damit ebenfalls gegen den widerstrebenden Fritz Klimsch durch. Klimsch berichtet selbst hiervon: «Duisbergs Gedanke, schon bei Lebzeiten sich eine Gedächtnisstätte schaffen zu lassen, gehörte zu seiner Einstellung; er wollte Klarheit über alles haben, auch über sein Gedächtnismal. Alles sollte nach seinem Sinn zur Ausführung kommen. Zunächst einigten wir uns auf einen kleinen Tempel (im Garten der Farbwerke) mit darunter liegender Gruft. Als bildnerischen Schmuck wünschte er sich eine blumenstreuende Flora. Dieser Einfall passte auch wieder gut zu Duisberg; die Flora, das Sinnbild des Blühens, der Schönheit, Anmut und Lebensfreude erschien mir als Symbol auch seines Wirkens und Denkens. Als ich den Tempel und die Marmorfigur an

23 | Floratempel Leverkusen

Ort und Stelle aufgestellt betrachtete, fehlte mir ein architektonischer Rahmen für den Platz, und Duisberg wollte noch Figuren außerhalb des Tempels haben. Ich entwarf eine halbkreisförmige, niedrige Mauer als Einfriedung des Denkmalplatzes mit Reliefs, welche die Tageszeiten und gleichzeitig das Werden und Vergehen des menschlichen Daseins darstellten. Außerdem bestand Duisberg auf der Anbringung zweier Portraitreliefs in Bronce von ihm und seiner Frau. Ich erhob Einspruch, doch gelang es mir nicht, ihn davon abzubringen. Mich störten diese Broncen als zu sehr plakatartige, herausfallende Fremdkörper; aber wie gesagt, es war nichts zu machen. Vielleicht schafft die Zeit durch die Patina des Steins wie der Bronce einen wohltuenden Ausgleich – hoffen wir's.»[50]

Die Aufstellung trieb Duisberg auch deshalb energisch voran, weil er in der ersten Nachkriegszeit glaubte, in Zukunft nicht mehr das Geld für größere Kunstkäufe zu besitzen: «Auf jeden Fall möchte ich den Tempel jetzt kurz vor Kassenschluss aufstellen lassen. Ebenso den Brunnen von Hermann Hahn, der auch fertig ist und dessen Steine schon hier eintreffen. Und endlich den Gaul'schen Elefantenbrunnen. Dann ist aber, so fürchte ich, für lange Zeit Schluss. Wir können uns, so leid mir das für die Künstler tut, in der kommenden schweren Zeit der Verarmung so etwas sicher nicht mehr leisten.»[51] Folgerichtig lehnte er in der kommenden Zeit fast alle Wünsche ab, Kunst zu unterstützen, die nicht in seinen privaten Bereich oder den der Farbenfabriken fiel. Die großen privaten Kunstkäufe waren also mit der Inflation vorbei, doch hielt Duisberg an der Ausschmückung der Leverkusener Werksanlagen und der künstlerischen Gestaltung von Urkunden, Medaillen und Symbolen fest. Zu seinem Geschäftsjubiläum 1923 stiftete er noch einmal einige Skulpturen und Brunnen für Leverkusen. Der von Carl Duisberg beauftragte Künstler war nun aber nicht mehr Fritz Klimsch, sondern den Bayer-Löwen schuf Bernhard Hoetger[52] (Worpswede) und den Brunnen für den Kasinogarten gestaltete Hugo Lederer, der Schöpfer der monumentalen Bismarck-Statue in Hamburg. Klimsch war verschnupft, weil er glaubte, er sei aus Duisbergs Gunst gefallen.

Duisberg ließ sich auch weiterhin malen und porträtieren[53] (Büsten 1923/24 von Hugo Lederer[54] und 1931 erneut von Fritz Klimsch; Gemälde von Johannes Marx, Fritz Erler und Arthur Fischer), kaufte auch hin und wieder Gemälde und komplettierte seine Sammlung, erwarb in der zweiten Hälfte der 1920er Jahre aber vor allem ostasiatische Kunst, die er von seinen beiden großen Weltreisen auch zur Ausschmückung des japanischen Gartens in Leverkusen mitbrachte. Fritz Klimsch vergaß er nicht. Er sorgte dafür, dass Klimsch Aufträge bekam (Jubiläumsmedaille Bayer), oder kaufte ihm gelegentlich Kunstwerke ab. Zwischen 1931 und 1933 schanzte er, der um Klimschs Lage wusste, ihm wiederholt auch Privataufträge zu (Relief an der Direktionsvilla, Bronze-Büste seines Sohnes Walther).[55] Als Mäzen im strengen Sinne ist Duisberg allerdings weder bei Klimsch noch bei anderen aufgetreten; bei Klimsch aber sorgte er sich schon um dessen wirtschaftliche Lage und suchte ihm zu helfen. Diese Art der Unterstützung war freilich im strengen Sinne nicht selbstlos; er erwartete Gegenleistungen und konnte in den Preisverhandlungen hart zur Sache gehen.[56]

Seine Beziehungen zu anderen Künstlern der Weimarer Zeit waren nicht so intensiv wie zu Fritz Klimsch, hatten aber eine ähnliche Struktur. Duisberg beauftragte laufend Künstler, die Porträts, Zeichnungen oder Radierungen von ihm, seiner Frau und seiner Familie anfertigten. Er benötigte auch stets aktuelle Porträts, da er an der aus der Vorkriegszeit bekannten Praxis festhielt, signierte Bilder zu verschenken. Auch forderte er die Mitglieder des RDI-Präsidiums auf, sich gegenseitig derartige Bilder zukommen zu lassen, die er in seinem Falle dann bei sich zu Hause der

Ruhmeshalle einverleibte. Auf drei Künstler, Fritz Erler[57], Julius Diez und Hermann Groeber, sei noch ein abschließender Blick geworfen. Von letzterem stammt das berühmte Bild «Rat der Götter», das den Verwaltungsrat der I. G. Farben zeigt. Von Fritz Erler, dem führenden Mitglied der «Scholle», der vor 1918 Kriegsanleihekampagnen künstlerisch gestaltet hatte und nach 1933 als Porträtist verschiedener Nazi-Größen noch Karriere machte, ließ er sich mehrfach malen, darunter für das Münchener Studentenhaus. Julius Diez schließlich, der zeitweilige Präsident der Münchener Secession (nach 1924) und Professor an der Kunstgewerbeschule, gestaltete im Auftrag von Duisberg den Eingangshof des Münchener Studentenhauses, von dem German Bestelmeyer, der Präsident der Akademie der Bildenden Künste in München, am 28. September 1927 berichtete, dass er prächtig ausgefallen sei. Duisberg zahlte dann auch die verlangten 10 000 Reichsmark anstandslos, sah von weiteren Käufen bei Diez allerdings ab: «Was Ihr Bild ‹Verschwörung› anbetrifft, so bin ich gewohnt, nur solche Bilder zu kaufen, welche mir nachher wieder vor die Seele treten. Das ist leider bei diesem Bild nicht der Fall gewesen, deshalb bedauere ich sehr, es zurzeit wenigstens nicht übernehmen zu können.»[58]

Das Münchener Studentenhaus verweist auf einen weiteren Punkt, nämlich die architektonische Gestaltung von Leverkusen, der Kolonien, aber auch der Studentenhäuser, für die Duisberg sich in den 1920er Jahren engagierte. Hier dominierte ein strenger Pragmatismus, getragen nicht zuletzt auch von finanziellen Überlegungen. Das begann schon bei der Gestaltung der Gebäude in Leverkusen, bei denen Zweckmäßigkeit, Effizienz und niedrige Kosten im Vordergrund standen. An diesen Vorstellungen hielt Duisberg auch nach dem Krieg fest. Das Haus, das er von 1934 an in der Nähe von Partenkirchen errichten ließ, lehnte sich ganz an ältere bäuerliche Vorbilder an, was auch den Vorzug besaß, dass die Preise überschaubar blieben. Daran lag ihm nun umso mehr. Als es 1926 und 1927 um den von ihm finanzierten Bau des Studentenhauses in Marburg ging, der ihm auch den bislang fehlenden Ehrendoktor der Theologie verschaffte, lehnte er eine Beteiligung des Frankfurter Architekten Martin Elsässer mit der Begründung ab: «Bei aller Anerkennung der künstlerischen Fähigkeiten des Herrn Prof. Elsässer stehe ich als Wirtschaftler auf dem Standpunkt, daß die heutige Zeit gerade bei solchen Bauvorhaben es verlangt, durch Betonung der Einfachheit und der Schlichtheit dem Zeitgeist Rechnung zu tragen. Es wird daher gut sein, wenn Herr Prof. Elsässer von der Ausarbeitung weitgehender künstlerischer Pläne absieht und die Herrichtung des Hauses nach den Vorschlägen unseres Leverkusener Baubüros durchgeführt und überwacht wird. Bei der Möbelierung (!) der Räume soll auch auf eine gewisse Einheitlichkeit mit der des Forsthauses Rücksicht genommen werden und die Möbel, die sich bewährt haben und vor allem solid befunden wurden, sind auch für dieses Haus zur Ausführung in Aussicht zu nehmen.»[59] Sparsamkeit war kein Zug, den Duisberg erst in der Nachkriegszeit an den Tag legte, doch die Umstände trugen dazu bei, dass sie jetzt sehr viel stärker ausgeprägt war. Den Bau des I. G.-Hochhauses in Frankfurt, auf das er architektonisch keinen Einfluss hatte, fand er zumindest in der Weltwirtschaftskrise zu kostspielig.

Kunst und Architektur fanden im Hause Duisberg noch eine gelegentlich skurrile Ergänzung in den Sammlungen des Geheimrats. Diese umfassten recht verschiedene Gebiete. So baute er im Laufe der Jahre eine umfangreiche Mineraliensammlung auf, rühmte sich aber auch, Europas größte Spazierstock-Kollektion zu besitzen. Frau Duisberg sammelte mit einer gewissen Hingabe Meißener Porzellan,[60] offensichtlich auch Textilien und Produkte des Kunsthandwerks. Die asiatische Kunst, die man in großem Umfang kaufte, fiel zumindest teilweise in diesen Bereich, wie überhaupt kunstgewerbliche und Volkskunstobjekte zusammengenommen bei den Duisbergs eine Art Kuriositätenkabinett gebildet haben dürften. Von der Deutsch-Mexikanischen Handelskammer erhielt Duisberg im Oktober 1926 einen Abguss des Gottes Quetzalcoatl, dessen Original im Nationalmuseum Mexikos aufbewahrt wird. Die Statue zerbrach allerdings beim Transport, und Duisberg bat daher um einen erneuten Abguss. Da das offenbar nicht möglich war, bot ihm der Präsident der IHK Duisburg ein Stück aus seiner eigenen Sammlung an, was Duisberg glatt annahm.[61] So kam im Laufe der Zeit viel Sammlungsgut zusammen, das die Räume der Direktionsvilla auch über die eigentliche Kunst hinausgehend prägte. Besonders stolz war Duisberg auf seine Sammlung von Schnapsflaschen, die schließlich derart bekannt war, dass sich Geschäftsfreunde und Partner darum bemühten, seltene Exemplare für Carl Duisberg aufzutreiben. Duisberg «besaß ... auch eine einzigartige Sammlung», erinnerte sich der Generalsekretär der KWG Friedrich Glum. «In einem Raume der Villa, ich glaube, es war die Bibliothek, befanden sich vier Wandschränke mit einer vollständigen Sammlung aller typischen Schnäpse der Welt. Von Steinhäger, Enzian und Slibowitz zum französischen Cognac aller Arten, Absinth und Whiskey bis zu peruanischen, mexikanischen und anderen fremdartigen Schnäpsen war hier alles vorhanden, was die Destillateure der Welt an Gutem hervorgebracht hatten.»[62]

Es ist nicht ganz leicht, Duisberg als Sammler zu charakterisieren. Er war ohne Frage ein Kunstfreund, hatte von zeitgenössischer deutscher Kunst Kenntnis und klare Vorlieben. Der zum Teil harte Realismus der Bilder, die er schätzte, die Wiedergabe des alltäglichen, insbesondere auch des bäuerlichen Lebens, die in diesen Bildern dominierte, sind nicht einfach zu interpretieren. Porträts sollten ähnlich sein und zweifellos renommieren, die anderen Bilder sollten schön sein, sie sollten «hohe Kunst» verkörpern, die ihm selbst unmittelbar zugänglich war. Gegenüber symbolischen Darstellungen blieb er auf Distanz; abstrakte und expressionistische Werke erwarb er nicht. Duisbergs Kunstverständnis war vielleicht weniger bürgerlich-konventionell, sondern eher, möchte man fast sagen, naiv. Und hier treffen sich dann die dargestellten Vorlieben vielleicht, in der naiven Liebe zu schönen, jedenfalls für schön gehaltenen Dingen. In mancher Hinsicht verkörperte Duisberg ein geradezu vormodernes Kunstverständnis, das eher der Tradition der Wunderkammer entsprach, die, so Christian Demand, ein «Amalgam aus ästhetischer Schaulust und wissenschaftlicher Gelehrsamkeit, Begeisterung für die Antike, aber auch fürs Exotische, aus Repräsentationsabsichten, Geltungsbedürfnis, Besitzerstolz und lauterer Freude an so vielen seltenen und schönen Dingen» gewesen sei.[63] Duisbergs Blick war nicht der kunsthistorisch geschulte, geradezu intellektuelle Blick, sondern der des schöne Dinge liebenden Amateurs, der sich um Kunsttheorie wahrscheinlich ebenso wenig kümmerte wie um kunsthistorische Einordnungen. Und der nie vergaß, dass schöne Dinge auch Geld kosten. Das unterschied ihn dann auch von den wirklich bedeutenden Sammlern wie Eduard Arnhold, Eduard von der Heydt oder Franz Oppenheim, dem langjährigen Generaldirektor der Agfa, in dessen Berliner Haus[64] Duisberg zwar regelmäßig verkehrte, mit dem aber ein Austausch über Kunst oder ästhetische Fragen zumindest brieflich nicht stattfand. Im Leben des Carl Duisberg blieb die Kunst letztlich dekorativ.

***

Bei Literatur, Musik und Theater war es mit einer Ausnahme nicht viel anders, zumal Duisberg hier noch sehr viel weniger Engagement zeigte als bei dem Sammeln von Kunst. Wenn gerade einmal Zeit war, griff Duisberg schon zum Buch. Oft war das aber nicht der Fall. Duisberg war Zeitungsleser, die Tagespresse verfolgte er sehr genau, vom «Wiesdorfer Generalanzeiger» abgesehen vor allem die «Kölnische Zeitung»[65], die er abonniert hatte.[66] Gegenüber Johannes Walther sprach er von sich als dem «eifrigste(n) Lese(r) der Kölnischen Zeitung».[67] Zu deren Redaktion, die ihn auch mit Hintergrundinformationen versorgte, hatte er persönliche Kontakte.[68] In der Fabrik griff er wohl auch zu den «Europäischen Briefe(n)» des Pressebüros zur Förderung der gegenseitigen Kenntnis der Kulturvölker, dem er am 26. März 1914 schrieb: «Ich schätze Ihre ‹Zeitung der Zeitungen›, die ich regelmäßig jeden Tag lese.»[69] Die übrigen Zeitungen wurden für ihn von der Nachrichtenstelle der Farbenfabriken beziehungsweise später von der Geschäftsführung des RDI ausgewertet. Ihn interessierte dabei neben den einschlägigen Artikeln zur Wirtschaftspolitik, zur Entwicklung der Kapitalmärkte und der Unternehmen vor allem, ob er selbst erwähnt wurde. Die Zeitungsausschnittssammlungen im Leverkusener Archiv, die mit Ausbruch des Ersten Weltkrieges recht dicht werden, sind geradezu eine Dokumentation seiner Erwähnungen in der Tagespresse.[70] Da Duisberg die Artikel nach Lektüre abzeichnete, ist seine Lektürepraxis bis heute gut nachvollziehbar: Nach der morgendlichen «Kölnischen Zeitung» schloss sich im Werk eine Durchsicht der aufbereiteten Zeitungsausschnitte an. So war Duisberg stets auf dem Laufenden und konnte, sofern es ihm notwendig erschien, mit Gegendarstellungen oder Erwiderungen reagieren. Über die Zeitungen hinaus besaß das Haus Duisberg mehrere allgemeine Zeitschriftenabonnements: «Gartenlaube», «Kunst für alle», «Neue Rundschau» und «Die Woche».[71] Das ist schon eine interessante Mischung. Die «Neue Rundschau» war das Organ der literarischen Avantgarde, während die «Kunst für alle» eher dem konventionellen Kunstgeschmack folgte, zahlreiche Bilder und Photographien enthielt und sich ganz der gegenständlichen Kunst verschrieben hatte, hin und wieder aber auch moderne und avantgardistische Strömungen vorstellte.[72] «Die Woche», ein Konkurrenzorgan zur «Berliner Illustrierten-Zeitung», erschien im Scherl-Verlag[73] und gehörte von 1916 an zur Hugenberg-Gruppe, war aber keineswegs besonders reaktionär eingestellt, sondern bediente bürgerliche Leseerwartungen. Eine ernsthafte Konkurrenz zur B. I. Z wurde sie nicht. Die «Gartenlaube» diente wohl vor allem der Lektüre der Damen des Duisbergschen Hauses. Hinzu kamen zahlreiche chemisch-naturwissenschaftliche Fachzeitschriften, die Duisberg entweder als Mitglied der verschiedenen Fachgesellschaften bezog oder unmittelbar abonniert hatte.

Ansonsten las Duisberg nicht viel. Wenn überhaupt, dann las man zusammen im Familienkreis, also Carl Duisberg las vor, und die Frauen hörten zu. Am 14. März 1908 bedankte er sich bei Johannes Walther für dessen

Buch «Die Geschichte der Erde und des Lebens». Er habe es bisher nur durchgeblättert. «Sobald ich jedoch einige Musse habe, werde ich mit Hans in Deine Geologie eindringen.» Und Kurt Hoesch, der eine umfangreiche Biographie Emil Fischers geschrieben hatte, ließ Duisberg am 4. Februar 1922 wissen: «Ich habe gerade den ersten Teil Ihrer Emil Fischer-Biographie beendet, die ich meiner Frau und unserer Hausdame allabendlich vorlas. Wir sind alle drei über die Art und Weise und die Form, in der sie Ihre schwierige Aufgabe gelöst haben, aufs höchste entzückt und begeistert.»[74] Duisberg fand aber auch nichts dabei, Fachaufsätze oder Vorträge zum Besten zu geben. Bei Emil Fischer bedankte er sich im Februar 1916 für die Übersendung eines Fachvortrages und fuhr fort: «Ich habe gestern abend gleich Gelegenheit genommen, den Vortrag meinen Damen vorzulesen und sie haben mit Spannung von vorn bis hinten zugehört. Ich war erstaunt, wie viel Interesse unsere Frauen auch der biologischen Chemie entgegenbringen und Ihnen haben sicher die Ohren geklungen über das Lob, das gespendet wurde dafür, dass Sie diese schwierige Materie so leicht verständlich gefasst haben.»[75]

Über belletristische Neigungen Duisbergs finden sich hingegen nur wenige Aufzeichnungen. Mit Goethes Werk, das ist bezüglich seiner literarischen Bildung die Ausnahme, war er zumindest ausweislich der Fülle an Zitaten, die er nutzte, ganz vertraut. Überhaupt scheint Duisberg in Goethe eine Art «Seelenverwandten» gesehen zu haben, da er dessen Tatverständnis, dessen Betätigungsdrang und vor allem dessen Naturanschauung wieder und wieder lobte. Schon als Schüler habe ihn Goethe fasziniert. «Das für mich wertvollste Werk, dem ich auch am meisten verdanke, ist der ‹Faust› und dann ‹Wilhelm Meisters Lehrjahre›. Hätte ich einen dreimonatigen Urlaub zur Verfügung, so würden selbstverständlich Goethes Werke meine intensivste Lektüre sein. Viele Stunden meines langen Lebens habe ich in genussreicher Weise damit ausgefüllt. Sein Bildnis ziert mein Arbeitszimmer» verkündete Duisberg im März 1932 in der «Kölnischen Zeitung».[76] Sein Literaturgeschmack, sollte er überhaupt einen gehabt haben, war ansonsten wohl eher einfach. Duisberg erwartete, dass Literatur besserte und stärkte; auf keinen Fall sollte sie jedoch kritisch sein oder gegen Sitte und Moral verstoßen: «Ich habe soeben die ägyptischen Königstöchter vollendet und bin empört über diese Art von Romanen, in denen das Böse siegt und das Gute zu Grunde geht.»[77] Dieser 1882 zum Ausdruck gebrachte Rigorismus sollte ihn sein Leben lang begleiten. Der Briefwechsel mit dem Schriftsteller und Studienfreund Carl Hauptmann, Gerhart Hauptmanns älterem Bruder, ist folgerichtig von erheblichen Missverständnissen geprägt; eine literarische Beziehung gab es nicht[78], was umso auffälliger ist, als Carl Hauptmann zu den engeren Freunden des Wirtschaftshistorikers Werner Sombart gehörte, für dessen Konzeption des «Bourgeois» Carl Duisberg fast als Blaupause hätte dienen können.[79] Aus Carl Hauptmanns breitem Bekanntenkreis und Umfeld, in dem sich viele Geistesgrößen des späten Kaiserreiches bewegten[80], sprang kein Funke über, letztlich weil Duisberg es nicht wollte. Auch Gerhart Hauptmann ging ihm zu weit: «Mich freut es außerordentlich, daß sein Bruder endlich einlenkt und das Erotische aus seinen Dramen fortläßt. Er ist wirklich ein außerordentlich begabter Mensch und wird es hoffentlich noch zu großem Ruhm bringen», schrieb er am 11. Mai 1891 an Johannes Walther. Kurz: Literatur spielte in seiner Korrespondenz, wenn überhaupt, dann nur eine marginale Rolle. Auf dem Tisch in seinem Arbeitszimmer fanden sich bei seinem Tod unterschiedliche Bücher. Neben politischen Titeln wie Hitlers «Mein Kampf», Mussolinis Lebensgeschichte von Margherita Sarfatti oder Giselher Wirsings «Köpfe der Weltpolitik» handelte es sich vor allem um naturwissenschaftliche Texte, Reisebeschreibungen und Bildbände. Schöne Literatur war nicht vertreten, aber das Interesse an den politischen Verhältnissen der Zeit offensichtlich.[81]

Duisbergs Musikvorlieben liegen in einer ähnlichen Spannbreite wie die Lektüren. Er hörte klassische Musik, war jedoch kein großer Konzert- oder gar Opernbesucher. Die Familie Duisberg besaß früh einen Schallplattenspieler, auf dem nach Auskunft des Sohnes klassische Musik gespielt wurde, doch immer dann, wenn Duisberg das Musikprogramm selbst bestimmen konnte, tendierte er zur leichten Muse. Die Zusammenstellungen zu seiner Silberhochzeit und zum 40. Hochzeitstag zeigen eine klare Neigung zur Operettenmelodie; Strauß-Walzer erfreuten das Ehepaar besonders, wohingegen man amerikanische Musik, die zu Duisbergs Bedauern sich auch in Europa und Deutschland auszubreiten begann, doch mehr als gewöhnungsbedürftig fand. Von der Seereise von Honolulu nach Yokohama, die Carl und Johanna Duisberg 1926 auf der S. S. President Hayes im Rahmen ihrer Weltreise machten, berichtete Duisberg am 15. April 1926 an den Vertreter des Norddeutschen Lloyd in San Francisco, Hauschild: «Zuerst die Musik. Einfach unglaublich und schauderhaft. Schon bei Pierce (das Schiff, mit dem man von San Francisco nach Honolulu gefahren war, W. P.) war sie schlimm. Bei Hayes ist's nicht zum Ertragen und ich reiße aus, wenn die 4 Specialmusiker, die man für Dollarzeichen 30.00 monatliche

Gage mitgenommen hat, anfangen. Es sind 4 junge Leute, vielleicht Studenten, die gern einmal eine Reise um die Welt machen wollen und die sich zu dem Zweck neben dem Klavierspieler, der der einzige ist, der wenigstens einige Tänze spielen kann, 2 Klapphörner amerikanischen Styls und einen Trommelapparat mit allem, was dazugehört, angeschafft haben. Derjenige, der die dicke Trommel schlägt oder besser tritt, hat daneben noch etwas Geigenspiel erlernt und spielt bei Tisch (mittags und abends) auf einer miserabeln (!) Geige, miserabel einige kleine amerikanische Lieder. Seit 12 Tagen mittags und abends immer dasselbe; es ist zum Davonlaufen, was man bei Tisch leider nicht tun kann. Dabei begleiten diesen Violinspieler-Anfänger und den Klavierspieler die beiden Hornbläser, ganz wie es ihnen paßt und gefällt. Einfach furchtbar. Abends von 9 Uhr an spielen sie zum Tanz auf – jene bekannte Jazz- oder besser Katzenmusik, die die Amerikaner und leider auch schon die sonst so musikalischen Deutschen, nur des Rythmus (!) wegen, den man auch auf andere Weise zur Geltung bringen kann; siehe Strauß'sche Walzer – über alles lieben und ununterbrochen, – das nach jeder Unterbrechung der Musik überall und auch hier einsetzende Händeklatschen beweist es – bis zur Bewußtlosigkeit, selbst beim stürmischen Wetter im Freien darnach tanzen. Wie schön war es doch auf dem Columbus, wo ein besonderes und gutes Streichorchester bei Tisch und Nachtisch gute Musik machte. Abends ein anderes Orchester (Brassband oder Jazzband) leider auch mit Katzenmusik ähnlichen Stücken zum Tanz aufspielte.»[82]

Duisberg lehnte Unterhaltungsmusik nicht ab, offensichtlich gefiel ihm nur die moderne amerikanische Richtung nicht. Von Schlagern, wurden sie melodiös und einfühlsam vorgetragen, war der Geheimrat ganz hingerissen. Für das Orchester Emil Rosz, das im Berliner Hotel Adlon regelmäßig die Gäste im Stil der Comedian Harmonists unterhielt, setzte Duisberg sich energisch ein, als den ungarischen Musikern die Aufenthaltsgenehmigung nicht verlängert werden sollte. Nicht zuletzt aufgrund seiner Interventionen beim Berliner Polizeipräsidenten Zörgiebel konnten die Musiker in Berlin bleiben.[83] Wie weit Duisbergs Neigung zur klassischen Musik reichte, lässt sich hingegen nicht leicht sagen. Er besuchte in Köln und Düsseldorf Konzerte.[84] In Dresden war er im Juni 1928 bei der Uraufführung von Richard Strauss' «Ägyptischer Helena» nach einem Libretto von Hugo von Hofmannsthal dabei, wirkt auf den Photos von der Premierenfeier in einem Dresdner Hotel freilich nicht sonderlich entspannt. Er dürfte, zumal die Pressenotiz vom RDI zur Verfügung gestellt wurde, wohl in seiner Funktion als Reichsverbandspräsident eingeladen gewesen sein.[85] Dass er sich selbst um eine Teilnahme bemüht hatte, ist unwahrscheinlich, da die Musik Richard Strauss' kaum seinen sonstigen Neigungen entsprach. Der langjährige Kultursekretär der Farbenfabriken versuchte, aus Duisbergs Abneigung gegen manche klassische Musik nach seinem Tod noch einen positiven Funken zu schlagen, doch war die Botschaft klar: «Nicht, dass er selbst bei etwas anstrengenden musikalischen Abenden etwa einen besonders großen Genuss gehabt hätte»; aber er habe sich gefreut, wenn es anderen gefiel: «‹Freude durch Freude›, das war ein Grundzug seines Wesens.»[86]

Auch was das Theater betraf, war Duisbergs Geschmack bestenfalls konventionell. Die zahlreichen Theaterskandale in der Weimarer Republik[87] dürften ihn auf der Seite der Empörten gesehen haben. Gerhart Hauptmann gegenüber ließ er im Januar 1933 kein gutes Haar am modernen Theater, was auch damit zu tun haben mochte, dass sein ältester Sohn unter dem Pseudonym Carl-Ludwig Achaz gegen den dringenden Rat des Vaters eine Schauspielerkarriere eingeschlagen hatte und dabei zu allem Elend auch noch erfolglos geblieben war.[88] Aber das war es nicht allein. Duisberg hielt das Theater der Weimarer Republik, ja schon das des späten Kaiserreichs für moralisch verkommen: «Schon seit vielen Jahren habe ich die Entwicklung unseres deutschen Theaterwesens verfolgt und zu meinem Entsetzen statt reiner Sammlung ethisch-geistiger Kräfte unseres Volkes einen erschreckenden Zerfall und eine Dekadenz in den Bühnenaufgaben beobachten müssen, die es mir versagten, schon früher aktiv einzugreifen.» Nun, so schrieb er Gerhart Hauptmann am 30. Januar 1933, trage er zur Finanzierung des Berliner Deutschen Theaters und damit auch zur zeitweiligen Intendanz seines Sohnes bei, um hier Abhilfe zu schaffen, damit «der moralische Tiefstand unserer Kulturstätten, wo in erster Linie sinnlicher Schmutz und seichtes Gehabe Triumpfe (!) feierten», überwunden werden könne.[89] Als RDI–Vorsitzender war er zwar Mitglied des Ehrenausschusses der Bochumer Shakespeare-Woche und wurde später einstimmig in den Vorstand der Deutschen Shakespeare-Gesellschaft zu Weimar gewählt.[90] Doch waren das Ehrenämter ohne wirklichen Bezug zum Alltag des Geheimrates. Dem Verein zur Erhaltung des Deutschen Theaters in Memel trat er vorrangig aus vaterländischen Gründen bei,[91] an sich aber unterstützte er das Theater, zu dem ihm der Zugang fehlte, nicht: «Ich verstehe von der darstellenden Kunst wenig oder gar nichts, ich bin auch nicht interessiert und begeistert dafür, ich halte auch nicht allzuviel davon aus den Gründen, die wir schon oft erörtert haben und die weiter zu erörtern zwecklos ist. Ich habe deshalb auch zu maßgebenden Männern auf diesem Gebiet gar keine Beziehungen und kann Dir also weder helfend noch empfehlend zur Seite stehen»[92], schrieb er seinem Sohn Carl-Ludwig im November 1917. Verschiedene Bitten von Düsseldorfer Industriellen[93], aber auch von der Theaterleiterin Luise Dumont um Hilfe bei der Rettung des «Deutschen Theaters am Rhein» wies Duisberg unter Verweis auf sein Engagement für das Berliner Deutsche Theater zurück.[94]

Duisberg fand zu großen Teilen von Literatur, Musik und Theater nicht zuletzt deshalb keinen Zugang, weil er hierfür nicht die nötige Zeit hatte oder aufbringen wollte. Selbst als im Herbst des Lebens die freien Abende zunahmen, war er nicht häufiger Gast im Theater, in der Oper oder im Konzert. Das Grammophon, später das Radio erfüllten bei ihm ähnliche Funktionen; das aufkommende Kino betrachtete er mit großer Sympathie. Die Unterhaltungsmusik auf den amerikanischen Schiffen sei zwar schrecklich, aber: «Daneben gab es sehr gute und amüsante Kinemathographenvorstellung (2 mal) an Bord.»[95] Mit seinen Vorlieben und seinem kulturellen Desinteresse fiel er im Übrigen aus dem Durchschnitt der Industriellen keineswegs heraus. Anders als im Bildungsbürgertum war die Beziehung zu Literatur und Theater hier in der Regel keineswegs eng. Menschen wie Walther Rathenau waren die Ausnahme, nicht Carl Duisberg und die ähnlich lebenden Albert Vögler, Paul Reusch oder der jüngere Friedrich Flick. Die Lage in Leverkusen mochte das alles verstärken, denn in der Tat mussten die Duisbergs für «gehobene Genüsse» zumindest bis Köln reisen, was sie auch hin und wieder, aber eben nicht regelmäßig, taten. Das Theater brauchte so stets einen besonderen Anlass, alltäglich war es gerade nicht: «Sehr gefreut habe ich mich über Deinen lieben Brief vom 9. d. M., der erst gestern hier eintraf und aus dem ich den großen Erfolg Deines ‹Tobias Buntschuh› ersah. Hoffentlich habe ich bald gelegentlich meiner Anwesenheit in Berlin die Möglichkeit, das Stück zu sehen, obgleich ich bis jetzt nur selten ins Theater gekommen bin und meist mich auch nicht in der richtigen Stimmung befinde. Sobald Dein Stück aber gespielt wird, gehe ich hin», versprach er Carl Hauptmann im April 1917.[96] Doch war das nur so dahingesagt.

19 | Ehre und Ruhm

«Meine Liebe zur Wissenschaft hat mir schon so außerordentlich viel eingebracht, dass ich mir in meinem Hause für all die Diplome und für die acht dort verwahrten Doktorhüte und die vielen Urkunden über die Ehrenmitgliedschaft der verschiedenen wissenschaftlichen Vereine einen besonderen Raum habe zulegen müssen.»[1] Auch wenn die meisten Ehrungen aus gesellschaftlichen Anlässen erfolgten (Jubiläen, runde Geburtstage), hielt Duisberg an der Vorstellung fest, mit ihm würde eine wissenschaftlich herausragende Persönlichkeit geehrt. Das traf aber faktisch nur sehr bedingt zu. Überdies half er bei nicht wenigen Ehrungen selbst nach, ja, er war, wie sein langjähriger Referent Heinrich Gattineau in seinen Lebenserinnerungen anmerkte, bis zu seinem Lebensende für Ehrungen und für Schmeicheleien anfällig.[2] Duisberg hätte sich das freilich nie eingestanden. Den Wunsch nach öffentlicher Anerkennung bestritt er immer wieder und behauptete, an Ehrungen und Titeln nicht wirklich interessiert zu sein. Diese eigentümliche Diskrepanz zwischen Ruhmsucht und Titelkritik passte freilich gut in das Deutschland der Vorkriegszeit mit seiner ausgeprägten Titelmanie. Sie war Gegenstand öffentlicher Kritik nicht zuletzt des Bildungsbürgertums, das die Neigung der reichen Wirtschaftsbürger, ihren gesellschaftlichen Aufstieg mit dem Titel eines Kommerzienrats, einem hohen Orden oder einer anderen Auszeichnung – im Zweifel gegen Geldzahlung – zu schmücken, ironisch aufs Korn nahm.[3] Überhaupt geriet die gesamte Praxis der Titelvergabe, die unter der Regentschaft Wilhelms II. stark ausgedehnt worden war[4], in die öffentliche Diskussion, da vielfach Missbrauch und Betrug vermutet wurden, und das nicht ganz zu Unrecht.[5] Duisberg, der sich ja zwischen der bildungsbürgerlichen Welt der akademischen Chemiker und der «großen Welt» der Industrie hin und her bewegte, stimmte daher einerseits der bildungsbürgerlichen Kritik an der nur äußerlichen Bedeutung der zahlreichen Titel zu und ironisierte sie selbst; andererseits aber buhlte er regelrecht um Auszeichnungen und war über jede «Standeserhöhung» vom Professor über den Geheimrat zum multiplen Ehrendoktor und Träger hoher Auszeichnungen jedes Mal hocherfreut.

Anfänglich stand er der «Titelei» recht distanziert gegenüber; jedenfalls formulierte er es so: «Aus der Zeitung, die Ihnen wohl nachgeschickt wird, werden Sie erfahren haben, dass Viefhaus[6] als abgegangener Gewerbegerichtspräsident den roten Vogel[7] vierter Klasse bekommen hat. Er wäre also dem Henry (Henry Theodor Böttinger, W. P.) um ein Kleines über, doch wird auch für diesen schon das Ei für den roten Adler gelegt sein, während wir beide noch auf dieses Eierlegen warten müssen. Ich glaube», schrieb er an Friedrich Bayer jun., «Sie haben aber auch ebenso wenig Lust wie ich, ein derartiges ‹Roten-Adler-Orden-Ei› auszubrüten oder alle die Pflichten zu vollziehen, die mit derartigem Ausbrüten verbunden sind.»[8] Das mag an die Fabel vom Fuchs und den Trauben erinnern, doch ist es nicht unwahrscheinlich, dass Duisberg mit seinen 30 Jahren in dieser Frage noch hinreichend Distanz besaß. Das sollte sich ändern. Den Reigen seiner Ehrungen eröffnete im März 1904 die Verleihung des Professorentitels durch den preußischen Staat, die er zweifellos der Fürsprache seines Freundes und Förderers Henry Theodor Böttinger zu verdanken hatte. Duisbergs Reaktion auf seinen neuen Titel war typisch: «Nachdem in Preussen jeder Oberlehrer vom bestimmten Dienstalter Professor wird, hat dieser Titel bei uns im Publikum nicht so hohen Klang, und ich habe schon wiederholt den Witz gemacht, dass wir auf unserer letzten Reise im Gegensatz zu früher bereits billigere und weniger gute Zimmer in den Hotels zugewiesen bekommen haben. Aber gerade deshalb, weil dieser Titel nach aussen hin nicht so viel gilt, dafür aber einem umso höheren inneren Wert besitzt und meinem Streben nach wissenschaftlicher Vertiefung der industriellen Tätigkeit, zumal bei uns hier in den Farbenfabriken Ausdruck gibt, habe ich mich über diese Anerkennung herzlich gefreut. Soviel ich weiss, habe ich in der chemischen Industrie nur 2 Vorgänger. Du wirst daher begreifen, dass ich mit gewissem Stolz diesen Titel führe. Mir sind auch von so vielen Seiten – fast von 300 Freunden und Bekannten – lediglich auf die Zeitungsnotiz hin, Glückwünsche zugegangen, dass ich fast glauben könnte, ich hätte diesen Titel … wohlverdient.» Das sei übertrieben, da am Erfolg der Farbenfabriken so viele mitgearbeitet hätten. «Ich bin aber stolz drauf, dass ich in 20jähriger Tätigkeit aus der kleinen, wenig angesehenen Firma ein so bedeutendes Weltgeschäft gemacht habe»[9], äußerte er sich gegenüber seinem Studienfreund Walther.

Am 17. September 1909, im Vorfeld seines 25-jährigen Dienstjubiläums bei den Farbenfabriken, verlieh ihm der Kaiser den Titel «Geheimer Regierungsrat», den Duisberg seither mit großem Stolz trug, auch wenn er gegenüber Johannes Walther, als dieser während des Weltkrieges den Geheimratstitel erhielt, wieder die deutsche Titelmanie bekrittelte: «Obgleich ich ja über die Titelfrage genau so denke wie Du und es für das Richtigste hielte, wenn wir uns nach dem Krieg soweit emporschwingen könnten, dieses Unwesen abzuschaffen, was aber wahrscheinlich sobald nicht durchführbar ist, so haben wir uns doch über Deine Ernennung zum Geheimen Regierungsrat herzlich gefreut. Nachdem nun einmal der Mensch in den Augen des Volkes und selbst der Behörden erst mit dem Geheimrat anfängt, etwas zu bedeuten, ist es immerhin zur äußeren Legitimation von einer gewissen Wichtigkeit und Bedeutung. Wie gesagt, ich überschätze diese sich bei Euch Professoren noch dazu fast rein nach Alter und Würde vor sich gehende Charakterisierung nicht im mindesten. Im Gegenteil, innerlich verabscheue ich diese Gliederung der gesellschaftlichen Schichten durch derartige, von einer Behörde abhängige Stufenfolgen. Aber es geht mit diesen Dingen wie mit so vielen anderen, die Welt ist einmal ein Narrenhaus und will man sich darin wohlfühlen, muß man das Possenspiel mitmachen.»[10] Es gab zumindest das Gerücht, dass Duisberg anlässlich des Thronjubiläums von Wilhelm II. 1913 zur Nobilitierung vorgeschlagen war, die Anfrage Henry Theodor Böttingers allerdings zurückwies, da er bürgerlich zu bleiben gedenke. Das berichtet jedenfalls Oswald Gerhardt in seiner unveröffentlichten Duisberg-Biographie.[11] In der Korrespondenz von Duisberg und Böttinger in der Autographensammlung findet sich indes kein Hinweis, und auch anderswo mangelt es an Belegen. Es ist auch fraglich, ob Duisberg eine Nobilitierungschance wirklich ausgeschlagen hätte. In der Chemie waren die Adelstitel durchaus freudig angenommen worden, von Weinberg, von Brunck, von Böttinger, von Baeyer, von Gamp sind nur einige Beispiele. Für eine Zurückweisung spricht allerdings, dass Duisbergs Leitfigur und persönlicher Freund Emil Fischer von einer Nobilitierung nichts wissen wollte.

Auffällig ist, dass Duisberg vor 1914 für Orden und Ehrenzeichen nicht in Erwägung gezogen wurde, obwohl diese zeitweilig recht inflationär vergeben wurden; er selbst hatte ja von dem «roten Vogel» nicht zuletzt deshalb recht despektierlich gesprochen. Vielleicht auch aus diesem Grund spielten für ihn die akademischen Ehrungen die größere Rolle. Es ist allerdings auch durchaus glaubhaft, dass ihm diese Ehrungen am meisten bedeuteten, fühlte er sich doch hierdurch als Wissenschaftler und als Mitglied der akademischen Welt anerkannt. Als ihm sein «verehrter Lehrer» Adolf

Baeyer zum 25. Dienstjubiläum in den Farbenfabriken 1909 den Ehrendoktor der medizinischen Fakultät der Universität München verschaffte, beglückte ihn diese Ehrung über die Maßen, schien damit doch auch endlich die Anerkennung durch den eher spröden Münchener Chemiker erreicht. Als er 1921 korrespondierendes Mitglied der Preußischen Akademie der Wissenschaften wurde, war ihm diese Ehrung die höchste, die er erreichen konnte: «Nachdem … ich soeben in die Reihen derjenigen eingerückt bin, die man in Frankreich mit zu den Unsterblichen zählt, ist es mir eine ganz besondere Freude, von Ihnen (er schrieb an Richard Willstätter, W. P.) mit in erster Linie beglückwünscht worden zu sein. Dass unter den vielen Ehrungen, die mir, wie ich ganz offen sage, ganz unverdientermassen in der letzten Zeit in so reichem Masse zuteil geworden sind, diese mich ganz besonders geehrt hat, können Sie sich denken.»[12]

Duisberg waren indes nicht nur die wissenschaftlichen Auszeichnungen etwas wert. Während des Krieges bemühte er sich intensiv um Orden und Ehrenzeichen. Generell, so klagte er immer wieder, kämen die Chemie-Industriellen, die viel für das Vaterland täten, bei Ehrungen zu kurz, ja, würden im Gegenteil sogar wegen ihrer vermeintlichen Wucherpreise öffentlich angegriffen. Das fand er überaus ungerecht, ja empörend. Der Verleihung des Eisernen Kreuzes an ihn selbst im Januar 1916 war eine massive Kampagne Duisbergs vorhergegangen: «Im Kriegsministerium sollten Sie übrigens gelegentlich darauf hinweisen, dass eine Verstimmung in der chemischen Industrie darüber herrscht, dass alle anderen Industriezweige bei der Verleihung des Eisernen Kreuzes berücksichtigt sind – Schiffahrt, mechanische Industrie, Handel etc. etc. – nur nicht die chemische, die doch dem Staat so viel geleistet hat und dabei die gefährlichste von allen ist.»[13] Das Bohren half offensichtlich. Duisberg wurde, kurz nach der Verleihung des EK II, bei dem Generalstabsoffizier Max Bauer erneut vorstellig: «Der Appetit kommt übrigens mit dem Essen. Wenn Sie unsere österreichischen Freunde sehen, können Sie ihnen übrigens sagen, dass ich mich sehr freuen würde, wenn zu dem schwarz-weissen Bande auch ein rot-weisses käme, dafür, dass wir Ihnen unser neues Pikrinsäureverfahren einrichten. Es wächst der Mensch mit seinem kriegerischen Ehrgeiz. Nichts für ungut.»[14]

Gleichzeitig spitzte er auch Oskar von Miller an, ob er ihm nicht behilflich sein könne, einen bayerischen Militärorden zu bekommen. Miller war die Sache offensichtlich peinlich. Er antwortete ausweichend, redete den Wert einer nur automatischen Auszeichnung herunter, versprach aber immerhin, bei den maßgeblichen Stellen einmal nachzufragen.[15] Duisberg bedankte sich und erläuterte ihm im Februar 1916 seinen Wunsch noch einmal: «Ich hatte allerdings nur den begreiflichen Wunsch, als alter bayrischer Offizier das zu bekommen, was allen Angehörigen der bayrischen Armee, wenn sie das Eiserne Kreuz erhalten haben, ohne weiteres zugesprochen wird, den bayrischen Militärverdienstorden.»[16] Duisberg erhielt schließlich seine Auszeichnung,[17] wahrscheinlich weil ein von Miller arrangierter Vortrag im März 1916 im Deutschen Museum noch einmal Gelegenheit gab, Duisbergs «Verdienste» indirekt, damit aber auch wirksamer herauszustreichen.[18] Der Vortrag, Miller sah das richtig voraus, erzielte die gewünschte Wirkung, wie Carl Duisberg einige Zeit später an Ludwig Knorr schrieb: «Soweit ich sehen und fühlen konnte, war der Eindruck ein gewaltiger. Er fand seinen Ausdruck in Worten der Anerkennung, die von den verschiedenen Seiten und zumal von den Ministern ausgesprochen wurden. Nebenbei fiel dann auch noch ein mir vom König selbst überreichter Kriegsorden ab, der Militärverdienstorden III. Klasse mit Krone und Schwertern, wie er sonst nur den Frontoffizieren verliehen wird. In München wurde diese Verleihung als etwas besonderes betrachtet und es soll vorher nach Oscar Millers Erzählung nicht unerhebliche Kämpfe gekostet und sogar eines Handschreibens des Königs bedurft haben. Ich fand, offen gestanden, nicht was besonderes dabei. Das einzige, was mich bei der Auszeichnung reizt, ist, daß es ein Kriegsorden ist.»[19]

Diese Art des Understatements war für Duisberg freilich ebenso typisch wie die Tatsache, dass es im Hause Duisbergs fast zum guten Ton gehörte, sich gegenseitig bei der Beschaffung von Ehrbezeichnungen zu helfen. Duisberg selbst betrieb die militärische Beförderung seines Sohnes Walther und die Auszeichnung seines Schwiegersohnes Hans-Hasso von Veltheim, auch wenn ihm dessen aus Ehrgeiz gespeiste Risikobereitschaft an der Front mitunter zu weit ging. Duisberg und sein Schwiegersohn befanden sich schließlich in einer Art Wettlauf um weitere und höhere Auszeichnungen. Nachdem Duisberg seinem Schwiegersohn zum EK I, das er selbst ärgerlicherweise nicht bekommen konnte, gratuliert hatte, antwortete dieser: «Bravo, bravissimo! Ich gratuliere allerherzlichst zum neuen türkischen Kriegsorden. Den wollte ich mir doch mit Lothes in der Türkei holen! – nun hat ihn mein prächtiger Vater und durch diesen neuen Ruhm der Familie fühle ich mich mit befriedigt. Nun bekommst Du sicher den schon lange wohlverdienten Pour le merite für Kunst und Wissenschaft und dann bist Du Deinem ‹erstklassigen Schwiegersohn›, wie er es wünscht und es sich außerdem gehört, über.»[20]

Der Kriegsausgang nahm all diesen Ehrungen ihre Bedeutung. Duisberg trug sie daher auch nicht mehr, sondern konzentrierte sich jetzt wieder ganz auf akademische Auszeichnungen, an denen es nicht mangelte. Kurz vor Kriegsende erhielt er die Bunsengedenkmünze der Elektrochemischen Gesellschaft[21], 1921 wurde er, wie gesagt, Akademiemitglied. Auch die Ehrendoktoren vermehrten sich munter weiter. Gegenüber Willstätter brachte ihn das gar ins Sinnieren, als auch Heidelberg ihm 1921 einen Ehrendoktorhut aufsetzte: «Es ist eigentlich, nachdem ich mir den Doktor phil. erworben und nachdem die naturwissenschaftliche Fakultät der Universität Tübingen mich bereits zum Dr. der Naturwissenschaften gemacht hat, eine, wie ich fürchte, nicht ganz zulässige Duplizität, wenn Heidelberg mich jetzt zum Dr. phil. nat. ernennt. Damit habe ich auch einen über den Wochenbedarf hinausgehenden Doktorhut zur Verfügung. Hoffentlich fangen die Mediziner nicht auch noch an zu variieren und machen mich neben dem Münchener Dr. med. h. c. zum Doktor med. vet. und Doktor med. dent. Ich habe geradezu Angst, dass mir wegen des grossen Erfolgs unseres neuen Medikaments ‹Bayer 205› … der Tierdoktor auch noch in den Schoß fällt. Der Himmel bewahre mich vor dieser Möglichkeit.»[22]

Das war keineswegs ernst gemeint. Duisberg legte vielmehr großen Wert auf seine akademischen Titel. Vom preußischen Nachkriegskultusminister Becker geht die Fama, er habe, als Duisberg beim Warten im Vorzimmer ungeduldig geworden sei, sich mit der Bemerkung entschuldigt, das Studium von Duisbergs Visitenkarte mit den zahlreichen Titeln brauche eben seine Zeit. Doch ist man, um Duisbergs Renommiersucht zu belegen, keineswegs auf hübsche Anekdoten verwiesen[23], denn das aus dem Krieg bekannte regelrechte Buhlen um Anerkennung setzte sich in den 1920er Jahren fort. Duisberg bemühte sich, wenn ihm etwas an der Auszeichnung lag, ohne große Skrupel direkt darum, sie zu erhalten. So war er schließlich auch an der Vergabe zumindest des Marburger Ehrendoktors der evangelisch-theologischen Fakultät nicht ganz unschuldig, gibt es doch gute Gründe anzunehmen, dass er das Marburger Studentenhaus auch deshalb stiftete, um sich nach der Verleihung des theologischen Ehrendoktors nun stolz «Doktor aller Fakultäten» nennen zu können. Robert Pohl, Professor am Physikalischen Institut der Universität Göttingen, gratulierte jedenfalls am 3. August 1927 mit «Freude und Belustigung» zum Dr. theol. h. c. und verkniff sich nicht die Bemerkung, dessen Fehlen sei ja eine «Brennende Wunde» gewesen. Diese sei nun gestillt, schrieb Duisberg am 6. August 1927 befriedigt zurück.[24]

Zu den Ehrendoktortiteln, von denen er schließlich neun besaß[25], und den Anerkennungen, die er von wissenschaftlichen Gesellschaften erhielt, kamen die Ehrensenatorwürden der Universitäten beziehungsweise Technischen Hochschulen Karlsruhe, Rostock und Bonn sowie die Senatorenwürde der KWG zur Förderung der Wissenschaften in Berlin hinzu, die er seit November 1917 innehatte. Im Laufe der Zeit wurden ihm noch in- und ausländische Orden- und Ehrenzeichen verliehen. 1931 zum 70. Geburtstag verlieh ihm Reichspräsident Hindenburg den Adlerschild des Deutschen Reiches, der Freistaat Preußen die «goldene Staatsmedaille». Zudem häuften sich seit den letzten Jahren vor dem Ersten Weltkrieg die Ehrenmitgliedschaften und die Ehrenvorsitze, die von der städtischen Feuerwehr Leverkusen und dem Gartenbauverein der Farbenfabriken über den Arbeitgeberverband im Bergischen Land und den Verein für den gewerblichen Rechtsschutz bis schließlich hin zum Ehrenpräsidium des RDI (1931) reichten. In den 1920er Jahren traten Ehrungen hinzu, die man als Bilanzehrungen des Lebenswerkes ansehen kann, so die Ehrenbürgerschaft in Leverkusen (1923)[26] und das Benennen von Straßen, Plätzen, Gymnasien, Schulen, Studentenheimen und -häusern nach Carl Duisberg. Und schließlich die unzähligen Medaillen und Ehrenringe, von denen hier nur die wichtigsten kurz erwähnt seien, nämlich der «goldene Ring» des Deutschen Museums, der «goldene Ring des Deutschen Studentenwerkes» und der «Deutsche Ring in Gold» des Deutschen Auslandsinstituts. Die Liste der Ehrungen, die Duisberg 1933 anfertigen ließ, umfasste ganze zwölf Seiten.[27] In der Familiengeschichte, die auf Duisbergs Geheiß hin 1933 von dem Düsseldorfer Familienhistoriker Carl vom Berg vorgelegt wurde, umfasst die Liste 95 Ehrungen, obwohl die Kriegsauszeichnungen auch hier unter den Tisch fielen.[28]

Schon in der Elberfelder Platzhoffstraße stellte Duisberg seine Errungenschaften aus; in der neu gebauten Leverkusener Direktionsvilla gab es dann die anfangs erwähnte, von der Familie so getaufte Ruhmeshalle, in der alle Urkunden, Medaillen und Orden für die Besucher des Hauses ausgestellt wurden.[29] Hier zeigte er auch seine umfangreiche Medaillensammlung hochrangiger Chemiker und Naturwissenschaftler, in deren Reihe er sich selbst am liebsten sah. Diese – in den Briefen zwar immer wieder heruntergespielte, aber doch überwältigende – Renommiersucht, im Grunde ein sicheres Zeichen des sozialen Aufsteigers, fiel in der Industrie nicht unbedingt so stark auf, weil hier viele Protagonisten sich ihrer Erfolge rühmten. Eher schon sahen seine akademischen Freunde und Bekannten diese Art der Prätention mit hochgezogenen Augenbrauen, nahmen sie aber hin, da sie von der Kooperation mit dem einflussreichen Industriellen sehr profitieren konnten. Friedrich Glum, scharfzüngiger, aber zumeist wohlwollender Beobachter der Zeitgenossen, die ihm während seiner Tätigkeit als Generalsekretär der KWG begegneten, blieb Duisbergs Geltungssucht keineswegs verborgen: «Er war von einer kindlichen – nun, Eitelkeit, oder Geltungsbedürfnis, ist nicht das richtige Wort, man könnte vielleicht sagen: von einem kindlichen Trieb nach äußerer Anerkennung seiner Leistungen. In seiner Villa in Leverkusen, die allerdings in der Einrichtung mehr dem Geschmack eines zu Reichtum gelangten Kleinbürgers entsprach, hing oder stand in allen Räumen, bis in die Räume der Hausangestellten, Carl Duisberg, gemalt von Liebermann, von Slevogt und anderen, weniger bedeutenden, aber in ihrer Zeit als Porträtisten geschätzten Malern, oder in Bronze oder Marmor von Adolf Hildebrand, Bleeker, Klimsch und anderen. Am eindrucksvollsten war aber für mich das Souterrain, in dem in einem Billard- oder Spielzimmer an allen Wänden unter Glas sämtliche Ehrenurkunden hingen, die Carl Duisberg in seinem Leben erhalten hatte, vom Geburtszeugnis, Abiturientenzeugnis und Doktordiplom alle Dokumente über die zahlreichen Ehrenpromotionen – er war Doktor der meisten Fakultäten –, Ernennung zum Professor, Geheimen Regierungsrat, Ehrenmitgliedsurkunden vom Leverkusener Turn- und Gesangverein bis zu den großen Gremien der chemischen Industrie und Wissenschaft.»[30]

Glums mokante Bemerkungen trafen die Situation schon recht gut. Duisberg äußerte jedoch selbst gelegentlich Unbehagen gegenüber der Art, in der im Kaiserreich, aber auch noch in der Weimarer Republik derartige Ehrungen vollzogen wurden, zumal wenn er selbst zum Zuhören und Zuschauen verdonnert war. Nach der Böttinger-Ehrung, dessen 25-jährige Zugehörigkeit zum Unternehmen 1908 feierlich begangen wurde,[31] schwante ihm für sein eigenes Jubiläum im kommenden Jahr nichts Gutes: «Mit Grauen denke ich daran, dass ich im nächsten Jahre, wenn das Geschick es fügt, über mich denselben Schwall von tönenden und klingenden Lobpreisungen ergehen lassen muss, von denen die wenigsten echt und aufrichtig gemeint sind. Am liebsten ging ich durch die Lappen und entzöge mich allen Ovationen, aber das wird nicht gehen, denn die Jubiläen werden bei uns nicht gefeiert, um dem Jubilar eine Freude zu machen, sondern sie haben in erster Linie den Zweck, den Beamten und Arbeitern festliche Veranstaltungen zu schaffen. Ich bin froh, dass der Festrummel nun vorbei ist»[32], äußerte er seine Befürchtungen gegenüber Hermann Seebohm. Nach dem Krieg suchte er eine Zeit lang in der Tat, derartigen Veranstaltungen aus dem Weg zu gehen, doch stellte sich spätestens nach der Stabilisierung 1924 der alte Rhythmus nach und nach wieder ein. Als ihm das Deutsche Rote Kreuz 1925 eine Ehrenmitgliedschaft anbot, zierte er sich zunächst.[33] Doch die Aussicht, erster Träger der goldenen Ehrennadel des DRK zu werden, stimmte ihn dann um. So sollte es bleiben.

Spiegelbildlich hierzu passte sein Bemühen, anderen Menschen, die er für würdig, wichtig oder bedeutend zugleich hielt, Ehrungen zu verschaffen, während er Ehrungen, die er für unberechtigt hielt, kritisierte. Die vermeintlich wahllose Vergabe von Ehrendoktoren nach dem Ersten Weltkrieg war ihm ein Gräuel, gegen das er mehrfach energisch protestierte, nicht zuletzt, um diejenigen zu schützen, die ihre Ehrungen berechtigterweise erhalten hatten, also nicht zuletzt sich selbst. Er setzte sich aber durchaus gezielt dafür ein, Geschäftsfreunde und Bekannte zu ehren, ja, renommierte auch hier gelegentlich mit seinen guten Beziehungen, wovon folgendes Beispiel zeugt. Der Generaldirektor der Riebeck'schen Montanwerke, die bekanntlich zur I. G. gehörten, bat Duisberg im Sommer 1918, sich beim Minister für Kultus für eine Ehrenprofessur eines seiner Kollegen einzusetzen, was Duisberg am 24. Juli 1918 auch zusagte: «Den Personalreferenten, der diese Angelegenheiten unter sich hat, Herrn Geheimrat Professor Dr. Krüss, kenne ich persönlich sehr gut und bin in der letzten Zeit mehrfach bemüht gewesen, einigen Herren den Professor-Titel zu verschaffen, bisher allerdings ohne Erfolg. Es liegen nämlich über 300 derartige Gesuche vor. Der Minister hat deshalb sehr strenge Anforderungen, besonders auch in bezug auf die in Publikationen zutage getretene wissenschaftliche Tätigkeit der zu Ehrenden gestellt. Er verlangt hierüber Gutachten von maßgebenden Wissenschaftlern.»[34]

***

Die andere Seite von Duisbergs Eitelkeit war eine sein Leben lang anhaltende teils strategisch, teils durch soziale Verantwortung motivierte Bereitschaft zur Gabe.[35] In Duisbergs Gabeverhalten vermischten sich unterschiedliche Motive zu einem unentwirrbaren Knäuel. Ein mildtätiger Mensch im strengen Sinne war er nicht. Zwar versorgte er arme Verwandte hin und wieder mit Geld oder half mit Rat und Empfehlungen. Auch konnten sich seine Kinder ein Leben lang seiner Unterstützung sicher sein, doch saß bei Duisberg der Beutel, wenn es um sein eigenes Geld ging, in der Regel nicht locker. Mit dem Studienfreund Carl Hauptmann überwarf er sich, als dieser Geld von ihm leihen wollte. Der Briefwechsel zwischen den beiden Männern ist ein fast beklemmendes Dokument, da Carl Duisberg den Studienfreund wiederholt betteln und schließlich auflaufen ließ. Das war keine Ausnahme. Wenn es um sein persönliches Geld ging, war Duisberg unerbittlich, wie Jahre später auch Johannes Walther in einer Weise erfahren musste, die den Briefverkehr zwischen beiden für längere Zeit ausdünnen ließ. Vielleicht um hier etwas wiedergutzumachen, schenkten die Duisbergs der Familie Walther in der Weltwirtschaftskrise einen teuren Radioapparat. Auch verteilte er anlässlich seines 40. Hochzeitstages Geldgeschenke unter den Kindern, Enkel- und Patenkindern. Doch änderte dies nichts an der Tatsache, dass Duisberg keineswegs freigiebig war. Insofern muss man seine umfangreiche Spenden- und Stiftungstätigkeit differenziert beurteilen. Duisberg war völlig klar, dass sein Image als verantwortlicher Werksleiter maßgeblich auch von seiner Freigiebigkeit, ja einer demonstrativen Großzügigkeit jenen gegenüber abhing, die für das Werk arbeiteten, die in Not geraten waren oder Hilfe bedurften. Er verschaffte sich daher, zweifellos in enger Absprache mit Friedrich Bayer jun., durch eine Vorschrift die Möglichkeit, seit der Vorkriegszeit wiederholt große Spenden und Stiftungen zu tätigen, ohne sein persönliches Einkommen oder Vermögen direkt in Anspruch zu nehmen: «Wie Ihnen vielleicht nicht unbekannt ist, habe ich es in unserer Firma durchgesetzt», erläuterte er den Leverkusener Jubilaren 1923, «daß Mitglieder unseres Direktoriums, wenn sie in anderen Unternehmungen als Aufsichtsräte tätig sind, die ihnen dabei zufließenden Tantiemen nicht, wie es bei anderen Firmen üblich ist, in die eigene Tasche stecken oder mit ihren Kollegen teilen, sondern daß solche Gelder in die Kasse des Unternehmens fließen, also Eigentum der Firma werden. Diese Gelder sollen dann aber nur für wohltätige, bildende oder künstlerische Zwecke zugunsten der Werksangehörigen, und zwar gemäß den Wünschen der betreffenden Aufsichtsratsmitglieder Verwendung finden.»[36] Auf diese Weise stand Duisberg seit der Zeit kurz vor dem Ersten Weltkrieg ein relativ großer Betrag für Stiftungen, Spenden und künstlerische Aktivitäten zur Verfügung, von dem er auch regen Gebrauch machte.[37]

Anlässlich seines 25-jährigen Berufsjubiläums 1909 machte Duisberg umfangreiche Stiftungen in Höhe von insgesamt 113 000 Mark, deren Verwendung er im Detail festlegte:

«– 18 000 Mark, damit jedem Werksangehörigen ein neues Dreimarkstück übergeben werden kann;

- 2000 Mark für den Orchesterverein mit Jugendkapelle in Leverkusen;
- 3000 Mark für die Dramatische Vereinigung der Farbenfabriken in Leverkusen;
- 4000 Mark für den Gesangverein der Farbenfabriken in Elberfeld;
- 4000 Mark für den Männergesangverein der Farbenfabriken in Leverkusen;
- 5000 Mark für den Turn- und Spielverein der Farbenfabriken in Leverkusen;
- 5000 Mark für den Arbeiterfortbildungsverein der Farbenfabriken in Leverkusen;
- 5000 Mark für die Haushaltungsschule der Farbenfabriken in Leverkusen;
- 5000 Mark für den Frauenverein der Farbenfabriken in Leverkusen;
- 30 000 Mark für den Stipendienfonds zugunsten der Söhne von Beamten der Farbenfabriken, die Chemiker werden wollen;
- 30 000 Mark für den Wohnungsschmückungsprämienfonds zugunsten derjenigen Arbeiter, die ihre Koloniewohnungen mustergültig in Ordnung halten;
- Verwendung seiner Aufsichtsrat-Tantieme der nordischen Gesellschaften zur Errichtung kleiner Ferienhäuser im nordischen Blockhausstil für die Familien von Werksangehörigen auf dem Gut «Große Ledder».»[38]

Der Kriegsausgang und vor allem die sich an die Republikgründung anschließende Steuergesetzgebung griffen in die Spendentätigkeit Duisbergs massiv ein. Daher konzentrierte Duisberg seine Bemühungen in dieser Zeit vorrangig auf die Wissenschaftsförderung: «Wir können uns den Luxus der vielen Vereine und Vereinigungen, die wir früher gehabt haben, nicht mehr leisten. Es muss einmal dazu übergegangen werden, zu sieben bzw. zusammenzulegen oder zu streichen.»[39] 1933, bei Erscheinen der Familiengeschichte, konnte Carl vom Berg dann allerdings etwa 100 Stiftungen der Eheleute Duisberg aufzählen, die meisten sozialpolitischer, wissenschaftlicher und ästhetischer Art, letztere vor allem zur Ausschmückung der Kolonien oder von Räumen in Gebäuden und Museen.[40]

Das Geben war zunächst eine Verpflichtung als gut verdienender Leiter der Farbenfabriken, sodann eine Aufgabe als Hausvater, schließlich aber spielte die Gabe auch in Duisbergs Beziehungen zu anderen Menschen eine Rolle, und zwar in doppelter Hinsicht. Einerseits schuf eine Gabe Verpflichtungen, und seien sie nur symbolischer Art. Die sicher mehr als einhundert Mal verschenkte Reiseapotheke der Farbenfabriken ist hier das entscheidende Beispiel, mit ihr brachte sich Duisberg in Erinnerung, wenn er sich nicht sogar Gewogenheit erhoffte. Zumeist waren die mit der Gabe verbundenen Absichten erfolgreich. Sodann war die Bereitschaft zur Gabe Teil der Selbstkonstruktion als bedeutender Mann, der Duisberg mit zugeknöpften Taschen nicht hätte sein können. Geiz ist kein guter Ratgeber, wenn öffentliche Anerkennung erstrebt wird. Insofern dürfte es Duisberg auch nicht angenehm gewesen sein, nach dem Krieg aufgrund der eingetretenen Einkommensänderungen wieder und wieder Bittsteller abweisen zu müssen. Zu dieser Selbstkonstruktion über Gaben gehörte auch, dass Duisberg sich gegenüber Freunden und Kollegen stets hilfreich zeigte, dass er mit Informationen nicht sparte, bei Fachfragen gerne aushalf und überhaupt immer dann den Apparat der Farbenfabriken in Bewegung setzte, wenn er es für geboten hielt. Vor dem Krieg erhielten viele Universitätsinstitute große Geschenke, sei es in Form von Farbstoffsammlungen, sei es in Form von Chemikalien oder Geräten. Vielen Menschen half Duisberg auch gezielt mit einzelnen Medikamenten. Mit den Broschüren des eigenen Hauses, mit Sonderdrucken und Plaketten, später auch mit den dickbändigen Ausgaben seiner Schriften und Reden, schließlich mit den Lebenserinnerungen ging er überaus großzügig um. In gewisser Hinsicht verschenkte er auch seine Person. Schon vor dem Krieg ließ er kunstfertige fotographische Porträts anfertigen, eine Praxis, an die er nach 1918 anschloss. Nun ließ er aber auch künstlerisch gestaltete Heliogravüren von sich selbst anfertigen, die er mit Signatur verschenkte. Schließlich gab es zahlreiche Reisemitbringsel, die an den Geber erinnern und ihn in freundschaftlichem Gedenken halten sollten. Vor allem aber diente die Gabe hier der Konstruktion der eigenen Bedeutung. Nicht zufällig war das Verschenken von signierten Porträts auch eine von den regierenden Häusern vor 1914 gern geübte Praxis.[41] Dazu gehörte auch, sich angemessen zu bedanken, ja, eine Art Spiel von Gabe und Gegengabe zu betreiben, das Duisberg meisterlich beherrschte. Für die Verleihung der Ehrenbürgerschaft von Wiesdorf Ende 1923 schenkte Duisberg der Stadt 100 Aktien der Farbenfabriken im Wert von 100 000 Mark mit der Auflage, die Erträge zum Zwecke der C. Duisberg-Stiftung zum Besuch höherer Schulen zu verwenden.[42] So stand das dann auch in der Zeitung.

Zu dieser Selbstkonstruktion gehörte auch Mildtätigkeit, deren Dokumentation im Nachlass von Carl Duisberg mehrere Aktenordner füllt. Wie es der Zeit entsprach, kam hier Johanna Duisberg stärker ins Spiel, deren

Geburtstage und Jubiläen jeweils Anlass zu Gaben, Schenkungen oder Stiftungen waren, wie etwa bei ihrem 60. Geburtstag: «Durch Ihre hochherzigen Stiftungen an Ihrem gestrigen Geburtstagsfeste haben Sie wieder vielen armen Kindern glückliche Stunden bereitet. … Wir glauben Ihnen versichern zu können, daß Sie mancher Familie wieder eine schwere Sorge für Konfirmation und Kommunion abgenommen haben, denn die manchen zuteil gewordenen Gaben, wie Schuhe, Strümpfe, Hemden etc. kamen hier zur richtigen Zeit», schrieb der Bund der Kinderreichen aus Wiesdorf am 20. März 1924 an Johanna Duisberg und gratulierte artig zum 60. Geburtstag. Duisbergs sprangen aber auch einzelnen Menschen bei und nutzten dafür ihre jeweilige Stellung, so etwa Carl Duisberg als Reichsverbandsvorsitzender bei der Verwendung der entsprechenden Hilfstöpfe des RDI.[43]

Das Fördern politischer Zwecke spielte bei Duisbergs Gaben keine Rolle, sieht man von Zahlungen ab, die Max Bauer 1919 für den Aufbau der DVP erhielt. Weder vor dem Krieg noch danach engagierte Duisberg sich persönlich materiell in der Politik, unterstützte hingegen entsprechende Initiativen wie den Hansa-Bund und später den Kalle-Kreis, jenes Gremium, das im Rahmen der I. G. über die Vergabe politischer Gelder entschied.[44] Eigenes Geld war Duisberg die Politik offensichtlich nicht wert. Nach dem Machtantritt der Nationalsozialisten kam es hin und wieder zu Kleinspenden; so gab Duisberg auf Bitten des Kölner Professors Ernst Esch im April 1934 einmalig 100 Reichsmark für den Aufbau eines neuen Studentensturmes der SA,[45] oder später finden sich Hinweise, dass Johanna Duisberg in Partenkirchen kleine Summen zugunsten einzelner SA-Stürme bezahlte, doch waren das wenige Ausnahmen. Ein finanzielles Engagement zugunsten der NSDAP findet sich bei den Duisbergs genauso wenig wie zuvor gegenüber den Parteien der Weimarer Republik. Hier blieb er vielmehr zugeknöpft, ganz anders als viele Unternehmen, u. a. auch die I. G. Farbenindustrie, die sich nach 1933 gegenüber der NSDAP vergleichsweise freigiebig zeigten.[46]

Duisberg war, wie im Fall Fritz Klimsch bereits gesehen, auch kein Mäzen, zumindest nicht im strengen Sinne desjenigen, der ohne Erwartung einer Gegenleistung Kunst, Wissenschaft oder Sport fördert.[47] Im weiteren Sinne, so wie Jürgen Kocka das Mäzenatentum definiert hat, war er es schon, denn er gab, wie an anderer Stelle genauer zu betrachten ist, große Summen zur Förderung der naturwissenschaftlichen Forschung aus, freilich auch hier kein persönliches Geld.[48] Es war vielmehr die genannte

Mischung aus Mildtätigkeit, Selbstkonstruktion und Zielgerichtetheit, die für Duisbergs Engagement immer maßgeblich blieb. Noch am ehesten könnte man Duisbergs umfangreiche Spenden und Stiftungen zugunsten des Deutschen Museums in München als mäzenatisches Handeln ansehen, wie es in der Literatur auch geschehen ist. In der Tat war er bis zur Mitte der 1920er Jahre nach Gustav Krupp von Bohlen und Halbach der bedeutendste Einzelstifter.[49] Dieses Engagement fällt aus dem Rahmen, da hier auch persönliches Geld zum Einsatz kam, aber im Kern ging es gerade hier um Selbstkonstruktion. Duisbergs Motiv war es, mit seiner Tätigkeit im Deutschen Museum das Image der Chemie zu verbessern und damit sein eigenes Ansehen.

Diesem Ziel blieben seine weit gestreuten Aktivitäten letztlich funktional zugeordnet. Als sich in der Weltwirtschaftskrise angesichts des verbreiteten sozialen Elends, aber auch angesichts der Not vieler kultureller Institutionen und Vereinigungen die einschlägigen Bitten häuften, machte er noch einmal ganz klar, worum es ihm zu tun war. Elisabeth Förster-Nietzsche schrieb er Anfang Mai 1931: «Wenn mir auch unsere großen deutschen Dichter und Denker und besonders Goethe, Kant und auch Nietzsche in ihren Werken näher gekommen sind, so habe ich es doch in meinem Leben als Naturwissenschaftler für meine besondere Pflicht gehalten, die Naturwissenschaften und ihre Jünger in erster Linie zu unterstützen. Meine vielfachen und reichlichen Stiftungen zugunsten von Wissenschaft und Forschung sowie für die studierende Jugend sind zu bekannt, um sie an dieser Stelle aufzuführen. Leider zwingen mich die heutigen wirtschaftlichen Verhältnisse kürzer zu treten und muß ich mich auf die noch laufenden Verpflichtungen beschränken.»[50] Für Nietzsche jedenfalls war im Hause des Geheimrats Duisberg kein Geld da.

KRIEG

20 | Die fatale Logik des Krieges

Der Kriegsbeginn 1914 stellte alles in Frage, was Duisberg bisher geleistet hatte. Dass ein Krieg das zerstören konnte, war ihm ebenso klar, wie er zuvor die Tatsache, dass es dazu kommen konnte, nicht wahrhaben wollte. Duisberg war nicht naiv, aber er kalkulierte vor 1914 weder mit einem Krieg noch wünschte er ihn. Dass ein Krieg den Farbenfabriken nur schaden konnte, war offensichtlich. Die Entwicklung in den Jahren zuvor war derart günstig, die Stellung auf dem Weltfarbenmarkt derart unangefochten, dass es widersinnig gewesen wäre, von einem Krieg ökonomische Vorteile zu erwarten. Überdies war diese Haltung in der westdeutschen Großindustrie geradezu Allgemeingut.[1] Selbst Gustav Krupp von Bohlen und Halbach, der unmittelbar Zugang zur Spitze des Reiches hatte, war weitgehend ahnungslos und erfuhr allenfalls etwas früher als andere von der konkreten Kriegsgefahr. Ein Kriegstreiber, wie lange behauptet, war auch er nicht.[2] Gerald Feldman hat auch bei Hugo Stinnes, einem weiteren maßgeblichen Schwerindustriellen, vor 1914 keinen Hinweis gefunden, dass Stinnes einen Krieg wollte oder ihn auch nur billigend in Kauf genommen hätte: «Stinnes betrachtete, kurz gesagt, den Kriegsausbruch als finanzielle und ökonomische Katastrophe mit gefährlichen gesellschaftlichen Implikationen.»[3] Auch bei Duisberg sucht man kriegsverherrlichende Aussagen vergeblich. Er war – von den Feiern in Leverkusen abgesehen, bei denen man das Vaterland und den Kaiser gebührend hochleben ließ – nicht einmal sonderlich nationalistisch, sondern stellte sich pragmatisch den Herausforderungen eines Unternehmens, das vor 1914 zahlreiche Auslandsbesitzungen hatte und mehr als 80 Prozent seiner Produktion exportierte. Die Welt der Chemiker war ohnehin international, die entsprechenden Kontakte vor 1914 zumeist spannungsfrei.[4] Dabei sah Duisberg in verschiedenen Situationen durchaus die drohende Kriegsgefahr. Nach Ausbruch des Ersten Balkankrieges im Oktober 1912 fürchtete er: «Hoffentlich kommt es aber nicht dazu, dass Österreich in den Krieg zu ziehen braucht und damit der Weltbrand[5] entzündet wird und wir in Deutschland auch nicht mehr Gewehr bei Fuß stehen bleiben können.

Ich persönlich bin optimistisch genug zu glauben, dass die grossen Nationen alle Ursache haben, Europa den Frieden zu erhalten.»[6]

In den Farbenfabriken gab es keinerlei Rüstungsproduktion. Es existierte eine Art Mobilmachungsplan, da in diesem Falle damit gerechnet werden musste, dass ein großer Teil der Beschäftigten eingezogen werden würde. Aber auf die Herstellung von Rüstungsgütern war man in Leverkusen nicht vorbereitet: «Zu uns ist nie ein Vertreter des Kriegsministeriums oder des Generalstabs oder auch sonst eine Militär- oder Zivilperson gekommen, um uns auch nur aufzufordern, darüber nachzudenken, wie wir einmal einen Zukunftskrieg abwehren könnten. Keiner von uns hat an einen Krieg gedacht, keiner von uns hat geglaubt, daß es je zu einem derartigen Weltbrand kommen würde. Keiner von uns hat auch nur irgendwelche, auch nicht die leisesten Vorbereitungen für einen Krieg getroffen.»[7] Diese Darstellung hat die Forschung schon vor längerer Zeit bestätigt[8], auch wenn Duisberg hier wahrscheinlich sich selbst und seine Leverkusener Erfahrungen zum Maßstab machte, die für andere Teile der Industrie, namentlich die Rüstungsfirmen, so nicht unbedingt zutrafen.

Dass im Sommer 1914 unmittelbare Kriegsgefahr bestand,[9] registrierte Duisberg nicht oder verdrängte es.[10] Der Ausgang einer Wette, die er 1896 mit dem Italiener Emilio Lepetit darum geschlossen hatte, ob es in den nächsten 20 Jahren zu einer kriegerischen Auseinandersetzung zwischen England und Deutschland kommen würde, spricht für Ahnungslosigkeit. Lepetit hatte einen deutsch-englischen Krieg für wahrscheinlich gehalten und einen «Korb Champagner» gesetzt, Duisberg dagegengehalten. Im Sommer 1914 erreichte Duisberg nun ein Champagner-Paket mit einem Begleitschreiben, in dem sich Lepetit zur verlorenen Wette bekannte. Duisberg schrieb ihm zurück, dass er sich um zwei Jahre vertan habe, den Champagner wolle er mit seiner Familie aber gleichwohl auf den erhaltenen Frieden trinken.[11] Das Hotel für die Sommerferien 1914 in Sils Maria war gebucht, wobei sich Duisberg kaum anders verhielt als die übrige bürgerliche Elite aus Wirtschaft, Politik und Wissenschaft. Im Grunde glaubten zumindest in der Öffentlichkeit nur wenige im Sommer 1914 an einen unmittelbar bevorstehenden Kriegsausbruch.[12] Die Schüsse von Sarajewo Ende Juni 1914 markierten zwar eine deutliche Zäsur, doch gab es zuvor zu viele Krieg-in-Sicht-Krisen, als dass nun eine unmittelbare Kriegspanik oder Kriegsbegeisterung ausgebrochen wäre.[13] Der Verlauf der folgenden Wochen schien diese Erfahrung zu bestätigen. Ein Großteil der diplomatischen Aktivitäten verlief im Verborgenen,[14] und die demonstrative Gelassenheit des politischen Berlin, das bis auf wenige Ausnahmen wie gewohnt im Juli 1914 seine Sommerferien antrat, tat das Ihrige, um die drohende Kriegsgefahr zu verschleiern. Erst mit dem österreichischen Ultimatum an Serbien vom 23. Juli 1914 wurde auch der Öffentlichkeit die Dramatik der Lage klar. Doch selbst am 27. Juli 1914, als in Mülheim an der Ruhr das Kaiser-Wilhelm-Institut für Kohlenforschung eröffnet wurde, mochte Carl Duisberg nicht an einen bevorstehenden Krieg glauben: «In Ihrer Sorge», schrieb er am 12. August 1914 an den Berliner Chemienobelpreisträger Emil Fischer, «haben Sie also damals, bei der Einweihung des Kohlenforschungsinstitutes in Mülheim an der Ruhr, recht behalten und ich, der ich nicht an einen Krieg glauben wollte, habe mich getäuscht.»[15]

***

In den ersten Tagen nach Kriegsbeginn war die Lage für Duisberg unübersichtlich; er klagte gegenüber Henry Theodor Böttinger am 11. August 1914, «die Zeit schleicht schwer und träge dahin».[16] Mit Kriegsausbruch war ein vollständiges Exportverbot erlassen worden, das die Farbenfabriken von ihren Märkten nicht nur in den Feindstaaten, sondern generell vom Export abschnitt.[17] In Leverkusen und Elberfeld richtete man sich auf diese Situation ein. Das seit Kriegsbeginn sich täglich treffende Direktorium beschloss, die Farben- und Pharmaproduktion weitgehend einzustellen und die Arbeitskräfte, die trotz umfangreicher Einziehungen weiterhin reichlich zur Verfügung standen, für Aufräum- und Instandhaltungsarbeiten einzusetzen. Von einer Umstellung des Unternehmens auf Rüstungsproduktion war zunächst nicht die Rede. Einerseits glaubte Duisberg an einen kurzen Krieg; er werde wohl kaum länger als 100 Tage dauern.[18] Andererseits erschien ihm die Herstellung von Sprengmitteln – und nur das kam ja für die Fabrik in Leverkusen in Frage – viel zu riskant.[19] Zwar verkauften die Farbenfabriken Zwischenprodukte aus der Farbenherstellung an Sprengstoff- und Pulverfabrikanten. Eine eigene Produktion aber war nicht wirtschaftlich attraktiv. Man brauche dafür eine sehr lange Vorbereitungszeit, sodass man ohnehin erst nach dem erwarteten Kriegsende produktionsbereit sei.[20] Stattdessen bemühte sich die Leitung der Farbenfabriken intensiv um eine Lockerung beziehungsweise Aufhebung des Exportverbotes und war damit in der zweiten Augusthälfte zumindest teilweise erfolgreich. Böttingers permanentes Antichambrieren bei den zuständigen Stellen im Berliner Kriegsministerium eröffnete schließlich Exportmöglichkeiten über Rotterdam in die USA, wobei die Leverkusener Farbstoffe umdeklariert wurden, um nicht von den Engländern beschlagnahmt zu werden. Da Farbstoffe und Medikamente nicht als Konterbande angesehen wurden,[21] hoffte Duisberg sogar, über den Umweg USA auch wieder Farbstoffe und Medikamente (Aspirin) nach England exportieren zu können. Diese Strategie schien zunächst auch aufzugehen. Duisberg hatte mit Kriegsbeginn die Buchhaltung der Farbenfabriken angewiesen, die Umsatz- und Gewinnberechnungen (Rendementsberechnungen) nicht mehr quartalsweise, sondern monatlich vorzunehmen. Auch wenn die exakten Daten für August und September erst im November 1914 vorlagen, so war doch rasch klar, dass der Kriegsausbruch wirtschaftlich keineswegs das Desaster war, das man zunächst befürchtet hatte. Das Geschäft in den USA war zumindest in den ersten drei Quartalen 1914 das bis dahin beste überhaupt, und auch die Exporte nach Holland, in die skandinavischen Staaten oder nach Italien gingen zunächst ohne größeren Einbruch weiter.[22] Sich nicht auf Rüstungsproduktion einzulassen, sondern die Farbenfabriken unverändert durch den Krieg zu bringen, war also eine durchaus rationale Strategie, zumal zu Anfang auch die ausländischen Werte und Rechte des Unternehmens nicht unmittelbar bedroht schienen.[23] Die Moskauer Filiale produzierte weiter, auch wenn gegen Ende des Jahres die dortigen deutschen «Beamten» interniert wurden. Die Fabriken in Nordfrankreich und Belgien mussten mit Kriegsbeginn geschlossen werden und wurden danach verwüstet; zumindest Schoonaerde an der Schelde aber konnte schon gegen Jahresende seine Produktion wieder aufnehmen. Aus England erhielt man keine Nachrichten, da den dortigen Vertretern des Unternehmens jeder Kontakt mit Deutschland bei Strafe des Landesverrats untersagt worden war. Gefragt, ob man mit Gegenmaßnahmen gegen englische Werte und Rechte in Deutschland vorgehen solle, war man in Leverkusen zunächst zurückhaltend, obwohl in Großbritannien bereits größere Guthaben und Farbstoffvorräte der Farbenfabriken beschlagnahmt worden waren.[24]

Gleichwohl änderten sich seit dem September 1914 immer mehr Vorzeichen, die schließlich auch die Farbenfabriken zwangen, ihre abwartende Haltung aufzugeben. Sie waren mit Rohstoffen gut versorgt, da es noch in den letzten Tagen vor Kriegsbeginn gelungen war, größere Mengen Salpeter zu kaufen und von Holland nach Deutschland zu bringen. Auch andere Rohstoffe besaßen die Farbenfabriken zumindest für die nächsten Monate in ausreichender Menge. Wegen des militärischen Bedarfs und entsprechender Beschlagnahmungen machten sich lediglich bei Benzol Engpässe bemerkbar. Allerdings stiegen die Preise für die wichtigsten Rohstoffe mit

Kriegsbeginn deutlich an, sodass klar war, dass auf das Werk höhere Kosten zukommen würden.[25] Mit der Gründung der Kriegsrohstoffabteilung (KRA) unter der Leitung von Walther Rathenau am 13. August 1914 war offensichtlich, dass es auf absehbare Zeit bei strategischen Rohstoffen keine freien Märkte mehr geben, sondern behördliches Handeln eine immer größere Rolle spielen würde.[26] Mit den Preissteigerungen und der staatlichen Rohstoffbewirtschaftung begann auch Duisberg zu ahnen, dass der Krieg zu ganz erheblichen Einschnitten in die Unternehmenspolitik führen musste. Gute Beziehungen nach Berlin wurden immer wichtiger.

Die Kriegsrohstoffabteilung war vor allem für die Erfassung, Beschaffung und Bewirtschaftung strategisch wichtiger Rohstoffe zuständig, um den sich wegen der alliierten Blockade bereits im August 1914 bemerkbar machenden Mangel zumindest zu mildern. So hatte das Reich vor dem Krieg jährlich mehrere hunderttausend Tonnen Chilesalpeter als Düngemittel und Rohstoff der chemischen Industrie eingeführt, von dessen Zufuhr es durch die englische Blockade nun abgeschnitten war. Ohne Stickstoff war an eine Aufrechterhaltung, gar Steigerung der Sprengstoffproduktion nicht zu denken. Ähnlich war die Lage bei bestimmten Buntmetallen, Kautschuk, Textilfasern oder Ölsaaten. Im Auftrag der KRA fiel sogenannten Kriegsrohstoffgesellschaften die Aufgabe zu, Rohstoffvorräte zu erfassen, aufzukaufen und entsprechend grober Rüstungsplanungen an die in Frage kommenden Firmen weiterzuverkaufen.[27] Diese Kriegsgesellschaften wurden seit Ende August 1914 in großer Zahl – es existierten schließlich mehr als 200 – gegründet, und zwar als private Firmen, die von den großen Unternehmen ihrer jeweiligen Branche getragen wurden. Das Kapital der am 28. September 1914 gebildeten Kriegschemikaliengesellschaft (Kalchemie) stammte zu etwa 35 Prozent von den Firmen der späteren I. G. Farbenindustrie. Größter Anteilseigner war mit etwas über 43 Prozent das Kartell der Sprengstoffindustrie; die restlichen Anteile entfielen auf kleinere Chemiefirmen.[28] Die Handlungsmöglichkeiten der Kapitalgeber und damit der Aufsichtsräte der Kriegsgesellschaften waren allerdings beschränkt. Ihre alltägliche Arbeit wurde von Beamten, Offizieren, Wissenschaftlern und industriellen Experten geleistet, die mit der Autorität des Kriegsministeriums ihre Wünsche und Forderungen im Zweifel auch gegen die Industrie durchsetzen konnten.[29] Die Farbstoffindustrie war anfangs nur zögerlich zur Mitarbeit bereit, nahm dann aber doch an deren Arbeit teil, weil die so organisierte Rohstoffbewirtschaftung[30] während des Krieges im Wesentlichen reibungslos funktionierte, auch wenn die Klagen kleinerer Unternehmen nicht abrissen, sie würden bei der Rohstoffzuteilung systematisch benachteiligt.[31] Die Bedeutung der Kriegschemikalien AG und ihrer Kommissionen ging im Laufe der Zeit deutlich zurück; bereits 1915 traf sich ihr Aufsichtsrat, in dem Carl Duisberg vertreten war, nur noch in einem zweimonatlichen Rhythmus. Aus der Sicht der Farbenfabriken war diese Art der Rohstoffbewirtschaftung grundsätzlich nicht zu beanstanden, da die Farbenfabriken mit den für sie notwendigen Rohstoffen, die sie sich nicht selbst beschaffen konnten, einigermaßen versorgt wurden.

Die Rohstoffbewirtschaftung blieb zunächst auf rüstungswichtige Bereiche beschränkt. Das Problem der Stickstoffversorgung aber konnte so nicht gelöst werden, weil die zu verteilenden Mengen zu gering waren. Erst das Versprechen Carl Boschs, durch einen Ausbau der entsprechenden Syntheseanlagen der BASF in Ludwigshafen und den Neubau eines Werkes in Mitteldeutschland (Leuna) die Stickstoffversorgung zu sichern, beendete den Engpass. Duisberg war hier bestenfalls indirekt beteiligt, hatte aber ein massives Interesse, die Rolle des Staates, der sich an der Finanzierung der Neuanlagen beteiligte, gering zu halten. Er unterstützte den Wunsch der BASF, die Anlagen allein zu errichten und zu betreiben und die Rolle des Staates auf die des Subventions- und Kreditgebers zu beschränken. Keinesfalls sollte er Miteigentümer mit eigenen Verfügungs- und Nutzungsrechten werden. Ebenso wenig wünschte die Industrie ein lange in der Diskussion schwebendes Stickstoffhandelsmonopol. Lieber nahm sie ein größeres Risiko auf sich, zumal allgemein erwartet wurde, dass mit dem synthetischen Stickstoff auch nach dem Ende des Krieges insbesondere im Bereich der Düngemittelwirtschaft ein gutes Geschäft gemacht werden könne. Der schließlich erzielte Kompromiss, nach dem die BASF die Anlagen allein betrieb, der Staat aber während des Krieges Mengen und Preisen kontrollieren konnte, schien Duisberg akzeptabel.[32]

Auf der Seite der Produktion schien der Krieg zunächst keine Änderungen zu verlangen. In Leverkusen ging man davon aus, nach einem kurzen Krieg relativ rasch die übliche Friedensproduktion wiederaufnehmen zu können. Der Kriegsverlauf schien dieser Erwartung Recht zu geben, und auch die Entwicklung der Umsätze war nicht so schlecht wie zunächst befürchtet. Die Marneschlacht Anfang September 1914 änderte die Lage dann aber sehr schnell. Von einem raschen Kriegsende war nun nicht mehr auszugehen. Der sich hinziehende Krieg verschlang überdies bis dato ungeahnte Mengen von Munition und Material. Die deutsche Seite begann, unter Munitionsmangel zu leiden und suchte händeringend nach einem Ausweg[33], zu dem auch der Einsatz chemischer Kampfstoffe gerechnet wurde, der nun von Berlin aus energisch vorangetrieben wurde. Duisberg reagierte auf ein entsprechendes Kooperations-Ersuchen positiv und kam auf diese Weise in unmittelbaren Kontakt zu höheren Generalstabsoffizieren, insbesondere zu Max Bauer. Dieser überzeugte Duisberg davon, dass der Krieg auch von den Farbenfabriken die Bereitschaft verlangte, in der Rüstungsproduktion tätig zu werden. Duisberg gab im Oktober 1914 Bauers Forderungen aus einem Bündel von Gründen schließlich nach, «nicht, um damit Geld zu verdienen, sondern um einer patriotischen Pflicht zu genügen, da grosser Mangel an diesen wichtigen, aber für uns in der Fabrikation nicht ungefährlichen Sprengstoffen ist».[34]

Im November 1914 nahmen die Farbenfabriken die Herstellung von Sprengmitteln auf[35], die sie an andere Fabriken lieferten bzw. nach dem Bau einer entsprechenden Anlage auch selbst in Granaten füllten. Die sich durch die rasche Steigerung der Rüstungsproduktion ergebenden neuen Engpässe etwa bei Salpeter und Salpetersäure überwand man unter anderem durch den Bau einer Salpeterfabrik in Leverkusen, die mit einem Reichszuschuss finanziert wurde, da Duisberg nicht glaubte, diese nach dem Krieg erfolgreich betreiben zu können. Der Anteil der Rüstungsproduktion an der Gesamtfertigung nahm nun kontinuierlich zu. Die Fabrik war bald voll ausgelastet und musste laufend erweitert werden. Am Exportgeschäft verloren die Farbenfabriken hingegen nach und nach das Interesse und drängten, nachdem sich mit der Sprengmittelherstellung ein neuer Markt aufgetan hatte, nicht mehr auf eine völlige Freigabe der Ausfuhr. Von nun an stand die Rüstungsproduktion im Vordergrund. Zu Weihnachten 1914 war die Fabrik voll ausgelastet; in den folgenden Monaten mussten ständig Erweiterungen vorgenommen und zusätzliche Beschäftigte gewonnen werden. Im Februar 1915 machte sich Arbeitermangel breit, da die Fabrik bereits 70 Prozent des früheren Produktionsvolumens erreicht hatte und in der Sprengmittelherstellung an ihre Kapazitätsgrenzen stieß. Jetzt wurden neue Anlagen notwendig, um die Sprengmittelherstellung rasch steigern zu können. Im Sommer 1915 hielt Carl Duisberg stolz fest, dass «die ganze Fabrik umgekrempelt und umorganisiert ist, (dass) wir fast nichts mehr als Kriegslieferungen ausführen und hinter der Front in weitgehendstem Maße wie wohl kaum eine andere Friedensfabrik tätig sind».[36] In dieser ersten Bilanz ging Duisberg bereits davon aus, dass man in Leverkusen etwa ein Viertel aller vom deutschen Heer benötigten Sprengmittel herstellte. Gegenüber den Erwartungen der Feldzeugmeisterei im Mobilmachungsplan habe man die Produktion insgesamt mehr als verfünffacht auf insgesamt etwa 3000 Tonnen Sprengmittel pro Monat. Überdies fülle man Granaten und stelle Giftgase her, deren «Laborierung» in Granaten man zudem vorbereite. Auch bei den Vor- und Zwischenprodukten, insbesondere den Basissäuren und Chlor, habe man die Produktion deutlich gesteigert. Schließlich sei das Werk in Leverkusen auch der größte Hersteller von Patronen für Gasmasken geworden. Das alles habe Investitionen in Höhe von 13 Millionen Mark verschlungen, von denen nur der Aufwand für die Salpetersäureanlage in Höhe von vier Millionen Mark erstattet werde, die restlichen neun Millionen müsse man vom Gewinn dieses Jahres abschreiben, «weil alle diese Anlagen nach dem Krieg unverwendbar sind und zum größten Teil abgebrochen werden müssen und sollen».[37]

***

Die Umstellung auf Rüstungsproduktion brachte auch eine Politisierung des Absatzmarktes, denn der einzige Besteller und Abnehmer von Granaten war das preußische Kriegsministerium, also die Feldzeugmeisterei; andere rüstungsrelevante Güter wurden vom Reichsmarineamt, vom Eisenbahnzentralamt sowie von den Kriegsministerien in Dresden, Stuttgart und München nachgefragt. Mit ihnen mussten Liefertermine, Mengen und Preise verhandelt werden, was im Einzelnen keineswegs einfach war, da sich in dieser Art der Vertragsbeziehungen die Parameter laufend änderten.[38] Für die Farbenfabriken bedeutete die Zuteilung eines Auftrages in bestimmter Menge und zu einem bestimmten Preis, dass die Produktionsapparatur entsprechend einzurichten war und Rohstoffe und Vorprodukte auf eigene Rechnung bereitgestellt werden mussten. Die Fabrik verdiente gut, wenn es zu großen Serien kam, hatte aber Probleme, wenn das Militär keine Folgeaufträge erteilte oder neue Wünsche äußerte, die dann wiederum eine Neueinrichtung des Produktionsapparates verlangten. Das preußische Kriegsministerium weigerte sich zudem lange, Vorschüsse auf erteilte Aufträge zu zahlen, und berechnete, als es hierzu schließlich bereit war, auch noch Zinsen auf die bewilligten Vorschüsse.[39] Das Militär war daher ein potentiell unbegrenzter, aber überaus schwieriger Absatzmarkt, zumal die militärische Beschaffungsbürokratie keineswegs willens war, auf die Wünsche der Industrie ohne weiteres einzugehen.

Diese Wünsche bezogen sich vor allem auf die Vereinheitlichung und Verstetigung der Nachfrage, um die skalenökonomischen Vorteile großer

Produktionsserien nutzen zu können. Die militärische Beschaffung folgte aber gerade nicht der technisch-ökonomischen Produktionslogik der Hersteller, sondern handelte in einer Mischung aus bürokratischen Zwängen und militärischen Herausforderungen. Eine weitere Schwierigkeit kam hinzu, weil die Feldzeugmeisterei nur Waffen und Munition bestellte, die von den entsprechenden Stellen der Obersten Heeresleitung abgesegnet waren und an der Front auch tatsächlich eingesetzt wurden. Für die Industriellen begann der Verhandlungsmarathon streng genommen daher nicht erst, wenn es um die Zuteilung und die Beschaffenheit von Aufträgen ging, sondern bereits zuvor, wenn es galt, die eigenen Produkte beim Militär durchzusetzen und deren Benutzung im Krieg zu erreichen. Die Feldzeugmeisterei – vor dem Hintergrund der sich stets ändernden militärischen Bedürfnisse – wiederum wollte, wenn man so will, ausschließlich die industriellen Kapazitäten zur Massenherstellung von Kriegsgütern haben, ohne sich durch deren technisch-ökonomische Rationalität zu binden. Hier lag der eigentliche Konflikt zwischen Industrie und Militär, der – sieht man ihn allein durch die Brille des industriellen Verdienstes – nicht hinreichend begriffen werden kann. Die Industrie verlangte in der Tat hohe Preise, rechtfertigte dies aber mit den Risiken einer nicht gesicherten Absatzlage. Es müsse ihr daher gestattet sein, Erlöse zu erzielen, die ihre Kosten einschließlich der Abschreibungen nur für Rüstungszwecke errichteter Neuanlagen noch während des Krieges auf jeden Fall deckten. Das Militär hielt naheliegenderweise dagegen, um die Kosten zu deckeln.[40] Die Konfliktgegenstände waren mithin Preise, Mengen und Liefer- und Zahlungstermine.

All das bedingte laufende, aufwendige Verhandlungen und verlangte eine dauernde Präsenz der Industriellen in Berlin. Im Vorstand der Farbenfabriken zog das ebenfalls Änderungen nach sich. Während die Direktoren und stellvertretenden Direktoren für die technische Umsetzung der Anforderungen des Militärs zuständig waren, konzentrierten sich Duisbergs Aufgaben zusehends in Berlin, wo die Sitzungen der Kriegsgesellschaften, insbesondere des Aufsichtsrats der Kriegschemikalien AG, zu besuchen waren und die Verhandlungen vor allem mit der Feldzeugmeisterei geführt werden mussten.[41] Vom Herbst 1914 an war Duisberg faktisch einmal in der Woche für mehrere Tage in Berlin. Die Farbenfabriken gründeten dort schließlich eine feste Niederlassung,[42] da die Bedeutung der Rüstungsproduktion seit dem Herbst 1914 kontinuierlich anstieg und schließlich 1917 mehr als zwei Drittel der gesamten Fertigung betrug. In den Verhandlungen orientierte Duisberg sich strikt an den Interessen der Firma. Vorwürfe der Kriegsgewinnlerei scherten ihn nicht, da er überzeugt war, mit der Rüstungsproduktion für das Vaterland ein Opfer zu bringen. Für die Farbenfabriken, so sah es zumindest Duisberg, stand der Gewinngesichtspunkt auch gar nicht im Vordergrund, sondern lediglich das Offenhalten der Entwicklungschancen in der Nachkriegszeit. Dafür musste die Fabrik auf ihre Kosten kommen, da ansonsten die Existenz in Zukunft gefährdet sein würde. Reichszuschüsse forderte Duisberg zumal nur dann ein, wenn er glaubte, die verlangten Kapazitätserweiterungen oder Neuanlagen nach dem Krieg nicht profitabel betreiben zu können: «Wir geben auf den guten Eindruck, den so etwas bei den Behörden machen würde, gar nichts .... Für uns ist allein entscheidend die Freiheit und Unabhängigkeit, die uns bleibt, wenn wir eine Unterstützung von Seiten des Reiches nicht zu beanspruchen brauchen. Wir hoffen, dass dies nicht nötig wird.»[43]

***

Berlin war für Duisberg, das merkte er schnell, ein schwieriges Pflaster, denn die Militärbürokratie hatte nur wenig Verständnis für die Leverkusener Sicht der Dinge. Überdies traf die schneidige, ja fordernde Art des Leverkusener Industriellen, für die er in seinen Kreisen berühmt war, bei den zivilen und militärischen Stellen in der Reichshauptstadt nicht unbedingt auf positive Resonanz. Im März 1915 meinte er gar, eine «bittere Stimmung ... bei den verschiedenen Stellen des Kriegsministeriums gegen uns» feststellen zu müssen, wie er Böttinger wissen ließ.[44] Ihm musste es daher neben den alltäglichen Verhandlungen vor allem darum gehen, sich in der Kriegswirtschaftsverwaltung und im Kontakt zu den maßgeblichen Berliner Stellen eine starke Position zu erarbeiten, um die Interessen der Farbenfabriken wirksam vertreten zu können. Dazu nutzte er fast alle Möglichkeiten, die sich ihm boten. Unter anderem trat er der Deutschen Gesellschaft von 1914 bei, in der sich Wissenschaftler, Industrielle, Politiker und auch Militärs, zumeist aus dem Umfeld des Reichskanzlers Bethmann-Hollweg, trafen. Hier herrschte eine Stimmung, die später für den Verständigungsfrieden und eine behutsame Parlamentarisierung des Reiches sprach. Das entsprach, je länger der Krieg dauerte, umso weniger Duisbergs Überzeugungen – aber die Gesellschaft war ein wichtiger Treffpunkt. Fritz Haber etwa speiste hier, wenn er in Berlin war, oft zu Mittag.[45] Duisberg war dort zunächst zweifellos ein Außenseiter, doch er nutzte jede Gelegenheit, die Leistungen der Farbenfabriken für die deutsche Kriegswirtschaft herauszustreichen. In Leverkusen begann man früh, Material hierzu zu sammeln. Duisbergs große Sammlung über «Die Leistungen der Chemie im Kriege» hatte hier ihren Ursprung. Von 1915 an hielt er auch wiederholt Vorträge über die Leistungen der chemischen Industrie im Kriege, wobei ihm zunächst das Deutsche Museum eine Plattform bot: «Wenn es Sie interessiert», schrieb er an Ludwig Knorr, «werde ich Ihnen gelegentlich einmal die bis jetzt niedergeschriebenen Aufsätze über die Kriegstätigkeit der chemischen Industrie auf den verschiedenen Gebieten zu lesen geben. Sie sind natürlich streng geheim. Nachdem ich aber schon vorigen Herbst in der Sitzung des Deutschen Museums in Berlin den früheren Vorsitzenden und einigen geladenen Gästen daraus vortragen durfte und nachdem Sie auch schon bereits die Aufsätze über den Kautschuk und den Schwefel gelesen, können Sie auch die anderen kennen lernen. Das schwierigste war, sie zu einem nur ¾ Stunde dauernden Vortrag zusammenzupressen, wie ich ihn am Montag vor 8 Tagen vor dem König Ludwig gehalten habe. … Es wäre nun sehr gut, wenn diese Leistungen der Chemie während des Krieges auch an anderen maßgebenden Stellen weiter und mehr bekannt gemacht würden. … Sollten Sie es deshalb für nützlich und möglich halten, daß ich den Vortrag einmal in Jena oder Weimar in Gegenwart des Großherzogs und seiner Minister wiederhole, so bin ich nicht abgeneigt, dies zu tun. Selbstverständlich kann es sich dabei nur um einen kleinen Kreis vertrauenswerter Herren handeln. Ich lege aber Wert darauf, daß gerade die hohen Herren, die am wenigsten von unserer Wissenschaft und Technik wissen und kennen, wie ich mich in München am besten überzeugen konnte, an einer solchen Veranstaltung teilnehmen. Ich schrieb deshalb auch in gleichem Sinne an Freund Hempel, um auf diese Weise auf die Minister der verschiedenen Bundesstaaten einzuwirken.»[46]

Knorr wollte sich um eine Vortragsgelegenheit bemühen, woraus dann aber letztlich nichts wurde. Dafür war Duisberg an anderer Stelle erfolgreich. Offenbar nutzte er Kontakte der Farbenfabriken, die ja auch ein großer Lieferant von Medikamenten, Gasmasken, Hygieneartikeln und Sanitätsmaterial waren, zur Sanitätsverwaltung in Belgien. Der Generalgouverneur von Belgien, Generaloberst Moritz von Bissing, lud ihn jedenfalls zum Vortrag ein.[47] Duisberg war hocherfreut. Ende Juli 1916 reiste er mit seinen Ausstellungsstücken und Exponaten zunächst zum Armeeoberkommando 6 nach Douai und hielt dort im Rathaus einen ausführlichen Vortrag über die Kriegstätigkeit der Chemie, der bei den Offizieren außerordentlich gut ankam. Es wurde angeregt, den Vortrag auch in anderen Hauptquartieren zu halten, wozu Duisberg bereit war, solange das Militär die nötigen Transportkapazitäten für das Demonstrationsmaterial bereitstelle und seinen sicheren Rücktransport nach Deutschland garantiere.[48] An Max Bauer schrieb Duisberg stolz: «Daß ich zwischenzeitlich Frontprediger geworden bin und mir einen Tespiskarren(!) gebaut habe, mit dem ich Anschauungsmaterial mitführe, haben Sie wohl vernommen. Das Schiller'sche Wort, «Das ist der Fluch der bösen Tat» zeigt sich auch hier einmal wieder. Nachdem ich meinen Vortrag über die Kriegstätigkeit der chemischen Industrie vor dem König Ludwig von Bayern gehalten, hat Moritz von Bissing in Brüssel nicht geruht, bis auch er ihn gehört. So fuhr ich denn mit einem ganzen Waggon voll Präparaten und Bildern nach Belgien, baute im wundervollen Senatssaal des Gouvernements, den Sie ja kennen werden, mein Demonstrationsmaterial auf (die anliegende Photografie zeigt Ihnen, wieviel ich mitgenommen und wie schön es aufgebaut worden ist) und hielt dann meinen Vortrag vor einem aus 200 Vertretern der Zivil- und Militärverwaltung bestehenden Zuhörerkreis. Darunter war auch der Kronprinz Rupprecht von Bayern. Ob ich nun zu schnell gesprochen, wie es bei der beschränkten Zeit, die mir gegeben, nicht anders möglich war, oder ob er sich wirklich, wie sein Adjutant behauptete, so sehr für meine Plauderei interessiert hat, am Tage nach dem Vortrag wurde ich vom A. O. K. 6 angerufen und auf Wunsch Seiner Königlichen Hoheit gebeten, den Vortrag vor ihm und seinem Stabe im Rathaus zu Douai noch einmal zu wiederholen. Wie nicht anders möglich, war mir sein Wunsch Befehl und so habe ich denn am Samstag vor 8 Tagen den Tespiskarren (!) nach Douai geschoben und dort 3 schöne Tage verbracht, die mir unvergeßlich sein werden, da ich nicht nur mit meinem Vortrag, wie ich glaube, sehr viel Erfolg hatte, sondern vor allem auch manches Interessante und Neue hörte. Vorsichtigerweise hatte ich gebeten, den Herzog Albrecht von Württemberg, den Oberkommandierenden vom A. O. K. 4 ebenfalls einzuladen. Er hatte auch zugesagt, konnte aber im letzten Moment nicht kommen und schickte den Chef seines Stabes, General Ilse. Als dieser den Vortrag gehört, bat er mich, ich möchte nun doch auch nach Thielt kommen. Ich habe mich zuerst etwas gesträubt, aber nunmehr auf Grund eines Briefes, der vor einigen Tagen hier eingetroffen, kann ich nicht anders, als auch dem Wunsch Seiner Königlichen Hoheit des Herzogs Albrecht zu entsprechen und werde also Ende dieses oder Anfang nächsten Monats nach Thielt kommen. Bei der Gelegenheit werde ich mir dann Flandern und hoffentlich auch Ostende ansehen. … Sollte ich einmal für würdig befunden werden, auch vor Seiner Majestät dem Kaiser den Vortrag zu halten oder, wie schon beschlossen war, nach Stenay müssen, um dem Kronprinzen des deutschen Reiches zu predigen, so würde ich dann sicherlich die grosse Freude erleben, Sie nicht nur wiederzusehen, sondern auch mit Ihnen einige Tage kurz hinter der Front zusammensein zu können.»[49]

***

Duisbergs Werben für den Einsatz der chemischen Industrie im Kriege diente fraglos auch dem Zweck, den kaum vermeidbaren Eindruck in der Öffentlichkeit zu korrigieren, den Firmen ginge es nur um ihren Profit. Dieser Eindruck entbehrte nicht der Grundlage, doch waren die Kriegsgewinne nichts, worauf aus der Sicht der Firmen hätte verzichtet werden können. Im Gegenteil: Ein erfolgreiches Abschneiden während des Krieges wurde als Bedingung einer reibungslosen Rückkehr zur Friedenswirtschaft angesehen. Egal wie der Krieg ausgehen würde, waren mit Kriegsende gewaltige Ausgaben für die Umstellung der Produktion, die Wiedereingliederung der Soldaten und die Rückkehr auf die Märkte fällig. Die hierfür notwendigen Reserven waren nur durch eine möglichst erfolgreiche Teilnahme an der staatlichen Rüstungswirtschaft erreichbar. Die Bereitschaft zur Produktion von Spreng- und chemischen Kampfstoffen hatte daher von Anfang an zwei Seiten. Sie erfüllte einerseits eine vaterländische Pflicht, war andererseits angesichts des Wegbrechens der zivilen Märkte die einzige Chance, die Kapazitäten des Unternehmens gewinnbringend auszulasten. Spätestens mit der Jahreswende 1914/15 war Duisberg auch klar, dass im industriellen Massenkrieg eine ungeahnte Expansionschance lag, von deren Nutzung die Zukunft des Unternehmens abhing. Es kam zu der Paradoxie, dass eine möglichst erfolgreiche Teilhabe an der Kriegswirtschaft zur Voraussetzung für die Rückkehr zur Friedenswirtschaft unter günstigen Bedingungen wurde, denn nur so war die Ansammlung umfangreicher liquider Reserven möglich. Es ging für Duisberg bei der Steigerung von Umsatz und Gewinn während des Krieges nicht um den privaten Vorteil der Eigentümer der Farbenfabriken, sondern um den Erhalt der zukünftigen Handlungsfähigkeit des Unternehmens. Dies sprach er in aller Schärfe aus, als das Aufsichtsratsmitglied Carl Gamp angesichts der drohenden Dividendenbesteuerung 1917 verlangte, den Aktionären Sonderausschüttungen aus den großen Reservefonds des Unternehmens zukommen zu lassen: «Die Farbenfabriken sind kein Unternehmen mehr, das nur für die Aktionäre allein da ist, sondern eine Fabrik, die etwa 10 000 Arbeiter und Beamte und mit ihren Angehörigen etwa 30–40 000 Menschen unter-

24 | Carl Duisberg in Belgien (undatiert, wahrscheinlich Sommer 1916)

hält. Sie hat die verdammte Pflicht und Schuldigkeit, in erster Linie auch an diese zu denken und für sie zu sorgen. Dazu kommt dann noch, dass sie auch im Betriebe der Gemeinde und des Staates eine so grosse Rolle spielt, dass beide mehr oder weniger von ihrem Wohlergehen abhängig sind. Erst in letzter Linie kommt der Aktionär.»[50] Die Reservebildung war für Duisberg das Mittel zur Aufrechterhaltung des Unternehmens und zur Wahrung seiner Autonomie, ganz im Sinne der angesprochenen Vorkriegsstrategie, als das Unternehmen seine Expansion aus eigener Kraft finanzieren und die Banken fernhalten konnte. Aktionärsansprüche durften das nicht gefährden.

Duisbergs Kalkulationen gingen zumindest während des Krieges weitgehend auf, auch wenn, wie er Böttinger gegenüber betonte, die Geldentwertung jede Zukunftsplanung mit einer großen Hypothek belastete. Nach der Umsatzstatistik der zur 1916 gebildeten I. G. gehörenden Unternehmen stieg ihr Umsatz zwischen 1913 und 1918 nominal von 559,4 Millionen Mark auf 1616,0 Millionen Mark, verdreifachte sich mithin knapp. Real stieg der Umsatz immerhin auf 1016,4 Millionen Mark, was fast eine Verdoppelung bedeutete. Diese Umsatzexpansion verteilte sich indes nicht gleichmäßig auf alle Firmen. Hauptprofiteur war die Chemische Fabrik Griesheim-Elektron, deren Umsatzanteil von 12,9 auf 22,3 Prozent anstieg. Aber auch die Leverkusener Farbenfabriken, sehr rasch Deutschlands bedeutendster Sprengmittelhersteller, konnten ihren Umsatzanteil von 20,3 Prozent auf 24,5 Prozent steigern, das heißt, ihr Umsatz stieg nominal von 113,6 Millionen Mark auf 396 Millionen Mark, real immerhin noch auf 249 Millionen Mark[51] Die Gewinne der I. G.-Gruppe konnten der Umsatzexpansion real nicht folgen. 1914 gingen sie zurück, um danach bis 1917 das Vorkriegsniveau leicht zu übertreffen. 1918 und 1919 brachen sie ein. Entsprechend sank die Umsatzrendite, die 1917 8,8 Prozent betrug und 1918 schließlich nur noch 3,8 Prozent.[52] Trotz sinkender Umsatzrendite stiegen die Reserven der I. G.-Gruppe während des Krieges allerdings an und übertrafen 1917 den Vorkriegsstand mit 606,2 Millionen Mark (real) um knapp 30 Prozent, gingen 1918 und 1919 dann allerdings aufgrund der Belastungen einerseits, der sich beschleunigenden Geldentwertung andererseits drastisch zurück. Aber immerhin standen bei Kriegsende ausreichend Mittel zur Verfügung, um die unmittelbaren Nachkriegsprobleme einigermaßen reibungslos bewältigen zu können. Duisberg war im Übrigen nicht nur mit der Politik der Reservebildung erfolgreich. Auch sein Drängen darauf, die rüstungsbedingten Kapazitätserweiterungen bereits während des Krieges abzuschreiben beziehungsweise über verlorene Reichszuschüsse zu finanzieren, erwies sich als strategisch klug, da die unmittelbaren Rüstungskapazitäten direkt nach dem Krieg unter alliierter Aufsicht zerstört werden mussten, während sich die erweiterten Anlagen zur Salpeter- und der Schwefelsäureherstellung sowie zur Produktion von synthetischem Kautschuk als nicht konkurrenzfähig erwiesen.[53]

Ob der Krieg für die Farbenfabriken wirtschaftlich vorteilhaft war, steht auf einem anderen Blatt. Denn nimmt man den Expansionskurs der Vorkriegszeit als Maßstab, dann war die Erhaltung der Überlebensfähigkeit eher ein Minimalziel. Duisberg wurde nach dem Krieg nicht müde, diesen in wirtschaftlicher Hinsicht als Verhängnis zu beschreiben, was er im Grunde ja bereits seit Kriegsausbruch getan hatte. Und er hatte damit Recht, zumindest wenn man die Entwicklung der Vorkriegszeit extrapoliert. Die Gewinndynamik ging im Krieg von Anfang an zurück, die Veränderungen in der Produktionsstruktur waren nicht auf Dauer angelegt und insofern eine Last für die Nachkriegszeit. Die eigentlichen Forschungsarbeiten auf dem Gebiet der Farbstoffe, Pharmazeutika und der weiteren chemischen Produktionszweige wurden während des Krieges eingestellt oder gingen doch erheblich zurück. Aus den internationalen Forschungszusammenhängen war man ausgeschlossen, und die Erwartung, dass eine Rückkehr auf die Weltmärkte schwer werden würde, sollte sich mehr als erfüllen. Wenn Duisberg daher nach dem Krieg konstatierte, keine Vorteile durch den Krieg erlangt zu haben, sondern in der Entwicklung, ja selbst im persönlichen Einkommen zurückgeworfen worden zu sein, so ist das – immer den Maßstab der Vorkriegszeit vor Augen – durchaus zutreffend.

***

Nun wäre Duisbergs Rolle im Krieg aber ganz unzureichend erfasst, wenn man den Blick allein auf die wirtschaftliche Entwicklung der Farbenfabriken beschränkte. Spätestens seit dem Frühjahr 1915 bemühte er sich, in das Zentrum der deutschen Kriegswirtschaft zu rücken und politischen Einfluss zu gewinnen. Dass ihm das schließlich gelang, verdankte er der Bekanntschaft mit dem Generalstabsoffizier Max Bauer. Ohne diese Begegnung, das ist sicher, wäre der Krieg für Carl Duisberg und die Farbenfabriken in Leverkusen anders verlaufen. Max Bauer[54] löste bei Duisberg einen Mobilisierungsschub aus, der für dessen weitere Entwicklung maßgeblich wurde. Duisberg war nicht der Einzige, auf den Bauer wirkte, aber sein Fall ist schon bemerkenswert: «Die persönlichen Kontakte zwischen Stinnes und der OHL müssen in die richtige Perspektive gerückt werden. Die Korrespondenz des bedeutenden Chemie-Industriellen Carl Duisberg enthält eine Fülle von Beispielen dafür, wie intensiv er seine Beziehungen zu Bauer und der OHL pflegte; aus seinen langen und überschwänglichen Briefen an Bauer ergibt sich, dass Duisberg die Mobilisierung des industriellen Unternehmertums mit weit mehr politischer Leidenschaft betrieb als Stinnes; dasselbe galt für Hugenberg.»[55] Aber auch für Stinnes gelte, so Feldman: «Unglücklicherweise war es dieser fanatische Flügel, mit dem Stinnes und Vögler sich einließen, von dem sie und Hugo jun. mit Informationen über die militärische Lage versorgt wurden und den sie im Gegenzug mit Berichten über die innenpolitische Lage versorgten, meist bei persönlichen Begegnungen im Hauptquartier oder in Berlin. Da bei diesen Offizieren die Fäden für die Rüstungsproduktion und die Freistellung von Arbeitskräften zusammenliefen – und vor allem auch die von der Front kommenden Reklamationen –, ergab sich der enge Kontakt zu ihnen gleichsam von selbst, führte aber eben auch dazu, dass sie mächtigen Rückenwind für ihren harten Kurs fanden.»[56] Während Hugo Stinnes und Albert Vögler nach dem Ende des Krieges jedoch in feindlicher Haltung zur Republik verharrten und dadurch Bauer weiterhin nahestanden, ließ Duisberg den Mann, der sich 1919 auf die Seite der rechtsextremen Opposition stellte, sehr rasch fallen.

Für das Verständnis von Duisbergs Rolle während des Ersten Weltkrieges ist die Beziehung zu Max Bauer zentral. Max Bauer stammte aus bürgerlichen Verhältnissen, hatte aufgrund finanzieller Schwierigkeiten seines Vaters aber das Jurastudium abbrechen müssen und war als Offiziersanwärter bei der schweren Artillerie eingetreten. Nach dem Besuch der Kriegsschule in Hannover diente er lange Zeit in der Artillerieprüfungskommission und kam im September 1909 in die Aufmarsch- und Mobilmachungsabteilung des Großen Generalstabes, wo er Ludendorff direkt nachgeordnet war. Als Leiter der Operationsabteilung II/Artillerieabteilung im Großen Hauptquartier wurde er für die schwere Artillerie zuständig. Vor allem Bauers Bereitschaft, sich im Zweifelsfall, wenn es technisch und militärisch geboten schien, auch über gegebene Hierarchien hinwegzusetzen, dürfte Ludendorff imponiert haben, ganz ähnlich, wie diese Haltung später auf Carl Duisberg einen nachhaltigen Eindruck machte. Der Erfolg der schweren Artillerie bei der Eroberung der belgischen Forts in der ersten Kriegsphase gab ihm scheinbar Recht. Bauer war auf diesen Erfolg jedenfalls überaus stolz, zumal er Ludendorff, der bei der

Einnahme Lüttichs eine wesentliche Rolle gespielt hatte, bereits früh als den kommenden «großen Mann» ansah.[57] Entsprechend kritisierte er in den Monaten nach Kriegsausbruch wiederholt das Verhalten der anderen Generalstabsoffiziere, die er häufig für zögerlich und inkompetent hielt.[58] Nach dem Aufstieg Ludendorffs zum Generalquartiermeister im Sommer 1916 wurde Bauer in rüstungswirtschaftlichen Fragen dessen wichtigster Stichwortgeber; seine Bedeutung reichte aber wohl weit darüber hinaus, wobei unklar ist, welche Rolle er im Einzelnen wirklich spielte. Ob er der «böse Geist» hinter Ludendorff war, wie schon Gerhard Ritter schrieb, kann hier nicht beantwortet werden.[59] Ludendorff stützte sich auf Bauer, war von ihm aber wohl kaum abhängig. Als Scharnier zwischen Rüstungsindustrie und Oberster Heeresleitung aber hatte Bauer in der Tat eine zentrale Stellung. Das machte ihn für Duisberg wie für die anderen Großindustriellen zu einem wichtigen Ansprechpartner. Zwischen Bauer und Duisberg aber stimmte zusätzlich auch das menschliche Verhältnis, Duisberg sah in ihm einen Seelenverwandten: «Es müssen Ihnen die Ohren geklungen haben», schrieb er ihm 1915, «wenn ich Ihr Lob nicht nur als Soldat und Techniker, sondern vor allem als Mensch gesungen. Gerade das offene, gerade das ehrliche Wesen hat mich angezogen und ich sehne mich danach, Sie wiederzusehen.»[60] Und auch Bauer setzte Duisberg in seinen Kriegserinnerungen ein Denkmal, indem er ihn und andere Industrielle von persönlicher Vorteilssuche freisprach: «Sie streben nach Steigerung ihrer Produktion, nach der mit der Produktionssteigerung gegebenen Machterweiterung, nach Expansion; das Sitzen auf Geldsäcken ist für keinen dieser Starken ein Lebensziel. Nur Kammerdiener können sie so sehen, nur Hetzdemagogen sie so malen.»[61]

Duisberg suchte von Anfang an, zu Bauer eine enge, ja exklusive Beziehung aufzubauen.[62] Wenn er sich von ihm nicht ausreichend beachtet fühlte, wurde er regelrecht eifersüchtig: «Soeben schreibt mir Geheimrat v. Böttinger, daß Sie sich zusammen mit Geheimrat Haber vergangene Woche in Wahn auf dem Schießplatz vergiftet hätten. Haber sei sehr krank gewesen, und Sie hätten eine Bronchitis davongetragen. Ist dem so? Waren Sie wirklich vergangene Woche in Wahn, ohne mich anzurufen? Ich kann es nicht glauben!»[63] Bauer dürfte schnell klar geworden sein, wie sehr Duisberg für «Führung» anfällig war, zumal dieser seinen Wunsch danach deutlich ausdrückte: «Briefe, das weiss ich ja, schreiben Sie Vielbeschäftigter nicht gern, das ist eine Eigenschaft, wie sie vielen bedeutenden Männern und Ehrendoktoren eigentümlich ist. Telegrafieren wollen Sie scheinbar auch nicht. Das ist verständlich, weil sich in einem Telegramm zwar dienstlich viel sagen lässt, aber man viel verschweigen muss. Telefonisch kann und darf ich Sie nicht anrufen. Das erlaubt die Post oder das Hauptquartier nicht, und das mit Recht. Habe ich einmal die Ehre, von Ihnen angeklingelt zu werden, so bin ich nicht im Hause oder aber die Verständigung ist so schwer möglich, wie es letzten Sonntag der Fall war, oder es hört irgendeine Kanaille zu, dass die Verständigung, bevor man zu Wort gekommen, schon wieder unterbrochen ist. Zur mündlichen Aussprache kommt es nicht, weil Sie zu plötzlich sind und in den letzten Wochen zu selten durch Köln durchkamen. … Aber auch wenn ich in Berlin bin, und das ist doch so oft der Fall, ist Major Bauer eben durchgekommen oder telefonisch zwar gesprochen worden, aber für mich unerreichbar. Dass ich das alles aufs lebhafteste bedauere, können Sie wohl denken, denn wie gern bin ich mit Ihnen zusammen, weil Sie ein lieber Kerl sind, weil Sie anregend und fördernd wirken, weil ich immer zu neuen Versuchen und Taten durch Sie ermuntert worden bin und auf diese Weise mithelfen konnte, sei es dem Munitionsmangel abzuhelfen, sei es, neue Munition zu schaffen oder nach Schaffung der neuen Gasreizgranaten und Reizminenwehr für die richtige und gute Abwehr zu sorgen. Sie sollten deshalb häufiger die Gelegenheit benutzen, um mir Gelegenheit zu geben, Sie zu sehen, zu sprechen oder mit Ihnen zusammen zu kommen.»[64] Dazu sollte es aber nicht kommen. Persönlich trafen sich Bauer und Duisberg nur gelegentlich.[65] Hin und wieder telefonierten beide länger. Wenn er auch selten persönlich zu erreichen war, revanchierte Bauer sich wiederholt persönlich für Duisbergs Engagement, etwa mit Hilfen für Duisbergs Sohn Walther, der vergeblich eine Offizierskarriere anstrebte, oder mit Vermittlung bei einer Ordensverleihung an Carl Duisberg selbst. Vor allem aber war Bauer als Beschwerdeinstanz nützlich, und da reichte es zumeist, wenn Duisberg seine Punkte unmittelbar vorbringen konnte.

Für Bauer, das ist offensichtlich, war die enge Beziehung zu einer der führenden Chemiefabriken des Landes in jeder Hinsicht nützlich. Er hatte die Bedeutung der chemischen Industrie für den Krieg angesichts des sich abzeichnenden Mangels an Sprengmitteln frühzeitig erkannt und ahnte, dass eine enge Kooperation mit Industrie und Wissenschaft unerlässlich war, um den Krieg unter den modernen technischen Bedingungen überhaupt länger führen zu können.[66] Spätestens die Durchführung des Hindenburg-Programms von 1916, das Bauer ohne die Hilfe Duisbergs kaum auf die Beine hätte stellen können, zeigt, dass im modernen Krieg das

Militär von den Fähigkeiten und Möglichkeiten industrieller Massenproduktion vollständig abhängig geworden war. Duisberg verfolgte dabei zweifellos seine eigenen Interessen, die er aber zumeist gar nicht so laut formulieren musste. Bauer ging auf Duisbergs persönliche Wünsche ebenso ein wie auf seine wirtschaftlichen Interessen: Er verschaffte ihm die sehnsüchtig gewünschte Anerkennung, zunächst in Form militärischer Auszeichnungen, später durch die Vermittlung direkter Kontakte zu Hindenburg und Ludendorff – Duisberg galt seit dem Spätsommer 1916 geradezu als Intimus der 3. Obersten Heeresleitung. Von Bauer erhielt Duisberg ähnlich wie Stinnes und Rathenau seine wesentlichen Informationen über den Kriegsverlauf. Bauer gab ihm auch das Gefühl, in wichtige Berliner Entwicklungen einbezogen zu sein, vor allem hielt er mit seiner Kritik an der zivilen Reichsleitung und ihrer vermeintlich zögerlichen Kriegsführung nicht hinter dem Berg. Das alles trug erheblich zur Selbstmobilisierung Duisbergs bei, der im Fahrwasser Bauers schließlich eigentümliche Metamorphosen vollzog. Duisberg wurde zusehends «politischer», er mischte sich in die Kriegszieldiskussion ebenso ein, wie er sich auch für allgemeine außen- und weltpolitische Fragen zu interessieren begann, etwas, was vor dem Ersten Weltkrieg außerhalb seiner ernsthafteren Beschäftigung gelegen hatte. Unter Bauers Einfluss wandelte sich Duisberg nach und nach zum strammen Protagonisten eines «deutschen Friedens».

Es wäre indes vollkommen falsch anzunehmen, Duisberg sei allein das Werkzeug Bauers gewesen. Auch das Gegenteil ist richtig, und erst aus dieser Gegenseitigkeit lässt sich die Dynamik dieser Männerfreundschaft überhaupt beurteilen. Bauer verfügte in den Augen von Carl Duisberg über ausgesprochen attraktive Handlungsressourcen. Dieser Krieg musste, im Zweifel um jeden Preis, gewonnen werden, wollte man nicht den Untergang des Reiches und damit verbunden die wirtschaftliche Katastrophe riskieren. Bauers Kritik an der vermeintlich zögerlichen Haltung der zivilen Reichsleitung und der bürokratischen Sturheit und technologischen Phantasielosigkeit der militärischen Beschaffungsstellen entsprach Duisbergs Erfahrungen. Gerade deshalb wurde Bauer für Duisberg zu einer wichtigen Hilfe, hatte er doch die Möglichkeiten, Handlungsabläufe zu beeinflussen und Entscheidungsprozesse zu beschleunigen, auf die Duisberg sonst kaum hätte einwirken können. Das war in wirtschaftlicher Hinsicht von großer Bedeutung. Im Dezember 1915 etwa berichtete Duisberg von bürokratischen Schwierigkeiten im Kriegsministerium. Er habe sich angesichts der wirtschaftlich unsinnigen Dispositionen der

Feldzeugmeisterei beschwert, doch sei ihm vom zuständigen Offizier gesagt worden, das liege an der Obersten Heeresleitung: «Aber tatsächlich kann der beste Fabrikant derartige Sprünge in der Bestellung dieser wirklich nicht leicht zu fertigenden Geschosse nicht mitmachen. Hier ist richtige und rechtzeitige Disposition beim Feldmunitionschef nötig. Vielleicht gelingt es Ihnen, bei Ihren ‹guten Beziehungen› zum Feldmunitionschef, Besserung zu erzielen.»[67] Bauer kam Duisbergs Wünschen, soweit es ihm möglich war, nach. Wenn Duisberg Bauer um den Bart ging, dann hing das auch mit der Tatsache zusammen, dass er selbst in Berlin nicht unbedingt gern gesehen war. Dort sei man bemüht, den «Einfluß der Industrie nicht zur Geltung kommen zu lassen.» Bauer war für Duisberg der Ausweg: «Auf jeden Fall ist die Art und Weise, wie Sie die Sache machen, und wie ich operiere, unbedingt vorzuziehen, indem wir ohne Namennennung immer das erreichen, was wir wollen und im Interesse des Ganzen für richtig und zweckmässig halten.»[68] Für Duisberg wurden Max Bauer und seine Operationsabteilung in der OHL so nach und nach zum «Mädchen für alles», an das man sich wandte, wenn immer es ein Problem gab, das rasch gelöst werden musste.[69] Selbst bei kleineren Fragen schaltete Duisberg Bauer ein. Als es im November 1916 bei der Wagengestellung der Bahn Verzögerungen gab, half eine Intervention Bauers, was Duisberg dankbar notierte: «Ihre heutige diesbezügliche Reklamation bei der Linieninspektion in Köln hat schon gewirkt. Man hat uns in Verdacht, dass wir uns bei der Obersten Heeresleitung beschwert haben. Ich habe dies aber auf Griesheim abgewälzt. So wirkt das Wort ‹Oberste Heeresleitung› immer besser als alles andere.»[70]

Die Behauptung Helmuth Webers[71], über Max Bauer habe das «Monopolkapital» der militärischen Führung sein Programm diktieren können, ist im Lichte der Quellen unzutreffend. Es war ein Geben und Nehmen zwischen Wirtschaft und Militär, das freilich überhaupt nur durch den Krieg zustande gekommen war, in dessen Kontext Bauer die aktivere Rolle zufiel. Duisberg bezeichnete wiederholt Bauer als «Vater und Anstifter» der gesamten Leverkusener Rüstungsproduktion.[72] Das Militär war in der ganzen Zeit viel handlungsfähiger als die Industrie, die stets nur reagieren konnte. Duisberg scheint die ausschlaggebende Rolle des Militärs auch begriffen zu haben. Anfang 1916 liebäugelte er mit dem Gedanken, ganz in den Umkreis von Major Bauer zu wechseln. Beide Männer hatten seit längerem einer Neuorganisation der Rüstungswirtschaft unter einheitlicher Führung das Wort geredet. Eine Art Rüstungs- oder Wirtschaftsdiktator schwebte ihnen vor, in dessen Umfeld zu arbeiten Duisberg offenbar reizvoll erschien, wenn er nicht gar mit dem Gedanken spielte, die Aufgabe selbst zu übernehmen. Jedenfalls klopfte er Anfang 1916 bei Bauer auf den Busch: «Nachdem jetzt alles in bestem Lauf ist und nachdem ich mir schon seit Wochen den Kopf vergeblich zerbreche, wie ich noch weiter helfen und neue Reiz- und Giftstoffe ausfindig machen kann, aber bisher vergeblich, ist eigentlich für mich jetzt die Zeit gekommen, wo ich endlich wieder den Soldatenrock anziehen und ins Feld rücken könnte. Allerdings als Kommandant eines Bahnhofs oder als Etappenonkel möchte ich nicht mitmachen. Das müsste schon etwas ganz Vornehmes sein, wie Mitarbeiter auf den vielseitigen Gebieten der Operationsabteilung.»[73] Duisberg ahnte schon, dass das nicht so einfach sein würde, und wiegelte daher im gleichen Schreiben auch wieder ab. Da das nun mal nicht gehe, müsse er sich ganz auf das wirtschaftliche Feld begeben. Da sei ja noch genug zu tun.

Die Zusammenarbeit mit Bauer wurde nach der Berufung der 3. Obersten Heeresleitung im August 1916 noch enger und schließlich auch politischer. In die Planungen und die Realisierung des Hindenburg-Programmes wurde Duisberg unmittelbar einbezogen.[74] Die Beziehung zu Max Bauer erhielt auch durch den nunmehr möglichen Immediatzugang zu Hindenburg und Ludendorff, die Duisberg geradezu abgöttisch verehrte[75], eine Art symbolische Krönung. Als er im Januar 1917 dem Großen Hauptquartier in Pless einen Besuch abstatten durfte, konnte sich Duisberg vor Ergebenheit kaum fassen. Seither trat er in Berlin als Vertrauter der OHL auf und wurde auch so wahrgenommen, was ihm zweifellos schmeichelte. Der Stadt Elberfeld verehrte er im Sommer 1918 eine von Fritz Klimsch geschaffene Ludendorff-Büste mit folgenden Worten: «Möge diese Büste alle, die sie sehen, daran erinnern, dass nur ein eiserner Wille, gepaart mit Intelligenz und schneller Entschlussfähigkeit etwas Grosses zu schaffen und zu erreichen vermag und dass die so geborenen Gedanken und Entschlüsse, geklärt durch das Hirn eines kongenialen, abgeklärten Älteren solche grossen und gewaltigen Erfolge zeitigen können.»[76] Bauer dürfte Duisberg das Gefühl vermittelt haben, dass die 3. OHL gerade auf Menschen wie ihn setzte, deren industrielles Engagement ein ganz wesentlicher Baustein für den militärischen Erfolg des Reiches sei, der sicher eintreten werde, wenn die zivile Leitung des Reiches um den Reichskanzler Bethmann-Hollweg endlich einer konsequenten Kriegsführung den Weg ebnen würde. Duisberg dürfte das alles überzeugt haben.

***

Über Max Bauer gelang Carl Duisberg der Vorstoß in wesentliche Entscheidungszentren der deutschen Rüstungs- und Kriegswirtschaft. Dabei entstand eine freundschaftlich grundierte Beziehung zu gegenseitigem Nutzen, die auch noch anhielt, als sich im Sommer 1918 die Zeichen einer bevorstehenden militärischen Niederlage verdichteten. Doch so schnell die Freundschaft entstand, so schnell war es im November 1918 mit ihr vorbei. Denn mit dem Kriegsende wurde die Beziehung von Bauer und Duisberg öffentlich. Sosehr Duisberg sich vor Kriegsende seiner guten Beziehungen gerühmt hatte, so sehr suchte er sie nun herunterzuspielen, freilich ohne großen Erfolg. Ihre Telefonate waren zum Teil mitgehört worden und drangen nun an die Öffentlichkeit. Bauer meinte, ein Informant aus der OHL habe die Presse «bestens bedient».[77] Diesen Gerüchten, die von Maximilian Harden aufgegriffen und publiziert wurden, ist es zu verdanken, dass Duisberg im Oktober und November 1918 als Intimus von Ludendorff erschien und in Berlin, das er fluchtartig verließ, um seine Sicherheit fürchten musste. So bekam die Beziehung zu Bauer noch ein wichtiges Nachspiel, insofern sie Duisberg daran hinderte, in der Gründungsphase der Weimarer Republik eine aktive Rolle zu spielen, was er ansonsten sicher getan hätte. Dass die Verbindung zu Max Bauer dazu geeignet war, Duisberg in den Augen der Öffentlichkeit zu diskreditieren, dürfte auch einer der Gründe dafür gewesen sein, dass er sich nach dem Krieg trotz verschiedener Anläufe Bauers nicht für dessen politische Haltung in die Pflicht nehmen ließ. Den Weg in die antirepublikanische Ecke wollte er, der sich sehr rasch der neuen Situation fügte, nicht mitgehen.

Der Kontakt zu Bauer wurde loser, riss allerdings nicht ab. Man traf sich gelegentlich zu Unterhaltungen. Bauer hielt Duisberg sehr allgemein über seine «antibolschewistischen» Sammlungsaktivitäten auf dem Laufenden[78], zeigte aber Ende 1919 Ermüdungserscheinungen und suchte bei Duisberg nach Rückendeckung für den Fall, dass er mit der Politik aufhöre.[79] Duisberg freute es, «dass Sie nunmehr die Tätigkeit, der Sie sich im letzten Jahr gewidmet, gründlich leid sind. Sie wissen, dass ich Ihnen dabei nicht folgen konnte, so sehr ich den Idealismus bewundere, mit dem Sie sich Ihrer Aufgabe zugewandt haben, so bedauere ich doch, dass Männer Ihrer Fähigkeiten und Tatkraft sich der Lösung von Aufgaben widmen, die zurzeit nicht zu lösen sind und für die die Zeit noch lange nicht gekommen ist. Es ist für mich sogar höchst fragwürdig, ob sie jemals wiederkommen wird und sogar, ob es für uns alle gut ist, wenn sie wieder käme.»[80] Über die jetzt bereits laufenden Planungen zum Kapp-Putsch, bei denen Bauer eine wichtige Rolle spielte[81], war Duisberg nicht informiert, ja, Bauer streute ihm bewusst Sand in die Augen, weil er um dessen Haltung wusste. Umso mehr dürfte Duisberg dann von Bauers führender Rolle beim Kapp-Putsch überrascht worden sein, glaubte er doch seinen Freund bereits auf dem Rückzug aus der Politik. Den Kapp-Putsch hielt Duisberg, nicht zuletzt weil sich 1919 die deutsche Wirtschaft stabilisiert hatte, geradezu für ein «Verbrechen am deutschen Volk», was er auch öffentlich zum Ausdruck brachte.[82]

Die Korrespondenz mit Bauer brach nach dem Putsch ab und lebte nur gegen Ende der 1920er Jahre noch einmal auf, als Bauer den Kontakt suchte. Duisberg lud ihn nach Leverkusen ein,[83] obwohl er zu bedenken gab: «Allerdings ist es Tatsache, dass ich mit meiner sowohl im monarchistischen und noch mehr jetzt im republikanischen Zeitalter geübten Tendenz, mich von aller Politik fernzuhalten, Ihre aggressive Einstellung den neuen Zeitverhältnissen gegenüber nicht verstehen konnte, umso mehr Ihre kluge und geschickte Taktik gegenüber den Geschehnissen des Weltkrieges allseits gewürdigt und bewundert wurde.»[84] Bauer, mittlerweile Militärberater Tschiang-kai Tscheks in China,[85] besuchte Duisberg mit einer chinesischen Delegation in den Farbenfabriken[86] und verabredete dort, zumindest nach seiner eigenen Erinnerung, dass Duisberg ihn während seiner Weltreise in Nanking besuchen und dort auch einen großen Vortrag über die chemische Industrie in Deutschland halten solle.[87] Duisberg traf Bauer auch bei seiner Chinareise im Frühjar 1929 in Shanghai.[88] Bauer brachte Duisberg, von dessen wirtschaftlichem Interesse an China als Exportmarkt er wusste, auch mit Tschiang-kai Tschek zusammen, doch wurde aus der Hoffnung, Duisberg würde auch militärische Hilfen für Tschiang unterstützen, nichts.[89] Es scheint aber, als sei es dort zu einer Wiederannäherung gekommen.[90] Wenige Wochen später starb Bauer, der es vor seiner Reise nach China versäumt hatte, sich impfen zu lassen, an einer Pockeninfektion.[91] Carl Duisberg bemühte sich noch um die Versorgung von dessen Sohn Ernst und blieb Bauer, dessen Tod für ihn ein «grosser Verlust für China, aber auch für Deutschland»[92] war, daher in gewisser Weise über den Tod hinaus treu.

Betrachtet man die rasche Distanzierung nach dem Krieg, stellt sich allerdings die Frage, ob Duisberg an der Bekanntschaft mit Bauer über die materiellen Interessen, das Anerkennungsbedürfnis und die gefühlte charakterliche Nähe hinaus wirklich dauerhaft interessiert war. In freundschaftlicher Hinsicht blieb er Bauer verbunden, doch ein sachliches Interesse bestand nur, solange Bauer zur Lösung jener Probleme beitragen konnte, die zumindest in Carl Duisbergs Sicht für die Farbenfabriken von Bedeutung waren. Nach dem November 1918 war es damit vorbei; auch Anerkennung versprach ein Umgang mit ihm jetzt nicht mehr, eher das Gegenteil. Politische Motive in einem speziellen Sinne hatte Duisberg ohnehin nicht, und insofern verlor er das Interesse an Bauer, als dieser für die Farbenfabriken gefährlich werden konnte. Duisberg wusste um Bauers radikale politische Überzeugungen, von denen er manches, wie den Tatwillen, die Führungsbereitschaft und die Aufgeschlossenheit für die moderne Technik, begrüßte, ja, begeistert aufnahm, wenn sie denn zu in Duisbergs Augen sinnvollen Zwecken genutzt wurden. Duisberg hatte im Krieg und später auch selbst fraglos deutschnationale Neigungen, doch sein eigentlicher Zweck war die «Lebensfähigkeit der Industrie», dem sich alles andere unterzuordnen hatte. Er hätte sich zu keiner Zeit aus politischen Motiven, selbst wenn er sie geteilt hätte, zu etwas hinreißen lassen, das für die Farbenfabriken hätte unvorteilhaft sein können. Abenteuer machte Duisberg nicht mit.

21 | Gas

Max Bauer war es auch, der Duisberg dazu brachte, in den Farbenfabriken chemische Kampfstoffe herstellen zu lassen. Die Anfänge der Herstellung chemischer Waffen fielen in die Tage nach der Marneschlacht im September 1914. Auslöser waren die ersten Erfahrungen mit der Erstarrung der Fronten. Der Munitionsverbrauch schoss in die Höhe, ohne dass sich durch den erhöhten Materialaufwand größere Erfolge erzielen ließen.[1] Chemische Kampfstoffe schienen ein Ausweg, versprachen sie doch, mit geringem Aufwand wieder Bewegung in die erstarrten Fronten zu bringen. Max Bauer rühmte sich, diese Vorstellungen lanciert zu haben.[2] Bauer schlug Falkenhayn vor, «Reizgeschosse» erproben zu lassen, um die gegnerischen Truppen aus ihren Stellungen zu vertreiben.[3] Neu war die Idee der Verwendung chemischer Reizstoffe nicht; es gab bereits mehr oder weniger erfolgreiche Versuche mit Tränengas und tränengasähnlichen Substanzen, die von französischer Seite, wenn auch recht wirkungslos, schon im September 1914 eingesetzt worden waren.[4] Mit giftigeren Wirkstoffen war zudem bereits vor dem Krieg – allerdings erfolglos – experimentiert worden.[5] Da das Kriegsvölkerrecht in der Frage der Verwendung von chemischen Wirkstoffen zumindest unvollständig war[6], schien es vertretbar, derartige Waffen zu entwickeln.[7]

Aus Berliner Sicht hätte es Ende September 1914 nahegelegen, bei den beiden wichtigsten Figuren im Kräftefeld von Politik, Militär und chemischer Wissenschaft, also bei Emil Fischer[8] und Fritz Haber nachzufragen; Fritz Haber wurde in der Tat später zur wichtigsten Figur der Chemiewaffenproduktion. Sein Kaiser-Wilhelm-Institut für Elektrochemie bot sich als Zentrum der Entwicklung von Gaswaffen an und bildete später auch deren personellen und institutionellen Kern.[9] Bauer setzte zu Anfang aber auf eine andere Lösung, nämlich auf die Zusammenarbeit mit dem Berliner Elektrochemiker Walther Nernst[10], und zwar wohl deshalb, weil Nernst zu dieser Zeit im Armeeoberkommando Kluck an der Westfront Dienst tat und daher direkt vor Ort war. Als er die Frage bejahte, ob es möglich sei, mit Gaskampfstoffen Erfolge zu erzielen, wurde er von Bauer beauftragt, entsprechende Schritte zu unternehmen.[11] Da es um die Entwicklung entsprechender Geschosse und deren artilleristische Prüfung in Zusammenarbeit mit der Industrie ging, mussten ein artilleristischer Fachmann und ein maßgeblicher Industrieller hinzugezogen werden. Wahrscheinlich wegen der Nähe zum Kölner Schießplatz auf der Wahner Heide verfiel man in der Operationsabteilung II der OHL auf die Idee, Walther Nernst mit dem Artilleriefachmann Major Michelis nach Leverkusen zu schicken und Carl Duisberg um Kooperation zu bitten. Wie Duisberg am 24. Oktober 1914 seinem Schwiegersohn Hans-Hasso von Veltheim ins Feld schrieb, bildeten Michelis, Nernst und er selbst auf Anregung von Max Bauer eine Art Versuchskommission, die seit Mitte Oktober auf dem Schießplatz Wahn die Wirkung der neu zu fertigenden Geschosse überprüfen sollte.[12]

Duisberg hatte sich um die Aufgabe nicht bemüht, und es fiel ihm zunächst auch nicht leicht, sich darauf einzulassen: «Geheimrat Nernst und ich, wir kommen uns in dieser neuen Rolle der negativen Tätigkeit aller Kultur, wirklich als Barbaren vor. Aber das Vaterland fordert diese Arbeit. Nicht die Taktik, sondern die Technik wird den Krieg im Westen entscheiden müssen»[13], schrieb er an Oskar von Miller. Die ersten Versuche wurden mit einer Art «Niespulver» – Dianisidin – gemacht, ein Wirkstoff, der reizend auf Augen und Nase wirkt. Als dessen Nutzung erwogen wurde, war Duisberg erfreut. «Da es sich dabei um ein chemisches Produkt handelt, das ich vor 30 Jahren erfunden habe, um es zur Herstellung von Farben zu benutzen, so kannst Du Dir meine Freude denken, daß dasselbe Produkt jetzt berufen ist, unseren Feinden zu schaden»[14], schrieb er an den Schwiegersohn von Friedrich Bayer jun., Werner von Baum. Zunächst war er von der Wirkung seiner Geschosse auch fest überzeugt, wie er am 25. November 1914 Oskar von Miller wissen ließ: «Die Versuchspartien, die wir an die Front gesandt haben und die von Major Bauer, von der Operationsabteilung, verfeuert wurden, haben so gut gewirkt, dass leider von den Engländern bei Neuve-Chapelle[15] keiner lebend in unsere Hände gefallen ist, um als Nasen-, Mund- und Augenzeuge zu berichten, welchen Eindruck das Ni-Geschoss auf diese unsere Lieblinge gemacht hat.» Das traf definitiv nicht zu; die Geschosse entfalteten kaum Wirkung.[16] Bauer zog aus den Erfahrungen bei Neuve-Chapelle allerdings ein positives Resümee; nun habe auch Falkenhayn seinen Widerstand gegen die Verwendung von Gasgeschossen aufgegeben.[17] In den Farbenfabriken wurde in der Folge systematisch nach besser geeigneten Substanzen gesucht. Aber auch das favorisierte Xylylbromid[18], nach seinem Darsteller Dr. Tappen «T-Stoff» genannt, ließ im Fronteinsatz im Osten zu wünschen übrig, da es sich als witterungsanfällig erwies.[19] Mit einer fest abschließenden Brille war man vor seiner Wirkung überdies einigermaßen geschützt. Die Erprobung anderer Stoffe erwies sich als nicht erfolgreich. Falkenhayn, der mittlerweile auch Gustav Krupp angesichts der schleppenden Entwicklung um Unterstützung gebeten hatte[20], verlangte aber wirksamere Substanzen; von Emil Fischer forderte er schließlich sogar die Entwicklung letal wirkender Kampfstoffe.[21] Die Kritik an Nernst, Duisberg und den Farbenfabriken spitzte sich zur Jahreswende 1914/15 zu, da Falkenhayn mit den Vorführungen unzufrieden war, und Duisberg erst kurz vor Weihnachten 1914 klar wurde, dass Falkenhayn sehr viel mehr erwartete als nur einfache Reizgeschosse.[22] Duisberg, der nach außen hin die Erfolge der neuen chemischen Kampfstoffe stets unterstrich, gestand Anfang Januar 1915 selbst ein, bisher sei noch nichts wirklich Wirksames gefunden worden.[23] Kritik wies er allerdings scharf zurück: «Wenn der Kriegsminister die schweren Befestigungen an den Fronten im Osten und Westen mit derart geringen chemischen Mitteln in Bewegung bringen und dabei die darin befindlichen Menschen vernichten will, so müssen wir ihn bitten, die Berliner Feuerwehr kommen zu lassen und statt Wasser aus ihren Dampfspritzen Chemikalien in die Schützengräben zu schleudern, denn selbst die stärkst wirkenden Substanzen sind dank der grossen Verdünnung in freier Luft unwirksam», wetterte er in einem Brief an Emil Fischer.[24] Duisberg setzte die Arbeit trotzdem weiter fort. Die Farbenfabriken bemühten sich um weitere Verbesserungen des T-Stoffes, vor allem sollte die reine Reizwirkung überschritten werden. Insofern war es nötig, «nach Substanzen zu suchen, die neben einer Einwirkung auf die Augen auch eine unangenehme oder gar ätzende Hals- oder Lungenwirkung entfalten. Hierfür kommen in erster Linie zwei chemische Substanzen in Betracht, die nicht nur starken Lungenreiz ausüben, sondern auch ausserordentlich schädigend auf den menschlichen Organismus wirken. Es sind dies das Chlor und das Chlorkohlenoxyd, das Phosgen.»[25]

Duisberg nutzte auch seine guten Kontakte in die akademische Chemie und bat zahlreiche Chemiker um Hinweise.[26] Eine Verbesserung brachte aber erst ein Zufallsfund, durch den die Wirkung des T-Stoffes durch Zusatz von Phosgen erweitert werden konnte.[27] Duisberg erläuterte Falkenhayn die Wirksamkeit dieser neuen Verbindung detailliert.[28] Für Duisberg war mit diesen Stoffen – dem Ni-Geschoss, T-Stoff, verbesserten T-Stoff, auch Hexa- oder B-Stoff genannt – erst einmal der Suchprozess beendet: «Damit bin ich im wesentlichen mit dem, was ich übernommen habe, fertig. Wir hier in Leverkusen kennen keine Substanz, die wirksamer ist, wie T und Hexa, selbstverständlich immer im Hinblick auf die Verwendung als Füllmittel einer Granate und auch aus zahlreichen Erkundigungen, die ich bei meinen Freunden in akademischen Stellungen und in der Technik eingezogen, habe ich nicht einen einzigen Vorschlag gehört, den wir nicht selbst schon geprüft, oder der von uns von vorneherein als aussichtslos aufgegeben werden mußte. Ich werde deshalb auch jetzt alles, was wir auf diesem Gebiete gemacht haben, zusammenschreiben, damit wir es gemeinsam der Apeka einreichen», schrieb er an Walther Nernst.[29]

Die von Bauer zusammengestellte Kommission von Nernst, Michelis und Duisberg stellte nach diesem Abschlussbericht ihre Arbeit ein.[30] Zufriedenstellend fand Duisberg das Ergebnis nicht. Dem Dresdner Anorganiker Walter Hempel gestand er die großen Schwierigkeiten ein, die die Suche nach geeigneten Reizstoffen bereitete: «Wie Sie sich denken können, haben wir die ganze anorganische und organische Chemie durchstöbert und alle jetzt während des Krieges greifbaren oder möglichst schnell darstellbaren Substanzen durchprobiert. Man denkt nicht daran, wenn man der Sache nicht näher tritt, daß in einer Granate nur wenig Platz für chemische Substanzen vorhanden ist, da ja der erforderliche Sprengstoff auch Raum beansprucht. Man ahnt nicht, wie groß die Verdünnungen durch die Luft sind, die eintreten, wenn eine Granate krepiert, und man unterschätzt die Wirkungen des Windes im freien Gelände, der die schönsten und wirksamsten Substanzen sofort hinwegblässt (!). Aus der großen Zahl der von uns versuchten Körper sind deshalb nur einige wenige Reizsubstanzen übrig geblieben, die jetzt, wie ich Ihnen streng vertraulich mitteile, ausprobiert werden sollen. Stinkgeschosse haben keinen Zweck, da ein mit dem Tode ringender Mensch selbst die fürchterlichsten Gerüche verträgt und diese in der großen Verdünnung, die immer beim Zerspringen der Granate auftritt, sich oft in Wohlgerüche verwandeln. Den menschlichen Organismus schädigende oder schnell zu Grunde richtende Substanzen, wie chemisch reine Blausäure, Arsenverbindungen aller Art, scheiterten an ihrer Wirkungslosigkeit aus dem gleichen Grunde. Manche brauchbaren Substanzen wiederum, wie flüssige Gase, ließen sich nicht laborieren. Kurz, die Schwierigkeiten sind viel größer, als man sie sich vorstellt und, wie schon gesagt, sind wir jetzt, wenn uns nicht noch neue rettende Gedanken kommen oder zugetragen werden, am Ende unseres Könnens angelangt.»[31] Von der artilleristischen Prüfung der T-Granaten und ihrer Weiterentwicklung erwartete Duisberg wenig. Mit den Granaten sei wenig anzufangen; «da ist der Vorschlag Habers, Chlor und schweflige Säure in großen Mengen durch den Wind in die feindlichen Stellungen treiben zu lassen, schon richtiger. Wie ich Ihnen vertraulich mitteilte, werden nach dieser Richtung hin Versuche gemacht und die Ergebnisse, die ich gesehen, sind sehr vielversprechend», schrieb Duisberg.[32] Duisberg bemühte sich zwar intensiv darum, für seine neuen chemischen Kampfstoffe Werbung zu machen, berichtete regelmäßig über die Fortschritte an das Feldmunitionswesen, doch konnte das alles über die Lage nicht täuschen.[33] In Berlin war man mit den Leverkusener Ergebnissen nicht zufrieden; die Initiative ging auf die Gruppe um Fritz Haber über, die sich auf das Abblasen von Chlor aus Flaschen konzentrierte.[34] Damit ließen sich bei günstigen Witterungsverhältnissen hochwirksame Chlorwolken erzeugen, die sich über die gegnerischen Schützengräben legten und die Soldaten, sollten sie keine ausreichenden Schutzvorrichtungen haben, zur Flucht zwangen.[35] Von den Arbeiten der Gruppe um Haber wusste Duisberg nur vom Hörensagen; in die unmittelbaren Abläufe und Planungen war er nicht eingeweiht.[36]

Mit der Abnahme der T-Granaten durch die Apeka war die Arbeit der Gruppe um Carl Duisberg offiziell beendet.[37] Duisberg schrieb an Falkenhayn: «Wie Ew. Exzellenz daraus (aus Duisbergs Bericht, W. P.) ersehen werden, sind auf Grund unserer Versuche diejenigen Granaten die besten, die neben der T-Mischung, mit ihrer Wirkung auf die Augen, Hexasubstanz enthalten, die sich bei der Berührung mit Pyridin in Phosgen (Chlorkohlenoxyd) spaltet und dadurch außerdem noch eine sehr unangenehme Wirkung auf die Lungen ausübt.» Er bat darum, die Geschosse nunmehr an der Front zu erproben.[38] Auch Max Bauer gegenüber meldete Duisberg Vollzug, nicht ohne auf seinen eigenen heroischen Einsatz genügend hinzuweisen. Im März 1915 wartete Duisberg gespannt auf die ersten Frontberichte, die allerdings nicht eintrafen, da das Militär die neue Waffe nach den geringen Erfolgen nicht einsetzte. Darüber war er überaus verärgert. Duisberg hatte offenbar die Befürchtung, dass die Leverkusener Erfindungen gar nicht mehr zum Einsatz kommen würden: «Ich kann … nur noch einmal dringend empfehlen, die Gelegenheit dieses Krieges nicht vorübergehen zu lassen, ohne auch die Hexa-Granate zu prüfen.» Man könne den Wirkstoff auch in Minen füllen und auf diese Weise ausprobieren. Freilich waren die Probleme mit dem T-Stoff und seiner geringen Wirkung auch

Duisberg klar, der mittlerweile mehr auf das Phosgen setzte. Er versuchte folgerichtig, Bauer dafür zu sensibilisieren: «Dieses Chlorkohlenoxyd ist das gemeinste Zeug, das ich kenne. Als Gas auch schwerer als Chlor selbst, und deshalb will, wie ich höre, Herr Geheimrat Haber auf meinen Vorschlag hin auch seinen Chlorbomben wenigstens 20 % Phosgen – mehr kann er nicht anwenden, da sonst die Flüchtigkeit des Gases leidet – beifügen. Wie unangenehm es wirkt, ersehen Sie am besten daraus, daß ich fast 8 Tage zu Bett gelegen habe, weil ich nur einige Male dieses scheußliche Zeug eingeatmet habe.»[39] Das Militär blieb aber trotz Bauers Unterstützung bei seiner ablehnenden Haltung, und zwar einerseits aus grundsätzlicher Abneigung gegenüber Gaskampfstoffen, aber auch, weil in der Artillerie Gasgeschosse wegen ihrer geringeren Explosivkraft als minderwertig galten. Duisberg musste also, wollte er seine Produkte «verkaufen», für sie Werbung machen. Dazu dienten vor allem Vorführungen auf den Schießplätzen in Kummersdorf[40] und in Wahn. Zugleich trieb man in Leverkusen die Verbesserung des T-Stoffes voran. Mit weiterentwickelten Wirkstoffen, vor allem Phosgenverbindungen, hoffte Duisberg auf den Durchbruch.[41] Ihm war allerdings klar, dass das alles nicht reichte, solange keine positiven Fronterfahrungen vorlagen: «Sie aber, als artilleristischer Sachverständiger mit ebenfalls angeborener Beobachtungsgabe», schmeichelte er Bauer, «bringen dies sicher leicht fertig. Ich pfeife aber überhaupt auf alle Versuche auf den Schiessplätzen und stehe auf dem Standpunkt, daß nur die praktischen Versuche an der Front entscheidend sind, und zwar auch dann nur, wenn Sie sie persönlich durchführen oder unter der Aufsicht von Herren, die Sie dazu heranziehen, durchführen lassen.»[42]

Zunächst genoss die Habersche Taktik des Chlorblasens[43] noch Vorrang, doch kalkulierte Duisberg in Leverkusen relativ kühl die Probleme von Blasangriffen ein.[44] Diese hingen von günstigen Witterungsverhältnissen ab.[45] Der Angriff vom 22. April 1915 bei Ypern war zwar erfolgreich,[46] doch erwies sich das Giftblasen nicht nur im Westen wegen der vorherrschenden Windrichtung häufig als untauglich:[47] «Haber dagegen ist von der Front nach Berlin zurückgekehrt, um die Abwehrmaßnahmen definitiv zu Ende zu führen. Außer dem ‹chlorreichen› Sieg bei Ypern sind weder größere Erfolge in Flandern noch neuerdings in Polen, wo man das Chlor in großen Mengen probiert hat, zu verzeichnen. Das hängt wahrscheinlich mit der heißen Witterung und den dann vielfach auftretenden, wenige Meter über der Erde hinstreichenden böigen Winden zusammen»[48], informierte Duisberg den befreundeten Jenaer Chemiker

25 | Carl Duisberg auf dem Schießplatz in Kummersdorf 1914 oder 1915

Ludwig Knorr. In Leverkusen arbeitete man daher gezielt an der Entwicklung von Phosgen-Geschossen weiter. Der Durchbruch gelang den Farbenfabriken im April 1915, als der neue, auf Phosgen-Freisetzung zielende Wirkstoff, der K-Stoff, von der Apeka akzeptiert und größere Bestellungen in Aussicht gestellt wurden. Duisberg fühlte sich damit auf der sicheren Seite: «Wir sind zwar, soweit die Artillerie und die Pioniere in Frage kommen, jetzt soweit, daß die Versuche als abgeschlossen zu betrachten sind. Außer zwei großen Granaten K und T genannt, die mit Reizstoffen gefüllt werden, von denen der T-Stoff auf die Augen, der K-Stoff auf die Lunge geht und die wir hier fertigen, ist auch noch ein Minenwerfer-Bataillon formiert und mit chemischen Reizminen ausgerüstet worden – den B- und C-Minen, von denen wiederum der B-Stoff die Schleimhäute der Augen, der C-Stoff die von Hals und Lunge reizt. Wir haben auch inzwischen die erforderlichen Abwehrmittel gefunden, um sowohl unsere Truppen gegen Chlor und ähnliche Produkte wie auch gegen diese Reizstoffe zu schützen und uns auch gegen ähnliche Angriffe von Seiten unserer Feinde zu sichern. Es werden nur noch Versuche gemacht, die richtige Maske zu konstruieren.»[49]

Im Sommer 1915 war das Werk in Leverkusen darauf vorbereitet, die Herstellung von Gasminen und Giftgasgranaten in großem Umfang aufzunehmen. Die Aufträge aber blieben aus, was die «Schwerfälligkeit des militärischen Organismus (zeige). … So etwas könnte in unserer Industrie nicht vorkommen, wo ein Wille entscheidet und die Hemmungen, die sich so vielfach beim militärischen Organismus zeigen, nicht vorhanden sind oder, wenn sie auftreten, schleunigst beseitigt werden.» Deshalb schwimme man derzeit in K-Stoff und dessen Vorprodukten. «Es kommen zwar einige mittlere Wurfminen an, die wir mit K-Stoff füllen, aber bei weitem nicht so viel, als versprochen wurden … Es ist deshalb Ihre Pflicht», forderte Duisberg den Kommandeur des Minenwerferbataillons Karl Lothes auf, «möglichst bald und möglichst viel K-Minen zu verschiessen und, wie ich nicht zweifle mit durchschlagendem Erfolg, damit wir nicht gezwungen sind, die Rohmaterialien aufzubestellen, die Fabrikation einzuschränken …»[50] Gegenüber Walther Nernst war er am 30. Juli 1915 geradezu verbittert: «Aber nun hören Sie und staunen. Obgleich schon vor 3 Monaten und länger beschlossen worden ist, K-Granaten zu machen und an der Front auszuprobieren, ist bis jetzt kein Stück davon bestellt worden. Ich habe wiederholt beim Kriegsministerium und auch bei Oberst Bauer reklamiert. … Wo der Widerstand liegt, vermag ich nicht zu sagen.» Nachdem Duisberg auch Nernst noch einmal ausführlich die taktischen Vorteile eines gemischten Schießens von T- und K-Granaten erläutert hatte, bat er schließlich den an der Front im Osten eingesetzten Chemiker: «Ich habe in diesem Sinne auch an Major Lothes geschrieben und hoffe, dass Sie es fertig bringen, einmal einen grösseren Angriff auf dieser Grundlage zu machen. Ich zweifle nicht, daß Sie vollen Erfolg haben werden.»[51] Auch die Ausbildungskurse von Offizieren der Minenwerferbataillone, die seit dem Sommer 1915 im Gaskampf und in der Gasabwehr bei den Farbenfabriken in Leverkusen aufgenommen worden waren, nutzte Duisberg, um bei den Offizieren für den K-Stoff zu werben.

Mehr als kleine Erfolge konnte er damit nicht erzielen. Anfang August 1915 bedankte er sich bei Max Bauer, der wie fast immer auch diesmal der spiritus rector gewesen sei, für endlich eingegangene größere Aufträge. Duisberg bat auch um Verständnis für seine Ungeduld. Er habe wiederholt nur deshalb gedrängt, weil sich die Rohmaterialien stauten. Chlor sei bereits waggonweise unter Einstandspreis an Haber abgegeben worden: «Wie Sie wissen, kam es mir aber nicht auf den geschäftlichen Zweck an, sondern ich wollte endlich den schon seit Monaten gefassten Beschluss, neben den T-Granaten noch K-Granaten zu gebrauchen, durchgeführt sehen. Das ist jetzt endlich der Fall.»[52] An diese Worte des Dankes und der Selbstrechtfertigung schloss Duisberg dann ganz unverhohlene Aufforderungen an. Man käme jetzt bei den flüchtigen Substanzen ohne weitere Versuche aus und könne sie endlich in großem Maßstab einsetzen. Wenig später berichtete Lothes vom erfolgreichen Verschießen der K-Granaten.[53] Duisberg zeigte sich im Gegenzug überzeugt, Lothes' positiver Bericht habe bei der OHL wie «ein Donnerwetter eingeschlagen». Nicht zuletzt deshalb habe es nun Bestellungen über 24 000 Granaten gegeben. Auch bei den Chloridgranaten gäbe es ein großes Potential, meinte er dann und forderte Lothes auf, auch diese anzufordern und einzusetzen, was gerade angesichts des demnächst kälter werdenden Wetters ratsam sei. «Auch diesmal wieder treibt mich nicht, wie das die Brüder in Berlin so gern annehmen, Profitsucht oder sonst etwas, sondern mir persönlich liegt nur daran, unseren Truppen und vor allem Ihnen eine gute, schneidige und auch nie versagende Waffe in die Hand zu geben.»[54]

Diese Waffe nutzten allerdings auch die Alliierten in immer größerem Umfang, denen der vorherrschende Westwind half. Die Frage der Gasabwehr bekam daher sehr große Bedeutung, denn die vermehrten Angriffe trafen die teilweise ohne Schutz an der Front stehenden deutschen Truppen empfindlich.[55] Duisberg hatte frühzeitig auf den Gasschutz hingewiesen und zunächst auch vor dem Einsatz von Phosgen gewarnt, solange nicht ausreichend Masken zur Verfügung standen.[56] Gemeinsam mit Habers Berliner Institut arbeiteten Chemiker der Farbenfabriken seit längerem an wirksamen Gasmasken, wobei schließlich die Masken selbst von den Drägerwerken beziehungsweise der Auergesellschaft hergestellt wurden, während die Farbenfabriken die von Richard Willstätter entwickelte Atempatrone beisteuerten.[57] In diesem Fall war nicht Bauer der «Beschleuniger», sondern Fritz Haber, mit dem Duisberg die Angelegenheiten laufend besprach. So intervenierte Haber Ende September 1915 im Kriegsministerium, weil in Leverkusen immer noch kein Großauftrag zur Maskenproduktion eingegangen war, wofür sich Duisberg sehr bedankte. Mit der Berliner Gruppe um Fritz Haber entstand in diesen Monaten ein intensiver, vor allem informeller Kontakt, weil Duisberg an den offiziellen Sitzungen zumeist nicht teilnahm. Er war aber so häufig in Berlin, dass es leicht war, sich zu treffen. Diese Treffen dauerten häufig bis in den Abend und hatten eine freundschaftliche, gelegentlich geradezu ausschweifende Note. Neben Fritz Haber und Carl Duisberg nahmen, je nach Anwesenheit, auch Walther Nernst, Max Bauer und hohe Angehörige des Kriegsministeriums beziehungsweise Mitarbeiter von Habers KWI an den Treffen teil, die wiederholt im sogenannten Boulettenkeller beim Bier ausklangen.[58]

Habers Intervention führte nicht nur dazu, dass Leverkusen große Aufträge für die Maskenproduktion bekam; auch bei den Preisen führte sein Einfluss zu Entgegenkommen.[59] Böttinger gegenüber freute Duisberg sich über die starke Nachfrage. Das könne ein gutes «Geschäft werden, bei dem uns hoffentlich dann einige Hunderttausend Mark übrigbleiben». Auf Habers Telegramm hin sei den Farbenfabriken jedenfalls für Oktober 1915 ein Auftrag über 24 000 T-Granaten und 48 000 K-Granaten erteilt worden. «Ausserdem sind uns 245 000 Atempatronen zum Füllen für 78 Pfennig pro Stück übertragen worden. Vivat sequens!»[60] Kamen die Farbenfabriken daher bei der Maskenproduktion frühzeitig auf ihre Kosten, hakte es bei der Gaswaffe weiterhin, da den hohen Aufwendungen für Entwicklung und Herstellung bislang kaum Aufträge gegenüberstanden. Es kam bestenfalls zu sprunghaften Bestellungen, die der militärischen Lage oder den Entscheidungen einzelner Artillerieabteilungen folgten, den Farbenfabriken aber nicht halfen. Gegenüber Bauer sprach Duisberg das klar aus: «Daher ist es unser dringender Wunsch, und wir hoffen, Sie setzen es durch, dass wir sowohl bei K- und T-Granaten wie bei den Minen feste und langfristige Aufträge bekommen, damit wir uns auch in den Rohstoffen, wie Chlor, Phosgen und vor allem Ameisensäure, die wir selbst nicht machen, sondern kaufen, rechtzeitig und in genügendem Umfang eindecken. So geht es nicht weiter, wie es jetzt der Fall ist. Alles hängt in der Luft.»[61] Hätte man keine Erfahrung mit der Bewirtschaftung von Rohstoffen, sähe es ganz schlimm aus. Duisberg machte Bauer klar, dass er ihm mit der Produktion entgegengekommen war: «Immer wieder vertrete ich auch bei diesen Spezialgeschossen den Standpunkt, den Sie wie ich auch in der Munitionsfrage vertreten habe, möglichst viele Einrichtungen schaffen und alle für große Produktion erforderlichen Rohmaterialien bereitstellen, um so alles mobil zu machen, was nur irgendwie nutzbar zu machen ist, zur möglichst schnellen Lieferung großer Mengen.»[62] Bauer kam Duisbergs Wünschen nach; dieser bekam die Aussicht auf größere Aufträge und erhielt auch ein Mandat zur Weiterentwicklung der Gaskampfstoffe. Aber Absatzstockungen blieben an der Tagesordnung.

Noch im Februar 1916 ging es aus Duisbergs Sicht viel zu schleppend voran. Es herrsche ein «unangenehmer Pessimismus» in der Frage der chemischen Waffen. Von Karl Lothes forderte Duisberg, er möge sich dafür einsetzen, dass Chemiker die Gaskampfkurse leiten und die richtigen Anweisungen geben sollten, da offensichtlich selbst die Kommandeure der Minenwerfer-Bataillone keine Ahnung hätten: «Natürlich dürfen Sie nicht sagen, daß diese Anregung von mir kommt.»[63] Am gleichen Tag schrieb Duisberg an Max Bauer, das Militär, insbesondere die Apeka, zeige sich gegenüber der Gaswaffe völlig ignorant und bis auf Lothes hätten die zuständigen Offiziere keine Ahnung, wie sie mit der Munition umgehen müssten. Man solle daher auch Gasangriffskurse einrichten, um die Offiziere entsprechend zu schulen.[64] Kamen Berichte, waren sie allerdings nicht immer so, wie Duisberg es wollte, da mittlerweile der feindliche Gasschutz auch bei Phosgen einigermaßen wirksam war. «Auch die Frage der Herstellung neuer Reizstoffe muß erneut behandelt werden und der inzwischen eingeführten Abwehr (Masken) unserer Gegner angepaßt werden. … Dennoch bleibt es auch heute noch ein Problem, das der Lösung wert ist, Phosgen in einer Weise zur Wirksamkeit zu bringen, daß es langsam und doch genügend schnell zur Vergasung kommt. Doch darüber läßt Haber im Kaiser Wilhelm-Institut arbeiten und wir unterstützen ihn bei seinen Versuchen.»[65]

Erst im März 1916 zeichnete sich eine grundlegende Wende ab, als vor Verdun erstmals in großer Konzentration Phosgen verschossen wurde und dabei auch Erfolge erzielt wurden, die die militärischen Vorbehalte in den Hintergrund drängten. Gegenüber Karl Lothes jubelte Duisberg jedenfalls, der Kriegsminister Wild von Hohenborn sei bei einem Besuch in Leverkusen sehr beeindruckt gewesen. Er habe sich jetzt auch von der Wirksamkeit der K-Granaten vor Verdun überzeugt gezeigt. Duisberg drang ihm gegenüber erneut darauf, die verantwortlichen Offiziere eigens ausbilden zu lassen, was wahrscheinlich wesentlich dazu beitrug, dass schließlich unter der Ägide von Fritz Haber gesonderte Gasartillerieeinheiten aufgestellt wurden. Duisberg konnte Lothes auch davon berichten, dass man nun ganz auf die Herstellung von Perstoff, also Diphosgen, setze, da die englischen Masken vor Phosgen schützten. Perstoff dringe nicht nur besser durch, er wirke auch stärker.[66] Mit den neuen Perstoff- oder Diphosgengeschossen trat aber erneut das alte Problem auf, dass die Artillerieprüfungskommission die Geschosse abnehmen musste. Wieder ging Duisberg geradezu zornig davon aus, dass diese Prüfung lange dauern würde, und bat Bauer um Schützenhilfe: «Wir haben ja die Flinte noch nicht ins Korn geworfen, weil ich persönlich immer wieder ermuntere und zum Guten rede, aber wenn nicht bald von der obersten Heeresleitung wieder einmal eingegriffen wird, schläft die so schön ins Werk gesetzte neue Waffe ein.»[67] Die enge Zusammenarbeit mit Fritz Haber beziehungsweise dessen Gasartillerieeinheiten[68] brachte schließlich den endgültigen Durchbruch. Im August

1916 war Duisberg endlich zufrieden: «Was die Reizstoffe anbetrifft, so hat Haber ja dem Perstoff mit seinen Grünkreuzkommandos eine schnelle Einführung verschafft. Auch haben wir mit allem Schneid die ausserordentlich schwierige Fabrikation soweit gefördert, dass wir allein heute mehr fabrizieren, als die Grünkreuzkommandos brauchen können. Wir sind eingerichtet 600 000 Kilo im Monat zu fertigen, aber nur ca. 350 000 Kilo werden im August gebraucht werden … Auf jeden Fall glaube ich, daß uns die Franzosen und Engländer, selbst mit Hilfe der Amerikaner den Perstoff sobald nicht nachmachen werden.»[69]

In der Tat: Diphosgen stellten die Alliierten während des Ersten Weltkrieges nicht her, sie setzten vor allem auf Chlor, Phosgen, Chlorpikrin und Blausäureverbindungen.[70] Duisberg gab sich aber damit keineswegs zufrieden, sondern forcierte auch nach dem Erfolg des Diphosgens die Forschung. In Leverkusen hatten bereits im Herbst 1915 Versuche zur Verwendung von im Gelände sich festsetzenden, nur langsam wirkenden Kampfstoffen begonnen – Überlegungen, die später in der Entwicklung des Senfgases ihren Abschluss fanden: «Was halten Sie davon», schrieb Duisberg an Haber, «wenn wir neben den Reizgeschossen auch noch solche fertigen, die Stoffe wie Dimethylsulfat enthalten, also reizlose Substanzen, die unbemerkt, aber doch ausserordentlich unangenehm und wenn auch nicht sofort, so doch nach einigen Stunden auf die Atemorgane einwirken und unsere Gegner dann krank und kampfunfähig machen. Sie wären überall da zu verwenden, wo man nicht sofort offensiv sein kann und will, aber die Gegner daran hindert, selbst offensiv zu werden.»[71] Eine unmittelbare Reaktion Habers ist nicht überliefert; die Farbenfabriken in Leverkusen und das Habersche KWI für physikalische Chemie aber kooperierten später bei der Entwicklung des Senfgases eng. Nach den Namen der beteiligten Chemiker Lommel und Steinkopf bekam es seinen Namen: Lost.

Mit den Erfolgen der Gaswaffe 1916 war aus Duisbergs Sicht der strategische Durchbruch gelungen. Die Forschung an entsprechenden Stoffen ging in Berlin bei dem mittlerweile dem preußischen Kriegsministerium angegliederten Haber-Institut sowie in den einzelnen chemischen Großunternehmen weiter. In der Lüneburger Heide wurde eine zentrale Produktionsstelle eingerichtet, doch auch in Leverkusen und an den anderen Standorten der chemischen Industrie wurden Granaten und Minen oder die entsprechenden Wirkstoffe hergestellt und weiterverarbeitet. Die Federführung in der gesamten Frage lag aber nun zweifellos beim preußischen

Kriegsministerium, und dort wiederum bei Fritz Haber[72], der in Personalunion die chemische Abteilung der KRA sowie das KWI für physikalische und Elektrochemie leitete. Nachdem die ersten Wirkstoffe noch in der Industrie entwickelt worden waren, stammten die wichtigsten neuen Kampfstoffe, namentlich Clark und Lost, aus dem Kaiser-Wilhelm-Institut oder waren in Kooperation mit der chemischen Industrie, im Falle des Lost mit den Farbenfabriken in Leverkusen, entwickelt worden.[73] Die deutsche Seite, die im Weltkrieg insgesamt gut 99 000 Tonnen Kampfstoffe und damit etwa so viel wie alle Kriegsgegner zusammen herstellte[74], verfügte schließlich über vier große Kampfstoffgruppen, die jeweils mit farbigen Kreuzen markiert waren: Weißkreuz (T-Stoff), Grünkreuz (Phosgen, Diphosgen), Blaukreuz (Clark) und Gelbkreuz (Lost oder Senfgas).[75] Seit 1916 wurden die chemischen Kampfstoffe in wachsender Menge und in neuen taktischen und strategischen Kombinationen eingesetzt. Ihre militärische Bedeutung, die Duisberg aus naheliegenden Gründen stets hoch eingeschätzt hatte, ist bis heute umstritten. Gemessen an der Gesamtopferzahl des Krieges ist die Zahl der Gastoten von – je nach Schätzung[76] – 80 000 bis 100 000 gering. Die Zahl der Verletzten ist mit fast einer Million freilich deutlich höher, und auch die psychologische Wirkung des Gaskrieges ist kaum angemessen zu beurteilen.[77]

Duisbergs Rolle wird in der Literatur zum Gaskrieg regelmäßig hervorgehoben; auch Martinetz hält ihn auf industrieller Seite für die entscheidende Figur.[78] Schließlich bescheinigte auch Max Bauer Carl Duisberg kurz nach Kriegsende, dass es seine Energie gewesen sei, aufgrund derer Deutschland «an allen chemischen Kampfstoffen keinen Mangel hatte».[79] Das ist freilich präziser zu bestimmen. Bei der eigentlichen Entwicklung der Kampfstoffe spielte Duisberg bestenfalls zu Beginn eine Rolle; hier ging die Initiative sehr schnell in die Hände der forschenden Chemiker wie Hans Tappen über. Duisberg schuf den Freiraum, in dem sie wirken konnten. Duisberg spielte sodann eine große Rolle an der Schnittstelle von Unternehmen und Militär, beginnend bei der technischen Erprobung der neuen Waffe bis hin zu ihrem Einsatz, der ja auch darüber entschied, ob sie zu einem wirtschaftlichen Erfolg wurde. Hier war er ein Drängler, der immer wieder aktiv wurde. So ist sein Einsatz für die Gesamtentwicklung auch dann kaum zu überschätzen, wenn man in Rechnung stellt, dass er im Alltag der Waffenforschung und -herstellung nur eine recht geringe Rolle hatte. Insofern unterschied er sich von Fritz Haber, mit dem er sich in dieser Zeit überaus gut verstand.[80] Während Haber persönlich alle wichtigen Kommissions- und Beiratssitzungen in Berlin leitete, nahm Duisberg lediglich einmal an diesen Treffen teil, in denen Militär, Wissenschaft und Industrie ihre Arbeit koordinierten.[81] Duisberg war sich dabei stets bewusst, welche Wirkungen die von seinem Unternehmen dargestellten Giftstoffe haben konnten; die Wirkstofftests und ihre Ergebnisse waren ihm bekannt.[82] Es ist indes fraglich, ob er hier angesichts des Massensterbens eine besondere Verantwortung gesehen hat. Wahrscheinlich ist es nicht. Duisberg wollte mit der Herstellung von Gaswaffen der deutschen Seite helfen. Ähnlich wie bei der Sprengmittelherstellung war die tödliche Wirkung ja gerade das Ziel der Anstrengungen, sodass eine besondere Verwerflichkeit des Gaseinsatzes angesichts seiner heimtückischen Wirkung, sollte man sie denn überhaupt empfunden haben, wohl verdrängt wurde.[83] Duisberg erlaubte sich später derbe Scherze, indem er Likör in Granatenfläschchen, die mit den entsprechenden farbigen Kreuzen gekennzeichnet waren, füllen ließ und verschenkte.[84] Und er hielt in seinen Memoiren mit den entsprechenden Erfahrungen auch keineswegs hinter dem Berg. Nach dem Krieg hat er seine Rolle jedenfalls nicht kritisch reflektiert. Es mag sein, dass in seinem erkennbaren Bemühen um den internationalen Ausgleich und gelegentlichen, geradezu antimilitaristischen Ausbrüchen auch schlechtes Gewissen eine Rolle spielte. Die Vorwürfe von alliierter Seite, die deutschen Chemiefabriken betrieben auch nach dem Krieg verdeckt Giftgasforschung, wies Duisberg stets zurück.[85] Von seiner Rolle im Krieg distanzierte er sich deshalb aber nicht.[86]

Die Farbenfabriken in Leverkusen waren einer der größten Lieferanten von Gaskampfstoffen und entsprechenden Granaten in Deutschland. Sie waren de facto der alleinige Hersteller von Lost und steuerten etwa die Hälfte des von deutscher Seite verwendeten Diphosgens sowie etwa 60 Prozent des Chlorpikrins bei. Bei Chlor betrug der Anteil Leverkusens immerhin 25 Prozent. An der Herstellung von Clark war man nicht beteiligt. Die BASF war der größte Lieferant von Phosgen und hatte einen großen Anteil an der Chlorherstellung, Hoechst hatte eine starke Stellung bei Clark, in geringerem Maße bei Diphosgen. Der größte Anbieter von Chlor war die Chemische Fabrik Griesheim-Elektron.[87] Insgesamt schnitten die Farbenfabriken im Wettbewerb um die Gaswaffenherstellung nicht schlecht ab. Wirtschaftlich war sie auf keinen Fall ein Verlustgeschäft, zumal die neue Granatenabfüllungsanlage in Dormagen vom Reich bezuschusst worden war. Englische Untersuchungen kamen nach 1918 zu dem Ergebnis, der Verkauf von chemischen Kampfstoffen habe etwa 6,8 Prozent am Gesamtumsatz der Farbenfabriken während des Krieges ausgemacht.[88] Wie viel dieser Produktionsbereich zum Gewinn der Unternehmen im Krieg beitrug, ist schwer festzustellen, der Anteil dürfte aber nicht wesentlich über dem Umsatzanteil gelegen haben. Insofern ist Duisbergs Selbstbild, man habe etwas aus vaterländischen Gründen getan, das dann allerdings effektiv und mit wirtschaftlichem Erfolg, schon treffend. Schließlich zeigte die Frage des Umgangs mit den chemischen Kampfstoffen auch einen Grundzug in der Entwicklung während des Ersten Weltkrieges, der zu erklären hilft, warum Duisberg in eine Art Radikalisierungsprozess hineingeriet, der ihn mehr und mehr zum Verbündeten von Max Bauer weit über die engeren Munitionsfragen hinaus machte. Die Gaswaffe war für Bauer und Duisberg Ausdruck des modernen Krieges, der ohne technische und wissenschaftliche Expertise gar nicht mehr geführt werden konnte. Dieser modernen Kriegsführung hatte sich, das war Duisbergs feste Erwartung, letztlich auch das Militär anzupassen. Unter den Bedingungen des Krieges war eine insofern konservative Haltung nicht mehr begründbar, sie führte offenkundig zu militärischen und wirtschaftlichen Verlusten und Schäden. Duisberg konnte sich hingegen auf der Höhe der Zeit sehen. Das wird ihm geschmeichelt haben.

22 | Kriegsziele

Selbstmobilisierung und Radikalisierung – mit diesen zwei Begriffen lässt sich Duisbergs Entwicklung im Krieg recht präzise bestimmen – haben zweifellos etwas mit seiner Veranlagung zu tun, waren vor allem aber mehr oder weniger erfahrungsgesättigte Reaktionen auf den Kriegsverlauf. Carl Duisberg war unvorbereitet in einen Krieg hineingeraten, der sehr schnell existentielle Bedeutung für sein Werk und damit auch für seine Person erlangte. Dabei erschütterte ihn nicht allein die vermeintliche militärische Bedrohung des Rheinlandes, die erst nach dem Fall Lüttichs und der Eroberung Belgiens einigermaßen gebannt schien. Auch die absehbaren Folgen des Krieges für die Farbenfabriken waren alles andere als ermutigend. In den ersten Wochen nach Beginn der Kampfhandlungen wirkte Duisberg zeitweilig wie gelähmt. Erst mit der Aufnahme der Produktion von Rüstungsgütern im September und Oktober 1914 wendete sich das Blatt. Nun wurde er zunehmend in das Kriegsgeschehen einbezogen und fand zu einer aktiven Rolle zurück.

Dabei war ihm freilich zunächst gar nicht klar, worum es eigentlich ging. Er hatte den Krieg nicht gewollt. Kriegsziele gab es in Leverkusen nicht. Die Werksleitung in Leverkusen hoffte, der Krieg möge rasch vorüber sein. Einen eigentlichen Sinn hatte der Krieg für Duisberg nicht, und er sollte ihn streng genommen auch in der ganzen Zeit bis zum Zusammenbruch im November 1918 nicht bekommen. Die sich gelegentlich findende Phrase, der Krieg werde das Land moralisch erneuern, war in der Tat nur so dahergeredet, eine Art Nachplappern öffentlichen Räsonnements, für das es in Leverkusen einen konkreten Anlass nicht gab. Gleichwohl durchlief Duisberg in dieser Zeit einen eigenartigen Radikalisierungsprozess, der sein Bild in der Kriegszeit bis heute prägt. Thomas Portz hat diesen Wandel mit Duisbergs antienglischer Haltung begründet, doch greift das zu kurz.[1] Die sich ändernde Einstellung zu Krieg und Kriegsführung folgte nicht allein der seinerzeit verbreiteten Auffassung von Englands Schuld an der Eskalation des Krieges zum Weltkrieg. Seine Radikalisierung hatte vielmehr Züge einer Anpassungsreaktion, die er im Übrigen mit zahlreichen

Menschen teilte, die die Erfahrung zu machen glaubten, dass das Deutsche Reich den Krieg nicht konsequent zu führen bereit war. Duisbergs enger Kontakt zu Max Bauer beeinflusste ihn in dieser Richtung, doch waren es vor allem die Erfahrungen im Alltag der Rüstungswirtschaft, die Duisberg schließlich nach einer Art «Rüstungsdiktator» rufen ließen. «Radikalität» war für Duisberg insofern eine Problemlösung, die den Erwartungen der Farbenfabriken ebenso entgegenkam wie den von ihm zumindest unterstellten Interessen des Deutschen Reiches.

Betrachten wir das genauer. Während am Rhein noch eine gewisse Katerstimmung vorherrschte, machte sich nach den ersten Erfolgen im Westen, insbesondere aber nach den Siegen über die russische Armee in der Doppelschlacht von Tannenberg/Masurische Seen in Berlin eine euphorische Siegesstimmung breit, die sehr schnell auch zahlreiche Stimmen auf den Plan rief, die die Landkarte Europas im deutschen Interesse neu zeichnen wollten.[2] Auch wenn andere Industrielle frühzeitig dabei waren, das Fell der vermeintlichen Kriegsverlierer zu verteilen, beteiligte sich Duisberg bis zur Jahreswende 1914/15 nicht an derartigen Debatten. Den «Aufruf an die Kulturwelt»[3], mit dem sich die deutsche intellektuelle Elite gegen die alliierte Kriegspropaganda,[4] insbesondere gegen den Versuch wandte, zwischen einem militaristischen Deutschland und einem Deutschland der Kultur einen Gegensatz zu konstruieren, und der im In- und Ausland erhebliche Wellen schlug, unterzeichnete Duisberg, den Emil Fischer gefragt hatte, nicht.[5] Im Oktober 1914 war er noch nicht bereit, sich öffentlich zu exponieren. Gegenüber dem New Yorker Mitarbeiter der Farbenfabriken Hugo Schweitzer verteidigte er im Dezember 1914 aber ganz selbstverständlich den Militarismus: «Unser Militarismus ist nicht geschaffen worden und besteht nicht zu Eroberungsgelüsten, wie es uns von unseren Feinden unterschoben wird und wofür man die ganze Welt bange zu machen eifrigst bestrebt ist, sondern er dient als Hort des Friedens der Verteidigung von Land und Volk, dem Schutze unserer, zum Neide unserer Feinde, sich so mächtig entwickelnden Industrie und unseres sich immer mehr und mehr entwickelnden Handels. Was Deutschland heute geworden ist, das wäre es ohne seinen Militarismus nicht geworden.»[6]

Die rasch überbordende und an Maßlosigkeiten reiche Kriegszieldiskussion[7] kam für die Reichsregierung überaus ungelegen, da sie im Ausland einen verheerenden Eindruck hinterließ. Öffentliche Erörterungen möglicher deutscher Kriegsziele wurden daher schnell unterbunden, weil durch sie die Aussage des Kaisers vom August 1914, nicht «Eroberungslust» treibe die deutsche Seite, sondern nur Selbstverteidigung, zu denunzieren geeignet war. Bethmann-Hollweg wies die stellvertretenden Generalkommandos an, darauf zu achten, dass derartige Fragen öffentlich nicht besprochen wurden.[8] Erst zur Jahreswende 1916/17 ließ die Reichsregierung wieder öffentliche Auseinandersetzungen zu diesen Fragen zu.[9] Dafür brodelten die Auseinandersetzungen hinter verschlossenen Türen umso heftiger. An den Diskussionen und den Denkschriften, die aus dem Umfeld des Alldeutschen Verbandes, der Schwerindustrie und Teilen der Nationalliberalen Partei bereits Ende 1914 vorgelegt wurden und die eine deutliche West- und Ostverschiebung der deutschen Grenzen forderten, war Duisberg nicht beteiligt.[10] In seiner Korrespondenz finden sich vor dem Februar 1915 keine einschlägigen Bemerkungen, sieht man von den wiederholten Wünschen nach einer «Züchtigung» Englands ab.[11]

Das sollte sich aber rasch ändern. Die sich bezüglich der Nachkriegsordnung unmittelbar stellende Frage war, wie in Zukunft mit Belgien[12], das im Herbst 1914 weitgehend unter deutscher Kontrolle war, zu verfahren war. Hierzu äußerte sich Duisberg im Februar 1915 erstmals offen auf eine Anfrage von Gustav Stresemann, den für die Berliner Diskussion die Stimmen der rheinischen Industrie interessierten. Stresemann fragte ganz direkt an, wie man in Leverkusen eine «völlige Einverleibung Belgiens in Deutschland» beurteile. Die Frage traf Duisberg erkennbar unvorbereitet.[13] Aufgrund der Erfahrungen, die die Farbenfabriken mit ihrer Fabrik in Schoonaerde sowie ihrer eigenen Vertriebsorganisation in Belgien gesammelt hatten, konnte er allerdings die Situation differenziert beurteilen. Aus militärischen Gründen und aus Sicherheitsgründen erschien ihm eine Ausdehnung des deutschen Einflusses auf die belgischen Grenzfestungen sinnvoll; auch könnte ein Ausbau Antwerpens zum Kriegshafen in militärischer Hinsicht sinnvoll sein. In ökonomischer Hinsicht habe Antwerpen zweifellos großes Potential. Als «deutscher Rheinzugang» könne man damit zudem Holland unter Druck setzen, auch wenn Hamburg und Bremen diese Konkurrenz gewiss nicht gern sehen würden. Eine Annexion Belgiens war für Duisberg wegen der vielen «Reichsfeinde», die man sich damit einhandle, nicht attraktiv. Auch wirtschaftlich besaß Belgien zwar gewisse Vorteile, doch waren die Lebensverhältnisse der dortigen Arbeiterschaft gemessen am deutschen Standard so niedrig, dass es «unangenehm» sein würde, sofort die Zollschranken zu Belgien einzureißen. Alles zusammengenommen erschien Duisberg eine Einverleibung Belgiens bestenfalls auf längere Sicht wünschenswert. Diese Auffassung teilte Duisberg im Übrigen mit Bethmann-Hollweg, der in dieser Frage, so Kielmansegg, ebenfalls von Sicherheitsüberlegungen ausging.[14] Im März 1915 war also von einem Gegensatz zur Reichsleitung noch wenig zu spüren. Dafür spricht auch Duisbergs zeitweilige Teilnahme an der Freien Vaterländischen Vereinigung, die ein gemäßigtes Programm vertrat und im Sinne des Burgfriedens auch zu den konservativeren Teilen der SPD hin offen war.[15] Gemessen an den weitreichenden Vorstellungen des Alldeutschen Verbandes, der seine Forderungen am 5. Mai 1915 Bethmann-Hollweg übergab,[16] und der Schwerindustrie war Duisbergs Position anfangs geradezu gemäßigt.[17] Auch an der Denkschrift der sechs großen wirtschaftlichen Interessenverbände vom Mai 1915[18] war er nicht beteiligt, obwohl sich ihr schließlich auch der Hansa-Bund anschloss.[19] Diese Denkschrift ging über Duisbergs Überlegungen zu Belgien weit hinaus und war ganz im Einklang mit der Schwerindustrie, die Forderungen nach umfangreichen Gebietserweiterungen in Frankreich, die vollständige Annexion Belgiens bereits voraussetzend, schon 1914 vorgetragen hatte. Auch im Osten äußerten die Interessenverbände erhebliche Gebietswünsche auf Kosten Russlands beziehungsweise Russisch-Polens, namentlich die Einverleibung der russischen Ostseeprovinzen sowie erhebliche Gebietserweiterungen im oberschlesischen Raum.

Duisbergs Engagement für die Kriegszielbewegung setzte erst mit der Unterstützung der sogenannten «Intellektuelleneingabe» (Professorendenkschrift) ein, die seit dem Frühjahr 1915 diskutiert wurde. Im April 1915 bildete sich unter Federführung des Theologen Reinhold Seeberg und des Berliner Mediävisten und Hansehistorikers Dietrich Schäfer[20] ein «vorbereitender Ausschuss» für eine Kriegszieleingabe deutscher Professoren, der im Juni 1915 einen Entwurf vorlegte und zu dessen Beratung für den 20. Juni 1915 in das Berliner Künstlerhaus einlud[21] – eine Versammlung, an der Carl Duisberg wahrscheinlich auf Bitten von Max Bauer teilnahm. Er trug auch maßgeblich zur Redaktion und Verbreitung des dort diskutierten Forderungskatalogs bei, der unter starkem Einfluss des Alldeutschen Verbandes ganz auf der Linie der Eingabe der Wirtschaftsverbände lag. Er unterzeichnete ihn allerdings nicht, da er sich wegen der zu erwartenden ablehnenden Haltung des Reichskanzlers Bethmann-Hollweg öffentlich nicht exponieren wollte.[22] Welchen Grund hatte Duisberg, sich an der Arbeit eines ihm weitgehend unbekannten Professorenkomitees zu beteiligen, das zudem Forderungen vertrat, die er für überzogen hielt? Es ist wahrscheinlich, dass die Diskussionen mit Max Bauer von ausschlaggebender Bedeutung waren, ja, dass Bauer Duisberg bat, dessen Position und die der entsprechenden Kreise der OHL im Rahmen der alldeutschen Kriegszielüberlegungen, die seit Kriegsausbruch in der Öffentlichkeit von großer Bedeutung waren, zu vertreten.[23] Bauer hatte ein starkes Interesse daran, die Reichsleitung um Kanzler Bethmann-Hollweg wegen ihrer vermeintlich lavierenden, die Mehrheit der SPD-Reichstagsfraktion zumindest berücksichtigenden Haltung in der Frage der Kriegsziele auch öffentlich unter Druck zu setzen.[24] Duisberg, dessen energisches Auftreten Bauer gefiel, konnte hier nur nützlich sein.[25] Duisberg verstand sich in der Kriegszielfrage folgerichtig auch später, nach Amtsantritt der 3. OHL, stets als deren Sprecher.[26]

Im Frühsommer 1915 jedenfalls vollzog sich bei Duisberg eine drastische Wende, er engagierte sich von nun an direkt in den alldeutsch dominierten Kreisen. Dort gewann er rasch an Bedeutung, weil er mit seinem Leverkusener Sekretariat erheblich zur Verbreitung des Denkschrift-Entwurfes und zur Mobilisierung von Unterstützern beitrug.[27] Über die Mitarbeit im Vorbereitenden Ausschuss kam Duisberg auch mit Dietrich Schäfer in engeren Kontakt, der in den folgenden Jahren zum führenden Kopf der alldeutsch geprägten Kriegszielbewegung wurde. Mit der Intellektuelleneingabe, die nach ihrer Übergabe am 8. Juli 1915 aber nicht nur bei Bethmann-Hollweg auf Kritik stieß,[28] sondern auch eine moderate Gegeneingabe anderer Professoren um den KWG-Präsidenten Adolf von Harnack provozierte, trat die Agitation für einen «deutschen Frieden» in ein neues Stadium ein. Nachdem unter dem Vorsitz Dietrich Schäfers der «Unabhängige Ausschuß für einen deutschen Frieden» (UA)[29] ins Leben gerufen worden war, bemühte sich Schäfer darum, Duisberg für Mitgliedschaft und Engagement in der neuen Organisation zu gewinnen.[30] Dieser kam Schäfers Bitte noch im September 1915 nach und wurde Vertrauensmann des Ausschusses für den Kreis Solingen.[31] Noch im gleichen Monat wurde Duisberg auch Mitglied des Vorstandes des UA, in dem er mit so bekannten Personen wie etwa Dietrich Schäfer, Graf Schwerin, Admiral von Grumme-Douglas oder Gustav Stresemann zusammenarbeitete.[32] Duisberg übernahm im Vorstand die Verantwortung für die Öffentlichkeitsarbeit.[33] Auch wenn Duisberg an den Sitzungen des UA nur selten und unregelmäßig teilnahm[34], war er jetzt doch im Zentrum der alldeutschen Kriegszieldiskussionen angekommen. Eigentlich war das nicht sein Umfeld. Die Spitze des UA verkörperte vielmehr jenes Bündnis von Landwirtschaft und Schwerindustrie, das er im Hansa-Bund erbittert bekämpft hatte. Hier aber galt es offensichtlich, höhere Aufgaben zu erfüllen.

Nach dem geringen Erfolg der ersten Denkschrift[35], die auf Weisung der Reichsregierung aus dem Verkehr gezogen wurde, nachdem sie über verschiedene Kanäle der internationalen Presse zugespielt und auch in Deutschland bekannt geworden war,[36] wurde im Herbst eine veränderte Fassung der Intellektuelleneingabe erarbeitet.[37] Da sich mit dem Sieg bei Gorlice-Tarnow vom Mai 1915 zudem die Kräfteverhältnisse im Osten deutlich zugunsten des Reiches verschoben hatten, war der Tonfall, der in der revidierten Denkschrift zum Ausdruck kam, noch fordernder als zuvor.[38] Die neue Denkschrift war allerdings auch als Antwort auf die vorsichtigere, insgesamt zurückhaltendere Einlassung des Kreises um Adolf von Harnack gedacht, mit der sie sich explizit auseinandersetzte. Die Harnack-Denkschrift hatte die Einverleibung einer widerstrebenden Bevölkerung als falsch zurückgewiesen.[39] Waren die Forderungen des revidierten Entwurfes der Intellektuelleneingabe gegenüber Frankreich noch vorsichtig – bei gutem Kriegsausgang sei allerdings an die Kontrolle des Küstenstreifens von Dünkirchen bis Boulogne-sur-Mer zu denken –, so war der Text bezüglich Belgiens radikal. Die staatliche Einheit des Landes sollte nicht wiederhergestellt werden; stattdessen sollte im «germanischen» Flandern ein deutscher Satellitenstaat entstehen und die Wallonie dauerhaft unter deutsche Militärkuratel gestellt werden. Belgisch-Limburg wollte man ganz annektieren. Aus militärischen und wirtschaftlichen Gründen komme eine andere Lösung nicht in Frage, sollte Belgien nicht zum englischen Einfallstor auf dem Kontinent werden. Die mit der faktischen Beherrschung der Wallonie verbundene Stärkung der deutschen Industrie strich man zusätzlich als absolut notwendig zur Überwindung der Kriegsfolgen heraus. Duisberg, der um eine Stellungnahme zum Entwurf gebeten wurde, hieß ihn im Wesentlichen gut; bestenfalls empfahl er punktuell taktische Zurückhaltung.[40] Insgesamt gefiel ihm die klare Haltung in der «belgischen Frage», was eine deutliche Änderung gegenüber seinen früheren Äußerungen bedeutete.

Die Ausführungen zum Osten hätte Duisberg freilich mit Befremden quittieren müssen, sahen die Denkschriftverfasser doch in einer Ausdehnung des deutschen Einflusses auf das Baltikum und große Teile Kongresspolens nichts weniger als die Chance, den gesellschaftlichen Wandel hin zur industriellen Welt aufzuhalten, ja, zu korrigieren. Die Schwächung Russlands, dessen rasche wirtschaftliche und demographische Entwicklung man fürchtete, war daher nur ein Ziel, das vor allem durch das Abdrängen des Landes nach Osten und den Aufbau einer Reihe von Pufferstaaten erreicht werden sollte. Vor allem kam es den Verfassern des Textes darauf an, die deutschen Grenzen generell nach Osten zu verschieben, um genügend Siedlungsland für deutsche Bauern zu bekommen. Auf diese Weise sollte dort eine Art Pflanzstätte der zukünftigen Entwicklung des Deutschtums entstehen. Es war auch den Verfassern der Denkschrift klar, dass aus dem Reich für derartige Siedlungspläne kaum Menschen zur Verfügung stehen würden; daher spekulierte man mit der Möglichkeit, diese Böden deutschen Rückwanderern aus Russland, ja aus Nord- und Südamerika anbieten zu können. Auf Duisberg musste das alles bizarr wirken, doch ließ er diese Passagen ebenso unkommentiert, wie er die Absicht, sich Belgisch-Kongo anzueignen, stillschweigend zur Kenntnis nahm.[41] Die wenigen Interventionen Duisbergs zeigen, dass er sich als Sprachrohr von Max Bauer sah.[42] Das erklärt auch sein Schweigen zu den Ostplänen, die zu den Lieblingsprojekten namentlich von Erich Ludendorff, der seinerzeit gemeinsam mit Hindenburg die nördliche Ostfront kommandierte, gehörten.[43] Die Denkschrift, deren Verbreitung er wiederum intensiv betrieb, unterzeichnete Duisberg abermals nicht, diesmal aber wohl vor allem, um keinen falschen Eindruck entstehen zu lassen: «Ich gehöre zwar dem Komitee an, das mit der Fertigstellung derselben betraut worden ist, habe auch die Korrektur des neuen Entwurfs gelesen und wesentliche Änderungen daran vorgenommen, werde aber die Denkschrift nicht mitunterzeichnen, ebensowenig wie dies Kirdorf oder ein anderer Industrieller tun soll, damit sie nur Namen von Akademikern aufweist»[44], erklärte er sein Vorgehen gegenüber Gustav Krupp von Bohlen und Halbach.

Die Kriegszielfrage ließ Duisberg nun nicht mehr los. Auch wenn er es nie klar aussprach, war der Grund seiner Bereitschaft, sich auf umfangreiche Kriegszielforderungen einzulassen, neben der Kooperation mit Max Bauer der Wunsch, in Zukunft nicht wieder in eine derartige weltwirtschaftliche Isolation zu geraten, wie sie Großbritannien nach Duisbergs Auffassung mit dem gezielt geführten Wirtschaftskrieg erreicht hatte. Eine Blockade unmöglich zu machen oder doch zu erschweren, zumindest aber einen Zugriff auf alle existentiell notwendigen Rohstoffe zu besitzen – das scheint zumindest die tiefere Räson hinter Duisbergs Bereitschaft zu weitreichenden Kriegszielen, und das machte ihn auch anfällig für die Forderungen der Schwerindustrie. Ein «fanatischer» Annexionist, wie Gerald Feldman vermutet[45], war er nicht, da weder von seiner persönlichen Warte noch aus der Sicht der chemischen Industrie durch Gebietszuwächse große wirtschaftliche Vorteile zu erreichen waren. Lediglich einer weitgehenden

Kontrolle Belgiens redete Duisberg das Wort. Eine entsprechende Denkschrift des Bonner Juristen Ernst Zitelmann[46], der sich Gedanken über einen «Bündnisvertrag» mit Belgien gemacht hatte, der auf dessen vollständige Knebelung hinausgelaufen wäre, begrüßte Duisberg vorbehaltlos.[47] Ob nun Teilung, Annexion oder vertragsmäßige Beherrschung: Wichtig war, dass man im Rheinland vor militärischen Übergriffen geschützt wurde.[48]

In den Berliner Diskussionen zeichnete sich in der Frage der Kontrolle Belgiens Ende 1915 eine Frontstellung zwischen den Vertretern einer harten, annexionistischen Linie ab, zu der neben Falkenhayn und Stresemann vor allem der Chef des Reichsmarineamts Alfred von Tirpitz gehörte, und einer Gruppe um den Reichskanzler Bethmann-Hollweg sowie den Staatssekretär des Reichsamtes des Innern, Delbrück, und das Auswärtige Amt, die es bei einer wirtschaftlichen Beherrschung Belgiens belassen wollte.[49] Als sich Ende Oktober 1915 der große Ausschuss des Deutschen Museums in Berlin zu einer Festveranstaltung mit 150 ausgewählten Gästen traf, war die Belgienfrage ein wichtiges Thema. Duisberg, der zwischen Tirpitz und Gustav Krupp saß, konnte Veltheim von den bitteren Klagen Tirpitz' berichten, dass er mit seinen weitreichenden Forderungen zu Belgien faktisch allein dastünde. Duisberg widersprach unter Krupps Assistenz; es gebe keine allgemeine Ablehnung der Tirpitzschen Forderungen, es seien vor allem Bethmann-Hollweg und Delbrück, die opponierten. Ansonsten habe die Position Tirpitz' viele Freunde. Selbst der Kaiser sei noch ganz unentschieden. Tirpitz habe ihn daraufhin gebeten, für eine Annexion Belgiens ordentlich Propaganda zu machen, was Duisberg nach eigener Aussage auch tat. Im UA sei er in Tirpitz' Sinne aufgestanden, aber auch bei einer Veranstaltung des Düsseldorfer Industrieclubs habe er sich entsprechend geäußert.[50]

Doch in der zum großen Teil hinter verschlossenen Türen ablaufenden Debatte[51] zeichnete sich kein leichter Erfolg der alldeutschen Position ab, zumal es neben der zivilen Reichsleitung eben auch zahlreiche weitere Stimmen gab, die auf Mäßigung drangen.[52] Im Sommer 1916 bildete sich aus diesen Kreisen um den Berliner Historiker Hans Delbrück ein Nationalausschuss für einen ehrenhaften Frieden, dem auch prominente Industrielle, darunter Eduard Arnhold, angehörten.[53] Den insofern keineswegs geringen Widerstand gegen die Pläne des UA konnte Duisberg kaum ertragen.[54] Bauer gegenüber fuhr er regelrecht aus der Haut: Vom Sohn Henry Theodor Böttingers, Waldemar, habe er erfahren, «dass in Punkto Belgien immer noch nicht Klarheit herrscht und immer noch der Kampf der Meinungen darüber zu toben scheint, dass die einen nur die Maaslinie mit einem vertraglich zu regulierenden neutralen und festungslosen Belgien, die anderen ganz Belgien mit der Küste unter deutsche Oberhoheit bringen wollen. Selbstverständlich denkt niemand daran, Belgien an das Deutsche Reich anzugliedern[55] oder der Bevölkerung jemals einen Einfluss auf unsere Verwaltung einzuräumen. Ich natürlich gehöre zu denen, die bei der Friedensordnung auf papierene Verträge nichts mehr geben, sondern nicht ruhen und rasten werden, bis wir handgreiflichen massgebenden Einfluss auf diese sonst als Zankapfel kriegerischer Wirren zu betrachtende Brücke zwischen unseren schlimmsten Zukunftsfeinden in England und Deutschland gewonnen haben. Auch aus wirtschaftlichen Gründen dürfen wir uns einen solchen, für die Zukunft allein massgebenden Einfluss auf die Belgier nicht aus der Hand nehmen lassen. Jeder, der die westlichen Verhältnisse kennt, wird mir recht geben und es wäre ein großes Verbrechen, an der Zukunft Deutschlands, wenn wir jetzt nicht die Gelegenheit benutzen und wenigstens so lange kämpfen würden, bis wir in diesem Punkte obgesiegt haben.»[56] Als Ende Februar 1916 der preußische Kriegsminister Wild von Hohenborn die Leverkusener Anlagen besichtigte, drang Duisberg auch in ihn und war ganz zufrieden, als sich zeigte, dass Wild von Hohenborn ihm in Bezug auf Belgien zustimmte: «Er hat hier in Leverkusen einen überaus frischen und ausgezeichneten Eindruck hinterlassen und insofern auch beruhigend gewirkt, als er, was die Kriegsziele angeht, in punkto Belgien auf meinem Standpunkt steht, zumal er, wie er zugesteht, der beste Freund Falkenhayns ist und auch dieser ebenso denkt und die Durchführung verbürgt.»[57]

Der «Nationalausschuß für einen ehrenhaften Frieden» trat Mitte Juli 1916 erstmals mit einem Aufruf an die Öffentlichkeit, in dem er ganz im Sinne Bethmann-Hollwegs dafür plädierte, die Grenzen im Westen unangetastet zu lassen und bestenfalls im Osten auf territoriale Zugewinne zu setzen.[58] Das war aber nicht alles. Der Nationalausschuss organisierte zusätzlich zu seinem Aufruf eine Vortragsreihe, deren zentralen Vortrag Adolf von Harnack hielt.[59] Darin wurde die Rüstungsindustrie, deren Profitstreben nur noch wenig von dem Geist von 1914 verspüren lasse, direkt und massiv angegriffen.[60] All das brachte die schwerindustriellen Mitglieder des Nationalausschusses wie August Thyssen in Rage, regte aber auch die Mitglieder des UA in erheblicher Weise auf, insbesondere Männer wie Carl Duisberg, die stets darum bemüht waren, den Geruch des Rüstungsspekulanten loszuwerden. Nun mussten sie sich aber genau das von dem Präsidenten der Kaiser-Wilhelm-Gesellschaft unter die Nase reiben lassen.[61] Duisberg warf den Unterstützern Harnacks und des Nationalausschusses einen «Kotau» vor, der vor dem Reichskanzler vollzogen worden sei. Eduard Arnhold, mit dem sich Duisberg bisher befreundet gefühlt hatte, reagierte nicht zuletzt wegen dieses Wortes überaus gereizt. «Ich will und wünsche von Herzen, dass das blutige Ringen nicht ohne lohnenden Friedenspreis für uns ende. Ich stimme aber nicht ein in das verhängnisvolle ‹Alles oder Nichts›. Und ich möchte vor allem, nach Massgabe meiner bescheidenen Kräfte, einen inneren Zusammenbruch verhüten, den ein Erfolg der Quertreibereien gegen die Wilhelmstrasse totsicher nach sich ziehen müsste. Kotau habe ich nie gemacht und mache ich nicht. Nicht vor den Mächtigen des Reiches, aber auch nicht vor – den Kämpen der Industrie.»[62]

Duisbergs Reaktion war überaus bezeichnend. Die Argumente Arnholds erreichten ihn nicht; er versuchte aber, ein Zerwürfnis mit dem bedeutenden Industriellen und Mäzen zu vermeiden: «Sind wir denn bereits Gegner geworden, wo wir bisher die besten Freunde waren?; hat der Krieg, der zusammenschweissend und vereinigend, nicht aber trennend wirken sollte, durch den Kampf im Innern bereits soviel Bitternis und Unannehmlichkeiten gebracht, dass Sie sich von den ‹Kämpen der Industrie› bedroht fühlen oder diese sogar von Ihnen Dinge verlangt haben, die Sie nicht mitmachen können? Ich kann mir das nicht denken. Ich weiss nicht, um was es sich handelt und wen Sie meinen, ich weiss nur, dass wir, in der Kalchemie[63] wenigstens, immer ein Herz und eine Seele waren, dass wir Ihnen zu grossem Dank für Ihre Mühe und Arbeit verbunden sind, die Sie als Unparteiischer aufwandten, um die goldene Mittellinie zwischen den Forderungen der Heeresverwaltung und den Wünschen der Industrie zu finden. Es herrscht nur eine Stimme der Anerkennung und des aufrichtigen Dankes für Herrn Geheimrat Arnhold in der chemischen Industrie. Deshalb schmerzt es mich doppelt und tut es mir weh, wenn ich einen solchen Brief von Ihnen erhalte, der mir in vieler Beziehung gänzlich unverständlich ist.»[64] Bezeichnend für Duisberg war, dass ihn Arnholds Einwände nicht nachdenklich machten. Dabei war Arnhold durchaus nicht der einzige Industrielle, der den extremen Kurs des UA nicht unterstützte. Duisberg wusste auch von den Firmen der I. G., dass deren leitende Herren alles andere als «wilde Annexionisten» (Feldman) waren.

Wie in Fragen der Kriegswirtschaftsorganisation zeichnete sich nun also auch in der Kriegszielfrage eine Konfliktlinie zur zivilen Reichsleitung ab.

Die Kriegszieldebatten verfestigten bei Duisberg den von Max Bauer gezielt genährten Verdacht, die Regierung des Reichskanzlers Bethmann-Hollweg missachte die elementaren Interessen der westlichen Industrie. Bethmann-Hollweg, die innere Verwaltung und die überaus konservative Militärbürokratie wurden nach und nach zu regelrechten Feindbildern, vor denen Max Bauer, dann aber insbesondere Paul von Hindenburg und Erich Ludendorff umso heller strahlten. Anfang 1917 hatte Duisberg das alldeutsche Programm mehr oder weniger für sich übernommen. Aus dem Abgesandten Bauers war nach und nach ein eigenständiger Vertreter des «Siegfriedens» geworden: «Was die Kriegsziele anbetrifft, so nehmen Sie vielleicht Kenntnis von dem Aufsatz des Herrn Dr. Beumer (Geschäftsführer des Vereins zur Wahrung der gemeinsamen wirtschaftlichen Interessen in Rheinland und Westfalen, dem eigentlichen Sprachrohr der Schwerindustrie, W. P.) in der Kölnischen Zeitung, der von dem ‹Unabhängigen Ausschuss› abgedruckt und verbreitet worden ist. Er bringt im wesentlichen die Ansicht der rheinisch-westfälischen Industrie oder besser, der ganzen westlichen Bevölkerung zum Ausdruck. Nur in dem Punkt der Kolonien denke ich und mit mir manche anders. Was helfen uns die Kolonien, wenn wir sie nicht behalten und wenn es uns geht wie mit Kiautschou. Solange also die Freiheit der Meere nicht durch Stützpunkte garantiert ist, die wir am Ausgang des Kanals und in Afrika usw. haben, ist für mich die Innenkolonisation und damit die Sicherstellung in technischer und landwirtschaftlicher Beziehung in einem Zukunftskrieg, der nicht zu vermeiden sein wird, viel wichtiger. Deshalb lege ich auch den allergrössten Wert darauf, dass wir Land bekommen, auf dem entweder schon eine deutschgesinnte Bevölkerung vorhanden ist, wie die beiden Ostseeprovinzen, oder dass wir es für einen solchen Zweck freimachen und dann besiedeln können», äußerte sich Duisberg gegenüber Max Bauer.[65]

Als sich Ende 1917 der Sieg im Osten abzeichnete, hielt sich Duisberg nicht mehr zurück. Der Duisberg seit längerer Zeit aus Fragen des Wirtschaftsrechtes bekannte Rechtsanwalt Hermann Isay[66], der mittlerweile im Kriegsministerium arbeitete, legte Ende 1917 Überlegungen zu einem Frieden im Osten vor, die Duisberg nicht mehr weit genug gingen. Sicher unter dem Einfluss seiner Gespräche mit Max Bauer, aber auch aufgrund seiner Einbeziehung in die Rohstoffplanungen für die Übergangswirtschaft und die Nachkriegszeit[67] ließ er Isay wissen, dass man die jetzige Chance nutzen müsse, um den Einfluss Frankreichs in Russland zu beenden und Deutschlands Rohstoffversorgung dauerhaft zu sichern: «Auch ist jetzt die günstige Gelegenheit gegeben, bei Abschluss des Friedensvertrages mit Russland uns die wirtschaftlichen Rechte zu sichern und die Rohstoffversorgung für die Friedenszeit festzulegen, die wir vom Osten her in grossem Umfange in Bezug auf Erze (Mangan), Petroleum, Schmieröle, Wolle, Futtermittel, Hanf und Flachs, sowie Holz, holen können. Für mich kommt überhaupt in erster Linie alles das in Betracht, was direkt an Deutschland angrenzt und erst in zweiter und letzter Linie das, was man als Kolonien zu bezeichnen pflegt und nur dann halten kann, wenn man ein grosses zusammenhängendes Kolonialreich zu schaffen imstande ist …»[68] Zur Jahreswende 1918 war Duisberg bester Stimmung: «Alle Anzeichen deuten aber doch darauf hin, dass wir bald zum vollen Frieden kommen werden, und ich hoffe zuversichtlich, dass es auch ein echt deutscher Friede sein wird.»[69] Diese Hochstimmung brachte auch die Firmen der I. G. dazu, sich Gedanken zu den bevorstehenden Friedensverhandlungen zu machen, um nicht zersplittert und im Zweifel in widersprüchlicher Weise einzeln bei den verschiedenen Reichsbehörden vorstellig zu werden. Der Gemeinschaftsrat fasste im Januar 1918 den Beschluss, eine «Zentralstelle» einzurichten, um die außenhandelspolitischen und außenwirtschaftlichen Interessen der I. G. in die zu erwartenden Friedensverhandlungen einbringen zu können. Leiter der Zentralstelle und damit Beauftragter der I. G. für die Friedensverhandlungen und zugleich privilegierter Gesprächspartner der staatlichen Stellen wurde Carl Duisberg.[70]

Mit diesem Mandat im Rücken hielt Duisberg in der folgenden Zeit noch unerschrockener an seinen Vorstellungen einer deutsch geprägten Nachkriegsordnung fest, in denen sich die unterschiedlichsten Motive und Erwartungen kreuzten: Kontrolle Belgiens aus Sicherheitsgründen und industriellen Erwägungen, Erweiterungen im Osten zur Siedlung und Gewinnung von Agrarflächen, Einbeziehung Ost- und Südosteuropas in eine von Deutschland kontrollierte Sphäre vor allem zur Sicherung der Rohstoffversorgung.[71] In die Frage der Ausnutzung der im Osten erreichbaren Rohstoffe mischte sich Duisberg, der Anfang 1916 Vorsitzender der Rohstoff-Versorgungs-Kommission des VzW[72] geworden war und später in einer ähnlichen Funktion auch für das Reichswirtschaftsamt tätig wurde,[73] jedenfalls direkt ein, insbesondere in Bezug auf Manganerze im Kaukasus und das rumänische Erdöl, über deren praktische Ausnutzung es wiederholt Streit gab, den Duisberg unter anderem über Max Bauer zu schlichten suchte.[74] Zwar entzog der Kriegsverlauf schließlich derartigen Überlegungen und Projekten den Boden, doch war Duisberg zuvor Teil der mitunter recht hektischen Berliner Planungen zur Gestaltung der europäischen Wirtschaftslandschaft unter deutscher Hegemonie.

Dazu gehörte auch die Besiedlung des neu gewonnenen Bodens im Osten durch die Gründung von Siedlungsgesellschaften, die die Ansiedlung deutscher Neubauern im Osten finanziell fördern sollten.[75] Duisberg wurde über den Regierungspräsidenten von Frankfurt an der Oder, Friedrich von Schwerin, den er aus dem UA gut kannte, in die Planungen einbezogen und um finanzielle Unterstützung durch die chemische Industrie gebeten. Duisberg sagte zu, sich in der I. G. für eine finanzielle Beteiligung an der unter schwerindustrieller Ägide stehenden «Neuland AG» einzusetzen.[76] Dahinter stand erneut wohl der dringende Wunsch der Obersten Heeresleitung, den Duisberg entsprechend auch im Rahmen der Interessengemeinschaft vortrug, bei der das alles freilich nicht auf Gegenliebe stieß, sondern eine ausweichende Reaktion hervorrief. Später könne man sich vielleicht beteiligen, doch sei es jetzt für Entscheidungen noch zu früh.[77] Im Oktober 1918 kam die ganze Angelegenheit in der entsprechenden Sitzung der I. G. aber gar nicht mehr auf die Tagesordnung, obwohl Duisberg das angekündigt hatte. Die Sache verlief im Sande, ja, wäre ohne Duisbergs Engagement in der chemischen Industrie überhaupt nicht zur Sprache gekommen.

Dieser Fall zeigt auch, wie sehr Duisberg sich mittlerweile selbst in der Industrie exponiert hatte. Dort trafen zwar Ludendorff und die 3. OHL zumeist auf positive Resonanz, weil man sich von ihnen eine straffe Rüstungsorganisation und entsprechende Entlastungen der Industrie erhoffte, doch bedeutete dies keineswegs ein blindes Unterstützen einer extremen Haltung in der Kriegszielfrage. Duisberg bewegte sich hingegen mittlerweile in einem Umfeld, das ihn zumindest partiell von der chemischen Industrie entfremdete, in der es daher im September und Oktober 1918 im Umfeld von Duisbergs Wahl zum neuen Vorsitzenden des VzW zu Äußerungen kam, Duisberg habe sich im Krieg zu sehr exponiert.[78] Duisberg trat ja selbst noch im Sommer und Frühherbst 1918 mehr oder weniger offen als Vertreter der Heeresleitung auf, wie er den Aachener Industriellen Georg Talbot, der sich im September 1918 Gedanken über die Zukunft des Oberelsass gemacht hatte, wissen ließ.[79] Dadurch verlor er freilich nach und nach den Bezug zur Realität, zumal Bauer ihm die reale militärische Lage, die sich seit dem Frühsommer 1918 deutlich verschlechtert hatte, nur geschönt darstellte. So glaubte Duisberg noch im September 1918 fest an die Möglichkeit eines «deutschen Friedens», wenn nur die Heimat standhaft genug bliebe. Gegenüber Talbot hielt er auch Vorschläge, man könne Frankreich die Mülhausener Kaligruben anbieten, um andererseits die Erzgruben von Longwy-Briey zu bekommen, für verfrüht: «Aus allen diesen Gründen hoffe und wünsche ich, dass wir Briey-Longwy bekommen werden, ohne unser Kali opfern zu müssen, auf das es ja vor allem die Amerikaner abgesehen haben. Aber selbst, wenn wir Briey-Longwy ohne Opfer nicht erhalten können, so wäre ich dafür, dann lieber einen kleinen Streifen wertlosen Landes in Lothringen fortzugeben, als Oberelsass zu opfern.»[80] Einen derartigen Brief gegen Ende September 1918 zu schreiben und darauf zu hoffen, ernst genommen zu werden, wirft ein bezeichnendes Licht auf Carl Duisbergs verengte Perspektive in der Kriegszielfrage.[81]

Wie dem auch sei: Standen zu Anfang noch in gewisser Hinsicht nachvollziehbare Überlegungen zur Sicherung des Westens im Vordergrund, bekam die Kriegszielfrage vor allem unter den Einflüsterungen Max Bauers sehr rasch eine viel größere Bedeutung. Duisberg wurde zugleich aktives und passives Mitglied einer Kriegszielbewegung, die weit über das hinausging, was er selbst anfänglich angestrebt hatte. Als Bauers Vertrauter gehörte er der alldeutschen Bewegung an, die mit maximalen Kriegszielen nicht zuletzt Innenpolitik gegen den Kurs von Theobald von Bethmann-Hollweg betrieb, je nach Kriegslage aber auch handfeste Interessen in den neu zu gewinnenden Territorien verfolgte. Eigentlich war das aus Duisbergs Sicht keine besonders bekömmliche Mischung, die sich da aus Alldeutschen, Konservativen, Agrariern und Schwerindustriellen zusammengefunden hatte, doch Bauer erschien das im UA entstandene Bündnis bedeutend, und insofern konnte auch ein entsprechendes Engagement Duisbergs hier nur hilfreich sein. Für Duisberg bedeutete diese Tätigkeit nicht nur eine massive Aufwertung als Vertrauensmann Bauers; er begann auch, nach und nach einige Kriegsziele seines alldeutschen Umfeldes zu übernehmen, zumindest solange sie sich mit den Interessen der chemischen Industrie vereinbaren ließen. Und er war in der Frage der Ostsiedlung auch bereit, für seine guten Kontakte einen Schritt weiter zu gehen – Kontakte, die seinen Blick derart verengten, dass er im September 1918 die Lage nicht mehr erkannte.

23 | Ludendorffs Freund

Spätestens seit dem Sommer 1915 begann der zuvor politisch wenig engagierte Duisberg, sich auch für die politische Konstellation zu interessieren, die sich hinter der schwerfälligen Kriegswirtschaftsorganisation verbarg. In der Kriegszieldiskussion hatte es erste Konfrontationen mit der zivilen Reichsleitung um Bethmann-Hollweg gegeben, der nun mehr und mehr in die Rolle des Gegners gedrängt wurde.[1] Die zivile Reichsleitung schien einerseits für die Probleme der schwerfälligen Bürokratie verantwortlich; andererseits gefährdete sie durch ihre vermeintlich inkonsequente Kriegsführung einen deutschen Sieg und verspielte somit die Zukunftschancen der Industrie. Bei Duisberg verfestigte sich in der Zeit um die Jahreswende 1915/16 der Eindruck, der Reichsleitung fehle es an der nötigen Entschlossenheit, den Krieg in seiner ganzen Härte zu führen. Vor dem Düsseldorfer Industrieclub brachte er diese Auffassung im März 1916 in aller Schärfe zum Ausdruck. Die militärische Lage, so Duisberg, sei glänzend: «Wir sind dabei unseren großprahlerischen Gegnern zuvor zu kommen und haben ihnen die Gesetze des Handelns erneut vorgeschrieben. Soweit wir unsere Feldherren kennen, werden sie nicht ruhen und rasten, bis sie den Befehl des Chefs des Stabes des Feldheeres durchgeführt haben (Angriff auf Verdun, W. P.). Hoffentlich gelingt dies bald und gründlich und bringt das verblendete französische und englische Volk zur Besinnung und zur Überzeugung, daß wir trotz aller schönen Reden ihrer Minister nicht klein und nicht unterzukriegen sind. Selbst wenn noch zu den vielen Gegnern der achte oder gar neunte diesseits oder jenseits des Ozeans hinzukommen und nicht nur die Beziehungen mit uns abbrechen, sondern uns auch den Krieg erklären sollte, wenn also die Welt wirklich ganz voll Teufel wäre und wollte uns gar verschlingen, so fürchten wir uns nimmermehr, es wird ihnen nicht gelingen.»[2] Auch die Industrie, namentlich die chemische Industrie tue, was sie könne. Um diese Erfolge zu erzielen, benötige man «Ruhe, Vertrauen auf eigene Kraft und Stärke dazu. Vor allem sind tüchtige Männer erforderlich, ganze Kerle, die die Probleme richtig anfassen, die nicht wie das Rohr im Wind hin und her schwanken, sondern zielbewußt sind, erst wägen, dann aber wagen und, wenn erforderlich, sich mit ihrer Persönlichkeit durchsetzen. Männer, wie wir sie an der Front in reichem Maße haben, denen wir die dort erzielten Erfolge verdanken, deutsche Männer von echtem Schrot und Korn.» Aber, so fragte er dann mit Blick auf die Kriegswirtschaftsverwaltung, ja auf die ganze innere Politik rhetorisch, «haben wir ... solche Männer auch hinter der Front in den leitenden Stellungen in Staat und Verwaltung, in der Leitung der inneren und äußeren Angelegenheiten? Jawohl, an vielen Stellen sind sie vorhanden, an manchen aber auch fehlen sie. Es fehlen Bismarcknaturen, die mit eiserner Faust dreinhauen, wenn es nötig ist.»[3] Das war gegen Bethmann-Hollweg gemünzt und wurde auch so verstanden. Vor allem ihm kreidete Duisberg die fehlende Bereitschaft an, die deutsche Gesellschaft restlos für den Krieg zu mobilisieren. Im Frühjahr 1916 war klar, dass Duisberg sich eine Art «Munitionsdiktator» wünschte, wie es später hieß. Die Chance hierzu sollte rasch kommen.

***

Denn im Sommer 1916 verschlechterte sich die militärische Lage der Mittelmächte dramatisch. Falkenhayns Strategie vor Verdun scheiterte nicht nur, sie löste überdies koordinierte Angriffe im Westen mit der Schlacht an der Somme, im Osten mit der Brussilow-Offensive und im Süden mit der 4. und 5. Isonzo-Schlacht aus, die eine Dimension erreichten, die von den Mittelmächten mit den bisherigen Mitteln nicht mehr bewältigt werden konnte. Mit dem Kriegseintritt Rumäniens an der Seite der Alliierten im August 1916 drohte schließlich auch die südöstliche Front zu kippen. Die Kriegslage, schrieb Duisberg an Böttinger, «hat mir in der letzten Zeit Sorge bereitet. Einerseits das Zurückweichen der Österreicher an beiden Fronten, in Ost und Süd, andererseits die nun schon seit 8 Tagen vorbereitete und endlich zur Ausführung gelangte englisch-französische Offensive. Hoffentlich steht alles genau so, wie unsere Heeresverwaltung in ihrer bisherigen Wahrheitsliebe gemeldet hat.»[4] Entsprechend nervös war die Stimmung. Er hoffe immerhin, schrieb er am 3. Juli 1916 an Böttinger, in den nächsten Tagen Haber und Bauer in Berlin zu treffen, «um von den beiden näheres über die Kriegsschauplätze ... zu hören».[5] Bauer informierte Duisberg in der Tat über die Lage und beruhigte ihn, wies aber zugleich auf die massiven Versorgungsprobleme des Militärs hin. Duisberg bot daraufhin die Hilfe der Farbenfabriken zur Bewältigung der aktuellen Krisensituation an; die Farbenfabriken seien bereit und in der Lage, ihre Sprengstoffproduktion um ein Drittel zu steigern.[6]

Als Duisberg diesen Brief schrieb, stand die Kriegserklärung Rumäniens unmittelbar bevor, mit der Falkenhayns Stellung als Chef der OHL untragbar wurde. An dessen Absetzung war Duisberg unbeteiligt, auch wenn ihm der sich zuspitzende Konflikt nicht verborgen geblieben sein dürfte, da Bauer in die Absetzung Falkenhayns, die im Übrigen mit der Unterstützung Bethmann-Hollwegs erfolgte,[7] unmittelbar involviert war. Die neue Oberste Heeresleitung um Paul von Hindenburg und Erich Ludendorff war ganz nach Duisbergs Geschmack. Sie ging die Probleme der Rüstungsproduktion in Deutschland unmittelbar an. Direkt nach ihrer Einsetzung Ende August 1916 erstellte sie ein Programm zur Steigerung der deutschen Rüstungsgüterherstellung, das unter dem Namen Hindenburg-Programm berühmt geworden ist.[8] Den Entwurf des Schreibens von Hindenburg an den preußischen Kriegsminister Wild von Hohenborn, mit dem eine massive Steigerung der Rüstungsproduktion, eine Straffung der kriegswirtschaftlichen Organisation und eine umfassende Heranziehung aller Arbeitskräfte gefordert wurde,[9] hatte Max Bauer erstellt, der wiederum auf die Expertise verschiedener Industrieller, namentlich von Carl Duisberg und Gustav Krupp von Bohlen und Halbach setzte. Mit beiden Industriellen hatte sich Max Bauer bereits Mitte August 1916 verständigt. Duisberg hatte auf Bauers Wünsche wie gesehen positiv reagiert, und auch die Eisenhüttenindustrie hatte eine massive Steigerung der Rüstungsproduktion in Aussicht gestellt.[10] Die schließlich auf der Basis von Bauers Vorarbeiten von Hindenburg geforderten Änderungen liefen auf eine massive Steigerung der Produktion von Pulver, Sprengstoffen und Waffen, auf eine durchgreifende Veränderung und Vereinfachung der kriegswirtschaftlichen Organisationsstrukturen sowie schließlich auf eine umfassende Mobilisierung des heimischen Arbeitskräftepotentials hinaus – ein Programm, das ohne industrielle Expertise nicht hätte erstellt werden können. Über diese Expertise flossen zweifellos auch industrielle Interessen in die Neufassung der kriegswirtschaftlichen Strukturen, aber deshalb unbedingt von einem industriellen Triumph zu sprechen, wie Gerald Feldman es vor längerer Zeit tat, ist doch übertrieben. Die Notwendigkeit von Produktionssteigerungen war, sollte der Krieg fortgesetzt werden, nicht von der Hand zu weisen, ebenso ihr Schwerpunkt im Bereich der Sprengmittel- und der Waffenherstellung. Dass es hierzu einer effizienteren Organisation, vor allem aber einer systematischen Erfassung der Arbeitskräfte bedurfte, lag auf der Hand. Die Industrie, zumindest Carl Duisberg, regte nichts an, was nicht ohnehin nahelag. Seine Rolle war auch weniger die des «Einpeitschers» als die des Experten, der das Militär auf ungenutzte Reserven hinwies, von deren Nutzung er auch selbst profitierte.

Für die Oberste Heeresleitung war es leicht, eine derartige Produktionssteigerung zu verlangen. Fraglich war, wie sie praktisch durchgesetzt werden sollte. Hier waren die Offiziere allein nicht handlungsfähig. Max Bauer bat Duisberg darum, die Frage der zukünftigen Anforderungen an die Industrie mit Hindenburg und Ludendorff direkt zu besprechen und selbst zu erläutern, wie weit die Industrie dazu in der Lage sei, diesen Anforderungen zu genügen. Das persönliche Treffen mit Hindenburg und Ludendorff wurde für den zunächst unsicheren Duisberg zum Schlüsselerlebnis, das er Bauer als solches schilderte: «Der neunte im neunten Monat 1916, als ich die große Ehre und Freude hatte, den Volksheros Hindenburg und unseren Moltke, Ludendorff, persönlich von Angesicht zu Angesicht kennen zu lernen, war ein ereignisvoller Tag in meinem Leben, den ich sobald nicht vergessen werde.»[11] Seine bisherigen Erfahrungen mit der Kriegswirtschaftsbürokratie seien ja nicht ermutigend gewesen. Welche Erlösung war da dieses Treffen mit Hindenburg und Ludendorff während der Zugfahrt von Köln nach Hamm: «Das war die misepetrige (!) Stimmung, bevor ich Sie gestern morgen auf dem Kölner Bahnhof sah und die, schon durch die verschiedenen Besprechungen in Berlin, vor allem aber durch die Unterredung mit Exzellenz Ludendorff und Ihnen einer freudigeren Platz gemacht hat. Jetzt kommt es wieder darauf an, wie damals (nach der Marne-Schlacht, W. P.) mitzuhelfen, die uns Technikern anerzogene Energie und Tatkraft einzusetzen, um einen neuen Sprung nach vorwärts zu machen, um wieder dem Munitionsmangel abzuhelfen, diesmal aber noch gründlicher als zuvor und hoffentlich das letzte Mal.» Erst im Gespräch mit Ludendorff und Bauer wurde ihm das ganze Ausmaß dessen klar, was da auf die Industrie zukam: «Als es hiess, wir sollten unsere Sprengstoff- und Pulverproduktion verdoppeln, nachdem sie gegenüber der im Mobilmachungsplan vorgesehenen Menge beim Pulver verzwölffacht und bei den Sprengstoffen verzwanzigfacht worden war, da bekam ich einen heillosen Schrecken. Was wir in fast zweijähriger Arbeit in vorhandener Apparatur geschafft, das sollten wir jetzt in einer von Grund aus neu zu schaffenden Apparatur in einem halben Jahr leisten. … Ich hielt es für ganz ausgeschlossen, daß dies, wie verlangt wurde, in relativ kurzer Zeit geschehen könne.»[12]

Für Duisberg wurde das Hindenburg-Programm zur persönlichen Bewährungsprobe, die er um jeden Preis bestehen wollte. Folgt man seinen ausführlichen Darlegungen gegenüber Max Bauer, so machte er sich nach dem Gespräch im Zug gleich daran, die gewünschte Steigerung der Sprengmittel-Produktion zu kalkulieren und mit den Leverkusener Technikern durchzusprechen. Bereits einen Tag danach legte er ein detailliertes Programm vor: «Die erste und wichtigste Aufgabe, die uns zufällt, wird die sein: ‹Wie können wir schon jetzt mit den vorhandenen Mitteln und Einrichtungen durch kleine und schnell durchführbare Verschiebungen, Verbesserungen und Veränderungen machen, die Menge des Pulvers und Sprengstoffe und damit die Füllung der vorhandenen vielfach aufgespeicherten Geschützhüllen mehren.› Die zweite: ‹Wie können wir dann langsam, aber doch so schnell wie möglich steigend, bis zum Frühjahr, sagen wir bis zum Januar oder Februar, das Pulver- und Sprengstoff-Programm durchführen, das die jetzige auf 6200 tons pro Monat erhöhen will› und drittens: ‹Wie können wir anschliessend daran so schnell als möglich Fabriken und Einrichtungen schaffen, die über das Programm hinaus die Pulver- und Sprengstoffmehrung um weitere 20 bezw. 40% ermöglichen.›»[13] Duisberg legte danach in einem mehrseitigen Exposé dar, welche Maßnahmen namentlich in der Rohstoffbeschaffung und -verarbeitung, sodann in der rationelleren Gestaltung der Produktionsprozesse und schließlich beim Neubau von Anlagen insbesondere zur Schwefelsäureherstellung notwendig sein würden. Letztlich seien die Produktionskapazitäten bei Pulver und Sprengstoff groß genug oder rasch zu erweitern; auch habe man überreichlich Geschosshülsen. Die eigentlichen Engpässe identifizierte er bei der Salpetersäureherstellung sowie vor allem bei der Schwefelsäureproduktion, zumal hier auch die heimischen Rohstoffe begrenzt seien und das von den Farbenfabriken entwickelte Gips-Verfahren den Neubau von Anlagen verlange. Bei der Stickstoffnutzung seien die neu errichteten Kapazitäten in Leuna ausschließlich der Rüstungsindustrie vorzubehalten. Im Bereich der chemischen Kampfstoffe müsse zudem die Herstellung von Chlor und Phosgen ausgeweitet werden. Das alles sei durchaus machbar, versicherte Duisberg Bauer, die Industrie könne den Erwartungen und Wünschen der OHL genügen, wenn, ja, wenn dafür auch die OHL die Voraussetzungen schaffe: «Das geht nur, wie ich Ihnen schon sagte, wenn ein Munitionsdiktator bestellt wird, dem aus jeder Industrie ein sachverständiger Berater zur Seite steht.»[14]

Duisberg, und nicht er allein, auch die in dieser Frage letztlich wichtigere Schwerindustrie, waren also bereit, die Forderungen des Militärs zu erfüllen, wenn im Gegenzug die Industrie maßgeblichen Einfluss auf die technische Durchführung der Rüstungsprogramme erhielt und sich das militärische Beschaffungswesen weitgehend an den Bedürfnissen der industriellen Massenproduktion orientierte. Für Duisberg, der sich die Einwände gegen eine solche Konstruktion denken konnte, waren das technische Fragen, die nur die Industrie lösen konnte. Es sei ja gut und schön, Wissenschaftler zu fragen, doch hätten die zumeist von den zu lösenden Problemen praktisch keine Vorstellung. Es gehe ihm nicht darum, über den zu bildenden Beirat beim «Munitionsdiktator» und seinen technischen Beratern in irgendeiner Weise Einfluss auf die Verteilung der Rohstoffe oder die Preisbildung für Rüstungsgüter zu nehmen. Die technischen Experten «müssen und werden sich selbstverständlich jeglicher Betätigung nach der kaufmännischen Seite hin für ihre Gesellschaften enthalten. Sie werden die Verhandlungen über die Kontraktpreise für Munitionslieferungen ihren anderen Direktoren überlassen», äußerte sich Duisberg gegenüber Bauer. Da die Rohstoffverteilung ohnehin bereits geregelt und die Industrie bereit sei, die «niedrigsten Preise, die die Feldzeugmeisterei für grosse Mengen zu vereinbaren in der Lage ist», zu akzeptieren, sah Duisberg hier auch keine unzumutbare Verquickung von Geschäft und Rüstungsorganisation, auch wenn er wusste, dass das mehr als anrüchig wirken konnte: «Kurz, es wird keine Schwierigkeiten machen, deshalb Männer der Technik zu wählen, weil sie zufällig auch noch Direktoren von Fabriken sind, die Kriegslieferungen haben. In der Not des Augenblicks muss und wird man über die in Friedenszeiten Staub aufwirbelnde Schwierigkeit hinwegkommen. Diese Berater werden ja auch nur», setzte er geradezu besänftigend hinzu, «so lange sich zu betätigen brauchen, bis der Wagen ins Rollen gebracht ist und dann wieder von ihren Ämtern zurücktreten.» Duisbergs Botschaft war damit unmissverständlich klar: Das Militär konnte seine Produktionssteigerungen bekommen, das aber nur zu den Bedingungen der Industrie, die freilich keiner kaufmännischen, sondern einer technischen Logik folgten. Ökonomisch ging es allein darum, ob der Staat bereit sei, das, was er technisch wolle, auch zu bezahlen. Es sei dabei sicher nicht möglich, so Duisberg, die gewünschte Leistung technisch zu einem Preis zu realisieren, der auch dem notorisch misstrauischen Reichstag und einer entsprechend gestimmten Öffentlichkeit gefiel. Hier gab es für ihn letztlich nichts zu verhandeln.[15]

In der marxistischen Literatur ist das Hindenburg-Programm zumeist als ein Diktat des «Monopolkapitals» hingestellt worden, das über die willfährige 3. OHL seine Rüstungsprofite habe maximieren wollen – auf

Kosten einer Verlängerung des Krieges mit all ihren grauenhaften Folgen.[16] Hellmuth Weber, der hierfür die wichtigsten Hinweise lieferte, hatte indes nur Zugriff auf die Überlieferung von Duisbergs Brief an Bauer in dessen Nachlass, der nur aus dem ersten Blatt besteht. Insofern mögen sich manche Interpretationsfehler aus der mangelnden Quellenkenntnis erklären; im Grunde aber glaubte Weber, selbst noch die fehlenden Seiten des Briefes damit erklären zu können, dass man diese aus Bauers Nachlass entfernt habe, um die Rolle der Großindustrie zu verschleiern.[17] Doch trifft das alles letztlich nur sehr ungenau. Das Hindenburg-Programm war Ausdruck der Kriegslage, zumindest solange man den Krieg weiterführen wollte, und ließ sich, das war offensichtlich, nur in enger Kooperation mit der Industrie durchführen, auf die das Militär angewiesen war. Der Brief Duisbergs zeigt nun, dass die chemische Industrie bereit war, den Forderungen des Militärs zu entsprechen, wenn die bisherige Kriegswirtschaftsorganisation verändert wurde. Das Hindenburg-Programm kehrte mithin die bisherigen Kräfteverhältnisse zugunsten der Industrie um, und genau in diesem Ton war auch Duisbergs Brief gehalten: Bisher hat man uns geradezu wie Bittsteller behandelt und als Profiteure diskreditiert; nun können wir in all diesen Fragen den Ton angeben, und ihr habt Euch, wollt Ihr den Krieg nicht verlieren, unserer Kompetenz, Expertise und Entscheidungsgewalt zu beugen.[18] Mit dem Hindenburg-Programm war, weil es nur von der Industrie realisiert werden konnte, deren gewaltige Aufwertung verbunden; die OHL gab letztlich zu, ohne die Hilfe der Industrie den Krieg nicht länger weiterführen zu können. Es war nicht so, dass die Industrie etwas diktiert hätte, im Gegenteil. Das Militär verlangte etwas, konnte es aber nur um den Preis der Aufwertung der Industrie bekommen. Das war die Lage. Das Militär hatte keine autonomen Handlungsressourcen mehr.

Diese Aufwertung versetzte den anerkennungssüchtigen Leverkusener Generaldirektor, der nun endlich Gelegenheit fand, seine Führungskraft offen zu zeigen, zeitweilig in einen euphorischen Zustand: «Es ist wirklich eine Freude, Leiter eines solchen Unternehmens zu sein, bei dem jeder sein bestes einsetzt, um das gesteckte Ziel zu erreichen, bei dem täglich Fortschritte und Neuerungen gefunden und durchgeführt werden, bei dem es entsprechend meinem Wahlspruch ‹Immer vorwärts› geht»[19], frohlockte er gegenüber Max Bauer. Er persönlich war jetzt der Beauftragte der Obersten Heeresleitung; von ihm hingen Wohl und Wehe Deutschlands ab. So trat er auch auf, insbesondere im Rahmen des Unabhängigen Ausschusses stellte er sich jetzt offen als Vertrauter der 3. OHL dar.[20] Die Kunde, dass er die «Heroen» persönlich getroffen habe, machte rasch die Runde.[21] Auch mit den Reaktionen auf seine Forderungen war er zufrieden, obwohl ihm klar war, dass die Einrichtung des Kriegsamtes, in dem am 1. November 1916 den Forderungen der Industrie entsprechend die wesentlichen kriegswirtschaftlichen Kompetenzen zusammengefasst wurden, nicht allein seiner Intervention folgte.

In der Tat war es kurz nach dem Treffen mit Hindenburg und Ludendorff in Berlin zu einer entscheidenden Sitzung gekommen, zu der das preußische Kriegsministerium Vertreter der wichtigsten Rüstungsfirmen eingeladen hatte. Am 16. September 1916 trafen sich die Vertreter des Ministeriums und insgesamt 39 bedeutende Industrielle, um die Realisierung der Wünsche der neuen OHL zu besprechen.[22] Kriegsminister Wild von Hohenborn erläuterte das Hindenburg-Programm, war aber weit davon entfernt, der Industrie unbedingt entgegenzukommen. Stattdessen ging er die Industrie an. Deren Forderung, Fragen der Zurückstellung von Rekruten für die Industrie durch die Beschaffungsämter entscheiden zu lassen, wies er ebenso zurück, wie er meinte, darauf hinweisen zu müssen, dass es geradezu eine «nationale Pflicht» der Industrie sei, sich um das Wohlergehen der Arbeiter zu kümmern. Die Industriellen ließen in ihren Reaktionen kein gutes Haar an der bisherigen Praxis der Kriegswirtschaftsverwaltung. Duisberg war nicht der einzige Industrielle, der laut seine Stimme erhob, aber er war sicher nicht der leiseste. Nach dieser Konferenz jedenfalls war klar, dass es zu einer neuen Organisation der Kriegswirtschaft kommen musste, ob sie dem Kriegsministerium nun gefiel oder nicht.

Die Einsetzung des Kriegsamtes[23] und die starke institutionelle Aufwertung seines Leiters, zu dem der bisherige Chef des Feldeisenbahnwesens Wilhelm Groener[24] ernannt wurde, brachten in institutioneller Hinsicht manche Erleichterung, waren aber selbst doch nur ein Kompromiss. Es wurde kein unmittelbares Reichsamt mit allgemeiner Zuständigkeit geschaffen, was ohnehin nur zu Abgrenzungskämpfen mit der zivilen Reichsleitung und den Kompetenzen des Reichskanzlers geführt hätte. Die neue Behörde, deren Entstehung und Struktur aus der Literatur gut bekannt sind[25], wurde, um das Gesicht des Kriegsministeriums zu wahren, diesem formal unterstellt, von dem es die Rohstoffbewirtschaftung und das bislang der Feldzeugmeisterei unterstehende Beschaffungswesen übernahm. Die Beschaffung wurde auf Druck der Rüstungshersteller als erstes reorganisiert und erhielt unter dem Namen Waffen- und Munitionsbeschaffungsamt (Wumba) eine umfassende Zuständigkeit, die auch von den weiterhin eigenständigen Kriegsministerien der Königreiche Württemberg, Bayern und Sachsen akzeptiert wurde. Leiter des Wumba wurde Generalmajor Karl-Friedrich Coupette, als ehemaliger Artilleriefachmann in der Industrie kein Unbekannter.[26] Die Spitze des preußischen Ministeriums gab dem allgemeinen Drängen nach einer Verbesserung der Rüstungswirtschaft allerdings nur zögerlich nach. Der amtierende Kriegsminister Wild von Hohenborn und der bisherige Leiter der Feldzeugmeisterei, General Franke, mussten ihre Ämter schließlich aufgeben, da ihnen nicht zuletzt durch Duisbergs Kritik die Versäumnisse der vergangenen Zeit angelastet wurden. An Hohenborns Stelle trat mit Hermann von Stein Ende Oktober 1916 ein der 3. OHL loyal gegenüberstehender Offizier; von Karl-Friedrich Coupette war bereits die Rede. Kriegsamt und Wumba verdankten ihre Entstehung daher letztlich dem Druck, der aus der Rüstungsindustrie kam. Erst das Hindenburg-Programm gab deren Forderungen die notwendige Durchschlagskraft. Carl Duisberg wurde durch die Organisationsänderungen und durch den politischen Prozess, der zu ihnen geführt hatte, zu einer wichtigen Figur der deutschen Kriegswirtschaft. Als Generaldirektor des größten Sprengstoffherstellers, als Mitglied des Beirates des Wumba,[27] als enger Vertrauter von Max Bauer und zumindest mittelbarer Ratgeber Erich Ludendorffs erlangte er Ruhm und Einfluss, unterwarf sich aber auch einer schweren Hypothek: Sollte das Hindenburg-Programm scheitern, stand für Duisberg plötzlich sehr viel mehr auf dem Spiel als die bloße Erfüllung oder Nichterfüllung bestimmter Produktionshoffnungen. Es ging jetzt auch für ihn ums Ganze.

Der Erfolg des Programms wurde daher für Duisberg zu einer zentralen Frage. Zumindest für seine Fabriken konnte er rasch Vollzug melden. Unmittelbar nach seiner Rückkehr vom Gespräch mit Hindenburg und Ludendorff informierte Duisberg die Betriebsleiter der Farbenfabriken von den Beschlüssen[28] und ließ hausintern die Aufgaben für die nächsten Wochen verteilen.[29] Duisberg einigte sich auch schnell mit der Feldzeugmeisterei/Wumba über den Aufbau neuer Anlagen für die Pikrinsäure und den hierfür nötigen Zuschuss von 15 Millionen Mark.[30] Er telegraphierte Ludendorff und berichtete Bauer schon Anfang Oktober 1916, es gehe alles zügig voran, die Genehmigungen würden rasch erteilt und auch die notwendigen Terrainenteignungen zum Neubau der Pikrinsäureanlage in Worringen seien bereits vollzogen. Auch die neuen Organisationsstrukturen funktionierten zu seiner Zufriedenheit.[31] Er blieb in den folgenden Wochen in engem Kontakt mit Bauer und meldete diesem jeweils den Stand der Verhandlungen im Kriegsministerium und in der Feldzeugmeisterei/Wumba, damit die OHL über praktische Probleme bei der Erfüllung ihrer Forderungen stets unmittelbar informiert war.[32] Duisberg organisierte für Bauer später auch Besichtigungstouren durch die großen Werke im Westen, um ihm zu zeigen, mit welchen Schwierigkeiten, die sein neues Pulverprogramm der Industrie aufgebuckelt habe, diese praktisch zu kämpfen habe.[33] Aber man gebe sich Mühe, alles zu erfüllen. Silvester 1916 versicherte er Max Bauer erneut: «Auf jeden Fall können Sie auf die rheinisch-westfälische Industrie rechnen, soweit es sich um die möglichst rechtzeitige Fertigstellung des Hindenburg-Programms handelt.»[34]

De facto sah es freilich anders aus. Die Fortschritte bei der Erfüllung des Hindenburg-Programmes ließen nicht zuletzt deshalb zu wünschen übrig, weil das Programm über eine gewisse innere Widersprüchlichkeit verfügte, die sich im Herbst und Winter leistungsmindernd niederschlug. Das Ziel der Verdreifachung der Sprengmittelherstellung und der Verdoppelung der Produktion der wichtigsten Waffen war eben nicht allein durch eine bessere Ausnutzung der vorhandenen Anlagen zu erreichen, sondern verlangte deren Erweiterung; zum Teil waren umfangreiche Neubauten und große Investitionsmaßnahmen erforderlich.[35] Die Farbenfabriken kamen dabei ihrer Selbstverpflichtung noch einigermaßen nach, obwohl auch sie die gesetzten zeitlichen Limits überschritten. In anderen Unternehmen und Branchen war die Lage weit schwieriger, da die Kapazitätserweiterungsmaßnahmen die laufende Produktion durch den hohen Bedarf an Rohstoffen, Investitionsgütern und vor allem Arbeitskräften «kannibalisierten». Zwar wurden die meisten Planziele des Programms im Laufe des Jahres 1917 schließlich erreicht, doch die Zeitverzögerungen waren gravierend.[36] Auch die Zusammenarbeit in den neu geschaffenen Gremien war nicht wirklich von Vertrauen geprägt. Schon in den ersten Verhandlungen zeigte sich, dass das Kriegsministerium, anders als die OHL und anders als Max Bauer, nicht bereit war, der Industrie so entgegenzukommen, wie diese es wünschte. Während die allgemeinen Strukturen und Kompetenzen von Kriegsamt und Wumba im Wesentlichen den Vorstellungen der maßgeblichen Industriellen folgten, die ja auch in den Beiräten gut vertreten waren, blieb vor allem in der Frage der Arbeitskräfte die Kluft groß. Zwar gab es die grundsätzliche Übereinstimmung, neben den Rohstoffen auch das Arbeitskräftepotential möglichst umfassend zu mobilisieren, doch wie das geschehen sollte und welche Rolle materielle Anreize dabei haben könnten, war durchaus umstritten. Das Kriegsministerium war der Auffassung, die Industrie könne wegen ihrer großen Gewinne mehr tun. Überhaupt bestand bei den Offizieren des Ministeriums der Eindruck, die Industrie nutze die Notsituation des Reiches geradezu schamlos aus. Dieser Eindruck sollte sich im Laufe der Zeit verfestigen und die Stimmung verdüstern. Misstrauen machte sich breit.

***

Zum entscheidenden Engpass bei der Durchsetzung des Hindenburg-Programms wurde die Arbeitskräftefrage. Arbeitskräftemangel war seit 1915 ein sich zuspitzendes Problem der Rüstungsindustrie, das sich nicht einfach beheben ließ. In Reaktion auf die zunehmende Arbeitskräfteknappheit traten Militär und Rüstungsindustrie zudem unmittelbar als Konkurrenten mit jeweils überaus legitimen Ansprüchen auf. Nachdem zunächst recht wahllos große Teile der Arbeiterschaft eingezogen worden waren, kam es 1915 wegen empfindlicher Produktionseinbrüche etwa im Bergbau und der Eisen- und Stahlindustrie zu umfangreichen Reklamierungen. Die Zahl der reklamierten Soldaten, die an der Front fehlten, weil sie in der Rüstungsindustrie tätig waren, erreichte im Herbst 1916 eine Höhe von knapp 1,2 Millionen Menschen. In den folgenden Monaten stieg wegen des Hindenburg-Programms ihre Zahl weiter an auf schließlich fast zwei Millionen Ende 1917,[37] wobei die Auseinandersetzungen zwischen Militär und Industrie immer schärfer wurden. Ohne Erweiterung des Arbeitskräftepotentials war nichts zu gewinnen. Vier Maßnahmen boten sich an, und zwar erstens die Schließung beziehungsweise Schrumpfung nicht kriegswichtiger Unternehmen; zweitens kam die Einführung einer Arbeitsdienstpflicht für möglichst viele Männer und Frauen sowie, soweit möglich, Ersetzung männlicher durch weibliche Arbeitskräfte in Frage. Drittens konnte das Arbeitskräftepotential durch Zugriff auf Strafgefangene, Kriegsgefangene und ausländische Arbeitskräfte erweitert werden.[38] Und schließlich gab es eine vierte Möglichkeit, nämlich, die Arbeitszeit zu verlängern und die Arbeitsintensität zu erhöhen. Von dieser wurde intensiv Gebrauch gemacht, doch konterkarierte die schlechte Versorgungslage den Erfolg, da mit längerer Arbeitszeit zumeist die Produktivität sank. Die Auskämmaktionen waren da erfolgreicher. Sie setzten noch Ende 1916 ein. Während die nicht rüstungswichtigen Betriebe viele ihrer Arbeitskräfte an die Front oder an kriegswichtige Betriebe verloren, konnten diese ihre Belegschaftsziffern stark steigern.[39] Auf diese Weise konnte der Bedarf teilweise gedeckt werden, ein weiterer Teil wurde durch die Heranziehung von Frauen ausgeglichen, die zur Arbeit allerdings nicht gezwungen werden konnten. Ihre Heranziehung und die Gewinnung weiterer männlicher Arbeitskräfte war daher auch eine Frage des Lohnanreizes, was in der Rüstungsindustrie insgesamt zu deutlich steigenden Löhnen führte. Nicht zuletzt um den Lohndruck zu mildern, favorisierte die Industrie daher eine Arbeitspflicht für alle erwachsenen Deutschen. Duisberg drängte frühzeitig in diese Richtung. Bauer meldete er am 11. Oktober 1916, er habe wegen der Arbeiterfrage schon den Stahlbund und die Maschinenbauer mobilgemacht: «Es sollen Eingaben an die Oberste Heeresleitung und das Militärkabinett abgesandt werden. Morgen ist die chemische Industrie unter Haber in Berlin versammelt. Da wird diese mobilisiert. Es wird neben der Rohstoffversorgung unter Coeth (!)[40] die Arbeiterbeschaffung die Hauptsorge. Jetzt arbeiten 3 Stellen im Kriegsministerium gegeneinander und daneben meist unabhängig und widerwillig die stellv. Generalkommandos. Es muss eine Stelle sein, die diese Fragen behandelt und erledigt, sonst wird's nichts.»[41] Mitte Oktober 1916 stand damit eine kleine Industriefront, in deren Namen Duisberg die Einrichtung einer «zentralisierten Arbeiterbeschaffungsstelle» forderte.[42]

In diesem Punkt war er allerdings nicht so erfolgreich wie in der Rohstoff- und Beschaffungsfrage, denn neben der Organisationsstruktur waren die Kompetenzen in der Arbeitskräftepolitik das eigentliche Problem. Es war relativ früh klar, dass die Arbeitskräftemobilisierung wegen der damit verbundenen Eingriffe in die Freizügigkeit eine gesetzliche Grundlage haben musste, also der Reichstag und das hieß auch die Sozialdemokratie am Gesetzgebungsprozess zu beteiligen waren. Die Reichsleitung um Reichskanzler Theobald von Bethmann-Hollweg war dabei nicht allein darum bemüht, die Sozialdemokratie in dieser kriegsentscheidenden Frage, die ja auch die Stabilität der Heimatfront betraf, einzubeziehen. Im Kanzleramt stand man einer umfassenden Militarisierung des Arbeitsverhältnisses ohnehin skeptisch gegenüber; insbesondere lehnte Bethmann-Hollweg die Ausdehnung der Dienstpflicht auf Frauen ab. In der Frage der Arbeitskräftemobilisierung, das zeichnete sich insofern rasch ab, würde es einen «Durchmarsch» von Industrie und OHL nicht geben. Das schließlich im Dezember 1916 verabschiedete Gesetz über den Vaterländischen Hilfsdienst, das in der Literatur namentlich bei Gerald Feldman breit gewürdigt ist,[43] verpflichtete zwar alle männlichen arbeitsfähigen Personen zum Kriegseinsatz in der Wirtschaft, sofern sie keine Soldaten waren, knüpfte diese Mobilisierung aber an Kautelen, die zumindest in den Augen der Industrie kontraproduktiv wirken konnten. Einerseits erhielten die zwangsverpflichteten Arbeitskräfte ein Kündigungsrecht für den Fall, dass sie in anderen Unternehmen bessere Arbeitsbedingungen finden konnten. Andererseits mussten in allen Hilfsdienstbetrieben mit mehr als 50 Beschäftigten unabhängige Arbeiterausschüsse eingerichtet werden, die die Interessen der Beschäftigten einschließlich der Frage der Löhne und Arbeitsbedingungen vertreten sollten. Sollte es in all diesen Punkten zu keiner Einigung kommen, waren die Arbeiterausschüsse berechtigt, neu einzurichtende Schlichtungsausschüsse anzurufen, die unter dem Vorsitz eines Offiziers des jeweiligen stellvertretenden Generalkommandos paritätisch mit Arbeitgeber- und Arbeitnehmervertretern, unter letzteren auch Gewerkschafter, besetzt wurden. Während Feldman die Einrichtung des Kriegsamtes als Sieg der Schwerindustrie betrachtet, markiert für ihn das Hilfsdienstgesetz einen Sieg der Gewerkschaften und der Arbeiterschaft, die erstmals auf Augenhöhe und kollektiv mit der Arbeitgeberseite über Löhne und Arbeitsbedingungen sprechen konnten.

Im September 1916 waren freilich Auskämmaktionen und umfassende Arbeitskräftemobilisierung noch Zukunftsmusik; der Arbeitskräftebedarf war aber bereits so hoch, dass er nur über Reklamationen befriedigt werden konnte, die wiederum den angesichts der Verluste in Verdun und an der Somme stark gestiegenen Ersatzbedarf des Feldheeres in Frage stellten. Die Lage verlangte daher direkte Aktionen. Duisbergs Anteil an der Zwangsdeportation belgischer Arbeitskräfte in das Deutsche Reich war schon in den Zwanzigerjahren bekannt und ist seither in der Literatur zur deutschen Kriegswirtschaft immer wieder zum Thema geworden. Vor einiger Zeit hat Jens Thiel[44] diese Frage minutiös beleuchtet; es genügt daher hier, auf sie noch einmal in groben Strichen zurückzukommen. Das Plädoyer für Zwangsdeportationen passt in vielerlei Hinsicht nicht in die Vorstellungen Duisbergs von erfolgreicher Unternehmensführung; im eigenen Unternehmen schreckte er vor aggressiven Schritten gegenüber der Belegschaft außerhalb von Streiks stets zurück, ja, hielt sie im Sinne eines reibungslosen Produktionsablaufes für kontraproduktiv. Dass er noch im September 1916 für die Zwangsdeportation von mehr als 100 000 Arbeitslosen aus Belgien eintrat, war daher, und Thiel betont das zu Recht, einer Situation geschuldet, in der ein Ruf nach durchgreifenden Maßnahmen nahelag. Die Tatsache, dass Belgien eine so große Rolle spielte, ergab sich dabei in gewisser Weise zufällig. Duisberg hatte Bauer ja am 10. September 1916 von seiner Besprechung mit Ludendorff berichtet und dabei auch die Bedingungen formuliert, die erfüllt sein müssten, um die Wünsche der OHL erfüllen zu können. Anschließend fuhr er nach Belgien, wo er, wie er später auf der sogenannten Adlon-Konferenz im Februar 1917 berichtete,[45] detaillierte Kenntnisse von der hohen Arbeitslosigkeit vor Ort erhielt. Diese habe nur deshalb, so zumindest die verbreitete Wahrnehmung, bisher nicht zu einer Katastrophe geführt, weil die Versorgung, unterstützt vor allem durch amerikanische Hilfslieferungen, ausreichend war. Insofern bestand, so Duisbergs Eindruck, auch bei belgischen Arbeitslosen kein Interesse daran, gegebenenfalls im Reich Arbeit anzunehmen, und alle Versuche, belgische Arbeiter auf freiwilliger Basis anzuwerben, scheiterten. Die hohen deutschen Militärs, mit denen Duisberg in Belgien konferierte, beklagten folgerichtig, man habe es mit großen Mengen «faulenzender» Leute zu tun, die eine Gefahr für die öffentliche Ordnung seien. Der Zivilgouverneur von Brabant, so erinnerte sich Duisberg, habe gar davon gesprochen, man könne gut und gerne mehr als 500 000 Arbeitskräfte bekommen – «zum Vorteil des Landes und der Leute selbst».[46] Mit dieser Botschaft im Gepäck fuhr Duisberg zurück nach Leverkusen und von dort dann zur bereits angesprochenen Konferenz im preußischen Kriegsministerium, auf der die Fragen der Umsetzung des Hindenburg-Programmes mit verschiedenen Industriellen besprochen wurden. Als die Frage der Arbeitskräfte auf die Tagesordnung kam und sich beim Themengeflecht Reklamationen/Löhne/Verpflegung keine Einheitlichkeit abzeichnete, lag es für Duisberg nahe, die Frage der belgischen Arbeitskräfte anzuschneiden, und er tat das mit der Aufforderung an den Kriegsminister: «Öffnen Sie das große Menschenbassin Belgien.»[47] Er forderte zugleich, sich in der Versorgungsfrage entsprechende Gedanken zu machen, im Klartext also die belgische Bevölkerung durch Kürzung der Nahrungsmittelzuteilung zur Arbeitsaufnahme zu bewegen. Duisberg ließ aber keinen Zweifel daran, dass er, sollte es notwendig werden, auch für direkte Zwangsmaßnahmen war, um ausreichend Arbeitskräfte für das Hindenburg-Programm zu bekommen. Die Zwangsmaßnahmen, die Duisberg damit ins Gespräch brachte, waren als ultima ratio von der rheinisch-westfälischen Schwerindustrie, die seit längerer Zeit versucht hatte, belgische Arbeitskräfte anzuwerben, schon seit einiger Zeit im Gespräch; aus diesen Kreisen kam in den nachfolgenden Wochen auch der stärkste Druck, diesen Weg zu gehen.[48] Duisberg selbst war unmittelbar weniger interessiert, da der Arbeitskräftebedarf der Farbenfabriken deutlich geringer war, sah darin aber ähnlich wie Walther Rathenau letztlich eine Grundsatzfrage der Bereitschaft, umfassend für den Krieg zu mobilisieren.[49] Auch mit Hugo Stinnes, der bei den Themen Hindenburg-Programm und Arbeitskräftemobilisierung einer der Sprecher der rheinisch-westfälischen Montanindustrie war, stimmte mit Duisberg, der sich mit Stinnes in dieser Zeit häufig traf, weitgehend überein.[50]

In Brüssel hatte man offenkundig das mulmige Gefühl, bei Duisberg einen Stein ins Rollen gebracht zu haben, der zu völkerrechtswidrigen Zwangsdeportationen führen könnte, von denen zumindest der deutsche Gouverneur in Belgien, Moritz von Bissing, nichts wissen wollte. Man versuchte noch, allerdings vergeblich, Duisberg zu bremsen. Karl Gerstein telegraphierte am 15. September 1916: «generalgouverneur bittet sie, in morgiger sitzung keinerlei mitteilungen über belgische arbeiterverhaeltnisse zu machen. Halte beratung mit ihm über art, umfang und durchfuehrung beabsichtigter massregel fuer unbedingt erforderlich. Gerstein.»[51] Das Telegramm erreichte Duisberg vor seiner Abreise nach Berlin wahrscheinlich nicht mehr. Man hatte in Brüssel, Jens Thiel hat dies alles umfassend dargestellt, schwere Bedenken, derart offen gegen das Völkerrecht zu verstoßen – Bedenken, die in Berlin geringer wogen und schließlich beiseitegeschoben wurden.[52] Die Zwangsdeportationen, die dem moralischen Ansehen Deutschlands gerade in den Augen der Neutralen sehr schadeten, erfüllten nicht einmal ansatzweise die in sie gesetzten Hoffnungen.

Alle Erwartungen konzentrierten sich daher auf das Hilfsdienstgesetz, doch die Probleme der Arbeitskräfterekrutierung nahmen auch mit seiner Einführung nicht ab. Zwar stieg insgesamt die Zahl der Arbeitskräfte wieder an, erreichte aber nicht den Friedensstand.[53] Zugleich nahmen die Konflikte zu. Die Zahl der Abkehrwilligen ging nach oben, die der Auseinandersetzungen, die vor die Schlichtungsausschüsse getragen wurden, ebenso. De facto kam es unter den Bedingungen des Krieges zu einer Art Protoform des kollektiven Arbeitsrechtes, gegen die beziehungsweise gegen deren Auswirkungen, als sie offen sichtbar geworden waren, die Industrie Sturm lief. Duisberg und die Werksleitung der Farbenfabriken hatten zwar im eigenen Haus wenig Probleme mit den neuen Strukturen, ja, Duisberg nutzte die Arbeiterausschusssitzungen ganz in seinem Sinne,[54] in der öffentlichen Auseinandersetzung mit dem Hilfsdienstgesetz aber war er wiederum einer der lautesten Kritiker. Auch seine Hoffnungen hatten sich nicht erfüllt, aus denen er gegenüber der «Deutschen Juristenzeitung» kein Hehl gemacht hatte: «Ihr Mahnwort an die Justiz und an das deutsche Volk – ein dringendes Gebot –, es kommt zur rechten Zeit, am rechten Ort. Das Friedensangebot[55], selbst wenn es von unseren Feinden angenommen wird, zwingt uns zum energischen Weiterrüsten, erst recht aber, wenn es leider vergeblich gewesen ist. Dann heißt es zum letzten Schlag, zum entscheidenden Sieg alles einsetzen für unseres Volkes Existenz, für Deutschlands Ehre. Dann hinweg mit Klagen und Prozessen, mit Schöffen und Schwurgerichten. Alle dadurch freiwerdenden Kräfte hinein in den neuen Vaterländischen Hilfsdienst. Jegliche Vergeudung menschlicher Energie muß aufhören, erst recht der überschüssigen. Jeden arbeitsfähigen Mann und jede leistungswillige Frau müssen wir für die rechtzeitige Fertigstellung des großen Hindenburg-Programms haben, das Millionen neuer Köpfe und Hände braucht.»[56]

Nichts davon trat ein. Stattdessen wurden die Klagen lauter. Insbesondere in der Schwerindustrie war die Stimmung im Dezember 1916 so pessimistisch, dass Duisberg einen Besuch von Max Bauer und Wilhelm Groener bei den großen Industriewerken des Westens organisierte, der mit einer Aussprache im Düsseldorfer Industrieclub verbunden wurde.[57] Die Schwierigkeiten bei der Mobilisierung der Arbeitskräfte erschienen der Industrie nicht mehr als Folge des Fehlens einer entsprechenden gesetzlichen Regelung, sondern nunmehr als deren spezifisches Ergebnis. Die Klagen rissen auch in den folgenden Monaten nicht ab; Duisberg trug sie wiederholt der Leitung des Kriegsamtes, auch Wilhelm Groener persönlich vor. Das Hilfsdienstgesetz sei ein «parteipolitisches Wechselbalg», ließ Duisberg Groener wissen, womit er den Einfluss des Reichstages auf diese zentrale Frage der Kriegswirtschaft als verhängnisvoll brandmarkte.[58]

Die Stimmung war gereizt. Selbst in Leverkusen wurde die Arbeiterschaft infolge der langen Arbeitszeiten und der schwierigen Ernährungslage immer unzufriedener. Die freien Gewerkschaften gewannen die Wahlen zum Arbeiterausschuss und waren damit erstmals offiziell im Werk vertreten. Die Beschwerden der Arbeiter nahmen überdies zu; die Konfliktfälle häuften sich.[59] Die nur schleppende Erfüllung des Hindenburg-Programms, die Schwierigkeiten der Arbeitskräfteversorgung, die wachsenden sozialen Spannungen in den Unternehmen lastete Duisberg, obwohl oder gerade weil er selbst in den Farbenfabriken glaubte, die Probleme beherrschen zu können, der zivilen Reichsleitung an, die für die Kompromisse in der Arbeitsmarktpolitik die Verantwortung zu tragen schien. Mehr und mehr geriet damit der Reichskanzler selbst in das Visier Duisbergs. Er nahm die Probleme des Reiches beim Versuch, einen modernen Materialkrieg gegen eine erdrückende Gegnerschaft erfolgreich zu führen, in ihrer Komplexität nicht mehr zur Kenntnis, sondern reduzierte sie auf eines: Führungsschwäche!

24 | Bethmann-Hollwegs Feind

Zum Inbegriff der Führungsschwäche wurde spätestens 1916 der Reichskanzler Bethmann-Hollweg, auf den sich die Duisbergsche Kritik nach und nach konzentrierte. Dabei spielte die Frage des U-Boot-Krieges bald eine wesentliche Rolle.[1] An ihr schieden sich die Geister, da die populäre öffentliche Forderung nach möglichst weitreichenden Kriegsmaßnahmen gegen Großbritannien auf den Widerstand der Reichsleitung traf, die sich in der Frage des U-Boot-Krieges, der auf eine Konfrontation mit den USA hinauslaufen musste, ihre diplomatischen Handlungsspielräume nicht nehmen lassen wollte.[2] Für die entschiedenen Verfechter eines deutschen Siegfriedens, in deren Kreisen Duisberg mittlerweile zu Hause war, hatte ein unbeschränkter U-Boot-Krieg hingegen nur Vorteile. Einerseits hielt er die Illusion militärischer Handlungsfähigkeit aufrecht; andererseits konnte mit entsprechenden Forderungen die Reichsleitung unter Druck gesetzt werden. Den Abbruch des U-Boot-Krieges nach der Versenkung der Lusitania und der Arabic hatten dessen Befürworter auch deshalb hingenommen, weil ihnen bewusst war, dass die Kriegsmarine aufgrund fehlender Boote einen derartigen Krieg gar nicht effektiv führen konnte. Doch Ende 1915 setzte die entsprechende Agitation, betrieben insbesondere von Alfred von Tirpitz, erneut ein. Nach der Ablösung Falkenhayns Ende August 1916 und der Installation der dritten Obersten Heeresleitung unter Hindenburg und Ludendorff entfiel zumindest im Unabhängigen Ausschuss jede taktische Zurückhaltung. Der UA betrieb von jetzt an offene Agitation und bereitete entsprechende Petitionen an den Reichstag vor. Von Fritz Haber wusste Duisberg allerdings, dass der Obersten Heeresleitung eine offene Debatte des U-Boot-Krieges zu diesem Zeitpunkt noch nicht recht war, zumal Hindenburgs Verhältnis zu Bethmann-Hollweg noch nicht so zerrüttet war, wie es einige Monate später sein sollte. Auch war Hindenburgs Haltung zum UA keineswegs wohlwollend.[3] Dort mahnte Duisberg daher zu taktischer Zurückhaltung: Hindenburg wünsche, dass die öffentlichen Erörterungen der U-Boot-Frage beendet würden. Die Festlegung des Zeitpunkts der Entscheidung behalte er sich vor ebenso wie er allein in der Lage sei, die Kriegslage zu beurteilen und die Folgen der jeweiligen Schritte abzuschätzen und zu bedenken. «Wenn der Generalfeldmarschall, in dessen Händen nunmehr die Entscheidung dieser ganzen Frage liegt, sich so ausspricht, und zwar ganz offiziell – ich komme in ganz offiziellem Auftrag von ihm –, so, meine ich, sollte das unbedingt Berücksichtigung finden.»[4]

Duisbergs Auftritt im UA als vermeintliches Sprachrohr Hindenburgs blieb der Öffentlichkeit nicht verborgen; in der «Germania» erschien postwendend ein Artikel, der Duisberg ausführlich zitierte. Die «BZ am Mittag» bat Duisberg um Auskunft, was diesen in Verlegenheit brachte.[5] Denn Hindenburg hatte keineswegs Duisberg zu irgendetwas beauftragt, sondern lediglich Fritz Haber seine Ansichten mitgeteilt. Es wäre für Hindenburg auch in jeder Hinsicht fatal gewesen, hätte er sich in dieser Weise in die Befugnisse der Reichsleitung eingemischt. Wie peinlich das alles war, zeigte Habers klärendes Telegramm an Duisberg vom 18. Oktober 1916, das auf die Veröffentlichung der Aussagen Duisbergs in der Zeitung «Germania» reagierte: «ich bitte sie der germania berichtigend mitzuteilen, dass keinerlei auftrag des alten herrn zu irgendeiner mitteilung an den unabhängigen ausschuss vorlag punkt zur erklaerung fuege ich persoenlich hinzu, dasz, wenn der alte herr es fuer gut haelt, dass seine private meinung als solche ueber die fragliche sache abwegigen vaterlandsfreunden bekannt wird, er andererseits von der einmischung in die politik weit entfernt ist, die in einem offiziellen auftrag zu einer mitteilung an einen politischen ausschusz gelegen ist. Haber.»[6] In den folgenden Tagen suchte Duisberg einigermaßen erfolglos den selbst erzeugten Eindruck zu verwischen, er sei von Hindenburg beauftragt worden.

Eine Entscheidung zugunsten des U-Boot-Krieges, den Bethmann-Hollweg weiterhin ablehnte, konnte es vor der deutschen Friedensnote vom 12. Dezember 1916[7] ohnehin nicht geben, da der U-Boot-Krieg die USA aufgebracht und eine deutsche Friedensnote ins Lächerliche gezogen hätte. So lange zumindest wäre jede öffentliche Agitation unklug gewesen.[8] Duisberg, der die Friedensnote des Reichstages mit Widerwillen sah, da er mittlerweile für einen Siegfrieden um fast jeden Preis eintrat, begriff sie gleichwohl als Chance, denn er ging fest von ihrer Zurückweisung durch die Entente aus, wodurch dann endlich der Weg zum offenen U-Boot-Krieg frei sei. Die in Teilen der Schwerindustrie verbreitete Befürchtung, das Friedensangebot könne angenommen werden, teilte Duisberg nicht. Er erlebte in diesen Wochen vielmehr einen erneuten Radikalisierungsschub.

Schon die Aufwertung durch das Hindenburg-Programm hatte ihn in fast bedenklicher Weise selbstbewusst und zum vermeintlich beauftragten Vollstrecker eines höheren Willens gemacht. Ende des Jahres 1916 glaubte der Leverkusener Geheimrat, er sei berufen, Weltpolitik zu betreiben. In der Frage des Unterwasserkrieges ging es keineswegs mehr allein um ein militärisches Problem. Nein, für Duisberg fiel in diesen Tagen die Entscheidung, ob Deutschland bereit war, in diesem Krieg bis zum Äußersten zu gehen. Und er war sehr dafür. Seine Hoffnung setzte er auf eine Ablehnung der deutschen Friedensnote und ein Ende der Wilsonschen Vermittlungsbemühungen: «Wenn jetzt, wie ich zuversichtlich hoffe, die Entente unser und Wilsons und der Neutralen Friedensangebot bezw. Friedensvermittlung so ablehnt, dass der Kaiser seinen Aufruf an Heer und Volk zu neuem gewaltigen Ringen, Rüsten und Schlagen sofort loslassen kann, so muss dann, das habe ich auch, als ich bei unserer Anwesenheit in Berlin zufällig Helfferich traf, diesem gesagt, die Friedensbimmelei und das Wedeln mit der Friedenspalme aufhören und die Militärgewalt an die Stelle der Zivilgewalt treten. Es muss dann, und hoffentlich bis Herbst 1917, soweit gebracht werden, dass wir unseren Feinden den Frieden diktieren können und die Bedingungen, die wir dann auferlegen, die müssen abweichen von denen, die wir jetzt zuzubilligen bereit waren», schrieb Duisberg an Max Bauer. Jetzt könne es nur noch einen Frieden geben, wie ihn der UA und große Teile der westdeutschen Industrie seit langem forderten.[9] Er wurde nicht enttäuscht, denn am 30. Dezember 1916 wies die Entente das deutsche Angebot in harschem Ton ab.[10] Ende des Jahres 1916 waren auch die entscheidenden Offiziere an der Spitze der OHL endlich bereit, den U-Boot-Krieg zu fordern, was bei Duisberg, den Bauer informierte, große Freude auslöste. Das Hauptproblem war nur, auch das Große Hauptquartier, also vor allem den Kaiser und Bethmann-Hollweg zu einer derartigen Entscheidung zu bringen, und da war nicht nur die rheinisch-westfälische Schwerindustrie skeptisch, ob das bei der Stimmung in der Öffentlichkeit so ohne weiteres möglich sein würde. Insbesondere fürchtete man den Einfluss der liberalen Zeitungen, namentlich des «Berliner Tageblatts» und der «Frankfurter Zeitung». Duisberg zog daher zur Jahreswende 1916/17 alle Register und versorgte die OHL mit allem nur erdenklichen Material, das für den U-Boot-Krieg sprach. Der OHL lobte er eine Weinprämie aus: «Jedesmal, wenn eine Wurzel der an der Spitze der Zivilverwaltung stehenden, nicht den nötigen Mannesmut und die erforderliche Tatkraft aufweisenden, mit Lindenblüten und mit Espenblättern verzierten Männer morsch geworden, bitte ich, einige Flaschen dieses edlen Weins zu trinken, um neuen Mut und neue Kraft in gleicher Richtung zu gewinnen. Wenn mir dann auch hier das Wasser im Mund zusammenläuft und ich mich mit saurem Mosel begnügen muss, so tue ich es doch von Herzen gern, denn nicht auf die Person, sondern nur auf die Sache, nicht auf das eigene Ich, sondern auf das Vaterland und seine Zukunft kommt es an.»[11]

Die Nachrichten über einen Durchbruch im Großen Hauptquartier, die Duisberg jeden Moment erwartete, aber blieben aus. Duisberg wollte direkt eingreifen, ließ er Alfred Hugenberg wissen. Er treffe demnächst wieder seine Freunde aus dem Hauptquartier; da könne er auch Hugenbergs Ansichten vortragen: «Wenn Sie auch, als Mitglied des Direktoriums von der Firma Krupp sich nicht so frei betätigen können, bin ich doch ganz als freier Mann in der Lage, alles, was Sie wünschen und auf dem Herzen haben, an die richtige Stelle zu leiten. Ich werde wahrscheinlich auch demnächst einmal Gelegenheit haben, Hindenburg und Ludendorff in Pleß zu sprechen. Auf jeden Fall müssen und werden wir in gleicher Weise weiterkämpfen bis unser Ziel erreicht ist.»[12] Der Erfolg kam dann doch schneller als geglaubt. Am 9. Januar 1917 fiel die entsprechende Entscheidung im Großen Hauptquartier, die am 1. Februar 1917 veröffentlicht wurde. Duisberg erfuhr zwar nicht unmittelbar, aber doch frühzeitig von dem Entschluss, den er sich noch einmal telefonisch von einem Mitarbeiter der OHL bestätigen ließ. Danach war es vor allem die Beurteilung der Rolle der USA, die den Ausschlag gegeben hatte. Da Duisberg in den Tagen vor der Entscheidung wiederholt einschlägiges Material zur Verfügung gestellt hatte, konnte er sich einen gewissen Anteil an der Entscheidung zurechnen, was freilich die reale Entscheidungssituation im Großen Hauptquartier nicht realistisch wiedergibt.[13] Aber immerhin mochten Duisbergs Informationen bei den Diskussionen in der OHL eine Rolle gespielt haben.[14]

Die öffentliche Agitation für den erweiterten Seekrieg stellte Duisberg aber auch jetzt nicht ein, sondern forcierte sie angesichts des vermeintlich schädlichen Einflusses der liberalen und linken Publizistik noch, obwohl auch er wusste, dass die Friedenssehnsucht groß war, nicht zuletzt in Leverkusen selbst und insbesondere bei der Arbeiterschaft.[15] Die Arbeiterausschusswahlen im Frühjahr 1917 sollten eine deutliche Sprache sprechen. Doch Duisberg fasste Zweifel jetzt fast nur noch als Ausdruck bösen Willens oder mangelnden Mutes auf, die es gehörig zu bekämpfen galt, nicht zuletzt durch entsprechende öffentliche Auftritte. Dabei gerierte er sich mittlerweile nicht mehr allein als Sprecher der chemischen Industrie, sondern sprach im Namen der gesamten rheinisch-westfälischen Industrie. Vor dem Düsseldorfer Industrieclub wurde er am 13. Januar 1917 überdeutlich. Mit der Ablehnung des deutschen Friedensangebotes sei auch der größte deutsche Friedensfreund davon überzeugt, dass die Entente keinen Frieden, sondern Unterwerfung wolle. Nun seien die Noten gewechselt, der Aufruf des Kaisers an Armee und Volk sei ergangen, «der Krieg ist in ein neues, hoffentlich letztes Stadium eingetreten». Jetzt müssten Taten folgen: «Nun, meine Herren, auch da gibt es kein Schwanken und Zaudern mehr, auch die U-Boote müssen jetzt wirklich heraus.» Hindenburg habe vor einiger Zeit in dieser Frage um Zurückhaltung gebeten, denn die Waffe solle, wenn sie eingesetzt wird, ja überraschend sein und tödlich treffen. Er sei davon überzeugt, dass die U-Boote das tun werden: «Ich werde so oft gefragt: Sind denn wirklich die U-Boote imstande, die Engländer schachmatt zu setzen? Ich bin kein Marinesachverständiger, ich bin also nicht maßgebend … Nur das eine wissen wir alle: wenn Hindenburg Waffen einsetzt, so bürgt der Einsatz für den Erfolg, und er setzt sie nicht eher ein, bis er sicher ist, dass er Erfolg hat. Das hat er immer bewiesen. Das gibt uns die tröstliche Gewissheit, dass, wenn wir die U-Boote jetzt so einsetzen, wie es nicht anders bei einer Unterwasserwaffe möglich ist, nämlich rücksichtslos, dass wir dann endlich England an seiner Achillesferse treffen. Und nur, wenn wir England treffen, wird der Krieg beendet werden.» Falle der Entschluss zum U-Boot-Krieg, dann müssten auch die Männer, die diesen Entschluss gefasst hätten, an der Spitze des Reiches stehen, dann müssten «die Untüchtigen gehen; sonst ist kein Platz für die Tüchtigen vorhanden. Das ist die logische Folge. … Und wenn dann Männer aus Stahl nicht nur im Schützengraben, sondern an der Obersten Stelle stehen, wenn dann nicht nur Glacéhandschuhpolitik, sondern Faustpolitik getrieben wird, wenn es dann zu Friedensverhandlungen kommt, brauchen wir um die Friedensziele gar keine Sorge zu haben. Sie können sich fest darauf verlassen, wenn Hindenburg und Ludendorff auch hierbei mitwirken, gibt es einen glänzenden Frieden für unser Vaterland.»[16]

Betrachtet man die Zeit nach der Erklärung des U-Boot-Krieges, ist offensichtlich, dass die großen Erwartungen an diese Art des Seekrieges vor allem eine propagandistische Figur waren, um Bethmann-Hollweg zu isolieren. Duisberg stellte jedenfalls faktisch mit der offiziellen Verkündung des verschärften Seekrieges seine Argumentation um. Bereits am 25. Februar 1917 erklärte er, man dürfe vom U-Boot-Krieg, so wichtig er sei, keine Wunderdinge erwarten, zumal die Engländer zäh seien.[17] Damit sollte er zweifellos Recht haben. Trotz recht hoher Versenkungsziffern wurde England gerade deshalb nicht entscheidend getroffen, weil das wirtschaftliche und militärische Potential der USA die deutschen Versenkungserfolge mehr als ausglich. Die Hoffnungen auf ein rasches Ende des Krieges, die auch Duisberg in der Seekriegsagitation wiederholt geschürt hatte, erfüllten sich nicht. Im Sommer 1917 musste man einen weiteren Kriegswinter ins Auge fassen, weil eine Wende nicht eingetreten war: «Leider wird ja der U-Boot-Krieg nicht den Erfolg haben, den die Marine und die Oberste Heeresleitung aufgrund der Zahlen, die die National-Ökonomen zusammengetragen haben, erhofft hatten. Die Erfolge der Marine sind zwar grösser als man angenommen und auch, wie ich vertraulich hörte, im Monat Juni wieder sehr günstig. Aber der Mangel an Nahrungsmitteln ist nicht so gross, dass deshalb die Engländer zum Frieden gezwungen werden können.» Daher bereite man sich im Hauptquartier auf einen vierten Kriegswinter vor.[18] Duisberg hoffte allerdings noch immer, 1918 werde in England der Materialmangel so groß, dass man doch noch zu einem günstigen Friedensschluss kommen könne. Angesichts der großen Produktionskapazitäten der USA war das eine ziemliche Fehlspekulation, doch hatte Duisberg zu dieser Zeit keine realistische Vorstellung von den realen Kräfteverhältnissen mehr. Es wurde bei ihm nun mehr und mehr zu einer Frage des Willens und der Führung, ob dieser Krieg noch erfolgreich zu Ende gebracht werden konnte. Von daher war auch der Fehlschlag des U-Boot-Krieges nicht vergeblich, wenn er die Chancen verbesserte, Bethmann-Hollweg zu stürzen.

***

Die U-Boot-Kampagne war aus Duisbergs Sicht auch deshalb unbefriedigend verlaufen, weil Bethmann-Hollweg sie im Amt überstanden hatte. Er hatte gehofft, «dass … Männer der Tat an die Stelle der Männer des Wortes treten, da wir nur mit ersteren und nicht mit letzteren den Krieg siegreich beenden werden».[19] Ein direkter Angriff auf Bethmann-Hollweg war sehr viel schwieriger. Rücktrittsforderungen, ja Vorschläge zu einer Militärdiktatur, wie sie Duisberg vorschwebten, waren kurz vor dem Tatbestand des Hochverrates, wenn sie ihn nicht bereits erfüllten. Vor allem aber waren das massive Eingriffe in die Prärogative der Krone; und der Kaiser hatte bisher keinerlei Bereitschaft gezeigt, Bethmann-Hollweg fallen zu lassen. Im Gegenteil, er hatte eine Initiative des dem UA nahestehenden

Fürsten Salm-Horstmar gegen Bethmann-Hollweg vom Januar 1916, die auch Duisberg unterzeichnet hatte, geradezu barsch als Eingriff in seine allerhöchsten «Regierungsrechte» zurückgewiesen.[20] Für Hindenburg und Ludendorff war es nicht ratsam, öffentlich gegen den Kanzler, also den Vertrauten des Kaisers vorzugehen, da die Ablehnung Ludendorffs durch Wilhelm II. bekannt war und er wohl auch Hindenburg dessen übergroße Popularität neidete.[21] In der Frage des U-Boot-Krieges wusste Duisberg, insbesondere nach der Zurückweisung der deutschen Friedensnote, die Öffentlichkeit auf seiner Seite. Um Bethmann-Hollweg zu stürzen und durch Hindenburg zu ersetzen, wie es Duisberg wohl eine Zeit lang vorschwebte, reichte aber die Isolierung des Kanzlers in der Seekriegsfrage nicht aus. Man musste erreichen, dass sozusagen auf verfassungsgemäßem Wege dem Kanzler der Boden unter den Füßen weggezogen wurde, er also das Vertrauen des Kaisers verlor oder dieser dazu gebracht wurde, ihm das Vertrauen zu entziehen.[22]

Die Intrigen gegen Bethmann-Hollweg, die schließlich im Sommer 1917 Erfolg hatten, sind in der Literatur breit dargestellt und bedürfen hier keiner Kommentierung.[23] Bethmann-Hollwegs Versuche, eine Art «Diagonale» unterschiedlicher Gruppierungen im Reichstag für seine moderate Haltung zu gewinnen, scheiterten an der Frage der Reform des preußischen Wahlrechts, mit der er sich im Reichstag zwischen alle Stühle setzte. Er stand schließlich einer umfassenden gegnerischen Front von den Sozialdemokraten bis zu den konservativen Parteien gegenüber, die dem Kaiser kaum mehr die Möglichkeit ließ, sein Rücktrittsgesuch nicht anzunehmen. Ging er den Konservativen in der Wahlrechtsreformdebatte zu weit, so fühlten sich die Sozialdemokraten vertröstet, ja abgespeist, da an eine substantielle Änderung des Wahlrechtes zumindest vor Kriegsende nicht gedacht war. So fiel es Bauer leicht, auch in enger Kooperation mit Matthias Erzberger und Gustav Stresemann, den Reichstag so gegen Bethmann-Hollweg aufzubringen, dass ihm kaum mehr als der Rückzug blieb, den der Kaiser schließlich auch akzeptierte.[24] Duisberg kannte die Rolle Bauers und sah sich selbst als dessen Helfer: «Inzwischen geht leider der Krieg immer noch weiter», schrieb er am 20. August 1917 an Walther Nernst, «und kann bei dem Kriegswahnsinn, der unsere Gegner befallen hat, kein Ende finden. Ein Glück, daß inzwischen Bethmann gestürzt ist und berechtigte Hoffnung für einen deutschen Frieden besteht. Auch diese Herkulesarbeit hat unser gemeinsamer Freund B. geleistet, dem ich dabei assistiert habe.»[25]

Worin bestand die Assistenz, derer Duisberg sich rühmte? Um das zu begreifen, ist noch einmal ein Rückblick zur Jahreswende 1916/17 notwendig. Duisberg stand zu dieser Zeit laufend in engem Kontakt zur Kriegszielbewegung, namentlich zu Dietrich Schäfer und Paul Fuhrmann, aber auch zu Alfred Hugenberg[26] und Emil Kirdorf[27], also einflussreichen Schwerindustriellen des Ruhrgebietes, die den Alldeutschen Verband und den UA finanzierten. Beide hielten sich jedoch in der öffentlichen Debatte persönlich zurück. Wahrscheinlich deshalb übernahm Carl Duisberg die Aufgabe, die Kritik am Reichskanzler in die Öffentlichkeit zu bringen. Für Anfang Februar war das jährliche Treffen der Mitglieder des Deutschen Museums mit dem bayerischen König Ludwig III. in München geplant. Ludwig III. war nach dem preußischen König der wichtigste Bundesfürst. Seine Stimme besaß in Berlin Gewicht. Sollte von dieser Seite beziehungsweise vom Bundesrat her Kritik an Bethmann-Hollweg kommen, war klar, dass die Reichsleitung das nicht ignorieren konnte, zumal diese Kritik ja auf verfassungsmäßigem Wege vorgetragen wurde.[28] Der Plan war folgender: Duisberg sollte beim gemeinsamen Frühstück des Vorstands des Deutschen Museums mit dem König in seiner Tischrede die Sprache auch auf Bethmann-Hollweg bringen beziehungsweise eine Gelegenheit suchen, um dem König die Vorbehalte weiter Kreise der Gesellschaft gegenüber Bethmann-Hollweg direkt vorzutragen. Als ehemaligem Vorsitzenden des Vorstandsrates des Deutschen Museums war das Duisberg ohne weiteres möglich. Er fühlte sich wahrscheinlich auch relativ sicher, da seine Gasmunition des Königs Beifall ebenso gefunden hatte, wie er im Mai 1916 mit dem Vortrag über die Leistungen der Chemie im Kriege an der gleichen Stelle hatte glänzen können. Vor dem bayerischen Kronprinzen Rupprecht hatte er den Vortrag später an der Westfront ebenfalls mit großem Erfolg wiederholt. Überdies schmückte ihn das bayerische Militärverdienstkreuz, das er bei diesem Anlass trug.

Welche Bedeutung Duisberg dem Auftritt in Bayern beimaß, geht aus der Tatsache hervor, dass er die Reise nach München trotz der schweren Explosion in Leverkusen vom 27. Januar 1917, die auch seine Tochter erheblich verletzt hatte, nicht verschob.[29] Dazu war der Coup zu weit fortgeschritten. Heinrich Claß, der Vorsitzende des Alldeutschen Verbandes schrieb jedenfalls am 30. Januar 1917 nach Leverkusen, Kirdorf habe ihn aufgefordert, Duisberg mit Material gegen Bethmann-Hollweg zu versorgen.[30] Duisberg wünschte, Claß möge ihm Material, «was darauf hinweist und Zeugnis dafür ablegt, daß B. H. durchaus nicht so wahrheitsliebend ist, wie er gilt», am besten gleich nach München schicken.[31] Das Treffen mit dem bayerischen König am 6. Februar 1917 verlief aber völlig anders als geplant.[32] Duisberg hatte zunächst sogar Glück, da er die Tischrede übernehmen durfte, für die eigentlich Gustav Krupp vorgesehen war. Er nutzte die Tischrede, um auf die schwierige wirtschaftliche Lage zu verweisen, an der nach ihm vorliegenden Informationen von Ludendorff und Groener im Wesentlichen die Reichsleitung schuld sei, deren Ablösung notwendig werde. Auf Nachfrage brachte Duisberg Hindenburg als Reichskanzler und Tirpitz als dessen Stellvertreter ins Gespräch, erntete mit seinen Ausführungen aber keine Gegenliebe, sondern traf auf Zurückhaltung, ja zum Teil auf eisiges Schweigen. Auch der Versuch, am Abend desselben Tages König Ludwig III. unmittelbar anzusprechen, scheiterte, weil dieser Duisbergs Auffassungen nicht teilte und seine Forderungen zurückwies. Einige Zeit später räumte Duisberg das Scheitern auch ein.[33]

Tischrede und abendliches Zwiegespräch hatten ein Nachspiel, da sowohl der preußische Gesandte Treutler als auch der Vertreter des Reichsamts des Innern im Deutschen Museum, Lewald, unmittelbar nach Berlin berichteten. Bethmann-Hollweg war also am nächsten Tag über Duisbergs Angriffe informiert. Ihn ärgerte insbesondere, dass Duisberg nun innerhalb kurzer Frist bereits das zweite Mal als Sprecher Hindenburgs gegen den Reichskanzler aufgetreten war. Jedenfalls entschloss er sich dazu, Hindenburg zu bitten, Duisberg zur Ordnung zu rufen. Bethmann-Hollweg konnte diese Forderungen umso mehr stellen, als aus den Berichten Treutlers und Lewalds hervorging, dass Duisberg keine Zustimmung gefunden hatte. Ludwig III. und der bayerische Ministerpräsident Hertling fanden Duisbergs Auftritt, so hieß es in den Berichten für Bethmann-Hollweg, in jedem Fall völlig deplaciert; man habe lediglich von einer Zurechtweisung abgesehen, da Duisberg als ehemaliger Vorsitzender des Vorstandsrats des Deutschen Museums ein Ehrengast gewesen sei. Selbst Gustav Krupp von Bohlen und Halbach konnte sich, so hieß es, die Rede nur mit der «maßlos übersteigerten Eitelkeit» Duisbergs erklären.

Duisberg erhielt von diesen Reaktionen, so er sie nicht bereits am Tag selbst mitbekommen hatte, durch ein Schreiben Hindenburgs Kenntnis, der ihm von Bethmann-Hollwegs Wunsch, Duisberg zu maßregeln, Kenntnis gab und um eine Stellungnahme bat. Auf diese Weise erhielt Duisberg auch eine Abschrift des Berichtes von Ministerialrat Lewald. In der Antwort auf Hindenburgs Anfrage begründete er sein Münchener Vorgehen jetzt nicht so sehr mit einem Auftrag der OHL, den er ja förmlich nicht hatte, als mit seiner brennenden Sorge um die Lage des Vaterlandes. Besonders habe ihn geärgert, dass man ihm in München Vorhaltungen gemacht hatte, selbst die Chemie halte ihre Produktionsversprechen nicht ein: «Unter diesem Eindruck stand ich in München und aus dieser, von patriotischer Sorge erfüllten Stimmung flossen meine Worte. Bevor ich mich zum Reden in diesem Sinne entschlossen habe, fragte ich vor dem Essen im Künstlerhaus S. Exzellenz Herrn Kultusminister von Knilling, mit dem ich einige Tage vorher gesprochen und der meine Stimmung kannte, ob ich diesen Gefühlen in dem kleinen Kreise des Vorstands des deutschen Museums Ausdruck geben dürfe. Er hat mir erwidert, ‹reden Sie nur, wie es Ihnen ums Herz ist›.»[34]

So impulsiv wie behauptet war Duisbergs Münchener Rede freilich nicht. Immerhin gestand er ein, dass er nicht gut angekommen war, lud einen Teil der Verantwortung dafür aber bei von Knilling ab, der ihn nicht gewarnt habe. In der Sache gab Duisberg nicht nach. Das Schreiben selbst war vielmehr eine Rechtfertigung, dass er, der seit 1914 alles für die Rüstung und damit für den Erfolg Deutschlands getan habe, sich auch in der Verantwortung sehe, wenn es darum gehe, auf Schwächen und Probleme hinzuweisen: «Ich halte alle meine dort aufgestellten Behauptungen als wahr aufrecht, von denen der Bericht des Herrn Lewald nur eine ganz einseitige und voreingenommene Darstellung gibt, bedauere auch nicht ein Jota davon zurücknehmen zu können und belasse es einer unparteiischen Beurteilung, ob dieselben bei der ganzen Schwere der Situation, in der wir stehen, als eine ‹bedauerliche Entgleisung› veranlasst durch die ‹masslos übersteigerte Eitelkeit des Herrn Duisberg› aufzufassen sind.»[35] In der Sache zog er sich also erneut auf die bereits hinlänglich bekannte Position desjenigen zurück, der helfen will und dafür nur Undank erntet. Hindenburg war mit Duisbergs Antwort zufrieden, gab sie an Bethmann-Hollweg weiter und begnügte sich mit der Bemerkung, in der Sache habe er nichts einzuwenden, habe jedoch angemahnt, seinen Namen in Zukunft aus dem Spiel zu lassen.[36] Da auch Krupp, von Duisberg um eine Aussprache zu seinen Bemerkungen gebeten, ausweichend reagierte, ging die Münchener Affäre in gewisser Weise folgenlos aus. Sie hatte für Duisberg persönlich keine unmittelbar negativen Folgen. Im Grunde fühlte er sich bestätigt. Hindenburg hatte ihn nicht fallen gelassen, sondern ihm den Rücken gestärkt, und in der Öffentlichkeit wurden die Umstände des Münchener Scheiterns nicht weiter bekannt.[37]

***

Das war freilich 14 Tage später völlig anders. Angesichts der Tatsache, dass der Kaiser weiterhin zu dem Kanzler stand und es angesichts des Umstands, dass Hindenburg selbst nicht wollte, keinen wirklich Ersatz für diesen gab, war die Initiative des Grafen Paul von Hoensbroech[38], eines selbst in der Kriegszielbewegung berüchtigten ehemaligen Jesuiten, bekannte Persönlichkeiten im Berliner Hotel Adlon zu versammeln und eine gegen den Reichskanzler gerichtete Eingabe an Kaiser und Reichstag verabschieden zu lassen, ziemlich verwegen. Gleichwohl wurde sie von Emil Kirdorf und dem Hannoveraner Maschinenfabrikanten Berthold Körting, also zwei führenden Mitgliedern des UA, unterstützt, die zu den Einladern der Konferenz zählten.[39] Carl Duisberg nahm an der Versammlung teil, hielt eine längere Rede – und, da Teile davon den Behörden, vor allem aber der Öffentlichkeit umgehend bekannt wurden, erschien er über Nacht als der Kopf einer Art «Kanzlerfronde», der sich nun erheblicher Kritik aus allen Teilen des Reiches ausgesetzt sah. Der Kaiser war über die Adlon-Verschwörung sichtlich verärgert, die Presse feixte, und selbst der Staatssekretär des Inneren, Karl Helfferich, mit dem sich Duisberg eigentlich verstand, verlangte Auskunft über die breit kolportierten Gerüchte, Duisberg habe die Reichsleitung massiv angegriffen.[40] Duisberg stand im Zentrum der öffentlichen Kritik. Im Reichstag wurde die Versammlung zum Thema; insbesondere die Naivität, mit der die Versammlung im Adlon glaubte, politische Personalfragen lösen zu können, erregte Heiterkeit. Doch der für Duisberg bittere Eindruck war vor allem, dass er nun als eitler Intrigant dastand, der es sich mit der Spitze des Reiches verdorben hatte[41], ja, den der Kaiser des «Hochverrats»[42] bezichtigte und kurzerhand verhaften lassen wollte.[43] Entsprechend hämisch notierte der Bethmann-Vertraute Curt Riezler in sein Tagebuch: «Versammlung im Adlon. Reizender Artikel im Vorwärts von gestern früh. Duisberg führte im Adlon das große Wort. Natürlich alles scheinbar im Namen von Ludendorff. ¾ Eitelkeit, ¼ Wahrheit.»[44]

Die Wahrheit um die «Adlon-Konferenz», die auch in der DDR-Literatur dafür herhalten musste, zu zeigen, dass mittlerweile die Schwerindustrie maßgeblichen Einfluss ausübte[45], hat Thomas Portz genau herausgearbeitet. Die Konstellation war anders, als sie auf den ersten Blick schien. Trotz aller widersprüchlichen Informationen ist offensichtlich, dass Carl Duisberg erneut zumindest mit Wissen von Bauer und Ludendorff auftrat, die – und das ist hier eben ganz wichtig – zu diesem Zeitpunkt gar kein Interesse daran hatten, öffentlich gegen Bethmann-Hollweg vorzugehen, da es weder eine gute Alternative gab, noch eine realistische Chance existierte, eine Entlassung des Kanzlers beim Kaiser durchzusetzen. Als Bauer, quasi gleichzeitig mit dem Scheitern der Münchener Initiative, davon erfuhr, dass der übereifrige Graf Hoensbroech eine direkte Intervention bei Kaiser und Reichstag plante, für die Resolutionsentwürfe, die mit der Einladung vom 8. Februar 1917 verschickt wurden, bereits vorlagen, dürften bei dem taktisch versierten Offizier die Alarmglocken geschrillt haben. Derartige Initiativen, die von vorneherein zum Scheitern verurteilt waren, konnten nur Bethmann-Hollweg nutzen; das galt es zu verhindern. Aufgrund seiner Stellung im Vorstand des UA, seiner engen Beziehungen zu führenden Köpfen der Kriegszielbewegung und der Schwerindustrie, schließlich seiner ausgewiesenen Haltung in der U-Boot- und Kanzlerfrage war Carl Duisberg überaus geeignet, die «Adloniter»[46], wie der «Vorwärts» die Teilnehmer der Konferenz titulierte, auf der die Industrie nebenher nur schwach repräsentiert war,[47] zur Räson zu bringen, also sie in der Sache zu unterstützen, aber zugleich taktisch zu disziplinieren. Genau diese Doppelrolle war es auch, die schließlich die Missverständnisse über Duisbergs Auftritt begünstigten. Da er überdies die Versammlung vor der abschließenden Abstimmung verließ, war sein Stimmverhalten eine Zeit lang strittig. All das macht durchaus nachvollziehbar, warum die Öffentlichkeit in Duisberg einen ausgemachten Kanzlerfrondeur sah.[48]

Die von Duisberg aus der Erinnerung niedergeschriebene Rede, die er anfertigte, um den kursierenden Varianten seiner vermeintlichen Ausführungen öffentlich entgegentreten zu können, ist in der Auseinandersetzung mit Bethmann-Hollweg denn auch keineswegs zimperlich, sondern der Beleg für eine mittlerweile verfestigte Radikalität, die sich gegen Korrekturen weitgehend abgeschottet hatte.[49] Auch wenn die schriftliche Fassung der Rede geglättet ist,[50] so ist doch vom Tenor her ganz eindeutig, dass sich Duisberg der Runde, die ihm zudem weitgehend unbekannt war, nicht zugehörig fühlte, ja, dass von der Teilnahme an einer Konferenz nicht die Rede sein kann. Duisberg wollte vielmehr als Fremder die «Adloniter» davon abhalten, eine Dummheit zu begehen, gerade weil er ihr Grundanliegen teilte. Und da er die rabiate Vorgehensweise von Graf Hoensbroech, der auch vor öffentlichem Krawall nicht zurückschreckte und selbst dem Vorstand des UA zu forsch war,[51] kannte, musste es hier darauf ankommen, den Ernst der Lage in so starken Farben zu malen, dass die «Adloniter» den Mut verloren, sich auf eine derartige Aktion einzulassen. Duisberg zog entsprechend vom Leder. Den U-Boot-Krieg habe man inzwischen gegen den Widerstand Bethmann-Hollwegs und der ihn stützenden Blätter «Berliner

Tageblatt» und «Frankfurter Zeitung» durchgesetzt. Jetzt komme es darauf an, das Volk zusammenzuschließen, um den Krieg bis zum Ende führen zu können. Aber gerade hier versage Bethmann-Hollweg völlig. Nach der Zurückweisung des Friedensangebotes des Kaisers «wäre es, wenn der rechte Mann am rechten Platz gestanden hätte … ein leichtes gewesen, das ganze deutsche Volk von Rechts bis Links wie im August 1914 zu einer grossen Einheit zusammenzufassen, um es zu einem grossen Block zusammenzuschweissen, den furor teutonicus zu wecken, der jetzt zum Durchhalten für uns alle so nötig ist. … Die Lage an den Fronten ist überall glänzend, sie kann nicht besser sein. Aber hinter der Front ist's anders. Da beginnt für mich, der ich als grosser Optimist bekannt bin, mein Pessimismus, meine erste Sorge.»[52] Die Ernährung sei schwierig, das Eisenbahnwesen funktioniere nicht gut, in den Betrieben machten sich Streiks und Widerstand bemerkbar. Man brauche eine neue innere Führung. Hindenburg sei ein vorstellbarer Kandidat; in der Alltagsarbeit könne er durch einen Stellvertreter entlastet werden. Duisberg dachte hier an Alfred von Tirpitz. Doch sei es nicht klug, derartige Forderungen jetzt und in der geplanten Form öffentlich zu machen. Mit dieser Auffassung setzte Duisberg sich durch; die «Adloniter» sahen davon ab, die vorgefertigten Resolutionen zu verabschieden und zu versenden. Gleichwohl war die öffentliche Resonanz, wie gesagt, nachdem Informationen über die Konferenz in die Öffentlichkeit gelangt waren, groß. Duisberg bemühte sich daher auch energisch darum, seine Bedeutung herunterzuspielen; vielmehr stellte er sich als jemand dar, der nur kurz zuvor von der Versammlung gehört habe, gekommen sei, um Schlimmeres zu verhüten, und nicht einmal bis zum Ende der Sitzung dabeigeblieben sei. Duisberg sah sich als das Opfer «grober Verleumder», wie er Karl Helfferich, der bei Duisberg wegen der kolportierten Äußerungen, der Reichskanzler und er selbst seien Gegner des U-Boot-Krieges, um Aufklärung bat, wissen ließ. Niemals habe er behauptet, Bethmann-Hollweg und Helfferich seien Gegner des U-Boot-Krieges; bestenfalls habe er auf deren «frühere ernste Bedenken» gegen diese Art des Krieges hingewiesen.[53]

Das Rampenlicht, in dem Duisberg plötzlich stand, behagte ihm nicht.[54] In kleinen, intimen Zirkeln wortradikal den Mann zu spielen, der über gute Beziehungen und Einfluss verfügt, war etwas völlig anderes, als sich mit derartigen Auffassungen und Beziehungen in der Öffentlichkeit zu präsentieren. In den Wochen nach der Adlon-Konferenz verlor Duisberg für eine gewisse Zeit auch die Lust am öffentlichen Auftritt[55], ja, spielte mit dem Gedanken, sich ganz aus dem Berliner Betrieb herauszuhalten.[56] Er habe, ließ er den Bonner Theologieprofessor Eduard Grafe wissen, im Adlon allein im Sinne einer Deeskalation der Konflikte und der inneren Eintracht gesprochen. Duisberg verleugnete auch jetzt die Gegnerschaft zur «obersten Reichsleitung» nicht, doch spielte er sein eigenes Engagement herunter, das er in der Tat auch weitgehend beendete. In den folgenden Wochen war seine Stimmung überaus pessimistisch,[57] da auch die Hoffnungen, die man auf die russische Februarrevolution gesetzt hatte, getrogen hatten. Wiederum machte Duisberg hierfür Bethmann-Hollweg verantwortlich, der es versäumt habe, diese Chance zu einem Sonderfrieden im Osten zu nutzen.[58] Am eigentlichen Sturz Bethmann-Hollwegs war Duisberg aber nur noch mittelbar beteiligt. Nach dem Februar 1917 war er eine Zeit lang nur selten in Berlin. In Leverkusen war die Stimmung schlecht; ein Streik lag in der Luft, um dessen Vermeidung Duisberg sich sehr bemühte.[59] Seine Bedeutung für den Sturz Bethmann-Hollwegs diskutiert Thomas Portz ausführlich und weist mit guten Argumenten auch Gerüchte über eine unmittelbare Beteiligung Duisbergs zurück.[60] Hilfreich war er vor allem, weil er Bauer Kontakte zu Matthias Erzberger und Gustav Stresemann verschaffte, die schließlich maßgeblich daran mitwirkten, Bethmann-Hollwegs Stellung auch gegenüber der Reichstagsmehrheit zu erschüttern.

Beim Kanzler-Sturz selbst war Duisberg aber gar nicht dabei, wie er gegenüber dem Kunsthistoriker Paul Clemen[61] am 20. Juli 1917 einräumte, seine Mittlerdienste freilich herausstreichend: «Wie Sie begreifen können, war ich sehr geneigt, nach Berlin zu reisen, um wie so oft schon vorher, auch jetzt hinter den Kulissen mitzuhelfen. Im entscheidenden Augenblick rutschte ich aber auf der Treppe aus und fiel derartig auf die bessere Hälfte meines Körpers, dass der Arzt den Teil wenigstens eine Nacht lang auf Eis legen liess. Am nächsten Morgen war aber schon eine erhebliche Besserung eingetreten und trotz heftigster Schmerzen konnte ich wieder, wenn auch nur sitzend, die geschäftlichen Angelegenheiten erledigen. Ich hätte auch reisen können, betrachtete diesen Fall aber als ein Zeichen des Himmels, es lieber nicht zu tun, sondern die Uhr, die ich mitaufgezogen, ruhig ablaufen zu lassen. Der Erfolg zeigt, dass ich recht getan und die dem scheidenden Kanzler zuteil gewordenen Nachrufe von rechts und links beweisen, wie notwendig es war, dass dieser Mann, der mit seinen Ministern vor und während des Krieges so viele politische Fehler begangen hat, wie kaum einer zuvor, unbedingt den Abschied nehmen musste, um einem stärkeren, energischeren, entschlosseneren und zielbewussteren Kanzler Platz zu machen.»[62]

Das Adlon-Ereignis wirft ein bezeichnendes Licht auf Duisberg, nämlich auf seine Scheu, Konflikte öffentlich auszutragen und im Zweifelsfall auch mit allen Konsequenzen durchzustehen. Sobald ein Konflikt zu eskalieren drohte und sich für ihn persönliche Nachteile abzeichneten, zog Duisberg sich zurück. Er hatte dann schnell keine Lust mehr, sich, wie er es gegenüber Andreas Gildemeister formulierte, auf das «politische Ränkespiel» einzulassen und war auch nicht erfreut, dass Gildemeister weiter gegen Bethmann-Hollweg intrigierte und Duisbergs Unterstützung suchte.[63] Dass hier Ängstlichkeit im Spiel war, gestand er allerdings weder vor sich selbst noch vor anderen ein. Die Auseinandersetzungen in den Farbenfabriken um Löhne und Arbeitszeiten, die in den ersten Monaten des Jahres 1917 schwelten, mussten als Grund dafür herhalten, dass er in Berlin nicht mehr mitspielte. Henry Theodor Böttinger hoffte darauf, dass in Leverkusen bald Frieden einkehre, damit Duisberg «vielleicht ebenso wichtige Besprechungen» in Berlin wieder wahrnehmen könne.[64] Duisberg rechtfertigte sich: «Ich folge zwar gern Deiner Mahnung und ziehe mich nicht aus einer gewissen Verdrossenheit oder Verärgerung zurück, sondern es liegt auch ein Stück Trotz darin, wenn man mich, der ich wirklich mein Bestes in dieser ernsten Zeit für mein Vaterland hingegeben habe, der ich nie so viel getan und gearbeitet habe, vor allem auch mit Rücksicht auf die Allgemeinheit wie jetzt, derartig niederträchtig schlecht behandelt. Du kennst mich doch sicher zur Genüge und weißt, dass ich als Kampfnatur so bald das Feld nicht räume. Aber mich als offener, aufrechter, gerader Mensch ekelt diese heimtückische, gemeine intrigante Methode an und da stelle ich mich einmal eine Zeit lang auf den Standpunkt – sie können mir alle im Mondschein begegnen.»[65] Dazu passt der Pessimismus und der Missmut, der sich in den kommenden Wochen in zahlreichen Briefen ebenso findet, wie der Eskapismus, sich über Ostern für einige Tage ins Grandhotel Mattern nach Königswinter zurückzuziehen und den Krieg zu vergessen. Auch Pfingsten zog es ihn wieder dorthin: «Die Sehnsucht nach Frieden wurde in der wundervollen Frühlingsnatur nur noch gesteigert.»[66] Kaum aus den Berliner Kreisen heraus – auch die Kontakte zu Oberst Bauer scheinen in diesen Tagen geringer gewesen zu sein –, änderte sich auch Duisbergs Haltung. Der Pessimismus bezüglich des Krieges gewann mehr Gewicht, die Durchhalteparolen und das markige Reden wichen zumindest in mancher Korrespondenz nachdenklicheren Tönen. Aber das waren wohl nur Momentaufnahmen, denn schon bald steigerte er sich erneut in einen heiligen Zorn auf Berlin. Nur war diesmal nicht mehr der Reichskanzler der Gegner, sondern die Reichstagsmehrheit und ihre Bereitschaft zu einem Verständigungsfrieden.

***

Den Sturz Bethmann-Hollwegs hatte Duisberg herbeigesehnt, doch wurde nach dessen Abgang die Lage keineswegs besser, zumindest nicht in innenpolitischer Hinsicht. Der neue Reichskanzler Michaelis, den Duisberg ein einziges Mal zusammen mit anderen Industriellen zu einer Besprechung[67] traf, war weitgehend unbekannt; auch später konnte er sich, obwohl oder weil er der OHL weniger Widerstand entgegensetzte als sein Vorgänger, nicht behaupten. Seine erste Rede lasse immerhin hoffen, erklärte Carl Duisberg. Doch die Amtszeit von Georg Michaelis war kurz; im Oktober 1917 forderte der Reichstag seinen Rücktritt.[68] Duisberg weinte ihm keine Träne nach: «Der hunderttägige Kanzler Michaelis war nicht nur ungeschickt, sondern auch dumm und musste deshalb weichen»[69], äußerte er sich gegenüber seinem Schwiegersohn. Michaelis folgte im November 1917 der bisherige bayerische Ministerpräsident Graf Hertling; auch er befand sich letztlich gegenüber der OHL in einer nachgeordneten Rolle.[70] Die innenpolitische, insbesondere die rüstungswirtschaftliche Lage wurde mit der neuen Reichsleitung gleichwohl nicht besser. Nun zeigte sich, dass es nicht allein an Bethmann-Hollweg gelegen hatte, wenn die «innere Mobilisierung» nicht so erfolgt war, wie sich das die OHL und in ihrem Gefolge Duisberg vorgestellt hatten. Vor allen Dingen erwies sich die Reichstagsmehrheit, die man beim Sturz Bethmann-Hollwegs noch geschickt zu instrumentalisieren verstanden hatte, nun als überaus sperrig.[71] Von einem Aufbruch war nichts zu spüren, im Gegenteil, wurde die Stimmung im Lande immer schlechter; im Winter 1917/18 war wiederum mit schweren sozialen Konflikten zu rechnen. Die Industrie machte hierfür vor allem die Praxis des Hilfsdienstgesetzes verantwortlich, das nicht nur die Arbeitskräfteknappheit nicht löste, sondern die Konflikte in den Unternehmen zu verschärfen schien. Mit dem Hilfsdienstgesetz geriet nach und nach auch das Kriegsamt selbst in das Zentrum der Kritik, da dessen Offiziere die Beschwerden der Industrie vermeintlich nicht ernst nahmen.[72] Die Kritik hatte nicht allein mit der Arbeitskräfteproblematik zu tun, so dringend sie war. Das Kriegsamt hatte von der Feldzeugmeisterei auch die kritische Haltung gegenüber der Preispolitik der Rüstungsindustrie übernommen, deren unbestreitbare Kriegsgewinne 1917 in doppelter Hinsicht in das

Kreuzfeuer der Kritik gerieten. Einerseits nahm die Debatte um die Besteuerung der Kriegsgewinne erheblich an Fahrt auf; andererseits betrieb das Kriegsamt von sich aus eine Untersuchung der Preisbildung in der Rüstungsindustrie, die aber nur gerüchteweise bekannt wurde, weil eine entsprechende Denkschrift von Richard Merton für Wilhelm Groener im Reichskanzleramt unter Verschluss gehalten wurde.[73] Es drohten eine deutlich höhere Besteuerung der Kriegsgewinne und Eingriffe in die industrielle Preisgestaltung. Auch eine Sonderbesteuerung der Dividenden wurde debattiert, wie Carl Gamp in großer Erregung an Henry Theodor Böttinger schrieb.[74] Gamp war überzeugt, dass es im Reichstag hierfür eine Mehrheit von agrarischen Konservativen über die linksliberalen Gruppen bis hin zur Sozialdemokratie geben werde. Als unmittelbar betroffener Anteilseigner verlangte er prophylaktisch eine Entschädigung durch die Farbenfabriken in Form der Ausschüttung stiller Reserven, was Duisberg mit scharfen Worten zurückwies, da eine derartige Maßnahme die Zukunft der Farbenfabriken erheblich belasten würde. Duisberg hatte auch nichts gegen eine deutliche Besteuerung hoher Einkommen: «Es muss ja selbstverständlich Geld geschafft werden, um die hohen Kriegslasten zu tilgen, es muss auch jeder sein Teil dazu beitragen. Ich bin der letzte, der sich weigern wird, das zu tun. Ich bin sogar dafür, in dieser Beziehung recht energisch vorzugehen und die Kapitalkräftigen in erster Linie heranzuholen, selbst wenn ich darunter mitleide.»[75]

Der eigentliche Pferdefuß der Steuerdebatte war für Duisberg ihre Verknüpfung mit der Preisgestaltung in der Rüstungswirtschaft. Durch die Gerüchte aus dem Kriegsamt über eine geänderte Haltung in der Frage der Preispolitik erhielt der Streit um die Gewinne der Unternehmen, die in der Öffentlichkeit schon seit längerem als skandalös angesehen wurden, eine bedrohliche Note.[76] Seit der zweiten Jahreshälfte 1916 forderte das Wumba größere Transparenz bei ihrer Preisgestaltung und streute selbst auch gezielt Informationen über die überhöhten Gewinne vieler Unternehmen in der Öffentlichkeit, als diese sich weigerten, ihre Preisgestaltung anzupassen. Das Reichsschatzamt plante nicht zuletzt auf der Basis der Annahme übertrieben hoher Kriegsgewinne eine Abgabe der entsprechenden Vermögen. Für Duisberg war in dieser Situation eine «konfiskatorische Besteuerung», wie er das Vorgehen Karl Helfferichs bezeichnete, eher hinzunehmen als ein Durchgriff der Feldzeugmeisterei auf die Preisgestaltung der einzelnen Unternehmen, was deren Leiter Karl-Friedrich Coupette im Frühherbst 1916 zu beabsichtigen schien. Duisberg regierte gegenüber Max Bauer empört. Man werde sich in der Industrie nicht in die Karten sehen lassen, denn ein «Eindringen in die tiefsten Geheimnisse unserer Privatwirtschaft, um entweder die Schwachen, Ängstlichen und nicht auf der Höhe ihrer Leistungsfähigkeit Stehenden zu falschen Mitteilungen zu veranlassen, oder den Tüchtigen, Starken und Aufrichtigen aus den Einzelheiten ihrer Preisaufstellung einen Strick zu drehen», werde im Chaos enden.[77] Die Zusatzgewinne aus dem Krieg könne man besteuern, wenn man wolle auch mit 100 Prozent; ein Eingreifen in die Preisgestaltung sei hingegen inakzeptabel.

Wie Duisberg im April 1917 Henry Theodor Böttinger erläuterte, hätte darin in der Tat eine erhebliche Belastung für die Zukunft bestanden. Die ausgewiesenen (und teilweise ausgeschütteten) Gewinne waren gemessen an den Rückstellungen und stillen Reserven für die zukünftige Überlebensfähigkeit der Farbenfabriken von nachrangiger Bedeutung. Hier waren höhere Steuern zumindest für das Unternehmen unschädlich. Es kam Duisberg vor allem darauf an, genügende flüssige Mittel für die unmittelbare Nachkriegsphase zu akquirieren und im Unternehmen zu halten, um den zu erwartenden Umstellungsschock möglichst reibungslos bewerkstelligen zu können. Angesichts der auch für die Industrie spürbaren Kostensteigerungen auf den Beschaffungsmärkten war der Wert aktueller Vermögensbestände beziehungsweise Barmittel in der Nachkriegszeit kaum zu kalkulieren. Es musste daher darum gehen, die Ertragsfähigkeit des Unternehmens im Kriege bis zu dessen Ende ungeschmälert zu erhalten. Eventuelle Rationalisierungsgewinne wollte Duisberg daher keineswegs durch eine andere Preisgestaltung vollständig oder teilweise an den Staat abtreten, sondern zur Stärkung der Ertragsfähigkeit des Unternehmens nutzen, auch um es von Bankkrediten zukünftig unabhängig halten zu können.[78]

Der Sturz Wilhelm Groeners, der im August 1917 nur wenige Wochen nach Bethmann-Hollweg aufgeben musste und ein Kommando an der Balkan-Front übernahm, ist in der Literatur mit dem industriellen Widerstand gegen die preispolitischen Überlegungen des Amtes und seine wenig erfolgreiche Arbeitskräftepolitik in Verbindung gebracht worden. Wilhelm Groener selbst war dieser Überzeugung.[79] In seinem Tagebuch hielt er am 16. August 1917 fest: «Wie ich jetzt erfahre, hat Geheimrat Duisberg schon vor 14 Tagen Dr. Sorge gegenüber von meiner bevorstehenden Ernennung zum Divisionskommandeur gesprochen!! Die Fama spricht von der Clique Bauer-Koeth-Duisberg, die seit langem gegen mich gearbeitet hätte.»[80] Am

19. August 1917 notierte er dann ganz eindeutig: «Der Kreis der Urheber schließt sich immer enger um die ‹regierende Schwerindustrie› unter Führung Bauer-Duisberg, die zu heute schon eine Beratung über das Hilfsdienstgesetz nach Düsseldorf einberufen und wozu gnädigst der Herr Reichskanzler aufgefordert wurde, einen Vertreter zu entsenden.»[81] Thomas Portz[82] hat recht überzeugend gezeigt, dass Duisberg nicht unmittelbar am Sturz Groeners beteiligt war. In der Sache war er zweifellos kritisch und unterstützte die Positionen der Vaterlandspartei, die Groener für die Eskalation der Streiks in der Rüstungsindustrie im Frühjahr und Sommer 1917 verantwortlich machte.[83] Doch ob diese Kritik zur Berliner Intrige beitrug, lässt sich kaum mehr beantworten. Die Konferenz im Düsseldorfer Industrieclub, zu der Duisberg auch unter Verweis auf die Steuerpläne und die Arbeitskräftefrage eingeladen hatte, fand jedenfalls erst nach Groeners Sturz statt. Die Steuerfrage spielte zudem eine nur untergeordnete Rolle, und die Preispolitik selbst dürfte, wenn überhaupt, informell zur Sprache gekommen sein. Eine unmittelbare Beteiligung Duisbergs an Groeners Sturz ist daher unwahrscheinlich. Als derartige Gerüchte aufkamen, trat Duisberg ihnen sofort entgegen. Wieder war es eine Indiskretion aus der Konferenz vom 19. August 1917, die zunächst den Weg in den «Vorwärts» und dann in den Reichstag gefunden hatte, in dem der SPD-Fraktionsvorsitzende Philipp Scheidemann die Gerüchte auf- und insbesondere Carl Duisberg massiv angriff. Duisberg widersprach sofort.[84] Angesichts der Tatsache, dass er in der Öffentlichkeit erneut als Drahtzieher einer großen Intrige erschien, lag ihm überaus viel daran, diesen Eindruck vollständig zu zerstreuen. Am 29. August 1917 gab Duisberg eine förmliche Presseerklärung heraus, in der er sich gegen die Vorwürfe Philipp Scheidemanns zur Wehr setzte.[85] Mit der Causa Groener hatte Duisberg in der Öffentlichkeit endgültig den Ruf, ein Intimus der Obersten Heeresleitung und einer ihrer vielfach nutzbaren Intriganten zu sein, der zudem dabei stets den eigenen Vorteil im Auge hatte. Diese Rolle behagte ihm gar nicht, auch wenn ihm die damit unterstellte Bedeutung durchaus gefiel. Seinem in Rumänien im Felde stehenden Schwiegersohn schrieb er unmittelbar unter dem Eindruck der Ereignisse: «Mein Name rauscht durch den deutschen Blätterwald, weil der Abgeordnete Scheidemann mich im Hauptausschuß des Reichstages als Gröner-Stürzer hingestellt hat. … Auf jeden Fall sollen die Kerle wissen, daß sie sich, wenn sie mich angreifen, in die Nesseln setzen. Man darf sich nichts gefallen lassen, das ist und bleibt für mich die Losung. Nachdem ich den langen Reichsmast gefällt, traut man mir jetzt alles zu. Von dieser Ar-

beit habe ich aber genug und die Nase voll, so daß ich keine Lust mehr zeigte, mich politisch zu betätigen. Hoffentlich läßt man mich jetzt endlich und endgültig in Ruhe.»[86]

***

Mit dem Sturz Bethmann-Hollwegs und der Ersetzung von Wilhelm Groener durch Heinrich Scheuch schien aus der Sicht der 3. Obersten Heeresleitung und damit auch Carl Duisbergs die innere Front «begradigt». Nun sollte es möglich sein, den Krieg entschlossen zu führen und einen für Deutschland günstigen Kriegsausgang herbeizuführen. Wie Duisberg gegenüber der Presse mitteilte, diente das Düsseldorfer Industriellentreffen vom August 1917 auch weniger konkreten Zielen und Planungen als vielmehr der Mobilisierung der Heimatfront, insbesondere durch Verbesserung der Kriegspropaganda. Die Farbenfabriken in Leverkusen beteiligten sich an dieser «moralischen Aufrüstung» mit allen verfügbaren Mitteln. So wurde auch, in Anlehnung an ausländische Vorbilder, der Film als neues Propagandamittel genutzt und eine eigene Filmstelle in Leverkusen eingerichtet, um die Werksangehörigen durch das Vorführen entsprechender Filme bei der Stange zu halten.[87] Schon im Juli 1917 hatte Duisberg vor der Gründungsversammlung der Gesellschaft der Freunde und Förderer der Universität Bonn das Durchhalten mit den Worten beschworen: «Wer die zähesten Nerven hat, wer es am längsten aushält, der wird siegen.»[88] Die Nerven zu bewahren, darauf kam es jetzt also an.

Während in Leverkusen mit der moralischen Mobilmachung (es fiel auch das Schlagwort vom «geistigen Ernährungsamt»[89]) vermeintlich gute Fortschritte erzielt wurden, erschien Berlin als der eigentliche Problemfall, denn der Reichstag war weit davon entfernt, den Vorstellungen der Kriegszielbewegung zu folgen. Im Gegenteil, entsprechende Resolutionen aus dem Umfeld des UA, das Reich auf eine radikale Siegfriedenspolitik zu verpflichten, scheiterten, wobei sich insbesondere Matthias Erzberger, der wenig zuvor noch beim Sturz Bethmann-Hollwegs geholfen und vor nicht allzu langer Zeit selbst umfangreichen Annexionen im Westen das Wort geredet hatte, als eigentlicher parlamentarischer Gegner der Kriegszielbewegung entpuppte.[90] Auch der neue Reichskanzler Graf Hertling war nicht nach Duisbergs Geschmack: «… so glaube ich kaum, dass er viel länger als Michaelis bleiben wird. Auf jeden Fall ist er zum Friedensschluss nicht befähigt, dafür besitzt er nicht die dazu nötige körperliche Kraft des Aushaltens.»[91] Überhaupt gefiel ihm das Klima in Berlin aus einer Vielzahl von Gründen immer weniger, primär aber wegen der dortigen politischen

Stimmung. Der sich im Frühherbst 1917 bildenden Vaterlandspartei,[92] in der die Stimmen der Kriegszielbewegung massenwirksam gebündelt werden sollten, trat Duisberg daher unmittelbar bei: «Ich bin im Begriff wieder nach Berlin zu reisen, von wo ich erst Sonntag früh zurückkam. Nach sechswöchentlicher Abwesenheit habe ich dort leider 2 Tage zu tun gehabt. Ich sage ‹leider›, denn ich bin nicht gern in Berlin, zumal jetzt nicht, wo an allen Ecken und Enden Miessmacherbazillen (!) in der Reichshauptstadt herumschwirren, die Hotelzimmer kalt sind, die Beleuchtung schlecht ist und das Essen außerordentlich viel zu wünschen übrig läßt. So etwas setzt das Barometer der Stimmung noch mehr herunter, vor allem dann, wenn, wie am Samstag der Krakehl des großen Schwatzhauses am Königsplatz dazu kommt. Der Teufel soll die verdammten Reichstagsvertreter holen, die sich als Diktatoren wähnen und mit ihren Resolutionen den Krieg nicht verkürzen, sondern verlängern. Durch die bessere Ernährung, durch die Aufklärungstätigkeit, die an und hinter der Front geübt wurde – auch hier bei uns in der Fabrik – war die Stimmung, vor allem hier im Westen, schon wesentlich besser geworden. Selbst in Berlin sah man weniger verzagte Gesichter. Das hat nun die Interpellation über die Vaterlandspartei, der ich übrigens auch als Mitglied beigetreten bin, wieder gründlich verdorben. Es müssen wirklich Zeichen und Wunder geschehen, wenn wir mit einem solchen Reichstag den Krieg gewinnen wollen.»[93]

Die Vaterlandspartei, in der sich seit der Mitte des Jahres 1917 ganz unterschiedliche Kräfte zu einer Art Sammlungsbewegung vereinten, in der die Scharfmacher um Alfred von Tirpitz und Wolfgang Kapp den Ton angaben,[94] fand in Duisberg zwar kein wirklich aktives Mitglied, doch teilte er erkennbar die dort vertretenen Positionen, sei es bezüglich eines in Extreme getriebenen Annexionsprogramms für die Nachkriegszeit, sei es bezüglich der Bereitschaft, offen für eine Diktatur in der Innenpolitik einzutreten.[95] Von hier führten zahlreiche Stränge in die rechtsradikale Szene der Weimarer Republik.[96] Die späteren Anführer des Kapp-Putsches, den Duisberg scharf verurteilen sollte, kannte er aus dieser Zeit, in der er mit ihnen noch keineswegs über Kreuz lag. Das Gegenteil war der Fall, die in der Vaterlandspartei vertretenen Auffassungen teilte Duisberg bis zum Kriegsende mehr oder weniger kritiklos; er vertrat sie selbst dann, wenn sie mit den Interessen der chemischen Industrie nichts zu tun hatten, und geriet damit sogar im eigenen Umfeld in die Isolation, da andere Chemieindustrielle diese radikalen Auffassungen kaum teilten, geschweige denn sich derart exponierten. Arthur von Weinberg jedenfalls bescheinigte ihm nach dem Krieg relativ kühl, in dieser Phase habe selbst der «sonst so weitblickende» Carl Duisberg den Überblick verloren.[97]

Da war etwas dran. Zumindest seine Verbalradikalität nahm im Sommer und Herbst 1917 stetig zu. Die Friedenskonferenz der Sozialisten in Stockholm und die Teilnahme einer deutschen sozialdemokratischen Delegation, die sich für einen Verständigungsfrieden aussprach, waren für ihn nahe am Hochverrat.[98] Von persönlichen Einmischungen in den Berliner Betrieb aber wollte Duisberg nichts mehr wissen: «Ich selbst habe die Nase genügend voll bekommen und keine Lust, mich jetzt um diese Dinge zu kümmern.»[99] Nur im Sommer 1918 war er noch einmal, wenn auch nicht in vorderster Reihe, an Initiativen beteiligt, den Kaiser für eine Ablösung Hertlings zu gewinnen, doch scheiterte dieser insbesondere von Hugo Stinnes, der selbst auf ein hohes Amt spekulierte, betriebene Vorstoß daran, dass es zu keiner Vermittlungsaktion von Albert Ballin gegenüber dem Kaiser mehr kam.[100] Das blieb eine Ausnahme. Berlin suchte Duisberg seit dem September 1917 zu meiden, soweit es ihm möglich war. Allein die Vorbereitungen auf die Nachkriegszeit, von denen an anderer Stelle die Rede sein wird, führten ihn noch hin und wieder an die Spree.[101] Aber selbst in den Gremien zur Vorbereitung der Nachkriegswirtschaft ließ er sich nicht so häufig sehen, wie es etwa Fritz Haber wünschte.[102] Statt zu Berliner Sitzungen ging Duisberg lieber zur Kur nach Baden-Baden, deren Notwendigkeit er mit seinen «Berliner Erfahrungen» rechtfertigte.[103]

Die Kriegslage im Frühjahr 1918 schien eine derartige Entspannung auch zu gestatten. Der Zusammenbruch Russlands im Gefolge der Oktoberrevolution und die anschließenden Friedensabmachungen von Brest-Litowsk, in denen das Deutsche Reich weitgehend seine Vorstellungen hatte durchsetzen können, hoben die Stimmung in Leverkusen ganz gewaltig.[104] Nach dem Ende des Zwei-Fronten-Krieges und den überraschend großen Erfolgen der deutschen und österreichischen Truppen an der Isonzofront Ende 1917 sowie dem Scheitern der britischen Flandernoffensive, der es nicht gelang, die dortigen U-Boot-Häfen in englische Hand zu bringen, schien plötzlich eine militärische Wende denkbar. Auch an den anderen Fronten schien sich die Waagschale zugunsten Deutschlands zu senken. Duisberg war hingerissen: «Wenn dann auch noch Falkenhayn in Mesopotamien Erfolg hat, so können unsere Gegner wirklich im Ernst nicht mehr behaupten, dass wir am Ende unserer Kräfte angelangt seien und werden hoffentlich endlich zur Einsicht kommen, dass wir nicht niederzuringen sind. Fährt dann die Marine mit ihren U-Booten fort, weiter hunderttausende von Tonnage zu versenken, so wird und muss England im Frühjahr nächsten Jahres soweit sein, dass die schon solange erhoffte und erwartete Desorganisation in seinem Schiffsverkehr eintritt und dann endlich die Zeit zu den von uns allen ersehnten Friedensverhandlungen kommt.»[105]

Offenbar waren auf dem Kriegsschauplatz doch noch einmal entscheidende Schläge möglich. Die im März beginnenden deutschen Angriffshandlungen im Westen[106] stützten Duisbergs Optimismus weiter, und er meldete sich bei Bauer, mit dem er Mitte Mai 1918 in Köln noch zwei Stunden unter vier Augen hatte «plaudern» können[107], nach Baden-Baden mit der Bitte ab, ihn doch dort einmal anzurufen und auf dem Laufenden zu halten: «Grüssen Sie recht herzlich alle bekannten Herren im Grossen Hauptquartier. Besten Erfolg für die bevorstehenden neuen Taten.»[108] Wie positiv die Stimmung in diesen Tagen war, zeigte ein Brief an Bauer nur einen Tag später. Dieser hatte Duisberg gebeten, Vorschläge zur Ausnutzung der Rohstoff-Vorkommen insbesondere in den unter deutschem Einfluss stehenden Gebieten Ost- und Südosteuropas zu machen. Duisberg schlug Bauer die Gründung von Verwertungsgesellschaften vor, getragen von interessierten deutschen Firmen unter Leitung eines Staatskommissars, um auf diese Weise Rohstoffkonzessionen möglichst konsensual vergeben und nutzen zu können. Neben kaukasischem Manganerz sei vor allem das rumänische Erdöl interessant, dessen Ausbeutung derzeit an Interessenkonflikten zwischen der Deutschen Bank und der Disconto-Gesellschaft scheitere. Er wolle helfen, eine Lösung zu finden und habe sich, falls die Vermittlungsversuche Albert Ballins scheiterten, bereit erklärt, selbst einzugreifen: «Gelingt es, die deutschen Petroleuminteressenten unter einen Hut zu bringen, so würden diese natürlich auch in erster Linie für Baku in Frage kommen.»[109]

Ob er die Realität des Krieges, nachdem die deutschen Frühjahrsoffensiven gescheitert waren und keine Aussicht mehr auf einen erfolgreichen Ausgang des Krieges bestand, begriff, ist schwer zu sagen. Duisbergs Teilnahme an einer Besprechung verschiedener Industrieller mit Max Bauer am 20. Juli 1918, als es angesichts der schwierigen Kriegslage erneut um die Möglichkeit einer Steigerung der Kriegsproduktion ging und zugleich auf die Notwendigkeit verwiesen wurde, die Stimmung an der Heimatfront zu stabilisieren, deutet darauf hin, dass er den Ernst der Lage kannte, wohl aber nicht mit einer raschen deutschen Niederlage rechnete.[110] Nach außen hin gab er sich bis in den Oktober 1918 hinein zumeist siegessicher. Im

Oktober aufkommende Gerüchte, er habe aus dem Hauptquartier berichtet, Hindenburg und Ludendorff glaubten, die Westfront nicht mehr halten zu können, wies er scharf zurück, obwohl zu diesem Zeitpunkt die Oberste Heeresleitung bereits ihren Waffenstillstandswunsch der Reichsregierung gegenüber ausgesprochen hatte: «Weder Hindenburg noch Ludendorff haben mir gesagt oder geschrieben, dass die Heeresleitung die Westfront nicht länger als bis zum nächsten Frühjahr würde halten können. Es ist mir auch im Traum nicht eingefallen, so etwas zu behaupten. Ich bin im Gegenteil davon überzeugt, dass diese beiden hervorragenden Führer die Westfront halten können und werden, wenn – das ist aber die Hauptsache – das ganze deutsche Volk wie ein Mann von links bis rechts geschlossen hinter unserer Armee steht und den Willen hat, sein Alles einzusetzen für Deutschlands Ehre und nicht zu zweifeln und zu sagen, wenn auch einmal, wie es in jedem Krieg vorkommt, unsere Truppen der Übermacht und vorübergehender technischer Überlegenheit ausweichen, sondern durchzuhalten und unsere heldenhaften Kämpfer an der Front zu ermutigen in ihrem schweren Kampf, statt ihnen, wie es leider seit Jahren der Fall, mit Angst und Sorgen das Herz zu beschweren und durch Flaumacherei den Mut zu rauben.»[111] Dieser Brief stammt vom 14. Oktober 1918; Duisbergs letzte Informationen aus dem Hauptquartier dürften da bereits 14 Tage alt gewesen sein, vermutet Kordula Kühlem.[112] Doch Ende September 1918 war die Stimmung im dortigen Hauptquartier bereits überaus schlecht und die Bereitschaft, auf der Basis der Wilsonschen 14 Punkte um einen Waffenstillstand zu bitten, groß. Ludendorff plädierte als Voraussetzung für Waffenstillstandsverhandlungen für eine neue Regierung unter Max von Baden und war schließlich am 1. Oktober 1918 auch trotz heftiger Vorhaltungen einiger Militärs nicht mehr bereit, von seinem Waffenstillstandsersuchen abzurücken.[113] Einer der hohen Militärs, die zum Durchhalten drängten, war Max Bauer, der bereits seit dem Spätsommer 1918 an Ludendorffs Fähigkeit, den Krieg um jeden Preis durchzuhalten, gezweifelt hatte, spätestens nachdem dieser sich geweigert hatte, die Macht im Reich zu übernehmen und selber Reichskanzler zu werden. Bauer kolportierte daraufhin zeitweise das Gerücht, Ludendorff sei nervlich völlig am Ende, arrangierte sich aber mit ihm, als klar wurde, dass von Ludendorffs Stellung seine eigene Position entscheidend abhing.[114] Insofern hoffte Bauer, auch nach dem Waffenstillstandsersuchen der OHL noch immer Aussichten zu besitzen, die innenpolitische Lage zu wenden und den Krieg im Westen fortführen zu können. Diese Illusion zerplatzte erst mit der Entlassung

Ludendorffs am 25. Oktober 1918, doch selbst jetzt setzte Bauer noch auf einen Militärputsch. Erst als auch der Kronprinz Ende Oktober energisch alle derartigen Forderungen Bauers zurückwies, gab sich dieser geschlagen, fuhr zurück ins Hauptquartier nach Spa und setzte sich von dort am 31. Oktober 1918 nach Ansicht Vogts nach Leverkusen in das Haus Duisberg ab.[115]

Duisberg hing vor allem an den geschönten Informationen Max Bauers, der den Krieg um fast jeden Preis fortsetzen wollte. Diese Auffassung vertraten ebenso die Kreise um die Führung der Vaterlandspartei, sodass Duisberg auch von dieser Seite in Beschlag genommen worden sein dürfte. Er erfüllte die in ihn gesetzten Erwartungen bis zum Ende. Überall, wo es ihm möglich war, plädierte er für unbedingtes Durchhalten, sei es gegenüber den Betriebsführern des Leverkusener Werkes[116], sei es im privaten Gespräch, sei es in seiner weitverzweigten Korrespondenz. Zwar waren auch ihm schließlich die Waffenstillstandsbemühungen der Reichsregierung unter Max von Baden und der Notenwechsel mit der amerikanischen Regierung bekannt, und er gestand gegenüber Emil Fischer ein, Arbeit sei «das beste Mittel, um über den Ernst und die Schwere der Zeit und die verhängnisvolle Lage wegzukommen».[117] Doch glaubte er noch am 17. Oktober 1918, es ließe sich in Deutschland eine Art «levée en masse» zur Fortsetzung des Krieges, diesmal auch unter Einbeziehung der Sozialdemokratie, organisieren. An den Darmstädter Pharmaindustriellen Emanuel Merck schrieb er: «Dass ich über die politische Lage mit Ihnen aufs höchste betrübt bin, können Sie sich denken. Der Sturz aus hoher stolzer Höhe war zu gewaltig und zu plötzlich. Ich hatte bis jetzt nie daran gezweifelt, nachdem wir den Rücken im Osten freibekommen, dass wir siegen oder wenigstens mit einem blauen Auge davonkommen würden. An diesen Sieg ist ja natürlich nicht mehr zu denken. Fangen wir es aber richtig an, so können wir noch einigermassen befriedigend aus der Tiefe, in der wir uns befinden, herauskommen, wenn wir den Kopf nicht verlieren, sondern hochhalten und das ganze deutsche Volk zusammenfassen und uns mit ihm einmütig und geschlossen hinter unsere so schwer ringenden Truppen an der Front stellen. Im Gegensatz zu früher kann und darf diese Bewegung aber nicht von rechts und oben kommen, sondern muss von links und unten ausgehen. Wir sind hier im Rheinland bereits bemüht, die Gewerkschaftsführer mobil zu machen und mit ihnen zusammenzugehen. Vielleicht bringen Sie es dort fertig, ein Gleiches oder Ähnliches zu tun. Auf jeden Fall ist das Schlimmste, wenn wir die Hände in den Schoss legen und uns in unser Schicksal ergeben. Darum suchen Sie doch auch die mitteldeutsche Industrie, die so gut in Mainz im mitteldeutschen Fabrikanten-Verein zusammengeschlossen ist, auf die gleiche Bahn zu bringen, damit auch dort etwas geschieht.»[118]

Mit den schon seit einiger Zeit laufenden Verhandlungen zwischen den Führern der freien Gewerkschaften und einigen Industriellen des rheinisch-westfälischen und des Berliner Raumes hatte diese Initiative, die aus der Vaterlandspartei stammte, wenig zu tun. Hier ging es mehr um eine Art Volkserhebung zur Fortführung des Krieges, für die Duisberg nicht nur Emanuel Merck zu gewinnen suchte, sondern auch den ehemaligen Krupp-Direktor Emil Ehrensberger. Ehrensberger, dessen Sohn im Oktober 1918 gefallen war, schrieb er am 17. Oktober 1918: «Wenn diese furchtbaren Blutopfer nur nicht vergeblich gebracht werde(n); die jetzige, höchst traurige militärisch-politische Lage zwingt fast dazu, dies anzunehmen. Wir können noch von Glück sagen, wenn wir mit einem blauen Auge aus den mißlichen Verhältnissen, in denen wir uns befinden, herauskommen.» Der danach geäußerte Durchhaltewille hatte aber plötzlich eine ganz neue Färbung: «Das kann nicht geschehen, wenn man, wie es vielfach der Fall ist, den Kopf hängen läßt. Jetzt heißt es erst recht den Kopf hochzuhalten und alle Kräfte zusammen nehmen. Das wird Ihnen bei dem schweren Verlust, den Sie erlitten, doppelt schwer fallen. Aber auch Sie als einer der Führer der schweren Industrie ... müssen mit dazu beitragen, daß sich das ganze Volk zusammenschließt und wie ein Mann hinter unsere so schwer ringenden Truppen an der Front tritt, um letzteren das Durchhalten zu ermöglichen. Wir sind hier dabei, dies zu tun, aber nicht in gewohnter Weise, indem wir vorangehen und dann meist allein da stehen, sondern indem wir versuchen von links und von unten heraus diese Bewegung zu inszenieren. Hoffentlich gelingts, sonst wehe Deutschland.»[119] Das war ganz der Ton Max Bauers, der hier zu hören war. Aber auch wenn derartige Stimmen vor allem aus dem rechten Lager und der Kriegszielbewegung zu hören waren, so selten waren sie keineswegs.[120] Walther Rathenau, während des Krieges ein sehr viel engerer Gesprächspartner von Erich Ludendorff als Carl Duisberg, veröffentlichte noch am 2. Oktober 1918 einen flammenden Durchhalteappell im «Berliner Tageblatt» und verurteilte wenig später mit der Bemerkung: «Wer die Nerven verloren hat, muss ersetzt werden», das Ludendorffsche Gesuch um einen sofortigen Waffenstillstand. Im Grunde plädierte Rathenau für eine Volkserhebung[121], ein Gedanke, der Carl Duisberg in seiner Haltung zum unbedingten Durchhalten bestärkt haben dürfte.[122] Entsprechend war er auch keineswegs bereit, sich überaus kompromissbereit zu zeigen. Noch vier Tage vor Ludendorffs Entlassung hoffte er, das Reich könne die Waffenstillstandsverhandlungen aus einer Position der Stärke heraus führen: «Ich bin überzeugt, wir machen einen besseren Eindruck in Amerika und erreichen mehr, wenn wir uns nicht zu schwach zeigen. Wohin die Fahrt gehen soll, zeigt die Antwort, die Wilson den Österreichern gegeben hat. Den Amerikanern imponiert Frechheit mehr wie liebenswürdiges Entgegenkommen. Im Hauptquartier ist man über die Front beruhigter und fest überzeugt, dass man sie, nachdem man sie erheblich verkürzt, halten wird»[123], schrieb Duisberg an Emil Fischer.

Die Entlassung Ludendorffs dürfte Duisberg dann zumindest ein Stück weit die Augen geöffnet haben, nicht zuletzt, weil mit dessen Abgang auch die Position von Max Bauer unhaltbar wurde. Wilhelm Groener, der Ludendorff als Generalquartiermeister folgte, entmachtete Max Bauer unmittelbar nach seinem Amtsantritt und weigerte sich, ihn von Berlin aus mit ins Große Hauptquartier nach Spa zu nehmen.[124] Duisbergs Exklusivbeziehung zur militärischen Spitze war damit beseitigt, und das Bedauern, das er gegenüber Ludendorff über dessen Rücktritt äußerte, hatte fast schon Nachrufcharakter: «In der Stunde der grössten Sorge und Not Deutschlands, die durch die unberechtigterweise bei vielen deutschen Männern und Frauen hervortretende Mutlosigkeit und Verzweiflung zur Stunde der Gefahr für unser Vaterland wird, drängt es mich, Euer Exzellenz beim Rücktritt von dem verantwortungsvollen Amt als I. Generalquartiermeister und damit als Leiter aller Kriegsoperationen meiner fortdauernden Verehrung und ganz besonderen Hochschätzung zu versichern. Mit schmerzlichstem Bedauern hat der grösste Teil des deutschen Volkes von Euer Exzellenz Rücktrittsgesuch Kenntnis genommen. Deutschland wird und muss Ihnen zu unauslöschlicher Dankbarkeit verbunden sein im Gedenken an die grossen glänzenden Erfolge, die es Ihnen zu verdanken hat. Nie darf vergessen werden, dass Euer Exzellenz es war, der als Mann der Kraft und Tat verhinderte, dass unsere Feinde deutsches Land zum Tummelplatz der Kämpfe mit ihren vernichtenden Folgen machen konnten.»[125]

Doch waren derartige Töne bereits Vergangenheit, als Ludendorff die Zeilen in den Händen hielt. Schon am nächsten Tag, dem 31. Oktober 1918, machte Duisberg eine geradezu atemberaubende Kehrtwendung, die nur verständlich wird, wenn man seine Angst vor einer öffentlichen Bloßstellung in Rechnung stellt, denn seit Ludendorffs Rücktritt war Duisbergs Einfluss im Großen Hauptquartier ein Thema nicht allein der Berliner Presse.[126] Seine Wahl zum Vorsitzenden des Vereins zur Wahrung der Interessen der chemischen Industrie (VzW) Ende Oktober 1918 wurde auch von kritischen Stimmen begleitet, die die Klugheit der Wahl eines Mannes bezweifelten, der sich während des Krieges derart exponiert habe wie Duisberg. Zwar gab es bei der Wahl nur eine Gegenstimme, aber Enthaltungen, die Duisberg im Lichte der Ereignisse als Kritik an seiner Person verstand. Da sich die Zahl der Enthaltungen schließlich als nicht so hoch erwies, legte Duisberg das Amt nicht nieder, doch traf ihn die vermeintliche Kritik seiner Zunftgenossen unmittelbar. Trifft es zudem zu, wie Vogt annimmt, dass Bauer an diesem Tag, also dem 31. Oktober 1918, von Spa kommend Leverkusen erreichte und Duisberg über die ausweglose Lage in Kenntnis setzte, dann wird klar, dass Duisberg glaubte, sich retten zu müssen. Schlagartig endete bei ihm jede Radikalität. Nun galt es zu retten, was zu retten war. Diese Rettung begann mit einer beispiellosen Distanzierung von seiner bisherigen Rolle. Hatte Duisberg bis dato alle Hinweise auf seine engen Beziehungen zur Obersten Heeresleitung herausgestrichen, so stritt er nun ab, mit Ludendorff überhaupt näheren Umgang gepflegt zu haben. Um sich zu rechtfertigen, legte Duisberg eine geradezu atemberaubende Neuinterpretation seiner eigenen Haltung und seines Verhaltens vor: «Ich habe niemals einer politischen Partei angehört und Politik nicht getrieben. Ich bin deshalb auch vollkommen frei in meiner Auffassung und Meinung und nach keiner Richtung hin gebunden oder mit Vorurteilen behaftet. In meiner freien Meinung und Auffassung stand ich früher links, war in meiner Jugend sogar sozialdemokratischen Ideen zugängig, bin dann aber, je älter ich wurde, umsomehr nach rechts gerückt und teilte, abgesehen von Religions- und Kulturfragen im allgemeinen die Anschauungen der rechtsstehenden nationalliberalen Kreise. Trotzdem bin ich nachdem das allgemeine geheime Wahlrecht dem deutschen Volk versprochen war, energisch für dieses eingetreten, d. h. nicht in der Oeffentlichkeit, wie ich mich überhaupt niemals öffentlich politisch geäussert habe … Von dem Tage an, wo ich sah, dass das Kabinettsystem abgewirtschaftet hatte, habe ich die Umstellung auf das parlamentarische mit Freuden begrüsst und stehe heute, wo es sich um das höchste, was es für mich gibt, das Vaterland handelt, hinter der demokratischen Regierung (des Prinzen Max von Baden, W. P.) und gehe, wo es möglich ist, Hand in Hand mit den Gewerkschaften und suche auf diese Weise zu retten, was zu retten ist. Sie sehen, ich bin Opportunist und passe mich den Verhältnissen an.»[127]

REVOLUTION UND ANPASSUNG

25 | November

Widerstand wäre Wahnsinn» – damit lässt sich Duisbergs Reaktion auf Zusammenbruch und Revolution gut zusammenfassen. An den Untergang der 3. Obersten Heeresleitung und die Parlamentarisierung der Reichsleitung schloss sich nur wenig später die Matrosenrevolte in Kiel an, die sich rasch über das ganze Reich ausbreitete und in die Revolution vom 9. November mündete. Unter dem Eindruck der revolutionären Ereignisse kehrte Duisberg, der Anfang November noch einmal nach Berlin gereist war, hastig nach Leverkusen zurück: «Die Vorgänge an der Wasserkante liessen mir keine Ruhe. Ich wollte zu Hause sein, falls auch der sozial-revolutionäre Brand nach Cöln überspringen sollte. Ich habe Recht getan, denn schon seit gestern Abend ist der Verkehr mit Berlin von Cöln aus unterbrochen und heute Nacht auch Cöln infiziert worden. Noch hat der Pöbel die Herrschaft nicht in der Hand, aber ich fürchte, es wird auch in Cöln zu einem Soldatenrat kommen. Widerstandsleistung wäre Wahnsinn. Wie es uns dann hier in Leverkusen ergehen wird, weiss man noch nicht. Bis jetzt sind unsere Arbeiter ruhig. Ob sie nicht mit in den Strudel gezogen werden, bleibt abzuwarten. Wer hätte gedacht, dass es so kommen würde, und zwar gerade jetzt, wo die Waffenstillstandsverhandlungen begonnen haben und alles Heil Deutschlands von den Friedensbedingungen abhängt. Vielleicht wird die Entente, will sie den Bolschewismus von sich fernhalten, gezwungen sein, Rücksichten zu nehmen. Sobald die Autorität fort ist, schwindet jegliche Hoffnung auf Wiedergutmachung.»[1]

Für Duisberg galt es jetzt zu retten, was zu retten war. Er bedauerte zwar Ludendorffs Sturz, doch erschien ihm dieser lang bewunderte Heros fast unmittelbar als historische Figur, dessen Schwächen er nun auch zu sehen glaubte: «Ludendorff, der die Führung von Tannenberg an bis zum Schluss, und zwar auch die Rückwärtsbewegung in der Hand gehabt hat, ist ein Opfer der Schwäche in der Heimat geworden. Will man ihm etwas vorwerfen, so kann es nur das sein, dass er nicht zielbewusst und energisch genug auf die Zivilverwaltung gedrückt und alles, was von der Obersten

Heeresleitung vorgeschlagen war, durchgesetzt hat. Er hat viel zu viel und viel zu oft nachgegeben, weil man ihm immer und immer wieder vorgehalten hat, dass er sich politisch betätigen wolle und das hat zum Zusammenbruch und damit auch zu seinem Sturz geführt. Er tut mir tief in der Seele leid, zumal er immer und immer wieder bei allem, was er machte, Hindenburg vorschob und sich hinter diesen setzte. Aus Dank dafür hat ihn dieser dann im Stich gelassen, als der Kaiser ihn in Ungnaden entliess, weil die politische Leitung, d. h. die Sozialdemokratie es wollte. So geht es aber immer seit Jahrtausenden bei allen grossen Persönlichkeiten, dass sie vom Volkswillen abhängen. Heute rufen sie ‹Hosiana› und morgen ‹kreuziget ihn›. Davon müssen wir, die wir über den Parteien stehen, uns fernhalten und uns den Blick für Gerechtigkeit und Unparteilichkeit nicht trüben lassen. Die Geschichte wird ihr Urteil sprechen und ich zweifele nicht, dass sie Ludendorff als einen unserer grössten Heerführer einschätzen wird», äußerte sich Duisberg gegenüber Emanuel Merck.[2]

Praktisch waren diese Betrachtungen bedeutungslos. Der Krieg war für Duisberg bereits Anfang November 1918 eine Art historisches Ereignis, das er auf eine Weise interpretierte, die seinen eigenen Erfahrungen entsprach und in der «Dolchstoßlegende» ein schlüssiges Ende fand. Die Mittel, die im Krieg zwingend erschienen waren, konnten im Alltag der Nachkriegszeit aber nicht mehr helfen. Duisberg blieb der Überzeugung, unter den Bedingungen des Krieges richtig gehandelt zu haben, aber ihm war völlig klar, dass auf diese Weise die Nachkriegszeit nicht gestaltet werden konnte. In den wenigen Reflexionen über den Krieg, die er später anstellte, findet sich daher auch nur sehr selten ein kritischer Ton. Im Gegenteil: Er habe den Krieg, den er führen musste, ja selbst nicht einmal gewollt. Vorwürfe, er sei am Krieg schuld und habe ihn durch seine Haltung verlängert, wies er stets entschieden zurück: «Dabei macht man uns, die wir das alles haben kommen sehen und deshalb von jedem Deutschen verlangten, sie sollten ihr alles und bestes hergeben, um den Krieg zu gewinnen, den Vorwurf des persönlichen Ehrgeizes und der Verfolgung privater Interessen. Man weiss scheinbar, was mich wenigstens anbetrifft, nicht, dass auf Veranlassung von Bethmann-Hollweg das Zivilkabinett seinerzeit die Weisung an alle Reichs- und Staatsämter gegeben hat, mich auf die schwarze Liste zu setzen und dass meine privaten Interessen, was die pekuniäre Seite wenigstens anbetrifft, ganz erheblich besser gestanden hätten, als sie während des Krieges gewesen sind, wenn wir den Frieden mit seiner glänzenden Entwickelung auf chemischem Gebiet gehalten hätten und nicht in den Krieg hineingezogen worden wären. Ich habe deshalb auch im Gegensatz zu den Leuten in Berlin, die jetzt ‹kreuzige ihn› rufen, nicht ‹Hosianna› geschrien, als der Krieg ausbrach. Mir ist die Kriegsbegeisterung, wie sie sich aus Anlass jener berühmten Reichstagssitzung breit machte, ganz unverständlich gewesen. Bei uns im Westen hat der Krieg niemals begeisterte Zustimmung gefunden, im Gegenteil, wir haben ihn immer als etwas Fürchterliches aber Unabwendbares angesehen und deshalb, weil es sich um unsere Existenz, um Sein und Nichtsein des deutschen Volkes handelte, unser Alles eingesetzt, um nicht zu unterliegen. Auf Dank haben wir dabei nicht gerechnet. Das (!) aber unser Volk bis hinein in die gebildeten und Regierungskreise so töricht und blödsinnig dumm sein würde, in der Revolution das Heil der Menschheit und den Anbruch einer neuen Zeit voll Glück und Seligkeit zu erblicken, das hätte ich nie gedacht.»[3] Aber das war alles nur noch Vergangenheit.

Duisberg hatte den zuvor zitierten Brief vom 8. November 1918 an Emanuel Merck kaum diktiert, als er noch am selben Tag vor die Betriebsführerversammlung in Leverkusen trat und nun in der Öffentlichkeit nicht nur den Krieg beendete, sondern auch die Perspektiven neu ausrichtete. «Deutschlands schwerste Stunde hat geschlagen. Da heisst es, alles was staatserhaltend denkt, zusammenhalten. … Es würde Wahnsinn sein, sich jetzt gegen die neuen Verhältnisse sperren zu wollen oder gegen sie zu arbeiten; wir müssen in unseren Anschauungen Kehrt machen, uns auf die neue Lage einstellen und hoffen, dass das parlamentarische Regime sich bewährt, kurz: uns mit dem Gegebenen abfinden.»[4] Die wenige Tage nach Ludendorffs Entlassung in Kraft tretenden Änderungen der Reichsverfassung mit der Einführung einer parlamentarischen Regierung, die auch als Zugeständnis an Wilson gedacht waren, nahm Duisberg nicht nur hin, er begrüßte sie gegenüber Emanuel Merck, wie bereits dargestellt, ausdrücklich. Von seiner Tätigkeit im Kriege wollte er jetzt nicht mehr viel wissen: «Wenn ich, wie es während des Krieges wiederholt geschehen ist, mit meinem Namen in die Oeffentlichkeit gezogen worden bin, so vom Abgeordneten Haussmann gelegentlich der Adlon-Konferenz, von Scheidemann gelegentlich des Hilfsdienstgesetzes und neuerdings von dem Berliner Tageblatt und der sozialdemokratischen Presse gelegentlich des Rücktritts Ludendorffs, so ist dieses, wie ich sofort durch Richtigstellungen in der Presse vermerkt habe, immer zu Unrecht geschehen.» Seine offenkundige Bewunderung für Ludendorff konnte er nicht verschweigen; er gab ihr aber einen neuen Rahmen, der sie harmloser erscheinen lassen sollte:

«Wenn man diese Verehrung als politische Stellungnahme auslegen will, so vermag ich dagegen nichts zu sagen. Auf jeden Fall gehe ich meinen Weg gerade und aufrecht weiter, sehe weder nach unten noch nach oben und wehre mich gegen die Feigheit, wie sie sich jetzt im öffentlichen Leben, besonders in den Finanz- und Industriekreisen zeigt. Ich gehöre zu denen, die mit Bismarck sagen: ‹Wir fürchten Gott, sonst nichts auf der Welt› – trotz allem, was kommen mag.»[5]

Max Bauer war über die Entwicklung verbittert und sah in ihr vor allem einen Mangel an Führungskraft und Willen, verkörpert durch das von ihm bespöttelte «Kriegskabinett» aus «Demokraten» und «Sozialdemokraten».[6] Der Generalstabsoffizier träumte von militärischem Durchgreifen und beklagte das von der neuen Führung verhängte Verbot des Waffengebrauchs. All das habe zu der jämmerlichen Lage beigetragen. Duisberg hingegen, mit der Lage der Leverkusener Farbenfabriken konfrontiert, sah das vollständig anders: Bauer riskierte einen Bürgerkrieg mit womöglich katastrophalen Folgen für die chemische Fabrik am Rhein. Die Männer, die im Krieg ein so enges Paar gebildet hatten, drifteten nun auseinander, auch wenn der Ton freundlich und verbindlich blieb.[7] Duisberg hielt Bauer gegenüber auch an den gemeinsamen Verdiensten der Kriegszeit fest und beklagte in seinen Briefen an den pessimistischen Obersten selbst die schwere Lage und die Unvernunft der Zeit, doch riet er sowohl von politischem Engagement wie von öffentlichen Auftritten ab. Bauer solle ruhig die Verdienste im Krieg betonen: «Halten Sie nur mit allen diesen Dingen, soweit Sie darüber reden dürfen, nicht hinter dem Berge. Nur das eine rate ich, zurzeit noch nicht zu veröffentlichen. Wir müssen schweigen und uns zurückhalten.»[8] Alles andere hätte zumindest in seinem eigenen Fall das große Ziel gefährdet, das er noch hatte. Nach der Kriegsniederlage und dem Untergang des Kaiserreiches sollten die Farbenfabriken nicht mit in den Strudel gerissen werden. All seine Beschwörungen der schweren Stunden des Vaterlandes, alle Betonung der patriotischen Pflichten zum Weitermachen konnten nicht darüber hinwegtäuschen, dass es Duisberg vor allem um eines ging: «Das wichtigste ist, die Industrie lebensfähig zu halten, damit sie nicht zugrunde geht.»[9] Und das bedeutete auch, die eigene Position zu wahren.

***

Dass Duisberg am 6. oder 7. November aus Berlin floh, wo er zuvor fast wöchentlich gewesen war, und die Stadt vor Ende März 1919 nicht wieder betreten sollte, hatte damit zu tun. Er fürchtete, in die Unruhen zu geraten, und er sah seinen Platz in Leverkusen, als die Revolution auch ins Rheinland kam. Der eigentliche Grund aber war, dass Duisberg in Berlin selbst in die Schusslinie geriet, da seine engen Beziehungen zur 3. Obersten Heeresleitung bekannt wurden. Fast unmittelbar mit Ludendorffs Sturz wurde die Kritik am Generalquartiermeister, die bisher noch unterdrückt worden war, öffentlich; auf Versammlungen, aber auch in der Presse, so am 27. Oktober 1918 im «Berliner Tageblatt»,[10] begann die Öffentlichkeit, mit dem «System Ludendorff» abzurechnen. Namentlich der Publizist Maximilian Harden, der offensichtlich aus verschiedenen Quellen über die Beziehungen zwischen Max Bauer und Carl Duisberg gut unterrichtet war, bezichtigte Duisberg auf einer Versammlung öffentlich, einer der Stichwortgeber Ludendorffs gewesen zu sein[11], was sich Duisberg in einem Schreiben vom 4. November 1918 umgehend verbat.[12] Duisberg wehrte sich gegen die Vorwürfe auch mit einer Gegendarstellung in der Presse. Das «Kölner Tageblatt» schrieb am 6. November 1918 unter dem Titel «Duisberg und Ludendorff»: «Geheimrat Duisberg schreibt der ‹Bergisch-Märkischen Zeitung›: ‹Zuerst im ‹Berliner Tageblatt› und dann in vielen Blättern der deutschen Presse hat man behauptet, ich hätte als Kriegsindustrieller und Annexionist Ludendorff beraten und kriegsverlängernd gewirkt. Tatsächlich habe ich, der vaterländischen Not gehorchend, wie es eines jeden Deutschen verdammte Pflicht und Schuldigkeit war und noch ist, in diesem Krieg mein bestes Können und Wissen eingesetzt, um mit den Mitteln der mir anvertrauten Friedensfabrik, trotz der damit verbundenen Lebensgefahr, dem Munitionsmangel abzuhelfen. Man sieht in mir den Annexionisten, obgleich ich es war, der in einer Unterredung eines der vergangenen Kanzler mit Vertretern der rheinisch-westfälischen Schwerindustrie offen gegen die Annexion von Belgien aufgetreten ist. Endlich soll ich Ludendorffs Berater gewesen sein, obgleich dieser große Mann der Tat und der Kraft meines Rates nicht bedurfte, ich ihn auch nur zweimal, zuletzt vor 1¾ Jahren, gesehen und gesprochen und nie in Briefwechsel mit ihm gestanden habe. Man höre endlich auf mit derartigen, zersetzend wirkenden Verleumdungen, wo es gilt, sich einig und geschlossen hinter unserer Regierung zu scharen, um ihr den Abschluß eines Friedens in Ehren zu ermöglichen.»[13] Ganz ähnlich schrieb Duisberg einen Tag später auch an Harden persönlich, der seine Vorhaltungen in fünf Punkten schriftlich wiederholt hatte.[14] Hardens Vorwürfe glaubte Duisberg, Punkt für Punkt widerlegen zu können. Seine Bedeutung werde völlig überschätzt. Eine Verantwortung für die Verlängerung des Krieges oder eine besondere

Rolle in der U-Boot-Propaganda wies er zurück. Die Verbindung zu der «Triade Bauer, Harbou, Schlubach» bestritt er nicht, doch sei er selbst völlig unpolitisch geblieben. Lediglich in der Auseinandersetzung mit Bethmann-Hollweg habe er sich einmal auf Politik eingelassen, ansonsten habe es eine «rein menschliche Freundschaft mit diesen drei prächtigen Menschen» gegeben. Das war nun nicht einmal die halbe Wahrheit, doch Duisberg stand Harden gegenüber zu seinen Überzeugungen, insbesondere zu seiner Variante der Dolchstoß-Vorstellung, die er ja seit dem Frühjahr 1917 pflegte: Mit einem wirklich starken Mann an der Spitze hätte man den Krieg nicht verloren; die «innere Front hat zweifellos die äußere zermürbt».[15]

Großen Eindruck erregten derartige Stellungnahmen nicht, zumal sie schlicht nicht glaubwürdig waren. Noch am selben Tag, dem 6. November 1918, ging folgendes anonymes Schreiben bei Carl Duisberg ein: «Herr Duisberg! Mit Ihrem Schreiben an die Rheinisch-Westfälische Zeitung (‹Verleumdungen› vom 5. 11. 1918) sagen Sie bewußt die Unwahrheit! Und ich zeihe Sie der Heuchelei! Früher gaben Sie sich so, als ob Sie täglich mit General Ludendorff verkehrten und mit ihm befreundet wären. Das war also Wichtigtuerei von Ihnen. Jetzt plötzlich haben Sie ihn nur zweimal gesprochen und es ist ‹kein einziges Wort wahr› daran, daß Sie den General Ludendorff beraten haben. Das ist heuchlerische Wortklauberei von Ihnen, Herr Duisberg. Haben Sie nicht in ständigem telefonischen und schriftlichen Verkehr mit dem Major, späteren Oberstleutnant und jetzigen Oberst Bauer im Großen Hauptquartier gestanden? Wußten Sie nicht, welche Rolle und welche Stellung dieser Herr Bauer bei Ludendorff spielte? Durch Bauer haben Sie Ludendorff dauernd und einseitig mit großem Erfolg beraten!! Wollen Sie die Zahl der Telefongespräche wissen, die Sie mit dem Großen Hauptquartier, insbesondere mit Herrn Bauer (dem ‹klügsten Offizier der Deutschen Armee›!!!) und mit einigen anderen Offizieren dort führten, die als Berater, Abteilungschefs und Vertraute Ludendorffs im Großen Hauptquartier Ihnen bekannt waren? Und Sie haben durch den Krieg keine persönlichen Vorteile gehabt? Das ist eine Dreistigkeit zu behaupten. Millionen haben Sie persönlich im Kriege verdient, Mitglieder Ihres Aufsichtsrates nicht minder.» «Alles Lüge» schrieb Duisberg an den letzten Absatz.[16] Zunächst suchte er die Bedeutung der Angriffe in der Presse beziehungsweise die Kritik an seinen Gegendarstellungen noch herunterzuspielen: «Über die frechen Bemerkungen der sozialdemokratischen Presse aus Anlass meiner Berichtigung in den Zeitungen habe ich mich nicht geärgert. Das bin ich seit Jahren gewohnt. Ich gedenke dabei immer des Goethe'schen Spruches: ‹Sollen die Dohlen Dich nicht umschreien, darfst Du nicht Knopf auf dem Kirchturm sein.› Je mehr wir in die Demokratie hineingeraten, umso dicker muss das Fell werden, das wir Industrielle nötig haben, um uns gegen die Angriffe der Presse unempfindlich zu zeigen»[17], schrieb er dem Publizisten Gerschel nach Berlin. Aber das half nichts, zumal er selbst wusste, dass die Vorwürfe nicht aus der Luft gegriffen waren, sondern die Kritiker, wie Bauer später bemerkte, aus dem Hauptquartier ziemlich gut bedient worden waren.[18] Trotz seiner Widerrede und der Tatsache, dass sich Duisberg und Harden später nicht nur verständigten,[19] sondern Harden, der die Kriegserinnerungen von Max Bauer redigierte, Duisberg dort sogar lobend hervorhob, geriet Duisberg in Berlin derart in die Kritik, dass sein Schwiegersohn seiner Mutter schrieb, in der Reichshauptstadt könne derzeit für Duisbergs persönliche Sicherheit nicht mehr garantiert werden.[20] Er traute sich erst wieder nach Berlin zurück, als die revolutionären Kämpfe vermeintlich abgeflaut waren. «Man kann es mir aber nicht übelnehmen, wenn ich bei der Beliebtheit, der ich mich im ganzen deutschen Reich erfreue, nur weil ich siegen wollte und das meine dazu beigetragen habe, wenn auch leider ohne Erfolg, daß ich von dem Sodom und Gomorra des deutschen Reiches bis auf weiteres fernbleibe.»[21]

Das Berliner Schockerlebnis beschleunigte zweifellos auch Duisbergs Bereitschaft, die Entwicklung in Leverkusen in Kooperation mit der Arbeiterschaft und nicht in Konfrontation zu ihr zu gestalten. Nur Stunden nach seiner Rückkehr aus Berlin trat er vor eine große Versammlung eilig zusammen telefonierter Leverkusener Betriebsführer, um diesen die Lage, so wie sie sich Duisberg nunmehr darstellte, klarzumachen. Auf dieser Versammlung am 8. November im Fabrikkasino beschwor er die leitenden Angestellten des Hauses: «Es wäre Wahnsinn, sich jetzt gegen die neuen Verhältnisse sperren zu wollen oder gegen sie zu arbeiten; wir müssen Kehrt machen in unseren Anschauungen, uns auf die neue Lage einstellen und hoffen, dass das parlamentarische Regime sich bewährt, kurz uns mit dem Gegebenen abfinden.»[22] Duisberg wusste, dass es auch um seinen eigenen Kopf ging: «Was müssen wir nun tun, um den jetzt wehenden Wind nicht zum Sturm und Orkan werden zu lassen. Wir müssen Rücksicht mit den Arbeitern haben, müssen sie in die Hand zu bekommen suchen, das geht auch heute noch», erklärte er den zweifellos überraschten Leverkusener Betriebsführern. «Es muss ihnen klar gemacht werden, wohin die heutigen Verhältnisse führen, dass sie Hungern und Darben im Gefolge haben werden, dass sie aber durch Arbeit Lohn und dadurch Ernährung behalten.»[23] Die Gefahr der Eskalation stand ihm klar vor Augen; die Probleme der Demobilmachung würden unter der Herrschaft der «roten Garde», wie er sich ausdrückte, nur weiter zunehmen, Raub und Plünderung drohten. «Das muss unter allen Umständen verhindert werden», weshalb er für das Werk einen scharfen Sicherheitsdienst[24] forderte und die «Beamten» hierzu verpflichtete. Vor allem müsse man mit den Führern der Arbeiterschaft selbst kooperieren: «Der Übermacht gegenüber wird es aber am richtigsten sein, gute Miene zum bösen Spiel zu machen. Die Arbeiterschaft ist in Sorge, weil sie befürchtet, dass die Anarchie, die aus der jetzigen Bewegung entstehen kann, von einer Autokratie gefolgt sein könnte.» Da Duisberg einen Bürgerkrieg um jeden Preis vermeiden wollte, ging er auch auf die lange bekämpfte Sozialdemokratie offen zu: «Mit den Führern der Arbeiterschaft, welcher Farbe sie auch sein mögen, müssen wir zusammenarbeiten und so Einfluss auf die Neuordnung der Verhältnisse behalten. Uns ganz den Arbeitern zu widmen, wird unsere Pflicht sein; ihren irrigen Anschauungen können wir entgegentreten und so Herr der Lage bleiben.»[25]

Duisberg hatte an den vor allem von Hugo Stinnes betriebenen Verhandlungen mit den Führern der freien Gewerkschaften, die es seit dem Sommer 1918 gab[26], nicht teilgenommen, begrüßte aber deren Ergebnisse und wies darauf hin, man habe in Leverkusen bereits vergleichbare Abmachungen auf betrieblicher Ebene getroffen. Auch an den Berliner Verhandlungen im Oktober und November 1918, die schließlich Mitte November zum Stinnes-Legien-Abkommen,[27] also zur Kooperation von Industrie und freien Gewerkschaften führten, war er nicht beteiligt. Die Ergebnisse der Vereinbarung – Anerkennung der Gewerkschaften, Tarifsystem, Achtstundentag – trug er aber klaglos mit,[28] ja, wollte sie für den betrieblichen Ausgleich in Leverkusen unverzüglich nutzen.[29] Er suchte geradezu den Kontakt mit den Vertretern der Gewerkschaften in Köln und Leverkusen, aber auch im eigenen Unternehmen, was ihm auch deshalb relativ leichtfiel, weil die von ihm persönlich geleitete Arbeit des nach dem Hilfsdienstgesetz eingerichteten Arbeiterausschusses, der von den freien Gewerkschaften dominiert war, insgesamt einvernehmlich verlaufen war. Diese Vertrautheit stieß zwar im Oktober 1918 auf Kritik und führte nach dem 9. November 1918 zum Sturz des alten Arbeiterausschusses und zu seiner Ersetzung durch radikalere Vertreter der Arbeiterschaft, doch auch diese Linksverschiebung hielt Duisberg nicht davon ab, die Zusammenarbeit mit der Arbeiterschaft zu suchen, da er wusste, dass nur auf diese Weise die Sicherheit des Werkes und seine persönliche Sicherheit einigermaßen garantiert waren: «Dass wir hier auch in Wiesdorf-Leverkusen schon einen Soldatenrat haben, der für unsere Sicherheit sorgt, haben sie inzwischen wohl schon gehört», schrieb er noch am 9. November 1918 an den Direktor von Griesheim-Elektron Theodor Plieninger. «Ich erwarte stündlich auch die Einsetzung eines Arbeiterrates und werde, wenn es verlangt wird, mich an seine Spitze stellen, damit alles ordnungsgemäß weitergeht.»[30] Die Leitung wurde ihm nicht angetragen; immerhin aber wurde er beratendes Mitglied des Wiesdorfer Arbeiter- und Soldatenrates, was ihm nicht nur aus Sicherheitsgründen, sondern auch in symbolischer Hinsicht viel bedeutete. Fortan ließ er seine Korrespondenzpartner wissen, er sei Mitglied des Arbeiter- und Soldatenrates, was diese, auch wenn ihre Reaktionen nicht verzeichnet sind, immerhin verwundert haben dürfte. Duisberg kümmerte das wenig; ihn interessierte allein, dass er nun die für die Fabrik ergriffenen Sicherheitsmaßnahmen mit Beschlüssen des Arbeiter- und Soldatenrates legitimieren konnte.[31] Er zauderte auch nicht lange, sein Einschwenken auf die neue Zeit in Leverkusen öffentlich zu machen. Die von ihm stets getragene weiße Knopflochblume wurde, so behauptete es zumindest später die «Bergische Arbeiterstimme», durch eine rote Rose ersetzt.[32]

Dass es sich dabei um «gute Miene zum bösen Spiel» handelte, musste jeder, der genauer hinsah, ahnen. Duisberg begrüßte die Änderungen 1918 keineswegs, er nahm sie hin. Die Revolution blieb für ihn bis zum Lebensende eine vielfach beklagte Verirrung des deutschen Volkes und ein Dokument fehlender Führungskraft auch in großen Teilen des Bürgertums: «Wie tief traurig sieht es doch in unserem deutschen Vaterlande aus. Wer hätte geglaubt, daß wir so tief sinken würden. Sie haben ganz recht, das Bürgertum ist schuld daran, das sich eine solch misserable (!) und schlechte Regierung, zumal in ihren höchsten Spitzen, gefallen lassen hat und das auch jetzt feige und energielos zusieht»[33], äußerte er sich im Februar 1919 gegenüber Walther Nernst, und Alfred Stock ließ er wissen, dass er die augenblickliche Situation schlimmer finde als die Zeit nach dem Ende des Dreißigjährigen Krieges.[34] Auch gegenüber seinen persönlichen Freunden Johannes Walther und Carl Hauptmann äußerte sich Duisberg pessimistisch, übel gelaunt und gelegentlich zornig.[35] Doch er wollte seinen Gestaltungsspielraum und damit auch die Handlungsfähigkeit der Farbenfabriken erhalten und ließ sich daher auf die neue Zeit ein.

Die Entwicklung in Leverkusen gab ihm Recht. Zwar war das Unternehmen zu umfangreichen materiellen Zugeständnissen gezwungen, aber die Ruhe blieb erhalten: «Bei uns … ist der auf Grund des Hilfsdienstgesetzes eingerichtete Arbeiterausschuß gestürzt und an seine Stelle ein neuer, durch Vertrauensleute der verschiedenen Betriebe und Werkstätten ernannter radikaler Arbeiterausschuß eingesetzt worden. Mit ihm habe ich schon in eingehender Weise über den achtstündigen Arbeitstag, die Arbeitspausen, Teuerungszulage usw. verhandelt. Obgleich sich der Arbeiterausschuß einstimmig für unsere Vorschläge entschied, haben die Arbeiter in der Fabrik dieselben nicht angenommen, so daß ich mit den 10-mal so zahlreichen Vertrauensleuten verhandeln mußte», berichtete Duisberg am 18. November 1918 an Emanuel Merck. «Das war nicht leicht. In vierstündiger Debatte gelang es mir aber, wenigstens die Teuerungszulage zu Fall zu bringen und den Streit über den 8stündigen Arbeitstag, bei dem die Meinungen sehr auseinandergingen, darauf zu beschränken, daß in einer morgen stattfindenden Sitzung des Arbeiter- und Soldatenrats, dem ich selbst angehöre, die Frage endgültig entschieden werden soll.»[36] Da die Farbenfabriken für den Fall der Demobilmachung gut vorbereitet waren – unmittelbar mit dem Waffenstillstand begann man mit Aufräumarbeiten und den Vorbereitungen für die Rückkehr zur Friedensproduktion –, konnte Duisberg den Arbeitervertretern zudem von Anfang an mit einer klaren Haltung begegnen, die diesen offenbar imponierte. Insbesondere stieß die Entlassung der ausländischen Arbeitskräfte und die Reduzierung der weiblichen Beschäftigten auf Zustimmung, da durch sie die Beschäftigungsgarantie für die männlichen Arbeiter und die Zusicherung, die aus dem Felde heimkehrenden Arbeitskräfte wieder aufzunehmen, umso glaubwürdiger erschien. Da ausreichend Rohstoffe für die Farbenherstellung vorhanden und überdies die Anlagen in einem Zustand waren, der dringend der Überarbeitung und Instandsetzung bedurfte, konnten die vorhandenen Arbeitskräfte einigermaßen nutzbringend eingesetzt werden. In Leverkusen jedenfalls kam es rasch zu Tarifvereinbarungen über Löhne und Arbeitsbedingungen; der Achtstundentag als Regeleinrichtung wurde ebenso akzeptiert, wie zumindest vorläufig auf Akkordlöhne verzichtet wurde. Die Arbeit in Leverkusen ruhte trotz Waffenstillstand und Revolution faktisch an keinem einzigen Tag. Die Umstellung der Produktion brauchte zwar Zeit, aber das war hinzunehmen.[37]

***

Dieser Erfolg, der die Farbenfabriken von den Verhältnissen in den anderen chemischen Fabriken in Frankfurt, Ludwigshafen, Mitteldeutschland und Berlin unterschied, wo zum Teil bürgerkriegsähnliche Auseinandersetzungen der Revolution folgten, war indes nicht allein das Verdienst der Kompromissbereitschaft des verängstigten und insofern friedfertigen Geheimrats.[38] Die Ruhe in den Farbenfabriken in Leverkusen war auch eine Folge des Waffenstillstandsprotokolls, das neben der Besetzung des linken Rheinufers auch rechtsrheinische Brückenköpfe, namentlich bei Mainz, Koblenz und Köln vorsah. Leverkusen fiel in den Kölner Brückenkopf und wurde folgerichtig Anfang Dezember 1918 von neuseeländischen, später von englischen Truppen besetzt, die auch für die Aufrechterhaltung der öffentlichen Ordnung zuständig waren.[39] Die Besetzung ging Duisberg zwar aus vaterländischen und pragmatischen Gründen erheblich gegen den Strich, da die neuseeländischen beziehungsweise englischen Offiziere große Teil des Verwaltungsgebäudes und das Casino mit Beschlag belegten[40], ja, Duisberg zeitweilig sein eigenes Haus nur noch durch den Dienstboteneingang betreten konnte, um sich dann in wenigen Kellerräumen aufhalten zu müssen. Er war aber immerhin froh, dass englische Truppen kommen sollten und nicht die «hasserfüllten Franzosen».[41] Die Besatzung hatte den Vorteil, dass sie, wie Duisberg das ausdrückte, dem «Bolschewismus» im unteren Kreis Solingen rasch den Garaus machte. Dieser «Bolschewismus» war beileibe keine abstrakte Gefahr. Duisberg war in den Wochen nach der Revolution mehrfach das Ziel persönlicher Angriffe. Anfang Dezember 1918 geriet er ebenso wie August und Fritz Thyssen in den Verdacht, an einer konterrevolutionären Verschwörung beteiligt zu sein.[42] Dieses Gerücht, wonach Thyssen und Duisberg sich am 7. Dezember in einem Dortmunder Hotel verständigt hätten, ausländische Truppen in das rheinisch-westfälische Industriegebiet zur Niederschlagung der Revolution zu holen, war zwar frei erfunden, doch wurden mehrere Angehörige des Thyssen-Konzerns daraufhin vom Mülheimer Arbeiter- und Soldatenrat festgesetzt. Der Solinger Arbeiter- und Soldatenrat suchte auch Duisberg in seine Gewalt zu bekommen, um ihn nach Magdeburg zu bringen, wo ihm zusammen mit den Thyssens der Prozess wegen Landesverrats gemacht werden sollte. Duisberg wurde zusätzlich vorgeworfen, er unterstütze Zentrumskreise, die eine eigenständige rheinische Republik gründen wollten. Das sei alles lächerlich, schrieb er dem Vorstandsvorsitzenden der Agfa Franz Oppenheim am 11. Dezember 1918: «Auch diesmal erfuhr ich es rechtzeitig und das in der Nacht zwischen 12 und 1 Uhr mit 4 Bolschewisten eintreffende Automobil musste unverrichteter Sache wieder umkehren. Ich war inzwischen nach Köln entsprungen, das ja jetzt von mehr als 30 000 Engländern besetzt ist. Hier sitze ich und diktiere diesen Brief, um hoffentlich morgen, wenn die Besatzung in den Brückenkopf und damit auch nach Leverkusen einrückt, endlich Ruhe zu finden.»[43]

Duisberg war insofern überaus dankbar für die Besatzung[44], auch wenn er sich dieses Gefühl nicht gern eingestand und immer wieder klagte, wie schlimm es gekommen sei, wenn man ausländische Truppen als Segen ansehen müsse. Aber ein Blick über die Grenze des Besatzungsgebietes hinaus zeigte ihm unmittelbar, welches Glück er auf seiner Seite hatte: «Gestern und heute auch noch sind es die Unruhen der Spartakiden, die uns alle in Atem halten», schrieb er im Februar 1919 an Franz Oppenheim: «Auch in Elberfeld (im unbesetzten Gebiet, W. P.) ist es zu Schiessereien und Toten und Verwundeten gekommen. Man hat dort gestern unsere Arbeiter und Beamten gezwungen, die Arbeit einzustellen.»[45] So etwas war unter der englischen Besatzung ausgeschlossen. Auch wenn es keineswegs angenehm war, in der eigenen Fabrik nicht mehr Herr der Lage zu sein, und auch wenn die zahlreichen Inspektionsoffiziere, die den Abbau der Rüstungsanlagen kontrollieren sollten und teilweise offene Werksspionage trieben,[46] Sorge bereiteten: «Schlimmer als unsere inneren Feinde sind sie ... nicht»[47], schrieb er an Leo Goldstein, den Vorstandsvorsitzenden von Feldmühle. Mit der neuseeländischen Besatzung verstand sich Duisberg schließlich so gut, dass er ihre Ablösung bedauerte.[48] Im März 1919 kamen englische Truppen, die problematischer waren, weil sie mehr Raum beanspruchten. Aber auch mit ihnen konnte man sich arrangieren.[49]

***

Der Abbau der Kriegsanlagen ging einigermaßen zügig voran, und auch die Wiederaufnahme der zivilen Produktion zeitigte Erfolge, auch wenn Duisberg erst im Herbst 1921 den Abschluss der Umstellung auf «Friedensarbeit» konstatieren mochte.[50] Die Hauptsorge bestand in der Angst, durch die neue Besatzungsgrenze am Rhein von der Kohlenversorgung abgeschnitten zu werden, da das rechtsrheinisch liegende Leverkusener Werk bisher die Masse seiner Kohle von der linksrheinischen Zeche «Rheinpreussen» bezogen hatte. Es gelang Duisberg und seinem Management jedoch, die Ausfälle durch Lieferungen der konzerneigenen westfälischen Zeche Auguste-Victoria einigermaßen auszugleichen.[51] Auch die übrigen Lieferbeziehungen des Werkes wurden durch die Besatzung nicht unterbrochen. «Wir sind soweit, dass wir jetzt schon wieder neue Arbeiter einstellen müssen, um die inzwischen vom Kriege auf Frieden umgestellten Zwischenproduktenapparaturen zum Arbeiten zu bringen. Auch sind noch grosse Farbstofflieferungen rückständig. In der Einfuhr der Rohmaterialien und selbst in der Ausfuhr der Fertigfabrikate macht man uns keine Schwierigkeiten. Wir haben hier weitgehende Ausfuhrerlaubnis bekommen. Selbst in den Kohlen sind wir relativ gut ab, indem uns anstelle von Rheinpreussen, das früher allein lieferte, unsere Zeche Auguste-Victoria aus- und durchhilft. Die Kohlen sind zwar ganz miserabel und zeigen teilweise nur die 3fache Verdampfung. Auch sind die Löhne der Heizer und alle Materialien so gestiegen, dass bei dem hohen Kohlenpreis und bei der schlechten Qualität der Kohle der Dampfpreis 5 bis 6 mal höher ist wie im Frieden.»[52]

Die technisch einigermaßen erfolgreiche Umstellung der Produktion war daher wirtschaftlich nicht unbedingt ein großer Erfolg, doch stellte sich die Lage in Leverkusen sehr viel besser da als an den anderen Standorten der I. G.: «Traurig sieht es … in Ludwigshafen und Höchst aus. Dort herrscht immer noch Kohlenmangel und, wie mir Hugo Stinnes vor wenigen Tagen sagte, ist auch kaum zu erwarten, dass Ludwigshafen vor 2 bis 3 Monaten mit genügenden Mengen Kohlen versorgt wird. Unsere Freunde, die überdies noch in ihrer Ausfuhr durch die französische Besatzung stark gehemmt sind, haben deshalb gewaltige Ausgaben und keine Einnahmen. Das muss zu einem erschreckend grossen Defizit in unserer Bilanzierung in diesem Jahr führen. … Trotzdem hoffe ich, dass die Reserven, die wir in guten Zeiten gestellt haben, uns über dieses Jahr der Missernte und selbst, was der Himmel verhüten wolle, über eine solche des nächsten Jahres hinwegbringen wird.»[53] Wenig zuvor hatte er gegenüber Emil Fischer erklärt, man mache zwar keinen Gewinn, verdiene aber genug, um die «2000 Beamten und etwa 8000 Arbeiter zu beschäftigen».[54]

Leverkusen jedenfalls stand im Frühjahr 1919 relativ gut da; die Vorsorge, die man während des Krieges getroffen hatte, zahlte sich aus. Überdies trugen die Kompromisse, die mit der Arbeiterschaft, dem neuen Arbeiterausschuss und mit den Kölner Gewerkschaften geschlossen worden waren, in den ersten Monaten trotz aller Konflikte, trotz der in Duisbergs Augen geringen Produktivität, trotz der nachlassenden Disziplin und der vermehrten Alltagskonflikte durchaus. Anlässlich erneuter Tarifverhandlungen im März 1919 machte sich allerdings Unruhe in der Arbeiterschaft breit, die sich schließlich weigerte, einen bereits mit den Gewerkschaften geschlossenen Tarifkompromiss zu akzeptieren. Obwohl das Werk erhebliche Zugeständnisse bei den Lohntarifen gemacht habe, sei die Unzufriedenheit groß. «Man wollte 20 % mehr haben und hatte alle Vorbereitungen für einen grosszügigen Streik hier in Leverkusen getroffen. Nach langen Verhandlungen mit dem Arbeiterausschuss und den Vertrauensleuten ist es uns gelungen, die Unzufriedenheit wenigstens bis auf weiteres dadurch zu beheben, dass wir noch 5 Mark pro Woche pro Kopf jedes Arbeiters und jeder Arbeiterin über 18 Jahren zugebilligt haben. Die unzufriedenen Elemente ruhen aber nicht, sondern wühlen weiter. Nicht ausgeschlossen ist es, dass wir trotzdem noch zum Streik kommen.»[55] Dazu kam es zumindest vorläufig nicht, auch weil es für Duisberg und die Leverkusener Werksleitung klar war, dass sie durch flexibles Verhalten und geschicktes Verhandeln im nunmehr akzeptierten Tarifsystem durchaus neue Spielräume gewinnen konnten.[56] Angst vor einer Konflikteskalation hatte Duisberg nach eigenem Bekunden nicht: «Mit seltener Ruhe stehe ich dem Vorhaben gegenüber. Verdient wird ja doch nichts mehr, also kann man nur gewinnen, wenn die Arbeit ruht. Daher mögen die Arbeiter und selbst die Beamten streiken, wann immer es ihnen beliebt. Nur aus Interesse zu unseren Werksangehörigen gebe ich mir Mühe, sie davon abzuhalten. Trotzdem ist immer Undank der Welt Lohn.»[57] Das stimmte nicht ganz, dürfte aber gleichwohl Duisbergs Stimmung in diesen Wochen recht gut wiedergegeben haben.

Die Werksleitung in Leverkusen tat auch weiterhin alles, um größere Konflikte mit der Arbeiterschaft zu vermeiden. Insbesondere trieb sie die Politik der Arbeitsgemeinschaft mit den tariftreuen Gewerkschaften systematisch voran, was später noch genauer zu betrachten sein wird. So wenig man zuvor bereit gewesen war, mit den Gewerkschaften auch nur zu sprechen, so willkommen waren jetzt entsprechende Kontakte, die durch die Werksleitung auch gezielt gepflegt wurden. In Leverkusen zeigte sich vor diesem Hintergrund sehr rasch, dass das Werk mit dem kollektiven Arbeitsrecht gut leben konnte, ja, dadurch Handlungsspielräume gewann. Spontanes Handeln der Belegschaft konnte schnell zum Tarifbruch führen, dem auch die Gewerkschaften, die an einer funktionsfähigen Arbeitsgemeinschaft ebenso interessiert waren wie die Arbeitgeber, klar entgegentraten. Ende 1919 bemerkte Duisberg daher mit einer gewissen Genugtuung: «Was die Lohn- und Tariffragen angeht, so sind deutliche Anzeichen vorhanden, dass auch in Arbeiterkreisen die Ansicht Raum gewinnt, die Tarifierung könne ihre Schattenseiten haben.»[58] Die Besatzungsmacht verhinderte auch in den kommenden Monaten und Jahren, dass Streiks und Konflikte, wie im Sommer 1920 nach der Einführung des automatischen

Lohnsteuerabzuges und im Frühjahr 1921, als die Werksleitung das Abfeiern von Überstunden verbot, eskalierten.[59] Angesichts der Politisierung der Konflikte war das auf jeden Fall möglich.[60] Teile der Belegschaft, von den Ergebnissen der Revolution und den Fesseln des Tarifsystems enttäuscht, suchten die offene Konfrontation mit Duisberg und der Leverkusener Werksleitung, die indes in den Auseinandersetzungen, wenn Verhandlungen nicht halfen, hart blieb. Duisberg knüpfte dabei zumindest grundsätzlich auch an seine Streikerfahrungen aus der Elberfelder Zeit und die harte Haltung der ersten Leverkusener Jahre wieder an; in allen Streiks 1920[61], 1921[62], 1922[63] und im August 1923[64] griff die Werksleitung letztlich zum Mittel der Aussperrung, doch war sie zuvor in der Regel zu Entgegenkommen und Zugeständnissen bereit, zumindest solange keine grundsätzlichen Fragen betroffen waren.

***

1919 hatte sich die Lage beruhigt, die Farben- und Pharmaproduktion war wieder in Gang gekommen, die in- und ausländische Nachfrage war hoch. Ende 1919/Anfang 1920 war überdies der Verfall der deutschen Währung zeitweilig zum Stillstand gekommen, sodass die Bedingungen für einen erfolgreichen wirtschaftlichen Neuanfang günstiger erschienen denn je. In diese zeitweilig durchaus zuversichtliche Stimmung platzte im März 1920 die Nachricht vom Kapp-Putsch, mit dem über Nacht die Revolution, der Bürgerkrieg, die politische Unsicherheit und eine drastische Verschlechterung der wirtschaftlichen Rahmenbedingungen zurückkehrten. Duisberg, der die meisten Beteiligten, insbesondere Wolfgang Kapp und Max Bauer, aus seiner Zeit in der Vaterlandspartei gut kannte, raufte sich die Haare: «Wer hätte es gedacht, dass die Militärpartei, von der man jetzt wirklich sprechen kann, während sie früher nie bestanden hat, gerade in dem ungünstigsten Augenblick, den es für unser niedergetretenes Vaterland gibt, die Gewalt an sich reissen und die Regierung vertreiben würde. Als mir Samstag früh die erste Nachricht vom Kölner Polizeipräsidium wurde, habe ich es nicht glauben wollen und gewettert und geflucht ob dieses neuen an unserem Vaterlande begangenen Verbrechens.»[65] Es sei der denkbar unglücklichste Zeitpunkt: «Gerade in dem Augenblick, wo wir wieder anfingen, mehr als bisher zu arbeiten, wenigstens in den Kohlenbergwerken – und die Kohle ist im Moment die Hauptsache – wo in London die Erkenntnis reift, dass man durch die Erzwingung des Versailler Friedens eine fürchterliche wirtschaftliche Dummheit begangen hat und dementsprechend die Valuta sich zu bessern begann, wirft die Militärpartei, und noch dazu unter Führung eines Mannes, der als Reaktionär verschrien ist, wieder alles über den Haufen und zwingt unsere Arbeiter zu Generalstreik und Demonstrationen.»[66] Die Lage sei auch deshalb schwierig, weil die Leverkusener USPD-Leute bis zum Sturz der Kapp-Regierung im Streik bleiben wollten, was aber, wie Duisberg annahm, so schnell nicht eintreten würde, denn auch die Putschisten würden nur der Gewalt weichen. Duisberg war im Übrigen völlig unklar, was die Putschisten eigentlich wollten: Neuwahlen könnten sie nicht gewinnen; gegen die Bevölkerung zu regieren, sei auch nicht möglich. Am besten erschien Duisberg in dieser Lage eine Art Allparteien-Regierung der Vernunft, um die Wirtschaft wieder auf die Beine zu stellen. «Wollen wir dieses Ziel erreichen, und wir müssen es eiligst tun, so bleibt nichts anderes übrig, als dass wir uns auf Grund der gemachten Erfahrungen einmütig zu einem Koalitionsministerium zusammenschliessen und kein anderes Ziel vor Augen haben, als durch Arbeit und abermals Arbeit wieder in die Höhe zu kommen.»[67]

Faktisch aber war eine solche Regierung der Vernunft weiter entfernt denn je. Offenkundig hatte Duisberg die Bestrebungen der reaktionären Militärs, von denen er durch Bauer gewusst haben dürfte, lange nicht ernst genommen. Im Frühjahr 1920 aber stand deren endgültige Entmachtung durch die Vorschriften des Versailler Vertrages vor der Tür, was nun in einer Art Verzweiflungsakt noch verhindert werden sollte. Das musste verheerende Folgen haben: «Die Seilfahrt nach unten, die anfing, stille zu stehen und sich in entgegengesetzter Richtung zu bewegen, wird also fortgesetzt und wir werden tiefer als bisher in den Sumpf hineingeraten.»[68] Duisbergs Befürchtungen bestätigten sich unmittelbar. Er hatte den Brief an Böttinger noch nicht beendet, da wurde im unteren Kreise Solingen auch und gerade von den Arbeitern der Farbenfabriken die Räterepublik ausgerufen, das Polizeibüro in Wiesdorf gestürmt und der dortige Polizeiinspektor entwaffnet. Zum Glück, so Duisberg, seien die Engländer sehr rasch mit Maschinengewehren angerückt und hätten die Ordnung wiederhergestellt, doch nun kursierten Gerüchte, er habe die Engländer gerufen.[69] Die Arbeiter hätten daraufhin beschlossen, ihn festzunehmen und fortzubringen: «Du kannst Dir die Aufregung meiner Familie, besonders von Hans, denken. Die Feuerwehr hat mich aber treu bewacht, die Engländer trafen die erforderlichen Sicherheitsmassnahmen und es ging bis jetzt gut. In Wiesdorf hat man aber das Gerücht verbreitet und geglaubt, ich sei erschossen worden. Zu früh Tod-Gesagte sollen lange leben. Hoffen wir's.»[70]

Duisberg stand mit seiner Kritik nicht allein, auch wenn sich der Reichsverband der Deutschen Industrie nicht zu einer klaren Ablehnung des Putsches durchringen konnte.[71] Andere Industrielle teilten Duisbergs Kritik; manche störte vor allem der schlecht gewählte Zeitpunkt: «Wie die meisten Industriellen», schreibt Gerald Feldman, «hielt Stinnes den Putsch für ein unsinniges Abenteuer zur unpassenden Zeit, das den erzielten wirtschaftlichen Fortschritt zunichte machen und Deutschland wieder ins gerade überwundene Chaos zurückstoßen würde.»[72] Duisberg war hier viel eindeutiger als viele andere Industrielle. Während man sich im Reichsverband der Deutschen Industrie überaus ängstlich verhielt, lehnte der Chemieverband, dem Duisberg zu dieser Zeit vorsaß, den Putsch rigoros ab, ja, zog sogar in Erwägung, für die Streiktage Lohnausfall zu gewähren. Für andere Industrielle war das unerhört, und auch Duisberg mochte schließlich so weit nicht gehen. Doch war der Tenor eindeutig.[73]

Der Putsch löste aber nicht nur unmittelbare Ängste vor einer Rückkehr der Revolution aus; er verschob auch die politischen Gewichte zu Ungunsten einer Politik des sozialen Ausgleiches, da er das bürgerliche und das konservative Lage schwächte und die militanten linksradikalen Gruppen begünstigte. Duisberg, der ohnehin davon ausging, dass es über kurz oder lang zu einer grundsätzlichen Konfrontation mit den linksradikalen Strömungen kommen musste, sprach seine Befürchtungen gegenüber Fritz Klimsch offen aus: «Es ist unbegreiflich und kein Ausdruck ist zu scharf, um es zu brandmarken, wie unverantwortlich töricht und verbrecherisch die Berliner Clique der Reaktionäre und Militaristen, die die Psyche des Volkes so wenig kennt und von Wirtschaft keine Ahnung hat, handeln konnte. Ich bin wie jeder, der diesen Dingen nahesteht, aufs äusserste empört. Wenn auch, wie ich voraussah und immer wieder erwähnt habe, wir noch den Angriff von Bolschewismus, Kommunismus und Spartakismus und im Bunde damit von den U. S. P.-Leuten zu erwarten hatten, so hätten wir diesen doch leichter niederschlagen können, wenn wenigstens die Reichswehr mit ihren Offizieren verfassungstreu geblieben wäre. Jetzt ist sie diskreditiert, hat das Vertrauen weitester Kreise verloren. An ihrer Stelle werden Arbeitersoldaten treten und was wir von diesen zu erwarten haben, kann sich Jeder selbst ausmalen. Dazu kommt der totale Zusammenbruch unserer Wirtschaft und unserer Ernährung, dem wir in den nächsten Monaten mehr als je entgegensehen müssen. Ich war, wie Sie wissen, grauer Pessimist. Ich sehe jetzt nur noch Schwarz in Schwarz und weiss nicht, woher die Autorität kommen soll, die uns aus diesem Elend und Jammer herausführt. Ohne Autorität von irgendeiner Seite ist aber eine Besserung und ein Wiederaufbau nicht möglich.»[74]

Es kam, wie Duisberg es vorhersah. Im Anschluss an den Kapp-Putsch löste sich vor allem im Ruhrgebiet die bisherige Ordnung auf; der Bürgerkrieg rückte in greifbare Nähe. In Elberfeld sammelten sich kommunistische und sozialdemokratische Funktionäre, um zu einem Kampf für die Räterepublik aufzurufen, ein Aufruf, der von Teilen der Arbeiterschaft auch befolgt wurde. Die entstehende Rote Ruhrarmee kontrollierte schließlich große Teile des Ruhrgebietes, aber auch des Bergischen Landes, Elberfeld zählte dazu.[75] Friedrich Bayer jun. blieb, obwohl er nicht wollte, keine andere Wahl, als zu seinem Sohn nach Leverkusen zu fliehen. Überdies litten die Farbenfabriken nicht nur mit ihrem Werk in Elberfeld unter den Kämpfen. Auch die Kohlenzufuhr brach zusammen, denn der Bergbau verharrte im Generalstreik. Eine rasche Lösung zeichnete sich nicht ab. Duisberg versuchte, in Leverkusen möglichst den Frieden zu bewahren, wobei ihm die Anwesenheit der Engländer erneut entscheidend half: «Der Generalstreik bei uns hier in Wiesdorf hat zwar nur 2 Tage gedauert, es ist aber hoch hergegangen. Man hat das hiesige Rathaus gestürmt, den (!) Polizeiinspektor die Uniform vom Leibe gerissen und, wenn auch nicht direkt, so doch indirekt die politische Macht in die Hände des Proletariats, wenigstens für einige Stunden übergehen lassen. Dann kamen die Engländer, warfen die Arbeiterräte zum Rathaus hinaus und stellten die Ordnung wieder her. Wie nicht anders zu erwarten, hat die auch hier bestehende Gruppe der Kommunisten alles mögliche gegen mich und die Firma geplant gehabt. Bis jetzt ist aber nichts erfolgt und Unheil verhütet worden. Hoffentlich bleibt das weiter so, obgleich rundum, in Remscheid, in Barmen-Elberfeld, in Düsseldorf, Duisburg, Essen etc. die rote Flut noch nicht abgeflaut ist. Uns hier im Westen sind die Verhandlungen, die die Berliner Regierungsvertreter mit Gewerkschaftsführern, Kommunisten, Spartakisten und Bolschewisten führen, unverständlich.[76] Sehen sie denn nicht, wohin die Fahrt gehen soll, wenn die Reichswehr entfernt ist und nur noch die Rote Armee und die Arbeiter Waffen besitzen dürfen? Selbstverständlich dient dies ausschließlich den Zwecken, die Diktatur des Proletariats aufzurichten, sobald die Zeit dafür gekommen», schrieb Duisberg an den Chemiker Alfred Stock.[77]

Nach dem Scheitern von Vermittlungsversuchen schlugen schließlich Reichswehrverbände Anfang April 1920 den Aufstand an der Ruhr in einer Weise nieder, dass auf absehbare Zeit an friedliche Verhältnisse kaum mehr zu denken war, zumal die Bergarbeiterschaft den Aufstand zeitweilig in großer Mehrheit unterstützt hatte.[78] Duisberg begrüßte die Zerschlagung der Roten Ruhrarmee, doch dem Frieden danach traute er keineswegs: «Wie immer es bei solchen Gelegenheiten geht, sind die Leiter der grossen Unternehmungen die Zielscheibe aller bolschewistischen Bestrebungen. Auch hier hiess es: An die Wand mit ihm. Polizeiinspektor, Branddirektor und Oberwachtmeister, die ebenso bedroht wurden, gingen durch die Lappen und liessen mich allein. Trotzdem harrte ich, in meinem Haus verschanzt, aus. Es ist gut gegangen und wird hoffentlich weiter gut gehen, wenn, wie ich fürchte, demnächst weitere Unruhen in Folge Mangel von Lebensmitteln nicht zu vermeiden sind. Wenn unsere Arbeiter nur einsehen wollten, dass nicht Generalstreik, sondern unermüdliche Arbeit uns allein aus dem Elend herausbringt. Dazu gehört aber eine starke Regierung, die nicht immer verhandelt, sondern die mit fester Hand ihre Autorität wahrt. Ob wir sie je wieder bekommen werden?», fragte er sich in einem Brief an Friedrich Schmidt-Ott.[79] Die Spannungen in und mit der Arbeiterschaft blieben erhalten. Spätestens seit dem Frühjahr 1920 bildete sich im Werk eine radikale Arbeiteropposition, die mit den herkömmlichen Mitteln der Sozialpartnerschaft, die das Werk auch nach dem Kapp-Putsch weiterhin verfolgte, nicht mehr zu erreichen war, ja, diese als Inbegriff der Unterdrückung denunzierte und jede Kompromissbereitschaft von Teilen der Arbeiterschaft scharf angriff.[80]

Ihnen gegenüber war Duisberg alles andere als versöhnlich oder nur kompromissbereit, da sie seine Sozialpartnerschaft ohnehin verachteten. Die kommunistischen beziehungsweise syndikalistischen Teile der Belegschaft begriffen die Auseinandersetzungen im Betrieb als politischen Konflikt und vermuteten hinter Duisbergs Haltung den Wunsch, die Zugeständnisse aus der Revolutionszeit zu korrigieren, die Arbeitszeiten zu verlängern, die Arbeitsintensität zu erhöhen und die Arbeiterschaft zu entmündigen. Dieses grundsätzliche Misstrauen gegenüber der Werksleitung wurde durch die nach Leverkusen hereinschwappenden politischen Kämpfe verstärkt, namentlich während des Kapp-Putsches im Frühjahr 1920, im Rahmen der kommunistischen Aufstände in Mitteldeutschland im Frühjahr 1921 und im Sommer 1923, als die Hyperinflation zu einer umfassenden politischen Destabilisierung führte. Die Opposition, die sich hier äußerte, war durch eine ausgeweitete, mitbestimmte Sozialpartnerschaft nicht mehr zu pazifizieren, zumal diese Teile der Belegschaft gerade die Arbeit des Betriebsrates, der nach 1920 relativ reibungslos in Leverkusen ins Amt gekommen war, als Ausdruck einer verräterischen Haltung der Mehrheitsgewerkschaften gegenüber der Arbeiterschaft ansahen. Hier herrschte in der Tat Klassenkampf, den die Werksleitung entsprechend beantwortete. Duisberg und seine Direktoren lauerten regelrecht auf eine Chance, diese Teile der Belegschaft loszuwerden, um mit der verbleibenden, vermeintlich kompromisswilligen Mehrheit dann besser arbeiten zu können. Die Streikkämpfe im Frühjahr 1921 in Leverkusen, im Sommer 1922 in Elberfeld und im Sommer 1923 erneut in Leverkusen nutzte die Werksleitung daher auch konsequent, um vermeintliche Bolschewisten, Rädelsführer und «unruhige Elemente» loszuwerden,[81] wobei ihr jeweils der Umstand zugutekam, dass die radikalen Teile der Belegschaft auch bei den Gewerkschaften isoliert waren.[82] Der DVP-Reichstagsabgeordnete Paul Moldenhauer, den Duisberg aus gemeinsamer Arbeit im Kölner Allgemeinen Versicherungs-Schutzverband kannte, gratulierte entsprechend im Sommer 1923: «So betrübend diese Vorkommnisse sind, so beglückwünsche ich Sie auf der anderen Seite zu der Tatkraft, mit der Sie sofort den Demonstrationen entgegengetreten sind. Nur so ist es möglich, die Fabrik von den unsauberen Elementen zu befreien und wieder Ordnung zu schaffen. Es muss schliesslich noch Stellen im Deutschen Reich geben, die nicht sofort vor der Strasse in die Knie sinken.»[83] Mit den «Säuberungen» der Belegschaft war man zwar insofern nicht erfolgreich, als sich bei den Wahlen zu den Betriebsräten immer mehr Stimmen zugunsten radikaler Belegschaftsvertreter fanden, aber die offenen Kämpfe hörten doch auf, und die von Duisberg erstrebte Partnerschaft von Werksleitung, kompromisswilligen Betriebsräten und tariftreuen Gewerkschaften gewann schließlich nach 1924/25 die Oberhand.

Insofern war die langsam wieder zunehmende Härte Duisbergs in den betrieblichen Konflikten nicht unbedingt ein Zeichen des sozialpolitischen «Rollback», sondern diente der Ermöglichung einer wirtschaftsfriedlichen Sozialpartnerschaft. Diese zu erhalten und zu fördern, war für Duisberg ein Akt der sozialpolitischen Klugheit; davon wich er auch nach dem Abflauen der revolutionären Kämpfe nicht ab. Gegenüber dem Aufsichtsratsvorsitzenden Henry Theodor Böttinger kündigte er programmatisch einen Bruch mit den Traditionen der Unternehmensführung an, die in der Vorkriegszeit bestimmend gewesen waren[84], zumal er sich selbst bei nüchterner Betrachtung eingestehen musste, dass die von ihm gewünschte und gepflegte Betriebstreue der Arbeiterschaft den Krieg und die Revolution nicht überlebt hatte. Die vernichtende Kritik an den Auswüchsen des Meistersystems, die Curt Duisberg wenig später in seiner Doktorarbeit[85] übte, dürfte auf Leverkusener Erfahrungen basieren, da der jüngste Duisberg-Sohn dort längere Zeit in der Sozialabteilung tätig war. Duisberg war klar, dass ein Zurückgehen – wohin auch immer – nicht sinnvoll sein konnte. Er betrieb es auch später nicht. Als 1922 im RDI erste Überlegungen zu einem zukünftigen Wirtschaftsprogramm angestellt wurden und der Braunkohlenindustrielle und damalige Vertraute von Hugo Stinnes Paul Silverberg den Anlass nutzen wollte, eine radikale Abkehr von den Ergebnissen der Umwälzung 1918 zu fordern, fuhr ihm Duisberg, wenn auch in verbindlichem Ton, doch ganz entschieden in die Parade: «Sie kehren in Ihren Forderungen m. E. zum Manchestertum zurück, ohne das Gute zu behalten und in Ihr Programm aufzunehmen, was die letzten Jahrzehnte uns gebracht haben. Auch wenn Ihr Programm vom wirtschaftlichen Standpunkt aus richtig ist und von mir in den meisten Punkten geteilt wird, so dürfte doch manche Ihrer Forderungen politisch und taktisch gewertet, unangebracht sein. Es ist das, was Sie schreiben, ein völlig umfassendes, kraftvolles und machtvolles Diktat. Sie wissen, daß ich auch nicht gerade zu den schwachen und labilen Männern gehöre, aber ich habe von jeher ein gewisses Gefühl für die Zeiterfordernisse gerade gegenüber der Arbeitnehmerschaft gehabt und habe mich nicht gescheut, hin und wieder nachzugeben und Kompromisse zu schließen. Bisher bin ich mit dieser Taktik ganz gut gefahren. Man soll der historischen Entwicklung nicht in die Speichen fallen und ferner beachten, daß ein möglichst geschlossenes Deutschland zu einem täglich größeren Erfordernis wird.»[86]

26 | Rheinischer Kapitalismus[1]

Die Kriegswirtschaft war für große Teile der deutschen Industrie von einem konstitutiven Dilemma gekennzeichnet.[2] Einerseits wünschte man eine funktionsfähige und kompetente Wirtschaftsverwaltungsbürokratie, andererseits gab es die Befürchtung, eine solche Bürokratie könne sich verstetigen und ihre Tätigkeit auch über den Krieg hinaus ausdehnen, eine Sorge, die auch insofern nahelag, als zahlreiche Stimmen den Krieg als Abgesang auf den liberalen Kapitalismus der Vorkriegszeit begriffen. Vor dem Krieg außerhalb der Sozialdemokratie nur vereinzelt geäußerte Kritik am kapitalistischen Wirtschaftssystem, die zudem erkennbar von Außenseitern oder aus der Jugendbewegung kam, gewann an Gewicht. Selbst in der Großindustrie ließen sich jetzt, etwa von Walther Rathenau und Wichard von Moellendorff, derartige Töne vernehmen. So vage sie auch waren, so hatten ihre Vorstellungen einer staatlich organisierten «Gemeinwirtschaft» doch Konjunktur.[3] Vor dem Krieg unvorstellbar, schien während des Krieges nach und nach eine Planwirtschaft, in der Privatunternehmen nicht mehr das letzte Wort haben würden, plötzlich möglich, ja angesichts der objektiven Probleme unvermeidlich. Die industriellen Stellungnahmen zur Funktionsweise der staatlichen Wirtschaftsverwaltung im Krieg waren daher zunehmend von der Furcht geprägt, im Krieg sinnvolle staatliche Maßnahmen könnten sich verfestigen und einer sozialistischen Entwicklung den Weg ebnen. Duisberg machte dabei nur bedingt eine Ausnahme. Er hatte keine Bedenken, während des Krieges eine möglichst leistungsfähige Wirtschaftsverwaltung zu fordern; er sah die deutsche Wirtschaft 1916 «tief bis an die Schultern schon darin (im Staatssozialismus, W. P.) … Ich fürchte ja, die nächste Periode im deutschen Staatsbetrieb wird diesen Charakterzug überhaupt in erheblichem Maße zeigen. Aber solange es geht, müssen und sollten wir uns gegen ihn wehren und nicht zugeben, dass dies der einzige und zurzeit richtige Weg ist, um die Gegensätze in wirtschaftlicher und politischer Beziehung zu beseitigen.»[4] Verzichten wollte er deswegen auf eine funktionierende Kriegswirtschaftsverwaltung nicht; er war auch gegenüber einer aktiven

Rolle des Staates in der Phase des Übergangs zur Friedenswirtschaft offen, lehnte aber jede dauerhafte Strukturänderung der Wirtschaftsordnung entschieden ab. Auch hier findet sich ein typischer Zug Duisbergschen Denkens und Handelns in reiner Ausführung: Die anstehenden Probleme waren mit möglichst großer Energie pragmatisch zu lösen; ideologische Überlegungen hatten dabei nichts verloren. Vom Grundverständnis her dachte er technokratisch: Für jedes anstehende Problem gab es eine angemessene praktische Antwort, die von tatkräftigen Männern ohne ideologische Scheuklappen in die Tat umgesetzt werden musste.

Das war aber leichter gesagt als getan, denn die administrativen Strukturen im Bereich der Wirtschaftspolitik und der Wirtschaftsverwaltung waren alles andere als klar. Wirtschaftspolitik im heutigen Sinne betrieb das Reich im Grunde nicht. Es gab nach Kriegsausbruch die vom preußischen Kriegsministerium dominierte Wirtschaftsverwaltung, der aber auf ziviler Seite kein Gegengewicht gegenüberstand, da die entsprechenden Fragen vor 1914 im Reichsamt des Inneren beziehungsweise, was die Außenhandelspolitik betraf, im Auswärtigen Amt bearbeitet worden waren. Dass die Wirtschaftsverwaltung des Kriegsministeriums auf die Kriegszeit beschränkt war, schien klar, doch hofften Vertreter einer zukünftigen Gemeinwirtschaft, aus den dort geschaffenen Strukturen auch für eine spätere Zeit Nutzen ziehen zu können. Zumindest in der Übergangszeit vom Krieg zum Frieden würde man auf die Kriegswirtschaftsverwaltung noch angewiesen sein. Andererseits war das gerade die Frage: Sollte nicht bereits die Rückkehr zur Friedenswirtschaft Aufgabe ziviler Institutionen sein, die freilich in entsprechender Form gar nicht existierten, also erst geschaffen werden mussten.

Einschlägige Fragen wurden faktisch seit Kriegsbeginn debattiert. Schon in den ersten Kriegsmonaten hatte sich die Gesetzes- und Verordnungslage derart verändert, dass kaum noch jemand den Überblick behielt. Fritz Rathenau, ein Mitarbeiter des Kaiserlichen Patentamtes, regte im Frühjahr 1915 Duisberg gegenüber an, der Verein «Recht und Wirtschaft», in dem beide aktiv waren, könnte hier für Übersicht sorgen, doch angesichts fehlender Mittel war das nicht realistisch. Duisberg und Fritz Rathenau machten sich folglich dafür stark, eine staatliche Stelle für diese Aufgabe zu gewinnen.[5] Gemeinsam warben sie für einen von Rathenau entworfenen Text,[6] der schließlich mit der Unterstützung von hochrangigen Industriellen und Wissenschaftlern[7] von beiden an den Reichskanzler gesandt wurde.[8] Die Initiative fiel bei Bethmann-Hollweg nicht auf fruchtbaren

Boden, der Duisberg antwortete, derartige Sammlungen würden im Reichsamt des Innern bereits angefertigt; der Vorstoß sei daher eigentlich unnötig.[9]

Auch wenn der Vorstoß scheiterte, ist doch die Begründung, warum eine Sammlung der einschlägigen Vorschriften erfolgen solle, von großer Bedeutung. Beim gegenwärtigen Krieg handele es sich, das stand für Duisberg außer Frage, auch um einen Wirtschaftskrieg; die Gegenseite führe ihn ja mit der Blockade auch bewusst so. Um sich hier zu behaupten, benötige man entsprechende institutionelle Strukturen. Eine Art wirtschaftlichen Generalstab zu schaffen, sei aktuell nicht realistisch.[10] Man benötige aber zumindest eine Sammelstelle, um die kriegswirtschaftliche Lage transparent machen und gegebenenfalls den Handlungsbedarf bestimmen zu können, was nur durch Einrichtung einer entsprechenden Stelle im Reichsamt des Inneren (RdI) erfolgen könne. «Die zu errichtende Stelle, für die Kostenbeschaffung keine Schwierigkeiten bereiten würde, könnte und müsste den Eckstein für die spätere Schaffung eines sog. ‹wirtschaftlichen Generalstabs› selbst, d.h. einer Abteilung für Kriegswirtschaft im Reichsamt des Innern bilden, deren schon seit Jahren vielfach geforderte Begründung wir für unerlässlich halten.»[11] Rathenau, Duisberg und maßgebliche Vertreter der Elektroindustrie, des Maschinenbaus und der Staatswissenschaften, die die Eingabe an Bethmann-Hollweg ebenfalls unterzeichnet hatten, forderten mithin nichts weniger als die Einrichtung eines «Wirtschaftsministeriums».[12] Als Vorbereitung hierzu sollte der Aufbau des entsprechenden Stabes dienen, der bemerkenswerterweise nicht im Kriegsministerium beziehungsweise nicht in der KRA entstehen sollte. Die Bedeutung dieses Vorschlages wird unmittelbar klar, wenn man sieht, wofür Rathenau und Duisberg die neue Stelle eigentlich wollten: «Noch wichtiger und dringlicher ist eine solche Stelle aus einem ferneren Grunde. Die Zurückführung unseres gesamten Wirtschaftslebens in den Friedenszustand wird voraussichtlich mindestens solche Schwierigkeiten bereiten, wie die Anpassung an den Kriegszustand: denn befreit von dem Druck der zwingenden Notwendigkeit, auch nicht mehr in dem gleichen Masse getragen von der unbegrenzten Opferfreudigkeit wie bisher, wird das Wirtschaftsleben, das während des Krieges staatlich geführt oder befruchtet wurde, mehr oder minder plötzlich wieder auf sich selbst angewiesen sein, einen nur zu begreiflichen Egoismus walten lassen, auf der einen Seite mit einem starken Rückfluss von Arbeitskräften, auf der anderen Seite mit dem Aufhören von Kriegslieferungen zu rechnen haben, ohne alsbald Ersatz im anderweitigen In- oder dem jäh unterbrochenen Auslandshandel zu finden.» Deshalb plädierte man für eine Fortsetzung der staatlichen Wirtschaftsverwaltung: «Der Staat wird deshalb nicht ohne weiteres die Zügel zu locker lassen können, soll die Volkswirtschaft nicht erneuten Gefahren und Erschütterungen ausgesetzt sein.»[13]

Diese Forderung, erste Maßnahmen zu ergreifen, um schließlich ein reguläres Wirtschaftsministerium einrichten zu können, war auch für die Vertreter eines gemeinwirtschaftlichen Kurses wie den AEG-Direktor, späteren KRA-Mitarbeiter und schließlichen Referenten im Wumba/Kriegsamt Wichard von Moellendorff durchaus attraktiv.[14] Als reguläre Behörde, unabhängig von der Kriegswirtschaftsverwaltung des Kriegsministeriums, konnte eine derartige Institution zum Nukleus eines ganz neuen staatlichen Anspruchs auf Wirtschaftslenkung werden. Das argwöhnten auch einige prominente Vertreter der Schwerindustrie, die schon den Vorstoß Rathenaus und Duisbergs ziemlich scharf zurückwiesen. Insbesondere Alfred Hugenberg, nominell noch Krupp-Generaldirektor, aber faktisch bereits ein Rechtsaußen der Innen- und Wirtschaftspolitik, hielt gar nichts davon, zivilen Behörden dauerhaft Kompetenzen in der Wirtschaftssteuerung einzuräumen; auf keinen Fall sollte eine derartige Stelle beim Reichsamt des Innern entstehen. Die damals noch von dem Bethmann-Vertrauten Clemens von Delbrück geleitete Behörde sei nicht nur ineffizient, auch machten sich in Berlin in zunehmendem Maße geradezu sozialistische Tendenzen breit.[15] Duisberg hielt Hugenbergs Reaktion für weit überzogen.[16] Aus praktischen Gründen sei die Einrichtung einer derartigen Stelle überaus sinnvoll, da eine private Sammelstelle nicht existiere und auch niemand bereit sei, Geld für eine derartige Dokumentation zu geben. Auch die Kritik von Heinrich Wilhelm Beukenberg, dem Generaldirektor des nach Thyssen und der GBAG drittgrößten Montankonzerns des Reviers, des Dortmund-Hoerder Hüttenvereins Phönix, bei einer solchen Stelle würden unter der Aufsicht des RdI vor allem Nationalökonomen ihren Leidenschaften nachgehen, während das Reich und die Industrie nichts davon hätten, rief zwar Duisbergs Bedauern hervor, der Beukenberg gern dabeigehabt hätte, konnte die Absendung der Denkschrift aber nicht verhindern.[17] Dass zu den Unterzeichnern auch Jakob Rießer, Vorsitzender des Hansa-Bundes und ein ausgewiesener Liberaler, und Heinrich Herkner, prominenter Vertreter einer gemäßigten Sozialreform, gehörten, dürfte das Misstrauen der Schwerindustrie zusätzlich beflügelt haben. Auch wenn die Denkschrift nicht weiter verfolgt wurde, kümmerte man sich im RdI nun aber mehr um derartige Fragen. Im Sommer 1915 entstand dort ein «wirtschaftlicher Ausschuss», der von Anfang 1916 an auch die enge Zusammenarbeit mit anderen Reichsämtern und den preußischen Ministerien suchte. Viel Erfolg war diesen Bemühungen zu Anfang nicht vergönnt, da der Kern der Kriegswirtschaftsverwaltung weiterhin das preußische Kriegsministerium war, das sich mit dem RdI nicht abzustimmen gedachte. Während des Krieges kam es daher zu keiner allseits akzeptierten institutionellen Lösung auf dem Gebiet der Wirtschaftspolitik.

Im Reichsamt des Inneren existierte seit dem Sommer 1915 immerhin eine Stabsstelle, die mit Fragen der Kriegs- und Übergangswirtschaft befasst war. Wie es Bethmann-Hollweg versprochen hatte, wurden die wirtschaftlichen Interessenverbände frühzeitig herangezogen, zunächst der Hansa-Bund, später aber auch der bei Kriegsausbruch aus den verschiedenen industriellen Spitzenverbänden gebildete Kriegsausschuss der deutschen Industrie und die verschiedenen industriellen Fachverbände, die ebenfalls damit begannen, Ausschüsse und Sonderstellen für die Kriegswirtschaft und den Übergang zur Friedenswirtschaft zu bilden.[18] Das tat auch der Verein zur Wahrung der Interessen der Chemischen Industrie (VzW); im Sommer 1916 schrieb Duisberg an Böttinger, dass er demnächst die «Vorsitzenden sämtlicher Unterkommissionen für Rohstoffversorgung» des VzW nach Berlin einberufe, «um deren Bericht entgegenzunehmen und einheitliche Massnahmen zu treffen».[19] Die Rohstoffrage beherrschte in der kommenden Zeit alle Überlegungen zur Nachkriegswirtschaft, denn es musste davon ausgegangen werden, dass der Zugang zu ausländischen Rohstoffen auch nach dem Krieg nicht einfach sein würde. Gewann Deutschland den Krieg, müsste der Frieden so angelegt sein, dass man nicht noch einmal in eine Situation hineingeriet, in der Großbritannien Deutschland de facto vom Weltmarkt abschneiden konnte. Aber selbst dann bliebe der notwendige Zugang insbesondere zu überseeischen Rohstoffen schwierig. Im Fall einer Kriegsniederlage musste das gesamte Problem existentiell werden. Viele Betriebe konnten sich zwar mit den Surrogaten der chemischen Industrie einigermaßen behelfen; in der Stickstoff-Frage war die Lage nach der Inbetriebnahme der Anlagen in Leuna sogar überaus günstig. Doch galt das eben für die Mehrzahl der Ersatzstoffe nicht, die unter Friedensbedingungen kaum konkurrenzfähig sein würden. Eine einfache Fortsetzung der Behelfswirtschaft aus der Kriegszeit kam daher nicht in Frage.

Eine Antwort auf diese Fragen sollte die Einrichtung eines Kommissariats für Übergangswirtschaft im August 1916 als eigenständige Reichsbehörde sein, dessen Direktor zwar dem Staatssekretär des RdI unterstellt war, der sich aber ansonsten eigenständig mit Fragen der zukünftigen Rohstoffversorgung befassen sollte.[20] An die Spitze der Fachabteilungen dieser neuen Behörde berief der Reichskommissar Industrielle, die in den Geschäftsstellen ihrer Verbände die eigentlichen Arbeiten erledigen ließen. Carl Duisberg übernahm das Fachgebiet Chemische Industrie, für das er als Vorsitzender der Rohstoffkommission des VzW prädestiniert war.[21] In der chemischen Industrie waren die Vorarbeiten hierzu weit fortgeschritten. Duisberg konnte bereits im August 1917 in der Ausschusssitzung des Deutschen Handelstages ausführlich von deren Planungen berichten.[22] In Übereinstimmung mit dem Reichskommissar für die Übergangswirtschaft und in Anlehnung an die Struktur der Kriegsrohstoffgesellschaften schlugen Duisberg und der VzW für eine Übergangszeit «freiwillige» Monopolgesellschaften vor, getragen von den wesentlichen Rohstoffverbrauchern unter Einbeziehung der jeweiligen Rohstoffhändler, die die Rohstoffe im Ausland kaufen und im Inland weitergeben sollten. Da die chemische Industrie davon ausging, dass der Staat förmliche Monopole nicht gestatten würde, sollte der Zusammenschluss freiwillig sein; die Chemie war zuversichtlich, auf diese Weise alle Betroffenen zu vereinigen. Die Aufsicht in den Monopolgesellschaften sollte jeweils ein Vertreter des Rohstoffkommissars haben, um deren wirtschaftliche Neutralität zu garantieren. Die Verteilung sollte zunächst grob nach den Verbrauchsdaten des Jahres 1913 erfolgen. Diese Rohstoffeinkaufsgesellschaften entsprachen damit in institutioneller Hinsicht ganz den Kriegsrohstoff-Gesellschaften, deren Aufgaben sie in der Tat auch nach Kriegsende übernehmen sollten; nur waren sie auf den Außenhandel beschränkt, und auch hier war ihre Tätigkeit davon abhängig, dass der Rohstoffkommissar zuvor die Verfügbarkeit von Schiffsraum und Devisen prüfte und entsprechend grünes Licht gab.[23]

Die Bereitschaft der chemischen Industrie, dem Staat Aufsichtsrechte zumindest in der Übergangszeit einzuräumen, war schon bemerkenswert. Sie folgte der Duisbergschen Überzeugung, dass es nicht um ideologische Positionen, sondern um möglichst vorteilhafte Problemlösungen ging. Die anderen Reichsbehörden und ein großer Teil der anderen Branchen sahen das freilich nicht so pragmatisch, sondern suchten die Arbeit der neuen Reichsbehörde nach Kräften zu behindern.[24] Otto Wiedfeldt, einer der maßgeblichen Mitarbeiter des Rohstoffkommissariats, musste schließlich einräumen, dass das Amt gescheitert war, da es weder gelang, die unterschiedlichen Planungsstränge zu koordinieren, noch die Zuständigkeit der Behörde gegen konkurrierende Ansprüche zu behaupten. Kriegsministerium und Kriegsrohstoffabteilung verfolgten ihre eigenen Planungen weiter, die vor allem um die Lehren des Krieges für eine zukünftige Mobilmachung kreisten. Zwischen Kriegsministerium, OHL und Reichsleitung entbrannte zudem ein Streit um die Zuständigkeiten, den zwar schließlich der Reichskanzler gewinnen konnte, da das Militär keine entscheidenden Befugnisse erhielt, was aber auch nur hieß, dass im Zweifelsfall das RdI die Kompetenzen bei sich zu bündeln suchte. Duisberg war im Streit zwischen Rohstoffkommissariat und Kriegsrohstoffabteilung Partei, da er für die Zeit des Krieges der Bürokratie des Kriegsministeriums den Vorzug gab: «Dass ich im Kriege für militärische Organisationen und nicht für Übertragung neuer Aufgaben an die Bürokratie bin, ersehen Sie am besten aus meiner Adlonrede», meinte er gegenüber dem zivilen Mitarbeiter des Kriegsamtes, dem Rechtsanwalt Hermann Isay, machte aber zugleich klar, dass er die Rolle des Militärs auf die Kriegszeit beschränkt wissen wollte: «Im übrigen muss natürlich später ... auch die Kriegsrohstoff-Abteilung an das Reichswirtschaftsamt übergehen. Im Kriegsministerium dürfen und können nur für rein statistische Zwecke und zur Vorbereitung der wirtschaftlichen Mobilmachung Reste der jetzigen Organisation erhalten bleiben. Im übrigen müssen Vertreter des Kriegsministeriums im Reichswirtschaftsamt in allen die Mobilmachung betreffenden Angelegenheiten mitberaten und beschliessende Stimmen haben.»[25]

Die Bevorzugung der militärischen Strukturen während des Krieges hinderte Duisberg daher nicht, in den kommenden Monaten zu einem der engsten Kooperationspartner des im obigen Brief bereits erwähnten neuen Reichswirtschaftsamtes (RWA) zu werden, dessen Entstehung aus den entsprechenden Abteilungen des RdI Duisberg intensiv verfolgte. Den von Felix Hoesch entworfenen ersten Organisationsplan des Hauses sahen Paul Reusch von der Gutehoffnungshütte und Carl Duisberg kritisch durch und verbanden ihre Vorschläge zur Organisation des Hauses mit einem klaren Votum für die Zentralisierung der Wirtschaftsverwaltung im RWA.[26] Der erste Staatssekretär des RWA, der frühere Straßburger Oberbürgermeister Rudolf Schwander, hielt es wegen Konflikten mit dem Staatssekretär der abgebenden Behörde, dem RdI, indes nicht lange an der Spitze der neuen Behörde aus. Sein Nachfolger wurde der Industriekontakten offen gegenüberstehende Karl Freiherr von Stein. Wie Friedrich Zunkel gezeigt hat, entsprach die schließlich verabschiedete Geschäftsordnung des Hauses weitgehend den Vorschlägen der Industrievertreter Beukenberg, Reusch und Duisberg[27], die auch dazu geraten hatten, Industrielle nicht direkt in das Amt einzubeziehen, sondern stattdessen Beiräte zu bilden, damit die industriellen Experten auch weiterhin operativ tätig bleiben konnten.[28] Die Haltung der industriellen Berater zur Übergangswirtschaft, namentlich der zukünftigen Wirtschaftsordnung, war allerdings widersprüchlich, je nach den Interessen der jeweiligen Branche und den wirtschaftspolitischen Überzeugungen. Die Warnungen vor einem Staatssozialismus und das Misstrauen gegen Walther Rathenau[29] und Wichard von Moellendorff[30], die als Exponenten eines gemeinwirtschaftlichen Kurses und als Befürworter einer auf Dauer angelegten Wirtschaftssteuerung durch den Staat galten, kamen insbesondere aus den Kreisen der Schwerindustrie, für die gemeinwirtschaftliche Strukturreformen ein unmittelbares Bedrohungsszenario darstellten. Auch der Großhandel hielt von staatlichem Zwang nichts. Duisberg sah das alles sehr viel gelassener. Nicht, dass er gemeinwirtschaftliche Neigungen gehabt hätte, mit Moellendorf war er im Rahmen der Kriegschemikalien AG sogar in Konflikt geraten, als dieser eventuell entstehende Verluste der Industrie aufhalsen wollte.[31] Er ging aber davon aus, dass es einer starken Rolle des Staates in der Übergangsphase bedürfe, insbesondere was die Erfassung und Verteilung der inländisch verfügbaren Rohstoffe betraf; Alternativen hierzu sah er nicht.

Die Bedeutung des RWA für die Nachkriegsplanungen nahm, nachdem die Struktur der Behörde wie gesehen unter tätiger Mithilfe von Carl Duisberg geklärt und eine doch recht enge Kooperation mit den industriellen Verbänden etabliert worden war, deutlich zu. Für Duisberg selbst war damit eine erhebliche Aufwertung verbunden. Hatte er als Beauftragter des VzW für die Rohstoff-Fragen bisher eine Abteilung im Rohstoffkommissariat geleitet, so wurde er nun vom neuen Staatssekretär des Reichswirtschaftsamtes, Freiherr von Stein, zu dessen berufsständischem Mitglied ernannt und zugleich mit dem Problem der zukünftigen Rohstoffversorgung der chemischen Industrie betraut.[32] Mit Hilfe der Geschäftsstelle des VzW stellte Duisberg rasch die notwendigen Daten zur Rohstoffversorgung zusammen. Er nutzte seinen Einfluss aber auch, um auf die generelle Problematik der Übergangswirtschaft aufmerksam zu machen. «Endlich nehme ich in Aussicht», ließ er die Leitung des RWA wissen, «im Kreise der Interessenten die Frage zu behandeln, welche

Massnahmen zu treffen sind, wenn, wie höchstwahrscheinlich ist, bei Beginn der Friedensverhandlungen im Westen von Seiten des Wumba mit einem Schlage plötzlich die ganze Produktion von Pulver und Sprengstoffen eingestellt werden wird.» Duisberg war klar, dass es hier einen sanften Übergang nicht geben konnte, da der Sprengstoff-Verbrauch abrupt beendet werden würde und eine Lagerung großer Menge von Explosivstoffen nicht sinnvoll war. «Es fragt sich deshalb, was soll mit den dann freiwerdenden Arbeitern und den Rohmaterialien der verschiedensten Art geschehen.»[33] Duisberg schwebte schließlich zur Lösung der Übergangsprobleme eine Art staatlich ermächtigter und staatlich beaufsichtigter wirtschaftlicher Selbstverwaltung vor, in der die industriellen Verbände und gesondert zu bildende Gesellschaften, ähnlich der Kriegsrohstoffgesellschaften, das Sagen haben sollten.

Die von Duisberg vorangetriebenen Berliner Planungen gerieten indes in den Sumpf der unterschiedlichen Vorstellungen zur Regelung der Übergangswirtschaft. Ein Teil der Industrie wollte jede Zwangswirtschaft mit dem Kriegsende abstreifen. Duisberg sprach in einem Brief im Sommer 1918 von einer von Hamburg ausgehenden «Freiheitsbewegung», deren Zentrum der Reeder Albert Ballin war. Das stellte aber nur einen Teil des Problems dar, denn, um die vorgesehenen Maßnahmen zur Organisation der Friedenswirtschaft realisieren zu können, bedurfte es einer gesetzlichen Ermächtigung durch den Reichstag, auf die Duisberg hoffte. «Behördliche Zwangswirtschaft»[34], die auch Duisberg ablehnte, sollte das nicht sein, doch die von ihm favorisierte «freiheitliche Selbstverwaltung» kam einer mit staatlicher Autorität organisierten Übergangswirtschaft doch recht nahe, die ihn aber kaum schreckte, da er überzeugt war, dass das Reichswirtschaftsamt nicht beabsichtigte, «nach dem Kriege Kasernenhofwirtschaft zu betreiben».[35] Der entscheidende Punkt war, und insofern war Duisberg für viele Industrielle auch wieder anschlussfähig, dass er nicht die Neugründung gegebenenfalls dauerhafter staatlicher Behörden plante, sondern die Gründung selbstverwalteter Gesellschaften, die sich im Zweifel auf die staatliche Autorität stützen konnten. Einer völlig an der Rückkehr zu freien marktwirtschaftlichen Verhältnissen orientierten Position musste das auch deshalb zu weit gehen, weil es erkennbar Interventionspunkte für gemeinwirtschaftliche Konzepte gab, wie sie etwa Wichard von Moellendorff vertrat. Damit hatte Duisberg definitiv nichts im Sinn, der Moellendorffs Gemeinwirtschaftsvorstellungen für überaus akademisch hielt. Doch konnte er sich hier eine gewisse Großzügigkeit auch deshalb leisten, weil er fest davon überzeugt war, dass die chemische Industrie für staatliche oder gemeinwirtschaftliche Bevormundung ohnehin technisch viel zu komplex war. Im Gegensatz zur Schwerindustrie etwa hatte Duisberg auch nach dem Krieg nie die ernsthafte Befürchtung, die chemische Industrie könne sozialisiert werden. Ohne den unternehmensleitenden Chemiker gehe es gar nicht.

In den sich anschließenden Debatten über die Organisation der Übergangswirtschaft wurde Duisberg zur zentralen Figur der chemischen Industrie, ja einem der wichtigsten Industriellen überhaupt. Im Industrierat, der im Frühjahr 1918 den Kriegsausschuss der deutschen Industrie ersetzte, spielte er eine wesentliche Rolle; der Industrierat nominierte ihn später auch als Mitglied in die Demobilmachungskommission.[36] Fritz Haber flehte ihn anlässlich der anstehenden Arbeiten im Reichswirtschaftsamt Ende Mai 1918 geradezu an, sich hier stark zu engagieren. Denn die Gefahr drohe, dass sich ansonsten Egoismus und Chaos ausbreiten: «Wenn jeder einzelne im Staate die volle Freiheit bewahrt, seine Kraft und Zeit so zu verwenden, dass er selber am meisten verdient und nicht gewisse Beschränkungen gelten, welche ihn nötigen, in einem Rahmen zu bleiben, in dem seine Tätigkeit dazu dient, dass die Gesamtheit auf diesem Arbeitsgebiete möglichst viel verdient, so werden wir trübe Dinge erleben. Ich glaube, dass es dazu auf allen Gebieten straffer syndikalistischer Organisation bedarf.»[37]

Duisberg sah das zu dieser Zeit ähnlich, doch blieben alle Entscheidungen über die Strukturen der Übergangswirtschaft in den kommenden Monaten in der Schwebe. Duisbergs Pläne für die «selbstverwaltete» Übergangswirtschaft gingen schließlich nicht auf, da der Reichstag hierfür vor Kriegsende keine gesetzliche Grundlage mehr schuf. Die Arbeiten des RWA wurden in dieser Hinsicht nicht abgeschlossen. Erst Anfang November 1918 fiel die Entscheidung, die Übergangswirtschaft einem eigens hierfür auf der Basis der bisherigen Kriegsamtsstellen und der Kriegsrohstoffabteilung zu gründenden Demobilmachungsamt zu übertragen. Der Staatssekretär des RWA von Stein trat angesichts der damit verbundenen Entmachtung seines Amtes zurück. Das Demobilmachungsamt wurde förmlich am 12. November 1918 geschaffen, das Reichswirtschaftsamt ihm unterstellt.[38] Da spielte Duisberg aber bereits keine Rolle mehr, da er Berlin kurz zuvor fluchtartig verlassen hatte.

***

Kriegsende und Revolution beendeten Duisbergs mögliche politische Karriere, die sich in den letzten Kriegsmonaten abgezeichnet hatte. Im Rahmen der Übergangswirtschaft und der wirtschaftspolitischen Weichenstellungen nach dem Krieg hätte ihm eine Schlüsselstellung zufallen müssen. Das erwarteten nicht nur Fritz Haber und die führenden Männer der I.G. und des Vereins zur Wahrung der Interessen der Chemischen Industrie, die ihn kurz vor Kriegsende zu ihrem Vorsitzenden gewählt hatten. Auch in der sich neu formierenden politischen Landschaft Berlins fiel sein Name regelmäßig. Gustav Stresemann warb förmlich um ihn, doch Duisberg blieb, von wenigen Reisen nach Frankfurt abgesehen, in Leverkusen. Dabei dürfte ihm klar gewesen sein, dass in Berlin nicht nur hohe Erwartungen an ihn bestanden, sondern er auch ganz handfeste Pflichten hatte. Als Vorsitzender des VzW, als berufsständisches Mitglied des Reichswirtschaftsamtes, als Vizepräsident des Deutschen Handelstages, als Mitglied des Senates der Kaiser-Wilhelm-Gesellschaft war seine Anwesenheit in Berlin im Grunde zwingend. Aus Angst vor Übergriffen konnte Duisberg sich aber nicht aufraffen, nach Berlin zu fahren. So war es ihm auch nur begrenzt möglich, den Übergangsprozess zur Friedenswirtschaft aktiv mitzugestalten. Da er zugleich an seinen Ämtern festhielt, ließ er sich vertreten und suchte durch engen Kontakt mit seinen Vertretern, zumindest indirekt weiter im Spiel zu bleiben. Von besonderer Bedeutung war dabei die Geschäftsstelle des VzW in Berlin mit den beiden verantwortlichen Geschäftsführern Oskar Horney und Berndt Danielsen. Nach außen hin trat als Vertreter der chemischen Industrie allerdings vor allem Duisbergs Stellvertreter Franz Oppenheim, der Generaldirektor der Agfa, in Erscheinung, mit dem die gesamte Vertretung detailliert abgesprochen war.[39] Zur Sicherung der Handlungsfähigkeit des VzW wurde schließlich aus den Berliner Stellvertretern Duisbergs und weiteren Mitgliedern des Vorstands des VzW ein Arbeitsausschuss gebildet, der in Duisbergs Abwesenheit die eigentliche Verantwortung für alle wichtigen Entscheidungen trug. Auch an anderer Stelle ließ sich Duisberg durch den VzW vertreten. Als das Auswärtige Amt im Vorfeld der Friedensverhandlungen um die Benennung von industriellen Sachverständigen bat[40] und auch Duisberg vorgeschlagen werden sollte, fand er das zwar überaus sinnvoll, doch müsse ihn auch hier Oppenheim zunächst vertreten: Duisberg, der sich ansonsten stets als «frisch», «schneidig» und «tatendurstig» darzustellen beliebte, erfand in den kommenden Wochen stets neue Gründe, warum er nicht reisen könne. Dass die Berliner Angehörigen der Geschäftsführung des VzW Duisbergs Ausreden nicht durchschauten, ist wenig wahrscheinlich. Er aber nahm lieber eine Schädigung seines Rufes als eine Gefährdung seiner Person in Kauf.

Angesichts der Fülle an Aufgaben reichte diese Art der Stellvertretung schon bald nicht mehr aus; Oskar Horney war Anfang Januar 1919 dem Zusammenbruch nahe, und Oppenheim und Julius Bueb, Vorstandsmitglied des VzW, die Duisberg in den wichtigsten Berliner Sitzungen vertraten, neigten nach dessen Auffassung zu sehr dazu, sich den politischen Stimmungen dort hinzugeben; namentlich Bueb war in Duisbergs Augen viel zu voreilig. Vor allem aber erwies sich die Trennung von Außenvertretung und Geschäftsführung als problematisch. Duisberg sah sich daher nach einer Alternative um, die er in der Beschäftigung eines hauptamtlichen Präsidialmitglieds auch sehr rasch fand. Diese Art der Stellvertretung durch ein geschäftsführendes Präsidialmitglied, die beim VzW im Frühjahr 1919 aus der Not geboren wurde, bewährte sich in der folgenden Zeit derart, dass Duisberg an ihr auch nach seiner Rückkehr auf das Berliner Parkett festhielt und sich so Freiräume schuf, anderen Verpflichtungen nachzugehen. Schließlich suchte er überall dort, wo er repräsentative Aufgaben zu übernehmen hatte, ein derartiges Vertretungsmuster zu installieren; nicht zuletzt machte er hiervon, wie später zu zeigen ist, 1925 auch die Übernahme des RDI–Vorsitzes abhängig. Ein hauptamtliches Präsidialmitglied, erklärte er im Oktober 1920 vor dem DIHT, sei nötig, da man nicht mehr wie früher, ehrenamtlich verfahren könne: «Der Vorsitzende des Präsidiums, der dann nicht in Berlin, sondern in irgendeinem anderen Orte Deutschlands wohnen kann, muß nur in dauernder Korrespondenz und bei seiner Abwesenheit in Berlin in dauernder direkter Fühlung mit den Geschäftsführern stehen und ihnen die richtige Führung geben.»[41] Aus der Not der ersten Revolutionswochen machte Duisberg, nicht zuletzt deshalb, weil die Zusammenarbeit mit Rudolf Frank so vorzüglich klappte, eine Tugend. Da Duisberg überdies in den Monaten bis zum März 1919 und seiner Rückkehr nach Berlin recht geschickt alle größeren Entscheidungen zu verzögern suchte, war seine Abwesenheit nicht völlig mit Einflusslosigkeit verbunden. Aber die Kommunikation war schon rein technisch überaus schwierig.

Die Abwesenheit von Berlin schnitt ihn von allen wichtigen Informationen zumindest unmittelbar ab; Duisberg war darauf angewiesen, brieflich oder, soweit das möglich war, telefonisch unterrichtet zu werden. Aber der Briefverkehr wurde in der ersten Zeit der Besatzung zensiert,[42] und die Telefonverbindungen waren alles andere als zuverlässig. Überdies funktionierte die Post zeitweilig nur eingeschränkt; die alte Reibungslosigkeit aus der Vorkriegs- und Kriegszeit war dahin. Duisberg hatte, sofern er nicht durch Entwicklungen in der Fabrik davon abgehalten wurde, nun Zeit zum Nachdenken, und er nutzte sie, um für sich selbst die Dinge zu klären, die seit dem Oktober 1918 in so rascher Folge geschehen waren. Der kaiserzeitlichen Welt trauerte er nicht nach, wobei er wohl selbst überrascht war, wie unsentimental er mit der alten Welt brach: «Schneller als ich gedacht habe, habe ich mich zwar umzustellen verstanden. Dem alten System der Kabinettswirtschaft, das ich immer gehasst, weine ich keine Träne nach. Wie ich zum heiligen Bürokratius und seinen zahlreichen Vertretern in den Ministerien, hoch und niedrig, gestanden habe, wißen Sie ja», schrieb er noch im November 1918 an Fritz Haber. «Immer habe ich gewünscht, daß einmal an Stelle des durch die Juristen in die Verwaltung hineingetragenen, wenn auch rein logischen, so doch meist formalistischen Denkens und Handelns ein mehr kaufmännisch-technischer Geist einziehen möge. Das ist jetzt auf dem Weg über den Parlamentarismus und die rote Republik geschehen.» Aber eine Freude war ihm das nicht: «Dies kommt dem Austreiben des Teufels durch Beelzebub gleich, und vom Regen sind wir damit unter die Traufe geraten. Jetzt tritt die Theorie an die Stelle der Praxis, Kenntnisse werden durch Unkenntnisse ersetzt. Ich sehe mit Betrübnis in die Zukunft und frage mich, was soll aus unserer deutschen chemischen Industrie werden.»[43] Insbesondere störte ihn das Fehlen aller Ordnung. Hielt er die Ordnungslosigkeit zunächst noch für eine notwendige erste Phase der Umwälzung, so beschlich ihn nach und nach die Angst, auf absehbare Zeit würde es nicht zu einer Stabilisierung der Verhältnisse kommen. Die Nachrichten, die er aus Berlin erhielt, waren nicht danach, ihn zu beruhigen.

Duisbergs Abwesenheit löste Spekulationen darüber aus, was den bis zum Kriegsende so umtriebigen Mann von Berlin fernhielt. Gustav Stresemann befürchtete, Duisberg könne, nicht zuletzt wegen seiner guten Beziehungen zum Hansa-Bund aus der Vorkriegszeit, der sich abzeichnenden neuen linksliberalen Partei, der DDP[44], beitreten oder diese zumindest fördern. «Wir stehen in der deutschen Politik vor großen Entscheidungen», schrieb ihm Stresemann im November 1918 und beschwor ihn: «Mir liegt daran, mit Ihnen in diesen Zukunftsentscheidungen konform zu gehen. Ich wäre Ihnen daher sehr dankbar, wenn Sie sich inbezug auf Ihre künftige politische Stellung und auch auf die Unterstützung politischer Bestrebungen durch die Ihnen nahestehenden Banken nicht binden, sondern mit mir in Fühlung bleiben würden. Ich schreibe Ihnen sofort, sobald eine Klärung eingetreten ist.»[45] In ähnlicher Weise suchte Max Bauer, der eine Zeit lang mit Gustav Stresemann den Aufbau der DVP betrieb und dabei insbesondere die Industriekontakte pflegte[46], Duisberg zu beeinflussen. Für Duisberg aber kam in dieser Zeit ein parteipolitisches Engagement unter keinen Umständen in Frage, zu sehr saß ihm der Schrecken darüber im Nacken, selbst zur Zielscheibe politisch motivierter Angriffe geworden zu sein. Er hatte mit der «demokratischen Partei» ohnehin nur kurzzeitig geliebäugelt.[47] Bauers Versuche, mit der DVP und Stresemann eine Alternative zur DDP aufzubauen, unterstützte er anfänglich ebenso wenig,[48] auch wenn er Bauer wohl Geld für verschiedene Projekte zukommen ließ.[49] Politisch in Erscheinung treten wollte er auf keinen Fall, gerade auch, da ein solches Engagement in der noch völlig ungeklärten Situation zur Jahreswende 1918/19 wenig aussichtsreich erschien. Vor einer Klärung der Lage sah er für sich keine Handlungsperspektive in Berlin, zumal er in diesen Wochen mit einer gewaltsamen Eskalation rechnete. Seine zahlreichen Äußerungen zur politischen Situation in den Wochen um den Jahreswechsel 1918/19 belegen, dass er mit bürgerkriegsähnlichen Zuständen rechnete, ja, sie geradezu für zwangsläufig hielt.[50]

Angesichts dieser Verhältnisse war es kein Wunder, dass Duisberg wiederholt mit den im Rheinland seit dem Waffenstillstand und der Besetzung durch fremde Truppen virulenten separatistischen Strömungen in Verbindung gebracht wurde, zumal er in seiner Korrespondenz etwa mit dem Berliner Chemiker Alfred Stock auch Verständnis hierfür durchblicken ließ. Er sehne sich «nicht nach Berlin, wo zurzeit die politischen Wogen so hoch gehen, daß man hier ernstlich an die Gründung einer rheinisch-westfälischen-nassauischen Republik denkt. Das bedeutet ja die Zertrümmerung Deutschlands, also mit das schlimmste, was uns passieren kann. Es bleibt aber die ultima-ratio im Falle die radikalen Elemente in Berlin siegen sollten.»[51] In Berlin machten sich jedenfalls Gerüchte breit, Duisberg sympathisiere mit dem Separatismus. Fritz Haber beschwor ihn im November 1918, die separatistischen Bewegungen nicht zu unterstützen, was Duisberg allerdings energisch bestritt: «Sie (die westdeutsche Republik, W. P.) ist lediglich ein Produkt des Zentrums und Ihrer Spezialkollegen, der Bonner Professoren. Wir waren nur tertius gaudens, als man in Berlin sie nicht als Schreckgespenst empfand, sondern ernst nahm.»[52] Er habe sich «seit dem Sturz von Bethmann-Hollweg überhaupt nicht mehr um Politik gekümmert, am wenigsten um die einfältige westdeutsche Republik, und habe auch wenig Lust noch Neigung, mich zukünftig auf diesem schlüpfrigen und garstigen Gebiet zu betätigen. Zu Unrecht bin ich immer in Verdacht gekommen, Parteipolitiker zu sein, während mir nur die Wirtschaft als studierter Nationalökonom Freude macht.»[53] Der Separatismus beziehungsweise die Los-von-Berlin-Parolen blieben freilich in den nächsten Wochen an der Tagesordnung. Als ein Arbeitgeberverband für die chemische Industrie gegründet wurde, waren es gerade die Vertreter der Farbenfabriken, die eine Zentralisierung des Verbandes ablehnten, ja, sich überhaupt gegen einen Berliner Verband aussprachen. In Berlin, diesem «Sodom und Gomorra» Deutschlands, dürfe man sich nicht wundern, wenn im Westen eine «Los-von-Berlin-Bewegung» an Boden gewinne: «Die Stimmung gegen Berlin ist … so verbittert, dass niemand mehr Lust hat, sich dem, was man in Berlin in den Spitzenverbänden beschliesst, zu fügen. Das liegt an den Zeitverhältnissen und wird sich hoffentlich bald wieder ändern, wenn einmal die Revolutionskrankheit sich ausgetobt hat und wieder normale Verhältnisse eingetreten sind.»[54] Ein Separatist war Duisberg nicht, und auch die entsprechende Bewegung im Rheinland unterstützte er nicht,[55] aber die Frage muss als offen gelten, wofür er plädiert hätte, wenn es in Berlin zu einer sozialistischen Republik gekommen wäre.

Duisberg bediente die Berlin-Kritik gerade in der Zeit um die Jahreswende großzügig. Seine Nichtteilnahme an einer Sitzung des DIHT begründete er folgendermaßen: «Keiner von uns in der Provinz hat … Lust und Neigung, nach der ehemaligen Reichshauptstadt zu gehen, nachdem die Verhältnisse sich dort ähnlich den russischen, immer mehr nach links und der Anarchie zuneigend entwickeln. Es soll uns leider der Sturz in den wirtschaftlichen Abgrund nicht erspart bleiben. Ich fürchte, daran wird auch die von Ihnen in Aussicht genommene Kundgebung des Deutschen Industrie- und Handelstages nichts ändern. Mit Worten lassen sich die radikalen Elemente, die in vollkommener Verkennung der wirtschaftlichen Verhältnisse die Revolution für die Gelegenheit immer höher zu schraubender Lohnforderungen bei verminderter Leistungsfähigkeit sehen, nicht bessern. Erst der vollkommene Zusammenbruch unserer wirtschaftlichen Verhältnisse wird und muß sie eines besseren belehren, es sei denn, daß eine starke Regierung endlich die schon so lange am Boden schleifenden Zügel ergreift und das Volk zur Einsicht, zur Anerkennung von Autorität, zur so dringend notwendigen verstärkten Arbeitsleistung zwingt.»[56] In den kommenden Wochen steigerte er sich, zumindest wenn es um Berlin und die Entwicklung im Reich ging, fast in eine Art Weltuntergangsstimmung hinein. Unterstützung erhielt er in seinem zeitweilig ungebremsten Hass auf Berlin von Henry Theodor Böttinger, der sich regelmäßig dort aufhielt und die bürgerkriegsähnlichen Verhältnisse Anfang Januar 1919 so kommentierte: «Gift ist natürlich der Wasserkopf Berlin, in dem die räudigsten Elemente sich zusammenfinden und von da aus ihr Unwesen und Unheil weitertreiben.»[57] Duisberg kommentierte derartige «Beschreibungen» in einem Brief an den Kunsthistoriker Paul Clemen so: «Die Zustände wie sie sich politisch und wirtschaftlich weiter zu entwickeln drohen, sind zum heulen. Mit rasendem Tempo geht es dem Abgrund entgegen, je tiefer wir sinken, umso schwerer wird es sein, ein neues Deutschland aus den Trümmern wieder aufzubauen. Die Sozialdemokraten müssen jetzt mit eigenem Leibe erleben, dass Macht vor Recht geht und ohne Gewalt keine Staatsleitung möglich ist. Das widerspricht zwar ihren Prinzipien, aber mit Prinzipien kann man die Welt nicht regieren.»[58] Dass er die gewaltsame Niederschlagung des Spartakus-Aufstandes schließlich begrüßte, dürfte angesichts derartiger Kommentare unzweifelhaft sein, auch wenn er zunächst der Regierung Ebert ein entsprechendes Handeln gar nicht zutraute. Die Stimmung gegenüber Berlin wurde dadurch nicht besser. Der kritische Ton blieb, ja, er verstärkte sich noch einmal, als bei den Wahlen zur verfassunggebenden Nationalversammlung die unabhängigen Sozialdemokraten zur stärksten Partei in Leverkusen wurden. Auch wenn es im Reich keine sozialdemokratische Mehrheit gab, war die Lage keineswegs ruhig, was schon aus der Tatsache hervorging, dass die Nationalversammlung nach Weimar einberufen werden musste, da in Berlin ihre Sicherheit nicht zu garantieren war.

Da Duisberg keinen politischen Handlungsspielraum für sich sah, verhielt er sich still: «Den Zeitverhältnissen tragen wir am besten dadurch Rechnung, wenn wir uns nicht vordrängen, sondern uns suchen lassen. Ich persönlich lege mir dabei die weitgehendste Rücksichtnahme auf. Es ist unglaublich und geht auf keine Kuhhaut, was man mir alles andichtet und für was ich alles, was geschehen ist und noch geschieht, verantwortlich sein soll. Die tollsten Mordgeschichten werden von mir erzählt und an allem ist kein wahres Wort. Die wenigsten Menschen scheinen mich zu kennen. Ich bin nicht, was man annimmt, Schwerindustrieller, ich bin nicht, wie man sagt, Scharfmacher, ich bin nicht, wie man mich hingestellt hat, Reaktionär, ich bin, wie Sie wissen und mich kennen, ein freiheitlich gesinnter, fortschrittlich gerichteter Mann, der allerdings den Nachteil hat, nicht Politiker, sondern nur Wirtschaftler zu sein. Die Politik macht mir keine

Freude, sie langweilt mich. Deshalb gehöre ich auch keiner Partei an und habe mich bisher um Parteiungen in Deutschland nicht gekümmert. Ich trage aber den Zeitverhältnissen Rechnung, suche ihnen sogar, wenn möglich, zuvorzukommen. Alles hilft nichts, trotzdem werde ich in denselben Topf mit Schwerindustriellen, Alldeutschen und Konsorten getan und deshalb halte ich mich zur Zeit sehr zurück. Ich lebe hier still und einsam. Meine Gedanken sind nur auf die Förderung des Geschäfts und unserer Interessengemeinschaft und darüber hinaus auf die Hebung unserer chemischen Industrie gerichtet.»[59] Das über Duisberg gelegentlich gefällte Urteil, die Umstellung im Herbst 1918 sei ihm nicht schwergefallen[60], er habe sich vielmehr ohne größere Skrupel gleich mit den neuen Bedingungen arrangiert, ist insofern nicht ganz unproblematisch. Auch der sozialdemokratische Zeitgenosse Wickel, der Anfang der 1930er Jahre die I.G. als «Staat im Staate» beschrieb, machte es sich mit folgendem Urteil letztlich zu einfach: «Es dauerte nur Tage und Wochen, dann hatten sich die Haber und Bosch und Duisberg und alle die anderen häuslich in dem neuen Staat eingerichtet. Er wurde mehr und mehr ihr Staat, als es der alte wilhelminische je gewesen.»[61] Mag der letzte Teil der Beobachtung zutreffen; einen reibungslosen Start in die Republik hatte Carl Duisberg nicht. Er suchte sich anzupassen, ja, formulierte das geradezu pragmatisch, aber seine Haltung im Krieg machte ihn in Berlin zur persona non grata und bot im eigenen Lager Angriffsflächen. Das galt es zu verdauen, und Duisbergs Herauskehren des nur-wirtschaftlichen Nichtpolitikers – lange vor allem Koketterie – bekam nun etwas Ernsthafteres. Derart angreifbar wie nach dem Krieg jedenfalls wollte Duisberg nach 1918 nie wieder sein. «Ich bin», schrieb er am 10. Februar 1919 an Julius Bueb, «absichtlich nicht nach Berlin gereist, habe jede Beeinflussung und Kritik politischer Parteien und wirtschaftlicher Massnahmen unterlassen, stehe allen Bewegungen auf diesem Gebiet vollkommen fern».[62] Das war wieder übertrieben und, soweit die Wirtschaftspolitik betroffen war, auch nicht ganz ehrlich. Aber von der Politik, wie er sie verstand, also von parteipolitischem Engagement hielt er sich jetzt wirklich fern. Das blieb auch keine durch die Revolution und die anschließenden Kämpfe ausgelöste Episode. Selbst als sich die Lage im Frühjahr 1919 so weit beruhigt hatte, dass Duisberg nach Berlin zurückkehren konnte, nahm er an politischen Auseinandersetzungen im eigentlichen Sinne nicht teil, sondern wies alle an ihn herangetragenen Wünsche ab. Schon gar nicht war er bereit, sich für die Erhaltung der bzw. Rückkehr zur Monarchie einzusetzen.[63] Er war zweifellos vaterländisch eingestellt, in gesellschaftspolitischen Fragen eher konservativ und vor allem in wirtschaftlicher Hinsicht liberal. Aber ein politisches Engagement wie bei der Unterstützung von Bauer und Ludendorff, bei den Intrigen gegen Bethmann-Hollweg und beim Einsatz für die radikale Kriegszielbewegung sollte er nie wieder an den Tag legen. Von nun an kümmerte sich Duisberg allein noch um den wirtschaftlichen Erfolg der Farbenfabriken und die Sicherstellung der hierfür notwendigen Voraussetzungen und Bedingungen.

***

Hatte Duisberg sich in den Planungen des Jahres 1918 noch recht energisch für die Fortsetzung staatlicher Wirtschaftslenkungsmaßnahmen ausgesprochen, so änderte sich mit der Revolution und der sozialistischen Regierung der Volksbeauftragten die Lage völlig. Duisberg schwenkte um: «Die Industrie muss die erforderlichen Freiheiten wiederbekommen, soll sie sich aus dem Schlamassel, in das sie durch die Revolution geraten ist, wieder herausarbeiten.»[64] Die Nachkriegswirtschaft stand plötzlich unter völlig unklaren Vorzeichen.[65] Nun erwies es sich sogar als Vorteil, dass der Reichstag dem Reichswirtschaftsamt vor der Revolution die Organisation der Übergangswirtschaft nicht mehr übertragen hatte. Vielmehr wurde aus den Resten des Kriegsamtes mehr oder weniger improvisiert ein neues Demobilmachungsamt geschaffen, dessen Existenz erkennbar nicht auf Dauer angelegt war. Duisberg kannte das Personal beider Behörden gut; im Reichswirtschaftsamt und im Kriegsamt war er bis Ende Oktober 1918 ein- und ausgegangen. Allerdings änderte sich nicht nur deren politische Führung; auch die nun diskutierten Programme bekamen im Lichte der Revolution und der Rätebewegung ein ganz anderes Vorzeichen. Plötzlich ging es nicht mehr um die geordnete Überführung der Kriegs- in die Friedenswirtschaft, sondern um deren gleichzeitige Transformation hin zu sozialistischen oder zumindest gemeinwirtschaftlichen Strukturen. Die Einsetzung einer Sozialisierungskommission durch den Rat der Volksbeauftragten noch im November 1918 signalisierte, dass das alles mehr als akademisch war. Die reale Gefahr drohte, dass aus den Kriegsfolgemaßnahmen dauerhafte Änderungen der gegebenen Wirtschaftsordnung hervorgingen.

Die Leitung des Demobilmachungsamtes übernahm Joseph Koeth, zwischen 1915 und 1918 Leiter der Kriegsrohstoffabteilung und insofern für die Industrie keine fremde Person.[66] Vor allem aber begrüßte Duisberg die Tatsache, dass die Abteilung Chemische Industrie im Demobilmachungsamt in die Hände von Fritz Haber kam. Trotz aller Konkurrenz, die es während der Gaswaffenentwicklung im Kriege gegeben hatte, war man eng, ja, wie Duisberg glaubte, freundschaftlich verbunden – und Habers Berufung garantierte, dass die chemische Industrie sachgerecht behandelt werden würde. Da viele Fragen der zukünftigen Wirtschaftspolitik völlig offen waren und die Arbeit der Sozialisierungskommission tiefe Eingriffe selbst in die industriellen Eigentumsrechte in den Bereich des Möglichen rückte, lag in Habers Amtsübernahme ein zusätzlicher Nutzen: Duisberg hatte einen direkten Draht zu der entscheidenden Stelle der Übergangswirtschaft in der Chemiewirtschaft. Er nutzte diesen Draht auch von Anfang an, um vor größeren Experimenten zu warnen.[67] «Wenn nämlich eine Industrie wenig oder gar nicht geeignet ist für derartige sozialistische Maßnahmen», ließ er Haber wissen, «dann ist es wirklich unsere Industrie, bei der alles von den wenigen Chemikern abhängt, die darin tätig sind und vor allem von dem guten Willen der leitenden Persönlichkeiten. Ich sehe deshalb derartigen Bestrebungen mit aller Ruhe entgegen und empfehle Ihnen ebenfalls dringend, vorerst nichts zu tun.»[68] Auch wenn er mit einer Sozialisierung der Chemie nicht ernsthaft rechnete,[69] standen die Zeichen nun auf Auseinandersetzung: «Auf jeden Fall verteidige ich mein Leverkusener Kind und unsere deutsche Farbenindustrie bis zum letzten Blutstropfen.»[70]

Haber, der Duisbergs Stimmung kannte, suchte ihn zu beruhigen. Die Sozialisierung sei zumindest für die chemische Industrie in der Tat keine realistische Option; hier kämen eher die Landwirtschaft und der Bergbau in Betracht, wo es auch schon starke entsprechende Bestrebungen gebe. Haber teilte auch Duisbergs Auffassung, dass eine große staatliche Bürokratie zu vermeiden sei und man zügig zu marktwirtschaftlichen Verhältnissen zurückkehren solle. Über seine eigentlichen wirtschaftspolitischen Vorstellungen aber ließ er Duisberg im Unklaren. Ob und wie weit Haber gemeinwirtschaftlichen Strukturen anhing, ist nicht einfach zu sagen. Nach Margit Szöllösi-Janze erteilte Haber den Überlegungen des mit ihm befreundeten Wichard von Moellendorff eine Abfuhr,[71] der am 30. November 1918 ein Gemeinwirtschaftsprogramm vorlegte.[72] In der Demobilmachungsbehörde verfolgten weder Koeth noch Haber vergleichbare Pläne. Haber hatte aber offensichtlich das Ziel, eine sehr weitgehende staatliche Bewirtschaftung der chemischen Industrie zu installieren, berichtete der Geschäftsführer des VzW, Oskar Horney, Anfang Dezember 1918: Haber habe in einer Sitzung Pläne vorgestellt, «die weitgehende Eingriffe in Preispolitik und ähnliche Fragen vorsehen und solche Aufgaben zu lösen versuchen, die in der Kriegszeit selbst nicht lösbar waren».[73] Durch die Forderung nach Einführung industrieller Fachausschüsse beim Demobilmachungsamt habe man das fürs Erste durchkreuzen können. Haber verfolgte offensichtlich ein umfassendes Bewirtschaftungskonzept; und die Tatsache, dass er Duisberg darüber nicht informierte, ließ diesen Böses ahnen. Spätestens jetzt ging Duisberg auf Distanz zur Demobilmachungsbehörde. Warum Haber Duisberg über seine Pläne nicht informierte, sondern mit unpräzisen Äußerungen über die Lockerung der Bewirtschaftungsregeln hinhielt, ist nicht schwer zu begreifen. Er rechnete mit Duisbergs Widerstand.

Duisberg versuchte in den kommenden Wochen, Haber von seinen Plänen abzubringen. Vor allem hakte er beim Thema Sozialisierung nach, das Haber eben nur für die Chemie als inaktuell hingestellt hatte.[74] Dabei argumentierte Duisberg technisch und ökonomisch: «Ich halte die kommenden Dezennien für gänzlich ungeeignet, diese Experimente zu machen, soweit es sich hierbei um Betriebe handelt, die mit grossem Risiko und Gefahren verbunden sind, bei denen der Lohn in Bezug auf den Einstandspreis des Produktes eine sehr grosse Rolle spielt und bei denen technische Kenntnisse von grosser Wichtigkeit und Bedeutung sind.» Elektrizitätswerke und die Binnenschifffahrt könne man verstaatlichen, auch den Großgrundbesitz aufteilen. Die verbreitete Illusion, aufgrund seiner geringen technischen Komplexität eigne sich der Bergbau hervorragend für eine Sozialisierung, teilte Duisberg aber explizit nicht. Für ihn war eine Verstaatlichung oder Sozialisierung des Bergbaus wirtschaftlich viel zu riskant. Man habe zwar mit der eigenen Zeche Auguste-Victoria keine guten Erfahrungen gemacht und wäre aktuell froh, wenn der Staat sie gegen eine Erstattung der bisherigen Aufwendungen übernehmen würde. Der geringe Ertrag liege aber vor allem daran, dass die I. G.-Spitze letztlich für die Leitung eines Bergwerkes ungeeignet sei. Der Staat sei schon gar nicht dazu in der Lage, eine Zeche erfolgreich zu betreiben. Die Folge sei eine Bürokratisierung, die man sich bei den Staatsbetrieben ja anschauen könne.[75]

Für Duisberg war das Problem der Sozialisierung, und hieran sollte er in den kommenden Jahren unbeirrt festhalten, weniger eine abstrakte Frage der Eigentumsordnung – er selbst war schließlich angestellter Manager, und im Grunde war es gleichgültig, wer die Mehrheit des Kapitals hielt, solange seine Handlungsmöglichkeiten nicht beschnitten wurden – als ein Problem der Strukturen der Unternehmensführung, von der er seit dem

Aufbau Leverkusens und der Neuorganisation der Farbenfabriken feste Vorstellungen hatte.[76] Beamten oder Vertretern des Staates traute er schlicht nicht zu, ein Unternehmen zu leiten. Es war daher nur folgerichtig, dass Duisberg für eine Lockerung der kriegswirtschaftlichen Strukturen eintrat, also für die Rückkehr zu marktwirtschaftlichen Verhältnissen, in denen sich dann die Unternehmen unter Konkurrenzbedingungen entfalten konnten. Unter den gegebenen schweren Verhältnissen ordnungspolitische Experimente durchführen zu wollen, erschien ihm hingegen halsbrecherisch. Die chemische Industrie sei schon findig genug, um Auswege aus der schweren Lage Deutschlands zu finden, was freilich nur gehe, wenn man die «Betätigung aller erstklassigen Elemente» freigebe: «Man soll dem Techniker und Kaufmann die Möglichkeit geben, so viel wie nur denkbar zu verdienen. Das liegt im deutschen Interesse. Man kann ihm ja nachher auf dem Wege der Steuergesetzgebung alles, oder wenigstens das meiste wieder abnehmen, wenn man ihn nur dadurch geschäftlich zufrieden hält. Lähmt man aber seinen Erwerbssinn, der besonders dem deutschen Kaufmann eigen ist, durch irgendwelche Sozialisierungs- oder sonstige Massnahmen, so wird es unmöglich sein, Deutschland wieder aus der Niederung, in die es hinabgesunken ist, herauszuführen»[77], mahnte er Fritz Haber.

Die Rettung des Vaterlandes aus dem Geist kapitalistischen Erwerbsstrebens – das war für den frühen Dezember 1918 schon ungewöhnlich. Doch allen beteiligten Stellen war klar, dass die zu meisternden Aufgaben eine entsprechende wirtschaftliche Leistungsfähigkeit voraussetzten. Und genau diese konnte Duisberg im Gegensatz zu den Befürwortern der Sozialisierung, die bestenfalls mit Experimenten locken konnten und daher vorwiegend allgemein- oder sozialpolitisch argumentierten, wenn sie die bestehenden industriellen Führungsstrukturen angriffen, anbieten: Lasst ihr uns so arbeiten, wie wir wollen, dann werden wir schon die Erträge erwirtschaften, die auch ihr benötigt. So lautete das sich nun in zahllosen Varianten wiederholende Credo des Geheimrates, das insofern etwas ungeheuer Suggestives hatte, da Duisberg ja zumindest indirekt die Erfüllung der meisten materiellen Hoffnungen, seien es solche der Arbeiterschaft, des Steuerstaates oder der Reparationsgläubiger in Aussicht stellte, während die Befürworter von sozialistischen oder gemeinwirtschaftlichen Strukturen nicht recht wussten, was sie nun genau offerieren konnten. Duisberg revidierte daher weitgehend seine Vorstellungen einer straffen Wirtschaftslenkung, einerseits um den neuen Staat nicht zu mächtig werden zu lassen, andererseits aber auch, weil er sich davon wirtschaftlich nichts mehr erwartete. Er sei, betonte er gegenüber Haber, kein «Vertreter der schrankenlosen Freiheit, wie es der verstorbene Ballin gewollt hat».[78]. Allerdings: «Im Gegensatz zu damals, wo ich noch hoffte, dass wir einer glänzenden Zukunft entgegengehen würden, bin ich jetzt, wo wir uns dem Zerfall zuneigen, für weitergehende Befreiung und baldmöglichsten Abbau aller durch den Krieg bedingten Beschränkungen.» Und er beschwor Haber geradezu, diese Liberalisierung zu forcieren.[79]

Duisberg behielt mit seiner Skepsis gegenüber der Realisierbarkeit weitreichender Sozialisierungsmaßnahmen in der Zeit kurz nach Kriegsende Recht. Die erste Sozialisierungskommission stellte bereits vor Weihnachten ihre Arbeit ein, da es unmöglich war, sich unter den Bedingungen der Zeit auf realistische Maßnahmen zu verständigen.[80] Wie weit sich Haber von Duisbergs Argumentation beeinflussen ließ, ist hingegen schwer zu sagen. Eine Antwort auf Duisbergs Schreiben ist nicht überliefert. Die Korrespondenz wurde erst nach Habers Rücktritt aus dem Demobilmachungsamt Ende Januar 1919 wieder aufgenommen, den Duisberg im Übrigen verständnisvoll und wahrscheinlich erfreut kommentierte. Haber bestätigte immerhin einige Monate später Duisbergs Sichtweise von der strategischen Bedeutung der Chemie: «Es darf … als feststehend gelten, dass eine Industrie, die aus heimischem Rohmaterial die wertvollsten Exportgüter macht, notwendig ein Schosskind jeder Regierung sein muss, die in Deutschland einen Wiederaufbau ernsthaft will.»[81] Das dürfte Duisberg gefreut haben.[82] Haber scheiterte mit seinen Plänen nicht nur an industriellen Widerständen, sondern wohl auch daran, dass sich die Gewerkschaften nicht wirklich für das Amt starkmachten.[83] Immerhin erfüllte das Demobilmachungsamt seine erste und wesentliche Aufgabe, die Wiedereingliederung der Soldaten in den Arbeitsprozess, alles in allem zufriedenstellend. Ordnungspolitische Bedeutung aber erlangte es nicht. Auch Haber schaffte es im Grunde nur, die noch bestehenden kriegswirtschaftlichen Strukturen für die Übergangszeit eine Weile lang am Leben zu erhalten. Die wichtigsten Mitarbeiter des Kriegsamtes setzten ihre Arbeit fort, die Rohstoffbeschaffung und -verteilung erfolgte weiterhin nach den alten Regeln. Der bürokratische Unterbau wurde dabei von der noch bestehenden Kalchemie, deren Auflösung freilich ins Auge gefasst war, sowie der Verteilungsstelle des VzW geleistet. Damit trat zunächst keine Änderung zu den kriegswirtschaftlichen Verhältnissen ein.[84]

Das selbst mit herbeigeführte Scheitern des Demobilmachungsamtes –

die Vertreter des VzW hatten in den Fachbeiräten gebremst, wo es nur ging – brachte aus der Sicht Duisbergs aber nur begrenzt Entwarnung. Die unmittelbare Sozialisierungsgefahr war angesichts der überaus zögerlichen Haltung der Regierung des Rates der Volksbeauftragten zwar erst einmal gebannt.[85] Aber der Aufstieg des Reichswirtschaftsamtes nach dem Scheitern des Demobilmachungsamtes zur wichtigsten einschlägigen Behörde brachte auch keine Klarheit über die zukünftige Wirtschaftsordnung und die Wirtschaftspolitik. Die Gemeinwirtschaftspläne des umtriebigen Unterstaatssekretärs Wichard von Moellendorff, der dieses Amt nach August Müller auch unter dem mehrheitssozialdemokratischen Minister Rudolf Wissell, der zur Jahreswende 1918/19 ins Amt gekommen war, wahrnahm, waren wenig konkret, dafür aber umso ambitionierter.[86] Sie ließen mit ihren Eckpunkten wie Planwirtschaft, Verstaatlichung, Konsumsteuerung und umfassender Bewirtschaftung wenig Gutes ahnen.[87] In den revolutionären Wirren der Zeit war zudem überhaupt nicht absehbar, wohin die politische Reise gehen würde. Zwar waren die Wahlen zur verfassunggebenden Nationalversammlung mittlerweile angesetzt, doch konnten deren Ergebnisse kaum prognostiziert werden. Absehbar war zunächst allein, dass der Rat der Volksbeauftragten der Nationalversammlung in allen grundsätzlichen Fragen der zukünftigen Wirtschaftsordnung nicht vorgreifen wollte.

Die Berliner Kämpfe zur Jahreswende 1918/19 und der sich anschließende Bürgerkrieg, schließlich die harte Haltung der Mehrheitssozialdemokratie gegenüber den revolutionären Strömungen brachten Duisberg zu der Überzeugung, dass in einem engen Schulterschluss zwischen gemäßigter Sozialdemokratie, tariftreuen Gewerkschaften und klugen Unternehmern ein möglicher Ausweg aus der politischen Krise einerseits, den ökonomischen Schwierigkeiten andererseits liegen könnte. In Leverkusen selbst hatte er mit diesem Schulterschluss alles in allem gute Erfahrungen gemacht. Aus dem Briefwechsel mit Oskar Horney und Franz Oppenheim erfuhr Duisberg in diesen Tagen zudem detailliert vom Aufbau der Zentralarbeitsgemeinschaft der gewerblichen Arbeitgeber und Arbeitnehmer Deutschlands (ZAG).[88] Die Zentralarbeitsgemeinschaft war als korporative Dachorganisation von Arbeitgebern und Gewerkschaften zur Regelung der Probleme der Übergangswirtschaft und zur Sicherung des sozialen Friedens offensichtlich eine ernsthafte Alternative zur staatlichen Bürokratie, zumal in deren Rahmen Reichsarbeitsgemeinschaften für die einzelnen großen Industriezweige zur Bearbeitung der spezifischen wirtschafts- und sozialpolitischen Problemstellungen eingerichtet werden sollten.[89] Eine Reichsarbeitsgemeinschaft Chemie, getragen von den eigenen Arbeitgeberverbänden und den durchaus kooperationswilligen Gewerkschaften, musste daher als geradezu ideale Lösung zur Bewältigung des Übergangs erscheinen, selbst wenn dabei den Arbeiterorganisationen auch wirtschaftliche Mitspracherechte eingeräumt würden. Duisberg setzte seit Anfang Dezember 1918 auf die Arbeitsgemeinschaft mit dem Ziel, auf diese Weise die «weitgehende Reglementierung, die das Demob, Abteilung Chemie, vorhat», ins Leere laufen zu lassen und möglichst bald eine Liberalisierung der Bewirtschaftungsauflagen zu erreichen.[90]

Zur Gründung einer Reichsarbeitsgemeinschaft Chemie benötigte man, Horney wies nachdrücklich darauf hin[91], einen bisher nicht existierenden Arbeitgeberverband der chemischen Industrie. Der Mannheimer Chemieindustrielle Rudolf Frank, bisher einfaches Vorstandsmitglied des VzW, übernahm nach der Absage von Carl Bosch[92] die Arbeiten zur Gründung eines solchen Verbandes, stieß aber immer wieder auf den Widerstand gerade westdeutscher Kreise gegen eine Berliner Zentralorganisation.[93] Duisberg förderte Franks Arbeit gleichwohl auch gegen Widerstand aus dem eigenen Hause.[94] Der Arbeitgeberverband der chemischen Industrie kam schließlich Anfang Februar 1919 unter Einbezug der westdeutschen Gebiete zustande; Schwierigkeiten bereiteten in organisatorischer Hinsicht eher die preußischen Ostprovinzen, da es dort zunächst nicht gelang, funktionierende regionale Einheiten zu schaffen.[95] Mit dem Arbeitgeberverband, dessen Leitung Rudolf Frank, der im Frühjahr 1919 auch zum hauptamtlichen, geschäftsführenden Präsidialmitglied des VzW aufstieg und seine Tätigkeit bei den Chemischen Werken Mannheim-Waldhof aufgab, übernahm, konnte nun auch die Gründung einer Reichsarbeitsgemeinschaft Chemie vorangetrieben werden. Das war freilich nicht so einfach.

Denn die politischen Voraussetzungen waren noch unklar. Nach der Niederschlagung des Spartakus-Aufstandes geriet die Berliner Regierung unter Druck, die Unterdrückung der radikalen Teile der Arbeiterbewegung durch Entgegenkommen in der Räte- und der Sozialisierungsgesetzgebung zu kompensieren. Wenn auch die unmittelbare «bolschewistische Gefahr» erst einmal gebannt schien, war doch die Zukunft der Wirtschafts- und Sozialpolitik alles andere als geklärt. Die Wahlen zur Nationalversammlung führten zu einer weiteren Konsolidierung, da es keine Mehrheit für eine sozialistische Republik gab. Zur Kooperation mit den Gewerkschaften aber gab es jetzt erst recht keine ernsthafte Alternative mehr, und Duisberg war klar, dass man, wollte man mit der Arbeitsgemeinschaft erfolgreich sein, den Gewerkschaften wirtschaftliche Mitbestimmungsrechte einräumen musste: «Jetzt ist ja ein Hand in Hand arbeiten mit den Gewerkschaften dringendes Erfordernis», schrieb er am 18. Februar 1919 an Rudolf Frank und konstatierte nüchtern: «Die Revolution hat alle Verhältnisse gewandelt. Bei der großen Zahl von Vertretern, die die sozialdemokratische Partei in die Nationalversammlung gesandt hat, können wir Fabrikleiter nicht nur in reinen Arbeitgeber-, also sozialpolitischen Fragen, sondern auch in wirtschaftspolitischen Angelegenheiten (nur, W. P.) etwas erreichen, wenn wir die Vertreter der Arbeiter und damit diese selbst überzeugen und auf unsere Seite bringen. Deshalb bin ich ein Anhänger der gegründeten Arbeitsgemeinschaft, so sehr es mir anfänglich widerstrebt hat, auch dieser ein Mitberatungsrecht in wirtschaftlichen Fragen zuzuerkennen.»[96]

Duisberg bereitete allerdings die Tatsache Sorge, dass die aktuelle Entwicklung in der Reichshauptstadt und in anderen Industriezentren, die weiterhin von Massenstreiks und bürgerkriegsähnlichen Szenen beherrscht war und von der Reichsregierung nur durch eine Mischung aus Repression und Zugeständnissen begrenzt werden konnte,[97] die Voraussetzungen der Arbeitsgemeinschaft in Frage stellen, insbesondere aber die kooperationswilligen Gewerkschaften durch die Rätegesetzgebung[98] geschwächt würden.[99] In Berlin drängte man indes und setzte schließlich eine Gesamtausschusssitzung des Vereins zur Wahrung der Interessen der Chemischen Industrie für den 29. März 1919 an, um dort auch die Arbeitsgemeinschaftsfrage voranzutreiben. Duisberg teilte mit, er werde Ende März das erste Mal seit der Revolution wieder nach Berlin reisen und an der Sitzung teilnehmen: «Sollte in der Sitzung in Berlin der Beitritt zur Arbeitsgemeinschaft beschlossen werden, was ich, wie ich schon früher sagte, warm unterstütze, so ist es zweifelhaft, ob (das) in Weimar beschlossene Rätesystem nicht diese ganze Organisation wieder über den Haufen wirft. Trotzdem sollte die Chemische Industrie in dieser Frage nicht mehr zögern, sondern mitmachen.»[100] Schließlich traf man sich am 29. März 1919 in Berlin, beschloss den Beitritt zur Reichsarbeitsgemeinschaft und bestimmte zugleich einen Arbeitsausschuss von Vertretern des Vereins zur Wahrung der Interessen der Chemischen Industrie und des Arbeitgeberverbandes Chemie, der die Arbeit in der Reichsarbeitsgemeinschaft koordinieren sollte. Dessen Vorsitzender wurde Rudolf Frank.[101]

Unter den Chemieindustriellen war der Sinn der Kooperation mit den Tarifgewerkschaften unstrittig, zumal die ersten grundlegenden Tarifwerke für die Chemische Industrie in dieser Zeit ebenfalls einvernehmlich erarbeitet wurden, ja, die Chemische Industrie von sich aus auf den Abschluss grundlegender Tarifvereinigungen drängte.[102] Duisberg dachte zeitweilig sogar daran, über die zu bildende Arbeitsgemeinschaft auch die Gewerkschaften zumindest in tarifpolitischer Hinsicht zu vereinheitlichen, da die Tarifverhandlungen mit den zahlreichen konkurrierenden Gewerkschaften außerordentlich mühsam waren. Hier waren ihm indes keine Erfolge beschieden, da die Gewerkschaften auch später auf alle Versuche allergisch reagierten, die Arbeitsgemeinschaft mit konkreten Tariffragen zu befassen.[103] Anders als Moellendorff aber begriff Duisberg die Arbeitsgemeinschaft nicht als Mittel zur Änderung des wirtschaftlichen Systems, sondern als Schritt zu dessen Garantierung, eben unter Einbeziehung der Gewerkschaften. Insofern war er zu weitgehendem Entgegenkommen bereit. Die konstituierende Sitzung der Reichsarbeitsgemeinschaft Chemie fand am 29. April 1919 in Berlin statt, nachdem am Tag zuvor offiziell der Arbeitgeberverband der Chemischen Industrie und die drei Fabrikarbeiterorganisationen die Vereinbarung zu ihrer Bildung geschlossen hatten. An der konstituierenden Sitzung nahmen auf Seiten der Industrie Carl Duisberg, Franz Oppenheim, Rudolf Frank, Julius Bueb und Otto Antrick teil. Rudolf Frank wurde zum ersten Vorsitzenden der Reichsarbeitsgemeinschaft, der Gewerkschafter Conrad Bruns, der Vorsitzende des Fabrikarbeiterverbandes, zu seinem Stellvertreter gewählt.[104] Auf der ersten Hauptausschusssitzung im Dezember 1919 wurde formell ein Vorstand gewählt, dem für die Industrie Carl Duisberg, Franz Oppenheim und Paul Müller angehörten, während Rudolf Frank die Leitung des Zentralschlichtungsausschusses übernahm.[105]

Grundlage der Reichsarbeitsgemeinschaft war das gemeinsame Bestreben, die Nachkriegsprobleme durch sozialpartnerschaftliche Kooperation zu bewältigen: Sie «bezweckt auf der Grundlage paritätischen Zusammenarbeitens die gemeinschaftliche Wahrung und Förderung der wirtschaftlichen und sozialen Interessen der chemischen Industrie Deutschlands, sowie die Mitwirkung bei allen sie betreffenden Gesetzgebungs- und Verwaltungs-Angelegenheiten».[106] Geleitet wurde sie durch Vorstand und Hauptausschuss, wobei sich letzterer aus den Vorsitzenden der Fach- und Bezirksgruppen der Reichsarbeitsgemeinschaft zusammensetzte.[107] Ihre eigentliche Aufgabe lag in der Koordinierung der die Branche betreffenden wirtschafts- und sozialpolitischen Fragen. Auf dem Gebiet der Wirtschaftspolitik umfassten diese Aufgaben insbesondere «die Unterstützung der Bemühungen zur Beschaffung von Arbeitsaufträgen und Rohstoffen für die Chemische Industrie, die Verwaltung und Kontrolle der Ein- und Ausfuhrangelegenheiten, die Beratung der Behörden bei Erledigung von Gesetzentwürfen, Handelsverträgen, Zollfragen, Transportfragen (Eisenbahntarife, Schiffahrt usw.), die Festsetzung von Grundsätzen für die Preisbemessung und von Verkaufsbedingungen in solchen Fällen, in denen allgemeine volkswirtschaftliche Gründe eine Regelung erforderlich machen, die Übernahme aller derjenigen Aufgaben, die von den Selbstverwaltungskörpern bearbeitet werden müssen, z. B. die kollektive Verteilung der bewirtschafteten Rohstoffe und Fertigfabrikate für die Zeit der Übergangswirtschaft».[108] Die sozialpolitischen Aufgaben bezogen sich auf «die kollektive Regelung der Lohn- und Arbeitsbedingungen zwischen den beiderseitigen Organisationen, die Durchführung der geregelten Arbeitsvermittlung mit paritätischer Verwaltung, die Bildung von Schlichtungsausschüssen».[109]

Zwölf Fachgruppen wurden zur Erledigung der wirtschaftspolitischen Aufgaben analog zur Produktionsstruktur der chemischen Industrie gebildet; zwölf Regionalgruppen waren für die Bearbeitung sozialpolitischer Fragen verantwortlich.[110] Die Reichsarbeitsgemeinschaft Chemie arbeitete sowohl in ihren Fach- wie in ihren Regionalgruppen in den kommenden Jahren durchaus erfolgreich, auch wenn die Bedeutung der Arbeitsgemeinschaft generell zurückging und grundsätzliche Fragen bald in den Hintergrund gerieten oder andernorts beraten wurden. Die Erwartungen, die Duisberg an die Kooperation hatte, erfüllten sich aber durchweg. Die Arbeit in den Fachgruppen disziplinierte die freien Gewerkschaften ökonomisch, während die sozialpolitische Kooperation in den Regionalgruppen zu einer mehr oder weniger reibungslosen Tarif- und Schlichtungspraxis führte, die ganz im Gegensatz zur Schwer- oder Metallindustrie dauerhaft ohne die Inanspruchnahme staatlicher Hilfe auskam. Die schweren Streikkämpfe in der Chemie, etwa 1921 in Leverkusen oder 1924 in Ludwigshafen, waren jeweils wilde Auseinandersetzungen, in denen die freien Gewerkschaften die radikalen Arbeiter gerade nicht unterstützten. Nein: Das sozialpartnerschaftliche Kalkül der chemischen Industrie wurde umfassend bestätigt, und insofern zeigte diese Branche auch, dass es in der Weimarer Republik keineswegs zwangsläufig zu sozialen Konflikten kommen musste, die zu einer Belastung für die Republik wurden.[111]

Duisberg begriff die Vorteile der Arbeitsgemeinschaft schnell und schätzte sie schließlich so sehr, dass er ihr Lob wie eine Monstranz vor sich her trug. Er ließ keine Gelegenheit aus, sie zu verteidigen und die Notwendigkeit einer Kooperation mit den Gewerkschaften zu betonen. Dabei war er weit davon entfernt, in der Arbeitsgemeinschaft einen Schritt zu einer künftigen Gemeinwirtschaft mit gesamtwirtschaftlicher Planung und Organisation von Produktion und Absatz zu sehen, wie es Wissell und Moellendorff, die nach der Verabschiedung des Gesetzes über die Sozialisierung des Kohlenbergbaus vom Mai 1919 ihre Pläne energisch weiter betrieben, vorhatten.[112] In einer Kohlengemeinwirtschaft sah Duisberg im November 1920 vor dem Reichswirtschaftsrat ein wirtschaftliches Desaster.[113] Die Arbeitsgemeinschaft sollte eine Alternative zur staatlichen Zwangswirtschaft sein, um die industrielle Kontrolle über die gegebenenfalls noch notwendigen Maßnahmen sicherstellen zu können. Einfallstor für weiter reichende Überlegungen sollte sie auf keinen Fall werden. Solange sie in diesem Sinn funktionierte, fand sie in Duisberg ihren lautstärksten Protagonisten, der sie auch auf den Sitzungen des VzW und im Reichsverband der Deutschen Industrie vehement verteidigte.

An der Gründungsversammlung des Reichsverbands der Deutschen Industrie, der sich im April 1919 durch den Zusammenschluss verschiedener älterer Industrieverbände als gemeinsamer industrieller Spitzenverband bildete, nahm Duisberg wegen drohender Streiks in Leverkusen nicht teil; über die vorangehenden Verhandlungen war er durch Oppenheim, Frank und die Geschäftsstelle des VzW allerdings laufend informiert. Nachdem die Chemie ihre prinzipiellen Vorbehalte, die sie gegen Verbände, die sie nicht dominieren konnte, seit der Vorkriegszeit pflegte, aufgegeben hatte, ging es vor allem um die Sicherstellung einer repräsentativen Vertretung der chemischen Industrie im Rahmen der Organe des RDI und die Wahrung der notwendigen Handlungsautonomie für den VzW. Der VzW war keineswegs der einzige Verband, der Befürchtungen hatte, durch eine schwerindustriell dominierte Organisation bevormundet zu werden.[114] Wenn es schließlich auch ein gewisses Übergewicht von Schwer- und Textilindustrie im RDI gab, war die Chemie aber schließlich mit der eigenen Vertretung einigermaßen zufrieden: Duisberg wurde in das Präsidium gewählt, im Vorstand saßen drei Vertreter der Chemie, im Hauptausschuss zehn.[115] Die Chemie blieb von nun an dem Spitzenverband dauerhaft verbunden. Im Reichsverband gehörte Duisberg mit seiner unbedingten Unterstützung der Arbeitsgemeinschaft und dem Willen, mit den freien

Gewerkschaften und der Mehrheitssozialdemokratie zusammenzuarbeiten, allerdings eher einer Minderheit an. Das wurde offensichtlich, als sich eine Gruppe um Carl Duisberg nicht mit der Vorstellung durchsetzen konnte, den ehemaligen Chef des Reichswirtschaftsamtes, den Sozialdemokraten August Müller, zum Geschäftsführer zu machen. Die Mehrheit des Präsidiums entschied sich für den späteren Reichsaußenminister Walther Simons, einen Kompromisskandidaten, der auch für Duisberg akzeptabel war.[116]

Den bereits behandelten Kapp-Putsch hielt Duisberg insofern auch aus der Perspektive der Arbeitsgemeinschaftspolitik heraus für ein einziges Desaster – eine Position, mit der er wiederum im RDI nicht mit der Mehrheit ging, die sich zum Putsch offiziell neutral verhielt. Anders als viele seiner Industriellenkollegen war Duisberg in der Tat von seiner marktwirtschaftlichen Überzeugung abgesehen kein Ideologe, der sich um bestimmte Auffassungen aus grundsätzlichen Überlegungen heraus stritt. Derartige Auseinandersetzungen, z. B. in der Frage der Arbeitszeit, schienen ihm von der Sache her wenig sinnvoll; sie konnten bestenfalls zu unfruchtbarer Prinzipienreiterei führen. Er legte sich in dieser Frage gar nicht fest, sondern antwortete stets, dass man den Achtstundentag dort durchführen könne und solle, wo das technisch möglich und ökonomisch sinnvoll sei. Die Arbeitszeitfrage wie überhaupt die Lohn- und Arbeitsbedingungen waren bei Duisberg in dialektischer Weise mit der Arbeitsproduktivität und dem wirtschaftlichen Erfolg eines Unternehmens verknüpft: Beides ermöglichte sich wechselseitig und war insofern jeweils Voraussetzung und Folge zugleich. Der Versuch, diese Dialektik künstlich aufzubrechen, konnte nicht funktionieren. Und nachdem sich herausgestellt hatte, dass im Rahmen der ZAG diese «Dialektik» im Grundsatz akzeptiert blieb, arrangierte er sich klaglos mit dem kollektiven Arbeitsrecht, das er vor 1914 so vehement abgelehnt hatte, ja, verteidigte es gegen seine industriellen Kritiker. Als im Herbst 1922 im RDI Fragen des Wirtschaftsprogramms debattiert wurden, machten die Vertreter der Schwerindustrie, namentlich Hugo Stinnes und Paul Silverberg, keinen Hehl aus ihrem Wunsch, dem RDI ein möglichst gewerkschaftsfeindliches Programm zu geben, das wichtige Errungenschaften der Revolution wie den Achtstundentag prinzipiell aushebeln wollte. In der Schwerindustrie, im Bergbau zumal, war man die schweren Auseinandersetzungen der vergangenen Jahre um Arbeitszeiten und Löhne, die wieder und wieder in Streiks geendet waren, leid und wollte zu einer neuen gesetzlichen Arbeitszeitregelung kommen, im Zweifelsfall auch durch einseitige Schritte gegen Tarifrecht und Gewerkschaften. Doch

Duisberg kalkulierte kühl, dass mit einem derartigen Programm ein eskalierender Klassenkampf vorprogrammiert war, der das Gegenteil des Gewünschten wahrscheinlich gemacht hätte, und erteilte dem Vorschlag deshalb eine Absage.[117]

***

Duisberg nutzte seine Stellung in den Verbänden gezielt, um eine Politik der sozialpartnerschaftlichen Fundierung marktwirtschaftlicher Strukturen und entsprechend möglichst großer unternehmerischer Handlungsfreiheit zu betreiben. Damit war er alles in allem durchaus erfolgreich, zumal es ihm gelang, stets einflussreiche Verbündete zu gewinnen, die er wiederum auch unterstützte. Duisberg beließ es aber nicht bei der Arbeit in den Verbänden, zu der auch die hier nicht näher betrachtete Tätigkeit im DIHT zu zählen wäre, dem er als Präsident der IHK Solingen bis in die frühen 1930er Jahre als Präsidialmitglied beziehungsweise stellvertretender Präsident angehörte. Als Mitglied des Präsidiums des RDI, des DIHT und als Vorsitzender des Chemieverbandes – das Amt hatte er bis Ende 1921 inne – war es nur naheliegend, dass er als berufsständisches Mitglied auch in den vorläufigen Reichswirtschaftsrat delegiert wurde, der im Mai 1920 eingerichtet wurde. Dieser Reichswirtschaftsrat entstand als eine Art ständische Vertretung der unterschiedlichen Wirtschafts- und Gewerbegruppen des Reiches in Ausführung einer entsprechenden Vorschrift der Reichsverfassung, um die im Frühjahr 1919 heftig gestritten worden war.[118] Nicht nur eher wirtschaftskonservative und deutsch-nationale Kreise traten für eine berufsständische Einrichtung mit weitreichenden Zuständigkeiten, die ja bereits Bismarck angestrebt hatte, ein; auch Teile der linken Arbeiterbewegung sahen im Wirtschaftsrat den Baustein zu einer rätedemokratischen Verfassung, der als Dachorganisation über einem weitverzweigten Netz regionaler und lokaler Rätestrukturen fungieren sollte. In der Auseinandersetzung um dessen zukünftige Bedeutung sprach sich Duisberg klar für eine möglichst große Zuständigkeit des Gremiums aus, das für ihn vor allem ein Gegengewicht zum politischen Parlament sein sollte, das er für sachliche Arbeit für wenig geeignet hielt. In diesem Punkt konnte er quasi nahtlos an seine Vorkriegskritik gegenüber parteipolitischen Strukturen anknüpfen. Ende April 1919 erklärte er vor dem DIHT, mit dem Reichswirtschaftsrat lasse sich ein Gegengewicht gegen das Parlament schaffen, was deshalb überaus sinnvoll sei, da bei allgemeinen Wahlen nur wenige Vertreter der Industrie und des Handels überhaupt eine Chance hätten, in den Reichstag gewählt zu werden. «Schon deshalb müsse», vermerkt das

Protokoll Duisbergs Stellungnahme, «dem Wirtschaftsparlament eine beschließende Stimme gegeben werden. Die Vertreter der Industrie und des Handels könnten sich damit um so eher einverstanden erklären, als diese Forderung gerade von der extremsten Seite der Arbeiterschaft erhoben würde.»[119]

In dem geplanten Reichswirtschaftsrat sah Duisberg ein wesentliches Instrument, um die Interessen von Industrie und Handel auch unter den Bedingungen einer parlamentarischen Republik behaupten zu können. Dafür war es aus seiner Sicht allerdings notwendig, dass die Mitglieder des Reichswirtschaftsrates nicht, wie es das Reichsarbeitsministerium plante, in den lokalen «Räten», sei es der Arbeiterschaft, sei es von Gewerbe und Handel, durch allgemeine Wahlen bestimmt wurden: «Zweifellos würden dadurch mehr die Masse und die radikalen Elemente als der einsichtsvollere Teil des Unternehmertums zur Geltung kommen, da doch bei allgemeinen Wahlen derjenige, der am besten reden könne und am meisten kritisiere, immer das Übergewicht über den einsichtsvollen Sachverständigen erringen werde.»[120] Dies war keineswegs nur auf die Arbeiterschaft gemünzt; Duisberg war sich im Klaren, dass gerade in den klein- und mittelständischen Betrieben zum Teil erhebliche Ressentiments gegen das herrschten, was er für eine sinnvolle Kooperation von Kapital und Arbeit hielt. Daher müsse man dem Vorschlag unter anderem des Reichswirtschaftsministers, also Rudolf Wissells folgen, und die Besetzung des Reichswirtschaftsrates durch die Zentralarbeitsgemeinschaft beziehungsweise die in diesem Rahmen entstehenden Reichsarbeitsgemeinschaften vornehmen lassen. Dort säßen Kapital und Arbeit zusammen; diese Arbeitsgemeinschaften seien zudem derart fachlich strukturiert, dass sachliche Gesichtspunkte berücksichtigt werden könnten, was etwa nicht möglich sei, wenn die Handelskammern ein Nominierungsrecht erhielten. Duisberg wünschte eine Art Wirtschaftsparlament, in dem von Gewerkschaften und Unternehmerverbänden ausgesuchte Fachleute ein Gegengewicht gegen den parteipolitisch geprägten Parlamentarismus bildeten.

Wenn auch nicht im Ziel der Verwirklichung gemeinwirtschaftlicher Strukturen, so stimmte Duisberg doch in vielerlei Hinsicht mit den Absichten überein, die im Umfeld von Rudolf Wissell auch vertreten wurden, nämlich die Wirtschaft dort, wo freie marktwirtschaftliche Verhältnisse noch nicht vorstellbar waren, durch paritätische Selbstverwaltungskörper ohne weiter gehenden Einfluss der Politik zu steuern.[121] Doch mit der Aufwertung von Selbstverwaltungskörperschaften drangen Duisberg, aber auch Rudolf Wissell und Max Cohen-Reuß, ein ehemaliger sozialdemokratischer Reichstagsabgeordneter, den Duisberg spätestens im Reichswirtschaftsrat, unter Umständen aber schon während dessen Dienstzeit in der Kriegsrohstoffabteilung kennengelernt hatte,[122] nicht durch. Den – freilich aus völlig anderen Motiven hierfür plädierenden – linksradikalen wie konservativen Politikern ging es nicht anders. Die Mitglieder des Reichswirtschaftsrates, der zunächst – bis zu einer endgültigen Regelung – als vorläufige Körperschaft konstituiert wurde, wurden durch die Vertreter der Verbände und die Reichsregierung benannt. Er hatte lediglich beratende Funktionen und Gutachteraufgaben. Das Äußerste, was ihm möglich war, war das Einleiten von Gesetzesinitiativen; jede beschließende Funktion wurde ihm versagt. Die Duisbergsche Position konnte sich allein bei dessen Besetzung durchsetzen; von allgemeinen Wahlen beziehungsweise vom Aufbau einer regionalen und lokalen Rätestruktur war nicht die Rede. Stattdessen wurde der Reichswirtschaftsrat eine Art berufsständische Vertretung, in die der Reichspräsident Fachvertreter aus Industrie, Handel, Landwirtschaft und Gewerkschaften berief. Zusätzlich konnten Reichsregierung und Reichsrat Vertreter benennen. Der 1920 eingerichtete vorläufige Reichswirtschaftsrat hatte schließlich 365 Mitglieder – viel zu viele, um im Plenum zu einer sinnvollen Tätigkeit zu kommen. Die eigentliche Arbeit leisteten daher die Ausschüsse und deren Unterausschüsse, namentlich der wirtschaftspolitische und der finanzpolitische Ausschuss[123], an denen Duisberg, als berufsständisches Mitglied für die chemische Industrie, aktiv teilnahm, insbesondere an den Unterausschüssen, die sich mit Fragen der Sozialisierung, der Landwirtschaft und der Besteuerung befassten. Ein Gegenparlament war der Reichswirtschaftsrat nicht; er bot aber immerhin ein Forum, um der wirtschaftlichen «Vernunft» Gehör zu verschaffen. Duisberg nutzte das Forum einerseits zu Grundsatzreden, andererseits um eine lagerübergreifende Zusammenarbeit von Kapital und Arbeit in zentralen Fragen der deutschen Wirtschaftspolitik zu ermöglichen.[124]

Dass der vorläufige Reichswirtschaftsrat über eine paritätische Arbeitnehmerseite verfügte, ja, dass er als ein Moment der Entstehung gemeinwirtschaftlicher Strukturen gesehen werden konnte, erachtete Duisberg als erwünscht, weil er sich hiervon eine größere Bedeutung seiner Beschlüsse versprach. Zu den führenden Sozialdemokraten im Reichswirtschaftsrat, namentlich zu Rudolf Wissell, entwickelte er ein geradezu freundschaftliches Verhältnis, das auch nach Wissells Ausscheiden anhielt. Das mochte auch daran liegen, dass Wissell ein Konzept der «Gemeinwirtschaft» vertrat, das Privateigentum nicht antasten und den Gedanken der Arbeitsgemeinschaft überaus starkmachen wollte, was schließlich zu seiner Isolierung innerhalb der SPD und zu seinem Rücktritt als Wirtschaftsminister führte.[125] Da zudem bekannt war, dass Duisberg bei der Abwehr des Kapp-Putsches eine unmissverständliche Haltung eingenommen hatte und auch die wiederholten Versuche schwerindustrieller Kreise ablehnte, eine Art «Rollback» der Ergebnisse der Revolution herbeizuführen, und da er schließlich im Sommer 1923, wie noch zu zeigen sein wird, trotz massiver industrieller Kritik, die von Gustav Stresemann unter Einbeziehung der Sozialdemokratie gebildete Große Koalition vorbehaltlos unterstützte, war seine Zusammenarbeit mit den Vertretern von Gewerkschaften und Sozialdemokratie ohne weiteres glaubwürdig. Duisbergs Kooperationsangebot war freilich auf die Mehrheitssozialdemokratie beschränkt. Diese Kooperation ging schließlich Ende der 1920er Jahre so weit, dass er Cohen-Reuß bei der Herausgabe seiner «Sozialistischen Monatshefte», die letztlich für eine Zusammenarbeit von Kapital und Arbeit, also für moderne Formen der Sozialpartnerschaft eintraten und in wirtschaftlicher Hinsicht ganz auf Duisbergs Linie eines Wiederaufstiegs durch Produktivitätssteigerung lagen, auch wiederholt finanziell unterstützte, freilich so verdeckt, dass die Öffentlichkeit hiervon nichts mitbekam.[126]

Die Bedeutung des Reichswirtschaftsrates war zumindest in seiner Anfangsphase 1920/21 groß; die dort geleistete Arbeit wurde allgemein wahrgenommen. Duisberg ging davon aus, dass, sollte der Reichswirtschaftsrat zu einhelligen Stellungnahmen kommen, diese auch vom Reichstag nicht einfach beiseitegewischt werden konnten. Doch zeichnete sich bald ab, dass der vorläufige Reichswirtschaftsrat institutionell schwach war, vor allem aber durch die Fülle der Gesetzgebungsarbeit des Reichstages, zu der er sich gutachterlich äußern sollte, angesichts seines nur geringen bürokratischen Apparates völlig überfordert war. Die eigentliche Arbeit leisteten von daher die Büros und Mitarbeiter der vertretenen Verbände, im Falle Duisbergs betraf dies vor allem die Geschäftsstelle des VzW und damit dessen geschäftsführendes Präsidialmitglied Rudolf Frank, bei dem alle Arbeit hängen blieb. Duisberg hielt es auch im Reichswirtschaftsrat wie überall: Er repräsentierte und hielt die großen Reden, die er zumeist nicht einmal selbst verfasste, sondern die auf seine Anregungen hin von den zahlreichen Sekretariaten und Assistenten, die ihm zur Verfügung standen, ausgearbeitet wurden. Die aufwendige Detailarbeit leisteten andere. Im Mai 1921 jedenfalls drohte Frank unter der Arbeitslast zusammenzubrechen und war dringend urlaubsreif.[127]

Dabei waren es mehrere große Fragen, freilich von unterschiedlichem Gewicht, aber doch miteinander zusammenhängend, die Duisberg im vorl. Reichswirtschaftsrat sehr beschäftigten und, das ist entscheidend, in denen er wiederholt und erfolgreich versuchte, gemeinsame Fronten über die politischen Lager hinweg zustande zu bringen. Im Hintergrund stand stets das Interesse an der Verbesserung der Rahmenbedingungen für wirtschaftliches Handeln, von dessen Erfolg wiederum, Duisberg wurde es nicht müde zu betonen, alles weitere abhing. In seinen zahllosen Reden, die er in dieser Zeit in unterschiedlichen Funktionen hielt, betonte er stets, die Krise, in der sich Deutschland nach dem Krieg offenkundig befand, lasse sich nur durch eine Wiederherstellung seiner wirtschaftlichen Leistungsfähigkeit und durch entsprechende Ausfuhrerfolge überwinden, da nur durch letztere die Devisen erwirtschaftet werden könnten, mit denen Deutschland seinen Importbedarf an Rohstoffen und Nahrungsmitteln befriedigen sowie zugleich auch seinen aus dem Waffenstillstandsabkommen und dem Friedensvertrag herrührenden Reparationsverpflichtungen nachkommen könne. Das Land müsse daher insbesondere jene Industrien gezielt stärken, die bei geringem Einfuhrbedarf hohe Exporterfolge erzielen könnten – und das war, wen wundert es, vor allem die chemische Industrie.

Duisberg verstand es dabei geschickt, seine Argumente so zu gruppieren, dass sie für die Vertreter der SPD und der Gewerkschaften zumindest anschlussfähig blieben; eine offene Konfrontation vermied er sogar in der Frage der Besitzsteuern, die seit dem Sommer 1921 diskutiert wurden, um durch eine zusätzliche Vermögensbesteuerung dem Reich die finanziellen Möglichkeiten zu geben, die mit dem Londoner Ultimatum durchgesetzten Reparationsforderungen der Alliierten zu erfüllen. Duisberg lehnte die geplante, unsystematische und unterschiedliche Art der Vermögensbesteuerung zwar ab und setzte sich stattdessen für die später zu besprechende Kreditaktion der deutschen Wirtschaft ein; doch ging er in den Debatten der Besitzsteuerkommission keineswegs auf Konfrontationskurs mit der SPD. Die Vermögensbesteuerung wurde zunächst – freilich aus allgemeinpolitischen Gründen – nicht realisiert; zu groß waren die Auseinandersetzungen in der Reichsregierung und im Reichstag. Das war für Duisberg aber nicht entscheidend. Die wichtige Bedeutung der Arbeit des Reichswirtschaftsrates bestand für ihn darin, die Kooperation von Arbeitgebern und Arbeitnehmern mit Leben zu erfüllen, Vertrauen aufzubauen und den eigenen Standpunkt den Vertretern von SPD und Gewerkschaften nahezubringen. In allen großen Fragen wie der Sozialisierung, der Stickstoff-Wirtschaft, der Rationalisierung und Trustbildung sowie der Reparationen nutzte Duisberg das Forum der Ausschüsse des Reichswirtschaftsrates, um wieder und wieder die notwendige Steigerung der industriellen Leistungsfähigkeit als den Angelpunkt jeder Wirtschafts- und Sozialpolitik so zu betonen, dass dies nicht als Konfrontation verstanden werden konnte. Auch in der Sozialisierungsfrage, in der seine Positionen selbst zur gemäßigten Sozialdemokratie unversöhnlich waren, suchte Duisberg stets einen vermittelnden Ton zu finden. «Auf keinen Fall», sagte er im November 1920 zu den anwesenden Sozialdemokraten wie Rudolf Hilferding, Rudolf Wissell oder Max Cohen-Reuß, «sind wir Arbeitgeber hier erschienen, um nur zu verneinen, wie dies von Arbeitnehmerseite gestern wiederholt behauptet worden ist. Im Gegenteil, wir sind hier, um Mittel und Wege zu finden, die schwierigen Fragen der Wirtschaft, die uns bedrücken, mit Ihnen zusammen zu lösen.»[128]

27 | Der schändliche Vertrag

Auch eine andere Kriegsfolge legte eine innenpolitische Verständigung nah: das sich abzeichnende Reparationsproblem. Dass es mit einem «blauen Auge» nicht abgehen werde, wurde Duisberg noch im Verlauf des Oktobers 1918 klar, als Nachrichten vom deutsch-amerikanischen Notenwechsel zum deutschen Waffenstillstandsersuchen an die Öffentlichkeit drangen. Die dritte, insbesondere aber die vierte Note der amerikanischen Regierung vom 5. November 1918 machten schlagartig klar, dass es keinen einfachen Waffenstillstand geben würde, sondern Deutschland bereits im Waffenstillstandsvertrag zu umfassenden, im Grunde unbegrenzten Reparationsleistungen verpflichtet werden würde, die nicht auf die unmittelbaren Kriegsschäden begrenzt waren.[1] Deutschland sollte «für alle durch seine Angriffe zu Wasser und zu Lande und in der Luft der Zivilbevölkerung der Alliierten und ihrem Eigentum zugefügten Schaden Ersatz leisten».[2] Der am 11. November 1918 auf dieser Basis unterzeichnete Waffenstillstandsvertrag sah die Einstellung der Kampfhandlungen, den Rückzug der deutschen Truppen aus den besetzten Gebieten und dem Reichsland Elsaß-Lothringen innerhalb von 15 Tagen, die Besetzung des linken Rheinufers mit Brückenköpfen bei Mainz, Koblenz und Köln, die Übergabe der schweren Waffen, der Kriegsmarine und großer Teile der Kriegsflugzeuge vor. Mit dem Waffenstillstandsvertrag wurde zugleich der Friedensvertrag von Brest-Litowsk annulliert und das Reich zu ersten umfangreichen Reparationslieferungen verpflichtet, etwa zur Übergabe von 5000 Lokomotiven und 150 000 Waggons.[3] Auch die chemische Industrie war unmittelbar betroffen, nicht allein wegen der Aufgabe der Rüstungsproduktion, der Zerstörung der entsprechenden Anlagen und der Zulassung alliierter Inspektionen. Sie hatte zusätzlich die Hälfte ihrer Farbstoff-Vorräte abzuliefern.

Duisberg war über den Vertrag entsetzt; er hielt ihn für den «gemeinste(n) aller Waffenstillstandsverträge, die seit Bestehen der Welt geschlossen sind».[4] Angesichts der Tatsache, dass er selbst während des Krieges weitreichende Kriegsziele vertreten hatte und für einen möglichst harten Frieden in Brest-Litowsk eingetreten war, hätte er für die Haltung der Alliierten Verständnis aufbringen müssen, doch leitete ihn in dieser Hinsicht weniger kluges Nachdenken als unmittelbare Empörung. Die Waffenstillstandsbedingungen, die als Vorgeschmack auf den späteren Friedensvertrag gesehen wurden, verhießen für die Selbstbehauptung der chemischen Industrie und ihren angestrebten Wiederaufstieg zur Vorkriegsbedeutung nichts Gutes. Duisberg fühlte sich jetzt und später in der Haltung, die er während des Krieges eingenommen hatte, bestätigt: Die Alliierten würden einen Sieg dazu nutzen, Deutschland zu demütigen und seine Industrie dauerhaft zu schädigen. Dass es überhaupt so weit kommen konnte, lag aus seiner Sicht indes nicht an den Alliierten, sondern war für Duisberg eine Folge der Revolution und des sich anschließenden politischen Umsturzes: «Hätten wir noch, was trotz allem möglich war, um einen Ausdruck des Schachspiels zu gebrauchen, mit Remis abgeschlossen, hätte es weder Sieger noch Besiegte gegeben, wie anders stünden wir heute da!», erklärte er 1921 den Teilnehmern des Jubilarfestes in Leverkusen. «Das aber hat, das muß leider gesagt werden, die im Herbst 1918 über uns gekommene Revolution verhindert. Damit war das Schicksal Deutschlands besiegelt. Von da an gab es kein Halten mehr in den uns auferlegten und sich von Stufe zu Stufe steigernden Verpflichtungen und Qualen, vom Waffenstillstand an bis zu der jetzt verlangten Übergabe des allergrößten Teiles des für die deutsche Wirtschaft so wichtigen kohlen-, eisen-, zink- und bleihaltigen Industriebezirks Oberschlesien. Wir haben den in seinen Bedingungen und Forderungen unerbittlichen Friedensvertrag von Versailles erlebt. Wir sind nach Paris, Brüssel, Spa gegangen und zuletzt wurde das, wie jeder einsehen muß, unerfüllbare Londoner Ultimatum unterzeichnet. Immer gingen wir schwere Gänge, und immer fehlte uns die Macht, gerechte Forderungen zu unterstützen und durchzusetzen, immer wurde uns Diktat auf Diktat aufgezwungen. Immer trieb uns zum Schluß der Wunsch, das Furchtbarste zu vermeiden, zur Annahme des Furchtbaren.»[5]

Damit hatte Duisberg 1921 sein eigenes Verhalten in der ersten Zeit nach der Revolution recht gut beschrieben. Bei aller Rhetorik gegen das Vertragswerk von Versailles verkörperte Duisberg von Anfang an das, was man seit 1921 einen Erfüllungspolitiker nannte. Ebenso wie er die veränderte Bedeutung der Arbeiterbewegung akzeptierte, nahm er die Reparationspolitik der Alliierten hin und suchte unter den gegebenen Bedingungen für die Farbenfabriken und die I.G. das Beste herauszuholen, zumindest aber irreversiblen Schaden für die chemische Industrie zu verhindern. Die Chance dazu hatte er, da er von Anfang an in die Reparationsverhandlungen einbezogen war. So war vorgesehen, ihn als Sachverständigen für die chemische Industrie zu den Waffenstillstands- und später den Friedensverhandlungen hinzuzuziehen. An den Verhandlungen in Spa nahm er allerdings nicht teil, sondern schlug stattdessen Carl Bosch vor, der seit 1916 der starke Mann im Vorstand der BASF war. Bosch wurde in den kommenden Jahren zunehmend zur Stimme der chemischen Industrie und verdrängte Duisberg nach und nach aus dieser Rolle.[6] Ende 1918 wurde Duisberg vom Auswärtigen Amt erneut aufgefordert, als Sachverständiger an der deutschen Vorbereitungsgruppe für die Friedensverhandlungen teilzunehmen. Nach erneutem Zögern war er schließlich dazu bereit und fuhr zu den Gesprächen, die Peter Krüger detailliert aufgearbeitet hat.[7] Er spielte aber auch dabei keine prominente Rolle; diese fiel im Bereich der chemischen Industrie erneut Carl Bosch zu, der als Chef der BASF nicht nur das in diesen Monaten wichtigere Unternehmen vertrat, sondern durch den Krieg nicht so kompromittiert war wie Carl Duisberg. Vom März 1919 an aber war Duisberg ständig in Fragen der Reparationspolitik involviert. Dabei war er von Anfang an um praktische Lösungen bemüht.

Dass es damit nicht einfach würde, zeigten schon die ersten direkten Verhandlungen, an denen Duisberg beteiligt war. Unabhängig von den allgemeinen Vorbereitungen auf die Friedensverhandlungen in Versailles liefen seit Februar 1919 Verhandlungen in Rotterdam, Köln und Mainz über die im Waffenstillstandsvertrag festgelegte Lieferung deutscher Farbstoffe zwischen Vertretern der Alliierten, deutschen Regierungsangehörigen und Vertretern der chemischen Industrie. Die Gespräche waren deshalb schwierig, weil die Alliierten die geforderten Preise für die deutschen Farbstoffe nicht zu zahlen bereit waren, eine einfache Beschlagnahme der Waren, nicht zuletzt wegen der Zerstrittenheit der Alliierten untereinander und der Tatsache, dass sich große Vorräte an Farben nicht im besetzten Gebiet befanden, aber auch nicht in Frage kam. Das war für die alliierte Seite indes das geringere Problem, da kaum Zeitdruck bestand, während die deutsche Seite abschließen musste, um die für Lebensmittelimporte nötigen Devisen zu verdienen. Die alliierte Seite, von der, wie Duisberg gegenüber Matthias Erzberger notierte, «die Verhandlungen …, besonders durch den französischen Vorsitzenden (Joseph, W. P.) Frossard (Vorstandsmitglied der Matières Colorantes, W. P.), und zum Schluss auch durch den General Maugard, ähnlich wie in Rotterdam durch den Engländer Ronca, unter Verletzung internationaler Höflichkeit im brutalen Ton geführt» wurden,[8] spielte daher auf Zeit. Man kam vorläufig zu keinem Ergebnis. Duisberg ging zu Recht davon aus, dass die französische Seite an einem schnellen Abschluss gar nicht interessiert war, sondern sich für die eigene Positionierung Zeit lassen würde. «Während dieser Zeit fehlt es uns an Devisen, um die mit den Alliierten abgeschlossenen Lebensmittel zu bezahlen.»[9] Kredit im Ausland gebe es nicht: «Wir müssen also, wenn wir nichts zu exportieren haben, hungern. Damit werden wir dem sich immer breiter machenden Bolschewismus verfallen und die Entente wird ihm dann auch nicht entgehen.»[10]

Doch war das Drohen mit dem Bolschewismus ebenso wie die Hoffnung, dass sich eine moderatere englische Haltung in der Frage der Reparationen durchsetzen würde, illusorisch. Aus Duisbergs Sicht war die Situation im April 1919 zum Verzweifeln: «Man träumt drüben noch immer von Wiedergutmachung, Schadenersatz und Kriegsentschädigung. Nicht einen Groschen werden sie bekommen, da wir einfach nichts mehr haben. Selbst die Ernährungsmittel die wir brauchen, werden wir nicht bezahlen können. Das Elend wird einfach furchtbar werden. An allem ist aber die Entente schuld, die nicht auf unsere Friedensangebote eingegangen ist und sich nur befriedigt fühlte, wenn wir zerschmettert am Boden lagen. Das hat sie jetzt erreicht, aber ich fürchte, sie wird selbst mit in den Abgrund gezogen werden und Europa, möglicherweise auch Amerika noch, werden in der Kultur um Hunderte von Jahren zurückgeworfen. Wir sind schlimmer dran wie am Ende des 30jährigen Krieges, weil wir ebenso arm, wenn nicht ärmer wie damals, sind, aber noch überreich an Menschen, die wir nicht ernähren und wahrscheinlich auch nicht mehr beschäftigen können. Ein grosses Sterben wird und muss die unausbleibliche Folge sein.»[11] Wenn man sich erinnert, wie sehr Duisberg über die Zurückweisung des deutschen Friedensangebotes Ende 1916 jubiliert hatte, ist die Aussage schon bizarr. Sie zeigt die Hilflosigkeit, ja Verzweiflung, die er im Frühjahr 1919 verspürte, die ihn aber anders als während des Krieges jetzt nicht radikalisierte, sondern eher noch nachgiebiger stimmte. In den Vorbereitungsgesprächen zu den Waffenstillstandsverhandlungen war für Duisberg sogar eine hohe französische Kapitalbeteiligung an der deutschen chemischen Industrie vorstellbar. Er hoffte, durch eine Politik des punktuellen Entgegenkommens insbesondere gegenüber Frankreich eine einigermaßen erträgliche Lösung zu erzielen.[12]

Die Friedensbedingungen, die der deutschen Delegation am 7. Mai 1919 übergeben wurden, waren trotz aller Vorahnungen, so Wolfgang Ruge, «ein Schock für die Bourgeoisie».[13] Auch Duisberg gab im Herbst 1920 zu, er sei mit «viel Hoffnung» in die Vorbereitungen der Verhandlungen gegangen und dann sehr enttäuscht worden.[14] Die vom französischen Ministerpräsidenten Georges Clemenceau durchgesetzte Weigerung der Alliierten, mit der deutschen Delegation überhaupt zu verhandeln, zeigte, dass auch durch Entgegenkommen eine einigermaßen erträgliche Lösung nicht zu erreichen sein würde. Die deutschen Gegenvorstellungen, die nur schriftlich eingereicht werden konnten, formulierte Duisberg mit, doch war man auch mit ihnen nicht erfolgreich. Die im Grunde unbegrenzten Forderungen mussten akzeptiert werden. Für die chemische Industrie und ihre Sachverständigen Carl Bosch, Carl Duisberg und Carl von Weinberg jedenfalls bedeutete das Vertragswerk[15] eine einzige Diskriminierung. Das hatte nicht allein mit dem Kriegsschuld-Paragrafen und der davon hergeleiteten unbegrenzten deutschen Reparationspflicht zu tun; es waren vor allem die konkreten Belastungen des Industriezweiges, die als existentielle Bedrohung aufgefasst wurden. In der Anlage 6 des Vertrages war festgelegt, dass die chemische Industrie die Hälfte ihrer Vorräte sowie in den kommenden fünf Jahren 25 Prozent ihrer Produktion zu den jeweiligen Niedrigstpreisen an die Reparationsgläubiger abzutreten hatte.[16] Die rüstungswichtigen Anlagen waren unter alliierter Aufsicht zu zerstören. Das betraf nicht allein, aber doch insbesondere die Anlagen zur Stickstoffgewinnung, deren Zukunft im Sommer 1919 völlig offen war.[17] Schließlich brachte der Vertrag weitere Belastungen, wie die Abgabe von Tieren, die Übertragung der Fernkabel und des größten Teils der Handelsflotte. Eine besonders schwere Hypothek für die gesamte deutsche Wirtschaft war die Verpflichtung, in den nächsten zehn Jahren jährlich 40 Millionen Tonnen Kohle an Frankreich, Belgien und Italien zu liefern, was angesichts der niedrigen Produktivität im Steinkohlenbergbau und der wiederholten streikbedingten Produktionsausfälle katastrophale Wirkungen haben konnte.[18] Sollte die alliierte Seite in dieser Frage nicht zumindest Flexibilität zeigen, konnte das zu einer Existenzbedrohung zahlreicher deutscher Unternehmen werden, deren Energieversorgung an der Kohle hing. Angesichts der Zahlen waren die entsprechenden Befürchtungen nur zu berechtigt. Hatte die deutsche Steinkohlenförderung 1913 190 Millionen Tonnen betragen, so lag sie 1919 nur bei 116 Millionen Tonnen, um in den folgenden Jahren wegen wiederholter Streiks nur auf etwa 140 Millionen Tonnen anzusteigen. 1923 brach sie während der Ruhrbesetzung dann auf 71 Millionen Tonnen ein. Die Kohlenknappheit wurde zur schwersten Folge des Versaillers Vertrages, das war insbesondere den Vertretern der chemischen Industrie klar, deren Werke von der Steinkohle abhängig waren.[19]

Das alles waren immerhin konkrete Forderungen und Auflagen, deren Bedeutung die Industrie abschätzen konnte. Der Versailler Vertrag schrieb aber auch eine unbegrenzte Reparationspflicht vor, legte sie jedoch im Einzelnen nicht fest, da die Alliierten sich nicht über Höhe und Verteilung der deutschen Zahlungen hatten verständigen können. Die allgemeinen Reparationszahlungen sollten erst durch die alliierte Reparationskommission genauer beziffert werden; es war aber klar, dass eine große Summe gefordert werden würde. Die Belastungen zusammen erschienen Duisberg zwar nicht tragbar, doch waren sie nur in Kooperation zwischen den Siegermächten und Deutschland überhaupt praktisch durchsetzbar. Die deutsche Seite behielt also trotz der schroffen Abfuhr in Versailles einen gewissen Verhandlungsspielraum. Duisberg hoffte, die alliierte Haltung würde nach und nach aufgeweicht werden können, denn die ökonomische Problematik derartiger Zahlungen und die gleichzeitige Knebelung der deutschen Industrie schienen ihm ökonomisch unsinnig und in ihren Auswirkungen eine schwere Hypothek für den europäischen Wiederaufbau zu sein. Eine zu harte Haltung wäre mithin geeignet, auch den Alliierten selbst zu schaden. Doch Duisberg unterschätzte die Gründe für die harte französische Haltung. Das Argument von der ökonomischen Dummheit der Vertragsbestimmungen, am vehementesten noch 1919 von John Maynard Keynes vorgetragen,[20] gab es zwar, jedoch spielte es in den alliierten Debatten über den Friedensvertrag und seine praktische Umsetzung keine große Rolle, da jedes Entgegenkommen gegenüber Deutschland in den nationalen Öffentlichkeiten Frankreichs und Großbritanniens nur schwer zu vermitteln gewesen wäre. Bezüglich einer vermeintlich kompromissbereiteren englischen Haltung bestand bei Duisberg und in der deutschen Öffentlichkeit wohl generell ein großes Missverständnis. Diese Hoffnungen keimten, nicht zuletzt wegen der Debatte um die Reparationen in England, immer wieder auf. Insbesondere John Maynard Keynes' Kritik am Friedensvertrag, die unmittelbar nach ihrem Erscheinen ins Deutsche übersetzt worden war, erregte erhebliches Aufsehen, blieb praktisch jedoch weitgehend folgenlos.[21]

Mit Vertragsschluss begann daher ein zermürbender Prozess von Verhandlungen über die Reparationsfrage generell sowie über die Durchführung der jeweiligen deutschen Abgabe- und Lieferverpflichtungen, wobei aus deutscher (und Duisbergs) Sicht die französische Seite ein geradezu teuflisches Spiel trieb, indem sie Forderungen aufstellte, die die deutsche Seite faktisch nicht erfüllen konnte, um sie danach durch Ultimaten durchzusetzen, die der französischen Seite dann wiederum die Gelegenheit gaben, bei deutscher Nichterfüllung ihre Politik der produktiven Pfänder, also einer weitgehenden direkten Kontrolle deutscher Sachwerte beziehungsweise deutschen Territoriums voranzutreiben. Dass es Frankreich gar nicht so sehr um effektive Zahlungen der deutschen Seite, sondern vor allem darum gehe, das Rheinland vom Reich zu lösen und das Ruhrgebiet unter seine Kontrolle zu bekommen beziehungsweise vom deutschen Staat abzutrennen, wurde seit 1919/20 offen diskutiert, ja, als Ziel der französischen Politik fest einkalkuliert. Aber diese Annahmen trafen nur einen Teil der Problematik. In der Tat hatte Frankreich kein Interesse, Deutschlands territoriale Integrität zu erhalten oder den Aufbau seiner Wirtschaft zu stützen. Angesichts fehlender amerikanischer Sicherheitsgarantien – die USA ratifizierten weder den Versailler Vertrag noch gaben sie Frankreich Sicherheitsgarantien, sondern bestanden im Gegenteil auf der peniblen Begleichung der französischen Kriegsschulden – setzten Clemenceau und später Poincaré auf eine dauerhafte Schwächung Deutschlands, doch war das nur eine Seite der Medaille. Auf der anderen Seite standen die Finanzierungsschwierigkeiten des französischen Haushaltes, der unter der Last der Kriegsschulden, den Kosten des Wiederaufbaus, der Bewältigung der sonstigen Kriegsfolgen und den Schwierigkeiten der französischen Wirtschaft ächzte. Ohne deutsche Zahlungen wäre Frankreich rasch bankrott gewesen, das war offensichtlich. Der französische Handlungsspielraum war daher sowohl politisch wie finanziell nicht groß.[22]

Bei nüchterner Betrachtung waren die sich abzeichnenden Belastungen durch die Reparationsforderungen für die chemische Industrie nicht existenzbedrohend. Die Abgaben aus der laufenden Produktion waren kein so großes Problem, im Gegenteil eröffneten sie sogar den Zugang zu den ansonsten auf absehbare Zeit verschlossenen Märkten der ehemaligen Kriegsgegner. Schwierig waren allein die Preisbildung und Bezahlung sowie die technische Organisation der Abgabe, während die Entschädigung der Firmen durch das Reich weitgehend reibungslos erfolgte. Problematisch war aus Sicht der chemischen Industrie vor allem die Verpflichtung zur Lieferung großer Mengen Kohle. Wenn Duisberg im Sommer 1919 daher erklärte, der Vertrag sei unerfüllbar, so traf das im Kern zumindest für die Abgabeverpflichtungen der chemischen Industrie nicht zu. Die Zugeständnisse, zu denen die chemische Industrie in noch im Sommer 1919 begonnenen Sonderverhandlungen mit ihrem französischen Pendant bereit war, sprechen eine eindeutige Sprache. Die Spitze der I. G. war bereit, nicht nur die Farbstoffabgabeverpflichtungen mit der französischen Farbenindustrie vertraglich zu regeln; Carl Bosch erhielt auch grünes Licht, in Frankreich ein Werk zur Stickstoffsynthese zu errichten, sollte dies die Existenz der deutschen Stickstoffwerke sichern. Entsprechende Verhandlungen wurden noch im Sommer 1919 mit Joseph Frossard und seiner «Compagnie Nationale des Matières Colorantes» aufgenommen.[23] Die deutsche Delegation, zu der Duisberg zusammen mit Carl Bosch und Carl von Weinberg und einigen anderen Industriellen zählte, schlug der französischen Firma vor, die Abgabepflicht (50 Prozent der Vorräte sofort, danach jährlich 25 Prozent der Produktion) der deutschen Farbstoffindustrie durch privatwirtschaftliche Verabredungen zu gegenseitigem Nutzen zu regeln. Carl Bosch suchte darüber hinaus den Kontakt zu französischen offiziellen Stellen, denen er die Offerte machte, in Frankreich eine Fabrik zur Stickstoffsynthese einzurichten, um auf diese Weise der Gefahr einer drohenden Zerstörung der deutschen Werke zu entgehen. Entsprechenden Vertragsentwürfen stimmte die Spitze der I. G. bei einer Versammlung im Berliner Hotel Adlon zu. Diese Strategie war zunächst auch durchaus erfolgreich. Im November 1919 wurden sowohl das sogenannte Frossard-Abkommen zwischen den Firmen der I. G. und der französischen Unternehmung «Matières Colorantes» paraphiert als auch der Bau einer Stickstoffanlage im südfranzösischen Toulouse vereinbart. Während die Errichtung der Anlage in Toulouse reibungslos erfolgte, war das Frossard-Abkommen nicht wirklich von Erfolg gekrönt. Zunächst ließ die französische Seite die Ratifikationsfrist verstreichen[24], dann geriet die Compagnie Nationale wegen dieses Vertrages in der französischen Öffentlichkeit stark in die Kritik. Der Vertrag konnte erst zum Jahresende 1920 geschlossen werden.[25] Er sah deutsche technische Unterstützung für die französische Farbstoffindustrie sowie einen Rückzug der deutschen Hersteller vom französischen Markt vor, wofür die letzteren neben einer Einmalzahlung 50 Prozent des im Farbenverkauf erzielten Gewinns erhalten sollten. Das war nicht schlecht, nur hielt sich die französische Seite nicht an das Abkommen, sondern kündigte es 1924.[26]

1919 erfüllten beide Abmachungen ihren Sinn, da sie den französischen Reparationsforderungen im Bereich der chemischen Industrie ihren Stachel nahmen. Die Stickstoff-Anlagen blieben erhalten, wenn auch kein deutsches Monopol mehr existierte, und auch auf dem Farbstoffmarkt gab es ein Übereinkommen. Im Detail wurde jedoch weiter um jeden Punkt gestritten. Das größte Problem bildete die Frage des «dual use» bestimmter Aggregate, die sowohl für Friedens- wie für Rüstungszwecke verwendbar waren, denn zur Überprüfung verlangten Vertreter der Alliierten immer wieder Zugang zu den Anlagen und zu den entsprechenden Produktionsunterlagen, was nicht nur Carl Duisberg als kaum camouflierte Industriespionage empfand. Zugleich wurden die Lieferungen von Produkten der chemischen Industrie mit der alliierten Reparationskommission kontrovers verhandelt. Duisberg war als Teil der Verhandlungskommission der I. G. in der kommenden Zeit mehrfach in Paris. Aus den Detailverhandlungen hielt er sich freilich heraus, sondern überließ sie Mitarbeitern aus den Farbenfabriken beziehungsweise einer eigens hierfür eingerichteten «Zentralstelle» der I. G.[27]

***

Ganz anders stellte sich die Situation hingegen in der allgemeinen Reparationspolitik dar.[28] Im Laufe des Jahres 1920 wurden auf der alliierten Seite gleichzeitig die Gesamthöhe der Reparationen und ihre Aufteilung unter die Reparationsgläubiger beraten. Im Sommer 1920 wurde in Spa festgelegt, dass die französische Seite etwa die Hälfte und Großbritannien ein Viertel der Summe erhalten sollte; der Rest entfiel auf die übrigen Reparationsberechtigten, namentlich Belgien und Italien. In Spa konnte man sich bezüglich der materiellen Leistungen Deutschlands zunächst nur auf eine restriktive Auslegung der Kohlenablieferungspflichten verständigen, was für die Zukunft nichts Gutes verhieß, da die Kohlenzuteilungen an die deutsche Industrie entsprechend gekürzt werden mussten. Dies war nun eine massive Bedrohung der wirtschaftlichen Lage der chemischen Industrie. Duisberg hielt das für ein Menetekel: «Schon wirft die in Spa diktierte Auslegung der Kohlenklausel des Friedensvertrages ihre dunklen Schatten voraus, und was man uns erst in Genf oder anderswo noch auferlegt, wird alles bisher in der Weltgeschichte Dagewesene weit übertreffen. Mit dem besten Willen – und wir haben bisher den guten Willen und die ehrliche Absicht gezeigt, den einmal unterschriebenen Vertrag zu halten und durchzuführen – wird uns dies aber, so fürchte ich, wahrscheinlich zukünftig nicht mehr möglich sein.»[29]

In Spa war es noch nicht zur Fixierung einer festen Reparationssumme gekommen; erst im Januar 1921 gelang es den Alliierten in Paris, sich auf die Summe von 226 Milliarden Goldmark, zahlbar in 46 Jahresraten, plus 12 Prozent der deutschen Exporterlöse, zu verständigen. Die Jahresraten sollten mit zwei Milliarden Goldmark beginnen und nach und nach auf eine Höhe von sechs Milliarden Goldmark ansteigen. Im April 1921 sollte in London über die Forderungen der alliierten Seite noch einmal verhandelt werden, um dann eine endgültige Reparationssumme festzulegen. Diese Reparationsforderungen, die von der französischen Seite gegen englischen Widerstand durchgesetzt worden waren[30], hielt Duisberg für ein einziges Verhängnis. Die Frage war, wie sich die deutsche Seite dazu stellen sollte. Duisberg, von seinen englischen Hoffnungen enttäuscht, schwankte nun offensichtlich in seiner Haltung, durch Entgegenkommen Zugeständnisse zu erreichen, zumal einflussreiche Stimmen wie die seines Vertrauten Albert Vögler den Weg der Verständigung für aussichtslos hielten. Stinnes, mit dem Vögler in enger Tuchfühlung handelte, hatte von Anfang an eine Politik der Konfrontation mit dem Argument präferiert, unrealistische Forderungen seien unerfüllbar, während die chemische Industrie, aber auch die deutsche Politik unter dem Druck der Verhältnisse einer konditionierten Erfüllungspolitik das Wort geredet hatten. Exponent dieser Haltung war schon 1920 Walther Rathenau, der darum auch in besonderer Weise die Kritik aus den Kreisen um Stinnes und Vögler auf sich zog.[31]

Vögler traf mit seiner scharfen Kritik schon eine Stimmung bei Duisberg, dessen «Erfüllungspolitik» ja vor allem der Sicherung der chemischen Industrie diente, während er die allgemeine Reparationsfrage grundsätzlicher beurteilte. Nach der Bekanntgabe der Pariser Forderungen machte er seinem Groll Luft. «Was sagen Sie zu dem Pariser Diktat?», fragte ihn Vögler am 3. Februar 1921, woraufhin Duisberg antwortete: «Was das Pariser Diktat anbetrifft, so habe ich schon seit Monaten … auf dies letzte Stadium unseres Zusammenbruchs hingewiesen. Allerdings hatte ich nicht erwartet, dass man den Wirtschaftskrieg auch noch in der Weise fortsetzen würde, dass man uns zwingen will, Ausfuhrabgaben für die von uns zu exportierenden Waren an die Entente abzuliefern.»[32] Duisberg war in der allgemeinen Reparationsfrage schließlich geneigt, einen konfrontativen Kurs zu unterstützen, und informierte so auch den RDI, an dessen einschlägiger Sitzung er wegen eines gleichzeitigen Streiks in Leverkusen allerdings nicht teilnehmen konnte. Jedenfalls fand er Vögler gegenüber deutliche Worte: «Endlich einmal müssen wir zeigen, dass wir auch Ehre im Leib haben, mag kommen was will.» Das Risiko einer Ruhrbesetzung schien ihm seit dem Frühjahr 1921 hinnehmbar: «Selbstverständlich würden die Franzosen gern die Gelegenheit vom Zaune brechen, um einmal ins Ruhrgebiet einzurücken. Ich bin aber überzeugt, Sie werden es bald leid werden und vor allem werden die Engländer sich die Sache noch einmal genau überlegen, ehe sie endgültig zustimmen.»[33] Später, auf der Tagung des VzW in München im November 1921, sollte er das unter dem Eindruck der Entscheidung des Völkerbundes, der den wirtschaftlich wichtigeren Teil Oberschlesiens trotz einer gegenteiligen Abstimmungsmehrheit Polen zusprach, sogar öffentlich sagen.

Die Ablehnung der Pariser Forderungen durch die deutsche Regierung in den Londoner Schuldenverhandlungen im März 1921 unterstützte Duisberg vehement. Die Londoner Verhandlungen wurden trotz der signalisierten Bereitschaft Deutschlands, 30 Milliarden Goldmark zu zahlen, erfolglos abgebrochen. Duisberg blieb in der folgenden Zeit zumindest intern bei seiner harten Haltung. Man müsse dem Gegner die Augen öffnen, dass man nicht länger der Prügelknabe sei, ließ er Friedrich Schmidt-Ott wissen. Das habe er auch Reichsarbeitsminister Brauns erklärt.[34] Vor öffentlichen Aktionen schreckte er aber zurück. Der Bitte des ehemaligen Leiters der deutschen Delegation in Versailles, Freiherr von Lersner, sich an einer großen Vereinigung zur «Bekämpfung der bewussten Lüge von der deutschen Schuld am Kriege» zu beteiligen[35], kam er mit der Begründung nicht nach, die chemische Industrie, deren Werke zu 80 Prozent in den besetzten Gebieten lägen, könne sich eine offene Konfrontation nicht leisten. Man trage die Besatzungslasten im Interesse des Vaterlandes gern: «Zum anderen aber werden auch Sie sich sicherlich der Einsicht nicht verschliessen können, dass wir aus Gründen der Klugheit unser Verhalten gegenüber den feindlichen Bedrückern so einstellen müssen, dass wir nicht Gefahr laufen, noch durch schärfere Gewaltmassnahmen in der vollen Aufrechterhaltung unserer Produktionen gehemmt oder gar lahm gelegt zu werden.»[36]

Die Regierung Fehrenbach, die erste bürgerliche Regierung der Republik, die seit den Wahlen vom Sommer 1920 im Amt war, blieb bei ihrer Ablehnung, auf die die alliierte Seite mit dem Londoner Ultimatum vom 7. Mai 1921 reagierte. Die Reichsregierung wurde ultimativ aufgefordert, einer Reparationssumme von 132 Milliarden Goldmark sowie einer 26-prozentigen Ausfuhrabgabe und jährlichen Ratenzahlungen in Höhe von etwa 2 Milliarden Goldmark innerhalb von sechs Tagen zuzustimmen. Fehrenbach verweigerte sich und resignierte.[37] Der bisherige Finanzminister Joseph Wirth, Zentrum, fand dann mit der SPD einen Partner, der bereit war, eine Regierung zu bilden, die das Londoner Ultimatum akzeptierte. Am 11. Mai nahm der Reichstag mit der Mehrheit vor allem aus Zentrum, SPD und DDP, aber auch vereinzelten anderen Stimmen, das

Londoner Ultimatum an. Die eigentliche Periode der Erfüllungspolitik begann, die in der Ernennung von Walther Rathenau zum Minister für Wiederaufbau auch ihren personellen Ausdruck fand.[38]

Das Konzept der Erfüllungspolitik war weit davon entfernt, die alliierten Forderungen anzuerkennen. Nur schreckte man vor einer weiter gehenden Konfrontation, namentlich vor der drohenden Besetzung des Ruhrgebietes zurück, nachdem die alliierte Seite zur Unterstreichung des Ultimatums bereits Düsseldorf, Duisburg und Ruhrort vorläufig besetzt hatte. Gleichwohl waren die Folgen der Zahlungszusage weitreichend. Einerseits ging es um die Aufbringung der entsprechenden Geldsumme über Steuern und Abgaben in Deutschland, andererseits um die Beschaffung der Devisen zu deren Transferierung an die Reparationsgläubiger. Letzteres setzte, solange das Reich keinen Zugang zu den internationalen Finanzmärkten hatte, einen entsprechenden Zahlungsbilanzüberschuss voraus; ersteres warf die Frage auf, wer in Deutschland selbst belastet würde. Während die Parteien der politischen Linken zu einer entsprechenden Einkommens- und Vermögensbesteuerung tendierten, favorisierten insbesondere die bürgerlichen Parteien eine entsprechende Erhöhung der indirekten Steuern, damit die Reparationslasten nicht die Substanz der deutschen Wirtschaft beschädigten. Um die erste Rate der geforderten zwei Milliarden Goldmark für 1921 zahlen zu können, kratzte die Reichsregierung buchstäblich alle im Reich vorhandenen Mittel und die erreichbaren Devisen zusammen; auch die chemische und pharmazeutische Industrie beteiligte sich durch Abgabe von Devisen, wie Duisberg hervorhob. Doch reichte das alles nicht; es musste ein 200-Millionen-Kredit im neutralen Ausland zu ungünstigen Konditionen aufgenommen werden, in dessen Folge der Außenwert der Mark drastisch nachgab.[39] Das machte alles nur noch schlimmer, denn bisher war nur eine Milliarde Mark gezahlt worden, und es war völlig offen, wie die zweite Milliarde und später alle weiteren Zahlungen aufgebracht und transferiert werden sollten. Die deutsche Zahlungsfähigkeit unter Verweis auf die schwache Mark generell zu verweigern, war aussichtslos, da Frankreich zu keiner Revision bereit war und sich überdies die Frage stellte, ob im Ausland die deutsche Haltung, die Inflation zeige die Unmöglichkeit großer Reparationszahlungen, angesichts der guten wirtschaftlichen Lage des Landes überhaupt geteilt wurde. Denn die deutsche Wirtschaft erlebte 1920/21, anders als die übrigen europäischen Staaten, eine Phase überaus guter Konjunktur, ja, profitierte von der niedrigen Mark, die Exporte verbilligte und zumindest zeitweilig fremdes Kapital ins Land lockte. Der Eindruck, dass Deutschland zahlen könne, aber nicht wolle, war insofern keineswegs aus der Luft gegriffen. Duisberg bemühte sich zwar nach Kräften, diesen Eindruck zu zerstreuen, und betonte mehrfach gegenüber ausländischen Kontakten, die Lage in Deutschland sei sehr viel schlechter, als es angesichts von Vollbeschäftigung und guter Konjunktur 1920/21 den Eindruck mache.[40] Erfolgreich war das kaum.

In Deutschland selbst galt hingegen als sicher, dass die zweite fällige Milliarde nicht würde aufgebracht werden können. Das entsprach nicht den Tatsachen, hatte aber viel für sich. Das Reich war in der Tat in einer schwierigen Lage, da es die nötigen Devisen nicht besaß und auch das inländische Steueraufkommen nicht ausreichte. Die Erzbergersche Steuer- und Finanzreform von 1919/20 hatte zwar die Finanzierung des Reiches umgestellt und das Steueraufkommen nominal erheblich erhöht, doch blieben die Steuerannahmen angesichts der Inflation hinter den Erwartungen zurück. Im Mai 1921 legte Reichswirtschaftsminister Robert Schmidt, SPD, eine geheime Denkschrift vor, nach der, sollten die Exportüberschüsse nicht reichen, die Einziehung von 20 Prozent des Kapitalvermögens der Wirtschaft vorgesehen war. Hierfür fehlte zwar der politische Durchsetzungswille, da die Minister der DDP nicht mitspielten, doch zeichnete sich eine Konfrontation mit der Industrie ab, die eine derartige Belastung nicht akzeptieren würde.[41] Die Vorlagen der Regierung, die schließlich eine Umwandlung des 1919 eingeführten, bisher wenig effektiven Reichsnotopfers in eine dauerhafte und effektive Vermögenssteuer vorsahen und damit auch der öffentlichen Erwartung nach Heranziehung der großen Vermögen nachgaben, wies Duisberg entschieden und erfolgreich zurück[42]; der vorläufige Reichswirtschaftsrat beschloss unter dem Eindruck von Duisbergs Argumenten, der eine schwere Beschädigung der wirtschaftlichen Substanz des Landes beschwor, eine Ablehnungsempfehlung.[43] Die Vermögensbesteuerung wurde nicht verabschiedet. Im Sommer 1921 stand das Reich daher vor Zahlungsverpflichtungen, für die es kein Geld hatte, da Steuererhöhungen gegen den Widerstand der Industrie und der bürgerlichen Parteien nicht durchsetzbar waren.

Doch wie sollte die fällige zweite Zahlung aufgebracht werden? Ohne größere industrielle Beiträge war im Sommer und Frühherbst 1921 schwer vorstellbar, wie das Reich die geforderte zweite Milliarde Goldmark aufbringen sollte. Über Vermögenssteuern, da war man sich in der Industrie einig, sollte das nicht gehen. Aber wie dann? Eine Politik der harten Konfrontation kam nicht in Frage, da die Reichsregierung weiterhin eine Besetzung des Ruhrgebietes und überdies negative Auswirkungen für die akut werdende Oberschlesienfrage befürchtete, wo in einer Volksabstimmung eine Mehrheit der Oberschlesier im März 1921 für den Verbleib bei Deutschland votiert hatte. Seither beriet der Völkerbund über eine mögliche Teilung des Gebietes, wobei vor allem Frankreich und Polen darauf drängten, das wirtschaftlich wertvollere Ostoberschlesien Polen zuzuschlagen. Eine harte Haltung in der Reparationsfrage wurde daher als möglicherweise schädlich in der oberschlesischen Teilungsfrage angesehen. Sollte es nicht zu einer freiwilligen Unterstützung der Regierung kommen, das war Duisberg klar, würde über kurz oder lang die Situation politisch unberechenbar werden, ja, es drohte dann eine aus seiner Sicht konfiskatorische Vermögensbesteuerung. In dieser Situation kam in der Geschäftsführung des Reichsverbandes der Deutschen Industrie der Gedanke auf, der Regierung durch einen von der Industrie im Ausland aufzunehmenden Kredit die nötigen Mittel für die zweite Rate der fälligen Reparationssumme zu verschaffen.

Diese Initiative des RDI, die vor allem von dessen geschäftsführendem Präsidialmitglied Hermann Bücher, den Duisberg von Anfang an unterstützte, auch politisch geschickt vertreten wurde, stieß allerdings bei Hugo Stinnes auf massive Kritik, der dem Reich keineswegs selbstlos zu helfen gedachte. Er verknüpfte die Kreditaktion der Industrie vielmehr mit der Frage der Privatisierung der Eisenbahnen, an der er selbst interessiert war.[44] Duisberg konnte der Stinnesschen Haltung in der Reparationsfrage, unerfüllbare Forderungen nicht zu akzeptieren, intern durchaus einiges abgewinnen, in dieser Frage geriet er aber in heftigen Streit mit Stinnes, dem er vorwarf, die Notlage des Reiches für seinen privaten Vorteil nutzen zu wollen und darüber hinaus einen schweren Konflikt mit der Arbeiterbewegung in Kauf zu nehmen. Denn die defizitären preußischen Bahnen, deren rollendes Material durch die Reparationsabgaben dramatisch geschrumpft und deren Infrastrukturanlagen im Krieg umfassend vernachlässigt worden waren, beschäftigten 1920 und 1921 gemessen an ihrer Verkehrsleistung viel zu viel Personal und schrieben daher tiefrote Zahlen. Eine privatisierte Bahn, zumal unter der Führung von Hugo Stinnes, hätte, das war Duisberg bewusst, nur mit einem straffen Rationalisierungs- und Sparkurs eine Chance; die Transportpreise wären auf jeden Fall angestiegen, Massenentlassungen zudem unvermeidbar geworden. All das konnte Duisberg nicht wollen, der angesichts der Obstruktionshaltung von Stinnes mit dem

Rückzug der chemischen Industrie aus dem RDI drohte – und nur mit letzter Kraft von den Vertretern anderer Industriezweige, die auf die chemische Industrie hofften, davon abgehalten werden konnte.[45] Doch Stinnes hatte mit seinem Widerspruch die im Sommer 1921 von der Mitgliederversammlung des RDI bereits abgesegnete Kreditaktion da bereits zu Fall gebracht.[46]

Die «Erfüllungspolitik» der Regierung Wirth erhielt einen weiteren schweren Schlag, als entgegen dem Abstimmungsergebnis die Teilung Oberschlesiens zugunsten Polens bekannt wurde. Zusätzlich erwies sich das Wiesbadener Abkommen über deutsche Sachlieferungen an Frankreich vom November 1921, das Wiederaufbauminister Walther Rathenau mit seinem französischen Kollegen Louis Loucheur ausgehandelt hatte, politisch als Schlag ins Wasser und brachte wegen seiner erkennbaren wirtschaftlichen Nachteile der Erfüllungspolitik zusätzlich massive Kritik ein. Rathenaus an sich kluge Überlegung, angesichts der Devisenschwäche des Reiches einen Teil der Reparationsverpflichtungen in Warenlieferungen abzuwickeln, war aber nicht nur wirtschaftlich bedenklich, sondern auch politisch in den Augen der rechten Opposition eine nur schwer hinnehmbare Konzession an Frankreich, auch wenn das Land dieses Zugeständnis aus Angst, von deutschen Waren überflutet zu werden, gar nicht akzeptierte.[47] Kreditaktion, Oberschlesienfrage, Wiesbadener Abkommen: alles ohne Erfolg. Es ist kein Wunder, dass Duisbergs Stimmung sich Anfang des Jahres 1922 wandelte: «Einmal müssten wir zu einem kategorischen Nein kommen in der endlosen Erfüllungspolitik unserer Regierung. Glauben denn die guten Leute, durch derartiges Handeln den Sturz in den gähnenden Abgrund aufzuhalten, wenn man stets nach Kompromissen sucht, wo Wahnsinnsforderungen zu erfüllen, doch absurd ist? Je eher sich die Leistungsfähigkeit praktisch auswirkt, um so schneller werden wir zu anderen Zuständen und zur Abänderung des unglücklichen Versailler Friedensinstrumentes, mit dem sich die Gegner die eigene Rute vorbanden, gelangen», schrieb er dem Bonner Theologieprofessor Eduard Grafe im Februar 1922. Hier ließ er Gedanken, die er sonst taktisch zurückhaltender äußerte, freien Lauf: «Der einzige Vorteil, der uns unseren Bedrückern gegenüber in Händen bleibt, ist der Umstand, dass auch ihnen durch das starre Festhalten am Unmöglichen das Wasser mehr und mehr zur Gurgel steigt, einmal werden sie sich doch notgedrungen zu Konzessionen gezwungen sehen.»[48] Er glaubte nicht, dass durch deutsches Entgegenkommen überhaupt noch etwas zu erreichen sei, ja, je erreicht worden wäre, womit er auch die eigene und die Strategie der chemischen Industrie, die auf Existenzsicherung durch weitgehende Kooperation gesetzt hatte, als erfolglos hinstellte. Dieser Brief zeigt, dass Duisberg nicht mehr auf Verhandlungen mit der Entente setzte, aber auch nicht auf Kampf. Er votierte vielmehr dafür, den Dingen ihren Lauf zu lassen.

Frankreich zeigte sich weiterhin nicht kompromissbereit. Die französische Politik unter Raymond Poincaré war vielmehr kompromisslos darauf aus, ihre Reparationsforderungen durchzusetzen, wobei es dafür, wie bereits genannt, eine Vielzahl von Gründen gab. Das Land war bei Kriegsende selbst wirtschaftlich am Abgrund angekommen; der Wiederaufbau hing ebenso von deutschen Leistungen ab, wie der französische Staatshaushalt deutsche Zahlungen benötigte, um überhaupt ausgeglichen werden zu können. Da die amerikanische Seite auf der Bedienung der interalliierten Schulden bestand, Frankreich zugleich seine umfangreichen Auslandsguthaben in Russland vollständig verloren hatte, war man überdies zum Ausgleich der Leistungsbilanz auf deutsche Zahlungen angewiesen. Diese Konstellation steckte auch hinter dem französischen Versuch, Russland zu Reparationsforderungen gegenüber Deutschland zu drängen, mit deren Ertrag dann wiederum zumindest ein Teil der französischen Vorkriegskredite hätte zurückgezahlt werden können. Da man andererseits ein massives Interesse daran hatte, die deutsche Wirtschaft möglichst zu schwächen, wollte Frankreich Leistungen von Deutschland, ohne die deutsche Wirtschaft hierdurch direkt oder indirekt wieder anzukurbeln. Das war der eigentliche Grund, warum Duisbergs Strategie nicht aufging, der ja zahlen wollte, wenn man das nur könne, im Übrigen auch bereit war, eine «substantial guarantee» für Frankreich zu unterstützen.[49] Auf der Konferenz von Genua im Frühjahr 1922, an der Duisberg, der eigentlich zur deutschen Delegation gehörte, aus gesundheitlichen Gründen dann doch nicht teilnahm, blieb es daher bei Absichtserklärungen, obwohl erstmals seit dem Krieg eine deutsche Delegation wieder mit am Verhandlungstisch saß. Aus deutscher Sicht war das bedeutendste Ereignis, das sich an der Riviera zutrug, der parallel zur Konferenz abgeschlossene deutsch-russische Vertrag von Rapallo, mit dem Rathenau die deutsche diplomatische Isolation beenden und verhindern wollte, dass Russland in der Reparationsfrage ins Lager der Alliierten überging.[50] Die Verständigung mit dem bolschewistischen Russland brachte Rathenau aber nicht nur in der westlichen Öffentlichkeit scharfe Kritik ein; auch die deutsche rechtsradikale Opposition steigerte ihre antisemitisch unterlegte Hetze gegen den Erfüllungspolitiker

Rathenau in einer Weise, die, so Rathenaus erster Biograph Harry Graf Kessler, den Mördern des Außenministers, die ihn im Juni 1922 im Grunewald erschossen, die Revolver führte. Erneut gab Karl Helfferich, der schon Matthias Erzberger gestürzt hatte, den Ton vor.[51] Beim Sturz Erzbergers hatte Duisberg noch mitgeholfen, dessen Ermordung im August 1921 wohl kommentarlos hingenommen. Im Fall Rathenaus war es anders. Auch wenn Duisberg in den Erfolg der Erfüllungspolitik keine Hoffnungen mehr setzte, war der gewaltsame Tod Rathenaus für ihn ein Schock. In Rathenau hatte Duisberg einen großen Hoffnungsträger gesehen: «Noch stehen wir unter der folgenschweren Nachwirkung des tieftraurigen Ereignisses, das ein Gefühl der Scham und Empörung zugleich in der Brust eines jeden sittlich empfindenden Menschen hervorgerufen hat», erklärte er im Juli 1922. «Noch werden wir lange Zeit leiden unter den innen- und außenpolitischen Folgen der Ermordung jenes hochbegabten und für unsere Verhandlungen mit den Vertretern der Entente so außerordentlich befähigten Außenministers Dr. Walter (!) Rathenau.»[52] Hatte er sich schon nach dem Kapp-Putsch deutlich gegen die rechtsradikalen Republikfeinde, mit denen er im Krieg eng kooperiert hatte, gestellt, so führte der Mord an Rathenau zu einer noch schärferen Grenzziehung. Die Ermordung Rathenaus war ja nicht nur ein schwerer Verlust für die deutsche Außen- und Reparationspolitik; erneut drohte ein Wiederaufflammen bürgerkriegsähnlicher Zustände, wie es sie nach dem Kapp-Putsch bereits gegeben hatte, was für Duisberg, wie er in Bonn bei einer Sitzung der Geffrub auch erklärte, geradezu ein Albtraum war, sei Deutschland doch gerade jetzt auf eine «parlamentarische Verständigung, die alles Trennende beiseite schiebt und nur das uns Einigende gelten läßt» angewiesen. Die Gegner einer Einigung sah er vor allem im rechtsradikalen Lager. Trotz der breiten Empörung über Rathenaus Ermordung kam es aber gerade nicht zu der von Duisberg gewünschten breiten parlamentarischen Verständigung von der DVP bis zur SPD. Als im November 1922 die Versuche hierzu endgültig scheiterten, trat Kanzler Wirth zurück und machte einer bürgerlichen Minderheitsregierung unter dem parteilosen Hamburger Reeder Wilhelm Cuno Platz, die die bisherige Erfüllungspolitik nicht weiterzuführen gedachte.

Der Tod Rathenaus beschleunigte den Fall der Mark, die nun sowohl im Inland wie im Ausland immer schneller an Wert verlor. Der einstige Vorteil eines rasch sinkenden Außenwerts und einer langsamer nachgebenden inländischen Kaufkraft des Geldes, der Deutschland 1920/21 eine im internationalen Vergleich bemerkenswerte Sonderkonjunktur verschafft hatte, war endgültig dahin. Ohne Währungssanierung war an eine Lösung des Reparationsproblems nicht mehr zu denken. In einer von der neuen Regierung Cuno einberufenen Sachverständigengruppe aus Banken und Industrie legten Duisberg und das Vorstandsmitglied der Köln-Rottweiler Pulverfabriken und der spätere Rechtsberater der I. G. Julius Flechtheim einen gemeinsamen Vorschlag vor, der auf die Zahlung von 40 Milliarden Goldmark hinausgelaufen wäre, vor allem aber das Ziel hatte, durch einen entsprechenden Kompromiss Deutschlands internationale Kreditwürdigkeit wiederherzustellen. Das hätte die Reparationsleistungen effektiv begrenzt, denn Deutschland würde nur so viel Kredit erhalten, wie die internationale Finanzwelt für realistisch hielt.[53] Doch die Sachverständigengruppe konnte sich nicht einigen, sodass die Reparationskonferenz Anfang 1923 in Paris nicht über ein deutsches Angebot verhandelte, sondern vermeintliche Lieferungsrückstände Deutschlands konstatierte, wodurch die allseits erwartete Konflikteskalation mit dem französisch-belgischen Einmarsch in das Ruhrgebiet auch unmittelbar einsetzte.[54] Deutschland reagierte mit der Ausrufung des passiven Widerstands, im Kern also einem von der Reichsregierung finanzierten Generalstreik in den nun neu besetzten Gebieten, der nach und nach die Reichsfinanzen endgültig ruinierte.

Letztlich begrüßte Duisberg den Einmarsch der französischen und belgischen Truppen in das Ruhrgebiet zwar nicht, aber die absehbare Katastrophe schien der einzige Weg, überhaupt Bewegung in das Reparationsproblem zu bringen. An der Politik des passiven Widerstandes war die Wirtschaft im sogenannten altbesetzten Gebiet des Rheinlandes nicht beteiligt. Im September 1924 behauptete Duisberg gar, die Wirtschaft im besetzten Rheinland habe den passiven Widerstand gar nicht gewollt, ihn aber aus politischen Gründen gebilligt.[55] So ganz stimmte das nicht. Der von der Regierung Cuno in Absprache mit den Gewerkschaften geführte Ruhrkampf fand Duisbergs warme Sympathie:[56] «Es freut mich übrigens, dass unsere Regierung fest geblieben ist und Widerstand leistet. … Endlich einmal Taten statt Worte, selbst auf die Gefahr hin, dass dadurch auch für unsere Wirtschaft ein Durcheinander entsteht. Widerstände und Unannehmlichkeiten sind aber dazu da, überwunden zu werden; dazu werden wir jederzeit zur Verfügung stehen.»[57] Als Gustav Krupp von Bohlen und Halbach von französischen Besatzungssoldaten verhaftet wurde, protestierte Duisberg öffentlich und drückte der Familie auch privat seine Anteilnahme aus.[58] Er tat das alles freilich aus der Position eines Beobachters, denn Leverkusen war weiterhin englisches Besatzungsgebiet. Mit dem eigentlichen Ruhrkampf hatten die Farbenfabriken wenig zu tun. Mögliche Beteiligungen der Farbenfabriken an Boykottaktionen wollte Duisberg denn auch nicht öffentlich verbreitet sehen: «Die Hauptsache ist, dass man entsprechend handelt», ließ er den Geschäftsführer des VzW wissen, der eine Umfrage unter den Verbandsfirmen über ihre Teilnahme am passiven Widerstand machte. «Es dreht sich jetzt um die Entscheidung des Schicksals Deutschlands und da ist im Wirtschaftskampfe jedes derartige Mittel recht und es ist eines jeden Deutschen Pflicht, zu helfen, wo immer es geht, selbst auf die Gefahr grösster materieller Schädigung.»[59]

Für Leverkusen war nicht der Ruhrkampf, sondern die sich im Zuge der Auseinandersetzungen beschleunigende, schließlich galoppierende Inflation das entscheidende Problem. Im Sommer 1923 zerbrach erneut der soziale Frieden. Hunger- und Inflationsunruhen verbanden sich in verschiedenen Teilen Deutschlands mit kommunistischen Aufständen, die schließlich die politische Stabilität bedrohten und eine Rückkehr der nachrevolutionären Kämpfe befürchten ließen.[60] Die Minderheitsregierung von Wilhelm Cuno musste wegen fehlender parlamentarischer Unterstützung im August 1923 zurücktreten. Den Abbruch des Ruhrkampfes durch die neu gebildete Große Koalition unter Gustav Stresemann im Sommer 1923 begrüßte Duisberg, der Gustav Stresemann unmittelbar nach Amtsantritt seine Unterstützung zusagte,[61] ja, bei einem Empfang in Berlin dem gesamten Kabinett versicherte, dass die Wirtschaft hinter ihm stehe. Angesichts sozialdemokratischer Regierungsbeteiligung waren derartige Bekundungen keineswegs nach dem Geschmack mancher Industriellenkreise, die Duisberg, der Stresemann auch als stellvertretender Präsident des DIHT seine Unterstützung zugesagt hatte,[62] deshalb massiv angriffen.[63] Derartige Kritik schüttelte Duisberg von sich ab,[64] ihm kam es allein darauf an, nach dem offensichtlichen Scheitern des passiven Widerstandes ein Abrutschen des Reiches in einen Bürgerkrieg zu vermeiden. Ebenso wie 1918 nach der Revolution, 1920 nach dem Kapp-Putsch und im Sommer 1922 nach dem Rathenau-Mord suchte Duisberg auch im Sommer 1923 angesichts der offenkundigen Gefahren nach dem Schulterschluss von Bürgertum und Arbeiterbewegung. Er unterstützte auch Stresemanns letztlich erfolglose Versuche, für einen Abbruch des Ruhrkampfes und eine Wiederaufnahme von Reparationszahlungen französische Gegenleistungen zu erhalten, wie er überhaupt in den kommenden Jahren Stresemanns Außenpolitik stets positiv gegenüberstand.[65]

Als Arthur von Weinberg Duisberg im September 1923 vorwarf, er sei mehr und mehr in das Fahrwasser der Schwerindustrie geraten und habe deren desaströsen Kurs im Ruhrkampf unterstützt, ja die Ruhrbesetzung geradezu provoziert, war Duisberg einigermaßen entsetzt. Arthur von Weinberg hatte bereits Duisbergs Verhalten während des Krieges nicht gefallen; sein öffentliches Reden von der Ruhrbesetzung, die ja doch einmal kommen müsse, hatte nun den Eindruck verstärkt, Duisberg habe sich mit der «Ruhr» verbündet. Gefangen in der Widersprüchlichkeit gelegentlicher öffentlicher Zornesausbrüche und praktischer Erfüllungspolitik fiel es Duisberg nicht leicht, sich zu rechtfertigen. Doch war die Rechtfertigung zwingend notwendig, denn Arthur von Weinberg war Mitglied des Gemeinschaftsrates der I. G., besaß also dort Gewicht und Einfluss, wo es wirklich darauf ankam. Duisberg antworte auf Weinbergs Vorwürfe daher auch ausführlich. Er bestritt gar nicht, seinerzeit den offenen Konflikt mit Frankreich, das ohnehin vor allem politische Ziele verfolge, geradezu gewünscht zu haben, damit die Berliner Regierung endlich entschlossen handele. Die Franzosen hätten dann bald bemerkt, dass Gewaltpolitik auch ihnen schade. Der passive Widerstand, von dem 1921 gar keine Rede gewesen sei, sei im übrigen ja auch nicht von der Wirtschaft im altbesetzten Gebiet ausgegangen, sondern eine «Inszenierung» des Kohlensyndikats und der Eisenbahnergewerkschaften gewesen, ohne die Wirtschaft im besetzten Gebiet zu fragen. Die Wirtschaft im altbesetzten Gebiet habe den passiven Widerstand, der in Köln auf «heftigen Widerstand» gestoßen sei, letztlich aus nationalen Gründen hingenommen, sich aber faktisch nicht beteiligt, sondern weitergearbeitet. Immerhin hätten die Franzosen durch den Ruhrkampf, man könne dazu stehen wie man wolle, «die Nase an der Ruhr wirklich voll bekommen». Auch England habe endlich gemerkt, dass es so nicht weitergehe. Er habe auch Stresemanns Handeln, Abbruch des Ruhrkampfes und Wiederaufnahme der Reparationszahlungen, begrüßt. Ihm zu unterstellen, er sei ins Fahrwasser der Schwerindustrie geraten, sei daher völlig unzutreffend. Mit deren Vertretern im Reichsverband sei er regelmäßig gerade auch wegen des Ruhrkampfes im Konflikt gewesen. Weinbergs Vorwürfe seien eher gegenüber Carl Bosch gerechtfertigt, der zunächst den passiven Widerstand abgelehnt, dann aber umso mehr befürwortet und schließlich die entsprechenden Schritte bei der BASF selbst inszeniert habe: «So gut ich persönlich, mit Vögler in erster Linie, dann auch mit Stinnes und selbst mit Silverberg stehe, so sind wir uns doch auf der einen wie auf der anderen Seite ganz klar darüber, dass wir wirtschaftlich und politisch in den meisten Dingen verschiedener Meinung und Auffassung sind.[66]

Mit dem Ende des Ruhrkampfes, der Währungsstabilisierung im November 1923 und der vorläufigen Regelung der Reparationen durch den Dawes-Plan, mit dem das Deutsche Reich wieder Zugang zu den internationalen Kapitalmärkten erhielt, war das Reparationsproblem zwar nicht erledigt, aber doch zunächst in ruhigere Bahnen gelenkt worden. Duisberg war völlig klar, dass die wirtschaftliche Brisanz keineswegs eingedämmt war; die Situation des Reiches, seine schwierige Exportlage und die geringe innere Ersparnis machten die Erfüllung der Reparationsverpflichtungen zu einer ständigen großen Herausforderung. Duisberg war bewusst, dass die Folgen der Reparationsverpflichtungen auf Dauer die gesamte deutsche Wirtschaft, die durch die territorialen Verluste ohnehin hart getroffen war, in eine schwere Schieflage bringen konnten. Angesichts der Tatsache, dass die Reparationsverpflichtungen nicht zu ändern waren, erschienen ihm strengste Sparsamkeit und größter Fleiß, zu denen er in den folgenden Jahren wieder und wieder auffordern sollte, als einziger Ausweg.[67] Gerade die passive Handelsbilanz, die sich daraus ergebenden Zahlungsbilanzengpässe und der daher rührende Zwang, immer mehr Kredite im Ausland aufzunehmen, bereitete Duisberg später schwere Sorgen – Sorgen, die der Schweizer Bankier Felix Somary in seinen zahlreichen Vorträgen auf den Punkt brachte und frühzeitig für die Instabilität der internationalen Wirtschafts- und Finanzlage verantwortlich machte, die letztlich in einer großen Krise enden müsse.[68] Und auch die auf die chemische Industrie zukommenden Lasten, namentlich die Industriebelastung, waren nicht leicht zu schultern. Allein die Industriebelastung betrug für die I. G. zwischen 1925 und 1928 jährlich zwischen 5,4 und 13,1 Mio. Reichsmark.[69]

Jedenfalls konnte nur eine durchgreifende wirtschaftliche Erholung die deutschen Defizite verringern und es möglich machen, die Reparationslast zu tragen. Angesichts der im Verhältnis zu Pfund und Dollar vergleichsweise hoch bewerteten neuen Renten- beziehungsweise später Reichsmark konnte das Problem nur durch eine Art innerer Abwertung gelöst werden, oder man musste dauerhaft hohe Kapitalimporte mit ihren fatalen Folgen für die Stabilität des internationalen Finanzsystems akzeptieren.[70] Für die Unternehmen hieß das, dass nach dem Ende der Inflationskonjunktur und der irrealen Verhältnisse während der Hyperinflation eine strikte Politik der Sparsamkeit, des Personalabbaus und der technischen und organisatorischen Rationalisierung, soweit das möglich war, notwendig wurde.[71] War die Lage auch schwierig, so schuf der Dawes-Plan zumindest eine Möglichkeit, durch konzentriertes Arbeiten wieder Luft zu bekommen; insofern sah Duisberg seine Erfüllung, zumindest solange es keine Alternativen gab, als unvermeidlich an. Als 1928 die Chance realistisch schien, den Dawes-Plan zugunsten Deutschlands zu ändern, war Duisberg, wie später zu zeigen ist, sofort dafür.

28 | Jeder Groschen

Stellten die Reparationsforderungen kein existentielles Problem dar, so belasteten sie doch den wirtschaftlichen Wiederaufbau und erschwerten die Rückkehr der chemischen Industrie auf den Weltmarkt. Es war auch nicht abzusehen, wann der Ausschluss der chemischen Industrie von wichtigen internationalen Märkten beendet sein würde, der ja nicht allein politischen Maßnahmen geschuldet, sondern auch Ausdruck der protektionistischen Zollpolitik vieler der neu entstehenden Staaten in Europa war. Der chemischen Industrie, namentlich Carl Duisberg, war das schon im Krieg klar. Ihre Nachkriegserfolge mussten wesentlich von ihrer Innovationskraft abhängen; auf politische Hilfe war nicht zu rechnen. Die eigentliche Forschungsarbeit aber hatte im Krieg insbesondere bei den chemischen und medizinischen Kaiser-Wilhelm-Instituten fast vollständig aufgehört. Auch die Universitäten hatten ihren Lehrbetrieb zumindest teilweise eingestellt, die dortige Forschung litt unter Geld- und Personalmangel, was auch für die Kaiser-Wilhelm-Institute zutraf.[1] Duisberg bekam diese Entwicklung unmittelbar mit, die ihn vor allem deshalb beunruhigte, weil er sich um den Nachwuchs in der Farbstoffchemie Sorgen machte. Zahlreiche Chemiker waren einberufen worden, nicht wenige gefallen oder so schwer verletzt, dass an eine Rückkehr an ihre früheren Arbeitsplätze nicht zu denken war. Ob die während des Krieges «leeren» Universitäten[2] in absehbarer Zeit wieder ausreichend Absolventen haben würden, war keineswegs sicher, zumal deren Ausstattung ebenso zu wünschen übrig ließ wie die der außeruniversitären Institute. Der Krieg hatte überdies nicht nur die unmittelbaren Wissenschaftskontakte zerstört und deutsche Wissenschaftler aus internationalen Gremien verdrängt, sondern auch der Bezug ausländischer wissenschaftlicher Literatur war beinahe zum Stillstand gekommen. Erst in der zweiten Hälfte der 1920er Jahre war es deutschen Wissenschaftlern wieder regulär möglich, an internationalen Tagungen und Konferenzen teilzunehmen.[3]

Warum Wissenschaftsförderung Priorität haben musste, daran bestand für Duisberg insbesondere nach der Kriegsniederlage kein Zweifel: «Wir vertrauen darauf, dass es unseren tüchtigen deutschen Chemikern gelingt, uns für die verloren gegangenen Absatzgebiete Ersatz zu schaffen. Wir waren ja immer, auch wenn der Krieg für uns gewonnen wurde, in der unangenehmen Lage, dass wir mit einem wesentlichen Rückgang unseres Absatzes rechnen mussten. Wenn der Rückgang in unserem Geschäft, den ich bei glücklichem Ausgang des Krieges auf mehr als 40 % geschätzt habe, nunmehr, wo wir den Krieg verloren, noch wesentlich grösser wird und vielleicht 60 % beträgt, so müssen wir umso intensiver wissenschaftlich arbeiten und umsomehr Geld für wissenschaftliche Zwecke aufwenden, um wieder zur alten Höhe empor zu kommen», bemerkte er im Frühjahr 1919.[4] Noch während des Krieges war er daher aktiv geworden. Gemeinsam mit Emil Fischer und Alfred Stock, der mit Duisbergs Hilfe Abteilungsleiter im KWI für Chemie in Dahlem geworden war, entwickelte er ein erstes Konzept zur Förderung des wissenschaftlichen Nachwuchses, das politisch auf positive Resonanz stieß.[5] Der frisch ernannte preußische Kultusminister Friedrich Schmidt-Ott,[6] den Duisberg im Zusammenhang mit der Gründung der KWG bereits 1911 kennengelernt hatte, griff die Initiative auf und lud im April 1918 zu einem Treffen im Kultusministerium ein, um mit Duisberg, anderen Industriellen und bekannten Chemikern eine «zwanglose Besprechung über die zur Förderung der deutschen Chemie nach dem Krieg zu ergreifenden Maßnahmen» abzuhalten.[7] Bei dieser Besprechung wurde die gezielte Förderung des chemischen Unterrichts beschlossen. In diesem Rahmen fiel Duisberg eine Rolle zu, die er in den kommenden Jahren behalten und perfektionieren sollte, nämlich die des industriellen Unterstützers, der für wichtige akademische Initiativen in der Wirtschaft das nötige Geld besorgte. Die eigentliche Konzeption für die Förderung des chemischen Unterrichts entwickelte hingegen Alfred Stock, der sich schon im März 1918 mit verschiedenen Hochschullehrern der Chemie im Kreis des Verbandes der Laboratoriumsvorstände zusammengesetzt hatte.[8] Carl Duisberg suchte neben den Vertretern der chemischen Industrie das Gespräch vor allem mit Emil Fischer, weil er wusste, dass die öffentliche Wirksamkeit aller Initiativen sehr von dessen prominenter Unterstützung abhängen würde.[9] Auf diese Weise bildete sich unter dem Patronat des Kultusministeriums ein «Vorbereitender Ausschuß», dem neben Carl Duisberg auch Emil Fischer und Alfred Stock angehörten. Frühzeitig war klar, dass eine Fördergesellschaft gegründet werden sollte, deren Satzungsentwurf Emil Fischer bereits am 11. September 1918 versandte. Diese «Deutsche Gesellschaft zur Förderung des chemischen Unterrichts» (Degun) sollte in enger Anlehnung an die Strukturen des Vereins zur Förderung der chemischen Forschung, der das Dahlemer Kaiser-Wilhelm-Institut finanzierte, aufgebaut werden. Ziel war es, jährlich 15 Millionen Mark zusammenzubringen, mit denen vor allem die Ausstattung des chemischen Lehrbetriebs an den Universitäten, gelegentlich auch an Schulen verbessert werden sollte. Daher kam es vor allem darauf an, Firmen zu gewinnen, die sich zur dauerhaften Bereitstellung einer bestimmten jährlichen Summe verpflichteten. Duisberg ging mit dem Plan auch gleich auf Werbetour.[10]

Geleitet werden sollte die Degun von einem großen Ausschuss, der von Vertretern der verschiedenen Gruppen der chemischen Industrie gebildet werden sollte, sowie einem die Geschäfte führenden, paritätisch aus Wissenschaftlern und Industrievertretern zusammengesetzten Verwaltungsrat. Die möglichen Namen der Ausschuss-Vertreter hatte Duisberg auch bereits parat; sie hatten sich im Zuge der laufenden Besprechungen mit den Firmen ergeben, obwohl es nicht gerade leichtfiel, sie so zu wählen, dass niemand verletzt oder übergangen wurde.[11] Insofern war es für Duisberg auch folgerichtig, die Degun nicht mit dem bereits im Dezember 1916 etablierten Liebig-Stipendienverein[12] zu verbinden. Dieser war eine strikt an die akademische Chemie gebundene Fördereinrichtung, getragen maßgeblich durch die wissenschaftlichen Gesellschaften der Chemie und den Verband der Laboratoriumsvorstände, die Geld sammelten, um vielversprechenden Studenten zumindest kurzfristige Beschäftigungsperspektiven an den Hochschulinstituten zu ermöglichen.[13] Eine Verbindung hierzu, die Friedrich Schmidt-Ott für wünschenswert hielt,[14] kam für Duisberg vorläufig nicht in Frage, da er befürchtete, den Kreis der potentiellen Geldgeber zu sehr einzuschränken. Nicht zuletzt durch diese Öffnung für möglichst viele Geldgeber wurde die Frage der Besetzung der Gremien sehr kompliziert, da die chemische Industrie im engeren Sinne nicht dominieren sollte, sondern auch anderen Unternehmen etwa aus der Sprengmittelherstellung Plätze einzuräumen waren. Duisberg war sich der Pikanterie seiner Auswahl bewusst und bat Fischer daher, sollte er Fehler gemacht haben, um Korrekturen.[15]

Die Zusammensetzung des Hauptausschusses der Degun war schließlich sowohl in fachlicher wie in verbandlicher Hinsicht mehrfach abgesichert und hatte die Zustimmung des Kultusministeriums gefunden.[16] Dieser Hauptausschuss war in der Folgezeit eines der wichtigen Gremien der Degun, deren alltägliche Arbeit ein dreiköpfiger Vorstand und ein Verwaltungsrat übernahmen. Über die Fördertätigkeit entschied der Vorstand unter Beiziehung des Verwaltungsrates auf der Basis der Empfehlungen des Hauptausschusses. Wesentliche Bedeutung kamen Vorstand und Verwaltungsrat zu, in denen die chemische Industrie zwar nicht unbedingt den Ton angab, dazu war Emil Fischers Stellung zu stark. Aber ohne ihre Einwilligung war letztlich eine Verwendung der Mittel nicht möglich.

15 Millionen Mark garantierten Jahresbeitrag zu erreichen, war aber nicht einfach, obwohl diese Summe eine wichtige Voraussetzung für die Gründung der Degun war. Alles kam daher darauf an, Geldgeber zu finden; eine Aufgabe, der sich Duisberg nach den Beobachtungen Emil Fischers mit «Feuereifer» widmete.[17] Die I. G. hatte auf Duisbergs Drängen «einstimmig den Entschluss gefasst», der neuen Gesellschaft mit einem Jahresbeitrag von 10 Millionen Mark beizutreten. Viel hing auch von Emil Fischers Engagement ab. Duisberg bedrängte ihn, sich bei der Pulver- und Sprengstoffindustrie für eine hohe Summe starkzumachen: «Die Pulver- und Sprengstoffgruppe ist zurzeit in der Lage, mehr zu tun und würde uns ausserordentlich dienlich sein können, den vom Kultusminister verlangten Mindestbeitrag von 15 Millionen zu erreichen. Auch an Hugo Stinnes wollten Sie sich wegen des Eintritts in den Verwaltungsrat wenden. Es gelingt Ihnen dann hoffentlich auch, die Kohlen- und Eisenindustrie dazu zu bringen, uns mindestens eine Million zuzuführen.» Er wolle sich jetzt um die pharmazeutische Industrie kümmern, von der er hoffe, dass sie zwei Millionen zu zahlen bereit sei: «Schön wäre es, wenn wir schon bei der Gründung die 15 Millionen zusammen hätten.»[18] Das gelang aber nur fast.[19] Es fehlten schließlich einige hunderttausend Mark, die auch durch spontan mögliche Zeichnungen auf der Gründungsversammlung am 24. Oktober 1918 nicht mehr zusammenkamen. Duisbergs «Feuereifer» verfehlte knapp sein Ziel, was noch Folgen haben sollte. Gegründet wurde die Degun gleichwohl. «Nach mehrfachen Vorbesprechungen mit den Führern der Chemie, voran Emil Fischer und Duisberg, wurde am 24. September (muss Oktober heißen, W. P.) die Gesellschaft zur Förderung des chemischen Unterrichts gegründet, die nach dem Krieg sich in erfreulicher Weise für die Erhaltung des Nachwuchses und den Fortschritt der Chemie ausgewirkt hat»[20], erinnerte sich Schmidt-Ott in seiner Autobiografie. Den Vorsitz übernahm Emil Fischer; dem Vorstand gehörten des weiteren Carl Duisberg und Alfred Stock an. Von wissenschaftlicher Seite traten Duisbergs gute Bekannte Richard Willstätter und Theodor Curtius in den Verwaltungsrat ein, von industrieller Seite verschiedene Direktoren der chemischen und der Sprengstoffindustrie.

Der Degun fehlte indes noch Geld, um den Satzungsvorschriften entsprechend ausgestattet zu sein. Duisberg schreckte in seinem Sammeleifer auch vor unkonventionellen Lösungen nicht zurück. So empfahl er, die Firma Rosenthal zu einem Beitrag von 10 000 Mark aufzunehmen, ihr aber zugleich zuzusagen, für den Betrag in Zukunft dort Laborporzellan zu erwerben: «Das Porzellan ist tatsächlich, wie wir hier erprobt haben, gut und preiswert.»[21] Aber alle Anstrengungen halfen nicht. Es kamen nicht nur keine 15 Millionen Mark zusammen; nach Ausbruch der Revolution begann auch die Zahl der Mitglieder und zahlungswilligen Firmen zu bröckeln. Zu Duisbergs Entsetzen kamen die «Fahnenflüchtigen» aus dem eigenen Lager. In der I.G. selbst war plötzlich strittig, ob man die Zusage von 10 Millionen Mark einhalten wollte. Vertreter von Hoechst und Cassella argumentierten, man sei rechtlich nicht mehr verpflichtet, die Zusagen zu erfüllen, da die Zeichnungssumme gar nicht zusammengekommen sei. Überdies bestehe angesichts der katastrophalen wirtschaftlichen Lage gar kein Mangel, sondern ein Überfluss an Chemikern. Duisberg konnte Emil Fischer, dem er von der Sachlage berichtete, daher nur bitten, seinerseits auf die Herren von Hoechst und Cassella einzuwirken, wobei er nicht vergaß, darauf hinzuweisen, dass die Wortführer in Frankfurt, Adolf Haeuser und Carl von Weinberg, selbst keine Chemiker, sondern Kaufleute beziehungsweise Juristen seien, die von der Sache selbst wenig verstünden.[22] Die Degun, so Duisbergs Gefühl, stand auf der Kippe: «Mit der Gesellschaft zur Förderung des chemischen Unterrichts steht es nicht gut. Höchst und Cassella lehnen ab, zu bezahlen. Sie wollen ihren Beitrag rückgängig machen, da die Bedingung, dass 15 Millionen zusammenkommen müssen, nicht erfüllt ist. Tatsächlich haben wir jetzt nur 14 175 000,– Mark, wobei ich Merck, Gehe und Böhringer mit 350 000.- Mark einschätze, die wohl versprochen, aber noch nicht gezeichnet sind.» Er hoffte auch noch auf weitere Beiträge, sah aber die Erfolge seiner Werbeaktion ganz realistisch: «Man kann mit dem besten Willen heute nicht verlangen, dass die Leute sich für unsere Gründung interessieren und Mittel bereitstellen. Deshalb haben auch auf die 500 Werbeschreiben bisher höchstens 5 geantwortet.»[23]

Die Interventionen von Fischer[24] und Stock bei den Hoechster Farbwerken und der Cassella hatten zumindest insofern Erfolg, als der Vorsitzende des Hoechster Aufsichtsrates, Walther vom Rath, Emil Fischer seine Gründe schriftlich zur Kenntnis brachte, der das Schreiben unmittelbar an Duisberg weitergab. Duisberg war über die ablehnende Haltung der Hoechster Herren empört.[25] Sein Antwortschreiben zeigte aber weniger Zorn als das wissenschaftspolitische Selbstverständnis Duisbergs.[26] Er könne die Gründe, schrieb Duisberg, die vom Rath zur Beendigung der Unterstützung der Degun anführe, nicht nachvollziehen. Erstens habe man mit dieser Gründung die Ausbildung der Chemiker verbessern wollen, ausgehend von Überlegungen, als der Krieg noch nicht verloren war. Nun seien durch den Kriegsausgang die Bedingungen viel schlechter geworden. Vom Staat sei nichts zu erwarten: «Bekommen wir zukünftig aber keine gut ausgebildeten Chemiker mehr, die wir an die Stelle der vielen alten, allmählich dienstunfähig werdenden Chemiker setzen können, so sind wir auch auf unserem Gebiet rettungslos verloren.» Bliebe man hingegen bei der alten Leistungsfähigkeit, sehe er auch für die Zukunft nicht schwarz. Das Argument, die Zahl der benötigten Chemiker werde zurückgehen, überzeugte Duisberg ebenso wenig wie vom Raths Befürchtung, die gut ausgebildeten Chemiker würden abwandern und man bilde im Zweifel für das Ausland aus. Zweitens seien auch die finanziellen Bedenken vom Raths nicht stichhaltig. Rath hatte den Betrag nicht nur für zu hoch erachtet, um ohne einen Generalversammlungsbeschluss zahlen zu können, sondern überdies auch eingewandt, «dass die Kriegsgewinnsteuer sogar diesen Betrag erfassen wird». Duisbergs Antwort auf dieses Argument ist bezeichnend. Zunächst sei der Betrag doch eher gering, werfe aber höchstwahrscheinlich einen großen Nutzen ab. Das Argument mit der Generalversammlung verstand er überhaupt nicht: «Wie oft schon haben wir ohne Genehmigung der Generalversammlungen uns bei Unternehmungen beteiligt oder ganze Firmen, Bergwerke etc. in wesentlich höherem Betrage erworben, bei denen wir von vorneherein wussten, dass wir vorerst wenigstens oder manchmal überhaupt nicht auf Renten rechnen konnten. Deshalb kann und werde ich als Chemiker auch die Ausgabe dieser Summe mit meinem Gewissen verantworten und notfalls, und dann sicher mit Erfolg, vor der Generalversammlung vertreten.»[27] Das war deutlich: Für Duisberg war chemische Industrie angewandte Naturwissenschaft, industrielle Führung hatte mithin von den Problemen und Fragestellungen der Naturwissenschaft auszugehen, auch und gerade weil sich ein Chemieunternehmen nur so überhaupt erfolgreich führen ließ, wie er dem Kaufmann Walther vom Rath ziemlich unverblümt mitteilte. Kurzfristige Gewinn- oder Renditeerwartungen waren hieran zu messen, keinesfalls eine Maßgröße an sich. Die Steuerfrage verlor angesichts dieser Grundsatzüberlegungen an

Bedeutung, doch auch hier wurde Duisberg deutlich: «Was die Kriegsgewinnsteuer anbetrifft, so haben wir es hier doch nicht mit einer Schenkung, sondern mit einem Vereinsbeitrag zu tun», belehrte er vom Rath. Dieser könnte aber jetzt und wohl auch in Zukunft steuerlich geltend gemacht werden, zumal wenn der Verein gemeinnützig sei. «Warum sollen wir also diese günstige Lage nicht ausnützen.»

Da steckte ein Vorwurf drin, der in Duisbergs drittem Punkt, der das Leverkusener Erstaunen darüber zum Ausdruck brachte, «dass Ihre Firma IG-Beschlüsse ganz einseitig und dazu noch ohne genügende Gründe aufheben will», gipfelte. Nun sei man aber nach den Bedingungen der I. G.-Gründung verpflichtet, den Beitrag zu zahlen, da der Beschluss verbindlich zustande gekommen sei: «Ihre Firma hat sich schon jetzt einseitig und als einseitige Firma von der neuen Gesellschaft zurückgezogen. Das geht auch nicht, am wenigsten in unserer heutigen Lage, wo wir, statt uns zu streiten, mehr als je zuvor zusammenhalten und zusammenstehen müssen. Unsere IG konnte, solange die Verhältnisse günstig waren, ohne straffe Disziplin geführt werden. Zukünftig werden wir uns mehr umeinander kümmern und überall, wo noch etwas zu vervollkommnen, zu bessern und rauszuholen ist, dies tun müssen.» Das war schon eine ziemliche Drohung, sich an den Geist der I. G. zu halten.[28] Vom Rath hielt zwar auch nach Duisbergs Intervention an seinen Vorbehalten fest, doch sprach aus seiner Antwort keine große Zuversicht, sich gegen Duisberg und die hinter ihm stehenden Firmen der I. G. durchsetzen zu können.[29] Er dürfte zu dieser Zeit bereits gewusst haben, dass die Cassella aus der Verweigerungsfront ausgeschert war. Carl von Weinberg hatte Emil Fischer das mitgeteilt, allerdings weiterhin Bedenken geäußert, angesichts der aktuellen politischen Lage das Geld nach Berlin zu geben.[30]

Der Frankfurter Widerstand gegen die Degun brach dann auch auf der ersten Sitzung 1919 zusammen, wie Carl Duisberg Alfred Stock umgehend schrieb: «Es war nicht leicht, die auf die Vernichtung der Deutschen Gesellschaft zur Förderung des chemischen Unterrichts gerichteten bolschewistischen Bestrebungen[31] der Höchster Farbwerke, die bereits auf andere Firmen übergegriffen hatten, zu Fall zu bringen. Herr Haeuser war seiner Sache so sicher, dass er in Töne höchster Verwunderung ausbrach, als er nach meiner Verteidigungsrede merkte, dass einer nach dem anderen, den er zu sich herübergezogen, abfiel und er schliesslich mit vom Rath ganz allein auf weiter Flur dastand. Da blieb ihm schliesslich nichts anderes übrig, als auch umzukehren und die Bedenken fallen zu lassen. Wie ein Löwe habe ich kämpfen müssen und lange war ich nicht so aufgeregt wie in diesem Augenblick.»[32] Duisberg konnte sich auch deshalb behaupten, weil er glaubhaft als Vertreter der akademischen Chemie sprach, was noch dadurch unterstrichen wurde, dass ihm in der Sitzung Carl Bosch beisprang. Seine engen Wissenschaftskontakte waren insofern nicht nur hilfreich, wenn er etwas von der Wissenschaft wollte; sie ermöglichten auch eine argumentative Autorität innerhalb der Industrie. Duisberg war in seinem Anspruch, zugleich Sprecher der Industrie und Vertrauensmann der Wissenschaft zu sein, zu diesem Zeitpunkt zweifellos auf dem Höhepunkt seiner Bedeutung angekommen

Stock gegenüber resümierte Duisberg auch, eine Gründung wie die der Degun sei nur während des Krieges, als noch Hoffnung auf Erfolg bestand, möglich gewesen. «Heute, unter den trostlosen wirtschaftlichen Zuständen, sehe ich keine Möglichkeit so etwas grosszügiges zustande zu bringen. Nachdem nunmehr die Interessengemeinschaft einig und die Beiträge bezahlt werden sollen, besteht keine Gefahr mehr, dass durch steuerbehördliche Chicanen (!) die Fundamente der Gesellschaft ins Wanken gebracht werden.» Denn er hatte ziemlich dreist die Steuerabzugsfähigkeit der Mitgliedsbeiträge bislang einfach behauptet; eine Prüfung durch die Behörden stand noch aus: «Es ist aber besser, diese heikle Frage vorerst schweben zu lassen und nur dann sie wieder anzurühren, wenn hier der eine oder andere Steuerkommissar darauf zurückkommen sollte.»[33] Sollte hingegen sein Optimismus bezüglich der Abzugsfähigkeit der Beiträge von der Kriegsgewinnsteuer berechtigt sein, hielt er es geradezu für eine Pflicht jeder Firma, die während des Krieges Gewinn gemacht habe, der Degun beizutreten, weil die Beiträge sie dann ja faktisch nichts kosteten.[34] Das war abzuwarten. Unabhängig davon galt es, weitere Mitglieder zu gewinnen, um den verfügbaren Topf zu vergrößern. Außerdem sollte die Gesellschaft rasch ihre eigentliche Arbeit aufnehmen. Das geschah auch schon in den nächsten Wochen, da wegen der zurückströmenden Kriegsteilnehmer bereits in den Wintersemesterferien Notsemester eingerichtet wurden und die Universitäten bald überfüllt waren. Nun konnte die Degun auf Antrag der entsprechenden Institute und nach interner Prüfung Mittel bereitstellen; sie bestand allerdings, wo immer möglich, darauf, dass das Reich beziehungsweise die Länder diese Mittel aufstockten beziehungsweise die Maßnahmen ko-finanzierten, da man nicht für fehlende staatliche Finanzierungen aufkommen wollte. Im Frühjahr 1919 aber war der Zweck, den Duisberg und mit ihm die akademische Chemie angestrebt hatten, erst einmal erreicht.[35] Zwar war die Lage schwierig, ja, Duisberg meinte gegenüber Alfred Stock, sie sei schlimmer «wie am Ende des 30jährigen Krieges». Aber: «Nur eifrige wissenschaftliche Betätigung mit der Möglichkeit, Besseres an die Stelle des Guten und Neueres an die Stelle des Alten zu setzen, kann uns retten.»[36]

***

Duisberg beließ es freilich nicht bei diesen Initiativen zur Förderung der chemischen Forschung und des chemischen Unterrichts. Mit Kriegsende weitete sich das Problem weiter aus, weil sich nun die Frage der zukünftigen Wissenschaftsförderung generell stellte. Jetzt bereiteten insbesondere der Zustand zahlreicher Universitätsinstitute und die Lage des wissenschaftlichen Nachwuchses, in dessen Reihen der Krieg bittere Lücken geschlagen hatte, überall große Sorgen. Es war offensichtlich, dass das, was mit der Degun begonnen worden war, für die gesamte Wissenschaftslandschaft geleistet werden musste. Folgerichtig begann Duisberg, sich ganz allgemein im Bereich der Wissenschaftsförderung zu betätigen, was auch deshalb nahelag, weil er seit der zweiten Kriegshälfte in zahlreiche Ämter aufgerückt war, die zuvor Henry Theodor Böttinger wahrgenommen hatte; die Senatswürde in der KWG war zweifellos der sinnfälligste Ausdruck. Aber auch das Amt des Gründungsvorsitzenden der Gesellschaft der Freunde und Förderer der Universität Bonn war ihm deshalb zugefallen, weil Böttinger sich dazu nicht mehr in der Lage sah. Dass er bei diesen neuen Aufgaben für die forschungsstarke chemische Industrie sprechen konnte, gab seiner Auffassung zusätzlich Gewicht, doch ein reiner «Interessent» war er gerade nicht, zumal die Verbindung von allgemeinem Nutzen und individuellem Interesse für Duisberg ohnehin der Normalfall war. So passte es durchaus, wenn er vor dem Verband der Chemischen Industrie nachdrücklich betonte: «Jeden Groschen, den wir übrig haben, wollen und müssen wir für die Förderung wissenschaftlicher Forschung verwenden»[37], aber zugleich keinen Zweifel daran ließ, was er zunächst im Blick hatte: «Aber zuerst kommt für uns die Chemie.»[38]

Zu tun gab es genug. In den Monaten nach Kriegsende brannte es in der Wissenschaft an allen Ecken und Enden, und weder die einzelnen Regierungen noch das Reich hatten sich erklärt, welche Rolle sie in der Wissenschaftsförderung zukünftig zu übernehmen bereit sein würden. Eine Phase hektischer Improvisation setzte ein, um einerseits die Handlungsfähigkeit der vorhandenen Institutionen zu gewährleisten, andererseits ihre zukünftige Finanzierung und das gewünschte hohe Niveau zu sichern. Dabei war schnell offensichtlich, dass die reguläre Forschungsfinanzierung durch die Bundesstaaten nicht ausreichen würde, zumal die Kaiser-Wilhelm-Gesellschaft regelrecht in der Luft hing. Fritz Haber und Friedrich Schmidt-Ott, der nach der Revolution sein Amt als Kultusminister verloren hatte, aber für die KWG als Staatskommissar verantwortlich blieb, ergriffen daher noch 1919 die Initiative zur Bildung der Notgemeinschaft der deutschen Wissenschaft, der späteren Deutschen Forschungsgemeinschaft (DFG), als eine Art selbst verwaltete Fördereinrichtung von Hochschulen und Forschungseinrichtungen.[39] Zur Finanzierung der Notgemeinschaft setzten sie zwar auch auf Reichsmittel beziehungsweise Mittel aus den Einzelstaaten, gingen aber davon aus, dass sie ohne private Gelder nicht möglich sein würde. Daher wurde frühzeitig die Gründung eines Stifterverbandes für die deutsche Wissenschaft[40] ins Auge gefasst, der industrielle Gelder mobilisieren sollte, mit denen die Notgemeinschaft dann nach wissenschaftlichen Gesichtspunkten Forschungsförderung betreiben konnte. Im Gegensatz zur Kaiser-Wilhelm-Gesellschaft, in deren einzelnen Instituten die geldgebende Industrie über die Verwaltungsräte durchaus Einfluss hatte, lief dieses Modell allerdings darauf hinaus, die Rolle der Industrie auf die des Geldgebers zu reduzieren.

Aus der Sicht der Industrie, namentlich Carl Duisbergs, war dieses Modell grundsätzlich akzeptabel, doch kannte Duisberg die Schwierigkeiten, die Industrie zu großen Geldspenden zu bewegen, nur zu gut. Der Kampf um die industrielle Unterstützung der Degun hatte ihn gelehrt, dass es nicht einfach würde, große Summen in der Industrie zu mobilisieren, die in der unmittelbaren Nachkriegszeit ohnehin nicht in guter Verfassung war und von der Zukunft wenig erwartete. Sollte sie nicht einmal Einfluss auf die Verwendung ihrer Mittel haben, waren die Erfolgsaussichten auf jeden Fall zweifelhaft. Duisberg favorisierte daher zusätzlich zum ins Auge gefassten Stifterverband spezielle Fördergesellschaften für einzelne Wissenschaften, wie sie mit der Degun ja auch bereits existierten: «Wir sind uns dabei bewußt», erklärte Duisberg im Dezember 1920 in Bonn, «daß es leichter ist, für einen besonderen Zweck, also in diesem Fall letztlich zugunsten der schaffenden Technik, Gelder zusammenzubringen als für die Wissenschaft im allgemeinen.»[41] Dass Duisberg sich in den kommenden Monaten intensiv um die Gründung und Etablierung von Fördergesellschaften im Bereich der Chemie, der Physik und der Mathematik kümmerte, hatte daher nur bedingt mit der in der Literatur allein betonten Befürchtung zu tun, die Industrie könne ansonsten an Einfluss verlieren, sondern es war wohl vor allem ein schlichtes Erfolgskalkül, das ihn veranlasste, diesen Weg zu gehen. Dadurch entstand freilich ein Konflikt insbesondere mit Fritz Haber und Friedrich Schmidt-Ott, die hierin eine Gefährdung der Notgemeinschaft sahen.[42]

Der enge Kontakt Duisbergs zu Friedrich Schmidt-Ott verhinderte schließlich, dass dieser Konflikt zu einem tiefgreifenden Zerwürfnis in der Wissenschaftsförderung führte. Entstanden war der Kontakt schon vor dem Krieg und hatten sich dann im Rahmen der Gründung der Degun intensiviert. Nach dem Tod des Leverkusener Aufsichtsratsmitglieds Carl Gamp 1918 überlegten Henry Theodor Böttinger und Carl Duisberg, man könne den sogar mehr noch als Gamp politisch einflussreichen Friedrich Schmidt-Ott für den Aufsichtsrat der Farbenfabriken gewinnen. Er wurde 1920 dann allerdings nicht nur in den Aufsichtsrat gewählt, sondern übernahm wegen des überraschenden Todes Böttingers sogleich dessen Vorsitz; ein sicheres Zeichen, dass die Kooperation mit Duisberg reibungslos war. Schmidt-Ott führte das Gremium bis 1925 dann auch ganz in Duisbergs Sinn, und bezog dafür erhebliche Tantiemen, die es ihm ermöglichten, die Inflation unbeschadet zu überstehen. Er selbst resümierte seine Tätigkeit in Leverkusen in seinen Lebenserinnerungen so: «Die Leitung der Verhandlungen (des Aufsichtsrates, W. P.) wurde mir nicht schwer. Geheimrat Duisberg, der mich gastlich in sein kunstgeschmücktes Haus und seinen Familienkreis aufnahm, tat jederzeit sein Bestes, mich in Gang und Ziele des Riesenbetriebes einzuführen, so daß ich nie die leiseste Trübung mit ihm hatte.»[43] In der Wissenschaftsförderung traf dieses Urteil zwar nicht in jeder Hinsicht zu, doch die Konflikte um deren Struktur blieben beherrschbar, zumal sich Duisberg mit dem etwa zehn Jahre älteren Wissenschaftsorganisator auch menschlich gut verstand. Friedrich Schmidt-Ott wurde nicht nur Präsident der Notgemeinschaft beziehungsweise der DFG und blieb dies bis 1933,[44] nach ihrer Statutenreform im November 1920 wurde er auch zum Vizepräsidenten der KWG gewählt. Da Carl Duisberg in der gleichen Sitzung zweiter Schatzmeister der KWG für den verstorbenen Henry Theodor Böttinger wurde,[45] verband beide Männer schließlich ein dichtes und vielseitiges Netz gemeinsamer Interessen und Berührungspunkte.[46]

***

Duisberg war aufgrund seiner Ämter in der KWG, in den chemischen Gesellschaften und in der Chemischen Industrie selbst – er war immerhin bis 1921 Vorsitzender des VzW – sowie wegen seiner engen Kontakte zu den entscheidenden Personen der staatlichen Wissenschaftspolitik eine zentrale Figur bei der Überwindung der Nachkriegskrise der deutschen Wissenschaft. Anders als Friedrich Schmidt-Ott und Fritz Haber, die zahlreiche politische Barrieren zu überwinden hatten, die sich vor allem aus dem neu zu justierenden Verhältnis zwischen dem Reich und den Bundesstaaten beziehungsweise im Fall der KWG zwischen dem Reich, Preußen und den übrigen Ländern ergaben[47], war Duisberg in seinem Handeln frei. Er konnte eine Wissenschaftslandschaft fördern, die nicht zuletzt auch für die forschungsabhängige Industrie von Nutzen sein würde, ohne große politische Rücksichten nehmen zu müssen. Vielleicht auch deshalb waren die Erwartungen an ihn sehr groß, der bei der Degun ja bereits sein Geschick, Geld zu sammeln, gezeigt hatte. Schmidt-Ott wies auch wieder und wieder auf die zu erwartenden Finanzierungsprobleme des KWI Chemie hin und bat um Duisbergs Hilfe. Diesen interessierten zunächst aber vor allem die Probleme der Universitäten. Nach der Sicherung ihrer Finanzierung durch die Bundesstaaten wurden der Liebig-Stipendienverein und die Degun noch 1919 zur Justus-Liebig-Gesellschaft zusammengefasst, die sich vor allem der Nachwuchsförderung an den Universitäten widmete, Doktorandenstipendien vergab und – modern gesprochen – Postdoc-Stellen finanzierte. Parallel dazu entstand die allerdings kurzlebigere Adolf-Baeyer-Gesellschaft für chemische Literatur, die den Universitätsinstituten bei der Aktualisierung ihrer Buchbestände, vor allem aber beim Zeitschriftenbezug aus dem Ausland helfen sollte. Und schließlich half Duisberg auch bei der Sicherung der Finanzierung des Dahlemer KWI für Chemie. Als der Verein Chemische Reichsanstalt beziehungsweise zur Förderung der chemischen Forschung, der das KWI Chemie in Dahlem trug, 1919 in eine Existenzkrise geriet, wurde er unter tatkräftiger Mithilfe Duisbergs zur Emil-Fischer-Gesellschaft umgegründet, deren wesentlicher Zweck die zukünftige Finanzierung insbesondere des KWI Chemie sein sollte. Duisberg zog in allen Fällen seine Fäden dabei eher im Hintergrund und versuchte nicht, die Gesellschaften nach außen hin zu dominieren, sondern begnügte sich in der Regel mit Vorstandsämtern. Als er im November 1920 gegenüber seinem Freund Johannes Walther seine bisherige Arbeit resümierte, hielt er sich mit Selbstlob allerdings nicht zurück: «Dass ich auf dem Gebiet der Wissenschaft Grosses zustande gebracht habe, hast Du wohl vernommen. Die Justus Liebig-Gesellschaft zur Förderung des chemischen Unterrichts und der Bewilligung von Stipendien an Assistenten hat ein Vermögen von 18 Millionen und für die Emil Fischer-Gesellschaft zur

Förderung der chemischen Forschung, die Adolf Baeyer-Gesellschaft zur Förderung der chemischen Literatur haben wir je 20 Millionen zusammengebracht. Ich hoffe es aber auf der nächsten Interessengemeinschaftssitzung durchzusetzen, dass wir jeder dieser drei Gesellschaften weitere je 5 Millionen zuführen. … Um aber auch der Physik zu helfen, habe ich vor 3 Wochen eine Helmholtz-Gesellschaft zur Förderung der physikalisch-technischen Forschung zustande gebracht. Auch für diese sind uns schon M. 40 000 000,– zugesagt und wir hoffen auf 60 zu kommen. Endlich soll am nächsten Dienstag der Stifterverband der Notgemeinschaft der deutschen Wissenschaft gegründet werden, bei dem ich auch insofern nicht unbeteiligt bin, als ich mit Exzellenz Schmidt-Ott die Satzungen entworfen und den Vorstand und Verwaltungsrat zusammengebracht habe. Man wollte mir bei allen 5 Gesellschaften den Vorsitz geben; das habe ich aber abgelehnt. Ich habe mit dem Vorsitz der Justus Liebig-Gesellschaft gerade genug, kenne ich doch die Grenzen meiner Leistungsfähigkeit und bin klug genug zu wissen, dass man derartige Unternehmungen, wenn sie Erfolg haben sollen, einer grossen Zahl von massgebenden Personen anvertrauen muss.»[48]

Duisberg konnte diese Aktivitäten in den entscheidenden Jahren 1919 und 1920 deshalb so zügig vorantreiben, weil er sich einerseits der Unterstützung durch die akademische Chemie sicher war und weil ihm zugleich seine Position als Vorsitzender des VzW hier auch ein regelrechtes Mandat gab. Nicht zuletzt aber waren es sein persönlicher Wille und die rückhaltlose Bereitschaft, seine großen Bürokapazitäten zumindest zeitweilig ganz in den Dienst der Wissenschaftsförderung zu stellen, die seine herausragende Bedeutung begründeten. Das unterschied ihn von den anderen Industriellen, die sich auch in der Wissenschaftspolitik engagierten, ihre Aktivitäten aber eher nebenbei und ohne den selben Nachdruck betrieben. Es war Duisberg mit der Wissenschaftsförderung von Anfang an wirklich ernst. Seine Freude über die Anerkennung, die seine Gründungen in der akademischen Chemie erfuhren, war auch keineswegs geheuchelt: «Ich danke Dir … sehr für die Anerkennung, die Du mir für diese Bestrebungen zugunsten unserer chemischen Wissenschaft ausgesprochen hast. Sie haben meinem Herzen wohlgetan. Ich tue das alles, wie Du Dir denken kannst, zu meiner inneren Befriedigung und weil ich es für unsere Zukunft in wirtschaftlicher und ideeller Hinsicht für durchaus nötig halte. Ehrgeizige Absichten liegen mir fern. Ich habe genug erreicht, so dass mir zu wünschen nichts mehr übrig geblieben ist», schrieb er Mitte 1920 dem

Heidelberger Chemieordinarius Theodor Curtius, einem alten Freund aus Münchener Tagen.[49]

***

War die Gründung der drei Gesellschaften zur Wissenschaftsförderung in der Chemie unstrittig, so kam es wegen der Gründung der Helmholtz-Gesellschaft, die ähnliche Aufgaben im Bereich von Physik und Mathematik erfüllen sollte, 1919/20 zu einem ernsthaften Konflikt, in dem Duisberg wiederholt vorgeworfen wurde, er habe aus egoistischen Motiven die Notgemeinschaft für die deutsche Wissenschaft und die Bildung des Stifterverbandes gefährdet. Ihm sei es vor allem darum gegangen, die Verwendung der industriellen Spenden und Stiftungsgelder unter Kontrolle zu behalten und sie nicht oder zumindest nicht vollständig einer Organisation zu geben, auf deren Arbeit insbesondere die chemische Industrie nur geringen Einfluss hatte. Die Helmholtz-Gesellschaft sei von Duisberg als bewusste Konkurrenz zur Notgemeinschaft beziehungsweise der späteren DFG gegründet worden und habe dieser zu Anfang zumindest ihre Finanzierung erschwert.[50] Dass es 1920 zu einem Wettlauf in den Gründungsprozessen von Notgemeinschaft und Stifterverband einerseits, Helmholtz-Gesellschaft andererseits kam, ergab sich indes aus einer Vielzahl von Gründen. In gewisser Weise war es sogar Zufall, dass Duisberg hier in eine aktive Rolle hineinrutschte. Nach dem Tod von Henry Theodor Böttinger im Juni 1920 stand die Göttinger Vereinigung (G. V.), ein Zusammenschluss von Wissenschaftlern und Industriellen zur Förderung der mathematisch-physikalischen Forschung in Göttingen, vor dem Aus. Carl Duisberg wurde unter anderem von den Vorstandsmitgliedern der G. V., dem ehemaligen Krupp-Direktor Emil Ehrensberger, vor allem aber von dem Göttinger Mathematiker Felix Klein,[51] gedrängt, an deren Spitze zu treten.[52] Duisberg war hierzu aber nicht bereit, da er mit der Gründung der drei chemischen Fördergesellschaften vollauf beschäftigt war.[53] Stattdessen kam ihm die Idee, einen seit einiger Zeit gefassten Plan zur Gründung einer Fördergesellschaft für die physikalisch-mathematische Forschung zu erweitern, um damit den darbenden Göttinger Verein zu sanieren.

Wann der Plan zur Gründung der Gesellschaft entstand, die später nach Hermann Helmholtz benannt werden sollte, lässt sich anhand der Unterlagen von Carl Duisberg nicht exakt sagen. Die Idee zur industriellen Wissenschaftsförderung über die Chemie hinaus kam zweifellos von Friedrich Schmidt-Ott, der bereits im Juni 1919 klagte, dass viele Industrielle mehr Wert auf billige Arbeitskräfte als auf gut ausgebildete junge Ingenieure legten, und bedauerte, dass in vielen Branchen nichts geschehe. Er fragte Duisberg: «Woran liegt das und wie kann man dem abhelfen? Die Chemische Industrie ist doch ein leuchtendes Vorbild.»[54] Zu den ausschlaggebenden Überlegungen kam es aber wohl erst in einem informellen Gespräch zwischen Carl Duisberg und Albert Vögler im ersten Halbjahr 1920, in dem die Initiative zur Bildung der Notgemeinschaft der deutschen Wissenschaft eine nicht ganz klare Rolle spielte.[55] Während Vögler, der Chef der von Stinnes kontrollierten Deutsch-Luxemburgischen Bergwerks- und Hüttenunion,[56] später davon ausging, der Notgemeinschaftsgedanke sei zuerst da gewesen, stellte Duisberg die Entwicklung im Dezember 1920 vor der Mitgliederversammlung der Geffrub anders da: «Ich erwähne ausdrücklich, daß die drei chemischen Gesellschaften teils kurz vor, teils kurz nach der Revolution begründet worden sind. Auch die Helmholtz-Gesellschaft war geplant, ehe Berliner Kreise auf den Gedanken kamen, die Notgemeinschaft der deutschen Wissenschaft ins Leben zu rufen. Die Verwirklichung dieses Gedankens hat sich aber aus allerlei Gründen verzögert, bis es uns endlich gelang, die richtigen Leute zusammen zu bringen. Das war einige Wochen bevor die Notgemeinschaft der deutschen Wissenschaft in die Erscheinung trat. Mit Rücksicht auf die letztere haben wir aber mit der Veröffentlichung des Aufrufes und der Sammlung von Mitteln gewartet.»[57]

Sicher ist, dass Vögler und Duisberg seit der zweiten Kriegshälfte in vielen Fragen in Kontakt waren; in dieser Zusammenarbeit spielte die Wissenschaftspolitik von Anfang an zweifellos eine große Rolle.[58] Vögler beobachtete aber auch mit großem Interesse Duisbergs Aktivitäten im Umfeld der Gründung der großen I. G., da er selbst mit Plänen zur Schaffung eines deutschen Stahl-Trusts schwanger ging.[59] Es war daher naheliegend, dass 1919 und 1920 auch die Idee der Förderung der physikalischen Wissenschaften in der Luft lag, die wahrscheinlich stärker von Vögler als von Duisberg ausging. Dass aus diesen Überlegungen eine konkrete Initiative entstand, war dann vor allem eine Folge der Krise der Göttinger Vereinigung und von Duisbergs schnellem Entschluss, die Gelegenheit beim Schopfe zu ergreifen: «Sie (die G. V., W. P.) kann nur noch ein kümmerliches Dasein fristen. … In diesem Augenblick kommen Sie nun mit Ihrem grossen neuen Projekt», schrieb er im Juli 1920 an Albert Vögler. «Da sage ich mir, – und darin müssen Sie mir wohl zustimmen –: kommt ein neuer Mann mit diesem Plan, so muss er auch an Göttingen heran!»[60] Eine neue Fördergesellschaft für die physikalische Forschung, die zugleich als potentielles Auffangbecken der Göttinger Vereinigung diente, mit Albert Vögler als Vorsitzendem – das schien ihm eine geniale Lösung, die er Felix Klein gegenüber auch unmittelbar ansprach. Entsprechend drängte er Vögler, den von Duisberg selbst veranlassten Ruf auf den Vorsitz der Göttinger Vereinigung anzunehmen.[61] Sollte Vögler zustimmen, könne in kurzer Frist eine entsprechende Gesellschaft entstehen. Duisberg informierte hiervon auch den Präsidenten der Kaiser-Wilhelm-Gesellschaft, Adolf von Harnack, der angesichts der gleichzeitig laufenden Gründungsphase der Notgemeinschaft und ihres Stifterverbandes Duisbergs Pläne zurückhaltend aufnahm.[62]

Albert Vögler stimmte Duisberg darin zu, die neue Gesellschaft auf der Göttinger Vereinigung aufzubauen, zumal man damit auch Berlin als Standort ausschalte, «und darin sehen viele unserer Kollegen einen großen Vorteil». Doch komme er als Vorsitzender nicht in Betracht, da er nur «Hochschüler» und kein «Universitätler» sei. Gustav Krupp von Bohlen und Halbach sei ohnehin die bessere Wahl.[63] Hinter Vöglers Zögern steckte Friedrich Schmidt-Ott, der in der Parallelität der Gründung des Stifterverbandes der Notgemeinschaft und der späteren Helmholtz-Gesellschaft eine ungute Konkurrenzsituation sah. Vögler teilte die Bedenken Schmidt-Otts zumindest teilweise und meinte, auch bei den Geldgebern gebe es Stimmen für ein einheitliches Vorgehen.[64] Für Schmidt-Ott hatten die Notgemeinschaft und ihr Stifterverband Vorrang, da an ihnen die gesamte Wissenschaftsförderung hing. Wie weit Schmidt-Ott Duisberg von seinen Bedenken in Kenntnis setzte, ist schwer zu sagen. Korrespondiert hatten sie zu der Frage im August 1920 noch nicht. Außer Harnacks Vorbehalten und Vöglers Zögern dürften Duisberg bislang nur wenige Hinweise darauf erreicht haben, dass die Gründung einer eigenen Gesellschaft für physikalische Forschung nicht nur auf Gegenliebe stieß. Habers Haltung gegenüber Duisbergs Projekt war jedenfalls bei Weitem nicht so klar, wie sie sich im Nachhinein darstellt. Haber hatte zwar schon gegenüber Duisbergs anderen Gesellschaften Vorbehalte geäußert, doch nahm er diese im Sommer 1920 Duisberg gegenüber zurück. Auch über die Gründungsbestrebungen der Helmholtz-Gesellschaft war Haber frühzeitig informiert, ohne gegenüber Duisberg Protest zu erheben – offenbar weil ihm klar war, dass die Physikalische Gesellschaft und die Gesellschaft für angewandte Physik die Überlegungen unterstützten.[65]

Die zeitliche Nähe der Gründung der beiden Vereinigungen verlangte eine Klärung des Verhältnisses der beiden Förderwege. Schmidt-Ott hatte zunächst dafür plädiert, die Finanzierung der Notgemeinschaft durch den Staat anzustreben, während die Industrie ihre eigenen Förderzwecke verfolgen solle, ganz so, wie es Duisberg im Bereich der Chemie ja auch tat. Erst als Zweifel an der Bereitschaft des Staates zur Wissenschaftsfinanzierung in großem Umfang aufkamen beziehungsweise dessen Förderbereitschaft an eine entsprechende Aktion der Wirtschaft geknüpft wurde, schwenkten auch die Gründer der Notgemeinschaft auf die industrielle Förderung um und sahen dann folgerichtig in Duisbergs Initiativen eine Konkurrenz zu ihren eigenen Absichten.[66] Dadurch geriet Vögler, der bereits Mittelzusagen in Höhe von 35 Millionen Mark für die spätere Helmholtz-Gesellschaft hatte, in eine Zwickmühle, weil Friedrich Schmidt-Ott und Felix Klein jeweils das Gegenteil von ihm verlangten: «Nun bittet Schmidt auf das dringendste, nicht die Göttinger Gesellschaft aufzumachen und die Mittel für die ‹Nothilfe› geschlossen zu halten, während Klein ebenso dringend darum bittet, für Göttingen zu werben. Was soll man machen?», fragte er Carl Duisberg und schlug vor: «Wir sammeln für die technische Nothilfe (so nannte Vögler die Notgemeinschaft, W. P.), überlassen es aber den einzelnen Zeichnern, von vorneherein für die Helmholtz-Gesellschaft zur Förderung der physikalisch-technischen Forschung eine Summe zu bestimmen. So würden wir vielleicht die beiden Strömungen zusammenfassen können.»[67]

«Also die wissenschaftliche Nothilfe von Excellenz Schmidt hat Ihre Kreise gestört!», schrieb Duisberg an Albert Vögler, dessen Zögern er jetzt erst begriff. «Sie (die Notgemeinschaft, W. P.) entstand fast gleichzeitig mit meinem Vorgehen auf chemischem Gebiet. Ich habe mich nicht durch sie abhalten lassen, obgleich auch von dieser Seite (Haber's) versucht wurde, ein gemeinschaftliches Gebiet zu schaffen.» Vöglers Überlegung, die geplante Helmholtz-Gesellschaft pro forma in den Stifterverband einzubeziehen, die für sie gespendeten Gelder aber gesondert zu verwalten, fand er in Ordnung. Es müsse in dem Spendenaufruf für den Stifterverband allerdings klar zum Ausdruck kommen, dass die Mittel zweckgebunden für die Helmholtz-Gesellschaft gegeben werden könnten. «Jedem Zeichner» müsse das Recht zustehen, «seine Mittel spezialen Zwecken … zuzuwenden. Ich bin nicht im Zweifel, dass dann die Mehrzahl letzteres tun wird.»[68] Mit diesem Zugeständnis gab es nun keinen Grund mehr, mit der Gründung der Helmholtz-Gesellschaft zu warten. Duisberg forderte Vögler auf, persönlich auf der bevorstehenden Tagung der GDNÄ in Bad Nauheim aufzutreten, um die dort anwesenden Physiker und die entsprechenden Interessenten für die Idee der neuen Gesellschaft zu gewinnen. Friedrich Schmidt-Ott, Albert Vögler und Carl Duisberg verständigten sich schließlich im Grundsatz auch über die Kooperation der jeweiligen Initiativen und die Verteilung der Mittel. Anfang Oktober 1920 wurde die Gründung der Helmholtz-Gesellschaft vollzogen. Sie folgte in ihrer Satzung dem Vorbild der chemischen Gesellschaften und sah ein nach Beitragshöhe gestaffeltes Stimmrecht vor. Vögler übernahm den Vorsitz, zu seinen Stellvertretern wurden der Industrielle Felix Deutsch von der AEG und der Münchener Nobelpreisträger der Physik Wilhelm Wien gewählt. Im Verwaltungsrat der Gesellschaft saßen zwölf gewählte Industrielle, unter ihnen Carl Duisberg, während die Wissenschaftler im Verwaltungsrat von den wissenschaftlichen Gesellschaften benannt wurden. Hier dominierten die Physiker.[69]

Duisberg betrieb nach ihrer Gründung die Werbung für die Helmholtz-Gesellschaft mit der gewohnten Dynamik und erreichte, dass die I. G. eine Zeichnungszusage von 10 Millionen Mark machte,[70] obwohl im Gemeinschaftsrat kritisch vermerkt wurde, «dass die der Physik und Technik so nahestehende Schwerindustrie für unsere drei chemischen Gesellschaften so gut wie nichts getan hat».[71] Er trieb auch Vögler energisch an, die Werbetrommel für die Helmholtz-Gesellschaft zu rühren.[72] Diese stand im Frühjahr 1921 bereits auf einer recht soliden Grundlage. Von den eingesammelten Geldern konnte die Helmholtz-Gesellschaft zwei Drittel für eigene Projekte verwenden und musste lediglich ein Drittel für allgemeine Zwecke der Wissenschaftsförderung abgeben. Duisberg war nicht nur mit dieser Aufteilung der Mittel sehr einverstanden; er begrüßte auch die Möglichkeit einer engen personellen Kooperation zwischen den verschiedenen Einrichtungen.[73] Eine mehr als symbolische Kooperation lehnte Duisberg allerdings ab: «Nur müssen wir uns dagegen verwahren, dass wir ein besonderes Organ des Stifterverbandes sein sollen. Soweit das bildlich gemeint ist, habe ich nichts dagegen, unsere Selbständigkeit aber wollen und müssen wir uns nach jeder Richtung wahren. Wenn Sie in diesem Sinne an den Vorsitzenden des Stifterverbandes schreiben», forderte Duisberg Vögler auf, «ist m. E. die Angelegenheit geordnet.»[74] Vögler war mit dem Vorschlag einverstanden. Man habe mittlerweile etwa 51 Millionen Mark an festen Zeichnungsbeträgen; acht Millionen Mark aus dem Bergbau seien allerdings für dessen engere Zwecke avisiert.[75] Duisberg war überaus zufrieden: «Das Resultat ist … über Erwarten günstig.»[76] Die Summe, die die Helmholtz-Gesellschaft im Sommer 1921 zur Verfügung hatte, reichte nach seiner Ansicht sogar aus, um die Förderzwecke sehr weit zu stecken: «Haben wir mehr als 60,000.000,– M zur Verfügung, so können wir m. E.

ausser der reinen und technischen Physik auch noch die Mathematik, die Gäodäsie (!) und vielleicht sogar auch noch die Astronomie hinzunehmen.» Damit war die Organisation konsolidiert. Aus ihrer eigentlichen Arbeit, die nun begann, hielt Duisberg sich dann allerdings heraus. Er war und blieb mit der gefundenen Struktur zufrieden.

***

Die Helmholtz-Gesellschaft war für die Planer der Notgemeinschaft der deutschen Wissenschaft, das dürfte klar geworden sein, deshalb ein Ärgernis, weil sie die Einheitlichkeit der Wissenschaftsförderung störte und ihre Finanzierung belastete. Fritz Haber sah in der Helmholtz-Gesellschaft ganz offensichtlich eine regelrechte Obstruktion der Notgemeinschaftsidee, die er auf Duisbergs Machtwillen in der Wissenschaftspolitik zurückführte.[77] Offen sagte er das Duisberg allerdings nicht, nicht zuletzt wohl auch deshalb, weil die Helmholtz-Gesellschaft die klingenden Namen der deutschen Physik, unter ihnen die Nobelpreisträger Max Planck und Wilhelm Wien hinter sich hatte. Wichtig war Haber daher vor allem, dass die Notgemeinschaft der Kopf der Wissenschaftsförderung blieb, die staatlichen Zuschüsse und die ausländischen Spenden erhielt und zugleich die für die übrigen Organisationen übergeordnete Koordinationsinstanz wurde, ohne die Wissenschaftspolitik nicht sinnvoll betrieben werden könne. Die Notgemeinschaft sei wesentlich, auch um zentrale Fragen der Wissenschaft und deren Außenvertretung effektiv wahrnehmen zu können.[78] Duisberg stand diesen Wünschen und Überlegungen ganz aufgeschlossen gegenüber, ging es ihm doch definitiv nicht darum, die Notgemeinschaft zu schwächen. Für ihre Gründung setzte er sich ebenso ein wie für die Gründung des Stifterverbandes der deutschen Industrie, dessen Initiierung im Präsidium des RDI auch auf ihn zurückging.[79] Hier spielte Duisberg allerdings keine ausschlaggebende Rolle, was dazu führte, dass bei der Mobilisierung von industrieller Unterstützung für den Stifterverband die treibende Kraft fehlte. Weder Hugo Stinnes noch Carl-Friedrich von Siemens, die im Herbst 1920 als Kandidaten für den Vorsitz gehandelt wurden, waren bereit, sich in nennenswertem Ausmaß zu engagieren. Überhaupt stagnierte die Arbeit zu dieser Zeit. Auch für die weiteren Leitungsorgane des Stifterverbandes fehlte ein Personaltableau. Die zunächst für den 23. Oktober 1920 vorgesehene Gründungsversammlung musste dann auch verschoben werden, da eine rechtzeitige Zusage für den Vorsitz nicht vorlag. Und es ist bezeichnend, dass erst, nachdem Anfang November 1920 auf einer gemeinsamen Zugfahrt von Berlin nach Leverkusen zur Aufsichtsratssitzung der

Farbenfabriken Schmidt-Ott und Duisberg die ganze Sache noch einmal ausführlich durchgesprochen hatten, Schmidt-Ott sich in der Lage sah, die Gründung weiter voranzutreiben.[80]

Aber auch wenn schließlich erste Spendenlisten und ein Satzungsentwurf existierten; es fehlte der Vorsitzende. Anfang November brachte Albert Vögler erneut Hugo Stinnes ins Spiel. Friedrich Schmidt-Ott trug Duisberg den Vorschlag vor: «Für einen baldigen Wink in dieser Frage würde ich besonders dankbar sein. Sollte Herr Stinnes es ablehnen, so wird sich ja wohl Herr Vögler bereit finden, den Vorsitz im Stifterverband der Notgemeinschaft zu übernehmen. Natürlich ist mir das sehr recht, wenn Sie Ihrerseits an Stinnes herantreten wollen.»[81] Aber die Sache kam weiterhin nicht recht voran. Auch nach der Gründung der Notgemeinschaft, die am 30. Oktober 1920 in Berlin konstituiert worden war und am 23. November 1920 im Plenarsaal des Reichstages feierlich inauguriert wurde,[82] fehlte ihrem geplanten Stifterverband noch immer das leitende Personal. Für den Vorsitz sagte Hugo Stinnes ab, der Alternativkandidat Carl-Friedrich von Siemens zögerte. Schmidt-Ott legte Duisberg, der übrigens dafür plädiert hatte, Vertreter der ZAG, also auch Gewerkschafter in den Verwaltungsrat aufzunehmen,[83] schließlich am 18. November 1920 eine Liste möglicher Verwaltungsratsmitglieder des Stifterverbandes vor, auf der Vertreter der Arbeitsgemeinschaft allerdings fehlten. Dem Verwaltungsrat sollten angehören: Albert Vögler, Carl Duisberg, Arthur von Weinberg, die jeweils die Helmholtz-, Liebig- und Fischer-Gesellschaft repräsentierten. Ferner Emil Kirdorf, Paul Reusch, Robert Bosch, Max Warburg und Hans Krämer. Weitere Namen waren Wilhelm Cuno von der Hapag, Franz von Mendelssohn und Eduard Arnhold. Auch das Mitglied der RDI-Geschäftsführung Schneider, der fürs erste die Büroangelegenheiten des zu gründenden Stifterverbandes führte, habe jetzt endlich Feuer gefangen, sodass man zur Gründungsversammlung einladen könne, wenn nur Carl Friedrich von Siemens endlich zusage, den Vorsitz zu übernehmen.[84] Siemens zögerte aber weiterhin aus Angst vor einer zu großen Arbeitsbelastung. Schmidt-Ott verstand das nicht. Die anfallende Arbeit sei, sollten die Fachausschüsse der Notgemeinschaft rasch ins Leben gerufen werden, mit vier Sitzungen zu bewältigen: «Ich meine», schrieb Schmidt-Ott, «selbst Sie könnten es tun und die Sache käme so doch in die geeignetste Hand.»[85]

Wohl auch um Zeit zu gewinnen, brachte Siemens laut Schmidt-Ott die Konkurrenz von Stifterverband und Helmholtz-Gesellschaft als «Achillesferse» der Sache zur Sprache. Er sah den Stifterverband gegenüber der

Helmholtz-Gesellschaft im Nachteil – womit er Duisbergs Argument, das Sammeln für einen speziellen Zweck sei erfolgreicher als für die allgemeine Wissenschaftsförderung, zumindest implizit bestätigte. Duisberg suchte die Bedenken zu zerstreuen. Die Helmholtz-Gesellschaft sei keine Konkurrenz; im Gegenteil könne man durch sie auch für den Stifterverband mehr Mittel bekommen als ohne sie.[86] Siemens sagte schließlich zu, das Amt zu übernehmen. Die für den 23. November 1920[87] vorgesehene Gründungsversammlung musste dann aber verschoben werden, da faktisch alle wichtigen Personen in kurzer Frist absagten.[88] Erst am 14. Dezember 1920 konnte der Verband in öffentlicher Versammlung in Berlin gegründet werden. Wegen des Todes seiner Mutter war Duisberg nicht dabei. Die Gründungsversammlung wählte Carl-Friedrich von Siemens zum Vorsitzenden, Hugo Stinnes und Eduard Arnhold zu seinen Stellvertretern und Paul von Mendelssohn zum Schatzmeister.[89]

Die Gründung blieb zunächst allerdings wirkungslos, weil es kein funktionsfähiges Büro gab. Entsprechende Hoffnungen hatten sich zunächst auf Hugo Stinnes gerichtet, der auch angedeutet hatte, sein Büro könne diese Aufgaben übernehmen. Entsprechend waren die Akten des Stifterverbandes von der Geschäftsstelle des RDI an das Berliner Büro von Hugo Stinnes übergeben worden. Doch Anfang Januar 1921 zog Stinnes seine Bereitschaft zurück. Dadurch geriet Schmidt-Ott in eine dumme Lage, da er Siemens gerade mit dem Argument geworben hatte, die Büroarbeit werde nicht auf ihn zukommen. Überdies hakte die Werbung in der Wirtschaft. Schmidt-Ott gestand ein, dass er allein hier nicht erfolgreich sein könne, da ihm die Verbindungen fehlten. Die Notgemeinschaft geriet durch den Ausfall des Stifterverbandes in eine prekäre Lage, da ihre Arbeit, die sie mit der Einrichtung ihrer Fachausschüsse bereits begonnen hatte, ohne Geld nicht möglich war. Das Reich hatte zwar 20 Millionen Mark avisiert, doch der zuständige Beamte, Staatssekretär Lewald, hatte nach Schmidt-Otts Eindruck zunächst wenig Neigung, dieses Geld der Notgemeinschaft direkt zu geben, sondern spielte mit dem Gedanken, Schmidt-Ott persönlich zum ehrenamtlichen Reichskommissar für die Verwaltung der 20 Millionen Mark zu machen.[90] Sosehr das Schmidt-Ott ehrte, so sehr schien es ihm geeignet, einen falschen Eindruck zu erwecken, denn es sei gut möglich, dass die Wirtschaft in ihm einen Beamten sehe, dem sie ihr Geld nicht würde anvertrauen wollen. Er hoffte immerhin, die Industrie werde ihm glauben, «dass ich mich in Verwaltung und Verwendung der von privater Seite zufliessenden Mittel in keiner Weise an die Reichsregierung gebunden halten werde».[91] Alles andere wäre fatal gewesen, da die Spendenbereitschaft dann noch geringer ausfallen konnte, als es sich ohnehin schon abzeichnete. Doch scheint es, als sei Schmidt-Ott schon Anfang Januar 1921 klar geworden, dass die allgemeine Wissenschaftsförderung und damit auch die Unterstützung der Notgemeinschaft in Zukunft wesentlich durch den Staat erfolgen würde, zumal in der beabsichtigten Änderung der Einkommenssteuergesetzgebung auch noch vorgesehen sei, die «Steuerfreiheit von 10% für öffentliche Zwecke» abzuschaffen, was die Spendenwilligkeit der Industrie weiter herabzusetzen geeignet war.[92] Die notwendigen Mittel für die Notgemeinschaft taxierte Schmidt-Ott auf etwa 80 Millionen Mark, eine Summe, die durch Spenden ohnehin nicht hereinzubekommen war. Er setzte vielmehr auf die Budgetkommission des Reichstages, bei der am 13. Januar 1921 die Frage der Notgemeinschaft Thema sein würde. Schmidt-Ott kam mit seinen Forderungen bei der Budgetkommission des Reichstages durch, auch wenn die Einrichtung des Staatskommissars schließlich am Widerstand des Reichsinnenministeriums scheiterte. Der Staatszuschuss war recht erfreulich, täuschte aber nicht darüber hinweg, dass der Stifterverband bislang wenig erreicht hatte und die Notgemeinschaft entsprechend nicht ausreichend unterstützen konnte.[93]

Duisberg, der sich über das gebrochene Versprechen von Hugo Stinnes sehr ärgerte, sah die Finanzierungsschwierigkeiten der Notgemeinschaft. Er drängte Schmidt-Ott, einen eigenen Sekretär für den Stifterverband zu beschäftigen, der sich um die Fragen der Sammlungstätigkeit kümmern sollte. Aber auch von Carl-Friedrich von Siemens kam keine Initiative, der durch seine Inaktivität im Gegenteil das weitere Vorgehen blockierte. Duisberg schlug Vögler daher vor, Siemens in gewisser Weise zu entmachten und Schmidt-Ott die Einrichtung und Leitung eines entsprechenden Sekretariates zu übertragen, das allein deshalb nötig sei, um andauernden Druck auf die jeweiligen wirtschaftlichen Spitzenverbände zu machen, sich für die Wissenschaftsförderung einzusetzen. «Da ist es wohl am besten, wenn wir Exzellenz Schmidt mit der Bildung eines solchen Büros betrauen und dass er dann im Einverständnis mit den Büros der Spitzenverbände die nötige Fühlung halten und den Heizerdienst übernehmen muss.»[94] Angesichts der chaotischen Lage im Stifterverband sah Duisberg sein Eintreten für die Helmholtz-Gesellschaft vollauf gerechtfertigt: «Es war daher sehr richtig, die Helmholtz-Gesellschaft gleichzeitig zu bilden, sonst wäre die Physik dabei sehr schlecht fortgekommen.»[95]

Die Entwicklung der kommenden Monate gab Duisberg dann vollständig Recht. Selbst Stinnes und Vögler setzten erkennbar mehr auf die Helmholtz-Gesellschaft als auf die Notgemeinschaft und ihren Stifterverband. Schmidt-Ott warf ihnen nicht nur vor, die Spenden der Banken zugunsten der Helmholtz-Gesellschaft umleiten zu wollen; er vermutete sogar, dass Vögler die Naturwissenschaften ganz aus der Notgemeinschaft herausziehen wollte: «Damit sinkt aber die Notgemeinschaft zu einem Teilunternehmen herab.»[96] In der Tat verdichtete sich in den kommenden Wochen der Eindruck, die Schwer- und die Elektroindustrie betrachteten die Notgemeinschaft als eine Einrichtung zugunsten der Geisteswissenschaften, während die Förderung der Naturwissenschaft Sache der Helmholtz-Gesellschaft und der Chemischen Gesellschaften sei. Sogar Carl-Friedrich von Siemens, so Schmidt-Otts Eindruck, halte seine Unternehmen davon ab, für die Notgemeinschaft zu spenden. Er habe zwar nichts dagegen, einen Geschäftsführer des Stifterverbandes unter seiner Aufsicht einzustellen, der sich um die Geldbeschaffung kümmern solle. Aber es sei klar, dass von allen industriellen Spenden zwei Drittel der Helmholtz-Gesellschaft zufließen sollen, wie Stinnes jüngst gegenüber Siemens betont habe.[97] Für den Stifterverband und die Notgemeinschaft werde es daher dringend, meinte Schmidt-Ott, das Verhältnis zur Helmholtz-Gesellschaft grundlegend zu klären. Die Vorstellungen von Stinnes und Carl-Friedrich von Siemens jedenfalls, dass die Notgemeinschaft die Geisteswissenschaften fördere, alles andere bei der Helmholtz-Gesellschaft und den Chemischen Gesellschaften anzusiedeln sei, sei schon aus praktischen Gründen ausgeschlossen. Schmidt-Ott signalisierte zugleich weitgehende Verständigungsbereitschaft, wenn es nur endlich zu einer einvernehmlichen Klärung komme. Er bat Duisberg, dabei zu helfen, da er, Schmidt-Ott, eben auch auf die Industrie angewiesen sei und den Herren, sollten sie die Notgemeinschaft stützen, in Fragen der Finanzierung der Helmholtz-Gesellschaft weitgehend entgegenkommen könne.

Das war der Hintergrund für die oben bereits angedeutete Abgrenzung von Notgemeinschaft, Stifterverband und Helmholtz-Gesellschaft, in der Duisberg gerade nicht der industrielle Imperialist war, als der er wiederholt dargestellt wurde. Vielmehr suchte er ernsthaft nach möglichst erfolgreichen Wegen zur Wissenschaftsförderung. Es spricht insgesamt wenig dagegen, dass Duisberg glaubte, mit der doppelten Strategie von Notgemeinschaft und Helmholtz-Gesellschaft den größten Erfolg zugunsten der Wissenschaftsförderung zu erzielen.[98] Die gelegentlich geäußerte Befürchtung einer «Amerikanisierung» der deutschen Wissenschaft, also ein dominanter Einfluss der Geldgeber auf die Forschung selbst, bestand zu keinem Zeitpunkt, jedenfalls solange Duisberg von Bedeutung war. Andererseits wäre es geradezu naiv gewesen, von der Wirtschaft die selbstlose Finanzierung der Notgemeinschaft zu erwarten. Allgemeine Wissenschaftsförderung in großem Stil lag nicht im Interesse der Wirtschaft, schon gar nicht, wenn sie auf die Verwendung des Geldes keinerlei Einfluss haben sollte. Die Hoffnungen mancher Wissenschaftler der Zeit, namentlich Harnacks und Habers, sich von der Wirtschaft finanzieren zu lassen, ohne ihr ein größeres Mitspracherecht einzuräumen, waren realitätsfern.[99] Da war Duisberg mit seiner Haltung, in industriellen Kreisen könne man leichter Geld bekommen, wenn klar sei, wofür das verwendet würde, doch sehr viel realistischer. Die Struktur der Helmholtz-Gesellschaft mit ihrem industriell dominierten Verwaltungsrat und den wissenschaftlich kontrollierten Fachausschüssen brachte beide Positionen zusammen. Duisberg sollte auch insofern Recht behalten, als die Finanzierung der Notgemeinschaft schließlich weitgehend vom Reich übernommen wurde und der Stifterverband nur eine nachgeordnete Rolle hatte, wodurch der Streit aus dem Jahr 1920/21 schließlich gegenstandslos wurde.

Helmholtz-Gesellschaft und Stifterverband fanden schließlich einen kooperativen modus vivendi,[100] zumal die handelnden Personen ein großes Interesse daran hatten, die Wissenschaftsförderung allgemein voranzubringen.[101] Das Urteil vom Brockes, insbesondere Duisberg habe die vier Sondergesellschaften deshalb gefördert, weil die Industrie über den Stifterverband nur einen begrenzten Einfluss in der Notgemeinschaft habe ausüben können, dem sich auch Margit Szöllösi-Janze anschließt, ist nicht völlig aus der Luft gegriffen, aber es trifft eben nur einen Aspekt.[102] Die Annahme Duisbergs, dass nur durch eine Zweckbindung der Mittel größere Summen aufzubringen seien, wird mit diesem Vorwurf ja nicht entkräftet. Das sah über kurz oder lang auch Schmidt-Ott ein, der die Zwitterstellung der Wissenschaftsförderung zwischen allgemeinen und speziellen Interessen unmittelbar mitbekam. Jedenfalls kam es zwischen Schmidt-Ott und Duisberg nicht zu einem Zerwürfnis; im Gegenteil war das Verhältnis in den kommenden Jahren eng und vertrauensvoll.[103] Auf diese Weise entstand ein überaus einflussreiches Tandem in der deutschen Wissenschaftspolitik, das für Duisberg überdies den großen Vorteil hatte, dass er sich nicht sonderlich exponieren musste. Das hatte Duisberg Schmidt-Ott schon Ende Dezember 1920 wissen lassen: Auf ihn könne er immer zählen, «wenn auch mehr hinter den Kulissen als auf offenem Theater».[104]

Der Notgemeinschaft bzw. später der DFG blieb Duisberg trotz aller Konflikte um deren Finanzierung in der Anfangsphase bis zu seinem Tod eng verbunden. Das lag auch daran, dass sich nicht, wie Fritz Haber es wünschte, nach und nach eine moderne Wissenschaftsorganisation entwickelte, sondern eine auf den Präsidenten zugeschnittene Organisation, die sich zwar der Arbeit zahlreicher, mit Wissenschaftlern besetzter Fachausschüsse bediente, in den entscheidenden Fragen aber im Grunde autokratisch durch Friedrich Schmidt-Ott geführt wurde, der eben keinesfalls nur die Außenvertretung der Notgemeinschaft war, wie es anfangs den Anschein hatte.[105] Carl Duisberg störte das nicht, im Gegenteil. Auch wenn der finanzielle Einfluss der Wirtschaft schließlich nicht mehr von so großer Bedeutung war und die Notgemeinschaft zu mehr als 90 Prozent aus öffentlichen Mitteln gespeist wurde, blieb er auf diese Weise dem Entscheidungszentrum der Notgemeinschaft doch nah. Entscheidend war die Amtsführung seines Vertrauten Schmidt-Ott, der es nach Ansicht des preußischen Kultusministers Becker «als gelehriger Schüler von Althoff verstanden habe, alles so aufzuziehen, daß niemand einen Einblick habe». Stattdessen wache er mit «einer Clique von alten Herren» darüber, dass das auch so bleibe.[106] Für Fritz Haber, der sich wiederholt und nachdrücklich für eine Modernisierung der Wissenschaftspolitik, der Wissenschaftsorganisationen und auch der DFG einsetzte,[107] war das keine einfache Konstellation, für Duisberg, der ja zu dieser «Clique von alten Herren» gehörte, aber durchaus. Haber war nicht der Einzige, dem Schmidt-Otts Autokratie nicht passte. Nicht zuletzt auf Druck der preußischen Regierung nahm 1929 zwar der Staatseinfluss zu. Der alt gewordene Harnack musste als Vorsitzender des Hauptausschusses das Feld räumen, doch wurde er durch den Münchener Mediziner Friedrich von Müller ersetzt, der ebenfalls bereits 71 Jahre alt war. Auf preußischen Wunsch kamen auch neue, von der Politik ausgesuchte Mitglieder in den Hauptausschuss, namentlich Sozialdemokraten wie Julius Moses und Carl Severing, die Friedrich von Müller überhaupt nicht gefielen. Müller war vielmehr ein ergebener Helfer von Friedrich Schmidt-Ott; die Reform des Hauptausschusses, die er eigentlich betreiben sollte, war für ihn nur lästig.[108] Da von Müller überdies Duisbergs Leibarzt war, brachte der Wechsel an der Spitze des Hauptausschusses der Notgemeinschaft für den Leverkusener Geheimrat kaum Änderungen. Eher wurde die «Clique von alten Herren» noch geschlossener. In die alltägliche Arbeit der Notgemeinschaft war Carl Duisberg aber bald nicht mehr involviert.

***

Zur gleichen Zeit, als es generell um das Problem der Wissenschaftsförderung in Deutschland ging, stand auch die Frage der Zukunft der Kaiser-Wilhelm-Gesellschaft auf der Tagesordnung. Der Grund für Duisbergs Engagement war hier ein doppelter. Einerseits ging es um die Ermöglichung von wissenschaftlicher Spitzenforschung. Andererseits bildeten die an der Spitze der Gesellschaft versammelten Männer so etwas wie den Olymp der deutschen Wissenschaft, und da wollte Duisberg unbedingt dabei sein.[109] Seine Bemühungen um eine persönliche Mitgliedschaft und später eine führende Rolle in der Gesellschaft waren Zeichen dafür, dass er gerade hier nach Anerkennung strebte, andererseits aber auch für seine Überzeugung, dass nur eine intensive Kooperation von Wissenschaft und Großindustrie im Bereich der Grundlagenforschung die Voraussetzungen für zukünftigen wirtschaftlichen Erfolg der chemischen Industrie schuf. 1917 war er, zumindest sofern es die Anerkennung betraf, am Ziel: Der Kaiser berief ihn in den Senat der Gesellschaft; im Frühjahr 1920 wurde Duisberg für Henry Theodor Böttinger in den Verwaltungsausschuss der Gesellschaft gewählt und übernahm auch dessen Amt eines stellvertretenden Schatzmeisters.[110] Beide Ämter behielt er bis zu seinem Tod. Als Senator und stellvertretender Schatzmeister der KWG nahm Duisberg seit 1917 mit wenigen Ausnahmen – Krankheit, Weltreisen, Terminüberschneidungen – an den Sitzungen in Berlin teil.

In der Arbeit des Senats und des Verwaltungsausschusses spielte Duisberg indes keine herausragende Rolle. In den Satzungsdebatten im Anschluss an die Revolution hielt er sich zurück.[111] In der Namensfrage, an der sich auch symbolisch der Wechsel der KWG in die Republik festmachte,[112] dürfte Duisberg sich wenig engagiert haben, zumal ihn der Sturz der Monarchie kaum berührt hatte. Die Abkehr vom Prinzip kaiserlicher Berufung in den Senat betraf ihn nicht. Obwohl selbst noch persönlich berufen, wurde er im Dezember 1921 anstandslos in den neuen Senat der KWG gewählt.[113] Dass der Einfluss des Staates, also Preußens und des Reiches, nach 1919 stark zunahm, sah Duisberg mit gemischten Gefühlen, zumal dadurch nicht nur in positiver Hinsicht die Finanzierung der Gesellschaft gesichert wurde, sondern eben auch Staatsvertreter in den wichtigen Gremien eine größere Bedeutung erhielten. Mit den Vertretern des preußischen Kultus- und Reichsinnenministeriums, Hugo Andres Krüss, Werner Richter und Max Donnevert, kam er gut zurecht. Auch die spätere Öffnung des Senats der KWG hin zu Gewerkschaften und Sozialdemokratie focht ihn nicht an.[114] Diese Öffnung hatte er schon – allerdings vergeblich – bei der Konstituierung des Stifterverbandes befürwortet. Für Duisbergs persönlichen Einfluss bedeuteten diese Änderungen ohnehin wenig. Überdies gehörte er den Verwaltungsausschüssen von weiteren sieben Instituten an; im KWI Chemie in Berlin führte er den Vorsitz im Verwaltungsausschuss.[115] Von den industriellen Senatsmitgliedern[116] hatte nur Krupp von Bohlen und Halbach mehr Mandate; Fritz Haber kam auf die gleiche Anzahl wie sein «befreundeter Feind» Carl Duisberg. Ähnlich einflussreich wie Duisberg waren auf wirtschaftlicher Seite vielleicht noch Albert Vögler oder Arthur Salomonsohn von der Disconto-Gesellschaft, während etwa das Gewicht des Hoechster Aufsichtsratsvorsitzenden Walther vom Rath schon deutlich geringer war. Duisberg gehörte damit neben Männern wie Adolf von Harnack, Max Planck, Friedrich Schmidt-Ott, Friedrich Glum, Max Donnevert und Werner Richter sowie Wissenschaftlern wie Fritz Haber, Albert Einstein, Max von Laue und Otto Hahn zum inneren Führungskreis der KWG.[117] Als sich Ende der 1920er Jahre das Ende der Ära Harnack abzeichnete, eröffnete Duisberg in gewisser Hinsicht auch die Nachfolgedebatte, indem er Harnack selbst nach möglichen Nachfolgern fragte. Angesichts der wenig vielversprechenden Namen, die Harnack daraufhin ins Spiel brachte[118], war nach dessen überraschendem Tod die einstimmige Wahl von Max Planck als Nachfolger ganz in Duisbergs Sinne. Anderen Ambitionen stand er hingegen kritisch gegenüber. Die erkennbaren Ambitionen Habers, Nachfolger von Harnack an der Spitze der Kaiser-Wilhelm-Gesellschaft zu werden, kommentierte Duisberg schriftlich nicht, dürfte sie aber kaum unterstützt haben. Ob er mit Haber, dessen Wunsch bekannt war, darüber sprach, ist nicht überliefert. Walther vom Rath, nach 1925 Stellvertreter Duisbergs im Aufsichtsrat der I.G. und ebenfalls Senator der KWG, ging jedenfalls davon aus, dass man sich auf Haber wohl kaum würde einigen können, da dieser in der Vergangenheit oft eine wenig klare Rolle gespielt habe.[119] Max Planck war hingegen der in jeder Hinsicht zustimmungsfähige Kandidat, zumal Duisberg mit ihm in der Helmholtz-Gesellschaft bereits unkompliziert kooperiert hatte.

***

Duisberg wusste schon vor 1920 durch seinen engen Kontakt zu Friedrich Schmidt-Ott um die prekäre Finanzlage der Kaiser-Wilhelm-Gesellschaft. Seit seiner Wahl zum stellvertretenden Schatzmeister war er mit der Lösung des Problems unmittelbar befasst. In der ersten Jahreshälfte 1920 traten so große Finanzierungslücken auf, dass die Gefahr der Schließung einiger Institute drohte. Der Verwaltungsausschuss schlug dem Senat daher ein

Programm zur finanziellen Sanierung der Gesellschaft vor, das zum Ziel hatte, alle bestehenden Institute zu erhalten. Zu deren Finanzierung gab es drei Wege, nämlich eine Finanzierung über Darlehen als kurzfristige Maßnahme, sodann eine stärkere Unterstützung durch Preußen und das Reich, um zumindest Teile des Defizits aus Staatsmitteln zu decken. Schließlich sollte auch die Wirtschaft für die Unterstützung der Gesellschaft gewonnen werden.[120] Duisberg als stellvertretender Schatzmeister und erfahrener Spendensammler war vor allem gefragt, Mittel aus der Industrie für die Gesellschaft zu mobilisieren. Das gelang auch durchaus, wobei bei diesen Zuwendungen viele Unternehmen beziehungsweise Verbände zumindest einen Teil ihrer Mittel wiederum nur zweckgebunden gaben.[121] Nicht allein hier, sondern generell war deutlich Duisbergs Einfluss zu spüren, dem es zu verdanken war, dass 1921/22 die Chemische Industrie mit 10,3 Millionen Mark der größte Einzelgeldgeber der Kaiser-Wilhelm-Gesellschaft war.

Duisberg war auch in den kommenden Jahren stets von Bedeutung, wenn es darum ging, Geld in der Industrie einzusammeln. Trotzdem verschob sich im Laufe der Zeit die Finanzierungsstruktur nach und nach zu den staatlichen Leistungen hin. Das KWI Chemie in Dahlem blieb zusammen mit einigen anderen Instituten weitgehend industriefinanziert, während der größere Teil der Institute ausschließlich oder weitgehend von Staatsgeldern abhing.[122] Nach dem Ende der Inflation jedenfalls spielten industrielle Zuschüsse und Stiftungsmittel eine immer geringere Rolle, was auch damit zusammenhing, dass es gelungen war, der Gesellschaft regelmäßige Staatszuschüsse durch Preußen und das Reich zu sichern. Die kreative Haushaltsführung, die der Generalsekretär Friedrich Glum entwickelte und die darin bestand, sich nach außen arm zu rechnen, um höhere Staatszuschüsse zu rechtfertigen, im Inneren aber größere Reserven anzulegen, um für die Zukunft gewappnet zu sein, dürfte Duisberg mitgetragen haben. Kritik wurde jedenfalls nicht laut. Der Briefwechsel zwischen beiden ist kurz und in dieser Hinsicht faktisch nichtssagend. Duisberg selbst war für Wünsche stets offen, was aber nicht hieß, dass er ihnen unbedingt nachkam. Die chemische Industrie konzentrierte ihre Förderung ganz auf die Emil-Fischer-Gesellschaft und das KWI Chemie in Dahlem. Mit der Übernahme des Vorstandsvorsitzes der I.G. durch Carl Bosch, der sich persönlich der Forschung eng verbunden fühlte und in dieser Frage mit Carl Duisberg an einem Strang zog, stieg die Spendenbereitschaft zumindest der I.G. weiter an.[123] Aber auch die persönliche Spendenbereitschaft Duisbergs blieb weiterhin vergleichsweise hoch. In die Planung und den Bau des Harnack-Hauses in Berlin war er als Mitglied einer entsprechenden Kommission von Anfang an einbezogen. Als Friedrich Glum 1928 dann an ihn herantrat, die Einrichtung eines Zimmers in der neuen Begegnungsstätte zu stiften, war Duisberg ganz wie andere Industrielle sofort bereit dazu und sorgte für die Ausstattung eines Kneipzimmers der jüngeren KWG-Mitarbeiter.[124]

Seine eigentliche Tätigkeit entfaltete Duisberg aber vor allem als Vorsitzender des Verwaltungsausschusses des Kaiser-Wilhelm-Instituts für Chemie in Dahlem. Ende 1919 begann er, größeres Engagement in der Frage des Berliner KWI an den Tag zu legen, als sich abzeichnete, dass das KWI Chemie in eine existentielle Krise zu geraten drohte, da die vorhandene Kapitaldecke lediglich bis Ende 1920 reichte. Den größten Anteil zur Finanzierung dieses Institutes leistete bis zum Kriegsende der Verein chemische Reichsanstalt/Verein zur Förderung der chemischen Forschung. Allerdings stellte die Geldentwertung für den Verein mit seiner geringen Kapitalausstattung eine große Bedrohung dar. Doch es war nicht allein die Tatsache, dass das Geld für die Finanzierung des bisherigen Zustandes nicht mehr reichte. Um sich wissenschaftlich entwickeln zu können, war sogar deutlich mehr Geld nötig. Im Februar 1920 erstellte Alfred Stock, der Abteilungsleiter Anorganik im KWI Chemie, einen Bericht «über die Lage und die Wünsche» seines Laboratoriums.[125] «Sie», schrieb Duisberg an Stock, «und Hahn-Meitner verlangen also, ohne die Erhöhung Ihrer persönlichen Bezüge, ein Mehr von rund 40 000 Mark oder unter Fortfall der bisher von der Kaiser-Wilhelm-Gesellschaft bewilligten Teuerungszulage, deren Höhe mir nicht bekannt ist und unter Berücksichtigung der, wie ich anerkenne, für Sie dringend nötigen Erhöhung Ihrer eigenen Bezüge einen Gesamtmehrbetrag von 80–90,000 Mark. Dazu kommt dann noch Herr Geheimrat Beckmann, dessen Etatforderungen ich noch gar nicht kenne und auf die ich am meisten gespannt bin. Wie wir diese Summen aufbringen sollen, besonders jetzt, wo alles stillliegt, wo wir keine Kohlen haben, weiss der Himmel. Ich weiss es nicht und wahrscheinlich auch nicht der Herr Schatzmeister. Dennoch wollen wir die Hoffnung nicht aufgeben, dass es uns gelingt, irgendeine Lösung zu finden, die sich ja zwangsläufig durch die Neuordnung der Nachfolgerschaft von Emil Fischer automatisch selbst einstellen wird.»[126]

Mit Alfred Stock, zu dem mittlerweile ein enges Vertrauensverhältnis bestand, besprach Duisberg, dem am wissenschaftlichen Erfolg des Instituts überaus viel lag, das alles persönlich. In diesen Gesprächen entstand höchstwahrscheinlich die Idee, in enger Anlehnung an das Modell der Degun, eine Gesellschaft zur Förderung der chemischen Forschung zu gründen, die an die Stelle des bisherigen Vereins treten und deren Aufgabe darin bestehen würde, unter Verwendung der noch vorhandenen und Einwerbung neuer Mittel das Dahlemer KWI dauerhaft auf eine sichere finanzielle Basis zu stellen. Duisberg informierte frühzeitig weitere Angehörige des Gemeinschaftsrates der I. G. von diesen Plänen, so noch im Februar 1920 das kaufmännische Gemeinschaftsratmitglied der I. G. Carl von Weinberg, der gemeinsam mit seinem Bruder Arthur die Cassella leitete.[127] Erneut ging alles ganz schnell. Anfang März 1920 lud Duisberg bereits zu einer Besprechung mit Carl und Arthur von Weinberg, Franz Oppenheim von der Agfa und den Abteilungsleitern des KWI Chemie nach Berlin, um «die Weiterführung des Instituts und die Geldbeschaffung (zu) besprechen».[128] Die Sitzung musste wegen des Kapp-Putsches auf den 18. April verschoben werden. Eine neue Gesellschaft in Anlehnung an das Modell der Degun zu gründen, lag auf der Hand, obwohl Duisberg Ende März 1920 noch ganz unsicher war, wie man verfahren sollte: «Die Summe, um die es sich handelt, ist zu gross. Wir können ja selbstverständlich das nächste Jahr noch vom Kapital zehren, dann aber muss etwas Grundlegendes geschehen. Die Interessengemeinschaft wird sicherlich ihre Hilfe nicht versagen, wenn auch die anderen Mitglieder der Fördergesellschaft mitmachen, zumal wenn bis dahin die Zeiten wieder ruhiger und aussichtsreicher geworden sind.»[129]

Trotz aller Bedenken wurde bereits auf der Berliner Sitzung im April in Anlehnung an die Degun die Gründung der Emil-Fischer-Gesellschaft beschlossen. Während Alfred Stock im Vorfeld die entsprechenden Entwürfe für die spätere Gesellschaft verfasste, sorgte Duisberg parallel für deren Zirkulation und mobilisierte mögliche industrielle Geldgeber, wobei die I. G. naheliegenderweise die erste Adresse war.[130] Arthur von Weinberg hatte nicht nur stets Unterstützung für Duisbergs Vorhaben signalisiert, er stimmte auch den Stockschen Entwürfen zu[131] und war schließlich zusätzlich bereit, den Vorsitz der Emil-Fischer-Gesellschaft, die über ihr Vermögen und industrielle Beiträge den Bestand des KWI Chemie dann auf Dauer sichern sollte, zu übernehmen. Die förmliche Gründung hing von den industriellen Finanzierungszusagen ab, die Duisberg aber auch deshalb rasch zusammen hatte, weil die I. G. bereit war, den Löwenanteil der Finanzierung zu übernehmen. Mit der endgültigen Gründung der Emil-

Fischer-Gesellschaft war die Zukunft des Dahlemer Instituts im Sommer 1920 gesichert. Das KWI Chemie wurde so eines der wenigen Institute, das fast vollständig von der Industrie finanziert wurde.

In der galoppierenden und schließlich in der Hyperinflation stand die Finanzierung zeitweilig auf des Messers Schneide; 1922 überlegte man sich, sollte Stock einen Ruf an die TH Karlsruhe annehmen, die Stelle eines Leiters der anorganischen Abteilung unbesetzt zu lassen.[132] Vom Sommer 1922 an trat das KWI mehrmals mit der Bitte um Nachbewilligungen an den eigenen Verwaltungsrat, also an Carl Duisberg und den Schatzmeister Franz Oppenheim heran.[133] Duisberg bemühte sich auch, die finanziellen Engpässe zu überbrücken, doch konnte auch er nur das Geld ausgeben, das als Zinsen aus dem Stiftungskapital zur Verfügung stand, zumindest lehnte er ein Angreifen des Kapitals, wie mehrfach aus der Wissenschaft gefordert, aus grundsätzlichen Überlegungen heraus ab. Duisberg forderte Stock, der mittlerweile Direktor des KWI war, daher im August 1922 auf, seine Defizite durch Einsparmaßnahmen zu decken.[134] Duisberg war hier unerbittlich, angesichts der späteren Inflationsentwicklung zweifellos ein Fehler, da das Kapital schlicht wertlos wurde.[135] Ansonsten war Duisberg für flexibles Handeln durchaus offen. So sorgte er im Sommer 1923, als die Hyperinflation das Institut an den Rand der Existenz brachte, für einen Vorschuss der Emil-Fischer-Gesellschaft, den, so ließ er Arthur von Weinberg wissen, ja erst einmal die I.G. übernehmen könne.[136] Wie wir gleich sehen werden, war es auch später immer wieder Duisbergs Fähigkeit, industrielle Gelder zu mobilisieren, die bei Problemlösungen half.[137] Nicht jede Problemlösung war allerdings erfolgreich.

Die größte «Baustelle» des KWI Chemie neben der Finanzierung war, das hatte sich bereits 1918 gezeigt, die Frage der Institutsführung, die seit Willstätters Weggang nach München im Jahre 1915 drängte. Willstätter hatte zwar das Institut nicht geleitet; seine wissenschaftliche Leistungsfähigkeit und sein Renommee hatten indes den sinkenden Stern des Institutsleiters Beckmann mehr als ausgeglichen. Noch während des Krieges hatte man die Berufung eines Organikers geplant, doch bis 1919/20 war es zu keiner Lösung gekommen.[138] Beckmann, mit dem Duisberg spätestens seit der an anderer Stelle dargestellten Auseinandersetzung um Fritz Habers Berufung auf die Fischer-Nachfolge in Berlin über Kreuz war, blieb auch deshalb im Amt, weil Emil Fischer ihn bis zu seinem Tod stützte. Erst mit Beckmanns Ausscheiden Ende 1921 kam Bewegung in die Sache. Duisberg setzte noch im Januar 1921, als sich das Ende der Dienstzeit abzeichnete, eine Kommission zur Wahl eines Nachfolgers ein, der er selbst sowie die beiden Nobelpreisträger Richard Willstätter und Otto Wallach angehörten. Er hatte auch klare Vorstellungen, wen er wollte.[139] Für ihn war der Karlsruher Organiker Kurt Hess die beste Wahl.[140] Hess, Sohn des Bayer-Direktors und Duisberg-Freundes Christian Hess, wurde von Duisberg gefördert. Er schickte nicht nur seinen eigenen Sohn Walther 1914 nach Freiburg, wo Hess als Privatdozent tätig war. Da Hess sich mittlerweile als organischer Chemiker an der TH Karlsruhe einen Namen gemacht hatte, war diese Lösung auch durchsetzbar. Die Kommission kam darin überein, an erster Stelle auf Kurt Hess, dann auf den jungen Münchener Privatdozenten Karl Freudenberg und schließlich auf den Bonner Organiker Hans Meerwein zu setzen. Hess übernahm 1922 die organische Abteilung im Dahlemer KWI, die er bis 1933 und seinem Wechsel in die I. G. beibehielt. Auch danach blieb er auswärtiges Mitglied der KWG. Zugleich fiel mit Beckmanns Ausscheiden die förmliche Leitung des Berliner KWI Chemie an Alfred Stock.[141] Mit Hess und Stock hatte Duisberg zwei Chemiker seines Vertrauens, die zudem in wichtigen Phasen ihrer Karriere entscheidend von ihm gefördert worden waren, auf den entscheidenden Positionen des KWI.

29 | Der Studentenvater

Neben der Wissenschaftsförderung widmete sich Duisberg intensiv der Unterstützung der Studentenschaft, deren Probleme ihn seit den frühen 1920er Jahren sehr beschäftigten. Aufgrund der Verarmung der deutschen Gesellschaft waren nach dem Krieg viele Familien nicht mehr dazu in der Lage, ihren studierenden Nachwuchs ausreichend zu unterstützen. Überdies strömten in den ersten Nachkriegsjahren zahlreiche Kinder aus weniger vermögenden Elternhäusern an die Universitäten, die rasch von in prekären Verhältnissen lebenden Studenten überfüllt waren.[1] An verschiedenen Universitäten – Duisberg selbst erfuhr zunächst von den Verhältnissen an der Universität Würzburg[2] – bildeten sich Selbsthilfegruppen, die sich vor allem um die alltäglichen Existenzsorgen kümmerten, Mensen einrichteten und sich für den Bau von Wohnheimen starkmachten. Aus diesen Initiativen entstand schließlich ein institutioneller Nukleus, der um Reinhold Schairer in Dresden ein Zentrum fand. Schairer wandte sich mit der Bitte um Unterstützung schließlich auch an die Spitze des RDI, wo sich insbesondere Carl Duisberg der Sache annahm.[3] Duisberg kann mit gewissem Recht gar als einer der Väter des späteren Deutschen Studentenwerkes gelten. Wie er das aus der Wissenschaftsförderung als erfolgreich kannte, drängte er auch hier auf die Gründung eines Vereins, der «Wirtschaftshilfe der Deutschen Studentenschaft», um die Arbeit regularisieren und gezielt Spenden mobilisieren zu können.[4] Die 1921 auf dem vierten Deutschen Studententag gegründete Organisation wurde daher um eine «Darlehenskasse» erweitert. Duisberg war es, der in der Spitze des RDI den Widerstand gegen eine Unterstützung der Wirtschaftshilfe brach, dessen Wortführer vor allem Albert Vögler und Alfred Hugenberg waren, denen die Wirtschaftshilfe nicht politisch genug und vor allem zu international war. Albert Vögler lehnte die finanzielle Unterstützung der Wirtschaftshilfe nicht nur deshalb ab, weil ein solcher Verein noch mehr junge Menschen zum Studium verleite; er fand auch die satzungsmäßige «weltanschauliche Neutralität» nicht in Ordnung, da er niemals einem Verein helfen könne, der auch Kommunisten unterstütze.[5]

Duisberg hielt Vöglers Bedenken für unbegründet und ließ am Sinn der Gründung des Vereins bzw. seiner Darlehenskasse keinen Zweifel,[6] die 1922 förmlich eingerichtet wurde.[7] Duisberg gehörte gemeinsam mit dem preußischen Kultusminister Becker und dem Direktor der Deutschen Bank Emil von Stauß dem Vorstand der Wirtschaftshilfe an, aber auch ihrem Beirat, in dem sich insbesondere industrielle Freunde und Förderer trafen.[8] Zu Reinhold Schairer, dem Geschäftsführer der Wirtschaftshilfe und später des Deutschen Studentenwerks, die in Dresden ihren Sitz fanden, baute Duisberg im Laufe der Zeit nicht nur ein freundschaftliches Verhältnis auf; er unterstützte vor allem seine Bemühungen, eine dauerhafte finanzielle Basis für den Verein zu finden. Anfangs bezog die Wirtschaftshilfe vor allem Mittel aus der Industrie sowie in nicht unerheblichem Maße Spenden aus dem Ausland, was gerade einer der Gründe war, weshalb nationalistische Studenten seine nationale Verlässlichkeit in Frage stellten. Als sich im Juli 1922 auch das Reich zur Unterstützung der Wirtschaftshilfe bereitfand, war deren Zukunft fürs erste gesichert, was Duisberg sehr freute.[9] Er hatte selbst wiederholt Mittel aus der I. G. beschafft,[10] er setzte sich auch energisch für die Bekanntmachung der Wirtschaftshilfe und ihrer Darlehenskasse in der Öffentlichkeit ein.[11] Duisberg wurde so für die Wirtschaftshilfe zum Mittelsmann und zum Spendensammler – eine Aufgabe, der er mit der bei ihm üblichen Energie nachkam, zumal die gesamte praktische Arbeit von der Geschäftsstelle beziehungsweise seinem Leverkusener Sekretariat geleistet wurde.[12] Seine öffentlichen Auftritte nutzte er in der Regel auch, um auf die schwierige Lage der Studenten hinzuweisen und für die Wirtschaftshilfe zu werben. Mit Schairer traf er sich regelmäßig. Dieser besuchte ihn entweder im Adlon in Berlin, oder Duisberg empfing ihn in Leverkusen, wie er es auch mit anderen Funktionären der Wirtschaftshilfe tat. Gelegentlich nahm Duisberg an Dresdner Sitzungen teil. Dann sprach man die weiteren Aktionen ab, Duisberg unterschrieb die wichtigen Briefe und vertrat die Angelegenheiten der Wirtschaftshilfe anschließend in den Sitzungen des RDI oder in Gesprächen mit Vertretern der Reichsregierung und der Ministerialbürokratie.[13] 1925, nach der Übernahme des Vorsitzes im RDI und als Aufsichtsratsvorsitzender der I. G. Farbenindustrie AG, wurde Duisberg schließlich zum regelrechten Aushängeschild des Vereins «Wirtschaftshilfe der Deutschen Studentenschaft».

Dabei verfolgte Duisberg in der Studentenförderung durchweg einen eigenständigen Kurs. Obwohl als Wirtschaftshilfe der «Deutschen Studentenschaft», die in der Weimarer Republik rechtsextremen Haltungen zuneigte, gegründet, legten Carl Duisberg und der Geschäftsführer Reinhold Schairer von Anfang an Wert darauf, zu deren nationalistischem Kurs Abstand zu wahren. Duisberg bestand darauf, die Förderung lediglich an der individuellen Leistung des jeweiligen Studenten zu orientieren. Politische Gesichtspunkte sollten in der Studentenhilfe keine Rolle spielen; darin war er sich mit Reinhold Schairer einig. Damit geriet die Wirtschaftshilfe indes in Streit mit der Deutschen Studentenschaft, die mit einer möglichen Studentenförderung politische Ziele verband. Dahinter steckte vor allem Alfred Hugenberg, der sich auch um den Aufbau einer konkurrierenden Förderlinie bemühte, um vor allem national gesinnte Studenten unterstützen zu können. Das gelang zwar nicht, aber schwere Konflikte zwischen Schairer und der Deutschen Studentenschaft waren programmiert. Im Frühjahr 1924 beschwerten sich Vertreter der Deutschen Studentenschaft bei der Vereinigung der Arbeitgeber über die Wirtschaftshilfe und bezeichneten dabei Schairer als «nicht national» genug, woraufhin die Wirtschaftshilfe ein förmliches Ehrenverfahren gegen denjenigen Vertreter der Studentenschaft beantragte, der Schairer beschuldigt und zugleich wohl auch Duisbergs «völkische» Zuverlässigkeit in Frage gestellt hatte. Überdies hatte er der Wirtschaftshilfe unterstellt, von dem Hamburger Bankier Max Warburg gesteuert zu sein, also letztlich ein antisemitisches Argument bemüht. Duisberg wies in einem Schreiben an die Studentenschaft die Vorwürfe zurück, aber sein Protest verhallte folgenlos, zumal er mit der Bemerkung, dass sich bei ihm «auch nicht die geringste Einmischung fremden Blutes» finde, den Kritikern in gewisser Weise entgegenkam.[14] Erst als wenige Monate später der Hauptausschuss der deutschen Studentenschaft eine Art Vetorecht bei Bewilligungen der Wirtschaftshilfe beanspruchte, platzte Duisberg der Kragen: «Sie wissen», schrieb er an Schairer, «wie ich derartige Streitereien hasse. Allmählich fliesst jedoch das Mass(!) meiner Geduld über und dann mache ich Schluss. Ich empfehle Ihnen, diesmal durchzubeissen und den Herren klar zu machen, dass, wenn Sie den Kampf durchaus wollen, um uns aufs politische und völkische Niveau herabzuziehen, wir nur noch solchen Wirtschaftskörpern Unterstützungen zuteil werden lassen, die wirklich neutral sind und bleiben wollen – alle anderen erhalten nichts. Wenn dann die Mehrzahl der örtlichen Wirtschaftskörper sich gegen uns auflehnt, dann machen wir den Laden zu und dann hört alle Unterstützung vom Auslande (selbstverständlich), von der Industrie und Bankwelt, sicherlich auch von Reich und Ländern auf. Dafür werde ich dann schon sorgen.»[15] Sich der Mehrheitsstimmung unter den Studenten zu beugen, das eigene Förderkonzept nach politischen Gesichtspunkten umzugestalten und Hilfen aus dem Ausland abzulehnen, wie Hugenberg das forderte, kam für Duisberg auf keinen Fall in Frage. Zwar setzte er sich später wiederholt für einen Kompromiss zwischen den verschiedenen Gruppierungen ein, während Schairer sich gelegentlich von Duisberg ein klareres Wort gewünscht hätte, aber im Ernstfall stand er auf Schairers Seite. Die Entfremdung zwischen der Deutschen Studentenschaft und der Wirtschaftshilfe trug dazu bei, dass letztere 1929 ihren Namen in «Deutsches Studentenwerk» änderte, sodass zumindest im Namen die Verbindung zur Deutschen Studentenschaft beendet war.

Schairer war nach Maßgabe seiner Korrespondenz mit Carl Duisberg ein konservativ denkender Mann, aber weder radikal noch nationalistisch beschränkt, wie das für die Deutsche Studentenschaft dieser Zeit typisch war.[16] Er war vielmehr, hierin wiederum mit Duisberg ganz einig, an der internationalen Studentenkooperation interessiert, förderte die Mitarbeit deutscher Studenten in internationalen Gremien und pflegte gute Kontakte nach England und in die USA, woher auch zu Hugenbergs Ärger namhafte Beträge zur Unterstützung deutscher Studenten gekommen waren. Diese Kontakte dürften auch wesentlich dazu beigetragen haben, dass Schairer 1928 die Geschäftsführung der Abraham-Lincoln-Stiftung übernahm, einer Abzweigung der Rockefeller-Stiftung, die sich um eine demokratische Elitenförderung in Deutschland bemühte. In dieser Stiftung war ein breites gesellschaftliches und weltanschauliches Spektrum vertreten, das von Hans Freyer, später einer der führenden Soziologen im Dritten Reich, über den Kulturphilosophen, Graphologen und notorischen Antisemiten Ludwig Klages bis zu Kurt Tucholsky und Käthe Kollwitz reichte.[17] Die dortige Geschäftsführung war also keine eindeutige politische Aussage, dürfte aber für die nationalistischen Studentenkreise gereicht haben, Schairer endgültig zu diskreditieren. Duisberg, dem vor allem am Austausch mit den USA gelegen war, brachte ihn das indes eher noch näher. Schairer konnte sich trotz aller Kritik nicht zuletzt wegen Duisbergs Unterstützung bis 1933 unangefochten an der Spitze der Studentenhilfe, des späteren Deutschen Studentenwerks also behaupten.

Wie immer, so handelte Duisberg auch hier, um seinen Ehrgeiz und sein ausgeprägtes Anerkennungsbedürfnis zu befriedigen. Huldigungen für den «Studentenvater Duisberg» durch die Wirtschaftshilfe, etwa zum 40. Hochzeitstag Ende September 1928, nahm er dankbar entgegen;[18] für Schmeicheleien durch Reinhold Schairer, aber auch durch Fritz Beck, den Geschäftsführer der Wirtschaftshilfe München, war er überaus anfällig. Aber gerade diese Anfälligkeit bedingte wiederum auch seine Großzügigkeit. In Marburg stiftete er ein nach ihm benanntes Studentenwohnheim für ausländische Studenten, das ihm nebenher auch den lang ersehnten Ehrendoktor der evangelischen Theologie einbrachte. In München machte er sich um die Ausschmückung des dort errichteten Studentenhauses verdient. Auch die Etablierung der «Studienstiftung des Deutschen Volkes» geht, so Reinhold Schairer, auf eine Stiftung Duisbergs aus dem Jahre 1925 zurück.[19] Der Grundgedanke der Studienstiftung, Begabte auch aus einfachen sozialen Verhältnissen zu fördern, war Duisberg in der Tat eine Herzensangelegenheit, entsprach dieser Weg doch ganz seinen eigenen Erfahrungen.[20] Dass die Studentenförderung aus einem patriotischen Geist heraus erfolgte, dass er damit einen wichtigen Beitrag zum Wiederaufstieg Deutschlands und seiner Wirtschaft leistete, war für Duisberg absolut selbstverständlich. Er liebte es, seine Beiträge mit entsprechenden Zitaten zu schmücken, insbesondere mit der Fichte zugeschriebenen Aufforderung: «Du sollst an Deutschlands Zukunft glauben». Doch es ging ihm immer um Talentförderung, nicht um politische Schulung. So blieb Duisberg auch bei seiner wiederholten Empfehlung, die Studenten sollten sich von der Politik fernhalten, und nannte sich anlässlich einer Rede zum fünfjährigen Bestehen der Wirtschaftshilfe und der Gründung des Deutschen Studentenwerks selber als Beispiel: «In den letzten 20 Jahren bin ich immer und immer wieder berufen worden, zu vermitteln und zu versöhnen. Dieses wichtige Amt wurde mir erleichtert und führte mich immer zum Erfolg, weil ich nicht politisch festgelegt und gekennzeichnet war.»[21]

Angesichts seines Engagements während des Krieges war die Aussage schon gewagt, aber zumindest für die Zeit seit der Revolution galt das, was Duisberg hier sagte. Dieser Verzicht auf Parteipolitik hieß nicht, dass er die Studentenförderung nicht in einem weiteren Sinne als hochpolitisch ansah. Nur durch die Förderung des talentierten Nachwuchses schien es ihm überhaupt möglich, der Krise der Nachkriegszeit zu entkommen: «Wir müssen mit dazu beitragen», rief er die Vertreter der deutschen Wirtschaft auf, «daß die besten und tüchtigsten unserer jungen Menschen, diejenigen, die nach dem Urteil ihrer Lehrer und Förderer dazu berufen sind, die deutschen Hochschulen durchlaufen können, ohne von der täglichen Not immer wieder in Verzweiflung, Verbitterung und Entsagung gedrängt zu werden. Jedes Wachsen erfordert Sonnenschein, geistiges Wachsen in besonderem Maße. Wir müssen helfen, den Nebel der Not auf den deutschen Hochschulen zu zerstreuen, damit sie auch in Zukunft die Pflanzstätten des wichtigsten Gutes bleiben, junge, wissenschaftlich hochgeschulte, begeisterte, tatkräftige, charakterfeste Menschen zu erziehen.»[22] Duisberg versprach sich durch die Förderung der sozialen Mobilität ein wirksames Mittel gegen das Gerede von Klassenstaat und Klassenkampf: «Gerade aus den Tiefen unseres Volkes steigen die gesunden und lebendigen Kräfte nach oben, welche die führenden Schichten mit frischem Blut und neuer Tatkraft erfüllen, um dann in den folgenden Generationen meist wieder hinunterzusinken. In diesem ewigen Wechsel liegt die Kraft eines jeden Volkes begründet. Hegen wir daher den Glauben, daß trotz des verlorenen Krieges für die Tüchtigen in unserem Volke auch heute noch wie früher Aufstiegsmöglichkeiten bestehen, und weisen wir diejenigen zurück, die uns diesen Glauben rauben wollen.»[23] Wer wollte eingedenk Duisbergs eigener Entwicklung bestreiten, dass es ihm hiermit überaus ernst war. Im Vorstand der Wirtschaftshilfe beziehungsweise des Deutschen Studentenwerkes hielt sich Duisberg ganz ähnlich wie in den von ihm gegründeten beziehungsweise unterstützten Wissenschaftsgesellschaften weitgehend in der zweiten Reihe, nicht zuletzt auch, weil er gerade das Prinzip der studentischen Selbstverwaltung für elementar hielt. So erklärte er in einer Rede zum fünfjährigen Bestehen der Wirtschaftshilfe vor Studenten: «Es wäre völlig verkehrt, wenn man für Sie, meine lieben, jungen studentischen Freunde, karitative Almoseneinrichtungen schaffen würde. Mit Recht haben die Freunde der Wirtschaftshilfe immer wieder erklärt, daß es dann besser wäre, die ganze Arbeit abzubauen. Nein, gerade das stolze Bewußtsein, daß jeder von Ihnen sein Äußerstes tut, um für sich selbst zu sorgen und an dem Gesamtwerke mitzuwirken, ist und bleibt die erste Voraussetzung und die Grundlage der ganzen Arbeit.»[24]

Eine wesentliche Spur in der Studentenförderung hinterließ die Initiative Duisbergs, Studenten während der Semesterferien Arbeitsplätze in der Wirtschaft anzubieten. Dieses «Werksstudententum» ermöglichte es vielen jungen Menschen überhaupt erst, ein Studium zu finanzieren. Auf diese Initiative war Duisberg besonders stolz, zumal es häufig seine Kontakte waren, die die Fabriktore für Studenten öffneten. Das Programm war derart erfolgreich, dass die Zahl der Werkstudenten zwischen 1921 und 1923 von 20 000 auf etwa 64 000 anstieg, was angesichts einer Gesamtstudentenzahl an wissenschaftlichen Hochschulen von 125 000 im Sommersemester

1923[25] erstaunlich hoch war, was auch im Ausland Aufsehen erregte und lobende Worte etwa von John Maynard Keynes fand, wie Duisberg selbst stolz berichtete.[26] Nicht alle diese Werkstudenten profitierten unmittelbar von Duisbergs Einsatz; viele suchten sich auf eigene Faust Arbeit. Aber Duisberg sah diese Entwicklung mit großer Freude und förderte sie, wo er konnte. Die Pflege des Werkstudententums,[27] ja seine Ausweitung auch in ausländische Unternehmen[28] blieb in den folgenden Jahren ein wesentliches Anliegen Duisbergs, mit dem er bis zum Ausbruch der Weltwirtschaftskrise auch überaus erfolgreich war. Dass die amerikanische Regierung 1925 die jährliche Entsendung von 100 Werkstudenten ermöglichte, erfüllte ihn mit Genugtuung.[29] Auf seine Initiative hin richtete der RDI 1926 eine gesonderte Stelle ein, die sich der Vermittlung deutscher Werkstudenten in die USA widmete. Im Sommer 1928 fand in Leverkusen anlässlich der ersten Rückkehr von Werkstudenten aus den USA eine Tagung mit Behörden- und Wirtschaftsvertretern statt, in denen die in den USA gemachten Erfahrungen diskutiert und für die weitere Arbeit fruchtbar gemacht werden sollten. Bemerkenswert an Duisbergs Diskussionsbeiträgen war neben dem allgemeinen Lob der Werkstudentenidee seine aus eigener Erfahrung, aber auch aus den studentischen Berichten gespeiste Faszination vom Arbeitsverhältnis in Amerika: «Man merkt drüben kaum», fasste Duisberg einen studentischen Beitrag zustimmend zusammen, «daß es überhaupt Vorgesetzte gibt. Das kommt daher, weil der Amerikaner die Klassenschichtung, die sich bei uns historisch entwickelt hat, nicht kennt. Wir sollten auch bei uns in Deutschland das rein Menschliche mehr in den Vordergrund stellen. Ich halte das für das Wichtigste. Ich habe daher auch immer wieder und wieder unseren Chemikern und Akademikern gesagt, daß sie alles versuchen müssen, um mit ihren Arbeitern in ein gutes Verhältnis zu kommen.»[30] Es war nur folgerichtig, dass angesichts derartiger Äußerungen seine Gegner um Alfred Hugenberg und den Vorstand der Deutschen Studentenschaft alles andere als erfreut waren.

Duisberg war auch mit den bereits erwähnten anderen Initiativen, die er unterstützte, erfolgreich, namentlich der Darlehnskasse der Wirtschaftshilfe, dem Bau von Studentenhäusern mit Mensen und Sozialeinrichtungen, deren Eröffnung er etwa in München, Karlsruhe oder Marburg gerne beiwohnte, sowie der Errichtung von Studentenwohnheimen.[31] Die Wirtschaftshilfe verlieh ihm schließlich den Ehrentitel «Vater der Studenten». Das war keine bloße Schmeichelei, von der man allerdings auch wusste, dass Duisberg sie genoss; die Verehrung für die «Studenteneltern» Duisberg war in der Tat groß. Die Intensität seines Engagements für die Wirtschaftshilfe ging freilich im Laufe der Zeit deutlich zurück, vor allem weil die Organisation in der zweiten Hälfte der 1920er Jahre fest etabliert war.[32] Die schriftliche Kooperation mit Schairer wurde zusehends sporadischer; schließlich gratulierte man sich noch zu den üblichen Anlässen. Schairer aber hielt, sofern nötig, Duisberg auf dem Laufenden und berichtete nicht zuletzt von seinen zahlreichen Aktivitäten, insbesondere um die Kooperation mit den USA zu intensivieren beziehungsweise in der Weltwirtschaftskrise zunächst einmal zu erhalten.[33] 1932 versuchte die Deutsche Studentenschaft, die Führung des Deutschen Studentenwerks (DSW) und einige seiner lokalen Körperschaften beziehungsweise die dort tätigen Professoren zu diskreditieren, indem sie ihnen persönliche Vorteilsnahme vorwarfen. Auch hier hielt Duisberg wieder zu Schairer und zu seinen langjährigen Kontaktpersonen an den Universitäten und suchte in deren Sinne zu vermitteln.[34]

Duisbergs Eintreten für Reinhold Schairer endete im Übrigen keineswegs mit der Machtergreifung, als dieser im Mai 1933 auf Druck der Deutschen Studentenschaft durch das Reichsinnenministerium aus dem Amt gedrängt wurde.[35] Duisberg suchte vielmehr Schairer weiter zu unterstützen und war damit auch insofern erfolgreich, als dessen fristlose Entlassung zurückgenommen wurde. Stattdessen erfolgte zum 1. Dezember 1933 eine Vertragsauflösung zu Bedingungen, die für Schairer durchaus besser ausfielen, als es zunächst ausgesehen hatte.[36] Ein Glück, das der Geschäftsführer des Münchener Studentenwerkes nicht hatte; Fritz Beck fiel im Sommer 1934 in München dem sogenannten Röhm-Putsch zum Opfer.[37] Schairer ging Anfang 1934 unter anderem mit Mitteln des Auswärtigen Amtes zunächst nach Italien, um internationale Studien zur Jugendarbeitslosigkeit zu treiben.[38] Dabei unterstützte ihn Duisberg erneut und drängte Friedrich Schmidt-Ott, ihm Geld der Notgemeinschaft zukommen zu lassen, was offensichtlich auch geschah.[39] Schairer ließ sich schließlich in London nieder, um seine Studienergebnisse in Ruhe zu Papier zu bringen. Zugleich übernahm er Lehraufgaben an der Londoner Universität, von denen er Duisberg stolz berichtete.[40] Duisberg gratulierte Schairer, dessen Arbeiten er weiterhin verfolgte, auch seine Beiträge zur «Frankfurter Zeitung», die noch erscheinen konnten. Erst wegen Duisbergs Erkrankung 1934 brach der Kontakt ab. Schairer kehrte nach dem Krieg zunächst als Berater der US-Militärregierung und schließlich ganz nach Deutschland zurück. Der Aufbau der bis heute bestehenden Carl-Duisberg-Stiftung in den 1950er

26 | Die «Studenteneltern Johanna und Carl Duisberg 1927 in Badgastein

Jahren, die deutschen Studenten Auslandsaufenthalte ermöglichen sollte, mittlerweile aber ausländischen Studenten bei einem Studium in Deutschland hilft, war auch Schairers Werk, ein spätes Dankeschön an Carl Duisberg, ohne den es das Deutsche Studentenwerk in den 1920er Jahren sehr viel schwerer gehabt hätte.

30 | Befreundete Feinde

Sosehr Duisberg im Bereich der chemischen Forschung einflussreich blieb, so sehr war seit dem Tod von Emil Fischer die alte Vertrautheit mit der Spitze der akademischen Chemie verloren. Sie kehrte auch nicht wieder, da Duisbergs Fixierung auf die Tradition der organischen Chemie ihm den Bereich der physikalischen Chemie verschloss. Die Nachfolge Fischers in Berlin wurde für Duisberg daher zu einer großen Herausforderung, denn die Besetzung war zugleich eine Entscheidung über die zukünftige Ausrichtung der akademischen Chemie.[1] Duisbergs «Personal- und Strukturpolitik» war auch schon vor der Auseinandersetzung um die Fischer-Nachfolge daran orientiert, den akademischen Aufstieg der physikalischen Chemie zumindest zu bremsen und so die Bedeutung der organischen Chemie zu sichern. Er ließ an keiner Stelle die Chance aus, um auf die Bedrohung der Industrie durch eine zu starke Akzentverschiebung in der chemischen Forschung aufmerksam zu machen. Als Fritz Haber ihn 1915 fragte, ob der Verein Deutscher Chemiker tatsächlich vor Promotionen in physikalischer Chemie warne, bestritt er dies, nicht aber, dass es reine physikalische Chemiker in der Industrie schwer haben dürften.[2] Für die Zeit nach dem Krieg spürte Duisberg so etwas wie eine besondere Fürsorgeverpflichtung gegenüber der Organik, zumal die physikalische Chemie während des Krieges mit dem Aufbau der Stickstoffsynthese in großem Maßstab an Bedeutung gewonnen hatte: «Wir müssen unbedingt, besonders nach dem Kriege, neben der anorganischen Chemie mit ihren großen Leistungen in letzter Zeit, auch die neuerdings etwas stiefmütterlich behandelte organische Chemie, der wir in der Vergangenheit technisch so viel verdanken und die sich auch im Krieg so glänzend bewährt hat, weiter hochhalten», nicht zuletzt weil ihr wirtschaftliches Potential noch nicht erschöpft schien, gerade in den von Emil Fischer und Richard Willstätter betriebenen Arbeiten zur Biochemie.[3]

Nach Fischers Freitod 1919 stellte sich also die Frage, wer die erste Chemieprofessur des Deutschen Reiches in Zukunft besetzen sollte. Duisberg hatte sich darüber schon vorzeitig Gedanken gemacht, da er wusste, dass

Fischer mit der Überlegung schwanger ging, sich von seinem Berliner Ordinariat zurückzuziehen. Es kann als sicher angenommen werden, dass Fischer und Duisberg bei einem der «Plauderstündchen», die sie während des Krieges in Fischers Wohnung miteinander hatten, dessen Nachfolge erörterten. Als Duisberg im Mai 1918 gebeten wurde, mögliche Kandidaten für eine Chemieprofessur in Straßburg zu beurteilen, riet er von Alfred Stock ab. Stock sei zwar einer der besten Anorganiker überhaupt, aber er habe gute Chancen, «einer der beiden Nachfolger zu werden, die sich wahrscheinlich bei dem nicht mehr allzufernen Rücktritt Emil Fischers in das grosse Universitätslaboratorium Berlin teilen sollen».[4] Duisberg ging offenkundig von einer Teilung der Berliner Professur zwischen Organik und Anorganik aus, ließ diesen Plan im Sommer 1919 aber wegen der Möglichkeit fallen, Richard Willstätter für Berlin zu gewinnen. Schon in dem Telegramm, mit dem er Willstätters Brief zu Fischers Tod beantwortete, schrieb Duisberg: «Sie, verehrter lieber Freund, müssen seine Nachfolge übernehmen. Darauf rechnen wir.»[5] Die Angelegenheit schien zunächst auch deshalb völlig unproblematisch, weil die Fakultät Willstätter wünschte und die preußischen Behörden ihm großes Entgegenkommen signalisierten.[6] Dieser aber zögerte und teilte zu Duisbergs Überraschung im Januar 1920 mit, dass er nicht nach Berlin gehen werde. Er habe Baeyers Stelle übernommen und könne den Neuaufbau in München nicht einfach im Stich lassen. Außerdem habe er in Berlin kaum genügend Muße zu eigener Forschung.[7] Duisberg, der auch zuvor bereits Willstätters Absage, Aufsichtsrat der Farbenfabriken zu werden, akzeptiert hatte, reagierte wieder mit Verständnis.[8] Es sei schade, aber er könne die Gründe nachvollziehen, zumal sein eigener Sohn Walther, der bei Willstätter an seiner Doktorarbeit saß, davon ja profitiere.[9] Friedrich Schmidt-Ott, den Willstätters Absage sehr «schmerzte», sah vor allem die drohenden Auseinandersetzungen mit dem amtierenden KWI-Direktor Beckmann als Grund dafür.[10] Doch Willstätter war wohl generell nicht mehr bereit, eine derartige Forschungsverantwortung zu übernehmen. In seinen Erinnerungen erwähnt Willstätter jedenfalls Beckmann in diesem Zusammenhang nicht.[11] Es mag auch sein, dass Willstätter nicht nach Berlin ging, um die dortige Stelle für seinen Freund Fritz Haber frei zu lassen, doch finden sich hierfür keine Belege.

Mit Willstätters Absage war die Lage in Berlin wieder offen. Duisberg schlug Schmidt-Ott nun vor, die Stelle in je eine Professur für organische und anorganische Chemie zu teilen, wie es Emil Fischer immer vorgehabt habe.[12] Er hatte auch genaue Vorstellungen, wer diese Stellen besetzen sollte, nämlich Alfred Stock für die anorganische und Heinrich Wieland beziehungsweise Wilhelm Schlenk für die organische Chemie.[13] Doch die Berliner Fakultät äußerte offenkundig unter dem Einfluss von Walther Nernst und Ernst Beckmann zu Duisbergs Überraschung im Frühjahr 1920 Interesse an Fritz Haber. Dass dieser als Leiter des KWI für physikalische Chemie die Voraussetzungen für die umfassende Professur Fischers nicht besaß, glaubte man dadurch umgehen zu können, dass man den physikalischen Chemiker Haber kurzerhand zum Anorganiker machte und ihm die entsprechenden Vorlesungen bis zum Verbandsexamen auftrug, während die organische Ausbildung danach durch Beckmann selbst erfolgen sollte. Eine solche Lösung, die im Grunde darauf hinausgelaufen wäre, die Fischersche Professur zumindest in ihrem Forschungsprofil vollständig neu zu definieren, ohne das offiziell zu sagen, war für Duisberg nicht akzeptabel. Gegenüber Johannes Walther sprach er das offen aus: «Gegen die Person Habers habe ich an sich nichts einzuwenden; er ist ein tüchtiger Kerl und guter Organisator. Ob auch ein guter Lehrer, vermag ich noch nicht zu sagen. Das Schlimme nur ist, dass er von organischer Chemie sehr wenig versteht. ... Damit würde die organische Chemie in Preussen wenigstens in die zweite Linie und in die abhängige Stellung gedrängt.»[14]

Duisberg setzte in der Folgezeit alle Hebel in Bewegung, um eine Berufung Habers zu verhindern; namentlich intervenierte er beim Präsidenten der Kaiser-Wilhelm-Gesellschaft, Adolf von Harnack, und forderte, es dürfe nichts geschehen, bevor nicht die Vertreter der Industrie gehört worden seien.[15] Schmidt-Ott, der eine Beschädigung Habers nicht wünschte, fand das alles sehr bedauerlich. Er teilte Duisbergs Auffassung, eine derartige Umwidmung der bedeutendsten Chemie-Professur in Deutschland sei nicht in Ordnung, aber er opponierte keineswegs so scharf wie Duisberg und weitere namhafte Vertreter der chemischen Industrie.[16] Auch in der KWG lehnte man eine Berufung Habers nicht ab. Insbesondere Adolf von Harnack war von Duisbergs Argumenten, eine vollständige Umwidmung der Berliner Professur führe zu einer schweren Schädigung der chemischen Industrie, keineswegs überzeugt. Er verteidigte Haber als einen Praeceptor Berolinensis und sprach sich auch gegen Duisbergs Vorschlag einer Teilung der Professur aus. Haber sei vielmehr der Mann, der, obwohl er Anorganiker sei, das alles gut organisieren könne, insbesondere, indem er die richtigen Männer an die entsprechenden Positionen bringe. Duisberg ließ das nicht gelten, sondern sprach Harnack schlicht die Kompetenz ab, das beurteilen zu können. Entscheidend aber war etwas anderes: «Ich fürchte deshalb auch, daß sich dann die Industrie, die bis jetzt in erster Linie und hauptsächlich die großen Mittel für Forschung und vor allem für die chemische Ausbildung bereit gestellt hat, zurückziehen (wird) und nicht mehr, wie sie es vorhatte, für solche Zwecke zu haben ist.»[17] Die Drohung wirkte, zumal Duisberg glaubhaft machen konnte, in dieser Frage stehe die chemische Industrie geschlossen hinter ihm.[18] Das preußische Kultusministerium, bei dem Duisberg ebenfalls interveniert hatte, wurde schwankend. Obwohl, wie Margit Szöllösi-Janze schreibt, im April 1920 ganz Berlin davon ausging, Haber werde den Ruf bekommen, kam dieser nicht.[19] Im Mai 1920 verzichtete Haber von sich aus, als auch aus der Akademie der Wissenschaften, die als Eigentümerin des chemischen Laboratoriums der Universität am Verfahren beteiligt war, Stimmen laut wurden, Haber sei nicht durchsetzbar.[20] Selbst Walther Nernst, der zunächst eine Berufung Habers unterstützt hatte, war mittlerweile umgeschwenkt. Haber führte die Ablehnung, die ihm entgegenschlug, darauf zurück, dass Duisbergs Hand die Zügel geführt habe, wie er ein Jahr später an Richard Willstätter schrieb.[21]

In der Forschung ist auch deshalb der Eindruck entstanden, Carl Duisberg sei vor allem aus Voreingenommenheit für die Schwierigkeiten und schließlich für den Rückzug Habers verantwortlich gewesen. Im Hintergrund habe eine persönliche Abneigung der beiden Männer gegeneinander gestanden. Das ist zunächst keineswegs völlig von der Hand zu weisen. Schon während des Krieges hatten beide in der Gaswaffenentwicklung gleichzeitig kooperiert und konkurriert. Nach dem Ende des Krieges vertrat Haber als Chef der Chemieabteilung des Demobilmachungsamtes eine sehr viel weiter gehende Vorstellung von staatlicher Bewirtschaftung als Duisberg, der Habers Rückzug vom Amt 1919 begrüßte. Das alles mag zu einem gespannten Verhältnis beigetragen haben, zumal sie auch in der entstehenden neuen Struktur der Wissenschaftsförderung de facto als Konkurrenten auftraten. Die Situation war aber sehr viel komplizierter. Es spricht manches dafür, dass in der Berliner Fakultät und im KWI Chemie in Dahlem mit der Berufung Habers Duisberg, von dem man wusste, dass er eine Umwidmung des Lehrstuhls von Emil Fischer als schwere Niederlage empfinden musste, zurechtgestutzt werden sollte. Auf Habers Wünsche wurde dabei offensichtlich wenig Rücksicht genommen. Für diese Annahme spricht, dass die Berufung Habers aus Sicht der KW-Institute für Chemie und physikalische Chemie der Versuch war, sich aus der Umklammerung durch die Industrie und aus den Unwägbarkeiten der Finanzierungssituation durch Anlehnung an die Universität zu befreien. Es kommen weitere Gesichtspunkte hinzu. Denn eine der treibenden Kräfte hinter der Haber-Berufung war der bisherige Direktor des KWI Chemie Ernst Beckmann, der sehr persönliche Gründe hatte, sich zu engagieren. Haber konnte die Fischer-Professur nicht völlig ausfüllen. Ernst Beckmann bot sich folgerichtig an, die organischen Vorlesungen und den entsprechenden Teil der Ausbildung zu übernehmen, wodurch auch «sein» KWI, das bisher vollständig von der chemischen Industrie abhing, in nähere Verbindung zur Universität getreten wäre. Da dem Haberschen Institut die Auflösung drohte, hätten sich unter Umständen auch noch dessen Stiftungsmittel an die Universität umleiten lassen.[22]

Dass Beckmann auf diese Weise Fritz Haber womöglich ohne dessen Wissen als Waffe gegen Carl Duisberg einsetzte, hatte einen einfachen Grund. Duisberg betrieb seit einiger Zeit offen dessen Ablösung, da er ihn mittlerweile als Belastung des Dahlemer Instituts ansah.[23] Diese Überlegungen gingen anfänglich nicht einmal von Duisberg aus, sondern von Friedrich Schmidt-Ott.[24] Der Krise der chemischen Forschung in Berlin liege, so Schmidt-Ott, nicht allein der Geldmangel, sondern vor allem die «Tatsache zu Grunde, … daß das KW Inst. für Chemie nicht so viel leistet, wie Sie und wir erwarteten. Die Person des Direktors ist ohne Frage daran Schuld.»[25] Duisberg teilte die Kritik an Beckmann anfänglich nicht. Die Krise des Instituts liege nicht allein am vielleicht aus Altersgründen nicht mehr so leistungsfähigen Direktor, sondern auch an den Zeitverhältnissen. Mit Alfred Stock, Otto Hahn und Lise Meitner habe man sehr gute Abteilungsleiter; es komme darauf an, die Organik zukünftig zu stärken, was im Verwaltungsrat des KWI im Übrigen unstrittig war.[26] Erst der Tod Emil Fischers machte auch in Duisbergs Sicht die Personalfrage aktuell. Anfang 1920 schien die Situation günstig, um mit der Fischer-Nachfolge auch die Frage der Leitung des Dahlemer KWI zu klären und damit in Berlin einen völligen Neuanfang zu ermöglichen: «Findet die für Wissenschaft und Lehre so wichtige Besetzung der Berliner Chemieprofessur ihre Erledigung, so wird damit auch die Frage des Kaiser-Wilhelm-Instituts für Chemie aufgerollt. In dieser Voraussicht habe ich als Vorsitzender des Verwaltungsrats zusammen mit dem Schatzmeister, Herrn Geheimrat Dr. F. Oppenheim, in voriger Woche in Dahlem eine Besprechung mit den 3 Abteilungsleitern des Kaiser-Wilhelm-Instituts für Chemie gehabt. Wir haben die Frage der Zukunft des Instituts schon eingehend erörtert und den Direktor des Instituts, also Ernst Beckmann schon fühlen lassen, dass es so nicht weiter geht.» Die Industrie sei nur bereit zu zahlen, «wenn das geleistet wird, was früher unter Willstätter und auch heute unter Stock, Hahn und Meitner gemacht wird. Man wird also wahrscheinlich den Rücktritt des Herrn Beckmann fordern, wie dies schon ganz offen in der chemischen Industrie ausgesprochen wurde.» Beckmann war nach Duisbergs Auffassung schlicht pensionsreif: «Hätten wir schon das in Aussicht genommene Gesetz, nach welchem jeder Hochschullehrer oder auch, wie es geplant ist, jeder Beamter mit dem 65. Lebensjahr zurücktreten muss, so wäre die Lösung einfach.» Da das noch nicht so sei, müsse man eine andere Lösung oder einen Kompromiss suchen. Auf jeden Fall aber müsse das Niveau im KWI gehalten und gesteigert werden.[27]

Die Nominierung Habers exakt zu dem Zeitpunkt, als sich Duisberg und Schmidt-Ott über eine Ablösung Beckmanns verständigt hatten, war daher vor allem der Versuch, unter Ausnutzung des ministerialen Wunsches nach einem großen Namen eine Entmachtung Beckmanns zu verhindern und damit zugleich Duisbergs direkten Draht nach Berlin abzuschneiden. Duisberg ließ sich dabei leicht als Interessent disqualifizieren, dessen Einfluss auf das KWI Chemie begrenzt werden müsse. Der Hauptnutznießer einer Berufung Habers wäre aber nicht Haber selbst gewesen, der sich ja gar nicht um die Fischer-Nachfolge bemüht hatte, sondern Ernst Beckmann, der seinen fälligen Abschied hätte hinauszögern können und seinen schärfsten Kritiker losgeworden wäre. Duisberg konnte Haber wiederum nur verhindern, weil seine Argumente nicht völlig aus der Luft gegriffen waren: Weder war eine Umwidmung der Fischer-Professur eine wissenschaftliche Notwendigkeit noch war die Weiterbeschäftigung Beckmanns zwingend. Schließlich, und das dürfte eine große Rolle gespielt haben, war Duisberg keineswegs gegen alle Veränderungen in Berlin, sondern «gegen die Übernahme der Gesamtprofessur Emil Fischers durch die physikalische Chemie».[28] Walther Nernst, der zunächst eine Berufung Habers positiv sah, schwenkte auch rasch auf Duisbergs Kurs ein, allerdings: «... nur in der mehr unterrichts-technischen Frage der Möglichkeit einer Teilung des Instituts Fischer möchte ich meine Bedenken aufrechterhalten und womöglich noch unterstreichen.»[29] Die von Duisberg favorisierte Teilung der Professur nach Willstätters Absage ebenso wie Nernsts Bedenken dagegen zeigen klar an, dass Duisberg gerade keinen Durchmarsch plante. Er war aber auch nicht bereit, einen «Putsch» der anderen Seite hinzunehmen.

Auffällig an der Fischer-Nachfolge ist vor allem die Selbstverständlichkeit, mit der sich Carl Duisberg, der mit der Berliner Universität nichts zu tun hatte, in die Stellenbesetzung einmischte. Diese Einmischung war vor allem durch den Versuch der Fakultät, die Stelle umzuwidmen und zugleich mit der Zukunft der Kaiser-Wilhelm-Institute zu verknüpfen, provoziert. Es ging daher keineswegs um eine wie auch immer qualifizierte «autokratische» Art Duisbergs, die über Willstätters spätere Erinnerungen in die Literatur eingesickert ist.[30] Duisberg war vielmehr von Anfang an Teil der Neukonfiguration der Berliner chemischen Forschung; er sah sich wohl zum Teil auch als Testamentsvollstrecker Emil Fischers. Daher kam er überhaupt nicht auf die Idee, sich zurückzuhalten, sondern intervenierte von Anfang an ganz offen. Vom formalen Verfahren her war das nicht in Ordnung, zumindest die Demarche bei Staatssekretär Becker im preußischen Kultusministerium war ein Akt ohne Mandat. Die Schreiben an Adolf von Harnack, den Präsidenten der KWG, waren hingegen rein formal nicht zu beanstanden, da Duisberg als Vorsitzender des Verwaltungsrates des Dahlemer KWI und Senator der KWG in der Tat bei der zukünftigen Gestaltung der Berliner Forschungslandschaft ein Wörtchen mitzusprechen hatte. Die Finanzierung der KWG und ihrer Institute stand zu dieser Zeit auf der Tagesordnung, und es war klar, dass man von der Industrie Unterstützung erwartete. Dass diese dann auch ihre Stimme erhob, sollte nicht verwundern. Bei der Verhinderung der Berufung Habers ging es auch keineswegs um eine Intrige, wie Jaenicke in seiner Geschichte der Bunsen-Gesellschaft nahelegt. Duisberg hatte überhaupt keinen Grund, hier über Bande zu spielen oder hintenherum tätig zu werden. Er äußerte sich ganz offen gegenüber dem zuständigen Staatssekretär, gegenüber dem Präsidenten der KWG und anderen und fand damit Gehör. Wenn jemand eine Intrige im Sinn hätte haben können, war es Ernst Beckmann – eine Intrige, für deren Fehlschlag Fritz Haber die Kosten zu tragen hatte. Duisberg hatte Intrigen nicht nötig, da er ohnehin davon ausgehen konnte, gehört und gegebenenfalls respektiert zu werden.

***

Haber jedenfalls erhielt den Ruf nicht beziehungsweise nahm ihn nicht an, wurde dafür aber zum persönlichen Ordinarius an der Berliner Universität ernannt und hatte so unmittelbaren Zugang zur Lehre im chemischen Institut.[31] Der Ruf erging stattdessen an den Organiker Heinrich Wieland. Offensichtlich, wohl auch wegen der Ernennung zum Ordinarius, war Haber gar nicht so vom Gang der Dinge betroffen, zumal er auf die Lehre weiterhin Einfluss nehmen konnte. Denn Haber war überzeugt, dass eine Modernisierung des chemischen Unterrichts dringend notwendig war, und warb bei dem in dieser Frage überaus offenen Carl Duisberg dafür, signalisierte auch seine Bereitschaft, im Falle der Berufung Wielands auf die Professur Emil Fischers entsprechend im Bereich der Anorganik und der physikalischen Chemie tätig zu werden. Denn es komme darauf an, Chemiker heranzuziehen, die den Aufgaben in den nächsten Jahrzehnten gewachsen seien, und diese Jahrzehnte würden, da war sich Haber sicher, von einer Mangelsituation vor allem bei den herkömmlichen anorganischen Rohstoffen geprägt sein, deren Synthese daher die Aufgabe der Zukunft sei: «Dazu gehört heute eine Überlegung der Energie- und Stoffwirtschaft, der wir in einem Menschenalter gegenüberstehen werden. Denn die Leute, die man heute ausbildet, werden in 30 Jahren die Situation regieren müssen. Diese Energie- und Stoffsituation wird verkannt und die Zukunft einseitig als eine Fortsetzung oder Wiederbelebung einer Vergangenheit betrachtet, die nicht zurückkehrt.»[32] Das war schon als Kritik an Duisbergs Beharren auf der Organik zu verstehen, aber keine Kampfansage. Haber signalisierte vielmehr, dass er sich in die Lehre entsprechend den Vorstellungen Wielands, um den sich Haber in den Berufungsverhandlungen dann intensiv kümmerte, integrieren lassen werde.[33] Duisberg war Haber für dessen Einsatz sehr dankbar. Der Ton zwischen beiden war im Juli 1920 geradezu herzlich; offenbar war Haber zunächst über Duisberg gar nicht so verärgert.

Erst als Duisberg die schließlich erfolgende Absage Heinrich Wielands darauf zurückführte, dass die Berliner Seite ihm in den Berufungsverhandlungen deshalb nicht weit genug entgegengekommen sei, weil Haber sich «aus dem Mantel Emil Fischers einen Vorzugsanteil herausgeschnitten und ihm (Wieland, W. P.) den schlechteren Rest angeboten habe», wurde Fritz Haber wirklich zornig. Wieland habe keineswegs aufgrund Haberscher Sonderwünsche abgesagt, im Gegenteil, sie hätten sich über die Lehre im chemischen Universitätsinstitut durchaus verständigen können. Wielands Weigerung, nach Berlin zu kommen, habe ausschließlich mit dessen «süddeutscher Orientierung» zu tun beziehungsweise mit dem schlechten Ruf Berlins, das durch die Revolution und die Nachkriegswirren seine Aura aus der Vorkriegszeit nicht mehr besitze. Habers Skizze der Lage war bemerkenswert offen: «Vor dem Kriege, in der Zeit von 1871 bis 1914, waren die Berliner Stellen vor allen anderen geehrt und erstrebt; heute haben sie aufgehört begehrenswert zu sein. Das Leben ist hier teurer und die wirtschaftlichen Nachteile werden durch den Unterschied des Berufseinkommens nicht mehr aufgehoben. Das Leben ist hier auch unerfreulicher. … Unsereinen hält hier ein Gefühl der Anstandspflicht, weil er die guten Jahre hier mitgemacht hat, mich persönlich auch das selbstgebaute Institut und der reiche physikalische Kreis. Für Wieland lagen die Dinge anders. Es kam bei ihm hinzu, dass ihn die Wohnung zwischen dem Patzenhofer Ausschank und dem Waschhaus der Charite geradezu abstieß und als die Regierung ihm anbot, durch mich anbot, ihm eine weitere Zulage zu gewähren, damit er sich in ihm bequemer Lage eine andere Wohnung nehmen könne, empfand er die Schwierigkeit, etwas passendes zu finden und die Notwendigkeit, seine ganze Arbeitszeit auf der Hessischenstrasse (chemisches Institut der Universität, W. P.) zu verbringen, noch immer als starke Hemmung.» Fritz Haber stieß dieses Gebaren offensichtlich ab: «Die Nachfolge Emil Fischers verlangt einen großen Gelehrten, der für die Ästhetik des Auges nichts übrig hat.»[34]

Im Grunde konnte Duisberg dieser Einschätzung nur zustimmen, und der weitere Briefwechsel zwischen Haber und Duisberg legt auch nahe, dass der Konflikt wieder ausgeräumt wurde. Die Berliner Stelle wurde schließlich geteilt, wie Fischer und Duisberg es gewollt hatten, und mit Wilhelm Schlenk und Alfred Stock besetzt,[35] wobei Margit Szöllösi-Janze dem Letzteren vorhält, im Windschatten Duisbergs, bei dem er heftig gegen Haber intrigiert habe, eine Art Krisengewinnler zu sein.[36] Stock traf sich in der Tat in den Monaten zuvor mehrfach mit Duisberg. Dass er schließlich 1921 als Nachfolger Beckmanns Direktor des KWI Chemie in Dahlem wurde und eine Professur an der Berliner Universität erhielt, war aber keine Folge irgendeiner Intrige, sondern hatte sich seit längerem abgezeichnet, spätestens seitdem Emil Fischer ihn 1915 für die Nachfolge Richard Willstätters als Abteilungsleiter am KWI Chemie in Dahlem vorgeschlagen hatte. Stock war als Anorganiker zu keinem Zeitpunkt eine Option in der Fischer-Nachfolge, aber gemeinsam mit einem guten Organiker mochte er als Nachfolger Beckmanns in Frage kommen, und hierüber sprach man auch. Intrigen gegen Haber lassen sich nicht finden. Die hätte Duisberg ohnehin nicht mitgemacht, da er stets darauf achtete, seinen Einfluss nicht durch die Protektion von schwachen Kandidaten zu zerstören. Dass ihm die Intervention in der Fischer-Nachfolge in der akademischen Chemie dann auch nicht wirklich schadete, zeigt die Verleihung der silbernen Hofmann-Gedenkmünze durch die Chemische Gesellschaft 1921[37] und die gleichzeitig erfolgte Aufnahme Duisbergs als korrespondierendes Mitglied in die Preußische Akademie der Wissenschaften – im Übrigen auch auf Betreiben von Haber und Willstätter, wie Haber Duisberg in seinem Glückwunschbrief ganz offen schrieb: «Das ausserordentliche Verdienst, das Sie durch die Begründung der Liebig-, der Fischer- und der Baeyer-Gesellschaft um die Förderung der chemischen Wissenschaft erworben haben, hat uns, die wir das Fach in der Akademie vertreten, zu dem übereinstimmenden Wunsche geführt, Sie unter die Mitglieder der Akademie zu zählen. Die Tatsache, dass die Vertreter der anderen Fächer unseren Wunsch zum Beschlusse erhoben haben, wird Ihnen in dem Reichtum verdienter Ehren, die Sie besitzen, immerhin ein Zeugnis der persönlichen Geltung sein, die Ihre Leistung in der wissenschaftlichen Gesamtheit Ihnen erworben hat.»[38]

***

Den Kontakt zu Richard Willstätter pflegte er auch nach dessen Absage weiter. Er gab den Gedanken nicht auf, diesen nach Berlin zu ziehen. 1924, als Willstätter bekanntgab, seine Münchener Professur demnächst niederzulegen, ergab sich scheinbar die realistische Chance hierfür.[39] Dass Willstätter sich in der Münchener Universität immer unwohler fühlte und auch an seiner eigenen wissenschaftlichen Leistungsfähigkeit zu zweifeln begann, war Duisberg verborgen geblieben. Wie ein Blitz aus heiterem Himmel traf ihn daher die Nachricht, Richard Willstätter habe seine Entlassung aus dem Dienst der Universität München beantragt, sobald seine Nachfolge geregelt sei.[40] Duisberg war unmittelbar klar, dass dieser Schritt auch mit der antisemitischen Stimmung in München zusammenhing, wollte das als Rücktrittsgrund aber nicht akzeptieren: «Gelegentlich unserer letzten I. G.-Sitzung … hörte ich und las dann auch in der Zeitung, dass Sie … Ihre Stellung als Direktor des chemischen Laboratoriums und als Lehrer der Chemie an der Universität München niedergelegt haben, weil Unstimmigkeiten in der Fakultät und die ganze öffentliche Atmosphäre Ihnen den Aufenthalt in München so verleidet hätten, dass Sie nicht bleiben könnten und wollten. Im ersten Augenblick habe ich die Richtigkeit dieser Nachricht bestritten. Ich konnte nicht glauben und verstehen, wie ein Mann von Ihrer Stellung und Ihrem Weltruf als erster Lehrer und Forscher Deutschlands auf dem Gebiet der organischen Chemie so empfindsam ist, dass er sich derartige Angriffe und Meinungsverschiedenheiten in der Weise zu Herzen nimmt, wie Sie es scheinbar getan haben. Hätten wir in der Industrie, die wir wiederholt von linksradikaler Seite den schärfsten und gemeinsten Angriffen und Drohungen ausgesetzt waren und noch sind, und mehrmals die Flucht ergreifen mussten, um nicht aufrührerischen Elementen in die Hände zu fallen, ähnlich gedacht und gehandelt, so ständen unsere Werke heute ohne uns da.»[41] Willstätter wollte Duisbergs Einschätzung nicht teilen: «Ich bin nicht empfindlich gegen Unannehmlichkeiten oder Übergriffe, sondern gleichgültig dagegen; ich weiss übrigens nichts von solchen.[42] … Es handelt sich gar nicht um Persönliches, sondern darum, dass ich mich nicht aus Opportunitätsgründen an schwerem Unrecht beteilige und dass ich mich den an manchen unserer Hochschulen herrschenden Strömungen widersetze.» Der Antisemitismus verhindere in Berufungsfragen ein sachliches Urteil; das sei nicht tolerabel. Er machte allerdings auch kein Hehl aus der Tatsache, dass er nicht mehr so recht von sich überzeugt war: «Übrigens habe ich an Freiheit für meinen Entschluss dadurch wesentlich gewonnen, dass ich mich für mein Amt nicht mehr gesund genug und leistungsfähig genug fühle.» Gegen München habe er gar nichts. Er wolle jetzt liegengebliebene Dinge aufarbeiten und dann weitersehen. Eine neue Stellung werde er nicht annehmen.[43] Duisberg witterte die Chance, Willstätter für Berlin zu gewinnen. Wenn die Entscheidung endgültig sei, dann werde er sich, im Übrigen im engen Schulterschluss mit Friedrich Schmidt-Ott,[44] dafür einsetzen, für Willstätter ein eigenes Laboratorium beim KWI Chemie in Berlin einzurichten. Er könne bei Freiwerden auch seine alte Stelle am KWI wieder bekommen, wobei Voraussetzung sei, dass die chemische Industrie weiter zahle wie bisher.[45] Er solle also möglichst bald sagen, was er wolle. «Ich zweifle nicht, dass der gesamte Verwaltungsrat freudig alles tun wird, was menschenmöglich ist, um Sie für das Kaiser-Wilhelm-Institut für Chemie zu gewinnen.»[46] Willstätter aber wollte nicht.

Mit dem Ausscheiden von Alfred Stock, der 1926 an die TH Karlsruhe wechselte, schien sich erneut eine Gelegenheit zu ergeben, Willstätter nach Berlin zu holen. Im Juli 1926 konnte Duisberg noch einmal Verwaltungsausschuss und Verwaltungsrat des KWI in Dahlem für die Berufung gewinnen; insbesondere Walther Nernst war davon geradezu begeistert. Duisberg war sich im Klaren, dass Willstätter eventuell wiederum nicht wollte, doch solle man ihm den Ruf auf jeden Fall geben. Der Ruf hing allerdings davon ab, dass die I. G. über die Emil-Fischer-Gesellschaft eine zusätzliche Stelle am Berliner KWI finanzierte, die ad personam auf Richard Willstätter zugeschnitten war, da dieser keinesfalls Institutsleiter werden wollte. Willstätter lehnte das Angebot aber barsch ab, da er nicht in eine Abhängigkeit von der I. G. oder gar Duisberg persönlich kommen wollte. Duisberg überraschte nach eigener Aussage weniger die Absage als ihr Tonfall, den er als überaus kränkend empfand. Seither war das Tischtuch zwischen beiden Männern zerschnitten. Willstätter bemühte sich im Vorfeld des 70. Geburtstages von Duisberg 1931 um eine Aussöhnung und sprach sein Bedauern darüber aus, dass er Duisberg verletzt habe.[47] Duisberg dankte: «Wir wollen den weiteren Gründen, wie diese Abhängigkeit gemeint war, nicht nachgehen. Auf jeden Fall danke ich Ihnen, dass Sie die

Initiative ergriffen und die Gelegenheit meines kommenden 70. Geburtstages benutzt haben, um die von Ihnen bedauerte Differenz auszuräumen. Fällt mir doch in diesem Augenblick mein 60ter Geburtstag ein, den wir zusammen so vergnügt in Berchtesgaden … gefeiert haben.»[48]

Die alte Herzlichkeit kehrte nicht wieder. Es dürfte auch fraglich sein, ob Willstätter sie je mit der gleichen Intensität erwidert hatte, wie Duisberg sie subjektiv empfunden hatte. Bei Willstätter bestanden doch stets erkennbar Reserven, auch wenn Duisberg ihn wiederholt als seinen «Freund»[49] bezeichnete und sich dabei durch den Briefwechsel bestätigt fühlen durfte. Die Reserven hatten verschiedene Gründe; neben der unterschiedlichen Art der beiden Männer zweifellos auch sachliche. Willstätter war stärker um Distanz zur Industrie bemüht als der Duisberg-Freund Emil Fischer, der sich geradezu virtuos im Schnittfeld von Wirtschaft und Wissenschaft zu bewegen wusste.[50] Auch in der Neuorganisation der deutschen Wissenschaftsförderung nach dem Krieg war diese Frage von Bedeutung, wobei Duisberg aus Willstätters Sicht eine ambivalente Rolle spielte. Einerseits unterstützte er die allgemeine Wissenschaftsförderung, andererseits suchte er sie industriellen Zwecken dienstbar zu machen, wie zumindest zeitweilig Willstätters Freund Fritz Haber annahm.[51] Dass Willstätter, der ohnehin stets vermutete, Duisberg wolle ihn instrumentalisieren, dem Leverkusener Industriellen gegenüber Vorbehalte hatte, war daher mehr als wahrscheinlich, auch wenn es in den Briefkontakten nicht unmittelbar zum Ausdruck kam.

Willstätter selber urteilte in seinen im Schweizer Exil geschriebenen Memoiren angesichts der Tatsache, dass die I.G. ihn nach 1933 trotz der jahrelangen Zusammenarbeit nicht schützen konnte oder wollte,[52] ausgesprochen hart über Duisberg: «Zwei Jahre später (30.8.26) bot sich auch für den Verwaltungsausschuß des Kaiser-Wilhelm-Instituts für Chemie, dem einige meiner Freunde angehörten, und dessen Vorsitz C. Duisberg führte, die Möglichkeit, mich an mein früheres Laboratorium zurückzuberufen; aber es war zu spät. Meine Ablehnung verzieh mir aber der Industrieführer nicht, der Widerspruch, Unabhängigkeit so wenig kannte wie ein Monarch.» In der Darstellung seines Rücktrittes 1924 dann wurde er Duisberg gegenüber ungerecht: «Enttäuschend war Carl Duisbergs Verhalten. ‹Ich muß Ihnen mitteilen, daß das Ausscheiden eines Juden von einer so wichtigen Stellung in weiten Kreisen Deutschlands, mit denen ich in Berührung komme, die größte Freude und Befriedigung ausgelöst hat.› Später einmal erkundigte sich Duisberg bei Sauerbruch: ‹Was macht eigentlich der

Willstätter? Ist er völlig gebrochen?› Sauerbruch, dem ich die Verantwortung für die unakademische Ausdrucksweise überlassen muß, erwiderte: ‹Nein, er ist quietschvergnügt.›»[53]

Willstätter schob hier Duisberg freilich einen Satz unter, den dieser gar nicht geschrieben hatte. Der Zusammenhang war vielmehr ein ganz anderer. Der gemeinsame Freund Ferdinand Sauerbruch[54] hatte Duisberg am 18. Juli 1924 auf Willstätters Rücktritt angesprochen und um seine Meinung gefragt. Für Sauerbruch war das Überhandnehmen des Antisemitismus Ausdruck eines Führungsmangels, der sich in der Universität breitgemacht hatte. Duisberg schrieb am 11. August 1924 zurück: «Wie ich fürchte, ist Willstätter über meinen Brief[55] wenig erfreut gewesen. Das tut mir leid, denn ich wollte ihm helfen und nur sein und unser Aller Bestes. Aber seine intuitive Handlung der Niederlegung des Amtes habe ich nicht begriffen. Das mag gefühlsmäßig zutreffend gewesen sein, verstandesmäßig aber war es nicht richtig sondern falsch. Das Denken mit dem Herzen müssen wir Männer den Frauen überlassen, für uns kommt in allererster Linie der Verstand in Betracht. Was hat W. denn jetzt erreicht? Die antisemitischen Kreise der Hochschule und darüber hinaus alle Antisemiten freuen sich, dass sie diesen Vertreter der von ihnen gehassten Rasse los sind. Was hat W. selbst, das Judentum und das von ihm verfochtene Prinzip der Berufungsvorschläge von seinem Rückzug ins Privatleben? Nichts, oder besser, das Gegenteil, großen Schaden. Das, was ich am meisten bedauere und was bei Wi's Liebe zu seinem Beruf und seiner Wissenschaft unbedingt vermieden werden müsste: Wir sind einen tüchtigen Lehrer, einen hervorragenden Forscher los! Er hätte besser getan, in der Kampffront zu bleiben und seinen Mann zu stehen.» Es mag sein, dass Sauerbruch Willstätter von dem Brief berichtete oder ihn zum Lesen weitergab; aber der Brief besagte nichts anderes als das, was Duisberg Willstätter auch selbst geschrieben hatte: Willstätter sollte dem Antisemitismus nicht nachgeben! Es scheint, dass auch Willstätter 1930, im Vorfeld des Versöhnungsversuchs mit Carl Duisberg, die Missverständnisse sah; jedenfalls schrieb Arthur von Weinberg, der schon im Juli 1924 massiv dafür geworben hatte, Willstätter an das Berliner KWI Chemie zu binden, an Duisberg, er habe sich mit Willstätter getroffen: «Die Unterredung gab Gelegenheit, ihn über manche Verhältnisse aufzuklären, die ihm unbekannt waren und er betonte, dass er dem Mangel persönlicher Fühlung hauptsächlich die Schuld gebe, dass bei ihm sowie bei anderen Kollegen eine Misstimmung Platz gegriffen hätte.»[56] Willstätter dürfte zu diesem Zeitpunkt jedenfalls seine barsche Absage an Duisberg bedauert haben, doch war dieses Bedauern nach der Emigration und der mangelnden Unterstützung durch die I. G. nicht mehr existent.

Den Vorwurf des Antisemitismus wollte Heinrich Hörlein, unter Duisberg Leiter der Pharmaforschung in Elberfeld und enger Partner von Richard Willstätter, nach der Lektüre der Memoiren 1950 nicht auf sich beruhen lassen.[57] Willstätters Vorwurf, Duisberg habe sich über seinen Rückzug gefreut, konnte Hörlein unschwer widerlegen. Auch den eigentlichen Grund für das Zerwürfnis fand er durch Nachfrage bei Walther Duisberg, der die Gespräche seines Vaters mit Richard Willstätter teilweise miterlebt hatte, rasch heraus. Der Sohn stellte den Bruch, die Erinnerungen von 1924 und 1926 allerdings vermischend, so dar: «Zum Schluss möchte (ich) aus der Erinnerung noch die folgenden Worte meines Vaters zitieren, die er im Hause Willstaetters in meiner Gegenwart über das Ausscheiden Willstaetters sagte: ‹Herr Willstaetter, wenn Sie schon aus mir nicht begreiflichen Gruenden von der Universitaet ausscheiden wollen, so bieten meine Kollegen und ich Ihnen an, alle Ihre Wuensche fuer ein Laboratorium im Kaiser Wilhelm Institut in Dahlem oder irgendwo anders zu erfuellen. Sagen Sie, was Sie wollen, ich garantiere, dass es erfuellt wird. Aber tun Sie mir den Gefallen und hoeren auf meinen Rat. Machen Sie bestimmten Leuten nicht die Freude, sich zurueckzuziehen.› Was auf Seite 348 (der Memoiren Willstätters, W. P.) zitiert ist, muss aus irgendetwas herausgenommen sein, in dem mein Vater nochmals versuchte Willstaetter zu ueberreden und zu ueberzeugen. Er kann nur gemeint haben: ‹Habe ich Ihnen nicht vorausgesagt, wie die Einstellung bestimmter Leute sein wuerde.› Eine andere Einstellung meines Vaters, der sich tief verletzt fuehlte, dass Willstaetter sein so wohlgemeintes Angebot und seinen Rat so schroff ablehnte, ist garnicht moeglich.»[58] Ganz ähnlich hatte Walther Duisberg zuvor an den Willstätter-Schüler Arthur Stoll in Basel geschrieben: «Nach meiner Kenntnis ist zwischen Willstaetter und meinem Vater aus Anlass von Willstaetters Ruecktritt ein grosses Missverstaendnis entstanden. Die gute Absicht meines Vaters, Willstaetter von einem, wie es meinem Vater aus ehrlichster Ueberzeugung schien, verfehlten Schritt zurueckzuhalten, wurde von Willstaetter als Eingriff in seine persoenliche Sphaere auf das Schroffste zurueckgewiesen. Ich selbst bin bei Unterhaltungen ueber diesen Punkt im Hause Willstaetter als stummer Zuhoerer zugegen gewesen. Mein Vater glaubte ein guter Freund Willstaetters zu sein. Die Worte Willstaetter's, die damals gefallen sind, konnten schwer verletzen. Mein Vater hat diese Kontroverse meines Wissens nie an die Oeffentlichkeit gebracht.»[59]

REPUBLIK

31 | Carl Bosch und der Kampf um die I. G.

Hinter allen wirtschafts- und wissenschaftspolitischen Bemühungen Duisbergs stand vor allem das Bemühen, das eigene Unternehmen nach dem Krieg wieder zum Erfolg zu führen. Neben günstigen oder zumindest nicht feindseligen Rahmenbedingungen hing dessen Schicksal allerdings vor allem an der eigenen Leistungsfähigkeit. Hier lag die eigentliche Herausforderung für Carl Duisberg. Die alten Pläne zur Bildung eines großen Farbenkonzerns bekamen daher bereits während des Krieges eine ganz neue Bedeutung. Seit August 1914 häuften sich Berichte aus dem Ausland, dass die Farbenfabriken ihre Auslandsbeteiligungen und -guthaben nicht unversehrt durch den Krieg bringen würden. Dabei war die Beschlagnahme der Werksanlagen beziehungsweise die Ersetzung des deutschen Leitungspersonals durch Russen in der Moskauer Filiale noch hinzunehmen, solange die fundamentalen Eigentumsrechte nicht in Frage gestellt wurden. Doch Großbritannien, wo 1915 gefordert wurde, man dürfe Deutschland nach dem Ende des Krieges wirtschaftlich nicht wieder auf die Beine kommen lassen,[1] schlug auch in dieser Frage frühzeitig einen harten Kurs ein, enteignete die Guthaben der Farbenfabriken und verkaufte die dortigen Werksanlagen inklusive der Patente und Warenzeichen an zum Teil neu gegründete englische Unternehmen – eine Entwicklung, die man in Leverkusen widerspruchslos hinnehmen musste, zumal den englischen Mitarbeitern bei Strafe des Landesverrats jeder Kontakt mit Deutschland untersagt wurde. Auch in Frankreich fielen die Patente und Markenzeichen der Sequestrierung anheim; Maßnahmen, denen sich nach ihrem Kriegseintritt die USA anschlossen.[2] 1918 war klar, dass nicht allein das gesamte Auslandsvermögen verloren war, sondern mehr noch, dass fremde Unternehmen mit der eigenen Technologie, den eigenen Markenzeichen und den eigenen Produktionskapazitäten den Firmen der I. G. auf den wie auch immer zugänglichen Weltmärkten Konkurrenz machen würden.[3] Erschwerend kam hinzu, dass wegen des Ausfalls der deutschen Farbstoff- und Pharmazeutika-Lieferungen in den Ländern, die bisher ihren Farbenbedarf in Deutschland gedeckt hatten, eigene Farbstoff-Firmen gegründet wurden. Auch das musste den Wettbewerb verschärfen, da überdies damit zu rechnen war, dass die betreffenden Staaten ihre jungen Industrien vor der Rückkehr einer überlegenen deutschen Konkurrenz schützen würden. Dass dem Krieg der Waffen ein Krieg der Wirtschaft folgen würde, gehörte seit 1915 nicht nur in Berlin zur festen Überzeugung, sondern auch in den Unternehmenszentralen der chemischen Industrie an Rhein und Main.[4] Die Gründung der vergrößerten I.G. in den Jahren 1915 und 1916 war daher von Anfang an der Versuch, sich für die Bedingungen der Nachkriegszeit zu wappnen, wobei man fast zwangsläufig in Kauf nehmen musste, dass der eigene Zusammenschluss im Ausland als Bedrohung wahrgenommen wurde und entsprechende Gegenreaktionen hervorrufen würde. Trotzdem sah Duisberg hierzu keine Alternative. Auf unmittelbare Anregung von Carl von Weinberg, der ein längeres Abwarten in der Frage des Zusammenschlusses für fahrlässig hielt,[5] legte Carl Duisberg noch 1915 eine nur unwesentlich veränderte Fassung seiner Denkschrift von 1903 vor, woraufhin es zu intensiven Verhandlungen und schließlich Ende 1915 zu einem umfassenderen Zusammenschluss der Firmen des Dreibundes und des Dreiverbandes und der bislang unberücksichtigten Unternehmen Weiler ter Mer und Griesheim-Elektron kam. Das Ergebnis sah freilich anders aus, als Duisberg es gewünscht hatte. Denn es kam 1916 nicht zu einer Fusion der Unternehmen, sondern nur zu einem breit angelegten Interessengemeinschaftsvertrag, aus dem zusätzlich bestimmte Sonderarbeitsgebiete herausgehalten wurden, etwa die Ammoniaksynthese der BASF, die Knapsack-Beteiligung von Hoechst und später die Leichtmetallproduktion der Chemischen Fabrik Griesheim-Elektron (CFGE). Hoechst wurde nach Zusammenfassung mit Kalle mit der gleichen Quote bedacht wie die BASF und die Farbenfabriken Bayer. Cassella, Agfa und Weiler ter Meer hatten geringere Quoten. Diese Art des Zusammenschlusses war keine Fusion, aber doch «mehr als ein Gewinnpool. Die Unternehmen delegierten wesentliche Entscheidungsbefugnisse an einen Gemeinschaftsrat (GR), der aufgrund des Interessengemeinschaftsvertrages vom 18. August 1916 gebildet wurde. Mit 70 %iger Mehrheit, die sich aus den Beteiligungsquoten ergab, entschied der GR über Investitionen, Beteiligungen, Immobiliengeschäfte sowie die Teilnahme an Konventionen, Kartellen und Syndikaten. Einstimmigkeit war für Betriebseinstellungen, Stillegungen sowie grundlegende Änderungen der rechtlich festgelegten Geschäftszwecke erforderlich.»[6] Da zudem die technische und organisatorische Kooperation verbessert wurde, man insbesondere den «Austausch von Fabrikationsverfahren» vereinbarte und auch das Marktverhalten durch gegenseitige Lieferungen und gemeinsame Einkäufe abgestimmt werden sollte,[7] war Duisberg schließlich mit dem erreichten Zustand zufrieden, zumal er selbst erster Vorsitzender des Gemeinschaftsrates wurde. Die nun erzielte Lösung konnte sich sehen lassen, und Weiteres war nicht ausgeschlossen. 1917 ließ er Albert Vögler Einblick in die Denkschrift zur Vereinigung der Farbenfabriken nehmen und informierte ihn auch über die Struktur der neuen I.G., was diesen, der als Schmeichler nicht bekannt war, zu einem umfänglichen Lob veranlasste: «Gerade die wiederholt betonte Belassung der Eigenart der einzelnen Unternehmen erscheint mir als ein besonderer Vorzug Ihres Zusammengehens. Es ist die Vertrustung mit ihrer unfehlbar kommenden Einseitigkeit vermieden und trotzdem ihr Vorteil vielleicht bis auf die zum Teil noch ungelösten Verkaufsfragen erreicht.»[8] Dieses Lob Vöglers wirft ein interessantes Licht auf Duisbergs Haltung bei der endgültigen Fusion 1924/25.

Nicht nur im Lichte von Vöglers Sicht der Dinge ist Gottfried Plumpes Urteil, Duisberg sei nicht erfolgreich gewesen, zumindest zu relativieren. Der Einwand, die nur halbherzige Interessengemeinschaft habe massive Gegenreaktionen im Ausland provoziert und sei deshalb unter Umständen besser ganz unterblieben, war für die zeitgenössischen Akteure kaum stichhaltig. Duisberg wusste, dass die I.G.-Gründung entsprechende Reaktionen hervorrufen würde, doch machte er sich ohnehin keinerlei Illusionen über die zu erwartende feindselige Stimmung im Ausland. Wie es Carl von Weinberg ausgedrückt hatte, sah es auch Carl Duisberg: Man musste etwas tun, wenn man sich später keine Vorwürfe machen wollte. Auch die widerständige, zumindest zögerliche Haltung der BASF und das Zaudern von Hoechst in den Verhandlungen folgten ja keinem gegenteiligen Impuls, sondern trachteten allein, den an sich begrüßten Zusammenschluss im eigenen Interesse zu gestalten. Insofern sah Duisberg auch seinen eigenen Anteil an der ganzen Entwicklung nicht falsch: «Ich kann wohl sagen, dass ich Vater und Mutter dieser grossen Vereinigung bin, die als Schutz- und Trutzbündnis gedacht ist, um den wirtschaftlichen Kampf nach dem Kriege mit den zahlreichen im Ausland entstandenen neuen Konkurrenzfabriken aufzunehmen.»[9] Gegenüber Ludwig Knorr trumpfte er geradezu auf: «Ich kann wirklich für mich das Verdienst in Anspruch nehmen, diese wichtige Aufgabe (Bildung der I.G.), allein durchgeführt zu haben. Nicht nur die Anregung dazu ist vor 12 Jahren und neuerdings vor einem Jahr von mir ausgegangen, nicht nur Denkschriften, die ich damals und jetzt schrieb, haben diesen Zusammenschluß vorbereitet, sondern auch die ganze Arbeit der Vermittlung, der Verhandlungen im grossen und kleinen Kreise habe ich persönlich geführt. Ich bin ausserordentlich stolz darauf, dass es mir endlich gelungen ist, diese für unsere Industrie, aber für unser Vaterland noch wichtigere Interessengemeinschaft zustande gebracht zu haben. Ich bin umsomehr stolz, als die sämtlichen Firmen mir Dank und Anerkennung für meine Arbeit ausgesprochen haben, obgleich doch im allgemeinen der ehrliche Makler, wenn er seine Arbeit getan, die weltbekannten Prügel bekommt. Der Zusammenschluß war aber auch nur möglich, indem ich immer und überall für absolut gerechte Behandlung aller Beteiligten Sorge trug. ... Es war der Traum meiner chemischen Jugend, einmal die Industrie, der ich mich gewidmet, so geeint und so stark zu sehen, wie sie jetzt nicht in schlechten, sondern in guten Zeiten dasteht. Der Traum scheint jetzt in Erfüllung zu gehen und damit schliesst ein wichtiges Lebensziel, das ich mir gesteckt, ab. Sie können sich deshalb auch meine Freude über das erreichte denken. Es war eine grosse und schwierige, aber wie Sie sehen, ausserordentlich befriedigende Arbeit.»[10]

Ob er sich angesichts der Tatsache, dass die erste Initiative von Carl von Weinberg ausging, wirklich so ohne weiteres «Vater und Mutter» des Zusammenschlusses nennen durfte, sei dahingestellt. Ohne seine Initiative, ohne seinen Druck, seine Beharrlichkeit, aber auch ohne die Tatsache, dass die Farbenfabriken in der ganzen Verhandlungszeit aus einer Position der nicht in Frage gestellten Stärke handeln konnten, wäre der Zusammenschluss nicht gelungen. Gerade letzeres ermöglichte es ihm, wie er Ludwig Knorr geschrieben hatte, die Rolle des «ehrlichen Maklers» einzunehmen, der in diesem Fall eben nicht die «weltbekannten Prügel» bezog, sondern große Anerkennung fand. Duisberg konnte diesmal auch deshalb geradezu befreit verhandeln, weil er allein für Leverkusen sprechen konnte. Interne Konflikte über die erneuerte Denkschrift, die an die Auseinandersetzungen der Jahre 1903 und 1904 erinnert hätten, sind nicht überliefert. Friedrich Bayer jun., der bereits von Krankheit gezeichnet war und an den Sitzungen des Direktoriums nur noch selten teilnahm, wurde in die Gespräche bestenfalls am Rande einbezogen. Duisberg erstattete Böttinger zwar regelmäßig Bericht; er musste sich ihm gegenüber aber nicht rechtfertigen, im Gegenteil. Böttinger bewunderte seine Tatkraft und hob zu seinem Geburtstag im September 1915 hervor, dass er in seinem letzten Lebensjahr «Grosses und Gewaltiges» geleistet habe.[11] Dieses Kompliment bezog sich nicht nur auf die I. G.-Gespräche, aber Duisberg hatte die Rückendeckung, die er brauchte. Wie weit seine Autonomie reichte, mag die Tatsache veranschaulichen, dass die Fusionsgespräche weitgehend unter Ausschluss des Aufsichtsrates erfolgten.[12] Nur im Direktorium der Farbenfabriken war hin und wieder von der Vereinigung die Rede, zumal ein Teil der Leverkusener Direktoren unmittelbar in die Verhandlungen einbezogen war. Aber für Duisberg bedeutete all das keine Einschränkung mehr, ihm wurde zugearbeitet. Eine öffentliche Debatte über den Zusammenschluss wurde zudem erfolgreich vermieden. Als im Sommer 1916 die Hauptversammlungen anstanden, auf denen der I. G.-Vertrag in den einzelnen Gesellschaften zu verabschieden war, legte Duisberg alle an die Öffentlichkeit gehenden Informationen detailliert fest und arbeitete einen Vorschlag für die öffentliche Erklärung aus, die die Vorstandsvorsitzenden der anderen Unternehmen abgeben sollten. Weiter gehende Fragen zur I. G. wollte er auf den Versammlungen nicht zulassen und beantragte daher erfolgreich im Kriegsministerium, «uns eine Bescheinigung auszustellen, dass wir nicht mehr sagen dürfen, als im Geschäftsbericht gesagt ist».[13]

Die Öffentlichkeit wurde folgerichtig mit wenigen kurzen Informationen abgespeist. Details über die innere Struktur der I. G. blieben für längere Zeit unbekannt.[14] Auch diese Art des Versteckspiels mag dazu beigetragen haben, dass die I. G. schon zeitgenössisch gelegentlich regelrecht dämonisiert wurde. Hier sei eine Art Weltbeherrschungskonzern gebildet worden, der aggressiv auf seine Dominanz in der Weltwirtschaft gesetzt habe und dabei ohne Skrupel alle verfügbaren Mittel einzusetzen bereit gewesen sei – lautet der seither nicht verstummte Vorwurf.[15] Schon in den 1920er Jahren setzte sich auch eine Sichtweise durch, namentlich im Text von Helmut Wickel, wonach die I. G.-Gründung folgerichtig die ohnehin vorhandenen Konzentrations- und Zentralisationstendenzen in der Branche lediglich exekutiert habe. Bei eingehender Betrachtung ist von all diesen Motiven wenig zu finden. Was die Verteidigung des «Weltmonopols» anging, äußerte sich am ehesten Carl von Weinberg in diese Richtung, während Duisberg gegenüber dem Leverkusener Direktorium zu Beginn der Gespräche lediglich von «einem späteren Zusammenschluss gegenüber der ausländischen Konkurrenz» sprach.[16]

Monopolistische Absichten im Sinne einer umfassenden Marktbeherrschung zur Ausbeutung der Kundschaft durch überhöhte Preise wies Duisberg stets entschieden von sich. Angesichts der späteren Entwicklung ist diese Selbsteinschätzung nur schwer zu bestreiten. Die I. G. Farbenindustrie AG umfasste selbst in Deutschland nie mehr als knapp 50 Prozent der chemischen Industrie, und die Frage, wie die Trust-Bildung sich auf das Preisniveau auswirken würde, war schon zeitgenössisch hoch umstritten. Empirisch belastbare Aussagen, nach denen die I. G. ihre Marktposition zur Durchsetzung ungerechtfertigter Preissetzungsmacht benutzt habe, sind jedenfalls nicht überliefert, ebenso wenig im Übrigen Klagen, dass die I. G. besonders rabiat gegen die Arbeiterbewegung vorgegangen sei. Duisberg hatte zwar in seiner erneuerten Denkschrift eine fusionierte Gesellschaft auch deshalb gelobt, weil sie eine Art Arbeitgeberverband in sich sei und mit den eigenen Beschäftigten entsprechend verhandeln könne; er hatte also schon klare Vorstellungen von der Regelung der industriellen Beziehungen im eigenen Hause. Aber die Erfahrungen der Weimarer Zeit sollten zeigen, dass es gerade die Chemie und in dieser Branche wiederum die I. G. waren, die die geringsten Probleme mit dem neuen kollektiven Arbeitsrecht hatten. Von den Bürgerkriegszuständen des Ruhrgebietes war man an den meisten Standorten der I. G. weit entfernt, wenn sich auch die kommunistischen Teile der Arbeiterbewegung nachhaltig darum bemühten, derartige Zustände herbeizuführen. Kurz: Es würde viel zu weit führen, in der I. G.-Gründung 1916 mehr zu sehen als das, was Duisberg und andere stets behaupteten, nämlich ein Bündnis, um die Marktposition nach dem Krieg zu stabilisieren und an die Vorkriegserfolge anzuknüpfen. Dass hier eine Art «Supertrust» entstanden sei, wird überdies weder durch die eher losen Organisationsstrukturen noch durch deren häufig von Konflikten bestimmte Funktionsweise bestätigt. Denn die hier nicht weiter zu betrachtenden I. G.-Strukturen funktionierten ja keineswegs reibungslos, der jährliche Austausch der Zahlen zur Berechnung der Gewinnsumme verlief selten ohne Mahnungen und Konflikte, aber auch persönliche Meinungsverschiedenheiten drohten, wieder und wieder «die ganze I. G.-Maschine» lahmzulegen, wie Duisbergs Stellvertreter im GR, der Agfa-Chef Franz Oppenheim, angesichts eines unversöhnlichen Streits zwischen den Vertretern der BASF und der Chemischen Fabrik Griesheim Ende 1917 konstatierte.[17]

Von Harmonie also keine Spur! Alle Unternehmen, auch die Farbenfabriken in Leverkusen, bemühten sich überdies, ihren eigenen Aktionären gegenüber gut dazustehen, was die Zusammenarbeit weiter erschwerte. In der Nachkriegszeit eskalierten manche Konflikte, worauf später noch zu blicken sein wird. Kurz: Einem ernstzunehmenden «Trust» kam man erst mit der Gründung von 1925 nahe, der dann aber nicht mehr Duisbergs Vorstellungen entsprach, die sich wahrscheinlich schon seit 1916 mehr und mehr vom ursprünglichen Plan einer festen Vertrustung abwandten. 1916 war bestenfalls ein Schutzbündnis entstanden, das einem eigenartigen Zwitter zwischen Unternehmen und Markt glich, in institutionentheoretischer Hinsicht jedenfalls nur schwer klassifizierbar ist, vielleicht am ehesten mit Williamson als hybride Organisationsform.[18] Im Kern war die I. G.-Gründung eine pragmatische Antwort auf eine durch den Krieg entstandene und sich dauernd verschärfende Problemlage, eine Lösung, in der ältere Überlegungen unter den gegebenen Bedingungen wieder aufgegriffen wurden. Die Organisationsform war das, was die Mitgliedsfirmen unter den spezifischen Umständen an Autonomieverlust zu akzeptieren bereit waren, also die Übertragung beschränkter Entscheidungsbefugnisse an neue, kollektive Organisationsstrukturen, die sowohl zu einer Vollfusion führen konnten wie zu ihrer vorzeitigen Wiederauflösung.

***

Die endgültige Gründung der I. G. Farbenindustrie AG im Herbst 1925, die in der Literatur breit dargestellt ist,[19] wurde auch gerade deshalb zu einer Niederlage Duisbergs, weil sie die von ihm lange Zeit angestrebte Vollfusion zu dem Zeitpunkt brachte, an dem er sie bereits aufgegeben hatte, ja, als gefährlich ansah. Denn durch den Krieg verschoben sich die Gewichte zwischen den Partnern der Interessengemeinschaft in einer Weise, dass die Konstellation der Nachkriegszeit mit den Fusionsbestrebungen der Vorkriegszeit nur noch wenig Ähnlichkeit hatte. Vor dem Krieg ging es im Wesentlichen um den Zusammenschluss von drei in etwa gleich großen und einigen kleineren Unternehmen, die zudem ein sehr ähnliches technisches Profil mit einem Schwerpunkt in der Farbenherstellung aufwiesen. Es gab unterschiedliche Produktionsschwerpunkte, doch fielen sie weder vom Umsatz noch vom Gewinnbeitrag entscheidend ins Gewicht. Durch den Krieg und die Etablierung der Stickstoffsynthese änderte sich das, ohne 1915/16 eine ausschlaggebende Rolle zu spielen, da die BASF ihr Stickstoffgeschäft nicht in die I. G. einbrachte. Nach dem Krieg aber war klar, dass zukünftig die BASF das größte Gewicht haben würde; auch ihr technisches Profil unterschied sich von den anderen Unternehmen nun derart, dass eine Vollfusion den Charakter des Gesamtunternehmens deutlich ändern musste. «Gemischtwarenläden» wie die Farbenfabriken Fried. Bayer verloren an prägender Bedeutung. Das kam schon in den einfachen Kennzahlen zum Ausdruck. Waren die BASF, die Farbenfabriken Bayer und die

Farbwerke Hoechst 1913 in etwa gleich groß, so entfielen 1924 allein auf die BASF 45,1 Prozent des Umsatzes der I. G. gegenüber 21,5 Prozent 1913. Der Umsatzanteil von Bayer war im gleichen Zeitraum von 20,3 auf 14,2 Prozent zurückgegangen, der von Hoechst von 18,4 auf 13,6 Prozent. Bei den Beschäftigtenanteilen war Bayer auf den vierten Platz hinter die BASF, Hoechst und Griesheim-Elektron zurückgefallen.[20] Diese Daten zeigen auch, dass es in den ersten Nachkriegsjahren nicht gelungen war, die alte Weltmarktposition in der Farbenindustrie wieder zu erreichen. Der Farbenanteil am Umsatz war zwischen 1913 und 1924 von 63 auf 39 Prozent zurückgegangen; auch bei Chemikalien und im Bereich Pharmazeutika waren die Zahlen rückläufig, eine direkte Folge des versperrten Marktzuganges im Ausland. Lediglich das erst im Krieg groß gewordene Stickstoffgeschäft, nach dem Krieg also vor allem die Herstellung von Düngemitteln, boomte nach anfänglichen Schwierigkeiten. Während es vor 1913 faktisch nicht zum Umsatz beigetragen hatte, lag sein Anteil 1924 bei 33 Prozent.[21] Durch die Gewichtsverlagerung in Produktion und Umsatz wurde die I. G. zudem weniger international. Das Farben- und Pharmageschäft hatte vor 1914 Exportanteile von über 80 Prozent, während das Stickstoffdüngergeschäft nationaler ausgelegt war, auch wenn der Export mit etwa der Hälfte des Umsatzes nicht unbedeutend war.

War die Großsynthese vor dem Hintergrund des versperrten Weltmarktzugangs schließlich eine wirtschaftliche Alternative, so zeichnete sich eine derartige Konstellation unmittelbar nach dem Krieg keineswegs ab. Leuna, das große Stickstoffwerk der BASF in Mitteldeutschland, war zwar rasch gewachsen, doch fehlten der BASF für die bereits begonnene dritte Ausbaustufe nach dem Ende des Krieges die Mittel. Überdies wurde das Stickstoffgeschäft 1919 defizitär, da die weggebrochene Rüstungsnachfrage nicht durch entsprechenden zivilen Umsatz kompensiert werden konnte. Für die Firmen der I. G. war das eine große Herausforderung, da mögliche Verluste gemeinsam zu tragen waren. Im Sommer 1919, als zeitweilig nicht einmal klar war, ob die Ammoniaksynthese als «dual-use»-Anlage nicht unter das Verdikt des Versailler Vertrages fiel, wurde der Gedanken erwogen, das Stickstoffgeschäft ganz aufzugeben und die Anlagen in Leuna zu verkaufen. Die Alternative hätte darin bestanden, das zusätzlich nötige Investitionskapital für die dritte Ausbaustufe in Höhe von etwa 400 Millionen Mark gemeinsam etwa durch eine Kapitalerhöhung zu mobilisieren, was freilich angesichts der ungewissen Marktlage ein erhebliches Risiko darstellte. Die in der Literatur gut dargestellte Entwicklung[22] spitzte sich im Spätsommer 1919 zu, wobei zunächst unklar war, ob die Firmen der I.G. bereit sein würden, das Stickstoffgeschäft der BASF und damit den Weg der I.G. in die Großsynthese zu unterstützen. Zur entscheidenden Sitzung kam es am 10. Oktober 1919 in Baden-Baden, als unter Duisbergs Leitung, der dem Gemeinschaftsrat zu dieser Zeit vorsaß, die Zukunft der Stickstoffsynthese zu entscheiden war. Ein Vertreter des Reichsschatzministeriums hatte zuvor erklärt, dass das Reich nur bei entsprechendem eigenen unternehmerischen Einfluss bereit sei, Geld zuzuschießen – das kam aber für die Vertreter der I.G. nicht in Frage. Vor diesem Hintergrund erschien zumindest der Juristenkommission der I.G. das Risiko einer Übernahme der Ammoniakwerke in die I.G. und die Finanzierung ihres Ausbaus durch eine gemeinsame Kapitalerhöhung zu hoch. «Da schnellte Duisberg auf und sagte in größter Erregung, dass ihn diese Ausführungen in keiner Weise interessierten. Es sei ein Glück, dass die einzelnen Werke von Technikern und nicht von Juristen geleitet würden. Die Juristen seien nur Helfer, deren Aufgabe es sei, die Beschlüsse durchzuführen. Die Entwicklung der neuen synthetischen Düngemittelindustrie sei ganz unabsehbar. Es sei durchaus möglich, dass sie eines Tages die Rettung der Firma bedeuten könne, zumal im Hinblick auf den internationalen Wettbewerb auf anderen Produktionsgebieten. Er verlange, dass Leuna, wie vorgeschlagen, unter der Leitung der Badischen in die Interessengemeinschaft aufgenommen werde. Die Versammlung stimmte diesem Vorschlag sofort zu.»[23] Duisberg trug mithin maßgeblich dazu bei, dass nicht nur die Großsynthese fortgeführt wurde, wofür ihm Carl Bosch stets verbunden blieb, dessen Lieblingskind sie war. Über die gemeinsame Kapitalerhöhung und die Aufnahme von Leuna als Ammoniakwerke Merseburg GmbH in die I.G. rückten die Firmen auch deutlich enger zusammen. Da sich in der zweiten Jahreshälfte 1919 das Stickstoffgeschäft deutlich verbesserte und in die Gewinnzone rückte, bewahrheitete sich Duisbergs Vermutung, die Großsynthese könne unter Umständen noch einmal die I.G. retten, recht schnell.

Es ist fraglich, ob die I.G. die kommenden Jahre ohne diesen gemeinsamen Beschluss zur Fortsetzung des Ausbaus von Leuna und den sich anschließenden Austausch der Aufsichtsratsmandate unbeschadet überstanden hätte. Denn die Firmen der I.G. waren von der Nachkriegsentwicklung ganz unterschiedlich betroffen. Zwar hatten alle während des Krieges große Reserven angelegt und konnten die Produktionsausfälle nach Kriegsende und die Rückkehr zur Friedenswirtschaft aus diesen Rückstellungen finanzieren. Doch schmolzen diese Reserven rasch zusammen, allein 1919 um knapp 80 Prozent.[24] Entscheidend wurde daher die Frage, ob und zu welchen Bedingungen es den Unternehmen gelang, zur Friedensproduktion zurückzukehren. Die Farbenfabriken in Leverkusen befanden sich dabei, wie bereits zuvor geschildert, in einer durchaus günstigen Lage. Zwar kam es auch hier zu größeren Streiks; zwar war auch hier die Kohlenversorgung nicht immer gesichert; zwar gab es auch hier gelegentlich Probleme mit dem Marktzugang in das unbesetzte Gebiet – aber alle Probleme führten nicht dazu, dass Leverkusen für längere Zeit stillstand. Selbst vom Ruhrkampf war Leverkusen nicht betroffen. Das alles galt zwar nicht für den Standort in Elberfeld, der 1920 in einem der revolutionären Zentren lag, doch war dessen Bedeutung nicht mehr so groß, dass dadurch die Firma hätte gefährdet werden können. Nur für 1923, als die Hyperinflation und die Währungsreform im November das Geschäft schwer belasteten, konnte keine Dividende gezahlt werden, während das zuvor jedes Jahr möglich war, wenn die Dividendensätze auch von den Vorkriegshöhen meilenweit entfernt blieben. Duisbergs Kompromisse mit der Arbeiterschaft und die konsequente Sparpolitik im Unternehmen zahlten sich jedenfalls aus. Zustände wie im unbesetzten Hoechst, im mitteldeutschen Chemiegebiet oder bei der Berliner Agfa, wo mehrfach die Anlagen infolge von Streiks und sozialen Kämpfen längere Zeit stilllagen, gab es in Leverkusen nicht. Auch war man nicht, wie die BASF, mit einer als feindselig empfundenen Besatzungsmacht konfrontiert, vor deren Zugriff sich die leitenden Herren wiederholt in Sicherheit bringen mussten.

All das unterschied Leverkusen von den anderen Standorten, die wiederholt unter erheblichem Kohlemangel litten und Teile der Anlagen, wenn nicht gar die Werke selbst für einige Zeit schließen mussten. «Wir haben hier weitgehende Ausfuhrerlaubnis bekommen», schrieb Duisberg im März 1919 an Franz Oppenheim. «Selbst in den Kohlen sind wir relativ gut ab …. … Traurig sieht es dagegen in Ludwigshafen und Höchst aus. Dort herrscht immer noch Kohlenmangel und, wie mir Hugo Stinnes vor wenigen Tagen sagte, ist auch kaum zu erwarten, dass Ludwigshafen vor 2 bis 3 Monaten mit genügenden Mengen Kohlen versorgt wird. Unsere Freunde, die überdies noch in ihrer Ausfuhr durch die französische Besatzung stark gehemmt sind, haben deshalb gewaltige Ausgaben und keine Einnahmen. Das muss zu einem erschreckend großen Defizit in unserer Bilanzierung in diesem Jahre führen. Sie und wir, die wir wenigstens für das unbesetzte Gebiet noch arbeiten können, sind nicht imstande, solche grossen Unterbilanzen wettzumachen.»[25] Gegenüber seinem Aufsichtsratsvorsitzenden Böttinger schilderte Duisberg im Januar 1920 die Lage wegen des unter anderem durch die Zwangsexporte, die zahlreichen Streiks, die verkürzten Arbeitszeiten und die niedrige Produktivität im Bergbau bedingten Kohlenmangels weiterhin als überaus schwierig: «Die Zeit ist trübe und dunkel, was die Zukunft bringt, weiss keiner. Ich fürchte nichts Gutes, da der Kohlenmangel sich immer mehr bemerkbar macht. Neben Höchst, Griesheim und Cassella hat seit 8 Tagen, wenigstens bei der Farbenabteilung Ludwigshafen auch Schluss gemacht. Oppau arbeitet noch; wie lange weiß man nicht. Die Ergebnisse des III. Quartals sind überraschend gut, das IV. Quartal aber wird durch das Stilliegen der oberrheinischen Betriebe wieder schlecht werden und das erste Quartal des neuen Jahres miserable Ergebnisse zeitigen. Nur die Agfa und wir arbeiten noch, aber auch wir hier am Rhein können jeden Augenblick zum Erliegen kommen. Mit Mühe und Not haben wir uns durch die Verkehrshemmungen infolge des Streiks des Elberfelder Eisenbahndirektionsbezirks und seit gestern auch des Essener Bezirks hindurchgerungen. Es kann sein, dass es uns gelingt, mit einem blauen Auge davon zu kommen und dass wir also Schwarzkohle haben, wenn auch dürftig und nicht ganz und voll ausreichend.»[26]

Die Leverkusener Erfolge waren aber nicht nur das Ergebnis besserer Bedingungen; sie folgten einer aggressiven Strategie Duisbergs, der nicht nur in Leverkusen so sparsam wie möglich zu arbeiten suchte, sondern den Verkaufsapparat der Farbenfabriken nutzte, um die eigenen Produkte auf den Markt zu bringen, und sei es auf Kosten anderer I. G.-Firmen. Das tat er durchaus mit gutem Gewissen, kamen doch die Leverkusener Erfolge auch den anderen Firmen zugute. Duisbergs Werksleitung war so erfolgreich, dass er in der I. G. in den ersten Nachkriegsjahren bestimmend auftreten konnte. Ohne diesen Hintergrund wäre auch sein maßgeblicher Einfluss bei der Sicherung des Ausbaus von Leuna, den auch die Farbenfabriken nur widerwillig trugen, nicht vorstellbar gewesen. Duisberg war bereit, Opfer für die I. G. zu bringen.[27] Dafür beanspruchte er im Gemeinschaftsrat, dem Führungsgremium der I. G., dessen Leitung turnusgemäß wechselte, dauerhaft so etwas wie eine tonangebende Rolle. Vor allem suchte er einen rigorosen Sparkurs durchzusetzen, da in Kosteneinsparungen im Produktionsprozess und beim Verkauf der Güter ein Schlüssel zur Rückkehr auf die Weltmärkte und zur Sicherung der Rentabilität zu liegen schien. Das bedeutete aber auch, dass die I. G. ihre Überkapazitäten etwa im Farbstoffbereich an die erwarteten Absatzchancen anpassen musste und – falls nötig – auch vor der Schließung von Werksteilen und der Zusammenlegung von Produktionen nicht zurückschrecken durfte. Eine derart angelegte Rationalisierung war für Duisberg überhaupt das Gebot der Stunde. Vor dem Reichswirtschaftsrat erklärte er 1921, da die ehemaligen Feindstaaten die deutsche Industrie rigoros von ihren Märkten aussperren würden, sei nur über niedrige Kosten überhaupt Wettbewerbsfähigkeit erreichbar. Durchgreifende Innovationen seien im Moment zu teuer: «Aber eines können wir sofort und sollten wir unter allen Umständen durchführen, nämlich den Zusammenschluss aller derjenigen Industrien, die zusammengehören und zusammenpassen.»[28]

In der I. G. blieb Duisberg die treibende Kraft, zumindest, was deren organisatorische Neufassung und die entsprechende Restrukturierung von Produktion und Verkauf anging. Während Carl Bosch und die BASF vor allem an die Erweiterung der Großsynthese dachten, in der sie die Zukunft der chemischen Industrie sahen, ging Duisberg eher von der Rationalisierung und Modernisierung des vorhandenen «Tausendfüßlers» aus. Mit der Währungsreform und der Wiederherstellung einer geordneten Betriebswirtschaft nach dem Oktober 1923 wurde das Problem der Kosteneinsparung noch dringlicher. Duisberg, der sich mittlerweile wohl auch selbst als «Jupiter tonans» der I. G.[29] sah, ergriff erneut die Initiative und legte am 16. Dezember 1923 eine Denkschrift mit dem bezeichnenden Titel «Kritische Betrachtungen über die am 1. Januar 1916 ins Leben getretene Interessengemeinschaft der deutschen Teerfarbenindustrie»[30] vor, die wie eine Bombe einschlug und das gesamte folgende Jahr in den Vorständen der I. G.-Firmen und im Gemeinschaftsrat für intensiven Gesprächsstoff sorgte. Das lag daran, dass Duisberg die vorhandenen Probleme aussprach, ihnen zugleich aber eine ganz eigene Interpretation unterlegte. Er führte schon in den anfänglichen Überlegungen diese Probleme der I. G. nicht allein auf die veränderten Rahmenbedingungen und die Kriegsfolgen, sondern vor allem auf einen Mangel an «Gemeinschaftsgefühl» zurück. Über diesen Mangel an Gemeinschaftsgefühl könne man bei guter Konjunktur hinwegsehen, «Nicht möglich ist das aber, wenn, wie jetzt, die Konjunktur schlecht und vom Nutzen keine Rede mehr ist. Dann sucht jeder mehr oder weniger die eigene Firma in den Vordergrund zu rücken und strebt danach, für die Interessen der Einzelfirmen zu sorgen, ohne die nötige Rücksicht auf das Gesamtinteresse zu nehmen. So ist es gekommen, dass jetzt wiederholt die bisher so gute Harmonie der Firmen und ihrer Leiter untereinander Störungen erfuhr und Misstrauen, Neid und Zwietracht sich breit zu machen suchen.»

Diese Bemerkungen spielten nicht nur auf eine Kontroverse an, die Duisberg mit Arthur von Weinberg in der Ruhrfrage gehabt hatte; sie waren vor allem Ausdruck vielfältiger alltäglicher Konkurrenzerfahrungen, in der auch Duisbergs Farbenfabriken wegen ihres aggressiven Marktverhaltens am Pranger standen. Die Leverkusener Aggressivität bei Kosteneinsparung, Rationalisierung und Verkaufsbemühungen kam bei einigen I. G.-Firmen keineswegs gut an. Die Aufnahme der Produktion goldfarbener Zigarettenspitzen durch Leverkusen hatte schließlich das Fass zum Überlaufen gebracht. Den «mangelnden Gemeinschaftsgeist», den Duisberg beklagte, sahen viele I. G.-Vertreter gerade in Leverkusen. Mit der Denkschrift wollte Duisberg daher auch «wieder einen guten Ton, mehr Vertrauen und freundlichere Gesinnung in die Kreise der I. G.» bringen. Dann kam aber unmittelbar der zweite Paukenschlag, denn es sei hierfür gar nicht gut, in Richtung einer «wirtschaftlichen Vertrustung nach amerikanischem Vorbild» zu gehen. Duisberg rückte also von der Fusion, von der er wusste, dass Bosch sie befürwortete, offen ab. Die weitreichenden Pläne der BASF waren ihm bekannt. Mit Carl Bosch, der, von der französischen Militärregierung wegen seiner Unterstützung des passiven Widerstands zu einer mehrjährigen Gefängnisstrafe verurteilt, das französische Besatzungsgebiet verlassen und im September 1923 zu einer längeren Reise in die USA aufgebrochen war, hatte sich Duisberg ausgiebig über die Probleme der I. G. ausgetauscht.[31] Angesichts der Tatsache, dass der BASF mit der Herstellung von Methanol im Sommer 1923 das zweite Großsyntheseprojekt geglückt war, wodurch erneut erheblicher Kapitalbedarf entstand, dürfte Duisberg klar gewesen sein, dass wie bei der Sicherung der Stickstoffherstellung in Leuna die gesamte I. G. gefordert war. Damit nicht genug gab es erste Gerüchte über Versuche zur Treibstoffsynthese.[32] Wenn Duisberg nun die von ihm jahrzehntelang immer wieder geforderte Vollfusion ablehnte, war das offensichtlich von der Furcht bestimmt, dass die BASF das neue Unternehmen dominieren und die herkömmlichen Produktionszweige stiefmütterlich behandeln würde. Eine Trustbildung erschien zu riskant, auch wenn Duisberg andere Gründe vorschob: «Die von uns gewählte Form der Interessengemeinschaft ist besonders für uns deutsche, unter Wahrung der Individualität der einzelnen Firmen und der darin tätigen Persönlichkeiten, wirtschaftlich so sehr dem trustartigen Zusammenschluss der Firmen überlegen, dass alles geschehen muss, um sie zu erhalten, allerdings unter Beseitigung der Hemmungen und Schäden, die allzuweit getriebene Individualisierung und Dezentralisation zur Folge haben.»[33]

Damit war es heraus: Duisberg wollte die I. G., wie sie war, im Kern bewahren, aber organisatorisch und strukturell straffen, im Hinblick auf Kostengesichtspunkte optimieren und, um das zu erreichen, endlich eine handlungsfähige Führung schaffen, die an die Stelle des bisherigen Rotationsverfahren trat, das sich nicht bewährt hatte. Zu dieser Straffung gehörte nach seiner Auffassung auch, dass die Zahl der an der I. G. beteiligten Unternehmen, die zu groß sei, durch Fusion und/oder Übernahme verringert werde. Mit weniger Firmen und einer handlungsfähigen Führung schien ihm schon viel gewonnen, da die alltägliche Arbeit der Kommissionen, in denen Vertreter der einzelnen Firmen den technischen Austausch zwischen den Firmen förderten und zu einer Vereinheitlichung der Unternehmensentwicklung beitrugen, durchaus zufriedenstellend sei. Sicherzustellen sei allein, dass jeweils hochrangige und in der Sache kompetente Vertreter von den einzelnen Firmen entsandt und die Kommissionen energisch geleitet würden, um die entscheidenden Vorarbeiten für die Entscheidungsgremien der I. G. zu leisten. Geschäftsführung der I. G. und Gemeinschaftsrat sollten auf wenige Personen beschränkt werden. Da im Gemeinschaftsrat der I. G. Einstimmigkeitspflicht herrschte, «sollte möglichst jede Firma danach trachten, dass, wenn sie auch mit ihrer Meinung berechtigte Forderungen vertritt, sie aber in ihren Ansichten allein steht oder eine erhebliche Mehrheit gegen sie ist, sich ohne weiteres der Ansicht der Majorität anschliesst. Es sollte auch … die unterlegene Firma sich restlos dem Beschluss der Mehrheit fügen und nicht, wie es so oft geschieht, immer und immer wieder auf die Angelegenheit zurückkommen und den Frieden innerhalb der I. G. stören.» Sorgen bereitete Duisberg allein die Kaufmännische Kommission, die bisher die nebeneinander existierenden Auslandsverkaufsorganisationen der einzelnen Firmen nicht habe zusammenfassen und reorganisieren können: «Dies ist zur Zeit der größte Krebsschaden der I. G. und alles muss geschehen, um hier Wandel zu schaffen.» Man könne es sich in Lateinamerika, in China und Japan, aber auch in Indien und Indonesien einfach nicht mehr leisten, «acht selbstständige Verkaufshäuser mit Lägern, technischen Reisenden etc.» zu unterhalten, die die gleichen Produkte anbieten und sich untereinander auf Kosten der Erlöse Konkurrenz machten. Hier müsse massiv eingespart werden. Reduzierung der beteiligten Firmen, Professionalisierung der I. G.-Spitze, radikales Sparen und eine deutlich verschlankte Organisation des Auslandsabsatzes waren mithin Duisbergs Ratschläge zur Verbesserung der Lage der I. G., begleitet von dem Appell, mehr Gemeinschaftsgeist zu zeigen und auf kleinliche Kritik zu verzichten.

Ob Duisbergs Vorschläge auf begeisterte Zustimmung stießen, ist schwer zu sagen. Wahrscheinlich war das nicht, weil sie eine rasche Expansion der I. G. auf dem Synthesegebiet eher behindert hätten. Auch der Tonfall passte nicht jedem. Carl von Weinberg gegenüber wiederholte Duisberg im März 1924 seine Kritik an der Haltung führender I. G.-Mitglieder, denen es an «Korpsgeist» fehle. Jeder tue, was er will. Was die «Gemeinschaftsinteressen» angehe, sehe es in der «I. G. ... ganz schauderhaft aus».[34] Weinberg stimmte Duisberg zwar generell zu, warnte aber davor, Kritik und offene Auseinandersetzungen zu unterdrücken.[35] Daran mangelte es in den kommenden Wochen in der Tat nicht. In der ersten Jahreshälfte 1924 fanden intensive Beratungen über die Zukunft der I. G. statt. Dabei waren es nicht unbedingt die offiziellen Termine, die zu wichtigen Ergebnissen führten, sondern informelle Treffen, die zumeist bei Carl von Weinberg, Walther vom Rath und Theodor Plieninger in Frankfurt am Main, gelegentlich aber auch in Heidelberg und Leverkusen stattfanden. Im Mai 1924 schien Duisberg schließlich zu triumphieren.[36] Der Gemeinschaftsrat der I. G. beschloss eine Änderung der bisherigen Geschäftsführungsregeln, wie Duisberg sie vorgeschlagen hatte. Unmittelbar danach schrieb Duisberg an Rudolf Frank, es werde jetzt viel Arbeit geben, «da man mir bzw. Leverkusen vom Juli ab für die nächsten vier Jahre, und zwar ausser der Reihe, den Vorsitz bzw. die Geschäftsführung der I.-G. aufgehalst hat, eine bei der schwierigen Lage unserer Industrie und den nötigen Reformen nicht geringe Aufgabe».[37]

Als er im Sommer 1924 die Geschäftsführung des Gemeinschaftsrates übernahm, kündigte er dem Leverkusener Aufsichtsratsvorsitzenden Friedrich Schmidt-Ott an, die I. G. zu vereinheitlichen, um die Unternehmen wieder profitabel zu machen und eine entsprechende Dividendenpolitik betreiben zu können. In der Tat kam Duisberg damit auch den Klagen von zahlreichen Aktionären, deren Einnahmen im Vergleich zur Vorkriegszeit drastisch gesunken waren, entgegen. Doch an eine strategische Neuausrichtung der Investitionspolitik des Unternehmens dachte er im Gegensatz zu Carl Bosch, der im gleichen Zeitraum die Treibstoffsynthese vorantrieb, nicht. Duisberg machte sich rasch an die Arbeit, sorgte für eine Neubesetzung verschiedener Kommissionen und ließ insbesondere eine große Kartei über die einzelnen Produkte und Produktmengen der I. G.-Firmen anlegen, um das Einspar- und Rationalisierungspotential konkret benennen zu können.[38] Der Aufforderung des Gemeinschaftsrates, Vorschläge zur Rationalisierung und Reorganisation der I. G. vorzulegen, kam Duisberg ebenfalls rasch nach. Er ließ das Leverkusener Direktoriumsmitglied Ernst Bertrams einen Entwurf schreiben, der am 26. Oktober 1924 unter dem Titel: «Vorschläge zur Vereinfachung, Verbilligung und Befestigung der Interessengemeinschaft der deutschen Teerfarbenfabriken und zur Beseitigung der noch bestehenden Mängel und Schwierigkeiten» dem Gemeinschaftsrat zur Beratung vorgelegt wurde.[39] Da die Vorschläge in einer ersten Besprechung auf erhebliche Vorbehalte stießen, ergänzten Duisberg beziehungsweise seine Gruppe den Text (Teil II. und III.).

Duisberg ging in der Denkschrift davon aus, dass eine unmittelbare Fusion nicht wünschenswert sei. Es erschien schon vor 1914 «richtiger, eine solch' grosse und Alles umfassende Gesellschaft nicht sofort mit kapitalistischer Gewalt und in revolutionärer Umgestaltung der bestehenden Verhältnisse ins Leben zu rufen, sondern diese sich in evolutionärer Umbildung, unter Anpassung an die Zeitverhältnisse, durch Entwickelung und langsame und allmähliche Zusammenführung der einzelnen Firmen bilden zu lassen». Auch wenn das auf die Entstehung des Dreibundes und des Dreiverbandes gemünzt war, musste schon die Diktion Bosch aufregen, zumal Duisberg damit sein eigenes Wollen aus der Vorkriegszeit geradezu karikierte. Die Lage auf dem Weltmarkt für chemische Produkte, so die Denkschrift weiter, stimme pessimistisch, daher sei es nicht möglich, so weiter zu machen wie bisher. «Es gilt neue Wege zu suchen, um aktionsfähiger zu werden und an Stelle des sich in dieser traurigen Zeit mehr als vorher breit machenden Bestrebens nach Partikularismus und Separatismus den wahren und richtigen I. G.-Geist zu setzen, der in erster Linie nicht die Interessen der Einzelfirmen, sondern nur das Gesamtinteresse der I. G. wahrnimmt.» Duisberg diskutierte im folgenden drei Möglichkeiten, die Schlagkräftigkeit der I. G. zu verbessern, und zwar zunächst eine Änderung der Verträge, sodann die unmittelbare Fusion sowie schließlich die Bildung einer Holding-Gesellschaft, unter deren Dach die einzelnen Firmen bestehen blieben, wenn auch mit deutlich begrenztem Aktionsradius. Die Veränderung der Verträge verwarf Duisberg relativ rasch, da ständige Vertragsanpassungen die Gefahr erhöhten, dass der I. G.-Vertrag irgendwann nicht verlängert werde und die I. G. auseinanderbreche. Gegen eine Fusion sprachen aus seiner Sicht organisatorische und strategische Überlegungen; nicht zuletzt bedeute sie die Aufgabe der historisch gewachsenen Firmennamen und führe zu einer unguten Zentralisierung, von den Kosten ganz abgesehen. Stattdessen plädierte Duisberg für die Bildung einer Holding-Gesellschaft, unter deren Dach die bisherigen Firmen einen Teil ihrer Selbständigkeit inklusive ihrer historischen Namen behalten sollten. Seine Organisationsvorschläge für die Holding-Gesellschaft waren weitgehend. Sie sollte den gesamten Betrieb leiten und Ein- und Verkauf zentral zusammenfassen. Die bisherigen Firmen, deren Aktionäre ihre Aktien gegen solche der Holding tauschen könnten, aber nicht müssten, blieben weiter bestehen – mit allen Aufsichtsrats- und Vorstandsmitgliedern wie bisher. Die Holding-Gesellschaft sollte zusätzlich einen Aufsichtsrat bekommen, der aus den Mitgliedern des Gemeinschaftsrates, die die Neuorganisation nicht mitmachen wollten, sowie Delegierten der Firmen-Aufsichtsräte bestehen könnte. Der neue Vorstand, der den Namen Gemeinschaftsrat tragen sollte, könne aus dem bisherigen Gemeinschaftsrat gebildet und nach und nach erweitert werden. Seine Hauptaufgabe würde in der Zentralisierung des Verkaufs liegen. Die Umorganisation zur Holding war zwar teurer als die Vollfusion, doch schien sie Duisberg der beste Weg, um die Schlagkraft der I.G. sowie ihren dauerhaften Bestand zu sichern und zugleich das Interesse der einzelnen Firmen, nicht von der BASF dominiert zu werden, zu berücksichtigen. Überdies sei die Holding-Gesellschaft keineswegs eine endgültige Barriere, um später zu einer Vollfusion zu kommen. Duisberg ging es also vor allem darum, eine unmittelbare Verschmelzung der Firmen zu verhindern, zweifellos, um die Rechte der einzelnen Aufsichtsräte und Vorstände zu sichern, dann aber auch, um sich gegen den offensichtlichen Führungsanspruch von Carl Bosch zu behaupten. So sah das jedenfalls der Generalsekretär der Kaiser-Wilhelm-Gesellschaft Friedrich Glum.[40]

Eine Entscheidung über die zukünftigen Organisationsstrukturen sollte auf der Gemeinschaftsratssitzung am 13. November 1924 in Leverkusen erfolgen, doch es kam bereits am 29. Oktober 1924 zu einer Aussprache, in der der bisherige Konsens über Bord geworfen wurde. Duisberg reagierte mit einer Ergänzung seiner Denkschrift (Teil II), in der er die Ergebnisse der Sitzung vom 29. Oktober zusammenfasste.[41] Danach waren zu seiner Überraschung bis auf Leverkusen und Hoechst alle Firmen unter Führung Ludwigshafens für die sofortige Fusion.[42] Der Gemeinschaftsrat verständigte sich schließlich auf einen Vorschlag des Hoechster Vorstandsvorsitzenden Adolf Haeuser, die ohnehin noch im Dezember anstehenden Generalversammlungen (wegen der Bilanzumstellung auf Goldmark) über die Frage der Fusion entscheiden zu lassen. Sollten alle dafür sein, könne diese durch Kapitalerhöhung und Namensänderung der BASF, die alle anderen Firmen aufnehme, sofort vollzogen werden. Sollte nur eine quotenmäßige

Mehrheit für die Fusion zustande kommen, solle diese frühestens in zwei Jahren stattfinden. Es war freilich weniger dieser Kompromissvorschlag, der Duisberg erzürnte, als die Begründung, die Carl Bosch für seine Vorbehalte gegenüber Duisbergs Überlegungen ins Feld führte. Zu seiner «Verwunderung» habe sich ein «klaffender Gegensatz zwischen Ludwigshafen und Leverkusen, bzw. zwischen Geheimrat Bosch und mir, über die so wichtige und bedeutungsvolle Frage der Organisation» gezeigt.[43] Bosch erklärte kurzerhand das ganze autokratische Konzept Duisbergs für falsch und plädierte stattdessen für eine möglichst freie Unternehmensführung durch strategisch handelnde Männer. Duisbergs organisatorische Obsessionen lehnte er explizit ab. Damit war zugleich Duisbergs genereller Führungsanspruch in der zu reformierenden I. G. in Frage gestellt, denn gerade hier lagen ja Duisbergs eigentliche Stärken. Duisberg empfand das als Kampfansage, die er annahm: «Schon jetzt kann ich die Erklärung abgeben, dass, wenn bei dieser fundamentalsten aller Fragen, die ebenso wichtig wie die Fusion selbst ist, ich, für meine Person wenigstens, dann die geplante Fusion nicht mitmachen kann.» Was er sich vorstellte, erläuterte er noch einmal detailliert. Auf bald 35 Seiten stellte er die Organisation in Leverkusen dar, die alles andere als autokratisch sei, um danach ein Konzept für die Organisationsstruktur der neuen I. G. vorzulegen. Danach sollten unter einer Spitze von Vorstand und Aufsichtsrat, die aus den bisherigen Gremien der I. G.-Firmen zu bilden waren, engere Gremien entstehen, die die eigentliche Arbeit leisteten (Verwaltungsrat des Aufsichtsrates, Arbeitsausschuss des Vorstandes). In diesem Rahmen sollten die Produktionsbetriebe zu vier Gruppen zusammengefasst werden, die die späteren Betriebsgemeinschaften vorwegnahmen, sowie eine neue Zentralverwaltung in Frankfurt am Main eingerichtet werden. Die Betriebsgemeinschaften sollten durchaus eigenständig von jeweils einem Generaldirektor und einem Direktorium geleitet werden. Ansonsten kam es Duisberg darauf an, die auch charakterlich besten Männer für die Leitungsorgane zu finden und deren Tätigkeit so zu organisieren, dass sie transparent und vor allem für die berechtigte Teilhabe der unterschiedlichen Organisationsebenen offen sei, die entsprechende Beschlüsse freilich auch loyal zu akzeptieren hätten. Wenn Bosch diese Organisation als autokratisch bezeichne, sei das nicht akzeptabel. Duisberg vermutete in Boschs Kritik wohl nicht ganz zu Unrecht einen Generalangriff auf sich selbst, denn Bosch gehe so weit, «den Grund für die ‹Misstimmung über die Arbeitsweise der I. G. und für das Nichtarbeiten› derselben in diesem System zu suchen, also direkt Leverkusen dafür verantwortlich zu machen. Da hört sich denn doch alles auf.»[44]

Duisberg plädierte damit für eine in seinen Augen demokratische Organisation. Autokratisch sei eher Carl Bosch, dessen bestenfalls vage Organisationsvorstellungen einsame Entscheidungen begünstigten, die der «Gemeinschaftsarbeit» nur schadeten. Für Duisberg kam hierin überdies die wenig demokratische Tradition der BASF zum Ausdruck, in der einsame Entscheidungen im engsten Kreise typisch seien. So sei das früher auch in Elberfeld gewesen: «Alle Entscheidungen wurden im wesentlichen von den zufällig anwesenden Vorstandsmitgliedern getroffen, die täglich einmal zur Erledigung der Post zusammenkamen, wie das auch heute noch in Ludwigshafen der Fall ist.» Duisberg bestand dagegen auf seinem Organisationsvorschlag, wobei die Unternehmensspitze neben Aufsichtsrat und Vorstand auch einen neu zu bildenden I. G.-Rat vorsah, der eine Art Zusammenfassung der bisherigen Kommissionen sein sollte.

In der Gemeinschaftsratssitzung in Leverkusen am 13. November 1924 lagen damit die Positionen klar auf dem Tisch. Von dieser Sitzung, die bis spät in die Nacht andauerte, existiert kein Protokoll, aber Flechtner weiß von ihr zumindest das Ergebnis zu berichten. Danach stand Duisberg von Anfang an auf verlorenem Posten, da ihn faktisch niemand unterstützte. «So wurde nach zwei Tage währenden, zum Teil sehr heftigen Auseinandersetzungen und Kämpfen die Fusion beschlossen. Die Gegensätze wurden dabei erneut deutlich und offenbar auch scharf ausgesprochen. Einzelheiten über die bis in die Nacht dauernden Diskussionen sind heute nicht mehr von Bedeutung. Die gegnerischen Gruppen konnten sich, trotz aller Bemühungen Walther vom Raths, damals Aufsichtsratsvorsitzender der Farbwerke Hoechst A. G., über die Frage der Organisation der Interessengemeinschaft nicht einigen – und Duisberg, der die ganze Entwicklung dieser Verhandlungen und ihr Ergebnis als eine persönliche Kränkung empfand, legte in einem Temperamentsausbruch den Vorsitz der Geschäftsführung nieder.»[45] Es war offensichtlich nicht mehr allein die Frage der Fusion, die die Kontrahenten trennte, sondern es ging um die strategische Führung, wohl auch um die Qualitäten Duisbergs und Boschs in der Unternehmensleitung, die in der Organisationsfrage stets mitverhandelt wurden. In dieser Hinsicht hatte Duisberg im Mai 1924 einen Etappensieg errungen, der ihm jetzt entglitt, weil sich die Stimmung in der I. G.-Spitze endgültig gegen ihn gedreht hatte. Im November 1924 ging es letztlich um die Frage, wer die I. G., in welcher Form auch immer, zukünftig führen sollte: Duisberg oder Bosch.[46] Der Grund, weshalb sich insbesondere jüngere Führungskräfte der I.G. gegen Duisberg stellten, ist, obwohl er nie direkt ausgesprochen wurde, rasch benannt. Duisberg verkörperte mit seinen 63 Jahren im November 1924 nicht mehr die Zukunft der chemischen Industrie, sondern war der Inbegriff ihrer heroischen Vergangenheit vor 1914. Er zehrte von ihren Erfolgen, trat auch wohl in zunehmendem Maße selbstherrlich auf und konnte Kritik nicht gut vertragen. Die Entscheidung für den 50-jährigen Carl Bosch war daher unter Umständen auch eine Entscheidung gegen einen Mann, dessen beste Zeit vorüber und der selbst ein wenig zum Denkmal geworden war.

Noch unter dem Eindruck der Auseinandersetzungen schrieb Duisberg an Rudolf Frank, seinen Vertrauten aus der Arbeitsgemeinschaft und der Arbeit der Verbände: «Ich kann mir, vermöge meiner glücklichen Naturveranlagung, lange Zeit vieles gefallen und über mich ergehen lassen, aber schließlich hat auch das ein Ende und dann zerspringt das Gefäß meiner Seele und fließt nicht mehr über. Das ist nicht nur aus persönlichen, sondern mehr noch aus sachlichen Gründen geschehen. Im Interesse der Sache ist das besser. Jetzt bin ich frei und kann frei und unabhängig kritisieren, wie die anderen das bisher ohne gründliche Überlegung und Vertiefung getan haben. Ob ich es tue, hängt vom Lauf der Dinge ab. Stoff habe ich in Hülle und Fülle. Vorerst muss also in der I.-G. das russische Sprichwort Geltung haben: ‹Je langsamer man fährt, desto weiter kommt man›.»[47] Duisberg trug den Streit nicht an die Öffentlichkeit, dessen Details zum größten Teil bis heute verborgen geblieben sind. Für den bis dahin erfolgsverwöhnten Leverkusener Generaldirektor und bisherigen «Jupiter tonans» der I.G. war es gleichwohl ein herber Schlag, von dem er sich so richtig nicht mehr erholte. Der Streit nahm Duisberg auch körperlich mit. Im Dezember 1924 klagte er gegenüber dem Wuppertaler Textilindustriellen Abraham Frowein über einen seit fünf Wochen anhaltenden Kehlkopfkatarrh mit entsprechender Heiserkeit. Es hatte ihm nach den lautstarken Auseinandersetzungen um die zukünftige Struktur der I.G. im Wortsinne die Sprache verschlagen. An den Vorstandsvorsitzenden von Griesheim-Elektron Theodor Plieninger schrieb er: «Da ich fürchtete, dass mein Gesundheitszustand, der durch die Attacke hier in Leverkusen und durch einen sich daran anschließenden chronischen Rachen- und Kehlkopfkatarrh mit Heiserkeit und durch eine Erkältung seit Wochen wenig befriedigend war, im allgemeinen nicht ausreichen würde, das schwere Amt eines Vorsitzenden (des RDI, W.P.) zu übernehmen, so habe ich mich nachträglich noch am Silvesterabend ärztlich untersuchen lassen und ein prima Zeugnis über Herz, Lunge, Niere, Leber etc. bekommen.»[48] Er werde aber, so schnell es geht, an die Côte d'Azur reisen, um sich dort endgültig auszukurieren. Für Frankreich erhielten die Duisbergs aber keine Visa. Stattdessen reisten sie nach Rapallo, hatten dort aber so schlechtes Wetter, dass sie schließlich in die Kurklinik Dengler nach Baden-Baden flüchteten. Heiserkeit und Kehlkopfkatarrh wurden von nun an seine ständigen Begleiter.

***

Mit der Niederlage in der Auseinandersetzung mit Carl Bosch war die Frage der Gestaltung der Fusion noch keineswegs entschieden. Am 17. Dezember 1924 kam es in Heidelberg zu einer Aussprache zwischen Duisberg und Bosch, von der Flechtner schreibt, die beiden seien sich wieder nähergekommen, doch spricht wenig für eine derartige Entspannung.[49] Spätestens jetzt dürfte Duisberg allerdings klar geworden sein, dass seine Zeit an der operativen Spitze der I. G. endgültig vorbei war, denn nur wenig später nahm er das Angebot, zum neuen Vorsitzenden des RDI gewählt zu werden, an. Zwar waren noch keineswegs alle Entscheidungen über die zukünftige Gestalt der I. G. getroffen, aber auch die anstehenden Verhandlungen über die Organisationsstruktur des neuen Konzerns würden an Duisbergs persönlicher Stellung nichts mehr ändern. Höchstwahrscheinlich verständigten sich Bosch und Duisberg in Heidelberg, dass Bosch den Vorstandsvorsitz und Duisberg den Aufsichtsratsvorsitz übernehmen sollte, doch Duisberg sah nicht sonderlich hoffnungsfroh in die Zukunft: «Das Jahr 1924 war nicht schön, am wenigsten nicht für mich persönlich; es fing schlecht an und lief schlecht aus. Darum rief ich ihm auch in der Silvesternacht ein lautes ‹pereat› zu. Ich habe zwar dem Jahr 1925 ein ‹vivat› dargebracht; ob meine Hoffnung auf dieses aber in Erfüllung geht, muss die Zukunft lehren. Ich bin zweifelhaft und fürchte, es wird noch manche Schwierigkeiten geben, bevor wir die geliebte I. G. ins neue Gleise gebracht haben und in ruhiger, ständiger Fahrt nach vorwärts und aufwärts sind. Auf jeden Fall müssen wir fest zusammenhalten», schrieb er Anfang Januar 1925 an Theodor Plieninger. «Soweit wir hier in Leverkusen in Betracht kommen, gibt es für uns nur die Ihnen bekannte Lösung, wie sie sich in meinem Vermittlungsvorschlag, der sich nach der einen oder anderen Richtung noch vertiefen und vervollkommnen lässt, widerspiegelt. Den von Bosch, Haeuser und Konsorten vorgeschlagenen Sprung ins Dunkle machen wir unter keinen Bedingungen mit. Wird unser Vorschlag angenommen, so gibt es schon bei der Überleitung zur Fusion Arbeit und Aufregungen in Hülle und Fülle.»[50]

Damit war klar, dass eine endgültige Entscheidung für eine Fusion erst nach der Beantwortung der offenen Organisationsfragen fallen konnte. Die Federführung lag jetzt bei Carl Bosch, der im Februar 1925 einen entsprechenden Organisationsplan vorlegte, der den neuen Vorstand zum eigentlichen Machtzentrum machte, aber auch dem Aufsichtsrat beziehungsweise einem Aufsichtsratsausschuss relativ großes Gewicht im Unternehmen zubilligte.[51] Dieser Vorschlag signalisierte bereits, dass Bosch bereit war, in Organisationsfragen auf Duisberg zuzugehen. In den folgenden Monaten wurden vor allem zwischen Ludwigshafen und Leverkusen die zukünftige Organisationsstruktur und das entsprechende Procedere in der neuen Unternehmung besprochen. Im August kam es dann zu einem förmlichen Gentlemen's Agreement, das Anfang Oktober 1925 alle bisherigen Vorstände und Aufsichtsräte der I. G.-Firmen unterzeichneten, sodass im Oktober 1925 faktisch die Fusion vollzogen war. Das Agreement folgte Duisbergs Vorstellungen, ließ aber ausreichend Handlungsspielraum für den zukünftigen Vorstand.[52] Bosch wurde Vorstandsvorsitzender. Der Vorstand umfasste alle bisherigen Vorstands- und stellvertretenden Vorstandsmitglieder der Gründerfirmen, insgesamt 83 Personen. Aus dem Vorstand wurde ein kleinerer Arbeitsausschuss von 22 Mitgliedern bestimmt, der das Unternehmen leitete. Auch der Aufsichtsrat wurde durch Zusammenfassung der bisherigen Aufsichtsräte gebildet. Duisberg wurde dessen Vorsitzender und bildete gemeinsam mit seinen drei Stellvertretern und bisherigen Angehörigen des Gemeinschaftsrates der I. G. den Verwaltungsrat des Aufsichtsrates. In diesem «Rat der Götter» lebte der ältere Gemeinschaftsrat weiter fort. Dieser Verwaltungsrat hatte erheblich größere Aufgaben als ein gewöhnlicher Aufsichtsrat. Hier mussten alle größeren Investitionen von mehr als 100 000 Reichsmark gebilligt werden; hier wurden die Personalfragen und insbesondere alle Besoldungsfragen entschieden, Duisberg hatte zudem das Recht, an den Vorstands- und Arbeitsausschuss-Sitzungen als Gast teilzunehmen. Die alltägliche Koordination der Unternehmensführung lag, wie bereits zuvor, bei gemeinsamen Kommissionen. Schließlich wurden entsprechend Duisbergs Überlegungen auch vier Betriebsgruppen und eine Bergwerksverwaltung gebildet, sodass die formale Organisation schließlich weitgehend den Vorschlägen Duisbergs folgte, faktisch aber das eigentliche Zentrum der Unternehmensführung, der Arbeitsausschuss, Boschs Erwartungen entsprach. Am 9. Dezember 1925 wurden die letzten Unterschriften geleistet, sodass die neue I. G. Farbenindustrie AG mit der ersten Arbeitsausschuss-Sitzung im Oktober 1925 ihre Arbeit aufnehmen konnte; formal trat sie – rückwirkend – zum 1. Januar 1925 ins Leben. Dass es schließlich gegen die Fusion kaum mehr Widerstände gab, lag wohl auch daran, dass es durch den Zusammenschluss unter den beteiligten Personen keine Verlierer gab. Weder verloren Vorstände und Aufsichtsräte ihre Ämter, noch hatte jemand von ihnen finanzielle Einbußen hinzunehmen. Im Gegenteil war die Remuneration der neuen Aufsichtsräte, insbesondere des Rats der Götter, überaus großzügig.[53] Die neue I. G. bemühte sich überdies, eine konstante Dividendenhöhe zu gewährleisten, um ihre Aktionäre mit der Fusion zu versöhnen, was bis auf 1931/32, als die Dividende gesenkt werden musste, gelang.

***

Auch nach der Fusion blieb Duisberg eine wichtige Figur in der I. G., obwohl er mit der Leitung des Geschäftes im engeren Sinne nichts mehr zu tun hatte. Aufgrund der starken Stellung des Verwaltungsrates des Aufsichtsrates und wegen seines Rechtes, als Gast an den Sitzungen des Arbeitsausschusses des Vorstandes teilzunehmen, war er nicht nur über die aktuelle Geschäftspolitik informiert. Personalentscheidungen und größere Investitionen konnten zumindest ohne sein Wissen, ja ohne seine Zustimmung nicht getroffen werden, auch wenn sein Gewicht schließlich nicht mehr ausreichte, um die strategischen Weichenstellungen von Carl Bosch zugunsten des Ausbaus der Treibstoffsynthese zu bremsen. Auch wenn Duisberg Boschs Kurs letztlich jeweils mittrug und öffentlich loyal vertrat, wäre die I. G., wäre es nach ihm gegangen, 1933 nicht in die fatale Abhängigkeit von der neuen nationalsozialistischen Regierung geraten, deren Preis- und Absatzgarantie für Synthesebenzin das Unternehmen vor schweren Verlusten rettete. Denn die Investitionspolitik unter Carl Bosch setzte vor allem auf die Bereiche Stickstoff, Fasern und Mineralölsynthese, jene Bereiche, die die I. G. in der Weltwirtschaftskrise schwer belasten sollten, während Duisbergs «Tausendfüßlerei», namentlich Farben, Chemikalien, Photoartikel und Pharmazeutika, das Unternehmen auch nach 1929 stabil hielten.[54] Die Unterstützung der neuen Regierung 1933 hätte Duisberg nicht benötigt. Auch der Bau des neuen Verwaltungsgebäudes in Frankfurt am Main passte Duisberg wegen der hohen Verluste in der Treibstoffsynthese nicht in die Zeit, doch wieder musste er sich beugen, auch wenn ihm später der Neubau von Ernst Poelzig gut gefiel.[55] Die Zeiten des Jupiter tonans waren definitiv vorüber.

Seinen Aufsichts- und Verwaltungsratspflichten kam Duisberg dennoch gewissenhaft nach. Zwischen Januar 1926 und November 1934 kam es zu insgesamt 36 Aufsichtsratssitzungen, also durchschnittlich zu vier Sitzungen im Jahr, die Duisberg lediglich während seiner Weltreisen 1926 und 1929 verpasste.[56] Dadurch war er über die wirtschaftliche Lage der I.G. durchweg sehr gut informiert. Duisberg nutzte seine Funktionen nicht, um selbst in die strategische Unternehmensführung einzugreifen, sondern begnügte sich damit, den Gang der Geschäfte loyal und kooperativ zu begleiten. Von Konflikten in den Sitzungen ist wenig zu spüren, wie Duisberg sich nebenher auch darum bemühte, die Betriebsratsvertreter im Aufsichtsrat in dessen Arbeit einzubeziehen.[57] Zwischen Bosch und Duisberg herrschte durchweg Einvernehmen, zumindest im Plenum des Aufsichtsrates. Wichtiger waren indes die sehr viel häufiger stattfindenden Sitzungen des Verwaltungsrates, dessen Unterlagen indes nur für die Jahre 1932/33 vorliegen. Der Verwaltungsrat hatte nicht nur alle größeren Investitionen zu genehmigen, was er entsprechend den Vorschlägen von Vorstand und Verwaltung anstandslos tat. Er hatte zudem alle Verträge zu genehmigen, die Personalentscheidungen zu vollziehen und die Besoldungen festzulegen. Überdies prüfte der Verwaltungsrat die Jahresabschlüsse und legte gemeinsam mit dem Vorstand die Richtlinien der Gewinnverwendung beziehungsweise der Dividendenausschüttung fest.

1927 malte Hermann Groeber das berühmte Bild des «Rates der Götter», das diese der I.G. dann schenkten.[58] Das Gemälde zeigt alte Männer mit Duisberg in ihrem Zentrum, die fast alle bereits zu Legenden geworden waren. Duisberg, der bei seiner Wahl zum Vorsitzenden des Aufsichtsrates 64 Jahre alt war, war nicht einmal der älteste. Walther vom Rath, der bisherige Vorsitzende des Aufsichtsrates der Farbwerke Hoechst, und Carl Müller, bisher Aufsichtsrat der BASF, waren Jahrgang 1857, also fast 70 Jahre alt. Die beiden Weinbergs von der Cassella entstammten den Jahrgängen 1860 und 1861, Adolf Haeuser, der bisherige Vorstandsvorsitzende von Hoechst, war ebenfalls aus dem Jahrgang 1857, Franz Oppenheim von der Agfa war bei seiner Wahl 1926 bereits 74 Jahre alt, Theodor Plieninger von Griesheim-Elektron fast 70 Jahre alt. Fritz ter Meer, Jahrgang 1884, Wilhelm Ferdinand Kalle, Jahrgang 1870, und Ernst von Simson, Jahrgang 1876 waren mit 41, mit 55 und mit 50 Jahren die jüngsten Mitglieder des «Rates der Götter».[59] Bis auf die letzten drei waren alle Mitglieder des Verwaltungsrates durch den Aufstieg der Teerfarbenindustrie vor dem Krieg geprägt. Mit der jüngeren Generation von Managern, die bei dem Streit

27 | Verwaltungsrat der I.G. Farbenindustrie AG: Der «Rat der Götter», Gemälde von Hermann Gröber 1927

zwischen Bosch und Duisberg durchweg auf Seiten von Carl Bosch gestanden hatten, verband sie wenig. Carl Bosch betrieb die Verjüngung des Leitungspersonals der I.G. in den kommenden Jahren systematisch weiter und erklärte 1932 ganz offen, «dass man Gewicht darauf lege, dass die junge Generation jetzt zu Worte komme».[60] Die alten Herren des Verwaltungsrates hatten daher auch im Alltag kaum mehr große Autorität, sondern waren fast so etwas wie Museumsstücke. Leo Gans, einer der Teilhaber von Cassella, suchte Carl Duisberg nach einem Streit 1925 mit den Worten zu beruhigen, «der Piedestal, auf dem Sie, lieber Herr Geheimrat stehen, kann doch durch einen (Mißklang) nicht erschüttert werden».[61] Das traf es ziemlich genau. Duisberg und mit ihm seine Altersgenossen aus dem «Rat der Götter» waren zu lebenden Denkmalen der Geschichte der Farbenindustrie geworden, verkörperten aber in der zweiten Hälfte der 1920er Jahre nur noch sehr beschränkt deren Gegenwart und schon gar nicht deren Zukunft.

32 | Leiden oder die heilige Dreieinigkeit

Duisberg empfand den Rückzug von der Spitze der I. G. Farbenindustrie anfänglich als schwere persönliche Niederlage, mit der er sich dann allerdings erstaunlich schnell abfand. Vielleicht erlebte er die mit dem Wechsel in den Aufsichtsrat eintretende Arbeitsentlastung nach einiger Zeit sogar als Befreiung, der er angesichts seines Selbstbildes nur keinen direkten Ausdruck verleihen konnte. Immerhin war seit dem I. G.-internen Streit im November 1924 seine Stimme angeschlagen; versagende Stimmbänder waren nun seine ständigen Begleiter. Vergleichbaren Konfliktsituationen ging er in der kommenden Zeit auch konsequent aus dem Weg. Das Ruhebedürfnis war dabei beileibe nicht nur gespielt. Duisberg hielt die Belastung in Konfliktsituationen in der Tat immer schlechter aus; Ende 1926 erlitt er im Anschluss an Auseinandersetzungen im RDI einen Zusammenbruch, von dem er sich nur mühsam wieder erholte. Das Reisen wurde jetzt endgültig zur Ausflucht eines nur schwer ertragenen Arbeitsalltages. Die Direktionsvilla direkt beim Werk, lange Zeit Inbegriff seiner Verbundenheit zur chemischen Industrie, ja seines architekturgewordenen Führungsanspruchs, sah ihn immer seltener. Die Duisbergs zogen, zusammen mit Minna Sonntag als «heilige Dreieinigkeit», wie gespottet wurde, Hotels und Kurheime dem Werksgelände vor. Schließlich planten sie den Bau eines eigenen Hauses bei Partenkirchen, gleichermaßen in der Nähe Münchens und der geliebten Alpen wie der dortigen Ärzte und Bäder.

Während des Krieges hatte Duisberg noch geprahlt, dass er sich auf dem Höhepunkt seiner Leistungsfähigkeit sehe, doch war es wohl schon im Frühjahr 1918 mit der Herrlichkeit vorbei: «Nachdem ich 4 Jahre lang keinen Urlaub gehabt, will ich endlich auch einmal für 3–4 Wochen ausspannen und mit meiner Frau zusammen morgen nach B.-Baden reisen, um mich dort zu Dengler ins Sanatorium zu begeben. Es ist das erste Mal, daß ich mich einem solchen Sanatoriumszwang unterwerfe. Ich will es aber einmal probieren, weil mir ärztliche Kontrolle diesmal sicherlich gut tut. Ich hoffe aber nicht, daß ich es später wiederholen muß.»[1] Dr. Dengler bot ein Kurheim für die betuchte Welt; mit Gewaltkuren war dort nicht zu rechnen, wie Duisberg von Freunden wusste. Die Baden-Badener Kurklinik war zeitweilig in der Wirtschaftselite so beliebt, dass Duisberg sicher darauf rechnen konnte, dort Freunde und Bekannte nicht nur aus der I.G. zu treffen.[2] Nach Heidelberg, Ludwigshafen und Frankfurt am Main war es mit dem Automobil zudem nicht weit. So konnte bei Dengler die Illusion aufrechterhalten werden, man sei doch noch mitten im Geschehen. 1918 erholte er sich dort ganz ordentlich, doch blieb sein Wunsch, das Kurheim nicht öfter besuchen zu müssen, unerfüllt. Schon im September 1919 war er wieder für drei Wochen in der Klinik in Baden-Baden. Im darauf folgenden Jahr verbrachte er den größeren Teil der Monate Juli und August in der Kurstadt, und im Mai 1921 war er, den offenbar ein Gichtanfall am Fuß quälte, wieder bei Dr. Dengler in Behandlung.

Die Leiden, die Duisberg in die Kur trieben, waren nur zum Teil auf Überlastung und Erschöpfung zurückzuführen. Auch das üppige Leben und das damit verbundene Übergewicht forderten ihren Tribut. 1920 schrillten im Hause Duisberg allerdings die Alarmglocken: «Eine Untersuchung meines hiesigen Arztes, kontrolliert durch diejenige des Herrn Geheimrat Moritz von der Kölner Universität», schrieb Carl Duisberg an den Studienfreund Carl Hauptmann, «ergab dann auch hohen Blutdruck mit Geräusch an der Herzspitze mit der kurzen aber bündigen Erklärung von Seiten des Kölner Professors ‹verbraucht›. Daß ich darauf ängstlich und vorsichtig wurde, auf Alkohol selbst in der Form eines dünnen Moselweins vollkommen verzichtete und zu einem griesgrämigen Hypochonder heruntersank, kannst Du Dir denken. Rücktrittsgedanken von meiner Tätigkeit als Leiter der Farbenfabriken und Vorsitzender zahlreicher Gesellschaften beschäftigten mich. Die trübe Gemütsstimmung, in die mich der schnell aufeinanderfolgende Tod meiner beiden Freunde Böttinger und Bayer versetzte, bestärkte mich darin.»[3] Doch es folgte die Entwarnung, wie er Hauptmann weiter erzählte: «Bevor ich jedoch endgültige Beschlüsse faßte, benutzte ich die Gelegenheit der Taufe unserer erste Enkelin v. Veltheim in München, um meinen dortigen Freund, den ersten inneren Kliniker Deutschlands, Fritz v. Müller zu konsultieren. Er machte es gründlich und gut, indem er nicht nur alle Organe und ihre Ausscheidungsprodukte prüfte, sondern auch die Gelegenheit der Blutentnahme behufs Prüfung desselben zu einem kleinen Aderlaß benutzte. Er konstatierte dann einwandsfrei und sicher, daß das Geräusch am Herzen schon aus meiner Jugend aus Anlaß eines längst geheilten Wachstumsfehlers einer Herzklappe bestanden hat, daß der erhöhte Blutdruck im wesentlichen nervöse Ursachen hat und auf normal zurückgehen wird, wenn die für mich dringend nötige Ausspannung beendigt ist und daß endlich mein Blut nicht zu wenig, sondern viel zu viele ca. 25 % mehr rote Blutkörperchen und Hämoglobin als normal enthält. Von München bin ich dann direkt nach Baden-Baden zu Dengler ins Sanatorium gefahren und habe dort im Sanatorium mit meiner Frau und Fräulein Sonntag 4 Wochen vollkommener Ruhe bei gleichmäßiger Ernährung und körperlicher Betätigung genossen. Niemals ist mir ein Aufenthalt so gut bekommen wie dieser. Der Blutdruck ist tatsächlich auf normal zurückgegangen, die Stimmung wieder rosig und optimistisch trotz aller Schrecknisse und Schwierigkeiten, denen besonders wir Direktoren großer Werke mit vielen Arbeitern und Angestellten ausgesetzt sind. Ich bin ganz der alte und stehen meinen Mann.»

Da war wohl der Wunsch der Vater des Gedankens, denn die Kuraufenthalte kehrten jährlich wieder. Zusätzlich nahm Duisberg die vor dem Krieg entstandene Gewohnheit der längeren Ferienreisen wieder auf. Zusatzverpflichtungen suchte er aus dem Weg zu gehen. Auf die vom Auswärtigen Amt erbetene Teilnahme an der Konferenz von Genua 1922 verzichtete er ganz: «Inzwischen hatte ich schon zwei Telegramme von Geheimrat Hagen; das erste, in welchem er mich auffordert, so schnell als möglich nachzukommen, weil der Aufenthalt dort außerordentlich interessant und die Möglichkeit der Teilnahme an allen Sitzungen gegeben sei; das zweite, in welchem er mir auf meine sofortige drahtliche Anfrage hin, daß ich nur kommen würde, wenn Dr. Rathenau mich riefe und meine Anwesenheit unbedingt erforderlich, da ich wegen Überarbeit und Erkältung reparaturbedürftig sei, so schnell als möglich nach Baden-Baden in Dr. Denglers Sanatorium müsse, mir mitteilt, daß meine Anwesenheit nicht dringend sei und ich ruhig nach Baden-Baden reisen solle. Ich habe daraufhin sofort meine Koffer gepackt und reise morgen mit meiner Frau und unserer Hausdame, Fräulein Sonntag, per Auto nach Baden-Baden ins oben genannte Sanatorium, wo ich 3 Wochen zu bleiben gedenke. … Das ewige Hin- und Herreisen nach Berlin, das dann unvermeidliche Herumrennen von einer Besprechung oder Sitzung zur anderen, die meist früh morgens um ½9 Uhr beginnen und selten abends vor 8 Uhr beendet sind, mit nur kurzer Mittagspause ohne Ruhe und Rast, verträgt mein jetzt mehr als 60 Jahre alter Organismus doch nicht mehr so gut wie früher. Dazu kamen 5 schwere und anstrengende geschäftliche Sitzungen unserer Interessengemeinschaft in Leverkusen, von denen eine bis nachts ½ 2 Uhr gedauert hat und endlich und zum Schluß 3 Aufsichtsratssitzungen, die ich nun einmal am allerwenigsten vertragen kann und für die ich mich wirklich sehr schlecht eigne, da man dabei meist den Mund halten, aber nachher große Frühstücke mit schweren Weinen über sich ergehen lassen muß, was ich, der ich mittags immer nur Wasser trinke, gar nicht vertragen kann. Am Donnerstag von Frankfurt, wo ich vormittags und nachmittags eine Aufsichtsratssitzung mitmachen mußte, nach hier zurückgekehrt, habe ich mich dann auch am Tage darauf sofort ins Bett gelegt und nicht nur den versäumten Schlaf nachgeholt, sondern gleichzeitig eine ordentliche Schwitzkur durchgemacht. ... Auf jeden Fall hoffe ich aber in dreiwöchentlicher Wasserkur und elektrischer Behandlung bald wieder auf den Damm zu kommen.»[4]

Das Ende der für einen leitenden Industriellen notwendigen Belastbarkeit zeichnete sich offenbar ab, und zwar in einer bemerkenswerten Mischung aus körperlicher Erschöpfung, Krankheits- und Alterserscheinungen und seelischer Ermüdung, die viele der Engagements, die Duisberg während des Krieges fast händeringend gesucht hatte, nun fade erscheinen ließ. Mit der großen Anerkennung war doch nicht mehr zu rechnen, und insofern entfiel auch eine der Triebfedern des «unermüdlichen Handelns» und der «großen Energie» des Geheimrates. Seine vermeintliche «Frische», von vielen Briefpartnern auch weiterhin beschworen, verkam zur Floskel. Die regulären Untersuchungen in der Poliklinik der Farbenfabriken ergaben bei Duisberg bis in die frühen 1930er Jahre hinein zwar durchweg beruhigende Ergebnisse. Medizinisch war er gesund, auch wenn er zu hohe Harnsäurewerte hatte und zu Übergewicht neigte. Die Herzgeräusche und die gelegentlichen Herzrhythmusstörungen galten als harmlos.[5] Doch fehlte ihm mehr und mehr der Wille, große Kämpfe, die er vor und während des Krieges regelrecht gesucht hatte, durchzustehen.

Die Auseinandersetzungen um die künftige Struktur der I. G., die das Jahr 1924 beherrschten und schließlich einen erschöpften, müden und heiseren Carl Duisberg zurückließen, waren daher so etwas wie ein Endpunkt. Danach gab es keine großen Kämpfe mehr bzw. wich Duisberg ihnen, so gut es ging, aus. Unmittelbar nach seiner Wahl zum RDI-Vorsitzenden Anfang Januar 1925 reiste Duisberg zur Erholung vom Krach an der Spitze der I. G. nach Rapallo an die ligurische Küste. Seine Tochter hielt sich dort bereits auf, doch als Duisberg im Februar eintraf, war das Wetter schlecht, und er erholte sich nicht, zumal er wegen des Todes seiner Schwester die Ferien unterbrechen musste. Kaum aus Italien zurück, plante er daher einen Kuraufenthalt in Baden-Baden. Dem holländischen Freund Ludwig van

Heek klagte er sein Leid: «Mit Rücksicht auf die deutschen Wahlverhältnisse[6] und einen hartnäckigen Kehlkopf- und Rachenkatarrh möchte ich in Begleitung meiner Frau und Fräulein Sonntag um die Ostertage etwa 2–3 Wochen nach Baden-Baden reisen, um das Dr. Dengler'sche Sanatorium aufzusuchen. Infolge der vielen Reden, die ich jetzt als Vorsitzender des Präsidiums des Reichsverbandes der Deutschen Industrie halten muß, habe ich meinen Halsorganen zuviel zugemutet und will ihnen einige Woche Ruhe gönnen.»[7] Die «heilige Dreieinigkeit» blieb bis zum 25. April 1925 wieder in der Denglerschen Klinik in Baden-Baden. Danach fuhr Duisberg nach Leverkusen zurück, nahm an Sitzungen des Gemeinschaftsrates der I. G. sowie des RDI teil, verabschiedete sich aber bereits im Juli wieder für mehrere Wochen nach Badgastein, wobei diesmal wohl auch eine nervöse Erkrankung von Johanna Duisberg eine Rolle spielte.[8] Von September an nahm Duisberg wieder an der regulären Arbeit des RDI zumindest Anteil und leitete auch die Gemeinschaftsratssitzungen der I. G., doch begannen bereits im Herbst die Planungen für eine große Weltreise, die das Ehepaar Duisberg im Januar 1926 antreten wollte. «Wir werden uns am 17. Januar einschiffen», ließ Duisberg Julius Hirsch, den ehemaligen Staatssekretär im Reichswirtschaftsministerium, Anfang 1926 wissen, «und mit dem Dampfer Columbus voraussichtlich am 25. Januar in Newyork landen. Nach 5tägigem Aufenthalt dortselbst wollen wir dann mit der von einem amerikanischen Konsortium gecharterten Columbus die am 30. Januar beginnende Westindienfahrt antreten. Wenn diese kurz vor Schluß, also vor dem Wiedereintreffen in Newyork, in Cuba (Habana) landet, werden wir die Columbus verlassen und via Florida, New Orleans, Los Angeles, San Francisco, Honolulu und dann Yokohama weiterfahren. Wir hoffen am 15. April, zurzeit der Kirschblüte in Japan zu sein, um dort mehrere Wochen zu bleiben. Mitte Mai werden wir dann die Rückreise über Kanada machen, sodaß wir gegen Anfang Juni wieder in Newyork sind, um nach mehreren Wochen Aufenthalt mit der Stuttgart zurückzufahren.»[9] Gustav Krupp gegenüber hatte er am 2. Januar 1926 zudem noch die Absicht geäußert: «Sollten sich die politischen Verhältnisse in China gebessert haben, so werden wir, Ihrem Rat folgend, von Kobe aus über Korea, Mugden, Peking, Shanghai einen Ausflug nach dort machen.»[10]

Der Erholungswert des halben Jahres in Amerika und Asien war allerdings rasch aufgebraucht. Im September 1926 traf sich der Reichsverband der Deutschen Industrie in Dresden. Die dortige Rede Silverbergs zur Kooperation mit der Sozialdemokratie erregte großes Aufsehen, brachte

28 | Auf hoher See (Weltreise, undatiert)

RDI-intern aber heftigen Streit insbesondere mit der Schwerindustrie und einigen Regionalverbänden. Duisberg, der Silverberg um die Rede gebeten hatte, geriet trotz nur lauer Unterstützung für diesen selbst in die Kritik. Im Dezember 1926 plante er daher wieder eine «Flucht»: «Wenn mir die große Reise gesundheitlich auch sehr gut bekommen ist, so hatten mich die vielen Reisen und Konferenzen nach meiner Rückkehr doch derart mitgenommen, daß ich mir Sorgen wegen meines Befindens machte und deshalb Geheimrat von Müller in München konsultierte. Letzterer hat mir eine dringende Ausspannung empfohlen. Ich habe daher die Absicht, im Januar oder Februar einen längeren Erholungsaufenthalt, vielleicht Ägypten, Brione oder Majorka (!) zu nehmen. Ich hoffe bestimmt, dadurch wieder völlig auf den Damm zu kommen.»[11] Wenige Tage nach dieser Ankündigung erlebte Duisberg auf der Vorstandstagung des RDI, auf der es um die Aufarbeitung des Dresdner «Skandals» gehen sollte, einen «nervösen» Zusammenbruch und reiste überstürzt nach Leverkusen zurück.[12] Aus der Öffentlichkeit zog er sich erst einmal zurück. Eine Bitte der Handels-Hochschule Leipzig sagte er zum Jahresende 1926 mit der Begründung ab: «Infolge der großen Anstrengungen der letzten Monate war ich jedoch vor 14 Tagen genötigt, Berlin plötzlich zu verlassen. Ich muß mir seitdem die größte Schonung auferlegen. Meine Ärzte haben mir sogar geboten, mehrere Monate ganz auszuspannen. Deshalb werde ich schon Anfang Januar eine Reise nach dem Süden (Ägypten) antreten, von der ich erst im März zurückkehre.»[13] Wie gravierend der Zusammenbruch wirklich war, lässt sich kaum sagen. Wahrscheinlich fühlte er sich weniger an der Grenze seiner Kräfte, sondern hatte wohl wenig Lust, zum Gegenstand und Akteur eines Grundsatzstreites im RDI zu werden. Denn noch einige Tage vor dem Zusammenbruch hatte ihm der Rechtshistoriker Ernst Landsberg auf dem Juristentag 1926 außerordentliche Frische attestiert: «Hoffentlich sind Sie mit angenehmen Eindrücken vom Juristentag heimgekehrt; ich leugne nicht, daß ich etwas Fest-Kater empfinde, so tüchtig auch zweifellos die geleistete Arbeit und so schön auch die Feier gewesen ist … aber nicht Jeder besitzt Ihre wundervolle Kraft und Frische, die zu solchen Tagungen auf die Dauer gehört.»[14]

Es waren diesmal wohl weniger physiologische Probleme im engeren Sinne, die Duisberg quälten, als seelische Nöte. Widerspruch oder gar offene Konflikte war er kaum gewohnt; er hatte sie nie gut ertragen. Solange er sich durchsetzen konnte, war das alles noch hinnehmbar, doch war es nun vorbei, und die Energie, sich in langwierigen Verhandlungen zu behaupten, hatte Carl Duisberg nicht mehr. Der Wunsch nach Erholung war daher schon ehrlich, doch wurde das Jahr 1927 eher schlimmer als das Vorjahr. Friedrich von Müller wollte vor der Ägyptenreise noch eine überfällige Nabelbruchoperation bei Duisberg vornehmen, die gründlich danebenging. «Wie Sie vielleicht schon gehört haben, hatte ich die Absicht, mich in München einer von den Herren Geheimrat von Müller und Geheimrat Sauerbruch für nötig erachteten kleinen Operation zu unterziehen. Diese Operation konnte jedoch nicht stattfinden, da das mir eine Stunde vor der Operation zur Unterstützung der Lokalanästhesie verabreichte Morphium bei mir konträr wirkte und gerade, als ich auf dem Operationstisch lag, eine Lähmung des Atemzentrums und des Kehlkopfs eintrat. Nach vierstündiger Behandlung mit konzentrierten Sauerstoff, Kognak und Sekt verschwand die Atemlähmung und nach weiteren vier Stunden auch die Lähmung des Kehlkopfes. Als man dann zwei Tage später die Operation ohne Morphium machen wollte, versagte das Herz und man gab sie ganz auf. Wie sich dabei herausgestellt hat, ist der Eingriff wahrscheinlich überhaupt nicht nötig. Infolge des Aufenthalts in der Klinik und durch die vorausgegangenen starken Anstrengungen bin ich aber körperlich ziemlich heruntergekommen, sodaß ich nach langen Beratungen mit den Ärzten mich entschlossen habe, für etwa 6 Wochen nach Ägypten zu reisen. Ich fahre morgen nach München und von dort am 2. Februar über Triest nach Kairo. Ich hoffe, daß der Aufenthalt in dem Klima Ägyptens mir wieder völlige Genesung und Erholung von allen Strapazen bringt.»[15]

Als Duisberg diese Worte an Rudolf Geigy schrieb, waren bereits einige Tage ins Land gegangen, und er fühlte sich wieder so gut, dass er die Reise nach Ägypten glaubte, antreten zu können. Die Wochen in Ägypten verliefen indes enttäuschend, da das Wetter nicht mitspielte; «in Anbetracht des scheußlichen naßkalten Wetters (fand man, W. P.) nicht die gewünschte Erholung».[16] Was lag da näher, als im Mai und Juni 1927 zu Dengler in die Kurklinik zu fahren. Danach nahm er kurzfristig seine Amtsgeschäfte als RDI-Präsident wieder auf, begrüßte eine englische Industriedelegation für drei Tage in Leverkusen, brach aber schon bald danach für einige Wochen in die Sommerfrische nach Badgastein auf. Dort blieb er bis Ende Juli 1927.[17] Spätestens seit dieser Zeit beantwortete er auch seine Briefe nicht mehr selbst. Vielmehr schrieb, von der Geschäftskorrespondenz und dem Briefwechsel des RDI abgesehen, die durch die jeweiligen Büros abgewickelt wurden, sein persönlicher Sekretär Wichelhaus die allermeisten Antwortentwürfe, legte sie vor und schickte sie dann zumeist unverändert hinaus. Im Laufe der Zeit entwickelte er dabei eine derart große Sicherheit, dass er schließlich auch persönliche und familiäre Korrespondenz übernahm. Im Sommer 1927 wurde das auch aktenkundig. Auf die Bitte Harnacks, Duisberg möge 1927 vor der Kaiser-Wilhelm-Gesellschaft einen Vortrag über die deutsche Industrie halten, wollte Wichelhaus antworten, dass er trotz Überlastung sich der Aufgabe nicht werde entziehen können, was den in Badgastein kurenden Duisberg dazu brachte, den Entwurf nicht zu unterzeichnen, sondern sich bei Wichelhaus zu beschweren: «Brief Harnack habe ich nicht abgesandt. Ich kann doch beim besten Willen keine Vorträge halten, wenn ich abbauen soll. Sie scheinen mich nur noch für leistungsfähiger zu halten als ich bin, oder besser zu glauben, ich könnte noch mehr Belastungen ertragen. Das geht beim besten Willen nicht.»[18]

Nach der Sommerfrische in Badgastein nahm Duisberg seine übliche Tätigkeit wieder auf und reiste durch das Reich von Termin zu Termin. Besonders Treffen von Kuratorien und Beiräten bzw. Institutionen der Wissenschaftsförderung lockten ihn. An A. Bemelmans, den er während der Reparationsverhandlungen unmittelbar nach dem Krieg kennengelernt hatte, schrieb er Anfang Oktober 1927: «Leider muß ich morgen schon wieder auf 14 Tage verreisen. Zunächst geht es nach Frankfurt, wo ich Mittwoch und Donnerstag Sitzungen der I. G. Farbenindustrie Aktiengesellschaft zu leiten habe. Freitag morgen fahre ich mit dem Auto nach Leipzig. Am Freitagabend, den 7. und Samstag, den 8. Oktober tagt der Aufsichtsrat meiner Firma in Leuna. Sonntag vormittag muß ich weiter nach Nürnberg, um am Montag, den 10. Oktober in München zu sein. Am Mittwoch, den 12. Oktober nehme ich dort an der Sitzung des Verwaltungsrates des Deutschen Forschungsinstitutes für Psychiatrie teil. Am Donnerstag, den 13. und Freitag, den 14. Oktober findet gleichfalls in München eine Senatssitzung der Deutschen Akademie zur wissenschaftlichen Erforschung und Pflege des Deutschtums statt, und am Samstag, den 15. Oktober eine Vorstandssitzung des Deutschen Museums. Am Montag, den 17. Oktober hoffe ich dann wieder in Leverkusen zu sein und würde mich sehr freuen, wenn ich Sie am Dienstag, den 18. Oktober vormittags oder nachmittags, ganz wie es Ihnen paßt, in Leverkusen sehen und begrüßen könnte.»[19] Nimmt man noch die regulären RDI-Termine im Herbst hinzu sowie die Sitzungen der unterschiedlichen Gremien der Kaiser-Wilhelm-Gesellschaft, dann entsteht ein realistisches Bild von Duisbergs Arbeitsbelastung. Leverkusen, das so geliebte «Gesamtkunstwerk», sah ihn jedenfalls nur noch selten. Hektisches Herumreisen und lange Auszeiten bestimmten nun das Bild.

Weihnachten 1927 trafen sich bis auf Walther, der mittlerweile in New York lebte, noch einmal alle Duisbergschen Kinder und Enkel im Leverkusener Haus, doch sollte es das letzte Mal in dieser großen Runde sein. 1928 ging es wieder auf große Fahrt. Anfang des Jahres überlegte das Ehepaar Duisberg, eine sechswöchige Tour auf die Kanarischen Inseln zu unternehmen, doch war das angesichts der ohnehin geplanten Kuraufenthalte und der für das Jahresende fest beschlossenen Weltreise selbst Carl Duisberg zu viel, der glaubte, keinen ausreichenden Grund zu haben, alle Verpflichtungen abzusagen.[20] Das erste Halbjahr war die «heilige Dreieinigkeit» gleichwohl kaum zu Hause. Im Januar ging es in den Süden, im März und April hielt man sich in der Denglerschen Kurklinik auf. Danach kam die gewohnte Fülle vor allem repräsentativer Verpflichtungen: «Endlich bin ich einmal wieder zu Hause», schrieb er im Juli an Ludwig Kastl. «In den letzten drei Monaten waren es nur 20 Tage, an denen ich Leverkusen genießen konnte, die übrige Zeit war ich immer verreist, und zwar meist um Tagungen von Vereinen, Wirtschaftsverbänden, Hochschulen und weiß der Teufel was alles beizuwohnen.»[21] Das alles strengte an. Im Sommer gingen die Duisbergs für fünf Wochen an den Eibsee bei Garmisch-Partenkirchen. Diesmal ließ Carl Duisberg sich erstmals auch die Post nicht hinterherschicken: «Ich sehe eben täglich mehr ein, wie nötig ich die Ausspannung hatte. Deshalb will ich aber auch gründliche Kur machen.»[22] Und kaum zurück, beschäftigten ihn neue Pläne: «In den letzten Wochen haben wir eine vom schönen Wetter begünstigte prächtige Reise meist per Auto durch das oberbayrische Gebirge und Tirol gemacht. Im Herbst gedenken wir wieder eine große Weltreise zu unternehmen, die uns über Nordamerika nach Asien führen soll.»[23] Im Sommer 1928 ging es ihm offensichtlich gut; in der Öffentlichkeit kursierende Gerüchte, er sei ernsthaft krank, bezeichnete er als «Unsinn».[24]

Im Oktober 1928 nahm Duisberg an der Vorstandstagung des RDI teil, dürfte aber gedanklich bereits auf großer Reise gewesen sein. Der Zweck der Reise war, so Carl Wichelhaus, «mal einige Zeit aller Fesseln ledig zu sein»; daher werde Duisberg die Post erneut auch nur sporadisch und in großen Strichen nachgesandt.[25] Johanna Duisberg sah es ähnlich: «Die Weltreise, die wir nun am 13. November auf der Fulda von Genua aus antreten, hat ja im Wesentlichen auch nur den Zweck, meinen Mann wieder einmal nach zweieinhalbjähriger intensiver Arbeit aus dem Geschäftstrubel

29 | Die «heilige Dreieinigkeit» in Indien 1929

herauszureißen, was sonst, wie wir wiederholt erfahren haben, nicht möglich ist.»[26] Die Reise war lang und anstrengend, auch erkrankte Duisberg unterwegs wiederholt, doch genoss er den prominenten Status, den er in Ceylon und Niederländisch-Indien, vor allem aber in China, Japan und Korea hatte. Auf den englischen und amerikanischen Dampfern litt er hingegen an der vermeintlich schlechten Behandlung, die den deutschen Passagieren weiterhin zuteil wurde, doch ist nicht ganz klar, ob es diese Diskriminierung wirklich gab oder ob Duisberg bereits die Tatsache, den Tisch im Kasino mit Chinesen und Japanern teilen zu müssen, als solche empfand. Auch dieses Mal ging Duisberg möglichen Gefährdungen aus dem Weg. Hatte er drei Jahre zuvor auf einen Besuch Pekings verzichtet, so ließ er diesmal die Chance eines Besuches von Nanking verstreichen, da ihm die Zugverbindung zwischen Hongkong und Nanking zu unsicher schien, zu Recht, wie sich zeigen sollte, da der ins Auge gefasste Zug unterwegs überfallen wurde.

Die Reise umfasste allein in Asien Stationen in Ceylon, in Britisch-Indien, in Niederländisch-Indien, namentlich Java (Batavia), Singapur, Hongkong, Shanghai, Tsientsin, Peking, Mukden, Seoul, Kobe, Osaka,

Kioto und schließlich Tokio. Duisberg wurde jeweils von den Vertretern der I. G.-Niederlassungen sowie deutschen Diplomaten begrüßt und zumindest in den großen Städten auch betreut. Die I. G.-Vertretungen stellten zudem Reiseführer, die die Duisbergs bei Betreten des Landes in Empfang nahmen und bis zum Verlassen des Landes dauernd begleiteten. Die Duisbergs wurden dabei stets mit «großem Bahnhof» aufgenommen, veranstalteten aber auch ihrerseits jeweils Feste für die Familien der I. G.-Mitarbeiter und Angehörige der diplomatischen Vertretungen – «bei mit Reden gewürzter Tafel und guter Musik mit anschließendem Tanz» etwa in Kobe.[27] Duisberg führte dabei genau Buch; auf der zweiten Reise gaben die Leverkusener Gäste, das Ehepaar Duisberg und Fräulein Sonntag, insgesamt 15 Empfänge oder festliche Abendessen.[28] Das Programm, das die Duisbergs auf den verschiedenen Stationen absolvierten, war zwar ganz unterschiedlich, umfasste aber naheliegenderweise ähnliche Elemente. Einerseits besichtigte Duisberg die I. G.-Einrichtungen, sprach mit den dortigen Herren, kam auch mit örtlichen Wirtschaftsvertretern ins Gespräch und hatte zumindest ansatzweise auch offizielle diplomatische Kontakte, die nur in Shanghai auf höchster Ebene stattfanden. Dort traf er auf Vermittlung von Max Bauer auch Tschiang-kai Tschek, um über eine Intensivierung der deutsch-chinesischen Handelsbeziehungen zu sprechen, die er im Rahmen des RDI bereits früher als eine große Chance für die deutsche Industrie bezeichnet hatte.[29] Vom chinesischen Präsidenten Tschiang-kai Tscheck sei er zu einer Visite nach Nanking gebeten worden, doch habe er dieser Einladung so wenig Folge leisten wollen wie einer des Außenministers – die Reise nach Nanking war ihm, wie gesagt, einfach zu gefährlich. In Indonesien hatte Duisberg hingegen größere Strapazen gut verkraftet, wie er schon von der Reise an den ehemaligen Chef eines ihn in Indonesien behandelnden Arztes schrieb: «Auch von der niederländisch-indischen Regierung, der Eisenbahnverwaltung, der Wirtschaft, wurden wir überall auf das liebevollste aufgenommen. Da ereilte mich auf der Fahrt von Bandoeng nach Djokja das hier sehr bekannte, sogenannte Fünftagefieber, das zwar an sich ungefährlich, aber sehr ungemütlich ist, und welches mich in Semarang im Hotel du Pavillon 9 Tage bei zeitweise 40 grad Fieber und einer Tages- und Nachttemperatur von 20–32 Grad mit 100 % Luftfeuchtigkeit ans Bett fesselte. Ich konnte 5 Tage lang trotz größter Dosen Schlafmittel Adalin-Phanodorm-Luminal keine Minute schlafen. Ich war der Verzweiflung nahe. In der Not hat mir von Anfang an einer Ihrer Schüler, der stolz ist, es zu sein,

30 | Das Ehepaar Duisberg in Indonesien 1929

Herr Dr. Neuberger in Semarang, nicht nur gründlich ärztlich beigestanden (Blut-, Stuhl-, Harnuntersuchungen etc.), sondern derselbe kam auch fast täglich dreimal zu mir, um mich zu trösten und mir die nötige Medizin, auch gegen den ‹Roten Hund› (lichen trop) zu verordnen. … Seit Sonntag bin ich hier 1100 Meter hoch in Poedjong, im Gebirge, um mich zu erholen.»[30]

Von Japan ging es dann über Hawaii nach Los Angeles, wo man sich einige Zeit aufhielt. Los Angeles gefiel den Duisbergs sehr, besser als Honolulu. Von da aus fuhr man quer über den nordamerikanischen Kontinent, kam einige Zeit bei Freunden und Bekannten im Osten der USA unter, bevor es schließlich mit dem Dampfer «Albert Ballin» der Hapag zurück nach Hamburg ging.

Zu Hause war es mit der Herrlichkeit freilich rasch wieder vorbei. Im Herbst standen einige große Sitzungen und öffentliche Veranstaltungen des RDI an, zu denen Duisberg auch brav erschien, doch an den gleichzeitigen Kämpfen um die Richtung des RDI nahm er nur sehr im Hintergrund teil. Auch der Streit um die Regierung Müller, der im Winter 1929/30 tobte, fand ihn nicht in Berlin. Anfang des Jahres 1930 lag er mit einem Katarrh zu Bett, im März ging es nach Menton an die Riviera. Von dort fuhr das Ehepaar im April weiter nach Cannes und Nizza an die Côte d'Azur. Den Sturz des Kabinetts Müller nahm Duisberg nur aus der Ferne wahr. «Zu meinem großen Bedauern muß ich Ihnen mitteilen, daß ich derselben nicht Folge leisten kann. Infolge von Arbeitsüberlastung ist mein gesundheitliches Befinden nicht das beste in der letzten Zeit gewesen. Meine Freunde, die Herren Geheimräte von Krehl und Friedr. von Müller, die ich dieser Tage in Heidelberg und München konsultierte, rieten mir dringend, mir für einige Zeit Schonung aufzuerlegen. Zu diesem Zweck werde ich nun Sonnabend vor Pfingsten zum Kurgebrauch in das Dr. Denglersche Sanatorium in Baden-Baden übersiedeln, wo ich 3–4 Wochen bleiben werde.» Mit dieser routinemäßigen Formulierung sagte Duisberg Mitte Mai 1930, kaum dass er zwei Wochen von der Côte d'Azur zurück war, seine Teilnahme an der Eröffnung der 6. Chemiemaschinenbauausstellung ab.[31] Im Juli 1930 kehrte er für einige Wochen nach Leverkusen zurück, um den August bis in den frühen September hinein dann am Eibsee bei Garmisch-Partenkirchen zu verbringen, wie sein Sekretär Heinrich Gattineau mitteilte.[32] Hier dürfte auch der Entschluss gefasst worden sein, in Partenkirchen ein Haus bauen zu lassen.

So ging es weiter. Bereits Ende November, nachdem Duisberg im Okto-

31 | Carl Duisberg im Schnee 1931

ber 1930 Termine in Berlin und Frankfurt am Main wahrgenommen hatte, sprach Gattineau gegenüber Adolf Weber wieder von einer längeren Reise, die der Geheimrat angetreten habe. Den Februar 1931 verbrachten die Duisbergs in der Schweiz, in Flims im Grand Hotel Surselva, wohin man in großer familiärer Gruppe gereist war: «Dein 1. Brief vom 9.Februar wurde mir nach hier nachgesandt, wo ich mit Tante Hans, Hilde, Michaela, Jola, Elfe, Fräulein Sonntag und Fräulein Otti Sommer, also ein Mann und fünf Frauen und zwei Enkelinnen, weile. Es ist das erste Mal in meinem Leben, daß ich einige Wochen der Erholung in Schnee und Eis verbringe. Wir sind jetzt schon 17 Tage hier und wollen am Montag nach Leverkusen zurückkehren. Die beiden, Tochter und Schwiegertochter (Hilde und Jola), sowie Michaela und Fräulein Otti bleiben noch bis Ende nächster Woche, während wir die ‹Elfe›, die Tochter von Curt, am Montag bis Frankfurt mitnehmen und sie dann an ihre Mutter abliefern. Als wir vor 14 Tagen hierherkamen, schneite es zuerst drei Tage lang – der Schnee liegt jetzt 1½ m hoch –. Ich war schon im Begriff abzureisen, da kamen einige schöne Sonnentage; dann aber wieder Schnee und Schnee und wenig Sonne. Man ist gezwungen, den ganzen Tag im Hotel zu sitzen. Das ist nichts für mich. Es wird wohl auch das letzte Mal gewesen sein, daß ich in meinem Alter

32 | Carl Duisberg um 1930

mich in diese, allerdings zurzeit, wo alles beschneit ist, herrliche Schnee- und Eiswüste begebe. So viel ich fühle, habe ich mich, allerdings in der kurzen Zeit, sehr gut erholt.» Duisberg berichtete das alles dem zweiten Mann von Emmy Bayer, dem Kunstmaler Dietz Edzard.[33]

Im Mai erhielt Duisberg in Stuttgart den «Deutschen Ring» des Verbands der Auslandsdeutschen, um danach wiederum für längere Zeit auf Reisen zu gehen.[34] In den kritischen Momenten der Weltwirtschaftskrise im Sommer 1931, die über das Schicksal der Regierung Brüning entschieden, war Duisberg nicht im Lande, obwohl er von der Bedeutung der Ereignisse wusste: «Ich möchte Ihnen hierdurch mitteilen, daß ich trotz der schwierigen politischen und wirtschaftlichen Lage und entgegen meinem Wunsche, aber auf dringendes Anraten der Ärzte mich entschlossen habe, eine Kur in Badgastein zu unternehmen. Ich leide in letzter Zeit an Ischias im Bein und hoffe, daß eine mehrwöchige Kur mir Besserung bringt. Sollte meine Anwesenheit in Berlin während dieser Zeit irgendwie erforderlich sein, so stehe ich selbstverständlich jederzeit auf telegrafischen, telefonischen oder brieflichen Wunsch zur Verfügung. Meine Adresse ist Hotel Viktoria, Badgastein.»[35] Obwohl er nicht mit Berliner Problemen belastet war, trat der gewünschte Kurerfolg nicht ein: «Leider hat mir der Aufenthalt in Badgastein noch nicht geholfen. Die nervösen Schmerzen im Oberschenkel, welche mir das Gehen sehr erschweren, sind immer noch da, obgleich mir der Arzt in Gastein vollen Erfolg versprochen hat. Ich versuche es jetzt mit Katzenfellen und Stiefeleinlagen, weil die Schmerzen vielleicht doch rheumatisch und ein Senkfuß im Entstehen begriffen ist. Die 70, das merke ich, machen sich doch bemerkbar.»[36] Duisberg schilderte hier seinen Zustand gegenüber Carl Bosch so, dass der für den 70. Geburtstag geplante Rückzug aus den meisten Ämtern plausibel erschien.

Mit dem 70. Geburtstag Ende September 1931 trat Duisberg dann in der Tat auch von den meisten seiner bisherigen Ämter, namentlich vom Vorsitz des RDI und aus dem Präsidium des DIHT, zurück. Seine Funktion als Aufsichtsratsvorsitzender der I. G. behielt er bei, nicht zuletzt wohl deshalb, weil hieran zumindest Teile seines Einkommens geknüpft waren. Auch seine Ämter in der Kaiser-Wilhelm-Gesellschaft und in der Studentenförderung behielt er, aber alles, was Konflikte und Streit beinhalten mochte, ließ er nun endgültig sein. Die gesundheitliche Situation war dabei stets mehr rhetorische Floskel als ernster Grund gewesen, doch sollte man Duisbergs nervliche Belastung nicht unterschätzen, die ihn in der Tat mehrfach an den Rand größerer Krisen geführt hatte, namentlich im Zusammenhang mit der Gründung der I. G. und später im Rahmen der Konflikte an der Spitze des RDI. Duisberg war gewohnt, sich durchzusetzen – im Zweifelsfall auch mit Jähzorn und Wutausbrüchen. Das gelang seit dem Herbst 1924 nicht mehr. In der I. G. stellte man ihn zwar auf einen Piedestal, aber mehr als ehrfürchtige Bewunderung für eine längst vergangene Leistung kam darin nicht mehr zum Ausdruck; aktuelle Bedeutung ließ sich daraus nicht gewinnen.

33 | Der abwesende Präsident

Doch kehren wir noch einmal in die Mitte der 1920er Jahre zurück. Das Verhältnis Duisbergs zur Weimarer Republik war nicht unkompliziert, verkörperte sie doch die institutionelle Folge der Revolution. Er nahm sie zähneknirschend hin, wohl wissend, dass es zur neuen Staatsform eine realistische Alternative nicht gab. Nach der Etablierung der Republik und dem Ende der revolutionären Kämpfe nahm Duisbergs Kritik an ihr ab; der Monarchie weinte er ohnehin keine Träne nach. Sein Diktum, es komme nicht auf die Staatsform, sondern auf die Qualität der Verwaltung an, war durchaus ernst gemeint. Als nach den Wahlen von 1920 die Gefahr einer linken Mehrheit im Reichstag gebannt schien, arrangierte er sich endgültig mit den gegebenen Verhältnissen. Jetzt kehrte Duisberg im Grunde wieder zu jenen Prinzipien zurück, die bereits sein Handeln im Hansa-Bund bestimmt hatten: Das Eintreten für eine bürgerliche Mehrheit, die der wirtschaftlichen Vernunft zum Siege verhelfen sollte, nun – unter den Bedingungen der Republik – falls nötig auch mit Unterstützung der Linksliberalen und der gemäßigten Sozialdemokratie. Auch in der Reparationsfrage war er bestenfalls rhetorisch radikal. Faktisch unterstützte er von Anfang an eine Politik der Erfüllung in der festen Überzeugung, dass der wirtschaftliche Wiederaufschwung Deutschlands nur im Rahmen eines funktionierenden Weltmarktes möglich sein würde. Auch hier war ein Arrangement daher alternativlos. Das verband ihn mit Gustav Stresemann, zu dem schon seit den ersten Nachkriegstagen ein kurzer Draht existierte. Stresemann wurde als Reichskanzler einer großen Koalition im Sommer 1923 von Duisberg offen begrüßt, der auf industrielle Kritik an der Regierungsbeteiligung der SPD wenig gab. Die Außenpolitik Stresemanns in den kommenden Jahren fand Duisbergs ungeteilten Beifall. Die mit der Chiffre Locarno gekennzeichnete Politik einer deutsch-französischen Annäherung unterstützte er in einer französischen Zeitschrift öffentlich: «Die Politik Stresemanns … hat mit der Ära der Abenteuer endgültig gebrochen, und dank dieser Politik geht es heute vorwärts. Stresemanns Erfolg tritt seit einem Jahr (Duisberg sagte das Ende 1929, W. P.)

so deutlich in Erscheinung, dass man blind sein müsste, seine Früchte nicht zu erkennen. Unter der Führung eines Politikers, der sich aus der großen Mehrheit seiner Landsleute durch seinen Weitblick hervorgetan hat, ist Deutschland von den meisten seiner Fesseln, die der Krieg ihm auferlegt hat, befreit.»[1] Duisberg suchte die Aussöhnung nach Westen auch durch die Förderung entsprechender industrieller Kontakte zu unterstützen, was ihm im englischen und US-amerikanischen Fall auch einigermaßen gelang. Auch wenn Duisberg den einzelnen Regierungen von 1924 bis 1930 in Fragen der Wirtschafts-, Finanz- und Sozialpolitik durchaus kritisch gegenüberstand, stützte er deren Außen- und Reparationspolitik auch gegen Kritik. «Zweifellos gibt es bei uns Elemente, die den Schwierigkeiten, mit denen wir zu kämpfen haben, anders begegnen wollen und man darf sich bei ihnen keinen Illusionen hingeben. Sie stellen eine ziemlich große Partei dar, die auch heute noch einen beträchtlichen Einfluss in manchen Gebietsteilen Deutschlands hat. Aber trotz ihrer beständigen Propaganda und ihren Anstrengungen, Unruhe und Misstrauen zu verbreiten, bleibt die große Mehrheit unseres Volkes unberührt von der Verleumdungskampagne, die Hugenberg im Lande entfesselt hat.»[2] Dass der RDI den von Stresemann ausgehandelten Young-Plan, der schließlich den Dawes-Plan ersetzte, wesentlich mittrug, war Duisbergs Bereitschaft zu verdanken, dem hier maßgeblichen Präsidialmitglied Ludwig Kastl den Rücken von insbesondere schwerindustrieller Obstruktion freizuhalten.[3] Die Unterstützung Stresemanns dauerte bis zu dessen Tod, den Duisberg, wie er einer französischen Illustrierten sagte, für ein «nationales Unglück» hielt.[4]

Mit der Wahl zum Vorsitzenden des Reichsverbands der deutschen Industrie wurde Duisberg selbst zum Repräsentanten des Weimarer Systems, der sich nun auch aus staatspolitischen Gründen nicht mehr von der Republik distanzierte. Eine ganz entscheidende Rolle dürfte dabei insbesondere die Wahl von Paul von Hindenburg zum Reichspräsidenten im April 1925 gespielt haben. Duisberg bewunderte Hindenburg seit dem Krieg. Ihn hätte er 1916 am liebsten an Stelle Bethmann-Hollwegs als Reichskanzler gesehen. Dass dieser Mann nun nicht nur der höchste Repräsentant der Republik und einer ihrer mächtigsten Männer wurde, sondern sich zugleich auch zur Verfassung bekannte, wertete die Republik deutlich auf.[5] Es war ein konservatives Bekenntnis, aber es war ein Bekenntnis zur Republik, das Duisbergs Haltung zweifellos maßgeblich stützte. Erst als sich der Ausbruch der Weltwirtschaftskrise abzeichnete und zahlreiche Reformen der Wirtschafts-, Finanz- und Steuerpolitik, die die Industrie wiederholt eingefordert hatte, immer noch auf sich warten ließen, ja, das parlamentarische System wie blockiert erschien, setzte auch Duisberg auf eine vom Parlament unabhängige Regierung. Doch war das alles andere als eine Absage an die Republik, sondern ein Plädoyer für die zeitweilige Regierung auf der Basis präsidialer Vollmachten, wie sie in Paragraph 48 der Weimarer Verfassung vorgesehen war.

***

Duisbergs Tätigkeit im und für den RDI begann nicht erst mit seiner Wahl zu dessen Vorsitzenden 1925. Als Vorsitzender des Vereins zur Wahrung der Interessen der Chemischen Industrie war er 1919 von Anfang an an der Konstituierung des RDI beteiligt. Die Bereitschaft des VzW, im neuen Zentralverband aufzugehen, war zunächst keineswegs groß, befürchtete man doch eine Vormachtstellung der Schwerindustrie,[6] ein Verdacht, der bereits in den 1880er Jahren den Chemieverband veranlasst hatte, den Centralverband Deutscher Industrieller zu verlassen. Angesichts der Lage nach der Revolution und der Gründung der Zentralarbeitsgemeinschaft ZAG blieb freilich zur Gründung eines Einheitsverbandes keine Alternative, was auch Duisberg einsah, der allerdings darauf bestand, dass das Gewicht der chemischen Industrie auf jeden Fall gewahrt blieb.[7] Nach der Konstituierung des RDI nahm Duisberg als Vertreter des VzW[8] selbstverständlich einen der Plätze in dessen Präsidium ein und wurde unter der Präsidentschaft von Kurt Sorge schließlich auch stellv. Vorsitzender des RDI. Auf eine entsprechende Vertretung der Interessen der chemischen Industrie und auf eine angemessene Gewichtung der Industriegruppen im RDI achtete er auch später sehr genau, und drohte, sollte es zu Verschiebungen kommen, schon einmal damit, die chemische Industrie werde sich aus dem RDI zurückziehen. Grundsätzlich kam Duisberg die Reichsverbandsidee als Ausdruck einer Sammlung der Vernunft aber entgegen.[9]

Beide Momente (Interessenvertretung der chemischen Industrie, Einheitlichkeit des industriellen Vorgehens) wurden für Duisbergs Verhalten in der Verbandsarbeit der kommenden Jahre maßgeblich. Er bezog daher von Anfang an keine radikalen Positionen, sondern suchte die eigene Haltung stets so zu formulieren, dass sie zu einem gesamtindustriellen Konsens beitragen konnte, ja, dass in ihr so etwas wie eine übergeordnete Vernunft zur Förderung des wirtschaftlichen Wiederaufbaus in Deutschland zum Ausdruck kam. Dabei war Duisbergs zuvor gezeigte Auffassung, die Arbeitsgemeinschaft mit Gewerkschaften und gemäßigter Sozialdemokratie zur Grundlage einer Wirtschafts- und Sozialpolitik zu machen, die zugleich die Rolle des Staates begrenzte und die soziale Akzeptanz der Privatwirtschaft garantierte, im RDI eher eine «linke» Position, die insbesondere von großen Teilen der Schwerindustrie, aber auch zahlreichen regionalen Industrieverbänden nicht geteilt wurde. Duisberg verkörperte damit eine moderate, auf Kompromisse und zeitgemäße Absprachen setzende Interessenpolitik; einen Radikalismus, wie ihn Hugo Stinnes und die Schwerindustrie in außen-, wirtschafts- und sozialpolitischen Fragen pflegten, lehnte er ab. Zu den Exponenten der Schwerindustrie, namentlich zu Hugenberg und Kirdorf, wurde das Verhältnis zusehends schlechter. Im RDI der Nachkriegszeit wiederholten sich damit die alten Konfrontationslinien der Vorkriegszeit, nur diesmal in einer politisch viel zugespitzteren Weise. Während führende Vertreter der Schwerindustrie der Republik den Kampf angesagt hatten, wollte Duisberg sich so vorteilhaft wie möglich mit ihr arrangieren. Er wich einer Konfrontation im Zweifelsfall nicht aus, versuchte sie aber im Interesse der Einheitlichkeit der industriellen Interessenvertretung zu vermeiden.

Im Herbst 1924 zog sich Kurt Sorge, Direktor des Krupp-Gruson-Werkes in Magdeburg und bisheriger Reichsverbandspräsident, aus gesundheitlichen Gründen von seinem Amt zurück, das er ohnehin nicht sonderlich aktiv geführt hatte. Die Suche nach einem Nachfolger begann. Duisberg, um den inneren Zusammenhalt des RDI bemüht, vor allem aber an einer aktiven Verbandsführung interessiert, drängte Albert Vögler, für das Amt zu kandidieren. Vögler lehnte wegen Arbeitsüberlastung ab, versicherte aber, die Ruhr würde jeden Kandidaten stützen, auf den sich der Reichsverband einige. Duisberg war von Vöglers Absage enttäuscht: «Von Anfang an hatte ich Sie als den Nachfolger von Sorge im Präsidium des Reichsverbandes der deutschen Industrie in Aussicht genommen. ... Ich zweifele nicht im mindesten, daß es mir daher auch gelungen wäre, Sie einstimmig bei der Wahl durchzubringen.» Vöglers Ablehnungsgründe ließ Duisberg nicht gelten, er forderte ihn sogar fast ein wenig schulmeisterlich auf, sich auf die wesentlichen Aufgaben zu beschränken: «Geben Sie daher Kleines, das Sie belastet, auf und wenden Sie sich nur dem Großen zu. Und zu dem Großen, oder sogar besser dem Größten, rechne ich eben auch den Reichsverband der deutschen Industrie. Wir müssen uns nunmehr also nach einem anderen Führer umsehen. Bei dem großen Mangel an geeigneten und befähigten Männern für diesen Zweck werden wir wohl faute de mieux uns mit Borsig behelfen müssen. Er ist dann bestimmt nicht der richtige Mann am richtigen Platz ...»[10]

Duisbergs Bitten half nichts; wenige Tage später einigte sich das RDI-Präsidium auf Ernst Borsig[11] als Kandidaten für Sorges Nachfolge, der die Kandidatur zunächst auch akzeptierte. Borsig war allerdings eine Verlegenheitslösung und dürfte das geringe Vertrauen gespürt haben, denn wenig später zog er seine Kandidatur zurück, wohl unter Verweis auf geschäftliche Probleme seines Unternehmens, wie Kurt Sorge in einem Schreiben an Carl Duisberg andeutete.[12] Offensichtlich hielten viele in der Führung des Reichsverbandes das DNVP-Mitglied Borsig für einen insbesondere in sozialpolitischer Hinsicht sehr problematischen Kandidaten. Mit Borsigs Rückzug begann die Kandidatensuche erneut, und nun kam Duisberg auch selbst ins Spiel. Abraham Frowein, Präsidiumsmitglied des RDI und Wuppertaler Textilindustrieller,[13] flehte Duisberg regelrecht an, das Amt zu übernehmen. Er werde mit Sicherheit einstimmig gewählt, und die Gefahr einer Abspaltung der verarbeitenden Industrie, die aktuell nicht vom Tisch sei, könne so gebannt werden. Rudolf Frank wurde sehr viel deutlicher als Frowein und schrieb ihm am 15. Dezember 1924 ganz offen, Borsig sei «der ungeeignetste Mann …, der an die Spitze des Reichsverbandes gestellt werden könnte, und zwar besonders wegen seiner politischen Stellungnahme vor den Wahlen, als Vorsitzender der Vereinigung der Arbeitgeberverbände. Diese prononcierte politische Stellungnahme macht meiner Ansicht nach Herrn von Borsig heute ganz ungeeignet für den Vorsitz im Reichsverband.» Im Gegensatz zum Scharfmacher Borsig sei Duisberg der geeignete Mann: «Sie hätten alle Sympathien aus allen Industrien für sich und auch mit der Gegenseite der Arbeitnehmer würde es Ihnen immer möglich sein, einen richtigen Weg zu finden. Ich weiß ganz genau, daß es für Sie ein kolossales Opfer bedeutet, dieses dornenvolle Amt auch noch zu übernehmen, aber ich glaube, daß gerade in einer so schweren Zeit, wie wir ihr jetzt entgegengehen, sich niemand der Pflicht entziehen kann, nach seinen besten Kräften mitzuwirken.» Schließlich sei Duisberg auch kein engstirniger Interessenvertreter, sondern repräsentiere die gesamte Industrie. «Alles das sind Eigenschaften, die Sie in hervorragender Weise mitbringen.»[14] Der DVP-Reichstagsabgeordnete Paul Moldenhauer, mit dem Duisberg auch persönlich engen Umgang pflegte, blies in das gleiche Horn. Auch er wusste, wie man Duisberg «packen» konnte: «In diesen bewegten Zeiten ist es besonders notwendig, daß an der Spitze des Reichsverbandes ein Mann steht, der als Persönlichkeit sich durchsetzen kann und auf der anderen Seite nicht zu den Extremen gehört, die immer mit dem Kopf durch die Wand wollen. Ich gebe mich gern der Hoffnung hin, daß Sie der Wirtschaft und dem Vaterland das große Opfer bringen werden.»[15] Moldenhauers Brief hätte es freilich gar nicht mehr bedurft. Schon am 15. Dezember 1924 signalisierte Duisberg Abraham Frowein Zustimmung: «Daß der Reichsverband der deutschen Industrie mir als einem Mitgründer besonders nahe steht und am Herzen liegt, wissen Sie. Mehr wie je ist es für die nächsten Jahre nötig, daß wir in der Industrie geschlossen einig bleiben und alles, was möglich ist, von meiner Seite wird geschehen, um dies durchzusetzen. Weil dem so ist, deshalb habe ich mich nach langem Ringen, gegen den Widerstand meiner Familie entschlossen, mir die Sache noch einmal zu überlegen.» Er gehe jetzt noch einmal auf Geschäftsreise zur I. G. Farbenindustrie AG, und wenn da die Dinge liefen, so wolle er noch einmal alles prüfen. «Selbstverständliche Voraussetzung für die Annahme müßte einstimmige Wahl und Vergrößerung des Präsidiums mit weitgehender Arbeitsteilung und Übernahme bestimmter Aufgaben durch die einzelnen Mitglieder sein.» Es wäre schön, wenn Frowein zwischen Weihnachten und Neujahr einmal nach Leverkusen käme, um die Dinge in Ruhe zu besprechen.[16]

Als Frowein dann nach Leverkusen kam, war Überzeugungsarbeit nicht mehr zu leisten.[17] Sorge hatte Duisberg am 20. Dezember 1924 offiziell zur Kandidatur aufgefordert. Am Heiligabend schrieb Duisberg zurück, dass er die Aufgabe annehme. Der Tonfall des Briefes gab seine Motive recht treffend wieder: «Nun ist der Weihnachtsabend gekommen und ich muß endgültig ja oder nein sagen. Ich sehe ein, daß persönliche Interessen trotz der Warnung meiner Angehörigen nicht in Betracht gezogen werden dürfen, wo es sich um das Wohl und Wehe der nach Überwindung großer Schwierigkeiten endlich zustande gekommenen Vereinigung der gesamten deutschen Industrie zum Reichsverband handelt. Gilt es doch die verschiedenen Fachgruppen der deutschen Industrie, deren Interessen so oft untereinander kollidieren, zum Wohle des ganzen zusammen zu halten und nicht auseinander fallen zu lassen; ist doch mehr als je zuvor die Einigkeit der deutschen Industrie, wie sie die Aufrechterhaltung des Reichsverbandes verbürgt, unbedingte Notwendigkeit, wollen wir unsere durch den verlorenen Krieg und seine Folgen darniederliegende Wirtschaft wieder aufbauen und ihr die für das Leben des deutschen Volkes so wichtige Weltstellung sichern. Wenn es mir auch im Augenblick deshalb schwer fällt, die persönlichen Interessen nicht, wie es sonst bei mir selbstverständlich wäre, den gemeinwirtschaftlichen nationalen unterzuordnen, da ich mich körperlich nicht so wohl wie sonst fühle und bei meinem Alter von 63 Jahren und dem, was ich bisher getan und geleistet habe, Anspruch darauf machen kann, mir das Leben etwas angenehmer und leichter zu gestalten, so will ich doch unter der Bedingung, daß man mir evtl. einen mindestens 4wöchigen Urlaub im Februar zubilligt, … das rein Persönliche in den Hintergrund stellen. Auch meine Frau, die, wie begreiflich, aus gesundheitlichen und familiären Gründen bisher den heftigsten Widerstand gegen diese meine Auffassung leistete, ist bei meiner ihr am besten bekannten gemeinwirtschaftlichen Einstellung schließlich unter Hintansetzung rein persönlichen Rücksichten (!) auch nicht mehr dagegen, falls nicht geschäftliche Gründe, die ich ja allein am besten beurteilen kann, mich zur Ablehnung zwingen.»[18] Die Wahl Anfang 1925 war dann nur noch eine Formsache.

Duisberg stellte in den Verhandlungen mit Kurt Sorge und dem ausscheidenden geschäftsführenden Präsidialmitglied Hermann Bücher gewisse Bedingungen. Da er nicht von Leverkusen nach Berlin umziehen werde, müsse die dortige Geschäftsführung erweitert werden, insbesondere aber das Präsidium und seine Stellvertreter verantwortlich mit in die Leitung des Verbandes eintreten. Diese Bedingungen, die von Anfang an zeigten, dass Duisberg im Alltag des RDI eher eine zurückhaltende Rolle zu spielen gedachte, wurden durchweg akzeptiert.[19] Die Geschäftsführung des RDI wurde, Duisbergs Wünschen folgend, rasch erweitert. Das Präsidium erhielt insgesamt größere Entscheidungsbefugnisse, die Vizepräsidenten erhielten eigene Zuständigkeitsbereiche, für die sie selbst verantwortlich waren.[20] Duisberg sah seine Aufgabe offensichtlich vorrangig in der Bestimmung der großen Linien industrieller Interessenvertretung und in deren Repräsentation. Die eigentliche Leitungsarbeit wurde hingegen, wie der RDI bereits am 14. Januar 1925 öffentlich ankündigte, auf das engere Präsidium übertragen.[21] Zusätzlich zur Aufwertung von Geschäftsführung und Präsidium wurde in Leverkusen ein Büro eingerichtet, das Duisberg zuarbeitete und es ihm ermöglichte, einem Teil seiner Aufgaben von Leverkusen aus nachzukommen. Dieses Büro war mit Otto Meesmann und Heinrich Gattineau besetzt, deren Aufgabe neben der Verwaltung der Korrespondenz insbesondere in der Vorbereitung und schließlich der Ausfertigung von Duisbergs Reden bestand. Meesmann wechselte aus politischer Überzeugung später zu Alfred Hugenberg;[22] Gattineau kam aus dem der NS-Bewegung nahestehenden «Bund Oberland» und hielt offensichtlich zumindest einen Teil dieser Kontakte auch nach seinem Wechsel in die Industrie noch aufrecht.[23] Die politische Haltung seiner Sekretäre störte Duisberg nicht, doch ließ er sich in seiner Haltung zur Republik hiervon nicht beeinflussen. Im Gegenteil, er füllte sein Amt auch und gerade im Rahmen der Weimarer Ordnung bewusst aus. Dass man sein wiederholtes Bekenntnis zur Republik 1933 aus der Sammlung seiner Schriften und Reden herausstrich, ist insofern bezeichnend.[24] Die Loyalität zur Weimarer Republik kam auch in der Auswahl des geschäftsführenden Präsidialmitgliedes Ludwig Kastl[25] zum Ausdruck, der an die Stelle Hermann Büchers trat. Kastl war zweifellos ein liberalkonservativer Mann und vertrat die Interessen der Industrie unnachgiebig, aber auch er tat das im Rahmen der Weimarer Ordnung.[26] Von Duisbergs Stellvertretern gewann zudem der 1927 gewählte Paul Silverberg an Gewicht,[27] der lange Jahre als Vertreter von Hugo Stinnes gegolten hatte, nach dessen Tod aber aus Stinnes' Schatten trat. Sein Name stand schließlich geradezu programmatisch für den Versuch, Industrie und gemäßigte Arbeiterbewegung an einen Tisch zu bringen.[28] Die anderen Stellvertreter, Abraham Frowein, Clemens Lammers, Georg Müller-Oerlinghausen, Carl-Friedrich von Siemens und Ewald Hilger, blieben in der Öffentlichkeit zwar mehr im Hintergrund, waren für den Verband aber ebenso von großer Bedeutung, Hilger nicht zuletzt deshalb, weil er es als Schatzmeister geschafft hatte, die Finanzen des RDI 1924/25 zu konsolidieren. Allein Carl-Friedrich von Siemens hielt sich völlig aus der Arbeit des Verbandes heraus.

Neben der Verlagerung der Arbeit auf Geschäftsführung und Berliner Präsidialmitglieder sollten mit Duisbergs Wahl auch die Präsidialbeiräte, vor allem der später unter der Leitung von Paul Silverberg stehende Beirat für allgemeine Wirtschaftspolitik, wesentliche Bedeutung bekommen. In all diesen Beiräten spielte die Schwerindustrie während Duisbergs Amtszeit zumindest keine dominierende Rolle mehr, was immer wieder zu Protesten, ja zu offenen Spaltungsdrohungen führte. So sehr er sich auch um Ausgleich bemühte, so wenig war Duisberg allerdings bereit, in der Sache hier Kompromisse zu schließen.[29] Dabei wäre es ganz falsch, Duisbergs Haltung als anti-schwerindustriell zu bezeichnen. In der Tradition des Hansa-Bundes stehend, ging es ihm vorrangig um branchen- und regionenüberschreitende Einigkeit, weshalb er von Anfang an auf Bündnisse mit der Landwirtschaft, mit Handel und Handwerk, aber auch zwischen Groß- und Kleinindustrie, zwischen Schwerindustrie und verarbeitendem Gewerbe, sowie auf Zusammenarbeit mit der Arbeiterschaft setzte. Nur so sei ein wirtschaftlicher Aufschwung erreichbar, der wiederum Voraussetzung für Deutschlands Wiederaufstieg sei. Industrielle Interessen und Vaterlandsliebe waren für Duisberg kein Widerspruch, sondern bedingten sich gegenseitig, was seiner Tätigkeit eine höhere, ja Bismarcksche Weihe verlieh, sich in dessen Tradition zu stellen er daher auch nicht müde wurde.[30]

***

Duisberg trat das Amt des RDI-Präsidenten 1925 also keineswegs als Kompromisskandidat[31] an, sondern er war an die Spitze des Verbandes gekommen, weil er zu den Herausforderungen passte, die auf ihn zukamen. Er sah seine Rolle als die eines Mahners zur Geschlossenheit und zur Kooperation über Parteigegensätze hinweg. Die Distanz zur Parteipolitik hinderte ihn aber nicht, die Haltung des RDI einer grundlegenden Modernisierung zu unterziehen. Hatte unter Kurt Sorge und Hermann Bücher noch das aus der späten Kaiserzeit bekannte Modell einer engen und möglichst effizienten Zusammenarbeit von Ministerialbürokratie und Verbänden vorgeherrscht,[32] so stellte sich mit Duisbergs Amtsübernahme die Verbandspolitik auf parlamentarisch-demokratische Verhältnisse und die mit ihnen gewachsene Rolle der öffentlichen Meinungsbildung ein. Duisberg forcierte die gezielte Beeinflussung der politischen Meinungsbildung. Ihm war klar, dass der öffentliche Einfluss der Industrie verstärkt werden musste und hierfür unter Umständen auch finanzielle Ressourcen einzusetzen waren, wie er das aus der I. G. und ihren Vorläuferfirmen bereits kannte.[33]

Duisbergs vorrangiges Ziel war es zunächst, der Industrie ein anderes Image zu verschaffen und von dem Bild des reaktionären, arbeiterfeindlichen Schwerindustriellen fortzukommen.[34] Dieses Bild war in der öffentlichen Meinung der Republik weit verbreitet; die Industrie genoss keinen besonders guten Ruf.[35] Die Debatte über Kriegsgewinnler, Spekulanten, Konterrevolutionäre und Reaktionäre hing der Industrie in der Öffentlichkeit nach,[36] sie wurde durch die kommunistische und sozialdemokratische Massenpresse lebendig gehalten, zumal die Schwerindustrie nicht müde wurde, Anlass über Anlass für derartige Klagen zu liefern. Aber auch in einem Teil der bürgerlichen Presse kamen die großen «Geldinteressen» schlecht weg,[37] wobei sich rechte und linke Kritik häufig in der Verfolgung ähnlicher Themen trafen. Während für die linke Öffentlichkeit der Einfluss der Industrie gelegentlich übermächtig, auf jeden Fall aber zu groß war, beklagte die rechte Presse die vermeintliche Käuflichkeit der Demokratie und identifizierte Börse, Spekulation und Betrug in einer Weise, die Duisberg wiederholt aufregte. Dieses öffentliche Bild wollte er, der sich ja schon seit der Zeit vor dem Krieg wiederholt als das Opfer verleumderischer Pressekampagnen gesehen hatte, korrigieren.[38] Wirklich erfolgreich war Duisberg damit allerdings nicht. Auf der Vorstandssitzung des RDI im

Februar 1928 konnte er von einer längeren Aussprache der RDI-Spitze mit Pressevertretern anlässlich der Frankfurter Tagung des RDI 1927 berichten, die vor allem «Misstrauen und Missverstehen auf verschiedensten Gebieten» gezeigt habe. Duisberg glaubte auch nicht, dass sich die Beziehungen dauerhaft verbessern ließen: «Ich möchte es bezweifeln, weil die Gegensätze zwischen Industrie und Presse zu gross sind.»[39] Der Grund dafür, das räumte Duisberg ein, war freilich recht simpel. Die Industrie, namentlich die Mehrzahl der Unternehmen, informierte die Presse über ihre wirtschaftliche und finanzielle Lage höchst unzureichend. Offenkundig hielt man präzise Informationen zum Ärger der Presse so stark zurück, dass diese bereits mit gesetzlichen Maßnahmen zur Verbesserung der Publizität drohten. Da gab es für Duisberg aber keinen Spielraum, denn «wir, die wir den Krieg verloren haben, (haben) wohl am wenigsten Veranlassung, unsere Fortschritte, die wir machen, und unsere Ergebnisse an die grosse Glocke zu hängen und sie möglichst schnell in die Presse zu bringen, damit die anderen sie uns nachmachen und uns einholen, wenn wir ihnen über sind».[40] Imagekampagnen waren in diesem Rahmen von vorneherein wenig aussichtsreich, selbst mit befreundeten Zeitungen und Verlagshäusern, da Duisberg von ihnen letztlich Unterordnung, auf keinen Fall aber unabhängige Berichterstattung wünschte.[41]

Duisberg versprach sich auch von einer Verbesserung der Kommunikation zwischen Industriellen und Reichstag einiges. Unmittelbar nach dem Amtsantritt regte er die Bildung eines parlamentarischen Beirats beim RDI an, «der bestehen soll aus Präsidial- und Vorstandsmitgliedern des Reichsverbandes, die dem Reichstag angehören, ferner aus solchen Reichstagsabgeordneten, die direkt oder indirekt Beziehungen zur Industrie haben». Bei der Arbeit dieses Beirates hoffte er insbesondere auf die Unterstützung von Wilhelm Ferdinand Kalle, der bisher die politische Arbeit der I. G.-Firmen im sog. Kalle-Kreis koordiniert hatte.[42] Dieser Kreis veranstaltete in der Folgezeit regelmäßig sog. parlamentarische Abende,[43] zu denen potentiell interessierte Reichstagsmitglieder eingeladen wurden, denen zusätzlich auch die Nutzung der mittlerweile umfangreichen Dienste des RDI für ihre Arbeit angeboten wurde. Diese Treffen wurden seinerzeit in der Öffentlichkeit scharf kritisiert, doch zeigten sie im Grunde nur, dass RDI und auch I. G. bereit waren, sich auf die nunmehr geltenden Spielregeln einzulassen, dabei freilich ihr eigenes Spiel zu verfolgen. Duisberg jedenfalls bestritt, das Parlament auf unzulässige Weise beeinflussen zu wollen: «Es ist selbstverständlich nicht beabsichtigt, durch diesen parlamentarischen Beirat den Reichstag einseitig zu beeinflussen, sondern es soll dadurch nur eine objektive Einwirkung auf die sachliche Arbeit des Reichstages erreicht werden und auch bei den massgebenden Regierungsstellen Verständnis für die deutsche Wirtschaft geweckt werden.»[44]

Noch misstrauischer reagierte die Öffentlichkeit auf eine weitere Initiative. Offensichtlich von amerikanischen Eindrücken inspiriert, aber auch in Erinnerung an entsprechende Überlegungen im Hansa-Bund, sprach er offen über die Möglichkeit, durch Spenden auf Parteien und ihre Willensbildung Einfluss zu nehmen, zumindest aber ihre Gewogenheit gegenüber industriellen Interessen zu fördern, eine Praxis, die es immer schon gegeben hatte, die aber sorgsam vor der Öffentlichkeit abgeschirmt worden war. Duisberg brach dieses Tabu auch eher unabsichtlich, als er aus den USA berichtete, dass dort eine Handvoll reicher Männer sehr großen politischen Einfluss ausübe. Obwohl Duisberg sich verwahrte, derartige Verhältnisse einfach auf Deutschland übertragen zu wollen, brach von links bis rechts ein Sturm der Entrüstung los. Während die SPD und die KPD hierin die offen ausgesprochene Absicht der Industrie erkennen wollten, sich das parlamentarische Leben gefügig zu machen[45], war es für die konservative und deutschnationale Presse ebenso Wasser auf ihre Mühlen, habe Duisberg doch nur die einfache Wahrheit ausgesprochen, dass in der Demokratie die Herrschaft käuflich sei.[46] Der u. a. in der «Weltbühne» schreibende Publizist Richard Lewinsohn (Morus) erkannte schließlich ein «System Duisberg»: «Unter der Führung Duisbergs ist man seither dabei, die Beeinflussung der Politik durch die Wirtschaft nach amerikanischem Vorbild umzugestalten. In Amerika sind die Großunternehmen längst davon abgekommen, sich politisch einseitig festzulegen und alles auf eine Karte zu setzen. Das große Industrie- und Finanzkapital unterstützt … regelmäßig beide Parteien, die für die Präsidentschaft und die Regierungsbildung in Frage kommen: die Republikaner und die Demokraten. Dadurch ist man gegen alle Wahlzufälle gesichert. Die günstigen Erfahrungen, die die Wirtschaft damit in Amerika gemacht hat, haben Duisberg auf seinen Studienreisen dazu angeregt, diese probate Methode auch nach Deutschland zu verpflanzen. Gewiß läßt sie sich auf das komplizierte deutsche Parteiensystem nicht ohne weiteres übertragen, aber der Gedanke ist doch plausibel, daß er auch in der deutschen Unternehmerschaft rasch Anhänger gefunden hat.»[47] Dass auf Duisbergs Initiative hin Ende November 1926 in Berlin die «Staatsbürgerliche Vereinigung»[48] gegründet wurde, deren Ziel es nach Presseberichten war, durch Geldspenden einen größeren Einfluss der Wirtschaft in der Politik zu erreichen,[49] wurde entsprechend kommentiert. Die Berichte in der Presse, u. a. in der Zeitung «Der Deutsche»,[50] waren derart zugespitzt, dass man in der Tat den Eindruck einer industriellen Verschwörung bekommen konnte, doch ging es zumindest Carl Duisberg vor allem darum, mit den Mitteln der Industrie zu einer Bündelung der bürgerlichen politischen Kräfte beizutragen. Das Scheitern der Regierung Luther II im sog. Flaggenstreit im Mai 1926 und die danach etablierte erneute Minderheitsregierung von Wilhelm Marx[51] waren für Duisberg geradezu ein Menetekel der Handlungsunfähigkeit des bürgerlichen Lagers. «Ich hatte immer gehofft», schrieb er aus den USA an seinen politischen Vertrauten, den DVP-Abgeordneten Paul Moldenhauer, der zugleich Mitglied im Aufsichtsrat der I. G. war, «dass die schlechte wirtschaftliche Lage, in der sich Deutschland mit seinen 2 Millionen Arbeitslosen und den weiteren 2 Millionen Kurzarbeitern, also mit einer Belastung von einer Milliarde Goldmark pro Jahr allein für die Arbeitslosenunterstützung befindet, die bürgerlichen Parteien zu einer grossen und festen Einheit zusammenschweissen würde. Wenn dies auch diesmal bei dem Regierungswechsel nicht geschehen ist, so zeigt das, wie übel es mit unserer Parlamentswirtschaft steht und die nötigen Köpfe fehlen, alles Träumende zu beseitigen und nur das, was uns eint und einigen muss, nämlich uns in der Weltwirtschaft zu behaupten, durch zu setzen.»[52]

Duisberg ging es also darum, die Stimmen der Industrie zu bündeln und wirksam in die politischen Debatten einzubringen; er wollte im gegebenen Rahmen Einfluss nehmen, keinesfalls aber diesen Rahmen selbst ändern. Politisches Ziel des RDI sollte vor allem sein, handlungsfähige bürgerliche Regierungen zu ermöglichen, die eine in seinem Sinne vernünftige Wirtschafts-, Finanz- und Sozialpolitik betrieben. Von Parteipolitik selbst sollte der RDI sich fernhalten, was Duisberg persönlich nicht schwerfiel. Bei anderen Angehörigen der RDI-Führung war das schon anders, aber auch hier störte letztlich nur der antirepublikanische Radikalismus der Schwerindustrie, die jedes Augenmaß zu verlieren schien und den RDI in eine ganz unfruchtbare Frontstellung zur Republik bringen wollte. Alfred Hugenberg, mittlerweile Vorsitzender des Bergbauvereins, war insofern Duisbergs härtester Widersacher im Präsidium des RDI, mit dem er sich politisch und persönlich völlig überwarf. Mit anderen Parteipolitikern hatte Duisberg hingegen wenig Berührungsängste. Mit Rudolf Hilferding und Rudolf Wissell (beide SPD) kam er ebenso gut zurecht wie mit Gustav

Stresemann. Dass sein persönlicher Vertrauter Paul Moldenhauer für die DVP im Reichstag saß und später Wirtschaftsminister wurde, war ihm ebenso lieb, wie er sich am politischen Engagement seiner Vizepräsidenten im RDI, Carl Friedrich von Siemens für die DDP, Clemens Lammers für das Zentrum, nicht weiter störte.

***

Seine ersten Pflichttermine im neuen Amt incl. der notwendigen Antrittsbesuche beim Reichskanzler und bei den für den Verband wichtigen Ministerien absolvierte Duisberg unmittelbar nach Amtsantritt. Am 1. April 1925 leitete er die erste Hauptausschuss-Sitzung des RDI und trug am selben Tage auch zur Verabschiedung seines Vorgängers Kurt Sorge bei, zu der auch Reichskanzler Luther und zahlreiche Mitglieder des Reichskabinetts gekommen waren.[53] Danach stand die Kölner Tagung des RDI auf der Tagesordnung, aus deren Anlass er zahlreiche Mitglieder von Präsidium und Vorstand des RDI nach Leverkusen eingeladen hatte, wo auch ein Teil des Programms (Vorstandssitzung, Pressekonferenz) stattfand. An der Öffnung zur Presse lag Duisberg besonders.[54] Daher hatte er auch ausgesuchte Journalisten im Vorfeld der Tagung nach Leverkusen eingeladen, um sie in kleinem Kreise mit der Politik des RDI vertraut zu machen.[55] Diese Presseinformationen werfen ein bezeichnendes Licht darauf, wie der RDI und sein Vorsitzender öffentlich gesehen werden wollten. Duisberg bestritt jede politische Absicht. Weder wolle man «im Nebenamte das Deutsche Reich regieren» noch verfolge der Reichsverband «politische Zwecke. In seinen Organen sitzen Demokraten, Zentrumsleute, Deutsche Volksparteiler, Deutschnationale, selbst weiter links gerichtete Männer sind vertreten.»[56] Insofern sei es ganz ausgeschlossen, dass man sich politisch betätige, der Reichsverband verfolge vielmehr allein wirtschaftliche Ziele. Man nehme die Interessen der Industrie wahr, doch sei seit November 1918 klar, dass das «nur in Gemeinschaftsarbeit mit den Arbeitnehmern» erfolgreich sein könne. Der Reichsverband stehe sowohl zur Zentralarbeitsgemeinschaft wie zur Arbeit des Reichswirtschaftsrates, des einzigen Organs übrigens, in dem derzeit praktische Zusammenarbeit mit Vertretern der Arbeiterschaft stattfinde. Es sei auch völlig falsch, zu glauben, der Reichsverband sei der Schwerindustrie besonders verpflichtet. Er vertrete die gesamte Industrie, sei «vollständig paritätisch, immer bestrebt, Ausgleich zwischen widerstreitenden Interessen zu finden». Es wäre schön, so Duisberg, wenn die Presse diese Grundsätze bei ihrer Berichterstattung stets im Auge behielte, «dadurch (könne) manche Irreführung vermieden, manche Feindseligkeit gegen den Reichsverband beseitigt, gerechtere und wohlwollendere Haltung gegen die Industrie überhaupt herbeigeführt (werden)».[57]

Die Kölner Mitgliederversammlung nutzte Duisberg für eine Grundsatzerklärung zur zukünftigen Arbeit des RDI, die er bewusst auch als persönliche Stellungnahme konzipierte. Da er die Übernahme des Amtes als eine Art Schlusspunkt seiner industriellen Karriere sah und sich jetzt als Vertreter der gesamten Industrie begreifen wollte,[58] würden die Mitglieder zu Recht fragen: «Welche Auffassungen vertritt der neue Mann, welche gedanklichen Richtlinien bewegen ihn, welches grosse Ziel verfolgt er?»[59] Duisberg begann mit dem, was er sein «Glaubensbekenntnis» nannte und worüber, so sagte er, die Mitgliederversammlung ein Recht habe, im Bilde zu sein. Er sei ja kein Parteipolitiker, und das sei für den RDI vielleicht schade, hülfe es doch, wenn sein Vorsitzender im Reichstag vertreten sei. Aber allein sein Temperament hindere ihn, ein guter Parteipolitiker zu sein. Es sei schon besser, «ungebunden und frei» zu sein, in allen «Fragen neutral», der «Parteien Gunst und Hader nicht unterworfen». Gerade jetzt, wo man ohnehin an «einer Überzahl von Parteien und deren Uneinigkeit untereinander» leide, sei eine distanzierte Sicht hilfreich. Und dann sagte er offen, worauf es ihm ankomme: «Das wichtigste für uns Deutsche in der traurigen Lage, in der wir uns befinden, ist ein machtvoller Staat, eine starke und energische Regierung. Über die Formen derselben mögen Toren streiten. Ich stehe zur Verfassung, wie sie in Weimar beschlossen, und ich wünsche nur, dass sie den Zeitverhältnissen entwickelungsgemäss sich anpasst und die Verwaltung immer vollkommener und besser wird.» Und dann kam er mit einem Eigenzitat aus dem späten Kaiserreich: «Der best verwaltete Staat ist nun einmal der beste Staat.»[60] Ob Monarchie oder Republik: Das sei letztlich gleichgültig, solange nur im Interesse der Allgemeinheit regiert würde und Partikularinteressen hintanstünden. Entscheidend sei, «ob die Regierung das Wohl des Ganzen als oberstes Gesetz anerkennt und über allen persönlichen Interessen steht. Ist das aber der Fall, dann muss nach Fichte ‹Jede gute Regierung das Ziel haben, sich selbst überflüssig zu machen› oder mit Goethe ist dann diejenige Regierung die allerbeste, die uns lehrt, uns selbst zu regieren.»[61]

Im folgenden ging Duisberg die verschiedenen Bereiche der deutschen Wirtschaft durch und betonte in jedem Fall das starke Interesse der Industrie, zu einem Ausgleich zu kommen. Überall gab es zwar Reibungspunkte, doch hielt Duisberg selbst die Konflikte über die Handels- und die Zollpolitik dann für überwindbar, wenn man die Interessen zwischen den geschützten Industrien und den Verbrauchern ihrer Produkte im Auge behielte. Mit der Landwirtschaft habe man ebenfalls «Freundschaft» geschlossen und wolle daran auch festhalten, auch wenn es immer wieder Konflikte gab, die Duisberg nicht verschwieg. Auch die Beziehung zur Arbeiterschaft hielt Duisberg für gestaltbar, solange keine unerfüllbaren Forderungen gestellt würden. Entscheidend waren in Duisbergs Augen die schwierige Lage der Wirtschaft und das Reparationsproblem. Mit der Reparationslast selbst habe man sich abgefunden. Der Krieg sei nun einmal verloren, der Versailler Vertrag unterschrieben, man sei an seine Durchführung gebunden: «Wir wollen ihn auch ernstlich erfüllen, soweit uns dies unter Berücksichtigung des in der Londoner Konferenz angenommenen Dawes-Planes möglich ist.»[62] Für die Industrie bringe das mit den höheren Steuern, den Zwangsobligationen und – indirekt – über die Eisenbahnabgaben zusätzliche Verpflichtungen. Die Zahlungsverpflichtungen könne man zudem nur durch Exportüberschüsse finanzieren, für die aber preiswerte und qualitativ hochwertige Exportgüter nötig seien. Alles das gehe eben nur durch mehr Arbeit, mehr Leistung. Das müssten auch die Gewerkschaftsführer begreifen, die bisher vor allem auf höhere Löhne und kurze Arbeitszeiten gesetzt hätten. Ohne Produktivitätssteigerung sei hier aber kein Spielraum. Eine zentrale Sorge war neben der Lohnhöhe und den Sozialabgaben die Steuerbelastung der Betriebe, die Duisberg in drastischen Worten schilderte. Die Besteuerung betreffe nicht selten die Substanz. Es sei einfach nicht möglich, das «fünf- bis sechsfache der Friedenssteuersätze an das Reich, die Länder und Gemeinden» zu zahlen. Hier müsse wieder Vernunft einkehren, auch wenn den Gemeinden zahlreiche neue Aufgaben übertragen worden seien. «Hätten die Gemeinden lediglich deshalb die Gewerbe-, Grund- und Gebäudesteuern ins Unglaubliche gesteigert, so könnte man ihnen verzeihen. Das ist aber nicht der Fall. Sie sind in der letzten Zeit alle im Gelde geschwommen und haben deshalb das Geld scheffelweise, die einen unter Verschiebung der Beamten in höhere Stufen, zu hohe Gehälter und für die Kommunalarbeiter zu hohe Löhne, die anderen für hygienische, sanitäre und charitative (!) Einrichtungen aller Art, wie Badeanstalten, Krankenhäuser, Lungenheilstätten, Erholungsheime, Parkanlagen, Stadions, Kraftwerke etc. zu viel Geld ausgegeben.»[63]

Damit war Duisberg beim Thema, das seine RDI-Präsidentschaft prägen sollte: Die Industrie war in einer Falle aus hohen Löhnen und Sozialabgaben einerseits, stark gestiegenen öffentlichen Lasten andererseits gefangen und konnte wegen der so bedingten geringen Wettbewerbsfähigkeit auf den ohnehin verschlossenen bzw. umstrittenen Weltmärkten nicht jene Devisen verdienen, die Deutschland brauchte, um seine Reparationsverpflichtungen zu erfüllen. Daher war man gezwungen, Kapital zu importieren, und musste entsprechend die Zinssätze hochhalten, was wiederum die Refinanzierung der Industrie erschwerte, die sich nur zu relativ hohen Kosten Geld an den internationalen Kapitalmärkten verschaffen konnte. Über Banken vermittelte Auslandsanleihen erhöhten die Verschuldung und verschärften die Krisenanfälligkeit von Banken und Industrie.[64] Für Duisberg gab es daher nur eine sinnvolle Strategie: «Ein solch armes Volk, wie das deutsche es nun einmal geworden ist, kann sich so etwas (wie die zuvor geschilderten Ausgaben der Gemeinden, W. P.) nicht mehr leisten. Wir müssen uns, so unangenehm es auch ist, weitgehende Beschränkung auferlegen. Wir müssen an allen Ecken und Enden sparen. Anstelle der weitverzweigten Dezentralisation und Doppelarbeit bei vielen Verwaltungen und Betrieben müssen wir … Zentralorganisationen setzen. Sparen aber müssen wir nicht nur an menschlicher Energie, sondern auch durch weitgehende Umstellung, Umänderung, Verkleinerung und scharfe Messkontrolle an mechanischer Energie, an Licht, an Kraft, an Wärme, und vor allem nicht zu vergessen, auch an Kapital.»[65] Duisberg plädierte also, da eine Abwertung der Reichsmark im Rahmen des Dawes-Regimes nicht möglich war, für eine konsequente innere Abwertung, also ein Absinken der Kosten, Preise und Löhne in Deutschland, um auf diese Weise die internationale Wettbewerbsfähigkeit der Wirtschaft wiederherzustellen und zu sichern. Eine andere Chance, aus der Malaise der Zeit herauszukommen, sah er nicht. Mit dieser «Rosskur» hatten die Farbenfabriken in Leverkusen die Anpassungskrise nach dem Ende der Inflation einigermaßen überstanden. Ähnlich dachte Duisberg, auch die 1925 anstehenden wirtschaftlichen und sozialen Probleme des Reiches insgesamt lösen zu können.[66]

In der Tat litt die deutsche Industrie unter gestiegenen Kosten und sinkenden Erlösen, die Eigenkapitalbildung war niedrig, die Investitionsquoten auf einem historischen Tief. Solange die staatlichen Abgaben hoch waren und die Löhne weiter stiegen, war auch kaum Aussicht auf Besserung, zumal die negative Leistungsbilanz zu hohen Zinsen und damit zu entsprechend hohen Kapitalkosten führte. Die bereits zeitgenössisch insbesondere von den Gewerkschaften vorgetragene Kaufkrafttheorie, nach der steigende Löhne zu einer Belebung der Inlandsmärkte führen und so die Industrie entlasten würden, hatte zwar gesamtwirtschaftlich einen gewissen Charme, für das einzelne Unternehmen war das aber eine Wette mit überaus ungewissem Ausgang, da die höheren Löhne in jedem Fall zu zahlen wären, ihr möglicher Ertrag aber keineswegs feststand. Die Abgabenbelastung wurde in den kommenden Jahren daher zum zentralen Streitpunkt zwischen Industrie und Staat. Reichsreform, Bürokratieabbau, Senkung der Steuern und Abgaben waren der Kern der industriellen Forderungen an den Weimarer Staat, wohingegen «Weltanschauungsfragen» vielleicht bei extrem rechten Industriellen dominierten, ansonsten aber nicht ausschlaggebend waren, da sich die Regierungen Marx und Luther zwischen 1924 und 1928 in der Regel auch gesprächsbereit zeigten. Die Regierungen Marx I und II waren der Industrie durch Senkung der Steuersätze auch entgegengekommen, doch blieb die Belastung der Industrie immer noch deutlich höher als vor dem Krieg. Bedenklicher aber war, dass das Reich unter der Regierung Luther 1925 seine restriktive Haushaltspolitik beendete und de facto in einen defizitären Haushalt rutschte, der nur deshalb nicht auffiel, weil aus der Konsolidierungsphase nach der Währungsreform noch Reserven vorhanden waren. Die Haushaltsdefizite seit 1926 und die weiterhin eher expansive Ausgabenpolitik der öffentlichen Hand vergrößerten in der kommenden Zeit das Problem und beschnitten zugleich die politischen Handlungsspielräume.[67]

Die erste große Denkschrift des RDI zur Wirtschafts- und Finanzpolitik vom Herbst 1925 folgte vollständig dem von Duisberg in Köln vorgegebenen Ton.[68] Moderat im Ton, war die Denkschrift zunächst vor allem ein Aufruf, in der aktuellen konjunkturellen Krise – 1925/26 war es erneut zu einem Konjunktureinbruch gekommen – gemeinsam an einer Lösung zu arbeiten: «Wir richten die Denkschrift an alle Kreise der Bevölkerung, Erzeuger und Verbraucher, Arbeiter und Unternehmer, an die Regierungen, die Parlamente und die Stadtverwaltungen. Wir bitten alle Kreise, unsere Vorschläge zu prüfen und zu würdigen. Solche Kritik kann nur förderlich und daher auch nur erwünscht sein. Der Zweck der Denkschrift wäre erfüllt, wenn unsere Vorschläge die Unterlage für ein Wirtschaftsprogramm bilden könnten, das von allen Kreisen gebilligt wird. Die Not der Zeit erfordert Gemeinschaftsarbeit und keinen Kampf!»[69] Die gegenwärtige Krise der Industrie leite sich aus einer Zange her: Einerseits gebe es kriegs- und inflationsbedingt zugleich Überkapazitäten, Mangel an Betriebskapital und eine vergleichsweise niedrige Arbeitsproduktivität, andererseits habe die deutsche Wirtschaft ihr Auslandsvermögen verloren und nur schwer Zugang zu ihren ehemaligen großen ausländischen Absatzmärkten. Hinzu kämen weitere Belastungen: Trotz schlechter Handelsbilanz habe man erhebliche Reparationslasten zu schultern. In der Außenwirtschaft müsse daher eine Verbesserung ebenso eintreten wie bei der wirtschaftlichen Nutzung der Produktionsmöglichkeiten im Inland. Hier seien die Kapazitäten zu groß; Schrumpfung sei daher notwendig. Diese strukturellen Probleme würden überlagert durch weitere Faktoren: Namentlich wegen der hohen Sozialaufwendungen sei der staatliche Anteil am Sozialprodukt von 14 % auf 30 % angestiegen, entsprechend habe sich die Belastung der ohnehin geschwächten Unternehmen verglichen mit der Vorkriegszeit mehr als verdoppelt. Hinzu träten als belastende Faktoren die hohen Kreditzinsen, die Aufwertungslasten und die Verteuerung der Verkehrstarife. Die Produktionskosten hätten als Folge all dieser Belastungen derart zugenommen, dass die Wettbewerbsfähigkeit der deutschen Industrie deutlich gesunken sei, während ausländische Waren zu entsprechend niedrigeren Kosten auf den deutschen Markt drängten. Eine starke Zunahme der Konkurse sei zu verzeichnen, die Landwirtschaft habe sich bereits wieder stark verschuldet, und die Arbeitslosigkeit nehme deutlich zu. Entsprechend forderte der RDI zunächst höchste Sparsamkeit der Behörden und eine Senkung aller öffentlichen Ausgaben um 20 %, eine Vereinfachung des Steuersystems, eine leistungsorientierte Neufassung des Finanzausgleichs zwischen Reich und Ländern, eine durchgreifende Verschlankung der öffentlichen Verwaltung und schließlich die Beseitigung aller Reste der Kriegszwangswirtschaft, «insbesondere auf dem Gebiet des Wohnungswesens». Sodann verlangte man eine deutliche Senkung der Tarife bei Eisenbahn und Post. Bei den Sozialleistungen plädierte der RDI für deren leistungsorientierte Überprüfung, um zu verhindern, dass die Eigenverantwortung der Menschen zurückgehe. Auch müsste die Sozialverwaltung deutlich gestrafft werden. Aber immerhin: «Unter diesen grundlegenden Voraussetzungen befürworten wir eine wirksame soziale Fürsorge.»[70] In der Frage von Lohn und Arbeitszeit müsse man von den schematischen Lösungen wegkommen. Die Lohnentwicklung sei der Entwicklung der Arbeitsproduktivität anzupassen, der Achtstundentag flexibel entsprechend den betrieblichen Verhältnissen zu gestalten. Darüber hinaus setzte sich der RDI für gezielte Maßnahmen zur Wiederherstellung des Kapitalmarktes und zur Senkung der Zinsen ein, um den Betrieben größere Handlungsspielräume zu geben. Ein wichtiger Punkt war nach der Wiedererlangung der deutschen handelspolitischen Souveränität die Neugestaltung der deutschen Zollpolitik. Der RDI sprach sich nachdrücklich für den Abbau der

Zollmauern insbesondere im europäischen Wirtschaftsgebiet aus, forderte aber zugleich, die Handelspolitik auch als Kampfmittel gegen die Diskriminierung deutscher Anbieter auf Auslandsmärkten zu nutzen. Relativ ausführlich setzte man sich schließlich mit Fragen der Rationalisierung und der Neugestaltung der Unternehmensstrukturen auseinander. Hier plädierte der RDI für eine durchgreifende Rationalisierung, für sinnvolle Konzernbildung und für die Fortsetzung von Kartellstrukturen auch im internationalen Rahmen, da der zügellose Wettbewerb zum Teil ruinöse Züge trage.

Duisberg hatte die Arbeit an der Denkschrift nur teilweise verfolgt. Denn nach der Kölner Tagung, die eine durchaus positive, wenn auch nicht überbordende Resonanz gefunden hatte, war er erschöpft in die Kur gefahren. Für eine Aussprache mit Reichskanzler Luther über aktuelle Fragen der Wirtschafts- und Steuerpolitik stand er im Sommer 1925 nicht zur Verfügung.[71] In der zweiten Jahreshälfte 1925 nahm er dann Termine für den RDI und die I. G. Farbenindustrie wahr; an der Debatte über das zukünftige Verhältnis zu Frankreich, insbesondere über die Zustimmung zu dem Abkommen von Locarno, das die deutsche Westgrenze als Gegenleistung für die Räumung der Kölner Zone und den Beitritt Deutschlands zum Völkerbund festschrieb, beteiligte sich Duisberg öffentlich nicht. Doch es kann kein Zweifel sein, dass er Stresemanns Politik unterstützte, zumal die Farbenfabriken von der Räumung der Kölner Zone auch unmittelbar profitierten. Das ohnehin angespannte Verhältnis zu Alfred Hugenberg verschlechterte sich deshalb weiter. Hugenberg war es gelungen, die DNVP gegen den Vertrag in Stellung zu bringen. Seine Haltung gefährdete mutwillig die Verbesserung der weltwirtschaftlichen Stellung Deutschlands. Duisberg griff Hugenberg in der französischen Presse deshalb auch direkt an.[72] Dass der Vertrag trotzdem durch den Reichstag kam, hatte die Regierung Luther, die unmittelbar nach der Annahme des Vertrages wegen der fehlenden parlamentarischen Basis zurücktrat, der SPD zu verdanken.[73] Duisberg schmeckte das alles nicht, doch war er nach der Zustimmung zum Vertrag wohl zufrieden und trat Anfang 1926 daher guter Dinge seine Weltreise an.

***

Als Duisberg Ende Juli 1926 von seiner sechsmonatigen Weltreise zurück war, musste ihn die Geschäftsführung erst einmal über den Stand der Dinge unterrichten: «Da ich in dieser ganzen Zeit (der Weltreise, W. P.) so gut wie gar keine Zeitung gelesen, keine wirtschaftlichen und politischen

Nachrichten empfangen und mich auch geschäftlich nur wenig betätigt hatte, so betrat ich den heimatlichen Boden ohne irgendwelche Kenntnisse dessen, was sich in der Zwischenzeit hier ereignet hatte», erzählte er den versammelten Industriellen in Dresden im September 1926.[74] So ganz stimmte das nicht: Immerhin wusste er, dass die bei seiner Abreise ins Amt gekommene Regierung Luther II bereits nach wenigen Wochen wieder am Ende war. Paul Moldenhauer hielt ihn über die neueste Entwicklung in Berlin auf dem Laufenden, wo mittlerweile wiederum der Zentrumspolitiker Paul Marx im Kanzleramt saß, aber auch nur eine Minderheitsregierung führte. Das Volksbegehren zur Fürstenenteignung, das vor allem von der KPD betrieben worden war, schließlich aber auch von freien Gewerkschaften und SPD getragen wurde, habe die bürgerlichen Parteien wieder näher zueinander gebracht, «zumal auch in Fragen der Steuer-, Sozial- und Wirtschaftspolitik wir immer wieder auf die Hilfe der Deutschnationalen angewiesen sind. Wenn freilich in ihren Kreisen sich wiederum die wilden Landesvorsitzenden durchsetzen und die sture Politik obsiegt, wird nichts anderes möglich sein, als eine Verständigung mit den Sozialdemokraten zu suchen, eine Verständigung, für die die schwerleidende Wirtschaft den Preis zahlen muss.»[75] In seiner Antwort, die er auf der Seereise von Japan nach Kanada schrieb, drückte Duisberg sein Bedauern aus, dass das bürgerliche Lager nicht mehr zustande gebracht habe als eine neue Minderheitsregierung.[76] Duisbergs erster Eindruck von der innenpolitischen Lage Deutschlands war entsprechend verheerend, besonders im Kontrast zu den von ihm geradezu als idyllisch wahrgenommenen Verhältnissen in den USA: «Der traurige Zustand in unserer Politik und Wirtschaft und der wenig günstigen Lebenshaltung hat sich nicht gebessert, eher noch verschlechtert. Immer noch ist, weil auf eine parlamentarische Minderheit gestützt, die Reichsregierung nicht so stark und autoritativ, wie wir es für notwendig erachten.»[77]

In dieser Situation war es nicht so überraschend, dass im Reichsverband der Deutschen Industrie die Möglichkeit erwogen wurde, die SPD mit in die Verantwortung zu nehmen, um eine breite parlamentarische Basis für die erwünschten wirtschafts- und finanzpolitischen Maßnahmen zu bekommen. Schon Stresemanns Außenpolitik einer Aussöhnung mit Frankreich war im Reichstag nur deshalb nicht gescheitert, weil die SPD ihr zugestimmt hatte. Die Dresdner Tagung des RDI bot sich geradezu an, auch ein wirtschafts- und sozialpolitisches Zeichen in diese Richtung zu senden, und es war Paul Silverberg, der es auf Bitten des RDI-Präsidiums aussandte.[78] Da Gustav Stresemann die Jahrestagung des RDI in Dresden am 4. September 1926 besuchen wollte,[79] war der politische Rahmen hierfür günstig. Stresemann musste zwar kurzfristig sein Kommen absagen, doch war die Reichsregierung mit den Ministern Curtius (Wirtschaft) und Reinhold (Finanzen) in Dresden prominent vertreten. Silverberg betonte einleitend, dass das deutsche Unternehmertum «restlos auf staatsbejahendem Standpunkt» stehe. Das beabsichtigte Aufsehen erregte Silverberg aber vor allem mit der Bemerkung, es könne nicht ohne die Arbeiterschaft regiert werden: «Die deutsche Sozialdemokratie muss zur verantwortlichen Mitwirkung heran.»[80] Nur eine so legitimierte Reichsregierung sei dazu in der Lage, die in den Augen der Industrie hypertrophe und zu teure staatliche Sozialpolitik zu reduzieren.

Die Tagung, die erwartungsgemäß wegen der wenigen Sätze Silverbergs zu einer möglicherweise sinnvollen Kooperation mit der SPD großes Aufsehen erregte, führte zu einem Riss im Reichsverband, den Duisberg nicht mehr kitten konnte.[81] Ganz offensichtlich waren die maßgeblichen Vertreter der Schwerindustrie sowie viele kleine und mittlere Unternehmen nicht bereit, die SPD als Regierungspartei zu akzeptieren, und wollten schon gar keine Politik ihres Spitzenverbandes, der eine solche Kooperation auch noch begünstigte.[82] Die Proteste, die die Geschäftsführung des RDI sorgsam sammelte und auswertete, veranlassten Duisberg zusammen mit Jakob Herle, einem der Geschäftsführer des RDI, eine Strategie zu bestimmen, um der Kritik zu begegnen. Dabei war die Tatsache zu berücksichtigen, dass Duisberg «persönlich, wenn auch nicht dem Wortlaut, so doch der Einstellung nach hinter Silverberg» stand, wie er Ludwig Kastl am 16. September 1926 in einem allerdings offensichtlich nicht von ihm selbst verfassten Brief schrieb. Gegen die Proteste wollte der RDI öffentlich nichts erwidern, sondern lediglich betonen, jedes Mitglied könne auf den Mitgliederversammlungen sagen, was es wolle, solange es nicht der Geschäftsführung des Verbandes angehöre. Im übrigen stellte Duisberg klar, dass er eine politische Tätigkeit des RDI «nach rechts oder links ablehne», und bat Kastl, alle Anfragen an den RDI in diesem Sinne zu beantworten.[83] Duisberg hoffte, so aus der Schusslinie zu sein, doch die Angriffe aus dem eigenen Lager, die er nur schwer ertragen konnte, hörten nicht auf. Seine Versuche, die Konflikte im RDI beizulegen, scheiterten denn auch. Der Vorstand einigte sich auf seiner Sitzung vom 14. Oktober 1926 schließlich auf die Kompromissformel, der Presse mitzuteilen, die Redner in Dresden seien nicht weisungsgebunden gewesen, sondern hätten im eigenen Namen gesprochen. Parteipolitische Überlegungen seien für den RDI unerheblich.[84]

Duisbergs Haltung war klar von dem Wunsch bestimmt, den erkennbaren Riss im RDI zu kitten, indem er einerseits Silverberg stützte, andererseits seine Meinung aber als individuelle Meinungsäußerung entwertete. Wie er selber zu einer Regierungsbeteiligung der SPD stand, sagte er unter Hinweis darauf, er treibe keine Parteipolitik, nicht. Immerhin räumte er ein, dass politische Fragen auch in der Wirtschaft eine Rolle spielten und dort auch womöglich streitig diskutiert werden müssten. Dabei konnte sich Duisberg eine Kooperation mit Teilen der SPD durchaus vorstellen, zumal das bürgerliche Lager weiterhin allein nicht handlungsfähig war. Duisberg konnte nach den zum Teil heftigen Debatten allerdings nicht mehr sicher sein, dass die Industrie geschlossen hinter ihm stand. Die Kluft zur Schwerindustrie, die längst ihre eigene Politik am RDI vorbei trieb, ließ sich nicht mehr überbrücken. Insbesondere der politisch ehrgeizige Vorsitzende des Langnamvereins, Paul Reusch, war überaus einflussreich.[85] Duisberg suchte ganz ähnlich, wie er es bereits vor dem Krieg getan hatte, einen Bruch mit den «Herren aus dem Westen» zu vermeiden und kam ihnen daher in seiner Neujahrsbotschaft für 1927 entgegen, die am 1. Januar 1927 in der «Deutschen Bergwerkszeitung» veröffentlicht wurde, in der er nicht nur für innere Geschlossenheit, sondern vor allem für eine handlungsfähige Regierung eintrat, «die dem Streit verantwortungsloser Parteien nicht unterworfen ist».[86] Der offene Bruch konnte so vermieden werden, doch Duisbergs Stellung im RDI war beschädigt; dessen Sitzungen waren für ihn keine «reine Freude» mehr. Ende 1926 erlitt er vor wichtigen Sitzungen, die wieder Streit erwarten ließen, einen Schwächeanfall und flüchtete regelrecht aus Berlin.

***

Erst im Vorfeld der Frankfurter Mitgliederversammlung des RDI am 2. und 3. September 1927 wurde er wieder wirklich aktiv, erfüllte aber auch nach dieser längeren Pause nur mehr oder weniger lustlos seine Verpflichtungen bei Eröffnung und Schluss der Tagung. Sein Hauptreferat zur Lage der deutschen Wirtschaft war ein von der Geschäftsführung erstelltes Papier, das von der konjunkturellen Erholung 1927 geprägt war. Die Belebung der Wirtschaft sei freilich ein Binnenmarktphänomen; der Export stagniere seit 1926. Sorge machte ihm vor allem die passive Handelsbilanz und die auch damit verbundene hohe Auslandsverschuldung des Landes. Der Grund hierfür lag für Duisberg vor allem in den Reparationsverpflichtungen, die Deutschland angesichts seiner Exportschwäche in die Auslandsverschuldung trieben. Neben der Reparationsproblematik war es die Ertragslage der Industrie, die Duisberg Kopfzerbrechen bereitete. Ein Drittel der Aktiengesellschaften zahle gar keine Dividende mehr. Die verfehlte Wirtschafts- und Finanzpolitik im Hintergrund sei aber vor allem eine Frage des «Geistes»: «Es scheint bisweilen so, als ob im deutschen Volke das Bewußtsein erloschen ist, daß wir den größten Krieg der Weltgeschichte verloren haben. Jeder glaubt, ein Recht zu besitzen, besser noch zu leben als in der Zeit vor dem Kriege. Das Gegenteil sollte der Fall sein. Jeder einzelne muß sich darüber klar werden, daß ohne persönliche Opfer keine Gesundung möglich ist.»[87] Verglichen mit der Denkschrift von 1925 hatte sich der RDI wenig bewegt. Die Auslandsverschuldung war zwar ein neuer Gesichtspunkt, den offensichtlich Ludwig Kastl, der sich mit Hjalmar Schacht abgestimmt hatte, in den Entwurf der Rede hineingeschrieben hatte, deren Tenor ansonsten wegen der guten Konjunktur aber positiv war. Von diesem Tenor wich Duisberg in seiner Rede erkennbar ab, die einen pessimistischen Grundton auch deshalb hatte, weil ihn die Vielfalt an Veranstaltungen, auf denen er reden musste, erheblich störte.[88]

Die Frankfurter Tagung hatte insofern ein Nachspiel, als Duisbergs Kritik an den Belastungen der deutschen Wirtschaft nicht nur in der Presse als Zweckpessimismus hingestellt wurde, der die eigentlich recht günstige Lage absichtlich schlechter darstelle, als sie in Wirklichkeit sei. Insbesondere der «Vorwärts» und die kommunistische Presse kontrastierten Duisbergs Sparappelle mit dem vermuteten Millionenverdienst des Aufsichtsratsvorsitzenden der I. G.[89] Derartige Vorwürfe ließen Duisberg zwar nicht kalt, überraschten aber nicht. Bemerkenswerter war da schon die Kritik an seinem vermeintlichen Pessimismus und seinen Warnungen vor Kursübertreibungen an den großen Börsen, die von der Berliner «Börsen-Zeitung» kam,[90] denn diese Kritik teilte offensichtlich auch Ludwig Kastl, der in einer Rede in Halle seinen Vorsitzenden korrigierte und die günstige Wirtschaftslage betonte. Duisberg bat daher Kastl um Rücksprache, nicht, ohne sich zu rechtfertigen, er sei kein Pessimist, habe aber vor Illusionen warnen wollen: «Ich will nichts weiter, als daß die Wirtschaft nicht leichtsinnig in den Tag hineinlebt, um eines schönen Tages durch plötzlichen Sturz aus hoher Höhe in große Tiefe mit allen Folgen auf Produktion, Währung etc. in die gleiche schwierige Lage zu kommen wie vor einigen Jahren. Man soll den Ernst der Zeit, in der wir leben, nicht aus dem Auge verlieren und vor allem nicht laut in die Welt hinausposaunen, daß trotz der von uns seit mehreren Jahren bekämpften Steuer-, Sozial- und Verwaltungspolitik, die statt billiger immer teurer wird, es uns sehr gut geht, also, wie die Gewerkschaften sagen, kein Grund zur Klage sei.»[91]

Nach der Frankfurter Tagung ging es im gewohnten Lebensrhythmus weiter. Duisberg reiste durch das Land, nahm an wissenschaftlichen Kongressen teil, repräsentierte bei Verbänden und Kammern den RDI und hielt Grußworte oder verfasste kleinere schriftliche Grüße.[92] Dabei war er mittlerweile auch in kleinen Angelegenheiten von der Zuarbeit abhängig, die er zunächst von Otto Meesmann und später dann von Heinrich Gattineau erhielt. Das waren deutschnationale Herrschaften. Auch in der Geschäftsführung des RDI, dessen Berliner Büro unter der Führung von Jakob Herle stand, herrschte ein konservativer Ton. Wahrscheinlich war in der Berliner Geschäftsstelle das geschäftsführende Präsidialmitglied Ludwig Kastl der Liberalste. Wenn Duisbergs Tonfall in zunehmendem Maße nationalistische Nuancen annahm, mochte das auch mit der Haltung seiner Referenten zu tun haben, doch war ihm eine rhetorische Mischung aus nationalem Pathos und kühler Interessenkalkulation wohl insgesamt gemäß. Jedenfalls sind weder mit seinen Referenten noch mit Kastl und Herle größere Konflikte bekannt, und wenn es doch zu Auseinandersetzungen kam wie nach der Frankfurter Tagung des RDI dann deshalb, weil Duisberg sich nicht an die Vorgaben hielt. An der eigentlichen Arbeit der Geschäftsstelle des RDI, insbesondere auch an den Beratungen seiner Ausschüsse und Kommissionen, nahm Duisberg weiterhin nicht teil. Er war der Sprecher und der Repräsentant des RDI. Seine Politik beeinflusste er vor allem dadurch, dass er Ludwig Kastl relativ große Handlungschancen verschaffte, wofür dieser ihm wiederum die eigentliche Führungsarbeit abnahm.

Obwohl es Duisberg möglich gewesen wäre, spielte er daher im Zentrum der deutschen Politik auch 1928 keine Rolle. Verglichen etwa mit Paul Reusch, dem Chef der GHH und Vorsitzenden des Langnamvereins, der zu einer der wichtigen Figuren in der Formierung einer bürgerlichen Sammlungsbewegung wurde und wichtige Verbindungen in die DVP und DNVP pflegte, über seinen Zeitungsbesitz aber auch selbst wiederholt in die öffentlichen Debatten eingriff und dabei große Teile der westdeutschen Schwerindustrie hinter sich hatte,[93] blieb Duisberg blass. Die I. G. hatte mit dem Kalle-Kreis zwar auch ein Gremium, das politische Kontakte pflegte und über finanzielle Zuwendungen die DVP und die DDP unterstützte, aber das war nicht derart strategisch angelegt wie bei Reusch. Duisberg war auch kein Intrigant oder gar Strippenzieher, er sah sich eher in der Rolle des öffentlichen Mahners als in der des fleißigen politischen Akteurs, wozu ihm, dessen Ausflüge in die Politik während des Krieges durchweg fehlgeschlagen waren, wohl auch das Talent fehlte.

Bei der Reichstagswahl im Mai 1928 verschoben sich die politischen Gewichte in Deutschland nach links. Klarer Wahlsieger war mit fast 32 % der Stimmen und einem deutlichen Wählerzuwachs die SPD. Aber auch die KPD konnte leichte Gewinne verbuchen, während die DNVP um fast ein Drittel einbrach. Die Verluste bei Zentrum, DVP und DDP waren geringer; angesichts ihres ohnehin niedrigen Stimmenanteils bedeuteten diese Stimmergebnisse aber einen klaren Rückgang des bürgerlichen Lagers, zumal weitere Klein- und Kleinstparteien das bürgerliche Spektrum weiter ausfransen ließen. Insofern sind beide, eigentlich gegensätzlichen Reaktionen verständlich: Einerseits der Drang, gemeinsam mit der SPD in einer großen Koalition eine handlungsfähige Regierung zu bilden, andererseits das bürgerliche Lager durch politische und organisatorische Reformen in eine günstigere Lage zu bringen, um gerade nicht auf Kompromisse mit der Arbeiterbewegung angewiesen zu sein. Da aber diese Reorganisationsansätze, insbesondere die Bildung einer übergreifenden bürgerlichen Partei, noch am Anfang waren, konnte sich in der DVP Gustav Stresemann durchsetzen, der ja bereits 1923 in einer Koalition mit der SPD den Ruhrkampf und schließlich auch die Hyperinflation beendet hatte. Für Stresemann bot 1928 eine Große Koalition mit der SPD die beste Voraussetzung, seine auf Ausgleich mit Frankreich zielende Außenpolitik fortzuführen, wobei es ihm ganz klar auch um eine Revision der Regelungen des Versailler Vertrages ging, aber eben ausschließlich mit friedlichen Mitteln. Diese klare Orientierung an der Außenpolitik und damit die Präferenz für eine Kooperation mit der SPD teilten in der DVP aber keineswegs alle; auch in ihrer Reichstagsfraktion war es nur ein knappe Mehrheit, die das Zusammengehen mit der SPD billigte, während insbesondere die der Wirtschaft zuneigenden Abgeordneten kritisch blieben. Es kam daher zunächst auch gar nicht zu einer förmlichen Koalition, sondern der neue Reichskanzler Hermann Müller, SPD, saß einem Kabinett von «Persönlichkeiten» aus SPD, Zentrum, DVP und DDP vor, das eine Reichstagsmehrheit hinter sich hatte, aber keine förmliche Koalition.[94]

Diese lockere Koalition kam den Duisbergschen Vorstellungen anfangs durchaus entgegen, auch weil der Finanzminister der Regierung Müller, Rudolf Hilferding, den von der Industrie mehrfach geforderten Reform-

33 | Duisberg in England 1926 mit Vertretern der Federation of British Industry, handbeschriftet

willen zeigte. Überdies war die konjunkturelle Lage günstig; insbesondere die I. G. erlebte zwischen 1926 und 1929 einen Umsatzzuwachs von etwa 40 %.[95] Ihr Gewinn stieg von 1926 bis 1928 von 183,9 auf 260,6 Mio. RM.[96] Selbst das Exportgeschäft, das zu etwa 50 % zum Umsatz beitrug, stabilisierte sich, wenn auch die Exportquoten der Vorkriegszeit nicht annähernd erreicht wurden. Blickte Duisberg auf die Konjunktur und das eigene Unternehmen, war die Lage 1928 daher erfreulich, zumal sich die Beziehungen zu Frankreich zu entspannen schienen. Daran lag ihm viel. Schon 1926 war er nach dem Besuch einer RDI-Delegation bei der Federation of British Industry (FBI) in Großbritannien ganz optimistisch. Wir sind «zurückgekommen mit der Überzeugung, dass jetzt ein dicker Strich unter den Krieg und seine Folgen gemacht worden ist, dass die Engländer bereit sind, mit uns alles hinwegzuräumen, was uns noch trennt, und dass nunmehr der Boden geebnet ist für wirtschaftliche Verständigungen der einzelnen Gruppen und der Gesamtheit; und das, glaube ich, ist etwas, was sehr erfolgreich gewesen ist».[97]

Kurz: Im Frühsommer 1928 standen die Chancen gut, dass sich die wirtschaftliche und politische Lage besserte. Wenn die neue Regierung die außenpolitische Entspannung und damit die Verbesserung der weltwirtschaftlichen Chancen der Industrie voranbrachte und gleichzeitig die öffentlichen Ausgaben beschränken und die Industrie von Abgaben entlasten würde, waren nach Duisbergs Auffassung die Chancen für eine wirtschaftliche Gesundung gegeben. Eine entsprechende Stellungnahme zur Lage der Wirtschaft bereitete die Geschäftsführung des RDI vor, doch nun zeigte sich, dass Duisbergs Auffassung keineswegs ohne Weiteres mehrheitsfähig war. Denn der Entwurf löste im RDI-Präsidium einen heftigen Streit aus, in dem Alfred Hugenberg seinen prinzipiellen Widerstand gegen eine Regierung mit der SPD anmeldete.[98] Duisbergs Plädoyer, auf eine Stellungnahme, die die Geschäftsführung bereits vorbereitet hatte, ganz zu verzichten, war daher das Eingeständnis, dass seine Unterstützung einer Regierungsbeteiligung der SPD den RDI einer Zerreißprobe aussetzen würde. Er tröstete Kastl und sich mit der Bemerkung, dass der RDI sich ggf. später immer noch grundsätzlich zur neuen Regierung und ihrer Politik äußern konnte.[99] Zu einer Erklärung des Verbandes anlässlich der Etablierung der neuen Regierung kam es jedenfalls nicht. Der RDI verhielt sich vielmehr nach außen hin abwartend und verzichtete auf große öffentliche Stellungnahmen und Kundgebungen.[100] Spätestens jetzt musste Duisberg feststellen, dass er mit seiner Politik, die Industrie zu einen und mit einer Stimme sprechen zu lassen, gescheitert war. Zwar gab der im RDI weitgehend isolierte Hugenberg, der lediglich eine Stellungnahme zugunsten der neuen Regierung verhindern, aber an der Politik des RDI wenig ändern konnte, Ende 1928 seine Funktion im Präsidium des RDI auf,[101] doch wurden dadurch die Konflikte zwischen dem Zentralverband und dem Kohlenbergbau nur größer. Angesichts der nicht enden wollenden Auseinandersetzungen im RDI wurde Duisberg amtsmüde. Nach seiner Rückkehr von der zweiten Weltreise erklärte er jedenfalls vor dem Vorstand des RDI, dass er sich von seinem Amt zurückziehen wolle, stellte die Resignation aber zurück, als klar wurde, dass auf die Schnelle kein Nachfolger zu finden sein würde.[102]

KRISE

34 | Die große Krise

Die Hoffnungen, die Duisberg in die Regierung der großen Koalition von Hermann Müller gesetzt hatte, gingen weder 1928 noch 1929 in Erfüllung. Zwar machte sich niemand an der Spitze des RDI Illusionen über die SPD, doch schien es zeitweilig bei ihren Regierungsvertretern, namentlich bei Finanzminister Hilferding, die ernsthafte Bereitschaft zu einer durchgreifenden Steuerreform und einer Entschlackung der öffentlichen Bürokratie zu geben. Die parlamentarische Mehrheit für entschiedene Reformmaßnahmen war jedenfalls vorhanden, doch kam das Reich 1928 einer Konsolidierung der Reichsfinanzen nicht wirklich näher. Das seit den konjunktur- und sozialpolitisch begründeten Mehrausgaben der Jahre 1925/26 vorhandene Defizit konnte nicht abgebaut werden; Spielräume zur Absenkung der Abgabenbelastung der Industrie entstanden nicht. Der Ertrag der Regierungsarbeit war aus der Sicht des RDI jedenfalls nicht sehr groß. Der Young-Plan allein, den die RDI-Spitze von Anfang an unterstützt hatte, reichte nicht aus, um deren Forderungen zu erfüllen. Trotz Duisbergs Votum zugunsten der Regierung Müller/Stresemann wurden im Verband die Stimmen immer drängender, die Regierung müsse endlich etwas zugunsten der Industrie tun. Auf der Vorstandssitzung des RDI am 13. September 1928 räumte Duisberg ein, nachdem Ludwig Kastl die wirtschaftliche Lage der Industrie skizziert hatte, die Lage sei selbst für den größten Optimisten, wie er einer sei, schlimm: «Es kann einem manchmal Angst und bange werden, wenn man bedenkt, was uns alles noch bevorsteht. Ich begreife deshalb auch das Bestreben einzelner Kreise, die da sagen: Wir müssen einmal wieder eine öffentliche Kundgebung veranstalten, um unserer Meinung und Auffassung beredten Ausdruck zu geben. Aber, meine Herren, es werden leider so viele Kundgebungen gemacht – wir haben erst wieder jetzt eine in Köln (Bankiertag, W. P.) erlebt –, daß man sie nicht mehr so beachtet, wie das nötig wäre. … Und wenn man wie ich, als Vorsitzender des Reichsverbandes der Deutschen Industrie, ich möchte sagen, gezwungen ist, alle diese Kongresse zu besuchen, von einer Stadt zur anderen zu reisen, ich möchte fast sagen, den commis voyageur für solche Kundgebungen und Versammlungen zu machen (Heiterkeit), so wird man allmählich so abgekämpft, daß man nicht mehr mitkann.»[1] Duisberg war mithin in dem Dilemma, dass die Regierung, die er letztlich aus Loyalität zu Gustav Stresemann stützte, die wirtschaftlichen Gewitterwolken nicht erkennen wollte, die am Horizont heraufzogen, geschweige denn hieraus die notwendigen finanzpolitischen Konsequenzen zog. 1929 verdüsterte sich die wirtschaftliche Lage in der Tat, und zwar bereits lange vor dem offenen Ausbruch der Weltwirtschaftskrise im Oktober. Es ging jetzt auch nicht mehr um industriellen Zweckpessimismus, mit dem die üblichen wirtschafts- und sozialpolitischen Forderungen unterstrichen werden sollten. Im Vorstand der I. G. wurde bereits im Juni 1929 vor einer raschen Verschlechterung der Lage in Deutschland, die sich aus den Zahlen des Konzerns ablesen ließ, gewarnt.[2]

In der zweiten Jahreshälfte 1929 wollte der RDI daher offensiv eine Änderung der Regierungspolitik verlangen. Ohne freilich das Ausmaß des bevorstehenden Desasters auch nur zu ahnen, legte der Reichsverband der Deutschen Industrie im Dezember 1929 eine große Denkschrift mit dem Titel «Aufstieg oder Niedergang» vor, die er auf einer außerordentlichen Mitgliederversammlung des Verbandes am 12. Dezember 1929 der Öffentlichkeit vorstellte. Die Arbeit an der Denkschrift war unter der Federführung von Ludwig Kastl und Paul Silverberg im Juni 1929 begonnen worden, sie sollte eine Art Grundsatzdokument für die Forderungen des RDI werden, nachdem mit dem Young-Plan das Reparationsproblem in den Hintergrund getreten war.[3] Duisberg, der in dieser Zeit auf Weltreise war, gab nach seiner Rückkehr der Geschäftsstelle des RDI grünes Licht für die Fertigstellung der Denkschrift und akzeptierte auch Pläne zu einer großen Kundgebung, obwohl er öffentlichen Veranstaltungen seit einiger Zeit skeptisch gegenüberstand.

Der Kern der Denkschrift «Aufstieg oder Niedergang»[4] bestand in dem Vorwurf, die staatliche Wirtschafts- und Finanzpolitik würde nicht nur die Eigenkapitalbildung in den Unternehmen massiv behindern; durch die Verschuldungsbereitschaft zu relativ hohen Zinssätzen verdränge sie überdies die Privatwirtschaft vom Kapitalmarkt und mache ihr zusätzlich durch die Ausdehnung der staatlichen Eigenbetriebe noch massive Konkurrenz. Dabei reichten allein schon der aufgeblähte Staatshaushalt und die entsprechend hohe steuerliche Belastung der Unternehmen aus, um ihnen auf Dauer die Luft abzudrücken.[5] Diese Vorwürfe waren nicht neu, im Dezember 1929 aber änderte sich der Tonfall. In der Literatur ist diese

Denkschrift daher auch als eine prinzipielle Kampfansage der Industrie an das Weimarer Sozialsystem gedeutet worden,[6] ein Eindruck, der freilich nur entstehen kann, wenn man die Vorgeschichte dieser Denkschrift nicht hinreichend berücksichtigt. Denn dieser Denkschrift waren Dutzende von Eingaben, Stellungnahmen und Demarchen vorausgegangen, ohne dass der RDI die Wirtschafts- und Steuerpolitik in seinem Sinne hätte wirksam beeinflussen können. Nach Ausbruch der Weltwirtschaftskrise war die Bereitschaft, weitere Verzögerungen hinzunehmen, nicht mehr vorhanden. Duisberg erklärte bei der Übergabe der Denkschrift kategorisch, die «Finanzfrage sei zur Schicksalsfrage Deutschlands» geworden, der RDI sei daher geradezu in der Pflicht, «im jetzigen Augenblick, in dem der Zusammenbruch staatlicher Wirtschaftsexperimente augenscheinlich ist, von sich ein Reformprogramm aufzustellen, dessen Befolgung seines Erachtens zu einem Wiederaufstieg unserer Wirtschaft führt». Weiteres Reden sei nicht mehr hilfreich. «Der Worte sind genug gewechselt, nun laßt uns endlich Taten sehen!»[7]

Federführend bei der Abfassung dieser Denkschrift waren neben Ludwig Kastl die für Grundsatzfragen der Wirtschaftspolitik zuständigen Mitglieder des RDI-Präsidiums Paul Silverberg und Georg Müller-Oerlinghausen, die auch auf der Berliner Tagung des RDI die Hauptreferate hielten. Duisberg hatte nur spät an ihrer Diskussion teilgenommen, teilte aber die dort getroffenen Aussagen vollständig, zumal man einige strittige Punkte etwa der Steuerpolitik aus ihr herausgehalten hatte. Aus der Sicht der Denkschrift und damit auch aus Duisbergs Sicht lagen die tieferen Ursachen der Weltwirtschaftkrise im unsachgemäßen, ja falschen staatlichen Krisenmanagement, das seit der Inflationszeit anhielt und trotz aller Bekenntnisse und Beteuerungen keiner wirklichen Änderung unterzogen worden war. Dabei bestritt Duisberg die strukturellen und politischen Folgen des Weltkrieges, die jede Wirtschaftspolitik als Tatsache vorauszusetzen hatte, keineswegs. Er war von Anfang an bei aller Rhetorik gegen das System von Versailles ein entschiedener Anhänger der Erfüllungspolitik gewesen, er hatte den Dawes-Plan und Stresemanns ausgleichende Außenpolitik nachhaltig unterstützt, er trug dazu bei, dass sich das geschäftsführende RDI-Präsidialmitglied Kastl trotz aller Kritik konstruktiv an den Young-Plan-Verhandlungen beteiligte, und verhinderte auch eine ablehnende Stellungnahme des Verbandes. Bei Duisberg waren es mithin keine antirepublikanischen Ressentiments, die seine zunehmend vehemente Kritik an der Wirtschafts- und Finanzpolitik des Staates begründeten.

Die Denkschrift war nicht sonderlich originell; sie war vor allem eine Fortschreibung der ersten Denkschrift von 1925. Im Vorwort verwies der RDI auf die Forderungen, die man seit 1925 wiederholt gestellt hatte und deren Erfüllung die wirtschaftlichen Probleme des Landes deutlich gemildert hätten. Aber das Gegenteil sei geschehen: «Es hat in den letzten Jahren an gutbegründeten Vorschlägen auch von anderer Seite nicht gefehlt. Diese Warnungen sind aber nicht gehört worden. Es ist vielmehr eine Politik befolgt worden, die keine Rücksicht auf die wirkliche Lage der deutschen Wirtschaft nahm. Ihre Auswirkung zeigt sich in dem ungeheuren Mißverhältnis zwischen der Produktivität und Rentabilität der deutschen Wirtschaft einerseits und den von der öffentlichen Hand beanspruchten Generalunkosten andererseits.»[8] Allein der Ton war deutlich aggressiver als 1925 und bekam eine antisozialistische, aber auch antiparlamentarische Note. Eine Politik der Grundsatzlosigkeit habe die Entfaltung der wirtschaftlichen Kräfte behindert. «Die Rücksicht auf die Macht der Parteien hat nicht die Kraft aufkommen lassen, Arbeit, Zins und staatliche Lasten in ein richtiges Verhältnis zu bringen. Es war bequemer, zuzulassen, daß viel zu große Teile des Volkseinkommens für öffentliche Zwecke, zur Vermehrung des Verwaltungsapparates und zur Ausweitung der staatlichen Fürsorge verwandt wurden, als den Versuch zu machen, die Verbesserung der Lebenshaltung in der natürlichen wirtschaftlichen Entwicklung zu suchen. So haben innenpolitische Zerrissenheit, mangelnde Einsicht und fehlender Mut den Weg zu einer Festigung unserer wirtschaftlichen Verhältnisse versperrt. Aus einem bedauerlichen Mangel an Verantwortung heraus wurde versäumt, das Volk über die wirklichen Notwendigkeiten aufzuklären.»

Es wäre verfehlt, den schärferen Ton vor allem mit einem gesteigerten Einfluss der Schwerindustrie zu erklären, zumal dieser im RDI nicht wirklich festzustellen ist.[9] Es war vielmehr die dramatische Zuspitzung der wirtschaftlichen Lage im Jahr 1929, die den RDI zu folgender Formulierung brachte: «Bei steigendem Lohn, steigender Staatslast, steigendem Zins und sinkender Rendite wird der Punkt überschritten, wo die Erweiterung der Produktion noch einen Sinn hat. Die Folge dieser Entwicklung sind Arbeitslosigkeit, Zusammenbrüche vieler Firmen, Mangel an Absatz und eine bis zur Verdrossenheit gesteigerte allgemeine Unzufriedenheit.» Und im Kontext der ausbrechenden Weltwirtschaftskrise schien dem RDI klar: «Die deutsche Wirtschaft steht am Scheidewege. Wenn es nicht endlich gelingt, das Steuer umzulegen und unserer Wirtschafts-, Finanz- und Sozialpolitik eine entscheidende Wendung zu geben, dann ist der Niedergang der deutschen Wirtschaft besiegelt.»[10] Falsch sei es, in den Löhnen nur einen Nachfragefaktor zu sehen und die Kostenseite zu vergessen. «Übertriebene Lohnerhöhungen werden mit der Arbeitslosigkeit anderer Arbeiter bezahlt. Eine Verbesserung der Lebenshaltung der breiten Masse ist nicht durch eine künstliche Einkommensaufblähung ohne Steigerung der Produktivität zu erreichen, sondern nur auf dem Wege einer vermehrten Kapitalbildung und einer Wiederherstellung der Rentabilität.»[11] Damit war der Kern des Vorwurfes des RDI an die Politik ausgesprochen: Die verfehlte Wirtschafts-, Finanz- und Sozialpolitik zerstöre die Rentabilität der Unternehmen und damit auch die Grundlagen des sozialen Ausgleichs. Daher forderte man: 1. Die Verbesserung der Eigenkapitalbildung der Unternehmen und dazu Beseitigung aller Hemmnisse für die wirtschaftliche Betätigung, 2. den weitgehenden Rückzug des Staates aus der Wirtschaft; die Begrenzung staatlicher Eigenwirtschaft auf das Unverzichtbare; die Aufhebung der Reste der Zwangswirtschaft, insbesondere im Wohnungswesen; schließlich den Rückzug des Staates aus den Kartellen, 3. die Begrenzung der Sozialausgaben; die Reform der Arbeitslosenversicherung, insbesondere das Einfrieren der mit ihr verbundenen Belastungen der Wirtschaft; die Beendigung der staatlichen Zwangseingriffe im Tarifwesen und die Beschränkung der Verbindlichkeitserklärung auf Tarifvereinbarungen in lebenswichtigen Betrieben, 4. die Senkung der Staatsausgaben; eine umfassende Verwaltungsreform; Senkung der Unternehmenssteuern; Verschiebung der Steuerlast hin zu den indirekten Steuern; Reform des Finanzausgleichs zwischen Reich, Ländern und Kommunen, um die Kommunen zu entlasten, 5. Ausfuhrförderung, Pflege des Kapitalmarktes, Beschränkung der öffentlichen Kreditaufnahme.

Die Denkschrift war keine präzise Beschreibung der notwendigen Reformmaßnahmen und auch keine Analyse der wirtschaftlichen Lage, sondern ein Forderungskatalog, der sehr allgemein gehalten und nicht einmal in sich stimmig war, weil eine gemeinsame Haltung im Verband zu Steuererhöhungen nicht erzielt werden konnte. Paul Silverberg, der an der Denkschrift mitgearbeitet hatte, wollte bei deren Vorstellung im Dezember in Berlin eine zusätzliche Grundsatzerklärung abgeben. Das wusste Duisberg zu verhindern, der auf keinen Fall einen erneuten Konflikt wie nach Silverbergs Dresdner Rede 1929 wollte. Denn Silverberg wollte geradezu gegen die Denkschrift eine Fortsetzung der nach dem Young-Plan nicht mehr zwingenden Industrieumlage zur Finanzierung der Reparationszahlungen empfehlen, um mit diesem Geld die Landwirtschaft zu stützen. Das war in der Industrie und im RDI, die fast um jeden Preis eine Entlastung der Industrie wünschten, auf keinen Fall konsensfähig.[12]

Duisberg versprach sich von der Denkschrift einerseits eine verbandspolitische Wirkung, um die lauter werdende Kritik an der Führung zu beruhigen. Deshalb war er auch bereit, mit Paul Silverberg einen offenen Konflikt um die Frage der Steuerpolitik zu riskieren, da er eine Wiederholung des Streits nach dessen Dresdner Rede 1926 auf keinen Fall zulassen wollte.[13] Andererseits entsprach die Denkschrift aber auch seiner Stimmung zu Beginn der Weltwirtschaftskrise, die von einem fast vollständigen Verlust an Vertrauen in die Regierung der großen Koalition geprägt war. Die erkennbare Stoßrichtung gegen den in Deutschland grassierenden «Sozialismus» teilte Duisberg vorbehaltlos.[14] Er hoffte zwar, «aus dem Dreck, in den wir durch die Haltung der politischen Parteien hineingeraten, ebenso gut wieder heraus(zu)kommen, wie es in den viel schlimmeren Tagen der Inflation der Fall war»,[15] doch fehlte in seinen Augen die politische Kraft, die der wirtschaftlichen Vernunft zum Durchbruch verhelfen konnte. Duisberg verlangte aber nicht nur einen Rückzug des Staates aus der Wirtschaft, sondern war offensichtlich auch überaus skeptisch gegenüber einer weiteren Regierungsbeteiligung der SPD. Jedenfalls gab der Jenaer Jurist Heinrich Gerland Duisbergs einschlägige Gesprächsauffassungen so wieder: «Sie haben ganz recht, dass die Gründung einer grossen Mittelpartei, wenn die Young-Plan-Verhandlungen vorüber sind, das dringende Gebot der Stunde ist. Denn eine Koalition mit der Sozialdemokratie wird, wenn unsere Wirtschaft denn wieder in Ordnung gebracht werden soll, sich nicht aufrechterhalten lassen.»[16] Duisberg gingen mithin in den letzten Monaten 1929 ganz unterschiedliche Gedanken durch den Kopf, deren Kern in der Überzeugung bestand, eine vernünftige Wirtschaftspolitik könne, getragen von einer geeinten Industrie, einer bürgerlichen Sammlungsbewegung und einem sozialpartnerschaftlichen Ausgleich mit der Arbeiterschaft einen Ausweg aus der Krise weisen. Das Hauptübel bestand, hierin blieb er sich im Vergleich zur Vorkriegszeit treu, in der politischen Uneinigkeit des bürgerlichen Lagers, der Sonderrolle von Schwerindustrie und Landwirtschaft und der geringen Bereitschaft der SPD, auf die für Duisberg essentiellen Forderungen der Industrie einzugehen. Da halfen nur Appelle, und genau so sind auch die Denkschrift und ihre öffentliche Präsentation zu verstehen, obwohl sie von Duisberg selbst als Zeichen der Hilflosigkeit gesehen wurden.

Vor der Geschäftsführerkonferenz des RDI, die der öffentlichen Kundgebung zur Denkschrift im Dezember 1929 voranging, war er insofern durchaus ehrlich: «Ich bin nun 5 Jahre Vorsitzender des Reichsverbandes, und in diesen 5 Jahren hat es damit angefangen, daß wir Programme aufgestellt haben, auf den Tisch geschlagen haben, zu den Reichskanzlern und Ministern gelaufen sind und immer wieder gesagt haben: so geht es nicht weiter: endlich muß die Sache anders werden! Was ist geschehen? Gar nichts! Die Linie der Steuern ist immer höher gegangen und hat sich nunmehr bereits gegenüber der Vorkriegszeit unter Berücksichtigung des Index verdoppelt. Also mit Worten kann man nichts erreichen. Primat ist die Politik, die die Herren da drüben in dem großen Hause machen. Aber auch wenn Sie mit ihnen reden, stehen sie da und sagen: ja, was sollen wir machen! Wir müssen mit der Sozialdemokratie uns zur Zeit verständigen, Kompromisse machen! ... wir kommen nicht darum herum, daß wir eine grundsätzliche Änderung, ein Herumwerfen des ganzen Steuers haben müssen – meiner Meinung nach überhaupt – und das wäre das Wichtigste, was wir erreichen könnten – eine ganz andere Fahrtrichtung im kapitalistischen Sinne, nicht im sozialistischen Sinne.»[17]

Damit deutete Duisberg an, dass aus seiner Sicht die Zeit für Kompromisse abgelaufen war. Er hatte zwar keine parlamentarische Alternative, aber es ist offensichtlich, dass er eine grundlegende Wende wünschte, ja, dass er die Präsidialregierung, die dann wenige Monate später unter Heinrich Brüning installiert wurde, zweifellos als Möglichkeit ansah. Zwar war es im Dezember 1929 noch nicht so weit, aber zumindest Stimmung für eine derartige Wende konnte man schon machen, und so forderte Duisberg die versammelten Verbandsgeschäftsführer auf: «Nun habe ich die dringende Bitte, meine Herren – und Sie sind ja die activitas, Sie sind die eigentlichen Treiber, die es machen müssen –: helfen Sie uns nun in dieser schwierigen Stellung, in der wir uns befinden! Gehen Sie, wenn wir heute nachmittag mit der Presse in der Reichshauptstadt gesprochen haben, zu Ihrer Provinzpresse und sprechen Sie mit den Herren! Sorgen Sie dafür, daß Tamtam und Propaganda gemacht wird, daß die Bevölkerung aufgeklärt wird! Meine Herren, Sie glauben gar nicht, wie die bürgerlichen Kreise noch gar nicht die Gefahr ahnen, in der sie sich befinden. Sie sehen ja leider, wie eine Familie nach der anderen ins Proletariat heruntersinkt, wie eine Firma nach der anderen pleite geht; aber man ahnt noch nicht, daß es schließlich um das Ganze geht. Und da müssen Sie mitwirken und die Presse bearbeiten. Wenn Sie dann in Ihren Versammlungen immer wieder darauf hinweisen, wie notwendig es ist, daß etwas geschieht, dann werden hoffentlich auch die Abgeordneten, die Sie auch bearbeiten müssen, wo Sie können und wo Sie den Parteien angehören, dazu kommen, daß wir endlich etwas erreichen. … So flehe ich Sie an: helfen Sie! Und wir vertrauen darauf, daß wirklich etwas geschieht; denn der Worte sind nunmehr genug gewechselt. (Lebhafter Beifall).»[18] Die öffentliche Wirkung der Denkschrift war begrenzt. Viele Zeitungen berichteten zwar, doch war der Ton der Berichterstattung knapp, die Beurteilung folgte der jeweiligen Richtung des Blattes, sodass der rechten Presse der RDI nicht weit genug ging, der linken Presse zu weit: «Unternehmer machen in Krise» titelte der «Vorwärts». Am ehesten traf die «Vossische Zeitung» den Inhalt mit der Bemerkung: «Fronde gegen den Staat, nicht gegen die Staatsform, aber gegen diese Staatsleitung: das spricht aus allen Reden.»[19]

In der Literatur ist sie als Aufkündigung des republikanischen Konsenses durch den RDI hingestellt worden[20], doch dienten ihre Forderungen, die in vielen Punkten nicht neu und wenig präzise waren, vor allem auch, um die Geschlossenheit des in sich zerstrittenen RDI zu demonstrieren. Daran war gerade Carl Duisberg gelegen, der mit der Denkschrift und der öffentlichen Kundgebung in Berlin noch einmal einen gewissen Erfolg hatte. Die vorherigen Monate hatten gezeigt, dass, wenn auch unter großen Kämpfen, gleichwohl der RDI noch kompromissfähig war bzw. Duisberg es gelang, durch mehr oder weniger geschicktes Lavieren, die Einheit des Verbandes zumindest äußerlich zu erhalten. Gegen den Widerstand der Schwerindustrie und anderer industrieller Stimmen hatte Duisberg die Große Koalition unterstützt und der Regierung bei den Young-Plan-Verhandlungen assistiert. Andererseits achtete er darauf, den RDI aus den politischen Auseinandersetzungen herauszuhalten, unterzeichnete selber eine Industriellen-Petition gegen das Volksbegehren gegen den Young-Plan nicht[21] und rechtfertigte sich auch gegen Kritik, an falscher Stelle zu schweigen, mit der Bemerkung, es bleibe nichts anderes übrig, «als uns politisch neutral zu halten, um keiner Seite eine Angriffsfläche zu bieten».[22] Hinter den Kulissen aber war er aktiv, namentlich als versucht wurde, die Position von Alfred Hugenberg in der DNVP, der gegen den Young-Plan auf ein breites rechtes Bündnis unter Einschluss der NSDAP und des ehemaligen Reichsbankpräsidenten Hjalmar Schacht setzte, zu schwächen. Werner von Alvensleben[23] erhielt für diesen Zweck Geld aus der Kasse des RDI bzw. über den Verband.[24] Nach außen hin wollte Duisberg auch hier nicht in Erscheinung treten und überließ die weitere Verfolgung der Sache Ludwig Kastl. Gerüchte, die I.G. habe die Anti-Young-Plan-Kampagne finanziert, wie es französische Geheimberichte insinuieren, sind daher nicht überzeugend.[25] Doch trotz seiner kompromissorientierten Haltung stand Duisberg nach ausgebrochener Weltwirtschaftskrise im Grunde mit leeren Händen da, denn alle Bereitschaft zur Unterstützung der großen Koalition hatte in finanz- und sozialpolitischen Fragen wenig gebracht. Im Gegenteil: Das Reich war im Winter 1929/30, nachdem Schacht seine Kreditlinien abgeschnitten hatte, faktisch handlungsunfähig. Durch die Krise und das erwartete sinkende Steueraufkommen würde sich, das war klar, die Lage in der kommenden Zeit weiter zuspitzen. Insofern war die Denkschrift auch der Versuch, aus dieser Situation der politischen Blockade auszubrechen bzw. dabei mitzuwirken. Denn mit einer grundlegenden Reform der Reichsfinanzen war nicht mehr zu rechnen. Reichsfinanzminister Hilferding hatte eine derartige Reform im Herbst 1929 zwar angekündigt, scheiterte mit seinen Plänen allerdings sowohl am Widerstand der SPD, die eine Verschiebung der Steuerlast zugunsten der Industrie ablehnte, wie an der Opposition von Reichsbankpräsident Schacht, der der Regierung, deren Bereitschaft zum Kompromiss in der Reparationsfrage er harsch kritisierte, faktisch den Zugang zu weiteren Krediten versperrte.[26] Es war letztlich dieser gravierende Eingriff der Reichsbank in die Arbeit der Reichsregierung, der eine schwere Regierungskrise auslöste und Finanzminister Hilferding zum Rücktritt zwang.[27] An seine Stelle trat der Duisberg-Vertraute Paul Moldenhauer, der sich bemühte, einen finanzpolitischen Kompromiss zu finden, um den Bruch der Großen Koalition zu verhindern. Denn es war klar, dass an der Frage des Haushaltsausgleichs das Schicksal der gesamten Regierung hing. Aber auch der DVP-Politiker Moldenhauer hatte es schwer, da der rechte Flügel der DVP eine klare Entlastung der Industrie forderte, während der linke Flügel der SPD gerade das nicht zulassen wollte. Während also die Mehrheit der Industrie die Absenkung ihrer Belastungen durch staatliche Einsparungen und eine Verschiebung der Steuerlast zugunsten der indirekten Steuern forderte, war gerade eine derartige Politik für Teile der SPD nicht akzeptabel, die stattdessen einer Erhöhung der Mitgliedsbeiträge zur Arbeitslosenversicherung das Wort redete, um den Staatszuschuss zur Arbeitslosenversicherung senken zu können. Da die Streitfragen zudem politisch aufgeladen waren, ja, in der DVP viele die Möglichkeit sahen, hierüber die SPD aus der Regierung drängen zu können, verringerten sich die Spielräume der Regierung laufend. Es war aber keineswegs so, dass es Duisberg und die Geschäftsführung des RDI unter allen Umständen auf einen Bruch der Großen Koalition anlegten. Vielmehr gelang es Ludwig Kastl im Januar 1930, noch einmal auf Verhandlungen zu setzen. Er handelte damit ganz in Übereinstimmung mit Carl Duisberg, der zum Jahresbeginn 1930 zumindest öffentlich erklärt hatte, die Regierung habe unter dem Zwang der Verhältnisse ja endlich Handlungsbereitschaft gezeigt: «Das Jahr 1930 wird uns zeigen, ob es den einsichtigen Kräften in unserem Volk und im Parlament gelingt, die Durchführung der als notwendig erkannten Reformmaßnahmen zu erzwingen.»[28] Doch auch Duisberg und Kastl war klar, dass bei deren Scheitern wenige andere Möglichkeiten blieben, als es mit einem Präsidialkabinett zu versuchen. Würde die gegenwärtige Regierung scheitern, wovon auszugehen war, dann lag eine Regierung, die sich nach Paragraph 48 der Reichsverfassung auf das Notverordnungsrecht des Reichspräsidenten stützte, im Kalkül der Spitze des RDI,[29] zumal sich diese Form der Regierung in der Krise des Herbstes 1923 bewährt hatte. Doch so weit war man im Januar 1930 noch nicht. Der Versuch des Zentrums und der BVP, die anstehende Zustimmung zum Young-Plan mit der Finanzreform zu verknüpfen, um die SPD, deren Unterstützung des Planes sicher war, zu einem Nachgeben in der Steuerpolitik zu bewegen, fand daher den Beifall der Wirtschaftsverbände, namentlich des RDI. Jetzt zeigte sich, dass zwischen dem RDI und dem Zentrumsfraktionschef Brüning eine enge Verbindung möglich sein würde. Aus der Verknüpfung wurde freilich nichts. Der neue Finanzminister Moldenhauer legte im Februar 1930 daher einen Kompromissvorschlag für den Reichshaushalt 1930 vor,[30] der für alle Seiten zustimmungsfähig sein sollte. Um der DVP kein Sonderopfer der Beamtenschaft zumuten zu müssen, wurde im Entwurf die Industrieumlage, die eigentlich nach dem Young-Plan wegfallen sollte, sogar noch erhöht, wofür Moldenhauer wohl Kastls Zusage hatte, in der Industrie dafür zu werben. Doch statt Unterstützung kam aus der Wirtschaft scharfer Protest. Die großen Wirtschaftsverbände forderten im März 1930 eine harte Wende in der staatlichen Ausgabenpolitik.[31] Die Bereitschaft, die Große Koalition platzen zu lassen und eine nichtparlamentarische Lösung in Erwägung zu ziehen, war damit offensichtlich vorhanden. Moldenhauer fühlte sich von der Wirtschaft nicht ganz zu Unrecht im Stich gelassen, beklagte sich bei Duisberg und bat um dessen Unterstützung.[32] Duisberg gab sie ihm nur sehr bedingt. Aus Cannes, wo er im Urlaub war, telegraphierte er seinem langjährigen Vertrauten Moldenhauer, dass er dessen schwierige Lage verstehe, aber für die Wirtschaft komme es jetzt allein auf eine massive Ausgabenkürzung der öffentlichen Hand an, «vor allem auch auf sozialpolitischem Gebiet». Sollte die «Linke» das ablehnen, werde die Zukunft weitere wirtschaftliche Probleme bringen. «Auslandsanleihen werden dann nicht mehr helfen. Wenn Ihre Partei Kabinettsbeschlüsse nicht mitmachen kann, was ich voll und ganz verstehe und Sie Konsequenzen daraus ziehen, verlieren Sie durchaus nicht Vertrauen der Wirtschaft. Im Gegenteil dieses bleibt Ihnen dann erst recht erhalten.»[33]

Duisbergs Telegramm an Moldenhauer, er werde keineswegs die industrielle Unterstützung verlieren, wenn er mögliche Kompromisse ablehne, ließ diesem alle Türen offen, zeigte aber, dass zumindest Duisberg einen Erhalt der gegenwärtigen Koalition nicht für zwingend hielt. Das war keine bewusste Aufkündigung der Grundlagen der parlamentarischen Republik, wie es vor dem Hintergrund der späteren Entwicklung erscheinen mag. Duisberg handelte im März 1930 vielmehr im Lichte der bisherigen Erfahrungen, die ein weiteres Zuwarten nicht mehr hinnehmbar erscheinen ließen.[34] Ein Kompromiss, der das Defizit im Reichshaushalt nicht ernsthaft in Angriff nahm, war inakzeptabel, auf jeden Fall aber hätte er den Zusammenhalt des RDI gesprengt. In der Frage der Beiträge zur Arbeitslosenversicherung ging es nicht allein um geringe Prozentpunkte, sondern um Grundsatzfragen; das wusste auch die Mehrheit der SPD-Reichstagsfraktion, die gerade deshalb hier nicht bereit war, der DVP entgegenzukommen, obwohl in Berlin klar war, dass ein Teil der DVP-Fraktion lieber heute als morgen den Verbund mit der SPD aufgegeben hätte. Was die Koalition zusammenhielt, war lange die Frage der Verabschiedung des Young-Plans, sodann die Tatsache, dass es eine parlamentarische Alternative zu ihrer Politik nicht gab. Wie weit Duisberg in die Pläne zur Etablierung einer Präsidialregierung eingeweiht war, ist schwer zu sagen. Als Alternative dürfte ihm diese Möglichkeit präsent gewesen sein, zumal er eine Schwächung der Rolle des Parlaments ohnehin begrüßte. Duisberg plante keinen Staatsstreich, sondern sah in der Nutzung des Paragraphen 48 der Reichsverfassung eine mögliche Lösung der parlamentarischen Blockaden, die ja auch bei der Bewältigung der großen Inflation im Herbst 1923 erfolgreich gewesen war. Duisberg war zudem klar, dass auch eine Präsidialregierung zumindest von ihrer Tolerierung durch die Parlamentsmehrheit abhing. Die Spitze des RDI bemühte sich nach Brünings Amtsantritt folgerichtig darum, für die neue Regierung eine parlamentarische Basis unter Einschluss der SPD zu finden, um ein mögliches

Scheitern der Notverordnungen am parlamentarischen Veto zu verhindern.[35] Die in der Literatur, etwa bei Michael Grübler, Philipp Heyde oder Heinrich August Winkler[36] anzutreffende Auffassung, Duisberg habe eine antirepublikanische Wende vollzogen, ist daher nicht wirklich zutreffend. Duisbergs Haltung reflektierte vielmehr die Folgen der erkennbar vorhandenen Krise der parlamentarischen Regierung Müller, die es nicht geschafft hatte, trotz parlamentarischer Mehrheit, eine gangbare Lösung zur Bewältigung der großen wirtschaftlichen und finanziellen Probleme zu finden. Eine von einer breiten Parlamentsmehrheit tolerierte Präsidialregierung, die sich der wirtschaftlichen Vernunft, wie Duisberg sie sah, verschrieb, erschien da als eine denkbare Alternative. Duisberg sah das alles jedenfalls als nicht so dramatisch an, dass er im Frühjahr 1930, als sich die Koalitionskrise zuspitzte, in Deutschland, ja in Berlin hätte sein müssen. Er fuhr in die Ferien an die Côte d'Azur.

***

Nach dem Scheitern der Großen Koalition Ende März 1930 an der Weigerung der DVP, einer Erhöhung der Beiträge zur Arbeitslosenversicherung zuzustimmen, war der Weg für die Pläne des Reichspräsidenten frei, eine von der SPD unabhängige Regierung zu installieren, die bereits seit einiger Zeit vor allem im Umfeld von Kurt von Schleicher vorangetrieben worden waren. Heinrich Brüning, Fraktionsvorsitzender des Zentrums im Reichstag, galt als durchaus konservativer Politiker, der aber für einen Ausgleich mit der SPD offen war. In Fragen der Haushalts- und Reparationspolitik vertrat er ein straffes Konzept, nämlich einerseits die öffentlichen Finanzen durch umfassende Sparmaßnahmen zu sanieren und dadurch andererseits zu demonstrieren, dass das Land selbst bei größter Sparsamkeit den Reparationsforderungen der Alliierten nicht würde nachkommen können. Aus der Sicht der Industrie war dieses Konzept sinnvoll, da es sowohl die staatlichen Ansprüche an die Wirtschaftsleistung zurücknahm als auch durch die erzwungene innere Abwertung bei gleichzeitiger Aufrechterhaltung des Außenwertes der Reichsmark die Exportbedingungen der deutschen Wirtschaft deutlich verbesserte. Dieses Konzept ging in den ersten Monaten der Regierung Brüning, ja im Grund bis in den Sommer 1931 auch auf, da die Haushaltsdefizite zurückgingen, das Reich wieder eine positive Handelsbilanz aufwies und die Unmöglichkeit umfangreicher Reparationsleistungen immer offensichtlicher wurde.[37]

Duisberg konnte sich im Mai 1930 aber nicht nur deshalb als erfolgreich ansehen, weil es jetzt eine Regierung nach seinem Geschmack gab. Es war auch gelungen, die schwerindustriellen Kritiker seiner Linie im Reichsverband in den Hintergrund zu drängen, ohne dass es deshalb zum offenen Bruch zwischen den Industriezweigen gekommen wäre, der ja bereits seit den späten 1920er Jahren drohte.[38] Die nach dem Rücktritt von Duisbergs Stellvertreter, Carl Friedrich von Siemens, nötige Organisationsreform vom Mai 1930[39] sah die Erweiterung der Zahl der Stellvertreter auf fünf Personen vor und begrenzte zugleich deren Amtszeit auf sechs Jahre. Damit war der Weg für stärkere Personalwechsel in der Verbandsspitze offen, wobei den ehemaligen Präsidiumsmitgliedern ihr Ausscheiden durch einen möglichen Übertritt in einen neu geschaffenen, freilich bedeutungslosen Senat des RDI versüßt wurde. Das geschah zumeist aus Altersgründen; doch mit dem Wechsel von Fritz Thyssen vom Präsidium in den Senat traf es auch einen der maßgeblichen Kritiker Duisbergs. Da auch Paul Reusch eine Wahl zum Nachfolger von Siemens ablehnte, war die Schwerindustrie schließlich im engeren Präsidium gar nicht mehr vertreten, das von nun an von Duisberg sowie seinen Stellvertretern Paul Silverberg, Abraham Frowein, Hans Kraemer, Georg Müller-Oerlinghausen und Ewald Hilger dominiert wurde. Neben dem geschäftsführenden Präsidialmitglied Ludwig Kastl fiel Paul Silverberg eine Schlüsselrolle zu. Dass Duisberg bei diesen Änderungen gezielt auf eine Entmachtung der Schwerindustrie drängte, ist unwahrscheinlich, zumal er Paul Reusch und Albert Vögler gerne in der Spitze des Verbandes gesehen hätte. Erneut erwies sich dabei Duisbergs wiederholt erprobte Taktik, die Schwerindustrie zumindest rhetorisch einzubinden, als erfolgreich. Das ging auch aus seiner Ankündigung vor dem Vorstand des RDI am 22. Mai 1930 hervor, im Herbst 1931, wenn er sein 70. Lebensjahr vollendet haben würde, sein Amt niederzulegen. Zugleich warb er massiv dafür, den Chef der Vereinigten Stahlwerke Albert Vögler, also einen prominenten Schwerindustriellen, zu seinem Nachfolger zu küren.

Im Ergebnis der Organisationsreform aber hatte sich an der Spitze des RDI die Duisbergsche Linie gegen ihre Kritiker weitgehend durchgesetzt. Die Kritiker seines Kurses, namentlich fast der gesamte Ruhrbergbau, ließen in der Folgezeit kein gutes Haar an der Verbandsspitze, deren Kurs auch gegenüber der neuen Regierung Brüning als viel zu lasch galt. Es war aber nicht allein die mangelnde Kritik an der Politik der Regierung Brüning, die aus der Sicht des Bergbaus nicht energisch genug gegen das geltende Tarifrecht vorging; es war auch die konkrete Politik des RDI, der auch nach Beginn von Brünings Kanzlerschaft sich dafür einsetzte, die

Sozialdemokratie zumindest indirekt in die politischen Entscheidungen miteinzubeziehen. Das war aus Sicht der «Herren aus dem Westen» skandalös, politisch aber überaus klug. Denn es hatte sich sehr schnell gezeigt, dass die Regierung Brüning zwar die ersten Maßnahmen zur Haushaltssanierung einleitete, ihr aber für die entscheidenden Schritte die parlamentarische Basis fehlte, da trotz intensiver Verhandlungen die SPD-Fraktion nicht bereit war, Brünings Kurs zu stützen, und auch der Hugenberg-Flügel der DNVP jede Kooperation verweigerte. Eine Mehrheit für sein finanzpolitisches Reformprogramm, das ganz im Sinne des RDI lag, bekam Brüning im Reichstag daher nicht. Die vom Reichspräsidenten daraufhin per Notverordnung durchgesetzten Maßnahmen, das war schnell zu erkennen, würden nicht greifen, da der Reichstag die Notverordnung außer Kraft setzen würde, was er am 18. Juli 1930 auch tat. Für diesen Fall hatte Brüning die Zusicherung Hindenburgs, den Reichstag aufzulösen und Neuwahlen anzusetzen. Für Duisberg war das alles nur Ausdruck ein und derselben Malaise: Die Reformzwänge seien bekannt, Brüning auf dem richtigen Weg, doch «niemand schreitet endlich zur Tat. … Woran liegt das? Der wesentlichste Faktor zur Erklärung dieser Tatsache erscheint mir in der Zusammensetzung unserer Parlamente zu liegen. Allein der Besuch einer Plenarsitzung zeigt Ihnen die Erstarrung unseres parlamentarischen Lebens in Interessenpolitik und Formalismus», betonte er im Juli 1930 vor der Geffrub. Seine Hoffnung, dass bei den durch den Widerstand gegen Brünings Politik erzwungenen Neuwahlen eine stabile bürgerliche Mehrheit entstehen würde, war allerdings bestenfalls naiv: «Wir haben heute begrüßenswerte Anzeichen, daß das Bürgertum doch zur größeren Aktivität und Besinnung seiner Rolle im Staat erwacht. Soll die existenznotwendige Reform endlich zur Durchführung kommen, so muß in das neue Parlament ein geschlossener Block des Bürgertums von rechts bis über die Mitte hinaus einziehen mit dem energischen Willen, unter dem Gesichtspunkt des Gemeinwohls Reformen nicht nur in Programmen niederzulegen, sondern sie auch rasch zur Durchführung zu bringen.»[40]

Die Anzeichen trogen. Trotz zahlreicher Versuche gelang es vor den Wahlen nicht, die verschiedenen bürgerlichen Strömungen zu einer Sammlungsbewegung zusammenzufassen, im Gegenteil, die Konflikte und Gegensätze in und zwischen den in Frage kommenden Parteien wurden in dieser Zeit eher größer, die Aussichten auf ein einheitliches Vorgehen waren gering.[41] Die Wahlen vom 14. September brachten auch keinen bürgerlichen Aufbruch, sondern wurden für das bürgerliche Lager zum Desaster. Während DNVP, DVP und DDP/DStP katastrophal einbrachen, konnten sich das Zentrum und die SPD einigermaßen behaupten und mussten nur geringe Verluste hinnehmen. Großer Wahlsieger war hingegen die NSDAP, die von einer Splitterpartei den Sprung zur zweitgrößten Fraktion mit 107 Abgeordneten schaffte; auch die KPD konnte zulegen. An eine bürgerliche Mehrheit war nicht mehr zu denken.[42] Es war offensichtlich, dass eine Fortsetzung selbst der Präsidialregierung Brünings davon abhing, entweder ein Rechtsbündnis unter Einbeziehung der NSDAP zu schließen, was aber für das Zentrum nicht in Frage kam, oder ein Arrangement mit der SPD zu treffen, die Regierung Brüning zumindest zu tolerieren. Letzteres erwies sich schließlich als die einzig realistische Chance, da eine Einbeziehung der NSDAP selbst Vertreter der Schwerindustrie für zu riskant hielten, eine Koalition mit der SPD aber ausgeschlossen war.[43] Der offensichtlich in Absprache mit dem in Garmisch-Partenkirchen kurenden Carl Duisberg gemachte Vorstoß von Ludwig Kastl, eine Große Koalition mit der SPD zu bilden, hatte wenig Aussicht auf Erfolg, da der Reichspräsident, die Reichswehrspitze, aber auch Brüning das nicht wollten.[44] Da auch für die innerlich zerstrittene SPD-Fraktion ein informelles Bündnis eher tragbar erschien, setzte sich das tolerierte Präsidialkabinett schließlich als Ausweg durch, obwohl so recht damit niemand zufrieden war.

Im Reichsverband brachen nach den Wahlen die Gegensätze wieder auf. Die Gremiensitzungen im September 1930, denen Duisberg fernblieb, verliefen stürmisch, gerade weil, wie Neebe schreibt, «die Führung des Reichsverbandes ... den Wahlsieg der NSDAP zum Anlass nahm, ihr Festhalten am republikanisch-parlamentarischen System noch einmal unmißverständlich zu unterstreichen».[45] Das war für viele Industrielle starker Tobak. Der Bergbau stand wie gewohnt in offener Opposition. Aber auch andere Industrielle wie Ernst Poensgen von den Vereinigten Stahlwerken verlangten, der RDI möge sich klar gegen das parlamentarische System stellen und Brünings Reformvorschläge als nicht weitgehend genug ablehnen. In den Novembersitzungen 1930, an denen Carl Duisberg teilnahm, konnte sich die Verbandsführung freilich noch einmal klar gegen die Kritiker durchsetzen. Der Streit ging erneut sowohl um die Haltung des Verbandes gegenüber dem Young-Plan als auch um Brünings Wirtschafts- und Finanzpolitik, die der Kanzler selbst vor dem Hauptausschuss des RDI erläuterte.[46] Duisberg stützte Brüning zumindest hier vorbehaltlos[47] und stärkte vor allem Ludwig Kastl, der mit Brüning eng kooperierte, den Rücken; die Geschäftsführung habe in der letzten Zeit «fabelhafte Arbeit» geleistet.[48] Als Kritiker Brünings und als Verfechter einer kompromisslosen Haltung in der Reparationsfrage trat diesmal Fritz Thyssen auf. Um ganz sicher zu sein, zumindest den Vorstand des RDI hinter sich zu haben, ließ Duisberg schließlich förmlich darüber abstimmen, ob der RDI die Gesetzentwürfe der Reichsregierung unterstütze. Das Ergebnis war eindeutig; bei nur einer Gegenstimme wurde Kastls Haltung gebilligt, wenn auch ein Mitglied bat, die Bedenken, die im RDI immer wieder aufkamen, energisch zu vertreten.[49] Die Bedenken richteten sich vor allem gegen Brünings punktuelles Entgegenkommen gegenüber der SPD, mit dem er freilich erreicht hatte, dass die von den Kommunisten und Nationalsozialisten betriebene Aufhebung der Notverordnung vom 1. Dezember 1930, durch die Ausgabenkürzungen bei gewissen sozialen Erleichterungen festgeschrieben wurden, im Reichstag erfolglos blieb.[50] Duisberg hatte für diese taktische Seite Brünings gerade wegen ihrer Erfolge Verständnis.

Duisberg erhielt bei seinen Plädoyers zugunsten der Politik Heinrich Brünings einschließlich der taktischen Kooperation mit der SPD tatkräftige Schützenhilfe von Paul Silverberg, der erneut den Kurs verteidigte, im Zweifelsfall auf die SPD zuzugehen. Für die Kritiker der Spitze des RDI war die Lage nach dieser Sitzung schwierig. Sie hatten zwar in ihren Teilorganisationen wie dem Verein für die bergbaulichen Interessen, der Vereinigung der Deutschen Eisen- und Stahlindustriellen oder dem Langnamverein eine robuste Basis, konnten sich im RDI aber gerade nicht durchsetzen. Im Bergbau überlegte man sich daraufhin, aus dem RDI auszutreten, konnte hiervon aber unter Mühen abgehalten werden. In der Eisen- und Stahlindustrie setzten wichtige Vertreter darauf, den Vorsitzenden auszutauschen, wie der Geschäftsführer der Vereinigung der Eisen- und Stahlindustriellen Jakob Wilhelm Reichert wissen ließ: «Ich bin jedoch ebensosehr der Überzeugung, daß wir vor persönlichen Konsequenzen nicht zurückschrecken können. Soviel ich weiß, will Herr Geheimrat Duisberg mit der Vollendung seines 70. Lebensjahres seinen Vorsitz im Reichsverband niederlegen. Das wird wohl richtig sein, wenn er das tut. Ich hoffe, daß man einen besseren Nachfolger findet. Stärker belastet als Duisberg ist natürlich Herr Geheimrat Kastl, und ich meine, man täte nicht nur der Sache, sondern auch Herrn Kastl einen Dienst, wenn man ihn auf geeignetem Wege wissen ließe, daß er freiwillig zurücktreten soll, und daß man zugleich versuchen würde, ihm den freien Posten des Reichswirtschaftsministers im Kabinett Brüning zu geben.»[51] Aber vorläufig war wenig zu machen, da die RDI-Spitze zweifellos die Mehrheit des Verbandes hinter sich wusste. Der RDI führte daher auch im Herbst 1930 ernsthafte Gespräche mit den Gewerkschaften, um zu einer Verständigung über die zukünftige Wirtschafts- und Sozialpolitik zu kommen, die schließlich aber daran scheiterten, dass die Gewerkschaften angesichts der weitreichenden Forderungen der Industrie ein Zusammengehen mit ihr intern nicht durchsetzen konnten.[52]

Da sich Ende 1930/Anfang 1931 ein Ende der Wirtschaftskrise abzuzeichnen schien, zudem der Gesprächsfaden der RDI-Spitze sowohl zur Reichsregierung wie zu den Gewerkschaften in Takt war, äußerte sich Carl Duisberg in der konservativen britischen Wochenzeitung «Spectator» überaus optimistisch, dass in Deutschland die Wirtschaftskrise überwunden werden könne.[53] Er erläuterte die Ursachen der Krise, ohne in die übliche Polemik gegen die Regierungen der Weimarer Republik zu verfallen, er wollte vielmehr einen optimistischen Blick in die Zukunft werfen. Das Bekenntnis zur Brüningschen Politik war dann überaus deutlich: «Die notwendigen innerwirtschaftlichen Maßnahmen sind in einhelligem Zusammenwirken zwischen Regierung und Wirtschaft in Angriff genommen und werden bis zum Ziele der Sanierung durchgeführt werden.» Dazu zählte Duisberg insbesondere die «Finanzsanierung und die Selbstkostensenkung», wobei letzterer für Duisberg entscheidende Bedeutung zukam, da nur auf diese Weise die deutsche Wirtschaft auf den offenen Teilen des Weltmarktes konkurrenzfähiger werden konnte. Der Erfolg dieser Maßnahmen hänge allerdings wesentlich davon ab, ob es gelinge, zu funktionsfähigen weltwirtschaftlichen Strukturen zu kommen. Entscheidend sei hierfür die Revision der Pariser Vorortverträge und selbst des erst kürzlich verabschiedeten Young-Plans, weil diese Regelungen die Weltwirtschaft in eine schwere Schieflage zu bringen geeignet seien. «Die Überprüfung der Verträge liegt dabei nicht nur im deutschen Interesse, das natürlich am schärfsten die Wirkung ihrer untragbaren Bestimmungen spürt. Ganz Europa ist durch die Unsicherheit, die diese Verträge sowohl auf politischem Gebiet als auch ganz besonders auf wirtschaftlichem Gebiet ausgelöst haben, ständig bedroht. Statt in vertrauensvoller Zusammenarbeit den Erdteil von den verheerenden Folgen des Weltkrieges der Gesundung entgegenzuführen, errichtet man noch weiterhin Festungsgürtel, Tankregimenter und Luftarmeen. Man hat das Herz des europäischen Wirtschaftskörpers», womit Duisberg Deutschland meinte, «unter schwersten Druck gesetzt, verlangt von ihm eine seine Leistungsfähigkeit weit übersteigende Blutabgabe und erwartet dann noch, daß es erfolgreich abeitet. Es wird ausschlaggebend sein für die Zukunft ganz Europas, ob das Verständnis für die Vorteile der Zusammenarbeit, das sich bei allen Völkern unseres Erdteils anbahnt, zu entscheidenden Handlungen führt.» Davon würden auch die überseeischen Mächte profitieren. Kurz: Neben der innenpolitischen Reformen komme es in Europa auf Vertrauensbildung und bei den USA auf deren Kooperationsbereitschaft an.

Innenpolitische Reformen und Rekonstruktion der Weltwirtschaftsbeziehungen durch Revision der Reparationsregelungen – diese Vorstellungen deckten sich ganz mit Brünings Politik, wenn auch die jeweiligen Motive hierfür unterschiedlich sein mochten. Die Erfolge dieser Politik Ende 1930 und Anfang 1931, namentlich die Stabilisierung des deutschen Außenhandels in der Krise, die Erwirtschaftung eines Handelsbilanzüberschusses und auch die Sanierung der Reichsfinanzen, schienen Duisberg (und Brüning) Recht zu geben. Aber die Wirtschaftsdaten der kommenden Monate waren trotzdem nicht gut; Brünings Politik verlangsamte das Abrutschen mithin mehr, als es zu beenden. Vor dem Bayerischen Industriellenverband wurde Duisberg im März 1931 daher noch einmal grundsätzlich[54] und verlangte eine deutliche Reduktion des Staatsanteils am Volkseinkommen, da der Staat mit den 30–40 % des Volkseinkommens, das er beanspruche, die Binnennachfrage und gerade den Konsum landwirtschaftlicher Erzeugnisse schwer schädige. Das war nicht recht plausibel, verwendete der Staat doch einen großen Teil seiner Ausgaben für Personalaufwand und Sozialtransfers, die wiederum in den Konsum flossen. Erneut beklagte Duisberg, dass die schwierige Lage durch die Zerstörung der Weltwirtschaft noch dramatisch verschärft werde: «Geradezu prohibitiv gegen eine Belebung wirkt sich aber die politische Verschuldung in der Welt aus. Diese kann als der eiserne Vorhang bezeichnet werden, der der wirtschaftlichen Freiheit in der Welt und einem neuen Aufblühen der niedergebrochenen Wirtschaften im Wege steht.» Gerade so, als hätte er seine Diagnose bei dem liberalen Felix Somary abgeschrieben, der den Verschuldungskomplex für die eigentliche Ursache der Krisenanfälligkeit der Weltwirtschaft hielt und die Krise präzise vorhersah und diagnostizierte,[55] sah Duisberg die USA in der Pflicht, die als einzige dazu in der Lage seien, die der Weltwirtschaft angelegten «politischen Schuldfesseln» zu sprengen. Deutschland hingegen könne die Verträge nicht einseitig «zerreißen», wie es seit Monaten von Teilen der Schwerindustrie, namentlich von Fritz Thyssen, Alfred Hugenberg, aber auch der NSDAP gefordert wurde. Selbst für Neuverhandlungen sei die Lage in Deutschland noch nicht konsolidiert genug. Daher gelte es erst einmal, Deutschlands Position durch Stärkung seiner Exporte zu verbessern. Doch statt Freihandel zu ermöglichen, sei die Welt mit hohen Schutzzollmauern und politischen Schikanen in eine Art Überprotektionismus geraten, der jeden Fortschritt verhindere. Duisberg plädierte folgerichtig für die Bildung «übernationaler Wirtschaftsräume» nach dem Vorbild «des panamerikanischen Wirtschaftsraumes von Alaska bis zum Kap Horn». Ein erster Schritt könne hier eine nach Südosteuropa offene Zollunion von Deutschland und Österreich sein, die gerade in diesen Tagen als gemeinsames Projekt der deutschen und österreichischen Regierung bekannt gegeben worden war.[56] Mit einer solchen Union könne laut Duisberg, der offensichtlich von den seit längerer Zeit diskutierten Plänen wusste, «das europäische Problem von der Südostecke aufgerollt werden». Eigentliche Aufgabe sei allerdings eine wirtschaftliche Verständigung mit Frankreich. «Erst ein geschlossener Wirtschaftsblock von Bordeaux bis Sofia», erklärte Duisberg, die heutige EU-Programmatik vorwegnehmend, «wird Europa das wirtschaftliche Rückgrat geben, dessen es zur Behauptung seiner Bedeutung in der Welt bedarf. Denn während überall in der Welt neue Wirtschaftsräume zur Aktivierung schreiten, während sich ein panamerikanischer, ein indischer, ein chinesischer Wirtschaftsraum vorbereitet, droht Europa durch seinen inneren Zwist immer mehr an Bedeutung zu verlieren.»[57] Duisberg ließ keinen Zweifel, dass die europäische Perspektive im deutschen Interesse sei, das es zielstrebig zu verfolgen gelte. Insofern sei eine «Gemeinschaftsgesinnung» notwendig, ohne die man eine willkommene Angriffsfläche für «fremde Rassen und fremde Mächte» biete. Wie weit Duisberg wissentlich dazu beitrug, eine bestimmte Version des Projektes, nämlich seine vermeintliche europäische Perspektive, in die Öffentlichkeit zu bringen, ist schwer zu sagen. Es dürfte aber keiner Überredungskunst bedurft haben, lag doch eine Öffnung der Weltmärkte sehr im Interesse der chemischen Industrie.[58] Duisberg dürfte aber wohl auch klar gewesen sein, dass in dem Plan eine erhebliche Sprengkraft für die Nachkriegsordnung liegen musste. Anders lässt sich ein Beitrag, der am 5. April 1931 in den «Wiener Neuesten Nachrichten» abgedruckt wurde, kaum lesen: «Gegenüber dem offenbaren Mißerfolg des Völkerbundes muß es geradezu als befreiende Tat und als ein historisches Verdienst um die materielle Befreiung Europas empfunden werden, daß sich Deutschland und Österreich entschlossen, einen Vorvertrag auf Abschluß einer Zollunion einzugehen. Sie werden mit dieser Zollunion eine Bresche in das

Gewirr der Zollmauern Europas schlagen und allen, die guten Willens sind, den Weg freimachen zur Verständigung und Ausgleich auf der Basis wirtschaftlicher Vernunft.»[59]

***

Ökonomische Vernunft und nationale Selbstbehauptung waren für Duisberg mithin zwei Seiten ein und derselben Medaille, wobei die ökonomische Seite freilich ausschlaggebend war. Es ist mehr als fraglich, ob Duisberg aus nationalen Gründen je etwas befürwortet hätte, was in seinen Augen ökonomisch nicht sinnvoll war. Den Young-Plan, dem er aus nationalen Gefühlen heraus skeptisch gegenüberstand, hatte er aus ökonomischem Kalkül unterstützt. So naiv, anzunehmen, dass eine Zollunion mit Österreich als Beginn eines europäischen Projektes, als ökonomische Chance für ganz Europa und nicht als Bruch des Versailler Vertrages wahrgenommen werden würde, war Duisberg wohl nicht. Aber die Heftigkeit der Reaktion auf die Idee einer deutsch-österreichischen Zollunion dürfte ihn schon überrascht haben. Sie bestimmte schließlich auch seine Interpretation der sich im Sommer 1931 dramatisch zuspitzenden Krise maßgeblich. Sein Vorwurf, Frankreich schade Deutschland aus politischen Motiven und nehme dafür schwerste wirtschaftliche Folgen in Kauf, spiegelt exakt sein Denken in dieser Zeit wider: Das ökonomisch Nützliche ist auch das politisch Sinnvolle. Und dafür schien Brüning der Garant. Verhindern konnte freilich auch Brüning nicht, dass im Frühsommer 1931 sich zugleich die internationalen Beziehungen und die finanzielle Situation, zunächst in Österreich, dann auch in Deutschland, dramatisch verschlechterten, wobei sich beides gegenseitig verstärkte.

Die französische Regierung hatte nach Bekanntwerden der Zollunionspläne, im Einvernehmen mit der Tschechoslowakei und Italien, erklärt, ein deutsch-österreichischer Zollverein verstoße gegen die Nachkriegsverträge. Auch die Signatarmächte des Genfer Protokolls von 1922, das Österreichs Unabhängigkeit festschrieb, sahen in dem Vorstoß eine Vertragsverletzung. Für das Scheitern des Projektes aber wurde die im Mai 1931 ausbrechende Finanzkrise entscheidend, die, von Österreich ausgehend, bald auch das Deutsche Reich erfasste. Das politische Misstrauen gegenüber Deutschland und Österreich, das seit den Zollunionsplänen wieder gewachsen war, tat das Seinige dazu, um die Finanzkrise weiter eskalieren zu lassen, denn es war klar, dass internationale Hilfe nur unter politischen Auflagen, wenn überhaupt, in Frage kam. Diese aber war im Sommer dringend nötig, da die von Österreich ausgehende Finanzkrise im Juni das Deutsche Reich und die großen Banken an den Rand der Zahlungsunfähigkeit brachte. Ausländische Kreditgeber zogen daraufhin ihre kurzfristigen Anlagen ab, die Reichsbank verlor innerhalb weniger Tage einen Großteil ihrer Goldreserven. Das Reich wurde nur durch ein nach dem US-Präsidenten Herbert Hoover benanntes Moratorium gerettet, mit dem die Zahlungen aller politischen Schulden der ehemaligen Kriegsteilnehmer für ein Jahr ausgesetzt wurden, ein Moratorium, das Frankreich nur widerwillig hinnahm.[60] Da das heimische Publikum die Banken stürmte, retteten im Juli 1931 nur politisch verordnete Bankfeiertage und die Einführung der Devisenzwangswirtschaft das deutsche Banken- und Finanzsystem. Dennoch waren danach alle großen Banken mehr oder weniger angeschlagen und mussten de facto durch Verstaatlichung und Zwangsfusionierung gerettet werden.[61]

Die Folgen der Banken- und Finanzkrise waren im Juli 1931 aber auch nach der Bankenrettung nicht ausgestanden. Die privaten Auslandsschulden standen weiter im Brennpunkt, denn Hoovers Moratorium galt allein für die «politischen» Schulden. Durch Vermittlung der Bank für internationalen Zahlungsausgleich konnte zum 1. September 1931 ein Stillhalteabkommen erreicht werden, das zumindest einen Teil der deutschen Auslandsschulden zunächst für ein halbes Jahr einfror. Daraus ergab sich freilich ein weiteres Problem. Denn nachdem das Reich zur Devisenzwangswirtschaft übergegangen war und das Hoover-Moratorium und das Stillhalteabkommen in Kraft waren, konnten ausländische Gläubiger aus Deutschland keine Gelder mehr abziehen. In der Folge suchten namentlich amerikanische Banken, ihre kurzfristigen Geldmarktanlagen in den Niederlanden und Großbritannien aufzulösen, was zu massiven Goldabflüssen und einer Schwächung des Britischen Pfundes führte. Die Bank von England gab im September 1931 fast panisch den Goldstandard auf, wertete damit faktisch das Pfund drastisch ab und zog sich in eine eigene Protektionszone, den Sterling-Raum, zurück, der nach außen über die sog. Imperial Preferences mit hohen Zollmauern geschützt war.[62] Für die Weltwirtschaft, namentlich den Welthandel, war der sich jetzt verstärkende Wettlauf in den Protektionismus fatal.[63] Für die Wirtschafts- und Finanzpolitik der Regierung Brüning, die mit Hoover-Moratorium und Stillhalteabkommen zumindest etwas Handlungsspielraum gewonnen zu haben schien, waren die Folgen desaströs, weil damit die Strategie der inneren Abwertung und der Stabilisierung des deutschen Außenhandels unwirksam geworden war. Der deutsche Export, 1930 noch einigermaßen stabil, schrumpfte rapide; 1932 erreichte er nicht einmal mehr die Hälfte des Volumens von 1930. Der Handelsbilanzüberschuss, 1930 immerhin fast zwei Milliarden RM, ging ebenfalls deutlich zurück, auch wenn wegen der schneller sinkenden Einfuhrwerte noch ein kleiner Überschuss erhalten blieb.[64] In der zweiten Jahreshälfte 1931 beschleunigte sich der wirtschaftliche Niedergang. Im Winter 1931/32 nahm er mit schließlich mehr als sechs Millionen registrierten Arbeitslosen katastrophale Ausmaße an.

Für die Regierung Brüning wurde der Herbst 1931 zu einem einzigen Desaster. Trotz aller Sparmaßnahmen war das Haushaltsdefizit auch im ersten Halbjahr 1931 bedrohlich groß. Die zweite Notverordnung zur Sicherung von Wirtschaft und Finanzen glaubte die Regierung, nur mit scharfer Agitation gegen die «Tributpflichten» aus dem Young-Plan der Bevölkerung schmackhaft machen zu können. Doch gingen die Schritte der Regierung, die stets darauf achten musste, die Tolerierungsbereitschaft der SPD zu erhalten, Teilen der Industrie nicht weit genug, die endlich deutliche Einschnitte in die Arbeitslosenversicherung und das Tarifrecht verlangten. Zu den Kritikern zählten nun auch nicht mehr allein die notorischen Protestler um Fritz Thyssen, sondern mit Paul Reusch und Paul Silverberg unterzeichneten auch bisherige Unterstützer bzw. zumindest zurückhaltende Skeptiker einen Brief, in dem Brüning definitiv zu harten Eingriffen in das Tarifrecht und die Arbeitslosenversicherung aufgefordert wurde.[65] Auch Gustav Krupp, Albert Vögler und Peter Klöckner hatten unterzeichnet, nicht jedoch Carl Duisberg, der noch in der zweiten Junihälfte sich gegenüber Emil Kirdorf, einem der schärfsten industriellen Kritiker Brünings, klar vor Brüning gestellt hatte und dessen Kooperation mit der SPD verteidigt hatte: «Der Reichskanzler Dr. Brüning kann auch nicht handeln, wie er will. Er ist an die Mehrheit im Reichstag – wenn auch unter beschränkten Bedingungen – gebunden. Diese aber kann er nur in Verbindung mit Zentrum und Sozialdemokratie und nicht mit den wirtschaftlich durchaus unklaren Nationalsozialisten, auch nicht mit den auf einem sturen Standpunkt verharrenden Deutschnationalen finden. Im übrigen schliesse ich mich den Äußerungen v. Oldenburg-Januschaus an, der in Bezug auf den Reichskanzler Dr. Brüning gesagt hat: ‹Nach Bismarck ist dies noch der beste Kanzler› und im persönlichen Gespräch diesen Ausspruch erweitert haben soll: Nachdem ich die Memoiren von Bülows gelesen habe, streiche ich auch das ‹noch›.»[66] Forderungen aus der Industrie, Brüning zu einer radikaleren Politik zu drängen, vor allem aber die Zusammenarbeit mit der SPD zu beenden, wies Duisberg, in Übereinstimmung mit der

Spitze des RDI, aus der nur Paul Silverberg langsam ausscherte, mithin weiter zurück. Er hoffte vielmehr, die Zuspitzung der finanziellen Lage des Reiches werde endlich zu einer durchgreifenden Sparpolitik führen. Direkt dabei mithelfen wollten er bzw. die I. G. Farbenindustrie indes nicht. Im Juli 1931 aufkommende Gerüchte, der Finanzchef der I. G., Hermann Schmitz, ein durchaus ehrgeiziger Mensch, sei als möglicher Finanzminister im Gespräch, kommentierte Duisberg eindeutig. Gerade weil Schmitz ein so guter Mann sei, komme das gar nicht in Frage: «Selbst wenn er Lust dazu hätte, ließen wir ihn nicht los.»[67]

Obwohl oder weil Duisberg im Sommer 1931 in Badgastein an der Arbeit des RDI nur noch eingeschränkt teilnahm – sein Ausscheiden Ende September 1931 stand ohnehin seit längerem fest –, vollzog sich auch bei ihm eine langsame Distanzierung von der Regierung Heinrich Brünings. Die eigentliche wirtschaftspolitische Führung des Verbandes hatte in seiner Abwesenheit Paul Silverberg übernommen, der auch die Sondersitzungen des Präsidiums, die der RDI im Juli 1931 durchführte, beherrschte. In diesem Rahmen entschied sich die Spitze des RDI, die scharfe Kritik an der Untätigkeit der Regierung mit ersten Forderungen nach einer aktiven Konjunkturpolitik zu verbinden. Ludwig Kastl erhielt den Auftrag, hierzu eine Denkschrift zu erarbeiten, die der RDI am 20. August 1931 der Reichsregierung vorlegte.[68] Höchstwahrscheinlich, um Carl Duisberg in die sich langsam vollziehende Distanzierung des RDI von Brüning einzubeziehen, reiste Paul Silverberg selbst nach Badgastein.[69] Silverberg dürfte Duisberg überzeugt haben, dass eine aktivere Politik der Regierung notwendig sei. Das blieb nicht ohne Wirkung, denn auch Ludwig Kastl ging nun auf Paul Reusch und die anderen Kritiker zu. Reusch hatte Anfang September 1931 einen offenen Kampf «gegen Brüning und die Gewerkschaften» gefordert, um das Tarifrecht einzuschränken und die Arbeitslosenversicherung zu ändern.[70] Davor schreckte die RDI-Spitze um Duisberg und Kastl aber weiterhin zurück, was Reusch aufbrachte: «Ich habe das Gefühl, daß man in Berlin die tatsächliche Lage der Wirtschaft noch nicht genügend kennt. Nicht diejenigen, die vor der Regierung stramm stehen, leisten dem deutschen Volke heute einen Dienst, sondern diejenigen, welche die Lage so darstellen, wie sie tatsächlich ist, und mit aller Energie gesetzliche Maßnahmen fordern, die uns vor dem Abgrund retten können.»[71] Kurz vor Duisbergs Rücktritt konnte dies nur heißen, dass sich die Politik des RDI bald ändern müsse. Kastl wehrte sich in seinem Antwortbrief zwar gegen die Vorwürfe, signalisierte Reusch aber, dass er mit ihm inhaltlich übereinstimme.[72]

34 | Duisberg bei der Abschiedsfeier von seinem Amt als Vorsitzender des RDI 1931

In seiner letzten größeren Amtshandlung als RDI–Vorsitzender griff Duisberg die Position seiner Kritiker auf, die, das war offensichtlich, in Zukunft im RDI den Ton angeben würden. Aber auch jetzt noch vermied er den Bruch mit Brüning, der auf Vermittlung Ludwig Kastls am 18. September 1931 zu einer Besprechung mit der Spitze des RDI zusammentraf.[73] Für den RDI nahmen Duisberg, Frowein, Kraemer, Kastl und Herle teil; Brüning-Kritiker aus der Industrie, namentlich auch Paul Silverberg, waren nicht dabei. Duisberg begann das Gespräch mit schweren Vorwürfen gegen Brüning und die Handlungsunfähigkeit der Regierung: Niemand habe «mehr Vertrauen zu der Entwicklung unserer Verhältnisse, und niemand könne verstehen, daß nach den schlimmen Ereignissen Ende Juni und Anfang Juli seitens der Reichsregierung keine durchgreifenden Maßnahmen ergriffen worden seien».[74] Man habe Brüning mehrfach das Vertrauen ausgesprochen und in der Industrie fest an den Kanzler geglaubt. Das habe sich teilweise in die Überzeugung gewandelt, «daß der Reichskanzler nicht mehr in der Lage sei, der fortgesetzt sich verschlechternden Entwicklung unserer Lage Herr zu werden. Er bedaure, daß er das dem Reichskanzler sagen müsse.»[75] Es bestehe vor allem die Befürchtung, der Reichskanzler werde der SPD zu sehr entgegenkommen. Brüning antwortete, dass er die Lage sehe und verstehe; die Wirtschaft habe ihn aber auch nicht wirklich richtig informiert. Vor allem aber machte er klar, dass sein Sturz auch für die Industrie unangenehme Folgen haben würde: «Komme es dazu, daß gewisse Kreise glauben, seine Zeit sei vorbei und es müsse ein anderer die Verantwortung übernehmen, dann müßten auch die Verantwortlichkeiten schon in dem Augenblicke festgelegt werden, damit die Zukunft entscheiden könne, wer die Katastrophe geschaffen habe. Er werde Mittel und Wege finden, die Verantwortlichen in dem geeigneten Augenblick zu verhaften, daß sie niemals in der Lage seien, sich später durch eine Irreführung des Volkes dieser Verantwortung zu entziehen.»[76] Die RDI-Spitze zeigte sich von dieser Haltung beeindruckt und vermied einen offenen Bruch. Im Gegenteil: Kastl versuchte zu vermitteln, bot weiterhin Kooperation an.

Für Duisberg endete mit dem Treffen mit Brüning die aktive Zeit im RDI. Wenige Tage später, am 25. September 1931, schied er aus und machte Gustav Krupp von Bohlen und Halbach Platz, der sein Nachfolger wurde, da Duisbergs Lieblingskandidat Albert Vögler frühzeitig abgesagt hatte.

Brüning erwies Duisberg die Ehre, an seiner Abschiedsfeier teilzunehmen, doch konnte auch diese Geste den nunmehr unter neuer Führung

35 | Amtsübergabe an Gustav Krupp von Bohlen und Halbach 1931

stehenden RDI nicht davon abhalten, auf Distanz zu Brüning zu gehen. Er schloss sich einer «Gemeinsamen Erklärung deutscher Wirtschaftsverbände» an, die am 29. September 1931 mit der Regierung Brüning scharf ins Gericht ging, ganz so wie es die Opposition im RDI um Paul Reusch, aber auch Paul Silverberg seit der Jahresmitte gefordert hatten: «Wenn die Regierung in der gekennzeichneten Richtung schnell handelt, dann, aber nur dann kann sie der Gefolgschaft aller verantwortungsbewußten, an der Zukunft des deutschen Vaterlandes glaubenden Staatsbürger sicher sein.»[77] Mit dem personellen Wechsel im RDI blieben zwar Ludwig Kastl und die Geschäftsführung des RDI weiterhin im Amt, doch war der enge Schulterschluss von Reichsregierung und RDI offensichtlich Vergangenheit.[78] Brüning war nun auch in der Industrie mehr und mehr isoliert,[79] eine Entwicklung, die unter Duisberg nicht eingetreten wäre. Er kritisierte Brüning zwar auch, sah aber für jede Reichsregierung gleich welcher Couleur eigentlich überhaupt keine Handlungsspielräume mehr: «An unseren ehemaligen Feinden liegt es nun, nach all den sattsam bekannten schönen Worten von Völkerverständigung, von Annäherung und gegenseitigem Vertrauen die Tat folgen zu lassen. Die internationale politische Lage steht auf des Messers Schneide, die Kulturvölker tanzen auf einem Vulkan, dessen innerer Druck sich von Tag zu Tag steigert. Wehe, wehe der Menschheit, wenn sie nicht im letzten Moment den Gefahrenkessel abdrosselt. Meines Erachtens ist allen Beteiligten nur noch eine kurze Frist gegeben, wo sie der Vernunft zum Siege verhelfen können, ehe das Chaos über uns hereinbricht und alles mit sich in die Tiefe reisst. Frankreich hält den Schlüssel zu einer wahren Befriedigung in den Händen …», schrieb er am 16. September 1931 an Rudolf Geigy.[80] Aus eigener Kraft jedenfalls könne Deutschland nicht mehr weiter, sagte er auch bei der Vollversammlung der IHK Solingen im November 1931.[81]

Auf die weitere Arbeit des RDI nahm Duisberg, da er sich mit seinem 70. Geburtstag von fast allen öffentlichen Aktivitäten verabschiedete, keinen Einfluss mehr. Da ihm seither keine einschlägigen Zuarbeiter mehr zur Verfügung standen, wurde auch der Strom an Reden und Artikeln dünner. Nun war er allerdings auch nicht mehr zu taktischem Verhalten gezwungen. Resignative Züge machten sich breit: «Der Einzelne steht diesen Verhältnissen ja machtlos gegenüber, trotzdem wollen wir alles daransetzen, dass diese furchtbare Zeit überwunden wird.»[82] Die Hoffnung, durch eine Art politischen Putsch gegen die Verfassung, wie ihn auch in der Industrie mehr und mehr Stimmen favorisierten, aus der Krise herauszukommen, teilte er nicht, sondern hielt Brüning und seinem Konzept letztlich die Treue. Als sich im November 1931 auch die DVP bzw. die Fraktionsmehrheit um den Parteivorsitzenden Eduard Dingeldey von Brüning abwandte und seinen Sturz betrieb, reagierte Duisberg mit Unverständnis: «Ich bin zwar kein Parteipolitiker und gehöre der Deutschen Volkspartei nicht an, trotzdem habe ich dem Kandidaten dieser Partei immer meine Stimme gegeben. Im Kampf der Parteien um Brüning stehe ich auf dem Standpunkt der Fraktionsminderheit der DVP. Ich bin immer der Ansicht, dass man in dieser Krisenzeit keine parteipolitischen Experimente machen sollte und die gemässigte Politik der Mitte unterstützen müsste.»[83] Konrad Adenauer, den Duisberg seit den frühen Nachkriegsjahren als Kölner Oberbürgermeister gut kannte,[84] sah klarsichtig, dass Duisbergs Ausscheiden aus dem RDI keine guten Folgen haben würde: «Ich kann ein starkes Bedauern darüber, daß Sie aus Ihrer Tätigkeit als Präsident des Reichsverbandes der Deutschen Industrie scheiden wollen, nicht unterdrücken, und dieses Bedauern wird nur wenig durch die Hoffnung und Überzeugung gemildert, daß Sie Ihrem Nachfolger eine gewisse Tradition in der Führung des Amtes zurücklassen, die fortleben wird.»[85] Seine Ahnung sollte nicht trügen. Auch wenn Duisberg sich aus der aktiven Gestaltung der Politik des RDI heraushielt, so war seine Person doch der Garant dafür, dass der RDI zur Weimarer Verfassung stand und sich nicht auf antirepublikanische Experimente einließ.

Die Bereitschaft, sich für eine Wiederwahl Hindenburgs als Reichspräsident einzusetzen, folgte daher nicht nur Duisbergs alter Verehrung für den Generalfeldmarschall, die noch aus der Kriegszeit stammte. Es war auch die Überzeugung, nur durch eine sozialdemokratisch tolerierte Präsidialregierung überhaupt eine Chance zu haben, jene bürgerliche Wirtschafts- und Finanzpolitik betreiben zu können, die sich parlamentarisch zu keinem Zeitpunkt hatte realisieren lassen. Insofern wird man dieses Engagement – Duisberg leitete und organisierte den Unterstützungsfonds für Hindenburgs Wiederwahl in beiden Wahlgängen – als eine letzte Unterstützung Brünings durch Duisberg nicht fehlinterpretieren,[86] zumal Duisberg zu dieser Zeit einer Kanzlerschaft Hitlers bzw. einer Regierung der NSDAP wegen der vermeintlichen antikapitalistischen Tendenz der Partei wenig abgewinnen konnte.[87] Nimmt man seine wenigen schriftlichen Ausführungen zur Krise aus dem Winter 1931/32, so ist zudem offensichtlich, dass er keine großen Handlungsspielräume für die nationale Wirtschafts- und Finanzpolitik mehr sah. So lange das Verschuldungs- und Reparationsproblem anhielt und der Welthandel blockiert war, so lange die in Versailles konstituierte Nachkriegsordnung, in Duisbergs Augen der eigentliche Ursprung der gegenwärtigen Probleme, nicht revidiert war, so lange war aus der Krise nicht herauszukommen. Eine Linderung der Wirtschaftskrise erwartete Duisberg bestenfalls von neuen Absatzgebieten insbesondere in Asien.[88] Ansonsten war er fest überzeugt, dass die Wirtschaftskrise eine «politische Krise» geworden war: «Die Lösung der Krise … wird ausschlaggebend davon abhängen, ob es wieder gelingt, Ordnung in die Kreditverhältnisse und Handelsbeziehungen der Welt zu bringen. Dafür ist das Vertrauen und der gute Wille die wichtigste Voraussetzung, das Vertrauen des einzelnen und die Solidität seiner Geschäftsführung, ebenso wie das Vertrauen der Völker untereinander. Nur wenn die Völker stark genug sind, ihre politischen Wünsche und Absichten und Zweckhandlungen der wirtschaftlichen Einsicht unterzuordnen, werden wir zu einer Lösung der Krise kommen. Kein noch so kluges Sachverständigenkomitee wird sie also lösen, sondern nur eine Konferenz von Männern, die über die politischen Vollmachten ihrer Völker verfügen.»[89]

An dieser Sicht einer «politischen Krise» hielt Duisberg in den kommenden Monaten fest. Nachdem die «Krisenpsychose», die im Winter Deutschland regelrecht gelähmt hatte[90], vorüber war, schien sich im Frühjahr 1932 Bewegung in der Reparationsfrage zu zeigen, die dann in Lausanne auch wirklich eintrat. Doch war zu diesem Zeitpunkt Brüning nach vor allem von der Agrarlobby angezettelten Intrigen bereits von Hindenburg fallen gelassen worden. Das neue Kabinett Papen war den Forderungen der Wirtschaft gegenüber sehr viel entgegenkommender, doch trat jetzt genau das ein, wovor Duisberg, der das Kabinett Papen durchaus wohlwollend sah, stets zu Recht gewarnt hatte. Eine Regierung gegen die SPD war auch mit dem Notverordnungsrecht nicht möglich. Die zwangsläufig auf die Aufhebung der Papenschen Notverordnung im Parlament folgende Reichstagswahl brachte einen Erdrutschsieg der NSDAP. Durch den Bruch mit Brüning und der SPD war somit nichts gewonnen, aber die politische Stabilität des Landes so beschädigt worden, dass im Sommer und Herbst 1932 selbst die Erfolge in der Reparationsfrage und das Durchschreiten des Krisentiefpunktes wenig bewirkten. Das politische System verharrte schließlich auch unter Papens Nachfolger Schleicher in einer Art Schockstarre, die erst die Kanzlerschaft Hitlers beendete, die Duisberg nicht wollte, schließlich aber unterstützte. Schon im Sommer 1931 hatte er angesichts der Zuspitzung der Krise gegenüber Adolf von Brüning davon gesprochen, angesichts der Größe der Aufgaben benötige die Regierung «starke Männer und eiserne Nerven».[91] Diese Hoffnung machte ihn anfällig für das, was nach dem Januar 1933 kommen sollte.

35 | Illusionen

Den Aufstieg des Nationalsozialismus sah Duisberg lange Zeit fast ausschließlich als eine Folge der Handlungsschwäche und der Fehler der späten Weimarer Regierungen – und insofern brachte er für ihn ein gewisses Verständnis auf. Seit der Mitte der 1920er Jahre war er nicht müde geworden, einen handlungsfähigen starken Staat zu fordern, der endlich die ökonomisch notwendigen Maßnahmen durchführen sollte. Die anfänglichen Hoffnungen in die parlamentarischen Regierungen erschöpften sich. Das «bürgerliche Lager» war nicht mehrheitsfähig, die Regierunen Luther und Marx brachten aus Sicht der Industrie wenig zustande. Die mit den Mitteln der Notverordnung regierende Minderheitsregierung von Heinrich Brüning schien ein letzter Ausweg, doch 1932 war die Lage völlig verfahren. Ohne diesen Hintergrund ist Duisbergs Sicht auf den Aufstieg des Nationalsozialismus nicht zu erklären. Die Entwicklung der rechten Parteien hatte er, der ja treuer DVP-Wähler war, zumeist aus der Sicht des RDI wahrgenommen. Die DNVP neigte insbesondere unter Hugenbergs Einfluss zu politisch motivierten Querschüssen, die der ökonomischen Vernunft widersprachen und eine bürgerliche Sammlung behinderten. Die NSDAP nahm er anfangs kaum wahr. Ihr Radauantisemitismus war in der I. G., die ja selbst häufig wegen ihrer jüdischen Vorstands- und Aufsichtsratsmitglieder angegriffen wurde, verpönt, auch wenn in der frühen Leverkusener NSDAP Chemiker des I. G.-Werkes, unter ihnen Robert Ley, eine große Rolle spielten.[1] Größere Wahlerfolge glückten der NSDAP in Leverkusen nicht, da ihr kein Einbruch in die traditionellen Milieus von KPD, Zentrum und DNVP gelang. Robert Ley wurde nach massiven Beleidigungen des Bankiers und I. G.-Aufsichtsrates Max Warburg zum 1. Januar 1928 aus seiner Stellung beim I. G.-Werk Leverkusen entlassen.[2] Duisberg trug hierfür keine Verantwortung mehr, aber es ist klar, dass er Beleidigungen des von ihm verehrten Max Warburg keinesfalls toleriert hätte. Es waren überdies nicht allein die antisemitischen Krawalle, die Distanz zur nationalsozialistischen Bewegung schufen. Auch ihr Kampf gegen das «Weimarer System», die

Ablehnung des Young-Planes und die damit verbundene enge Kooperation von Hitler und Hugenberg in der Harzburger Front dürften Duisberg auf Distanz gehalten haben. Duisberg geriet vielmehr selbst in das Zentrum der Kritik, da er als RDI-Präsident als typischer Vertreter des Systems galt. Und als Aufsichtsratsvorsitzender der I. G. Farbenindustrie wurde ihm die «jüdische Versippung» des Unternehmens – wichtige Führungspersonen und Aktionäre des Konzerns hatten eine jüdische Herkunft – angekreidet.[3] Dass zu seinem 70. Geburtstag der Betriebsratsvorsitzende des I. G.-Werkes, Otto Sparre, der der SPD angehörte, lobende Worte fand, kennzeichnete Duisberg sehr – zumindest in den Augen seiner kommunistischen und rechtsradikalen Kritiker. Die sich in der Belegschaft breitmachende politische Polarisierung war auch keineswegs nach Duisbergs Geschmack, da sie das Konzept der betrieblichen Sozialpartnerschaft, für das Duisberg sich seit der Revolution starkgemacht hatte, gefährdete.[4] Die Wahlerfolge der Nationalsozialisten bei den Betriebsratswahlen in Leverkusen im August 1931 hatten in den Augen Duisbergs freilich eine ambivalente Bedeutung. Einerseits gefiel Duisberg die Radikalisierung der Belegschaft nicht; andererseits gingen die Wahlerfolge teilweise auf Kosten der kommunistischen Roten Gewerkschaftsopposition. Das freute ihn.

Die «Bergische Arbeiterstimme» rückte ihn Ende 1931 direkt in die Nähe der NSDAP und berichtete am 21. November, Passanten hätten Duisberg als Teilnehmer einer NSDAP-Wirtschaftskonferenz in Solingen gesehen. Das war definitiv falsch, sodass die Zeitung einige Tage später Duisbergs Gegendarstellung abdrucken musste: «Herr Geheimrat Duisberg hat weder an der in dem Artikel erwähnten Tagung noch an irgend welchen sonstigen Tagungen der Nationalsozialistischen Arbeiter-Partei Deutschlands teilgenommen».[5] Das traf zu. Duisberg suchte sich zu keinem Zeitpunkt der NSDAP politisch zu nähern. Die u. a. bei Joachim Radkau und Eberhard Czichon zu findenden Vermutungen, Duisberg habe schon vor der Machtübernahme Hitlers die NSDAP unterstützt,[6] sind daher ebenso gegenstandslos. Duisberg war politisch konservativ und dachte national. Ein Nazi war er nicht. Die sich daraus ergebende Beurteilung der NSDAP, an der er spätestens seit der Septemberwahl 1930 nicht mehr vorbeikam, fiel ambivalent aus. Die politischen Erfolge der NSDAP beunruhigten Duisberg nicht allein, weil sich der Wahlausgang 1930 negativ auf den Kurs der I. G.-Aktien auswirkte.[7] Er hatte auch große Befürchtungen, was die Regierbarkeit des Landes betraf, und warnte intensiv vor politischen Experimenten. Seinem in New York lebenden Sohn Walther versuchte er, den spektakulären Wahlerfolg der NSDAP im September 1930 gleichwohl zu erklären: «Was nun Euren Schreck über das Resultat der Wahlen hier anbetrifft, so sind auch wir über die 107 Sitze im Reichstag, die den Nationalsozialisten zugefallen sind, überrascht worden. Das hängt einerseits mit der Wirtschaftskrise zusammen, die viele unzufriedene bürgerliche Elemente, Professoren und Studenten dem Radikalismus zugeführt hat, andererseits auch in der Parteizersplitterung und der Unmöglichkeit, eine große geschlossene Bürgerpartei zu bilden.» Die politische Stimmung war für ihn eher ein Symptom, dessen eigentliche Ursachen im Versagen der Politik lagen: «Alle Mahnungen und Warnungen waren vergebens. ... Mit Riesenschritten brach die Weltkrise über uns herein und als Antwort auf diese Notlage sehen wir eine starke Vermehrung der radikalen Stimmen nach links und vor allem nach rechts. So wenig ich selbst politisch bin und vor allem nicht den Nationalsozialisten huldige, so sehr freue ich mich doch, in den Nationalsozialisten einen starken Block gegen die Sozialdemokraten oder, wie sie sich ausdrücken, gegen den Marxismus zu sehen. Wir müssen wieder vom Staatssozialismus zur Individualwirtschaft zurück und alle bürgerlichen Elemente müssen sich zusammenschliessen, um der gewaltig gestiegenen Gewerkschaftsbewegung ein Paroli zu bieten. Das merken bereits jetzt die Sozis, indem sie sich jetzt, wie es scheint, mit der gegen sie gerichteten Notverordnung einverstanden erklären wollen, damit ja nicht der Reichstag erneut nach Hause geschickt und wiederum Neuwahlen vorgenommen werden, die dann sicherlich die Zahl der nationalsozialistischen Vertreter im Reichstag von 107 auf 150 oder gar 200 bringen.»[8]

So wenig Duisberg die NSDAP unterstützte oder förderte, so sehr begrüßte er ihren Aufstieg als Mittel zur Disziplinierung der SPD und der Gewerkschaften und erhoffte sich damit für das Experiment der Brüningschen Regierung günstige Voraussetzungen. Sein Eintreten für die Wiederwahl Hindenburgs zum Reichspräsidenten 1932 – Duisberg übernahm auf Bitten des parteilosen Berliner Oberbürgermeisters Heinrich Sahm, der den Wahlausschuss für Hindenburg leitete, einen Sitz im Ausschuss und wurde dann zum Vorsitzenden von dessen Kuratorium gewählt,[9] das die Finanzierung der Wahlkampagnen organisierte[10] – zwang ihn schließlich, sich intensiver mit der NS-Programmatik auseinanderzusetzen. In diesem Wahlausschuss, zu dem der Berliner Oberbürgermeister die konservative, im Grunde noch wilhelminische Elite des Reiches eingeladen hatte, traf sich Duisbergs engeres Umfeld, das von Gustav Noske, Theodor Leipart über Max Liebermann, Friedrich von Müller und Oskar von Miller bis hin zu Gustav Krupp von Bohlen und Halbach und dem ehemaligen Reichskanzler Wilhelm Cuno reichte.[11] Die Arbeit des Ausschusses leitete der ehemalige Staatssekretär der Reichskanzlei, Franz Kempner, mit dem Duisberg so gut zurechtkam, dass er ihm zu Ende der Tätigkeit eine Hindenburg-Statue schenken ließ. Die (schwer-)industriellen Kritiker Brünings fehlten in diesem Kreis; sie lehnten auch späterhin Duisbergs Bitte, den Wahlkampf Hindenburgs mit Geld zu unterstützen, fast durchweg ab. Während die I. G. über den Kalle-Kreis insgesamt 150 000 RM zur Verfügung stellte,[12] blieben Duisbergs weitere Sammlungen von begrenztem Erfolg.[13] Es reichte immerhin, dass Hindenburg schließlich vor Hitler zum Reichspräsidenten gewählt wurde, was aber zweifellos auch daran lag, dass die SPD von Anfang an keinen eigenen Kandidaten aufgestellt hatte, sondern Hindenburg unterstützte, um Hitler zu verhindern.[14]

Duisbergs spontane Bereitschaft, der Bitte des Berliner Oberbürgermeisters zu folgen, ist schnell erklärt. Zum einen verehrte er Hindenburg noch aus der Kriegszeit, eine Verehrung, die auch nach dem Krieg anhielt und wesentlich dazu beitrug, dass die Industrie die Schenkung des Gutes Neudeck an Hindenburg zu dessen 80. Geburtstag 1927 maßgeblich unterstützte.[15] Der Kontakt zu Hindenburg und seinem Umfeld war auch in den Jahren der Krise nicht abgerissen; Hindenburg hatte Duisberg zu dessen 70. Geburtstag und zum Ausscheiden aus dem RDI den Adlerschild des Deutschen Reiches, die höchste Auszeichnung der eigentlich ordenslosen Republik, verliehen, was Duisberg dazu brachte, Brüning zu bitten: «Bitte wollen Sie dem Herrn Reichspräsidenten diesen Dank übermitteln und ihm sagen, wie sehr ich ihn verehre und liebe wie sonst niemanden auf dieser Welt.»[16] Dass er damit zumindest indirekt Brüning den Rücken stärkte, spielte ebenfalls eine Rolle. Vor allem aber lehnte Duisberg einen möglichen Reichspräsidenten Hitler ab. In einer Stellungnahme mit dem Titel «Hindenburg … oder die anderen?»[17], die in der Presse veröffentlicht wurde, fiel Duisbergs Urteil klar ablehnend aus. Hitler sei für Duisberg und die I. G. in wirtschaftspolitischer Hinsicht ein viel zu unsicherer Kantonist.[18] Duisberg sah in Hitler letztlich zumindest teilweise einen verkappten Sozialisten: «Aus zahlreichen Zeugnissen ihrer Presse geht ebenso wie aus manchen Anträgen ihrer parlamentarischen Vertretung hervor, dass es ihnen mit dem einen Bestandteil ihres Parteinamens, der den sozialistischen Charakter ihres Strebens hervorhebt, manchmal durchaus ernst ist. Das Parteiprogramm, unklar und utopisch in einzelnen Teilen, weist Forderungen auf, die dem Programm des Marxismus sehr ähnlich sind – Forderungen, die an den Grundlagen unseres heutigen Lebens rütteln. Die praktische Leistung der Partei aber bestand bis jetzt nur in großzügiger Werbung und zweifellos geschickter Erfassung der Volksmassen. Wie sich aber Programme und Fähigkeiten der Führer an verantwortlicher Stelle auswirken werden, ist völlig ungewiss.»[19] Der bemerkenswerte Text, den die Geschäftsstelle des Hindenburgausschusses entworfen, Duisberg selbst aber noch punktuell verschärft hatte, war von dem nicht einfachen Bemühen getragen, Hitlers Kandidatur in Frage zu stellen, ohne seine Anhänger und Wähler vor den Kopf zu stoßen. Die Kritik blieb auch weitgehend auf die unklaren wirtschaftspolitischen Aussagen beschränkt, eine grundsätzliche politische Auseinandersetzung unterblieb, eben weil man Hitlers Unterstützer nicht brüskieren wollte. Insofern beeilten sich seine Verfasser und mit ihnen Duisberg auch, Hindenburg als den besseren konservativen Kandidaten hinzustellen, der verlässlich für eine Rechtsorientierung der deutschen Politik gesorgt habe und dies auch weiter tun werde. Überdies biete Hindenburg noch am ehesten für eine gedeihliche Entwicklung der Wirtschaft Garantie. Die Botschaft war eindeutig: Die Wirtschaft, jedenfalls Carl Duisberg und seine Freunde, stehen zu Hindenburg und lehnen den Hitler-Kurs als zu riskant ab. Das konnte man auch als Bekenntnis zu Brüning lesen, doch war es gerade der wiedergewählte Präsident, der Brüning im Juni 1932 aus dem Amt drängte.[20]

Mit dessen Entlassung wurde Duisberg offener für alternative Konstellationen. Die in Teilen der Großindustrie spürbare Öffnung zur NSDAP hin, die ihren sinnfälligsten Ausdruck in Hitlers Auftritt im Düsseldorfer Industrieclub im Januar 1932 fand, machte er allerdings nicht mit. Der überfüllten Sitzung in Düsseldorf blieb er fern.[21] Der NSDAP stand Duisberg weiterhin skeptisch gegenüber. Er dachte nicht weniger national als andere Industrielle, verkannte aber anders als Paul Reusch, mit dem er bis in den Sommer 1931 hinein gemeinsam auf Heinrich Brüning gesetzt hatte, die Risiken einer nationalsozialistischen Regierung nicht. Reusch stellte sich hingegen auf die Seite der «nationalen Opposition» und kam auch Duisbergs Bitte, den Wahlkampf Hindenburgs finanziell zu unterstützen, nicht nach.[22] Den Ausgang der nach Brünings Sturz und der Zurückweisung der Papenschen Politik durch die Reichstagsmehrheit zwangsläufigen Reichstagswahlen vom Juli 1932, in denen die NSDAP mehr als 37 % der Stimmen bekommen hatte, konnte Duisberg aber kaum ignorieren. Die DVP und die ehemalige DDP, die jetzige Staatspartei, rutschten auf den Status von Splitterparteien ab; selbst die einst große DNVP erhielt wenig mehr als

5 % der Stimmen. Eine bürgerliche Sammlungsbewegung, wie sie Duisberg immer vorgeschwebt hatte, war damit völlig unrealistisch geworden. Eine Hinwendung zur NSDAP ist bei Duisberg gleichwohl nicht zu erkennen. An den seit dem Sommer 1932 in Berlin brodelnden Gerüchten um eine mögliche Regierungsbeteiligung der NSDAP nahm Duisberg nicht wirklich teil.[23] Auf die Briefe und Informationen Gattineaus antwortete er, der den Sommer in Badgastein und Garmisch-Partenkirchen verbrachte, nicht einmal.[24] Dass es Ende 1932 zu Besprechungen zwischen I. G.-Direktoren und Hitler kam, die von Carl Bosch angeregt wurden, der wissen wollte, wie eine zukünftig mögliche Regierung Hitler die Frage des Benzins aus Kohle, das preislich nicht wettbewerbsfähig war, behandeln würde, mag Duisberg mitbekommen haben; überliefert ist es nicht. Heinrich Gattineau, der mittlerweile die wirtschaftspolitische Abteilung der I. G. leitete, hatte das Gespräch vermittelt, das zur Zufriedenheit der I. G. ausfiel, da Hitler die Notwendigkeit einer nationalen Treibstoffversorgung unterstrich. Das dürfte in den Besprechungen der I. G.-Spitze eine Rolle gespielt haben.[25] Duisberg wusste daher wohl auch, dass Hitler sich nach der Niederlage gegen Hindenburg und dem Scheitern der Regierungshoffnungen vom Sommer 1932 wirtschaftsfreundlicher zeigte, was Vorbehalte, die Duisberg ja vor allem aus wirtschaftspolitischen Gründen hatte, gemildert haben könnte.

Duisberg hoffte weiterhin auf eine handlungsfähige Regierung, doch Papen, mit dessen Regierungsprogramm er einverstanden war, brachte keine solche zustande, sondern scheiterte im September 1932 geradezu krachend, als ihn der Reichstag bald einstimmig ablehnte. Es war nicht recht klar, wo in dieser Lage eine handlungsfähige Regierung herkommen sollte, zumal auch das Wahlergebnis vom November 1932 trotz deutlicher Stimmenverluste der NSDAP keine entsprechende Regierungsbildung zuließ. Der schließlich im November 1932 gebildeten Regierung Schleicher und ihrer «Querfront»-Programmatik, die eine Brücke von der rechten Seite des Parlamentes bis in die Arbeiterschaft schlagen wollte, stand er überaus misstrauisch gegenüber. Seine Wunschvorstellung einer bürgerlichen Mehrheitsregierung wirtschaftlicher Vernunft lag aber mittlerweile außerhalb des realistisch Vorstellbaren. Duisberg erwartete eine Überwindung der Krise zu diesem Zeitpunkt auch nicht mehr von der nationalen Politik, sondern nur noch durch eine Wiederherstellung der weltwirtschaftlichen Zusammenhänge und eine Überwindung des internationalen Wirtschaftskrieges, wofür es immerhin gewisse Anzeichen gab. So hatte er bereits das Hoover-Moratorium begrüßt und erwartete nun auch von den in Lausanne gefassten Beschlüssen, mit denen die Reparationsfrage erledigt schien, endlich die Voraussetzungen für einen internationalen ökonomischen Aufstieg. Auch gab es Hinweise, dass Deutschland in den Kreis der international gleichberechtigten Mächte zurückkehren könnte, wodurch endlich die Last des Versailler Vertrages, der für Duisberg im Kern allen politischen und wirtschaftlichen Übels stand, überwindbar schien. Hierzu äußerte er sich Weihnachten 1932 noch einmal programmatisch im «Neuen Wiener Tageblatt» unter der Schlagzeile: «Vernunft schafft Wirtschaftsbelebung».[26] Vertrauensvolle Zusammenarbeit, schrieb er, sei die Voraussetzung des wirtschaftlichen Wiederaufstiegs. «Einer vernünftigen politischen Neuordnung Europas steht aber der Versailler Vertrag entgegen. Auch hier ist man dabei, ein Teilgebiet zu bereinigen. Die vor kurzem erzielte Einigung in der Abrüstungsfrage läßt Deutschland … wieder gleichberechtigt in den Bund der Nationen treten. Es ist zu wünschen, daß darüber hinaus auf dem Gesamtgebiet der europäischen politischen Verhältnisse eine eingehende Revision einen vernünftigen Zustand schafft, auf welchem sich das wirtschaftliche Vertrauen der Völker gründen kann. Das Lebensinteresse der Völker verlangt, daß die Politik sich von den Fesseln, die die Vergangenheit seit dem Kriege ihr auferlegt hat, befreit.»[27] Eine Regierung Hitler, die genau diesen Wunsch Duisbergs nach einer Revision der Nachkriegsordnung energisch verfolgen würde, würde bei ihm offene Türen finden.

***

Dass Duisberg von der Machtübernahme Hitlers im Vorfeld Kenntnis hatte, lässt sich in den Quellen nicht erkennen. Er dürfte als Vorsitzender des Aufsichtsrates der I. G. von den sporadischen Kontakten einzelner Vorstandsmitglieder des Konzerns zu Hitler gewusst haben, doch selbst das ist nicht belegt. Auch die Machtübernahme Ende Januar 1933 selbst blieb in Duisbergs Papieren ohne Echo. Am 30. Januar 1933 schrieb er Gerhart Hauptmann einen langen Brief, in dem er sich auch zur politischen Lage freilich in einem eher allgemeinen Sinne äußerte, doch von einer Ahnung oder gar einem Wissen darum, was gleichzeitig in Berlin geschah, ist in dem Brief nichts zu spüren.[28] Die wirtschaftliche Lage hatte sich aufgehellt; das letzte Quartal 1932 war für die chemische Industrie, insbesondere die I. G. Farbenindustrie von positiven Entwicklungen geprägt. Es gab 4000 Neueinstellungen und weitere standen bevor. Die Fortsetzung einer «vernünftigen» Wirtschaftspolitik, gestützt auf die Autorität des Reichspräsi-

36 | Carl Duisberg 1933

denten, schien Duisberg daher der beste Garant für eine Fortführung des sich langsam abzeichnenden Aufschwungs, erklärte er vor der Vollversammlung der Solinger IHK, deren Präsidentschaft er mit der Januar-Sitzung 1933 aufgab.[29] Schleicher, dessen Regierung er genau verfolgte, betrachtete er überaus skeptisch, rechnete aber nicht mit einem raschen Ende seiner Kanzlerschaft.[30] An den vom Kölner Bankier Schröder vermittelten Gesprächen, die schließlich zum Bündnis von Hitler und Papen und damit zur Kanzlerschaft Hitlers führten, war Duisberg nicht beteiligt. Schröder, hiernach befragt, kannte Duisberg überhaupt nicht und hatte ihn daher im Vorfeld der Kölner Gespräche auch nicht konsultiert.[31] Während die Gespräche verabredet wurden, hatte Duisberg ohnehin anderes zu tun. Sehr zur Freude der «Bergischen Arbeiterstimme», die darin einen weiteren Beleg für die Sozialfaschismus-These der Kommunistischen Internationale sah, nahm Duisberg als Ehrengast an der Einweihung des sozialdemokratischen Jugendheims in Leverkusen teil: «Dass Duisberg der Einladung der SPD-Führer an der Einweihungsfeier des Jugendheims der Arbeiterwohlfahrt teilzunehmen, gefolgt ist, an der ja auch der Vorsitzende des Arbeiterrats der IG-Farben, der SPDer (!) Sparre, teilgenommen hat, ist ein Beweis dafür, dass der Chemiekönig von Leverkusen die Handlangerdienste seiner getreuen SPD-Gehilfen zu schätzen weiß.»[32]

Als am 20. Februar 1933, nur knapp drei Wochen nach Hitlers Machtantritt, feierlich das große Bayer-Kreuz in Leverkusen eingeweiht wurde, war in Duisbergs Festansprache von nationalsozialistischem Pathos wenig zu spüren. Die neue Regierung erwähnte Duisberg, der seine gewohnt nationalen Töne anschlug, nicht einmal.[33] Anfang April 1933, die ersten Judenboykotte als angebliche Vergeltung für «antideutsche Hetze im Ausland» hatten gerade ein großes Echo hervorgerufen, war er in seinem Urteil über die neue Regierung unsicher: «Wenn ich an sich auch die Sammlung aller aufbauenden Kräfte für ein einiges Deutschland aufrichtig begrüsse, so gibt es doch vieles, was mit meinen Ansichten, besonders mit Bezug auf die Wirtschaft nicht konform geht. Alles befindet sich in einer Gärung und unter Spannung warte auch ich, ob als Endprodukt, sinnbildlich gesprochen, ein reiner und klarer Wein herauskommt.»[34] An der Maidemonstration, die zu einer nationalsozialistischen Massenveranstaltung umfunktioniert wurde, nahm Duisberg «an der Spitze seiner Direktoren» teil[35], doch blieb das zwiespältige Gefühl gegenüber der neuen Regierung erhalten, ein Zwiespalt freilich, der sehr viel mit der Unsicherheit über die Wirtschaftspolitik der neuen national*sozialistischen* Regierung zu tun hatte. Duisbergs anfängliche Skepsis schien auch in einem Interview des «Hannoverschen Anzeigers» vom Dezember 1933 durch, als er sich deutlich gegen die beginnende Autarkiepolitik stellte und stattdessen davon ausging, dass die Wirtschaft weiterarbeiten werde wie bisher: «Die deutsche Exportindustrie wird weiter für den Export produzieren.»[36] Überhaupt machte sich Duisberg von der neuen Zeit ein illusionäres Bild. Das aufkommende «Gerede vom Krieg», zumal vom chemischen Krieg sei Unsinn: «Ach, glauben Sie mir, wer dieses Gebiet kennt, kann keinen Krieg wünschen.» Überhaupt: Die deutsche Chemie habe schon 1914 bis 1918 ihren halben Umsatz verloren, ein Krieg komme für sie nicht in Frage.

Hier Illusionen, da eher Ignoranz: Die nach der Machtergreifung grassierende politische Gewalt bejahte er zwar nicht, sondern erklärte sie in einem Brief an Janna Walther[37] für eine Art frühes Phänomen, das mit der Zeit wohl an Bedeutung verlöre. Ein Arrangement zeichnete sich ab, keinesfalls grundsätzliche Opposition oder gar Widerstand, sondern wie nach 1918 opportunistische Anpassung, solange der wirtschaftliche Erfolg dadurch nicht litt. Wenige Wochen nach diesen Worten an Janna Walther, als er anlässlich seines 50. Geschäftsjubiläums ein von ihm gestiftetes Schwimmbad dem I. G.-Werk Niederrhein übergab, war der Ton auch bereits anders. Mit dem Gruß «Sieg Heil» übergab Duisberg das Bad an den Leverkusener Betriebsführer Hans Kühne, der unmittelbar nach Hitlers Machtantritt Mitglied der NSDAP geworden war,[38] und drückte zugleich die Hoffnung aus, es möge «im Sinne der neuen deutschen Regierung, unter dem Führer Adolf Hitler, den Werksangehörigen des Werkes Leverkusen viel Freude bereiten». Das Pikante war, dass er dabei zugleich verkündete, sein goldenes Berufsjubiläum solle gemeinsam mit dem langjährigen Chef der Cassella, Arthur von Weinberg, der in diesen Tagen ebenfalls auf 50 Jahre in der chemischen Industrie zurückblicken konnte, «von dem Aufsichtsrat, dem Vorstand und den Vertretern der Arbeiter und Beamten in Leverkusen festlich begangen werden».[39] Arthur von Weinberg nun war eines der Aufsichtsratsmitglieder der I. G. Farbenindustrie, das in der Nazi-Propaganda als Beleg für dessen «jüdische Versippung» herhalten musste. Diese Widersprüchlichkeit war durchaus typisch. Einerseits hielt Duisberg Distanz, andererseits dürfte er die Politik des Vorstandes der I. G. Farbenindustrie, die nach der Machtübernahme durch die NSDAP auf Kooperation mit dem neuen Regime setzte, großzügig für deren Wahlkampf zu den Reichstagswahlen im März 1933 spendete und generell Wohlwollen signalisierte, mitgetragen haben, auch wenn er dabei bestenfalls eine Beobachterrolle hatte.[40]

Dabei ist es keineswegs so, dass Duisberg mit den schlagartig einsetzenden politischen Veränderungen nicht auf unterschiedlicher Ebene direkt konfrontiert worden wäre, sei es, weil er als herausragender Repräsentant der Weimarer Welt die politischen Säuberungen hautnah miterlebte, sei es, weil er selbst noch aktiv in verschiedenen Institutionen, namentlich der Wissenschaftsförderung, tätig war, sei es schließlich, weil sich befreundete Wissenschaftler mit ihren Ängsten und Nöten an ihn wandten. Anfänglich überwog eindeutig das Befremden über die Brutalität, mit der die nationalsozialistische Regierung insbesondere gegen jüdische Wissenschaftler vorging: «Auch ich verfolge mit Spannung die Entwicklung an unseren Hochschulen. Bedauerlich ist, daß viele bewährte Lehrkräfte durch die politische Entwicklung ihr Amt niederlegen mußten, was zweifellos der wissenschaftlichen Fortentwicklung in Deutschland sehr zum Schaden gereichen wird. Ich bin empört über die Art und Weise, wie man gegen hervorragende verdiente Gelehrte, Künstler und Akademiker jüdischer Abstammung vorgeht und benutze jede Gelegenheit, dieser Meinung Ausdruck zu geben.»[41] Jüdischen Wissenschaftlern, die sich an ihn wandten, antwortete er ganz ähnlich. «Ich erhielt nun gestern von einem ‹Nationalsozialistischen Aktionskomitee der Technischen Hochschule› eine Mitteilung, aus welcher ich entnehme, dass man mir in bekannter Weise empfiehlt, mein Gesuch zur Beurlaubung einzureichen», schrieb ihm der Berliner Chemiker Isidor Traube im April 1933: «Nach 40jähriger Tätigkeit als Dozent werde ich aller Wahrscheinlichkeit nach ohne Pension entlassen. Ich wollte nicht unterlassen, auch Ihnen dies zur Kenntnis zu bringen.»[42] Duisberg antwortete am 13. April 1933: «Es tut mir außerordentlich leid, dass die politische Umstellung auch Ihrer Dozententätigkeit ein Ziel setzt, nachdem Sie mit Befriedigung auf eine fruchtbare 40jährige Lehrtätigkeit zurückblicken können.» Diesen Floskeln fügte er noch persönlich hinzu, was er auch Johannes Walther geschrieben hatte: Er sei empört darüber, wie mit jüdischen Wissenschaftlern umgegangen werde. Doch erhob er so wenig wie andere Wissenschaftler oder Industrielle öffentlich seine Stimme zum Protest, wie Isidor Traube am 15. April mit einer gewissen Bitterkeit feststellte: «Sie werden sich ja denken können, wie wir als Juden unter dem leiden, was jetzt geschieht und da berührt es doppelt angenehm zu wissen, dass Männer wie Sie Ihrer Empörung Ausdruck geben und ich verstehe, dass Sie nicht in der Lage sind, in dieser Angelegenheit öffentlich hervorzutreten, aber bitter empfinden wir gebildeten Juden es, dass nicht ein bedeutender Mann der reinen Wissenschaft denselben Mut aufbringt, wie dies von einem Manne wie Furtwängler geschehen ist.»[43]

Ihm persönlich bekannte Opfer des Antisemitismus und der politischen Säuberungsmaßnahmen konnten bei Duisberg auf Unterstützung durchaus rechnen, aber eben nicht auf öffentliche Solidarisierung. Das betraf keineswegs nur jüdische Wissenschaftler. Um das Schicksal von Reinhold Schairer, den Geschäftsführer des Deutschen Studentenwerkes, kümmerte er sich ebenso, wie er die Karrieren der ehemaligen Angehörigen der RDI-Geschäftsführung Kastl und Herle nach ihrem Ausscheiden aus dem RDI mit Sympathie und Hilfe verfolgte. Einzelfälle waren das nicht. Als der Studiendirektor des nach Duisberg benannten Leverkusener Realgymnasiums im April 1933 aus dem Amt gedrängt wurde, wurde Duisberg vor dem Provinzialschulkollegium vorstellig und bat darum, die Leverkusener Stadtverwaltung aufzufordern, die Beurlaubung des Schulmannes zu überprüfen, allerdings ohne Erfolg.[44] Für den wegen seiner vermeintlichen Unterstützung des rheinischen Separatismus geschassten Kölner Universitätskurator Christian Eckert intervenierte er mehrfach in Berlin.[45] Und zu dem von der NSDAP abgesetzten Kölner Oberbürgermeister Konrad Adenauer blieb der freundschaftliche Kontakt bestehen; die Duisbergs besuchten Adenauer in seinem Eifeler Exil und hielten auch Kontakt, als er nach Potsdam übersiedelte.[46] Zugunsten von Elsa Brändström begann er eine Sammelaktion, die ihrer Familie das finanzielle Überleben sichern sollte, nachdem der Mann Elsa Brändströms wegen seiner SPD-Mitgliedschaft seine Stelle im Dresdner Kultusministerium und seine Professur an der Dresdner TH verloren hatte. Auch auf andere Bitten hin wurde Duisberg aktiv, so für einen Neffen des ihm aus der Leopoldina bekannten Medizinalrates Karl Bonhoeffer, der als Anwalt am Oberlandesgericht Düsseldorf erheblichen Repressalien ausgesetzt war. Duisberg suchte ihm Mandate aus der Industrie zu vermitteln, doch gebe es, wie er den Onkel wissen ließ, mittlerweile einen regelrechten Boykott gegen den Anwalt. Da eine Anstellung in der I. G. nicht möglich sei, riet er schließlich zum Exil in den USA.[47]

Diese persönlich durchaus mutigen Schritte blieben aber der Öffentlichkeit weitgehend verborgen. Nach außen passte sich Duisberg nach und nach an, sodass in der Öffentlichkeit nicht unbedingt das Bild eines der neuen Regierung ablehnend oder skeptisch gegenüberstehenden Mannes entstehen konnte, zumal die I. G.-Führung um Carl Bosch, nachdem klar war, dass Hitler keinen wirtschaftsfeindlichen Kurs betreiben und das Privateigentum respektieren wollte, sich durchaus wohlwollend zum neuen Regime verhielt.[48] Seine Frau und er traten auch wiederholt als Spender für lokale NS-Organisationen auf, gaben aber nie viel Geld. Dem Kölner Professor Ernst Esch spendete er 1934 insgesamt 150 RM zum Aufbau eines SA-Sturmbanns aus Arbeitern und Studenten sowie für einen Ausflug nach Danzig.[49] Manche Erwartung erfüllte er aber wohl freiwillig. Schon im Juli 1933 teilte er seinem Vetter Paul mit, die genealogischen Forschungen hätten ergeben, dass die Familie Duisberg sich, wenn auch wenig gesichert, wohl bis zum Jahr 1200 zurückverfolgen lasse: «Tatsache ist jedenfalls, dass ab 1540 im ganzen Stammbaum der Familie Duisberg kein Tropfen jüdischen Blutes als Einschlag zu finden ist.»[50] Auch gegenüber ausländischen Bekannten, die aufgrund der beginnenden Judenverfolgung verstört nachfragten, was in Deutschland passiere, verteidigte Duisberg die neue Regierung, ja, verbreitete eine Broschüre über den vermeintlichen Einfluss der Juden in der deutschen Wirtschaft, die vom nunmehr Reichsstand der Deutschen Industrie heißenden ehemaligen RDI vertrieben wurde.[51] Es war Duisberg offensichtlich wichtig, dass im Ausland kein in seinen Augen allzu negatives Bild von Deutschland entstand, da er der neuen Regierung eine Art Bewährungschance geben wollte.[52] Das Führerprinzip etwa unterstützte er geradezu demonstrativ. Während er Adenauer die Treue hielt, bedankte er sich bei dessen Nachfolger für die Glückwünsche zu seinem 50. Geschäftsjubiläum mit den Worten: «Zeit meines Lebens habe ich dem Führerprinzip gehuldigt und mich stets zu dem Grundsatz bekannt: ‹Geführt muss werden› und so hoffe und wünsche ich, dass unter der zielbewussten Führung unserer bewährten Kämpen Hindenburg und Hitler unsere neue Regierung innen- und aussenpolitisch von Erfolg zu Erfolg schreitet.» Jetzt gehe es vor allem um Nachwuchsschulung: «Nur auf diesem Wege wird unser geliebtes Vaterland den ihm gebührenden Platz an der Sonne unter den Nationen wieder erlangen und die unserem Volk durch Verleumdung und Lüge genommene Achtung unter den Kulturvölkern wieder erzwingen.»[53]

Mit dem Abflauen der «revolutionären Phase» des Nationalsozialismus, vor allem wohl auch nach dem Amtsverzicht seines Intimfeindes Alfred Hugenberg, der bereits im Juli 1933 von seinem Amt als Reichswirtschaftsminister zurücktrat und dem Allianz-Direktor Kurt Schmitt Platz machte, schien sich der «gärende Wein» zu klären. Duisberg gewann Vertrauen, weil, dies zeigt der Brief an Adenauers Nachfolger, die neue Regierung nicht allein tatkräftige Führung versprach, sondern auf eine Rückkehr zu den großen Erfolgen der Vorkriegszeit hoffen ließ. Seit dem Ende des Jahres 1933 verfestigte sich bei Duisberg der Eindruck, dass die nationalsozialistische Regierung, sollte der Radikalismus der ersten Zeit endgültig der Vergangenheit angehören, eine überaus positive Rolle im wirtschaftlichen Aufbau und in der Wiedergewinnung politischer Geltung für Deutschland in der Welt spielen könne, zumal mittlerweile auch zwischen der I. G. und dem Regime eine kooperative Atmosphäre herrschte, namentlich der Benzin-Vertrag vom Dezember 1933 eine schwere wirtschaftliche Hypothek vom Unternehmen genommen hatte, das seine Treibstoffkapazitäten nun kostendeckend betreiben konnte.[54] Wie naiv er dabei war, zeigt ein Schreiben an den seit 1933 in der Schweiz lebenden Industriellen Paul Silverberg. Silverberg, von Flick und Vögler bereits vor 1933 aus der Braunkohlenindustrie und dem RWE verdrängt, litt schwer unter dem Scheitern seiner politischen Hoffnungen und dem Sturz in die Bedeutungslosigkeit.[55] Anfang Dezember 1933 schrieb Duisberg ihm, er solle den Kopf nicht hängen lassen: «Sie wissen ganz genau, wie ich persönlich zu ihnen stehe und mit mir viele aufrichtige Männer, die aus nächster Nähe Ihr uneigennütziges Wirken um die deutsche Wirtschaft und Ihre unverdrossene, zähe Arbeit im Interesse des Deutschen Volkes jahrelang beobachten und sich Ihrer Erfolge erfreuen konnten. Gerade aus diesem Grunde sollten Sie den Kopf hoch halten, so schnell als möglich nach Deutschland zurückkehren und sich unter Menschen bewegen. Ich bin optimistisch genug, um zu glauben, gar sogar fest davon überzeugt, dass schon bald die Zeit kommt, in der man erkennen wird, dass es verkehrt gewesen ist, das Kind mit dem Bade auszuschütten, und damit all denen, die in uneigennütziger Weise ihrem Vaterland gedient und mit allen Fasern ihres Seins in ihm verwurzeln, Gerechtigkeit widerfahren lassen muss und wird.»[56] Silverberg, dem nicht allein wegen seiner jüdischen Herkunft, sondern auch wegen seines Eintretens für eine mögliche Querfront von Schleicher bis Strasser in Deutschland unmittelbar Gefahr drohte, folgte diesen naiven Lockungen, die auch Paul Reusch aussprach, nicht und entging so im Schweizer Exil der Verfolgung.

Duisberg sah das nicht oder wollte das nicht sehen. Seine Urteile über die Regierung Hitler wurden zum Jahresende 1933 grundsätzlich positiv: «Was die allgemeinen politischen und wirtschaftlichen Verhältnisse betrifft, so ist eine gewisse Konsolidierung in Deutschland erfreulicherweise festzustellen. Auch glaube ich, daß man mit einiger Zuversicht ins neue Jahr blicken kann. Aller Voraussicht nach kommen wir ja wohl einigermaßen durch den Winter und im Sommer darf man hoffen, daß sich vor allem die Zahl der Erwerbslosen weiter vermindern wird, wodurch sicherlich eine allgemeine Besserung zu erwarten ist.»[57] Einer Wuppertaler Freundin, die mit ihrem Mann nach Chile ausgewandert war und mit dem Gedanken spielte, sich dort der Auslandsorganisation der NSDAP anzuschließen, von der Reaktion der ausländischen Presse auf die Situation in Deutschland aber verunsichert war, schilderte Duisberg die Lage so: «Ich kann Ihnen … sagen, dass durch die politische Umwälzung sich in unserem Vaterlande schon vieles gebessert hat. In erster Linie herrscht Ruhe und Ordnung und viele Menschen sind wieder in den Arbeitsprozess eingegliedert worden. Dass natürlich eine grundsätzliche Besserung von heute auf morgen nicht möglich ist, dürfte wohl verständlich sein. Hoffentlich ist der Zeitpunkt nicht mehr fern, wo auch das gesamte Ausland den veränderten Verhältnissen Rechnung trägt und die Schritte, die Deutschland auf manchen Gebieten tun musste, in gerechterer Weise beurteilt.»[58] Auch ihr schickte er die erwähnte Broschüre des Reichsstandes der Deutschen Industrie über die Behandlung der Juden, wohlwissend, dass sich an derartigen Hetzschriften ein Großteil der ausländischen Kritik festmachte. Das Gesamtbild wollte er hiervon nicht getrübt sehen.[59]

Denn es ging wirtschaftlich bergauf. Und der sogenannte Röhm-Putsch zeigte endgültig, dass die neue Regierung keinerlei sozialistische Ambitionen hatte. Zwar kannte er einige der Männer, die Ende Juni 1934 ermordet wurden, recht gut, wie den ehemaligen bayerischen Ministerpräsidenten von Kahr oder den Geschäftsführer des Münchener Studentenwerkes Fritz Beck. Sein ehemaliger Sekretär Heinrich Gattineau entging, so berichtet es zumindest Gerhardt in seiner ungedruckten Biographie, nur knapp der Erschießung.[60] Aber auch wenn ihn das alles erschreckt haben dürfte, die Entmachtung der SA bedeutete einen weiteren Schritt in die Richtung einer Akzeptanz der kapitalistischen Wirtschaftsordnung, die in der kommenden Zeit von der nationalsozialistischen Regierung grundsätzlich nicht mehr in Frage gestellt wurde. Die Morde im Sommer 1934 kommentierte Duisberg daher auch in seinen Briefen kaum, der allerdings just in diesen Tagen den Tod von Minna Sonntag zu verkraften hatte. Seine Titularnichte Ilse Armster, eine Tochter aus Clara Bayers zweiter Ehe mit Carl Gamp, die sich im Oktober 1934 über das anmaßende Auftreten der örtlichen NS-Größen auf dem Lande in Pommern beschwerte, forderte er auf, das war neu für Duisberg, auf den «Führer» zu vertrauen: «Deine politischen Mitteilungen über das dortige Bauernregime haben mich nicht sonderlich verwundert, gibt es doch deren Selbstherrlichkeiten in unserem grossen deutschen Vaterlande leider noch mehrere; ich hoffe aber bestimmt, dass unser genialer Führer auch diese unhaltbaren Zustände meistert und gründlich Wandel schaffen wird. Was ein jeder dazu beitragen kann, soll und muss geschehen.»[61] Diese Art, Stellung zu beziehen, wurde nun zu einem feststehenden Muster. Duisberg nahm die Kritik an den zum Teil haarsträubenden Zuständen, namentlich der Vetternwirtschaft, Korruption und Anmaßung, zwar in der Regel auf, doch riet er zum Abwarten und empfahl Vertrauen in die Regierung Hitler. Als sich der Direktor seiner alten Schule in Wuppertal-Barmen über den amtlicherseits verkündeten 35-prozentigen Unterrichtsausfall Ende 1934 beschwerte, äußerte Duisberg Optimismus: «Sicherlich werden auch sämtliche Schulleiter im deutschen Vaterlande in ähnlichen Bahnen wirken und ich selbst bin fest davon überzeugt, dass auch unsere Regierung das nötige Verständnis hat und die erforderlichen Massnahmen rechtzeitig ergreift, die einem Verfall der besten Bildungsstätten der Welt entgegenwirken. Der junge Wein unserer nationalsozialistischen Bewegung gärt und schäumt noch, auch er wird sich klären und ich setze in die Führung das Vertrauen, dass ihr Wollen und Wirken dem Endzweck dient, unserem deutschen Volk den Platz an der Sonne zurückzuerobern.»[62]

***

Duisberg war indes nicht nur als Aufsichtsratsvorsitzender der I. G. und privat mit den Folgen der Machtergreifung konfrontiert und arrangierte sich dabei nach und nach. Er hatte weiterhin öffentliche Ämter, in denen er sich auch offiziell mit dem politischen Umbruch auseinandersetzen musste. In den Institutionen, namentlich in der Kaiser-Wilhelm-Gesellschaft, nahm Duisberg die sich vollziehende Gleichschaltung mehr oder weniger widerstandslos hin, in Übereinstimmung mit seinen Kollegen. Der Senat der KWG trat im Mai 1933 geschlossen zurück, um sich dann in verkleinerter Runde nach Neuwahlen erneut zu konstituieren. Generaldirektor Glum hatte mit der neuen Regierung eine Art Kompromiss ausgehandelt, nach dem ein unmittelbar danach neu zu bildender Senat ohne die jüdischen und sozialdemokratischen Mitglieder, ansonsten aber in alter Zusammensetzung weiterarbeiten konnte. An die Stelle der verdrängten Juden und Sozialdemokraten traten ausgewiesene Nationalsozialisten oder Personen, die dem Regime nahestanden, wie August Wilhelm von Preußen, Fritz Thyssen, Karl Theodor Vahlen oder Walther Darré. Friedrich Glum nannte das später treffend die «Selbstgleichschaltung der Gesellschaft».[63] Diese «Selbstgleichschaltung» war aber bestenfalls eine Art Pyrrhus-Sieg, denn das die Gesellschaft bisher konstituierende Beziehungsnetz zerriss in der kommenden Zeit. Wolfgang Schieder hat das so genannt: «Die deutschnationalen und konservativen personalen Netzwerke, die Glum in der Zeit der Weimarer Republik aufgebaut und erfolgreich genutzt hatte, funktionierten nicht mehr, die Generalverwaltung verlor mehr und mehr den Zugang zur politischen Führung des Reiches.»[64] Duisberg gehörte zwar auch dem wiedergewählten Senat an und nahm an den Sitzungen des Senats und des Verwaltungsausschusses der KWG weiterhin teil.[65] Nicht zuletzt dort erfuhr er auch, dass die unmittelbar nach dem Regierungsantritt Hitlers einsetzende Diskriminierung jüdischer und politisch missliebiger Wissenschaftler keine Eintagsfliege war. Das Zerreißen der bisherigen konservativen Netze traf Duisberg, der gerade in der Wissenschaftsförderung ein wesentlicher Knoten in diesem Netz war, elementar, zumal im Sommer 1934 mit Friedrich Schmidt-Ott auch sein persönlicher Freund seine zentrale Stellung in der Wissenschaftslandschaft verlor.[66] Aber die Erkrankung vom Herbst 1934 verhinderte, dass Duisberg die Folgen dieser wissenschaftspolitischen Veränderungen noch voll zu spüren bekam. Ob er dagegen Widerstand geleistet hätte, ist zumindest fraglich.

Das Bedauern über das Ausscheiden der jüdischen Angehörigen der KWG, das dessen alter Senat einstimmig äußerte, teilte Duisberg, der sich in seiner Personalpolitik zu keiner Zeit von antisemitischen Ressentiments hatte leiten lassen. Doch er nahm es klaglos hin. Gegen die Einordnung des ehemaligen Haberschen Instituts in die Wehrmacht äußerte er keine Bedenken. In ähnlich konstruktiver Weise beteiligte er sich an dem Arbeitskreis «Wirtschaft und Recht» der Akademie für deutsches Recht, an der er nicht nur wegen seiner alten Leidenschaft für das Thema teilnahm, sondern den er auch öffentlichkeitswirksam nach Leverkusen einlud. Die Verdrängung der Aufsichtsratsmitglieder aus den Betriebsräten nahm Duisberg ebenso hin, wie er die personellen Änderungen beim RDI, bei der IHK Solingen und bei weiteren Verbänden, denen er lange nahegestanden hatte, stillschweigend akzeptierte. Duisberg bedauerte die Begleiterscheinungen der Machtübernahme zwar stets; aber er war, wie gesehen, je länger, desto mehr dazu bereit, der neuen Regierung Kredit einzuräumen, den diese seiner Wahrnehmung nach auch zu nutzen verstand. Sogar für die direkten Eingriffe der NS-Regierung in die Strukturen der Wissenschaftsförderung brachte Duisberg ein gewisses Verständnis auf. Die Befürchtungen von Johannes Walther über die Eingriffe der Regierung in die Universität Halle quittierte er im Oktober 1934 mit der Bemerkung: «Deine Sorge um Geschehnisse an der dortigen Universität verstehe ich voll und ganz. Die nationale Revolution hatte natürlich Umwälzungen zur Folge. Mehr und mehr wird auch die Wissenschaft in ihren Bann gezogen. Vieles, was den alten Geschlechtern zur Tradition geworden war, wird über Nacht umgestaltet und erhält eine andere Form. Mit manchem kann man sich zunächst noch nicht abfinden und es bleibt abzuwarten, ob Wissenschaft und Kultur nicht hier und da beeinträchtigt werden.»[67] Einer Gleichschaltung der Deutschen Forschungsgemeinschaft durch eine Reichsforschungsakademie, wie sie die Reichsregierung seit dem Sommer 1934 erwog, hätte er indes schon aus seinem naturwissenschaftlichen Selbstbild heraus nicht zustimmen können, doch hinderte ihn seine Erkrankung im Winter 1934/35, hier noch einmal die Stimme zu erheben: «Die Mitteilungen über die neuen Habilitationsgesetze mit ihren Folgen für das gesamte Hochschulwesen haben mich sehr interessiert, insbesondere auch die Folgerungen, die Du für die KW-Institute und die Notgemeinschaft der Deutschen Wissenschaft daraus ziehst. Selbstverständlich würde ich an all diesen Dingen und die sie begleitenden Maßnahmen aktiven Anteil nehmen, wäre ich nur gesund und aktionsfähig. So hat noch vor wenigen Tagen der neue Präsident der Notgemeinschaft, Prof. Stark, den Wunsch zu einer Aussprache geäußert, die er inzwischen mit einigen anderen bekannten Industrieführern gehabt haben dürfte. Jedenfalls halte ich den Fortbestand der Deutschen Forschungsgemeinschaft als Selbstverwaltungskörper im Interesse der freien Entfaltung der deutschen wissenschaftlichen Forschung, ohne bürokratische Hemmnisse, für unbedingt erforderlich und kann mich mit der Verfügung des Reichsministeriums für Wissenschaft, Erziehung und Volksbildung, die im Begriffe steht, eine deutsche Akademie der Forschung aufzuziehen und in die alle bisherigen Organisationen einmünden sollen, nicht abfinden. Es bedarf wohl keiner Frage, daß die ungeahnt große Entwicklung der deutschen Forschungsinstitute (KWG usw.) nicht zuletzt der Opferbereitschaft aller deutschen Wirtschaftskreise und der zielsicheren und großzügigen Leitung seiner organisatorisch befähigten leitenden Kräfte zu verdanken ist. Daß sich in der Zukunft Wissenschaft und Technik mehr als bisher in die Belohnung erzielter Erfolge (Nobelpreise) zu teilen hat, halte ich für selbstverständlich.»[68]

***

Nimmt man Duisbergs abwartende Haltung vor 1933, sein Verständnis für die Wahlerfolge der Nationalsozialisten und seine zunehmende Skepsis gegenüber einer parlamentarischen Regierung, schließlich seine Akzeptanz der neuen Regierung und die zumeist stillschweigende Duldung der ersten diktatorischen Maßnahmen einerseits, die Unterstützung einzelner Personen und die Sorge um einzelne Opfer des Nationalsozialismus andererseits, so fällt es schwer, ein einfaches Gesamturteil zu fällen. Sein Sohn Carl Ludwig sprach zwar von einem «Nationalsozialisten der Tat»[69], um seinen Vater zu charakterisieren, doch war der zu keiner Zeit ein aktiver Unterstützer oder gar Förderer der NS-Bewegung. Derartige Vorwürfe gab es zwar von kommunistischer Seite, doch waren sie erfunden – ebenso wie im Nachhinein die Tatsache, dass Robert Ley nach seiner Entlassung die ihm vertraglich zustehenden Karenzgelder erhielt, sich kaum als Förderung des späteren Arbeitsfront-Chefs hochspielen lässt. Duisberg selbst hatte zum Nationalsozialismus ein ambivalentes Verhältnis. Er verstand dessen Erfolge aus der Not der Zeit heraus und er gab Hitler nach der Machtergreifung einen gewissen Vertrauensvorschuss, weil er hoffte, mit der neuen Regierung würde endlich jene Handlungsfähigkeit eintreten, die die Industrie stets verlangt hatte. Die Bewunderung Hindenburgs übertrug er

1934 teilweise auf Hitler; zumindest nannte er beide nun häufiger in einem Atemzug. Die harten Maßnahmen der ersten Monate hielt Duisberg entsprechend nicht für Anzeichen einer kommenden Katastrophe, sondern für «Jugendsünden», die bald einer mehr sachlichen Politik Platz machen würden. Duisberg hatte alles in allem daher weniger ein positives Verhältnis zur NSDAP als ein dezidiert kritisches Verhältnis zu den Regierungen der Republik, die sich vor allem vor der Weltwirtschaftskrise als unfähig erwiesen hatten, so sah er das, die Probleme in den Griff zu bekommen, ja, die den politischen «Kuhhandel» stets über sachliche Lösungen gestellt hatten. Hier schien erst die Regierung Hitler wieder initiativ zu werden. Die Enttäuschung über die Republik fiel allerdings auf gedüngten Boden, denn schon seit der Kaiserzeit war für Duisberg parlamentarische Politik letztlich ein Billett für Unvernunft, das er nach 1918 deshalb akzeptiert hatte, weil es keine realistische Alternative hierzu gab. Ohne die Krisen der zweiten Hälfte der 1920er Jahre hätte diese Akzeptanz zur Überzeugung wachsen können, doch bestand der Parlamentarismus in Duisbergs Augen seine Bewährungsprobe gerade in der zweiten Hälfte der 1920er Jahre nicht. Dass bei der Herausgabe seiner Reden und Schriften aus den Jahren 1923 bis 1933 seine recht deutlichen Bekenntnisse zur Republik kurzerhand herausgestrichen wurden,[70] dürfte er gewusst und aus der geschilderten Konstellation heraus genauso akzeptiert haben, wie er dem Wunsch des Reichspräsidenten nachkam, in seinen Memoiren die Erinnerungen an den Krieg auf einige harmlose Betrachtungen zusammenzustreichen. Was Duisberg 1918 von sich selbst gesagt hatte, nämlich ein «Opportunist» zu sein, der sich den Verhältnissen anpasst, trifft umso mehr auf die Zeit nach dem Machtantritt Hitlers zu. Sein Sohn Carl-Ludwig und sein Ghostwriter wollten 1934 die ins Auge gefasste zweite Auflage seiner Memoiren dazu nutzen, ihn als «nationalen Sozialisten der Tat» darzustellen. Das war als verkaufsfördernd gedacht, im Grunde aber nur eine plumpe Anbiederung.[71]

Dass Duisberg von den Nationalsozialisten gerade nicht als einer der Ihren, sondern als ein Vertreter der untergegangen «Systemzeit» gesehen wurde, brachte sein alter Freund, der Solinger Fabrikant Hugo Hartkopf im September 1934 unfreiwillig auf den Punkt, als er Duisberg zu dessen 73. Geburtstag gratulierte: «Wer hätte damals (Feierstunde der IHK Solingen zum 70. Geburtstag Duisbergs, W. P.) gedacht, dass wir in kurzer Zeit derartige Umwälzungen vor sich gehen sehen würden, wer hätte geglaubt, dass wir in ein paar Jahren wieder auf eine bessere Zukunft hoffen dürften! Ich kann sehr gut verstehen, dass Ihnen, Herr Geheimrat, die Umstellung, besonders in wirtschaftlicher Beziehung nicht leicht wurde, schwerer als mir, der ich seit 1931 Mitglied der N.S.D.A.P. war, jedoch nur dadurch, dass ich durch die Jugend im Hause beeinflusst und bis zu einem gewissen Grade mitgerissen wurde. Wir haben auch heute noch unsere schweren Bedenken, und ganz besonders werden Sie solche haben als einer, der von einer hohen Warte aus die Schwierigkeiten wirtschaftlicher und finanzieller Art erfahrungsgemäss und weitsichtig beurteilt. … Über eines aber habe ich mich ganz besonders gefreut, dass Sie rechtzeitig vom Präsidium der Kammer zurückgetreten waren. Wenn auch mein Sohn, wie mir gesagt wurde, die Übernahme korrekt und in verbindlicher Form Herrn Wuppermann und den übrigen Herrn gegenüber vollzog, es wäre mir doch furchtbar unangenehm gewesen, wenn Sie noch Präsident gewesen wären!»[72]

36 | Tod und Nachleben

Wie weit Duisberg in der Anpassung an die Diktatur zu gehen bereit war, ist schwer zu sagen. Sein Tod im März 1935 hat ihn vor einer größeren Bewährungsprobe bewahrt. Eine aktive Rolle, das ist klar, hätte er nach 1933 unter keinen Umständen mehr gespielt. Er nahm zwar noch, in Fortsetzung der alten Leidenschaft für Fragen des Wirtschafts- und Markenschutzrechtes, an den entsprechenden Arbeiten der Akademie für deutsches Recht teil, deren zuständige Arbeitsgruppe Duisberg auch in Leverkusen empfing, aber sehr viel mehr an Aktivitäten war nicht mehr vorstellbar.[1] Den eigentlichen Wendepunkt hatte der 70. Geburtstag im September 1931 gebracht. Mit dem Geburtstag gab Duisberg die Mehrzahl seiner Ämter auf. Nur am Vorsitz im Aufsichtsrat der I. G. und an der Senatorenwürde in der Kaiser-Wilhelm-Gesellschaft hielt er fest. Das eine war die Basis seiner Einkünfte und – über das Sekretariat – auch seiner bürgerlichen Existenz, das andere Ausdruck seiner Bedeutung und nicht mit großen Pflichten verbunden. Gleichwohl blieb ihm die Fassade des aktiven Mannes wichtig: «Am 29. September dieses Jahres begehe ich meinen 70. Geburtstag. Aus diesem Anlass habe ich beschlossen, mein unruhiges Leben in glattere Bahnen zu lenken. Das Präsidium des Reichsverbandes der Deutschen Industrie lege ich nach sieben Jahren aufopfernder Hingabe in die Hände des Herrn Dr. Krupp von Bohlen und Halbach, das Mandat im Reichswirtschaftsrat lasse ich fallen und von meinen Vorstandsämtern im Industrie- und Handelstag, im Verband Deutscher Arbeitgeberverbände usw. trete ich zurück. Die mir vom Schicksal noch vorbehaltene Restzeit meines Lebens soll vor allem der intensiven Mitarbeit an meinem eigentlichen Lebenswerk, der Vereinigung der deutschen Teerfarbenindustrie, gelten, um im Verein mit Vorstand und Verwaltungsrat unser I. G.-Schiff durch die Klippen der Weltwirtschaftskrise zu steuern.»[2]

Der 70. Geburtstag, zu dem Duisberg mehr als 2000 Telegramme und Briefe aus aller Welt erhielt,[3] wurde in mehreren Etappen groß begangen. An eine Feier in der IHK Solingen schloss sich ein Festbankett des RDI an, das zugleich seiner Verabschiedung diente. Hier nahm Reichskanzler Brü-

37 | Carl Duisberg 1931 im Kreise der Leverkusener Direktoren Philipp Ott, Rudolf Mann und Bernhard Heymann

ning teil. Am 27. September 1931 verlieh die Universität Bonn dem Gründungs- und bisher einzigen Vorsitzenden ihrer Gesellschaft von Freunden und Förderern in einem großen Festakt die Ehrensenatorenwürde. Schließlich kam es in Leverkusen zu mehreren großen Feiern der Belegschaft und der I. G. Farbenindustrie AG, schließlich zu einer eher privaten Feier, zu der Duisberg sein gesamtes Umfeld eingeladen hatte.[4] Die Feierlichkeiten und die dort gehaltenen Reden waren insofern bemerkenswert, als sie, wie Duisberg selbst mehrfach betonte, auch «Schlußstein einer Epoche seines Lebens» waren und ihn dazu brachten, Bilanz zu ziehen. Denn alle Reden und Texte, die aus Anlass seines 70. Geburtstages entstanden, waren letztlich Vorlagen hierzu. Jacob Herle und Heinrich Gattineau hatten im Auftrage des RDI pünktlich zum September 1931 eine Art Anthologie zu Duisbergs Leben erstellt;[5] in der «Zeitschrift für angewandte Chemie» war das Oktoberheft 1931 ganz dem Geburtstag Duisbergs gewidmet, der von seinen Mitarbeitern und Freunden Bernhard Heymann, Friedrich Quincke, Friedrich Schmidt-Ott[6], Heinrich Gattineau und Reinhold Schairer in unterschiedlichen Facetten dargestellt, vor allem aber geradezu hymnisch gefeiert wurde.[7] Ganz ähnlich war es bei den Feiern des RDI und in der Universität Bonn. Bei seinen Erwiderungen auf das umfassende Lob sagte Duisberg zumeist das Erwartbare, lobte die Industrie, die Wissenschaft und die kreative Persönlichkeit, setzte gelegentlich aber auch unerwartete Akzente, etwa wenn er die politische Gängelung gerade der Wissenschaften verurteilte: «Die Großtaten deutschen Geistes in der Vergangenheit und in der Zukunft bedurften und bedürfen freier Dozenten und freier Studenten an freien Hochschulen.»[8] Auch das nationale Pathos, das sich durch alle seine Reden zog und in der Hommage an Reichspräsident Hindenburg seinen Höhepunkt fand, als er diesem für den Adlerschild dankte, war nicht weiter bemerkenswert; eher schon die nüchterne Beurteilung der Wirtschaft, die «niemals hat und niemals die Aufgabe haben kann, Ideale zu geben. Sie hat nüchtern und sachlich für die Befriedigung der materiellen Bedürfnisse des Volkes Sorge zu tragen. ... Dies allein ist ihre Funktion, und sie erhebt nicht Anspruch, das Wichtigste im Leben der Menschen zu sein.»[9] Für Duisberg folgte daraus, dass eben nicht im Materiellen das Heil liege, sondern der deutsche Mensch seine «deutsche Seele» wiederfinden müsse, ein Gedanke, den er auch in der Ansprache des Leverkusener Betriebsratsvorsitzenden Otto Sparre auf der Feier in Leverkusen zu hören glaubte, was den alten Geheimrat ebenso wie die im Familienkreis gesprochenen Worte des eigenen Sohnes Carl-Ludwig überaus anrührte.[10] In all diesen Reden und Texte erkannte er sich wieder: «Mein Leben war uneigennütziger Dienst am Volk, mein Streben galt immer der Steigerung deutscher Tatkraft, der Förderung der Wissenschaften, Industrie, Technik und Wirtschaft und last not least der Hebung der kulturellen Güter des Deutschtums»[11], verkündete er ein wenig zu bombastisch Rudolf Geigy, der freilich Carl Duisberg gut genug kannte, um keine anderen, nüchterneren Selbstbeurteilungen zu erwarten.

Völlig falsch war sein Selbstbild nicht. Vor allem die Schaffung der I. G. und der Aufbau Leverkusens waren mit seinem Leben unmittelbar verknüpft, wobei er es nicht allein war, der das geschaffen hatte. Das war ihm schon klar. Vor der IHK Solingen ließ Duisberg einen realistischen Blick auf sein Leben zumindest erahnen: «Mein Leben ist wirklich köstlich gewesen und es ist aber auch tatsächlich Mühe und Arbeit gewesen. Mir ist während meines ganzen Lebens bis auf den heutigen Tag nie etwas leicht geworden. Von Jugend an habe ich alles, was ich erreichen wollte und erreicht habe, mir erkämpfen müssen. Jede Arbeit, die ich übernommen habe, hat meine ganze Kraft erfordert. Ich gehöre zu denen, die nur in fleißiger, emsiger, unermüdlicher Arbeit alles, was sie tun, erreichen können, dann aber auch Erfolg haben. Vielleicht liegt es auch daran, dass es nicht so ist, wie es im Volksmunde heißt: ‹Aller Anfang ist schwer›, sondern wie Goethe sagt: ‹Aller Anfang ist leicht, aber etwas recht gut zu machen, ist unendlich schwer›. Da ich nun bestrebt war, alles was ich tat, auch gut zu machen, hat es mir große Mühe gekostet. Das ist auch heute noch so. Wenn ich bei dem, was ich tat, Erfolg gehabt habe, so spielt natürlich auch das Glück eine große Rolle. Mir hat Fortuna stets zur Seite gestanden. Ich habe wenige oder vielleicht gar keine Misserfolge zu verzeichnen. Stets bin ich so verfahren, dass ich bei wichtigen Unternehmungen alles, was dafür und dagegen sprach, ohne weiteres Überlegen und Grübeln an mich herankommen ließ und erst im letzten Augenblick entschied: ‹So wird es gemacht!› Man ist so weniger voreingenommen und beeinflusst und trifft dann meist das Richtige.»[12] Das traf seine Lebenserfahrung, aber auch den Lauf seiner Karriere recht genau, zumindest für die Jahre bis zur endgültigen Gründung der I. G. 1925. Den Kern des eigenen Erfolgs in der glücklichen Belohnung für große Anstrengung zu sehen, war eine recht klare Einsicht, die seine nun folgenden zahlreichen Bilanzen nicht immer haben sollten.

Dieser Erfolg und dessen Beschwörung durch die Öffentlichkeit, sein Umfeld und seine Familie ließen Duisberg schließlich die Maßstäbe verlieren. Zu seinem 71. Geburtstag zog er in einem Brief an seinen Sohn Carl-Ludwig eine Lebensbilanz, die fast karikaturhaft wirkte. Den Brief, den Duisberg in seinem Namen und mit seiner Unterschrift versehen abschickte, hatte sein Sekretär Carl Wichelhaus entworfen, sodass darin Selbst- und Fremdsicht in eigentümlicher Weise verschmolzen. So sah sich Duisberg, so wollte er gesehen werden, und so wurde er jedenfalls vom eigenen unmittelbaren Umfeld auch gesehen: «Viel habe ich erreicht! Mit der Geschichte des kommerziellen Aufstiegs unseres deutschen Volkes, mehr noch mit seinem Kampf gegen die ganze Welt um den Platz an der Sonne und vor allem der Nachkriegszeit, – als nach beispiellosem Ringen gegen eine bislang nicht dagewesene Zusammenballung von Feinden eine heldenhafte Nation durch Hunger und Blockade der Übermacht wich und zerschlagen und geknechtet wurde –, ist mein Name für immer verknüpft. Nicht Leitstern meines Strebens ist gewesen: ‹Im Anfang war das Wort, – der Sinn –, – die Kraft›; nein: ‹Im Anfang war die Tat› und anwenden kann ich auf mein Leben den weiteren Ausspruch im Faust: ‹Ein guter Mensch in seinem dunklen Drange ist sich des rechten Weges wohl bewußt›. Ich darf von mir sagen, intuitiv bin ich diesem Drängen, aber immer unter Einsatz meiner ganzen Persönlichkeit und durch Zusammenraffen aller Kräfte als Energie- und Willensmensch gefolgt. Aber nicht nur im Dienst an die materiellen Aufgaben des Lebens habe ich mich erschöpft; immer fand ich Mußestunden, den Geheimnissen im Naturwerden nachzuspüren mit dem Resultat. ‹Und wenn Natur Dich unterweist, dann geht die Seelenkraft Dir auf›. Und diese Seelenkraft, die uns die Liebe zum Mineral-, Pflanzen-, Tier- und Menschenreich erschließt, fand ihren Ausdruck in den ethischen Grundsätzen meiner Weltanschauung, wie es die zahlreichen sozialen und idealen Stiftungen, auch für die Wissenschaft und Kunst, unter Beweis stellen. Zumal Leverkusen, dem Feld meines fruchtbaren Schaffens, ist der ‹Duisberg›-Stempel aufgedrückt. Als ein Liebling der Götter, und wahrlich ich war es, kann ich nun auf mein schöpferisches Wirken innerhalb der deutschen chemischen Wissenschaft und Technik, aber auch auf meine erfolgreiche Arbeit für die Wissenschaft im allgemeinen, für die Kunst und last not least für Deutschlands Wirtschaftsleben zurückblicken. Fest steht mein Glaube an eine bessere Zukunft und ich setze das Vertrauen in die jungen Kräfte, daß sie das Werk unserer Hände heilig halten und das Schiff der deutschen Wirtschaft glücklich durch alle Klippen und Fährnisse steuern, zum Segen unserer Kinder und Nachfahren. An meinem Teil will ich, solange ich kann, beratend und schützend die Hände über unserer I. G. halten und hoffe, nach den Zeiten des Niederbruchs den Aufstieg mit seinem pulsierenden neuen Leben mitzuerleben.»[13]

***

Duisberg nahm in der Tat noch an den Sitzungen von Aufsichts- und Verwaltungsrat der I. G. teil, war regelmäßiger Gast bei den Senatssitzungen der Kaiser-Wilhelm-Gesellschaft und besuchte auch hin und wieder noch wissenschaftliche Kongresse im Bereich der Chemie und der Naturwissenschaften. Aber in den Vordergrund traten nun, wenn man so will, weitere «Lebensbilanzarbeiten». Der 70. Geburtstag war insofern ein Auftakt,[14] keinesfalls das Ende, zumal sich weitere Jubiläen anschlossen, wie die 50. Wiederkehr der Promotion 1932 oder das 50. Dienstjubiläum 1933. Duisberg ergriff gezielt wieder und wieder die Gelegenheit, über sein eigenes Leben Auskunft zu geben; ja, schließlich wollte er so etwas wie eine Art offizielle Version seiner Lebensgeschichte hinterlassen. Immer wieder äußerte er sich auch publizistisch zu seiner Biographie, so 1932 in «Scherls Magazin» besonders zu seiner einfachen Herkunft, seinem Aufstieg durch Fleiß und harte Arbeit, schließlich zu seinem Studium und seiner ersten Zeit in den

Farbenfabriken.[15] Zeitgleich zu dem Beitrag in «Scherls Magazin», der den bezeichnenden Titel trug «Männer geben uns ein Vorbild», erschien in Reclams Universum ein großer Artikel mit der ebenfalls vielsagenden Titelzeile: «Wie ich Leverkusen aufbaute».[16] Auch seine Dankesrede anlässlich der Erneuerung des Doktordiploms durch die Universität Jena im Juli 1932[17] bestand im Wesentlichen in einer Art Lebensbilanz. Dass er die Jenaer Jahre als die «schönste Zeit meines Lebens hinstellte», war dem Anlass geschuldet, doch waren die Angaben ansonsten relativ präzise; sein Ghostwriter bei der Autobiographie übernahm später wesentliche Passagen des Textes. Wenig später ließ sich Duisberg unter dem Titel «Im Zaubergarten der Farbenchemie» über deren Aufstieg, damit über seinen eigenen Weg und schließlich die Gründung der I. G. vernehmen.[18]

Im Winter 1931/32 fiel auch die Entscheidung, einen Band mit Erinnerungen Duisbergs herauszubringen. Im Vorwort der Memoiren heißt es, er sei Bitten von «Freundesseite» nachgekommen. Ob er wirklich gedrängt wurde, lässt sich nicht mehr sagen, da die meisten Anregungen hierzu im Gespräch erfolgt sein dürften. Eine wesentliche Rolle spielte Heinrich Gattineau, der auch die Empfehlung gab, den Mitarbeiter des im Besitz von Ullstein befindlichen Leipziger Reclam-Verlages, Jesco von Puttkamer, als Ghostwriter zu engagieren. Gattineau und Puttkamer waren Duzfreunde. Da Gattineau ihn offenbar gut präpariert hatte, wusste Puttkamer von Anfang an die Eitelkeit des Geheimrates zu nutzen: «Dass es mir vergönnt war und ist, an einem Buch mitzuhelfen, das den Mann behandelt, der mich am meisten in meinem Leben beeindruckt hat, als ein Vorbild der Pflichttreue, als ein leuchtendes Vorbild aufrechten Deutschtums und reiner Menschlichkeit – dass mir das vergönnt ist, wird zu den größten Freuden meines Lebens zählen.»[19] Der seit Beginn der Arbeit an der Autobiographie recht dichte Briefwechsel ist so auch ein Dokument der gezielten Schmeichelei, in die Puttkamer auch Johanna Duisberg einbezog.[20] Das wirkte, denn auf Puttkamers Bitte, bei seinem im September 1933 geborenen Sohn, der ebenfalls Jesco getauft wurde, Pate zu stehen, sagte Duisberg im Dezember 1933 sofort zu.[21]

Puttkamer schrieb Duisbergs Leben aufgrund von dessen Erzählungen und unter Nutzung seiner Korrespondenz auf, wofür er nach eigener Aussage bald 18 Monate benötigte.[22] Dazu kam er häufig nach Leverkusen, erhielt Akteneinsicht und fand auch Aufnahme beim Ehepaar Duisberg. Da die persönlichen und familiären Quellen rar waren und Johanna Duisberg wenig Lust zeigte, selbst zum Gegenstand von Puttkamers Text zu werden, blieb er auf Selbstauskünfte Duisbergs angewiesen.[23] Das Manuskript des Buches lag Anfang 1933 vor und wurde Heinrich Gattineau, der als Mitherausgeber fungieren sollte, zur Korrektur übergeben. Im Sommer plante Puttkamer erste Vorabdrucke in ausgewählten Zeitungen, um für das Buch, das Ende September 1933 erscheinen sollte, gehörig Werbung zu machen.[24] Doch nur Tage später zog Duisberg die Druckgenehmigung telefonisch zurück, weil, wie von Puttkamer vermutete, «Herr Dr. Gattineau etwas zu ängstlich wegen des Buches ist».[25] Gattineau hatte Puttkamer gegenüber in der Tat schwere Bedenken geäußert: Einerseits war die Darstellung Duisbergs zur Giftgasproduktion im Weltkrieg dem Militär zu detailliert, andererseits hatte auch das Büro des Reichspräsidenten an der Darstellung von Szenen im Großen Hauptquartier Anstoß genommen, an die Hindenburg sich so nicht erinnern könne. Gattineau beließ es aber nicht bei diesen mündlichen Hinweisen, sondern teilte dem Reclam-Verlag auch offiziell die Bedenken des Büros des Reichspräsidenten und des Reichswehrministeriums mit. Puttkamer begriff das alles nicht, denn er sah «keinen ernsthaften Grund, warum Ihre Lebenserinnerungen mit der neuen Zeit kollidieren können».[26]

Duisberg, den Gattineau zu einem längeren Gespräch aufgesucht hatte, beugte sich indes den Wünschen aus Berlin. Auch ihm seien «große Bedenken» gekommen, und Puttkamer müsse unbedingt eine Entscheidung des Reichswehrministeriums in dieser Frage respektieren. Gattineau schickte am 9. August 1933 dann gleich eine umfangreiche Streichliste nach Leipzig. Danach sollten nicht nur Ausführungen über Duisbergs Kinder, sondern auch die Textteile zum Gaskrieg, zum Konflikt mit Bethmann-Hollweg und zur Gesamtleistung der Chemie im Krieg gekürzt oder ganz gestrichen werden. Er nutzte die Gelegenheit zudem, die aus der Sicht der aktuellen I. G.-Führung zu detaillierte Schilderung der Fusion der Farbenfabriken zu beanstanden.[27] Duisberg kam es vor allem darauf an, dass der Band pünktlich zum Duisberg-Tag Ende September 1933 erschien, und er war daher bereit, sich den Wünschen aus Berlin zu fügen, auch wenn er seine Erinnerungen über den Tag im Großen Hauptquartier weiterhin für «absolut wahr und richtig» hielt. Die Anmerkungen zur Fusion hingegen wollte er im Buch behalten. «Das sind keine Geheimnisse.»[28] Staatssekretär Meissner informierte Duisberg von der Position des Reichspräsidenten, woraufhin sich Duisberg mit der Streichung des ganzen Abschnitts einverstanden erklärte.[29] Auch das Reichswehrministerium beharrte auf seinem Standpunkt und forderte weitgehende Änderungen, schon um den ehemaligen Kriegsgegnern keine Argumente zu liefern.[30] Schließlich intervenierte Gattineau auch noch im Namen der I. G., namentlich von Carl Bosch, der wünsche, dass das Buch gar nicht erscheine, denn das Kapitel zur Kriegswirtschaft würde nur neue Angriffe auf Deutschland provozieren. Puttkamer war einigermaßen entsetzt: «Gewiss ist Vorsicht geboten, aber das Maß der Ängstlichkeit darf doch nicht so weit gehen, dass man vor lauter Schielen nach oben, überhaupt kein wahres Wort mehr sagen darf. Ich möchte es an dieser Stelle einmal in aller Entschiedenheit aussprechen, dass ich die Handlungsweise des Herrn Dr. Gattineau Ihnen gegenüber und uns gegenüber nicht mehr verstehe. Seit Wochen versucht er die Herausgabe des Buches zu verhindern.»[31]

Gerade am pünktlichen Erscheinen des Buches zum 50. Geschäftsjubiläum aber lag Duisberg außerordentlich viel, der die weitgehende Entstellung des Textes hinnahm, um den Erscheinungstermin halten zu können. Das so gereinigte Buch erschien rechtzeitig, war aber nur noch ein Torso, der freilich auch mit den beiden gestrichenen Kapiteln wenig hergemacht hätte. Die Zeit bis zur Gründung der I. G. 1904 war noch einigermaßen nachvollziehbar geschildert, die Jahre zwischen 1904 und 1914 fehlten, das Kriegskapitel war ein Trümmerhaufen, die Nachkriegskapitel kurz, sprunghaft und nicht sehr folgerichtig. Die Präsidentschaft im RDI wurde unter dem irreführenden Titel «Die Zerstörung von Leverkusen», was sich auf die Demontagen von Kriegskapazitäten bezog, nur gestreift, der 70. Geburtstag auf drei Seiten abgehandelt und schließlich die Reiseberichte aus Asien kommentarlos nachgedruckt. Duisberg war gleichwohl glücklich und lobte Puttkamer und Gattineau dafür, dass sie «ein vorzügliches Werk» geschaffen hätten, «das sicherlich in der Leserwelt mit Interesse aufgenommen werden wird».[32] Dieses bizzare Urteil konnte Duisberg nur treffen, weil er trotz der Behauptung, das Manuskript korrigiert zu haben, den Text überhaupt nur in Teilen kannte.

Die Aufnahme des Buches war zunächst vielversprechend, doch wurde ein Viertel der Auflage wohl allein von der Pressestelle der I. G. Farbenindustrie erworben. Puttkamer sprach im Oktober 1933 von großem Interesse und vielen Nachfragen, lancierte die Möglichkeit einer englischen Übersetzung und brachte im November 1933 auch eine Neuauflage ins Gespräch.[33] Er empfahl jetzt, Duisbergs «Nationalsozialismus der Tat» mehr zu berücksichtigen. Es sollte eine erweiterte Neuausgabe sein,[34] was Duisberg jedenfalls sinnvoller vorkam, als lediglich einen Ergänzungsband herauszubringen, der nur die Besitzer der ersten Auflage interessiere. Wichtig war ihm, nachdem er sich wohl erstmals richtig mit dem Buch auseinandergesetzt hatte, «dass, wenn es zu einer Neuauflage kommen sollte, ein meine gesamte Lebensarbeit viel besser würdigendes Werk zustande kommt. Eine ganze Reihe von erwähnenswerten Tatsachen ist in der ersten Ausgabe nur ganz ungenügend oder gar nicht berücksichtigt. … Vor allem vermisst man meine zwölfjährige ausgiebige Arbeit für das deutsche Studentenwerk»; auch fehlten Duisberg Hinweise zu seiner Arbeit in den Verbänden und der Wissenschaftsförderung.[35] Jedenfalls schaltete er jetzt seinen Sohn Carl-Ludwig ein, der Puttkamer bei der Neuauflage helfen sollte. Duisberg junior hatte klare Ideen, namentlich stellte er sich einen eigenen Beitrag vor, «wobei ich in erster Linie nicht auf Deine Leistungen, sondern Dein Charakterbild hinzielen würde, ferner meiner Großmutter ein Denkmal setzen möchte, so wie ich es sehe, die auf Dich und uns übergegangenen Kraftquellen Deiner Mutter schildern möchte und vor allem Deine Gesinnung als nationaler Sozialist der Tat betonen möchte, wovon in den bisherigen Lebenserinnerungen nur indirekt die Rede ist».[36] Wegen Duisbergs Krankheit und seines Todes im März 1935 kam eine Neuauflage des Buches nicht mehr zustande. Es ist fraglich, ob es bei einem längeren Leben des Geheimrates anders gewesen wäre. Denn es gab Streit zwischen der Familie Duisberg und Jesco von Puttkamer, weshalb eine Neuauflage ohnehin unwahrscheinlich wurde. Unzufrieden mit Puttkamers Arbeit bestand die Familie darauf, dass dieser sie beendete. Er besäße überdies noch Quellen, Dokumente und Zeugnisse aus Duisbergs Leben, die er ebenso wie alle weiteren Materialien «herausrücken» müsse.[37] Eine lange Auseinandersetzung zwischen der Familie Duisberg und Jesco von Puttkamer schloss sich an, in der auch vor Gericht um Aktenrückgabe, Darlehensrückzahlung etc. gestritten wurde.[38] Während Puttkamer schließlich nur noch finanziell interessiert war, weil er sich nach seinem Ausscheiden bei Reclam im Frühjahr 1935 mit verschiedenen Arbeiten und Stellen mehr schlecht als recht durchschlagen musste, suchten die Duisbergs ihre Rechtsaufassung durchzusetzen, dass sie auch ohne Beteiligung Puttkamers eine Neuauflage veröffentlichen durften, doch kam es auch nach Duisbergs Tod nicht dazu.

Um eine verbindliche Darstellung seines Lebens zu geben und seinen Nachruhm zu gestalten, erwiesen sich die Memoiren daher als ein Schlag ins Wasser, auch wenn im Nachhinein die Eingriffe der Berliner Behörden und, vor allem, das Scheitern von Duisberg junior und Puttkamer dabei, Duisberg als Nationalsozialisten der Tat hinzustellen, seinem Bild eher nutzten als schadeten. Eine nationalsozialistisch beeinflusste, von Duisberg autorisierte Sicht auf sein Leben existiert mithin nicht; sie wäre in der Tat auch eine brüchige Konstruktion geworden. Als ähnlich brüchig erwies sich auch der Versuch, eine Familiengeschichte vorzulegen, die das Geschlecht der Duisbergs bis zu seinen Anfängen zurückverfolgen und eine Art Stammbaum des Carl Duisberg ergeben sollte. Auch sie sollte zum Duisberg-Tag 1933 vorliegen und tat es unter der Verfasserschaft des Düsseldorfer Genealogen Carl vom Berg auch.[39] An der Geschichte der eigenen Familie war Duisberg nicht wirklich interessiert. Den Kontakt zur väterlichen Familie hatte er ziemlich kühl beendet bzw. auf ein Mindestmaß reduziert. Seine Mutter hatte er verehrt, doch auch die Geschichte ihrer Familie beschäftigte ihn wenig. Aber eine Familiengeschichte zu besitzen, war zumal in der Zeit der sich etablierenden Ahnenforschung etwas anderes. Folgerichtig legte sich Duisberg auch ein Familienwappen zu, das er von einem Elberfelder Lehrer und Heraldiker kunstvoll zeichnen ließ. Mit Familiengeschichte, Wappen und Memoiren, so wahrscheinlich seine Vorstellung, besaß er eindrucksvolle und vorzeigbare Dokumente der eigenen Bedeutung.

Die vom Bergsche Zusammenstellung hatte allerdings ähnliche Probleme wie die Memoiren, doch war hier der mangelnde Gehalt nicht das Ergebnis politisch begründeter Streichungen, sondern eine Folge der Tatsache, dass die Familie Duisberg in ihren verschiedenen Zweigen eine typische bergische Familie von Bauern und Heimarbeitern war, aus der niemand herausragte. Mehr als eine Reihe biographischer Skizzen zum Stammbaum der Duisbergs und zu den lebenden Familienangehörigen konnte vom Berg nicht erstellen. Lediglich der erste erwähnte Duisberg, ein Pfarrer aus Hückeswagen, hatte ein insofern bemerkenswertes Leben, als der zuvor katholische Geistliche im 16. Jahrhundert mit seiner Gemeinde zum Protestantismus übergetreten war und mit seiner Heirat vermeintlich die Linie der Duisbergs begründet hatte. Doch das war es von größerer Bedeutung auch schon. Aus den Untersuchungen wurde allerdings deutlich, wie groß die Familie Duisberg in Barmen mittlerweile war und wie viele Onkeln und Tanten, Vettern und Basen, Nichten und Neffen Carl Duisberg hatte, zu denen der Kontakt aber mehr als sporadisch war. Die Nachrichten über die Familie seiner Mutter waren überaus knapp; ebenso die Anmerkungen zur Familiengeschichte der Seebohms, aus der seine Frau Johanna stammte. Auch für die eigenen Kinder ließ Duisberg Lebensskizzen schreiben wie auch für sich selbst, wobei der Wunsch zu renommieren aus jeder Zeile sprach. Das Werk ist mithin mehr skurril als informativ, wenn es auch Duisbergs Erwartungen befriedigt haben dürfte. Duisberg ließ die Familiengeschichte für Kinder und Verwandte drucken. Der Aufstieg des Carl Duisberg vom Heimarbeitersohn zum wappentragenden Erfolgsmenschen mit Familiengeschichte war damit symbolisch abgeschlossen.

Der symbolischen Selbstaufwertung sollte auch die Herausgabe einer wertvollen Luther-Bibel dienen, die er von dem ehemaligen Superintendenten der altpreußischen Gemeinde in Königsberg, dem lutherischen Pfarrer Hans Schöttler herausgeben ließ, der mittlerweile den Deutschen Christen, also jener evangelischen Richtung, die mit dem Nationalsozialismus ihren Frieden gemacht hatte, zuneigte.[40] Carl Duisberg kannte Schöttler aus seiner Zeit als Pfarrer der Barmer lutherischen Gemeinde, der seine Mutter angehört hatte. Der Kontakt zu ihm war nicht abgerissen, als Schöttler nach der Jahrhundertwende in Berlin Karriere machte und schließlich als Superintendent nach Ostpreußen ging. Schöttler hatte wiederholt für Duisberg geistliche Aufgaben übernommen; u. a. hatte er Duisbergs Tochter Hildegard und Hans-Hasso von Veltheim getraut.[41] Mit dieser in kleiner Auflage gedruckten Bibel schloss sich um Duisberg eine Art symbolischer Kreis von Familiengeschichte, Lebenserinnerungen, beruflichem Erfolg und bejahter Religiosität, wobei letztere weniger einer geübten Lebenspraxis entsprach, sondern eher ein nachholendes Verhalten war. Auch diesen Akt wollte er geschätzt wissen, und machte ihn dadurch bekannt, dass er wichtigen Menschen in seinem Umfeld ein Exemplar schenkte, nicht nur Konrad Adenauer, sondern auch Joseph Goebbels.[42] Bei Adenauer geschah es wohl aus aufrichtiger Zuneigung; bei Goebbels dachte Duisberg vielleicht, gute Stimmung für seinen Sohn machen zu müssen, dessen berufliche Karriere ja in großem Maße vom Wohlwollen des Propagandaministeriums abhing.

***

Während Duisberg sich im Herbst 1933 daher in einer Welle öffentlicher Anerkennung noch einmal feiern lassen konnte, war die Stimmung in der Familie keineswegs besonders gut. Carl-Ludwig befand sich in einer manifesten Krise und lebte bis 1933 mangels eines festen Engagements von seinen Aufsichtsratstantiemen und von väterlicher Hilfe; ähnlich erging es Hilde von Veltheim, die in München mit ihrer Tochter ein zurückgezogenes Leben führte. Nur Walther, der mittlerweile dauerhaft in New York war, und Curt als Mitarbeiter von Carl Bosch standen im strengen Sinne auf eigenen Füßen, als Angestellte der I. G. freilich weiterhin stark in des Vaters Schatten. Ein wirkliches Selbstbewusstsein war bei den Kindern nicht vorhanden, die sich vielmehr fast durchweg zu ihrem eigenen Nachteil mit der Bedeutung des Vaters verglichen, dessen wirklichen oder vermeintlichen Erfolgen nicht auszuweichen war. Carl-Ludwig trat schließlich in der Weltwirtschaftskrise die Flucht nach vorne an und begann, in öffentlichen Stellungnahmen dem Vater zu schmeicheln, ja, ihn publizistisch zu überhöhen.[43] Ob er es gezielt darauf anlegte, dass ihm sein Vater noch einmal dabei half, in der deutschen Theaterlandschaft Fuß zu fassen, ist nicht bekannt; wahrscheinlich ist es, denn eine dieser literarischen Problematisierungen des Vater-Sohn-Verhältnisses[44] spielte exakt darauf an, dass der alte Duisberg des jungen Mannes Neigung zum Theater ablehnte, sie aber doch unterstützte. Und in der Tat. Wie bereits gesehen, griff Duisberg noch einmal hilfreich für seinen Sohn ein und ermöglichte ihm die Übernahme der Intendanz des kurz vor dem Konkurs stehenden Deutschen Theaters in Berlin. Seine Kinder, das dürfte ihm spätestens jetzt klar geworden sein, würden nicht in seine Fußstapfen treten können oder wollen, trotz aller Hilfen, die er gab. Eine Dynastie, von der er geträumt hatte, würde es nicht geben. Es findet sich kein Hinweis, dass er diesen Fehlschlag mit sich selbst, mit seiner Art in Verbindung gebracht hätte. Eher noch verführte es ihn dazu, sich selbst umso mehr als Ausnahmemenschen zu sehen.

Nach den Feiern im September 1933 traten andere Sorgen in den Vordergrund, denn bei Minna Sonntag machte sich ein Krebsleiden bemerkbar, das in den kommenden Monaten das Leben des Ehepaars Duisberg bestimmte. Im März 1934 machten die beiden aus Anlass des 70. Geburtstages von Johanna Duisberg eine Reise nach Lugano,[45] doch ist fraglich, ob Minna Sonntag noch dabei war, denn ihr Gesundheitszustand verschlechterte sich rasch. Im Sommer 1934 starb sie. Die Duisbergs reagierten mit heftigen Krankheitserscheinungen, u. a. traten bei Carl Duisberg nach eigener Ansicht wiederholt Herzattacken auf, die er nur durch den Einsatz von Digitalis in den Griff bekam.[46] Die angegriffene Gesundheit, wohl aber auch die depressive Stimmung im völlig verwaisten Haus in Leverkusen ließen das Ehepaar in eine Kur nach Partenkirchen flüchten. Die traurige Aussicht auf eine Rückkehr in das leere Haus in Leverkusen führte dazu, dass sich das Ehepaar spontan entschloss, seinen Wohnsitz nicht vollständig, aber doch wohl weitgehend in die Alpen zu verlegen: «Als alter Freund des Bayernlandes, das ich seit meiner Studien- und Militärzeit in München wohl jedes Jahr bereiste, war es schon immer mein Wunsch, in meinen alten Tagen in einer idealen Gebirgslandschaft während der Sommermonate Aufenthalt zu nehmen. Nachdem sich die riesige Arbeitslast, die Jahrzehnte auf meinen Schultern ruhte, seit einigen Jahren wesentlich verringert hat, indem jüngere Kräfte die Bürde auf sich nahmen, wurde diese Idee im letzten Sommer, als ich in einem Sanatorium zu Partenkirchen von einer gesundheitlichen Störung Genesung suchte, so stark befruchtet, daß ich kurzerhand zum Ankauf des geeigneten Grund und Bodens schritt, um mir darauf ein größeres Landhaus erbauen zu lassen.»[47] Das Grundstück an der Mittenwalder Straße war schnell gekauft und ein Münchener Architekturbüro mit dem Entwurf eines Hauses im alpenländischen Stil beauftragt; die Duisbergs hofften, rasch einziehen zu können.

Doch sollte es anders kommen. In dem nach seinen Plänen gebauten Haus sollten die Duisbergs keine Gäste mehr begrüßen, da Duisberg bereits vor dessen Fertigstellung schwer erkrankte. Einem befreundeten Industriellen schrieb er Anfang Dezember: «Über meine Erkrankung möchte ich Ihnen kurz berichten, daß sich bei mir vor etwa fünf Wochen eine Funktionsstörung der Blase bemerkbar machte, die mich schon bald zwang, mich in die Hände eines der ersten deutschen Urologen zu begeben. Die eingehenden Untersuchungen des Herrn Dr. Heckenbach und später des Herrn Geheimrat Sauerbruch ergaben keinerlei bösartige Symptome. Inzwischen sind die Entzündungsherde fast abgeklungen, die Fieberzustände haben aufgehört, ebenso ist die Infektion der Nierenbecken überwunden. Ich darf jetzt täglich ein halbes Stündchen aufstehen und hoffe zuversichtlich, daß ich, wenn auch langsam und allmählich wieder gesunde.»[48] Im Spätherbst 1934 begann eine Zeit des Hoffens und Bangens. Immerhin konnte Duisberg zu Weihnachten die Klinik verlassen, war aber weiterhin schwach und arbeitsunfähig.[49] Er setzte alle Hoffnung auf das neue Jahr, wie er Carl Bosch wissen ließ: «Die höchst unangenehmen Funktionsstörungen der Blase traten vor mehr als 8 Wochen plötzlich so heftig auf, daß ich schon nach wenigen Tagen ins Krankenhaus mußte, wo ich bald 7 Wochen gelegen habe. Trotz ausgezeichneter Behandlung durch einen ersten deutschen Urologen bin ich mit dem Heilerfolg noch keineswegs zufrieden und leide seit längerer Zeit noch dazu an äußerst schmerzhaften Karbunkeln, daß ich weder richtig sitzen noch liegen kann und mir dadurch der so nötige Schlaf geraubt wird. Na, hoffentlich geht es jetzt vorwärts und bringt mir das neue Jahr die ersehnte völlige Genesung.»[50] Im Januar 1935 schien es für einen Moment in der Tat besser zu werden, doch die Hoffnung hielt nicht lange an. Bereits am 18. Januar musste er Johannes Walther von einem Rückfall berichten, der ihn wieder ans Bett fesselte.

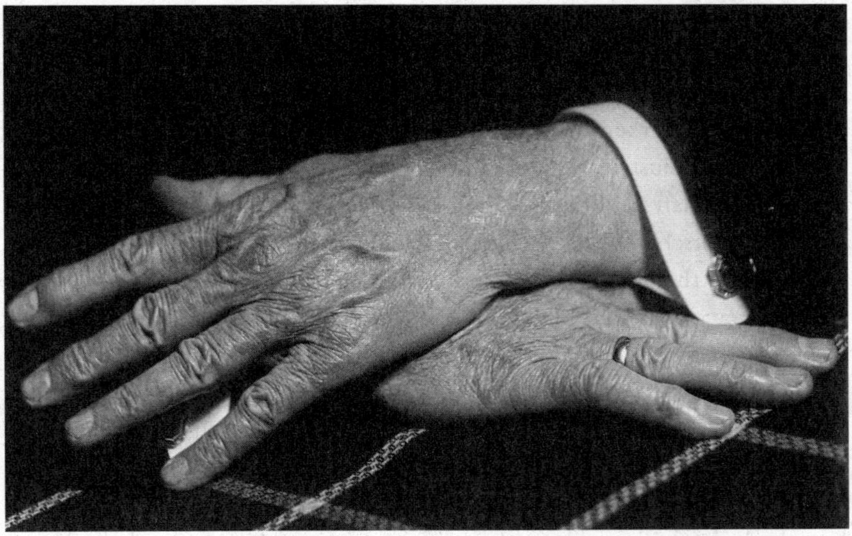

38 | Carl Duisbergs Hände (Aufnahme von 1930)

Noch einmal kam Ferdinand Sauerbruch nach Leverkusen, der Duisberg bereits in Köln im Dezember behandelt hatte. Er operierte ihn erneut, konnte aber nicht viel mehr als eine zeitweilige Entlastung erreichen, da der Gesamtzustand Duisbergs eine vollständige Entfernung der Prostata, die Sauerbruch eigentlich für zwingend hielt, nicht zuließ.[51] Duisberg schwankte im Februar 1935 erneut zwischen Hoffen und Bangen. Anfang März trat eine deutliche Verschlechterung der Lage ein, die nun schnell zur Agonie führte. Schon bald konnte er keine Korrespondenz mehr führen; schließlich war auch an ein Vorlesen der Briefe nicht mehr zu denken. Von nun an wurde mit seinem Tod gerechnet,[52] der am 19. März 1935 eintrat. Carl Duisberg wurde 73 Jahre alt.

***

Die Nachricht von Duisbergs Tod stand noch am gleichen Tag in der Zeitung. Die Berliner «Börsen-Zeitung» vom 19. März 1935 brachte die Meldung und zugleich einen ersten Nachruf in Form einer mehrseitigen biographischen Skizze, die den Lebenslauf Duisbergs exakt so beschrieb, wie er sich gesehen hatte: Organisator der chemischen Industrie, Vertreter der deutschen Wirtschaft, Helfer des Vaterlands in schwerer Zeit, ein Mann, der sich aus einfachen Verhältnissen durch harte Arbeit nach oben gekämpft habe, der die Bedeutung der Wissenschaft für die Wirtschaft, die durch den verlorenen Krieg nur umso größer geworden war, erkannt und entsprechend gehandelt habe, ein Unternehmer, der auch seinen sozialen Aufgaben stets vorbildlich gerecht geworden sei. Kurz: «Duisberg gehörte allen: seinen Werken als Chemiker, Prokurist und Generaldirektor, der chemischen Industrie als Vorkämpfer des Zusammenschlusses, der deutschen Wirtschaft als Präsident des Reichsverbandes der Deutschen Industrie, der deutschen Wissenschaft als Helfer des Wiederaufbaues und dem deutschen Arbeiter als sorgender Gefolgschaftsführer, der zahllosen ein Vorbild geworden ist.»[53] Diese Skizze, die wohl aus den Texten anlässlich seines ja erst zweieinhalb Jahre zurückliegenden 70. Geburtstages zusammengestellt war, gab den Ton der zahlreichen Nachrufe vor, die in den kommenden Tagen erschienen.[54] Nazi-Pathos findet sich dabei nicht; gelegentlich indes der Versuch, Duisbergs Biographie im Sinne der angebrochenen «neuen Zeit» zu frisieren, insbesondere indem die betriebliche Sozialpolitik in Elberfeld und Leverkusen zu einer Art Nationalsozialismus avant la lettre erklärt wurde, die das Ziel einer nationalen Gemeinschaftsbildung schon im Kaiserreich gehabt habe.[55] Das war reichlich bemüht; bizarr wurde es, als ihm ein Autor als Vorzug zurechnete, dass er es abgelehnt habe, die Hilfen des Deutschen Studentenwerkes auf republikanisch gesinnte Studenten zu beschränken. Dabei hatte er ja vor allem gegen eine nationalistische Politisierung der Vergaberegeln plädiert, um die Hilfen nach Kompetenz und nicht nach Weltanschauung vergeben zu können.[56] Doch waren diese Punkte bestenfalls Marginalien. Ein kritischer Blick auf Duisberg findet sich nicht, nicht allein aus Respekt und Pietät, sondern vor allem deshalb, weil sozialdemokratische und kommunistische Zeitungen nicht mehr erscheinen durften. Auch das trug dazu bei, dass in den ersten Nachrufen das Duisbergsche Selbstbild ungehindert dominierte.

Die I.G. meldete noch am gleichen Tag den Tod ihres Aufsichtsratsvorsitzenden, dessen Organisationstalent, dessen Einsatzbereitschaft und dessen Liebe zur Wissenschaft sie betonte. Mit Duisbergs Tod verliere die «deutsche Wirtschaft, insbesondere die chemische Industrie, einen ihrer großen Führer, die chemische Wissenschaft einen ihrer besten Vertreter und eifrigsten Förderer».[57] Als halbseitige Todesanzeige erschien dieser Nachruf faktisch in allen größeren Zeitungen Deutschlands; die Pressestelle in Leverkusen zählte 103 Zeitungen und zwölf wissenschaftliche bzw. Verbandszeitschriften auf.[58] Mit dem 20. März 1935 setzte zugleich eine Flut von Nachrufen ein, die von der Leverkusener Werksverwaltung akribisch nachgehalten wurde. Es waren nicht allein zahlreiche Werkvereine, die Duisberg gedachten, sondern Verbände, Unternehmen und Universitäten. Der Tenor war durchweg der Gleiche.[59] Lediglich weitere Facetten traten hinzu, etwa wenn der Verein Deutscher Chemiker die Verbandsarbeit seines Altvorsitzenden beschrieb,[60] oder Adolf Haeuser, der ehemalige Chef von Hoechst, für den Marburger Universitätsbund den «Studentenvater» und Stifter des dortigen Duisberg-Hauses würdigte.[61] Den wissenschaftlichen Nachruf auf Carl Duisberg schrieb dessen alter Freund Alfred Stock. Er erschien im November 1935 in den Berichten der Deutschen Chemischen Gesellschaft.[62] Dieser ausführliche Nachruf legte den Grundstein für alle späteren biographischen Darstellungen, da er weniger eine Würdigung von Duisbergs wissenschaftlicher Arbeit vornahm, wie für die «Mitteilungen» eigentlich zu erwarten, sondern eine breite Skizze von Duisbergs Leben und eine Charakterisierung seiner Person und seiner Eigenheiten bot, die bei aller texttypischen Hagiographie doch weitgehend den Tatsachen folgte. Aber auch hier hatte die I. G.-Werksgruppe Niederrhein wenig dem Zufall überlassen, sondern dafür gesorgt, dass Alfred Stock mit allen notwendigen Schriftstücken und Artikeln versorgt wurde.[63]

Die I. G. selbst setzte Duisberg schließlich mit einem Sonderheft ihrer Werkszeitschrift «Von Werk zu Werk» ein Denkmal. In diesem Heft wurde sein Leben skizziert. Der Leverkusener Betriebsleiter Wilhelm Lommel schilderte Duisberg als Wissenschaftler und Techniker noch recht sachlich. Der Bibliothekar Caspari interpretierte Duisbergs Sozialpolitik ganz im Geist der «neuen Zeit», ja, kam zu dem Ergebnis: «Carl Duisberg brauchte sich nicht ‹umzustellen›.»[64] Das war in der Zeitschrift der Werksgemeinschaft nicht anders zu erwarten. Ihr eigentlicher Zweck lag denn auch darin, den Abschied von Carl Duisberg ganz im Sinne der NS-Regierung zu interpretieren. Deshalb wurden nicht allein zahlreiche Photographien von Aufbahrung und Trauerzug mit gut sichtbaren Hakenkreuzfahnen ins Heft genommen, auch alle Reden auf der Trauerfeier wurden abgedruckt und auf einer gesonderten Seite vier Telegramme von Adolf Hitler, Hermann Göring, dem Ehepaar Schacht und dem ehemaligen Kanzler Franz von Papen abgedruckt. Dabei war Hitlers Telegramm an Johanna Duisberg eher nichtssagend, ganz ähnlich die Beileidsbekundungen Görings und von Papens. Lediglich Hjalmar Schacht, den Duisberg gut gekannt hatte, fand einige persönlichere Worte.[65] Der Tod Duisbergs ließ sich als ein offizielles Ereignis im Sinn der NS-Regierung nutzen, und das tat die Werkszeitschrift denn auch, vielleicht dadurch auch von der Tatsache ablenkend, dass die Beerdigung keineswegs derart prominente Gäste aus der Politik hatte, wie vielleicht bei der Bestattung des Aufsichtsratsvorsitzenden des größten deutschen Industriekonzerns zu erwarten gewesen wäre. Duisberg war der NS-Regierung keineswegs so wichtig, wie der eine oder andere Nachrufer insinuieren wollte. Die Reichsregierung war weder durch Minister oder Staatssekretäre vertreten, sondern durch einen Ministerialrat des Reichswirtschaftsministeriums, die preußische Regierung durch den Düsseldorfer Regierungspräsidenten und die NSDAP durch den Stellvertreter des Düsseldorfer Gauleiters. Dass bei dem Ehrenbürger Leverkusens dessen Bürgermeister anwesend sein würde, war klar. Doch nicht einmal der jetzige Reichsstand der Deutschen Industrie, der ehemalige RDI, war durch Leiter und Hauptgeschäftsführer vertreten; auch hier waren Vertreter geschickt worden. Lediglich Albert Vögler für die Kaiser-Wilhelm-Gesellschaft und das Deutsche Museum ließ es sich als alter Freund Duisbergs nicht nehmen, an seinem Grab zu sprechen.[66]

Die Trauerfeier fand am 22. März 1935 im großen Sitzungssaal des Fabrikcasinos der I. G. Niederrhein in Leverkusen statt, nachdem die Familie bereits am 21. März 1935 in der Direktionsvilla von ihm Abschied genommen hatte.[67] Im Casino war Carl Duisberg in einem Meer von Blumen und fast achtzig Kränzen aufgebahrt worden, deren Schleifen die Namen vieler deutscher Großunternehmen trugen.[68] Von den Hakenkreuzfahnen der Delegationen der Werksgemeinschaft abgesehen blieb die Feier von politischer Aufladung frei. Lediglich der Vertreter des Vertrauensrates konnte es nicht lassen, Duisbergs Werk in die Tradition des Nationalsozialismus zu stellen, während selbst der Abgesandte der Reichsregierung sich insofern zurückhielt. Albert Vögler fand treffende, persönliche Worte, die Duisberg als einen zumindest in seiner aktiven Zeit begeisterten und begeisterungsfähigen Mann, zugleich aber auch als Patriarchen und Aristokraten der Arbeit schilderten. Die Feier selbst, über die ein anonymer Werksangehöriger einen Bericht mit dem Titel «Carl Duisbergs letzter Gang» anfertigte,[69] begann um 15 Uhr und zog sich wegen der Reden und der Musik bis in den frühen Abend hin, ehe der Sarg im Spalier der Werksfeuerwehr und begleitet von einer Reichswehrkapelle schließlich zum Floratempel gebracht und dort beigesetzt wurde. Damit schloss sich in der Tat ein Kreis, denn Duisbergs letzte Ruhestätte war die Krönung eines von ihm selbst mitgeschaffenen Gesamtkunstwerkes. Bemerkenswert war dabei nicht nur die von Fritz Klimsch geschaffene Grablege, die bis heute im Duisberg-Park in Leverkusen zu betrachten ist. Bemerkenswert war vor allem die

39 | Aufbahrung Carl Duisbergs in der Direktionsvilla 21. März 1935

Tatsache, dass sich Duisberg in seinem Werk beisetzen ließ, obwohl so etwas so gut wie nicht mehr vorkam, ja, angesichts der öffentlichen Bestimmungen auch nicht vorkommen sollte. Andere Industrielle wählten aufwendig gestaltete Gräber auf öffentlichen Friedhöfen wie die Familie Siemens in Berlin-Stahnsdorf. Es gab auch exklusive private Grablegen wie die der Thyssen-Familie in der Kapelle von Schloss Landsberg an der Ruhr. Aber eine Beerdigung auf dem Werksgelände war doch unüblich. Sie war eine Dokumentation der engen Verbundenheit von Leben und Werk, ja eine Darstellung des eigenen Lebens durch dessen steingewordenen Ertrag. Duisberg hat das so gewollt. Und dass die englische «Times» zu seinem Tod schrieb, Duisberg müsse «alles in allem als der größte Industrielle angesehen werden, den die Welt zur Zeit gehabt hat»[70], ein in Leverkusen auch später gerne verwendetes Zitat, da schien das alles neutral beglaubigt.

***

Das alles hat auch sein Bild in der Zeit nach seinem Tod lange geprägt, auch wenn Duisberg außerhalb von Leverkusen und der I. G. Farbenindustrie AG bald kein Thema der Öffentlichkeit mehr war. In Leverkusen gedachte man des Geheimrats regelmäßig, sei es bei einer Gedenkstunde des TUS Bayer Leverkusen am Grabe Duisbergs oder bei einer Feierstunde zu seinem 80. Geburtstag 1941.[71] Ansonsten wurde es still um ihn. In den 1930er und 1940er Jahren erschienen noch hin und wieder biographische Skizzen zumeist von Menschen, die ihm nahegestanden oder ihn zumindest gekannt hatten, wie seine langjährigen Mitarbeiter Ernst Bertram oder Otto Meesmann.[72] Ganz ähnlich als Vorbild eines tätigen Menschen stellte auch Rudolf Baumgardt 1941 seinen Lesern Carl Duisberg vor.[73] Bruno Paul Schaumburg nahm 1943 Duisberg in seine Sammlung «Männer aus eigener Kraft» auf.[74] Aber das waren seltene Stimmen. Selbst in Leverkusen begannen die Spuren zu verblassen bzw. wurden gelöscht, denn einige Zeit nach dem Tode ihres Mannes löste Johanna Duisberg den Haushalt in der Dienstvilla auf und zog in ein Haus im Kölner Süden. Von seinen Sammlungen blieb ein Teil im Besitz der Witwe[75], die 1945 starb und neben ihrem Mann ihre letzte Ruhe fand, der Rest, nach 1945 incl. des Nachlasses von Johanna Duisberg, wurde unter die Kinder verteilt oder als Leihgabe bzw. Stiftung an Universitäten und andere Einrichtungen gegeben, so seine mineralogische Sammlung an die Universität Bonn.[76] Während die wertvollen Dinge in der Familie blieben, ging der größte Teil der übrigen Hinterlassenschaften, insbesondere der schriftliche Nachlass in das Bayer-Archiv, wo er sich incl. umfangreicher Foto- und Objektsammlungen heute noch befindet. Immerhin blieben Arbeitsraum und Schreibtisch in der Leverkusener Verwaltung noch eine Zeit lang erhalten und wurden, bevor auch sie aufgegeben wurden, in Zeichnungen derart detailliert festgehalten, dass das Zimmer und seine Einrichtungen bis hin zu Federhalter und Tintenlöscher heute wieder so hergestellt werden könnten, wie Duisberg sie 1934 verlassen hat.[77]

Spätestens nach Johanna Duisbergs Tod war ihr Mann zum Mythos geworden, von vielen noch gekannt, aber wirksam vor allem in den Erzählungen von seinen großen Leistungen, die unbestritten blieben. Mythos insofern, als ja auch eine andere, realistischere Erinnerung möglich gewesen wäre, doch konnte mit dem Bild des Heroen ebenso sein jähzorniger, ungeduldiger Charakter und seine politische Ambivalenz überdeckt, wie der verbleibende Rest als Vorbild, ja Handlungsansporn hingestellt werden. Aus Carl Duisberg wurde so ein auf eigentümliche Weise konstruierter «Erinnerungsort». Das schlug sich auch handfest nieder. Schon zu seinen Lebzeiten gab es erste Benennungen, die bis in die 1950er Jahre anhielten. Straßen, Schulen, Studentenheime, Gesellschaften und Vereine bekamen Duisbergs Namen, der auch insofern zum Inbegriff des Vorbildes wurde. Einer ernsthaften Auseinandersetzung mit seiner Biographie stand das nicht unbedingt im Wege, förderte sie aber auch nicht, weil eben über Duisberg bereits alles gesagt schien. Und so sind die ersten biographischen Skizzen der Nachkriegszeit nur Fortführungen der mit dem 70. Geburtstag gezeichneten Lebenslinie, häufig nur anders formulierte Kopien der seinerzeitigen Texte.[78] Dass das nicht reichte, Duisberg vielleicht auch gar nicht gerecht wurde, der eine richtige Biographie verdiente, ahnte auch die Leitung der neugegründeten Bayer AG, die 1952 den Kölner Journalisten Oswalt Gerhardt mit der Anfertigung einer Duisberg-Biographie betraute und ihm unbeschränkten Aktenzugang zusicherte.[79] Das Manuskript lag 1955 vor, wurde aber aufgrund offensichtlicher Qualitätsmängel nicht veröffentlicht.[80] Der 378 Seiten lange Text enthält zwar zahlreiche bemerkenswerte Informationen, die Gerhardt wohl im Gespräch mit ehemaligen Mitarbeitern Duisbergs bekommen hatte, war jedoch insgesamt in der Tat fragwürdig, da der Autor sich nicht gescheut hatte, romanhafte Passagen einzubauen. Der nächste Versuch war erfolgreicher. Hans-Joachim Flechtner schrieb, ebenfalls im Auftrag des Unternehmens, die bis heute einzige umfassende Biographie, die auch auf ein durchaus positives Echo in der Öffentlichkeit stieß.[81] Flechtner hat sich bemüht, Duisberg gerecht zu werden, vor einer wirklichen Auseinandersetzung mit dessen Leben dann aber zurückgeschreckt. Die aus den Leverkusener Quellen gearbeitete Biographie hat ihre Schwächen vor allem in den Auslassungen und verkürzten Darstellungen zum Ersten Weltkrieg.[82] So ist eine hagiographische Darstellung entstanden, die, wenn man die Geschichte der Farbenfabriken kennt, hilfreich sein kann, aber eben nur dann. Mit dem Buch konnte Duisbergs 100. Geburtstag 1961 festlich begangen werden. Und es strahlte aus, sogar in die DDR, die Flechtners Darstellung zum Anlass nahm, «das Wirken Carl Duisbergs, eines der fähigsten Vertreter des Monopolkapitals in der Periode des Übergangs zum Imperialismus bis zum Ende der Weimarer Republik» näher zu beleuchten.[83] Auch wenn Heike Etzold sich bemühte, weltanschaulich einen kritischen Ton gegenüber dem Kapitalisten Duisberg anzuschlagen, gelang es ihr nicht: «Fähige Menschen gleich ihm bringt die Gesellschaft zu jeder Zeit hervor, doch nur wenn das gesellschaftliche Bedürfnis nach der Nutzung ihrer Fähigkeiten und Eigenschaften besteht, treten sie hervor. Duisbergs Wirken beweist den untrennbaren Zusammenhang zwischen dem Auftreten hervorragender Persönlichkeiten und den Gesetzmäßigkeiten der ökonomischen Entwicklung. … Er war die Verkörperung der bedeutungsvollen Verbindung zwischen Wissenschaftler und Großindustriellem.»[84] Diese Beurteilung hätte Duisberg ebenso gefallen, wie die Tatsache, dass seine Denkschrift zur Gründung der I. G. von 1915 im gleichen Heft des marxistischen Jahrbuchs für Wirtschaftsgeschichte nachgedruckt und umständlich, wie Goethe gesagt hätte, erörtert wurde.[85]

In der DDR sahen einige Historiker Duisberg auch kritisch, doch waren das vor allem die Historiker des Ersten Weltkrieges, die aufgrund der in der DDR verfügbaren Akten dessen Rolle während des Krieges sehr schnell erfassten und ihn, freilich übertrieben und unzutreffend interpretiert, als großkapitalistischen Stichwortgeber und Antreiber des Krieges sahen, der insbesondere gegenüber der dritten Obersten Heeresleitung den Ton angegeben habe.[86] Doch selbst bei den Zeithistorikern aus der DDR schnitt Duisberg immer noch glimpflich ab, da man ihn für die Weimarer Zeit zum flexiblen Flügel des deutschen Großkapitals rechnete, dessen Zeit zudem bereits vor dem Faschismus abgelaufen war. An diesem kritischen, aber letztlich eher distanzierten Bild hielt auch die westliche Forschung, die im Kontext der Aufarbeitung der Rolle der I. G. Farbenindustrie während des Dritten Reiches seit den späten 1970er Jahren deutlich zunahm, fest. Duisberg wurde als Schöpfer des Konzerns gesehen, seine Haltung im Ersten Weltkrieg war bekannt oder doch weitgehend bekannt, seine Bedeutung für die Entwicklung nach 1933 aber gering. Insofern taucht er immer wieder auf, bleibt als Person aber blass, ganz ähnlich wie in den Darstellungen zur Politik der Industrie am Ende der Weimarer Republik. Duisberg war offenbar beteiligt, aber doch nicht wirklich wichtig, ein Befund, der ja auch im Lichte dieser Darstellung nicht falsch ist.[87] Lediglich seine Bewertung, zumindest in wissenschaftlicher Hinsicht, hat sich gewandelt. Die Geschichte der I. G. nach 1933 verdunkelt nun auch ihre Vorgeschichte zunehmend, die mehr als Hinführung ins Verhängnis denn als eigenständige Phase begriffen wird, zumal eben die Forschungen zum Ersten Weltkrieg gezeigt haben, dass Duisberg nicht nur in der Frage der Giftgasherstellung und der Arbeitskräftemobilisierung, sondern auch in der Kriegszieldebatte und der U-Boot-Frage eine wesentliche Rolle spielte.[88] Bis in die Öffentlichkeit hinein hat diese vor allem von Joseph Borkin[89] vorgegebene Sichtweise ihre Spuren gezogen, namentlich über den Film «Väter und Söhne» von Bernhard Sinkel, der die Geschichte der I. G. hieran angelehnt dramatisierte. In der von Burt Lancaster gespielten Figur des Carl Julius Deutz ist Carl Duisberg zumindest als Anregung gut erkennbar; ebenso sind seine Kinder den Duisbergschen nachempfunden. Auch die

Unternehmenspolitik und das Selbstverständnis des alten Deutz, schließlich auch die zentrale Bedeutung des Ersten Weltkrieges decken sich punktuell mit Duisbergs Leben. Der Film von 1986 kam freilich nicht gut an, da man ihm filmische Mängel ankreidete: «‹Väter und Söhne› ist schlampig inszeniert, umständlich gegliedert, eine Aneinanderreihung von Halbherzigkeiten».[90] Doch wie dem auch sei. Seither bleibt Duisberg erkennbar in die Vorgeschichte des Verhängnisses eingeordnet. Erst in jüngster Zeit wird diese Sicht allerdings auch zu Angriffen genutzt, die weit über das hinausgehen, was sich historisch plausibel sagen lässt. Diarmuid Jeffreys macht in seiner Darstellung der I. G. Duisberg ohne einen einzigen Quellenbeleg zum radikalen Gegner der Republik und zum Unterstützer des Kapp-Putsches,[91] und jüngst war die Koordination gegen Bayer-Gefahren, ein Zusammenschluss u. a. kritischer Aktionäre, mit ihrer Kampagne, die nach Carl Duisberg benannten Straßen und Schulen in Deutschland umbenennen zu lassen, zumindest in Dortmund erfolgreich. Anderswo laufen die Verfahren, und es ist keineswegs sicher, wie sie ausgehen. Während der Mensch Carl Duisberg vergessen ist, vielleicht sogar nie richtig bekannt war, bleiben von ihm nur die «Schandtaten» während des Ersten Weltkrieges, die er freilich mit heute so ehrenwerten Menschen wie Gustav Stresemann oder Matthias Erzberger teilt. Sic transit gloria mundi.

Epilog

37 | Kein Liebling der Götter!

«Auch weiß der Mensch seine Zeit nicht, sondern wie die Fische gefangen werden mit dem verderblichen Netz und wie die Vögel mit dem Garn gefangen werden, so werden auch die Menschen verstrickt zur bösen Zeit, wenn sie plötzlich über sie fällt.»[1]

Was bleibt nun übrig, nach der Betrachtung dieses durchaus langen, vor allem ereignisreichen Lebens? Auf einen einfachen Punkt lässt es sich nicht bringen. Goethes Bemerkung, der Charakter eines Menschen lasse sich nicht anders schildern als durch eine Betrachtung seiner Handlungen und Taten, war so etwas wie das stillschweigende Darstellungsprinzip dieser Biographie. Was bleibt also, will man eine Summe dieser Handlungen und Taten ziehen? Sicher nichts, das sich den früheren Lobeshymnen vergleichen ließe, und ebenso wenig etwas, das den heutigen Verdammungsurteilen nahekommt. Eher ein zwiespältiger Eindruck, der sich freilich weniger Duisbergs Charakter verdankt, sondern den Umständen, unter denen dieser Mann sein Leben verbrachte. Im Sommer 1914 kam eine strahlende Karriere an ihr abruptes Ende. So sehr die ersten Jahrzehnte seines Lebens von der Sonne des Erfolgs überstrahlt waren, so sehr standen die Jahre zwischen 1914 und 1935 im Schatten, gelegentlich gar im Zwielicht. Es ist diese Zäsur, die Duisbergs Leben entscheidend prägte, zumindest in der Betrachtung im Nachhinein. Zuvor sprach nichts für einen derartigen Bruch. Wäre er ausgeblieben, wäre Duisbergs Karriere deswegen nicht weniger spektakulär verlaufen; aber ihr hätte das Bittere weitgehend gefehlt. Es wäre der Lebenslauf eines erfolgreichen Menschen gewesen, der für seine Zeit, den industriellen Aufschwung im Kaiserreich, keineswegs untypisch war. Duisbergs Leben hätte so zum Inbegriff einer Karriere werden können, zur Folie für erfolgreiches Führungs- und Managementverhalten schlechthin.

Der Erste Weltkrieg machte dem einen Strich durch die Rechnung. Die beiden Phasen dieses Lebens hängen nichtsdestotrotz untrennbar zusammen, denn der Rausch des Aufstiegs bedingte auch den Sturz, die Katerstimmung und den vergeblichen Wunsch, an die frühen Erfolge wieder anzuknüpfen.

Die entscheidende Zäsur in Duisbergs Leben war also, daran besteht kein begründeter Zweifel, der Ausbruch des Ersten Weltkrieges. Zuvor war er ein energischer, erfolgreicher, zielstrebiger, aufbrausender und ehrpusseliger Industrieller gewesen, der dank eigener Bemühungen, nicht zuletzt aber wegen der Gunst der Zeit schließlich auf der Sonnenseite des Lebens stand. Dass all das Erreichte vorbei sein konnte, ahnte Duisberg seit den ersten Kriegstagen. Er versuchte mit allen Mitteln, eine Kriegsniederlage zu verhindern. Später, nach dem katastrophalen Ende des Krieges, unternahm er alles, um zumindest die Möglichkeit, zum Glanz der Vorkriegszeit zurückzukehren, aufrechtzuerhalten. Was ihn vor dem Krieg ausgezeichnet hatte, zeichnete ihn auch während des Krieges und danach aus: Energie, Ehrgeiz, Anerkennungsbedürfnis, doch hatten diese Tugenden nun ihre Unschuld verloren. Aus Triebkräften des friedlichen Aufstiegs wurden sie zu Elementen der Kriegsführung, der Vernichtung, der Radikalität. Es waren die Umstände, die aus Tugenden Laster werden ließen, nicht die Motive oder Charaktereigenschaften des Mannes. Ohne den Krieg hätte Duisberg sein erfolgreiches Leben fortsetzen können, hätte in der Welt des Kaiserreiches Ruhm, Ansehen und Luxus/Wohlstand genossen, ja, vielleicht jene aus den USA so bekannte Karriere vom erfolgreichen Industriellen zum Stifter und Wissenschaftsförderer gemacht, die sich ja auch bei ihm längst abgezeichnet hatte. Das Politische war sein Metier niemals. Die dilettantischen Versuche, in der Politik Fuß zu fassen, die ungeschickten Intrigen gegen Bethmann-Hollweg, das Großsprecherische des vermeintlichen Vertrauten der Obersten Heeresleitung: All das spricht ja eine klare Sprache. Politik war sein Beruf nicht – in kleinen Kreisen dicke Bretter zu bohren, hätte ihn, der es gewohnt war, rasch zu entscheiden und dann zu delegieren, auch deshalb überfordert, weil Aktenstudium und Akribie seine Sache nicht waren. Vor allem aber war er in politischer Hinsicht Opportunist, jemand, der die Verhältnisse hinnahm, wenn sie seine Kreise nicht störten, dem vor allem an Ordnung lag, nicht an politischen Überzeugungen. Insofern hatte er sich mit dem Kaiserreich arrangiert. Insofern konnte er, wenn auch wegen der revolutionären Ereignisse zunächst widerwillig, mit der Republik leben. Insofern fiel es ihm auch 1933 nicht schwer, sich nach der Krise der Republik neuen Hoffnungen hinzugeben. Ohne den Krieg aber wäre dieser Opportunismus nicht weiter beachtenswert gewesen, vermutlich wäre er gar nicht bemerkt worden, weil er anlasslos keine Bedeutung gewonnen hätte, eine Art latenter Opportunismus, der aber die Voraussetzung dafür ist, dass Wirtschaftsunternehmen in einer politisch sich wandelnden Welt überhaupt zurechtkommen. Das Ökonomische und das Politische unterliegen ja anderen Rhythmen, und die Ökonomie muss sich gegenüber den in der Politik raschen Wechseln immunisieren. Das ist selbstverständlich und fällt zumeist nicht auf, da der politische Wandel selten so tiefgreifend ist, dass aus dieser Anpassungsfähigkeit und vor allem Anpassungsbereitschaft ein moralisches Problem wird, im Gegenteil. Heute loben wir die Unternehmen, die den politischen Wechsel klaglos akzeptieren und mit wechselnden Regierungen zurechtkommen. Es war die Radikalität der Brüche, die Duisberg in seiner Karriere erlebte, die alle Facetten dieses in der Natur des Industriellen liegenden Opportunismus so scharf ausprägten, die Selbstmobilisierung im Krieg, die ängstliche Anpassung nach der Revolution, das Hoffen nach der Machtübernahme der NSDAP. Ohne diese Brüche wäre Duisberg der Organisator einer neuen Industrie gewesen, ein naturwissenschaftlich geprägter Industrieller mit Blick für die weltwirtschaftlichen Zusammenhänge, ein am wirtschaftlichen Erfolg orientierter Manager mit entsprechenden Beziehungen in die Politik, ein vermögender Mensch mit mehr oder weniger modernem Lebensstil, geltungsbedürftig, eitel und machtbewusst. Das unterscheidet ihn kaum von den Industriellen der späteren Bundesrepublik, denen die Prüfung eines Krieges und eines katastrophalen wirtschaftlichen Zusammenbruchs erspart geblieben ist – und deren Opportunismus insofern im Verborgenen bleiben konnte.

Stellt man Duisberg in eine Reihe mit anderen Industriellen seiner Zeit, und davon gibt es überaus viele – Deutschland war in der Generation der etwa zwischen 1850 und 1880 geborenen Männer erstaunlich reich an Unternehmertalenten –, so ragt Duisberg nicht so heraus, wie es allein die Betrachtung seiner Person nahelegt. Ähnliche Karrieren vollzogen viele Männer, und auch viele von ihnen waren nicht in den entsprechenden bourgeoisen Milieus geboren, sondern soziale Aufsteiger wie Albert Ballin oder Albert Vögler. Bei aller gerechtfertigten Kritik war die Gesellschaft des Kaiserreiches von großer sozialer Aufstiegsmobilität geprägt, was indes nur denjenigen überrascht, der bereits zuvor weiß, dass eine Adelsgesellschaft erstarrt sein muss. Die erfolgreichen Aufsteiger der Zeit, das war Duisbergs

Welt. Zu manchen von ihnen, Albert Vögler etwa, fühlte er sich auch gerade deshalb hingezogen. Die Merkmale dieser Männer waren recht homogen: Hohe Qualifikation, Hingabe an die Sache, Ehrgeiz und Durchsetzungsvermögen, das alles entfaltet in einer Zeit des wirtschaftlichen Aufschwunges, ja einer Art wilhelminischem Wirtschaftswunder, das waren die Zutaten vieler industrieller Lebensläufe, und viele waren auch ähnlich erfolgreich. Die in Duisbergs Leben erkennbare Anatomie industrieller Führung ist daher keine individuelle Sache, sondern für erfolgreiche Unternehmensleiter im weitesten Sinne typisch. Bei aller Ähnlichkeit aber gibt es doch lehrreiche Unterschiede. Duisberg war energischer, zumindest bis in die frühe Nachkriegszeit, und zwar gerade weil er delegieren konnte, weil er wirklich führte und nicht alles an sich zog. Die an ihm stets hervorstechende Energie war nicht zuletzt Ausdruck eines perfekt organisierten Umfeldes, das im Wortsinne auf Zuruf all jene Aufgaben erledigte, für die Duisberg die bewundernde Aufmerksamkeit der Zeitgenossen bekam. Allein dieses Organisationstalent war schon beachtlich, doch überdies war und blieb Duisberg ein der eigenen akademischen Disziplin ernsthaft verpflichteter Chemiker, kein reiner Kaufmann oder gar Kapitalist. Auch das unterschied ihn von seinen industriellen Freunden und Kollegen, die zur Wissenschaft fast durchweg ein instrumentelles Verhältnis hatten. Für Duisberg war die Wissenschaft mehr als nur nützliches Instrument; sie war die Seele seiner Karriere, die ohne sie nicht möglich gewesen wäre. Industrieller Erfolg und soziale Mobilität auf der Basis wissenschaftlicher Qualifikation und praktischen Könnens – diese Kombination, verknüpft mit brennendem Ehrgeiz und dem nötigen Quentchen Glück und Zufall –, das war das Leben des Carl Duisberg aus Barmen zumindest bis zum August 1914. Die Bedingungen für Duisbergs Erfolg waren mithin einerseits struktureller, andererseits persönlicher Art. Strukturell fand er günstige Voraussetzungen und ein günstiges ökonomisches, wissenschaftliches, organisatorisches Umfeld, dessen Nutzung aber entscheidend von bestimmten persönlichen Merkmalen abhing. Und es war eine gewisse Nonchalance, die ihn dies alles, mit Goethe gesprochen, gewissenlos nutzen ließ. Der Satz des Werner von Siemens vom «gesunden Egoismus»[2], den ein erfolgreicher Industrieller besitzen müsse, trifft für Duisberg vorbehaltlos zu. Tue Gutes und profitiere davon, darin könnte man geradezu das stillschweigende Motto seines Lebens sehen. Alles, was er tat, war von dieser Doppeldeutigkeit, die ja keinen Widerspruch markiert. Mit dem Gewinnmotiv allein, wenn er es denn gehabt haben sollte, lässt sich seine Karriere nicht hinreichend erfassen.

Die Geschichte ist anders. Carl Duisbergs Lebenswerk war geradezu eine Art Inbegriff des «Rheinischen Kapitalismus» avant la lettre. Das kann nur verkennen, wer den «Rheinischen Kapitalismus» zu einer Art Sozialfürsorgeinstitution verharmlost. Sozialpartnerschaftlich abgefederter Kapitalismus hat aber mit Wohlfahrt wenig zu tun, ebenso wenig mit einer Aufgabe des unternehmerischen Führungsanspruchs. Im Gegenteil: Duisberg wollte führen – er konnte das allerdings auch so offen sagen, weil er die übergeordnete Orientierung am Gemeinwohl glaubwürdig vertrat, weil sein Patriotismus mehr war als ein Lippenbekenntnis, weil seine technische und naturwissenschaftliche Programmatik, auf die bezogen die Orientierung am Gewinn immer nur eine Bedingung unter anderen war, unstrittig galt. Schließlich war auch das Wohlfahrtsengagement trotz aller Kritik stets weit mehr als nur zweckdienlich: Welcher Industrielle würde heute noch seiner Firma und deren Beschäftigten zum 50. Geschäftsjubiläum ein großes Freibad schenken? Hier liegt zweifellos auch ein Geheimnis von Duisbergs unternehmerischem Erfolg, ja seines Erfolges schlechthin: Er war deshalb so erfolgreich, weil sein persönlicher Gestaltungswille zugleich ein allgemeines ökonomisches Bedürfnis traf – beide waren stets ineinander übersetzbar, und gerade hieraus speisten sich auch seine Verhaltenssicherheit und sein Optimismus. Beides diente zugleich seinem Wohlbefinden wie einem allgemeinen Interesse; davon blieb er bis an sein Lebensende fest überzeugt.

Carl Duisberg war schließlich auch, hätte der Begriff nicht den hier unzutreffenden obrigkeitsfixierten Beigeschmack, der Inbegriff des Wilhelminers. So wenig er Kaiser Wilhelm II. bewunderte, so unkritisch übernahm er dessen Art der Selbstinszenierung, von der heute bekannt ist, dass sie ja überaus modern war. Mit einer Bewunderung des Obrigkeitsstaates oder gar mit Obrigkeitsgläubigkeit und Untertanenmentalität hatte das nichts zu tun. Der konkrete Staat war für die Farbenfabriken stets eine pragmatische Veranstaltung, die dazu neigte, mehr Probleme zu machen als zu lösen. Das galt es abzuwehren. So wenig Duisberg den Staat abstrakt verehrte, so wenig Zugang hatte er zum Pessimismus der Vorkriegszeit, zur «Decadence». Die so oft beschworene Kulturkritik jener Jahre war ihm vollständig fremd, da sie eine Welt ablehnte, die ja gerade der Ausdruck seines Erfolges, seines Strebens und seiner Hoffnungen war. Das teilte er mit den Industriellen seiner Zeit, bei denen der Kulturpessimist Walther Rathenau die vielfach Kopfschütteln auslösende Ausnahme und eben nicht die Regel war. Sie waren – wie die Angestellten der Zeit überhaupt – der

Inbegriff der sozialen Mobilität und damit auch einer modernen Lebensführung, die sich um Herkommen nur noch bedingt scherte. Duisberg selbst bezeichnete sich als «modernen Menschen», für den sozialer Aufstieg durch Arbeit geradezu der Inbegriff eines erfüllten Lebens war. Das bildungsbürgerliche und das kulturkritische Ressentiment, das diesen Menschen im Kaiserreich entgegenschlug, und auch die wortreiche Kritik an einem Materialismus, der keine geistige Mitte mehr kenne, die Gehässigkeit, mit der sich das bildungsbürgerliche Publikum und die kulturelle Avantgarde über die Geistlosigkeit der Zeit hinwegsetzen zu können glaubten, ohne überhaupt zu bemerken, wie sehr sie in ihrem eigenen Alltag von den Segnungen des Kapitalismus bereits abhängig waren, all das konnte diese Dynamik, die Duisbergs Lebensinhalt war, nicht begreifen. Der Krieg hat das alles beendet und die heitere Welt des Kaiserreiches durch die Barbarei des Krieges und das Elend der Nachkriegszeit ersetzt, sodass aus Tugenden Laster wurden bzw. werden konnten. Ein einfaches Gesamtresümee kann über dieses Leben daher nicht gezogen werden, dazu waren die Zeiten zu unterschiedlich, in denen es gelebt wurde. Man muss es insgesamt betrachten, um es zu begreifen: «Vergebens bemühen wir uns, den Charakter eines Menschen zu schildern; man stelle dagegen seine Handlungen, seine Taten zusammen, und ein Bild des Charakters wird uns entgegentreten.»[3] Einen Liebling der Götter, schon gar nicht im wohl intendierten Goetheschen Sinn[4], zeigen sie nicht, eher einen mustergültigen kapitalistischen Manager in wechselndem Licht.

ANHANG

Anmerkungen

1 | Ein Liebling der Götter?

1 Johann Wolfgang Goethe, Maximen und Reflexionen, S. 241.

2 Hartmann, Mythos.

3 Carl Duisberg an Carl-Ludwig Duisberg, 12. 10. 1932, BAL AS.

4 Gerhardt, Duisberg 1952; Flechtner, Duisberg, 1958; Klose, Duisberg, 1991. Auch seine Kritiker, die es gibt, würden ihm Größe nicht absprechen, negative Größe halt.

5 Carl Duisberg an Johannes Walther, 9. 10. 1893, BAL AS.

6 Carl Duisberg an Carl-Ludwig Duisberg, 11. 2. 1935, BAL 300/129.

7 Duisberg selbst schätzte seine Autographen in den 1920er Jahren auf 13 000 Stück, Carl Duisberg an Hofrat Franz Josef Brakl, 22. 1. 1927, BAL AS.

8 Carl Duisberg, Abhandlungen, Vorträge und Reden aus den Jahren 1882–1921, hrsg. zu seinem 60. Geburtstag vom Aufsichtsrat und Direktorium der Farbenfabriken vorm. Friedr. Bayer & Co., Berlin, Leipzig 1923; Abhandlungen, Vorträge und Reden aus den Jahren 1922–1932, Berlin 1933. Herrn Geheimen Regierungsrat Professor Dr. Carl Duisberg zum 50jährigen Geschäftsjubiläum in Verehrung gewidmet vom Direktorium der I. G. Farbenindustrie Aktiengesellschaft, Werk Leverkusen. In diesem zweiten Band sind teilweise Duisbergs Bekenntnisse zur Weimarer Republik gestrichen worden, sodass eine Textüberprüfung im Einzelnen erfolgen muss. Die Masse der abgedruckten Texte ist jedoch unverändert übernommen worden. Überdies erschien der Band ohne Vorwort oder Einleitung, in dem ja die neue Regierung hätte gewürdigt werden müssen. Das war sicher kein Zufall.

9 Eine Auswahl der Briefe ist jetzt in einer vorzüglichen Edition zugänglich: Carl Duisberg. Briefe eines Industriellen, ausgewählt und bearbeitet von Kordula Kühlem, München 2012.

10 Bemerkung von Carl Wichelhaus in einem Schreiben an Hildegard von Veltheim, 7. 3. 1941, BAL 110/1.38.

11 Die Korrespondenzarbeit war so umfangreich, dass Duisberg wiederholt klagte, sie hielte ihn von der eigentlichen Arbeit ab: «Ich will nur nicht unerwähnt lassen, dass am vergangenen Dienstag die vereinigte Sonntags- und Montagspost, an der ich mich am Sedanstage abgequält habe, über 600 Briefe aufwies.» Carl Duisberg an Friedrich Bayer jun., 4./5. 9. 1895, BAL AS.

12 Otto Meesmann, Carl Duisberg, S. 244.

13 Carl Wichelhaus (1883–1959) trat 1896 offenbar als kaufmännischer Lehrling in die Farbenfabriken ein. Notiz der «Mülheimer Zeitung» vom 28. 4. 1921 über das silberne Geschäftsjubiläum von Wichelhaus, BAL 110/1.38.

14 Siehe die Anschreiben von Carl und Johanna Duisberg an Carl Wichelhaus vom Januar 1927, in: BAL 300/151. Hier auch Carl Wichelhaus an Carl Duisberg, Weihnachten 1925.

15 Mitte der 1920er Jahre waren es drei Sekretariate, die für Duisberg arbeiteten, von

Carl Wichelhaus abgesehen. Das Sekretariat des Vorsitzenden des Aufsichtsrates, das vom RDI mitfinanzierte Sekretariat für Wirtschaftsfragen und das Sekretariat allgemein, wobei die RDI-Sekretäre im zweiten Bereich angesiedelt waren; hierzu Gerhardt, Duisberg, S. 329, 343.

16 Albrecht Schöne, Der Briefschreiber Goethe, S. 11 f. Duisberg, der Goethe verehrte, wird hier seine Anregungen gefunden haben.

17 Auch bei den Reden, Stellungnahmen und publizistischen Beiträgen ist Duisberg selbst nur indirekt als Verfasser anzusehen. In der Regel besprach er mit den zuständigen Mitarbeitern die Anlässe und Formate, die daraufhin Entwürfe machten, die Duisberg dann selbst wieder bearbeitete und zum Teil deutlich veränderte. Auch wenn er nicht jedes Wort selbst schrieb, sind sie daher doch als seine Texte von authentischem Wert.

18 Zur Unterscheidung zwischen Autobiographie und Memoiren siehe Neumann, Identität und Rollenzwang.

19 Hierzu Kap. 36.

20 Er steht damit indes nicht allein; Tagebücher von Industriellen sind bis heute eine große Seltenheit oder selten wirklich informativ. Typisch dürfte das Tagebuch von Walther Rathenau sein, das zumeist nur kurze Notizen über Tagesereignisse umfasst. Walther Rathenau, Tagebuch 1907–1922. Eine Ausnahme machte das Ehepaar Hugo und Else Stinnes; siehe dazu die umfassende Biographie von Feldman, Hugo Stinnes.

21 Carl Duisberg an Oskar von Miller, 19. 5. 1932, BAL AS.

22 Boswell, Dr. Samuel Johnson.

23 Weber, Protestantische Ethik. Sombart, Bourgeois. Schumpeter, Theorie der wirtschaftlichen Entwicklung.

24 Zentral Schumpeter, Theorie der wirtschaftlichen Entwicklung, 2. neu bearbeitete Aufl., S. 110–139. Vgl. auch Schumpeter, Schöpferisches Reagieren. Schließlich Schumpeter, Ökonomische Theorie und Unternehmergeschichte.

25 Vgl. Schumpeter, Kapitalismus, Sozialismus und Demokratie. Zu Schumpeters spätem Pessimismus siehe auch Schäfer, Kraft der schöpferischen Zerstörung, S. 168–190.

26 Vgl. die Aufsatzsammlung Redlich, Der Unternehmer.

27 Vgl. Plumpe, Zur historischen Semantik des Unternehmers.

28 Plumpe, Unternehmer. Fakten und Fiktionen, Einleitung, S. 1–26.

29 Schumpeter, Schöpferisches Reagieren, S. 187.

30 Schumpeter, Schöpferisches Reagieren, S. 184.

31 Schumpeter, Schöpferisches Reagieren, S. 184.

32 Auch hier wieder hat Schumpeter sehr klar gesehen: «Aus diesem Grund muss das ‹Wie› in den oben so genannten ‹Mechanismen› in jedem einzelnen Fall genau untersucht werden.», Schöpferisches Reagieren, S. 184.

33 Überhaupt bildet der industrielle Strukturwandel der Zeit, das Eindringen der Wissenschaft in die industrielle Produktion und die Entstehung des managementgeführten Großunternehmens, die Folie, auf der Duisbergs Existenz erst transparent wird. Grundsätzlich dazu die inspirierende, wenngleich auch überaus diskussionswürdige Studie von Chandler, The Visible Hand. Siehe auch den informativen Überblick bei Tilly, Wachstum der Großunternehmen, S. 95–113. Vgl. schließlich Kocka, Industrielles Management, S. 332–372.

34 Die Geschichte der Farbstoffindustrie, damit die Entstehung der chemischen Industrie, ist oft dargestellt worden; vgl. zum folgenden Murmann, Knowledge and Competitive Advantage. Duisberg selbst hat sich wiederholt hierzu geäußert, vgl. etwa

Carl Duisberg, Im Zaubergarten der Farbenchemie, 1933, abgedruckt in: Carl Duisberg, Abhandlungen II, S. 214–216.

35 Zur Stellung der deutschen Chemie in der Welt vgl. Chandler, Shaping the industrial Century, S. 41–176.

36 Zum Aufstieg der Farbenindustrie generell Walter Teltschik, Geschichte der deutschen Großchemie. Zeitgenössisch Heinrich Caro, Über die Entwicklung der Teerfarbenindustrie.

37 Murmann, Knowledge and Competitive Advantage.

38 Die Forschung zu Themen, in denen Carl Duisberg eine wichtige Rolle spielte, ist umfassend und muss hier im einzelnen nicht erwähnt werden. Sie findet sich später an den entsprechenden Stellen notiert. Neuere biographische Studien und Skizzen sind selten – von der gleich erwähnten Studie Flechtners abgesehen. Zeitgenössisch fand Duisberg einige Aufmerksamkeit; auch nach seinem Tod entstanden manche biographische Arbeiten, die aber zumeist einer kritischen Sicht kaum Stand halten und selbst eher als Quellen seiner zeitgenössischen Wahrnehmung zu sehen sind. In den 1990er Jahren entstand eine nichtpublizierte erziehungswissenschaftliche Doktorarbeit, die verdienstvoll ist, aber Schwächen hat; Klose, Aspekte. Die Schwächen ergeben sich einerseits zwangsläufig aus der Aspekthaftigkeit, andererseits aus der Tatsache, dass Klose sehr selektiv auf das umfangreiche Material zugreift und manche Bewertung zumindest unvollständig ist. Wichtig ist darüber hinaus die umfassende Studie von Portz, Großindustrie.

39 Flechtner, Duisberg.

40 Vgl. etwa Nieberding, Unternehmenskultur im Kaiserreich. Hartmann, Organisation und Geschäft.

41 Sonnemann, Duisberg-Denkschrift. Etzold, Carl Duisberg. Treue, Carl Duisbergs Denkschrift von 1915, S. 193–227. Plumpe, Die I. G. Farbenindustrie AG.

42 Ausgangspunkt ist Wickel, I.-G. Deutschland. Borkin, Die unheilige Allianz. Schließlich jüngst Jeffries, Weltkonzern und Kriegskartell, der nicht einmal davor zurück schreckt, Duisberg auch dann zum «Verbrecher» zu machen, wenn es dafür keinerlei Quellenbelege gibt.

43 Siehe Braun, Einwirkung sozio-kultureller Umweltbedingungen, S. 247–284. Vgl. zum Zusammenhang von Unternehmerschaft und Lebensführung Kaelble (unter Mitarbeit von Hasso Spode), Sozialstruktur und Lebensweisen, S. 132–178.

44 Siehe Redlich, Unternehmer als «dämonische» Figur, S. 45–73.

2 | Herkunft und frühe Prägungen

1 Carl Duisberg, Rede des Jubilars auf dem Beamtenfest in der Stadthalle zu Elberfeld am 2. 10. 1909, abgedruckt in: Carl Duisberg, Abhandlungen I, S. 422. Duisberg wiederholte diese Erzählungen auch zu seinem 40. Geschäftsjubiläum 1923; sie sind in verschiedener Version überliefert, im Kern aber identisch. Vgl. auch Alfred Stock, Carl Duisberg 1861–1935, in: Berichte der Deutschen Chemischen Gesellschaft 68. Jg., 1935, Nr. 11, S. 111–148, hier S. 114.

2 Bayr. HStA, Abt. 4: Kriegsarchiv, OP 64047.

3 «In einem einfachen Fachwerkhaus stand meine Wiege neben dem Bandstuhl, während meine Mutter dem Vater und seinem Gesellen die Spulen für das Getau (Bandstuhl) fertig machte und das hin- und hersirrende Schiffchen des Bandstuhls mir meine Wiegenlieder sang. Drei Jahre nach meiner Geburt hat sich dann mein Vater mit seinen zwei Brüdern, von denen der eine auch Bandwirker, der andere kaufmännisch ausgebildet war, zur Firma Richard Duisberg & Co. zusammengeschlossen.»

Carl Duisberg, in der Reihe: Männer geben uns ein Vorbild, Scherls Magazin, Januar 1932, Heft 1, abgedruckt in: Carl Duisberg, Abhandlungen II, S. 633. Zum Strukturwandel des Heimgewerbes, seinem Niedergang und den Überlebensstrategien mancher Familien vgl. Köllmann, Sozialgeschichte der Stadt Barmen, S. 128–130.

4 Carl Duisberg, Lebenserinnerungen, S. 9.

5 Carl Duisberg war mit Rudolf Herzog zumindest indirekt bekannt, da dessen Vetter Ewald, ebenfalls Chemiker, ein Freund von Carl Duisberg war, Duisberg, Lebenserinnerungen, S. 13.

6 Winnacker, Nie den Mut verlieren, S. 21. Köllmann, Sozialgeschichte der Stadt Barmen, S. 125, bestätigt diesen Befund: «Als einziger geistiger Einfluß wirkte das pietistische Christentum der Eltern, Lehrer und Pfarrer, Bibel und religiöse Traktate waren die einzige Lektüre, die sonntägliche Predigt gab den Stoff zum Nachdenken, zum Gespräch und nicht selten zur Auseinandersetzung. Mehr noch als bei den Fabrikanten wurde die strenge Religiösität zum Grundzug ihres Lebens und Wesens, begünstigt durch die Art der Arbeit, da der gleichmäßige Takt des Stuhles Zeit zum Denken ließ.»

7 Pastor Witteborg, Geschichte. Als Information über die religiöse Welt des Tals bis heute lesenwert Friedrich Ostwalt (d. i. Friedrich Engels), Briefe aus dem Wuppertal, in: MEW, Bd. 1, S. 413–432. Die Briefe erschienen zuerst 1839 in Karl Gutzkows Telegraph für Deutschland.

8 Hinweise bei Gerhardt, S. 4–9.

9 Köllmann, Sozialgeschichte der Stadt Barmen, S. 124–131. Ferner Johann Bredt. Die Lohnindustrie. Vgl. auch die bissige Kritik von Engels, Briefe, MEW, Bd. 1, S. 413–432.

10 Friedrich Oswalt (d. i. Friedrich Engels), Briefe aus dem Wuppertal, in: MEW, Bd. 1, S. 413–432.

11 Köllmann, Sozialgeschichte der Stadt Barmen, S. 125.

12 Geschichte der Familie Duisberg und Forschungen über den Familiennamen Duisberg, im Auftrag von Herrn Geheimen Regierungsrat Prof. Dr. Carl Duisberg in Leverkusen am Rhein zusammengestellt und bearbeitet von Carl vom Berg, Düsseldorf 1933, BAL 300/095.

13 Carl Wichelhaus an Jesco von Puttkamer, 2. 9. 1933, BAL 300/134.

14 Am 8. 9. 1917 schrieb Duisberg an einen Studenten der Ingenieurwissenschaften namens Roux, der ihm zuvor Aufsätze über den «Niedergang der höheren Berufe» und die «Entwicklung des akademischen Wesens» geschickt hatte: «Ich bedauere, daß auch hier die Gegensätze zwischen arm und reich allzusehr betont und dem Geld und seinem Einfluß eine allzu große Rolle zugeschrieben wird. Das ist irrig, das weiß ich aus eigener Erfahrung, denn ich habe mein Studium mit sehr geringen Mitteln begonnen und durchgeführt. Meine Eltern waren nicht in der Lage, mir mehr als das Notdürftigste zu geben. Hätte man mich verschwenderisch ausgestattet, so wäre ich wahrscheinlich nicht das geworden, was ich bin. Daher braucht die akademische Jugend keine Sorge zu haben, der dornenvolle schmale Weg führt immer zu höheren Höhen als der glatte breite.» BAL 300/148.

15 Zur sozialen Schichtung im Kaiserreich, in der sich traditionelle und moderne Distinktionsformen mischten, aber vor allem die älteren Standesunterschiede weiterhin als kaum überschreitbare Schranken empfunden wurden, Wehler, Deutsche Gesellschaftsgeschichte, Bd. 3, 6. Teil, Kap. III.

16 Im Weltkrieg, den er für ein großes Verhängnis hielt, betonte er wiederholt, wenn dieser etwas Gutes habe, dann sei das die Nivellierung der Standesunterschiede, eine

Entwicklung, an der man nach dem Krieg unbedingt festhalten müsse. Carl Duisberg, Betriebsführerbesprechung in Leverkusen, 5. 3. 1915, BAL 13–004.

17 Hoth, Industrialisierung einer rheinischen Gewerbestadt, S. 221.

18 Hoth, Industrialisierung einer rheinischen Gewerbestadt, S. 231.

19 Wittmütz, Budget, S. 272.

20 Allgemein Ritter, Tenfelde, Arbeiterschaft im Deutschen Kaiserreich. Speziell zu Barmen Haacke, Gestaltung, S. 43–90. Vgl. auch Seutemann, Barmer Textilindustrie.

21 Hierzu ausführlich Beyer, Arbeit steht auf uns're Fahne.

22 Ein schönes Beispiel ist die Karriere des jungen Friedrich Engels, der vor dem Abitur vom Gymnasium genommen und in ein Bremer Handelshaus gesteckt wurde, um sich dort die Grundlagen des kaufmännischen Berufes anzueignen; vgl. Hunt, Friedrich Engels, S. 37–64.

23 Hoth, Industrialisierung einer rheinischen Gewerbestadt, S. 102–105.

24 Köllmann, Sozialgeschichte der Stadt Barmen, S. 124: «Der Bildungsstand der Heimgewerbetreibenden war, zum mindesten in den ersten Jahrzehnten des Jahrhunderts, geringer als der der Handwerker. … Von früher Kindheit auf wurden die Kinder der Kleinmeister zu Hilfeleistungen herangezogen, weil sie sich für die Vorbereitungsarbeiten, z. B. Spulen und Haspeln, besonders eigneten, so dass viele keinen oder nur geringen Schulbesuch aufwiesen. Dies änderte sich allerdings mit der strengeren Durchführung der Schulpflicht.»

25 Duisberg erinnerte sich später auch, dass es Vorbehalte grundsätzlicher Art gab: «Ich entsinne mich sehr genau, dass in meiner Heimat, dem arbeitsfreudigen Wuppertal, die Chemiker, als ich dieses Fach zu meinem Beruf erkor, nichts galten.» Zit. nach Alfred Stock, Carl Duisberg, S. 131.

26 Kuhlemann, Tradition und Innovation, S. 64.

27 Wittmütz, Budget, S. 273.

28 Pastor Dr. Gelderblom an Carl Duisberg, 28. 9. 1909, BAL AS. Der Pastor gratulierte mit den Worten zum 25-jährigen Jubiläum bei Bayer: «stehst Du heute unter der frohen Genugtuung, daß die einzige, die Dich von Anfang an begleitet und am reichsten gesegnet hat, heute die vornehmste Gehilfin Deiner Freude sein darf, Deine vielgeliebte Mutter! Von der … bis zur Platzhoffstraße – welch ein Glücks- und Werdegang!»

29 Industrie- und Handelskammer Wuppertal 1831–1956, S. 170.

30 Die Beerdigung selbst ließ Duisberg in einer kleinen Broschüre zur Erinnerung an seine Mutter dokumentieren, BAL 300/212.

31 Geschichte der Familie Duisberg, S. 75.

32 «Ihre Glaubenslehre trug … lutherische Färbung: sie hatte ihre Konfession lieb und hat dieselbe auch, als sie einen Mann reformierter Konfession heiratete, bewusst festgehalten. Das liturgische und dekorative Element im lutherischen Gottesdienst sagte ihr zu, aber sie war nicht eng konfessionell, hatte auch in religiöser Hinsicht einen weiteren Horizont ….» Gedächtnisrede von Pastor H. Kraft, in: Zur Erinnerung an Wilhelmine Duisberg 21. 11. 1832–4. 12. 1920, BAL 300/212. Die langsame Abwendung vom «religiösen Geist» war insgesamt typisch für die Industriellengeneration, der auch Duisberg angehörte, so zumindest Industrie- und Handelskammer Wuppertal 1831–1956, S. 207 f.

33 Köllmann, Wirtschaft, Weltanschauung und Gesellschaft. Siehe auch Industrie- und Handelskammer Wuppertal 1831–1956, S. 205.

34 Duisberg, Lebenserinnerungen, S. 12. Siehe auch Carl-Ludwig Duisberg, Duisberg über Duisberg. Eines Sohnes Rede, in: Politik und Gesellschaft. Halbmonatsschrift, 5. Jg. 1931, S. 37 f., BAL 300/031.

35 Carl Duisberg am 14. 6. 1928, BAL 300/020.
36 Duisberg, Lebenserinnerungen, S. 12.
37 Carl Duisberg am 8. 11. 1892 an seinen Vater Johann Karl, BAL AS.
38 Carl Duisberg an Johannes Walther, 16. 12. 1887, BAL AS.
39 Carl Duisberg an die Bodelschwinghschen Anstalten, 28. 11. 1894, BAL 271/0.
40 Die Krankheit trat auch bei einer Enkelin Carl Duisbergs, Hildegard, einer Tochter seines Sohnes Walther, auf. In ihrem Fall empfahl Duisberg die Verabreichung des Phenobarbiturats Luminal, das Bayer kurz vor dem Ersten Weltkrieg als Beruhigungs- und Schlafmittel auf den Markt gebracht, seinerzeit (und teilweise bis heute) das gebräuchlichste Mittel bei Epilepsie. Carl Duisberg an Walther Duisberg, 29. 9. 1930, BAL AS.
41 Duisberg, Lebenserinnerungen, S. 12.
42 Vgl. auch Carl Duisberg in der Reihe: Männer geben uns ein Vorbild, Scherls Magazin, Januar 1932, Heft 1, abgedruckt in: Carl Duisberg, Abhandlungen II, S. 634.
43 Zeugnisse in BAL 300/001. Die Stelle zum Chemieunterricht in den Lebenserinnerungen, S. 11. Carl Duisberg, Rede anlässlich der Erneuerung des Doktordiploms durch die Mathematisch-Naturwissenschaftliche Fakultät der Thüringischen Landesuniversität Jena am 11. 7. 1932, abgedruckt in: Carl Duisberg, Abhandlungen II, S. 638. Hiernach verstand die Mutter seinen Berufswunsch zunächst gar nicht, da sie Chemiker für eine Art Apotheker hielt. Schließlich sagte sie ihm aber zu, den Berufswunsch beim Vater zu unterstützen.
44 Duisberg, Lebenserinnerungen, S. 11. Die Angaben hier sind ungenau. Nach den Zeugnissen wechselte Duisberg nicht auf eine Oberrealschule, sondern auf die Gewerbeschule nach Elberfeld, auf der man ein lateinloses Abitur erwerben konnte.
45 Duisberg, Lebenserinnerungen, S. 11. Ganz ähnlich äußerte sich Carl Duisberg auch in einem Brief an OStDir. Schmeding, 17. 10. 1934, BAL 300/001.
46 Carl Duisberg, zit. nach Gerhardt, Duisberg, S. 25.
47 Carl Duisberg an K. Fricke, Bremen, 30. 3. 1908, BAL AS. Fricke war Mitglied im Unterrichtsausschuss der Gesellschaft deutscher Naturforscher und Ärzte.
48 Hoth, Industrialisierung einer rheinischen Gewerbestadt, S. 90. Vgl. auch Die bergischen Fachschulen, in: Bergische Heimat 3/1929, S. 183–213.
49 Duisberg, Lebenserinnerungen, S. 13. Duisberg schildert diese Zeit auch in den Erinnerungen an Anton Geuther, die 1930 in den Berichten der Chemischen Gesellschaft erschienen. Er habe dort «reiche praktische und theoretische Kenntnisse» erworben. Carl Duisberg, Anton Geuther. Sein Leben und seine Arbeiten, abgedruckt in: Carl Duisberg, Abhandlungen II, S. 571.
50 Klose, Aspekte, Kap. II, berichtet einige interessante Details über Duisbergs Elementarschule und auch über die Realschule, die er zunächst besuchte, insbesondere über das vaterländisch-preußische Programm und den militärischen Ton und Drill.
51 Ausführlich hier Beyer, Arbeit steht auf uns'rer Fahne, S. 324–356.

3 | Studentenjahre

1 Duisberg, Lebenserinnerungen, S. 13.
2 Hoth, Industrialisierung einer rheinischen Gewerbestadt, S. 186 f.
3 Die Gründungsgeschichte wird erzählt bei Pinnow, Werksgeschichte.
4 Hoth, Industrialisierung einer rheinischen Gewerbestadt, S. 187 f.
5 Verg, Meilensteine, S. 64.
6 Gattineau, Klippen, S. 25.

7 Krätz, Der Chemiker in den Gründerjahren. Grundlegend Homburg, «Chemiker» by occupation.
8 Carl Duisberg, in: Böttingerfestschrift, S. 601.
9 Schwedt, Liebig und seine Schüler.
10 Homburg, Two Factions, one Profession. Des weiteren im selben Band Wetzel, Origins. Trotz dieses alles in allem noch unbefriedigenden Zustandes war die Chemikerausbildung in Deutschland derjenigen im westlichen Ausland bereits deutlich überlegen, vgl. Murmann, Knowledge, S. 52–55.
11 Valentin, Wöhler.
12 Carl Duisberg, Anton Geuther. Sein Leben und seine Arbeiten – Persönliche Erinnerungen, in: Carl Duisberg, Abhandlungen II, S. 570–573.
13 Beschrieben in: Art. Führer des deutschen Aufbaues. Der Führer des Chemietrustes, der Pionier deutscher Technik und Wirtschaft: Geheimrat Carl Duisberg, in: Wirtschafts- und Exportzeitung vom 27. 2. 1926, BAL 300/013.
14 Carl Duisberg, Über die Ausbildung der technischen Chemiker und das zu erstrebende Staatsexamen für dieselben, in: Carl Duisberg, Abhandlungen I, S. 119–141, hier S. 124 (zuerst in: Zeitschrift für angewandte Chemie 1896, S. 97 ff.).
15 Carl Duisberg, Rede anlässlich der Erneuerung des Doktordiploms durch die Mathematisch-Naturwissenschaftliche Fakultät der Thüringischen Landesuniversität Jena am 11. 7. 1932, abgedruckt in: Carl Duisberg, Abhandlungen II, S. 637: Jena hatte den Ruf, besonders niedrige Barrieren bei der Zulassung zur Promotion aufzustellen.
16 Carl Duisberg an Dr. Wilmanns, Direktor an der Oberrealschule Barmen, 25. 10. 1932, BAL 300/158. Zum Streit um die «Realbildung» im Kaiserreich vgl. Christa Berg (Hg.), Handbuch der deutschen Bildungsgeschichte.
17 Der Verein für ein lateinloses höheres Schulwesen dankte Duisberg am 31. 12. 1917 dafür, dass er sich an der Universität Bonn dafür einsetzen wolle, dass Realschüler endlich auch in der Philosophischen Fakultät zur Promotion zugelassen werden könnten. Duisberg blieb allerdings skeptisch, wie er am 2. 1. 1918 schrieb: «Als Abiturient der Elberfelder Oberrealschule liegt mir sehr viel daran, den Versuch zu unternehmen, dieses Hemmnis für Oberrealschul-Abiturienten, wenigstens an unserer rheinischen Universität zu beseitigen. Ob es mir gelingen wird, ist bei der Halsstarrigkeit der meisten Vertreter der philologischen Fächer zweifelhaft. Immerhin können Sie auf mich zählen, wenn es gilt, für die Oberrealschulen etwas zu tun und deshalb danke ich Ihnen für Ihre Mitteilungen und für die beiden Eingaben.» Beide Briefe in: BAL AS.
18 Carl Duisberg an OStDir. Schmeding, 17. 10. 1934, BAL 300/001.
19 Matthes, Financier.
20 Flechtner, Duisberg, S. 36 f. Flechtner referiert hier eine ausführliche Erinnerung Carl Duisbergs, die dieser bei der Eröffnung der Jahresversammlung des Vereins Deutscher Chemiker 1908 in Jena zum besten gab, abgedruckt in: Carl Duisberg, Abhandlungen I, S. 505.
21 Gerber, Universität Jena 1850–1918, S. 153.
22 Duisberg, Lebenserinnerungen, S. 19.
23 Carl Duisberg, Anton Geuther. Sein Leben und seine Arbeiten, abgedruckt in: Carl Duisberg, Abhandlungen II, S. 571.
24 Gerber, Universität Jena 1850–1918, S. 152.
25 Carl Duisberg, Anton Geuther. Sein Leben und seine Arbeiten, abgedruckt in: Carl Duisberg, Abhandlungen II, S. 570–573.
26 Detaillierte Darstellung bei Carl Duisberg, Rede anlässlich der Erneuerung des Doktordiploms durch die Mathematisch-Naturwissenschaftliche Fakultät der Thü-

ringischen Landesuniversität Jena am 11. 7. 1932, abgedruckt in: Carl Duisberg, Abhandlungen II, S. 638. Vgl. auch Duisberg, Lebenserinnerungen, S. 18 f.

27 In der Böttingerfestschrift, S. 609, erinnerte sich Duisberg anlässlich der Geschichte des Patentbüros in Elberfeld folgendermaßen: «Mir selbst ist diese patentrechtliche Tätigkeit sehr leicht gefallen, und ich habe sie mit grossem Interesse und mit Einsetzen meiner ganzen Persönlichkeit ausgeübt, weil mich schon als Student auf der Universität zu Jena alle gesetzgeberischen Fragen anzogen und ich, wenn auch etwas bedingt durch den ungünstigen physikalischen Unterricht, nicht nur Vorlesungen über Nationalökonomie hörte, sondern auch dieses Gebiet als Nebenfach beim Doktorexamen wählte.»

28 Grimmer-Solem, The Rise.

29 Zu den Auseinandersetzungen Brentano, Mein Leben.

30 Lindenlaub, Richtungskämpfe. Boese, Geschichte.

31 Duisberg, Lebenserinnerungen, S. 17.

32 Pierstorff, Art. Ernst Abbe. Vgl. auch Pierstorff, Die Carl-Zeiß-Stiftung.

33 Schomerus, Arbeitsverhältnis. Vgl. auch Plumpe (Hg.), Eine Vision, zwei Unternehmen.

34 BAL 300/001.

35 Prüfungsprotokoll in: Universitätsarchiv Jena, Bestand M, Nr. 476, Bl. 237 r. und v.

36 Duisberg, Lebenserinnerungen, S. 20.

37 Prüfungsprotokoll, Universitätsarchiv Jena, Bestand M, Nr. 476, Bl. 237 r. und v. Flechtner, Carl Duisberg, S. 40. Flechtner wiederum bezieht seine Informationen von Alfred Stock, Carl Duisberg 1861–1935, in: Berichte der Deutschen Chemischen Gesellschaft 68. Jg., 1935, Nr. 11, S. 111–148, hier S. 116 f.

38 Universitätsarchiv Jena, Bestand M, Nr. 476, Bl. 237 r. und v.

39 BAL 300/001.

40 Universitätsarchiv Jena, Bestand M, Nr. 476, Bl. 231v. Die Chemiehistorikerin Margot Becke-Göhring urteilt: «Die Dissertation ist eine mit großem Fleiß angefertigte saubere chemische Arbeit – Ergebnisse, die die zeitgenössische Wissenschaft aufhorchen ließen, enthielt sie nicht.» Becke-Göhring, Freunde, S. 23.

41 Universitätsarchiv Jena, Bestand M, Nr. 476, Bl. 239.

42 In der chemiehistorischen Literatur wird Duisberg gemeinhin nicht unter die großen Chemiker gezählt; seine wissenschaftlichen Leistungen waren in der Tat auf das enge Gebiet der Farbenchemie, und hier insbesondere auf das Gebiet der substantiven Baumwollfarbstoffe beschränkt; vgl. Teltschik, Geschichte. Teltschik spricht vom «eher mittelmäßige(n) Chemiker Carl Duisberg», S. 23.

43 Vgl. seine Selbstbeschreibung in: Duisberg, Lebenserinnerungen, S. 70.

44 Schmidt, Ernst Haeckel, S. 391 f.

45 Zur Geschichte des Vereins siehe Festschrift zum 50jährigen Bestehen des Akademischen Wissenschaftlichen Vereins zu Jena, früher Naturwissenschaftlicher Verein Studierender der Universität Jena, hg. von Paul Fuchs, Leipzig 1930.

46 Zu den Freundschaftskreisen während des Studiums vgl. Möller, Zwischen Wissenschaft und «Burschenherrlichkeit», S. 177–183. Der Weg zum N. W. V. lag auch nahe, weil Duisberg bereits in Göttingen in einem ähnlichen Kreis Mitglied gewesen war, Carl Duisberg, Rede anlässlich der Erneuerung des Doktordiploms durch die Mathematisch-Naturwissenschaftliche Fakultät der Thüringischen Landesuniversität Jena am 11. 7. 1932, abgedruckt in: Carl Duisberg, Abhandlungen II, S. 640 f.

47 Das Urteil von Wehler, Gesellschaftsgeschichte, Bd. 3, S. 722, der Nachwuchs der «Bourgeoisie» habe das Verbindungsleben angestrebt, um Protektion etc. zu erhal-

ten, geht an diesen neuen Vereinigungen, in denen sich gerade die Bildungsaufsteiger jener Jahre trafen, vollständig vorbei.

48 Johannes Walther an die Mitbegründer und Vereinsbrüder des N. W. V., Dezember 1915, BAL 46/20.

49 Dr. Adolf Hand an Herrn Herrmann in Elberfeld, 1. 4. 1909, BAL AS.

50 Carl Duisberg an Johannes Walther, 3. 2. 1884, BAL AS.

51 Carl Duisberg an den Naturwissenschaftlichen Verein zu Jena, 5. 8. 1888, BAL AS.

52 Diese Tendenzen waren keine Jenaer Besonderheit, sondern fanden sich seit den 1880er Jahren bei den «Wissenschaftlichen Vereinigungen» generell, in denen zumeist auch das «Fuchsensystem», formalisiertes Kneipen, z. T. auch Farben etc. eingeführt wurden; vgl. Jarausch, Studenten, S. 66 f. Ferner auch Möller, Zwischen Wissenschaft und «Burschenherrlichkeit», S. 114.

53 Duisberg, Lebenserinnerungen, S. 20.

54 Carl Duisberg an Johannes Walther, 28. 12. 1889, BAL AS.

55 Carl Duisberg an Johannes Walther, 12. 5. 1894, mit einer detaillierten Kritik des Jahresberichtes der Vereinigung der Alten Herren; sowie 1. 7. 1905. Der Bücherschrank kostete laut Rechnung der Firma Bezold vom 28. 7. 1905 200 M., BAL 46/20.

56 Carl Duisberg an Johannes Walther, 17. 12. 1903 und 15. 2. 1904, BAL AS.

57 1905 kokettierte Duisberg mit seinen studentischen Erfahrungen, aber wohl eher, um die Gefahren von Vergiftungen herunterzuspielen. So habe er «Alkoholvergiftungen, die ich als Student mehrfach durchzumachen hatte», gut überstanden. Carl Duisberg, Die Belehrung der Arbeiter über die Giftgefahren in gewerblichen Betrieben, in: 14. Konferenz der Zentralstelle für Arbeiter-Wohlfahrtseinrichtungen am 5. und 6. Juni 1905, Schriften der Zentralstelle Nr. 28, abgedruckt in: Carl Duisberg, Abhandlungen I, S. 325–332, hier S. 326.

58 «Haeckel war nicht nur ein liebenswürdiger Lehrer, sondern ein prachtvoller Mensch, der alle Sorgen mit uns teilte und uns mit Rat und Tat zur Seite stand, den wir liebten.» Carl Duisberg, Dankrede anlässlich der Erneuerung des Doktordiploms durch die Universität Jena, 11. 7. 1932, abgedruckt in: Carl Duisberg, Abhandlungen II, S. 641.

59 Carl Duisberg an Ewald Herzog, 10. 8. 1927, BAL AS.

60 Zur Bedeutung der monistischen Bewegung für die Zeit, Hübinger, Die monistische Bewegung.

61 Zu Haeckel und seiner Bedeutung vgl. Schmidt, Ernst Haeckel, der als Schüler Haeckels seinen Lehrer recht unkritisch beurteilt. Vgl. auch Klemm, Ernst Haeckel. Ferner Nipperdey, Arbeitswelt und Bürgergeist, S. 509–511. Zu Haeckels Versuch, die gesamte biologische Welt kausal-mechanisch über ihre Evolution erklären zu wollen, vgl. Cassirer, Das Erkenntnisproblem, 4. Bd., S. 167–182.

62 Duisberg, Lebenserinnerungen, S. 16. Diese Äußerung Duisbergs wird völlig verkannt bei Möller, Zwischen Wissenschaft und «Burschenherrlichkeit», S. 226, die Duisberg in eine linke Ecke stellt. Ansonsten ist ihre Schilderung der politischen Haltung der Studentenschaft durchaus zutreffend, S. 223–234.

63 Hierzu Fick, Sinnstftung.

64 Carl Duisberg an Johannes Walther, 4. 5. 1895, BAL AS.

65 Duisberg, Lebenserinnerungen, S. 17.

66 Am 31. Mai 1885 bedauerte Duisberg gegenüber Johannes Walther, dessen Gruß an Herzog «vorläufig nicht ausrichten zu können, da wir uns am 22. März (er als Fortschrittlicher, ich als Nationaldenkender) politisch gezankt haben und seit jener Zeit keine Gelegenheit zur Aussöhnung fanden.» BAL AS.

67 Art. Amerikanische Dumping-Gefahr: Geheimrat Duisbergs Welt-Reiseeindrücke,

in: «Vossische Zeitung», 21. 8. 1926, BAL 300/013. Die Zeitung hatte Duisberg nach Schilderung seiner Weltreise als Kuratoriumsvorsitzenden der Wirtschaftshilfe der deutschen Studentenschaft auch gebeten, zum in Bonn schwelenden Flaggenstreit unter der Studentenschaft Stellung zu nehmen, nämlich ob die schwarz-weiß-rote oder die schwarz-rot-goldene Flagge aufgezogen werden solle. Zur politischen Bedeutung Erdmann, Republik von Weimar, S. 225 f.

68 Johannes Walther erinnerte in seiner Rede zu Duisbergs 40. Hochzeitstag am 28. 9. 1928, an diese Reise, BAL 300/021.

69 Duisberg, Lebenserinnerungen, S. 17 f.

70 Duisberg, Lebenserinnerungen, S. 21.

71 BAL 300/001. Auch bei seinem 50-jährigen Doktorexamen spricht Duisberg von einer Assistentenzeit von Januar bis September 1882, Carl Duisberg, Rede anlässlich der Erneuerung des Doktordiploms durch die Mathematisch-Naturwissenschaftliche Fakultät der Thüringischen Landesuniversität Jena am 11. 7. 1932, abgedruckt in: Carl Duisberg, Abhandlungen II, S. 639.

72 Die erste Bewerbung Duisbergs an die Farbenfabriken in Elberfeld stammt vom Mai 1882, in der sich Duisberg auf sein abgeschlossenes Studium beruft und um Anstellung bittet. Seine Dissertation könne er noch nicht vorlegen, da diese sich in Druck befinde: Schreiben an Carl Rumpff, Mai 1882, BAL 271/2 (Rumpff). Rumpff antwortete am 21. 7. 1882 aus Schlangenbad, dass er nach seiner Rückkehr ins Wuppertal im September 1882 sehen wolle, ob er etwas für Duisberg tun könne, BAL AS.

73 Carl Duisberg, Rede anlässlich der Erneuerung des Doktordiploms durch die Mathematisch-Naturwissenschaftliche Fakultät der Thüringischen Landesuniversität Jena am 11. 7. 1932, abgedruckt in: Carl Duisberg, Abhandlungen II, S. 640. Siehe auch die Erinnerung in Carl Duisberg, Anton Geuther, Abhandlungen II, S. 573.

74 Duisberg, Lebenserinnerungen, S. 22.

75 Carl Duisberg an Johannes Walther, 15. 9. 1882, aus Barmen, BAL AS. Jahre später söhnte sich Duisberg allerdings mit Geuther aus, Lebenserinnerungen, S. 22. Die pathetisch ausgeschmückte Versöhnung auch bei Flechtner, Duisberg, S. 107 f.

4 | Der Weg in die Fabrik

1 Carl Duisberg an Johannes Walther, 15. 9. 1882, BAL AS.

2 Zit. nach: Industrie- und Handelskammer Wuppertal 1831–1956, S. 205.

3 Heinz Beyer, Arbeit steht auf uns're Fahne, S. 106.

4 Bayr. HStA, Abt. 4: Kriegsarchiv, OP 64047.

5 Später sagte er von sich selbst, dass «ich äusserlich mehr meiner Mutter ähnlich bin und bei mir der pyknische Körperbau (gedrungene mittelgroße Figur etc.) vorliegt.» Carl Duisberg an Sanitätsrat Dr. Leven, 14. 8. 1928, BAL 300/020.

6 Personalbericht zum 1. 1. 1887 über den Sekondeleutnant d. Res. des 12. Infanterieregiments Friedrich Karl Duisberg, Bayr. HStA, Abt. 4: Kriegsarchiv, OP 64047.

7 Duisberg, Lebenserinnerungen, S. 22 f.

8 Flechtner, Duisberg, S. 43.

9 Carl Duisberg, Gedächtnisrede auf Hans von Pechmann, Gedächtnisfeier 1907, S. 5 f., BAL 271/0.

10 Carl Duisberg an Carl Rumpff, 30. 6. 1883, BAL 271/2.

11 1835–1917. Nach Stationen u. a. in Basel und Straßburg seit 1875 Ordinarius für Chemie in München; 1904 Nobelpreis für seine Arbeiten auf dem Gebiet der Farb-

stoffchemie. Eine Übersicht über seine Karriere als Chemiker bei Fruton, Contrasts, S. 118–162.

12 Fischer, Aus meinem Leben, S. 58.

13 Wormer, Max von Pettenkofer, S. 271–273.

14 Fischer, Aus meinem Leben, S. 58

15 Angermair, München als süddeutsche Metropole, S. 316.

16 Duisberg, Lebenserinnerungen, S. 23 f.

17 Auf die Bitte vom 5. 10. 1912, sich im Mobilisierungsfall wegen des erwarteten Offiziersmangels reaktivieren zu lassen, antwortete Duisberg wegen seiner Verpflichtungen in den Farbenfabriken am 7. 10. 1912 ablehnend, BAL 300/001.

18 Carl Duisberg an Inspektor Hubert Hagen, München, 18. 12. 1922, BAL AS.

19 Carl Duisberg an Ferdinand Sauerbruch, 11. 8. 1924, BAL AS.

20 Duisberg, Gedächtnisrede auf Hans von Pechmann, S. 6, BAL 271/0. Fast wortgleich: Carl Duisberg, Rede auf der Theodor-Curtius-Gedächtnisfeier der Heidelberger Chemischen Gesellschaft, 3. 5. 1930, abgedruckt in: Carl Duisberg, Abhandlungen II, S. 580.

21 Duisberg, Lebenserinnerungen, S. 24.

22 Karte in: BAL 300/001. Die Karte ist im Übrigen ohne Adressaten, also nicht speziell für Adolf Baeyer. Nach den Erinnerungen in der Pechmann-Gedächtnis-Rede spielte die Empfehlungskarte keine Rolle, S. 6, BAL 271/0.

23 Genaue Beschreibung bei Duisberg, Gedächtnisrede auf Hans von Pechmann, S. 7, BAL 271/0.

24 Duisberg, Gedächtnisrede auf Hans von Pechmann, S. 8, BAL 271/0.

25 Auf der Erinnerungsfeier für Theodor Curtius 1930 meinte Duisberg: «Curtius ist, wie die meisten aus meinem alten Freundeskreise, z. B. Koenigs, von Pechmann, Claisen, Besthorn, unvermählt geblieben; aber nicht, wie ich von ihm selbst weiß, aus Neigung oder Absicht. Der plötzliche Tod der Auserwählten … machte seinen Hoffnungen ein Ende.» Carl Duisberg, Abhandlungen II, S. 585.

26 Schmorl, Adolf von Baeyer; Willstätter, Aus meinem Leben.

27 Die von Joseph Fruton rekonstruierte Baeyer-Schule umfasste schließlich mehrere hundert Namen von Absolventen, von denen die meisten in der Industrie tätig wurden, viele aber erfolgreich in der Wissenschaft blieben, Fruton, Contrasts, S. 327–374 mit der namentlichen Nennung jedes einzelnen Mitglieds dieser Schule.

28 Emil Fischer (1852–1919), Studium in Straßburg und München; von 1892 an nach Stationen in Würzburg und Erlangen Ordinarius für Chemie in Berlin, 1902 Nobelpreis. Vgl. Remane, Emil Fischer.

29 Koenigs war seit 1876 in München, habilitierte sich 1881 und blieb trotz auswärtiger Rufe bis zu seinem Tod 1906 dort, Theodor Curtius, Nachruf auf Wilhelm Koenigs, in: Berichte der Deutschen Chemischen Gesellschaft 45. Jg., S. 3789–3792.

30 Wilhelm Koenigs, Nachruf auf Hans von Pechmann, in: Berichte der Deutschen Chemischen Gesellschaft 36. Jg., S. 4416–4430.

31 Müller, Lebenserinnerungen, S. 33.

32 Zuerst in Berichte der Deutschen Chemischen Gesellschaft 1883, S. 2219 (eingegangen am 14. 8. 1883), abgedruckt in: Carl Duisberg, Abhandlungen I, S. 19–26.

33 Wilhelm Koenigs, Nachruf auf Hans von Pechmann, in: Berichte der Deutschen Chemischen Gesellschaft, 36. Jg., S. 4421.

34 1857–1928; später Chemieprofessuren in Kiel, Bonn und Heidelberg.

35 1857–1932; später Chemieprofessor an der ETH Zürich.

36 1865–1918; Extraordinariat in München, später Chemieprofessor in Straßburg.

37 1851–1930; später Chemieprofessor an der RWTH Aachen und der Universität Kiel.

38 Nicht ermittelt.
39 Theodor Curtius, Nachruf auf Wilhelm Koenigs, in: Berichte der Deutschen Chemischen Gesellschaft 45, S. 3788 f.
40 Duisberg, Gedächtnisrede auf Hans von Pechmann, S. 8, BAL 271/C.
41 Zu Koenigs auch Willstätter, Aus meinem Leben, S. 63 f. Willstätter beschreibt Koenigs als klugen, zurückhaltenden Mann und vorsichtigen Forscher. Emil Fischer erinnerte sich an den jungen Wilhelm Koenigs: «Dieser präsentierte sich gleich als eine originelle Persönlichkeit; denn er erschien im Institut mit einem Schuh und einem Pantoffel bekleidet und blieb auch bei dieser Ausrüstung wochenlang ... Mir sind nicht viele Leute im Leben begegnet, die bei hervorragendem Verstand und ausgesprochener Begabung für Witz eine so vornehme Denkweise und ein so mildes Urteil über die Fehler ihrer Mitmenschen hatten. Dieser Eigenschaft verdankte er auch die allgemeine Beliebtheit und ich selbst habe ihn immer gerne zu meinen Freunden gezählt.» Fischer, Aus meinem Leben, S. 61 f.
42 Carl Duisberg an Ludwig Claisen, 3. 1. 1905: Bericht über das Treffen der unschuldigen Kindlein, das man auch in Abwesenheit mancher Mitglieder durchgeführt habe, namentlich Curtius, der Neffe von Curtius aus Duisburg, und der Neffe von Koenigs, Ernst K. «Wir haben der fehlenden unschuldigen Kindlein in treuer Pflichterfüllung gedacht und der Hoffnung Ausdruck gegeben, daß wir im nächsten Jahr die rheinischen Familien wieder vollzählig beieinander sehen werden.» Zum Treffen selbst siehe Carl Duisberg, Ansprache auf der Theodor Curtius-Gedächtnisfeier der Heidelberger Chemischen Gesellschaft, 3. 5. 1930, abgedruckt in: Carl Duisberg, Abhandlungen II, S. 584.
43 Carl Duisberg an Adolf Baeyer, 6. 10. 1909, BAL AS.
44 Carl Duisberg, Lebensbeschreibung, in: BAL 271/2: Persönliches.
45 Meilensteine, S. 74.
46 Die Alizarinproduktion stieg in Deutschland von 15 Tonnen 1871 auf 1350 Tonnen 1884. Die jährlichen Zuwachsraten betrugen während des Gründerbooms mehrere Jahre hintereinander jeweils zwischen 100 und 300 %; Pohl u. a., Chemische Industrie in den Rheinlanden, S. 82.
47 Rosenberg, Große Depression.
48 Pinnow, Werksgeschichte, S. 62–65.
49 Pinnow, Werksgeschichte, S. 40 f.
50 Pinnow, Werksgeschichte, S. 18.
51 Pinnow, Werksgeschichte, S. 34 f.
52 Pinnow, Werksgeschichte, S. 36 f.
53 Pohl e. a., Chemische Industrie in den Rheinlanden, S. 132 f.
54 Pinnow, Werksgeschichte, S. 41.
55 Pinnow, Werksgeschichte, S. 42.
56 Zur Alizarin-Konvention siehe Die BASF, S. 94–97. In dieser Alizarin-Konvention wurden die Farbenfabriken im Übrigen erstmals mit den anderen großen Werken auf Augenhöhe behandelt; sie erhielten den gleichen Marktanteil wie die BASF und Hoechst, Pinnow, Werksgeschichte, S. 47.
57 Murmann, Knowledge and Competive Advantage.
58 Caro, Entwicklung der Theerfarbenindustrie.
59 Zu dieser Besonderheit der Farbenfabriken vgl. Homburg, The Emergence, S. 104. Vgl. auch Reinhardt, Forschung, S. 9–13. Lediglich im Betrieb selbst arbeiteten einige Chemiker wie Dr. Hassencamp oder Dr. Schaal, wobei der erste in begrenztem Maße auch Farbstoff-Forschung betrieb, Pinnow, Werksgeschichte, S. 43 f.
60 Auch dies war nach Ernst Homburg eine Besonderheit der Farbenfabriken, da in den

anderen großen Firmen längst Betriebschemiker die Meister verdrängt hatten, Homburg Emergence, S. 104.

61 Carl Duisberg, Ansprache auf dem 6. Jubilarfest der Farbenfabriken, 30. 9. 1923, abgedruckt in: Carl Duisberg, Abhandlungen II, S. 219.

62 Duisberg, Lebenserinnerungen, S. 26 f.

63 Das Isematin; vgl. Duisberg, Lebenserinnerungen, S. 27.

64 Carl Duisberg an Johannes Walther, 3. 2. 1884. Bis zur Einführung eines ökonomisch konkurrenzfähigen synthetischen Produktes durch die BASF sollte es daher auch noch Jahre bis etwa zur Jahrhundertwende dauern; vgl. Engel, Farben, S. 105–109. Ferner Die BASF, S. 121–124.

65 Carl Duisberg an Johannes Walther, 3. 2. 1884.

66 Carl Duisberg an Johannes Walther, 3. 2. 1884.

67 Berichte von Duisberg an Carl Rumpff in: BAL AS, auch in: BAL 271/2 (Rumpff).

68 Vgl. auch Duisberg, Lebenserinnerungen, S. 27. Die gleiche Erfahrung hatte auch Adolf Baeyer schon machen müssen, Graebe, Geschichte der organischen Chemie. Walden, Geschichte der organischen Chemie.

69 20. 3. 1884, hier zitiert nach Flechtner, Carl Duisberg, S. 68.

70 Zur Bedeutung der Azofarben vgl. Verg, Meilensteine, S. 56–61. Vgl auch Pinnow, Werksgeschichte, S. 48 f. Caro, Geschichte der Teerfarbenindustrie. Zum Erwerb der Rechte durch Böttinger, Pinnow, Werksgeschichte, S. 67. Zur chemischen Bedeutung und zur Qualität der Farbstoffe, Andersen, Historische Technikfolgenabschätzung, S. 237.

71 Flechtner, Duisberg, S. 68–71. Seit diesem Tag entwickelte Duisberg eine Art Datumsfetischismus, da er sich bemühte, alle wichtigen Ereignisse an seinem Geburtstag stattfinden zu lassen (Hochzeit etc.), was ihm auch gelang. Später wurde allgemein vom «Duisberg-Tag» gesprochen.

72 Im Nachhinein verklärte Duisberg seinen Anfang: «Wende ich, wie es am heutigen Tage begreiflich ist, meine Blicke rückwärts, so denke ich dabei besonders gern der Zeit, als ich vor 25 Jahren als einfacher Chemiker im kleinen Laboratorium ganz für mich arbeiten durfte und eine interessante Erfindung nach der anderen dieser unermüdlichen Schaffensfreudigkeit entsprang. Es war mit die schönste Zeit meines Lebens, denn alles, was ich machte, tat ich selbst, und jedes erzielte Resultat war eine sichtbare Frucht meiner eigenen Tätigkeit. Das befriedigt ja bekanntlich am meisten.» Carl Duisberg, Erwiderung auf die Beglückwünschung durch Herrn Komm.-Rat Bayer namens der Direktion, 29. 9. 1909, abgedruckt in: Carl Duisberg, Abhandlungen I, S. 411.

73 Der Taler á 3 Mark.

74 Carl Duisberg an Johannes Walther, 31. 5. 1885, BAL AS.

75 Pinnow, Werksgeschichte, S. 61. Meyer-Thurow, Industrialization, S. 366.

76 Zum Patentgesetz siehe Boch, Das Patentgesetz von 1877, S. 71–84.

77 Zur Einordnung in die Geschichte der Farbstoff-Forschung vgl. Meyer-Thurow, Industrialization, S. 367 f.

78 Die alte Meisterwirtschaft und der dort herrschende Ton wird gut wiedergegeben in: «Nicht ohne uns». Arbeiterbriefe, Berichte und Dokumente zur chemischen Industrialisierung von 1760 bis heute, gesammelt und kommentiert von Hilla Peetz, Frankfurt am Main 1981, v. a. Kap. 1. Vgl. auch die plastische Darstellung bei Pinnow, Werksgeschichte, S. 51–56.

79 Dieser Einstieg war in der Farbstoffindustrie generell üblich, vgl. Homburg, Emergence, S. 95.

80 Pinnow, Werksgeschichte, S. 69–72.

81 Zur Realität der «Forschung» in Elberfeld vor 1883 vgl. Meyer-Thurow, Industrialization, S. 365–367.
82 Beschreibung der Verhältnisse durch Carl Duisberg, Rede bei der Gratulationsfeier im Erholungshause zu Wiesdorf am 29. 9. 1909, abgedruckt in: Carl Duisberg, Abhandlungen I, S. 418.
83 Zitiert nach Peetz, S. 51.
84 Das war keine Besonderheit der Farbenfabriken, sondern in der gesamten deutschen Farbstoffindustrie üblich, um zu verhindern, dass die zumeist noch häufig wechselnden Laborchemiker Betriebsgeheimnisse mit zu anderen Arbeitgebern nehmen konnten, vgl. Homburg, Emergence, S. 93.
85 Seidler hatte, während Duisberg in Straßburg experimentierte, in Elberfeld am Grießschen Verfahren gearbeitet. Dabei hatten Seidler und ein weiterer Chemiker, Böttiger, auch in der Tat einen roten, direktfärbenden Azo-Farbstoff entwickelt, den Böttiger nach seinem Ausscheiden auch den Farbenfabriken zum Kauf anbot. Angesichts seiner Säureunbeständigkeit lehnten die Farbenfabriken einen Erwerb des Farbstoffes ab, zu ihrem großen Nachteil. Böttiger verkaufte ihn an die Agfa, die auf dieser Basis ihren großen Verkaufserfolg «Kongorot» herausbrachte, Pinnow, Werksgeschichte, S. 68 f. Zu Seidler vgl. auch Pinnow, Werksgeschichte, S. 62. Seidler war offensichtlich der erste Chemiker, dem eine gewisse eigene Forschung zugestanden wurde, auch dies nach dem Willen Carl Rumpffs.
86 Carl Duisberg, in: Böttingerfestschrift, S. 589 f.
87 Nach Meyer-Thurow wurden die «Chemiker», die man in Elberfeld benötigte, vor allem bei anderen Firmen abgeworben, ohne dass immer klar war, welche Ausbildung sie hatten. Meyer-Thurow, Industrialization, S. 373.
88 Carl Duisberg, in: Böttingerfestschrift, S. 601.
89 Carl Duisberg, in: Böttingerfestschrift, S. 601. Vgl. auch Pinnow, Werksgeschichte, S. 19.
90 Pinnow, Werksgeschichte, S. 55 f.
91 Carl Duisberg an Johannes Walther, 23. 10. 1884, BAL AS.
92 Gerhardt, S. 83. «Damals war nur ein kleines, einfaches, mit Bett, Waschtisch und Kommode ausgestattetes Dachzimmer mit schrägem Dachfenster, in dem heute die Polizei das Schlafen überhaupt nicht mehr gestattet, mein Eigen», erinnerte sich Duisberg später, zit. nach Alfred Stock, Carl Duisberg, S. 119, eigentlich Carl Duisberg, Abhandlungen I, S. 423.
93 Carl Duisberg an Johannes Walther, 23. 10. 1884, BAL AS.
94 Die Farbenfabriken hatten zu dieser Zeit keine eigene Patent- und auch keine Rechtsabteilung, sondern waren auf externe Expertise angewiesen.
95 Carl Duisberg, in: Böttingerfestschrift, S. 609.
96 Duisberg nutzte seinen eigenen Lebenslauf auch in anderen Zusammenhängen, um die Problematik der Forschung in der chemischen Industrie zu verdeutlichen und zu illustrieren, so etwa im Streit um die Erfindervergütungen in der chemischen Industrie, vgl. Carl Duisberg, Die Angestelltenerfindung in der chemischen Industrie, Rede auf dem Kongreß für gewerblichen Rechtsschutz Stettin 1909, abgedruckt in: Carl Duisberg, Abhandlungen I, S. 738–748. Auch hier findet sich, S. 739 f., eine detaillierte Beschreibung seiner eigenen Laborerfahrungen aus den frühen 1880er Jahren.
97 Carl Duisberg an Johannes Walther, 23. 10. 1884, BAL AS.
98 Carl Hauptmann an Carl Duisberg, 2. 2. 1885, BAL AS.
99 Carl Duisberg an Johannes Walther, 31. 5. 1885, BAL AS.
100 Carl Duisberg an Johannes Walther, 26. 4. 1886, BAL AS.

101 Die Freunde aus dem Naturwissenschaftlichen Vereinen hatten sich ähnliche Spitznamen gegeben, also u. a. Deo für Duisberg, Heo für Hauptmann, Weo für Walther.
102 Carl Duisberg an Johannes Walther, 13. 6. 1886, BAL AS.
103 Carl Duisberg an Alfred Einhorn, 2. 12. 1891, BAL AS. Eine Charakterisierung von Alfred Einhorn findet man in den Erinnerungen von Willstätter, Aus meinem Leben, 50 f., 56 f. Einhorn riet Willstätter 1892 dringend von der Habilitation ab, verbittert, da er in Aachen keine Karriere gemacht hatte und sich in München gleichsam als Privatmann im Chemischen Institut durchschlagen musste. Dass er in die Industrie wollte, war daher nachvollziehbar.
104 Carl Duisberg an Johannes Walther, 26. 4. 1886, BAL AS.
105 Carl Duisberg an Johannes Walther, 16. 12. 1887, BAL AS.
106 Duisberg, Lebenserinnerungen, S. 40. Mit dem Anfangsgehalt lag Duisberg in etwa im Durchschnitt der Laborchemiker; die Tantieme in Höhe von 2½ % ist vergleichsweise niedrig. Bis zum Ende der 1880er Jahre wurden im Schnitt der Unternehmen noch 5 % gezahlt. Dieser Satz sank erst in den 1890er Jahren, Homburg, Emergence, S. 107; Meyer-Thurow, Industrialization, S. 378. Die übrigen Angaben sind ungenau, da Duisberg erst drei Jahre nach der Darstellung des Benzopurpurins Prokurist wurde und ein unmittelbarer Zusammenhang zu dieser Entdeckung nicht zu erkennen ist. Auch stieg sein Gehalt erst mit der Prokura auf 6000 Mark. Vorher lag das Fixum bei 3600 Mark.

5 | Erste Bewährungen

1 Pinnow, Werksgeschichte, S. 71 f.
2 Carl Duisberg, in: Böttingerfestschrift, S. 617.
3 Pinnow, Werksgeschichte, S. 73 f.
4 Carl Duisberg, in: Böttingerfestschrift, S. 617.
5 Carl Duisberg, in Böttingerfestschrift, S. 620 f.
6 Carl Duisberg an Johannes Walther, 31. 5. 1885, BAL AS.
7 Carl Duisberg an Johannes Walther, 31. 5. 1885, BAL AS.
8 Carl Duisberg, in: Böttingerfestschrift, S. 621.
9 Die Azo-Farben waren ein großer Erfolg, nicht zuletzt deshalb, weil sie nach vergleichsweise routinemäßiger Laborarbeit in großer Zahl hergestellt und vermarktet werden konnten, vor allem zur Färbung einfacher Textilien. «Schon vor Beginn des Ersten Weltkrieges berechnete man 100 Mio. mögliche Kombinationen in dieser Farbstoffklasse, und es gab in Deutschland ca. 1000 Patente auf Azofarben, bei dem (!) häufig ein einziges 150 bis 160 Farbstoffe benannte.» Andersen, Historische Technikfolgenabschätzung, S. 237.
10 In der Aufsichtsrat-Sitzung, 7./8. 3. 1887, kamen die Laborverhältnisse ausführlich zur Sprache: «In Berücksichtigung der fortwährend wachsenden Arbeitslast im wissenschaftlichen und Versuchslaboratorium unter Dr. Duisbergs Leitung, sowie der Notwendigkeit einzelne daselbst beschäftigt gewesene Chemiker in den Betrieb hinüberzunehmen, wird das Engagement von zwei weiteren jüngeren Chemikern zur Assistenz von Dr. Duisberg beschlossen. Damit soll zugleich wenn möglich eine Erleichterung für dessen persönliche Arbeiten im Patentwesen herbeigeführt werden.» BAL 11/3, Bd. 1.
11 Wilhelm Löw erinnerte sich 1906, wie er seinerzeit von Adolf Baeyer aufgefordert wurde, sich in der «kleinen Fabrik» in Elberfeld zu bewerben, die nicht gut dastehe, aber immerhin hätte er in einem derartigen Unternehmen gute Aufstiegschancen; abgedruckt bei Peetz, S. 52 f.

12 Vgl. auch Homburg, Emergence, S. 103.
13 Carl Rumpff an Carl Duisberg, 16. 4. 1888, BAL 271/2.
14 Carl Rumpff an Carl Duisberg, 13. 3. 1886, 23. 11. 1886, BAL 271/2.
15 Carl Duisberg, in: Böttingerfestschrift, S. 622.
16 Ausführlich hierzu Heymann, Die erfinderische Tätigkeit der Farbenfabriken auf dem Gebiete der Teerfarbenindustrie, in: Böttingerfestschrift, S. 9–63.
17 Carl Duisberg, in: Böttingerfestschrift, S. 622.
18 Pinnow, Werksgeschichte, S. 76. Dort auch allgemeine Angaben zur seinerzeitigen Leistungsfähigkeit der Forschung in den Farbenfabriken.
19 Carl Duisberg, in: Böttingerfestschrift, S. 623.
20 Meyer-Thurow, Industrialization, S. 381.
21 Duisberg, Lebenserinnerungen, S. 70.
22 Carl Duisberg, in: Böttingerfestschrift, S. 624 f.
23 Siehe hierzu auch Reinhardt u. a., 100 Jahre chemisch-wissenschaftliches Laboratorium.
24 Der Einfluss der Erfahrungen bei Hans von Pechmann ist kaum zu überschätzen, diese Mischung aus Draufgängertum, Nonchalance, exaktem Arbeiten und guter Labororganisation. Als der Baeyer-Schüler und Nobelpreisträger von 1907 Eduard Buchner 1912 seine Arbeit an der Universität Würzburg aufnahm und über die chaotischen Zustände, die er dort vorgefunden hatte, klagte, schrieb ihm Duisberg zurück: «Ich freue mich sehr, dass die Anwendung der Pechmannschen Prinzipien auch Ihnen schon den Erfolg gebracht hat und sich dieser Erfolg steigern wird, wenn Sie diese Prinzipien streng durchführen.» Carl Duisberg an Eduard Buchner, 5. 1. 1910, BAL AS.
25 Eine Skizze der Laborverhältnisse mit den einzelnen Arbeitsplätzen aus dem Jahr 1889 in: BAL 103/0/7 – E – 1.
26 Carl Duisberg an Johannes Walther, 3. 12. 1891, BAL AS.
27 Carl Duisberg, Die Angestelltenerfindung in der chemischen Industrie, Rede auf dem Kongreß für gewerblichen Rechtsschutz Stettin 1909, abgedruckt in: Carl Duisberg, Abhandlungen I, S. 738–748, hier S. 740.
28 Carl Duisberg, Die Angestelltenerfindung in der chemischen Industrie, Rede auf dem Kongreß für gewerblichen Rechtsschutz Stettin 1909, abgedruckt in: Carl Duisberg, Abhandlungen I, S. 738–748, hier S. 743.
29 Vor allem Ernst Homburg hat darauf hingewiesen, dass nicht allein die Beschäftigung akademisch gebildeter Chemiker ein Indiz für die Entstehung einer eigenständigen Industrieforschung war; denn solche Chemiker waren bereits seit den 1860er Jahren für normale Betriebsaufgaben eingestellt worden. Entscheidend war, dass man gezielt Chemiker allein oder zumindest vorrangig für Forschungszwecke rekrutierte und diesen dann auch die entsprechenden Arbeitsplätze zur Verfügung stellte. Hier war Bayer kein Pionier, aber das Elberfelder Laboratorium war geradezu ein mustergültiges Beispiel für die Implementation wissenschaftlicher Forschung in den industriellen Bereich, vgl. Homburg, Emergence, S. 91–111. Die Aussagen von Meyer-Thurow zur Forschungsorganisation in Elberfeld sind mithin zu relativieren, vgl. Meyer-Thurow, Industrialization, S. 363–381.
30 Zit. nach Murmann, Knowledge and Competitive Advantage, S. 151.
31 Meyer-Thurow, Industrialization, S. 370. Duisberg selbst hat das neue Laboratorium detailliert in der «Chemiker-Zeitung» 1893 beschrieben, siehe Carl Duisberg, Das wissenschaftlich-chemische Laboratorium der Farbenfabriken vorm. Friedr. Bayer & Co. zu Elberfeld, in: ders., Abhandlungen I, S. 103–114.
32 Murmann, Knowledge and Competitive Advantage, S. 152.

33 Diese Forschungsinfrastruktur entwickelte sich ganz ähnlich, zum Teil zeitlich vorlaufend auch bei der BASF, vgl. Reinhardt, Forschung in der chemischen Industrie, passim.
34 Meyer-Thurow, Industrialization, S. 371.
35 Instruktives Schema bei Meyer-Thurow, Industrialization, S. 372.
36 Murmann, Knowledge and Competitive Advantage, S. 155.
37 Zu Duisbergs Wirken als Chemiker, incl. Aufzählung seiner Patente, siehe die Erinnerungen von Bernhard Heymann (1861–1933), Mitarbeiter von Duisberg in den Farbenfabriken, in der «Zeitschrift für angewandte Chemie», Nr. 39, 26. 9. 1930, in Auszügen abgedruckt in: Herle/Gattineau, Duisberg, S. 8–16. Alle Duisbergschen Patente (Liste von 1900) fallen in die 1880er und frühen 1890er Jahre (das letzte für Azocochenille von 1892); Duisberg war in neun von 32 Fällen der alleinige Patentinhaber (Benzidinsulfon, Benzidinsulfonsäure, Benzopurpurin 1B und 4B, Azoviolett, Azoblau, Benzoazurin G und 3G, Azocochenille). Im Pharmabereich hatte er ein Patent, und zwar das für Phenacetin, gemeinsam mit E. Hinsberg.
38 Murmann, Knowledge and Competitive Advantage, S. 152.
39 Murmann, Knowledge and Competitive Advantage, S. 143.
40 Zum Hintergrund Flechtner, Duisberg, S. 108 ff.
41 Zum Streit um diese Entdeckung, Einzelforschung oder Etablissementserfindung, vgl. Carl Duisberg, Zur Geschichte des Phenacetins, in: ders., Abhandlungen I, S. 332–334. Zum Streit auch Flechtner, Duisberg, S. 110 f. Dort auch abwägende Überlegungen zum Anteil Duisbergs an der Darstellung des Phenacetins.
42 Gerhardt, Duisberg, S. 113. Eine eigene Pharmaforschung gab es indes zunächst nicht. Erst 1886 wurde ein eigenes Labor unter der Leitung von Arthur Eichengrün in Elberfeld eingerichtet, vgl. Reinhardt, Forschung in der chemischen Industrie, S. 320.
43 Zit. nach Gerhardt, Duisberg, S. 107. Aufsichtsrat-Sitzung 4. 7. 1888: 6. «Es wird der Beschluß gefaßt, Herrn Dr. Duisberg die Procura der Firma zu ertheilen, mit der Befugnis gemeinsam mit einem der Directoren zu zeichnen.» BAL 11/3, Bd. 1. Vgl. auch Flechtner, Duisberg, S. 95, der darauf hinweist, dass mit Duisberg erstmals ein Chemiker Prokura erhielt.
44 «Das eigene direkte Schaffen neuer Werte hörte auf, an seine Stelle trat die indirekte, auf Anregung, Leitung und Organisation beruhende Tätigkeit eines Abteilungsvorstandes und dann des aktiven Mitglieds der Direktion mit der auf jedem ruhenden großen Arbeitslast und der sich immer mehr steigenden Verantwortung.» Carl Duisberg, Erwiderung auf die Beglückwünschung durch Herrn Komm.-Rat Bayer namens der Direktion, 29. 9. 1909, abgedruckt in: Carl Duisberg, Abhandlungen I, S. 412.
45 Duisberg, Lebenserinnerungen, S. 34.
46 Henry Theodor Böttinger an Carl Duisberg, 28. 8. 1891, BAL AS.
47 Zur Bedeutung des fehlenden Schutzes vgl. auch die Rede von Duisberg auf der Hauptversammlung des Vereins Deutscher Chemiker 1902 in Düsseldorf anlässlich des 25. Geburtstages des Patentgesetzes, abgedruckt in: Carl Duisberg, Abhandlungen I, S. 483–486.
48 Murmann, Knowledge and Competitive Advantage, S. 42 f.
49 Zu seiner Bedeutung, zu den Vorläufern und zu den Konsequenzen ausführlich Seckelmann, Industrialisierung, S. 107–181.
50 Seckelmann, Industrialisierung, Kap. IV und V.
51 Rede von Carl Duisberg auf der Hauptversammlung des Vereins Deutscher Chemiker 1902 in Düsseldorf anlässlich des 25. Geburtstages des Patentgesetzes, abgedruckt in: Carl Duisberg, Abhandlungen I, S. 483–486.

52 Homburg, Emergence, S. 104, weist zu Recht darauf hin, dass erst mit der Patentgesetzgebung sich eigenständige wissenschaftliche Laboratorien in allen großen Farbwerken durchsetzten.
53 Zur damit verbundenen Verwissenschaftlichung der Farbstoffherstellung auch Reinhardt, Forschung in der chemischen Industrie, S. 321–329.
54 Carl Duisberg, in: Böttingerfestschrift, S. 609.
55 Der umfangreiche Schriftverkehr Carl Duisbergs mit Carl Rumpff in der zweiten Jahreshälfte 1888 und der ersten Jahreshälfte 1889 bestand zu einem großen Teil aus Berichten über Patentfragen und Patentstreitigkeiten, von denen hier nur zwei ausführlicher dargestellt werden sollen (Kongorot, Sulfonal). Im Grunde gab es einen Wettlauf, jedes neue Produkt sofort zum Patent anzumelden, jede fremde Patentanmeldung noch vor Patenterteilung zu bestreiten oder erteilte Patente anzufechten, sowie schließlich das Angebot der Konkurrenz im In- und Ausland auf mögliche Rechteverletzungen zu prüfen und juristisch dagegen vorzugehen.
56 Carl Duisberg, in: Böttingerfestschrift, S. 611
57 Carl Duisberg, in: Böttingerfestschrift, S. 611 f.
58 Flechtner, Duisberg, S. 102 f.
59 Carl Duisberg an Carl Rumpff, 19. 7. 1888, BAL AS, über ein vermeintliches Friedensabkommen zwischen der Agfa und Ewer & Pick, das dann doch nicht hielt.
60 Carl Duisberg an Carl Rumpff, 22. 3. 1889, BAL AS.
61 Murmann, Knowledge and Competitive Advantage, S. 157.
62 Carl Duisberg an Carl Rumpff, 22. 3. 1889, BAL AS.
63 Carl Duisberg an Carl Rumpff, 22. 3. 1889, BAL AS.
64 Carl Duisberg, in: Böttingerfestschrift, S. 612.
65 Zum Beispiel Carl Duisberg an Johannes Walther, 10. 5. 1892, BAL AS, mit detaillierter Aufzählung des im Ausland geführten Patentkrieges mit der Cassella. Oder Carl Duisberg an Johannes Walther, 24. 1. 1894, BAL AS, über gewonnene Patentprozesse in Darmstadt und in Berlin, was ihn alles so mitgenommen habe, dass er erst langsam wieder zu geordneter Tätigkeit komme.
66 Vgl. hierzu auch Wimmer, «Wir haben fast immer etwas Neues».
67 Zum Hintergrund Bäumer, Von der physiologischen Chemie. Baumann hatte das Sulfonal dargestellt und arbeitete weiterhin mit den Farbenfabriken, wenn auch keineswegs reibungslos, zusammen. Siehe den Brief Duisbergs an Carl Rumpff vom 3. 4. 1889, BAL AS.
68 Duisberg war bei den Maßnahmen zur Verbesserung der Sulfonal-Herstellung die treibende Kraft, wie er in zahlreichen Briefen an Carl Rumpff schrieb, u. a. am 24. 1. 1889, BAL AS. Siehe auch den Bericht an Henry Theodor Böttinger vom 11. 1. 1889, BAL AS.
69 Carl Duisberg an Carl Rumpff, 18. 4. 1889, BAL AS. Ganz ähnlich Carl Duisberg an Henry Theodor Böttinger, 23. 4. 1889, BAL AS, mit einer ausführlichen Schilderung des Sulfonalmarktes.
70 Carl Duisberg an Henry Theodor Böttinger, 23. 4. 1889: «Wir als Inhaber des amerikanischen Patents sind am besten in der Lage, in diesen Kampf erfolgreich und ohne Schaden eintreten zu können und wenn es auch selbstverständlich dem Herzen wehetut, auf den hübschen Verdienst, den das Produkt in den nicht Patentländern noch abwirft, verzichten zu müssen, so ist es doch die zwingende Notwendigkeit, diesen Schritt zu konstatieren und es wäre ein grosser Fehler in unserem geschäftlichen Gebahren (!), wollten wir länger mit der Herabsetzung des Preises zaudern, wollten wir auf Kosten unseres Quantums den Versuch unternehmen, die 4 neuen Fabriken in den Schoss der Konvention aufzunehmen.»

71 Carl Duisberg an Henry Theodor Böttinger, 4. 5. 1889, BAL AS.
72 Carl Duisberg an Carl Rumpff, 10. 5. 1889, BAL AS. Angesichts von Gestehungskosten, die sich nach Duisbergs Angaben auf 28–30 M exclusive Verkaufs- und Generalspesen drücken lassen sollten, war das immer noch ein gutes, wenn auch mageres Geschäft. Kalkulation im Bericht Duisbergs an Böttinger vom 23. 4. 1889, BAL AS.
73 Bäumer, Von der physiologischen Chemie, S. 195. Das neue Verfahren, über das Duisberg im Übrigen in Kontakt mit einem seiner später engsten Mitarbeiter, Karl Krekeler, kam, den er von Göttingen nach Elberfeld holte, wurde auch erfolgreich in Deutschland und England zum Patent angemeldet.
74 Carl Duisberg an Carl Rumpff, 10. 5. 1889, BAL AS.

6 | In der Bayer-Familie

1 Woher dieser Spitzname kam, ist nicht zu klären. Johanna Seebohm war die dritte Tochter. Vielleicht kam hierin der Wunsch nach einem Sohn zum Ausdruck, der den Seebohms aber erst als viertes Kind geboren wurde. Vielleicht war es auch die Wildheit des Kindes, die ihm den männlichen Namen und die Erziehung bei dem Onkel Rumpff verschafft hatte. Das ist alles aber Spekulation.
2 Carl Duisberg an Johannes Walther, 16. 12. 1887, BAL AS.
3 Carl Duisberg an Johannes Walther, 22. 12. 1898, BAL AS. Duisberg traf damit unbeabsichtigt einen Punkt, den später auch die Psychologie bestätigen sollte. Egal, wie man nun sein Frauenbild qualifiziert, hatte er in Johanna Seebohm die Frau gefunden, die zu ihm passte und seine seelische Stabilität sehr stark förderte. Insofern ist es im Fall Duisberg schon so, wie es Eriksson generell unterstellt: Die von der Mutter gegebene Sicherheit wurde von der «richtigen» Frau fortgesetzt – für die Persönlichkeitsentwicklung Duisbergs ein zentraler Punkt, da ihm ja die Erfüllung des mütterlichen Auftrags keineswegs leichtfiel; vgl. Eriksson, Wachstum und Krisen der gesunden Persönlichkeit, S. 55–122.
4 Carl Duisberg an Johannes Walther, 16. 12. 1887, BAL AS. Diese Art der Eheanbahnung war im Übrigen keineswegs unüblich; der gesellschaftliche Verkehr in diesem Fall im Hause der Braut ermöglichte es, den Bräutigam auf seine Tauglichkeit hin in Augenschein zu nehmen, Budde, Bürgerleben, S. 31 f., wenngleich der Hinweis Buddes, der Sport, etwa das Schlittschuhlaufen, als Anbahnungstechnik sei erst zum Jahrhundertende aufgetaucht, in diesem Fall nicht zutrifft.
5 Duisberg, Lebenserinnerungen, S. 41.
6 Diesen treffenden Begriff verdanke ich einem Hinweis von Tilman Allert.
7 Carl Duisberg an Johannes Walther, 16. 12. 1887, BAL AS.
8 Carl Duisberg an Carl Rumpff, 19. 7. 1888, BAL AS.
9 Siehe etwa seine Klage gegenüber Hans-Hasso von Veltheim, 9. 10. 1917, BAL AS, dass seine Frau ihn wegen der problematischen Reisebedingungen und der Tatsache, dass vor Mitte Oktober in den Hotels nicht geheizt werden dürfe, auf Reisen nach Berlin, München und Wien nicht begleiten wollte.
10 Carl Duisberg an Henry Theodor Böttinger, 11. 1. 1889, BAL AS.
11 Carl Duisberg an Johannes Walther, 13. 7. 1893, BAL AS.
12 Damit ist allerdings auch das Problem verbunden, dass über Johanna Duisberg kaum Aussagen möglich sind. Ihr Nachlass befindet sich nicht im Bayer-Archiv und ist auch über die Familie Duisberg nicht zugänglich. Johanna Duisberg, von der wir nicht einmal wissen, ob sie überhaupt eine Art schulische Erziehung und später eine Ausbildung genossen hat, taucht daher fast nur im Spiegel ihrer Ehe auf. Die weni-

gen im Bayer-Archiv vorliegenden Briefe deuten auf eine außerordentlich fürsorgende und liebende Mutter hin; sie pflegte die Briefe an ihre Kinder mit «Euer liebendes Mütterchen» zu unterzeichnen.

13 Johanna Duisberg führte auch die leider nicht erhaltene bzw. nicht zugängliche Korrespondenz mit den Kindern.

14 Vgl. hierzu auch in Bezug auf Professorenexistenzen Szöllösi-Janze, Lebens-Geschichte – Wissenschafts-Geschichte, S. 28 f.

15 Carl-Ludwig Duisberg an Alfred Stock, Sommer 1935, BAL 271/0 Gerhardt berichtet, noch Jahre später hätten alle vier Kinder des Ehepaars Duisbergs die große Anhänglichkeit Duisbergs an seine Frau betont, Duisberg, S. 106.

16 Carl Duisberg an Johannes Walther, 21. 12. 1900, BAL AS.

17 Carl Duisberg an Johannes Walther, 4. 1. 1901, BAL AS.

18 Im Nachruf des Anfang der 1920er Jahre verstorbenen Direktors der Farbenfabriken Christian Hess betonte Duisbergs diesen Punkt nachdrücklich: «Dazu kommt noch eins, was gerade von mir und an dieser Stätte nicht vergessen werden soll, die in unserer Zeit leider so seltene, geradezu mustergültige Ehe, die unseren Freund mit seiner Frau 36 Jahre lang ungetrübt verbunden hat. Man kann wohl sagen, dass er ohne sie mit den ihr eigenen prächtigen, ihn ergänzenden Eigenschaften, dem sinnigen, heiteren Wesen, dem glücklichen Temperament und der unermüdlichen Regsamkeit und Energie, das vielleicht nicht alles geworden wäre, was er erreicht hat.» Carl Duisberg, Nachruf auf Dr. Christian Hess, 14. 7. 1923, in: Carl Duisberg, Abhandlungen II, S. 568.

19 Das war für Carl Duisberg lebenswichtig. Gegenüber Theodor Plieninger, dem Generaldirektor von Griesheim-Elektron, zeigte er sich 1925 geradezu erleichtert, dass seine Frau ihn «jetzt wieder regelmäßig auf seinen Reisen nach Berlin begleiten wird, um bei meinem lebhaften Temperament als Bremserin zu wirken». Carl Duisberg an Theodor Plieninger, 5. 1. 1925, BAL AS.

20 Zum Typus der Hausdame vgl. Weber-Kellermann, Frauenleben.

21 Duisberg, Nur ein Sohn, S. 17, beschreibt Minna Sonntag folgendermaßen: «Fräulein Minna Sonntag, vor Jahren als Kinderfräulein bei uns eingetreten, war inzwischen die Vertraute der Eltern und auch von uns Kindern geworden, die ‹Oma für alles›. Sie war eine wirkliche Dame, Tochter eines Eisenbahners von einfacher Herkunft, aber lernbegierig. Sie hatte sich ganz schnell in die Atmosphäre unseres bürgerlichen Haushalts eingelebt, blieb eine echte Kölnerin mit Kölscher Schlagfertigkeit, die es ihr auch gestattete, sich allen Begebenheiten anzupassen. ‹Tante Sonntag›, wie sie bei den Freunden der Eltern hieß, ‹Fräulein› bei uns Kindern von Anfang an bis zu ihrem Tod, war allen Lebenslagen gewachsen. Sie war für unsere zarte Mutter eine echte Hilfe und für die Eltern auf ihren weiten Weltreisen eine gute Begleiterin.»

22 Carl Duisberg an Max Bauer, 11. 11. 1916, BAL AS.

23 «Der Umfang unserer ältesten Tochter, Fräulein Sonntag, lässt darauf schliessen, dass es ihr bei uns nicht schlecht geht.» Carl Duisberg an Johannes Walther, 20. 7. 1898, BAL AS.

24 Am 10. 8. 1920 meldete der «Wiesdorfer Generalanzeiger», dass am Sonntag, dem 12.8., Fräulein Minna Sonntag das Fest ihrer 25-jährigen Tätigkeit als Hausdame bei Duisberg feiern wird, BAL 300/005. Die «Mülheimer Zeitung» hatte schon am 9. 8. 1920 geschrieben: «Am Sonntag, den 12. d. M. feiert Fräulein Minna Sonntag das Fest ihrer 25jährigen Tätigkeit als Hausdame im Hause des Herrn Geh.Rat Duisberg.» BAL 300/070.

25 Todesanzeige der Familie Geheimrat Duisberg, BAL 300/070. Am 12. 6. 1934,

BAL AS, kondolierte Ilse Armster mit Schreiben an Johanna Duisberg zum Tod von Minna Sonntag mit den Worten: «Wir wissen, daß Sie Euch & besonders Dir durch die langen harmonischen Jahre des Zusammenlebens wie eine liebe Verwandte geworden war & ganz zu Euch allen gehörte. Aber Ihr wißt ja auch so gut wie sonst niemand, daß für sie selbst der Tod eine Erlösung von schwerem Leiden bedeutet hat.» Und Hilde Boelling schrieb an Johanna Duisberg, 12. 6. 1934, BAL AS: «Du, liebe Tante Hans, hast ganz besonders viel verloren, ich glaube, Fräulein Sonntag war immer in Deiner Begleitung (wenigsten habe ich Dich nie allein gesehen) und Du wirst diese treue Seele überall vermissen.»

26 Anlässlich der Feier des 40. Hochzeitstages schrieb Heinz von Böttinger an Carl Duisberg, 2. 10. 1928, BAL AS: Dank für die «wirklich ausnehmend schönen und lustigen Tage auf dem Petersberg. ... Soweit ich gehört habe, hat auch nicht der leiseste Mißton infolge irgendeiner kleinlichen Zänkerei oder dergleichen geherrscht, sondern jeder freute sich, den größten Teil der Familie und alte Freunde und Bekannte wiederzusehen.»

27 Carl Duisberg an R. Kissel, 31. 10. 1932, BAL AS.

28 Zit. nach Flechtner, Duisberg, S. 96.

29 Otto Meesmann, Carl Duisberg, S. 231–247, hier S. 244 f.

30 Zu den Fallstricken der Liebessemantik, die einen Beobachter rasch auf andere als emotionale Gründe schließen lassen, vgl. Niklas Luhmann, Liebe als Passion. Die eigentlich nicht unbedingt begründete Gegenüberstellung von Gefühl und Nutzen findet sich schon in der zeitgenössischen Öffentlichkeit, die im Übrigen zumeist für eine Gefühlsehe plädierte; vgl. Budde, Bürgerleben, S. 26–31.

31 Nieberding, Unternehmenskultur im Kaiserreich, S. 64–74.

32 So schrieb z. B. Henry Theodor Böttinger am 16. 12. 1890, BAL AS, an Carl Duisberg: «Nicht wahr, Sie vergessen nicht, dass Sie und Hans am Neujahrabend bei uns zum Familientag (resp. Abend) sind. Beginn 4 Uhr, Schluss 1. Januar 91, Zeit unbestimmt.»

33 Die Witwe Carl Rumpffs heiratete wenig später den freikonservativen Reichstagsabgeordneten K(C)arl Gamp, später Freiherr Gamp-Massaunen, der über erheblichen Grundbesitz in Ostpreußen und Pommern verfügte. Auch zu ihm entstand eine Titularverwandtschaft, Carl Duisberg sprach und schrieb von Onkel Gamp.

34 Carl Hülsenbusch, ein Neffe des alten und Vetter von Friedrich Bayer jun., Jahrgang 1854, hatte 1883 Procura erhalten, Pinnow, Werksgeschichte, S. 59. Er avancierte später auch in den Vorstand der Farbenfabriken (bis 1906).

35 Fritz Bölling war ein Freund der Bayer-Familie und Aktionär der Farbenfabriken.

36 Carl Hülsenbusch, auch «Carlchen».

37 Carl Duisberg an Henry Theodor Böttinger, 11. 1. 1889, BAL AS. Carl Rumpff, dem es gesundheitlich nicht gut ging (Herzprobleme), seine Frau, seine Schwägerinnen, also die Frauen Fritz Bayers und Henry Böttingers, und seine Ziehtochter hielten sich für mehrere Wochen in Montreux auf; Böttinger war auf einer Indienreise.

38 Nach der Heirat mit Johanna Seebohm sei Böttinger sein «liebster Freund» gewesen, schrieb Duisberg nach dessen Tod; Carl Duisberg an Theodor Curtius, 11. 6. 1920, BAL AS.

39 Carl Duisberg an Johannes Walther, 4. 5. 1895, BAL AS. Duisberg war Mitglied eines Wanderclubs, an dessen Touren er sich regelmäßig beteiligte, Carl Duisberg an Friedrich Bayer jun., 21. 8. 1893, BAL AS.

40 Carl Duisberg, Erwiderung auf die Beglückwünschung durch Herrn Komm.-Rat Bayer namens der Direktion, in: Carl Duisberg, Abhandlungen, Bd. 1, S. 410.

41 Seinem Titularneffen Curt Boelling half Carl Duisberg, indem er ihn in der Verkaufsabteilung der I.G. Farbenindustrie AG/Außendienst unterbrachte. Das Dankschreiben beantwortete Carl Duisberg am 8.10.1929 so: «Daß Du in den ersten Jahren in unserer I.G. Schwierigkeiten überwinden mußtest, war für mich von vorneherein klar. Umso erfreulicher ist es zu hören, daß Du schon heute festen Fuß gefaßt hast und glaubst, nunmehr den richtigen Platz inne zu haben. Denke immer daran, daß alles, was ein Mensch wird, selbst verdient werden muß und einen guten Boden hast Du ja jetzt gefunden.» BAL AS.

42 In der Scheidungssache Werner von Baum und Emmy Bayer etwa suchte Duisberg, der Testamentsvollstrecker Friedrich Bayers war, lange zwischen den zerstrittenen Parteien zu vermitteln und schaffte es auch in der Tat, den einigermaßen neutralen Mittelsmann zu spielen. Hierzu der Briefwechsel zwischen Carl Duisberg und Heinz von Böttinger, Frühjahr 1925, BAL AS.

43 Ilse Armster an Onkel Carl, 19.2.1930, BAL AS.

44 Carl Duisberg an Inge Armster, 3.10.1931, BAL AS.

45 Carl Duisberg an Waldemar von Böttinger, 21.9.1931, BAL AS.

46 Im Gegensatz zu ihrem Mann war Johanna Duisberg überaus öffentlichkeitsscheu. Sie weigerte sich «strikt», Details aus ihrem und dem Privatleben der Familie herauszugeben, auch als ihr Mann und sein Ghostwriter sie für eine geplante, zweite Auflage der Memoiren Duisbergs 1934 inständig darum baten; Carl Duisberg an Jesco von Puttkamer, 12.6.1934, BAL 300/134.

47 Briefwechsel Carl Duisberg mit Hermann Seebohm 1900–1934. Seebohm, 1917 interniert, kehrte nach dem Krieg nach Deutschland zurück. Kurze Briefwechsel gibt es auch mit Kurt Seebohm, dem Vetter von Johanna, und ihrem Neffen Richard Seebohm, BAL AS.

48 Feldman, Stinnes, S. 367: Abdruck eines Briefes an Hugo jun. vom 21.6.1908.

49 Soenius, Wirtschaftsbürgertum; Groppe, Der Geist des Unternehmertums; Budde, Bürgerleben; Wörner, Frankfurter Bankiers.

50 Das musische Element war bei den Duisbergs zweifellos auch vorhanden, Curt etwa lernte ordentlich Geige zu spielen, und auch Theater- und andere Aufführungen waren nicht selten, ebenso die seinerzeit verbreitete Amateurlyrik. Die Ausmaße der musisch-literarischen Erziehung bildungsbürgerlicher Haushalte gingen aber zumeist darüber hinaus, vgl. etwa das Beispiel des Historikers Karl Hampe, in dessen Haus eine geradezu perfekte bildungsbürgerliche Stimmung herrschte, siehe Reichert, Gelehrtes Leben, oder das Beispiel Hermann Heimpels, der in einem Ingenieurshaushalt groß wurde, Heimpel, Die halbe Violine. Interessant auch die Erfahrungen aus anderen Unternehmerhaushalten, etwa Lesczenski, August Thyssen.

51 Feldman, Hugo Stinnes.

52 Brenner, Walther Rathenau.

53 Familienbuch des evangelischen Chemikers Dr. Carl Duisberg, Eheschließung mit Johanna Seebohm, Tochter von Eduard Seebohm und Julie, geb. Rumpff, am 28.9.1888 in Wülfrath, BAL 300/001. Mit vier Kindern entsprach das Ehepaar Duisberg in etwa dem Median wirtschaftsbürgerlicher Familien der Zeit, vgl. Budde, Bürgerleben, S. 51. Eigentlich sollte es schon nach der dritten Geburt sein Bewenden haben: «Nachdem wir jetzt zwei Jungen und ein Mädchen besitzen, könnten wir eigentlich die organische Synthese beenden und haben dies auch vor; doch soll man auf diesem Gebiete sich nichts vornehmen, sondern dem Glück mitvertrauen. Wir haben wirklich gegenwärtig genug an der Krabbelei der drei Kleinen, aber gleichzeitig natürlich auch neben den Vater- und Mutterpflichten grosse Freude.» Carl Duisberg an Eugen Bamberger, 30.12.1893, BAL AS.

54 An Henry Theodor Böttinger schrieb Duisberg am 16. 11. 1897, BAL AS, geradezu resigniert: «Zu Hause stellt sich eine Krankheit nach der anderen ein, wie wir dies nicht anders gewöhnt sind. Jetzt ist es Angina, die das Haus durchseucht; wer weiss, was es morgen gibt.»

55 Ausführlich hierzu der Brief von Carl Duisberg an Johannes Walther, 30. 12. 1895, BAL AS.

56 Carl Duisberg beurteilte sich selbst ganz realistisch in seinen Beziehungen zu den Kindern. Als seinem Freunde Walther eine Tochter unmittelbar nach der Geburt verstorben war, schrieb er ihm recht nüchtern: «Nach den Beschwerden und Unannehmlichkeiten eines Jahres solche Enttäuschung! Wir Männer sind ja vermöge unserer nicht so zarten Gefühlsempfindungen leichter in der Lage, uns über solche Schmerzen hinwegzubringen, aber Deiner Frau wird es wahrscheinlich nicht so leicht gelingen.» 29. 6. 1903, BAL AS.

57 Carl Duisberg an Johannes Walther, 22. 5. 1900, BAL AS.

58 Duisberg, Nur ein Sohn, S. 16.

59 Duisberg, Nur ein Sohn, S. 15.

60 Carl Duisberg an Johannes Walther, 21. 12. 1900, BAL AS.

61 Duisberg unterschied sich dabei bestenfalls graduell vom bürgerlichen Comment, Budde, Bürgerleben, S. 82–85.

62 Ein Kreditgesuch von Carl Hauptmann im Jahre 1892 schlug Duisberg mit der Begründung ab, dass er, solange seine Familie nicht gesichert sei, kein Geld verleihen könne und wolle. Carl Duisberg an Carl Hauptmann, 3. 2. 1892, BAL AS. Das war nicht der einzige Grund für die Ablehnung, aber er spielte doch eine große Rolle. Zum Hintergrund siehe auch Schreiben von Carl Duisberg an Johannes Walther, 29. 4. 1892, BAL AS.

63 Zur Duisbergschen Familienstiftung HStA Düsseldorf, Hinweis von Simone Derix.

64 Carl Duisberg an die Direktion der Farbenfabriken, 2. 2. 19127, BAL 300/070.

65 BA 300/008.

66 Im Januar 1919 schrieb ihm der Bonner Kunsthistoriker Paul Clemen, Duisbergs Schwiegersohn Hans-Hasso sei wegen seiner zukünftigen Tätigkeit bei ihm gewesen, ein Besuch, den Hans-Hasso nach seiner Kündigung in den Farbenfabriken auf Anraten Duisbergs unternommen hatte, da Clemen evt. bei einer kunsthistorischen Tätigkeit hilfreich sein konnte. Clemen war von Hans-Hasso ganz angetan und suchte den enttäuschten Duisberg zu beruhigen: «Ich verstehe freilich, dass Sie mit einigem Kummer auf die Erben Ihres Werkes sehen; der eine wandelt in den Bahnen Reinhardts und den anderen drängt es auf die Wege Bodes. Aber die alten Aussichten, die Sie mit Ihren Schwiegersöhnen hatten, würden sich jetzt wohl so wieso nicht mehr ganz verwirklichen lassen.» 4. 1. 1919, BAL AS.

67 Seinem Schwager Hermann Seebohm schrieb er am 4. 4. 1908, BAL AS: «Alle 3 Kinder haben ausgezeichnete Zeugnisse nach Hause gebracht; sie sind besser wie die früheren Zeugnisse, obgleich Curt, wahrscheinlich durch einen Zufall, vom zweiten auf den dritten Platz herabgesunken ist, weshalb ich ihn necke, während Walther sich zwei Plätze erobert hat und vierter wurde.»

68 Wohl, Germany, Generation of 1914, S. 42–84.

69 Duisberg, Nur ein Sohn, S. 13 f.

70 Walther, Hans Hasso von Veltheim.

7 | Die Chance

1 Zur Beziehung von Rumpff und Duisberg vgl. auch das Ms. von Dr. Hückstädt, Carl Rumpff und Carl Duisberg (1967), BAL 271/2.

2 Zur wirtschaftlichen Entwicklung der Farbenindustrie vgl. Plumpe, I. G. Farbenindustrie AG.

3 Zur Leitungsstruktur vgl. Nieberding, Unternehmenskultur, S. 70f. Dort auch weitere Informationen zur verwickelten Geschichte der Corporate Governance derjenigen Unternehmen, die schließlich in den Farbenfabriken aufgingen; Liste der Aufsichtsratsmitglieder, Vorstände, Direktoren und Prokuristen bei Pinnow, Werksgeschichte, Anhang.

4 Für Flechtners Annahme, Rumpff habe Duisberg zunächst reserviert gegenübergestanden, da ihm dieser zu energisch und ehrgeizig aufgetreten sei, gibt es wenige Hinweise. Man gewinnt eher den Eindruck, dass Rumpff Duisberg ermutigte, und dass dieser seine hervorstechenden Eigenschaften auch deshalb «kultivierte», weil er sich der positiven Resonanz auf Seiten der Unternehmensspitze sicher war. Vgl. Flechtner, Duisberg, S. 106f.

5 Carl Rumpff an Carl Duisberg, 16. 4. 1888, BAL 2117/2: «Wir müssen uns in die gemeinsam für das Wohl der Firma geplanten Arbeiten teilen!»

6 Carl Duisberg an Carl Rumpff, 24. 6. 1888, BAL AS.

7 Carl Duisberg an Carl Rumpff, 26. 6. 1888, BAL AS.

8 Die Berichte aus diesem Sommer hatten dabei eine eigentümliche Zweiteilung. Die geschäftlichen Angelegenheiten diktierte Carl Duisberg einem Sekretär, die privaten Informationen, insbesondere über Frau Rumpff, Duisbergs Verlobte Johanna und Bauarbeiten an Schloß Aprath, setzte er dann selbst handschriftlich hinzu.

9 Carl Duisberg an Carl Rumpff, 19. 7. 1888, BAL AS. Rumpff veranlasste einen entsprechenden Rippenstoß, und am 2. 8. 1888 konnte ihm Duisberg melden: «Die Wirkung Deines Briefes von vergangener Woche wirst Du wohl bereits gemerkt haben. Es ist gut, wenn dann und wann, selbst wenn das Schiff des Geschäfts in ruhigem Wasser fährt und kein Wölkchen seine Fahrt trübt oder auch nur trüben könnte, der Steuermann dennoch mit besonnenem Blute nicht versäumt, den Stand der Sonne festzustellen, um dadurch sich und die gegenwärtige Lage zu orientieren. So hat der Brief, welcher auf Deine (!) Anregung hin an die Agenten versandt wurde, bereits eine ganz erfreuliche Blumenlese gezeitigt, welche anregend und unterrichtet (!) für alle gewirkt hat.»

10 Carl Duisberg an Carl Rumpff, 19. 7. 1888, BAL AS.

11 Carl Duisberg an Carl Rumpff, 28. 7. 1888, BAL AS.

12 1906 schilderte Duisberg sein Verhalten, als er seinem jungen Schwager Hermann Seebohm, der in der New Yorker Verkaufsabteilung in zahlreiche Konflikte verwickelt war, Karrieretips gab: «Als ganz junger Mann bei derartig gereiften alten Praktikern musst Du vor allem ausserordentlich diplomatisch zu Werke gehen und musst es machen, wie ich hier im Elberfelder Geschäft trotz des Widerstands zahlreicher älterer technischen und kaufmännischen Beamten mir meine Positionen erobert habe, nie auf direktem, sondern auf indirektem Wege, nie mit Gewalt, sondern mit List, nie mit Grobheit, sondern mit Freundlichkeit, dabei stets gerecht gegen andere und gegen sich selbst, ein Vorbild an Fleiss, Energie und Ausdauer für gross und klein.» Carl Duisberg an Hermann Seebohm, 24. 12. 1906, BAL AS.

13 Als jüngster Prokurist hatte sich Duisberg auch in der finanziellen Hierarchie zunächst hintanzustellen. Nach Rumpffs Tod wurden die Vertragsverhältnisse der Vorstände und Prokuristen neu geregelt: «Dr. Duisberg betreffend, so soll demselben

unter Beibehalt seiner Betriebstantieme eventuell das Gehalt vom 1. Juli ab auf 7000 M bis 31. 12. a. c. & von da ab bis Ende seines Vertrages 31. Dec. 91 auf 7500 M erhöht werden, mit daran hängendem neuen Vertrag auf weitere 3 Jahre bis 31. Decbr 1894 für ein festes Gehalt von 10 000 Mark, also von gleicher Höhe wie bei den anderen drei Procuristen, Betriebstantieme bleibt auch im neuen Vertrag dieselbe wie bisher.» Aufsichtsratssitzung 18. 7. 1889, BAL 11/3, Bd. 1. Erst 1891 wurde Duisberg auch prozentual am Gewinn der Firma und nicht nur am Ertrag seiner Erfindungen beteiligt.

14 Als ein «berufener Techniker» von außen erklärte, eine bestimmte technische Vorgehensweise, die Duisberg bei der Fabrikation des Mercaptans vorgeschlagen hatte, sei nicht durchführbar, da erbot sich Duisberg «gern diesem Herrn (zu) zeigen ..., was man technisch doch alles kann, wenn man den energischen Willen zeigt, etwas zu wollen». Carl Duisberg an Carl Rumpff, 22. 7. 1888, BAL AS.

15 Carl Duisberg an Carl Rumpff, 28. 7. 1888, BAL AS.

16 Carl Duisberg an Carl Rumpff, 28. 7. 1888, BAL AS.

17 Carl Duisberg an Carl Rumpff, 28. 7. 1888, BAL AS.

18 Carl Duisberg an Carl Rumpff, 14. 1. 1889, BAL AS.

19 Er konnte sich aber immerhin informell durchaus beauftragt fühlen, hatte ihm Carl Rumpff doch am 12. 10. 1888 geschrieben: «Du wirst bei Rückkunft ein weites Feld für Vorwärtswühlen vorfinden und in dieser Hinsicht auch mich zu vertreten haben.» BAL AS, wobei mit dieser Hinsicht gemeint war, für eine Steigerung der Farbenproduktion zu sorgen, um Lieferrückstände aufarbeiten zu können.

20 Bei Böttinger entschuldigte sich Duisberg in jedem Brief in dieser Zeit, dass es wieder Verzögerungen beim Schreiben gegeben habe. Böttinger blieb zwischenzeitlich für mehr als vier Wochen ohne Nachricht von Duisberg.

21 Carl Duisberg an Henry Theodor Böttinger, 17. 1. 1889, BAL AS.

22 Carl Duisberg an Henry Theodor Böttinger, 23. 4. 1889, BAL AS.

23 Carl Duisberg an Carl Rumpff, 14. 2. 1889, BAL AS.

24 Dabei ließ es Duisberg gegenüber Rumnpff keineswegs an Respekt mangeln, im Gegenteil versicherte er ihn stets geradezu mit unterwürfigen Formulierungen seiner Loyalität und seiner Verbundenheit: «Du weißt, wie gerne ich schon von jeher Briefe von Dir erhalten habe, die doch stets zu meiner Belehrung beigetragen haben», schrieb Duisberg etwa am 18. 1. 1889 an Carl Rumpff, BAL AS.

25 Carl Duisberg an Carl Rumpff, 14. 1. 1889, BAL AS. Rumpff griff Duisbergs Ideen auf und trug zu deren Realisierung, insbesondere zur Einstellung eines neuen Laborchefs durch Herstellung von Kontakten zu potentiellen Kandidaten auch selbst eifrig bei. Er war sich auch sicher, dass Friedrich Bayer jun. den Initiativen Duisbergs zustimmen würde, Carl Rumpff an Carl Duisberg, 20. 1. 1889, BAL AS.

26 Carl Duisberg an Carl Rumpff, 27. 2. 1889, BAL AS.

27 Carl Duisberg an Carl Rumpff, 18. 4. 1889, BAL AS.

28 Carl Duisberg an Carl Rumpff, 20. 5. 1889, BAL AS.

29 Carl Duisberg an Henry Theodor Böttinger, März 1889 (nach dem 22.), BAL AS.

30 Aufführung der Forderungen in einem Schreiben von Carl Duisberg an Carl Rumpff, 30. 3. 1889, BAL AS.

31 Zur Streikwelle im Wuppertal Beyer, Arbeit steht auf uns're Fahne, S. 46 f. Generell Tenfelde/Volkmann, Streik; Geary, Arbeiterprotest; zum großen Streik der Bergarbeiter an der Ruhr Brüggemeier, Leben vor Ort.

32 Carl Duisberg an Carl Rumpff, 1. 4. 1889, BAL AS.

33 Carl Duisberg an Carl Rumpff, 30. 3. 1889, BAL AS.

34 Carl Duisberg an Carl Rumpff, 31. 3. 1889, BAL AS.

35 Carl Duisberg an Carl Rumpff, 1. 4. 1889, BAL AS.
36 Carl Duisberg an Carl Rumpff, 1. 4. 1889, BAL AS.
37 Carl Duisberg an Carl Rumpff, 3. 4. 1889, BAL AS. In dem Brief zitiert Duisberg das eigene Telegramm vom frühen Morgen.
38 Carl Duisberg an Carl Rumpff, 3. 4. 1889, BAL AS.
39 Carl Duisberg an Carl Rumpff, 8. 4. 1889, BAL AS.
40 Duisberg konnte damit zugleich sicher sein, einer wohlfahrtspolitischen Strömung im Wuppertal zu entsprechen, die seit einiger Zeit gegen den Alkoholismus und das Wirtshauswesen vorging. Duisberg bestimmten dabei freilich weniger christliche oder politische Motive als die einfache Überlegung, dass nüchterne Arbeiter produktiver seien. Zum Kampf gegen den Alkoholismus, der immer auch ein Kampf gegen die Wirtshäuser der SPD war, Beyer, Arbeit steht auf uns'rer Fahne, S. 206–209.
41 Carl Duisberg an Henry Theodor Böttinger, 2. 9. 1891, BAL AS.
42 Alle Zitate aus Carl Duisberg an Henry Theodor Böttinger, 2. 9. 1891, BAL AS.
43 Alle Zitate aus Carl Duisberg an Henry Theodor Böttinger, 2. 9. 1891, BAL AS.
44 Hinweis hierzu bei Nieberding, Unternehmenskultur, S. 71.
45 Diese Urlaubsvertretungen sind auch ein Glücksfall für die Forschung, da in den Farbenfabriken der Brauch herrschte, abwesende Direktoriumsmitglieder durch Sachstandsberichte auf dem Laufenden zu halten. Daher gibt es aus den 1890er Jahren eine Vielzahl von Alltagsbeschreibungen der Probleme in Elberfeld und Leverkusen, die Carl Duisberg jeweils für auswärtige Direktoren diktierte.
46 Carl Duisberg an Johannes Walther, 26. 7. 1893, BAL AS.
47 Carl Duisberg an Johannes Walther, 16. 2. 1894, BAL AS.
48 Berichte jeweils im Briefwechsel Carl Duisbergs mit Friedrich Bayer jun., BAL AS.
49 Wie wichtig ihm Duisbergs Berichte waren, ließ er diesen schon am 20. 5. 1889 wissen, als er ihm zu mitternächtlicher Stunde aus Bombay schrieb: «Es ist zwar genau Nachts 1.04 Minuten – also Mitternacht schon wesentlich vorbei – aber ich fühle mich Ihnen gegenüber so sehr beschämt, dass ich nicht umhin kann, Ihnen sofort noch zu schreiben & Ihnen meinen herzlichsten Dank zu sagen für Ihre mich so ausserordentlich interessierenden Briefe und Berichte zu sagen (!) – sind es doch diejenigen, die mir den tiefsten Einblick ins Geschäft verschaffen & mich dadurch leidlich noch auf dem laufenden halten. Sie bereiten mir jede Woche eine aufrichtige & grosse Freude damit & danke ich Ihnen ganz besonders herzlich dafür.» Henry Theodor Böttinger an Carl Duisberg, 20. 5. 1889, BAL AS.
50 Carl Duisberg an Ferdinand Fischer, 23. 10. 1897, BAL 271/0: Personalakte Ferdinand Fischer.
51 Carl Duisberg an Heinrich Caro, 25. 2. 1893, BAL AS.
52 Aufsichtsrat-Sitzung 14. 4. 1891: Duisberg erhält jetzt rückwirkend auch die Tantieme der Procuristen von 1½% des Nettogewinns, der 1890 immerhin 2 477 713,66 M betrug, BAL 11/3, Bd. 1.
53 Beschluss des Aufsichtsrates vom 1. 1. 1894, BAL 11/3, Bd. 1. Flechtner, Duisberg, S. 116.
54 BAL 4 A.1.
55 Aufsichtsrat-Sitzung 18. 10. 1899, BAL 11/3, Bd. 1: Ernennung von Duisberg und Hülsenbusch zum 1. 1. 1900 zu Vorstandsmitgliedern.
56 Aufsichtsratssitzung vom 8. 1. 1906, BAL 11/3, Bd. 2.
57 Das Ziel waren stets Konsensentscheidungen. «Sollte aber eine Einigung sämtlicher Directionsmitglieder nicht möglich sein, so muss die Majorität entscheiden. Dem Majoritätsbeschluss haben sich die Unterliegenden ohne Groll zu unterwerfen.» Organisationsplan von 1899, S. 1, BAL 4 A.1.

58 Carl Duisberg an Hermann Seebohm, 30. 7. 1910, BAL AS.
59 Carl Duisberg an Hermann Seebohm, 11. 5. 1910, BAL AS.
60 Carl Duisberg an Carl Gamp, 19. 10. 1906, BAL AS.
61 Carl Duisberg an Carl Gamp, 17. 2. 1909, BAL AS.
62 Carl Duisberg an Carl Rumpff, 17. 5. 1889, BAL AS. Richard Lekebusch starb nur ein knappes Jahr später an den Folgen seines jahrelangen Trinkens, Carl Duisberg an Friedrich Bayer, 27. 3. 1890, BAL AS. Die Verkaufsabteilung der Farbenfabriken musste damit einen schweren Rückschlag hinnehmen.
63 Carl Duisberg an Hans-Hasso von Veltheim, 23. 11. 1917, BAL AS.
64 Statuten des Direktionskegelclubs vom 18. 12. 1917, in: BAL 300/AS (Direktionskegelclub).

8 | Leverkusen

1 Carl Duisberg, Wie ich Leverkusen aufbaute, Reclams Universum Nr. 2/3 vom 8./15. 10. 1931, abgedruckt in: Duisberg, Abhandlungen II, S. 235–241.
2 Carl Duisberg, in: Böttingerfestschrift, S. 603.
3 Carl Duisberg, in: Böttingerfestschrift, S. 603.
4 Carl Duisberg, in: Böttingerfestschrift, S. 603.
5 Carl Duisberg an Friedrich Bayer jun., 25. 8. 1891, BAL AS. Die Erweiterung des Betriebs in Elberfeld hatte in den 1880er Jahren zu einer Vielzahl von Einsprüchen der umliegenden Grundstücksbesitzer und Anwohner wegen Belästigungen durch Gase und Abwässer geführt. In vielen Fällen wurden neue Produktionen nur unter Auflagen genehmigt. Auch wenn die königliche Regierung insgesamt industriefreundlich urteilte, waren die Umweltkonflikte zweifellos ein wichtiger Grund für den Umzug an den Rhein. Die Proteste in Leverkusen waren dann auch deutlich geringer; vgl. Henneking, Chemische Industrie und Umwelt, S. 301–305.
6 Carl Duisberg an Friedrich Bayer jun., 29. 9. 1892, BAL AS.
7 Blaschke, Unternehmen und Gemeinde, S. 44.
8 Duisberg, Lebenserinnerungen, S. 75.
9 Siehe etwa Flechtner, Carl Duisberg, S. 135–138; Carl Duisberg, Wie ich Leverkusen aufbaute (zuerst in: Reclams Universum Oktober 1931), in: Carl Duisberg, Abhandlungen II, S. 235.
10 Carl Duisberg an Friedrich Bayer jun., 8. 10. 1892, BAL AS.
11 Duisberg, Lebenserinnerungen, S. 77 f.
12 Duisberg, Wie ich Leverkusen aufbaute, S. 236 f.
13 Duisberg, Lebenserinnerungen, S. 79.
14 Duisberg, Lebenserinnerungen, S. 79.
15 Duisberg, Lebenserinnerungen, S. 79.
16 Carl Duisberg an Friedrich Bayer jun., 21. 8. 1893, BAL AS.
17 Carl Duisberg/RA Doermer, Englisches Ausfuhrverbot für Carbolsäure, in: «Kölnische Zeitung» vom 19. 1. 1900, abgedruckt in: Carl Duisberg, Abhandlungen I, S. 259 f.
18 Carl Duisberg, Die Wissenschaft und Technik in der chemischen Industrie mit besonderer Berücksichtigung der Teerfarbenindustrie. Festvortrag bei der Hauptversammlung des Deutschen Museums im Oktober 1911, abgedruckt in: Carl Duisberg, Abhandlungen I, S. 870. Siehe auch Carl Duisberg an Emil Fischer, 13. 10. 1915, BAL AS.
19 Verg, Meilensteine, S. 51.
20 Carl Duisberg an Eugen Bamberger, 16. 11. 1893, BAL AS.

21 Duisberg, Wie ich Leverkusen aufbaute, S. 237.
22 Schilderung der Entwicklung bei Duisberg, Lebenserinnerungen, S. 80–84.
23 Carl Duisberg an Henry Theodor Böttinger, 6. 12. 1893, BAL AS.
24 Denkschrift über den Aufbau und die Organisation der Farbenfabriken zu Leverkusen, Januar 1895, abgedruckt in: Carl Duisberg, Abhandlungen I, S. 387–409, hier S. 409.
25 Carl Duisberg an Emil Fischer, 22. 11. 1904, BAL AS.
26 Denkschrift über den Aufbau und die Organisation der Farbenfabriken zu Leverkusen, Januar 1895, abgedruckt in: Carl Duisberg, Abhandlungen I, S. 387–409.
27 Alle rasch wachsenden Unternehmen standen in dieser Zeit vor ähnlichen Problemen, aber Duisbergs Konzept besticht auch im Vergleich. Als ähnlich kreativ, wenn auch in einer anderen Branche, beurteilt Jeff Fear August Thyssen; vgl. Fear, Organizing Control, insbes. S. 104–149. Zur generellen Entwicklung von Organisationsmodellen in der Zeit vgl. Chandler, Scale and Scope, dessen deutsche Beispiele freilich nicht wirklich überzeugend dargelegt werden.
28 Denkschrift über den Aufbau und die Organisation der Farbenfabriken zu Leverkusen, Januar 1895, abgedruckt in: Carl Duisberg, Abhandlungen I, S. 387–409, hier S. 409.
29 Protokoll der 94. Sitzung des Aufsichtsrates vom 10. 4. 1895, BAL 11/3.1.
30 Duisberg, Lebenserinnerungen, S. 85.
31 Zur Gefängnisarchitektur, die eine vollständige Überwachung der Insassen ermöglichen sollte, vgl. Foucault, Überwachen und Strafen. Vgl. auch den Hinweis bei Hartmann, Organisation und Geschäft, S. 67.
32 Denkschrift über den Aufbau und die Organisation der Farbenfabriken zu Leverkusen, Januar 1895, abgedruckt in: Carl Duisberg, Abhandlungen I, S. 387–409, hier S. 398 f.
33 Denkschrift über den Aufbau und die Organisation der Farbenfabriken zu Leverkusen, Januar 1895, abgedruckt in: Carl Duisberg, Abhandlungen I, S. 387–409, hier S. 389.
34 Ebd., S. 398.
35 Die Grundstruktur der Anlage hat sich bis in die Gegenwart erhalten.
36 Dieses Schlagwort spielte in späteren Organisationsprozessen insbesondere der I. G. Farbenindustrie immer wieder eine Rolle, vgl. Fischer, Dezentralisation oder Zentralisation, S. 476–487.
37 Vgl. Chandler, Scale and Scope, der das US-amerikanische Vorbild zu stark in den Vordergrund rückt. Als Kritik hieran, aber auch zur Einordnung Duisbergs in Deutschland wichtig Fear, Organizing Control. Zur Entwicklung bei Bayer und zum Vergleich mit Frankreich siehe auch die Studie von Hartmann, Organisation und Geschäft, die in einigen Punkten unzuverlässig ist, zur Denkschrift von 1895 S. 63.
38 Denkschrift über den Aufbau und die Organisation, S. 393.
39 Denkschrift über den Aufbau und die Organisation, S. 394.
40 Denkschrift über den Aufbau und die Organisation, S. 395.
41 Duisberg, Lebenserinnerungen, S. 85.
42 Nachdem die Schwefelsäureproduktion endlich ins Laufen gekommen war, stellte sich heraus, dass der Betriebsleiter gefälschte Produktionsprotokolle weitergegeben hatte, um von der «Unordnung» in seinem Betrieb abzulenken. Duisberg musste 1901 daher auch hier – als interimistischer Betriebsleiter – für Ordnung sorgen. Vgl. auch Flechtner, Duisberg, S. 176 f.
43 Carl Duisberg an Hans von Pechmann, 14. 8. 1901, BAL AS.
44 Carl Duisberg an Johannes Walther, 14. 9. 1901, BAL AS. Diese frühe Automobili-

sierung führte bei Duisberg zu einer lebenslangen Liebe zum Automobil, wie es schon hier deutlich wird: «Es ist nach des Tages Mühen und Arbeit eine ausgezeichnete Erholung in frischer Luft dahinsausen zu können. Bei der Fahrt ist es unmöglich, an das Geschäft oder etwas anderes zu denken, da die Aufmerksamkeit auf den Weg und auf alles, was sich auf demselben entgegenstellt, gerichtet ist. Hierin liegt für mich wenigstens der grösste Wert des im übrigen sehr eleganten und sehr praktischen Wagens.» Siehe auch Plumpe, Carl Duisberg und der tote Hund, S. 123–126.

45 Detaillierter Sachstandsbericht in einem Schreiben von Carl Duisberg an Friedrich Bayer jun., 11. 12. 1895, BAL AS.

46 Ludwig Girtler, zunächst Ingenieur in Elberfeld, seit 1912 Leiter der Ingenieurabteilung der Farbenfabriken.

47 Carl Duisberg an Henry Theodor Böttinger, 13. 2. 1896, BAL AS.

48 Carl Duisberg an Henry Theodor Böttinger, 13. 2. 1896, BAL AS.

49 Es handelt sich um das im Grundsatz bis heute übliche Kontaktverfahren, vgl. Hohelmann u. a., Lehrbuch der anorganischen Chemie.

50 Carl Duisberg an Friedrich Bayer jun., 6. 10. 1897, BAL AS.

51 Die BASF forderte die Farbenfabriken in deutlichem Ton auf, den Kontakt mit dem «Schwindler erster Klasse» einzustellen und alle gestohlenen Unterlagen zu übergeben, doch spielte Duisberg erneut auf Zeit, was die BASF zu einem, so Duisberg, «ziemlich unverschämten» Brief veranlasste, in dem man zugleich mitteilte, man habe eine polizeiliche Untersuchung gegen den Schwindler eingeleitet. Die Polizei sei in der Tat auch in den Farbenfabriken erschienen, doch habe sie nichts herausbekommen, schrieb Carl Duisberg an Friedrich Bayer jun., 6. 10. 1897, BAL AS.

52 Carl Duisberg an Henry Theodor Böttinger, 16. 11. 1897, BAL AS.

53 Carl Duisberg an Henry Theodor Böttinger, 10. 3. 1897, BAL AS: Zustimmung zu Grundstückskäufen in Rheindorf, Ablehnung in Opladen. Bitte, weitere Grundstücke neben der Anilinfabrik zu erwerben.

54 Blaschke, Unternehmen und Gemeinde, S. 32–35.

55 Carl Duisberg an Johannes Walther, 21. 12. 1900, BAL AS.

56 Carl Duisberg an Johannes Walther, 14. 7. 1902, BAL AS.

57 Zum Gebäude, Schütz, Bayer als Mäzen. So hatte er schon zu den Leverkusener Gebäuden trocken bemerkt: «Die Gebäude sind zwar geschmackvoll, aber ohne äußere Verzierung zu bauen.» Carl Duisberg, Denkschrift über den Aufbau und die Organisation der Farbenfabriken zu Leverkusen, abgedruckt in: Carl Duisberg, Abhandlungen I, S. 399.

58 Faktisch der gesamte chemische Betrieb war schließlich nach Leverkusen verlegt, in Elberfeld verblieben Pharmaforschung und Pharmaproduktion, Wimmer, «Wir haben immer etwas Neues», S. 138.

59 Carl Duisberg an Johannes Walther, 25. 1. 1899, BAL AS. Der Umzug hatte neben der organisatorischen Dimension für Duisberg freilich noch einen ganz anderen, hochwillkommenen Effekt. Wegen niedriger Zuschlagssätze lag die Höhe der Einkommenssteuer am Rhein deutlich unter Elberfelder Niveau, Carl Duisberg an Carl Gamp, 17. 2. 1909, BAL AS.

60 Zur Villa, Schütz, Bayer als Mäzen.

61 Meesmann, Carl Duisberg, S. 245.

62 Carl Duisberg an Johannes Walther, 31. 12. 1911, BAL AS.

63 Carl Duisberg an Johannes Walther, 14. 7. 1902, BAL AS.

64 Carl Duisberg, Erwiderung auf die Beglückwünschung durch Herrn Komm.-Rat Bayer namens der Direktion, 29. 9. 1909, abgedruckt in: Carl Duisberg, Abhandlungen I, S. 413.

65 Siehe etwa das Dankschreiben für eine Führung durch die Fabrik von Carl-Friedrich Siemens, 27. 3. 1914, BAL AS, in dem er Duisberg versichert, ein großer Teil der Eindrücke werde «in nächster Zeit ihre Früchte bei uns tragen».
66 «Von Pechmann hat Wort gehalten und ist vom vergangenen Donnerstag vor 8 Tagen bis Samstag Mittag bei uns gewesen. Ich habe ihm Leverkusen und dann Elberfeld gezeigt und haben diese beiden Kontraste drastisch gewirkt; wie nicht zu verwundern, war er natürlich über Leverkusen entzückt und versprach bald wiederzukommen.» Carl Duisberg an Friedrich Bayer jun., 25. 9. 1897, BAL AS.
67 Das Goldene Buch der Besucher der Farbenfabriken vorm. Friedr. Bayer & Co., Leverkusen, BAL AS, Bibliothek. Die erste Eintragung vom 2. 2. 1904 stammt von Friedrich Althoff aus dem preußischen Kultusministerium, der an diesem Tag mit Emil Behring die Anlagen besichtigte. Der letzte Eintrag ist von 1938; etwa drei Viertel der Besucher kamen vor dem Ersten Weltkrieg in das neue Werk.
68 Carl Duisberg, zit. nach Herle/Gattineau, Carl Duisberg, S. 20.
69 Carl Duisberg an Franz Oppenheim, 4. 6. 1921, BAL AS.
70 Willstätter, Aus meinem Leben, S. 135. Vgl. auch Rede bei der Fischer-Gedächtnisfeier der deutschen chemischen Gesellschaft am 25. 10. 1919, abgedruckt in: Carl Duisberg, Abhandlungen I, S. 971.
71 Reinhold Schairer an Carl Duisberg, 17. 7. 1924, BAL AS.

9 | Der Chemiker als König

1 Plumpe, München.
2 Carl Duisberg an Eugen Bamberger, 7. 9. 1892, BAL AS.
3 Carl Duisberg an Hans von Pechmann, 27. 10. 1894, BAL AS.
4 Am 20. 4. 1894 bedankte sich Hans von Pechmann nach der Rückkehr vom Gardasee dafür, dass Duisberg seine Assistenten abnahm, mit der Bemerkung: «Diese haben nach dem Examen kein anderes Trachten mehr als nach einer Stellung.»
5 Johnson, Academic Self-Regulation, S. 242 f. Ferner Johnson, The Kaiser's Chemists. Siehe auch Scholz, Hofmann, S. 223 ff.
6 Zum Verband vgl. Rassow, Geschichte.
7 Der Streit um die Chemikerausbildung im Kaiserreich ist in der Literatur breit dokumentiert. Im Folgenden interessiert vor allem Duisbergs persönliche Haltung; ansonsten vgl. Scholz, Wechselbeziehungen. Vgl. auch Burchardt, Professionalisierung oder Berufskonstruktion?
8 Carl Duisberg an Henry Theodor Böttinger, 19. 2. 1897, 17. 5. 1897, BAL AS.
9 Grundsätzlich dazu Rassow, Geschichte, S. 74–80.
10 1889 stellten sowohl der Verein zur Wahrung wie die Gesellschaft für Angewandte Chemie/Verein Deutscher Chemiker Anträge auf Einführung eines Staatsexamens beim preußischen Kultusministerium, die aber beide abgelehnt wurden, siehe Scholz, Hofmann, S. 223, Anm. 5.
11 Scholz, Hofmann, S. 232, Anm. 6.
12 Carl Duisberg an Ernst von Mayer, 24. 12. 1896, BAL AS.
13 Carl Duisberg an Ernst von Mayer, 24. 12. 1896, BAL AS.
14 Zit. nach Scholz, Hofmann, S. 223.
15 Carl Duisberg, Über die Ausbildung der technischen Chemiker und das zu erstrebende Staatsexamen für dieselben, in: «Zeitschrift für angewandte Chemie» 1897, abgedruckt in: Duisberg, Abhandlungen I, S. 119–141.
16 Siehe etwa die scharfe Kritik hieran bei August Wilhelm Hofmann, Scholz, Hof-

mann, S. 225–231. Zur Entwicklung der Technischen Hochschulen generell Wehler, Deutsche Gesellschaftsgeschichte, Bd. 3, S. 1224–1231.

17 Vgl. hierzu ausführlich Jaenicke, 100 Jahre Bunsengesellschaft, S. 23–27. Den Konflikt aus seiner Sicht schildert Wilhelm Ostwald in: Lebenslinien, S. 243–251. Ostwald teilte die Kritik an der Praxis, hatte aber schlicht Angst, durch ein Staatsexamen als Ordinarius den Einfluss auf seine Studenten zu verlieren.

18 Carl Duisberg an Adolf Baeyer, 12. 7. 1897, BAL AS.

19 Carl Duisberg an Dr. Hintz, Fresenius/Wiesbaden, 5. 8. 1897, BAL AS.

20 Abgedruckt in: Duisberg, Abhandlungen I, S. 155–170.

21 Carl Duisberg, Zum Chemikerexamen, «Zeitschrift für angewandte Chemie» 1897, abgedruckt in: Duisberg, Abhandlungen I, S. 171–173.

22 Emil Fischer an Wilhelm Ostwald, 8. 7. 1897, abgedruckt in: Hansel, Chemikerexamen, S. 25 f.

23 Wilhelm Ostwald an Adolf Baeyer, 14. 7. 1897, abgedruckt in: Hansel, Chemikerexamen, S. 27 f.

24 Adolf Baeyer an Wilhelm Ostwald, 17. 7. 1897, abgedruckt in: Hansel, Chemikerexamen, S. 28 f.

25 Carl Duisberg, Zum Staatsexamen der Chemiker. Hauptversammlung des Vereins zur Wahrung der Interessen der chemischen Industrie Deutschlands zu Baden-Baden 1897, abgedruckt in: Duisberg, Abhandlungen I, S. 173 f.

26 Carl Duisberg an Ernst von Eynern, 5. 10. 1897, BAL AS. Die Frage des Staatsexamens dümpelte noch eine Zeit lang in staatlichen Kommissionen vor sich hin, endgültig abgelehnt wurde sie erst 1901; vgl. Scholz, Hofmann, S. 225.

27 Carl Duisberg an Henry Theodor Böttinger, 16. 11. 1897, BAL AS.

28 Carl Duisberg, Bericht über die Staatsprüfung für Chemiker, Hauptversammlung des Vereins Deutscher Chemiker, Darmstadt 1898, abgedruckt in: Duisberg, Abhandlungen I, S. 174–185.

29 Carl Duisberg, Extraordinariate für chemische Technologie an den Universitäten, abgedruckt in: Duisberg, Abhandlungen I, S. 187.

30 Carl Duisberg, Staatsprüfung für Chemiker. Hauptversammlung des Vereins Deutscher Chemiker, Königshütte 1899, abgedruckt in: Duisberg, Abhandlungen I, S. 189–193.

31 Carl Duisberg, Der ‹Doktor-Ingenieur› der technischen Hochschulen, «Zeitschrift für angewandte Chemie» 1900, abgedruckt in: Duisberg, Abhandlungen I, S. 198–200.

32 Carl Duisberg, Die Abnahme der Bildung bei den Chemiestudierenden, «Zeitschrift für angewandte Chemie» 1900, abgedruckt in: Duisberg, Abhandlungen I, S. 200–204, hier S. 203.

33 In seiner Rede zur Übernahme der Funktion des Vorsitzenden des Vorstandsrates des Deutschen Museums 1911 gab er offen zu, «dass heute vielfach die physikalische Chemie als die eigentliche Trägerin der allgemeinen wissenschaftlichen Chemie betrachtet wird und dadurch auch die organische Chemie mehr und mehr in den Hintergrund gerückt wurde». Carl Duisberg, Ansprache anlässlich seiner Wahl zum Vorsitzenden des Vorstandsrates, 5. 10. 1911, abgedruckt in: Duisberg, Abhandlungen I, S. 858.

34 Carl Duisberg an Fritz Förster, 6. 1. 1908, BAL AS.

35 Vgl. hierzu Adler, Wirken. Einschlägig hierzu der Briefwechsel mit Prof. K. Fricke Bremen aus dem Jahre 1905, BAL AS. Vgl. auch Rassow, Geschichte, S. 78–80.

36 Berthold Rassow an Carl Duisberg, 22. 9. 1904; Carl Duisberg an Berthold Rassow, 7. 10. 1904, BAL AS. Duisberg stellte zugleich mit Befriedigung wie Erstaunen fest,

dass er der einzige Chemiker in der Kommission sei, betonte aber, es gehe ihm nicht allein um die Interessen der Chemie, «sondern vor allem, … dafür zu sorgen, dass auch die anderen Berufsstände, mit denen wir in der Technik so vielfach in Berührung kommen und die uns entweder überhaupt nicht verstehen oder vielfach missverstehen, besser naturwissenschaftlich belehret werden».

37 Carl Duisberg an August Gutzmer, Halle a. d. S., 21. 11. 1905, BAL AS.

38 Carl Duisberg an August Gutzmer, 28. 10. 1905, BAL AS. Er tue das, obwohl er kaum Zeit habe: «Wenn sich ein würdigerer für diesen Zweck finden lässt, würde ich auch wieder Salemaleikum rufen.» August Gutzmer an Carl Duisberg, 17. 11. 1905, BAL AS.

39 Carl Duisberg, Der chemische Unterricht an der Schule und der Hochschulunterricht für die Lehrer der Chemie, Leipzig 1906, abgedruckt in: Duisberg, Abhandlungen I, S. 209–233.

40 Carl Duisberg, Fragen des mathematisch-naturwissenschaftlichen Unterrichts an den deutschen Schulen, Hauptversammlung des Verein Deutscher Chemiker in Nürnberg 1906, abgedruckt in: Duisberg, Abhandlungen I, S. 233–237, hier S. 233.

41 Ebd., S. 236.

42 Henry Theodor Böttinger an Carl Duisberg, 8. 5. 1907, BAL AS: «Es wurde definitiv beschlossen, dass an den höheren Unterrichtsanstalten der biologische Unterricht wieder obligat eingeführt werden soll, dass in der Prüfungsordnung auch Naturwissenschaften als Kompensationsfächer aufgenommen werden sollen, dass ausserdem auch die Gabelung durchgeführt wird, sobald genügend Lehrkräfte vorhanden sind und ist Althoff vollständig umgewandelt.» Böttinger hielt auch eine entsprechende Rede im Abgeordnetenhaus; vgl. Henry Theodor Böttinger, Über die Ausdehnung des naturwissenschaftlichen Unterrichts und die Wiederaufnahme des biologischen Unterrichts, in: «Monatsschrift für Höhere Schulen» 6/1907.

43 Schon die Erklärung des Kultusministers im Herrenhaus fiel nach Duisbergs Geschmack «recht schwach» aus; Carl Duisberg an Henry Theodor Böttinger, 13. 5. 1907, BAL AS. Er sollte mit seiner Vorahnung, dass die Sache nicht recht vorankommen würde, Recht behalten, Carl Duisberg an August Gutzmer, 10. 9. 1907, BAL AS. Böttinger teilte schließlich am 15. 9. 1907 mit, Althoff wolle zusammen mit dem Kultusminister die Sache schon.

44 Carl Duisberg an August Gutzmer, 20. 1. 1909, BAL AS.

45 Carl Duisberg, in: Hans Lamer, Führende Männer über die Aufgaben unserer höheren Schulen, 1921, abgedruckt in: Duisberg, Abhandlungen I, S. 237.

46 Carl Duisberg an Adolf Baeyer, 27. 10. 1894, BAL AS.

47 Dieses Lehrlaboratorium ermöglichte es zudem, junge, vielversprechende Chemiker, für die man noch keinen Platz hatte, zumindest eine Zeit lang im Unternehmen zu «parken».

48 Carl Duisberg an Wilhelm Koenigs, 4. 11. 1905, BAL AS. Wilhelm Koenigs leitete das Laboratorium des chemischen Seminars der Universität München. Die Funktionsweise der Ausbildungskurse schilderte Duisberg 1909 auf dem Kongress für gewerblichen Rechtsschutz in Stettin noch einmal ausführlich; Carl Duisberg, Die Angestelltenerfindung in der chemischen Industrie, abgedruckt in: Duisberg, Abhandlungen I, S. 738–748, hier S. 741.

49 Duisberg begutachtete jeden akademischen Bewerber persönlich, wobei neben der fachlichen Eignung auch nach Merkmalen gesucht wurde, die auf die Befähigung zu leitenden Aufgaben hindeuteten.

50 Nieberding, Unternehmenskultur, S. 105. Zu den Beschäftigtenzahlen siehe Farben-

fabriken vorm. Friedr. Bayer & Co., Entwicklung und heutiger Stand der Firma und ihrer Wohlfahrtseinrichtungen, Mai 1914, S. 18 f., BAL.

51 Carl Duisberg an Julius Bredt, RWTH Aachen, 11. 10. 1902, BAL AS.

52 Carl Duisberg, Redebeitrag auf der 29. Hauptversammlung des Vereins zur Wahrung der Interessen der chemischen Industrie Deutschlands 1906, abgedruckt in: Duisberg, Abhandlungen I, S. 733–735, hier S. 735.

53 Carl Duisberg an Berthold Rassow, 15. 12. 1906, BAL AS.

54 Das entsprach in etwa dem Einkommen eines preußischen Regierungspräsidenten im Jahr 1910, vgl. Hohorst/Kocka/Ritter, Sozialgeschichtliches Arbeitsbuch Bd. II, S. 110.

55 Carl Duisberg an Emil Fischer, o. D. (etwa 1907), BAL AS.

56 Carl Duisberg an Samuel Eyde, Christiania, 14. 11. 1914, BAL AS.

57 Schmidt, Erfinderprinzip, S. 70.

58 Schmidt, Erfinderprinzip, S. 76.

59 Schmidt, Erfinderprinzip, S. 51, zu einem Urteil des Reichsgerichts von 1904. Generell ging die Rechtsprechung seit 1898 davon aus, «dass dem angestellten Erfinder selbst das Erfinderrecht zustehe» (S. 68). Die Unternehmen reagierten darauf, indem sie sog. Übertragungsklauseln in die Arbeitsverträge aufnahmen, was wiederum den Protest der Angestelltenverbände hervorrief.

60 Seckelmann, Industrialisierung, S. 363 f.

61 Ungewitter, Ausgewählte Kapitel, S. 319 f.

62 Carl Duisberg an den Leiter der Patentabteilung der Farbenfabriken Edmund Kloeppel, 7. 7. 1909, BAL AS.

63 Zur Reaktion des Vereins zur Wahrung der Interessen der chemischen Industrie siehe die ausführliche Darstellung bei Ungewitter, Ausgewählte Kapitel, S. 316–319. Der Verein vertrat im Kern eine ähnliche Auffassung wie Carl Duisberg, dessen Einfluss hier erkennbar ist. Duisberg war im Zweifel bereit, bei der Vergütung der «Erfinder» relativ weit zu gehen. Vgl. dazu auch Kraemer, Die Vergütung von (Arbeitnehmer-)Erfindungen, S. 187; 230; 238; 283.

64 Vgl. auch Misa, Leonardo to the Internet, S. 132 f.

65 Diese Auffassung deckte sich mit den Vorstellungen Ernst Abbes, der für Carl Zeiss in Jena konstatiert hatte, dass es so etwas wie eine Einzelerfindung in einem modernen Unternehmen nicht geben könne, und daraus das Recht der Firma ableitete, die sog. «Kollektivgewinne» nicht auszuschütten. Vgl. Ernst Abbe, Grundlagen, S. 140 f. Zur Erfinderpraxis in Jena Schomerus, Geschichte, S. 148.

66 Carl Duisberg, Die Angestelltenerfindung in der chemischen Industrie, abgedruckt in: Duisberg, Abhandlungen I, S. 738–748, hier S. 741 f.

67 Carl Duisberg, Die Angestelltenerfindung in der chemischen Industrie, abgedruckt in: Duisberg, Abhandlungen I, S. 738–748, hier S. 742. Dass Duisberg den Charakter der Etablissementerfindung derart stark betonte, hatte eine Ursache zweifellos auch in der Rechtsprechung des Reichsgerichts, die dem Arbeitgeber allein das Vermögensrecht an der Etablissementerfindung unmittelbar zugestand, ansonsten aber die Rechte der Angestellten gestärkt hatte; siehe Schmidt, Erfinderprinzip, S. 50 f.

68 Boch, Patentgesetz, S. 81.

69 Ausführlich Wimmer, «Wir haben immer etwas Neues», passim.

70 Carl Duisberg, Zur Geschichte der Entdeckung des Phenacetins, «Zeitschrift für angewandte Chemie» 1913, abgedruckt in: Duisberg, Abhandlungen I, S. 332–334, hier S. 333 f.

71 Carl Duisberg, Redebeitrag auf der 29. Hauptversammlung des Vereins zur Wah-

rung der Interessen der chemischen Industrie Deutschlands 1906, abgedruckt in: Duisberg, Abhandlungen I, S. 733–735, hier S. 733.
72 Albert Osterrieth an Carl Duisberg, 18. 12. 1909, BAL AS.
73 Albert Osterrieth an Carl Duisberg, 18. 10. 1913, 24. 2. 1919, BAL AS.
74 Schmidt, Erfinderprinzip, S. 87–96.
75 Schmidt, Erfinderprinzip, S. 100.
76 Carl Duisberg an Ludwig Knorr, 25. 6. 1914, BAL AS.
77 Schmidt, Erfinderprinzip, S. 138–145.
78 Carl Duisberg an Robert Brunhuber, Köln, 31. 12. 1906, BAL AS.
79 Robert Brunhuber an Carl Duisberg, 7. 1. 1907, BAL AS.
80 Brunhuber antwortet am 30. 1. 1907.
81 Henry Theodor Böttinger an Carl Duisberg, 16. 2. 1907, BAL AS.
82 Carl Duisberg an Henry Theodor Böttinger, 19. 2. 1907, BAL AS.
83 Carl Duisberg an Robert Brunhuber, 19. 2. 1907, BAL AS.
84 Carl Duisberg an Robert Brunhuber, 19. 2. 1907, BAL AS, S. 12.
85 Carl Duisberg an Eugen Bamberger, 21. 1. 1893, BAL AS. Eugen Bamberger war zu dieser Zeit Extraordinarius am Chemischen Seminar der Universität München.
86 Carl Duisberg an Wilhelm Koenigs, 4. 11. 1905, BAL AS.
87 «Wir haben aber keine Vacanz und offen gestanden ziehe ich auch für derartige Posten Leute, welche wir selbst ausgebildet haben und die sich die Kollektiv-Erfahrungen der Fabrik in langjähriger Tätigkeit angeeignet haben, vor.» Carl Duisberg an Theodor Curtius, 25. 2. 1907, BAL AS.
88 Zu den Erwartungen an das allgemeine Auftreten, Carl Duisberg an Theodor Curtius, 14. 1. 1897, BAL AS.
89 Carl Duisberg an Carl Gamp, 29. 8. 1907, BAL AS.
90 Carl Duisberg, Antwort auf die Glückwünsche des Aufsichtsrates, 29. 9. 1909, abgedruckt in: Duisberg, Abhandlungen I, S. 415.

10 | Eine Musterstätte der Arbeit

1 Nieberding, Unternehmenskultur, S. 99–101.
2 Plumpe, Betriebliche Mitbestimmung, S. 67.
3 Zur Fluktuation und zur Lohnpolitik vor 1914, Plumpe, Betriebliche Mitbestimmung, S. 67–78.
4 Carl Duisberg an Henry Theodor Böttinger, 17. 5. 1897, BAL AS.
5 Henry Theodor Böttinger an Carl Duisberg, 19. 5. 1897, BAL AS.
6 Carl Duisberg an Henry Theodor Böttinger, 21. 5. 1897, BAL AS.
7 Dass die Farbenfabriken generell Hungerlöhne zahlten, wie Uta Stolle unterstellt, trifft nicht zu; vgl. Stolle, Arbeiterpolitik. Die Löhne gerade der unqualifizierten Beschäftigten stiegen vor 1914 überproportional rasch an, ein sicheres Zeichen, dass die Farbenwerke unter den Bedingungen der vor 1914 im Schnitt herrschenden Vollbeschäftigung auf die Fluktuation reagierten. Vgl. auch Andersen, Technikfolgenabschätzung, S. 321, zur BASF.
8 Nieberding, Unternehmenskultur, S. 154.
9 Hohorst/Kocka/Ritter, Sozialgeschichtliches Arbeitsbuch, Bd. II, S. 107.
10 Max Weber, Wirtschaft und Gesellschaft, in: Max-Weber-Gesamtausgabe I/23, S. 357.
11 Carl Duisberg, Diskussionsbeitrag auf der Hauptversammlung des VzW 1912 in Berlin, abgedruckt in: Duisberg. Abhandlungen I, S. 552.
12 Carl Duisberg, Bericht des Verbandes von Arbeitgebern im bergischen Industriebe-

zirk für das Jahr 1900, abgedruckt in: Duisberg, Abhandlungen I, S. 757 f. Die Zahl der Streiks im Reich stieg – mit konjunkturbedingten Schwankungen – von 806 1900 auf über 3000 1906, wobei insbesondere die Jahre seit 1902/03 einen starken Anstieg der Streiks und der an ihnen beteiligten Arbeiter zeigten, vgl. Hohorst/Kocka/Ritter, Sozialgeschichtliches Arbeitsbuch, Bd. II, S. 132.

13 Carl Duisberg, Bericht des Verbandes von Arbeitgebern im bergischen Industriebezirk für das Jahr 1900, abgedruckt in: Duisberg, Abhandlungen I, S. 758 f.

14 Carl Duisberg, Bericht des Verbandes von Arbeitgebern 1903/04, abgedruckt in: Duisberg, Abhandlungen I, S. 766.

15 Tänzler, Hauptstelle; grundsätzlich Ullmann, Interessenverbände.

16 Carl Duisberg an Emailfabrikant Elbers 12. 7. 1904, BAL AS.

17 Erdmann, Arbeitgeberverbände. Zum Bd I siehe Ullmann, Bund. Zur Haltung der bergischen Arbeitgeber in dieser Frage Carl Duisberg, Bericht des Verbandes 1903/04, 1904/05 abgedruckt in: Duisberg, Abhandlungen I, S. 767 f., S. 771 f.

18 Zur staatlichen Sozialpolitik und zur Haltung der Regierung gegenüber Gewerkschaften und Tarifkämpfen vgl. Costas, Auswirkungen. Vgl. auch Hentschel, Sozialpolitik. Ferner Ritter/Tenfelde, Arbeiter.

19 Ritter, Sozialstaat. Des Weiteren Berlepsch, «Neuer Kurs».

20 Zu den Streiks, Brüggemeier, Leben vor Ort.

21 Carl Duisberg, Bericht des Verbandes von Arbeitgebern 1904/05, abgedruckt in: Duisberg, Abhandlungen I, S. 769.

22 Carl Duisberg, Bericht des Verbandes von Arbeitgebern 1904/05, abgedruckt in: Duisberg, Abhandlungen I, S. 769.

23 Carl Duisberg, Bericht des Verbandes von Arbeitgebern 1904/05, abgedruckt in: Duisberg, Abhandlungen I, S. 771.

24 Beyer, Arbeit, S. 44.

25 Zum Handwerkerstreik, Klose, Carl Duisberg, S. 61 f. Dort auch Hinweise zu den doch recht schwachen Organisationsstrukturen von SPD und Gewerkschaften in Leverkusen. Zur Geschichte der SPD vgl. auch SPD Unterbezirk Leverkusen (Hg.), 125 Jahre SPD.

26 Zur Arbeiterschaft in Leverkusen siehe Stolle, Arbeiterpolitik.

27 Anschlag vom 27. 7. 1904, BAL 216/8.

28 Carl Duisberg an Friedrich Bayer jun., 8. 8. 1904, BAL AS, mit Bericht über die Sitzung des Prüfungsausschusses des bergischen Arbeitgeberverbandes über den Streik.

29 Carl Duisberg an Carl Gamp, 11. 8. 1904, BAL AS.

30 Abgedruckt bei Carl Duisberg, Die Entstehung, Entwicklung und Bekämpfung des Streiks in der Leverkusener Filialfabrik der Farbenfabriken vorm. Friedr. Bayer & Co. zu Elberfeld im Jahre 1904, in: Böttinger-Festschrift, S. 692.

31 Carl Duisberg, Die Entstehung, Entwicklung und Bekämpfung des Streiks, S. 683–701.

32 Carl Duisberg an Carl Gamp, 11. 8. 1904, BAL AS.

33 Zur Stärke der Arbeiterbewegung im unteren Kreise Solingen vgl. Stolle, Arbeiterpolitik. Die Schwäche der Organisationen schlug sich aber nicht in niedrigen Wahlergebnissen der SPD nieder. Im Regierungsbezirk Düsseldorf wuchs der Stimmenanteil der SPD von 1898 auf 1903 von 22,3 % auf 32 % an, verdoppelte sich mithin innerhalb von fünf Jahren, während die Nationalliberalen und das Zentrum in dieser Zeit stagnierten.

34 Gamp vertrat eine ähnliche Auffassung in sozialpolitischen Fragen wie Bismarck, orientierte sich also durchaus an wirtschaftlichen Gesichtspunkten, aber war in

diesem Kontext dann doch Vertreter einer klaren staatlichen Sozialpolitik; Vogel, Bismarcks Arbeiterversicherung, S. 103 f. Hier dürfte ihn vor allem Duisbergs Ton gestört haben.

35 Carl Duisberg an Carl Gamp, 11. 8. 1904, BAL AS.

36 Ernst Bertrams an Carl Duisberg, 10. 12. 1929, BAL AS.

37 Generell hierzu Nieberding, Unternehmenskultur, S. 352–359. Vgl. auch Plumpe, Betriebliche Mitbestimmung, S. 71 f.

38 Carl Duisberg an Max Delbrück, 10. 11. 1910, BAL AS.

39 Carl Duisberg, Bericht des Verbandes von Arbeitgebern im bergischen Industriebezirk vom 1. April 1905 bis 31. März 1906, abgedruckt in: Duisberg, Abhandlungen I, S. 775.

40 Farbenfabriken vorm. Fried. Bayer & Co. an Dr. E. Hassencamp/Flers, 29. 4. 1909, BAL AS.

41 Das war wieder eine von Duisbergs Übertreibungen, der es bisher lediglich mit drei Auseinandersetzungen im eigenen Unternehmen zu tun gehabt hatte, und weitere Auseinandersetzungen bestenfalls aus seiner Zeit als Vorsitzender des Verbandes der bergischen Arbeitgeber kannte.

42 Carl Duisberg, Die Entstehung, Entwicklung und Bekämpfung des Streiks in der Leverkusener Filialfabrik der Farbenfabriken vorm. Friedr. Bayer & Co. zu Elberfeld im Jahre 1904, in: Böttinger-Festschrift, S. 683–701.

43 In Streikauseinandersetzungen, die aller Voraussicht nach nicht zu gewinnen waren, war Duisberg daher auch zurückhaltend, wie die Nachkriegszeit zeigen wird. Konnte Duisberg nicht gewinnen, wich er Konfrontationen lieber aus.

44 Carl Duisberg an E. Hassencamp, 15. 5. 1909, BAL AS.

45 Beyer, Arbeit, S. 185–219.

46 Das Zeiss-Statut, das die Betriebsverfassung regelte, sowie Abbes Verständnis von Partizipation finden sich in: Ernst Abbe, Gesammelte Abhandlungen III: Vorträge, Reden und Schriften sozialpolitischen und verwandten Inhalts, Jena 1921 (2. Aufl.). Hierzu ausführlich Auerbach, Zeisswerk.

47 Carl Duisberg an Julius Pierstorff, 11. 5. 1897, BAL AS.

48 Julius Pierstorff an Carl Duisberg, 29. 7. 1902, BAL AS.

49 Carl Duisberg an Julius Pierstorff, 18. 8. 1902, BAL AS.

50 Carl Duisberg an Julius Pierstorff, 13. 12. 1902, BAL AS. Pierstorff kam dem Wunsch gerne nach und schlug in den nächsten Tagen wiederholt Volkswirte für diese Position vor, um die Duisberg im Übrigen explizit gebeten hatte. Dass sich Duisberg die Schüler eines Kathedersozialisten als Geschäftsführer eines Vereins zur Streikbekämpfung wünschte, zeigt, dass die Streitereien kein grundsätzliches Ausmaß erreicht hatten.

51 Dies war auch ein Standardvorwurf der Industrie gegen den «Kathedersozialismus»; zu dessen Forschungspraxis siehe Gorges, Sozialforschung.

52 Carl Duisberg an Julius Pierstorff, 19. 10. 1905, BAL AS.

53 Carl Duisberg, Die Angestelltenerfindung in der chemischen Industrie, Rede auf dem Kongreß für gewerblichen Rechtsschutz Stettin 1909, abgedruckt in: Duisberg, Abhandlungen I, S. 738–748, hier S. 739.

54 Siehe Wohlfahrtseinrichtungen der Farbenfabriken vorm. Friedr. Bayer & Co., Aufl. November 1910, S. 307, BAL. Siehe auch Farbenfabriken vorm. Friedr. Bayer & Co., Entwicklung und heutiger Stand der Firma und ihrer Wohlfahrtseinrichtungen, Mai 1914, BAL.

55 In Leverkusen wand man kurz vor dem Krieg etwa 15 % der Lohn- und 20 % der Gehaltssumme für Wohlfahrtszwecke auf; Carl Duisberg, Ausführung der Soziali-

sierung. Rede vor dem Hauptausschuß des DIHT, 28. 4. 1919, abgedruckt in: Duisberg, Abhandlungen I, S. 710.

56 Grundsätzlich hierzu Nieberding, Unternehmenskultur; Blaschke, Unternehmen und Gemeinde.

57 Gratulationsfeier im Erholungshause zu Wiesdorf am 29. 9. 1909, Dankrede des Jubilars, abgedruckt in: Duisberg, Abhandlungen I, S. 420.

58 Als Duisberg 1923 Ehrenbürger von Wiesdorf-Leverkusen wurde, bedankte er sich: «Überall freundliche Häuser mit kleinen Gärten, Bäumen und Blumen, Brunnen und Denkmälern geschmückt, in schöner architektonischer Gliederung mit besten hygienischen Verhältnissen. Ich gestehe gerne zu, ich bin von Anfang an der beste und treueste Freund von Wiesdorf gewesen und habe bei fast jedem Häuserentwurf, bei jeder Verschönerung Vaterschaft gestanden.» Carl Duisberg, Dankesrede anläßich des 40-jährigen Dienstjubiläums, 29. 9. 1923, abgedruckt in: Duisberg, Abhandlungen II, S. 611 f.

59 Rede vor der Hauptversammlung des Vereins Deutscher Chemiker 1907 in Danzig, abgedruckt in: Duisberg, Abhandlungen I, S. 496.

60 Carl Duisberg, Kaiserrede auf der Hauptversammlung des Vereins Deutscher Chemiker in Jena 1908, abgedruckt in: Duisberg, Abhandlungen I, S. 991.

61 Carl Duisberg, Industrie und Hansabund. Vortrag, gehalten gelegentlich der Wiederkehr des ersten Jahrestages der Gründung des Hansabundes in Berlin am 15. 6. 1910, abgedruckt in: Duisberg, Abhandlungen I, S. 689.

62 Andersen, Technikfolgenabschätzung, S. 254 ff.

63 Vgl. Henneking, Umwelt, S. 284–305. Zur Gewässerbelastung auch Andersen, Technikfolgenabschätzung, S. 254–286.

64 In Leverkusen nahmen sie freilich zu, erreichten aber nicht das Elberfelder Ausmaß; vgl. Blaschke, Unternehmen und Gemeinde, S. 35–44.

65 Carl Duisberg an Henry Theodor Böttinger, 18. 5. 1897, BAL AS.

66 In der Tat hatte schon Justus von Liebig 1843 darauf hingewiesen, dass «Untersalpetersäure … fast alle organischen Stoffe (zerstört)». Liebig, Handbuch, S. 223.

67 Carl Duisberg an Henry Theodor Böttinger, 18. 5. 1897, BAL AS.

68 Abgedruckt in: Duisberg, Abhandlungen I, S. 242–256.

69 Carl Duisberg, Massenvergiftungen durch Einatmen von Untersalpetersäure, in: Duisberg, Abhandlungen I, S. 253.

70 Carl Duisberg, Die Belehrung der Arbeiter über die Giftgefahren in gewerblichen Betrieben, Vortrag vor der 14. Konferenz der Zentralstelle für Arbeiter-Wohlfahrtseinrichtungen am 5. und 6. Juni 1905, abgedruckt in: Duisberg, Abhandlungen I, S. 328 f.

71 Carl Duisberg, Die Belehrung der Arbeiter, abgedruckt in: Duisberg, Abhandlungen I, S. 329. Diese Form der Information der Arbeiter, Duisberg gab das nebenher unumwunden zu, habe man ohnehin nur zum Ausschluss von Regressforderungen geschaffen, da vor einigen Jahren zwei Meister nach einem mechanischen Unfall deshalb verurteilt worden waren, weil die Arbeiter nicht ausreichend informiert gewesen seien.

72 Carl Duisberg, Die Belehrung der Arbeiter über die Giftgefahren in gewerblichen Betrieben, Vortrag vor der 14. Konferenz der Zentralstelle für Arbeiter-Wohlfahrtseinrichtungen am 5. und 6. Juni 1905, abgedruckt in: Duisberg, Abhandlungen I, S. 331.

73 Siehe Andersen, Erkrankungen, sowie Andersen, Glück.

74 Carl Duisberg, Die Belehrung der Arbeiter über die Giftgefahren in gewerblichen Betrieben, Vortrag vor der 14. Konferenz der Zentralstelle für Arbeiter-Wohlfahrts-

einrichtungen am 5. und 6. Juni 1905, abgedruckt in: Duisberg, Abhandlungen I, S. 332.

75 Dies entsprach im Übrigen auch der Tradition des Vereins zur Wahrung der Interessen der chemischen Industrie, der von Anfang an bereit war, die Kosten der Unfallversicherung zu tragen, um den Staat aus den Betrieben herauszuhalten; vgl. Andersen, Glück, S. 221 f.

76 Andersen, Technikfolgenabschätzung, S. 254 ff.

77 Dort sollten Arbeiter mit einer Werkszugehörigkeit von jeweils 50, 40 und 25 Jahren besonders geehrt und beschenkt werden, Carl Duisberg an Carl Gamp, 14. 6. 1909, BAL AS.

78 Ansprache beim ersten Jubilarfest der Farbenfabriken am 17. 10. 1910, in: Duisberg, Abhandlungen I, S. 426 f.

79 Carl Duisberg, Ansprache beim zweiten Jubilarfest der Farbenfabriken am 19. 11. 1911, abgedruckt in: Duisberg, Abhandlungen I, S. 434.

80 Schilderung der Probleme bei Bau, Finanzierung und Belegung in einem Brief von Carl Duisberg an Carl Gamp, 23. 7. 1907, BAL AS.

81 Nieberding, Unternehmenskultur, S. 167–182; der Vergleich mit der Firma Krupp S. 173.

82 «Dass der Bau von Arbeiterwohnungen das beste Mittel ist, um die Arbeiter sesshaft zu machen, entspricht ja auch unserer Erfahrung, wie ich denn überhaupt den Bau von guten und schmucken Arbeiterhäusern als die schönste und beste Wohlfahrtseinrichtung betrachte.» Carl Duisberg an Carl Gamp, 23. 7. 1907, BAL AS.

83 Blaschke, Werk und Gemeinde. Ferner Bayer AG (Hg.), Bayer kommt an den Rhein. Vgl. auch John, Raum Leverkusen.

84 Nieberding, Unternehmenskultur, S. 192–197. Der relativ niedrige Aufwand ergab sich daraus, dass Wohnungsbau und -vermietung kostendeckend arbeiten sollten.

85 Nieberding, Unternehmenskultur, S. 138–141, die zu Recht darauf hinweist, dass hier auch Unfälle und Einstellungsuntersuchungen mitgezählt wurden. Überdies probierte man wohl auch neue Medikamente, wenn vertretbar, zunächst in der eigenen Poliklinik.

86 Nieberding, Unternehmenskultur, S. 152–154.

87 Zu den Vereinen, Nieberding, Unternehmenskultur, S. 229–244.

88 Nieberding, Unternehmenskultur, S. 222.

89 Carl Duisberg, Ansprache beim zweiten Jubilarfest der Farbenfabriken am 19. 11. 1911, abgedruckt in: Duisberg, Abhandlungen I, S. 434 f.

90 Carl Duisberg, Ansprache beim vierten Jubilarfest der Farbenfabriken am 16. 11. 1913, abgedruckt in: Duisberg, Abhandlungen I, S. 450 f.

91 Ebd., S. 451.

92 Briefwechsel Carl Duisberg mit Ludwig Czimatis, BAL AS. In ähnlicher Weise wandte sich Carl Duisberg bereits im Sommer 1909 an Carl Gamp als Mitglied des Reichstages, 14. 6. 1909, BAL AS.

93 Carl Duisberg, Ansprache beim vierten Jubilarfest, abgedruckt in: Duisberg, Abhandlungen I, S. 452.

94 Ebenda, S. 450.

95 Carl Duisberg, Ansprache beim vierten Jubilarfest, abgedruckt in: Duisberg, Abhandlungen I, S. 453.

96 Julius Pierstorff an Carl Duisberg, 29. 7. 1902, BAL AS.

97 Carl Duisberg, Ansprache beim vierten Jubilarfest, abgedruckt in: Duisberg, Abhandlungen I, S. 453.
98 Vgl. Duisberg, Arbeiterschaft.

11 | Amerika

1 Plumpe, I. G. Farbenindustrie AG, S. 57–63.
2 Böttingerfestschrift, S. 599 f.
3 In einem Schreiben an W. H. Perkin erläuterte Carl Duisberg am 29. 1. 1908, BAL 271/0, die Gründe für die Produktionsaufnahme in England, die allein patentrechtlichen Überlegungen folgte. Man habe auch keinesfalls die Absicht, in England wissenschaftliche Forschung zu betreiben.
4 Carl Duisberg an Arthur von Gwinner, 10. 7. 1907, BAL AS.
5 Vgl. etwa Schreiben Carl Duisberg an Carl Gamp, 7. 2. 1902, BAL AS, zu den Zollsätzen in den wichtigsten Exportstaaten.
6 Zur Handelspolitik des Deutschen Reiches vor 1914 siehe Torp, Herausforderung. Dass das Deutsche Reich seit Caprivi im Kern an einer moderaten und industriefreundlichen Zoll- und Handelspolitik festhielt, war daher ganz in Duisbergs Sinn, führte allerdings auch dazu, den Druck zugunsten von Auslandsinvestitionen zu verringern; vgl. Torp, Protektionismus.
7 Carl Duisberg an Carl Gamp, 7. 2. 1902, BAL AS.
8 Protokoll über die Besprechung der Reise der Herren Geheimrat Dr. v. Böttinger, Kommerzienrat Bayer, Geheimrat Prof. Duisberg und Dr. Krekeler am 13. 7. 1911, BAL 191/1, Bd. 1. Siehe auch Kirchner, Bayer-Werke.
9 Von 819 US-Patenten für organische Farbstoffe entfielen 1900 allein 84 % auf deutsche Anmeldungen, Meilensteine, S. 155.
10 Verg, Meilensteine, S. 155.
11 Verg, Meilensteine, S. 154.
12 Generell siehe Berghahn, Deutsche Industrie, insbesondere zur amerikanischen Wahrnehmung des deutschen wirtschaftlichen Erfolges. Zu den Reisen deutscher Industrieller vgl. Nolan, Visions.
13 Zahlen aus Rubinstein, Capitalism, S. 8 f.
14 «Das amerikanische Geschäft liegt mir, wie Du weist, sehr am Herzen, und deshalb möchte ich auch, dass wir hier vorbildlich für die anderen Länder werden.» Carl Duisberg an Hermann Seebohm, 27. 11. 1909, BAL AS.
15 Siehe den ausführlichen Bericht des Leiters der amerikanischen Verkaufsniederlassungen Muurling an Carl Duisberg, 3. 2. 1896, BAL 191/2, Bd. 1.
16 Die dortige Praxis von Rückvergütungen war der Elberfelder Direktion ein Dorn im Auge. Diese Form der Kundenbestechung war indes keine amerikanische Spezialität; auch in Deutschland suchte man die Praxis der sog. Diskretionsgelder, so gut es ging, zu unterbinden, nahm sie aber hin, wenn es keine Alternativen zu geben schien.
17 Bericht von Carl Duisberg an das Direktorium, 20. 6. 1896, über eine Reise nach Boston zur Kontrolle der dortigen Verkaufsbüros, BAL AS.
18 Vortrag C. Duisbergs im Verein für Kunst und Gewerbe zu Barmen über seine Reise nach den Vereinigten Staaten von Nordamerika, Bericht der «Barmer Zeitung» vom 19. Dezember 1896, abgedruckt in: Duisberg, Abhandlungen I, S. 242.
19 Plumpe, I. G. Farbenindustrie AG, S. 61.
20 Verg, Meilensteine, S. 155 f.
21 Carl Duisberg an I. J. R Muurling, 26. 11. 1902, BAL AS.

22 1. Bericht von Carl Duisberg und Friedrich Bayer jun. an die Direktion in Elberfeld, 8. 4. 1903, BAL 191/2, Bd. 1.

23 Carl Duisberg an I. J. R. Muurling, 3. 2. 1903, BAL 191/2, Bd. 1.

24 Carl Duisberg/Friedrich Bayer jun. an die Herren H. T. Böttinger und Carl Hülsenbusch, 14. 5. 1903, BAL 191/2, Bd. 1.

25 Carl Duisberg/Friedrich Bayer jun. an die Herren H. T. Böttinger und Carl Hülsenbusch, 14. 5. 1903, BAL AS. Dass etwas von den Plänen herauskommen würde, schien Duisberg, der sich während der gesamten Reise von einem Detektiv verfolgt fühlte und wiederholt vor die Presse treten musste, wahrscheinlich, vgl. Flechtner, Carl Duisberg, S. 184.

26 Verg, Meilensteine, S. 156.

27 Hermann Seebohm an Carl Duisberg, 26. 6. 1908; Carl Duisberg an Hermann Seebohm, 7. 7. 1908; Hermann Seebohm an Carl Duisberg, 14. 7. 1908; Seebohm stellte schließlich folgende Tour zusammen: New York, Niagara-Fälle, Chicago, Portland, San Francisco, Yosemite Park, Los Angeles, Salt Lake City, Colorado Springs, Denver, St. Louis, Washington, Warrenton und zurück nach New York, Schreiben an Carl Duisberg vom 23. 7. 1908, BAL 191/2, Bd. 1. Das wurde noch einmal geändert, da Duisberg wegen Teilnahme an Sitzungen des Deutschen Museums erst später fahren konnte (Carl Duisberg an Hermann Seebohm, 15. 9. 1908, BAL 191/2, Bd. 1), jedoch bekam er dafür auf dem Dampfer «Kaiser Wilhelm der Große» das Staatszimmer Nr. 1 zum Sonderangebot, Firma Heinrich Rüppel an Carl Duisberg, 15. 9. 1903, BAL 191/2, Bd. 1.

28 Carl Duisberg an Johannes Walther, 1. 1. 1909, BAL AS. Ähnlich überschwänglich schrieb Carl Duisberg auch an Wilhelm Funcke, 2. 1. 1909, BAL AS. Vor allem der Grand Canyon hatte ihn sehr beeindruckt.

29 Carl Duisberg an Vorstand und Direktorium der Farbenfabriken, 18. 10. 1908, BAL 191/2, Bd. 1.

30 Siehe Scaff, Max Weber.

31 Carl Duisberg an Vorstand und Direktorium der Farbenfabriken, 18. 10. 1908, BAL 191/2, Bd. 1. Ganz ähnlich schrieb er an Johannes Walther: «Geschäftlich bin ich dagegen nicht so befriedigt wie in früheren Jahren zurückgekehrt. Geflissentlich bin ich diesmal allen Fabrikbesichtigungen, welche mich das letzte Mal krank und nervös gemacht, aber in eine begeisterte Stimmung versetzt hatten, aus dem Wege gegangen. Dafür habe ich mich ausschließlich kaufmännisch betätigt und mir die Übermittlung der Ware von der Fabrik zum Konsumenten näher angesehen. Im Gegensatz zur amerikanischen industriellen Betätigung, wo das Prinzip der Arbeitsersparung, Arbeitsteilung und Verkehrserleichterung an allen Ecken und Enden ausgebildet ist, sind hier die primitivsten Verhältnisse vorherrschend. Es ist geradezu erschreckend zu beobachten, wie kostspielig und unamerikanisch diese rein kaufmännische Tätigkeit drüben ausgeübt wird.» Carl Duisberg an Johannes Walther, 1. 1. 1909, BAL AS.

32 Carl Duisberg an Hermann Seebohm, 19. 8. 1911, BAL AS.

33 Zur Bedeutung der Auslandsmärkte siehe Plumpe, I. G. Farbenindustrie AG, S. 51. 1913 lag Großbritannien an vierter, Frankreich an fünfter Stelle, während der US-Markt vor Russland und China die größte Bedeutung hatte.

34 Überhaupt suchten die Farbenfabriken sich in den Jahren vor dem Ersten Weltkrieg zumindest teilweise von ihren Lieferanten unabhängiger zu machen. Das galt einerseits für den gesamten Bereich der Kohlenförderung und -verarbeitung. Neben der belgischen Teerdestille kauften die Firmen des Dreibundes 1907 die bei Recklinghausen liegende Ruhrzeche Auguste-Victoria. Wenig später beteiligten sie sich auch

an der Stickstoffgewinnung aus der Luft in Norwegen, vgl. Plumpe, I. G. Farbenindustrie AG, S. 48.

35 Plumpe, I. G. Farbenindustrie AG, S. 59.

36 Meilensteine, S. 198.

37 Carl Duisberg an Eugen Bamberger, 11. 7. 1900, BAL AS.

38 Carl Duisberg, zitiert nach einem im Verein Österreichischer Chemiker in Wien gehaltenen Vortrag von Dr. R. Escales, München, 1914, BAL 300/002 (abgedruckt in der Zeitschrift «Industrieförderung»).

39 Hierzu ausführlich Plumpe, I. G. Farbenindustrie AG, S. 124–129.

40 Carl Duisberg an Paul Moldenhauer, o. D., wahrscheinlich Mai 1926, BAL AS.

41 Carl Duisberg, Die wirtschaftliche Lage der deutschen Industrie. Vortrag auf der Mitgliederversammlung des RDI, 3. 9. 1926, Dresden, abgedruckt in: Duisberg, Abhandlungen II, S. 43.

12 | Kampf bis aufs Messer

1 Carl Duisberg an Adolf Baeyer, 4. 4. 1908, BAL AS.

2 Zur Indigo-Synthese Andersen, Technikfolgenabschätzung, S. 238. Vgl. auch Carl Duisberg, Ansprache bei der Vorfeier des 70. Geburtstages von Adolf von Baeyer, 2. 10. 1905, abgedruckt in: Duisberg, Abhandlungen I, S. 957–962.

3 Die chemische Industrie stand vielmehr am Beginn der Großsynthese, die sich noch vor dem Weltkrieg mit dem Ammoniak-Projekt der BASF und, wenn auch technisch weniger ausgereift, der Kautschuksynthese der Farbenfabriken als neues großes Expansionsfeld abzeichnete; vgl. hierzu Teltschik, Großchemie. Zu den Problemen mit dem Methylkautschuk der Farbenfabriken, Plumpe, I. G. Farbenindustrie AG, S. 343.

4 Duisberg, Lebenserinnerungen, S. 88 f.

5 Feldman, Hugo Stinnes, S. 75–92.

6 Zur Strategie an der Ruhr vgl. beispielhaft Fear, Organizing Control.

7 Rathenau, Memorandum.

8 Carl Duisberg, Die Wissenschaft und Technik in der chemischen Industrie mit besonderer Berücksichtigung der Teerfarbenindustrie. Festvortrag bei der Hauptversammlung des Deutschen Museums im Oktober 1911, abgedruckt in: Duisberg, Abhandlungen I, S. 879.

9 Plumpe, I. G. Farbenindustrie AG, S. 49.

10 Vgl. Bertrams u. a., Solvay.

11 Zum wirtschaftlichen Gewicht der Farbstoffindustrie vgl. Plumpe, I. G. Farbenindustrie AG, S. 54.

12 Engel, Farben; Johnson, Synthese, S. 121–124; Bäumler, Farben, Formeln, Forscher. Grundsätzlich zur Entwicklung in den 1890er Jahren Caro, Theerfarben-Industrie.

13 Carl Duisberg an H. E. Armstrong 30. 12. 1893, BAL AS, detailliert zu den anhängenden Patentkonflikten in Großbritannien.

14 Carl Duisberg an Henry Theodor Böttinger, 13. 2. 1896, BAL AS.

15 Rechtsanwalt Edmund Kloeppel, Zur Geschichte der Patent- und Warenzeichenabteilung der Farbenfabriken, 4. 2. 1924, BAL AS (Bestand Carl Duisberg).

16 Siehe etwa das Schreiben von Carl Duisberg an Prof. Fittig in Straßburg, 8. 11. 1892, BAL AS, mit dem Duisberg seinem früheren Straßburger Lehrer, der als Sachverständiger in einem Streit mit Schering um das Gichtmittel Piperazin auftreten sollte, den Standpunkt der Farbenfabriken ausführlich darlegte.

17 Die Frage der Qualifikation der Richter wurde etwa in der Patentkommission des Deutschen Handelstages mehrfach aufgegriffen, wo sich die Farbenfabriken wohl durchsetzen konnten, Carl Duisberg an Henry Theodor Böttinger, 19. 2. 1907, BAL AS. Faktisch aber erreichte man nichts, da die Gerichte nicht entsprechend erweitert wurden; Carl Duisberg an OLG-Präsidenten Dr. Börngen, Jena, 19. 7. 1911, BAL AS. Hierzu Flechtner, Carl Duisberg, S. 180–183.

18 Grundlegend hierzu Fleischer, Patentgesetzgebung. Vgl. auch Gispen, Hintergrund, mit einer eher bizarren Beurteilung des Patentrechts vor 1914.

19 Das Gesetz brachte auch insofern eine Stärkung des Amtes, als die bis dato einflussreichen Vertreter der Privatwirtschaft aus ihm weichen mussten. Erst jetzt kam es zu einer rein bürokratischen Prüfung der Anträge, vgl. Seckelmann, Industrialisierung, S. 284.

20 Carl Duisberg an Carl Gamp, 5. 12. 1890, BAL AS.

21 Carl Duisberg an Carl Gamp, 5. 12. 1890, BAL AS.

22 Zum Vorgang vgl. Seckelmann, Industrialisierung.

23 Das war zum einen im Bereich der Farbstoffe, insbesondere aber im Pharma-Bereich von großer Bedeutung, da nun auch Wirkstoffe Patentschutz erlangen konnten. Dass die Gesetzgebung in diese Richtung gehen würde, hatten bereits mehrere höchstrichterliche Entscheidungen, die Arzneimittel unter Patentschutz stellten, angedeutet, Wimmer, «Wir haben immer etwas Neues», S. 222.

24 Seckelmann, Industrialisierung, S. 204.

25 Die Frage beschäftigte, nicht zuletzt aufgrund von Duisbergs Aktivitäten, aber in der kommenden Zeit den Deutschen Kongress für den gewerblichen Rechtsschutz intensiv, Schmidt, Erfinderprinzip, S. 64.

26 Briefwechsel von Carl Duisberg mit Alfred Bozi, BAL AS.

27 Briefwechsel Carl Duisberg mit dem Präsidenten des Kaiserlichen Patentamtes Hauss, BAL AS.

28 Carl Duisberg an Carl Gamp, 8. 6. 1905, BAL AS. Über dessen Vorgänger von Huber hatte sich Duisberg allerdings erheblich erregt; er sei «unfähig» und ein «Grobian», Carl Duisberg an Carl Gamp, 7. 2. 1902, BAL AS.

29 Schmidt, Erfinderprinzip, S. 61, Anm. 18.

30 Carl Duisberg an Rudolf Biedermann, 5. 5. 1897, BAL AS.

31 Carl Duisberg an Friedrich Bayer jun., 6. 10. 1897, BAL AS.

32 Am 30. 1. 1922 bedankte sich Biedermann (1845–1929) für Farbstoffe und Proben bei Carl Duisberg, BAL AS, die er aber nicht mehr brauchen könne, da er nicht mehr über Farbstoffe lese und auch seine Tätigkeit am Patentamt eingestellt habe. Biedermann dankte aber zugleich für die jahrelange Unterstützung: «Ich werde nicht aufhören, für die Zeit, die mir noch beschieden sein wird, den Ruhm der ‹Farbenfabriken›, zumal meiner verehrten Gönner v. Böttinger und Duisberg (wenn auch nur privatim) zu verbreiten.»

33 Rudolf Biedermann an Carl Duisberg, 1. 4. 1898, BAL AS.

34 Rudolf Biedermann an Carl Duisberg, 22. 4. 1898, BAL AS. Am 29. 4. 1898 schickte Rudolf Biedermann aus seinen Ferien in Karlsbad dann eine entsprechende Ausarbeitung.

35 Carl Duisberg, Eröffnungsrede, Hauptversammlung des Vereins Deutscher Chemiker Düsseldorf 1902, abgedruckt in: Duisberg, Abhandlungen I, S. 482–487.

36 Carl Duisberg an Friedrich Bayer jun., 19. 10. 1892, BAL AS.

37 Carl Duisberg an Carl Rumpff, 18. 1. 1889, BAL AS.

38 Carl Duisberg an Friedrich Bayer jun., 3. 8. 1893, BAL AS.

39 Carl Duisberg an Friedrich Bayer jun., 2. 10. 1896, BAL AS. Hier kam es allerdings erst 1900 zu einer Verständigung, vgl. Hippel, Auf dem Weg, S. 96, dessen Beurtei-

lung der bis 1900 grundsätzlich auf Konkurrenz setzenden Geschäftsstrategie der BASF allerdings unzutreffend ist.
40 Carl Duisberg an Friedrich Bayer jun., 15. 10. 1897, BAL AS.
41 Carl Duisberg an Johannes Walther, 22. 5. 1900, BAL AS.
42 Carl Duisberg an Johannes Walther, 21. 12. 1900, BAL AS.
43 Duisberg, Lebenserinnerungen, S. 88 f.
44 Johnson, Synthese, S. 131.
45 Gustav von Brüning an Carl Duisberg, 10. 12. 1903, BAL AS.
46 Carl Duisberg an Gustav von Brüning, 11. 12. 1903, BAL AS.
47 Carl Duisberg an Gustav von Brüning, 11. 12. 1903, BAL AS.
48 Carl Duisberg an Gustav von Brüning, 13. 12. 1903, BAL AS.
49 Carl Duisberg an Gustav von Brüning, 13. 12. 1903, BAL AS.
50 Denkschrift über die Vereinigung der deutschen Farbenfabriken vom Januar 1904, abgedruckt in: Duisberg, Abhandlungen I, S. 343–369.
51 Gustav von Brüning an Carl Duisberg, 13. 1. 1904, BAL AS.
52 Gustav von Brüning an Carl Duisberg, 16. 1. 1904, BAL AS: «Soeben erhalte ich Telegramm, daß die Sitzung Freitag Nachm. 3 Uhr im Kaiserhof stattfindet.»
53 Denkschrift mit Nachtrag, BAL 4 A.4.
54 Hier hatte Helmut Wickel offensichtlich den Untertitel seiner Studie I.-G. Deutschland von 1932 entlehnt.
55 Coase, Nature.
56 Vgl. Plumpe, Nobelpreise.
57 Heinrich Brunck schrieb an Carl Duisberg am 8. 2. 1904, BAL AS, dass er auf der Basis der Denkschrift für den 19. 2. 1904 zur Sitzung nach Frankfurt am Main bitten werde: «Ich muß mich enthalten heute näher auf Ihre schöne Denkschrift einzugehen. Indem ich Ihrem Nachtrag etc. entgegensehe, möchte ich Sie aber sehr bitten, für die schwierigen Fragen der Organisation und der Wertbemessung möglichst die bei den einzelnen Firmen jetzt bestehenden Grundsätze zu respektieren und es der Zukunft und der gegenseitigen Überzeugung zu überlassen, das Bessere zu finden, welches an die Stelle des Guten gesetzt werden soll. Obgleich ich die von ihnen zu erwartenden neuen Vorschläge nicht kenne, so glaube ich doch, daß wir von der Einladung des Herrn Geheimrat von Simson so lange absehen sollten, bis wenigstens eine prinzipielle Verständigung über die Vereinigung erfolgt ist.»
58 Heinrich Brunck an Carl Duisberg, 10. 2. 1904, BAL AS.
59 Gustav von Brüning an Carl Duisberg, 11. 2. 1904, BAL AS.
60 Gustav von Brüning an Carl Duisberg, 13. 2. 1904, BAL AS.
61 Auch später bemühte sich Duisberg, daß aus der Nichtberücksichtigung keine dauerhafte Verstimmung bei den Weinbergs wurde: «Daß man vorerst davon abgesehen hat, Ihre geschätzte Firma zu der Besprechung einzuladen, braucht durchaus nicht, wie Sie meinen, stark abkühlend auf Sie zu wirken, sondern war nach Lage der Verhältnisse an sich viel einfacher und durchsichtiger.» Carl Duisberg an Carl von Weinberg, 25. 2. 1904, BAL AS. Am 5. 3. 1904 erläuterte Duisberg Carl von Weinberg die Situation auch mündlich, als dieser in Elberfeld zu Besuch war, und begründete sie allein mit gesellschaftsrechtlichen Gesichtspunkten, Carl Duisberg an Gustav von Brüning, 7. 3. 1904, BAL AS.
62 Carl Duisberg an Gustav von Brüning, 15. 2. 1904, BAL AS.
63 Gustav von Brüning an Carl Duisberg, 16. 2. 1904, BAL AS.
64 Carl Duisberg an Carl von Weinberg, 17. 2. 1904, BAL AS.
65 Carl Duisberg an Carl von Weinberg, 25. 2. 1904, BAL AS.
66 Gustav von Brüning an Carl Duisberg, 19. 3. 1904, BAL AS.

67 Gustav von Brüning an Carl Duisberg, 12. 3. 1904, BAL AS.
68 Carl Duisberg an Gustav von Brüning, 15. 3. 1904, BAL AS.
69 Gustav von Brüning an Carl Duisberg, 19. 3. 1904, BAL AS.
70 Gustav von Brüning an Carl Duisberg, 19. 3. 1904, BAL AS. Immerhin sei die Hoechster Buchhaltung jetzt so verbessert, dass man zukünftig rascher derartige Formulare ausfüllen könne. In der Tat war in den Verhandlungen herausgekommen, dass Elberfeld mit großem Abstand die beste Buchhaltung und das transparenteste Kontrollsystem aller Firmen besaß, zum Verdruss der BASF, die sich nach dem im Herbst 1904 abgeschlossenen Dreibund manche Schulmeisterei aus Elberfeld gefallen lassen musste.
71 Carl Duisberg an Gustav von Brüning, 22. 3. 1904, BAL AS.
72 Grundsätzlich hierzu Luhmann, Organisation und Entscheidung, u. a. S. 123–151, aber auch öfter.
73 Gustav von Brüning (1864–1913) war bei den Verhandlungen 40 Jahre alt, Duisberg, Jg. 1861, wurde 1904 43 Jahre. Der Agfa-Direktor Franz Oppenheim (1852–1929) wurde im Juli 1904 52 Jahre, Heinrich Bruck (1847–1911) von der BASF hatte am 26. 3. 1904 seinen 57. Geburtstag. Friedrich Bayer jun. (1851–1920) war 52 Jahre alt, Henry Böttinger (1848–1920) 56 Jahre alt.
74 Carl Duisberg an Gustav von Brüning, 22. 3. 1904, BAL AS.
75 Gustav von Brüning an Carl Duisberg, 24. 3. 1904, BAL AS.
76 Carl Duisberg an Johannes Walther, 15. 2. 1904, BAL AS.
77 Bericht von den Ferien an Johannes Walther, 5. 5. 1904, BAL AS.
78 Carl Duisberg an Johannes Walther, 5. 5. 1904, BAL AS. Der Kurs der Aktie der Farbenfabriken legte offensichtlich wegen der verbreiteten Fusionsgerüchte in den nächsten Wochen weiter zu, ging im August 1904 dann allerdings auch wieder deutlich zurück, Carl Duisberg an Carl Gamp, 11. 8. 1904, BAL AS.
79 Duisberg, Lebenserinnerungen, S. 90.
80 Johnson, Synthese, S. 133 f.
81 Rudolf Knietsch, Direktor der BASF, war bekannt geworden, weil mit seinem Namen die großtechnische Einführung des Kontaktverfahrens zur Herstellung von Schwefelsäure verbunden war, Carl Duisberg, Die Wissenschaft und Technik in der chemischen Industrie mit besonderer Berücksichtigung der Teerfarbenindustrie. Festvortrag bei der Hauptversammlung des Deutschen Museums im Oktober 1911, abgedruckt in: Duisberg, Abhandlungen I, S. 862.
82 Carl Duisberg an Heinrich Caro, 3. 11. 1904, BAL AS.
83 Carl Duisberg an Friedrich Bayer jun., 8. 8. 1904, BAL AS.
84 Carl Duisberg an Carl Gamp, 11. 8. 1904, BAL AS.
85 Schreiben von Henry Theodor Böttinger und Rechtsanwalt Doermer an Carl Duisberg, Grandhotel Bellagio, 17. 9. 1904, BAL AS. Beiliegend Schreiben der BASF an die Direktion der Farbenfabriken, Herrn Friedrich Bayer, 16. 9. 1904, BAL AS.
86 Carl Duisberg an die Herren der Direktion der Farbenfabriken, 19. 9. 1903, BAL AS.
87 Rechtsanwalt Doermer an Carl Duisberg, z. Zt. München, 23. 9. 1904, BAL AS (Bestand Carl Duisberg).
88 Rechtsanwalt Doermer an Carl Duisberg, 23. 9. 1904, BAL AS.
89 Duisberg, Lebenserinnerungen, S. 92.
90 Duisbergs Nachgiebigkeit hatte zwischenzeitlich zu erheblichen Verstimmungen mit Friedrich Bayer und Carl Hülsenbusch geführt, vgl. Duisberg, Lebenserinnerungen, S. 93 f.
91 Duisberg, Lebenserinnerungen, S. 94–97.
92 Carl Duisberg an Franz Oppenheim, 16. 10. 1904, BAL AS. Dazu auch Carl Duisberg

an Heinrich Brunck, 16. 10. 1904, BAL AS. Die Agfa hatte durch Schönrechnung ihrer Gewinnziffern einen höheren Gewinnanteil herausschlagen wollen, als die BASF zu konzedieren bereit war. Duisberg kam der Agfa entgegen, wenn auch nur halb.

93 Plumpe, I. G. Farbenindustrie AG, S. 47.

94 Carl Duisberg an Ludwig Gattermann, 11. 11. 1904, BAL AS.

95 Carl Duisberg an Johannes Walther, 3. 11. 1904, BAL AS.

96 Carl Duisberg an Johannes Walther, 3. 11. 1904, BAL AS.

97 Duisberg, Lebenserinnerungen, S. 96.

98 Duisberg, Lebenserinnerungen, S. 97.

99 Carl Duisberg an Carl Gamp, 3. 1. 1905, BAL AS.

100 Carl Duisberg an Heinreich Caro, 3. 11. 1904, BAL AS.

101 Deren Zahl blieb gleichwohl recht bedeutend, wie eine Aufstellung für das Direktorium vom 1. 8. 1913 zeigte. Die Farbenfabriken führten selbst zu diesem Zeitpunkt 17 Patentverletzungsklagen, beklagt waren sie in sechs Fällen. Im Ausland schwebten sieben Verfahren. Auch waren acht Nichtigkeitsklagen gegen Patente der Farbenfabriken anhängig. Gegner waren in der Mehrzahl der Fälle Firmen des Dreiverbandes, BAL 12/3.

102 Johnson, Synthese, S. 136.

103 Carl Duisberg an Carl Gamp, 23. 12. 1905, BAL AS.

104 Franz Oppenheim an Carl Duisberg, 9. 1. 1906, BAL AS.

105 Carl Duisberg an Franz Oppenheim, 10. 1. 1906, BAL AS.

106 Es sei der vorherrschende «Geist, der eine Verschmelzung nicht möglich macht», schrieb Carl Duisberg am 1. 8. 1906 an Hermann Seebohm und drückte die Hoffnung aus, mit der Zeit würde sich vielleicht die nötige Annäherung ergeben.

107 Carl Duisberg an Carl Gamp, 28. 5. 1906, BAL AS.

108 Bei konstantem Eigenkapital gab es bei steigenden Gewinnen nur die Möglichkeit, die Dividenden weiter zu erhöhen oder die stillen Reserven aufzustocken. Beides hatte man lange Zeit getan, doch langsam zeichnete sich ein Ende dieser Entwicklung ab, da die Öffentlichkeit und der Fiskus diese Entwicklung mit immer kritischerem Blick verfolgten. Duisberg war Anhänger einer «conservativen» Dividendenpolitik, wollte also nicht zu viel ausschütten. Kapitalerhöhungen waren daher der gebotene Weg, Carl Duisberg an Carl Gamp, 29. 7. 1902, 22. 3. 1903, BAL AS.

109 Carl Duisberg an Carl Gamp, 29. 8. 1907, BAL AS.

110 Siehe etwa Duisbergs Klagen über die Konkurrenz, die die Agfa in Amerika zu Lasten der Farbenfabriken entfalte; Carl Duisberg an Hermann Seebohm, 16. 6. 1906, BAL AS, oder über den Kampf mit der BASF in der gemeinsamen Verkaufsorganisation, Carl Duisberg an Hermann Seebohm, 24. 12. 1906, BAL AS.

111 Carl Duisberg an Hermann Seebohm, 19. 8. 1907, BAL AS, über die «Ehescheidung» in New York: «Durch den Newyorker Versuch ist, ebenso wie durch den verunglückten Versuch in Belgien, untrüglich der Beweis dafür erbracht, dass, solange die Leitung im Verkauf unserer Produkte bei den Mutterhäusern noch getrennt und nicht einheitlich sich vollzieht, ein Zusammenwerfen der Verkaufsgeschäfte in den Filialen ein grosser Fehler ist.»

112 Carl Duisberg an Hermann Seebohm, 4. 4. 1908, BAL AS.

113 Gustav von Brüning an Carl Duisberg, 12. 4. 1908, BAL AS.

114 Carl Duisberg an Gustav von Brüning, 16. 4. 1908, BAL AS.

115 Gustav von Brüning an Carl Duisberg, 23. 4. 1908, BAL AS.

116 Carl Duisberg an Gustav von Brüning, 27. 4. 1908, BAL AS.

117 Carl Duisberg an Gustav von Brüning, 27. 4. 1908, BAL AS.

118 Carl Duisberg an Arthur von Weinberg, 6. 12. 1905, BAL AS.

119 Carl Duisberg an Carl von Weinberg, 24. 2. 1908, BAL AS.
120 Carl Duisberg an Carl von Weinberg, 23. 12. 1908; Carl von Weinberg an Carl Duisberg, 1. 6. 1910, BAL AS.
121 Carl Duisberg an Carl von Weinberg, 2. 6. 1910, BAL AS.
122 Carl von Weinberg an Carl Duisberg, 10. 6. 1910, BAL AS. Zur Cassella, Vollmann, Eigenständigkeit.
123 Carl Duisberg an Carl von Weinberg, 6. 7. 1910, BAL AS. Allein der Tenor der Auseinandersetzungen zwischen den Farbenfabriken und der Cassella, zwischen Carl Duisberg und Carl von Weinberg atmet noch heute den Geist Duisbergschen Expansionswillens und Weinbergscher Irenik. Weinberg jedenfalls war wiederholt über Duisbergs Ton und seine Unterstellungen geradezu empört, etwa wenn er im Januar 1913 Leverkusener Vermutungen, die Cassella habe sie in den USA angeschwärzt und das in die deutsche Presse gebracht, mit der Bemerkung zurückwies, er werde den Brief vernichten, damit kein dauerhafter Schaden entstehe, Carl von Weinberg an Carl Duisberg, 23. 1. 1913, BAL AS, woraufhin Duisberg zurückruderte, den Ton des Schreibens mit der Empörung über die Vorwürfe entschuldigte und nur noch darum bat, man möge derartige Vorwürfe (Korruption etc.) in Zukunft unterlassen; Carl Duisberg an Carl von Weinberg, 25. 1. 1913, BAL AS. Das sagte Carl von Weinberg zu, 30. 1. 1913, BAL AS.
124 Carl von Weinberg an Carl Duisberg, 18. 7. 1912, BAL AS.
125 Carl Duisberg an Carl von Weinberg, 13. 7. 1912, BAL AS.
126 Carl Duisberg an Carl von Weinberg, 19. 7. 1912, BAL AS.
127 Carl von Weinberg an Carl Duisberg, 30. 1. 1913, BAL AS.
128 Carl Duisberg an Carl von Weinberg, 31. 1. 1913, BAL AS.
129 Carl Duisberg an Carl von Weinberg, 31. 1. 1913, BAL AS.

13 | Technokratische Obsessionen

1 Aufsichtsrat-Sitzung 8. 1. 1906: Nach längeren Gesprächen einigt man sich, Hülsenbusch, der immerhin 30 Jahre in der Firma war, in den Aufsichtsrat zu nehmen, unter der Voraussetzung, «daß zuerst die im Laufe der Discussion seitens des Herrn Hülsenbusch dem Aufsichtsrat gegenüber gemachten Äußerungen widerrufen werden». Darauf verpflichtete sich Hülsenbusch, nicht mehr zu behaupten, die Herren handelten aus persönlichen Motiven, auch gestand er zu, sich fürderhin um freundschaftliche und nicht feindselige Beziehungen zu bemühen, und im Falle Duisberg keine Anzeige beim Ehrenrath (!) machen zu wollen, BAL 11/3, Bd. 2.
2 Carl Duisberg an Heinrich Caro, 29. 3. 1906, BAL AS.
3 Nach anfänglicher Distanz scheinen sich die beiden Chemiker wohl in der Tat verstanden zu haben. Bei Caros Tod wurde Duisberg jedenfalls aus der Familie berichtet, seine letzten Worte gegenüber dem Arzt hätten «seinem besten Freund» Carl Duisberg gegolten, Carl Duisberg an Berthold Rassow, 6. 10. 1910, BAL AS.
4 Denkschrift über die Organisation des Gesamtgeschäfts der FFB (Organisationsdenkschrift) vom Februar 1906, BAL 4/A.17, auch BAL 300/114.
5 Carl Duisberg an Heinrich Caro, 29. 3. 1906, BAL AS, BAL 271/0.
6 Carl Duisberg an Friedrich Bayer, 3. 3. 1902, BAL AS.
7 Carl Duisberg an Friedrich Bayer, jun., 25. 9. 1897, BAL AS.
8 «Mit Anfang dieses Jahres ist nämlich auch der Dir bekannte Direktor Carl Hülsenbusch aus unserer Direktion ausgeschieden und liegt mir nun die Verpflichtung ob, nicht nur einen Teil der von ihm geleisteten Arbeit mit zu übernehmen, sondern auch die Organisation unseres kaufmännischen Geschäfts, die nach manchen Rich-

tungen hin reformbedürftig ist, in neue Bahnen zu lenken. Zu dem Zweck habe ich seit einigen Wochen an einer ausführlichen Denkschrift gearbeitet, die vor einigen Tagen endlich fertig geworden ist.» Carl Duisberg an Johannes Walther, 17. 2. 1906, BAL AS.

9 Tabellarische Übersicht über die Organisation des Gesamtgeschäfts der Farbenfabriken vorm. Friedr. Bayer & Co. Anlagen zur diesbezüglichen Denkschrift (Organisationsplan), BAL 010/003.

10 Begleitschreiben zum Organisationsplan, Februar 1906, BAL 010/003/001.

11 Carl Duisberg an Hermann Seebohm. 27. 11. 1909, BAL AS.

12 Carl Duisberg an Hermann Seebohm, 27. 11. 1909, BAL AS.

13 Carl Duisberg, Vorschläge zur Vereinfachung, Verbilligung und Befestigung der Interessengemeinschaft der deutschen Teerfarbenfabriken und zur Beseitigung der noch bestehenden Mängel und Schwierigkeiten, Teil II vom 4. 11. 1924, S. 14, BAL 004/003.

14 Organisationsdenkschrift, Abschnitt: Organisation der Direktion, S. 1.

15 Organisationsdenkschrift, Abschnitt: Organisation der Direktion, S. 2.

16 Organisationsplan, Abschnitt: Bestimmungen über die Leitung und Arbeitsteilung in der Direktion der Farbenfabriken, S. 2.

17 Das galt sowohl für Direktoren wie für stellv. Direktoren. An den 411 Direktionskonferenzen vom Februar 1906 bis zum Juli 1914 nahm Duisberg an 151 Sitzungen, zumeist wegen Urlaubs oder wegen Geschäftsreisen, nicht teil, d. h., er war bei knapp 37 % der Sitzungen verhindert.

18 Organisationsplan, Abschnitt: Bestimmung über die Geschäftsführung der Interessengemeinschaft innerhalb der Farbenfabriken vorm. Friedr. Bayer & Co., S. 2 f.

19 Aufsichtsratssitzung vom 22. 2. 1906, BAL 11/3, Bd. 2.

20 Duisberg griff in Einzelfällen immer wieder in das operative Geschäft ein, und nicht selten durchaus heftig. Als sich im Pharma-Verkauf in den USA nichts änderte, was Duisberg auf das dortige Personal zurückführte, drohte er: «Herr Dr. Schweitzer täuscht sich aber, wenn er glaubt, so leichten Kaufs [Weggraulen eines neuen Mitarbeiters, W. P.] davon gekommen zu sein. Wenn auch das Donnerwetter nicht gleich losbricht, so hat sich doch so viel Elektrizität angesammelt, dass es demnächst zu einem gehörigen Gewitter kommen wird, und ich fürchte, dass dann ein göttlicher Blitz den Herrn in Trümmer schlagen wird. Ich wenigstens bin nicht gewillt, mir diesen passiven Widerstand des impotenten Leiters der pharmazeutischen Abteilung gefallen zu lassen, und wenn Herr Dr. Hess bei seiner Frühjahrsreise es nicht fertig bringt, Wandel zu schaffen und eine vollkommene Veränderung der Verhältnisse herbeizuführen, so reise ich im Herbst nächsten Jahres selbst nach drüben und dann wehe, wehe, wehe.» Carl Duisberg an Hermann Seebohm, 24. 12. 1906, BAL AS.

21 Dieses Prinzip der kollektiven Führung und des Mehraugenprinzips war Duisberg überaus wichtig. Noch Anfang der 1920er Jahre begrüßte er die Aufnahme eines Vertreters von Griesheim-Elektron in den Aufsichtsrat der Farbenfabriken mit der Bemerkung, er könne dort lernen, wie man richtig führt. In Griesheim herrsche noch – ganz unvernünftig – das Zwei-Augen-Prinzip, was nur Schwierigkeiten bereite; Carl Duisberg an Henry Theodor Böttinger, 13. 1. 1920, BAL AS.

22 Feldman, Hugo Stinnes; Fear, Organizing Control; Lesczenski, August Thyssen; Epkenhans/Stremmel (Hg.), Krupp.

23 Zu Emil Kirdorf gibt es bisher keine gute Biographie; vgl. stattdessen Bacmeister, Emil Kirdorf. Des Weiteren Gehlen, Paul Silverberg; Klaß, Albert Vögler; zu Paul Reusch jetzt Marx, Paul Reusch.

24 Vom Ausmaß der Ehrungen zu seinem 25. Geschäftsjubiläum im September 1909

war er, so tat er zumindest, völlig überrascht: «Wenn ich nach Gründen frage, so kann ich es nur auf die hohe Stellung zurückführen, welche sich unsere Firma im Laufe der Zeit errungen, und die ich somit repräsentiere.» Carl Duisberg an Johannes Walther, 12. 10. 1909, BAL AS.

25 Einschlägige Klagen finden sich zahlreich in Duisbergs Korrespondenz, so etwa in einem Schreiben an Carl Gamp, 23. 12. 1905, BAL AS. Ausführliche Klagen über die Verkaufsorganisation Pharma in den USA auch in einem Schreiben von Carl Duisberg an Hermann Seebohm, 24. 12. 1906, BAL AS.

26 «Durch häufige kürzere oder längere und zuweilen auch überraschende Besuche des betreffenden Landes haben sie sich davon zu überzeugen, dass die Geschäftsleiter und auch sämtliche Angestellte der Verkaufsfilialen nach jeder Richtung hin ihre Pflicht tun.» Organisationsplan, Abschnitt: Organisation des Verkaufsgeschäftes, S. 9.

27 Organisationsplan, Abschnitt: Organisation des Verkaufsgeschäftes, S. 12.

28 Grundsätzlich dazu Richter/Furubotn, Neue Institutionenökonomik.

29 Organisationsplan, Abschnitt: Organisation des Verkaufsgeschäftes, S. 18.

30 Organisationsplan, Abschnitt: Organisation des Verkaufsgeschäftes, S. 9.

31 Hartmann, Organisation, S. 71.

32 Vgl. Plumpe, Art. Unternehmen, S. 68.

33 In Auseinandersetzung mit Kocka, Industrielles Management, wies hierauf bereits Bernd Dornseifer, Strategy, in den 1990er Jahren hin! Vgl. auch Dornseifer, Bürokratisierung.

34 »Geschäftlich ist nichts weiter passiert, als dass, wie zu erwarten war, Herr Weskott mit der neuen Regelung der Dinge nicht einverstanden ist und mir offen erklärt hat, er könne über die vor einem Jahr vorgenommene Veränderung immer noch nicht hinwegkommen, er habe sich zwar bemüht, sich in die Verhältnisse zu finden, aber es sei ihm noch nicht gelungen. Ich habe ihm dann unsere Auffassung in ruhiger und sachlicher Weise noch einmal klargelegt und ihn um definitive Entscheidung gebeten. Mag diese ausfallen wie sie will, so wie die Dinge liegen, kann das Geschäft nur leiden, wenn die Organisation durchbrochen oder einzelne sich nicht in dieselbe finden können.» Carl Duisberg an Henry Theodor Böttinger, 19. 2. 1907, BAL AS. Friedrich Weskott, in den 1880er Jahren Vorstands- und Aufsichtsratsmitglied, war als Sohn des Gründers Friedrich Weskott einer der größeren Teilhaber der Farbenfabriken und dürfte in der Organisationsreform eine weitere Demütigung gesehen haben.

35 Carl Duisberg an Henry Theodor Böttinger, 5. 2. 1909, BAL AS.

36 BAL 12/3.

37 Direktionskonferenz vom 17. 12. 1908, BAL 12/3.

38 Carl Duisberg an Jakob Rießer, 9. 1. 1910, BAL AS.

39 Carl Duisberg an Henry Theodor Böttinger, 24. 2. 1909, BAL AS. Siehe auch das Schreiben des ehemaligen Moskauer Prokuristen Anton Keuter an Carl Duisberg, 26. 9. 1931, BAL AS: «Ihre Besuche in Moskau waren mir stets eine grosse Freude. Obgleich den Statuten der Aktiengesellschaft Friedr. Bayer & Co. Moskau, ein Unterschied nicht bestand, waren Sie doch stets der Vorgesetzte, der den lebhaftesten Anteil nahm an dem Aufrücken der Firma, das erst durch den Weltkrieg, der mich in die verschiedensten Gefängnisse warf, ein Ende fand.»

40 Carl Duisberg an Ludwig Knorr, 25. 6. 1914, BAL AS.

41 Carl Duisberg an Heinz Böttinger, 5. 10. 1912, BAL AS.

42 Gemeinsame Erklärung, 26. April 1911, BAL AS, Bestand Henry Theodor Böttinger.

43 Fritz Bayer kränkelte bereits seit einiger Zeit: «Die Nachrichten von Fritz lauten ja recht günstig, doch muss mit aller Macht dahin gewirkt werden, dass er ein solideres

Leben wie bisher führt, soll die noch immer vergrösserte und teils verhärtete Leber, ein Leiden, das er schon seit Jahren gehabt zu haben scheint, sich wieder zum normalen Zustande zurückbilden. Es wird das aber nicht so leicht sein, ihn davon zu überzeugen, obgleich ich gewillt bin, das äusserste zu tun, was ich kann, um ihn nach dieser Richtung hin zu beeinflussen.» Carl Duisberg an Henry Theodor Böttinger, 5. 10. 1912, BAL AS.

44 BAL 11/3 Bd. 3: 1906–1915 (Akten).

45 Carl Duisberg an Johannes Walther, 31. 12. 1911, BAL AS.

46 Carl Duisberg, Ansprache anläßlich seines 40. Dienstjubiläums, 29. 9. 1923, abgedruckt in: Duisberg, Abhandlungen II, S. 605 f. Von den Vorstandsmitgliedern zur Zeit Duisbergs verließ nur ein einziger das Unternehmen freiwillig, und zwar der Leiter der anorganischen Betriebe Friedrich Quincke, der nach 22 Jahren Betriebszugehörigkeit 1920 zur Rhenania wechselte. Duisberg fand das bedauerlich, empfahl dem Aufsichtsratsvorsitzenden Böttinger allerdings, den Vertrag ohne Widerstand aufzuheben, da der Abschied freundschaftlich sei und kein Groll bleibe. Carl Duisberg an Henry Theodor Böttinger, 10. 2. 1920, BAL AS. Friedrich Quincke hatte bereits einmal gegen Duisbergs Stachel gelöckt, als er sich 1914 ohne Rücksprache freiwillig zum Militär melden wollte, was Duisberg sehr erboste. Es mag mithin gut sein, dass er mehr Handlungsspielraum wünschte, doch schied er in der Tat ohne Eklat.

47 Carl Duisberg, Ansprache anläßlich seines 40. Dienstjubiläums, 29. 9. 1923, abgedruckt in: Duisberg, Abhandlungen II, S. 607.

48 Carl Duisberg, Ansprache anläßlich seines 40. Dienstjubiläums, 29. 9. 1923, abgedruckt in: Duisberg, Abhandlungen II, S. 607.

49 Carl Duisberg an Henry Theodor Böttinger, 5. 2. 1909, BAL AS.

50 Carl Duisberg an Henry Theodor Böttinger, 5. 10. 1912, BAL AS.

51 Plumpe, I. G. Farbenindustrie AG, S. 49.

52 Carl Duisberg an Hermann Seebohm, 4. 4. 1908, BAL AS.

53 Schumpeter, Unternehmer (1928), S. 113.

54 Herzneurose, eine Krankheitsbezeichnung, die Duisberg selbst verwendete, ist bis heute ein definiertes psychosomatisches Krankheitsbild, das aktuell vor allem als Angstgefühl beschrieben wird, das keine organischen Ursachen hat. Über die psychischen Ursachen lässt sich bei historischen Fällen nur spekulieren. Das Krankheitsbild wurde im Kaiserreich durchaus ernst genommen. Duisbergs Sohn Carl-Ludwig kam mit einer entsprechenden Diagnose 1911 vom Militärdienst frei, Carl Duisberg an Johannes Walther, 31. 12. 1911, BAL AS. Zur Nervosität und zu den Neurosen der Zeit generell, Radkau, Nervosität.

55 Auch damit lag Duisberg im Zeittrend. Gesundheitsprobleme zählten zu den häufigen Korrespondenzthemen, deren Anspielung in gewisser Weise daher wohl erwartet wurde. Vgl. zum Fall der Wissenschaftler, mit denen Duisberg ja intensiv verkehrte, Szöllösi-Janze, Lebens-Geschichte, S. 28.

56 Dieser Rhythmus scheint für entsprechende Charaktere in dieser Zeit nicht untypisch gewesen zu sein. Vgl. zu Fritz Haber, Szöllösi-Janze, Lebens-Geschichte, S. 26 f.

57 Carl Duisberg an Carl Rumpff, 2. 8. 1888, BAL AS.

58 Carl Duisberg an Johannes Walther, 9. 10. 1893, BAL AS.

59 Titel eines Romans des seinerzeitigen Erfolgsschriftstellers Heinrich Sudermann. Ob Duisberg den Roman gelesen hat, ist nicht bekannt. Aber er wird ihn zumindest dem Titel nach aus den Zeitschriften der Familie (u. a. Die «Gartenlaube») gekannt haben.

60 Carl Duisberg an Johannes Walther, 24. 12. 1896, BAL AS.

61 Carl Duisberg an Johannes Walther, 21. 12. 1900, BAL AS.
62 Carl Duisberg an Johannes Walther, 24. 3. 1902, BAL AS.
63 Carl Duisberg an Johannes Walther, 10. 7. 1903, BAL AS.
64 Carl Duisberg an Johannes Walther, 30. 7. 1903, BAL AS.
65 Carl Duisberg an Carl Gamp, 10. 10. 1903, BAL AS.
66 Carl Duisberg an Johannes Walther, 17. 12. 1903, BAL AS.
67 Carl Duisberg an Johannes Walther, 15. 2. 1904, BAL AS.
68 Carl Duisberg an Johannes Walther, 3. 11. 1904, BAL AS.
69 Carl Duisberg an Carl Hauptmann, 4. 12. 1905, BAL AS.
70 Carl Duisberg an Johannes Walther, 17. 2. 1906, BAL AS; Carl Duisberg an Hermann Seebohm, 1. 8. 1906, BAL AS.
71 Nach eigener Aussage spielte auch die Tatsache eine große Rolle, dass er das Rauchen aufgab: «Früher habe ich geraucht wie ein Schlot und bin jahrelang krank gewesen. Auch jetzt bin ich noch», sagte er mehr als ein Jahrzehnt später, «überempfindlich gegen Nikotin und darf nicht mehr rauchen.» Carl Duisberg, Verhandlungen der Sozialisierungskommission des vorl. Reichswirtschaftsrates 12. 7. 1921, abgedruckt in: Duisberg, Abhandlungen I, S. 842.
72 Gelegentlich meldete er sich aber noch als Experte zu Wort: «Du solltest Dir ob Deiner herzneurotischen Beschwerden keine Sorgen machen. Sie sind, wenn sie wirklich auf nervöser Basis beruhen, nicht gefährlich und verschwinden am schnellsten und besten, wenn man sich wenig um sie kümmert. Ich habe auf diesem Gebiet sehr reiche Erfahrungen und kann Dir nur anraten, möglichst viel, selbst bei Wind und Wetter spazieren zu gehen.» Carl Duisberg an Theodor Curtius, 30. 12. 1920, BAL AS.
73 Carl Duisberg an Theodor Curtius, 22. 3. 1911, BAL AS.
74 Zum Syndrom umfassend, Radkau, Nervosität. Vgl. auch Eckert, Untergang.
75 Dieser Spruch stammt in der Fassung «Haste nie, doch raste nie, sonst haste die Neurasthenie!» von dem Dichter Otto Erich Hartleben (1864–1905).
76 Carl Duisberg an Jakob Riesser, 6. 6. 1912, BAL AS.
77 Duisbergs Einstellung zu Trinken und Rauchen, das er sehr viel gefährlicher fand, legte er 1921 vor dem Reichswirtschaftsrat dar; Carl Duisberg, Rede in den Verhandlungen der Sozialisierungskommission über die Reparationsfragen, 12. 7. 1921, abgedruckt in: Duisberg, Abhandlungen I, S. 841 f.
78 Carl Duisberg an Henry Theodor von Böttinger, 1. 2. 1913, BAL AS.
79 Henry Theodor Böttinger an Carl Duisberg, 15. 3. 1912, BAL AS. Siehe auch Carl Duisberg an Henry Theodor Böttinger in Baden-Baden, 7. 11. 1913, BAL AS.
80 Carl Duisberg an Henry Theodor Böttinger, 7. 11. 1913, BAL AS.

14 | Nützliche Bekanntschaften

1 Carl Duisberg, in: «Deutsche Industrie-Zeitung», 28. 12. 1899, abgedruckt in: Duisberg, Abhandlungen I, S. 258.
2 Carl Duisberg, Eröffnungsrede auf der Hauptversammlung des Vereins Deutscher Chemiker 1902 in Düsseldorf, abgedruckt in: Duisberg, Abhandlungen I, S. 486.
3 Carl Duisberg, Eröffnungsrede auf der Hauptversammlung des Vereins Deutscher Chemiker 1902 in Düsseldorf, abgedruckt in: Duisberg, Abhandlungen I, S. 487.
4 Vgl. Brocke, Entstehung. Zu den steigenden, letztlich aber unzureichenden staatlichen Fördermaßnahmen vgl. Pfetsch, Wissenschaftsförderung. Siehe auch Kriekhaus, Entwicklung.

5 Die Zahl der bekannten organischen Stoffverbindungen war von einigen tausend Anfang der 1880er Jahre auf mehr als 150 000 vor Ausbruch des Krieges angestiegen. Die chemische Laborarbeit hatte damit den Charakter eines großen Routinebetriebes bekommen.

6 Carl Duisberg, in: Böttingerfestschrift, S. 624

7 Willstätter, Aus meinem Leben, S. 147.

8 So etwa bei der Dankesrede anlässlich seines 40-jährigen Geschäftsjubiläums, 29. 9. 1923, abgedruckt in: Duisberg, Abhandlungen II, S. 609.

9 Carl Duisberg an Friedrich Bayer jun., 2. 10. 1896, BAL AS.

10 Siehe dazu Fruton, Contrasts. Zum Aufstieg der physikalischen Chemie vgl. Szöllösi-Janze, Fritz Haber.

11 Heinrich Wieland an Carl Duisberg, 23. 1. 1927, BAL AS.

12 Zum Netzwerkbegriff in der Unternehmensgeschichtsschreibung vgl. Berghoff/Sydow, Unternehmerische Netzwerke.

13 Carl Duisberg an Hans von Pechmann, 13. 12. 1894, BAL AS. Hier gab Duisberg persönlich 500 Mark von veranschlagten 10 000 Mark.

14 Zu Duisbergs Engagement vgl. den Briefwechsel mit Hans von Pechmann, Wilhelm Koenigs und Theodor Curtius, BAL AS. Gleichwohl gab es bei den Sammlungen zum 70. Geburtstag einige Missverständnisse, Carl Duisberg an Wilhelm Koenigs, 28. 7. 1905, BAL AS.

15 Der Versuch, zur Feier des 50. Doktorjubiläums von Adolf von Baeyer eine Gedenkmünze für seine Schüler schlagen zu lassen, scheiterte am Widerspruch der Akademiker, die es bei einer rein akademischen Feier belassen wollten, Carl Duisberg an Heinrich Caro, 24. 5. 1908, BAL AS.

16 In einem Brief an Adolf Baeyer warb Duisberg am 4. 4. 1908 um Nachsicht für sein sozialpolitisches Engagement im Verein Deutscher Chemiker, den Baeyer nicht für voll nahm, da dort im Wesentlichen die Standesinteressen der Chemiker vertreten wurden. Baeyer sah auch Duisbergs Bemühungen, die Tagungen des Vereins wissenschaftlich aufzuwerten, eher skeptisch. Nach der Frankfurter Tagung des Vereins schrieb Duisberg Baeyer fast schon resigniert, dass er dessen Nichtteilnahme «erwartet» habe; Carl Duisberg an Adolf Baeyer, 1. 9. 1909, BAL AS.

17 So schilderte Duisberg ihn auf der Gedächtnisfeier für Emil Fischer: «Die Technik war ihm, dem reinen Wissenschaftler, sogar im gewissen Grade unsympathisch.» Carl Duisberg, Emil Fischer und die Industrie. Rede gehalten bei der Fischer-Gedächtnis-Feier der deutschen chemischen Gesellschaft am 25. 10. 1919, abgedruckt in: Duisberg, Abhandlungen I, S. 971.

18 Carl Duisberg an Adolf Baeyer, 4. 4. 1908, BAL AS.

19 Carl Duisberg an A. Heiduschka, 15. 7. 1907, BAL AS.

20 Willstätter, Aus meinem Leben, S. 84 f. Der «regierende Oberchemiker», der Berliner Ordinarius August Wilhelm Hofmann, dachte im Übrigen genauso, als er 1881 betonte, die «selbstlose Hingabe an die Wissenschaft als solche, die freie Übung des Denkens» könne nur auf dem Boden klassischer Bildung erfolgen; zit. nach Johnson, Grabenkämpfe, S. 359.

21 Carl Duisberg an Theodor Curtius, 2. 3. 1909, BAL AS. Ganz ähnlich hatte Carl Duisberg schon am 20. 1. 1909 an Heinrich Caro, BAL AS, geschrieben.

22 Carl Duisberg an Adolf Baeyer, 1. 8. 1910, BAL AS.

23 Carl Duisberg an Emil Fischer, 23. 8. 1917, BAL AS.

24 Carl Duisberg, Rede auf der Theodor-Curtius-Gedächtnisfeier der Heidelberger Chemischen Gesellschaft, 3. 5. 1930, abgedruckt in: Duisberg, Abhandlungen II, S. 579–585.

25 Siehe die Liebeserklärung Duisbergs an München in einem Brief an Gustav Krupp von Bohlen und Halbach, 25. 6. 1917, BAL AS. Generell hierzu Plumpe, München.
26 Brocke (Hg.), Wissenschaftsgeschichte. Zu Althoff vgl. vom Bruch, Wissenschaft.
27 Henry Theodor Böttinger an Carl Duisberg, 12. 2. 1909, BAL AS, über seinen Wechsel ins Herrenhaus. «Ich leugne nicht, dass es mir ... so angenehm ist. Ich behalte alle Beziehungen, eher noch intensiver wie früher, bin viel freier und kann auch als Parlamentarier weiter wirken und schaffen.»
28 Johnson, The Kaiser's Chemists. Eine neuere Biographie Emil Fischers fehlt; siehe als kurzen Überblick Remane, Emil Fischer.
29 Karl von Buchka, 1897 wissenschaftlicher Mitarbeiter im RGA, wechselte 1901 vom Reichsgesundheitsamt, wo Duisberg regelmäßig mit ihm zu tun hatte, als Leiter des zolltechnischen Laboratoriums in das Reichsschatzamt über. Duisberg gratulierte am 24. 12. 1901, BAL AS, und besprach mit Buchka gleich dessen Nachfolge, da der Präsident des RGA Köhler ihn um Vorschläge gebeten habe. Die anderen Gäste waren Chemiker, u. a. von der TH Charlottenburg und der Friedrich-Wilhelms-Universität.
30 Henry Theodor Böttinger an Carl Duisberg, 16. 5. 1897, BAL AS.
31 Carl Duisberg an Henry Theodor Böttinger, 17. 5. 1897, BAL AS.
32 Zum Hintergrund, Johnson, Grabenkämpfe, S. 366 f.
33 Karl vom Rath, Aufsichtsratsmitglied der Farbwerke Hoechst.
34 Henry Theodor Böttinger an Carl Duisberg, 16. 5. 1897, BAL AS.
35 Siehe die Erinnerungen Fischer, Aus meinem Leben. Zum Neubau vgl. auch Girnus, Reichsgründung, S. 246 f. Ferner Johnson, Grabenkämpfe, S. 367.
36 Remane, Emil Fischer, S. 17–20. Fischer, Aus meinem Leben, S. 58–90.
37 Die Bedeutung seiner Forschungen für die chemische Industrie und seine konkreten Beziehungen dorthin sind ausführlich beschrieben bei Carl Duisberg, Emil Fischer und die Industrie, abgedr. in Duisberg, Abhandlungen I, S. 974–981.
38 Vgl. Remane, Emil Fischer; Johnson, Grabenkämpfe, S. 363 f.; Stoltzenberg, Scientist, S. 71.
39 Carl Duisberg an Henry Theodor Böttinger, 21. 5. 1897, BAL AS.
40 Johnson, The Kaiser's Chemists; Szöllösi-Janze, Fritz Haber, S. 196–215.
41 Zur Vorgeschichte, Johnson, Grabenkämpfe, S. 370 f. Aufmerksam auf die Überlegungen wurde Duisberg durch eine Mitteilung von Max Delbrück, dem Chef des Berliner Instituts für Gärungskunde, der ihm am 7. 3. 1904 (BAL AS) schrieb, die Überlegungen zur Gründung einer Chemischen Reichsanstalt liefen gut; der Verein Deutscher Chemiker könne durch einen Zuschuss durchaus Einfluss nehmen. Vgl. auch Stoltzenberg, Scientist, S. 73 f.
42 Remane, Emil Fischer, S. 52 f. Johnson, The Kaiser's Chemists, S. 66.
43 Zu Walther Nernst vgl. Mendelssohn, Walther Nernst.
44 Vgl. auch Ostwald, Lebenslinien, Bd. 3, S. 265 f.; zudem Johnson, Grabenkämpfe, S. 371.
45 Johnson, The Kaiser's Chemists, S. 48–67.
46 Szöllösi-Janze weist zu Recht darauf hin, dass Duisbergs Gewicht auch deshalb so groß war, weil etwa die BASF an den Plänen kein so großes Interesse hatte und von den Dreibundfirmen vor allem die Agfa und Elberfeld interessiert waren, vgl. Szöllösi-Janze, Fritz Haber, S. 205.
47 Johnson, The Kaiser's Chemists, S. 71.
48 Johnson, The Kaiser's Chemists, S. 84. Selbst in der Industrie war die Finanzierung nicht gesichert; Carl Duisberg an Max Delbrück, 9. 3. 1907, BAL AS, das notwen-

dige Stiftungskapital von 2 Mio. sei schwer zu besorgen, zumal auch das Deutsche Museum seine 2 Mio., und das aus der ganzen Industrie, noch nicht zusammenhabe.

49 Emil Fischer an Carl Duisberg, 2. 3. 1908, BAL AS.

50 Johnson, The Kaiser's Chemists, S. 98.

51 Emil Fischer an Carl Duisberg, 2. 3. 1908, BAL AS. Die Stimmenzusammensetzung im Detail bei Johnson, The Kaiser's Chemists, S. 99 f.

52 Emil Fischer an Carl Duisberg, 2. 3. 1908, BAL AS.

53 Brocke, Kaiser-Wilhelm-Gesellschaft, S. 144–151.

54 Emil Fischer an Carl Duisberg, 11. 11. 1909, BAL AS.

55 Carl Duisberg an Francis Kruse, Regierungspräsident in Düsseldorf, 23. 12. 1910, BAL AS. Anfang 1911 meldete sich Duisberg als lebenslängliches Mitglied der KWG an und zeichnete einen entsprechenden Beitrag, eine Tatsache, die er dem in Fragen der KWG federführenden Ministerialdirigenten im preußischen Kultusministerium, Friedrich Schmidt-Ott, auch gleich persönlich mitteilte, Carl Duisberg an Friedrich Schmidt-Ott, 4. 2. 1911, BAL AS.

56 Carl Duisberg an Emil Fischer, 4. 2. 1911, BAL AS.

57 Carl Duisberg an Emil Fischer, 9. 11. 1911, BAL AS.

58 Emil Fischer an Carl Duisberg, 26. 1. 1912, BAL AS.

59 Carl Duisberg an Emil Fischer, 29. 1. 1912, BAL AS.

60 Emil Fischer an Carl Duisberg, 24. 10. 1913, BAL AS.

61 Carl Duisberg an Emil Fischer, 9. 11. 1913, BAL AS.

62 Kant, Anfänge, S. 129 f.

63 Feldman, Support, S. 94.

64 Emil Fischer wurde mit Veronal jedenfalls zum Millionär; vgl. Brocke, Kaiser-Wilhelm-Gesellschaft, S. 44.

65 Duisberg, Fischer und die Industrie, Abhandlungen I, S. 980, der allerdings auch das Scheitern dieser Bemühungen konstatiert.

66 Zum pharmazeutischen Zusammenhang ausführlich Carl Duisberg, Emil Fischer und die Industrie, abgedruckt in: Duisberg, Abhandlungen I, S. 978 f.

67 Vgl. dazu auch Stephan, Briefwechsel.

68 Dabei verdiente Fischer an seinen Erfindungen zweifellos prachtvoll. In seinen Erinnerungen zeigte er sich besonders stolz, dass er, der von seinem Vater als kaufmännisch dumm bezeichnet worden war, diesen durchaus erfolgreichen Fabrikanten gleichwohl im Einkommen deutlich übertroffen habe; Fischer, Aus meinem Leben, S. 26. Vgl. auch Carl Duisberg, Fischer und die Industrie, Abhandlungen I, S. 979.

69 Siehe dazu auch die Darstellung von Stoltzenberg, Scientist. Sie enthält allerdings einige Ungenauigkeiten und Fehler und ist in den Beurteilungen nicht immer zutreffend, schildert die wichtigsten Momente der Beziehung aber gut nachvollziehbar. Ähnlich Stoltzenberg, Verhältnis.

70 Carl Duisberg an Henry Theodor Böttinger, 14. 8. 1911, BAL AS.

71 In seiner Gedächtnisrede schilderte Duisberg Fischer als einen verschlossenen Menschen, der sich nur zögerlich geöffnet habe. Zu ihm sei das Verhältnis erst mit dem 60. Geburtstag und dann insbesondere während des Krieges wirklich offen geworden, Carl Duisberg, Emil Fischer und die Industrie, Abhandlungen I, S. 980.

72 Fischer, Aus meinem Leben, S. 151. Fischer litt unter den langen Sitzungen der philosophischen Fakultät und beschwerte sich gelegentlich über die Art und Weise, in der die Geisteswissenschaftler den Verlauf der Sitzungen unnötig in die Länge zogen. Das machte ihm nicht nur Freunde.

73 Vgl. Johnson, Grabenkämpfe, S. 367f. der sich hier auf die Biographie von Hoesch beruft.

74 Siehe wiederum Stoltzenberg, Scientist.
75 Im Briefwechsel geht es in den letzten Vorkriegsjahren stets um mehr als Probleme der Forschung oder der Wissenschaftspolitik. Fischers wiederkehrende Erkrankungen spielen eine Rolle, Gesundheitsratschläge und Urlaubstipps finden sich entsprechend zahlreich. Aber auch die Entwicklung der Kinder wurde eingehend besprochen. Fischer freute sich erkennbar, wenn ihn Duisberg in Berlin immer mal wieder für ein Stündchen zum «Plaudern» in seinem Institut aufsuchte. Der Briefwechsel ist auch deshalb von großem Interesse, weil Duisberg hier zumeist auf den renommistischen Ton verzichtete, den er sonst nicht selten anschlug.
76 Zu Fischers Kriegstätigkeit siehe u. a. Duisberg, Emil Fischer und die Industrie, Abhandlungen I, S. 970–983, hier S. 972 f. Ferner Flachowsky, Wissenschaftler.
77 Insofern ist die Darstellung bei Flachowsky, Wissenschaftler, S. 117, unzutreffend, da der von ihm verwendete Begriff, nach dem Fischer «involviert» gewesen sei, mehr andeutet, als sich wirklich zeigen lässt. Stoltzenberg, Scientist, S 82, betont hingegen klar, dass Fischer am Gaskrieg aktiv nicht teilnahm.
78 Weitere bekannte Naturwissenschaftler, die den Aufruf unterstützten, waren Fritz Haber, Walther Nernst, Max Planck, Adolf Baeyer, Philipp Lenard, Wilhelm Ostwald, Wilhelm Conrad Röntgen, Wilhelm Wien und Felix Klein; Remane, Fischer, S. 56. Zum Aufruf selbst, Flasch, Mobilmachung.
79 Emil Fischer an Carl Duisberg, 21. 8. 1914, BAL AS: «Wie Sie wissen, habe ich selbst gewünscht, dass es jetzt zum Krieg kommt, weil ich denselben doch auf die Dauer für unvermeidlich hielt, und die Lage für uns immer schlechter wurde. Ich kann mir aber nicht verhehlen, dass auch jetzt der Krieg die Kraft unseres Volkes auf eine harte Probe stellen wird.» Dazu auch Flachowsky, Wissenschaftler, S. 112 f.
80 Zu Fischers Haltung im Krieg sehr differenziert, Remane, Nobelpreisträger.
81 Remane, Fischer, S. 35 f.
82 Carl Duisberg, Emil Fischer und die Industrie, S. 981.
83 Hierzu siehe unten. Vgl. auch Stoltzenberg, Scientist, S. 84.
84 Emil Fischer an Carl Duisberg, 22. 2. 1919, BAL AS.
85 Emil Fischer an Carl Duisberg, 24. 12. 1918, BAL AS.
86 Carl Duisberg, Emil Fischer und die Industrie, S. 981 f.
87 Carl Duisberg an Richard Willstätter, 19. 7. 1919, BAL AS.
88 Carl Duisberg an Fritz Haber, 28. 7. 1919, BAL AS.
89 Carl Duisberg, Emil Fischer und die Industrie, Abhandlungen I, S 970–983.
90 Ebd., S. 971.
91 Carl Duisberg, Emil Fischer, S. 971.
92 Carl Duisberg, Emil Fischer, S. 973.

15 | Spinne im Netz

1 Johnson, Discipline.
2 Rassow, Geschichte, S. 11. Zur Deutschen Chemischen Gesellschaft, Walter Ruske, 100 Jahre. Zur Bunsengesellschaft, Jaenicke, 100 Jahre.
3 Flechtner, Carl Duisberg, S. 245. Carl Duisberg, Rede bei der Sitzung des Vorstandsrates anlässlich der Hauptversammlung des Vereins Deutscher Chemiker, Freiburg 1912, abgedruckt in: Duisberg, Abhandlungen I, S. 530 f.
4 Carl Duisberg, Antrag des Rheinischen Bezirksvereins der Deutschen Gesellschaft für angewandte Chemie betr. Namensänderung des Gesamtvereins, 1896, abgedruckt in: Duisberg, Abhandlungen I, S. 476. Ruske, 100 Jahre, S. 40.

5 Carl Duisberg, Eröffnungsrede auf der Hauptversammlung des Vereins Deutscher Chemiker, Hamburg 1897, abgedruckt in: Duisberg, Abhandlungen I, S. 479.
6 Carl Duisberg an Heinrich Caro, 16. 7. 1897, BAL AS.
7 Emanuel A. Merck an Carl Duisberg, 5. 3. 1901, BAL AS.
8 Carl Duisberg an Emanuel A. Merck, 9. 3. 1901, BAL AS.
9 Carl Duisberg, Eröffnungsrede auf der Hauptversammlung des Vereins Deutscher Chemiker, Düsseldorf 1902, abgedruckt in: Duisberg, Abhandlungen I, S. 483 f.
10 Carl Duisberg an Emanuel A. Merck, 23. 6. 1902, BAL AS.
11 Carl Duisberg an Emanuel A. Merck, 13. 6. 1902, BAL AS.
12 Rassow, Geschichte, S. 21.
13 Rassow, Geschichte, S. 21.
14 Carl Duisberg an Hermann Seebohm, 24. 12. 1906, BAL AS.
15 Duisberg störte vor allen Dingen, dass der bisherige Geschäftsführer alles auf den «letzten Augenblick» verschob bzw. gar nicht erledigte. Carl Duisberg an Berthold Rassow, 20. 4. 1907, ganz ähnlich am 25. 5. 1908, BAL AS.
16 Carl Duisberg an Berthold Rassow, 20. 4. 1907, BAL AS. Carl Duisberg an Bernhard Heymann, 1. 2. 1929, BAL AS.
17 Carl Duisberg an Berthold Rassow, 7. 10. 1904, BAL AS.
18 Am 29. 6. 1908 übte Duisberg gegenüber Rassow im Nachgang zur Jahresversammlung in Jena deutliche Manöverkritik. Was er wollte, war im Grunde ein jährlicher großer Chemikertag mit Festsitzung und Festvortrag, Hauptvorträgen, Fachvorträgen, Ausflug und Geselligkeit. Es musste genügend Raum da sein, damit auch die Fachgruppen zu Wort kamen. Zudem war ihm die Geselligkeit wichtig, um den Zusammenhalt der Chemiker untereinander zu verbessern. Theatervorstellungen, überhaupt Kulturveranstaltungen sollten demgegenüber in den Hintergrund treten. Duisberg entwickelte detaillierte Vorstellungen über Vorbereitung und Ablauf der Jahresversammlungen bis hin zur Verbesserung der Pressearbeit. Mit den Hauptversammlungen in Frankfurt am Main 1909, München 1910, Stettin 1911 und Freiburg 1912 war er dann jeweils auch weitgehend zufrieden, wenngleich er im Nachhinein die Abläufe bis ins Detail einer kritischen Revision unterzog.
19 Eine dritte Amtszeit war satzungsgemäß ausgeschlossen.
20 Carl Duisberg an Jakob Riesser, 6. 6. 1912, BAL AS.
21 Carl Duisberg an Berthold Rassow, 30. 12. 1912, BAL AS.
22 Carl Duisberg, Dankesrede, Hauptversammlung des Vereins Deutscher Chemiker, Breslau 1913, abgedruckt in: Duisberg, Abhandlungen I, S. 546 f.
23 Emil Fischer an Carl Duisberg, 31. 7. 1905, BAL AS.
24 Emil Fischer an Carl Duisberg, 31. 7. 1905, BAL AS.
25 Carl Duisberg an Emil Fischer, 3. 8. 1905, BAL AS.
26 Carl Duisberg an Emanuel A. Merck, 20. 12. 1906, BAL AS.
27 Flugblatt «Sehr geehrter Herr Kollege», von Berthold Rassow am 5. 12. 1906 an Carl Duisberg geschickt, BAL AS.
28 Berthold Rassow an Carl Duisberg, 5. 12. 1906, BAL AS.
29 Carl Duisberg an Berthold Rassow, 7. 12. 1906, BAL AS.
30 Dazu Schreiben von Carl Duisberg an Emanuel A. Merck, 2. 3. 1905, BAL AS.
31 Carl Duisberg an Berthold Rassow, 8. 12. 1906, BAL AS.
32 Carl Duisberg, Eröffnungsrede, Jahresversammlung des Vereins Deutscher Chemiker in Danzig 1907, abgedruckt in: Duisberg, Abhandlungen I, S. 492–502, hier S. 496.
33 Eröffnungsrede Danzig 1907, S. 497.
34 Eröffnungsrede Danzig 1907, S. 498.
35 Eröffnungsrede Danzig 1907, S. 495.

36 Eröffnungsrede Danzig 1907, S. 502.
37 Lediglich die bereits 1894 in Kassel gegründete, seit 1902 so genannte Bunsengesellschaft, deren Mitglieder physikalische Chemiker waren, vereinte Chemiker außerhalb des Vereins, doch bestand zwischen beiden Gesellschaften eine freundschaftliche Beziehung. Henry Theodor Böttinger, Vorstandsmitglied und Aufsichtsratsvorsitzender der Farbenfabriken, war lange Jahre stellv. Vorsitzender der Gesellschaft. Zur Bunsengesellschaft siehe Jaenicke, 100 Jahre.
38 Carl Duisberg, Eröffnungsrede der Versammlung des Vereins Deutscher Chemiker, Jena 1908, abgedruckt in: Duisberg, Abhandlungen I, S. 508.
39 Carl Duisberg an Emil Fischer, 23. 6. 1905, BAL AS.
40 Emil Fischer an Carl Duisberg, 20. 6. 1905, BAL AS.
41 Carl Duisberg an Berthold Rassow, 16. 3. 1910, BAL AS.
42 Carl Duisberg, Rede auf der Geschäftssitzung, Hauptversammlung des Vereins Deutscher Chemiker, München 1910, abgedruckt in: Duisberg, Abhandlungen I, S. 518–523.
43 Carl Duisberg, Eröffnungsrede auf der Hauptversammlung des Vereins Deutscher Chemiker, Stettin 1911, abgedruckt in: Duisberg, Abhandlungen I, S. 523–528.
44 Die Jubiläumsstiftung hatte schließlich etwa 225 000 Mark zusammen. Rassow hoffte, von den Zinsen wenigstens 14 Reisestipendien finanzieren zu können, Berthold Rassow an Carl Duisberg, 17. 5. 1912, BAL AS.
45 Das war kein eigentlicher Programmpunkt, sondern ein eher informelles Treffen am Vorabend der Hauptversammlung.
46 Carl Duisberg an Berthold Rassow, 12. 6. 1912, BAL AS.
47 Carl Duisberg, Eröffnungsrede auf der Hauptversammlung des Vereins Deutscher Chemiker, Freiburg 1912, abgedruckt in: Duisberg, Abhandlungen I, S. 533.
48 Ebd., S. 534.
49 Ebd., S. 534.
50 Ebd., S. 543.
51 Der Verleihung war ein schwerer Krach um die Erfinderrechte am Kautschuk vorangegangen. Fischer habe sich, so Harries' Vorwurf, vor dem Kaiser auf Veranlassung Duisbergs zum Kautschuk geäußert, ohne dass Harries vorher informiert wurde; Harries an Carl Duisberg, 14. 1. 1911, BAL AS. Duisberg rechtfertigte sich am 17. 1. 1911, er habe nichts gegen oder ohne Harries unternommen, zumal ihm der Prozess der Kunststoffentstehung Recht gebe. Harries war aber keineswegs beruhigt, wie ein Schreiben vom 21. 1. 1911 zeigt, sondern griff nun Emil Fischer an. Der Krach endete erst, als Harries öffentlich den anderen Erfindern Hofmann und Coutelle von den Farbenfabriken durch die Verleihung der Liebig-Münze vorgezogen wurde.
52 Emil Fischer an Carl Duisberg, 7. 10. 1911 und 30. 10. 1911, BAL AS.
53 Carl Duisberg an Emil Fischer, 8. 5. 1912, BAL AS.
54 Carl Duisberg, Abschiedsrede auf der Hauptversammlung des Vereins Deutscher Chemiker, Freiburg 1912, abgedruckt in: Duisberg, Abhandlungen I, S. 546.
55 Carl Duisberg, Dankrede für die Ernennung zum Ehrenmitglied, Hauptversammlung des Vereins Deutscher Chemiker Breslau 1913, abgedruckt in: Duisberg, Abhandlungen I, S. 547.
56 Carl Duisberg an Karl Gutzmer, Universität Jena, 28. 10. 1905, BAL AS. Zu Gutzmer vgl. Tobies, Untersuchungen.
57 Carl Chun an Carl Duisberg, 3. 4. 1907, BAL AS.
58 Carl Duisberg an Carl Chun, 27. 12. 1907, BAL AS.
59 Carl Chun an Carl Duisberg, 3. 1. 1908, BAL AS.

60 Carl Duisberg an Maximilian von Frey, 18. 11. 1911, BAL AS.
61 Maximilian von Frey an Carl Duisberg, 24. 11. 1911, BAL AS.
62 Protokoll der Direktionskonferenz, 22. 1. 1912, BAL 12/3, Bd. 1.
63 Details hierzu legte Carl Duisberg in einem Schreiben an Karl Heider, 31. 12. 1911, BAL AS, dar. Heider war Professor der Zoologie an der Berliner Universität und zu der Zeit einer der Vorsitzenden der GDNÄ.
64 Carl Duisberg an Berthold Rassow, 30. 4. 1913, BAL AS. Rassow betonte, nun sei die Hälfte der Vorstandsmitglieder der Deutschen Chemischen Gesellschaft auch Mitglied im Verein Deutscher Chemiker, der alte Konflikt damit endgültig Vergangenheit, Berthold Rassow an Carl Duisberg, 2. 5. 1913, BAL AS. Zu den Mitgliedschaften siehe die Listen in BAL 046/004/001.
65 Die Farbenfabriken hatten, nachdem ihre Pharma-Produktion deutlich erweitert worden war, eine Musterkollektion ihrer Medikamente zu einer kleinen Reiseapotheke zusammengestellt, die von Duisberg gezielt zur Kontaktpflege genutzt wurde. Wem er sich verbindlich zeigen wollte, dem schenkte er ein solches Medikamentenköfferchen. Dankesbriefe hierfür finden sich im Nachlass Duisbergs zu Dutzenden.
66 Bei den Naturforschertreffen griff Duisberg auch wiederholt in die Programmgestaltung ein, schlug Vortragende vor oder riet von manchen Referenten ab, wie 1911 etwa vom Grafen Zeppelin, siehe Schreiben Carl Duisberg an Prof. K. Heider, 31. 12. 1911, BAL AS.
67 Eindrücke dieser Versammlungen vermittelt Willstätter, Aus meinem Leben, S. 86–88, der darüber klagt, in späteren Zeiten hätte die Vielzahl der teilnehmenden Ärzte den wissenschaftlichen Charakter getrübt.
68 Carl Duisberg an Karl von Buchka, 18. 9. 1900, BAL AS. Buchka war bis 1897 Mitarbeiter im Kaiserlichen Patentamt und wechselte dann in das Reichsgesundheitsamt.
69 Carl Duisberg an Alfred Stock, 15. 6. 1911, BAL AS.
70 Carl Duisberg an Frau Heymann, 11. 5. 1933, BAL AS.
71 Zur Geschichte des Deutschen Museums und zu Oskar von Miller, dem eigentlichen Vater des Museums, Füßl, Oskar von Miller.
72 Zur Organisation, Füßl, Oskar von Miller, S. 278 f.
73 Carl Duisberg an Oskar von Miller, 11. 2. 1907, BAL AS.
74 Oskar von Miller an Carl Duisberg, 20. 2. 1907, BAL AS.
75 Rassow, Geschichte, S. 86. Carl Duisberg, Dankrede in der 14. Ausschuß-Sitzung des Deutschen Museums zu München am 6. 5. 1925 aus Anlaß der Ernennung zum Ehrenmitglied, abgedruckt in: Duisberg, Abhandlungen II, S. 526.
76 Zur Durchsetzungsfähigkeit Oskar von Millers siehe auch die Beschreibungen bei Müller, Wandel.
77 Vgl. Runge, «… und sie spendeten Millionen!». Ferner Neumeier, Mäzenatentum.
78 Oskar von Miller an Carl Duisberg, 25. 11. 1915, BAL AS.
79 Das Deutsche Museum bedankte sich hierfür am 3. 10. 1910, BAL AS.
80 BAL AS. Vgl. auch Herbers, Reisestiftungen.
81 Carl Duisberg an Deutsches Museum, 7. 11. 1912, BAL AS. Duisberg stellte die Medaillen in doppelter Ausfertigung zur Verfügung, damit man sie beidseitig zeigen konnte. Aus Anlass der Einweihung des Museums und des 70. Geburtstages von Oskar von Miller stiftete Duisberg eine Miller-Medaille, von der Miller selbst zusätzlich noch 500 verkleinerte Ausgaben zur Verfügung stellte; Carl Duisberg an Kommerzialrat L. Assinger, 8. 4. 1925, BAL AS.
82 Deutsches Museum an Carl Duisberg, 13. 3. 1913, BAL AS. Am 29. 9. 1913 bedankte

sich das Museum überdies für die Stiftung eines Bildes von Albertus Magnus, des «ersten deutschen Chemikers».

83 Carl Duisberg an Deutsches Museum, 12. 11. 1913, BAL AS.
84 Carl Duisberg an Deutsches Museum, 30. 10. 1917, BAL AS.
85 Nikodem Caro an Carl Duisberg, 2. 7. 1916, BAL AS.
86 Carl Duisberg an Nikodem Caro, 4. 7. 1916, BAL AS.
87 Oskar von Miller an Carl Duisberg, 15. 7. 1913; Carl Duisberg an Oskar von Miller, 16. 7. 1913 und 30. 7. 1913, BAL AS.
88 «Bei mir begann das Erlebnis [der Bekanntschaft mit Oskar von Miller, W. P.] mit einer großen – wie man in Bayern so schön sagt – Rauferei. Von vielen Freunden Oscar v. Millers wurde mir allerdings gesagt, erst wenn man sich mit ihm gehörig ausgesprochen, das heißt gezankt hat, kann man sein guter Freund werden. Das ist bei mir gründlich geschehen. Ich bin dann allerdings einer seiner besten Freunde geworden und darauf bin ich ganz besonders stolz.» Carl Duisberg, Dankrede in der 14. Ausschuß-Sitzung des Deutschen Museums zu München am 6. 5. 1925 aus Anlaß der Ernennung zum Ehrenmitglied, abgedruckt in: Duisberg, Abhandlungen II, S. 526 f.
89 Ebd., S. 525–528.
90 Carl Duisberg, Rede auf der 16. Auschuß-Sitzung des Deutschen Museums, 7. 5. 1927, abgedruckt in: Duisberg, Abhandlungen II, S. 528 f. Miller hatte um eine Spende von einer Million Reichsmark durch den RDI oder den VzW gebeten, die das aber nicht konnten. Die I. G. erklärte sich bereit, 50 000 RM zu geben, wenn aus der Industrie weitere 200 000 RM kämen. Oskar von Miller an Carl Duisberg, 21. 11. 1927, BAL AS. Von Miller bedankte sich für eine Spende in Höhe von insgesamt 250 000 RM «für die Errichtung des Studiengebäudes beim Deutschen Museum».
91 Oskar von Miller an Carl Duisberg, 10. 5. 1930, BAL AS.
92 Oskar von Miller an Carl Duisberg, 26. 1. 1932, BAL AS.
93 Deutsches Museum an Carl Duisberg, 26. 6. 1911, BAL AS; Carl Duisberg an Deutsches Museum, 6. 7. 1911, BAL AS. Da es wegen des Ersten Weltkrieges keine Neuwahlen gab, blieb Duisberg drei Jahre lang Vorsitzender des Vorstandsrates; Carl Duisberg, Dankrede in der 14. Ausschuß-Sitzung des Deutschen Museums zu München am 6. 5. 1925 aus Anlaß der Ernennung zum Ehrenmitglied, abgedruckt in: Duisberg, Abhandlungen II, S. 526.
94 An den Vorsitzenden des Hansa-Bundes Jakob Riesser schrieb er am 27. 7. 1911, BAL AS, seine Freude kaum unterdrückend: «Anfang Oktober muß ich dann nach München, wo man mich zum Vorsitzenden im Vorstandsrat des Deutschen Museums wählen will und ich als Dank für diese Ehre leider auch die Verpflichtung übernehmen soll, einen Vortrag vor dem Prinzen Ludwig im Wittelsbacher Palais zu halten.»
95 Carl Duisberg, Dankrede in der 14. Ausschuß-Sitzung des Deutschen Museums zu München am 6. 5. 1925 aus Anlaß der Ernennung zum Ehrenmitglied, abgedruckt in: Duisberg, Abhandlungen II, S. 526. Auch zitiert von Runge, «… und sie spendeten Millionen!», S. 12.
96 Carl Duisberg an Louis Hagen, 18. 8. 1913, BAL AS.
97 Das reduzierte Programm, das Duisberg gleichwohl nutzen wollte, um Leverkusen zu zeigen, berichtete Carl Duisberg am 24. 10. 1914 Hans-Hasso von Veltheim, BAL AS.
98 Carl Duisberg an Oskar von Miller, 6. 10. 1914, BAL AS. Liste der Teilnehmer der Sitzung vom 26. 10. 1914 in: Das Goldene Buch der Besucher der Farbenfabriken vorm. Friedr. Bayer & Co. in Leverkusen, BAL. Zu den Teilnehmern gehörten

Krupp, Rieppel von der MAN, Wilhelm Oechelhäuser, aber auch Kultusminister von Knilling, Innenminister von Soden-Frauenhofen und Akademiepräsident von Heigel. Von Miller, von Dyck und von Linde waren ebenso vertreten wie Ernst Hagen, der Direkter der Physikalisch-Technischen Reichsanstalt.

99 Carl Duisberg an Hans-Hasso von Veltheim, 12. 11. 1915, BAL AS.

100 Carl Duisberg, Begrüßung des Vorstandes in der Sitzung zu Berlin am 26. und 27. 10 1915, abgedruckt in: Duisberg, Abhandlungen I, S. 883.

101 Hierzu Füßl, Oskar von Miller, S. 335–346.

102 Martynkewicz, Salon Deutschland, S. 479 f.

103 Carl Duisberg an General-Konsul A. von Bruckmann, München, o. D.: «Von meinem ältesten Sohn Dr. jur. Carl-Ludwig Duisberg höre ich soeben, daß Sie im Aufsichtsrat der Bruckmann'schen Verlagsgesellschaft in Aussicht genommen haben, ihn als Mitglied aufzunehmen und eventuell auch als Delegierten des Aufsichtsrates zwecks besonderer Verwendung zu benutzen. Ich freue mich darüber sehr und werde meinem Sohn gern helfend und unterstützend zur Seite stehen. Sie haben auch eine gute Wahl getroffen, davon bin ich überzeugt, denn mein Sohn, der sich weiter als Regisseur und Schauspieler betätigen will, ist, sowohl rhetorisch, stilistisch wie geistig sehr veranlagt.» Alphons Bruckmann, der Bruder Hugo Bruckmanns, bestätigte am 18. 12. 1931 diese Absicht, BAL AS.

104 Carl Duisberg an Emil Behring, 16. 3. 1904, BAL AS.

105 Friedrich Schmidt-Ott, Erlebtes und Erstrebtes, S. 115. Die Kooperation mit Friedrich Schmidt-Ott wurde zu Ende des Krieges und in der Weimarer Zeit sehr eng; vor 1914 besteht die Korrespondenz aus wenigen Stücken.

106 Er sei im Ministerium und insbesondere bei Naumann «persona grata» und sehe ihn oft, schrieb Carl Duisberg am 18. 3. 1914 an Ludwig Knorr, BAL AS.

107 Etwa Carl Duisberg an Emil Fischer, 8. 11. 1913, BAL AS, mit der Mitteilung, er habe mit Naumann über Baeyers Schwiegersohn von Piloty und dessen Berufungschancen gesprochen. An Ludwig Knorr schrieb Duisberg 1915: «Da Sie nun, wie ich weiß, in Göttingen auf der Liste stehen, wo man ebenfalls in erster Linie mit Willstätters Berufung gerechnet hatte und es jetzt wohl nicht ausgeschlossen ist, daß Sie wieder an erster Stelle genannt werden, so hoffe ich sehr, daß Ihnen endlich einmal, wenn es nicht gelingt, Sie nach München zu bringen, wenigstens in Preußen die Möglichkeit gegeben wird, sich zu entscheiden. Ich habe bei Exzellenz Naumann wiederholt versucht, Sie in das rechte Licht zu rücken und hoffe, daß es, nachdem auch dort Einflüsse gegen Sie tätig gewesen zu sein scheinen, gelungen ist, diese wett zu machen.» 14. 6. 1915, BAL AS.

108 Carl Duisberg an Ludwig Knorr, 10. 3. 1914, BAL AS.

109 Carl Duisberg an Alfred Stock, 6. 3. 1914, BAL AS.

110 Glum, Wissenschaft, S. 269.

111 Carl Duisberg an Henry Theodor Böttinger, 20. 2. 1897, BAL AS.

112 Zum Aufstieg der physikalischen Chemie vgl. Szöllösi-Janze, Fritz Haber, S. 68–96.

113 Carl Duisberg an Willi Wien, 13. 12. 1910, BAL AS.

114 Carl Duisberg an Fritz Haber, 4. 10. 1915, BAL AS.

115 Carl Duisberg an Fritz Foerster, 6. 1. 1908, BAL AS.

116 Fritz Foerster an Carl Duisberg, 3. 2. 1908, BAL AS.

117 Carl Duisberg an W. A. H. Armstrong, 19. 10. 1912, BAL AS.

118 Eugen von Knilling an Carl Duisberg, 13. 2. 1914, BAL AS.

119 Carl Duisberg an Eugen von Knilling, 18. 2. 1914, BAL AS.

120 Carl Duisberg an Eugen von Knilling, 6. 3. 1914, BAL AS.

121 Carl Duisberg an Alfred Stock, 13. 6. 1914, BAL AS.

122 Friedrich von Müller an Carl Duisberg, 24. 1. 1915, BAL AS.
123 Carl Duisberg an Friedrich von Müller, 27. 1. 1915, BAL AS.
124 Carl Duisberg an Ludwig Knorr, 15. 6. 1915, BAL AS.
125 Carl Duisberg an Johannes Walther, 2. 1. 1918, BAL AS.

16 | Der Unternehmer und die Politik im Kaiserreich

1 Carl Duisberg, Rede bei der Jahrhundertfeier 1813–1913, 10. 3. 1913, abgedruckt in: Duisberg, Abhandlungen I, S. 458.
2 Carl Duisberg, Kaiserrede, Hauptversammlung des Vereins Deutscher Chemiker, Jena 1908, abgedruckt in: Duisberg, Abhandlungen I, S. 991.
3 Nipperdey, Machtstaat, S. 85–108.
4 Carl Duisberg an Johannes Walther, 28. 3. 1892, BAL AS.
5 Carl Duisberg an Johannes Walther, 28. 3. 1892, BAL AS.
6 Vgl. Kessler, Walther Rathenau, fortlaufend. Zu Weber, Radkau, Max Weber.
7 Gerhardt, Carl Duisberg, S. 15; Duisberg, Lebenserinnerungen, S. 11.
8 Johanna Seebohm und Clara Rumpff, geb. Bayer.
9 «Thronrede bei Eröffnung des Deutschen Reichstages», 25. 6. 1888, abgedruckt in: Penzler, Reden, S. 11–14.
10 Carl Duisberg an Carl Rumpff, 25. 6. 1888, BAL AS.
11 Duisberg zitierte ihn immerhin zustimmend am 10. 3. 1913: «Die Stärke der Staaten beruht auf den großen Männern, die ihm zur rechten Zeit geboren werden», doch bezog sich das eben hier bereits auf die Geschichte; Carl Duisberg, Rede bei der Jahrhundertfeier 1813–1913, 10. 3. 1913, abgedruckt in: Duisberg, Abhandlungen I, S. 457.
12 Nipperdey, Machtstaat, S. 337–351.
13 John, Raum, S. 331 f., mit genauen Angaben zum katholischen Vereinswesen und zur katholischen Arbeiterbewegung in Wiesdorf. Zum Linkskatholizismus der Zeit vor 1914 vgl. Focke, Sozialismus. Vor allem im Rheinland war die katholische Arbeiter- und Gewerkschaftsbewegung stark und unterschied sich nicht so sehr von den freien Gewerkschaften; siehe Schneider, Gewerkschaften.
14 Wehler, Gesellschaftsgeschichte, Bd. 3, S. 915–924; 1060–1063.
15 Nipperdey, Machtstaat, S. 314–331.
16 Die entscheidenden Herren der südwestdeutschen chemischen Industrie neigten, soweit erkennbar, eher liberalen, gelegentlich linksliberalen Positionen zu, waren aber auf jeden Fall vom preußischen Konservativismus sehr weit entfernt, nicht zuletzt deshalb, weil ihnen deren agrarische Beschränktheit und fehlende Weltläufigkeit aufstieß; vgl. etwa zu den Frankfurter Industriellen der Cassella, Groening, Leo Gans und Arthur von Weinberg..
17 Carl Duisberg an Jakob Rießer, 25. 1. 1911, BAL AS.
18 Carl Duisberg an Johannes Walther, 28. 3. 1892, BAL AS.
19 Inzwischen war Zedlitz-Trützschler als preußischer Kultusminister zurückgetreten. Davor war er mit einer Vorlage gescheitert, welche die konfessionelle Volksschule zum Regelfall machen sollte, weiterführend Alexander, Freikonservative Partei, S. 211 f.
20 Carl Duisberg an Ernst Haeckel, 28. 3. 1892, BAL AS.
21 Insofern verhielt sich Duisberg ganz ähnlich wie der Reichskanzler Bernhard von Bülow, der die vaterländische Trommel ebenfalls zu rühren pflegte, um die parlamentarische Konstellation von Konservativen, Zentrum und Nationalliberalen, auf die er sich stützte, beisammenzuhalten und durch die Frontstellung gegen die SPD zusätzlich zu einen; vgl. hierzu Fesser, Bülow.

22 Gemeint ist der Centralverband der deutschen Industriellen, der von schwerindustriellen Interessen weitgehend dominiert wurde und zeitweilig ein enges Bündnis mit der Großlandwirtschaft für sinnvoll hielt.
23 Carl Duisberg an Jakob Rießer, 13. 7. 1911, BAL AS.
24 Vgl. Fesser, Bülow.
25 Carl Duisberg, Industrie und Hansabund. Vortrag gelegentlich der Wiederkehr des ersten Jahrestages der Gründung des Hansabundes, 15. 6. 1910, abgedruckt in: Duisberg, Abhandlungen I, S. 692.
26 Ebd., S. 691 f.
27 Carl Duisberg an Albert Osterrieth, 1. 8. 1910, BAL AS.
28 Carl Duisberg, Der Hansa-Bund und seine Gegner. Vortrag gehalten vor der Elberfelder Ortsgruppe des Hansabundes, 26. 7. 1911, abgedruckt in: Duisberg, Abhandlungen I, S. 696.
29 Carl Duisberg, Industrie und Hansabund. Vortrag gelegentlich der Wiederkehr des ersten Jahrestages der Gründung des Hansabundes, 15. 6. 1910, abgedruckt in: Duisberg, Abhandlungen I, S. 689.
30 Carl Duisberg an Carl Gamp, 17. 2. 1909, BAL AS.
31 Carl Gamp an Carl Duisberg, 15. 2. 1909, BAL AS.
32 Berlepsch, «Neuer Kurs».
33 Carl Duisberg, Industrie und Hansabund. Vortrag gelegentlich der Wiederkehr des ersten Jahrestages der Gründung des Hansabundes, 15. 6. 1910, abgedruckt in: Duisberg, Abhandlungen I, S. 689.
34 Ebd., S. 689.
35 Ebd., S. 690.
36 Carl Duisberg an Carl Gamp, 11. 11. 1911, BAL AS.
37 Carl Duisberg an Henry Theodor Böttinger, 26. 8. 1911, BAL AS.
38 Carl Duisberg an Carl Gamp, 7. 2. 1902, BAL AS. Ganz ähnlich stand es bereits im Geschäftsbericht der Farbenfabriken vom Mai 1901. Entscheidend war die Verlängerung der Handelsverträge zu den im wesentlichen gleichen Bedingungen wie bisher, vgl. Gerhardt, Duisberg, S. 171.
39 Carl Duisberg an Carl Gamp, 11. 10. 1902, BAL AS.
40 Hierzu generell Torp, Herausforderung.
41 Carl Duisberg an Carl Gamp, 29. 7. 1902, BAL AS.
42 Wenn Wehler, Gesellschaftsgeschichte, Bd. 3, S. 724 f., etwa behauptet, nicht «Feudalisierung», sondern «Staatsnähe» und «Fixierung auf die bürokratisierte Monarchie» seien für das Verhalten des Wirtschaftsbürgertums vor 1914 typisch gewesen, so findet sich im Falle Duisbergs dafür keine Bestätigung.
43 Wehler, Gesellschaftsgeschichte, Bd. 3, S. 1022 f.
44 Carl Duisberg an Carl Gamp, 3. 5. 1910, BAL AS. Zum Forschungsstand, Wehler, Gesellschaftsgeschichte, Bd. 3, S. 1020–1033.
45 Hierzu ausführlich Carl Duisberg an Carl Gamp, 17. 2. 1909, BAL AS.
46 Hierzu Ullmann, Steuerstaat, Kap. II.
47 Vgl. Ullmann, Kaiserreich, S. 170–172.
48 Mielke, Der Hansa-Bund.
49 Carl Duisberg, Industrie und Hansabund. Vortrag, gehalten gelegentlich der Wiederkehr des ersten Geburtstages der Gründung des Hansabundes, 15. 6. 1910, abgedruckt in: Duisberg, Abhandlungen I, S. 687–693.
50 Briefwechsel von Carl Duisberg mit Jakob Rießer, BAL AS.
51 Carl Duisberg, Der Hansa-Bund und seine Gegner. Vortrag gehalten vor der Elber-

felder Ortsgruppe des Hansabundes, 26. 7. 1911, abgedruckt in: Duisberg, Abhandlungen I, S. 697.

52 Hier verstanden im Sinne Peter Alters als «emotionale Bindung an die Nation», die in der Skala der persönlichen Loyalitäten weit bzw. sehr weit oben steht; vgl. Alter, Nationalismus, S. 14. Generell zur Nationalismus-Debatte, Langewiesche, Nation.

53 Im Vorfeld der Münchener Versammlung des Vereins Deutscher Chemiker 1910 ging es auch um die Frage, ob bei der Festveranstaltung die üblichen Hochs auf Kaiser und – in diesem Fall – Prinzregent auszubringen seien. Man solle sich kundig machen, wies Duisberg die Geschäftsführung des Vereins an: «Mir wäre es am liebsten, ein solches Hoch würde nicht ausgebracht.» Carl Duisberg an Berthold Rassow, 19. 4. 1910, BAL AS.

54 Carl Duisberg, Nachruf auf Dr. Christian Hess, 14. 7. 1923, abgedruckt in: Duisberg, Abhandlungen II, S. 568.

55 Zu Rathenaus «Rassentheorien» vgl. Kessler, Walther Rathenau, S. 69 und öfter.

56 Carl Duisberg an Emil Fischer, 23. 12. 1908, BAL AS.

57 Carl Duisberg, Der Einfluß Liebigs auf die Entwicklung der chemischen Industrie, Vortrag gehalten im Chemist's Club zu New York, 12. 5. 1903, abgedruckt in: Duisberg, Abhandlungen I, S. 265–272.

58 Ebd., S. 270–272.

59 US-amerikanische und englische Fachzeitschriften weigerten sich, die Rede zu drucken, 8. 7. 1903, BAL 191/2, Bd. 1. Sie erschien erst ein Jahr später auf Englisch, in der populären Wissenschaftszeitschrift «The Popular Science», vgl. Flechtner, Carl Duisberg, S. 187.

60 Flechtner, Carl Duisberg, S. 186.

61 Dornseifer, Strategy; Dornseifer, Bürokratisierung. Zum Diversifikationsgrad siehe Siegrist, Deutsche Großunternehmen.

62 Carl Duisberg an Wilhelm Hasbach, 13. 1. 1902, BAL AS.

63 «New York Herald Tribune», 15. 9. 1912: Bericht vom 8. Internationalen Kongreß für angewandte Chemie.

64 Carl Duisberg, Ansprache beim Besuch der amerikanischen Ingenieure (American Society of Mechanical Engineers) in Leverkusen am 30. 6. 1913, abgedruckt in: Duisberg, Abhandlungen I, S. 465. Auch diese Beobachtung war nicht falsch; die amerikanische und die deutsche Volkswirtschaft waren vor 1914 die dynamischsten auf der Welt, und auch ihre Entwicklungsstrukturen wiesen mehr Ähnlichkeiten auf als die englischen oder französischen; vgl. Chandler, Scale and Scope.

65 Carl Duisberg, Ansprache beim ersten Jubilarfest der Farbenfabriken am 17. 10. 1910, abgedruckt in: Duisberg, Abhandlungen I, S. 427 f.

66 Vgl. etwa den Bericht eines französischen Reporters über Deutschlands wirtschaftlichen Aufstieg, abgedruckt bei: Ritter/Kocka (Hg.), Dokumente und Skizzen, Bd. 2, S. 17–19.

67 Carl Duisberg an Ludwig Kastl, 14. 9. 1927, BAL, 62/10.3, Bll. 376–379.

68 Carl Duisberg, Ansprache beim dritten Jubilarfest der Farbenfabriken am 20. 10. 1912, abgedruckt in: Duisberg, Abhandlungen I, S. 447 f.

69 Carl Duisberg, Kaiserrede, Hauptversammlung des Vereins Deutscher Chemiker Freiburg 1912, abgedruckt in: Duisberg, Abhandlungen I, S. 992.

70 Carl Duisberg an Friedrich Bayer jun., 4./5. 9. 1895, BAL AS.

71 Carl Duisberg an Landrat Dr. Lucas, 3. 4. 1913, BAL AS.

72 Carl Duisberg an Landrat Dr. Lucas, 12. 4. 1913, BAL AS.

73 Hierzu Mommsen, Bürgerstolz, S. 406.

74 Carl Duisberg an Carl Gamp, 11. 11. 1911, BAL AS.

75 Zur zweiten Marokkokrise vgl. Ullmann, Kaiserreich, S. 215 f.
76 Zit. nach Gerhardt, Duisberg, S. 204.
77 Carl Duisberg an Johannes Walther, 21. 12. 1901, BAL AS.
78 K. E. Markel, Ph. D. an Carl Duisberg, 5. 6. 1923, BAL 300/150.
79 Carl Duisberg an Dr. H. Schweitzer, 15. 3. 1912, BAL 191/2, Bd. 2.
80 Carl Duisberg an Berthold Rassow, 18. 3. 1912, BAL 191/2, Bd. 2.
81 Carl Duisberg an Berthold Rassow, 21. 3. 1912, BAL AS.
82 Walther Hempel an Carl Duisberg, 9. 4. 1912, BAL AS. Hempel war im Übrigen der Auffassung, die meisten Redner würden ihre Muttersprache nicht aus patriotischen Gründen nützen, sondern weil sie schlicht kein Englisch könnten.
83 Carl Duisberg an Bernhard C. Hesse, New York, 3. 7. 1912, BAL 191/2, Bd. 2.
84 Bernhard Rassow an Carl Duisberg, 15. 7. 1912, BAL 191/2, Bd. 2.
85 Erst danach erfolgte seine Ernennung zu einem von zwei deutschen Hauptdelegierten durch das Reichsamt des Innern, Anschreiben von Clemens Delbrück an Carl Duisberg, 8. 6. 1912, BAL AS. Der andere war der Karlsruher Professor Engler.
86 Carl Duisberg, Fortschritte und Probleme der chemischen Industrie. Vortrag, gehalten in der allgemeinen Sitzung des 8. Internationalen Kongresses für angewandte Chemie am 9. 9. 1912 in New York, «Zeitschrift für angewandte Chemie» 1913, S. 1 ff., abgedruckt in: Duisberg, Abhandlungen I, S. 279–303. Dort auch eine von Duisberg besorgte englische Fassung, S. 303–325.
87 Vgl. Slosson, Creative Chemistry, S. 151. Das Kapitel, in dem Slosson über den Vorfall berichtete, heißt bezeichnenderweise: The Race for Rubber.
88 Carl Duisberg an Prof. Armstrong, 19. 10. 1912, BAL AS.
89 Carl Duisberg an Emil Fischer, 23. 12. 1908, BAL AS.
90 Zu den Arbeitskämpfen vgl. Ullmann, Unternehmerschaft.
91 Dazu die Beiträge in Reulecke (Hg.), Arbeiterbewegung.
92 Zur programmatischen Entwicklung der SPD vor 1914 vgl. Groh, Negative Integration; siehe auch Grebing, Geschichte.
93 Nipperdey, Machtstaat, S. 351–358.
94 Carl Duisberg an Jakob Rießer, 7. 10. 1912. Zu den Reformüberlegungen in Preußen vgl. Mommsen, Bürgerstolz, S. 372–379.
95 Carl Duisberg an Carl Gamp, 17. 2. 1909, BAL AS.
96 Vgl. die tendenziöse, aber doch teilweise recht informative Darstellung bei Stolle, Arbeiterpolitik.
97 Blaschke, Unternehmen und Gemeinde, S. 74–77.
98 Am 6. 2. 1910 fand bezeichnenderweise eine der großen Massenkundgebungen der SPD gegen das Dreiklassenwahlrecht in Solingen statt, vgl. Mommsen, Bürgerstolz, S. 377.
99 Blaschke, Unternehmen und Gemeinde, S. 77.
100 John, Raum, S. 332.
101 Carl Duisberg, Ausführung der Sozialisierung. Rede vor dem Hauptausschuss des DIHT, 28. 4. 1919, abgedruckt in: Duisberg, Abhandlungen I, S. 710.
102 Carl Duisberg an Carl Gamp, 23. 12. 1905, BAL AS.
103 Wehler, Gesellschaftsgeschichte, Bd. 3, S. 1079 f.
104 BAL AS.
105 Carl Duisberg an Carl Gamp, 23. 12. 1905, BAL AS.
106 Albert Bovenschen an Carl Duisberg, 24. 10. 1907, BAL AS.
107 Carl Duisberg an Albert Bovenschen, 31. 10. 1907, BAL AS.
108 BAL AS.

109 Carl Duisberg, Ansprache beim vierten Jubilarfest, 16. 11. 1913, abgedruckt in: Duisberg, Abhandlungen I, S. 457.
110 Nipperdey, Arbeitswelt, S. 372.

17 | Ein gutes Leben?

1 Ritter/Kocka (Hg.), Dokumente und Skizzen, Bd. 2, S. 18 f.
2 Carl Duisberg an die Weingroßhandlung Frankfurter Hof AG, 4. 6. 1927, BAL 300/151.
3 Carl Duisberg an Carl Rumpff, 17. 7. 1888, BAL AS.
4 Carl Duisberg an Henry Theodor Böttinger, 24. 2. 1909, BAL AS.
5 Böttinger, Längengrade.
6 Siehe die Beschreibungen bei Glum, Wissenschaft, S. 229–329.
7 Carl Duisberg an Carl Gamp, 19. 10. 1906, BAL AS. 1902 hatte er sich freilich noch ganz anders angehört: «Schade, dass ich die in voriger Woche stattgehabte Jagd nicht mitmachen konnte. Leider bleibt uns armen Technikern zu solchen Vergnügungen keine Zeit. Das Herumstreifen in Wald und Feld mit der Büchse auf dem Rücken wäre sonst meine Passion.» Carl Duisberg an Carl Gamp, 24. 11. 1902, BAL AS.
8 Dazu Plumpe/Lesczenski (Hg.), Bürgertum. Siehe auch Losse, Unternehmerburgen.
9 Hoth, Industrialisierung, S. 99. Vgl. auch Pohl, Rheinlanden, S. 178.
10 Die Ernennung war u. a. durch den Elberfelder Bürgermeister, aber auch Bayers Schwager, Carl Gamp, vorangetrieben worden, Carl Duisberg an Carl Gamp, 12. 12. 1901, BAL AS.
11 Zur Bedeutung des Kommerzienrattitels siehe Kaudelka-Hanisch, Kommerzienräte.
12 Dazu Carl Duisberg, Nachruf auf Konsul Werner Esser aus Elberfeld, gehalten in der Sitzung der Dienstagsgesellschaft, 5. 2. 1901, abgedruckt in: Duisberg, Abhandlungen I, S. 963 f.
13 Bei seinem Tod sagte Duisberg zwar durchaus pathetisch, aber wohl doch zutreffend: «Aber außer an den Fabrikanten und Kaufmann Friedrich Bayer haben die meisten von uns an dem lieben, guten, braven Menschen Fritz Bayer durch seinen Tod so unendlich viel verloren, jenem einfachen, schlichten, wahren und edlem Manne. … Wie oft haben wir nach anstrengendster Tätigkeit in Laboratorium, Fabrik und Bureau in frohem Freundeskreise bei Dir und mit Dir Erholung gesucht und gefunden. Dann warst Du einer der Fröhlichsten der Fröhlichen, dann freutest Du Dich mit uns der schönen Erfolge, die wir in gemeinsamer Tätigkeit erzielt, dann war dir die Kunst Freude und Genuß.» Carl Duisberg, Abschiedsworte am Sarge von Friedrich Bayer jun., abgedruckt in: Duisberg, Abhandlungen I, S. 985 f.
14 Vgl. hierzu detailliert die verschiedenen Beiträge in: Solbach (Hg.), Haus.
15 Eine Beschreibung dieser Dampfer und ihrer Einrichtungen bei Straub, Albert Ballin.
16 Dankschreiben Louis Adlon, Frankfurter Hof, Alfred Walterspiel in: BAL 300/152. Auch 1929 versorgte Duisberg etwa den Frankfurter Hof mit Reiseberichten und Speisekarten, Direktor Gottlob an Carl Duisberg, 25. 5. 1929, BAL AS.
17 Internationale Vergleiche von wirklicher Aussagetiefe gibt es bislang nur wenige; Duisberg entsprach aber wohl dem vorherrschenden Bild zumindest in Europa; vgl. Cassis, Wirtschaftselite.
18 Murmann, Knowledge, S. 154, meint, zum Zeitpunkt seiner Pensionierung (?) sei Duisberg Millionär gewesen. Vermögensmillionär war Duisberg mit Sicherheit schon vor dem Ersten Weltkrieg, Einkommensmillionär wohl nicht. Hierzu Martin, Jahrbuch. In sozialdemokratischen Kreisen schätzte man Duisbergs Vermögen 1932 auf etwa 20 Millionen RM, was wahrscheinlich übertrieben ist. Zur Schätzung,

Wickel, I. G. Deutschland, S. 125. Diese Angaben stützten sich höchstwahrscheinlich auf Neuberechnungen, die Rudolf Martin im Sommer 1929 veröffentlicht hatte, in denen Duisberg und Bosch mit einem Vermögen von «nur» 20 Millionen Mark veranschlagt wurden. Angaben in: Sonntag, Köln, Nr. 22 vom 2. 6. 1929, BAL 300/023. «Unsinn» glossierte Carl Duisberg, wobei nicht klar ist, ob sich die Bemerkung auf die Summe selbst oder das «nur» bezieht.

19 Das wird ihm auch bewusst gewesen sein. Das zuvor genannte Jahrbuch der Millionäre in Preußen studierte er jedenfalls sorgfältig. Als er dem Barmer Bankier Theodor Hinsberg, der ihm sein Exemplar geliehen hatte, den Band zurücksandte, notierte er: «Es hat mich sehr gefreut, aus demselben zu ersehen, dass Sie mir über sind, und zwar nicht nur im Vermögen und Einkommen, sondern auch in der Auszeichnung, literarisch von Martin vertont worden zu sein.» Carl Duisberg an Theodor Hinsberg, 13. 12. 1911, BAL 400/144.

20 Feldman, Hugo Stinnes, S. 143.

21 In der wilhelminischen Zeit durchaus ein geflügeltes Wort; der Reichskanzler nach Bismarck, von Caprivi, etwa galt auch als Mann «ohne Ar und Halm», was durchaus als Kompliment verstanden werden durfte. Vgl. Nipperdey, Machtstaat, S. 699.

22 Der Aufsichtsrat der Farbenfabriken an Carl Duisberg, 16. 6. 1919, BAL 300/005.

23 Schon für 1903 sprach Duisberg bedauernd davon, dass man es beim besten Willen nicht geschafft habe, die Dividende auf 20 % zu drücken; stattdessen zahle man 22 % und werde dieses Opfer auch in den nächsten Jahren bringen müssen, Carl Duisberg an Carl Gamp, 22. 3. 1903, BAL AS.

24 BAL 300/002.

25 Carl Duisberg an Carl Hauptmann, 9. 11. 1906, BAL AS.

26 Carl Duisberg an Helga Teller, 15. 11. 1929, BAL AS.

27 Brocke, Kaiser-Wilhelm-Gesellschaft, S. 200.

28 Liste in: BAL 11/3, Bd. 2.

29 Carl Duisberg an Johannes Walther, 10. 7. 1903, BAL AS.

30 Plumpe, I. G. Farbenindustrie AG, S. 49.

31 Martin, Jahrbuch I., S. 106. Das laufende Einkommen unterschätzte Martin mit 250 000 Mark aber weit.

32 Aktienbesitz des Herrn Prof. Duisberg, Elberfeld, Liste I, II, III, BAL 300/071.

33 Undatierter Zeitungsartikel: «Und die IG»? (wahrscheinlich Sommer 1932), BAL 300/031. Der Artikel ist insgesamt wenig glaubwürdig, da zugleich behauptet wird, Duisberg bewohne im Rheinland ein großes Schloss, doch finden sich derartige Schätzungen häufiger. Ähnliche Angaben zum Einkommen (1 Million RM) finden sich in der «Bergischen Arbeiterstimme» vom 16. 5. 1928, BAL 300/020.

34 Carl Duisberg an den Oberpräsidenten der Rheinprovinz, Fuchs, 21. 12. 1929, BAL AS.

35 Hierzu Plumpe. I. G. Farbenindustrie AG, S. 141, Fn. 50.

36 Carl Duisberg an Fritz Klimsch, 16. 7. 1919, BAL AS.

37 Angaben Duisbergs auf der Hauptversammlung des VzW, Berlin 1921, abgedruckt in: Duisberg, Abhandlungen I, S. 593.

38 Carl Duisberg an Johannes Walther, 7. 1. 1921.

39 Ullmann, Steuerstaat, S. 101–193.

40 Vgl. Blaich, Freitag, S. 42. Siehe auch Möller, Reichsfinanzminister Matthias Erzberger.

41 «Der Tag», 25. 6. 1922, zitiert von Carl Duisberg in seiner Rede vor der Hauptversammlung des VzW, 1922, abgedruckt in: Duisberg, Abhandlungen I, S. 610.

42 Leipziger Neueste Nachrichten, Juli 1922, zitiert von Carl Duisberg in seiner Rede

vor der Hauptversammlung des VzW, 1922, abgedruckt in: Duisberg, Abhandlungen I, S. 610.
43 Vgl. hierzu Krohn, Steuerpolitik, S. 429 f.; Ullmann, Steuerstaat, S. 124.
44 Carl Duisberg an Prof. Hoetger, Worpswede, 11. 11. 1923, BAL AS.
45 Carl Duisberg an Johannes Walther, 23. 11. 1924, BAL AS.
46 Ullmann, Steuerstaat, S. 124.
47 Ebd., S. 126.
48 Die Folgen der Vermögensbesteuerung für Duisberg dürften sich aber wohl auch deshalb in Grenzen gehalten haben, weil man zur Tilgung der Kriegssteuer nach 1919 Kriegsanleihen verwendete. Das bedeutete zwar auch, dass die dafür aufgewandte Summe verloren war, aber immerhin litten die Duisbergs und die Farbenfabriken selbst, die ja auch in erheblichem Umfang Kriegsanleihen gezeichnet hatten, nicht unter deren Wertverfall; hierzu Carl Duisberg an Henry Theodor Böttinger, 31. 12. 1918, BAL AS: «Ich möchte alle Kriegsanleihen zur Bezahlung von Steuern verwenden.» Dass Kriegsanleihen zur Steuerbezahlung verwendet wurden, war im Übrigen wohl die Regel, vgl. Baudis/Nussbaum, Wirtschaft und Staat, S. 276 f.
49 Die Reichstagswahl 1930 mit dem Überraschungserfolg der NSDAP.
50 Carl Duisberg an Walther Duisberg, 29. 9. 1930, BAL AS.
51 Aus Angst vor Plünderern in Leverkusen und Berlin gab Carl Duisberg seine Wertpapiere im November 1918 in den Safe von Henry Theodor Böttinger auf dessen Gut Ahrensdorf in der Neumark. Hier hielt man sie vor Dieben für sicher; Carl Duisberg an Henry Theodor Böttinger, 21. 11. 1918, BAL AS.
52 Liste vom 12. 12. 1922, BAL 300/071.
53 Zusammenstellung vom 28. 12. 1922, BAL 300/071.
54 Carl Duisberg verlegte mit Schreiben vom 24. 12. 1927 (BAL AS) sein Depot von der Disconto-Gesellschaft Berlin zur Deutschen Länderbank AG, da er dort Mitinhaber sei, was die die Disconto-Gesellschaft bedauerte, aber nicht ändern konnte.
55 Zusammenstellung, BAL 300/071.
56 Robert Koch, Hofjuwelier, Zusammenstellungen vom 7. 5. 1924, 9. 5. 1924, BAL 300/071.
57 Zusammenstellung, o. D., BAL 300/071.
58 Zusammenstellung vom 1. 5. 1930, BAL 300/071.
59 Carl Duisberg an Otto Plarre, 6. 1. 1925, BAL AS.
60 Carl Wichelhaus, Merkblatt betr. Die Verwaltung des Duisberg'schen Vermögens, 28. 6. 1938, BAL 110/1.38.
61 Bilder aller Wohnhäuser von Carl Duisberg in: BAL 300/043.
62 Carl Duisberg an Carl Rumpff, 24. 1. 1889, BAL AS.
63 Carl Duisberg an Friedrich Bayer jun., 21. 8. 1893, BAL AS.
64 Carl Duisberg an Johannes Walther, 28. 6. 1894, BAL AS.
65 Carl Duisberg an Johannes Walther, 28. 6. 1894, BAL AS.
66 Carl Duisberg an Johannes Walther, 25. 1. 1899, BAL AS.
67 Carl Duisberg an Johannes Walther, 17. 12. 1903, BAL AS.
68 Menuekarte in: BAL 300/116 (Gesellschaftsbuch).
69 Menuekarte in: BAL 300/116 (Gesellschaftsbuch).
70 Vgl. dazu Kaelble/Spode, Sozialstruktur, S. 141.
71 Lesczenski, August Thyssen, S. 200–226.
72 Zu Ballin siehe Straub, Albert Ballin.
73 Clemens Freiherr von Schorlemer (1856–1922), westfälischer Adeliger katholischer Konfession, 1910–1917 preußischer Landwirtschaftsminister.

74 Georg von Rheinbaben (1855–1921), bis 1910 preußischer Finanzminister, danach Oberpräsident der Rheinprovinz.

75 Im Buch «KunstWerk. Kunst bei Bayer» wird das Haus als typisch für den Industrieadel, den Duisberg verkörpert habe, vorgestellt. Das Haus habe an den «dekorativen Prunk einer durch den österreichischen Maler Hans Makart inspirierten Wohnkultur» erinnert, S. 54. Zum Haus, Schütz, Mäzen, S. 26 ff.

76 1912 weigerte Duisberg sich, Fritz Erler dessen Bild «Der rote Domino» für eine Ausstellung in Venedig zu leihen, da «Ihrem Bilde ein besonderer Platz über dem Kamin eingeräumt worden ist. Für ein Bild in dieser Grösse habe ich nun keinen Ersatz. Es würde daher eine klaffende Lücke in meiner Sammlung entstehen, wenn ich das Bild nach Venedig gehen liesse, und die zahlreichen Besucher meines neuen Hauses würden dies mit mir unangenehm empfinden.» 18. 2. 1912, BAL AS.

77 Aufstellung, o. D., BAL 300/071.

78 Über die Raumausstattung von Duisbergs Häusern sagen die Quellen nur sporadisch etwas. Sicher ist, dass er die Wohnungen nicht «historistisch» überlud, sondern einen praktischeren Einrichtungsstil pflegte. Die wenigen Hinweise, die es gibt, deuten darauf hin, dass Duisberg hier Anregungen bei Funktionalismus und Jugendstil fand.

79 Kunst in Leverkusen. Richard Hartnauer war Duisbergs Landschaftsarchitekt, der den Band auch als Hommage an «meinen geliebten Geheimrat» verstand.

80 Kunst in Leverkusen, S. 76. Vgl. auch Meesmann, Carl Duisberg, S. 245.

81 Einladungsliste und Menuekarte in: BAL 300/116.

82 Carl Duisberg an Berthold Rassow, 29. 6. 1908, BAL AS.

83 Unmittelbar unter dem Eindruck des Geschehens schrieb Carl Duisberg an den bayerischen Kultusminister Eugen Ritter von Knilling, 31. 1. 1927, BAL AS. Am 12. 2. 1917 schilderte er in einem Brief an den Barmer Industriellen Conradi die Folgen der Explosion in Leverkusen am 27. 1. 1917: «Entsetzlich waren die Verwüstungen, die sich meinem Blicke darboten, als ich tags darauf in aller Hast von Berlin heimkehrte und heulen mußte ich, mein schönes Leverkusen in einem derartigen Zustande wiederzusehen.» Vgl. auch das Schreiben an Helma Lothes, 31. 1. 1917, beide BAL AS. Später legte Duisberg einen ausführlichen vertraulichen Bericht über das Explosionsunglück der Farbenfabriken vom 27. 1. 1917, ohne Datum, vor, BAL AS.

84 Carl Duisberg an Johannes Walther, 9. 4. 1919, BAL AS.

85 Wörner, Frankfurter Bankiers.

86 Plumpe/Lesczenski (Hg.), Bürgertum; Hassler u. a. (Hg.): Schloss Landsberg. Vgl. Euskirchen, August Thyssen.

87 Vgl. etwa Losse, Unternehmerburgen.

88 Duisberg, Nur ein Sohn, S. 16.

89 Carl Duisberg an Theodor Curtius, 7. 7. 1909, BAL AS: «Du siehst, nicht nur auf dem Papier, sondern auch in der Wirklichkeit reise ich soviel herum, dass ich kaum noch zu Hause bin.» Und an Franz Oppenheim schrieb er am 4. 6. 1921, BAL AS: «Sie sehen, so bin ich dauernd unterwegs. Nach Aufstellung meines Sekretariats waren es im vorigen Jahre 107 ½ Tage, die ich geschäftlich verreist war, in diesem Jahr werden es nicht viel weniger sein.» Privat- und Urlaubsreisen traten noch hinzu.

90 Hachtmann, Tourismus-Geschichte; Knoll, Kulturgeschichte.

91 Spode, Eine kurze Geschichte. Vgl. auch Antonietti, Bauern – Bergführer – Hoteliers.

92 Carl Duisberg an Henry Theodor Böttinger, 24. 2. 1909, BAL AS.

93 Siehe die Selbstcharakterisierung bei Gattineau, Klippen, S. 27.

94 Franz Oppenheim an Carl Duisberg, 23. 7. 1920, BAL AS, der schrieb, gelegentlich

sei der «Betrieb für erholungsuchende Patienten [bei Dengler, W. P.] reichlich lebhaft.»

95 Carl Duisberg an Theodor Curtius, 18. 7. 1925, BAL AS, der Curtius um die Reise nach Sils Maria beneidet, aber aufgrund ärztlicher Empfehlung komme für ihn nur Gastein in Frage.

96 Duisberg hat diese Reisen selber detailliert beschrieben, wobei ihm die Erwähnung der Hotels und ihrer Standards überaus wichtig war, BAL 191/2, Vol. 6.

97 Carl Duisberg an Walther Nernst, 14. 2. 1919, BAL AS.

98 «Da ich von Friedrich die Einwilligung dazu erlangt habe, daß ich ihm ein Automobil bestelle, so wollen wir, möglicherweise mit unseren Frauen, am 1. November für 2 Tage nach Berlin zur dortigen Autoausstellung, um einen geeigneten Wagen ausfindig zu machen.» Carl Duisberg an Carl Gamp, 19. 10. 1906, BAL AS.

99 Carl Duisberg an Carl Gamp, 28. 5. 1906, BAL AS.

100 Carl Duisberg an Wilhelm Koenigs, 28. 7. 1905, BAL AS.

101 Carl Duisberg an Clara von Gamp-Massaunen, 30. 10. 1924, BAL AS.

102 Carl Duisberg an Hermann Seebohm, 19. 8. 1907, BAL AS.

103 BAL 300/070.

104 BAL 300/070.

105 Hierzu Plumpe, Hund.

106 Otto Fischer an Carl Duisberg, 7. 10. 1925, BAL AS.

107 Carl Duisberg an die Direktion von Daimler-Benz, Untertürkheim, 8. 11. 1927, BAL AS.

108 Duisberg, Nur ein Sohn, S. 20.

109 Carl Duisberg an Johannes Walther, 24. 12. 1907, BAL AS.

110 Carl Duisberg an Johannes Walther, 31. 12. 1909, BAL AS.

111 So berichtete Carl Duisberg am 19. 7. 1909 an Richard Anschütz, BAL AS, er habe der «Jugend unserer Freunde» ein Gartenfest gegeben.

112 Carl Duisberg an Johannes Walther, 13. 2. 1900, BAL AS.

113 Vgl. etwa Carl Duisberg an Theodor Curtius, 7. 7. 1909, BAL AS. Zu Treffen im Automobil-Club jetzt auch Volkow, Walther Rathenau.

114 Edgar Schlubach an Carl Duisberg, 27. 7. 1920, BAL AS.

115 Als ein Beispiel unter vielen: Ludwig Knorr an Carl Duisberg, 24. 3 1916, BAL AS: Dank für einen «gemütlichen und genußreichen» Abend in Berlin.

116 Georg Talbot an Carl Duisberg, 8. 11. 1933, BAL AS.

117 Carl Duisberg, Dankrede anlässlich der Erneuerung des Doktordiploms durch die Universität Jena, 11. 7. 1932, abgedruckt in: Duisberg, Abhandlungen II, S. 641.

118 Carl Duisberg, Dankesrede beim Festakt der I. G. Farbenindustrie AG anlässlich seines 70. Geburtstages, abgedruckt in: Duisberg, Abhandlungen II, S. 527.

119 Carl Duisberg an Otto Hahn, 10. 3. 1914, BAL AS.

120 Walter von Brüning an Carl Duisberg, 22. 8. 1926, BAL 300/151.

121 Holdermann, Bosch, S. 196 f.

122 Holdermann, Bosch, S. 290.

123 Hinweis von Kordula Kühlem. Wie weit dieses Urteil eigenen Erfahrungen entsprach oder über Duisberg kursierenden Gerüchten, ist schwer zu sagen. Nach Holdermann, Bosch, S. 234, lernten sich die Familien gegenseitig überhaupt erst im November 1927 bei der 50-Jahrfeier des Chemieverbandes kennen Angesichts der Zurückhaltung Boschs dürfte es auch danach nicht zu häufigen Treffen gekommen sein.

124 Typisch hierfür ist etwa der Konflikt, den Duisberg aus nichtigem Anlass mit Erwin Selck, Vorstandsmitglied der Cassella und später kaufmännischer Vorstand der I. G.,

im Herbst 1925 um die Frage des Umbaus des I.G.-Gebäudes in der Frankfurter Feuerbachstraße, ehemals Verwaltung der Cassella, austrug und der ihn nach eigener Aussage gesundheitlich schwer mitnahm, Carl Duisberg an Leo Gans, 16. 11. 1925, BAL AS. Das Aufsichtsratsmitglied Leo Gans, Cassella, suchte zu vermitteln: «Der Piedestal, auf dem Sie, lieber Herr Geheimrat stehen, kann doch durch einen (Mißklang) nicht erschüttert werden.» Leo Gans an Carl Duisberg, 18. 11. 1925, BAL AS.

125 «Bergische Arbeiterstimme» vom 7. 7. 1926, BAL 300/013.

18 | Kunst und Literatur

1 Carl Duisberg an Sanitätsrat Dr. Leven, 14. 6. 1928, BAL 300/020.

2 Schütz, Bayer als Mäzen, Kap. 6.

3 Zur kaum zu überschätzenden Bedeutung von Barmen und Elberfeld als Sammlungsumgebung vgl. Kropmanns/Fleckner, Bedeutung.

4 Zu der Ausstellung siehe Müller, Sechs Jahrzehnte, S. 110 f.

5 Duisberg kaufte sowohl Münchener wie Berliner Secessionisten; an dem Streit zwischen Berlin und München nahm er nicht teil, auch wenn ihm München im Allgemeinen mehr zusagte als Berlin; zum Streit vgl. Marr, Münchener Secession, S. 154–157. Siehe auch Weisbach, «Und alles ist zerstoben», S. 136–139.

6 Zum Scholle-Kreis vgl. Dürr (Hg.), Künstlergemeinschaft. Ferner Schütz, Bayer als Mäzen, S. 36.

7 Kuhrau, Kunstsammler, S. 142–151.

8 Fritz von Uhde war von 1899–1904 Vorstand der Münchener Secession, vgl. Marr, Münchener Secession, S. 139.

9 Uhde war noch mit einem weiteren teuren Bild (12 000 Mark), dem «Trauernden Engel», in Duisbergs Sammlung vertreten.

10 Trauerfeier im Hause Duisberg am 21. 3. 1935, BAL 300/035.

11 Arthur von Weinberg an Carl Duisberg, 16. 8. 1923, BAL AS.

12 Als ihm das Mitglied des NWV Jena E. Gaffron nach seiner Rückkehr von einer Auslandsreise «peruanische Altertümer» zum Kauf anbot, verwies ihn Duisberg am 5. 8. 1910 an staatliche Museen: «Ich selbst interessiere mich gar nicht für Ethnologie oder Archäologie, meine Interessen gipfeln in moderner Kunst.» BAL AS.

13 Vgl. Enderlein, Kunstmarkt.

14 Carl Duisberg an Henry Theodor Böttinger, 7. 11. 1913, BAL AS.

15 Kropmanns/Fleckner, Bedeutung, S. 355.

16 K(C)arl Schuch (1846–1903) war eines der vielseitigsten Mitglieder des Kreises um den realistischen Maler Wilhelm Leibl; vgl. Ruhmer, Leibl-Kreis, S. 26–33.

17 Auf der anderen Seite sind zumindest manche Bilder, die Duisberg 1918 und 1919 zu relativ hohen Preisen kaufte (Trübner, Liebermann) auch mit Inflationseinstandspreisen zu hoch angesetzt. Da die Erwerbungsdaten im einzelnen nicht mehr rekonstruierbar sind, wird hier mit den nominalen Angaben gerechnet, ihre Ungenauigkeit in Kauf nehmend.

18 Vgl. jetzt Adolphs/Hoberg (Hg.), August Macke und Franz Marc.

19 «Am Porträt-Interesse, für das er viel Zeit und Leidenschaft verwendet, spiegelt sich am besten Duisbergs Gefühl und seine Einschätzung vom Wert und der Brauchbarkeit von Kunst als Erinnerungsmal und Erlebniswert.» Schütz, Bayer als Mäzen, S. 96.

20 Schütz urteilt etwas zu robust: «Dem Respekt, den Duisberg der Profession und der Eingebung des Künstlers zollt, gehört auch, daß er ihn wie einen Geschäftspartner

behandelt. Er erhält seine Vergütung auf dem gleichen Wege wie etwa der Brennstoffhändler, ist im Grunde Lieferant und muß sich als solcher an Fristen halten und ökonomisch verfahren.» Schütz, Bayer als Mäzen, S. 97.

21 Vgl. Pucks, Beruf.

22 Vgl. zur Berliner Szene der Zeit, Kuhrau, Kunstsammler.

23 Carl Duisberg an Johannes Walther, 18. 5. 1904, BAL AS.

24 Euskirchen, Kopien.

25 Hierzu Kuhrau, Kunstsammler, S. 117–119.

26 Carl Duisberg an Fritz Klimsch, 13. 5. 1918, BAL AS.

27 Schütz begründet diese Terminierung im Wesentlichen mit den Erwerbsdaten zahlreicher Bilder. In der Tat kaufte Duisberg vor dieser Zeit faktisch keine Kunst, Schütz, Bayer als Mäzen, S. 57.

28 Hildebrand war mit seinen Skulpturen zu dieser Zeit ausgesprochen erfolgreich. Duisberg befand sich daher in guter Gesellschaft, da auch Emil Fischer, Adolf Baeyer, Hermann von Helmholtz und Max von Pettenkofer von ihm gestaltet worden sind. Bei den Unternehmern sind es Arnold Borsig und Alfred Krupp, später folgen 1910 Emil Kirdorf und Ferdinand von Stumm, Richard Zanders (1911) und Wilhelm von Siemens (1912); vgl. Schütz, Bayer als Mäzen, S. 58–60.

29 Carl Duisberg an Theodor Curtius, 2. 3. 1909, BAL AS.

30 Carl Duisberg an Max Liebermann, 23. 12. 1909, BAL AS.

31 Franz von Stuck an Kunsthandlung Schulte, 5. 5. 1912, BAL AS.

32 Carl Duisberg an Franz von Stuck, 10. 5. 1912, BAL AS.

33 Carl Duisberg an Franz von Stuck, 21. 11. 1912, BAL AS.

34 Zu den Münchener Galerien vgl. auch Marr, Münchener Secession, S. 166–179. Dabei wird deutlich, dass Duisberg die gesamte Malerei der klassischen Moderne bis zu Cézanne und Picasso zumindest aus den Galerien gut kannte. Heinrich Thannhauser stellte in München im Februar 1913 76 Gemälde und 38 Zeichnungen von Pablo Picasso aus, von denen die größere Anzahl zum Verkauf stand. Duisberg, der sich Mitte/Ende Februar 1913 in München aufhielt, Brief an Henry Theodor Böttinger, 1. 2. 1913, BAL AS, wird die Ausstellung, die großes öffentliches Aufsehen erregte und ein entsprechendes Echo in den Zeitungen gefunden hatte, höchstwahrscheinlich gesehen und sich bewusst gegen einen Erwerb entschieden haben.

35 Schütz, Bayer als Mäzen, S. 35 ff.

36 Carl Duisberg an Fritz Klimsch, 1. 4. 1912, BAL AS. Emil Fischer selbst brauchte eine Zeit, um sich an den Stil von Fritz Klimsch zu gewöhnen, der ihm zu roh vorkam; Emil Fischer an Carl Duisberg, 7. 10. 1911, BAL AS. Die Medaille, so Fischer, sei in der «derben deutschen Manier hergestellt».

37 Sehr aufschlussreich sind hier Klimschs Erinnerungen; Fritz Klimsch, Erinnerungen, die die Zeit vor dem Ersten Weltkrieg plastisch darstellen.

38 Klimsch, Erinnerungen, S. 113. Duisberg erwarb nicht nur die Figur der «Abend», sondern insgesamt vier Skulpturen (Morgen, Mittag, Abend und Nacht), die er in seinem Garten aufstellte. Diese Skulpturen waren ausgesprochen teuer, allein für die «Nacht» und den «Morgen» zahlte er 70 000 Mark, Carl Duisberg an Fritz Klimsch, 12. 9. 1918, BAL AS.

39 Carl Duisberg an Fritz Klimsch, 4. 8. 1915, 13. 12. 1915, BAL AS.

40 Carl Duisberg an Fritz Klimsch, 12. 3. 1921, BAL AS.

41 Carl Duisberg an Fritz Klimsch, 23. 8. 1916, BAL AS. Diese Bronzefiguren (Tapferkeit, Gerechtigkeit, Weisheit, Demut) waren bei Kriegsende fertig, fielen dann aber dem Reichstagsbrand 1933 zum Opfer, Klimsch, Erinnerungen, S. 123 f.

42 Carl Duisberg an Fritz Klimsch, 28. 12. 1917, BAL AS. Eine Hindenburg-Büste,

ebenfalls von Klimsch, hatte bereits die Elberfelder Bürgerschaft dem Museum zum Geschenk gemacht.

43 Dankesschreiben von Frau Klimsch, 14. 2. 1918, 27. 2. 1918, BAL AS.

44 Carl Duisberg an Fritz Klimsch, 13. 5. 1918, BAL AS.

45 Vgl. Rathkolb, Führertreu.

46 Zur Lex Heinze vgl. Mast, Freiheit; Meyer, Kampf.

47 KunstWerk. Kunst bei Bayer, S. 52 f. Siehe auch Schütz, Bayer als Mäzen, S. 40.

48 Buddensieg, Industriekultur.

49 Carl Duisberg an Gustav Ritter von Kahr, 6. 11. 1912, BAL AS.

50 Klimsch, Erinnerungen, S. 124.

51 Carl Duisberg an Fritz Klimsch, 12. 3. 1921, BAL AS.

52 Carl Duisberg an Bernhard Hoetger, Worpswede, 8. 6. 1922, BAL AS.

53 Vgl. auch Flechtner, Carl Duisberg, S. 263 f.

54 Die Lederer-Büste bezahlte Duisberg allerdings nicht selbst; sie wurde ihm von Aufsichtsrat und Direktorium der Farbenfabriken zum 40-jährigen Dienstjubiläum geschenkt, Carl Duisberg, Dankesrede zum 40-jährigen Dienstjubiläum, 29. 9. 1923, abgedruckt in: Duisberg, Abhandlungen II, S. 607. Der Aufsichtsratsvorsitzende Schmidt-Ott hatte Lederer für den Auftrag gewonnen und ihm Duisberg zuvor auch ein wenig geschildert, so dass Lederer nicht ganz unvorbereitet auf Duisberg traf, Flechtner, Duisberg, S. 263 f.

55 Carl Duisberg an Fritz Klimsch, 14. 9. 1931, BAL AS. Den Preis für das Relief drückte er freilich in den kommenden Wochen noch von 8000 auf 6000 Mark, Carl Duisberg an Fritz Klimsch, 13. 10. 1931, BAL AS. Klimsch bedankte sich mehrfach für Aufträge und Honorare, so am 4. 3. 1934 für eine erste Überweisung für die Skulptur «Die Schauende», BAL AS. Noch in Klimschs letztem Schreiben an Duisberg vom 21. 1. 1935 geht es um Honorarforderungen.

56 Schütz, Bayer als Mäzen, hält Duisberg eher für einen Knauser und Semi-Banausen; Braun, Klimsch, attestiert ihm, einer der größten Mäzene von Klimsch gewesen zu sein.

57 Fritz Erler war selbst Mitglied des Scholle-Kreises, siehe Dürr, Künstlergemeinschaft, S. 12.

58 Carl Duisberg an Julius Diez, 17. 5. 1927, BAL AS.

59 Carl Duisberg an Heinrich Hermelink, Theologieprofessor in Marburg und Ansprechpartner beim Bau des Duisberg-Hauses, 27. 1. 1927, BAL AS.

60 Carl Duisberg an seinen Sohn Walther, 5. 12. 1912, BAL AS.

61 13. 11. 1926, BAL 300/151.

62 Glum, Wissenschaft, S. 271.

63 Demand, Ordnung, S. 26.

64 «Den feinsten Geschmack als Sammler moderner Kunst hatte aber das alte Ehepaar Franz Oppenheim, das ein kleines sehr geschmackvolles, von Baumgarten gebautes Palais am Landwehrkanal besaß.» Glum, Wissenschaft, S. 260.

65 Im Fall der «Kölnischen Zeitung» berichtete Duisberg auch von direkten Kontakten zur Redaktion, die ihn auch mit Hintergrundinformationen versorge; Carl Duisberg an Jakob Rießer, 7. 8. 1911, BAL AS.

66 Carl Duisberg an Johannes Walther, 13. 2. 1892, BAL AS. Die «Kölnische Zeitung» war seinerzeit das meistgelesene überregionale deutsche Organ und verfolgte einen gemäßigt liberalen Kurs. In der Bülow-Zeit galt sie als vom Auswärtigen Amt «inspiriertes», regierungsnahes Blatt, vgl. Mommsen, Bürgerstolz, S. 199. In der Weimarer Republik orientierte sich die Zeitung zunehmend an der DVP und Gus-

tav Stresemann, was Duisbergs Vorstellungen entsprach. Generell zur «Kölnischen Zeitung» Potschka, Kölnische Zeitung.

67 Carl Duisberg an Johannes Walther, 12. 5. 1893, BAL AS.

68 Carl Duisberg an Jakob Rießer, 7. 8. 1911, BAL AS.

69 Was freilich nicht so weit ging, dass er dem Pressebüro Auskunft über die Kautschukfabrikation der Farbenfabriken gab, BAL AS.

70 BAL 300/003–033.

71 Carl Duisberg an Buch- und Kunsthandlung Hartmann, Elberfeld, 18. 11. 1913, BAL 300/145.

72 Hierzu, besonders zur Entwicklung der Zeitschrift nach 1933, siehe Martynkewicz, Salon Deutschland, S. 483–487.

73 An der Auffang-Gesellschaft des Scherl-Verlags war Duisberg finanziell beteiligt; er hielt Anteile am Scherl-Verlag bzw. am Deutschen Verlagsverein, der diesen übernommen hatte; Louis Hagen an Carl Duisberg, 22. 10. 1913, Carl Duisberg an Louis Hagen, 13. 12. 1915, BAL AS.

74 BAL 300/150.

75 Carl Duisberg an Emil Fischer, 23. 2. 1916, BAL AS.

76 Carl Duisberg in der Reihe: Zeitgenossen von heute über Goethe, «Kölnische Zeitung», Nr. 163, 22. 3. 1932, abgedruckt in: Duisberg, Abhandlungen II, S. 599. In der Tat wird aus seinen letzten Lebenswochen, die er in Leverkusen im Bett verbrachte, von vermehrter Goethe-Lektüre berichtet, insbesondere Wilhelm Meister, Dichtung und Wahrheit, Faust und Italienische Reise; Gerhardt, Duisberg, S. 370.

77 Carl Duisberg an Johannes Walther, 15. 9. 1882, BAL AS. Bei dem Buch handelte es sich um den historischen Roman von Georg Ebers, «Eine ägyptische Königstochter», der 1864 in drei Bänden erschienen war und großen Leserzuspruch gefunden hatte.

78 Vgl. hierzu auch Flechtner, Carl Duisberg, S. 326 f.

79 Sombart, Bourgeois. Zu den Beziehungen von Carl Hauptmann zu Werner Sombart vgl. Brocke, Werner Sombart.

80 Vgl. hierzu den in Auszügen publizierten Briefwechsel Carl Hauptmanns: Hauptmann, Leben mit Freunden.

81 Liste der Bücher, die am 17. 7. 1936 nach Partenkirchen versandt wurden, BAL 110/1.38.

82 BAL AS.

83 Carl Duisberg an Polizeipräsident Zörgiebel, 6. 8. 1930; Zörgiebel an Carl Duisberg, 30. 8. 1930, BAL 300/153.

84 Selten finden sich Hinweise auf Konzertbesuche im Gürzenich, so in einem Schreiben an Henry Theodor Böttinger vom 13. 1. 1920, BAL AS.

85 BAL 300/020.

86 Carl Duisberg als Schöpfer der Werksgemeinschaft. Persönliche Erinnerungen von Dr. H. Caspari, o. D., BAL 300/035.

87 Siehe Führer, «Pfui! Gemeinheit! Skandal!».

88 Spielte der Sohn, ging man aber schon hin, so im Sommer 1927 zu den Heidelberger Festspielen; Theodor Curtius an Carl Duisberg, 19. 9. 1927, BAL AS.

89 BAL AS.

90 Prof. Deetjen an Carl Duisberg, 25. 4. 1930, BAL AS.

91 Beitritt 1928, BAL 300/152.

92 Carl Duisberg an seinen Sohn Carl-Ludwig, 1. 11. 1917, BAL 300/004.

93 Ernst Poensgen an Carl Duisberg, 14. 7. 1932, BAL 300/154.

94 Carl Duisberg an Luise Dumont-Lindemann, Düsseldorfer Schauspielhaus, 29. 3. 1932, BAL AS.

95 Carl Duisberg an Hauschild, Norddeutscher Lloyd, San Franciso, 25.3.1926, BAL AS.
96 Carl Duisberg an Carl Hauptmann, 13.4.1917, BAL AS.

19 | Ehre und Ruhm

1 Carl Duisberg, Dankesrede anlässlich seines 40-jährigen Dienstjubiläums, 29.9.1923, abgedruckt in: Duisberg, Abhandlungen II, S. 609.
2 Gattineau, Klippen, S. 47.
3 Kaudelka-Hanisch, S. 50–59. Diese Kritik oder zumindest der ironische Umgang mit den Aspirationen reich gewordener Menschen fand sich auch in den seinerzeit populären Publikumszeitschriften wie der «Gartenlaube», die auch die Duisbergs abonniert hatten. Er dürfte also gewusst haben, dass man sich mit dem Streben nach Auszeichnungen leicht lächerlich machen konnte.
4 Hierzu Ullrich, Großmacht, S. 280–284.
5 Typisch Biermann, Schwindel.
6 August Viefhaus, Mitglied des Aufsichtsrates der Farbenfabriken von 1886 bis 1902, siehe Pinnow, Werksgeschichte, Anhang.
7 Gemeint ist der Rote Adlerorden 4. Klasse, die niedrigste Stufe dieser in Preußen vor allem an Zivilisten verliehenen Auszeichnung; vgl. Lehmann, Adlerorden.
8 Carl Duisberg an Friedrich Bayer jun., 8.10.1892, BAL AS. Duisberg sollte allerdings den Roten-Adler-Orden nicht mehr erhalten, der nach der Jahrhundertwende allerdings ohnehin seltener vergeben wurde; Lehmann, Adlerorden, S. 162–165.
9 Carl Duisberg an Johannes Walther, 5.5.1904, BAL AS.
10 Carl Duisberg an Johannes Walther, 4.1.1917, BAL AS.
11 Gerhardt, Duisberg, S. 218 f.
12 Carl Duisberg an Richard Willstätter, 2.7.1921, BAL AS. Mitglied der Leopoldinisch-Carolinischen deutschen Akademie zu Halle a. d. Saale war er bereits seit dem November 1906.
13 Carl Duisberg an Karl Lothes, 23.8.1915, BAL AS.
14 Carl Duisberg an Max Bauer, 19.1.1916, BAL AS.
15 Oskar von Miller an Carl Duisberg, 20.1.1916, BAL AS.
16 Carl Duisberg an Oskar von Miller, 2.2.1916, BAL AS.
17 Hans-Hasso von Veltheim an Carl Duisberg, 15.5.1916, BAL AS, mit herzlichem Glückwunsch zu «Deiner hohen, schönen baeyerischen Kriegsauszeichnung».
18 Oskar von Miller an Carl Duisberg, 7.3.1916, BAL AS.
19 Carl Duisberg an Ludwig Knorr, 20.5.1916, BAL AS.
20 Hans-Hasso von Veltheim an Carl Duisberg, 27.2.1916, BAL AS.
21 Carl Duisberg an Walter Nernst, 9.11.1917, BAL AS.
22 Carl Duisberg an Richard Willstätter, 2.7.1921, BAL AS.
23 Flechtner, Duisberg, S. 265.
24 BAL AS.
25 In der Familiengeschichte, die Carl vom Berg im September 1933 vorlegte, Manuskript im Bayer-Archiv, sind alle aufgezählt und mit der Bemerkung versehen, Duisberg sei nicht nur Doktor aller Fakultäten gewesen, sondern habe auch die meisten Ehrendoktortitel besessen, S. 85.
26 Diese Ehrenbürgerschaft war eine der wenigen Ehrungen, die öffentliche Proteste provozierte, hier naheliegenderweise von kommunistischer Seite. Aber auch das war für Duisberg eine Art Auszeichnung. Die «Bergische Arbeiterstimme» kommentierte die Verleihung in ihrer Nr. 20 vom 24.1.1925 und kritisierte vor allem die

Wiesdorfer SPD, die der Verleihung zugestimmt und der Übergabe der Urkunde beigewohnt hatte. «Wir als Kommunisten lehnen es ab, eine derartige Verhöhnung der Arbeiterschaft mitzumachen, denn gerade Duisberg ist einer der größten Scharfmacher in den Unternehmerkreisen und deshalb wurde er auch zum Vorsitzenden des Verbandes der deutschen Industriellen gewählt, und zwar in einer Periode, wo die Schwerindustrie einen scharfen Angriff auf das deutsche Proletariat vorbereitet, wo das Kabinett Luther den Weg ebnen will zur Wiederherstellung der Monarchie.» BAL 300/009.

27 Ehrungen von Dr. C. Duisberg, wahrscheinlich Frühjahr 1933, BAL 300/001.

28 Vom Berg, Familiengeschichte, S. 95–98.

29 Carl Duisberg achtete daher auch peinlich genau darauf, jeweils repräsentative Urkunden und Diplome zu bekommen. So schrieb er an Prof. Binz, Landwirtschaftliche Hochschule Berlin, am 23. 12. 1921, BAL AS: «Sehr geehrter Herr Kollege! Bevor Sie in den Verband der Landwirtschaftlichen Hochschule eintreten, hat mich, wie Ihnen nicht unbekannt sein dürfte, die letztere zu meiner großen Überraschung und Freude zum Ehrendoktor der Landwirtschaft ernannt. Ich habe mich dafür telegraphisch und brieflich bei Herrn Prof. Dr. Lammermann bedankt, seitdem aber nichts mehr gehört, vor allem bis jetzt nicht das übliche Ehrendiplom zugesandt bekommen. Möglicherweise ist die Fertigung desselben in Vergessenheit geraten. Ich darf Sie vielleicht freundlichst bitten, sich einmal darnach zu erkundigen. Gleichzeitig gestatte ich mir, Ihnen ein Exemplar meines Bildes zu überreichen, das der Radierer Heermann im Auftrage des Vereins zur Wahrung der Interessen der Chemischen Industrie Deutschlands gelegentlich meines 60. Geburtstages fertigen ließ.»

30 Glum, Wissenschaft, S. 270.

31 Die Planungen für die Feier detailliert in einem Schreiben von Carl Duisberg an Carl Gamp, 14. 3. 1908, BAL AS. Im Vorfeld auch Korrespondenz mit Friedrich Althoff, dem Duisberg geradezu unterwürfig Hinweise gab, wie er Böttinger eine Freude machen könne, 28. 3. 1908, BAL AS.

32 Carl Duisberg an Hermann Seebohm, 4. 4. 1908, BAL AS.

33 Carl Duisberg an Oberstleutnant Draudt, Deutsches Rotes Kreuz, 8. 6. 1925, BAL AS.

34 BAL AS.

35 Grundlegend Godelier, Rätsel.

36 Carl Duisberg, Ansprache auf der sechsten Jubilarfeier in Leverkusen, 30. 9. 1923, abgedruckt in: Duisberg, Abhandlungen II, S. 223.

37 Gegenüber Irmgard Frey betonte Duisberg am 5. 8. 1929 (BAL 300/160), täglich mehrere Bettelbriefe und ähnliche Schreiben zu erhalten, die im Bayer-Archiv in der Tat mehrere Ordner füllen, u. a. BAL 300/162, 300/160, 300/079.

38 Carl Duisberg an die Direktion der Farbenfabriken, 29. 9. 1909, BAL AS.

39 Carl Duisberg an Rechtsanwalt Hans Jordan, 15. 12. 1919, BAL AS.

40 Vom Berg, Familiengeschichte, S. 99–104.

41 Beispiel die Praxis Kaiser Wilhelms II., vgl. Feldman, Hugo Stinnes, S. 357.

42 Carl Duisberg an Bürgermeister Claes, 10. 10. 1923, BAL AS.

43 Am 16. 1. 1926 bat ihn etwa die verarmte Martha Diesel, Witwe des Erfinders des Dieselmotors, um eine Erhöhung ihrer Rente aus dem Ehrensold der Industrie. Carl Duisberg sagte am 24. 1. 1927 zu, sich dafür einzusetzen, u. a. beim Vorsitzenden des Vereins Deutscher Maschinenbauanstalten, VDMA, womit er erfolgreich war, BAL AS.

44 Zum Kalle-Kreis Bäumler, Die Rotfabriker, S. 277 f.

45 Carl Duisberg an Ernst Esch, 13. 4. 1934, BAL 300/156.

46 Turner, Großunternehmer.

47 Grundlegend hierzu, Hein, Stiftungswesen.
48 Kocka spricht von der «Bereitstellung privater Mittel für öffentliche Zwecke in solchen Bereichen …, die auch von staatlichen Stellen finanziert und gestaltet werden. Mäzenatische Handlungen lassen sich dann als Ausdruck einer (bürgerlichen) Kultur deuten, die größtes Gewicht auf Selbständigkeit legt, im Sinne der Lösung drängender Aufgaben in eigener Regie, ohne obrigkeitsstaatliche Gängelung und Fürsorge.» Kocka, Bürger als Mäzene, S. 34.
49 Neumeier, Mäzenatentum. Ferner Runge, «… und sie spendeten Millionen!».
50 Carl Duisberg an Elisabeth Förster-Nietzsche, 4. 5. 1931, BAL AS.

20 | Die fatale Logik des Krieges

1 In der deutschen Industrie und Bankenwelt gab es faktisch keine einzige Stimme, die den Krieg gewünscht oder begrüßt hätte. Die Bereitschaft, sich an Kriegszieldiskussionen zu beteiligen, die später ausgeprägt war, datiert durchweg erst auf die Zeit nach Kriegsausbruch; vgl. Plumpe, Logik.
2 Burchardt, Kriegsgewinne, S. 71–73.
3 Feldman, Hugo Stinnes, S. 365. Ähnliches dürfte auch für die GHH und Paul Reusch zutreffen, die vor dem Krieg faktisch keine Rüstungsaufträge ausgeführt hatten; vgl. Marx, Paul Reusch, S. 87–99.
4 Am 5. 6. 1923 schrieb ihm K. E. Markel, Ph. D. aus London: «Sehr lebhaft erinnere ich mich unseres letzten Zusammenseins und der vielen schönen Stunden, die wir zusammen in Köln, Bonn und Leverkusen verbracht haben. Das war noch in der guten alten Zeit, im Juni 1914. Ich war damals der Vorsitzende der kleinen Gruppe englischer Chemiker, welche der Jahresversammlung des Vereins der angewandten Chemie etc. beiwohnte. Es wird mir bei dieser Erinnerung ganz wehmütig ums Herz.» BAL 300/150.
5 Zum Begriff vgl. Dülffer, Kriegserwartung, S. 784.
6 Carl Duisberg an Lotte Stoehr, BAL 300/144.
7 Carl Duisberg, Rede vor der Hauptversammlung des VzW, Berlin 25. 10. 1919, abgedruckt in: Duisberg, Abhandlungen I, S. 565 f.
8 Burchardt, Friedenswirtschaft.
9 Clark, Schlafwandler. Zur Diskussion des Kriegsausbruchs Leonhard, Büchse der Pandora.
10 Damit stand er keineswegs allein; vgl. Afflerbach, Topos.
11 Carl Duisberg an Emelio LePetit, 26. 6. 1914, BAL 300/001.
12 Ganz ähnlich die Stimmung auch bei anderen Industriellen. So schauten der Chefredakteur des «Berliner Tageblattes» und der Vorstand der Deutschen Bank Artur von Gwinner Ende Oktober 1914 geradezu wehmütig auf ihr letztes Treffen bei einer Regatta auf der Unterelbe im Juni 1914 zurück: «Wer von uns hätte das damals gedacht.» Theodor Wolff, Tagebucheintrag vom 29. 10. 1914, in: Wolff, Tagebücher 1914–1919, Teil 1, S. 115. Das war nicht nur in Wirtschaftskreisen so. Zum friedlichen Leben der Heidelberger Gelehrtenwelt vor dem Kriegsausbruch siehe Reichert, Karl Hampe. Vgl. auch Zweig, Welt von Gestern, S. 227–250, der vielleicht am eindrucksvollsten die Überraschung der europäischen Welt über den Krieg dokumentiert. Im September 1914 musste der Geschäftsführer der Gesellschaft Deutscher Naturforscher und Ärzte zugestehen, dass er kriegsbedingte Kongressausfälle im Vertrag nicht vorgesehen hatte, und entschuldigte sich mit folgenden Worten: «Wir sind eben alle durch die jahrzehntelange Friedenszeit dem Gedanken, dass

doch schliesslich einmal ein Krieg kommen müsse, entfremdet gewesen.» Berthold Rassow an Carl Duisberg, 11. 9. 1914, BAL AS.

13 Neitzel, Kriegsausbruch; Mombauer, Origins. Vgl. auch Hewitson, Causes. Diese Literatur gilt es im Licht der Arbeit von Schmidt, Frankreichs Außenpolitik, allerdings noch einmal kritisch zu reflektieren. Vgl. auch Rose, Empire.

14 Vgl. die Beiträge in: Hamilton/Herwig (Hg.), War Planning 1914.

15 Carl Duisberg an Emil Fischer, 12. 8. 1914, BAL AS. Emil Fischer hingegen war sehr viel realistischer, zumal er, wie er Duisberg am 21. 8. 1914, BAL AS, schrieb, es begrüßt habe, dass es nun zum Krieg gekommen sei. Irgendwann wäre er doch gekommen; die derzeitige Situation sei aber für das Reich günstig, da sich in Zukunft die Bedingungen verschlechtern würden. Insgesamt zeigt der Briefwechsel, dass Fischer über die Berliner Situation sehr viel klarer unterrichtet war als der in gewisser Hinsicht ahnungslose Duisberg. Fischer machte sich auch kaum Illusionen über die Unterlegenheit der deutschen Flotte und damit über die Dauer des Krieges, den England sehr lang führen könne.

16 Siehe Duisbergs eigene Schilderung in einer Rede vor den Mitgliedern der Internationalen Arbeiterkonferenz 1921, abgedruckt in: Duisberg, Abhandlungen I, S. 469; BAL AS.

17 Roth, Staat und Wirtschaft, S. 42 f.

18 11. 8. 1914, BAL AS.

19 Dieser Punkt war nicht aus der Luft gegriffen. Mehrfach kam es in den folgenden Jahren zu Explosionsunglücken. Das schlimmste Unglück ereignete sich Ende Januar 1917, als große Teile der Fabrik beschädigt wurden und mehrere Menschen ums Leben kamen. Über eine Explosion im Herbst 1915 Carl Duisberg an Henry Theodor Böttinger, 30. 9. 1915, BAL AS.

20 Carl Duisberg an Henry Theodor Böttinger, 21. 8. 1914, BAL AS.

21 Henry Theodor Böttinger an Carl Duisberg, 22. 8. 1914, BAL AS.

22 Protokolle der Direktoriumssitzungen, BAL 12/4.

23 Noch auf der Betriebsführerbesprechung am 2. 10. 1914, BAL 13/004, schilderte Duisberg die Lage «in längeren Ausführungen» als keineswegs instabil. Die Läger seien geräumt, man könne nun auf Vorrat produzieren. Die Farbennachfrage in den USA sei weiterhin hoch und auch mit den neutralen Staaten erreiche man etwa 75 % des Friedensexports. Zwar gebe es noch zu viele Arbeitskräfte, doch solle man diese, bevor man sie entlässt, lieber für die Nachkriegszeit behalten.

24 Carl Duisberg an Gustav Stresemann, 30. 12. 1914, BAL AS.

25 Carl Duisberg an Henry Theodor Böttinger, 20. 8. 1914, BAL AS.

26 Zu ihrer Gründung und Funktionsweise siehe Roth, Staat und Wirtschaft, S. 52–75.

27 Zur Organisation vgl. Goebel, Rohstoffwirtschaft. Des Weiteren Wiedenfeld, Organisation.

28 Hierzu Plumpe. I. G. Farbenindustrie, S. 66 f. Vgl. auch Roth, Staat und Wirtschaft, S. 106 f., detailliert S. 118–120.

29 Roth, Staat und Wirtschaft, S. 55–59. Zur Zusammensetzung und zum Arbeitsklima vgl. auch Wiedenfeld, Zwischen Staat und Wirtschaft, insbesondere S. 67. Kurt Wiedenfeld war als Professor der Wirtschaftswissenschaft 1915 in die wissenschaftliche Kommission des Kriegsministeriums berufen worden und wechselte dann hauptamtlich in die KRA.

30 Bei Kriegsende existierten insgesamt etwa 200 solcher Gesellschaften bzw. Ausschüsse, die sich mit der Versorgung bestimmter Güter befassten, vgl. Roth, Staat und Wirtschaft, S. 31. Siehe auch Rohlack, Kriegsgesellschaften.

31 Müller, Kriegsrohstoffbewirtschaftung. Ferner Schröter, Krieg, Staat, Monopole.

32 Hierzu Szöllösi-Janze, Fritz Haber, S. 289–315. Plumpe, I. G. Farbenindustrie AG, S. 69–82.
33 Zur hierfür maßgeblichen militärischen Lage im Westen, Kielmansegg, Deutschland, S. 63 f.
34 Carl Duisberg an Werner von Baum, 19. 11. 1914, BAL AS.
35 Das Direktorium der Farbenfabriken beschloss am 3. 11. 1914, die Produktion von TNT, wenn nötig, aufzunehmen. Das Erforderliche solle veranlasst werden, BAL 12/4. Siehe auch Carl Duisberg an Henry Theodor Böttinger, 21. 11. 1914, BAL AS. Die offiziellen Genehmigungen erteilte der Regierungspräsident in Düsseldorf allerdings erst im Januar 1915; vgl. Klose, Carl Duisberg, S. 180.
36 Carl Duisberg an Max Bauer, 24. 7. 1915, BAL AS.
37 Ebd.
38 Hierzu Feldman, Armee, S. 60–68; Roth, Staat und Wirtschaft, S. 61.
39 Vgl. hierzu am Beispiel Krupp detailliert Burchardt, Kriegsgewinne, S. 108 f.
40 Zu diesen Strukturen am Beispiel Krupp, ebd., passim.
41 Seinen Berliner Alltag schilderte Duisberg in dem Brief an den Anorganiker Alfred Stock am 7. 6. 1915, BAL AS.
42 Die Leitung des Berliner Büros übernahm Edmund Kloeppel, der ehemalige Leiter der Leverkusener Patentabteilung, der mittlerweile dem Vorstand angehörte. Kloeppel wurde damit zugleich so etwas wie das Nachrichtenscharnier, auf das Duisberg bei seinen Berlinbesuchen ebenso Zugriff hatte wie der Aufsichtsratsvorsitzende Böttinger, wenn er aus der Neumark in die Reichshauptstadt kam; siehe die Erwähnungen im Schriftverkehr Böttinger – Duisberg während des Krieges, BAL AS.
43 Carl Duisberg an Franz Oppenheim, 4. 12. 1915, BAL AS.
44 Carl Duisberg an Henry Theodor Böttinger, 15. 3. 1915, BAL AS.
45 Szöllösi-Janze, Fritz Haber, S. 308 f.
46 Carl Duisberg an Ludwig Knorr, 20. 5. 1916, BAL AS.
47 Generaloberst Moritz Freiherr von Bissing an Carl Duisberg, 30. 5. 1916, BAL AS.
48 Carl Duisberg an Major von Cleve, Adjutant beim AOK 4, 7. 8. 1916, BAL AS.
49 Carl Duisberg an Max Bauer, 10. 8. 1916, BAL AS.
50 Carl Duisberg an Henry Theodor Böttinger, 5. 4. 1917, BAL AS.
51 Berechnet nach den Angaben bei Plumpe, I. G. Farbenindustrie AG, S. 94 f.
52 Zahlen bei ebd., S. 94.
53 Ebd., S. 96.
54 Zu Bauer gibt es zahlreiche Verweise in der Literatur, namentlich jetzt bei Nebelin, Ludendorff. Eine neuere Biographie fehlt, daher ist die Arbeit von Vogt, Bauer, weiterhin eine wesentliche Informationsquelle. Zu der Beziehung instruktiv, Portz, Großindustrie, S. 75–81.
55 Feldman, Hugo Stinnes, S. 492.
56 Feldman, Hugo Stinnes, S. 493.
57 Vogt, Bauer, S. 29.
58 Bauer, Der große Krieg, S. 38 f.; 62 f.
59 Ritter, Staatskunst und Kriegshandwerk, Bd. 3, S. 418. Diese Auffassung wird von der Literatur weitgehend geteilt, vgl. Feldman, Armee, S. 329. Eine solche Beurteilung Bauers war im Übrigen schon zeitgenössisch weit verbreitet. Aus Anlass von Bauers Tod schrieb die «Frankfurter Zeitung» am 6. 5. 1929, Bauer sei der eigentlich wichtige Mann hinter Ludendorff gewesen und hätte ständig an der Strippe mit Stinnes und Duisberg und deren Helfershelfern gehangen. «Unerhört», schrieb Carl Duisberg an den Rand!, BAL 271/0. Zur Rolle Bauers ausführlich,

,Vogt, Bauer. Siehe auch Portz, Großindustrie, und Nebelin, Ludendorff, S. 248 und öfter.

60 Carl Duisberg an Max Bauer, 24. 7. 1915, BAL AS.

61 Bauer, Der große Krieg, S. 205. Diese Formulierung stammte im Übrigen nicht von Max Bauer selbst, sondern von Maximilian Harden. Harden hatte sie in den Text hineinredigiert und Bauer mithin diese Passage nur übernommen. Vgl. zu dem eigentümlichen Verhältnis von Max Bauer zu Maximilian Harden, Hellige (Hg.), Walther Rathenau-Gesamtausgabe, Bd. VI, S. 882 f.

62 Frau Duisberg kümmerte sich während des Krieges wiederholt um das Wohlergehen der Familie des Generalstabsoffiziers, u. a. durch Lieferung von Kartoffeln. Johanna Duisberg bedachte aber auch Bauers Operationsabteilung II in der OHL mit Liebesgaben; Dankschreiben in: BAL AS Max Bauer. Bauer wurde von Duisberg in bewährter Art mit Geschenken überhäuft. Am 20. 11. 1914 bekam er gleich vier Gläschen Adalin, vier Pakete Coryfin C und eine Reiseapotheke neuester Aufmachung, Notiz vom 20. 11. 1914, BAL 271/0.

63 Carl Duisberg an Max Bauer, 8. 4. 1915, BAL AS.

64 Carl Duisberg an Max Bauer, 24. 7. 1915, BAL AS.

65 Carl Duisberg schilderte Bauers Kommunikationsverhalten in einem Brief an Karl Lothes, 24. 7. 1915, BAL AS.

66 Bauer, Der große Krieg, S. 61; 73 f.

67 Carl Duisberg an Max Bauer, 13. 12. 1915, BAL AS.

68 Carl Duisberg an Max Bauer, 21. 1. 1916, BAL AS.

69 Carl Duisberg an Max Bauer, 19. 1. 1916, BAL AS.

70 Carl Duisberg an Max Bauer, 17. 11. 1916, BAL AS.

71 Weber, Ludendorff und die Monopole, passim.

72 Carl Duisberg an Max Bauer, 24. 7. 1915, BAL AS.

73 Carl Duisberg an Max Bauer, 19. 1. 1916, BAL AS.

74 Vgl. hierzu Kap. 23. Generell Vogt, Bauer, S. 48 ff.

75 Hier unterschied er sich wenig von seinen industriellen Kollegen, etwa Hugo Stinnes, Gustav Krupp oder Walther Rathenau, die alle große Erwartungen an die 3. OHL hatten; vgl. Nebelin, Ludendorff, S. 248, 270 und öfter.

76 Carl Duisberg an Oberbürgermeister Wilhelm Funck, 12. 7. 1918, BAL AS.

77 Max Bauer an Carl Duisberg, 23. 12. 1918, BAL AS.

78 Er bat Duisberg auch um Geld für eine Unterformation der Marinebrigade Erhardt. Ob Duisberg dem nachgekommen ist, lässt sich aus den Akten nicht erkennen.

79 Max Bauer an Carl Duisberg, 9. 12. 1919, BAL AS.

80 Carl Duisberg an Max Bauer, 23. 12. 1919, BAL AS. Duisberg beteiligte sich daher auch nicht finanziell an Bauers Unternehmungen, im Gegensatz zur Schwerindustrie und Hugo Stinnes, über deren finanzielles Engagement indes keine Eindeutigkeit herrscht. Sicher ist aber, dass hier Gelder flossen. Duisberg unterstützte das nicht, auch deshalb nicht, weil dafür in der chemischen Industrie keine Unterstützung zu bekommen gewesen wäre.

81 Zum Kapp-Putsch siehe Kap. 30.

82 Hierzu Kap. 25.

83 Carl Duisberg an Max Bauer, 16. 8. 1928, BAL AS.

84 Carl Duisberg an Max Bauer, 13. 8. 1928, BAL AS.

85 Fox, Bauer.

86 Und zwar als Leiter einer Delegation der chinesischen Kuomintang-Regierung; vgl. Carl Duisberg, Unsere Reise durch China, Korea und Japan und die politische und wirtschaftliche Lage dieser Länder, o. D. (1929), S. 10, BAL 191/2, Vol. 6.

87 Notiz der chinesischen IG-Vertretung für das Sekretariat Duisberg, 28. 1. 1929, BAL 270/0.

88 Vogt, Bauer, zum Kontakt in China S. 451 f. Vgl. auch Kirby, Germany, S. 61–63.

89 Vogt, Bauer, S. 451 f.

90 Carl Duisberg an Walther Nernst, 31. 7. 1929, BAL AS.

91 C. G.Gadow/IG Shanghai, an Carl Duisberg, 29. 5. 1929, BAL 271/0; Vogt, Bauer, S. 460 f.

92 Carl Duisberg, Unsere Reise durch China, Korea und Japan und die politische und wirtschaftliche Lage dieser Länder, o. D. (1929), S. 10, BAL 191/2, Vol. 6, S. 11.

21 | Gas

1 Zur taktischen Lage vgl. Kielmansegg, Deutschland, S. 45.

2 Bauer, Der große Krieg, S. 67.

3 Krupp von Bohlen gegenüber äußerte sich Falkenhayn entsprechend; es käme derzeit vor allem darauf an, «die feindlichen Schützengräben zu räumen». Gustav Krupp von Bohlen und Halbach an Carl Duisberg, 15. 12. 1914, BAL AS. Ähnlich auch die Darstellung bei Carl Duisberg, Die Reizstoffe für den Gaskampf und die Mittel zu ihrer Abwehr, Mai 1916, BAL AS, S. 1.

4 Groehler, Der lautlose Tod, S. 25. Auch Ulrich Trumpener geht von frühen französischen Versuchen aus, die aufgrund noch immer gesperrter Akten freilich nicht genau zu rekonstruieren seien; Trumpener, Road, S. 461–463. Jetzt auch Münkler, Der Große Krieg, S. 390.

5 Trumpener, Road, S. 463, berichtet von britischen Versuchen im Frühjahr 1914 mit Chlorazeton u. Ä. Auch deutsche Versuche seien negativ ausgefallen.

6 Die Haager Erklärung von 1899 verbot die Nutzung von «Geschossen, deren einziger Zweck die Verbreitung von erstickenden, giftigen Gasen» war; Kielmansegg, Deutschland, S. 90.

7 Hierzu ausführlich Szöllösi-Janze, Fritz Haber, S. 321 f. Zum Hintergrund der Entscheidung, Gaswaffen zu entwickeln, vgl. Trumpener, Road, S. 464.

8 Emil Fischer blieb in der Frage der chemischen Kampfstoffe im Hintergrund; hierzu Remane, Emil Fischer, S. 57, der behauptet, Fischer habe sich an der Entwicklung derartiger Kampfstoffe überhaupt nicht beteiligt. Das trifft nicht zu, da er u. a. Duisberg als Gesprächspartner durchaus zur Verfügung stand.

9 Zu seiner personellen Ausstattung, Brocke, Kaiser-Wilhelm-Gesellschaft in der Weimarer Republik, S. 208.

10 Bauer, Der große Krieg, S. 67.

11 Carl Duisberg, Die Reizstoffe für den Gaskampf und die Mittel zu seiner Abwehr, S. 1, BAL AS, auch BAL 201–005–002.

12 Carl Duisberg an Hans-Hasso von Veltheim, 24. 10. 1914, BAL AS. Siehe auch die Erinnerung im Schreiben von Carl Duisberg an Max Bauer, 10. 9. 1916, BAL AS.

13 Carl Duisberg an Oskar von Miller, 25. 11. 1914, BAL AS.

14 Carl Duisberg an Werner von Baum, 19. 11. 1914, BAL AS.

15 Zum Einsatz bei Neuve-Chapelle am 27. 10. 1914 vgl. auch Trumpener, Road, S. 465.

16 Szöllösi-Janze, Fritz Haber, S. 322.

17 Bauer, Der große Krieg, S. 67. Duisberg sprach im Mai 1916 davon, die Verwendung der Ni-Geschosse habe ganz «brauchbare Resultate» erbracht, Die Reizstoffe für den Gaskampf, S. 5.

18 Das Xylolbromid «ist allen Chemikern, die damit gearbeitet haben, als eine sehr unangenehme, die Augen stark reizende, den menschlichen Organismus im allge-

meinen aber nicht ernstlich schädigende Substanz bekannt». Duisberg, Die Reizstoffe im Gaskampf, S. 6.

19 Duisberg, Die Reizstoffe im Gaskampf, S. 6. Offensichtlich wurde zunächst auch nur ein Versuch gemacht, derartige Granaten einzusetzen, und zwar am 31. Januar 1915 an der Ostfront, wo die Ergebnisse auch wegen des kalten Wetters enttäuschend waren; vgl. Kielmansegg, Deutschland, S. 90 f.

20 Gustav Krupp von Bohlen und Halbach an Carl Duisberg, 15. 12. 1914, BAL AS.

21 Emil Fischer an Carl Duisberg, 20. 12. 1914, BAL AS.

22 Carl Duisberg an Gustav Krupp von Bohlen und Halbach, 18. 12. 1914, BAL AS.

23 Carl Duisberg an Dr. Karp, Reichsgesundheitsamt, 5. 1. 1915, BAL 201/007, Bd. 1; vgl. auch Carl Duisberg an Henry Theodor Böttinger, 5. 1. 1915, BAL AS.

24 Carl Duisberg an Emil Fischer, 23. 12. 1914, BAL AS.

25 Duisberg, Die Reizstoffe für den Gaskampf, S. 6. Siehe auch seine Bemerkungen im Schreiben an Emil Fischer, 23. 12. 1914, BAL AS.

26 Den Breslauer Anorganiker Alfred Stock etwa bat er am 15. 1. 1915, bei der Suche nach Reizstoffen zu helfen, BAL AS. Stock schlug Duisberg am 18. 1. 1915, BAL AS, eine ganze Reihe von Giftstoffen, u. a. Phosgen, vor, doch meinte Duisberg, 20. 1. 1915, das meiste davon habe man bereits ohne Erfolg getestet.

27 Carl Duisberg an Walther Nernst, 20. 1. 1915, BAL AS. Er bat allerdings am 25. 1. 1915 Nernst vorläufig darum, nichts verlauten zu lassen.

28 Carl Duisberg an Erich von Falkenhayn, 25. 1. 1915, BAL AS.

29 Carl Duisberg an Walther Nernst, 20. 1. 1915, BAL AS.

30 Entwurf eines Berichts über die Tätigkeit der von der Obersten Heeresleitung eingesetzten Spezialkommission behufs Auffindigmachung eines Artillerie-Geschosses, das neben seiner artilleristischen Wirkung auch chemische Wirksamkeit entfaltet (Gastätigkeitsbericht II), Februar 1915, BAL 201/5.3. Vgl. auch Plumpe, I. G. Farbenindustrie AG, S. 86 f. In dem Abschlussbericht wurde die Mitarbeit Bauers in der Kommission auf dessen Bitte hin nicht erwähnt.

31 Carl Duisberg an Walter Hempel, 20. 1. 1915, BAL AS.

32 Carl Duisberg an Walter Hempel, 25. 1. 1915, BAL AS.

33 Siehe insbesondere den Briefwechsel mit dem Chef des Munitionswesens, Generalleutnant Sieger, BAL 201/7, Bde. 1. u. 2, hier insbesondere Schreiben Duisbergs vom 25. 1. 1915.

34 Hierzu detailliert Szöllösi-Janze, Fritz Haber, S. 316–332, die auch die umfangreiche Literatur zum Thema verarbeitet.

35 Zur Wirkung des Chlors siehe Groehler, Der lautlose Tod, S. 41–45.

36 Carl Duisberg an Emil Fischer, 4. 3. 1915, BAL AS.

37 Den offiziellen Abschlussbericht sandte Carl Duisberg am 29. 3. 1915 an den Präsidenten des Ingenieur-Komitees und General der Infanterie Ludwig von Dingeldein, BAL AS.

38 Carl Duisberg an Erich von Falkenhayn, 1. 3. 1915, BAL AS.

39 Carl Duisberg an Max Bauer, 3. 3. 1915, BAL AS.

40 Dorthin versandten die Farbenfabriken Anfang April 1915 einen Satz der unterschiedlichen Wirkstoffgranaten zum Vergleichsschießen, Carl Duisberg an Major Giese, 9. 4. 1915, BAL AS.

41 Carl Duisberg an Max Bauer, 7. 4. 1915, BAL AS. Einen Tag später, am 8. 4. 1915, erläuterte Duisberg in einem Schreiben an Walther Nernst die chemische Wirkung, BAL AS.

42 Carl Duisberg an Max Bauer, 8. 4. 1915, BAL AS.

43 Hierzu ausführlich Trumpener, Road, passim.

44 Carl Duisberg an Hans-Hasso von Veltheim, 7. 4. 1915, BAL AS.
45 Darauf hatte ihn schon Emil Fischer aufmerksam gemacht, der Habers Projekt wegen der Gefährdung durch alliierte Vergeltungsangriffe überaus skeptisch beurteilte; vgl. Emil Fischer an Carl Duisberg, 7. 3. 1915, BAL AS. Duisberg teilte diese Auffassung. Er sei aber nicht sonderlich beunruhigt, da man in Frankreich und Großbritannien nicht ausreichend Gasflaschen habe. Lediglich in den USA sei man dazu in der Lage, sie herzustellen. Die Auskunft habe der OHL gereicht, um Habers Angriffsplan zu genehmigen, Carl Duisberg an Emil Fischer, 9. 3. 1915, BAL AS.
46 Duisberg, Die Reizstoffe im Gaskampf, S. 10; ähnlich Szöllösi-Janze, Fritz Haber. Duisberg selbst war durch seinen Schwiegersohn, der in Flandern als Artilleriebeobachter tätig war, in der Regel auch aus der Sicht der Truppe gut informiert und beurteilte auch deshalb die Erfolge der Chlorangriffe eher skeptisch. Veltheim schrieb zusätzlich zu seinen Briefen ein Tagebuch, das er Duisberg zur Aufbewahrung anvertraute; Briefwechsel Carl Duisberg – Hans-Hasso von Veltheim, insbesondere Schreiben von Hans-Hasso von Veltheim vom 14. 5. 1915, BAL AS.
47 Es kam dort, wo die Witterung günstig war, allerdings während des gesamten Krieges zum Einsatz. An der Westfront waren es vor allem Engländer und Franzosen, die Blasangriffe ausführten, an der Ostfront nutzte auch die deutsche Seite dieses Verfahren weiter; vgl. Martinetz, Gaskrieg, S. 48 ff. Mengenmäßig stand das Chlor bei den chemischen Kampfstoffen deutlich an der Spitze.
48 Carl Duisberg an Ludwig Knorr, 5. 6. 1915, BAL AS.
49 Carl Duisberg an Ludwig Knorr, 5. 6. 1915, BAL AS.
50 Carl Duisberg an Karl Lothes, 24. 7. 1915, BAL AS.
51 Carl Duisberg an Walther Nernst, 30. 7. 1915, BAL AS.
52 Carl Duisberg an Max Bauer, 2. 8. 1915, BAL AS.
53 Karl Lothes an Carl Duisberg, 12. 8. 1915, BAL AS.
54 Carl Duisberg an Karl Lothes, 16. 8. 1915, BAL AS.
55 Die Entwicklung ist detailliert dargestellt bei Duisberg, Die Reizstoffe für den Gaskampf, S. 20–25.
56 Vgl. hierzu Carl Duisberg an Fritz Haber, 17. 8. 1915, BAL AS. Auch die Erfolge der alliierten Chlorgasangriffe an der Westfront im September 1915 führte Duisberg auf Versäumnisse der Sanitätsverwaltung zurück, vor denen er frühzeitig gewarnt habe, Carl Duisberg an Emil Fischer, 28. 9. 1915, BAL AS.
57 Hierzu ausführlich Szöllösi-Janze, Fritz Haber, S. 339–346.
58 Carl Duisberg an Fritz Haber, 17. 8. 1915.
59 Carl Duisberg an Fritz Haber, 2. 10. 1915, BAL AS.
60 Carl Duisberg an Henry Theodor Böttinger, 30. 9. 1915, BAL AS.
61 Carl Duisberg an Max Bauer, 29. 9. 1915, BAL AS.
62 Carl Duisberg an Max Bauer, 29. 9. 1915, BAL AS.
63 Carl Duisberg an Karl Lothes, 2. 2. 1916, BAL AS.
64 Carl Duisberg an Max Bauer, 2. 2. 1916, BAL AS.
65 Carl Duisberg an Alfred Stock, 22. 2. 1916, BAL AS.
66 Carl Duisberg an Karl Lothes, 3. 3. 1916, BAL AS. Perstoff verband zwei Moleküle Phosgen durch Sauerstoff. Über die Möglichkeiten, ihn möglichst preisgünstig herzustellen, korrespondierten Carl Duisberg und Alfred Stock vom KWI Chemie im Sommer 1916 miteinander.
67 Carl Duisberg an Max Bauer, 17. 3. 1916, BAL AS.
68 Zu einer entscheidenden Besprechung kam es am 27. 3. 1916 in Hasselt, an der neben Duisberg auch Haber, Fromm, Tappen und Oberstleutnant Bauer teilnahmen. Dort wurde nicht nur die zukünftige Produktion festgelegt, sondern auch deren Verein-

heitlichung abgesprochen und die Verwendung bestimmter Stoffe verabredet: Größere Wirkung sollte zukünftig durch Zugabe von Perstoff zu T-Stoff erzielt werden; ebenso sollte bei Minen Perstoff und Phosgen zum Einsatz kommen, BAL 201/7, 1/2.

69 Carl Duisberg an Max Bauer, 10. 8. 1916, BAL AS.

70 Martinetz, Gaskrieg, S. 120.

71 Carl Duisberg an Fritz Haber, 2. 10. 1915, BAL AS.

72 Hierzu ausführlich Szöllösi-Janze, Fritz Haber, S. 316–372.

73 Vgl. auch Schmaltz, Kampfstoff-Forschung, S. 17–23.

74 So die Schätzung von L. F. Haber, die Martinetz, Gaskrieg, S. 120, wiedergibt.

75 Groehler, Der lautlose Tod, S. 68.

76 Die Masse der Gastoten entfiel dabei mit etwa 56 000 auf Russland, während die Schätzungen für Deutschland zwischen 2300 und 9000 schwanken. Für Frankreich liegen die Schätzungen zwischen 6300 und 8000, für Großbritannien zwischen 5900 und 8100; Martinetz, Gaskrieg, S. 129.

77 Groehler, Der lautlose Tod, S. 69; Martinetz, Gaskrieg, S. 127–131.

78 Martinetz, Gaskrieg, S. 43.

79 Max Bauer an Carl Duisberg, 23. 12. 1918, BAL AS.

80 Vgl. etwa Carl Duisberg an Fritz Haber, 17. 8. 1915, BAL AS.

81 Martinetz, Gaskrieg, S. 43 und öfter.

82 Es kam auch immer wieder zu tödlichen Unfällen. So starben im Mai 1915 ein Ingenieur und zwei Arbeiter, die bei der Reparatur eines Kessels «trotz aller Vorsichtsmaßnahmen mit dem Stoff in Berührung gekommen (waren). Bei der Sektion fand man die Lungen total verätzt. Damit ist also der Beweis erbracht, dass das Produkt ausgezeichnet für unsere Gegner, zumal die farbigen Engländer und Franzosen geeignet ist.» Carl Duisberg an Friedrich von Müller, 9. 6. 1915, BAL AS.

83 Duisberg hatte auch keine grundsätzlichen Vorbehalte gegenüber biologischen Kampfstoffen. Als sein Schwiegersohn Hans-Hasso von Veltheim ihn am 20. Mai 1915 aufforderte, «Cholera-Rotz-Typhus-Bomben oder sonstige Bazillen» für Angriffe auf London oder Paris zu entwickeln, erwiderte Duisberg (am 25. 5. 1915), man habe die Frage dieser Wirkstoffe mit Paul Ehrlich bereits besprochen, ihren Einsatz dann aber wegen der großen Selbstgefährdungsgefahr verworfen, BAL AS.

84 Emil Ehrensberger an Carl Duisberg, 24. 11. 1917, BAL AS.

85 Carl Duisberg, Die Lage der deutschen Wirtschaft, insbesondere der chemischen Industrie 1920–1921. Eröffnungsrede auf der Hauptversammlung des VCI, Berlin 1921, abgedruckt in: Duisberg, Abhandlungen I, S. 600–602.

86 Carl Duisberg an Walther Nernst, 2. 2. 1934, BAL AS.

87 Zusammenstellung der unterschiedlichen Schätzungen bzw. Angaben bei Martinetz, Gaskrieg, S. 120–123.

88 Plumpe, I. G. Farbenindustrie AG, S. 88, Fn. 94.

22 | Kriegsziele

1 Portz, Großindustrie, passim.

2 Diese Kriegszieleuphorie hat maßgeblich den Stoff für Fritz Fischers Thesen vom geplanten deutschen Griff nach der Weltmacht geliefert. Zumindest für die Industrie ist aber eindeutig, dass diese Stimmen durchweg eine Folge der Kriegsereignisse, nicht ihre Voraussetzung, gar Vorbedingung waren. Vgl. Fritz Fischer, Griff nach der Weltmacht. Zur Ausweitung der These auf die Vorkriegszeit Fritz Fischer, Krieg der Illusionen, insbesondere aber Stegmann, Die Erben Bismarcks. Immer noch lesenswert Kielmansegg, Deutschland, S. 205–225, 243–264. Zu der Kriegszieldis-

kussion aktuell Hirschfeld u. a. (Hg.), Enzyklopädie Erster Weltkrieg. Vgl. auch Wehler, Gesellschaftsgeschichte, Bd. 4, S. 26–38. Über die Berliner Stimmung siehe die Tagebuchnotizen von Theodor Wolff, Tagebücher 1914–1919, Erster Teil, etwa S. 97, mit den Eintragungen von Anfang September 1914.

3 Hierzu Bruendel, Volksgemeinschaft. Siehe auch Brocke, «Wissenschaft und Militarismus», S. 649–719

4 Zu der großen Wirkung, die sie in Deutschland hatte, vgl. Theodor Wolff, Tagebücher 1914–1919, Erster Teil, S. 104–107, auch S. 112, S. 122.

5 Emil Fischer an Carl Duisberg, 22. 10. 1914, BAL 87/1.6. Vgl. auch Portz, Großindustrie, S. 117.

6 Carl Duisberg an Hugo Schweitzer, 30. 12. 1914, BAL AS. Zu Fischers Haltung vgl. Remane, «Krieg der Geister».

7 Hierzu Mommsen, Art. Kriegsziele, S. 666–668. Vgl. auch Münkler, Der Große Krieg, S. 215–288.

8 Feldman, Armee, S. 123. Das Verbot der öffentlichen Kriegszieldiskussion, das die Reichsregierung vermittels der Pressezensur durchsetzte, dauerte vom Herbst 1914 bis zum Herbst 1916, vgl. Kielmansegg, Deutschland, S. 247. Zur Debatte hierum auch Wolff, Tagebücher 1914–1918, Erster Teil, S. 168 f. über seine Gespräche mit Bethmann-Hollweg und Albert Ballin.

9 Nach Dietrich Schäfers Erinnerungen konnte erst seit dem 27. November 1916 offen über mögliche Kriegsziele gesprochen werden; Schäfer, Mein Leben, S. 168.

10 Hierzu Kielmansegg, Deutschland, S. 247–250.

11 Diese Wünsche waren keine Duisbergsche Spezialität, sondern weit verbreitet. So hoffte etwa auch Gerhart Hauptmann, Deutschland könne von Belgien aus nach England «hinüberbällern»; vgl. Theodor Wolff, Tagebücher 1914–1919, Erster Teil, S. 104.

12 Hierzu Kielmansegg, Deutschland, S. 265–276.

13 Carl Duisberg an Gustav Stresemann, 3. 3. 1915, BAL AS.

14 Kielmansegg, Deutschland, S. 267.

15 Klose, Duisberg, S. 194.

16 Schäfer, Mein Leben, S. 169.

17 Grundlegend hierzu Portz, Großindustrie, S. 98 ff. Sie entsprach wohl eher den auch seinerzeit im liberalen Lager breit vertretenen offensiven Hoffnungen; hierzu Radkau, Theodor Heuss, S. 104.

18 Kielmansegg, Deutschland, S. 256 f.

19 Wehler, Gesellschaftsgeschichte, Bd. 4, S. 31.

20 Zu Dietrich Schäfer vgl. Ay, Art. Schäfer, Dietrich. Überaus informativ ist auch die Autobiographie des aus einfachen Verhältnissen stammenden Mannes, der sich zu einem der führenden Flottenpropagandisten schon vor 1914 hochgearbeitet hatte; vgl. Schäfer, Mein Leben.

21 Schäfer, Mein Leben, S. 169.

22 Carl Duisberg an Max Bauer, 21. 1. 1916, BAL AS. Duisberg drängte sich auch später nicht in die Öffentlichkeit, sondern suchte im Stillen zu wirken. Als Matthias Erzberger Duisberg am 3. 7. 1916 bat, eine öffentliche Rede zu halten, lehnte dieser umgehend ab, 4. 7. 1916, BAL 300/147.

23 Hierzu Kielmansegg, Deutschland, S. 258–260.

24 Zum Verhältnis der Rechtsparteien zu Bethmann-Hollweg grundsätzlich, Kielmansegg, Deutschland, S. 255 f.

25 Dass Bauer wiederholt auf ein stärkeres Auftreten in der Öffentlichkeit drängte, geht aus dem Briefwechsel mit Duisberg hervor, vgl. etwa Carl Duisberg an Max Bauer,

3. 1. 1917, BAL AS: «Sie haben ja ganz recht, wenn Sie wünschen, dass wir auf diese Weise weiter fortfahren und uns mehr in der Presse betätigen.»

26 Im Unabhängigen Ausschuß für einen deutschen Frieden trat Duisberg, wenn er denn überhaupt an dessen Sitzungen teilnahm, fast immer als Verbindungsmann der OHL auf; vgl. den Schriftverkehr in: BAL 202/2 Unabhängiger Ausschuss für einen deutschen Frieden.

27 Dietrich Schäfer an Carl Duisberg, 27. 7. 1915, BAL AS. Schäfer dankte Duisberg für dessen Bemühungen, weitere Unterstützer für die Denkschrift zu finden, die schließlich 1347 Professoren unterzeichneten; Geiss, Das Deutsche Reich, S. 98. Details bei Portz, Großindustrie, S. 121 f.

28 Auch in Duisbergs Bekanntenkreis gab es Kritik. Der Direktor der MAN Emil Guggenheimer etwa verweigerte im Juli die Unterschrift mit militärischen und taktischen Überlegungen. Militärisch sei es für weitreichende Forderungen zu früh, taktisch würde man nur die Gegner derartiger Forderungen mobilisieren; Emil Guggenheimer an Carl Duisberg, 23. 7. 1915, BAL AS.

29 Zum UA vgl. Hagenlücke, Deutsche Vaterlandspartei. Siehe auch den gleichnamigen Artikel in: Enzyklopädie Erster Weltkrieg. Der Artikel enthält einige Ungenauigkeiten, ist aber ansonsten zuverlässig. In der Öffentlichkeit konnte der UA erst nach der Freigabe der Kriegszieldiskussion im Sommer 1916 auftreten. Er umfasste schließlich 150 000 Mitglieder und wurde im Wesentlichen von Alfred Hugenberg finanziert.

30 Dietrich Schäfer an Carl Duisberg, 5. 9. 1915, BAL AS.

31 Portz, Großindustrie, S. 123 f.

32 Portz, Großindustrie, S. 124. Vgl. auch Volkmann, Annexionsfragen, S. 75.

33 Schäfer, Mein Leben, S. 171 f.

34 Die Korrespondenz in: BAL 202/2, Unabhängiger Ausschuss für einen deutschen Frieden, zeigt eindeutig, daß sich Duisberg an der alltäglichen Arbeit des UA nicht beteiligte, sondern sich bis auf wenige Ausnahmen bei den Sitzungen entschuldigen ließ.

35 Carl Duisberg an Hans-Hasso von Veltheim, 8. 10. 1915, BAL AS.

36 Schäfer, Mein Leben, S. 171.

37 Entwurf der Denkschrift, Dietrich Schäfer an Carl Duisberg, 15. 11. 1915, BAL AS. Zum Zusammenhang, Schäfer, Mein Leben, S. 173.

38 Vgl. Herzfeld, Zur deutschen Politik, hier S. 76, der darauf hinweist, dass die militärischen Erfolge die deutsche Kriegszieldiskussion deutlich beeinflusst hätten.

39 Kielmansegg, Deutschland, S. 259 f.

40 Siehe Duisbergs handschriftliche Streichungen und Marginalien im Entwurf der Denkschrift, BAL AS (Schriftwechsel mit Dietrich Schäfer). Ferner Schreiben von Carl Duisberg an Dietrich Schäfer, 18. 11. 1915, BAL 202/1.

41 Carl Duisberg an Dietrich Schäfer, 18. 11. 1915, BAL 202/1.

42 Max Bauer gegenüber gab er offen zu, daß ihn die Belange des Ostens eigentlich nicht interessierten, Carl Duisberg an Max Bauer, 19. 1. 1916, BAL AS: «Dabei liegt mir natürlich am meisten die Ordnung der Verhältnisse im Westen am Herzen, so sehr ich selbstverständlich auch mit tätig bin, die Fragen des Ostens zu diskutieren.»

43 Nebelin, Ludendorff, Kapitel 12.

44 Carl Duisberg an Gustav Krupp von Bohlen und Halbach, 23. 11. 1915, BAL AS.

45 Feldman, Armee, S. 122–124.

46 Denkschrift «Das Schicksal Belgiens beim Friedensschluss» in: BAL AS (Bestand Zitelmann).

47 Carl Duisberg an Ernst Zitelmann, 10. 11. 1915, BAL AS.

48 Damit lag er in etwa auf einer Linie mit Gustav Krupp von Bohlen und Halbach, der den Grundsatz der Denkschrift teilte, ihr im Einzelnen aber nicht folgen wollte. Das hielt er für «Geschmacksache». Gustav Krupp von Bohlen und Halbach an Carl Duisberg, 2. 12. 1915, BAL AS.
49 Hierzu die wiederholten, ausführlichen Eintragungen im Kriegstagebuch von Theodor Wolff, Tagebücher 1914–1919, Erster Teil, etwa S. 248 f.
50 Carl Duisberg an Hans-Hasso von Veltheim, 12. 11. 1915, BAL AS.
51 Auch die überarbeitete Professorendenkschrift mit dem Titel «Zur Lage» ließ die Reichsleitung Anfang 1916 wieder aus dem Verkehr ziehen, soweit das möglich war; Schäfer, Mein Leben, S. 180 f.
52 Siehe zu deren Selbstverständnis den Sammelband Hintze u. a. (Hg.), Deutschland und der Weltkrieg.
53 Vgl. hierzu Dorrmann, Eduard Arnhold, S. 227.
54 Der Hass, den der Nationalausschuss auslöste, ist schön dokumentiert bei Schäfer, Mein Leben, S. 188–190.
55 Portz interpretiert diese Stelle falsch, insofern er Duisberg eine widersprüchliche Haltung in der Belgienfrage unterstellt. Doch hier geht es allein darum, ob die belgische Bevölkerung Einfluss auf die Politik des Reiches bekommen soll, was Duisberg stets ausgeschlossen hatte. Insofern war es für ihn undenkbar, dass Belgien ein normaler Teil des Reiches hätte werden können.
56 Carl Duisberg an Max Bauer, 19. 1. 1916, BAL AS.
57 Carl Duisberg an Max Bauer, 2. 3. 1916, BAL AS.
58 Zum Hintergrund, Wolff, Tagebuch 1914–1919, Erster Teil, S. 251–255.
59 Harnack, Schwelle.
60 Zum Aufruf des Nationalausschusses vom Juli 1916 vgl. Dorrmann, Eduard Arnhold, S. 227.
61 Zur Reaktion auf die Rede vgl. Zunkel, Industrie, S. 57–59.
62 Eduard Arnhold an Carl Duisberg, 19. 8. 1916, BAL AS.
63 Kriegschemikalien AG.
64 Carl Duisberg an Eduard Arnhold, 23. 8. 1916, BAL AS.
65 Carl Duisberg an Max Bauer, 3. 1. 1917, BAL AS.
66 Isay war zu dieser Zeit ziviler Mitarbeiter der Ein- und Ausfuhrabteilung des Kriegsministeriums, vgl. Zunkel, Industrie, S. 88.
67 Hierzu siehe unten Kapitel 26.
68 Carl Duisberg an Hermann Isay, 5. 12. 1917, BAL AS.
69 Carl Duisberg an Wilhelm Wislicenus, 2. 1. 1918, BAL AS.
70 Firmen der I. G. an den Staatssekretär des RdI, Karl Helfferich, im Januar 1918, BAL AS (Bestand Helfferich).
71 Carl Duisberg an Hermann Isay, 28. 3. 1918, BAL AS.
72 Carl Duisberg an den Staatssekretär des Reichswirtschaftsamts von Stein, 9. 3. 1918, BAL 201/36.
73 Als Sachverständiger Mitarbeiter bei der Enquete zur Vorbereitung der auf allen Gebieten bei Friedensschluss durchzusetzenden wirtschaftlichen Forderungen, Abteilung Chemie, Carl Duisberg an Emanuel Merck, 12. 8. 1918, BAL AS.
74 Carl Duisberg an Max Bauer, 26. 5. 1918, BAL AS.
75 Zum Hintergrund vgl. Hoepke, Alfred Hugenberg, S. 909 f.
76 Zum Zusammenhang ausführlich Portz, Großindustrie, S. 277 ff.
77 Carl Duisberg an Friedrich von Schwerin, 12. 8. 1918, BAL AS.
78 Siehe unten Kapitel 25.
79 Carl Duisberg an Georg Talbot, 23. 9. 1918, BAL AS.

80 Carl Duisberg an Georg Talbot, 23. 9. 1918, BAL AS.
81 Hierzu Zunkel, Industrie, S. 161 f. Die Schwerindustrie war noch weltfremder als Duisberg, forderte sie doch noch im Oktober die dauernde Sicherung des ungehinderten Zugangs zu den Lothringer Erzen.

23 | Ludendorffs Freund

1 Im Schriftwechsel mit seinem an der Westfront stationierten Schwiegersohn zeichnete sich die Ablehnung Bethmann-Hollwegs schon im Jahr 1915 immer stärker ab; vgl. Hans-Hasso von Veltheim an Carl Duisberg, 7. 2. 1916, BAL AS.
2 Tischrede Carl Duisbergs, gehalten am 4. 3. 1916 im Industrieclub zu Düsseldorf, abgedruckt in: Duisberg, Abhandlungen I, S. 808–812, hier S. 808 f.
3 Ebd., S. 812.
4 Carl Duisberg an Henry Theodor Böttinger, 3. 7. 1916, BAL AS. Zur Kriegslage Segesser, Der Erste Weltkrieg, S. 70 ff.
5 Carl Duisberg an Henry Theodor Böttinger, 3. 7. 1916, BAL AS.
6 Carl Duisberg an Max Bauer, 10. 8. 1916, BAL AS.
7 Hierzu Feldman, Armee, S. 124–126.
8 Jüngst zusammenfassend, Nebelin, Ludendorff, S. 243–281.
9 Siehe Chef des Generalstabes des Feldheeres an den Herrn Kriegsminister, 31. 8. 1916, in: Ludendorff (Hg.), Urkunden, S. 63–65; Schreiben des Chefs des Generalstabes des Feldheeres an den Herrn Reichskanzler, 13. 9. 1916, in: ebd., S. 65–69; schließlich Schreiben des Chefs des Generalstabes des Feldheeres an den Herrn Kriegsminister, 14. 9. 1916, in: ebd., S. 69 f.
10 Weber, Ludendorff und die Monopole, S. 48.
11 Carl Duisberg an Max Bauer, 10. 9. 1916, BAL AS.
12 Carl Duisberg an Max Bauer, 10. 9. 1916, BAL AS.
13 Carl Duisberg an Max Bauer, 10. 9. 1916, BAL AS.
14 Carl Duisberg an Max Bauer, 10. 9. 1916, BAL AS.
15 Carl Duisberg an Max Bauer, 10. 9. 1916, BAL AS.
16 Weber, Ludendorff und die Monopole, S. 43–50. Vgl. auch Baudis/Nussbaum, Wirtschaft und Staat, S. 283–285.
17 Auch Feldman kennt offensichtlich nur das Bruchstück des Briefes aus Bauers Nachlass und kommt daher zu einem ebenso unzutreffenden Urteil: «In anderen Worten, das Hindenburg-Programm wurde ebenso von der Gewinnsucht der industriellen und von Bauers Streben nach Macht bestimmt wie von dem Wunsch, aus dem Produktionskampf als alleiniger Sieger hervorzugehen, doch es waren Geld und Macht, die auf die Gestaltung des Programms entscheidend einwirkten.» Feldman, Armee, S. 143.
18 Carl Duisberg an Max Bauer, 10. 9. 1916, BAL AS.
19 Carl Duisberg an Max Bauer, 11. 11. 1916, BAL AS.
20 Siehe seine Zusammenfassung des Gesprächs in der Rede vor der Vertrauensleuteversammlung des UA am 15. 10. 1916 in Berlin, BAL 202/6.1: Handschriftlich korrigierte Fassung des stenographischen Protokolls.
21 Carl Duisberg an Frau Klimsch, 11. 9. 1916, BAL AS.
22 Folgende Darstellung nach Feldman, Armee, S. 144–148, der die Konferenz ausführlich analysiert.
23 Ausführlich analysiert bei Feldman, Armee, S. 148–168. Vgl. auch Baudis/Nussbaum, Staat und Wirtschaft, S. 289–295.
24 Groeners Haltung gefiel Duisberg anfänglich außerordentlich gut, «weil er den Din-

gen auf den Grund geht und die Schwierigkeiten, die sich entgegenstellen, kurzerhand zu beseitigen sucht. Er gehört zu den Naturen, die auch über ihr Ressort hinaus die Verantwortung zu übernehmen fähig und auch bereit sind, wenn es das Wohl des Ganzen gilt und wenn es sich dabei auch um den Kopf handelt.» Er würde sich freuen, wenn bei Bauers nächstem Besuch am Rhein auch Groener dabei wäre. Da könnten sie dann auch gleich in Leverkusen wohnen, schlug Duisberg vor. Carl Duisberg an Max Bauer, 11. 11. 1916, BAL AS.

25 Feldman, Armee, S. 134–148.

26 Zu Coupette, Feldman, Armee, S. 144. Coupette war zuvor Leiter des Technischen Instituts der Artillerie gewesen. Duisberg kannte ihn von den Schießversuchen in Wahn.

27 Karl Friedrich Coupette an Carl Duisberg, 17. 9. 1916, BAL AS.

28 Duisberg ließ am 21. 9. 1916 aus Berlin durch Boten die zu ergreifenden Maßnahmen für Produktionssteigerung an das Direktorium in Leverkusen überbringen und ordnete an, alles «sofort in Angriff» zu nehmen, BAL 201/6.2, Bd. 1.

29 Protokoll Besprechung in Leverkusen 11 (?).9.1916, BAL 201/6.1: «Geheimrat Duisberg teilt die Resultate einer mit den Vertretern der Feldzeugmeisterei und des Kriegsministeriums in Berlin stattgehabten Konferenz mit und entwirft die Gesichtspunkte, nach denen die Sprengstoffproduktion in der nächsten Zeit ihre Entwicklung nehmen muss.» Engpass: Oleum und Schwefelsäure. Sparsamkeit. Dann Aufteilung der Produktion, Regenerierung, Erweiterung.

30 Carl Duisberg an Major Garke, Feldzeugmeisterei, 3. 10. 1916, BAL 201/6.2, Bd. 1.

31 Carl Duisberg an Max Bauer, 6. 10. 1916, BAL AS.

32 Carl Duisberg an Max Bauer, 11. 10. 1916, BAL AS.

33 Carl Duisberg an Max Bauer, 11. 11. 1916, BAL AS.

34 Carl Duisberg an Max Bauer, 31. 12. 1916, BAL AS.

35 Als Beispiel mag Krupp dienen, bei dem es im Herbst 1916 zu umfangreichen Baumaßnahmen kam; vgl. Burchardt, Kriegsgewinnen, passim.

36 Zum Erfolg des Programms siehe Kielmansegg, Deutschland, S. 188 f.

37 Baudis/Nussbaum, Wirtschaft und Staat, S. 304.

38 Duisberg plädierte u. a. dafür, «in den entlegenen Waldgebieten die in den Gefängnissen herumsitzenden Zivilgefangenen für diese Zwecke [Holzwirtschaft, Holzdestillation, W. P.] nutzbar [zu machen], indem man grössere Holzbezirke mit Stacheldrahtzäunen absperrt und Schlafbaracken errichtet, so dass die Gefangenen dann Holzarbeiterdienste leisten müssen.» Carl Duisberg an Max Bauer, 17. 11. 1916, BAL AS.

39 Nussbaum, Unternehmer gegen Monopole; Baudis/Nussbaum, Wirtschaft und Staat, S. 307.

40 Major Joseph Koeth hatte im Frühjahr 1915 von Walther Rathenau die Leitung der Kriegsrohstoffabteilung im Kriegsministerium übernommen.

41 Carl Duisberg an Max Bauer, 11. 10. 1916, BAL AS.

42 Carl Duisberg an Max Bauer, Telegramm o. D., aber eindeutig vom 15. 10. 1916, BAL 202/2.1.

43 Feldman, Armee, Kap. IV.

44 Thiel, Menschenbassin.

45 Carl Duisberg, Vortrag auf der sog. Adlonkonferenz, Februar 1917, BAL AS (Duisberg); ausführlich zitiert bei Thiel, Menschenbassin, S. 110.

46 Zit. nach ebd.

47 Zit. nach ebd., S. 111.

48 Zur Haltung bei Krupp vgl. Tenfelde, Krupp in Krieg und Krisen, S. 65 f. Vgl. auch Burchardt, Kriegsgewinne, S. 81–83.

49 Zu Stinnes und Rathenau und den damit verbundenen Diskussionen, Thiel, Menschenbassin, S. 113–122. Zu Rathenau vgl. auch Schölzel, Walther Rathenau, S. 169.
50 Zu Stinnes ausführlich, Feldman, Hugo Stinnes, S. 418 ff.
51 BAL 201/6.1.
52 Carl Duisberg scheint zumindest daraus gelernt zu haben, denn als 1924 die Frage der Einführung eines Arbeitsdienstes diskutiert wurde, war er, obwohl der Plan von seinem Sohn Curt stammte, skeptisch. Im Inland sei das nicht finanzierbar, und die Verschickung von Arbeitslosen ins Ausland auch deshalb unmöglich, «weil die Sache etwas nach ‹Deportation› (röche), denke man doch einmal an die Kriegszeit mit den Verschickungen von z. B. Polen, Belgiern usw». Carl Duisberg an Reinhold Schairer, 22. 2. 1924, BAL AS.
53 Baudis/Nussbaum, Staat und Wirtschaft, S. 307.
54 Hierzu ausführlich Plumpe, Betriebliche Mitbestimmung.
55 Die Friedensnote des Reiches vom 12. 12. 1916 wurde schließlich von der Entente brüsk zurückgewiesen; vgl. Kielmansegg, Deutschland, S. 421.
56 Leserbrief von Dr. Carl Duisberg im 22. Jahrgang der «Deutschen Juristenzeitung», Nr. 1/2 1917, S. 28, in: BAL 300/003.
57 Carl Duisberg an Max Bauer, 17. 11. 1916, BAL AS. Vgl. Portz, Großindustrie, S. 172. Das Treffen musste dann, weil es Duisberg zeitweilig nicht gut ging, in den Dezember verschoben werden, Carl Duisberg an Max Bauer, 5. 12. 1916, BAL AS.
58 Carl Duisberg an Wilhelm Groener, 12. 3. 1917, BAL 201/6.2, Bd. 2.
59 Carl Duisberg an Wilhelm Groener, 27. 3. 1917, BAL 201/6.2, Bd. 2

24 | Bethmann-Hollwegs Feind

1 Vgl. die Hinweise bei Portz, Großindustrie, S. 150–157.
2 Kielmansegg, Deutschland, S. 129–142.
3 Hierzu Pyta, Hindenburg, S. 233–235.
4 Stenographisches Manuskript der Rede Duisberg vor dem UA vom 15. 10. 1916, BAL 202/2, Bd. 1.
5 Telegramm BZ am Mittag, ohne Datum, BAL 202/2, Bd. 1.
6 Telegramm Fritz Haber an Carl Duisberg, 18. 10. 1916, BAL 202/2, Bd. 1.
7 Ullrich, Großmacht, S. 442 f.
8 Carl Duisberg an Julius Pierstorff, 6. 11. 1916, BAL AS.
9 Carl Duisberg an Max Bauer, 31. 12. 1916, BAL AS.
10 Zur Ablehnung, Kielmansegg, Deutschland, S. 390. Seine Seelenlage bezüglich des Friedensangebotes breitete Duisberg gegenüber Johannes Walther, 4. 1. 1917, BAL AS, aus. Das Angebot sei wichtig gewesen, um der Friedenssehnsucht im Lande zu entsprechen. Seine Ablehnung erlaube daher nunmehr alle notwendigen Schritte.
11 Carl Duisberg an Max Bauer, 31. 12. 1916, BAL AS.
12 Carl Duisberg an Alfred Hugenberg, 4. 1. 1917, BAL AS.
13 Dazu Kielmansegg, Deutschland, S. 385–396.
14 So stellte er es zumindest gegenüber Johannes Walther, 4. 1. 1917, BAL AS, dar, als er von Vorbereitungen zum U-Boot-Krieg sprach, «die voll im Gange sind, aber Zeit brauchen».
15 Carl Duisberg an Max Bauer, 31. 12. 1916, BAL AS.
16 Carl Duisberg, Tischrede, gehalten im Industrieclub zu Düsseldorf, 13. 1. 1917, abgedruckt in: Duisberg, Abhandlungen I, S. 812–819, hier S. 818 f. Duisberg glaubte, mit dieser Rede große Resonanz gefunden zu haben, Carl Duisberg an Henry Theodor Böttinger, 16. 1. 1917, BAL AS.

17 Carl Duisberg, Rede auf der sog. Adlon-Konferenz, 25. 2. 1917, BAL 201/22, S. 5.
18 Carl Duisberg an Ludwig Knorr, 20. 6. 1917, BAL AS.
19 Carl Duisberg an Johannes Walther, 4. 1. 1917, BAL AS.
20 Portz, Großindustrie, S. 350 f.
21 Hierzu ausführlich Nebelin, Ludendorff; Pyta, Hindenburg.
22 Portz, Großindustrie, S. 354.
23 Kielmansegg, Deutschland, S. 354–370.
24 Hierzu Ullrich, Großmacht, S. 522–529. Zum Anteil Bauers, Vogt, Bauer, S. 77–102. Die Speziialliteratur hierzu ist umfassend, doch ist im Grunde seit Ritter, Staatskunst und Kriegshandwerk, Bd. 3, alles Wichtige bekannt. Siehe auch Nebelin, Ludendorff, S. 307–309.
25 BAL AS. Diese Assistenz bestand u. a. darin, dass er zwischen Bauer und Stresemann Termine und Treffen organisierte; Gustav Stresemann an Carl Duisberg, 6. 5. 1917, BAL AS.
26 Zu Alfred Hugenberg, Vorsitzender des Direktoriums der Fried. Krupp AG, siehe Leopold, Alfred Hugenberg. Vgl. auch Hoepke, Art. «Hugenberg, Alfred».
27 Zu Emil Kirdorf, Generaldirektor der Gelsenkirchener Bergwerks AG, vgl. Böhme, Art. «Kirdorf, Emil».
28 Portz, Großindustrie, S. 355, Fn. 1040, meint, der Vorstoß habe sich auch deshalb angeboten, weil Ludwig III. als Kritiker Bethmann bekannt gewesen sei, wobei er sich auf Karl Alexander von Müllers Memoiren beruft. Dort steht freilich das gerade Gegenteil. Nach Müllers Beobachtung war Ludwig III. streng konstitutionell, sein Ministerpräsident Hertling habe auf Bethmanns Seite gestanden. Und überhaupt habe Ludwig keinen Konflikt mit Wilhelm II. gewünscht. Vgl. Müller, Mars und Venus, S. 129–131. Zu dem Vorstoß der alldeutschen Bewegung bei König Ludwig III. vgl. auch Kielmansegg, Deutschland, S. 388.
29 Carl Duisberg an Eugen von Knilling, 31. 1. 1917, BAL AS.
30 Heinrich Claß an Carl Duisberg, 30. 1. 1917, BAL AS.
31 Carl Duisberg an Heinrich Claß, 31. 1. 1917, BAL AS.
32 Portz, Großindustrie, S. 353–366.
33 Carl Duisberg an Kommerzienrat Ernst Fromm, Etterzhausen, 9. 11. 1917, BAL AS.
34 Carl Duisberg an Paul von Hindenburg, 12. 2. 1917, BAL AS.
35 Carl Duisberg an Paul von Hindenburg, 12. 2. 1917, BAL AS.
36 Zu Hindenburgs Reaktion siehe Pyta, Hindenburg, S. 263.
37 Der Vorgang auch bei Baudis/Nussbaum, Wirtschaft und Staat, S. 299.
38 Vgl. Kupisch, Art. «Hoensbroech, Paul Graf von».
39 Der Vorgang ist detailliert dargestellt bei Portz, Großindustrie, S. 366–397.
40 Duisberg antwortete am 6. 3. 1917, BAL AS.
41 Bauer gegenüber war Duisberg einigermaßen entsetzt: «So arbeiten also die mit unserer Reichsleitung im Bunde stehenden linksgerichteten Kreise. Das muss auch historisch festgehalten werden. Ich fürchte, es wird ein schlimmes Erwachen geben.» Carl Duisberg an Max Bauer, 16. 3. 1917, BAL AS.
42 Berthold Körting berichtete am 8. 3. 1917 an Carl Duisberg, der Kaiser habe nach entsprechenden Informationen Bethmann-Hollwegs «getobt». Im Militärkabinett hatte er schon zuvor wörtlich vom Hochverrat gesprochen, vgl. Portz, Großindustrie, S. 379.
43 Zur Reaktion Wilhelms II. siehe Pyta, Hindenburg, S. 263 f., der allerdings bezüglich der Konferenz selbst vom älteren Forschungsstand ausgeht und daher unzutreffende Vermutungen anstellt.
44 Riezler, Tagebücher, S. 411, Eintrag vom 28. 2. 1917.

45 Weber, Ludendorff und die Monopole, S. 103 f.; Baudis/Nussbaum, Staat und Wirtschaft, S. 299. Aber auch Kurt Riezler hatte später den Eindruck, die Schwerindustrie habe in der OHL das Szepter übernommen, Tagebucheintrag vom 11. 2. 1918, S. 457.

46 «Vorwärts», Nr. 57, 27. 2. 1918: «Der Adloniter Glück und Ende».

47 Neben Kirdorf, einem weiteren GBAG-Direktor, dem Maschinenbaufabrikanten Körting, einem Freiburger Fabrikanten und Carl Duisberg waren vor allem Politiker und Intellektuelle vertreten, insgesamt 34 Personen, vgl. Portz, Großindustrie, S. 367. Duisberg betonte in seiner Rede auch, dass ihm die meisten der Anwesenden gar nicht bekannt seien.

48 Man wusste dabei aber durchaus zu differenzieren. So erschien in der von Albert Langen gegründeten Wochenschrift «März» am 17. 3. 1917 ein Artikel von Linter: Kirdorf und Duisberg, BAL 300/003, der durchaus hellsichtig die beiden Industriellen und ihre Bedeutung anhand der Adlonkonferenz beurteilte. Zwar gebe es aufgrund von Herkommen und Aufstieg Ähnlichkeiten, doch sei Kirdorf ein dumpfer Reaktionär: «Er, der von den reichen alten Montandynastien seiner Heimat heimlich doch als eine Art Angestellter und Emporkömmling betrachtet und gewertet wird, ist der intoleranteste Mensch, sobald es sich um andere politische Ansichten handelt, und vor allem, wenn die Frage der Arbeiterorganisation akut wird.» Linter lobte hingegen Duisbergs Aufbauwerk, insbesondere die Gründung der I. G. 1916. «Der Anteil Duisbergs an diesen Arbeiten ist sehr groß. Daneben ist er einer der Hauptförderer des Deutschen Museums in München. Im Gegensatz zu Kirdorf darf man seine Beziehungen zu den Verschwörern vom Pariser Platz weniger ernst nehmen, wie das ja auch aus der von ihm veröffentlichten Erklärung hervorgeht, die zwischen den Zeilen erkennen läßt, daß seine Seitensprünge ihm recht peinlich sind.»

49 Die Rede findet sich im Bayer-Archiv in verschiedenen Kopien; hier zitiert nach dem Exemplar in: BAL 201/22.

50 Duisberg sah seine Redemanuskripte in der Regel nach dem Vortrag durch und korrigierte sie für den Druck redaktionell. Die Entstehung des Redemanuskripts erläuterte Duisberg gegenüber Henry Theodor Böttinger am 17. 3 1917, BAL AS: «Inzwischen habe ich die Rede, selbstverständlich nicht wörtlich, wie ich sie gehalten, aber ihrem Inhalt nach und auch in vieler Beziehung genau und der Reihenfolge der Tatsachen folgend, aus dem Gedächtnis niedergeschrieben.» Insofern ist davon auszugehen, dass Duisberg eine möglicherweise mündlich erwähnte Beziehung zur OHL aus der schriftlichen Fassung herausließ. Bezeichnend ist, dass er sowohl die Rede vom 15. 10. 1916 als auch die Adlon-Rede nicht in die Sammlung seiner Reden und Vorträge aufnehmen ließ, obwohl diese sonst um geradezu enzyklopädische Vollständigkeit bemüht war.

51 Zur Charakterisierung, Portz, Großindustrie, S. 367 f., der auch vom Zerwürfnis zwischen Paul Graf Hoensbroech und Dietrich Schäfer berichtet.

52 Redemanuskript, S. 3, BAL 201/22.

53 Carl Duisberg an Karl Helfferich, Staatssekretär des RdI, 6. 3. 1917, BAL AS.

54 Details hierzu bei Portz, Großindustrie, S. 377 f., 381 f.

55 Ob er gegen die Gerüchte über seine Rolle bei der Adlon-Konferenz öffentlich vorgehen werde, wisse er noch nicht, schrieb er am 16. 3. 1917 an Max Bauer: «Man macht mit der Flucht in die Öffentlichkeit seltsame Erfahrungen. Allmählich werde ich so abgestumpft und abgebrüht gegen politische Betätigung, dass es mir Wurst ist, was man über mich sagt, über mich verbreitet.» Das traf definitiv nicht zu.

56 Carl Duisberg an Henry Theodor Böttinger, 28. 2. 1917, BAL AS; Carl Duisberg an Andreas Gildemeister, 12. 3. 1917, BAL AS.

57 Schon am 13. April 1917 schrieb Carl Duisberg an Carl Hauptmann, dass das Volk nicht wisse, was die Stunde geschlagen habe, und dass es an Führung fehle. Er sei pessimistisch, aber es bliebe nichts als Zähigkeit: «Es gibt nur ein Ziel für uns: Siegen, auch wenn wir sterben müssen.» BAL AS.
58 Carl Duisberg an Eduard Grafe, 30. 5. 1917, BAL AS.
59 Vgl. Plumpe, Betriebliche Mitbestimmung, S. 81 f.
60 Portz, Großindustrie, S. 382–397.
61 Paul Clemen, Kunsthistoriker an der Universität Bonn, mit dem Duisberg zwischen 1917 und 1935 in Briefverkehr stand, war während des Krieges als Kunstschutzbeauftragter in den besetzten Gebieten tätig; Schmidt-Ott, Erlebtes, S. 147.
62 Carl Duisberg an Paul Clemen, 20. 7. 1917, BAL AS.
63 Portz, Großindustrie, S. 382.
64 Henry Theodor Böttinger an Carl Duisberg, 3. 3. 1917, BAL AS.
65 Carl Duisberg an Henry Theodor Böttinger, 20. 3. 1917, BAL AS.
66 Carl Duisberg an Eduard Grafe, 30. 5. 1917, BAL AS.
67 «Es dürfte Dich sicher noch interessieren, daß ich gestern mit fünf anderen Vertretern der rheinisch-westfälischen Industrie vom Reichskanzler gebeten wurde, ihn auf der Fahrt nach Brüssel von Köln bis Aachen zu begleiten, damit er mit uns einmal über die Lage sich aussprach. Er hat auf uns alle einen ausgezeichneten Eindruck gemacht und ist, soviel ich sehen kann, der rechte Mann zur rechten Zeit am rechten Ort.» Carl Duisberg an Hans-Hasso von Veltheim, 31. 8. 1917, BAL AS.
68 Vgl. hierzu Ullrich, Großmacht, S. 527–529. Wehler, Gesellschaftsgeschichte, Bd. 4, S. 168, spricht von «einem kläglichen Vierteljahr als Statthalter», was nicht ganz von der Hand zu weisen ist.
69 Carl Duisberg an Hans-Hasso von Veltheim, 31. 10. 1917, BAL AS.
70 Ebd.
71 Wehler, Gesellschaftsgeschichte, Bd. 4, S. 168 f.
72 Weber, Ludendorff und die Monopole, S. 43.
73 Hierzu ausführlich Feldman, Armee, S. 310–315, der Duisbergs Bedeutung in der Auseinandersetzung überschätzt. Ausführlich, Portz, Großindustrie, S. 406–421.
74 Carl Gamp an Henry Theodor Böttinger, 20. 3. 1917, BAL AS (Böttinger).
75 Carl Duisberg an Henry Theodor Böttinger, 5. 4. 1917, BAL AS.
76 Vgl. zur Stimmung Kocka, Klassengesellschaft.
77 Carl Duisberg an Max Bauer, 10. 9. 1916, BAL AS.
78 Carl Duisberg an Henry Theodor Böttinger, 5. 4. 1917, BAL AS.
79 Groener, Lebenserinnerungen, S. 371.
80 Ebd., S. 556.
81 Ebd., S. 557.
82 Portz, Großindustrie, S. 406–421, der auch die Vorwürfe Feldmans gegen Duisberg zurückweist. Feldman wiederholte die Vorwürfe in seiner Stinnes-Biographie: «Von Vögler erfuhr Stinnes Einzelheiten über Vorgänge im Zusammenhang mit dem Sturz Groeners am 16. August, ein Stück, in dem einige der aktiveren Rollen mit Oberstleutnant Bauer, Carl Duisberg und Alfred Hugenberg besetzt waren.» Feldman, Hugo Stinnes, S. 502 f. Duisberg wird in der Tat an entsprechenden Gesprächen beteiligt gewesen sein, doch lässt sich eine aktive Rolle an Groeners Sturz nicht belegen.
83 Wehler, Gesellschaftsgeschichte, Bd. 4, S. 176.
84 Carl Duisberg an den Vorsitzenden des Hauptausschusses des Reichstages, Constantin Fehrenbach, 26. 8. 1917, BAL 300/003.
85 BAL 300/003.

86 Carl Duisberg an Hans-Hasso von Veltheim, 31. 8. 1917, BAL AS.
87 Vgl. Protokoll der Betriebsführerbesprechung in Leverkusen vom 7. 9. 1917, BAL 13/4.
88 Carl Duisberg, Ansprache bei der Gründungsversammlung der Gefrub, 6. 7. 1917, abgedruckt in: Duisberg, Abhandlungen I, S. 899–911, hier S. 908 f.
89 Wahrscheinlich Schriftverkehr mit Grafe.
90 Zu Erzbergers Rolle vgl. Matthias (Bearb.), Der Interfraktionelle Ausschuß 1917/18. Ferner Schwabe, Germany's Peace Aims, S. 38 f.
91 Carl Duisberg an Hans-Hasso von Veltheim, 31. 10. 1917, BAL AS.
92 Hierzu Hagenlücke, Deutsche Vaterlandspartei. Vgl. auch Stegmann, Hugenberg contra Stresemann, hier S. 372 f.
93 Carl Duisberg an Hans-Hasso von Veltheim, 9. 10. 1917, BAL AS.
94 Im Wuppertal bündelte die Vaterlandspartei das gesamte liberal-konservative Spektrum und war hier durchaus einflussreich, keineswegs eine kleine Sekte; vgl. Knies, Arbeiterbewegung und Revolution, S. 87 f.
95 Portz, Großindustrie, S. 402–405.
96 In der Vaterlandspartei befand er sich in bester Gesellschaft, da dort ein Großteil der Schwerindustriellen des Ruhrgebietes Mitglied war, u. a. Hugo Stinnes, vgl. Feldman, Hugo Stinnes, S. 505 f. Stegmann, Hugenberg contra Stresemann, S. 373. Vgl. Stegmann, Neokonservatismus.
97 Arthur von Weinberg bezog sich dabei zwar auf Duisbergs Adlon-Rede, doch war offensichtlich die gesamte Haltung zur Innenpolitik der Zeit gemeint; Arthur von Weinberg an Carl Duisberg, 16. 11. 1918, BAL AS.
98 Carl Duisberg an Ludwig Knorr, 20. 6. 1917, BAL AS.
99 Carl Duisberg an Hans-Hasso von Veltheim, 31. 10. 1918, BAL AS.
100 Feldman, Hugo Stinnes, S. 509 f.; Portz, Großindustrie, S. 400.
101 Carl Duisberg an Carl Hülsenbusch, 6. 2. 1918, BAL AS.
102 Fritz Haber an Carl Duisberg, 31. 5. 1918, BAL AS.
103 Carl Duisberg an Theodor Plieninger, 15. 5. 1918, BAL AS.
104 Carl Duisberg an Louis Hagen, 29. 12. 1917, BAL AS. Duisberg hoffte überdies, dass das mit den Verhandlungen in Brest-Litowsk verbundene Angebot an die Westmächte, dem Frieden beizutreten, zurückgewiesen würde, so dass man dann auch innenpolitisch keine Rücksicht mehr zu nehmen brauche.
105 Carl Duisberg an Hans-Hasso von Veltheim, 31. 10. 1917, BAL AS.
106 Zu den deutschen Frühjahrsoffensiven vgl. Ullrich, Großmacht, S. 546–551.
107 Bauer war auf der Rückreise von Berlin ins GHQ nach Spa; Carl Duisberg an Edgar Schlubach, 21. 5. 1918, BAL AS.
108 Carl Duisberg an Max Bauer, 25. 5. 1918, BAL AS.
109 Carl Duisberg an Max Bauer, 26. 5. 1918, BAL AS.
110 Zur Konferenz, Weber, Ludendorff und die Monopole, S. 126.
111 Carl Duisberg an Ernst Peters, 14. 10. 1918, BAL AS.
112 Kühlem (Bearb.), Briefe eines Industriellen, S. 357, Anm. 3.
113 Nebelin, Ludendorff, S. 462–466.
114 Vogt, Bauer, S. 144–152.
115 Vogt, Bauer, S. 153.
116 Betriebsführerbesprechung in Leverkusen, 2. 8. 1918, BAL 13/4.
117 Carl Duisberg an Emil Fischer, 10. 10. 1918, BAL AS.
118 Carl Duisberg an Emanuel A. Merck, 17. 10. 1918, BAL AS.
119 Carl Duisberg an E. Ehrensberger, 17. 10. 1918, BAL AS.
120 Die entsprechende Stimmung im Wuppertal, die von den Linksliberalen bis ins kon-

servative Lager gereicht habe, schildert Knies, Arbeiterbewegung und Revolution, S. 89 f.

121 Diese Art der Volkserhebung war im Übrigen keineswegs so abwegig, wie sie sich aus heutiger Sicht darstellen mag. Ludendorffs Waffenstillstandsersuchen stieß auch im Heer und bei zahlreichen Frontoffizieren auf Kritik, von Angehörigen der Generalität ganz zu schweigen. Doch wurden zahlreiche Stimmen, wie Shulamit Volkov schreibt, niemals publik. Vgl. Volkov, Walther Rathenau, S. 184. Zur Frage einer Volkserhebung insgesamt siehe Schivelbusch, Kultur, S. 242 ff.

122 Vgl. hierzu Volkov, Walther Rathenau, S. 183.

123 Carl Duisberg an Emil Fischer, 21. 10. 1918, BAL AS.

124 Hierzu Rakenius, Wilhelm Groener, S. 23 f.

125 Carl Duisberg an Erich Ludendorff, 30. 10. 1918, BAL AS.

126 Presseausschnittsammlung in: BAL 76/2. Insbesondere ein Artikel im «Berliner Tageblatt» vom 27. 10. 1918, in dem er als Einflüsterer Ludendorffs erschien, lag ihm schwer im Magen. Duisberg versuchte auch später, ganz ähnlich wie im Fall der Adlon-Konferenz und der Causa Groener, durch eigene Presseartikel gegen den dort erzeugten Eindruck vorzugehen.

127 Carl Duisberg an Emanuel A. Merck, 31. 10. 1918, BAL AS.

25 | November

1 Carl Duisberg an Emanuel A. Merck, 8. 11. 1918, BAL AS.

2 Carl Duisberg an Emanuel A. Merck, 8. 11. 1918, BAL AS.

3 Carl Duisberg an Theodor Diehl, 18. 2. 1919, BAL AS.

4 Ansprache Carl Duisbergs vor der Betriebsführerkonferenz in Leverkusen, 8. 11. 1918, BAL 13/4. Zu diesem Realismus dürften auch Informationen seines ältesten Sohnes Carl-Ludwig beigetragen haben, der in diesen Tagen krank in einem Berliner Hotel lag und unmittelbar Zeuge der dortigen revolutionären Ereignisse wurde; hierzu Schmidt-Ott, Erlebtes, S. 162 f.

5 Carl Duisberg an Emanuel A. Merck, 31. 10. 1918, BAL AS.

6 Bauer, Der Große Krieg, S. 242–257.

7 Max Bauer an Carl Duisberg, 22. 12. 1918, BAL AS. Duisberg unterstützte später auch Offiziere aus Bauers Umfeld finanziell, namentlich Major von Harbou, bei dem er auch Pate eines Kindes wurde. Der politische Bruch zog mithin von Duisbergs Seite keinesfalls die Aufkündigung der Freundschaft nach sich. Zu Bauers politischen Ambitionen, die an Stresemann scheiterten, siehe Richter, Volkspartei, S. 51.

8 Carl Duisberg an Max Bauer, 8. 2. 1919, BAL AS.

9 Ebd.

10 Theodor Wolff, Der Rücktritt Ludendorffs, in: «Berliner Tageblatt» vom 27. 10. 1918, auszugsweise abgedruckt in: Wolff, Die Wilhelminische Epoche, S. 380 f. «Die Meinungen und die Wünsche der Kriegsindustriellen, des Herrn Duisberg und der Schwerindustriekapitäne, herrschten dort vor. Man war alldeutsch, oder etwas Ähnliches, und betrieb die Eroberungspolitik.» Es ist nicht unwahrscheinlich, dass Wolff zumindest das Umfeld Duisbergs kannte, das sich ja regelmäßig im Adlon traf.

11 Portz, Großindustrie, S. 432.

12 Hintergrunde bei Kühlem, Briefe eines Industriellen, S. 371 f.

13 Zeitungsausschnitt in: BAL 300/004.

14 Maximilian Harden an Carl Duisberg, 7. 11. 1918, BAL AS.

15 Carl Duisberg an Maximilian Harden, 22. 11. 1918, BAL AS.

16 BAL 300/004.

17 Carl Duisberg an Verlagsdirektor Gerschel, Berlin, 8. 11. 1918, BAL AS.

18 Max Bauer an Carl Duisberg, 19. 1. 1919, BAL AS.

19 Maximilian Harden an Carl Duisberg, 7. 12. 1918; Carl Duisberg an Maximilian Harden, 18. 12. 1918, beide BAL AS. Vgl. auch Weller, Maximilian Harden, S. 253–266, und Young, Maximilian Harden, S. 223 f.

20 Hans-Hasso von Veltheim an seine Mutter, 6. 11. 1918, zit. nach Walther, Hans-Hasso von Veltheim, S. 59.

21 Carl Duisberg an Emil Fischer, 25. 1. 1919, BAL AS.

22 Carl Duisberg, Betriebsführerkonferenz am 8. 11. 1918, BAL 13–004.

23 Ebd.

24 Dieser Sicherheitsdienst wurde in den kommenden Monaten auch eingerichtet und später vor allem zur Bekämpfung der grassierenden Kriminalität genutzt, wie Duisberg im Januar 1921 an Fritz Haber schrieb. Es gebe einen «hervorragenden Stab von Geheimpolizisten unter Führung eines hervorragenden Kriminalisten». Carl Duisberg an Fritz Haber, 14. 1. 1921, BAL AS.

25 Carl Duisberg, Betriebsführerkonferenz am 8. 11. 1918, BAL 13–004.

26 Feldman, Stinnes, S. 505–511. Vgl. auch Führer, Carl Legien.

27 Feldman/Steinisch, Industrie und Gewerkschaften.

28 Seinem Stellvertreter im VzW, Bueb, schrieb er im Februar 1919, dieser sei falsch informiert, wenn er in ihm einen Gegner der Gewerkschaften sehe. Er sei vielmehr so «fortschrittlich gerichtet, dass ich, wie ich das immer getan habe, den Zeitverhältnissen Rechnung zu tragen weiss und deshalb vom ersten Tage der Revolution an einer innigen Zusammenarbeit von Industrie und Gewerkschaften, sowohl auf sozialpolitischem wie auf wirtschaftlichem Gebiet, in voller Übereinstimmung mit Stinnes, das Wort geredet und entsprechend gehandelt habe». Carl Duisberg an Julius Bueb, 10. 2. 1919, BAL AS.

29 Hierzu ausführlich Plumpe, Betriebliche Mitbestimmung.

30 Carl Duisberg an Theodor Plieninger, 9. 11. 1918, BAL AS.

31 Siehe hierzu vor allem die ausführlichen Briefe Carl Duisbergs an Fritz Haber, 22. 11. 1918 (abgedruckt bei Kühlem, Briefe eines Industriellen, Nr. 123, S. 368–371), 7. 12. 1918 und 31. 12. 1918, in denen er die Entwicklung in der Chemiestadt detailliert schildert.

32 Am 6. 7. 1921 hieß es: «Der Erzreaktionär steckte sich eine knallrote Rose ins Knopfloch und ließ sich als Beirat mit in den Arbeiter- und Soldatenrat wählen.» BAL 300/005. In der «Bergischen Arbeiterstimme» vom 22. 10. 1926, BAL 300/14, war dann von einem roten Bändchen die Rede. Dieses von Duisberg selbst als Opportunismus bezeichnete Verhalten war in den unmittelbaren Revolutionstagen keineswegs selten; vgl. zur Entwicklung im Wuppertal, Knies, Arbeiterbewegung, S. 100.

33 Carl Duisberg an Walter Nernst, 14. 2. 1919, BAL AS.

34 Carl Duisberg an Alfred Stock, 7. 2. 1919, BAL AS.

35 Carl Duisberg an Johannes Walther, 30. 1. 1919; Carl Duisberg an Carl Hauptmann, 29. 12. 1919, beide BAL AS.

36 Carl Duisberg an Emanuel A. Merck, 18. 11. 1918, BAL AS.

37 Am 26. 11. 1918 berichtete Carl Duisberg an den Geschäftsführer des VzW, Dr. Horney, BAL AS: «Jetzt ist allmählich die Kriegswirtschaft abgebaut und die Umstellung auf Friedenstätigkeit hat begonnen. Bei den Arbeitern haben wir den 8-stündigen Arbeitstag eingeführt und stehen noch mitten in den Verhandlungen über den dadurch notwendig gewordenen Lohnausgleich. Wir arbeiten dabei Hand in Hand mit den Gewerkschaften, legen schon jetzt die Anfänge für Tarifverträge fest und kom-

men so zu einer ganz guten Ordnung des Arbeitsverhältnisses im demokratischen Sinne.»

38 Carl Duisberg an Henry Theodor Böttinger, 21. 11. 1918, BAL AS.

39 Hierzu Pawley, The Watch on the Rhine. Zur Kölner Zone, S. 25–30. Während die englischen Truppen anfangs auf Zurückhaltung gestoßen seien, habe man ihre Anwesenheit bald wegen der politischen Ruhe und der Verbesserung der Lebensmittelversorgung begrüßt, zumal der Kommandierende General Palmer Streiks und ähnliche Aktionen untersagt habe, S. 28.

40 Hierzu gibt es zahlreiche Schilderungen; vgl. etwa Carl Duisberg an Henry Theodor Böttinger, 19. 12. 1918, BAL AS.

41 Carl Duisberg an Rudolf Frank, 29. 11. 1918, BAL AS.

42 Lesczenski, Thyssen, S. 308 f.

43 Carl Duisberg an Franz Oppenheim, 11. 12. 1918, BAL AS.

44 Nicht zuletzt wegen der Besatzung war auch die Lebensmittelversorgung im Rheinland besser. Die Blockade bestand zwar noch bis zum Sommer 1919, doch in Leverkusen war die Situation entspannter: «Es geht uns auch in Bezug auf die Ernährung durch die Brocken, die von der ‹Herren› Tisch fallen, nicht schlecht.» Carl Duisberg an Frau Oberst von Leipzig, 26. 6. 1919, BAL AS.

45 Carl Duisberg an Franz Oppenheim, 19. 2. 1919, BAL AS.

46 Carl Duisberg an Fritz Haber, 12. 2. 1919, BAL AS: «Zurzeit reist übrigens eine interalliierte Kommission von 30 bis 40 Chemikern der verschiedenen Nationalitäten herum, um sich über alle Einzelheiten der Sprengstoff- und Kampfstofferzeugung mit ihren verschiedenen Ausgangs- und Zwischenprodukten, sowie ihrer Abwehr zu unterrichten. Diese … Kommission wird geführt von dem englischen Haber, einem Professor der physikalischen Chemie Hartley, … Der Sachverständige in dieser Unterkommission war der junge Herbert Levinstein, der die Gelegenheit nicht vorübergehen lassen wollte, um einen Einblick in alle Friedensbetriebe zu nehmen und dadurch für sich bzw. seine Fabrik und Englands chemische Industrie zu profitieren. Das habe ich mir natürlich nicht gefallen lassen und bin mit ihm heftig aneindergeraten. Ich habe ihm gesagt, dass er den Eindruck eines Industriespions mache. Das führte natürlich zu einem Konflikt, bei dem aber der Führer der Mission, General Hartley, in unparteiischer und gerechter Weise eingegriffen und Frieden gestiftet hat.» Ganz ähnlich Carl Duisberg an Franz Oppenheim, 19. 2. 1919, BAL AS.

47 Carl Duisberg an Leo Goldstein, Vorstandsvorsitzender von Feldmühle, 14. 12. 1918, BAL AS.

48 Carl Duisberg an Rudolf Frank, 13. 1. 1919, BAL AS.

49 Carl Duisberg an Franz Oppenheim, 6. 3. 1919, BAL AS.

50 Carl Duisberg, Ansprache beim Jubilarfest am 23. 10. 1921, abgedruckt in: Carl Duisberg, Abhandlungen I, S. 461.

51 Carl Duisberg an Henry Theodor Böttinger, 31. 12. 1918, BAL AS.

52 Carl Duisberg an Franz Oppenheim, 6. 3. 1919, BAL AS.

53 Carl Duisberg an Franz Oppenheim, 6. 3. 1919, BAL AS.

54 Carl Duisberg an Emil Fischer, 25.1.1919, BAL AS.

55 Carl Duisberg an Franz Oppenheim, 9. 4. 1919, BAL AS.

56 Carl Duisberg an Franz Oppenheim, 17. 4. 1919, BAL AS.

57 Carl Duisberg an Henry Theodor Böttinger, 12. 4. 1919, BAL AS.

58 Carl Duisberg, Betriebsführerbesprechung vom 5. 12. 1919, BAL 13–004.

59 Roehr, … schwer genug wird es uns ohnedies schon gemacht.

60 Hierzu ausführlich Plumpe, Betriebliche Mitbestimmung. Eine andere Sicht der Dinge bei Stolle, Arbeiterpolitik, die die Konflikte im Wesentlichen aus der Per-

spektive der syndikalistischen bzw. kommunistischen Arbeiterorganisationen schildert, in deren Augen die Werksleitung stets versuchte, die im Rahmen der Revolution gemachten Zugeständnisse zurückzunehmen.

61 Wegen der Einführung des automatischen Steuerabzugs kam es im Juli und August 1920 in allen I. G.-Werken zu Ausständen der Arbeiterschaft, die eine Kompensation für den Steuerabzug erzwingen wollte. Vgl. Theodor Plieninger an Carl Duisberg, 2. 8. 1920, BAL AS. Generell, Plumpe, Betriebliche Mitbestimmung, S. 138–144.

62 Im Februar und März 1921 wurden die Farbenfabriken in Leverkusen von einem schweren Streik getroffen, der um die Frage der Arbeitszeit und des Überstundenausgleichs geführt wurde, Plumpe, Betriebliche Mitbestimmung, S. 149–165.

63 Carl Duisberg an Friedrich Schmidt-Ott, 27. 7. 1922, BAL AS.

64 Die Kämpfe im Sommer 1923, vermeintlich zunächst Teuerungsauseinandersetzungen, bekamen wegen der Beteiligung sog. Proletarischer Hundertschaften sehr schnell einen politischen Charakter und waren auch keineswegs auf Leverkusen beschränkt; vgl. Carl Duisberg an Rudolf Frank, 17. 8. 1923, BAL AS. Carl Duisberg an Carl von Weinberg, 18. 8. 1923, BAL AS. Carl Duisberg an Friedrich Schmidt-Ott, 16. 8. 1923, BAL AS, mit einer überaus plastischen Schilderung der Kämpfe in Leverkusen. Zur gleichen Zeit brach in Berlin ein kommunistischer Aufstand bzw. Generalstreik aus mit dem Ziel, die Regierung Cuno zu stürzen und die Lebensmittelversorgung zu verbessern, Rosenberg, Geschichte der Weimarer Republik, S. 139.

65 Carl Duisberg an Henry Theodor Böttinger, 15. 3. 1920, BAL AS.

66 Ebd.

67 Ebd.

68 Ebd.

69 Später gab es auch in der Literatur noch kolportierte Gerüchte, Duisberg habe den Putsch bzw. die Putschisten finanziert, vgl. Erger, Kapp-Lüttwitz-Putsch, S. 97. Angesichts seiner engen Beziehungen zu Max Bauer und der Tatsache, dass zahlreiche Verschwörer aus der ehemaligen Vaterlandspartei stammten, dürften Duisberg derartige Gerüchte nicht überrascht haben, doch Duisberg lehnte den Putsch definitiv ab.

70 Carl Duisberg an Henry Theodor Böttinger, 15. 3. 1920, BAL AS.

71 Feldman, Stinnes, S. 600 f.

72 Feldman, Stinnes, S. 602.

73 Plumpe, Carl Duisberg, Sozialpartnerschaft, S. 134–159.

74 Carl Duisberg an Fritz Klimsch vom 20. 3. 1920, BAL AS.

75 Zur Lage in Elberfeld vgl. Generalanzeiger der Stadt Wuppertal 1887 bis 1945, S. 236–241.

76 Duisberg spielt hier auf die Verhandlungen der wieder ins Amt gekommenen Reichsregierung mit den Aufständischen an, die schließlich Ende März 1920 zum sog. Bielefelder Abkommen führten, das die Wiederaufnahme der Arbeit im Bergbau und die Wiederherstellung der öffentlichen Ordnung gegen sozialpolitische Zugeständnisse und unter Verzicht auf einen Einmarsch der Reichswehr in das Industriegebiet vorsah; hierzu Winkler, Von der Revolution zur Stabilisierung, S. 295–342.

77 Carl Duisberg an Alfred Stock, 29. 3. 1920, BAL AS.

78 Die Interpretation der Ereignisse ist bis heute überaus umstritten. Vgl. die konkurrierenden Sichtweisen bei Erhard Lucas-Busemann, Märzrevolution 1920, und Hans Spethmann, 12 Jahre Ruhrbergbau, Bd. 2. Zusammenfassend Winkler, Von der Revolution zur Stabilisierung, S. 324–342.

79 Carl Duisberg an Friedrich Schmidt-Ott, 7. 4. 1920, BAL AS.

80 Siehe die Darstellung bei Stolle, Arbeiterpolitik.

81 Carl Duisberg an Friedrich Schmidt-Ott, 27. 7. 1922, BAL AS.

82 Es war in der Tat relativ leicht, darauf zu verweisen, dass die Bewegungen im Grunde nichts mit Leverkusen und der Politik der Werksleitung zu tun hatten, sondern von außen in das Unternehmen hineingebracht wurden, etwa beim Steuerstreik 1920 oder im Kontext der kommunistischen Aufstände im Frühjahr 1921; vgl. hierzu Rosenberg, Geschichte der Weimarer Republik, S. 119 f.
83 Paul Moldenhauer an Carl Duisberg, 21. 8. 1923, BAL AS.
84 «Selbstverständlich muß man als Fabrikleiter einen Strich unter die Art, wie man früher die Betriebe geführt und gehalten hat, machen. Man muß mehr mit den Beamten und Arbeitern raten und taten», schrieb er an den Aufsichtsratsvorsitzenden der Farbenfabriken Henry Theodor von Böttinger am 31. Dezember 1918, BAL AS. Das war kein Lippenbekenntnis!
85 Curt Duisberg, Die Arbeiterschaft der chemischen Großindustrie. Darstellung ihrer sozialen Lage, Berlin 1921. Duisberg war mit dieser Arbeit kurz zuvor in Würzburg promoviert worden.
86 Carl Duisberg an Paul Silverberg, 12. 1. 1923, BAL AS.

26 | Rheinischer Kapitalismus

1 Bei dem Begriff «Rheinischer Kapitalismus» handelt es sich um eine Neuschöpfung des französischen Soziologen Albert Michel von 1991, mit der die besondere sozialpartnerschaftlich-korporatistische Ausprägung insbesondere des westdeutschen Kapitalismus gekennzeichnet werden sollte. Der Begriff ist umstritten, referiert aber auf bestimmte Traditionen der Unternehmensführung in Deutschland, für die insbesondere auch Carl Duisberg steht. Er verkörperte namentlich nach 1918 eine Art «Rheinischen Kapitalismus avant la lettre». Vgl. zur Diskussion Sattler, Rheinischer Kapitalismus.
2 Hierzu ausführlich Zunkel, Industrie.
3 Hierzu v.a. Ehlert, Zentralbehörde. Zu Wichard von Moellendorff, Zunkel, Industrie, S. 59–68; zu Walther Rathenau siehe Kruse, Kriegswirtschaft.
4 Carl Duisberg an Henry Theodor Böttinger, 4. 3. 1916, BAL AS.
5 Carl Duisberg an Ernst Beukenberg, Generaldirektor des Phönix, 6. 5. 1916, BAL AS.
6 Carl Duisberg erläuterte in einem Brief an Alfred Hugenberg, 30. 4. 1915, BAL AS, die Entstehung des Textes.
7 Zu den Unterstützern zählten u. a. Albert Ballin, Ernst von Borsig, Emil Rathenau, Kurt Sorge und Heinrich Herkner.
8 2. 5. 1915, BAL AS (Bestand Bethmann-Hollweg).
9 Bethmann-Hollweg an Carl Duisberg, 1. 6. 1915, BAL AS, der mitteilte, alle einschlägigen Fragen würden schon durch die handelspolitische Abteilung im Reichsamt des Innern bearbeitet. Zu diesen Arbeiten würden auch weiterhin «sachverständige Herren auch aus der Industrie» hinzugezogen. Dem Wunsche der Industrie trage man daher bereits Rechnung.
10 Hierzu Zunkel, Industrie, S. 32–42.
11 Eingabe vom 2. 5. 1915, BAL AS (Bestand Bethmann-Hollweg).
12 Vgl. Ehlert, Zentralbehörde; Zunkel, Industrie und Staatssozialismus, S. 135 f.
13 Eingabe vom 2. 5. 1915, BAL AS (Bestand Bethmann-Hollweg), S. 3.
14 Zu Moellendorffs Werdegang und Konzeption vgl. Dieter Schmid, Wichard von Moellendorff. S. 81 f.; dort auch knappe Hinweise zur Arbeit des Reichskommissariates.
15 Alfred Hugenberg an Carl Duisberg, 26. 4. 1915, BAL AS.

16 Carl Duisberg an Alfred Hugenberg, 30. 4. 1915, BAL AS.
17 Ernst Beukenberg an Carl Duisberg, 4. 5. 1915, Carl Duisberg an Ernst Beukenberg, 6. 5. 1915, BAL AS.
18 Hierzu Bundesverband der deutschen Industrie (Hg.), Weg, S. 79–85; Zunkel, Industrie, S. 47.
19 BAL AS.
20 Zunkel, Industrie, S. 77–80.
21 Zunkel, Industrie, S. 78, Fn. 12.
22 Carl Duisberg über Übergangswirtschaft und Rohstoffversorgung. Sitzung des Ausschusses des Deutschen Handelstages am 8./9. 8. 1917 in Berlin, abgedruckt in: Duisberg, Abhandlungen I, S. 705 f.
23 Ebd., S. 706.
24 Zu den behördlichen Konkurrenzen, Zunkel, Industrie, S. 77 f.
25 Carl Duisberg an Hermann Isay, 3. 9. 1917, BAL AS.
26 BAL 201/36. Vgl. Zunkel, Industrie, S. 136 f.
27 Nach eigener Auskunft hatte ihn Reichskanzler Michaelis gebeten, sich zur Struktur des RWA zu äußern; Carl Duisberg an Hermann Isay, 3. 9. 1917, BAL AS.
28 Zunkel, Industrie, S. 137–142.
29 Zu Rathenaus Vorstellungen vgl. Kruse, Kriegswirtschaft.
30 Zu Moellendorff, Schmid, Wichard von Moellendorff.
31 Klose, Carl Duisberg, S. 177.
32 Carl Duisberg an Edmund Pietrkowski, 6. 2. 1918, BAL 64/2. Zum Zusammenhang Schreiben von Carl Duisberg an Freiherr von Stein, 9. 3. 1918, BAL 210/36. Siehe auch die Kommentierung bei Kühlem (Bearb.), Briefe eines Industriellen, S. 346.
33 Carl Duisberg an Freiherr von Stein, 9. 3. 1918, BAL 201/36.
34 Carl Duisberg an Edmund Pietrkowski, 29. 7. 1918, BAL AS.
35 Zitiert nach Zunkel, Industrie, S. 158.
36 Der Welthandel, 2. 11. 1918, BAL 300/004.
37 Fritz Haber an Carl Duisberg, 31. 5. 1918, BAL AS.
38 Zunkel, Industrie, S. 183–189.
39 Carl Duisberg an Franz Oppenheim, 26. 11. 1918, BAL AS.
40 Hierzu Krüger, Reparationen, S. 75.
41 Carl Duisberg vor dem DIHT, 30. 10. 1920, abgedruckt in: Duisberg, Abhandlungen I, S. 727.
42 Carl Duisberg an Henry Theodor Böttinger, 31. 12. 1918: «Auf jeden Fall unterliegen Telegramme und Briefe einer strengen Zensur und noch strenger wird die Aus- und Einreise von Personen aller Art gehandhabt werden. Man hat nicht mit Unrecht eine grosse Sorge vor dem Bolschewismus.»
43 Carl Duisberg an Fritz Haber, 22. 11. 1918, BAL AS.
44 Zur Gründung und zur Auseinandersetzung der DDP-Gründer mit Stresemann, Winkler, Weimar, S. 62 f.
45 Gustav Stresemann an Carl Duisberg, 18. 11. 1918, BAL 300/148.
46 Vgl. Albertin, Liberalismus und Demokratie, S. 364.
47 Am 16. 1. 1919 erteilte er Dr. Heidenreich, der für die DDP in Leverkusen sammeln wollte, eine entsprechende Abfuhr: «Ich bin bisher politisch nicht gewesen und will mich auch zukünftig auf diesem Gebiet nicht betätigen. Es ist auch ein Irrtum, zu glauben, daß ich politisch rechts stehe. Ich habe mir immer freie Wahl gehalten und tue dies auch jetzt. Ich bin nur Gegner der Sozialdemokratie in vollem Umfang, weil sie uns wirtschaftlich zu Grunde richtet; ich kann auch quantitative Unterschiede, wie sie einzelne Parteien für gut finden, nicht empfehlen. Aus diesen Gründen trete

ich also keiner Partei bei und kann natürlich auch keine Partei unterstützen.» BAL AS.

48 Diese Versuche, die Bauer und Stresemann auch gegenüber Hugo Stinnes unternahmen, stießen bei nicht wenigen Industriellen auch deshalb auf Kritik, weil dadurch die Bildung einer großen bürgerlichen Partei erschwert wurde, vgl. Döhn, Politik und Interesse, S. 102 ff.

49 Max Bauer an Carl Duisberg, 27. 12. 1918, BAL AS, mit der Bitte um Hilfe. Eine Antwort Duisbergs ist nicht überliefert.

50 Carl Duisberg an Henry Theodor Böttinger, 31. 12. 1918, BAL AS. Hierzu auch Rosenberg, Geschichte, S. 44–62.

51 Carl Duisberg an Alfred Stock, 26. 11. 1918, BAL AS.

52 Die ablehnende Haltung der Industrie gegenüber dem Separatismus wird auch in der neueren Forschung bestätigt; Schlemmer, «Los von Berlin», S. 383–385. Einzelne Ausnahmen wie den Duisberg-Freund Louis Hagen gab es aber durchaus.

53 Carl Duisberg an Fritz Haber, 9. 12. 1918, BAL AS.

54 Carl Duisberg an Rudolf Frank, 13. 1. 1919, BAL AS.

55 Hierzu Klein, Separatisten.

56 Carl Duisberg an Dr. Otto Frentzel, DIHT, Berlin, 27. 12. 1918, BAL AS.

57 Henry Theodor Böttinger an Carl Duisberg, 4. 1. 1919, BAL AS.

58 Carl Duisberg an Paul Clemen, 7. 1. 1919, BAL AS.

59 Carl Duisberg an Theodor Diehl, 8. 2. 1919, BAL AS.

60 Portz, Großindustrie, S. 429. Auch bei Flechtner ist Duisberg der rasche Vernunftrepublikaner.

61 Wickel, I. G. Deutschland, S. 117.

62 Carl Duisberg an Julius Bueb, 10. 2. 1919, BAL AS.

63 Den Wunsch Oskar Horneys vom VzW, Duisberg möge Mitglied im Bund der Kaisertreuen werden, lehnte er ebenso ab (Brief vom 2. 11. 1918, BAL 62/9.4.1) wie die Bitte Max Roetgers, dem Nationalen Club beizutreten (Brief vom 4. 5. 1920, BAL AS).

64 Carl Duisberg an Berndt Danielsen, 8. 2. 1919, BAL 62/9.4.1, Bl. 365.

65 Hierzu Feldman, Wirtschafts- und sozialpolitische Probleme. Zu Moellendorff wiederum Schmid, Wichard von Moellendorff.

66 Hierzu Feldman, Wirtschafts- und sozialpolitische Probleme.

67 Carl Duisberg an Fritz Haber, 22. 11. 1918, BAL AS.

68 Carl Duisberg an Emanuel A. Merck, 22. 11. 1918, BAL AS.

69 Carl Duisberg an Rudolf Frank, 29. 11. 1918, BAL AS.

70 Carl Duisberg an Emanuel A. Merck, 22. 11. 1918, BAL AS.

71 Szöllösi-Janze, Fritz Haber, S. 412 f.

72 Schmidt, Wichard von Moellendorff, S. 87 f.

73 Oskar Horney an Carl Duisberg, 4. 12. 1918, BAL AS.

74 Carl Duisberg an Fritz Haber, 9. 12. 1918, BAL AS.

75 Carl Duisberg an Fritz Haber, 9. 12. 1918, BAL AS.

76 Siehe Carl Duisberg, Rede über Kohlenwirtschaft vor dem Reichswirtschaftsrat, November 1920, abgedruckt in: Duisberg, Abhandlungen I, S. 823–832.

77 Carl Duisberg an Fritz Haber, 9. 12. 1918, BAL AS.

78 Albert Ballin hatte sich in den Debatten um die Zukunft der kriegswirtschaftlichen Strukturen frühzeitig für deren völlige Aufgabe ausgesprochen; vgl. Zunkel, Industrie, S. 155 f., 160 f.

79 Carl Duisberg an Fritz Haber, 9. 12. 1918, BAL AS.

80 Winkler, Weimar, S. 46 f.

81 Fritz Haber an Carl Duisberg, 26. 2. 1919, BAL AS.

82 Carl Duisberg an Fritz Haber, 12. 2. 1919, BAL AS. Vgl. auch Carl Duisberg an den Geschäftsführer des VzW, Dr. Danielsen, 8. 2. 1919, BAL AS, in dem er sich über den Abbau des Amtes in Folge von Habers Rücktritt zufrieden äußerte.
83 Nach Szöllösi-Janze, Fritz Haber, S. 409–414, ist die Aktenüberlieferung aus dieser Zeit derart lückenhaft, dass eine detaillierte Rekonstruktion der Tätigkeit Habers kaum mehr möglich ist. Die Berliner Geschäftsstelle des VzW informierte Duisberg laufend über die Struktur und Arbeit des Demobilmachungsamtes, sodass aus den Berichten sich gewisse Rückschlüsse über dessen Arbeit ziehen lassen, die im Übrigen ja auch bei Feldman, Disorder, erwähnt wird. Der Geschäftsführer des VzW, Dr. Oskar Horney, berichtete bereits am 23. 11. 1918 detailliert über die Verhandlungen zu den Organisationsstrukturen des Demobilmachungsamtes, BAL AS.
84 Siehe Bericht Dr. Oskar Horney über eine Sitzung vom 21. 11. 1918 im Demobilmachungsamt über die Bewirtschaftung der Chemierohstoffe, 23. 11. 1918, BAL AS. Auf dieser Sitzung hatte Fritz Haber die Grundsätze der weiteren Arbeit erläutert.
85 Feldman, Disorder, S. 99–131.
86 Barclay, Rudolf Wissell, S. 75–142.
87 Schmid, Wichard von Moellendorff, S. 83–85.
88 Feldman/Steinisch, Industrie.
89 Siehe die Darstellung der Gründungsphase aus Arbeitgebersicht bei Tänzler, Arbeitgeberverbände, S. 143–149.
90 Carl Duisberg an Oskar Horney, 10. 12. 1918, BAL AS.
91 Oskar Horney an Carl Duisberg, 3. 12. 1918, BAL AS.
92 Holdermann, Bosch, S. 161.
93 Rudolf Frank an Carl Duisberg, 4. 1. 1919, BAL AS.
94 Carl Duisberg an Rudolf Frank, 18. 2. 1919, BAL AS.
95 Rudolf Frank an Carl Duisberg, 11. 2. 1919, BAL AS.
96 Carl Duisberg an Rudolf Frank, 18. 2. 1919, BAL 46/16.1.
97 Hierzu ausführlich Winkler, Von der Revolution zur Stabilisierung, S. 97–113.
98 Die Regierung hatte insbesondere den Bergarbeitern an der Ruhr, um ihre Streikaktionen in den ersten Monaten des Jahres 1919 zu beenden, die Einführung von Betriebsräten versprochen; vgl. Plumpe, Betriebliche Mitbestimmung, S. 40 f.
99 Carl Duisberg an Rudolf Frank, 4. 3. 1919, BAL AS.
100 Carl Duisberg an Rudolf Frank, 20. 3. 1919, BAL 46/16.1.
101 Carl Duisberg an Rudolf Frank, 15. 4. 1919, BAL AS. Siehe auch das vertrauliche Schreiben von Carl Duisberg an die Herren Mitglieder des Gesamtausschusses des Vereins zur Wahrung der Interessen der chemischen Industrie Deutschlands, 15. 4. 1919, BAL AS. Das Gehalt von Rudolf Frank wurde zur Hälfte vom Verein, zur anderen Hälfte von den Firmen der Interessengemeinschaft der Farbenfabriken getragen, dieser war mithin faktisch Angestellter der Interessengemeinschaft. Rudolf Frank an Carl Duisberg, 8. 5. 1919, mit zwei handschriftlichen Verträgen.
102 Der bis zum Ende der Republik, ja zum Teil darüber hinaus gültige Reichsrahmentarifvertrag für die Chemische Industrie stammte in seiner Grundfassung vom 19. 7. 1919. Reichsarbeitsgemeinschaft Chemie, Der Reichstarifvertrag (Rahmenvertrag) der chemischen Industrie, Druckschrift der RAG Nr. 5/21, Berlin 1921, BAL 46/16.1. Zum Drängen, Rudolf Frank an Carl Duisberg, 11. 2. 1919, BAL AS.
103 Siehe Entschließung des 14. ordentlichen Gewerkschaftstages des Fabrikarbeiterverbandes (1921), BAL 46/16.1
104 Bericht über die konstituierende Sitzung des Vorstands der Gruppe Chemie, 29. 4. 1919, BAL 46/16.1.

105 Reichsarbeitsgemeinschaft Chemie, Die Grundlagen der Reichsarbeitsgemeinschaft Chemie. Denkschrift Nr. 8, Berlin, 11. 12. 1919, BAL 46/16.1, S. 10 f.

106 Ebd., S. 3.

107 Ebd.

108 Ebd., S. 3.

109 Ebd.

110 Das waren die Fachgruppen für Anorganische Chemie, Holzdestillation, Stickstoff und Carbid, Teerfarben, Sprengstoffe und Pulver, Chemisch-pharmazeutische Produkte, Mineralfarben, Chemisch-technische Artikel, Aetherische Öle, Phosphor-Düngemittel, Leim und Gelatine, Kautschuk. Angeschlossen waren die Außenhandelsstelle, die Verteilungsstelle für Schwefelinhalt, die Zentralstelle für Ätzalkalien und Soda, die Zentralstelle für Sulfatverteilung und die Chlorkommission. Faktisch wurde auf diese Weise die kriegsbedingte Bewirtschaftung der chemischen Produktion und ihrer Produkte zunächst – allerdings in freiwilliger Kooperation – weiter fortgesetzt. Hierzu existiert bisher nur wenig Literatur. Die Praxis der Reichsarbeitsgemeinschaft Chemie ist zweifellos ein gravierendes Forschungsdesiderat, könnte hierdurch doch ein ganz neuer Blick auf die wirtschaftspolitischen Probleme in der Gründungsphase der Weimarer Republik geworfen werden.

111 Siehe die Protokolle der Vorstandssitzungen der Reichsarbeitsgemeinschaft 1919–1922, BAL 46/16.1. Zur Entwicklung der Sozialpartnerschaft und der Tarifauseinandersetzungen in der chemischen Industrie vgl. auch Berkel, Arbeitsgemeinschaftspolitik.

112 Schieck, Kampf, S. 153 ff.

113 Carl Duisberg, Über Kohlenwirtschaft, November 1920. Rede vor dem VRWR, abgedruckt in: Duisberg, Abhandlungen I, S. 823–832.

114 Zunkel, Gewichtung.

115 Carl Duisberg an Rudolf Frank, 28. 7. 1919, BAL AS.

116 Hierzu Zunkel, Gewichtung, S. 645.

117 Carl Duisberg an Paul Silverberg, 12. 1. 1923, BAL AS.

118 Winkler, Weimar, S. 102 f.

119 Carl Duisberg, Über künftige Interessenvertretung für Industrie und Handel. Redebeitrag auf der Sitzung des Hauptausschusses des Deutschen Industrie- und Handelstages am 28./29. 4. 1919 in Berlin, abgedruckt in: Duisberg, Abhandlungen I, S. 722–724, hier S. 722.

120 Ebd., S. 723.

121 Zum Konzept von Wissell und Moellendorff, Barclay, Rudolf Wissell, S. 75–142.

122 Zu Max Cohen-Reuß vgl. Grebing, Geschichte, S. 148 f.; Winkler, Von der Revolution zur Stabilisierung, S. 201–205. Eine Charakterisierung von Max Cohen-Reuß auch bei Fraenkel, Rätemythos, S. 17 f. Vgl. auch Benz/Graml (Hg.), Illusion, S. 38 f. Zu Cohen-Reuß' Haltung in der Sozialisierungsfrage siehe auch Barclay, Rudolf Wissell, S. 118–120.

123 Vgl. Lilla (Bearb.), Reichswirtschaftsrat.

124 Siehe Duisbergs Beiträge im Reichswirtschaftsrat der Jahre 1920 und 1921, abgedruckt in: Duisberg, Abhandlungen I, S. 823–853.

125 Zu Wissell, der aus den freien Gewerkschaften stammte, vgl. Schneider, Rudolf Wissell, S. 165–182; vgl. auch Winkler, Von der Revolution zur Stabilisierung, S. 193–197. Hierzu Barclay, Rudolf Wissell, S. 130–138.

126 Briefwechsel mit Max Cohen-Reuß, BAL AS.

127 Rudolf Frank an Carl Duisberg, 4. 5. 1921, BAL AS.

128 Carl Duisberg, Rede über Kohlenwirtschaft, gehalten im Reichswirtschaftsrat November 1920, abgedruckt in: Duisberg, Abhandlungen I, S. 823–832, hier S. 823.

27 | Der schändliche Vertrag

1 Amerikanische Noten abgedruckt in: Dokumente der OHL, S. 576 f., S. 580 f.
2 Note des amerikanischen Außenministers Lansing vom 5. 11. 1918, abgedruckt in: Dokumente der OHL, S. 580 f.
3 Vgl. hierzu Kolb, Frieden.
4 Carl Duisberg an Fritz Haber, 22. 11. 1918, BAL AS.
5 Carl Duisberg, Ansprache beim Jubilarfest am 23. 10. 1921, abgedruckt in: Duisberg, Abhandlungen I, S. 459.
6 Flechtner, Duisberg, S. 297.
7 Krüger, Reparationen.
8 Carl Duisberg an Matthias Erzberger, 27. 3. 1919, BAL AS; vgl. auch Kühlem (Bearb.), Briefe eines Industriellen, Nr. 136.
9 Carl Duisberg an Franz Oppenheim, 9. 4. 1919, BAL AS.
10 Carl Duisberg an Franz Oppenheim, 9. 4. 1919, BAL AS.
11 Carl Duisberg an Waldemar von Böttinger, 9. 4. 1919, BAL AS. Der Sohn des Ar-Vorsitzenden Henry Theodor von Böttinger arbeitete zu dieser Zeit an der Deutschen Botschaft in Den Haag.
12 Krüger, Reparationen, S. 178.
13 Ruge, Taktik, S. 1111.
14 Carl Duisberg, Die deutsche chemische Industrie im zweiten Jahr nach der Revolution. Eröffnungsrede in der Hauptversammlung des VzW, 25. 9. 1919 in München, abgedruckt in: Duisberg, Abhandlungen I, hier S. 577.
15 Zum Vertrag siehe Boemeke u. a. (Hg.), Treaty.
16 Flechtner, Carl Duisberg, S. 298.
17 Plumpe, I. G. Farbenindustrie AG, S. 221 f.
18 Winkler, Weimar, S. 91.
19 Fördermengen bei Wiel, Wirtschaftsgeschichte, S. 127.
20 Keynes, Krieg und Frieden.
21 Keynes' Buch erschien zuerst unter dem Titel «The Economic Consequences of the Peace», London 1919. Eine erste deutsche Übersetzung erschien bereits 1920 in Berlin, auf Keynes' Kosten. Keynes' Buch sowie seine korrespondierenden Zeitungsbeiträge erregten zeitgenössisch großes Aufsehen, das in Deutschland aufmerksam verfolgt wurde. Duisberg erwähnte die Haltung von John Maynard Keynes zumindest einmal zustimmend in einem seiner öffentlichen Vorträge.
22 Hierzu Boyce, Crisis, Kap. 2.
23 Carl Duisberg an Rudolf Frank, 28. 7. 1919, BAL AS.
24 Das beunruhigte Duisberg, der weniger auf formale Verträge als auf verbindliche Absprachen setzte, zunächst nicht; Carl Duisberg an Carl von Weinberg, 25. 2. 1920, BAL AS.
25 Carl Duisberg an Carl von Weinberg, 24. 12. 1920, BAL AS, in dem Duisberg von den Schwierigkeiten spricht, die Frossard in Frankreich wegen des Abkommens habe, da man ihn verdächtige, individuelle Vorteile zu suchen.
26 Zum Frossard-Abkommen generell, Plumpe, I. G. Farbenindustrie AG, S. 122 f. Siehe auch Holdermann, Bosch, S. 168 f., 188.
27 Carl Duisberg an Carl von Weinberg, 25. 2. 1920, BAL AS. Protokolle der Verhandlungen: BAL 202/22.

28 Zum folgenden, Gomes, German Reparations.
29 Carl Duisberg, Die deutsche chemische Industrie im zweiten Jahre nach der Revolution. Eröffnungsrede in der Hauptversammlung des VzW, München, 25. 9. 1920, abgedruckt in: Duisberg, Abhandlungen I, S. 577.
30 Zu den Konflikten zwischen Engländern und Franzosen einerseits, zu der schwierigen Lage zwischen einer sachlich möglichen Lösung und den großen Erwartungen der Öffentlichkeit in den Siegerstaaten andererseits vgl. Lentin, Lloyd George.
31 Zum Verhältnis Hugo Stinnes und Walther Rathenau ausführlich Feldman, Hugo Stinnes, S. 713 ff. Vgl. auch Volkov, Walther Rathenau, S. 207.
32 Carl Duisberg an Albert Vögler, 4. 2. 1921, BAL AS.
33 Carl Duisberg an Albert Vögler, 4. 2. 1921, BAL AS.
34 Carl Duisberg an Friedrich Schmidt-Ott, 9. 3. 1921, BAL AS.
35 Freiherr von Lersner an Carl Duisberg, 14. 4. 1921, BAL 300/173.
36 Carl Duisberg an Freiherr von Lersner, 19. 4. 1921, BAL 300/173.
37 Hierzu Winkler, Weimar, S. 155–157.
38 Winkler, Weimar, S. 158–160; Volkov, Walther Rathenau, S. 210–212.
39 Winkler, Weimar, S. 156.
40 Zur wirtschaftlichen Lage, Holtfrerich, Inflation.
41 Winkler, Weimar, S. 159 f. Vgl. auch Feldman, Hugo Stinnes, S. 709.
42 Carl Duisberg, Bemerkungen zu den neuen Besitzsteuergesetzentwürfen, in: Recht und Wirtschaft 1921, abgedruckt in: Duisberg, Abhandlungen I, S. 851–853.
43 Carl Duisberg an Louis Hagen, 13. 9. 1921, BAL AS. Siehe auch Kühlem (Bearb.), Briefe eines Industriellen, S. 483, Fn. 8.
44 Feldman, Hugo Stinnes, S. 717–721.
45 Abraham Frowein an Carl Duisberg, 8. 11. 1921, BAL AS.
46 Feldman, Hugo Stinnes, S. 720 f.
47 Hierzu Feldman, Hugo Stinnes, S. 722; Volkov, Walther Rathenau, S. 211 f.
48 Carl Duisberg an Eduard Grafe, 19. 2. 1922, BAL AS.
49 Carl Duisberg an W. A. Noyes, 23. 8. 1923, BAL AS.
50 Volkov, Rathenau, S. 220–222.
51 Kessler, Walther Rathenau, Kap. XI.
52 Carl Duisberg, Begrüßungsrede vor der 5. Hauptversammlung der Geffrub, 22. 7. 1922, abgedruckt in: Duisberg, Abhandlungen I, S. 945 f.
53 Hierzu Rupieper, Industrie und Reparationen, S. 587.
54 Vgl. Schuker, Rhineland-Question.
55 Carl Duisberg an Arthur von Weinberg, 24. 9. 1923, BAL AS.
56 Carl Duisberg an Theo Haebler, New York, 6. 3. 1923, BAL AS.
57 Carl Duisberg an Paul Silverberg, 12. 1. 1923, BAL AS.
58 Carl Duisberg an Bertha Krupp von Bohlen und Halbach, 19. 5. 1923, BAL AS.
59 Carl Duisberg an Dr. Ungewitter, 26. 1. 1923, BAL AS.
60 Winkler, Weimar, S. 199–203.
61 Er telegraphierte Stresemann am 15. 8. 1923, die gesamte chemische Industrie stehe «der großen Koalition zur Verfügung, wenn Hilfe erforderlich». BAL AS.
62 Rede des Dr. Duisberg am 24. 8. 1923 in der Deutschen Gesellschaft von 1914 zu Berlin, BAL 63/3.
63 Handelskammer Bremen an DIHT, 25. 8. 1923, BAL 63/3.
64 Carl Duisberg an den DIHT, 7. 9. 1923, BAL AS.
65 Carl Duisberg an Arthur von Weinberg, 24. 9. 1923, BAL AS.
66 Carl Duisberg an Arthur von Weinberg, 24. 9. 1923, BAL AS.
67 Eine ausführliche Lagebeurteilung in dem Schreiben von Carl Duisberg an W. A. Noyes, 23. 8. 1923, BAL AS.

68 Somary, Wandlungen; Somary, Ursachen. Es ist nicht bekannt, ob Duisberg Somary gelesen hat; seine Auffassungen in der zweiten Hälfte der 1920er Jahre legen das nahe.
69 Plumpe, I. G. Farbenindustrie, S. 511.
70 Ziebura, Weltwirtschaft und Weltpolitik.
71 Knortz, Wirtschaftsgeschichte, S. 126–135.

28 | Jeder Groschen

1 Schmidt-Ott, Erlebtes, S. 144.
2 An der Universität Leipzig, um nur ein Beispiel zu nennen, waren schon bald fast 50 % der Studenten an der Front, eine Zahl, die sich während des Krieges auf bis zu 85 % steigerte. Die verbliebenen Studenten waren dadurch jünger und weiblicher als vor dem Krieg; vgl. Gätke-Heckmann, Universität Leipzig, S. 145–168.
3 Marsch, Notgemeinschaft.
4 Carl Duisberg an Friedrich Schmidt-Ott, 7. 4. 1919, BAL AS.
5 Alfred Stock an Carl Duisberg, 14. 2. 1918, BAL AS.
6 Siehe hierzu die Lebenserinnerungen von Schmidt-Ott, Erlebtes. Schmidt-Ott war zudem ein enger Vertrauter von Friedrich Althoff gewesen und kannte daher auch dessen Freund Henry Theodor Böttinger gut. Dass Schmidt-Ott nach Böttingers Tod nicht nur in den Aufsichtsrat der Farbenfabriken berufen, sondern gleich auch zu dessen Vorsitzendem gewählt wurde, war Ausdruck eines tiefen Vertrauensverhältnisses, das auch durch gemeinsame politische Haltungen gestärkt wurde.
7 Friedrich Schmidt-Ott an Carl Duisberg, 6. 4. 1918, BAL AS.
8 Alfred Stock an Carl Duisberg, 26. 3. 1918, BAL AS.
9 Duisberg zog später aber auch Fritz Haber ins Vertrauen, dem er die Satzungsentwürfe der Degun zur Begutachtung zukommen ließ, was Haber auch recht genau tat und die ganze Sache nach anfänglichem Zögern vehement unterstützte. Duisberg freute Habers Unterstützung außerordentlich; vgl. Carl Duisberg an Fritz Haber, 9. 10. 1918, BAL AS. Zu Habers anfänglichem Zögern, Carl Duisberg an Theodor Curtius, 11. 6. 1920, BAL AS.
10 Carl Duisberg an Max Delbrück, 24. 9. 1918, BAL AS.
11 Carl Duisberg an Emil Fischer, 11. 9. 1918, BAL AS.
12 Carl Duisberg, Rede auf der Hauptversammlung des VzW, München, 25. 9. 1920, abgedruckt in: Duisberg, Abhandlungen I, S. 584.
13 Carl Duisberg an Emil Fischer, 11. 9. 1918, BAL AS.
14 Carl Duisberg an Friedrich Schmidt-Ott, 7. 4. 1919, der dies am 29. 3. 1919 vorgeschlagen hatte, BAL AS.
15 Carl Duisberg an Emil Fischer, 11. 9. 1918, BAL AS. Dort auch Hinweise zur Struktur des Liebig-Stipendienvereins.
16 Emil Fischer an Carl Duisberg, 21. 9. 1918, BAL AS.
17 Emil Fischer an Carl Duisberg, 19. 10. 1918, BAL AS.
18 Carl Duisberg an Emil Fischer, 10. 10. 1918, BAL AS.
19 Carl Duisberg an Emil Fischer, 21. 10. 1918, BAL AS.
20 Schmidt-Ott, Erlebtes, S. 163.
21 Carl Duisberg an Emil Fischer, 3. 11. 1918, BAL AS.
22 Carl Duisberg an Emil Fischer, 25. 11. 1918, BA AS.
23 Carl Duisberg an Alfred Stock, 26. 11. 1918, BAL AS.
24 Emil Fischer an Carl Duisberg, 10. 12. 1918, BAL AS.
25 Siehe auch Carl Duisberg an Franz Oppenheim, 11. 12. 1918, BAL AS.
26 Carl Duisberg an Walther vom Rath, 18. 12. 1918, BAL AS.

27 Carl Duisberg an Walther vom Rath, 18. 12. 1918, BAL AS.
28 Carl Duisberg an Walther vom Rath, 18. 12. 1918, BAL AS.
29 Walther vom Rath an Carl Duisberg, 23. 12. 1918, BAL AS.
30 Emil Fischer an Carl Duisberg, 10. 12. 1918, BAL AS.
31 Dem erkennbar nationalistisch eingestellten Alfred Stock gegenüber neigte Duisberg, der ohnehin die Tendenz hatte, seine Gesprächspartner zu «spiegeln», hin und wieder zu groben Formulierungen, die er so dem zurückhaltenden und überlegten Emil Fischer gegenüber nie benutzt hätte.
32 Carl Duisberg an Alfred Stock, 7. 2. 1919, BAL AS. Eine ausführliche Schilderung der Auseinandersetzung in der I. G. um die Frage der Zahlungen zur Degun gab Carl Duisberg in einem Schreiben an Emil Fischer, 25. 1. 1919, BAL AS.
33 Carl Duisberg an Alfred Stock, 7. 2. 1919, BAL AS.
34 Carl Duisberg an Emil Fischer, 18. 12. 1918, BAL AS.
35 Carl Duisberg an Walther Nernst, 14. 2. 1919; Carl Duisberg an Theodor Diehl, 20. 3. 1919, BAL AS.
36 Carl Duisberg an Alfred Stock, 7. 2. 1919, BAL AS.
37 Carl Duisberg, 1921, Abhandlungen I, S. 604.
38 Carl Duisberg, 1920, Abhandlungen I, S. 586.
39 Hammerstein, Deutsche Forschungsgemeinschaft, S. 39–47.
40 Schulze, Stifterverband.
41 Carl Duisberg, Rede vor der 3. Hauptversammlung der Geffrub am 18. 12. 1920, abgedruckt in: Duisberg, Abhandlungen I, S. 938.
42 Szöllösi-Janze, Fritz Haber, S. 547–560.
43 Schmidt-Ott, Erlebtes, S. 173.
44 Zu Schmidt-Ott, Hammerstein, Deutsche Forschungsgemeinschaft, Kapitel II.
45 Vom Brocke, Weimarer Republik, S. 211.
46 Vgl. Carl Duisberg, Rede bei der Feier des 70. Geburtstages des Staatsministers a. D. Dr. Friedrich Schmidt-Ott in Berlin am 5. Juni 1930, abgedruckt in: Duisberg, Abhandlungen II, S. 553–555.
47 Zum Gründungsprozess der Notgemeinschaft, Szöllösi-Janze, Fritz Haber, S. 532–547. Vom Brocke, Weimarer Republik, S. 228–233.
48 Carl Duisberg an Johannes Walther, 20. 11. 1920, BAL AS.
49 Carl Duisberg an Theodor Curtius, 11. 6. 1920, BAL AS.
50 Schulze, Stifterverband, S. 63–66. Vgl. auch Zierold, Forschungsförderung, S. 29. Szöllösi-Janze, Fritz Haber, die das entsprechende Kapitel mit dem Haber-Zitat von Duisberg als «befreundetem Feind» überschreibt.
51 Zu dem bedeutenden Mathematiker vgl. Tobies, Felix Klein. Vgl. auch den Artikel von Stuloff, Klein, Felix.
52 Carl Duisberg an Felix Klein, 12. 7. 1920, BAL AS.
53 Siehe hierzu Carl Duisberg, Die deutsche chemische Industrie im zweiten Jahr nach der Revolution. Eröffnungsrede in der Hauptversammlung des VzW am 25. 9. 1920, abgedruckt in: Duisberg, Abhandlungen I, S. 574–587, hier S. 584 f.
54 Friedrich Schmidt-Ott an Carl Duisberg, 16. 6. 1919, BAL AS.
55 Carl Duisberg an Albert Vögler, 20. 7. 1920, BAL AS. In diesem Brief sprach Duisberg von der «bedeutungsvolle[n] Teestunde in der Hundekehle, wo wir zusammen den Plan schmiedeten, dass Ihre Industriegruppe eine ähnliche Gründung ins Leben rufe, wie die chemische Industrie es getan hat». Zu den Impulsen von der Notgemeinschaft, Albert Vögler an Carl Duisberg, 3. 9. 1920, BAL AS.
56 Zu Albert Vögler vgl. Klass, Albert Vögler. Eine neuere Studie zu Albert Vögler existiert nicht.

57 Carl Duisberg, Rede vor der 3. Hauptversammlung der Geffrub am 18. 12. 1920, abgedruckt in: Duisberg, Abhandlungen I, S. 938.
58 Albert Vögler an Carl Duisberg, 3. 7. 1917, BAL AS.
59 Albert Vögler an Carl Duisberg, 8. 10. 1917, BAL AS, mit Dank für die Überlassung der Statuten der I. G.
60 Carl Duisberg an Albert Vögler, 20. 7. 1920, BAL AS.
61 Carl Duisberg an Albert Vögler, 20. 7. 1920, BAL AS.
62 Szöllösi-Janze, Fritz Haber, S. 551.
63 Albert Vögler an Carl Duisberg, 27. 7. 1920, BAL AS.
64 Albert Vögler an Carl Duisberg, 28. 8. 1920, BAL AS.
65 Fritz Haber an Carl Duisberg, 2. 8. 1920, BAL AS.
66 Carl Duisberg an Albert Vögler, 4. 9. 1920, BAL AS, der in diesem Schreiben die Debatten mit Friedrich Schmidt-Ott zusammenfasst.
67 Albert Vögler an Carl Duisberg, 3. 9. 1920, BAL AS.
68 Carl Duisberg an Albert Vögler, 4. 9. 1920, BAL AS.
69 Szöllösi-Janze, Fritz Haber, S. 551.
70 2,5 Mio. Mark übernahmen die Farbenfabriken vorm. Friedr. Bayer & Co., Schreiben an Albert Vögler, 13. 1. 1921, BAL AS. Auch die BASF und Hoechst gaben je 2,5 Mio. Mark, doch verlangte Hoechst, dass davon 500 000 Mark für die Universität Frankfurt am Main bestimmt sein müssten, Albert Vögler an Carl Duisberg, 3. 2. 1921, BAL AS.
71 Carl Duisberg an Albert Vögler, 14. 1. 1921, BAL AS.
72 Hier war Duisberg ganz pessimistisch, da von Siemens nichts tat. Carl Duisberg an Wilhelm Wien, 7. 1. 1921, BAL AS.
73 Carl Duisberg an Albert Vögler, 5. 3. 1921, BAL AS.
74 Ebd.
75 Albert Vögler an Carl Duisberg, 8. 3. 1921, BAL AS.
76 Carl Duisberg an Albert Vögler, 9. 3. 1921, BAL AS.
77 Schulze, Stifterverband, S. 62 f.
78 Fritz Haber an Carl Duisberg, 11. 2. 1921, BAL AS.
79 Schulze, Stifterverband, S. 59 f.
80 Friedrich Schmidt-Ott an Carl Duisberg, 5. 11. 1920, BAL AS.
81 Friedrich Schmidt-Ott an Carl Duisberg, 5. 11. 1920, BAL AS.
82 Hammerstein, Deutsche Forschungsgemeinschaft, S. 51.
83 Carl Duisberg an Friedrich Schmidt-Ott, 19. 11. 1920, BAL AS.
84 Friedrich Schmidt-Ott an Carl Duisberg, 18. 11. 1920, BAL AS.
85 Friedrich Schmidt-Ott an Carl Duisberg, 18. 11. 1920, BAL AS.
86 Carl Duisberg an Friedrich Schmidt-Ott, 20. 11. 1920, BAL AS.
87 Datum auf der Einladung. Bei Schulze, Stifterverband, S. 61, ist ohne Quelle das Gründungsdatum 14. 12. 1920 angegeben.
88 Friedrich Schmidt-Ott an Carl Duisberg, 29. 11. 1920, BAL AS.
89 Schulze, Stifterverband, S. 61.
90 Dieses Reichskommissariat für Wissenschaft kam aber nicht zustande; vom Brocke, Weimarer Republik, S. 205.
91 Friedrich Schmidt-Ott an Carl Duisberg, 8. 1. 1921, BAL AS.
92 Friedrich Schmidt-Ott an Carl Duisberg, 8. 1. 1921, BAL AS.
93 Carl Duisberg an Albert Vögler, 14. 1. 1921, BAL AS.
94 Ebd.
95 Ebd.
96 Friedrich Schmidt-Ott an Carl Duisberg, 24. 1. 1921, BAL AS.

97 Friedrich Schmidt-Ott an Carl Duisberg, 15. 2. 1921, BAL AS.
98 Darin stimmte ihm ja im Grunde auch Fritz Haber zu; Fritz Haber an Carl Duisberg, 11. 2. 1921, BAL AS.
99 Schulze, Stifterverband, S. 61–63.
100 So setzten sich etwa im Sommer 1921 Schmidt-Ott, Vögler, Salomonsohn, v. Siemens, Planck und Duisberg zusammen, um das Verhältnis von Helmholtz-Gesellschaft und Stifterverband zu beraten; Friedrich Schmidt-Ott an Carl Duisberg, 4. 7. 1921, BAL AS.
101 Schulze, Stifterverband, S. 76–83.
102 Vom Brocke, Weimarer Republik, S. 232.
103 Typisch Friedrich Schmidt-Ott an Carl Duisberg, 21. 4. 1921, BAL AS.
104 Carl Duisberg an Friedrich Schmitt-Ott, 28. 12. 1920, BAL AS.
105 Szöllösi-Janze, Fritz Haber, S. 533 f.
106 Zitiert nach vom Brocke, Weimarer Republik, S. 335.
107 Hierzu ausführlich Szöllösi-Janze, Fritz Haber, S. 559. Auch vom Brocke, Weimarer Republik, S. 336.
108 Von Müller, Lebenserinnerungen, S. 220 f.
109 Liste der Mitglieder des Senats 1921–1939, in: AMPG III. Abt. Rep. 10/5. Siehe auch die Liste bei vom Brocke, Weimarer Republik, S. 217.
110 Sitzung des Senats der KWG 15. 3. 1920, AMPG III. Abt. Rep. 10/8. Liste der Mitglieder des Senats 1921–1931, in: AMPG III. Abt. Rep. 10/5.
111 Vom Brocke, Weimarer Republik, S. 210–216.
112 Ausführlich hierzu vom Brocke, Weimarer Republik, S. 222–227. Als 1930 Versuche von SPD und KPD zur Änderung des Namens durch die KWG zurückgewiesen wurden, dürfte Duisberg mit der Mehrheit des Verwaltungsausschusses für dessen Erhaltung gestimmt haben.
113 Zusammensetzung des Verwaltungsausschusses bei vom Brocke, Weimarer Republik, S. 222.
114 Vom Brocke, Weimarer Republik, S. 220.
115 Vom Brocke, Weimarer Republik, S. 215.
116 Auflistung detailliert bei vom Brocke, Weimarer Republik, S. 217–219.
117 Vom Brocke, Weimarer Republik, S. 215.
118 Vom Brocke, Weimarer Republik, S. 344.
119 Walther vom Rath an Carl Duisberg, 13. 6. 1930, BAL AS.
120 Vom Brocke, Weimarer Republik, S. 228.
121 Vom Brocke, Weimarer Republik, S. 233 f.
122 Biedermann, Struktur.
123 Holdermann, Bosch, S. 242 f. Bosch war wie Duisberg auch Mitglied in den Verwaltungsräten verschiedener Institute.
124 Friedrich Glum an Carl Duisberg, 25. 9. 1928, mit der Bitte um Stiftung eines Zimmers im zu bauenden Berliner Harnack-Haus. Carl Duisberg sagte das am 27. 9. 1928 zu, beide Briefe BAL AS.
125 Alfred Stock an Carl Duisberg, 10. 2. 1920, BAL AS.
126 Carl Duisberg an Alfred Stock, 17. 2. 1920, BAL AS.
127 Carl Duisberg an Carl von Weinberg, 25. 2. 1920, BAL AS.
128 Carl Duisberg an Carl von Weinberg, 1. 3. 1920, BAL AS. Der Brief ist in der Abschrift fälschlich mit 1. 4. 1920 datiert.
129 Carl Duisberg an Alfred Stock, 29. 3. 1920, BAL AS.
130 Carl Duisberg an Arthur von Weinberg, 14. 5. 1920, BAL AS.
131 Arthur von Weinberg an Carl Duisberg, 18. 5. 1920, BAL AS.

132 Carl Duisberg an Alfred Stock, 1. 4. 1920, BAL AS.
133 Alfred Stock an Carl Duisberg, 1. 8. 1922, BAL AS, mit einer detaillierten Aufstellung der Fehlbeträge.
134 Carl Duisberg an Alfred Stock, 4. 8. 1922, BAL AS.
135 Carl Duisberg an die Mitglieder des Verwaltungsausschusses des Kaiser-Wilhelm-Institutes für Chemie, 4. 8. 1922, BAL AS (Bestand Stock).
136 Carl Duisberg an Arthur von Weinberg, 30. 8. 1923, BAL AS.
137 Zur Finanzierung des KWI Dahlem siehe Biedermann, Struktur, S. 60–64.
138 Friedrich Schmidt-Ott an Carl Duisberg, 10. 4. 1919, BAL AS.
139 Carl Duisberg an Friedrich Schmidt-Ott, 21. 1. 1921, BAL AS.
140 Zu Hess siehe Ronge, Art. «Hess, Kurt».
141 Protokoll der Senatssitzung der KWG 8. 11. 1921, in: AMPG III. Abt. Rep. 10/8: Sitzungen des Senats der KWG 1920–1923.

29 | Der Studentenvater

1 Zur sozialen Lage der Studentenschaft in den frühen 1920er Jahren, Jarausch, Deutsche Studenten, Kap. III.
2 Siehe Schreiben von Kurt Furdikar, AStA Universität Würzburg, an Carl Duisberg, 13. 6. 1921, BAL AS, mit dem er den Entwurf einer Studentendarlehnskasse übersandte und Duisberg um Vermittlung zu Bankhäusern bat. Duisberg äußerte sich zunächst skeptisch, beklagte die Studentenflut insbesondere im Fach Volkswirtschaftslehre und betonte, Förderung dürfe nur wirklich leistungsfähigen Kandidaten zugute kommen; Carl Duisberg an Kurt Furdikar, 24. 6. 1921, BAL AS.
3 Carl Duisberg unterstützte bereits im Sommer 1921 den Bau eins Studentenheims in Berlin und bat den befreundeten amerikanischen Industriellen Grasselli um eine Dollarspende; Carl Duisberg an Grasselli, 21. 6. 1926, BAL AS.
4 Carl Duisberg an Albert Vögler, 20. 5. 1922, BAL AS.
5 Albert Vögler an Carl Duisberg, 26. 5. 1922, BAL AS. Zu den Auseinandersetzungen mit Hugenberg, Reinhold Schairer an Carl Duisberg, 31. 3. 1924, BAL AS.
6 Carl Duisberg an Albert Vögler, 29. 5. 1922, BAL AS.
7 Hierzu Deutsches Studentenwerk (Hg.), 1921–2001.
8 Carl Duisberg, Die Wirtschaftshilfe der Deutschen Studentenschaft und der deutsche Werkstudent, in: Der Arbeitgeber Nr. 6 vom 15. 3. 1924, abgedruckt in: Duisberg, Abhandlungen II, S. 403–412.
9 Carl Duisberg an Friedrich Schmidt-Ott, 27. 7. 1922, BAL AS.
10 Carl Duisberg an Arthur von Weinberg, 11. 7. 1923, BAL AS.
11 Carl Duisberg an Walther Nernst, 14. 1. 1922, BAL AS.
12 Etwa Carl Duisberg an Arthur von Weinberg, 11. 7. 1923, BAL AS, mit der Bitte um Sonderhilfen für die Darlehenskasse wegen der Hyperinflation.
13 Carl Duisberg an Reichsfinanzminister Luther, 16. 5. 1924; Carl Duisberg an Reichsinnenminister Jarres, 23. 5. 1924, BAL AS, Carl Duisberg an Friedrich Schmidt-Ott; 27. 7. 1922, BAL AS.
14 Carl Duisberg an Leonardo Conti, 1. 4. 1924, abgedruckt in: Kühlem (Bearb.), Briefe eines Industriellen, S. 538–540.
15 Carl Duisberg an Reinhold Schairer, 5. 6. 1924, BAL AS.
16 Vgl. Jarausch, Deutsche Studenten, S. 141 ff.
17 Malcolm Richardson u. a. (Hg.), Weimars transatlantischer Mäzen
18 Die Mitglieder der Studienstiftung der Studienstiftungsmutter, 28. 9. 1928, BAL 300/021.

19 Reinhold Schairer an Carl Duisberg, 3. 11. 1926, BAL AS: Eine C. Duisberg-Stiftung sei der «Anfang» der Studienstiftung gewesen.

20 Zur Gründung der Studienstiftung siehe auch Carl Duisberg, Das deutsche Studentenwerk. Rundfunkrede im WDR vom 15. 6. 1932, abgedruckt in: Duisberg, Abhandlungen II, S. 449. 1932 lag die Zahl der Stipendiaten bereits bei 1600 bis 1700.

21 Carl Duisberg, Die deutsche Wirtschaft und die Wirtschaftshilfe der Deutschen Studentenschaft, in: «Studentenwerk», Heft 1, 1927, abgedruckt in: Duisberg, Abhandlungen II, S. 419–425, hier S. 422. Ganz ähnlich sprach Duisberg bei der Hundertjahrfeier der TH Karlsruhe 1925, Abhandlungen II, S. 379.

22 Duisberg, Die deutsche Wirtschaft und die Wirtschaftshilfe, abgedruckt in: Duisberg, Abhandlungen II, S. 419–425, hier S. 425.

23 Carl Duisberg, Wie erneuert sich die deutsche Führerschicht?, in: Deutsche Allgemeine Zeitung Nr. 259, 5. 6. 1927, abgedruckt in: Duisberg, Abhandlungen II, S. 425 f.

24 Duisberg, Die deutsche Wirtschaft und die Wirtschaftshilfe, abgedruckt in: Duisberg, Abhandlungen II, S. 424.

25 Zahlen aus Petzina u. a., Sozialgeschichtliches Arbeitsbuch, Bd. III, S. 169.

26 Carl Duisberg, Die Wirtschaftshilfe der Deutschen Studentenschaft und der deutsche Werkstudent, S. 403 f.

27 Duisberg verstand darunter möglichst qualifizierte Tätigkeiten während der Semesterferien, nicht eine Art Nebenherjobben, wie es heute üblich ist. Das lehnte er sogar ausdrücklich ab: «Allerdings kennen auch wir in den Großstädten den höchst bedauerlichen Typus des ‹Erwerbsstudenten› um jeden Preis, der als Kinomusiker und Hilfskellner, Nachtwächter, Hausheizer oder auf jede andere nur denkbare Weise sich während der Studienzeit irgendeine Gelegenheit zum Gelderwerb sucht. Die Wirtschaftshilfe der Deutschen Studentenschaft bekämpft, wo sie nur kann, diese Art des Nebeneinanders von Studium und Erwerbsarbeit.» Duisberg, Die Wirtschaftshilfe, S. 404 f.

28 Die ersten Erfolge riefen in den USA lebhaftes Interesse hervor. Die Wirtschaftshilfe legte daraufhin eine eigene kleine Schrift zum Werkstudententum in englischer Sprache vor, mit der man insbesondere in den USA Werbung betrieb; Duisberg, Die Wirtschaftshilfe, S. 404.

29 Hierzu Friedrich Schmidt-Ott an Carl Duisberg, Karfreitag 1925, BAL AS.

30 Diskussionsbeiträge Duisbergs bei einer Tagung zurückgekehrter Werkstudenten, Juni 1928 in Leverkusen, abgedruckt in: Duisberg, Abhandlungen II, S. 437.

31 Siehe die Zusammenfassung der Aktivitäten bei Duisberg, Das deutsche Studentenwerk, S. 446–451.

32 Ein beredtes Zeugnis dafür ist Duisbergs Resümee nach den fünf Jahren der Tätigkeit der Wirtschaftshilfe; vgl. Carl Duisberg, Die deutsche Wirtschaft und die Wirtschaftshilfe der Deutschen Studentenschaft, in: «Studentenwerk», Heft 1, 1927, abgedruckt in: Duisberg, Abhandlungen II, S. 419–425.

33 Reinhold Schairer an Carl Duisberg, 18. 9. 1931, BAL AS. Die Informationen waren Teil der Gratulation zum 70. Geburtstag.

34 Carl Duisberg an Fritz Tillmanns, 12. 10. 1932, BAL 271/0. Das Schreiben mit erhellender Kommentierung auch bei Kühlem, Briefe eines Industriellen, S. 670–674.

35 Reinhold Schairer an Carl Duisberg, 14. 5. 1933, Carl Duisberg an Reinhold Schairer, 18. 5. 1933, BAL 271/0.

36 Schreiben von Heidebroeck, Reichsinnenministerium an Carl Duisberg, 6. 11. 1933, BAL 271/0.

37 Diem, Fritz Beck, S. 43–71.

38 Reinhold Schairer an Carl Duisberg, 29. 12. 1933, BAL AS.
39 Carl Duisberg an Reinhold Schairer, 2. 1. 1934, BAL AS.
40 Reinhold Schairer an Carl Duisberg, 24. 11. 1934, BAL AS.

30 | Befreundete Feinde

1 Der ganze Vorgang ist anhand der Korrespondenz Duisbergs dargestellt bei Flechtner, Duisberg, S. 318–322. Ausführlich hierzu auch Szöllösi-Janze, Fritz Haber, S. 438–446, die freilich Duisbergs Position zu sehr aus der Sicht seiner Kritiker sieht. Der Vorgang ist auch geschildert bei Ruske, 100 Jahre, S. 130 f., der sich, was die Quellen betrifft, weitgehend auf Flechtner stützt und den Vorgang eher nüchtern schildert.
2 Carl Duisberg an Fritz Haber, 4. 10. 1915, BAL AS.
3 Carl Duisberg an Alfred Stock, 15. 7. 1915, BAL AS.
4 Carl Duisberg an Max Delbrück, 26. 5. 1918, BAL AS.
5 Carl Duisberg an Richard Willstätter, 19. 7. 1919, BAL AS.
6 Willstätter, Aus meinem Leben, S. 314 f.; Jaenicke, 100 Jahre, S. 81.
7 Richard Willstätter an Carl Duisberg, 21. 1. 1920, BAL AS. Das entspricht in etwa auch dem, was Willstätter Ende der 1930er Jahre in seinen Erinnerungen notierte, Willstätter, Aus meinem Leben, S. 314 f.
8 In einem Schreiben an Friedrich Schmidt-Ott vom 13. 2. 1920, BAL AS, pflichtete Duisberg Willstätter sogar bei, dass die Lage in München für ihn wissenschaftlich einfacher sei.
9 Carl Duisberg an Richard Willstätter, 21. 1. 1920, BAL AS.
10 Friedrich Schmidt-Ott an Carl Duisberg, 10. 2. 1920, BAL AS. Schmidt-Ott vermutete einen Zusammenhang zu dem Leiter des KWI Chemie, Ernst Beckmann, der sein Amt nicht mehr ausfüllte, aber auch nicht aufgeben wollte.
11 Willstätter, Aus meinem Leben, S. 314 f.
12 Carl Duisberg an Friedrich Schmidt-Ott, 13. 2. 1920, BAL AS,
13 Ebd.
14 Carl Duisberg an Johannes Walther, 27. 3. 1920, BAL 46/9.1.
15 Carl Duisberg an Friedrich Schmidt-Ott, 15. 3. 1920, BAL AS.
16 Duisberg schildert sein Vorgehen in einem Schreiben an Alfred Stock, 29. 3. 1920, BAL AS: «Wir haben eine Kommission gebildet, bestehend aus Haeuser, Arthur von Weinberg, Plieninger, Oppenheim und mir, die an den massgebenden Stellen Einspruch erheben soll.»
17 Carl Duisberg an Adolf von Harnack, 26. 2. 1920; Adolf von Harnack an Carl Duisberg, 28. 2. 1920, Carl Duisberg an Adolf Harnack, zit. nach Flechtner, Carl Duisberg, S. 319–322.
18 Das war de facto auch so. Carl Duisberg am 7. 4. 1920 an Henry Theodor Böttinger, BAL AS.
19 Ob es einen förmlichen Ruf an Haber gab, ist unklar. Es ist nicht einmal klar, ob je mit Haber offiziell gesprochen wurde. Lediglich die Absicht der Berliner Fakultät, einen solchen Ruf zu veranlassen, scheint sicher zu sein. Vgl. Richard Willstätter, Fritz Haber zum 60. Geburtstag, in: «Die Naturwissenschaften» 16 (1928), Heft 50, abgedruckt in: Willstätter, Aus meinem Leben, S. 241–255, hier S. 252. Auch in den Lebenserinnerungen Willstätters wird die Lage nicht wirklich klarer, Aus meinem Leben, S. 272.
20 Szöllösi-Janze, Fritz Haber, S. 443 f. Auch bei Szöllösi-Janze wird nicht klar, ob Haber den Ruf wirklich erhielt oder ob er nur als Kandidat im Gespräch war.

21 Szöllösi-Janze, Fritz Haber, S. 445.
22 Szöllösi-Janze, Fritz Haber, S. 441 f.
23 Szöllösi-Janze, Fritz Haber, S. 246, führt den Niedergang der Bedeutung Beckmanns auf den aufgehenden Stern Richard Willstätters zurück, der Beckmann nach 1912 am KWI Chemie offensichtlich in den Schatten stellte. Die Lage war zumindest aus Duisbergs Sicht anders. Solange Willstätter am KWI Chemie in Berlin war, war dort die organische Chemie gut vertreten und die Schwäche des alt gewordenen Beckmann, ebenfalls Organiker, hinnehmbar. Erst mit Willstätters Weggang und der Berufung des Anorganikers Alfred Stock zu seinem Nachfolger trat das Problem der Leistungsfähigkeit Beckmanns in den Vordergrund. Carl Duisberg an Alfred Stock, 15. 7. 1915, BAL AS.
24 Siehe hierzu Schmidt-Ott, Erlebtes, S. 115–166.
25 Friedrich Schmidt-Ott an Carl Duisberg, 29. 3. 1919, BAL AS. Die kritische Beurteilung Beckmanns auch bei Glum, Wissenschaft, S. 286.
26 Carl Duisberg an Friedrich Schmidt-Ott, 7. 4. 1919, BAL AS.
27 Carl Duisberg an Friedrich Schmidt-Ott, 13. 2. 1920, BAL AS.
28 Carl Duisberg an Alfred Stock, 29. 3. 1920, BAL AS.
29 Walther Nernst an Carl Duisberg, 20. 4. 1920, BAL AS.
30 Zu den Erinnerungen von Richard Willstätter s. o. In der Frage der Berufung Habers äußerte er sich Duisberg gegenüber gar nicht. Das freundschaftliche Verhältnis zwischen Duisberg und Willstätter war im Sommer 1920 jedenfalls nicht getrübt. Die negative Charakterisierung Duisbergs ist daher nur im Lichte der späteren Entwicklung zu verstehen.
31 Jaenicke, 100 Jahre, S. 81.
32 Fritz Haber an Carl Duisberg, 10. 7. 1920, BAL AS.
33 Fritz Haber an Carl Duisberg, 16. 7. 1920, BAL AS.
34 Fritz Haber an Carl Duisberg, 2. 8. 1920, BAL AS.
35 Die eigentliche Stelle bekam Wilhelm Schlenk; Stock wurde als Leiter des KWI Chemie persönlicher Ordinarius und mit der Durchführung der anorganischen Lehre betraut.
36 Szöllösi-Janze, Fritz Haber, S. 445; vgl. auch Jaenicke, 100 Jahre, S. 81.
37 Flechtner, Carl Duisberg, S. 256.
38 Fritz Haber an Carl Duisberg, 3. 6. 1921, BAL AS. Unzutreffend ist Szöllösi-Janzes Behauptung, Haber habe die Duisberg-Aufnahme nicht unterstützt, S. 556, S. 824, Fn. 120.
39 Zum Hintergrund vgl. Litten, Rücktritt.
40 Richard Willstätter an Carl Duisberg, 29. 6. 1924, BAL AS.
41 Carl Duisberg an Richard Willstätter, 10. 7. 1924, BAL AS.
42 Das trifft keineswegs zu. In einem Brief an V. M. Goldschmidt vom 18. 5. 1924 warnte Willstätter ihn vor München: «Sie sollen und werden, wie ich bestimmt annehme, den Ruf an die Universität München erhalten, aber Sie dürfen nicht hierher kommen ohne gewarnt zu sein vor den politischen Strömungen, vor der Engherzigkeit, dem Mangel an Einsicht, dem Kastengeist und dem Rassenfanatismus in vielen Kreisen Bayerns.» Zit. nach Litten, Rücktritt, S. 28.
43 Richard Willstätter an Carl Duisberg, 11. 7. 1924, BAL AS.
44 Schmidt-Ott hatte Duisberg sofort aufgefordert, Willstätter für Berlin zu gewinnen. Der preußische Kultusminister habe eine freie Stelle, doch es sei besser, Willstätter an das KWI Chemie nach Dahlem zu holen; Friedrich Schmidt-Ott an Carl Duisberg, 28. 6. 1924, BAL AS.
45 In diesem Punkt konnte Duisberg recht sicher auftreten, da ihm Arthur von Wein-

berg, im Gemeinschaftsrat der I.G. für Finanzen zuständig, bereits am 8.7.1924, BAL AS, geschrieben hatte, man müsse alles tun, um Willstätter zu halten: «Die Gefahr liegt vor, dass Willstätter nach der Schweiz geht, wo er mit offenen Armen empfangen würde, und unsere Pflicht ist es meines Erachtens, uns den bedeutendsten lebenden Chemiker zu erhalten.»

46 Carl Duisberg an Richard Willstätter, 10.7.1924, BAL AS.

47 Richard Willstätter an Carl Duisberg, 21.7.1931, BAL AS.

48 Carl Duisberg an Richard Willstätter, 25.7.1931, BAL AS.

49 Duisberg nennt Willstätter in Briefen an Johannes Walther aus den Jahren 1917 und 1918 wiederholt seinen Freund, oder «da ich nun sehr befreundet mit Willstätter» bin, 2.1.1918, BAL AS.

50 Siehe Feldman, German Scientist.

51 Feldman, Private Support, S. 101 f.

52 Arthur Stoll, der zu Richard Willstätter in dessen Schweizer Exil laufend Kontakt hatte, bemerkte gegenüber Rudolf Pummerer, 24.2.1950: «So viel weiss ich, aus mündlichen Äusserungen, dass er in seinen letzten 10–15 Lebensjahren nicht auf alle Herren der I.G. gut zu sprechen war. Sie haben sich ja auch trotz meiner persönlichen Intervention in Frankfurt nicht im geringsten um ihn gekümmert, als ihm 1938/39 von deutscher Seite die Ausreise in die Schweiz so ausserordentlich erschwert wurde.» BAL 271/0.

53 Willstätter, S. 347 f.

54 Sauerbruch verstand Willstätter zwar, war mit dem Rücktritt aber durchaus nicht einverstanden, Sauerbruch, Das war mein Leben, S. 383–387.

55 Vom 10.7.1924, siehe oben.

56 Arthur von Weinberg an Carl Duisberg, 21.10.1930, BAL AS.

57 Hörlein, Beziehungen. Zum Vorgang siehe auch den Briefwechsel in BAL 271/0.

58 Walther Duisberg an Heinrich Hörlein, 16.4.1950, BAL 271/0. Und weiter in dem Brief als handschriftlicher Zusatz: «zu Seite 348. Mein Vater glaubte, dass der tiefere Grund für W. Rücktritt eine tiefe wissenschaftliche Enttäuschung auf dem Enzymgebiet gewesen sei. Daher die sicherlich nicht so gemeinte oder geformte Frage an Prof. Sauerbruch.»

59 Walther Duisberg an Arthur Stoll, 3.3.1950, BAL 271/0.

31 | Carl Bosch und der Kampf um die I.G.

1 So Handelsminister Runciman am 23.12.1915 im Unterhaus, vgl. Zunkel, Industrie, S. 43, was Duisbergs Freund Jakob Rießer sofort aufgriff.

2 In den USA wurden zusätzlich die dortigen Direktoren des Verkaufsgeschäfts der Farbenfabriken, unter ihnen Duisbergs Schwager Hermann Seebohm, der Spionage angeklagt und verhaftet, wie Duisberg Henry Theodor Böttinger mitteilt, 13.9.1918, BAL AS.

3 Die Details dieser Entwicklung wurden jeweils auf den Direktionssitzungen besprochen, BAL 12/4.

4 Hierzu Zunkel, Industrie, S. 42 f.

5 Carl von Weinberg an Carl Duisberg, 7.7.1915, BAL AS.

6 Plumpe, I.G. Farbenindustrie AG, S. 99.

7 Carl Duisberg an Henry Theodor Böttinger, 4.3.1916, BAL AS.

8 Albert Vögler an Carl Duisberg, 8.10.1917, BAL AS. Zu den Versuchen, einen ähnlichen Stahl-Trust ins Leben zu rufen, vgl. Hallgarten/Radkau, Deutsche Industrie, S. 185.

9 Carl Duisberg an Johannes Walther, 6. 10. 1916, BAL AS.
10 Carl Duisberg an Ludwig Knorr, 20. 5. 1916, BAL AS.
11 Henry Theodor Böttinger an Carl Duisberg, 28. 9. 1915, BAL AS.
12 Carl Duisberg an Henry Theodor Böttinger, 3. 11. 1915, BAL AS.
13 Carl Duisberg an Henry Theodor Böttinger, 22. 5. 1916, BAL AS.
14 Sonnemann, Über die Duisberg-Denkschrift aus dem Jahre 1915, war gar der Auffassung, dass die internen Strukturen der I. G. bis in die frühen 1960er Jahre unbekannt geblieben seien, übersah dabei allerdings, dass die Duisbergsche Denkschrift von 1904 bereits 1923 im Band seiner Abhandlungen I, S. 343–368, veröffentlicht worden war. Die Motive der I. G.-Gründung lagen damit offen auf dem Tisch.
15 Vgl. vor allem Borkin, Allianz; Jeffreys, Kriegskartell; aber auch bereits Wickel, I. G. Deutschland.
16 Direktoriumssitzung in Leverkusen, 9. 7. 1915, BAL 12/4.
17 Franz Oppenheim an Carl Duisberg, 10. 12. 1917, BAL AS.
18 Williamson, Die ökonomischen Institutionen.
19 Vor allem Plumpe, I. G. Farbenindustrie AG, S. 131–163; Tammen, I. G. Farbenindustrie; Fischer, Dezentralisation. Zur Entwicklung aus der Sicht der BASF vgl. Johnson, Synthese, S. 214–220.
20 Plumpe, I. G. Farbenindustrie AG, S. 132.
21 Plumpe, I. G. Farbenindustrie AG, S. 131.
22 Plumpe, I. G. Farbenindustrie AG, S. 133 f., 214–217.
23 Holdermann, Bosch, S. 171 f.
24 Plumpe, I. G. Farbenindustrie AG, S. 95.
25 Carl Duisberg an Franz Oppenheim, 6. 3. 1919, BAL AS.
26 Carl Duisberg an Henry Theodor Böttinger, 13. 1. 1920, BAL AS.
27 Carl Duisberg an Henry Theodor Böttinger, 9. 1. 1919, BAL AS. Man müsse mitziehen, schrieb Duisberg, auch wenn man das gar nicht wolle.
28 Duisberg vor dem vorl. Reichswirtschaft, 12. 7. 1921, abgedruckt in: Duisberg, Abhandlungen I, S. 843.
29 Franz Oppenheim an Carl Duisberg, 26. 12. 1921, BAL AS.
30 BAL 300/085.
31 Holdermann, Bosch, S. 192.
32 Plumpe, I. G. Farbenindustrie AG, S. 255.
33 Denkschrift vom 16. 12. 1923, BAL 300/085.
34 Carl Duisberg an Arthur von Weinberg, 16. 3. 1924, BAL AS.
35 Arthur von Weinberg an Carl Duisberg, 20. 3. 1924, BAL AS.
36 Flechtner, Carl Duisberg, S. 335.
37 Carl Duisberg an Rudolf Frank, 28. 5. 1924, BAL AS.
38 Carl Duisberg an Walther vom Rath, 20. 7. 1924, BAL AS.
39 BAL 004/003. Hierzu auch Flechtner, Carl Duisberg, S. 336–339.
40 Glum, Wissenschaft, S. 270.
41 BAL 004/003.
42 Mit Walther vom Rath hatte sich Duisberg bereits zuvor über die Ablehnung einer sofortigen Vollfusion verständigt; Walther vom Rath an Carl Duisberg, 18. 10. 1924, BAL AS.
43 Zweiter Teil der Denkschrift, S. 3.
44 Denkschrift, Teil II, S. 17.
45 Flechtner, Carl Duisberg, S. 345 f.
46 So sahen das auch informierte Zeitgenossen, vgl. Glum, Wissenschaft, S. 270.
47 Carl Duisberg an Rudolf Frank, 17. 11. 1924, BAL 271/2.

48 Carl Duisberg an Theodor Plieninger, 5. 1. 1925, BAL AS.
49 Flechtner, Carl Duisberg, S. 348.
50 Carl Duisberg an Theodor Plieninger, 5. 1. 1925, BAL AS.
51 Plumpe, I. G. Farbenindustrie AG, S. 140. Flechtner, Carl Duisberg, S. 349.
52 Hierzu und zum folgenden, Plumpe I. G. Farbenindustrie AG, S. 140–144.
53 Plumpe, I. G. Farbenindustrie AG, S. 141, Fn. 50.
54 Plumpe, I. G. Farbenindustrie AG, S. 466 f.
55 Carl Duisberg, Ansprache bei der Übergabe und Einweihung des Verwaltungsgebäudes der I. G. Farbenindustrie AG in Frankfurt am Main, 10. 1. 1931, abgedruckt in: Duisberg, Abhandlungen II, S. 234 f.
56 Protokolle der Aufsichtsratssitzungen 1926–1935, BAL 011–003, Vol. 6. Protokolle der Verwaltungsratssitzungen 1932/33, BAL 011-A-001.
57 Bildung eines sozialpolitischen Ausschusses des Aufsichtsrates am 28. 4. 1927. In dieser Sitzung dankte der Vertreter der Angestellten «der Verwaltung […] für die zielbewusste Leitung der Firma auch im vergangenen Jahre».
58 Duisberg auf der Aufsichtsratssitzung am 2. 6. 1927, BAL 011–003, Vol. 6.
59 Liste der Angehörigen des Verwaltungsrates, Aufsichtsratssitzung 9. 1. 1926, BAL 011–003, Vol. 6. Zu den Personen, Heine, Verstand & Schicksal.
60 Protokoll der 75. Sitzung des Verwaltungsrates, 7. 9. 1932, BAL 011-A-001, S. 878.
61 Leo Gans an Carl Duisberg, 18. 11. 1925, BAL AS.

32 | Leiden oder die heilige Dreieinigkeit

1 Carl Duisberg an Max Delbrück, 26. 5. 1918, BAL AS.
2 Die Kurklinik existiert noch, doch sind, wie auf Anfrage erklärt wurde, alle Unterlagen der Weimarer Zeit bei Kriegsende untergegangen.
3 Carl Duisberg an Carl Hauptmann, 6. 9. 1920, BAL AS.
4 Carl Duisberg an Hermann Bücher, gf. Mitglied des Präsidium des RDI am 17. 4. 1922, BAL AS.
5 Befunde in: BAL 300/001.
6 Am 29. März und am 26. April 1925 fanden die beiden Wahlgänge zur Wahl des Reichspräsidenten statt, bei denen sich schließlich Hindenburg als Kandidat der konservativen und rechten Parteien gegen den Zentrumspolitiker Wilhelm Marx durchsetzte; vgl. Winkler, Weimar, S. 279–281.
7 Carl Duisberg an Ludwig van Heek, 30. 3. 1925, BAL AS.
8 Carl Duisberg an Robert C. Schüpphaus, 21. 7. 1925, BAL 271/0.
9 Carl Duisberg an Julius Hirsch, 4. 1. 1926, BAL 300/151.
10 BAL AS.
11 Carl Duisberg an Rudolf Geigy, 6. 12. 1926, BAL AS.
12 So Carl Duisberg an Reinhold Schairer, 17. 12. 1926, BAL AS; Carl Duisberg an Adolf von Harnack, 17. 5. 1927, BAL AS.
13 Schreiben vom 28. 12. 1926, BAL 300/158.
14 Ernst Landsberg an Duisberg, 15. 11. 1926, BAL 300/151.
15 CD an Rudolf Geigy-Schlumberger, 29. 1. 1927, BAL AS.
16 Carl Duisberg an Kapitän N. Johnson, 27. 4. 1927, BAL AS.
17 «B. Z. am Mittag» vom 25. 7. 1927, BAL 300/157.
18 Carl Duisberg an Carl Wichelhaus, 15. 7. 1929, BAL 046/009/001.
19 Carl Duisberg an A. Bemelmans, Brüssel, 3. 10. 1927, BAL AS.
20 Carl Duisberg an Richard F. Ullner, 10. 1. 1928, BAL 271/0.
21 Carl Duisberg an Ludwig Kastl, 10. 7. 1928, BAL AS.

22 Carl Duisberg an Carl Wichelhaus, 19. 7. 1928, BAL 300/157.
23 Carl Duisberg an Elly Prose-Posern, 21. 8. 1928, BAL AS.
24 Randglosse zu einer Notiz der «Kölnischen Zeitung», 18. 9. 1928, BAL 300/020.
25 Carl Wichelhaus an einen Bittsteller, 16. 11. 1928, BAL 300/152.
26 Johanna Duisberg an an Frl. Lenore Neumann, Schule am Meer/Juist, 29. 8. 1928, BAL 300/152.
27 Carl Duisberg, Unsere Reise durch China, Korea und Japan und die politische und wirtschaftliche Lage dieser Länder, o. D. (1929), BAL 191/2, Vol. 6, S. 42.
28 Typisch der Bericht von Carl Duisberg, in: «Deutsche Wacht», Batavia, Januar 1929, Heft 1, BAL 300/022.
29 Kirby, Germany, S. 61–63. Bauers Hoffnungen, Duisberg werde sich auch für eine militärische Hilfe an Tschiang-kai Tschek einsetzen, wurden aber enttäuscht, Vogt, Bauer, S. 451 f.
30 Carl Duisberg an Prof. Dr. von Eiselsberg, Wien, 11. 2. 1929, BAL AS.
31 Carl Duisberg an Max Buchner, 19. 5. 1930, BAL AS.
32 Heinrich Gattineau an Henry Armstrong, 30. 8. 1930, BAL 300/156.
33 Carl Duisberg an Dietz Edzard, 13. 2. 1931, BAL AS.
34 Ein Radiohörer namens Böker an Carl Duisberg, 16. 5. 1931, BAL AS, hat davon gehört und gratuliert. Carl Duisberg bedankte sich am 27. 5. 1931 mit der Entschuldigung, er habe erst nach längerer Reise antworten können.
35 Carl Duisberg an Jakob Herle, 19. 7. 1931, BAL 62/10.7.
36 Carl Duisberg an Carl Bosch, 7. 9. 1931, BAL AS.

33 | Der abwesende Präsident

1 Deutschland und wir. Die Ansicht Geheimrat Duisbergs, des Präsidenten des RDI, über die deutsch-französische Annäherung, in: «Excelsior» vom 11. 11. 1929, dt. Übersetzung, BAL 300/025.
2 Deutschland und wir. Die Ansicht Geheimrat Duisbergs, des Präsidenten des RDI, über die deutsch-französische Annäherung, in: «Excelsior» vom 11. 11. 1929, dt. Übersetzung, BAL 300/025.
3 Zum Young-Plan vgl. Heyde, Ende der Reparationen.
4 Deutschland und wir. Die Ansicht Geheimrat Duisbergs, des Präsidenten des RDI, über die deutsch-französische Annäherung, in: «Excelsior» vom 11. 11. 1929, dt. Übersetzung, BAL 300/025.
5 Zu Hindenburg siehe Pyta, Hindenburg, S. 489 ff.
6 Hierzu Zunkel, Gewichtung. Ferner Wolff-Rohé, Reichsverband.
7 Franz Oppenheim, Duisbergs Stellvertreter im VzW, übernahm zunächst die Vertretung der chemischen Industrie in den Verhandlungen, die schließlich zur Gründung des RDI führten. Er hielt Duisberg darüber auf dem laufenden und stimmte sich jeweils mit ihm ab; vgl. z. B. das Schreiben am 15. 2. 1919 über die Gründungsverhandlungen des RDI und die Arbeitsgemeinschaftsfrage, BAL 62/10.1, S. 62.
8 Der zweite Vertreter der chemischen Industrie war Rudolf Frank, das geschäftsführende Präsidialmitglied des VzW. Zur Sitzverteilung im RDI und zu dessen Änderungen bis zum Beginn der 1930er Jahre vgl. Grübler, Spitzenverbände, S. 18–30. Die Satzung des Reichsverbandes der Deutschen Industrie ist abgedruckt in: Bundesverband der deutschen Industrie (Hg.), Weg, S. 139–143.
9 Zu Duisbergs grundsätzlicher Haltung siehe die Eröffnungsrede auf der Hauptversammlung des VzW, Berlin, Oktober 1919, abgedruckt in: Duisberg, Abhandlungen I, S. 563.

10 Carl Duisberg an Albert Vögler, 7. 12. 1924, BAL 62/10.2, Bll. 8–10.
11 Zu Ernst Borsig vgl. John, Industrieverbände.
12 Das war aber in der Tat wohl nur ein taktisches Argument, denn die Nachfolge von Kurt Sorge bei der Vereinigung der Arbeitgeberverbände hatte Ernst von Borsig schon 1924 angetreten, vgl. Erdmann, Die Arbeitgeberverbände, S. 164f. Im RDI wurde er Präsidiumsmitglied.
13 Frowein war wie Borsig Mitglied der DNVP, stand aber in einer langen Tradition freikonservativer Aufgeschlossenheit gegenüber einer ausgleichenden Sozialpolitik; vgl. Beyer, Arbeit, S. 154–161.
14 BAL 62/10.2, Bl. 11 f.
15 Paul Moldenhauer an Carl Duisberg, 18. 12. 1924, BAL 62/10.2, Bl. 16.
16 Carl Duisberg an Abraham Frowein, 15. 12. 1924, BAL 62/10.2, Bll. 13–14.
17 Im April 1925 stellte Duisberg vor dem Hauptausschuss des RDI die Suche so dar, als sei er erst eine Art letzte Wahl gewesen, nachdem der RDI lange Zeit «mit der Laterne nach einem Nachfolger gesucht und überall Körbe bekommen» habe; Carl Duisberg, Rede vor dem Hauptausschuß des RDI, 1. 4. 1925, abgedruckt in: Duisberg, Abhandlungen II, S. 3–5, hier S. 3.
18 Carl Duisberg an Kurt Sorge, 24. 12. 1924, BAL 62/10.2, Bll. 19–24.
19 Die Einzelheiten der Organisationsreform handelte Duisberg mit dem noch amtierenden geschäftsführenden Präsidialmitglied Hermann Bücher aus. Hermann Bücher an Carl Duisberg, 31. 12. 1924; Carl Duisberg an Hermann Bücher, 3. 1. 1925; Hermann Bücher an Carl Duisberg, 6. 1. 1925; BAL AS.
20 Organisatorischer Aufbau des RDI nach dem Stande vom 15. 6. 1925, vom 1. 3. 1929 (dickes Buch mit handschriftlichen Nachträgen), BAL 62/10.1. Duisberg setzte auch von Anfang an das Leverkusener Prinzip der Schriftlichkeit von Sitzungen für den RDI fest und ordnete an, von allen wichtigen Sitzungen Protokolle anfertigen und den Präsidiumsmitgliedern in Kopie zukommen zu lassen, um auf diese Weise eine möglichst reibungslose Kommunikation zu ermöglichen, wie sich das in Leverkusen ja seit Jahrzehnten bewährt hatte; hierzu Schriftverkehr Otto Meesmann mit Geschäftsstelle des RDI, BAL 62/10.2.
21 RDI an die Mitglieder des Präsidiums des RDI, 14. 1. 1925, BAL 300/009: Mitteilung über heutige Wahl Duisbergs.
22 Faktisch war es wohl ein Wechsel von der Wirtschaft zur Politik. Am 4. 2. 1928 fragte Duisberg Jakob Herle, ob er einen Nachfolger für Meesmann habe, und zwar mit der Bemerkung:. «Was sagen Sie zu diesem flüchtigen Vogel, der Politik der Wirtschaft vorzieht? Ich sehe ihn schon im Geiste als M. d. R.» BAL 62/10.7.
23 Zu Gattineau vgl. seine Memoiren, Gattineau, Klippen.
24 Vgl. dazu Klose,Carl Duisberg, S. 5.
25 Zu Kastl Neebe, Großindustrie. Kastl war zuvor Ministerialrat im Reichsfinanzministerium gewesen. Der RDI hielt mit seiner Wahl also an der Tradition fest, für dieses Amt einen hohen Ministerialbeamten zu gewinnen; hierzu Weisbrod, Schwerindustrie, S. 222f.
26 Zu Kastls Auswahl, Weisbrod, Schwerindustrie, S. 222, Fn. 15.
27 Neebe, Großindustrie. Ferner Boris Gehlen, Paul Silverberg.
28 Vgl. Gehlen, Paul Silverberg.
29 Hierzu ausführlich Weisbrod, Schwerindustrie.
30 Carl Duisberg, Rede bei der Abschiedsfeier für den scheidenden Vorsitzenden des RDI Kurt Sorge, 1. 4. 1925, abgedruckt in: Duisberg, Abhandlungen II, S. 5–11.
31 Vgl. auch Weisbrod, Schwerindustrie, S. 217–226.
32 Hierzu Ullmann, Interessenverbände.

33 Hierzu Plumpe, I. G. Farbenindustrie AG, S. 527–532.
34 Siehe etwa die Selbstrechtfertigung bei Carl Duisberg, Was ist der Reichsverband der Deutschen Industrie?, in: «Kölnische Zeitung», Nr. 457 vom 23. 6. 1925, abgedruckt in: Duisberg, Abhandlungen II, S. 15–19.
35 Hinweise zum negativen Unternehmerbild in der Öffentlichkeit bei Niemann, Bild. Typisch für die Zeit der viel gelesene Roman von Reger, «Union», der die Verhältnisse in der Schwerindustrie «von innen» schildert. Einschlägige Reportagen waren seinerzeit überaus populär, vgl. die Reportagen von Stenbock-Fermor, «Meine Erlebnisse als Bergarbeiter», sowie ders., «Deutschland von unten». Derartige Texte waren allerdings nicht auf die Schwerindustrie beschränkt; auch die Großchemie war ein beliebtes Sujet, etwa Helmut Wickel, I. G. Deutschland.
36 Typisch für diese Art von Enthüllungsliteratur, Lewinsohn (d. i. Morus), Umschichtung.
37 Einschlägig auch hier Lewinsohn, Das Geld.
38 Programmatisch das Schreiben an Alfred Neven-Dumont, 11. 8. 1927, BAL AS. Mit dem führenden Wirtschaftsjournalisten der Weimarer Republik, dem u. a. für die «Vossische Zeitung» arbeitenden Felix Pinner verabredete Duisberg 1927 die Bildung eines kleinen Ausschusses, um dessen eigentliche Arbeit sich dann die Geschäftsführung des RDI kümmern sollte. Felix Pinner an Carl Duisberg, 24. 10. 1927, Carl Duisberg an Felix Pinner, 26. 10. 1927, BAL AS. Zu Pinner siehe die unveröff. Magisterarbeit von Dubisch, Wirtschaftsjournalismus.
39 Carl Duisberg vor der Vorstandssitzung des RDI, 24. 2. 1928, BAL 62/10.10, Bll.167 f.
40 Carl Duisberg vor der Vorstandssitzung des RDI, 24. 2. 1928, BAL 62/10.10, Bl.168.
41 Carl Duisberg an Alfred Neven-Dumont, 11. 8. 1927, BAL AS.
42 Carl Duisberg an F. W. Kalle, 17. 1. 1925, BAL AS. Zum Kalle-Kreis, Plumpe, I. G. Farbenindustrie AG, S. 527 ff.
43 An diesen Abenden nahm Duisberg, wenn er in Berlin war, auch gern selbst teil. In der Regel lag die Vertretung des RDI gegenüber Reichsregierung und Reichstag in den Händen von Ludwig Kastl. Kontakte zur Reichsregierung zwischen 1925 und 1930, an denen Duisberg teilnahm, waren insofern auch selten, zumindest wenn man die Erwähnungen in den Akten der Reichskanzlei als Maßstab heranzieht. Während namentlich zwischen 1927 und 1930 die Kontakte Kastls überaus eng und zahlreich waren, findet sich Duisberg während der Regierung Müller von 1928–1930 überhaupt nicht erwähnt, auch zuvor bei den Kabinetten Luther und Marx kam es – zumindest offiziell – nur zu wenigen Treffen.
44 Carl Duisberg an F. W. Kalle, 17. 1. 1925, BAL AS.
45 Vgl. hierzu Wickel, I. G. Deutschland, S. 206 f.
46 «Bergisch-Märkische Zeitung», 9. 1. 1927, BAL 300/015.
47 Lewinsohn, Das Geld, S. 83.
48 Diese Einrichtung ist derzeit noch weitgehend unerforscht. Die Industrie war aber wohl insgesamt mit derartigen Versuchen nicht sonderlich erfolgreich. Zur Erfolglosigkeit der einschlägigen Schritte, gezielt finanziell Einfluss zu nehmen, äußerte sich Carl Friedrich von Siemens 1932 geradezu resigniert gegenüber Duisberg, der ihn um eine Spende zur Hindenburg-Wahl gebeten hatte. Eine gemeinsame Aktion der Industrie habe es nicht gegeben; alles sei völlig zersplittert geblieben, nicht zuletzt wohl, weil es in der Industrie nicht die nötigen politischen Übereinstimmungen gab. Carl-Friedrich von Siemens an Carl Duisberg, 1. 3. 1932, BAL AS.
49 Lewinsohn, Das Geld, S. 84.
50 Zit. bei Lewinsohn, Das Geld, S. 84 f.

51 Hierzu Winkler, Weimar, S. 311.
52 Carl Duisberg an Paul Moldenhauer, o. D. (Mai 1926), BAL AS.
53 Duisbergs Reden auf der Abschiedsfeier für Kurt Sorge sind abgedruckt in: Duisberg, Abhandlungen II, S. 5–11.
54 Carl Duisberg an Alfred Neven-Dumont, 11. 8. 1927, BAL AS: Er habe nach Übernahme des Amtes im RDI «sofort die Weisung gegeben, zu der gesamten deutschen Presse engere Beziehungen anzuknüpfen, als das vielleicht bis zu diesem Zeitpunkt üblich war. Ich bemühte mich, ein gutes Verhältnis mit allen Blättern von rechts bis links herzustellen und ging sogar so weit, in einer Pressekonferenz, die ich persönlich vor der Kölner Hauptversammlung in Leverkusen abhielt, den Vertretern und Leitern unserer Presse das Angebot zu machen, dass wir ihnen nicht nur Nachrichten zur Verfügung stellen wollten, die sie ohne weiteres veröffentlichen könnten, sondern ihnen auch fortlaufend vertraulich Kenntnis von intimen Vorgängen unserer Wirtschaft geben wollten, unter der ausdrücklichen Bedingung, dass sie bis auf weiteres geheim zu halten seien.»
55 Die Pressekonferenz fand vor etwa 50 Journalisten am 17. 6. 1925 in Leverkusen statt, BAL 62/10.9, Bl. 104.
56 Manuskript des Vortrages, BAL 62/10. 9, Bll. 195–198. Eine Langfassung des Vortrages auch in: Duisberg, Abhandlungen II, S. 11–15.
57 Manuskript, Bl. 197.
58 Entwurf, Juni 1925, BAL 62/10.2, Bll. 219–225.
59 Entwurf, S. 219.
60 Redemanuskript, BAL 62/10.9, Bll. 377–416, hier Bl. 381. Unterstreichungen i. O. In der Druckfassung von 1933 ist das Bekenntnis zur Weimarer Republik fortgelassen worden. Vgl. Carl Duisberg, Rede auf der Mitgliederversammlung des RDI, abgedruckt in: Duisberg, Abhandlungen II, S. 28–36, hier S. 29 f.
61 Redemanuskript, Bl. 381.
62 Redemanuskript, S. 388.
63 Redemanuskript, Bl. 396 f.
64 Diese Argumentation wurde von Duisberg in seinen Reden und Stellungnahmen immer wieder wiederholt. Siehe etwa Carl Duisberg, Deutschland auf dem Weltmarkt, in: «Allgemeine Zeitung», Nr. 503–506 vom 27./28. 10. 1928, abgedruckt in: Abhandlungen II, S. 314–319.
65 Redemanuskript, Bl. 397 f.
66 Redemanuskript, Bl. 400.
67 Zur Lage vgl. Knortz, Wirtschaftsgeschichte. Maurer, Reichsfinanzen und grosse Koalition. Krohn, Steuerpolitik, S. 426–438. Hertz-Eichenrode, Wirtschaftskrise.
68 Reichsverband der Deutschen Industrie, Wirtschafts- und Finanzpolitik, Berlin 1925.
69 RDI, Wirtschafts- und Finanzpolitik, S. 5.
70 RDI, Wirtschafts- und Finanzpolitik, S. 18.
71 Jakob Herle an Carl Duisberg, 15. 7. 1925, BAL 62/10.7.
72 Deutschland und wir. Die Ansicht Geheimrat Duisbergs, des Präsidenten des RDI, über die deutsch-französische Annäherung, in: «Excelsior» vom 11. 11. 1929, dt. Übersetzung, BAL 300/025.
73 Hierzu Winkler, Weimar, S. 308–311.
74 Carl Duisberg, Die wirtschaftliche Lage der deutschen Industrie. Vortrag auf der Mitgliederversammlung des RDI, 3. 9. 1926, Dresden, abgedruckt in: Duisberg, Abhandlungen II, S. 43.
75 Paul Moldenhauer an Carl Duisberg, 6. 4. 1926, BAL AS.
76 Carl Duisberg an Paul Moldenhauer, o. D., wahrscheinlich Mai 1926, BAL AS.

77 Carl Duisberg, Die wirtschaftliche Lage der deutschen Industrie. Vortrag auf der Mitgliederversammlung des RDI, 3. 9. 1926, Dresden, abgedruckt in: Duisberg, Abhandlungen II, S. 44.
78 Hierzu Gehlen, Paul Silverberg, S. 362–366.
79 Neebe, Großindustrie, S. 42. Stresemann besuchte Silverberg nach der Rede wohl auch privat; Gehlen, Paul Silverberg, S. 364, Fn. 308.
80 Gehlen, Paul Silverberg, S. 362 f.
81 Ausführlich Neebe, Großindustrie, S. 42 ff.
82 Die Dresdner Rede und ihre Folgen sind ausführlich dargestellt bei Reinhard Neebe, Großindustrie, S. 42–49.
83 Carl Duisberg an Ludwig Kastl, 16. 19. 1926, BAL 62/10.3, Bl. 238 f. Siehe auch Kühlem (Bearb.), Briefe eines Industriellen, S. 583 f.
84 Vorstandssitzung des RDI, 14. 10. 1926, BAL 62/10.10, Bll. 114–126.
85 Zu Paul Reusch vgl. Weisbrod, Schwerindustrie in der Weimarer Republik, und jetzt Marx, Paul Reusch.
86 Duisberg, Abhandlungen II, S. 294.
87 Carl Duisberg, Die wirtschaftliche Lage der deutschen Industrie. Vortrag vor der Mitgliederversammlung des RDI, 2./3. 9. 1927, Frankfurt am Main, abgedruckt in: Abhandlungen II, S. 63.
88 Carl Duisberg, Die wirtschaftliche Lage der deutschen Industrie. Vortrag vor der Mitgliederversammlung des RDI, 2./3. 9. 1927, Frankfurt am Main, abgedruckt in: Abhandlungen II, S. 64. Duisberg gab in Frankfurt bekannt, dass der RDI sich künftig nur noch alle zwei Jahre treffen werde.
89 Presse in: BAL 300/018.
90 Pressereaktion ausführlich in: BAL 300/016.
91 Carl Duisberg an Ludwig Kastl, 14. 9. 1927, BAL 62/10.3, Bll. 736–379. Der Brief auch bei Kühlem (Bearb.), Briefe eines Industriellen, S. 602–605 mit Kommentaren.
92 Die Reden und Grußworte sind zum großen Teil abgedruckt im zweiten Band seiner Reden und Abhandlungen, der die Jahre 1922–1933 umfasst.
93 Hierzu Weisbrod, Schwerindustrie. Marx, Paul Reusch.
94 Winkler, Weimar, S. 334–388
95 Plumpe, I. G. Farbenindustrie AG, S. 434.
96 Plumpe, I. G. Farbenindustrie AG, S. 350.
97 Carl Duisberg auf der Vorstandssitzung des RDI, 14. 10. 1926, BAL 62/10.10, Bl. 114.
98 Carl Duisberg an Ludwig Kastl, 10. 7. 1928, BAL AS.
99 Carl Duisberg an Ludwig Kastl, 10. 7. 1928, BAL AS.
100 Vorstandssitzung des RDI, 21. 6. 1928, BAL 62/10.10, Bll. 178–190.
101 Sitzung des Präsidiums des RDI vom 25. 10. 1928, BAL 62/10.3, Bl. 427.
102 Erinnerung Duisbergs auf der Vorstandssitzung des RDI, 22. 5. 1930, BAL 62/10.10, Bl. 224.

34 | Die große Krise

1 Vorstandssitzung des RDI, 13. 9. 1928, BAL 62/10.10.
2 Holdermann, Bosch, S. 246 f.
3 Grübler, Spitzenverbände, S. 68.
4 Reichsverband der Deutschen Industrie (= RDI), Aufstieg oder Niedergang?
5 Carl Duisberg, Rede bei der Übergabe der Denkschrift des Reichsverbandes der Deutschen Industrie «Aufstieg oder Niedergang» an die Presse am 2. 12. 1929 in Berlin, abgedruckt in: Duisberg, Abhandlungen II, S. 93–105.

6 Weisbrod, Schwerindustrie, S. 457 ff.; Neebe, Großindustrie, S. 19; Grübler, Spitzenverbände, S. 55–65.
7 Duisberg, Rede bei der Übergabe, abgedruckt in: Duisberg, Abhandlungen II, S. 95.
8 RDI, Aufstieg oder Niedergang, S. 7.
9 Zu den entsprechenden Auseinandersetzungen, Neebe, Großindustrie.
10 RDI, Aufstieg oder Niedergang, S. 7.
11 RDI, Aufstieg oder Niedergang, S. 8.
12 Hierzu Grübler, Spitzenverbände, S. 64 f. Gehlen, Paul Silverberg, S. 389–393.
13 Gehlen, Paul Silverberg, S. 389–393.
14 Bereits am 16. 11. 1929 erläuterte Duisberg das «wirtschafts- und finanzpolitische Reformprogramm» auf der 12. Hauptversammlung der Geffrub. Der Kern des Arguments war auch hier, dass es letztlich an der falschen, weil sozialistischen Programmatik der Regierung und vieler Parteien liege, wenn der Staatshaushalt ins Ungleichgewicht und die Lage der Wirtschaft immer schwieriger geworden sei. Rede abgedruckt in: Duisberg, Abhandlungen II, S. 499–505.
15 Carl Duisberg an Helga Teller, 5. 11. 1929, BAL AS.
16 Heinrich Gerland an Carl Duisberg, 16. 11. 1929, zit. nach Kühlem (Bearb.), Briefe eines Industriellen, S. 627, Fn. 4.
17 Carl Duisberg vor der Geschäftsführerkonferenz des RDI, 2. 12. 1929, BAL 62/10, 1, Bll. 422–423.
18 Ebd.
19 Presseschau zur Reichsverbandstagung, BAL 300/025.
20 Hierzu Plumpe, Reichsverband.
21 Klose, Carl Duisberg, S. 361.
22 Carl Duisberg an Leon Zeitlin, 12. 10. 1929, BAL AS.
23 Werner von Alvensleben, über seine Mutter Anna von Veltheim mit Duisbergs Ex-Schwiegersohn Hans-Hasso von Veltheim verwandt, stand zu dieser Zeit in engem Kontakt mit Kurt von Schleicher und Hindenburg und kam nach 1933 in die Nähe des bürgerlichen Widerstands gegen Hitler; siehe Glum, Wissenschaft, S. 456 f.
24 Werner von Alvensleben an Carl Duisberg, 28. 11. 1929; Carl Duisberg an Werner von Alvensleben, 29. 11. 1929, BAL AS.
25 Hierzu Kühlem (Bearb.), Briefe eines Industriellen, S. 623, Fn. 5.
26 Maurer, Reichsfinanzen, Kap. 3.; Grübler, Spitzenverbände, S. 73 f.
27 Winkler, Weimar, S. 358–360
28 Carl Duisberg, Gemeinsame Arbeit, in: «Kölnische Zeitung», Nr. 1 vom 1. 1. 1930, abgedruckt in: Duisberg, Abhandlungen II, S. 332 f.
29 Grübler, Spitzenverbände, S. 82 f.
30 Hierzu Maurer, Reichsfinanzen und große Koalition, S. 113–120.
31 Grübler, Spitzenverbände, S. 85 f.
32 Paul Moldenhauer an Carl Duisberg, 10. 3. 1930, BAL AS.
33 Carl Duisberg an Paul Moldenhauer (über RDI), 14. 3. 1930, BAL AS.
34 Neebe, Großindustrie, S. 54, unterstellt, Duisberg habe bereits auf der Geschäftsführer-Konferenz den «Fahrplan» vorgegeben, doch ist Vorsicht am Platz. Der Status quo war nicht länger hinnehmbar; ein Drehbuch im eigentlichen Sinne aber hatte Duisberg nicht.
35 Neebe, Großindustrie, S. 77. Vgl. auch Neebe, Industrieverbände.
36 Grübler, Spitzenverbände, S. 87; Heyde, Ende der Reparationen, S. 73; Winkler, Weimar, S. 362, 369.
37 Zu Brüning jetzt Hesse u. a., Große Depression.
38 Neebe, Großindustrie, S. 64–66.

39 Grübler, Spitzenverbände, S. 23–30.
40 Carl Duisberg, Begrüßungsrede auf der 13. Hauptversammlung der Geffrub, 26. 7. 1930, abgedruckt in: Duisberg, Abhandlungen II, S. 515 f.
41 Hierzu die Dokumente in «Politik und Wirtschaft» I.
42 Winkler, Weimar, S. 388.
43 Winkler, Weimar, S. 392–394.
44 Neebe, Großindustrie, S. 76–78.
45 Neebe, Großindustrie, S. 82.
46 Stellungnahmen von Ludwig Kastl und Heinrich Brüning vor dem Hauptausschuss des RDI, abgedruckt in: «Politik und Wirtschaft» I, S. 474–477.
47 Neebe, Großindustrie, S. 85.
48 Vorstandssitzung des RDI, 26. 11. 1930, BAL 62/10.10, Bl. 242. Die «fabelhafte Arbeit» bestand nicht zuletzt darin, Duisberg völlig den Rücken freizuhalten, sodass er den Sommer nicht in Berlin sein musste.
49 Vorstandssitzung des RDI, 26. 11. 1930, BAL 62/10.10, Bl. 243 f.
50 Winkler, Weimar, S. 397.
51 Jakob Wilhelm Reichert an Max Schlenker, 4. 12. 1930, «Politik und Wirtschaft» I, S. 480.
52 Niederschrift über die Sitzung des Bundesausschusses des ADGB, 14./15. 12. 1930, abgedruckt in: «Politik und Wirtschaft» I, S. 493–507; Rundschreiben des Gesamtverbandes der christlichen Gewerkschaften Deutschlands vom 29. 12. 1930, abgedruckt in: «Politik und Wirtschaft» I, S. 518 f.
53 Carl Duisberg, Deutschland in der Weltkrise, in: «Spectator», Nr. 50 vom 13. 12. 1930, abgedruckt in: Duisberg, Abhandlungen II, S. 343–347.
54 Carl Duisberg, Gegenwarts- und Zukunftsprobleme der deutschen Industrie. Ansprache auf der Tagung «Wirtschaft in Not» des Bayerischen Industriellenverbandes, 24. 3. 1931, abgedruckt in: Duisberg, Abhandlungen II, S. 165–173.
55 Somary, Ursachen; Somary, Wandlungen. Bei beiden Bänden handelt es sich um den Abdruck zumeist öffentlich gehaltener Vorträge.
56 Graml, Zwischen Stresemann und Hitler.
57 Carl Duisberg, Gegenwarts- und Zukunftsprobleme der deutschen Industrie. Ansprache auf der Tagung «Wirtschaft in Not» des Bayerischen Industriellenverbandes, 24. 3. 1931, abgedruckt in: Duisberg, Abhandlungen II, S. 173.
58 Duisbergs Argumentation folgte im Übrigen recht genau der zwischen Deutschland und Österreich Anfang März verabredeten Strategie, die Zollunion als Vorstufe einer europäischen Einigung hinzustellen. Heyde, Ende der Reparationen, S. 146. Die «Rote Fahne» sah hierin «Duisbergs Annexionsträume», sprach fälschlicherweise nicht von Bordeaux bis Sofia, sondern bis Odessa und unterstellte ihm dann antisowjetische Absichten, Nr. 71 vom 25. 3. 1931, BAL 300/029.
59 Carl Duisberg, Die erste Bresche in den Zollmauern Europas, in: «Wiener Neueste Nachrichten», Nr. 1959 vom 5. 4. 1931, abgedruckt in: Duisberg, Abhandlungen II, S. 351.
60 Heyde, Ende der Reparationen, S. 208–212.
61 Born, Bankenkrise 1931.
62 Hesse u. a., Große Depression, S. 92–97.
63 Findlay/O'Rourke, Power and Plenty, S. 443 ff.
64 Petzina u. a., Sozialgeschichtliches Arbeitsbuch, Bd. III, S. 75 f.
65 Akten der Reichskanzlei, Kabinett Brüning I, Bd. 2, S. 1470–1477. Winkler, Weimar, S. 422.
66 Carl Duisberg an Emil Kirdorf, 26. 6. 1931, BAL AS.

67 Carl Duisberg an Rudolf Mann, 31. 7. 1931, BAL AS.
68 Brief RDI an Brüning mit Denkschrift Kastls, Rs. RDI vom 20. 8. 1931, «Politik und Wirtschaft» II, S. 915–918; vgl. auch Kim, Industrie, S. 112 f.
69 Gehlen, Paul Silverberg, S. 358.
70 Neebe, Großindustrie, S. 99.
71 Paul Reusch an Ludwig Kastl, 16. 9. 1931, «Politik und Wirtschaft» II, S. 963.
72 Ludwig Kastl an Paul Reusch, 17. 9. 1931, «Politik und Wirtschaft», S. 966 f.
73 Protokoll Besprechung RDI mit Brüning, 18. 9. 1931, «Politik und Wirtschaft» II, S. 967–975. Siehe auch BAL 62/10.8.
74 «Politik und Wirtschaft» II, S. 967.
75 «Politik und Wirtschaft» II, S. 968.
76 «Politik und Wirtschaft» II, S. 974.
77 Zit. nach Neebe, Großindustrie, S. 102.
78 Die Zeitung des alldeutschen Verbandes, «Deutsche Zeitung», kommentierte die Ankündigung von Duisbergs Rücktritt entsprechend, 26. 6. 1931, BAL 300/030: «Herr Duisberg gehörte zu den im Grunde unpolitischen Menschen, die die Vorkriegszeit in so großer Anzahl hervorgebracht hat. Die Zeit seines Ausscheidens aus dem Vorsitz des R. D. I. fällt zusammen mit der, wo seine politischen Wunschbilder zusammenbrechen. Sie fällt aber auch zusammen mit der Notwendigkeit für den Reichsverband selbst, nun endlich politisch aktiv zu werden, und zwar auf Grund der tatsächlichen Verhältnisse, aber nicht auf Grund von Vorstellungen, die in der Vorkriegszeit zwar vertretbar waren, die aber in der Gegenwart ganz und gar nicht mehr passen.»
79 Neebe, Großindustrie, S. 102.
80 Carl Duisberg an Rudolf Geigy, 16. 9. 1931, BAL AS.
81 Carl Duisberg, Rede vor Vollversammlung der IHK Solingen, 11. 11. 1931, abgedruckt in: Duisberg, Abhandlungen II, S. 139–142.
82 Carl Duisberg an Heinrich Claes, 24. 12. 1931, BAL AS, auch Kühlem (Bearb.), Briefe eines Industriellen, S. 664 f.
83 Carl Duisberg an Adolf Lucas, den Landrat des Kreises Solingen bis 1927, 12. 11. 1931, zit. nach Kühlem (Bearb.), Briefe eines Industriellen, S. 662.
84 Erdmann, Adenauer.
85 Konrad Adenauer an Carl Duisberg, 26. 9. 1931, BAL AS.
86 Vgl. etwa Klose, Carl Duisberg, S. 464 f.
87 Plumpe, I. G. Farbenindustrie AG, S. 535 f.
88 Carl Duisberg, Die deutsche Industrie am Weltmarkt, in: «Weltwirtschaft» Nov./Dez. 1931, Heft 11/12, abgedruckt in: Duisberg, Abhandlungen II, S. 353–355.
89 Carl Duisberg, Eine politische Krise, in: «Berliner Tageblatt», Nr. 575 vom 6. 12. 1931, abgedruckt in: Duisberg, Abhandlungen II, S. 355 f.
90 So Duisbergs Diagnose im gleichnamigen Artikel, der am 25. 12. 1931 im «Wiener Tagblatt» erschienen war, abgedruckt in: Duisberg, Abhandlungen II, S. 357 f.
91 Carl Duisberg an Adolf von Brüning, 25. 8. 1931, BAL AS.

35 | Illusionen

1 Vgl. Wolff, Nationalsozialismus in Leverkusen, S. 31–47.
2 Wolff, Nationalsozialismus in Leverkusen, S. 46 f.
3 Die I. G. war mehrfach das Ziel groß angelegter antisemitischer Kampagnen der NS-Presse, so u. a. 1931, vgl. Turner, Großunternehmer, S. 303.

4 Zu den Wahlergebnissen mit allerdings teilweise unzutreffenden Zahlen, Zollitsch, Arbeiter, S. 198. Plumpe, Betriebliche Mitbestimmung, S. 231 f.
5 «Bergische Arbeiterstimme» vom 3. 12. 1931, BAL 300/156.
6 Hallgarten/Radkau, Industrie, S. 233; Czichon, Macht, S. 39, 50.
7 Carl Duisberg an Walther Duisberg, 29. 9. 1930, BAL AS. Der niedrige Kurs der I. G.-Aktien war eine Folge der Krise. Alle Kurspflegemaßnahmen, die Duisberg versucht hatte, wurden aber mit der Septemberwahl hinfällig: «Ich habe versucht, den Kurs zu heben. Das ist mir auch vorübergehend gelungen. Aber dann kam die Wahl und seit dieser Zeit ist alles vergeblich.»
8 Carl Duisberg an Walther Duisberg, 6. 10. 1930, BAL AS.
9 Akten in: BAL 76/9.
10 Protokoll über die konstituierende Sitzung des Hindenburgausschusses, 22. 2. 1932, BAL 79/6.
11 Einladungsschreiben Oberbürgermeister Sahm, 28. 1. 1932, mit Einladungsliste, auf der die Zusagen jeweils mit Haken notiert wurden, BAL 76/9.
12 Carl Duisberg an Staatssekretär a. D. Dr. Kempner, 25. 2. 1932, BAL AS. Persönlich zeichnete Duisberg 1000 RM, Schreiben an Dr. Kempner, 29. 2. 1932, BAL 76/9.
13 Listen über Zahlungszusagen vom 1. 3., 3. 3. und 4. 3. 1932, BAL 76/9. Die höchsten Einzelbeträge zeichnete Carl Friedrich von Siemens mit 40 000 RM, Dr. Vielmetter (Knorr-Bremse) mit 25 000 RM und Gustav Krupp sowie ein Kölner Industrieller namens Kruse mit jeweils 10 000 RM.
14 Winkler, Weimar, S. 445–450.
15 Der Vorgang in: BAL 076/007–8. Siehe den hämischen Kommentar in der «Bergischen Arbeiterstimme» Nr. 232 vom 4. 10. 1927: Ein Schlößchen gefällig?, BAL 300/018. Generell Weßling, Hindenburg, Neudeck und die deutsche Wirtschaft.
16 Carl Duisberg, Dankrede bei der vom RDI veranstalteten Abschiedsfeier für den scheidenden Vorsitzenden am 25. 9. 1931, abgedruckt in: Duisberg, Abhandlungen II, S. 618.
17 Carl Duisberg an die Geschäftsstelle des Wahlausschusses, 1. 3. 1932, BAL 76/9.
18 Carl Duisberg, Hindenburg und die anderen?, BAL 76/009. Ausführliche Interpretation auch bei Plumpe, I. G. Farbenindustrie AG, S. 535 f.
19 Hindenburg … und die anderen?, BAL 76/9.
20 Zu Brünings Sturz, Winkler, Weimar, S. 467 ff.
21 Neebe, Großindustrie, S. 120; Turner, Großunternehmer, S. 265.
22 Neebe, Großindustrie, S. 120.
23 Hierzu Winkler, Weimar, S. 505–513.
24 Heinrich Gattineau an Carl Duisberg, 25. 8. 1932, BAL AS. Zum Hintergrund Bessel, Potempa Murder. Auch Winkler, Weimar, S. 505–513.
25 Hierzu ausführlich Plumpe, I. G. Farbenindustrie AG, S. 541–544.
26 «Neues Wiener Tageblatt», Nr. 356 vom 25. 12. 1932, abgedruckt in: Duisberg, Abhandlungen II, S. 362 f.
27 Carl Duisberg, Merkspruch für den Kolonialkalender «Mehr Raum 1933», Juli 1932, abgedruckt in: Duisberg, Abhandlungen II, S. 375.
28 Carl Duisberg an Gerhart Hauptmann, 30. 1. 1933, BAL AS.
29 Carl Duisberg, Rede vor der Vollversammlung der IHK Solingen, 17. 1. 1933, abgedruckt in: Duisberg, Abhandlungen II, S. 147–150.
30 Jakob Herle schrieb er am 9. 1. 1933, BAL 62/10.7, Bl. 529, er stimme dessen Kritik an Schleicher, der zwischen Kapitalismus und Sozialismus schwanke, ohne sich klar festzulegen, zu. Vgl. auch Neebe, Großindustrie, S. 150.
31 Turner, Großunternehmer, S. 379.

32 «Bergische Arbeiterstimme», Nr. 3 vom 4. 1. 1933, BAL 300/032. Wenig später, am 21. 1. 1933, berichtete die kommunistische Zeitung, Duisberg habe das Jugendheim mit 25 000 RM unterstützt. So behaupte es zumindest der Betriebsratsvorsitzende Heppekausen, BAL 300/032.
33 Carl Duisberg, Rede bei der Einweihung des Bayer-Kreuzes, 20. 2. 1933, abgedruckt in: Duisberg, Abhandlungen II, S. 241 f.
34 Carl Duisberg an Janna Walther, 8. 4. 1933, BAL AS.
35 «Kölnische Zeitung/Stadtanzeiger», Anf. Mai 1933, BAL 300/032.
36 «Hannoverscher Anzeiger» vom 31. 12. 1933, BAL 300/033.
37 Carl Duisberg an Janna Walther, 8. 4. 1933, BAL AS.
38 Plumpe, I. G. Farbenindustrie, S. 693.
39 Carl Duisberg, Rede bei der Einweihung des Schwimmbades in Leverkusen, 15. 7. 1933, abgedruckt in: Duisberg, Abhandlungen II, S. 242.
40 Plumpe, I. G. Farbenindustrie, S. 692–701.
41 Carl Duisberg an Johannes Walther, 13. 5. 1933, BAL AS.
42 Prof. Dr. Isidor Traube (1880–1943), Charlottenburg, an Carl Duisberg, 10. 4. 1933, BAL AS.
43 BAL AS.
44 Carl Duisberg an das Provinzial-Schulkollegium, 24. 4. 1933, BAL AS (Leopold); mit guter Kommentierung abgedruckt bei Kühlem (Bearb.), Briefe eines Industriellen, S. 682 f.
45 Carl Duisberg an Reichsjustizkommissar Frank, 9. 2. 1934. Die Antwort von Dr. Karl Lasch erfolgte am 15. 2. 1934: Man wolle den Vorgang prüfen, aber es gelte jetzt nun einmal der Nationalsozialismus, und zwar für alle, BAL AS.
46 Vgl. u. a. Carl Duisberg an Konrad Adenauer 2. 6. 1933, 12. 6. 1933, 12. 12. 1933, 23. 12. 1933, 30. 12. 1933, 14. 10. 1934, BAL AS.
47 Carl Duisberg an Karl Bonhoeffer, 10. 2. 1934, BAL AS.
48 Plumpe, I. G. Farbenindustrie, S. 697.
49 BAL 300/156.
50 Carl Duisberg an Paul Duisberg, BAL 271/0.
51 Carl Duisberg an Hans Klussmann und Gattin, 15. 9. 1933, BAL 271/0. Auch bei Kühlem (Bearb.), Briefe eines Industriellen, S. 689–691.
52 Carl Duisberg an Elly Posern, 28. 12. 1933, BAL AS.
53 Carl Duisberg an den Kölner Oberbürgermeister Günter Riesen, 16. 10. 1933, BAL AS. Die Grußformel am Ende des Briefes lautete: «Sieg Heil».
54 Plumpe, I. G. Farbenindustrie, S. 270–277.
55 Hierzu Gehlen, Paul Silverberg, S. 513.
56 Carl Duisberg an Paul Silverberg, 2. 12. 1933, BAL AS.
57 Carl Duisberg an Johannes Walther, 29. 12. 1933, BAL AS.
58 Carl Duisberg an Elli Posern, geb. Brose, Chouchi/Chile, 29. 12. 1933, BAL AS.
59 Auch anderen Menschen, etwa dem befreundeten Ehepaar Klussmann, schickte er die Broschüre, 15. 9. 1933, BAL 271/0, mit der bezeichnenden Anmerkung, «dass das Ausland in mancher Beziehung die Lage in Deutschland nicht immer ganz richtig sieht». Er hoffe, dass sich das ändere.
60 Gerhardt, Carl Duisberg, S. 362 f.
61 Carl Duisberg an Ilse Armster, 23. 10. 1934, BAL AS.
62 Carl Duisberg an Ernst Wilmanns, 8. 1. 1935, BAL AS.
63 Rürup, Schicksale und Karrieren, S. 37 f.
64 Schieder, Komplex, S. 55.
65 Senatssitzung vom 18. 5. 1933, AMPG III. Abt. Rep. 10/9.

66 Hammerstein, Deutsche Forschungsgemeinschaft, S. 110.
67 Carl Duisberg an Johannes Walther, 3. 10. 1934, BAL AS.
68 Carl Duisberg an Johannes Walther, 18. 1. 1935, BAL AS.
69 Carl-Ludwig Duisberg an Carl Duisberg, 5. 6. 1934, BAL 300/134.
70 Klose, Carl Duisberg, S. 5.
71 BAL 300/134.
72 Hugo Hartkopf an Carl Duisberg, 27. 9. 1934, BAL 271/0.

36 | Tod und Nachleben

1 Hierzu Carl Duisberg an Reichsjustizminister Franz Gürtner, 31. 10. 1934, BAL AS.
2 Carl Duisberg an Rudolf Geigy, 16. 9. 1931, BAL AS. Gegenüber Johannes Walther listete Duisberg am 24. 7. 1931 auch die Ämter in wissenschaftlichen Gesellschaften auf, die er mit seinem 70. Geburtstag niederzulegen gedachte.
3 Briefe der Gratulanten, alphabetisch geordnet, in: BAL 300/058–059.
4 Der Geburtstag ist minutiös dokumentiert, BAL 300/057–062, 064.
5 Herle/Gattineau (Hg.), Carl Duisberg. Der Band vereinigte Texte verschiedener Autoren, darunter auch autobiographische Texte und Notizen von Duisberg selbst.
6 Siehe auch Friedrich Schmidt-Ott, Carl Duisberg, in: «Forschungen und Fortschritte». Nachrichtenblatt der Deutschen Wissenschaft und Technik, 11/1933, 10. 4. 1935, Nr. 11, BAL 300/035, mit einer Skizze von Duisbergs wissenschaftspolitischer Tätigkeit.
7 «Zeitschrift für angewandte Chemie» 44 (1931), S. 797–813.
8 Carl Duisberg, Rede bei der Feier der Universität Bonn, 27. 9. 1931, abgedruckt in: Duisberg, Abhandlungen II, S. 624.
9 Carl Duisberg, Dankrede bei der Abschiedsfeier des RDI, 25. 9. 1931, abgedruckt in: Duisberg, Abhandlungen II, S. 621.
10 Rede beim Festakt der I. G. Farbenindustrie AG, 29. 9. 1931, abgedruckt in: Duisberg, Abhandlungen II, S. 627.
11 Carl Duisberg an Rudolf Geigy, 16. 9. 1931, BAL AS.
12 Carl Duisberg, Festsitzung der IHK Solingen anlässlich des 70. Geburtstages von Carl Duisberg, 22. 9. 1921, abgedruckt in: Duisberg, Abhandlungen II, S. 616 f.
13 Carl Duisberg an Carl-Ludwig Duisberg, 12. 10. 1932, BAL AS.
14 Eine wichtige Rolle dürfte dabei auch der von Heinrich Gattineau und Jakob Herle zusammengestellte Band mit Erinnerungen, Vorträgen und Beiträgen von Carl Duisberg gewesen sein, der 1931 zu einem Ausscheiden beim RDÌ unter dem Titel: «Carl Duisberg. Ein deutscher Industrieller», Berlin 1931, erschien. Da der Memoirenband von 1933 faktisch wertlos ist, handelt es sich dabei um die einzige Geschichte von Duisbergs Leben, die mit seiner Zustimmung erschien.
15 Carl Duisberg, Männer geben uns ein Vorbild, in: «Scherls Magazin», Heft 1, 1932, abgedruckt in: Duisberg, Abhandlungen II, S. 633–635.
16 Reclams Universum, Nr. 2/3 vom 8./15. 10. 1931, abgedruckt in: Duisberg, Abhandlungen II, S. 235–241.
17 Abgedruckt in: Duisberg, Abhandlungen II, S. 635–641.
18 Carl Duisberg, Im Zaubergarten der Farbenchemie «Forschung tut not», Heft 6, 1933, abgedruckt in: Duisberg, Abhandlungen II, S. 214–216.
19 Jesco von Puttkamer an Carl Duisberg, 15. 3. 1933, BAL 300/134.
20 Jesco von Puttkamer an Johanna Duisberg, 6. 9. 1933, BAL 300/134.
21 Schriftverkehr BAL 300/134.
22 Jesco von Puttkamer an Carl Duisberg, 27. 9. 1933, BAL 300/134, sodass, sollten

Puttkamers Angaben korrekt sein, davon auszugehen ist, dass der Auftrag Anfang 1932 erteilt wurde.

23 Der heutige Bestand bestätigt das insofern, als private Korrespondenzen im engeren Sinne weitgehend fehlen.

24 Jesco von Puttkamer an Carl Duisberg, 21. 7. 1933, BAL 300/134.

25 Jesco von Puttkamer an Carl Duisberg, 1. 8. 1933, BAL 300/134.

26 Jesco von Puttkamer an Carl Duisberg, 5. 8. 1933, BAL 300/134.

27 Heinrich Gattineau an Jesco von Puttkamer, 9. 8. 1933, BAL 300/134.

28 Carl Duisberg an Carl Wichelhaus, 13. 8. 1933, BAL 300/134.

29 Staatssekretär Meissner an Jesco von Puttkamer, 15. 8. 1933, BAL 300/134.

30 Jesco von Puttkamer an Carl Duisberg, 31. 8. 1933, BAL 300/134.

31 Jesco von Puttkamer an Carl Duisberg, 6. 9. 1933, BAL 300/134.

32 Carl Duisberg an Jesco von Puttkamer, 3. 10. 1933, BAL 300/134.

33 Jesco von Puttkamer an Carl Duisberg, 18. 11. 1933, BAL 300/134.

34 Jesco von Puttkamer an Carl Duisberg, 23. 5. 1934, BAL 300/134.

35 Carl Duisberg an Jesco von Puttkamer, 29. 5. 1934, BAL 300/134.

36 Carl-Ludwig Duisberg an Carl Duisberg, 5. 6. 1934, BAL 300/134.

37 Carl Wichelhaus, Notizen zur Orientierung zum Fall von Puttkamer, 12. 4. 1934, BAL 300/134.

38 Siehe die Darstellung der Causa Duisberg/v.Puttkamer im Rechtsgutachten von Dr. Carl Langbehn, o. D., BAL 300/134.

39 Geschichte der Familie Duisberg und Forschungen über den Familiennamen Duisberg, im Auftrage von Herrn Geheimen Regierungsrat Prof. Dr. Carl Duisberg in Leverkusen am Rhein zusammengestellt und bearbeitet von Carl vom Berg, Düsseldorf 1933, Ms. im Bayer-Archiv Leverkusen.

40 Briefwechsel Duisberg/Schöttler in: BAL 271/0. Siehe auch Gerhardt, Carl Duisberg, S. 370 f.

41 So fragte auch bereits drei Tage vor Duisbergs Tod sein Sohn Curt bei dem mittlerweile offen nationalsozialistisch auftretenden Hans Schöttler nach, ob er die Beerdigung Duisbergs übernehme, BAL 271/0.

42 Privatsekretariat Dr. Goebbels an Carl Duisberg, 15. 10. 1934, BAL AS.

43 Duisberg über Duisberg. Eines Sohnes Rede, in: «Politik und Gesellschaft», November 1931, Heft 2/3, BAL 300/031.

44 Wenn ich mein Vater wäre …, «Kölner Tageblatt», Nr. 183/184 vom 11./12. 4. 1931, BAL 300/029. Der Artikel war unter gleicher Überschrift auch im «Berliner Börsenkurier» erschienen, dort bereits am 11. 1. 1931, BAL 300/028.

45 Johanna Duisberg an Frau Tödtmann, Leverkusen-Wiesdorf, 3. 3. 1934, BAL 300/155.

46 Carl Duisberg an Johannes Walther, 18. 7. 1934, BAL AS.

47 Carl Duisberg an Ministerialdirektor Gareis, München, 14. 11. 1934, BAL AS.

48 Carl Duisberg an Direktor Grünthal, 5. 12. 1934, BAL AS.

49 Carl Duisberg an Pfarrer Ernst Barnikol, 28. 12. 1934, BAL 300/155.

50 Carl Duisberg an Carl Bosch, 28. 12. 1934, BAL 300/155.

51 Ferdinand Sauerbruch an Friedrich von Müller, 23. 1. 1935, BAL 271/0.

52 Carl Wichelhaus an Wilhelm Holm, 16. 3. 1935, BAL 300/179.

53 J. Schwanke, Duisberg. Ein verdienstvoller Führer der deutschen Wirtschaft, in: «Berliner Börsen-Zeitung» vom 19. 3. 1935, BAL 300/037.

54 Dokumentiert in: BAL 300/037.

55 Typisch, Dr. Caspari, Carl Duisberg als Schöpfer der Werksgemeinschaft Leverkusen, in: Carl Duisberg zum Gedächtnis. Sonderheft der Zeitschrift «Von Werk zu Werk».

Monatsschrift der Werksgemeinschaft der I. G. Farbenindustrie AG, o. D. (Juni 1935), S. 14–17, hier bes. S. 17, BAL 300/036.

56 Der Vater der Studentenhilfe. Carl Duisberg zum Gedächtnis, in: «Berliner Tageblatt», Nr. 139 vom 22. 3. 1935, BAL 300/037.

57 Todesmeldung vom 19. 3. 1935, BAL 300/035.

58 Zusammenstellung in: BAL 300/036.

59 Zusammenstellung, BAL 300/036.

60 Carl Duisberg, April 1935, BAL 300/035.

61 Adolf Haeuser, Carl Duisberg, in: Mitteilungen Universitätsbund Marburg 1935, Heft 2, S. 36 f., BAL 300/036.

62 Alfred Stock, Carl Duisberg 29. 9. 1861–19. 3. 1935, in: «Berichte der deutschen Chemischen Gesellschaft» 1935, Nr. 11 vom 6. 11. 1935, S. 111–148.

63 Sekretariat Hörlein an Alfred Stock, 19. 6. 1935, BAL 300/036, mit einer Liste der übersandten Texte.

64 Dr. Caspari, Carl Duisberg als Schöpfer der Werksgemeinschaft Leverkusen, in: Carl Duisberg zum Gedächtnis. Sonderheft der Zeitschrift «Von Werk zu Werk». Monatsschrift der Werksgemeinschaft der I. G. Farbenindustrie AG, o. D. (Juni 1935), S. 14–17, hier bes. S. 17, BAL 300/036.

65 Carl Duisberg zum Gedächtnis. Sonderheft der Zeitschrift Von Werk zu Werk. Monatsschrift der Werksgemeinschaft der I. G. Farbenindustrie AG, Schluss-Seite.

66 Liste der Vertreter der Behörden, Institutionen etc., BAL 300/035.

67 Trauerfeier im Hause Duisberg am 21. 3. 1935 mit Pfarrer Zurhellen, BAL 300/035. Pfarrer Zurhellen war den Duisbergs lange verbunden. U.a. hatte er am 12. 1. 1924 gegenüber der ev.-theologischen Fakultät der Universität Marburg begründet, warum Duisberg zum Ehrendoktor der Theologie werden sollte, BAL 300/050.

68 Aufstellung der Kranzbeteiligung, BAL 300/035.

69 BAL 300/035.

70 Hier zitiert nach Dietz, Carl Duisberg, S. 27.

71 Ansprache des stellv. Vereinsführers Fritz Lück bei dem Gedächtnis für das Ehrenmitglied des TUS, 24. 11. 1935, BAL 300/036. Ferdinand Gerhardt, Artikel zum 80. Geburtstag, BAL 300/036.

72 Ernst Bertram, Unternehmertum als Wissenschaft. Zur Erinnerung an Carl Duisberg, in: Fritz Klein (Hg.), Deutsche Zukunft. Wochenzeitung für Politik, Wirtschaft und Kultur, 3/1935, Nr. 13. Otto Meesmann, Carl Duisberg. Ein deutscher Wirtschaftsführer, in: Der Arbeitskamerad. Jahrbuch der werktätigen Jugend 1941/42, München 1941, S. 29–46; ebenfalls in leicht geänderter Form gedruckt in: Walter Däbritz (Hg.), Rheinisch-westfälische Wirtschaftsbiographien Bd. 4, Münster 1941.

73 Baumgardt, Das Fundament, S. 233–254.

74 Schaumburg, Männer aus eigener Kraft, S. 103–117.

75 Duisberg hatte in einem kurzen Testament vom 7. 8. 1922, BAL 300/006, seine Frau als Universalerbin eingesetzt. «Damit hoffe ich, ganz im Sinne meiner Kinder zu handeln. Das Kind, das damit nicht einverstanden ist, wird hiermit auf den Pflichtteil gesetzt.»

76 Carl Wichelhaus an Johanna Duisberg, 8. 9. 1937; Carl Wichelhaus an Hildegard von Veltheim, 7. 3. 1941, BAL 110/1.38.

77 BAL 300/043.

78 Typisch, Dietz, Carl Duisberg, S. 27–34.

79 Aktennotiz Handelspolitisches Büro, 30. 7. 1932, BAL 300/137.

80 Notiz des handelspolitischen Büros, 29. 7. 1955, BAL 300/137.

81 Flechtner, Carl Duisberg.
82 Der Vorgang in: BAL 300/141, 142.
83 Etzold, Carl Duisberg.
84 Etzold, Carl Duisberg, S. 215.
85 Sonnemann, Duisberg-Denkschrift. Text der Denkschrift ebd., S. 236–270.
86 Weber, Ludendorff und die Monopole.
87 Typisch die Darstellung bei Neebe, Großindustrie; Grübler, Spitzenverbände; Plumpe, I. G. Farbenindustrie AG.
88 Portz, Großindustrie; Thiel, Menschenbassin.
89 Borkin, Allianz.
90 Seidl, Ich sehe was, was du nicht siehst.
91 Jeffreys, Kriegskartell.

37 | Kein Liebling der Götter!

1 Prediger Salomo 9, 12.
2 Nach Kant, Anfänge, S. 138.
3 Johann Wolfgang Goethe, Münchener Ausgabe, Bd. 10, S. 9 (Vorwort zur Farbenlehre).
4 «Alles geben die Götter, die unendlichen/Ihren Lieblingen ganz/Alle Freuden, die unendlichen/Alle Schmerzen, die unendlichen, ganz.»

Eine Nachbemerkung zu Quellen und Literatur

Auch wenn es zu Carl Duisberg nur wenig biographische Literatur gibt, ist gleichwohl wegen seines umfangreichen Engagements auf zahlreichen Gebieten die einschlägige Literatur unübersehbar, die zumindest Bezug zu seiner Arbeit hat. Da es hier aber in der Tat um die biographische Perspektive geht, ist die Literatur nur insoweit herangezogen worden, wie sie auf den Lebensgang Duisberg zusätzliches Licht zu werfen geeignet ist. Eine historiographische Darstellung der jeweiligen Sachprobleme auf dem derzeitigen Forschungsstand ist weder beabsichtigt, noch auch nur ansatzweise möglich. Im Vordergrund stehen daher ganz eindeutig das archivalische Material und gedruckte Quellen, wobei die gedruckten Quellen so umfangreich nicht sind. Im Literaturverzeichnis sind sie jeweils an ihrem alphabetischen Platz eingeordnet. Die eigentliche Grundlage der Darstellung ist die Überlieferung im Bayer-Archiv Leverkusen, das, wie gesagt, für die ältere Unternehmensgeschichte fast eine Art Duisberg-Archiv darstellt. Es erübrigt sich daher auch hier, die einzelnen Signaturen zu benennen, weil de facto alle Archivbestände einschlägig sind. Die jeweiligen Archivsignaturen finden sich in den Anmerkungen. Die großen Bestandsgruppen seien gleichwohl benannt. Das sind zunächst die Autographen in Duisbergs Autographensammlung, sodann die umfänglichen Personalakten der Bestandsgruppen 270 und 271, des weiteren die jeweiligen Sachakten sowie schließlich der Nachlass Duisbergs im engeren Sinn, der die Archivsignaturengruppe 300 umfasst. Die Überlieferung in Leverkusen ist derart dicht, dass sie, wie Stichproben und Hinweise u. a. von Christian Marx und Kordula Kühlem ergaben, über den Zugriff auf andere Archivbestände kaum ergänzt werden können. Jedenfalls verlangte der biographische Zugriff keine entsprechende Ausweitung, die überdies das bearbeitbare Maß deutlich überschritten hätte. So sind lediglich einige biographisch interessante Informationen zusätzlich erhoben worden, namentlich der Duisberg-Bestand im Archiv der Max-Planck-Gesellschaft (AMPG), Berlin, seine Offizierspersonalakten im Bayerischen Hauptstaatsarchiv, München, seine bzw. die Meldeunterlagen seiner Tochter im Stadtarchiv München und schließlich dank der Hilfe von Hans-Werner Hahn seine Prüfungsunterlagen aus dem Universitätsarchiv Jena.

Literaturverzeichnis

[Anon.]: Die bergischen Fachschulen, in: Bergische Heimat 3 (1929), S. 183–213.

Abbe, Ernst: Über die Grundlagen der Lohnregelung in der Optischen Werkstätte. Rede, gehalten in einer allgemeinen Versammlung der Geschäftsangehörigen der Firma Carl Zeiss am 15. 12. 1897, abgedruckt in: Ernst Abbe, Gesammelte Abhandlungen III: Vorträge, Reden und Schriften sozialpolitischen und verwandten Inhalts, Jena 1906 (Ndr. Hildesheim 1989), S. 119–156.

Ders.: Gesammelte Abhandlungen III: Vorträge, Reden und Schriften sozialpolitischen und verwandten Inhalts. 2. Aufl., Jena 1921.

Adler, Klaus: Zum bildungspolitischen Wirken des Chemieindustriellen und Monopolisten Carl Duisberg im Verein deutscher Chemiker vor dem ersten Weltkrieg, in: Wissenschaftliche Zeitschrift der Pädagogischen Hochschule Dresden 18 (1984), S. 35–43.

Adolphs, Volker/Hoberg, Annegret (Hg.): August Macke und Franz Marc. Eine Künstlerfreundschaft, Ostfildern 2014.

Afflerbach, Holger: Der Topos vom unwahrscheinlichen Krieg in Europa vor 1914, in: Geschichte in Wissenschaft und Unterricht 65 (2014), S. 284–302.

Albertin, Lothar: Liberalismus und Demokratie am Anfang der Weimarer Republik. Eine vergleichende Analyse der Deutschen Demokratischen Partei und der Deutschen Volkspartei, Düsseldorf 1972.

Alexander, Matthias: Die Freikonservative Partei 1890–1918. Gemäßigter Konservatismus in der konstitutionellen Monarchie, Düsseldorf 2000.

Alter, Peter: Nationalismus, Frankfurt am Main 1985.

Andersen, Arne: «Roth, blau und grün angestrichene, Schrecken erregende Gestalten». Farbstoffindustrie und arbeitsbedingte Erkrankungen, in: Andersen, Arne/Spelsberg, Gerd (Hg.), Das blaue Wunder. Zur Geschichte der synthetischen Farben, Köln 1990, S. 162–192.

Ders.: Vom Glück, einen Unfall zu erleiden. Unfallversicherung und arbeitsbedingte Erkrankungen in der Chemieindustrie, in: Lothar Machtan (Hg.), Bismarcks Sozialstaat. Beiträge zur Geschichte der Sozialpolitik und zur sozialpolitischen Geschichtsschreibung, Frankfurt am Main 1994, S. 207–257.

Ders.: Historische Technikfolgenabschätzung am Beispiel des Metallhüttenwesens und der Chemieindustrie 1850–1933, Stuttgart 1996.

Angermair, Elisabeth: München als süddeutsche Metropole – Die Organisation des Großstadtausbaus 1870 bis 1914, in: Richard Bauer (Hg.), Geschichte der Stadt München, München 1992, S. 307–335.

Antonietti, Thomas: Bauern – Bergführer – Hoteliers. Fremdenverkehr und Bauernkultur, Zermatt und Aletsch 1850–1950, Baden 2002.

Auerbach, Felix: Das Zeisswerk und die Carl-Zeiss-Stiftung in Jena. Ihre wissenschaftliche, technische und soziale Entwicklung und Bedeutung. 5., umgearb. Aufl., Jena 1925.

Ay, Karl-Ludwig, Art. «Schäfer, Johann Heinrich Dietrich», in: Neue Deutsche Biographie 22 (2005), S. 504 f.

Bacmeister, Walther: Emil Kirdorf. Der Mann, sein Werk, Essen 1936.
Barclay, David E.: Rudolf Wissell als Sozialpolitiker 1890–1933, Berlin 1984.
Baudis, Dieter/Nussbaum, Helga: Wirtschaft und Staat in Deutschland vom Ende des 19. Jahrhunderts bis 1918/19, Vaduz 1978.
Bauer, Max: Der große Krieg in Feld und Heimat. Erinnerungen und Betrachtungen, Tübingen 1921.
Bäumer, Beatrix: Von der physiologischen Chemie zur frühen biochemischen Arzneimittelforschung: Der Apotheker und Chemiker Eugen Baumann (1846–1896) an den Universitäten Straßburg, Berlin, Freiburg und in der pharmazeutischen Industrie, Stuttgart 1996.
Bäumler, Ernst: Die Rotfabriker. Familiengeschichte eines Weltunternehmens, München 1988.
Ders.: Farben, Formeln, Forscher. Hoechst und die Geschichte der industriellen Chemie in Deutschland, München 1989.
Baumgardt, Rudolf: Das Fundament. Schöpferische Menschen des XIX. Jahrhunderts, Berlin 1941.
Bayer AG (Hg.): Bayer kommt an den Rhein. Wiesdorf und das Werk 1891–1912, Leverkusen 1991.
Becke-Goehring, Margot: Wer waren die beiden Freunde?, in: dies. (Hg.), Freunde in der Zeit des Aufbruchs der Chemie. Der Briefwechsel zwischen Theodor Curtius und Carl Duisberg, Berlin/Heidelberg 1990, S. 11–27.
Benz, Günter u. a.: 100 Jahre chemisch-wissenschaftliches Laboratorium der Bayer AG in Wuppertal Elberfeld 1896–1996, Leverkusen 1996.
Benz, Wolfgang/Graml, Hermann (Hg.): Die revolutionäre Illusion. Zur Geschichte des linken Flügels der USPD. Erinnerungen von Curt Geyer, Stuttgart 1976.
Berg, Carl vom, Jr.: Geschichte der Familie Duisberg und Forschungen über den Familiennamen Duisberg, Düsseldorf 1933.
Berghahn, Volker: Deutsche Industrie und amerikanische Geschäftswelt, 1900–1914, in: Sven Oliver Müller/Cornelius Torp (Hg.), Das Deutsche Kaiserreich in der Kontroverse, Göttingen 2009, S. 441–453.
Berghoff, Hartmut/Sydow, Jörg: Unternehmerische Netzwerke – Theoretische Konzepte und historische Erfahrung, in: Hartmut Berghoff/Jörg Sydow (Hg.), Unternehmerische Netzwerke: Eine historische Organisationsform mit Zukunft?, Stuttgart 2007, S. 9–43.
Berkel, Theodor: Arbeitsgemeinschaftspolitik in der Anfangsphase der Weimarer Republik 1919–1924. Die Geschichte der Reichsarbeitsgemeinschaft Chemie, Diss. Marburg 1982.
Berlepsch, Hans-Jörg von: «Neuer Kurs» im Kaiserreich? Die Arbeiterpolitik des Freiherrn von Berlepsch 1890–1896, Bonn 1987.
Bertrams, Kenneth u. a.: Solvay. History of a Multinational Firm, Cambridge 2013.
Bessel, Richard: The Potempa Murder, in: Central European History 10 (1977), S. 241–254.
Beyer, Heinz: Arbeit steht auf uns'rer Fahne und das Evangelium. Sozialer Protestantismus und bürgerlicher Antisozialismus im Wuppertal 1880–1914, Reinbek bei Hamburg 1985.
Biedermann, Wolfgang: Struktur der Finanzierung von Instituten der Kaiser-Wilhelm-Gesellschaft zur Förderung der Wissenschaften e. V. (1924–1944). Studien zu den Finanzquellen und zum Verhältnis von Sach- und Personalausgaben in Kaiser-Wilhelm-Instituten, Berlin 2011.
Biermann, Richard: Der Schwindel mit Hoflieferanten-, Kommerzienrats-, Geheimrats-,

in- und ausländischen Doktortiteln sowie der sonstige Titel- und Ordensschacher in Deutschland nebst den juristischen Bestimmungen über Führung in- und ausländischer Titel, insbesondere des Doktortitels, Fallersleben 1914.

Blaich, Fritz: Der Schwarze Freitag. Inflation und Wirtschaftskrise, München 1985.

Blaschke, Stefan: Unternehmen und Gemeinde. Das Bayerwerk im Raum Leverkusen 1891–1914, Köln 1999.

Boch, Rudolf: Das Patentgesetz von 1877 – Entstehung und wirtschaftsgeschichtliche Bedeutung, in: Rudolf Boch (Hg.), Patentschutz und Innovation in Geschichte und Gegenwart, Frankfurt am Main 1999, S. 71–84.

Boemeke, Manfred u. a. (Hg.): The Treaty of Versailles. A Reassessment after 75 Years, Cambridge 1998.

Boese, Franz: Geschichte des Vereins für Sozialpolitik 1872–1932, Berlin 1939.

Böhme, Helmut: Art. «Kirdorf, Emil», in: Neue Deutsche Biographie 11 (1977), S. 666–668.

Böttinger, Henry Theodor: Durch 360 Längengrade. Tagebuchblätter meiner Reise um die Welt 11. Dezember 1888–1. Juni 1889, Elberfeld 1889.

Borkin, Joseph: Die unheilige Allianz der I. G. Farben. Eine Interessengemeinschaft im Dritten Reich. 3. Aufl., Frankfurt am Main 1981.

Born, Karl-Erich: Die deutsche Bankenkrise 1931: Finanzen und Politik, München 1967.

Boswell, James: Dr. Samuel Johnson. Leben und Meinungen, Zürich 1981.

Boyce, Robert: The Great Interwar Crisis and the Collapse of Globalization, New York 2012.

Braun, Hermann: Fritz Klimsch. Eine Dokumentation, Köln 1991.

Braun, Rudolf: Zur Einwirkung sozio-kultureller Umweltbedingungen auf das Unternehmerpotential und das Unternehmerverhalten, in: Wolfram Fischer (Hg.), Wirtschafts- und sozialgeschichtliche Probleme der frühen Industrialisierung, Berlin 1968, S. 247–284.

Bredt, Johann Victor: Die Lohnindustrie, dargestellt an der Garn- und Textilindustrie von Barmen, Berlin 1905.

Brenner, Wolfgang: Walther Rathenau. Deutscher und Jude, München 2005.

Brentano, Lujo: Mein Leben im Kampf um die soziale Entwicklung Deutschlands, Jena 1931 (Ndr. Marburg 2004).

Brocke, Bernhard vom: «Wissenschaft und Militarismus». Der Aufruf der 93 «An die Kulturwelt» und der Zusammenbruch der internationalen Gelehrtenrepublik im Ersten Weltkrieg, in: William Calder u. a. (Hg.), Wilamowitz nach 50 Jahren, Darmstadt 1985, S. 649–719.

Ders.: Werner Sombart (1863–1941). Eine Einführung in Leben, Werk und Wirkung, in: Bernhard vom Brocke (Hg.), Sombarts «Moderner Kapitalismus». Materialien zur Kritik und Rezeption, München 1987, S. 11–66.

Ders.: Die Kaiser-Wilhelm-Gesellschaft in der Weimarer Republik, in: Bernhard vom Brocke/Rudolf Vierhaus (Hg.), Forschung im Spannungsfeld von Politik und Gesellschaft, Stuttgart 1990, S. 197–355.

Ders.: Die Kaiser-Wilhelm-Gesellschaft im Kaiserreich. Vorgeschichte, Gründung und Entwicklung bis zum Ersten Weltkrieg, in: Bernhard vom Brocke/Rudolf Vierhaus (Hg.), Forschung im Spannungsfeld von Politik und Gesellschaft. Geschichte und Struktur der Kaiser-Wilhelm-/Max Planck-Gesellschaft, Stuttgart 1990, S. 17–167.

Ders. (Hg.): Wissenschaftsgeschichte und Wissenschaftspolitik im Industriezeitalter: Das «System Althoff» in historischer Perspektive, Hildesheim 1991.

Ders.: Die Entstehung der deutschen Forschungsuniversität, ihre Blüte und Krise um 1900, in: Rainer Christoph Schwinges (Hg.), Humboldt international. Der Export des deutschen Wissenschaftsmodells im 19. und 20. Jahrhundert, Basel 2001, S. 367–401.

Bruch, Rüdiger vom: Wissenschaft, Politik und öffentliche Meinung. Gelehrtenpolitik im Wilhelminischen Deutschland (1890–1914), Husum 1980.

Bruendel, Steffen: Volksgemeinschaft oder Volksstaat. Die «Ideen von 1914» und die Neuordnung Deutschlands im Ersten Weltkrieg, Berlin 2003.

Brüggemeier, Franz-Josef: Leben vor Ort. Ruhrbergleute und Ruhrbergbau 1889–1919, München 1983.

Budde, Gunilla-Friederike: Auf dem Weg ins Bürgerleben. Kindheit und Erziehung in deutschen und englischen Bürgerfamilien 1840–1914, Göttingen 1994.

Buddensiek, Tilmann: Industriekultur. Peter Behrens und die AEG, Berlin 1979.

Bundesverband der deutschen Industrie (Hg.): Der Weg zum Industriellen Spitzenverband, Darmstadt 1956.

Burchardt, Lothar: Friedenswirtschaft und Kriegsvorsorge. Deutschlands wirtschaftliche Rüstungsbestrebungen vor 1914, Boppard am Rhein 1968.

Ders.: Professionalisierung oder Berufskonstruktion? Das Beispiel des Chemikers im wilhelminischen Deutschland, in: Geschichte und Gesellschaft 6 (1980), S. 326–348.

Ders.: Zwischen Kriegsgewinnen und Kriegskosten: Krupp im Ersten Weltkrieg, in: Zeitschrift für Unternehmensgeschichte 32 (1987), S. 71–122.

Caro, Heinrich: Über die Entwickelung der Theerfarben-Industrie, Berlin 1893.

Cassirer, Ernst: Das Erkenntnisproblem in der Philosophie und Wissenschaft der neueren Zeit. 4. Bd.: Von Hegels Tod bis zur Gegenwart (1832–1932), Darmstadt 1994 (zuerst 1950).

Cassis, Youssef: Wirtschaftselite und Bürgertum. England, Frankreich und Deutschland um 1900, in: Jürgen Kocka (Hg.), Bürgertum im 19. Jahrhundert Bd. II: Wirtschaftsbürger und Bildungsbürger, Göttingen 1995, S. 9–34.

Chandler, Alfred D.: The Visible Hand: The Managerial Revolution in American Business, Cambridge/Mass. 1977.

Ders.: Scale and Scope. The Dynamics of Industrial Capitalism, Cambridge/Mass. 1990.

Ders.: Shaping the Industrial Century. The Remarkable Story of the Evolution of the Modern Chemical and Pharmaceutical Industries, Cambridge/Mass. 2005.

Clark, Christopher: Die Schlafwandler. Wie Europa in den Ersten Weltkrieg zog, München 2013 (zuerst engl. 2012).

Coase, Ronald H.: The Nature of the Firm (1937), in: Ronald H. Coase, The Firm, the Market, and the Law, Chicago 1988, S. 33–56.

Costas, Ilse: Auswirkungen der Konzentration des Kapitals auf die Arbeiterklasse in Deutschland (1880–1914), Frankfurt am Main 1981.

Curtius, Theodor: Nachruf auf Wilhelm Koenigs, in: Berichte der Deutschen Chemischen Gesellschaft 45 (1912), S. 3780–3792.

Däbritz, Walther (Hg.): Rheinisch-westfälische Wirtschaftsbiographien Bd. 4, Münster 1941.

Demand, Christian: Wie kommt die Ordnung in die Kunst?, Springe 2010.

Deutsches Studentenwerk (Hg.): 1921–2001: 80 Jahre Deutsches Studentenwerk, Bonn 2002.

Diem, Veronika: Fritz Beck (1889–1934) und die Gründungsgeschichte des Münchener Studentenwerks, in: Elisabeth Kraus (Hg.), Die Universität München im Dritten Reich, München 2006, S. 43–71.

Dietz, Walter: Wuppertaler Biographien. Bd. 1, Wuppertal 1958.

Döhn, Lothar: Politik und Interesse. Die Interessenstruktur der Deutschen Volkspartei, Meisenheim 1970.

Dornseifer, Bernd: Zur Bürokratisierung deutscher Unternehmen im späten 19. und frühen 20. Jahrhundert, in: Jahrbuch für Wirtschaftsgeschichte 1 (1993), S. 69–91.

Ders.: Strategy, Technological Capability and Innovation: German Enterprises in Comparative Perspective, in: François Caron u. a. (Hg.), Innovation in the European Economy between the Wars, Berlin/New York 1995, S. 197–226.

Dorrmann, Michael: Eduard Arnhold (1849–1925). Eine biographische Studie zu Unternehmer- und Mäzenatentum im Deutschen Kaiserreich, Berlin 2002.

Dubisch, Eva: Wirtschaftsjournalismus in der Zwischenkriegszeit: Der Publizist Felix Pinner, Magisterarbeit, Frankfurt am Main 2011.

Duisberg, Carl: Abhandlungen, Vorträge und Reden aus den Jahren 1882–1921, hrsg. zu seinem 60. Geburtstag vom Aufsichtsrat und Direktorium der Farbenfabriken vorm. Friedr. Bayer & Co, Berlin, Leipzig 1923. (= Abhandlungen I).

Ders.: Abhandlungen. Vorträge und Reden. Teil II, aus den Jahren 1922–1933, Berlin 1933 [als Ms. gedruckt]. (= Abhandlungen II).

Ders.: Meine Lebenserinnerungen. Hg. auf Grund von Aufzeichnungen, Briefen und Dokumenten von Jesco von Puttkamer, Leipzig 1933.

Duisberg, Curt: Die Arbeiterschaft der chemischen Großindustrie. Darstellung ihrer sozialen Lage, Berlin 1921.

Ders.: Nur ein Sohn. Ein Leben mit der Großchemie, Stuttgart 1981.

Dülffer, Jost: Kriegserwartung und Kriegsbild in Deutschland vor 1914, in: Wolfgang Michalka (Hg.), Der Erste Weltkrieg. Wirklichkeit, Wahrnehmung, Analyse, München 1994, S. 778–798.

Dürr, Bernd (Hg.): Die Künstlergemeinschaft Scholle im Kreis der Jugend und Secession, München 1992.

Eberhard Czichon, Wer verhalf Hitler zur Macht. Zum Anteil der deutschen Industrie an der Zerstörung der Weimarer Republik, Köln 1967.

Eckert, Wolfgang U.: Nervös in den Untergang. Zu einem medizinisch-kulturellen Diskurs um 1900, in: Zeitschrift für Ideengeschichte 3 (2009), H. 1, S. 64–79.

Ehlert, Hans Gotthard: Die wirtschaftliche Zentralbehörde des Deutschen Reiches 1914 bis 1919. Das Problem der «Gemeinwirtschaft» in Krieg und Frieden, Wiesbaden 1982.

Enderlein, Angelika: Der Berliner Kunstmarkt und sein Einfluss auf die privaten und öffentlichen Sammlungen in der Weimarer Republik, in: Ulrike Wolff-Thomsen/Sven Kuhrau (Hg.), Geschmacksgeschichte(n). Öffentliches und privates Kunstsammeln in Deutschland 1871–1933, Kiel 2011, S. 176–193.

Epkenhans, Michael/Stremmel, Ralf (Hg.): Friedrich Alfred Krupp. Ein Unternehmer im Kaiserreich, München 2010.

Erdmann, Gerhard: Die deutschen Arbeitgeberverbände im sozialgeschichtlichen Wandel der Zeit, Neuwied 1966.

Erdmann, Karl-Dietrich: Adenauer in der Rheinlandpolitik nach dem Ersten Weltkrieg, Köln 1966.

Ders.: Die Weimarer Republik, München 1980.

Erger, Johannes: Der Kapp-Lüttwitz-Putsch. Ein Beitrag zur deutschen Innenpolitik 1919/20, Düsseldorf 1967.

Etzold, Heike: Carl Duisberg – vom stellungsuchenden Chemiker an die Spitze der IG Farbenindustrie AG, in: Jahrbuch für Wirtschaftsgeschichte 7 (1966), H. 3, S. 196–216.

Euskirchen, Claudia: August Thyssen. Der Bürger in der Adelsburg, in: Uta Hassler/Norbert Nußbaum (Hg.), Ein Haus für ein Unternehmen. Thyssen und Landsberg, Mainz 2007, S. 105–111.

Dies.: «Schlechte Kopien und schlechte Bilder. Sagen Sie den Leuten, die hätten doch

Geld gekostet.» Die Kunstsammlung August Thyssens auf Schloss Landsberg, in: Werner Plumpe/Jörg Lesczenski (Hg.), Bürgertum und Bürgerlichkeit zwischen Kaiserreich und Nationalsozialismus, Mainz 2009, S. 139–151.

Farbenfabriken vorm. Friedrich Bayer & Co. (Hg.), Geschichte und Entwicklung der Farbenfabriken vorm. Friedr. Bayer & Co. Elberfeld in den ersten fünfzig Jahren, München 1918 (Böttingerfestschrift, BAL).

Fear, Jeffrey R.: Organizing Control. August Thyssen and the Construction of German Corporate Management, Cambridge/Mass. 2005.

Feldman, Gerald D.: Wirtschafts- und sozialpolitische Probleme der deutschen Demobilmachung 1918/19, in: Hans Mommsen u. a. (Hg.), Industrielles System und politische Entwicklung in der Weimarer Republik. Verhandlungen des Internationalen Symposiums in Bochum vom 12.–17. Juni 1973, Düsseldorf 1974, S. 618–636.

Ders.: A German Scientist between Illusion and Reality: Emil Fischer 1909–1919, in: Imanuel Geiss u. a. (Hg.), Deutschland in der Weltpolitik des 19. und 20. Jahrhunderts. Fritz Fischer zum 65. Geburtstag. 2., durchges. Aufl., Düsseldorf 1974, S. 341–362 (zuerst 1973).

Ders.: Armee, Industrie und Arbeiterschaft in Deutschland 1914–1918, Berlin 1985.

Ders./Steinisch, Irmgard: Industrie und Gewerkschaften 1918–1924. Die überforderte Zentralarbeitsgemeinschaft, Stuttgart 1985.

Ders.: The Private Support of Science in Germany 1900–1933, in: Rüdiger vom Bruch/Rainer A. Müller (Hg.), Formen außerstaatlicher Wissenschaftsförderung im 19. und 20. Jahrhundert. Deutschland im europäischen Vergleich, Stuttgart 1990, S. 87–111.

Ders.: The Great Disorder. Politics, Economics, and Society in the German Inflation, 1914–1924, New York u. a. 1993.

Ders.: Hugo Stinnes 1870–1924. Biographie eines Industriellen, München 1998.

Fesser, Gerd: Reichskanzler Bernhard von Bülow. Eine Biographie, Berlin 1991.

Fick, Monika: Sinnstiftung durch Sinnlichkeit: Monistisches Denken um 1900, in: Wolfgang Braungart u. a. (Hg.), Ästhetische und religiöse Erfahrungen der Jahrhundertwenden Bd. II: um 1900, Paderborn 1998, S. 69–84.

Findlay, Ronald/O'Rourke, Kevin: Power and Plenty. Trade, War, and the World Economy in the Second Millenium, Princeton 2007.

Fischer, Emil: Aus meinem Leben, Berlin 1922.

Fischer, Fritz: Griff nach der Weltmacht. Die Kriegszielpolitik des kaiserlichen Deutschland 1914/18. Vollst. neu bearb. Sonderausg. der 3. Aufl., Düsseldorf 1967 (3., verb. Aufl. 1964, zuerst 1961).

Ders.: Krieg der Illusionen. Die deutsche Politik von 1911 bis 1914, Düsseldorf 1969.

Fischer, Wolfram: Dezentralisation oder Zentralisation – kollegiale oder autoritäre Führung?, in: Norbert Horn/Jürgen Kocka (Hg.), Recht und Entwicklung der Großunternehmen im 19. und 20. Jahrhundert. Wirtschafts-, sozial- und rechtshistorische Untersuchungen zur Industrialisierung in Deutschland, Frankreich, England und den USA, Göttingen 1979, S. 476–488.

Flachowsky, Sören. «So viel ich kann, bemühe ich mich, der Heeresverwaltung nützlich zu sein». Wissenschaftler als Krisenmanager zwischen 1914 und 1945: Emil Fischer – Rudolf Schenck – Adolf Fry, in: Matthias Berg u. a. (Hg.), Mit Feder und Schwert. Militär und Wissenschaft – Wissenschaftler und Krieg, Stuttgart 2009, S. 107–135.

Flasch, Kurt: Die geistige Mobilmachung. Die deutschen Intellektuellen und der Erste Weltkrieg. Ein Versuch, Berlin 2000.

Flechtner, Hans-Joachim: Carl Duisberg. Vom Chemiker zum Wirtschaftsführer, Düsseldorf 1959.

Fleischer, Arndt: Patentgesetzgebung und chemisch-pharmazeutische Industrie im Deutschen Kaiserreich (1871–1918), Stuttgart 1984.
Focke, Franz: Sozialismus aus christlicher Verantwortung. Die Idee eines christlichen Sozialismus in der katholisch-sozialen Bewegung und in der CDU, Wuppertal 1978.
Foucault, Michel: Überwachen und Strafen. Die Geburt des Gefängnisses, Frankfurt am Main 1976.
Fox, John P.: Max Bauer. Chiang Kai-Shek's First German Military Advisor, in: Journal of Contemporary History 5 (1970), S. 21–44.
Fraenkel, Ernst: Rätemythos und soziale Selbstbestimmung. Ein Beitrag zur Verfassungsgeschichte der deutschen Revolution, in: Aus Politik und Zeitgeschichte B 14 (1971), S. 3–26.
Fruton, Joseph S.: Contrasts in Scientific Style. Research Groups in the Chemical and Biochemical Sciences, Philadelphia 1990.
Fuchs, Paul (Hg.): Festschrift zum 50jährigen Bestehen des Akademischen Wissenschaftlichen Vereins zu Jena, früher Naturwissenschaftlicher Verein Studierender der Universität Jena, Leipzig 1930.
Führer, Karl Christian: «Pfui! Gemeinheit! Skandal!» Bürgerlicher Kunstgeschmack und Theaterskandale in der Weimarer Republik, in: Zeitschrift für Geschichtswissenschaft 57 (2009), S. 389–412.
Ders.: Carl Legien 1861–1929. Ein Gewerkschaftsführer im Kampf um ein «möglichst gutes Leben» für alle Arbeiter, Essen 2009.
Füßl, Wilhelm: Oskar von Miller 1855–1934. Eine Biographie, München 2005.
Gätke-Heckmann, Ulrike: Die Universität Leipzig im Ersten Weltkrieg, in: Ulrich von Hehl (Hg.), Sachsens Landesuniversität in Monarchie, Republik, und Diktatur. Beiträge zur Geschichte der Universität Leipzig vom Kaiserreich bis zur Auflösung des Landes 1952, Leipzig 2005, S. 145–168.
Gattineau, Heinrich: Durch die Klippen des 20. Jahrhunderts. Erinnerungen zur Wirtschafts- und Zeitgeschichte, Stuttgart 1983.
Geary, Dick: Arbeiterprotest und Arbeiterbewegung in Europa 1848–1939, München 1983.
Gehlen, Boris: Paul Silverberg (1876–1959), Ein Unternehmer, Stuttgart 2007.
Geiss, Imanuel: Das Deutsche Reich und der Erste Weltkrieg, München/Wien 1978.
Gerber, Stefan: Die Universität Jena 1850–1918, in: Senatskommission zur Aufarbeitung der Jenaer Universitätsgeschichte im 20. Jahrhundert (Hg.), Traditionen – Brüche – Wandlungen. Die Universität Jena 1850–1995, Köln/Weimar/Wien 2009, S. 23–269.
Gerhardt, Oswald, Carl Duisberg, unveröff. Manuskript von 1952, BAL.
Girnus, Wolfgang: Zwischen Reichsgründung und Jahrhundertwende, 1870–1900, in: Hubert Laitko u. a., Wissenschaft in Berlin. Von den Anfängen bis zum Neubeginn nach 1945, Berlin 1987, S. 172–303.
Gispen, Kees: Hintergrund, Bedeutung und Entwicklung der Patentgesetzgebung in Deutschland 1877 bis heute, in: Rudolf Boch (Hg.), Patentschutz und Innovation in Geschichte und Gegenwart, Frankfurt am Main 1999, S. 7–14.
Glum, Friedrich: Zwischen Wissenschaft, Wirtschaft und Politik. Erlebtes und Erdachtes in vier Reichen, Bonn 1964.
Godelier, Maurice: Das Rätsel der Gabe. Geld, Geschenke, heilige Objekte, München 1999.
Goebel, Otto: Deutsche Rohstoffwirtschaft im Weltkrieg, Stuttgart u. a. 1930.
Goethe, Johann Wolfgang von: Sämtliche Werke nach Epochen seines Schaffens. Münchner Ausgabe in 20 Bd., hg. von Karl Richter, München 1986.

Gorges, Irmela: Sozialforschung in Deutschland 1872–1914. Gesellschaftliche Einflüsse auf Themen- und Methodenwahl des Vereins für Socialpolitik, Königstein/Ts. 1980.

Gomes, Leonard: German Reparations, 1919–1932: A Historical Survey, New York 2010.

Graebe, Carl: Geschichte der organischen Chemie, Berlin 1920.

Graml, Hermann: Zwischen Stresemann und Hitler. Die Außenpolitik der Präsidialkabinette Brüning, Papen und Schleicher, München 2001.

Grimmer-Solem, Erik: The Rise of Historical Economics and Social Reform in Germany, 1864–1894, Oxford 2003.

Groehler, Olaf: Der lautlose Tod, Berlin 1978.

Groener, Wilhelm: Lebenserinnerungen. Jugend, Generalstab, Weltkrieg. Hg. von Friedrich Hiller v. Gaertringen, Göttingen 1957.

Groening, Monika: Leo Gans und Arthur von Weinberg. Mäzenatentum und jüdische Emanzipation, Frankfurt am Main 2012.

Groh, Dieter: Negative Integration und revolutionärer Attentismus. Die deutsche Sozialdemokratie am Vorabend des Ersten Weltkrieges, Frankfurt am Main 1973.

Groppe, Carola: Der Geist des Unternehmertums. Eine Bildungs- und Sozialgeschichte: die Seidenfabrikantenfamilie Colsman (1841–1922), Köln 2005.

Grübler, Michael: Die Spitzenverbände der Wirtschaft und das erste Kabinett Brüning. Vom Ende der großen Koalition 1929/30 bis zum Vorabend der Bankenkrise 1931. Eine Quellenstudie, Düsseldorf 1982.

Haacke, Heinrich: Die Gestaltung der Lebensmittelpreise und Mietpreise von 1890 bis 1912 und ihr Einfluß auf die Kosten der Lebenshaltung, in: Franz Eulenburg (Hg.), Die Kosten der Lebenshaltung in deutschen Großstädten. II.: West- und Süddeutschland. Schriften des Vereins für Socialpolitik, Bd. 145, München, Leipzig 1914, S. 43–90.

Hachtmann, Rüdiger: Tourismus-Geschichte, Göttingen 2007.

Hagenlücke, Heinz: Deutsche Vaterlandspartei. Die nationale Rechte am Ende des Kaiserreiches, Düsseldorf 1997.

Ders.: Deutsche Vaterlandspartei (DVLP), in: Hirschfeld, Gerhard u. a. (Hg.), Enzyklopädie Erster Weltkrieg. Erneut aktual. und erw. Studienausgabe, 2. Aufl., Paderborn 2014, S. 437 f.

Hallgarten, George/Radkau, Joachim: Deutsche Industrie und Politik von Bismarck bis heute, Frankfurt am Main 1974.

Hamilton, Richard F./Herwig, Holger H. (Hg.): War Planning 1914, Cambridge 2010.

Hammerstein, Notker: Die Deutsche Forschungsgemeinschaft in der Weimarer Republik und im Dritten Reich. Wissenschaftspolitik in Republik und Diktatur 1920–1945, München 1999.

Hansel, Kurt: Das Chemikerexamen und die Gründung des Verbandes der Laboratoriumsvorstände. Auszüge aus dem Briefwechsel zwischen A. v. Baeyer, V. Meyer und W. Ostwald, in: Mitteilungen der Wilhelm-Ostwald-Gesellschaft 1998, Heft 3, S. 21–40.

Harnack, Adolf von: An der Schwelle des dritten Kriegsjahres. Rede gehalten am 1. August 1916 in der Philharmonie zu Berlin, Berlin 1916.

Hartmann, Heinrich: Organisation und Geschäft. Unternehmensorganisation in Frankreich und Deutschland 1890–1914, Göttingen 2010.

Hartmann, Michael: Der Mythos von den Leistungseliten. Spitzenkarrieren und soziale Herkunft in Wirtschaft, Politik, Justiz und Wissenschaft, Frankfurt am Main 2002.

Hassler, Uta u. a. (Hg.): August Thyssen und Schloss Landsberg. Ein Unternehmer und sein Haus, Darmstadt/Mainz 2013.

Hauptmann, Carl: Leben mit Freunden. Gesammelte Briefe, Berlin 1928.
Heimpel, Hermann: Die halbe Violine. Eine Jugend in der Haupt- und Residenzstadt München, Frankfurt am Main 1974 (Erstausgabe 1949).
Hein, Dieter: Das Stiftungswesen als Instrument bürgerlichen Handelns im 19. Jahrhundert, in: Burkhard Kirchgässner u. a. (Hg.), Stadt und Mäzenatentum, Sigmaringen 1997, S. 75–92.
Heine, Jens Ulrich: Verstand & Schicksal. Die Männer der I. G.-Farbenindustrie-A. G. in 161 Kurzbiographien, Weinheim 1990.
Hellige, Hans Dieter (Hg.): Walther Rathenau-Gesamtausgabe Bd. VI: Walther Rathenau – Maximilian Harden. Briefwechsel 1897–2020, München 1983.
Henneking, Ralf: Chemische Industrie und Umwelt. Konflikte um Umweltbelastungen durch die chemische Industrie am Beispiel der schwerchemischen, Farben- und Düngemittelindustrie der Rheinprovinz (ca. 1800–1914), Stuttgart 1994.
Hentschel, Volker: Geschichte der Sozialpolitik (1880–1980). Soziale Sicherung und kollektives Arbeitsrecht, Frankfurt am Main 1983.
Herbers, Winfried: Carl Duisbergs Reisestiftungen – ein Baustein zur Entwicklung der Wissensgesellschaft, in: Geschichte im Westen 23 (2008), S. 7–31.
Herle, Jakob/Gattineau, Heinrich (Hg.): Carl Duisberg. Ein deutscher Industrieller, Berlin 1931.
Herrmann, Ulrich: Pädagogisches Denken und Anfänge der Reformpädagogik, in: Christa Berg (Hg.), Handbuch der deutschen Bildungsgeschichte, Bd. 4: 1870–1918. Von der Reichsgründung bis zum Ende des Ersten Weltkriegs, München 1991, S. 147–178.
Hertz-Eichenrode, Dieter: Wirtschaftskrise und Arbeitsbeschaffung: Konjunkturpolitik 1925/26 und die Grundlagen der Krisenpolitik Brünings, Frankfurt am Main 1982.
Herzfeld, Hans: Zur deutschen Politik im Ersten Weltkriege. Kontinuität oder permanente Krise?, in: Historische Zeitschrift 191 (1960), S. 67–82.
Hesse, Jan-Otmar u. a.: Die große Depression. Die Weltwirtschaftskrise 1929–1939, Frankfurt am Main 2014.
Hewitson, Mark: Germany and the Causes of the First World War, New York, Oxford 2004.
Heyde, Philipp: Das Ende der Reparationen. Deutschland, Frankreich und der Youngplan 1929–1932, Paderborn u. a. 1998.
Hintze, Otto u. a. (Hg.): Deutschland und der Weltkrieg, Leipzig und Berlin 1915.
Hippel, Wolfgang von: Auf dem Weg zum Weltunternehmen (1865–1900), in: Werner Abelshauser (Hg.), Die BASF. Eine Unternehmensgeschichte, München 2002, S. 17–116.
Hoepke, Klaus Dieter: Alfred Hugenberg als Vermittler zwischen großindustriellen Interessen und Deutschnationaler Volkspartei, in: Hans Mommsen u. a (Hg.), Industrielles System und politische Entwicklung in der Weimarer Republik. Verhandlungen des Internationalen Symposiums in Bochum vom 12.–17. Juni 1973, Düsseldorf 1974, S. 907–919.
Ders.: Art. «Hugenberg, Alfred», in: Neue Deutsche Biographie 10 (1974), S. 10–13.
Hohorst, Gerd/Kocka, Jürgen/Ritter, Gerhard A., Sozialgeschichtliches Arbeitsbuch Bd. II. Materialien zur Statistik des Kaiserreichs 1870–1914. 2., durchges. Aufl., München 1978.
Holdermann, Karl: Im Banne der Chemie. Carl Bosch: Leben und Werk, Düsseldorf 1953.
Hollemann, Arnold F. u. a., Lehrbuch der anorganischen Chemie. 102., stark umgearb. und verb. Aufl., Berlin 2007.

Holtfrerich, Carl-Ludwig: Die deutsche Inflation 1914–1923. Ursachen und Folgen in internationaler Perspektive, Berlin/New York 1980.

Homburg, Ernst: The Emergence of Research Laboratories in the Dyestuffs Industry, 1870–1900, in: British Journal for the History of Science 25 (1992), S. 91–111.

Ders.: Chemiker by occupation: The Rise of the Industrial Chemist and Polytechnic Education in Germany, 1790–1850, Delft 1993.

Ders.: Two Factions, One Profession: The Chemical Profession in German Society 1780–1870, in: David Knight/Helge Kragh (Ed.), The Making of the Chemist. The Social History of Chemistry in Europe, 1789–1914, Cambridge 1998, S. 39–76.

Hörlein, Heinrich: Die persönlichen Beziehungen Carl Duisbergs zu Richard Willstätter nach dessen freiwilligem Rücktritt von der Münchener Professur, in: Angewandte Chemie 62 (1950), S. 364 f.

Hoth, Wolfgang: Die Industrialisierung einer rheinischen Gewerbestadt, dargestellt am Beispiel Wuppertal, Köln 1975.

Hübinger, Gangolf: Die monistische Bewegung. Sozialingenieure und Kulturprediger, in: ders./Rüdiger vom Bruch/Friedrich Wilhelm Graf (Hg.), Kultur und Kulturwissenschaften um 1900, Teil II: Idealismus und Positivismus, Stuttgart 1997, S. 246–259.

Hunt, Tristram: Friedrich Engels. Der Mann, der den Marxismus erfand, Berlin 2012 [zuerst engl. 2010].

Industrie- und Handelskammer Wuppertal 1831–1956. Festschrift zum 125jährigen Jubiläum am 17. Januar 1956, Wuppertal 1956.

Jaenicke, Walther: 100 Jahre Bunsengesellschaft 1894–1994, Darmstadt 1994.

Jarausch, Konrad: Deutsche Studenten 1800–1970, Frankfurt am Main 1984.

Jeffreys, Diarmuid: Weltkonzern und Kriegskartell. Das zerstörerische Werk der IG Farben, München 2011.

John, Gabriele: Der Raum Leverkusen 1815 bis 1914, in: KulturStadtLev – Stadtarchiv (Hg.), Leverkusen. Geschichte einer Stadt am Rhein, Bielefeld 2005, S. 227–345.

John, Jürgen: Industrieverbände und Politik. Entwicklungstendenzen im kapitalistischen Deutschland bis 1933, in: Zeitschrift für Geschichtswissenschaft 34 (1986), S. 976–991.

Johnson, Jeffrey A.: The Kaiser's Chemists: Science and Modernization in Imperial Germany, Chapel Hill 1990.

Ders.: Akademische Grabenkämpfe und industrielle Ressourcennutzung. Chemie im Spannungsfeld von «reiner» und «angewandter» Forschung, in: Jürgen Kocka (Hg.), Die Königlich Preußische Akademie der Wissenschaften zu Berlin im Kaiserreich, Berlin 1999, S. 355–380.

Ders.: Die Macht der Synthese (1900–1925), Die Macht der Synthese, in: Werner Abelshauser (Hg.), Die BASF. Eine Unternehmensgeschichte, München 2002, S. 117–220.

Ders.: Germany: Discipline – Industry – Profession: German Chemical Organizations, 1867–1914, in: Anita Kildebaek Nielsen/Sona Strbanova (Hg.), Creating Networks in Chemistry. The Founding and Early History of Chemical Societies in Europe, Cambridge 2008, S. 113–138.

Kaelble, Hartmut (unter Mitarbeit von Hasso Spode): Sozialstruktur und Lebensweisen deutscher Unternehmer 1907–1927, in: Scripta Mercaturae 24 (1990), H. 1 u. 2, S. 132–178.

Kant, Horst: Aus den Anfängen der Wissenschaftsförderung durch wissenschaftsbasierte Wirtschaft – Hermann Helmholtz, Werner Siemens und andere, in: Heinrich Parthey/Günter Spur (Hg.), Wissenschaft und Innovation. Wissenschaftsforschung Jahrbuch 2001, Berlin 2002, S. 129–142.

Kaudelka-Hanisch, Karin: Preußische Kommerzienräte in der Provinz Westfalen und im Regierungsbezirk Düsseldorf (1810–1918), Hagen 1993.

Kessler, Harry Graf: Walther Rathenau. Sein Leben und sein Werk, Frankfurt am Main 1988 (zuerst 1928).

Keynes, John Maynard: Krieg und Frieden. Die wirtschaftlichen Folgen des Vertrages von Versailles, Berlin 2006 (zuerst engl. u. d. T.: The Economic Consequences of the Peace, London 1919).

Kielmansegg, Peter Graf: Deutschland und der Erste Weltkrieg. 2., durchges. Aufl., Stuttgart 1980.

Kim, Hak-Ie: Industrie, Staat und Wirtschaftspolitik. Die konjunkturpolitische Diskussion in der Endphase der Weimarer Republik 1930–1932/33, Berlin 1997.

Kirby, William C., Germany and Republican China, Stanford 1984.

Kirchner, Walther: Die Bayer-Werke in Rußland 1883–1914. Ein deutscher Beitrag zur Industrialisierung Rußlands, in: Hans Lemberg u. a. (Hg.), Osteuropa in Geschichte und Gegenwart. Festschrift für Günther Stökl zum 60. Geburtstag, Köln, Wien 1977, S. 153–170.

Klaß, Gert von: Albert Vögler. Einer der Großen des Ruhrreviers, Tübingen 1957.

Klein, Peter: Separatisten an Rhein und Ruhr. Die konterrevolutionäre separatistische Bewegung der deutschen Bourgeoisie in der Rheinprovinz und in Westfalen, November 1918 bis Juli 1919, Berlin 1961.

Klemm, Peter: Ernst Haeckel, der Ketzer von Jena. Ein Leben in Berichten, Briefen und Bildern, Leipzig 1968.

Klimsch, Fritz: Erinnerungen und Gedanken eines Bildhauers. Geformte Bilder eines Lebens und zweier Jahrhunderte, Berlin 1951.

Klose, Hans: Carl Duisberg. Politische und soziale «Aspekte» eines Lebens, Köln, ms. Diss., 1991.

Knies, Hans-Ulrich: Arbeiterbewegung und Revolution im Wuppertal. Entwicklung und Tätigkeit der Arbeiter- und Soldatenräte in Elberfeld und Barmen, in: Reinhard Rürup (Hg.), Arbeiter- und Soldatenräte im rheinisch-westfälischen Industriegebiet. Studien zur Geschichte der Revolution 1918/19, Wuppertal 1975, S. 83–153.

Knoll, Gabriele M.: Kulturgeschichte des Reisens. Von der Pilgerfahrt zum Badeurlaub, Darmstadt 2006.

Knortz, Heike: Wirtschaftsgeschichte der Weimarer Republik, Göttingen 2010.

Kocka, Jürgen: Industrielles Management: Konzeptionen und Modelle in Deutschland vor 1914, in: Vierteljahrschrift für Sozial- und Wirtschaftsgeschichte 56 (1969), H. 3, S. 332–372.

Ders.: Klassengesellschaft im Krieg. Deutsche Sozialgeschichte 1914–1918. 2., durchges. und erg. Aufl., Göttingen 1978 (zuerst 1973).

Ders.: Die Angestellten in der deutschen Geschichte 1850–1980. Vom Privatbeamten zum angestellten Arbeitnehmer, Göttingen 1981.

Ders.: Bürger als Mäzene. Ein historisches Forschungsproblem, in: Thomas W. Gaehtgens/Martin Schieder (Hg.), Mäzenatisches Handeln. Studien zur Kultur des Bürgersinns in der Gesellschaft. Festschrift für Günter Braun zum 70. Geburtstag, Berlin 1998, S. 30–38.

Koenigs, Wilhelm: Nachruf auf Hans von Pechmann, in: Berichte der Deutschen Chemischen Gesellschaft 36 (1903), S. 4416–4430.

Kolb, Eberhard: Der Frieden von Versailles, München 2005.

Köllmann, Wolfgang: Wirtschaft, Weltanschauung und Gesellschaft in der Geschichte des Wuppertales, Wuppertal 1955.

Ders.: Sozialgeschichte der Stadt Barmen im 19. Jahrhundert, Tübingen 1960.

Kraemer, Karl Theodor: Die Vergütung von (Arbeitnehmer-)Erfindungen am Beispiel von Arzneimitteln, historisch, de lege lata und de lege ferenda, Berlin 2011.

Krätz, Otto: Der Chemiker in den Gründerjahren, in: Eberhard Schmauderer (Hg.), Der Chemiker im Wandel der Zeiten. Skizzen zur geschichtlichen Entwicklung des Berufsbildes, Weinheim 1973, S. 259–284.

Kriekhaus, Stefan: Die Entwicklung der universitären Grossbetriebe (Berlin, München, Leipzig) vom Kaiserreich bis zum Beginn des Zweiten Weltkriegs, in: Rainer Christoph Schwinges (Hg.), Finanzierung von Universität und Wissenschaft in Vergangenheit und Gegenwart, Basel 2005, S. 227–245.

Krohn, Claus-Dieter: Steuerpolitik und Industrie in der Stabilisierungsphase. Von den Steuernotverordnungen im Winter 1923 zur Finanzreform im August 1925, in: Hans Mommsen u. a. (Hg.), Industrielles System und politische Entwicklung in der Weimarer Republik. Verhandlungen des Internationalen Symposiums in Bochum vom 12.–17. Juni 1973, Düsseldorf 1974, S. 426–438.

Kropmanns, Peter/Fleckner, Uwe: Von kontinentaler Bedeutung: Gottlieb Friedrich Reber und seine Sammlungen, in: Andrea Pophanken/Felix Billeter (Hg.), Die Moderne und ihre Sammler. Französische Kunst in deutschem Privatbesitz vom Kaiserreich zur Weimarer Republik, Berlin 2001, S. 347–408.

Krüger, Peter: Deutschland und die Reparationen 1918/19. Die Genesis des Reparationsproblems in Deutschland zwischen Waffenstillstand und Versailler Friedensvertrag, Stuttgart 1973.

Kruse, Wolfgang: Kriegswirtschaft und Gesellschaftsvision. Walther Rathenau und die Organisierung des Kapitalismus, in: Hans Wilderotter (Hg.), Walther Rathenau 1867–1922. Die Extreme berühren sich, Berlin 1993, S. 151–168.

Kühlem, Cordula (Bearb.): Carl Duisberg (1861–1935). Briefe eines Industriellen, München 2012.

Kuhlemann, Frank-Michael: Tradition und Innovation. Zum Wandel des niederen Bildungswesens in Preußen 1790–1914, in: Jahrbuch für Historische Bildungsforschung 1 (1993), S. 41–67.

Kuhrau, Sven: Der Kunstsammler im Kaiserreich. Kunst und Repräsentation in der Berliner Privatsammlerkultur, Kiel 2005.

Kunst in Leverkusen. Zum 50. Jahrestag des Eintritts von Dr. Carl Duisberg bei den Farbenfabriken vorm. Friedr. Bayer & Co. am 29. September 1933: Plastiken, Bauten, Gartenkunst. Verfaßt von Richard Hartnauer, o. O., o. D.

Kupisch, Karl: Art. «Hoensbroech, Paul Graf von», in: Neue Deutsche Biographie 9 (1972), S. 347.

Langewiesche, Dieter: Nation, Nationalismus, Nationalstaat in Deutschland und Europa, München 2000.

Lehmann, Felix Lorenz Benjamin: Der Rote Adlerorden. Entstehung und rechtliche Grundlagen (1705–1918), Frankfurt am Main 2002.

Lentin, Antony: Lloyd George and the lost Peace. From Versailles to Hitler, 1919–1940, New York 2001.

Leonhard, Jörn: Die Büchse der Pandora. Geschichte des Ersten Weltkriegs, München 2014.

Leopold, John A.: Alfred Hugenberg. The Radical Nationalist Campaign against the Weimar Republic, New Haven/London 1977.

Lesczenski, Jörg: August Thyssen 1842–1926. Lebenswelt eines Wirtschaftsbürgers, Essen 2008.

Lewinsohn, Richard (Morus): Die Umschichtung der europäischen Vermögen, Berlin 1926.

Ders.: Das Geld in der Politik, Berlin 1931.

Liebig, Justus von: Handbuch der organischen Chemie, mit Rücksicht auf Pharmacie, Bd. 1, Heidelberg 1843.

Lilla, Joachim (Bearb.): Der Vorläufige Reichswirtschaftsrat 1920 bis 1933/34: Zusammensetzung – Dokumentation – Biographien. Unter Einschluß des Wirtschaftsbeirats des Reichspräsidenten 1931 und des Generalrats der Wirtschaft 1933, Düsseldorf 2012.

Lindenlaub, Dieter: Richtungskämpfe im Verein für Sozialpolitik. Wissenschaft und Sozialpolitik im Kaiserreich, vornehmlich vom Beginn des «Neuen Kurses» bis zum Ausbruch des Ersten Weltkrieges (1890–1914), Wiesbaden 1967.

Litten, Freddy: Der Rücktritt Richard Willstätters 1924/25 und seine Hintergründe. Ein Münchener Universitätsskandal?, München 1999.

Losse, Michael: Unternehmerburgen in der Eifel. Motive Bürgerlicher zum Erwerb und Ausbau mittelalterlicher Burgen (1815–1926), in: Uta Hassler/Norbert Nußbaum (Hg.), Ein Haus für ein Unternehmen: Thyssen und Landsberg, Mainz 2007, S. 52–67.

Lucas-Busemann, Erhard: Märzrevolution 1920. Bd. I–III, Frankfurt am Main 1985.

Ludendorff, Erich (Hg.): Urkunden der Obersten Heeresleitung über ihre Tätigkeit 1916/18, Berlin 1920.

Luhmann, Niklas: Liebe als Passion. Zur Codierung von Intimität, Frankfurt am Main 1982.

Ders.: Organisation und Entscheidung, Opladen 2000.

Marr, Thorsten: Die Münchener Secession. Aufschwung und Stillstand zwischen 1892 und 1914, in: Oberbayerisches Archiv 134 (2010), S. 121–193.

Marsch, Ulrich: Notgemeinschaft der deutschen Wissenschaft. Gründung und frühe Geschichte 1920–1925, Frankfurt am Main 1994.

Martin, Rudolf: Jahrbuch des Vermögens und Einkommens der Millionäre in Preußen, Berlin 1911.

Martinetz, Dieter: Der Gaskrieg 1914/18. Entwicklung, Herstellung und Einsatz chemischer Kampfstoffe. Das Zusammenwirken von militärischer Führung, Wissenschaft und Industrie, Bonn 1996.

Martynkewicz, Wolfgang: Salon Deutschland. Geist und Macht 1900–1945, Berlin 2009.

Marx, Karl/Engels, Friedrich: Werke. Bd. 1: 1839–1844. Hg. vom Institut für Marxismus-Leninismus des ZK der SED, Ost-Berlin 1956 [= MEW 1].

Marx, Christian: Paul Reusch und die Gutehoffnungshütte. Leitung eines deutschen Großunternehmens, Göttingen 2013.

Mast, Peter: Künstlerische und wissenschaftliche Freiheit im Deutschen Reich 1890–1901. Umsturzvorlage und Lex Heinze sowie die Fälle Arons und Spahn im Schnittpunkt der Interessen von Besitzbürgertum, Katholizismus und Staat. 2. Aufl., Rheinfelden 1986.

Matthes, Christoph: Finanzier, Förderer, Vertragspartner. Die Universität Jena und die optische Industrie 1886–1971, Köln/Weimar/Wien 2014.

Matthias, Erich (Bearb.): Der Interfraktionelle Ausschuß 1917/18, Düsseldorf 1959.

Maurer, Ilse: Reichsfinanzen und große Koalition. Zur Geschichte des Reichskabinetts Müller (1928–1930), Bern/Frankfurt am Main 1973.

Maurer Ilse/Wengst, Udo (Bearb.): Politik und Wirtschaft in der Krise: 1930–1932. Quellen zur Ära Brüning. 2 Teile, Düsseldorf 1980. (= PuW)

Meesmann, Otto: Carl Duisberg, in: Rheinisch-Westfälische Wirtschaftsbiographien, Bd. 4, Münster 1941, S. 231–247.

Mendelssohn, Kurt: Walther Nernst und seine Zeit. Aufstieg und Niedergang der deutschen Naturwissenschaften, Weinheim 1976.

Meyer, Elisabeth: Der Kampf um die öffentliche Sittlichkeit im Kaiserreich: die «lex Heinze» und die Gegenagitation des Bürgertums am Beispiel des «Goethe-Bundes», Hamburg 1994.

Meyer-Thurow, Georg: The Industrialization of Invention: A Case Study From the German Chemical Industry, in: Isis 73 (1982), S. 363–381.

Mielke, Siegfried: Der Hansa-Bund für Gewerbe, Handel und Industrie 1909–1914. Der gescheiterte Versuch einer antifeudalen Sammlungspolitik, Göttingen 1976.

Misa, Thomas J.: Leonardo to the Internet: Technology and Culture from the Renaissance to the Present, Baltimore 2004.

Möller, Alex: Reichsfinanzminister Matthias Erzberger und sein Reformwerk, Bonn 1971.

Möller, Silke: Zwischen Wissenschaft und «Burschenherrlichkeit». Studentische Sozialisation im Deutschen Kaiserreich 1871–1914, Stuttgart 2001.

Mombauer, Annika: The Origins of the First World War. Controversies and Consensus, London u. a. 2002.

Mommsen, Wolfgang J.: Bürgerstolz und Weltmachtstreben. Deutschland unter Wilhelm II 1890–1918, Berlin 1995.

Ders.: Art. Kriegsziele, in: Gerhard Hirschfeld u. a. (Hg.), Enzyklopädie Erster Weltkrieg. Erneut aktual. und erw. Studienausgabe, 2. Aufl., Paderborn 2014, S. 666–668.

Müller, Alfred: Die Kriegsrohstoffbewirtschaftung 1914–1918 im Dienste des deutschen Monopolkapitals, Berlin 1955.

Müller, Friedrich von: Lebenserinnerungen, München 1951.

Müller, Karl Alexander von: Mars und Venus. Erinnerungen 1914–1919, Stuttgart, 1954.

Ders.: Im Wandel einer Welt. Erinnerungen, Bd. 3: 1919–1932, München 1966.

Müller, Wolfgang: Sechs Jahrzehnte Zeitgeschehen im Spiegel der Heimatzeitung. Generalanzeiger der Stadt Wuppertal 1887–1945, Wuppertal 1954.

Münkler, Herfried: Der Große Krieg. Die Welt 1914–1918, Berlin 2013.

Murmann, Johann Peter: Knowledge and Competitive Advantage. The Coevolution of Firms, Technology, and National Institutions, Cambridge 2003.

Neebe, Reinhard: Großindustrie, Staat und NSDAP 1930–1933. Paul Silverberg und der Reichsverband der Deutschen Industrie in der Krise der Weimarer Republik, Göttingen 1981.

Ders.: Die Industrieverbände und das Ende der Weimarer Republik, in: Kurt Düwell/ Wolfgang Köllmann (Hg.), Rheinland-Westfalen im Industriezeitalter. Beiträge zur Landesgeschichte des 19. und 20. Jahrhunderts. Bd. 2: Von der Reichsgründung bis zur Weimarer Republik, Wuppertal 1984, S. 381–397.

Nebelin, Manfred: Ludendorff. Diktator im Ersten Weltkrieg, München 2010.

Neitzel, Sönke: Kriegsausbruch. Deutschlands Weg in die Katastrophe 1900–1914, München u. a. 2002.

Neumann, Bernd: Identität und Rollenzwang. Zur Theorie der Autobiographie, Frankfurt am Main 1970.

Neumeier, Gerhard: Bürgerliches Mäzenatentum in München vor dem Ersten Weltkrieg – Das Beispiel des Deutschen Museums, in: Jürgen Kocka/Manuel Frey (Hg.), Bürgerkultur und Mäzenatentum im 19. Jahrhundert, Berlin 1998, S. 144–163.

Nieberding, Anne: Unternehmenskultur im Kaiserreich. J. M. Voith und die Farbenfabriken vorm. Friedr. Bayer & Co., München 2003.

Niemann, Hans-Werner: Das Bild des industriellen Unternehmers in deutschen Romanen der Jahre 1890 bis 1945, Berlin 1982.

Nipperdey, Thomas: Deutsche Geschichte 1866–1918. Bd. 1: Arbeitswelt und Bürgergeist, München 1990.

Ders.: Deutsche Geschichte 1866–1918. Bd. 2: Machtstaat vor der Demokratie, München 1992.

Nolan, Mary: Visions of Modernity. American Business and the Modernization of Germany, New York u. a. 1994.

Nussbaum, Helga: Unternehmer gegen Monopole. Über Struktur und Aktionen antimonopolistischer bürgerlicher Gruppen zu Beginn des 20. Jahrhunderts, Berlin 1966.

Ostwald, Wilhelm: Lebenslinien. Eine Selbstbiographie. Bd. 2: Leipzig, 1887–1905, Berlin 1927.

Ders.: Lebenslinien. Eine Selbstbiographie Bd. 3: Gross-Bothen und die Welt, 1905–1927, Berlin 1927.

Pawley, Margaret: The Watch on the Rhine. The Military Occupation of the Rhineland, 1918–1930, London u. a. 2007.

Peetz, Hilla (Bearb.): «Nicht ohne uns». Arbeiterbriefe, Berichte und Dokumente zur chemischen Industrialisierung von 1760 bis heute, gesammelt und kommentiert, Frankfurt am Main 1981.

Penzler, Johannes: Die Reden Kaiser Wilhelms II. Bd. 1: In den Jahren 1888–1905, Leipzig 1897.

Petzina, Dietmar/Abelshauser, Werner/Faust, Anselm: Sozialgeschichtliches Arbeitsbuch Bd. III: Materialien zur Statistik des Deutschen Reiches 1914–1945, München 1978.

Pfetsch, Frank R.: Staatliche Wissenschaftsförderung in Deutschland 1870–1933, in: Rüdiger vom Bruch (Hg.), Formen außerstaatlicher Wissenschaftsförderung im 19. und 20. Jahrhundert: Deutschland im europäischen Vergleich, Stuttgart 1990, S. 113–138.

Pierstorff, Julius: Die Carl-Zeiß-Stiftung. Ein Versuch zur Fortbildung des großindustriellen Arbeitsrechts, Leipzig 1897.

Ders.: Art. Ernst Abbe, in: Handwörterbuch der Staatswissenschaften Bd. 1. 3. Aufl., Jena 1909, S. 2–4.

Pinnow, Hermann: Werksgeschichte. Der Gefolgschaft der Werke Leverkusen, Elberfeld und Dormagen zur Erinnerung an die 75. Wiederkehr des Gründungstages der Farbenfabriken vorm. Friedr. Bayer & Co., München 1938.

Plumpe, Gottfried: Die I. G. Farbenindustrie AG. Wirtschaft, Technik und Politik 1904–1945, Berlin 1990.

Plumpe, Werner: Nobelpreise für Wirtschaftshistoriker, in: AKKUMULATION 5 (1994), S. 1–7.

Ders.: Betriebliche Mitbestimmung in der Weimarer Republik. Fallstudien zum Ruhrbergbau und zur chemischen Industrie, München 1999.

Ders.: Art. Unternehmen, in: Gerold Ambrosius u. a. (Hg.): Moderne Wirtschaftsgeschichte. Eine Einführung für Historiker und Ökonomen. 2., überarb. und erw. Aufl., München 2006, S. 61–94.

Ders.: Der Reichsverband der Deutschen Industrie und die Krise der Weimarer Wirtschaft, in: Andreas Wirsching (Hg.), Herausforderungen der parlamentarischen Demokratie. Die Weimarer Republik im internationalen Vergleich, München 2007, S. 129–157.

Ders./Lesczenski, Jörg (Hg.), Bürgertum und Bürgerlichkeit zwischen Kaiserreich und Nationalsozialismus, Mainz 2009.

Ders.: Carl Duisberg und der tote Hund, in: Christian Kleinschmidt (Hg.), Kuriosa der Wirtschafts-, Unternehmens- und Technikgeschichte. Miniaturen einer «fröhlichen Wissenschaft», Essen 2008, S. 123–126.

Ders.: Zur historischen Semantik des Unternehmers, in: Anton Rauscher (Hg.), Der Unternehmer – eine Schlüsselfigur der Industriegesellschaft, Köln 2009, S. 17–42.

Ders.: Carl Duisberg, das Kriegsende und die Geburt der Sozialpartnerschaft aus dem Geist der Niederlage, in: Hartmut Berghoff u. a. (Hg.), Wirtschaft im Zeitalter der Extreme. Beiträge zur Unternehmensgeschichte Österreichs und Deutschlands. Im Gedenken an Gerald D. Feldman, München 2010, S. 134–159.

Ders.: Der Industrielle Carl Duisberg (1861–1935) und München, in: Oberbayerisches Archiv 135 (2011), S. 203–232.

Ders.: Eine Vision, zwei Unternehmen. 125 Jahre Carl-Zeiss-Stiftung, München 2014.

Ders.: Unternehmer – Fakten und Fiktionen. Einleitung, in: Werner Plumpe (Hg.), Unternehmer – Fakten und Fiktionen. Historisch-biografische Studien, München 2014, S. 1–26.

Ders.: Die Logik des modernen Krieges und die Unternehmen: Überlegungen zum Ersten Weltkrieg, in: Jahrbuch für Wirtschaftsgeschichte 2 (2015), S. 325–357.

Pohl, Hans u. a.: Die chemische Industrie in den Rheinlanden während der industriellen Revolution, Wiesbaden 1983.

Portz, Thomas: Großindustrie, Kriegszielbewegung und OHL, Siegfrieden und Kanzlersturz: Carl Duisberg und die deutsche Außenpolitik im Ersten Weltkrieg, Lauf a. d. Pegnitz 2000.

Potschka, Georg: Die Kölnische Zeitung, in: Heinz D. Fischer (Hg.), Deutsche Zeitungen des 17. bis 20. Jahrhunderts, Pullach 1972, S. 145–158.

Pucks, Stefan: «Eine weibliche, leidende, dem Beruf nicht genügende Natur?» Walther Rathenau im Spiegel der Kunst, in: Hans Wilderotter (Hg.), Die Extreme berühren sich: Walther Rathenau 1867–1922, Berlin 1993, S. 83–98.

Pyta, Wolfram: Hindenburg. Herrschaft zwischen Hohenzollern und Hitler, München 2007.

Radkau, Joachim: Das Zeitalter der Nervosität. Deutschland zwischen Bismarck und Hitler, München 1998.

Ders.: Max Weber. Die Leidenschaft des Denkens, München 2005.

Ders.: Theodor Heuss, München 2013.

Rakenius, Gerhard W.: Wilhelm Groener als erster Generalquartiermeister. Die Politik der Obersten Heeresleitung 1918/19, Boppard am Rhein 1977.

Rassow, Berthold: Geschichte des Vereins Deutscher Chemiker in den ersten fünfundzwanzig Jahren seines Bestehens, Leipzig 1912.

Rathenau, Walther: Tagebuch 1907–1922. Herausgegeben und kommentiert von Hartmut Pogge von Strandmann, Düsseldorf 1967.

Ders.: Memorandum über eine Reorganisation der elektrischen Industrie in Deutschland, in: Alexander Jaser (Hg.), Walther Rathenau-Gesamtausgabe Bd. I: Schriften der Wilhelminischen Zeit 1885–1914, Düsseldorf 2015, S. 328–335.

Rathkolb, Oliver: Führertreu und gottbegnadet. Künstlereliten im Dritten Reich, Wien 1991.

Redlich, Fritz: Der Unternehmer. Wirtschafts- und sozialgeschichtliche Studien, Göttingen 1964.

Reger, Erik: Union der festen Hand. Roman einer Entwicklung, Berlin 1991 (zuerst 1931).

Reichert, Folker: Gelehrtes Leben. Karl Hampe, das Mittelalter und die Geschichte der Deutschen, Göttingen 2009.

Reichsverband der Deutschen Industrie: Aufstieg oder Niedergang? Deutsche Wirtschafts- und Finanzreform 1929. Eine Denkschrift des Präsidiums des Reichsverbandes der Deutschen Industrie, Berlin 1929.

Reinhardt, Carsten: Forschung in der chemischen Industrie. Die Entwicklung synthetischer Farbstoffe bei BASF und Hoechst, 1863 bis 1914, Freiberg 1997.

Remane, Horst: Emil Fischer, Leipzig 1984.

Remane, Horst: Der Chemiker und Nobelpreisträger Emil Fischer und der «Krieg der Geister», in: Susan Splinter u. a. (Hg.), Physica et Historia. Festschrift für Andreas Kleinert zum 65. Geburtstag, Stuttgart 2005, S. 399–413.

Reulecke, Jürgen (Hg.): Arbeiterbewegung an Rhein und Ruhr. Beiträge zur Geschichte der Arbeiterbewegung in Rheinland-Westfalen, Wuppertal 1974.

Richardson, Malcolm u. a. (Hg.): Weimars transatlantischer Mäzen. Die Lincoln-Stiftung 1927–1934: Ein Versuch demokratischer Elitenförderung in der Weimarer Republik, Essen 2008.

Richter, Ludwig: Die Deutsche Volkspartei 1918–1933, Düsseldorf 2002.

Richter, Rudolf/Furubotn, Eirik G.: Neue Institutionenökonomik. Eine Einführung und kritische Würdigung. 4., überarb. und erw. Aufl., Tübingen 2010.

Riezler, Kurt: Tagebücher, Aufsätze, Dokumente. Hg. und eingel. von Karl Dietrich Erdmann. Einleitung zur Neuausgabe von Holger Afflerbach, Göttingen 2008.

Ritter, Gerhard: Staatskunst und Kriegshandwerk. Das Problem des «Militarismus» in Deutschland. Bd. 3: Die Tragödie der Staatskunst. Bethmann-Hollweg als Kriegskanzler (1914–1917), München 1964.

Ritter, Gerhard A./Kocka, Jürgen (Hg.): Deutsche Sozialgeschichte. Dokumente und Skizzen. Bd. 2: 1871–1914. 2., durchges. Aufl., München 1977.

Ders./Tenfelde, Klaus: Arbeiter im Deutschen Kaiserreich 1871 bis 1914, Bonn 1992.

Ders.: Der Sozialstaat. Entstehung und Entwicklung im internationalen Vergleich. 3., erw. Aufl., München 2010.

Roehr, Hartmut: ... schwer genug wird es uns ohnedies schon gemacht. Besatzung in Stadt und Landkreis Solingen 1918–1926, Norderstedt 2006.

Rohlack, Momme: Kriegsgesellschaften (1914–1918). Arten, Rechtsformen und Funktionen in der Kriegswirtschaft des Ersten Weltkrieges, Frankfurt am Main u. a. 2001.

Ronge, Grete: Art. «Hess, Kurt» in: Neue Deutsche Biographie 9 (1972), S. 10.

Rose, Andreas: Zwischen Empire und Kontinent. Britische Außenpolitik vor dem Ersten Weltkrieg, München 2011.

Rosenberg, Arthur: Geschichte der Weimarer Republik, Frankfurt am Main 1983.

Rosenberg, Hans: Große Depression und Bismarckzeit. Wirtschaftsablauf, Gesellschaft und Politik in Mitteleuropa, Berlin 1967.

Roth, Regina: Staat und Wirtschaft im Ersten Weltkrieg. Kriegsgesellschaften als kriegswirtschaftliche Steuerungsinstrumente, Berlin 1997.

Rubinstein, William D.: Capitalism, Culture, and Decline in Britain 1750–1990, London, New York u. a. 1994.

Ruge, Wolfgang: Zur Taktik der deutschen Monopolbourgeoisie im Frühjahr und Sommer 1919, in: Zeitschrift für Geschichtswissenschaft 11 (1963), S. 1088–1117.

Ruhmer, Eberhard: Der Leibl-Kreis und die Reine Malerei, Rosenheim 1984.

Runge, Werner: «... und sie spendeten Millionen!» Die Geschichte des Deutschen Museums in München und seiner Mäzene, Köln 1969.

Rupieper, Hermann Josef: Industrie und Reparationen: Einige Aspekte des Reparationsproblems 1922–1924, in: Hans Mommsen u. a. (Hg.), Industrielles System und politische Entwicklung in der Weimarer Republik. Verhandlungen des Internationalen Symposiums in Bochum vom 12.–17. Juni 1973, Düsseldorf 1974, S. 582–592.

Rürup, Reinhard: Schicksale und Karrieren. Gedenkbuch für die von den Nationalsozialisten aus der Kaiser-Wilhelm-Gesellschaft vertriebenen Forscherinnen und Forscher, Göttingen 2008.

Ruske, Walter: 100 Jahre Deutsche Chemische Gesellschaft, Weinheim 1967.

Sattler, Friederike: Rheinischer Kapitalismus. Staat, Wirtschaft und Gesellschaft in der Bonner Republik, in: Archiv für Sozialgeschichte 55 (2012), S. 687–724.

Sauerbruch, Ferdinand: Das war mein Leben, Bad Wörishofen 1951.
Scaff, Lawrence A.: Max Weber in America, Princeton u. a. 2011 (dt. Berlin 2013).
Schäfer, Annette: Die Kraft der schöpferischen Zerstörung: Joseph A. Schumpeter – Die Biographie, Frankfurt am Main 2008.
Schäfer, Dietrich: Mein Leben, Leipzig 1926.
Schaumburg, Bruno Paul: Männer aus eigener Kraft, Leipzig 1943.
Schieck, Hans: Der Kampf um die deutsche Wirtschaftspolitik nach dem Novemberumsturz 1918, Diss. Heidelberg 1958.
Schieder, Wolfgang: Der militärisch-industriell-wissenschaftliche Komplex im «Dritten Reich». Das Beispiel der Kaiser-Wilhelm-Gesellschaft, in: Noyan Dinckal u. a. (Hg.), Selbstmobilisierung der Wissenschaft. Technische Hochschulen im «Dritten Reich», Darmstadt 2010, S. 47–62.
Schivelbusch, Wolfgang: Die Kultur der Niederlage. Der amerikanische Süden 1865, Frankreich 1871, Deutschland 1918, Berlin 2001.
Ders.: Entfernte Verwandtschaft. Faschismus, Nationalsozialismus und New Deal, 1933–1939, München 2005.
Schlemmer, Martin: «Los von Berlin». Die Rheinstaatbestrebungen nach dem Ersten Weltkrieg, Köln u. a. 2007.
Schmaltz, Florian: Kampfstoff-Forschung im Nationalsozialismus. Zur Kooperation von Kaiser-Wilhelm-Instituten, Militär und Industrie, Göttingen 2005.
Schmid, Dieter: Wichard von Moellendorff. Ein Beitrag zur Idee der wirtschaftlichen Selbstverwaltung, Diss. Berlin 1970.
Schmidt, Alexander K.: Erfinderprinzip und Erfinderpersönlichkeitsrecht im deutschen Patentrecht von 1877 bis 1936, Tübingen 2009.
Schmidt, Heinrich: Ernst Haeckel. Leben und Werke, Berlin 1926.
Schmidt, Stefan: Frankreichs Außenpolitik in der Julikrise 1914. Ein Beitrag zur Geschichte des Ausbruchs des Ersten Weltkriegs, München 2009.
Schmidt-Ott, Friedrich: Erlebtes und Erstrebtes 1860–1950, Wiesbaden 1952.
Schmorl, Karl: Adolf von Baeyer 1835–1917, Stuttgart 1952.
Schomerus, Friedrich: Das Arbeitsverhältnis im Jenaer Zeiss-Werk. 5. Aufl., Jena 1913.
Ders.: Geschichte des Jenaer Zeisswerkes 1846–1946, Stuttgart 1952.
Schneider, Michael: Rudolf Wissell (1869–1962). Sozialpolitische Porträts, in: Vierteljahresschrift für Sozialrecht 6 (1978), S. 165–182.
Ders.: Die christlichen Gewerkschaften 1894–1933, Bonn 1982.
Schölzel, Christian: Walther Rathenau. Eine Biographie, Paderborn 2006.
Schöne, Albrecht: Der Briefschreiber Goethe, München 2015.
Scholz, Hartmut: Zu einigen Wechselbeziehungen zwischen chemischer Wissenschaft, chemischer Industrie und staatlicher Administration sowie deren Auswirkungen auf die Entwicklung der wissenschaftlichen Chemie in Deutschland in der Zeit des Übergangs zum Monopolkapitalismus, Diss. B., Humboldt-Universität, Berlin 1989.
Ders.: August Wilhelm Hofmann und die Reform der Chemikerausbildung an deutschen Hochschulen, in: Christoph Meinel/Hartmut Scholz (Hg.), Die Allianz von Wissenschaft und Industrie. August Wilhelm Hofmann (1818–1892). Zeit, Werk, Wirkung, Weinheim 1992, S. 221–233.
Schröter, Alfred: Krieg, Staat, Monopole 1914–1918, Berlin 1965.
Schuker, Stephen A.: The Rhineland-Question: West European Security at the Paris Peace Conference, in: Manfred Boemeke u. a. (Hg.), The Treaty of Versailles. A Reassessment after 75 Years, Cambridge 1998, S. 275–312.
Schulze, Winfried: Der Stifterverband für die Deutsche Wissenschaft 1920–1995, Berlin 1995.

Schütz, Dieter: Bayer als Mäzen. Carl Duisberg als Förderer der Künste, Bonn 1994.
Schumpeter, Joseph A.: Theorie der wirtschaftlichen Entwicklung, Berlin 1912 (Nachdruck der 1. Auflage, Berlin 2006).
Ders.: Theorie der wirtschaftlichen Entwicklung. Eine Untersuchung über Unternehmergewinn, Kapital, Kredit, Zins und den Konjunkturzyklus. 2., neubearb. Aufl., München/Leipzig 1926.
Ders.: Der Unternehmer in der Volkswirtschaft von heute (1928), in: Toni Pierenkemper (Hg.), Unternehmensgeschichte, Stuttgart 2011, S. 99–116.
Ders.: Kapitalismus, Sozialismus und Demokratie. 8. Aufl., Tübingen u. a. 2005 (zuerst engl. 1946).
Ders.: Schöpferisches Reagieren in der Wirtschaftsgeschichte, in: ders., Beiträge zur Sozialökonomik, hg., übers. und eingel. von Stephan Böhm, Wien 1987, S. 183–194 (zuerst 1947 u. d. T. «The Creative Response in Economic History»).
Ders.: Ökonomische Theorie und Unternehmergeschichte, in: ders., Beiträge zur Sozialökonomik, hg., übers. und eingel. von Stephan Böhm, Wien 1987, S. 205–224 (zuerst 1949 u. d. T. «Economic Theory and Entrepreneurial History»).
Schwabe, Klaus: Germany's Peace Aims and the Domestic and International Constraints, in: Manfred Boemeke u. a. (Hg.), The Treaty of Versailles. A Reassessment after 75 Years, Cambridge 1998, S. 37–67.
Schwedt, Georg: Liebig und seine Schüler – Die neue Schule der Chemie, Berlin 2002.
Seckelmann, Margrit: Industrialisierung, Internationalisierung und Patentrecht im Deutschen Reich, 1871–1914, Frankfurt am Main 2006.
Segesser, Daniel M.: Der Erste Weltkrieg in globaler Perspektive. 3., überarb. Aufl., Wiesbaden 2013 (zuerst 2010).
Seidl, Claudius: Ich sehe was, was du nicht siehst, in: «Die Zeit» vom 4. 7. 1986.
Seutemann, Karl: Die Barmer Textilindustrie und die Lohn- und Einkommensverhältnisse ihrer Arbeiter, in: Jahrbücher für Nationalökonomie und Statistik 35 (1908), S. 513–529.
Siegrist, Hannes: Deutsche Großunternehmen vom späten 19. Jahrhundert bis zur Weimarer Republik. Integration, Diversifikation und Organisation bei den hundert größten deutschen Industrieunternehmen (1887–1927) in international vergleichender Perspektive, in: Geschichte und Gesellschaft 6 (1980), S. 60–102.
Slosson, Edwin E.: Creative Chemistry: Descriptive of Recent Achievements in the Chemical Industries, New York 1919.
Soénius, Ulrich S.: Wirtschaftsbürgertum im 19. und frühen 20. Jahrhundert. Die Familie Scheidt in Kettwig 1848–1925, Köln 2000.
Solbach, Friedhelm J. (Hg.): Das Haus des Geheimen Kommerzienrates. So wohnte Friedrich Bayer jun. um die Jahrhundertwende, Wuppertal 1999.
Somary, Felix: Wandlungen der Weltwirtschaft seit dem Kriege, Tübingen 1929.
Ders.: Die Ursachen der Krise, Tübingen 1932.
Sombart, Werner: Der Bourgeois. Zur Geistesgeschichte des modernen Wirtschaftsmenschen, Berlin 2003 (zuerst 1913).
Sonnemann, Rolf: Über die Duisberg-Denkschrift aus dem Jahre 1915, in: Jahrbuch für Wirtschaftsgeschichte 7 (1966), H. 3, S. 119–145.
SPD Unterbezirk Leverkusen (Hg.), 125 Jahre SPD Leverkusen 1868/69–1994, Leverkusen 1994.
Spethmann, Hans: Zwölf Jahre Ruhrbergbau aus seiner Geschichte von Kriegsanfang bis zum Franzosenabmarsch, 1914–1925. 5 Bde., Berlin 1928–1931.
Spode, Hasso: Eine kurze Geschichte des Hotels. Zur Industrialisierung der Gastlichkeit, in: Voyage. Jahrbuch für Reise- und Tourismusforschung 9 (2011), S. 10–31.

Stegmann, Dirk: Die Erben Bismarcks. Parteien und Verbände in der Spätphase des Wilhelminischen Deutschlands. Sammlungspolitik 1897–1918, Köln 1970.

Ders.: Hugenberg contra Stresemann. Die Politik der Unternehmerverbände am Ende des Kaiserreichs, in: Vierteljahrshefte für Zeitgeschichte 24 (1976), S. 329–378.

Ders.: Vom Neokonservatismus zum Protofaschismus. Konservative Partei, Vereine und Verbände 1893–1920, in: Dirk Stegmann u. a. (Hg.), Deutscher Konservatismus im 19. und 20. Jahrhundert. Festschrift für Fritz Fischer zum 75. Geburtstag, Bonn 1983, S. 199–230.

Stenbock-Fermor, Alexander: Meine Erlebnisse als Bergarbeiter, Stuttgart 1928.

Ders.: Deutschland von unten. Reise durch die proletarische Provinz 1930, Stuttgart 1931.

Stephan, Michael: Der Briefwechsel zwischen Carl Duisberg und Emil Fischer in der Zeit von 1895 bis 1914. Ein Zeugnis der Beziehungen zwischen chemischer Industrie und chemischer Wissenschaft in Deutschland zu Beginn des 20. Jahrhunderts, Diss. Halle-Wittenberg 1999.

Stock, Alfred: Carl Duisberg 1861–1935, in: Berichte der Deutschen Chemischen Gesellschaft 68 (1935), Nr. 11, S. 111–148.

Stolle, Uta: Arbeiterpolitik im Betrieb. Frauen und Männer, Reformisten und Radikale, Fach- und Massenarbeiter bei Bayer, BASF, Bosch und in Solingen (1900–1933), Frankfurt am Main 1980.

Stoltzenberg, Dietrich: Scientist and industrial manager. Emil Fischer and Carl Duisberg, in: John E. Lesch (Hg.), The German chemical industry in the twentieth century, Dordrecht 2000, S. 57–89.

Ders.: Emil Fischer und die chemische Industrie. Sein Verhältnis zu Carl Duisberg, in: Dahlemer Archiv-Gespräche 9 (2003), S. 24–42.

Straub, Eberhard: Albert Ballin. Der Reeder des Kaisers, Berlin 2001.

Stuloff, Nikolai: Art. «Klein, Felix», in: Neue Deutsche Biographie 11 (1977), S. 736 f.

Szöllösi-Janze, Margit: Fritz Haber (1868–1934). Eine Biographie, München 1998.

Dies.: Lebens-Geschichte – Wissenschafts-Geschichte, in: Berichte zur Wissenschaftsgeschichte 23 (2000), S. 17–35.

Tammen, Helmuth: Die I. G. Farbenindustrie Aktiengesellschaft (1925–1933). Ein Chemiekonzern in der Weimarer Republik, Berlin 1978.

Tänzler, Fritz: Die Hauptstelle Deutscher Arbeitgeberverbände, Berlin 1907.

Teltschik, Walter: Geschichte der deutschen Großchemie. Entwicklung und Einfluß in Staat und Gesellschaft, Weinheim 1992.

Tenfelde, Klaus/Volkmann, Heinrich: Streik. Zur Geschichte des Arbeitskampfes in Deutschland während der Industrialisierung, München 1981.

Tenfelde, Klaus: Krupp in Krieg und Krisen. Unternehmensgeschichte der Fried. Krupp AG 1914 bis 1924/25, in: Lothar Gall (Hg.), Krupp im 20. Jahrhundert. Die Geschichte des Unternehmens vom Ersten Weltkrieg bis zur Gründung der Stiftung, Berlin 2002, S. 15–165.

Thiel, Jens: «Menschenbassin Belgien». Anwerbung, Deportation und Zwangsarbeit im Ersten Weltkrieg, Essen 2007.

Tilly, Richard: Das Wachstum der Großunternehmen in Deutschland seit der Mitte des 19. Jahrhunderts, in: Richard Tilly, Kapital, Staat und sozialer Protest in der deutschen Industrialisierung. Gesammelte Aufsätze, Göttingen 1980, S. 95–113.

Tobies, Renate: Felix Klein, Leipzig 1981.

Dies.: Untersuchungen zur Rolle der Carl Zeiss-Stiftung für die Entwicklung der Mathematik an der Universität Jena, in: NTM. Internationale Zeitschrift für Geschichte und Ethik der Naturwissenschaften, Technik und Medizin 21 (1984), S. 33–43.

Torp, Cornelius: Die Herausforderung der Globalisierung. Wirtschaft und Politik in Deutschland 1860–1914, Göttingen 2005.

Ders.: Erste Globalisierung und deutscher Protektionismus, in: Sven Oliver Müller/Cornelius Torp (Hg.), Das Deutsche Kaiserreich in der Kontroverse, Göttingen 2009, S. 422–440.

Treue, Wilhelm: Carl Duisbergs Denkschrift von 1915 zur Gründung der «kleinen I. G.», in: Tradition. Zeitschrift für Firmengeschichte und Unternehmerbiographie 8 (1963), H. 5, S. 193–223.

Trumpener, Ulrich: The Road to Ypres: The Beginnings of Gas Warfare in World War I, in: Journal of Modern History 47 (1975), S. 460–480.

Turner, Henry A.: Die Großunternehmer und der Aufstieg Hitlers, Berlin 1985.

Ullmann, Hans-Peter: Der Bund der Industriellen. Organisation, Einfluß und Politik klein- und mittelbetrieblicher Industrieller im Deutschen Kaiserreich 1895–1914, Göttingen 1976.

Ders.: Unternehmerschaft, Arbeitgeberverbände und Streikbewegung 1890–1914, in: Klaus Tenfelde/Heinrich Volkmann (Hg.), Streik. Zur Geschichte des Arbeitskampfes in Deutschland während der Industrialisierung, München 1981, S. 194–208.

Ders.: Interessenverbände in Deutschland, Frankfurt am Main 1988.

Ders.: Das Deutsche Kaiserreich 1871–1918, Frankfurt am Main 1995.

Ders.: Der deutsche Steuerstaat. Geschichte der öffentlichen Finanzen vom 18. Jahrhundert bis heute, München 2005.

Ullrich, Volker: Die nervöse Großmacht 1871–1918. Aufstieg und Untergang des deutschen Kaiserreichs. Erw. Neuausgabe, Frankfurt am Main 2013 (zuerst 1997).

Ungewitter, Claus: Ausgewählte Kapitel aus der chemisch-industriellen Wirtschaftspolitik 1877–1927, überreicht der 50jährigen Hauptversammlung vom Geschäftsführer, Berlin 1927.

Valentin, Johannes: Friedrich Wöhler, Stuttgart 1949.

Verg, Erik: Meilensteine. 125 Jahre Bayer: 1863–1988, Köln 1988. (= Meilensteine)

Vogel, Walter: Bismarcks Arbeiterversicherung. Ihre Entstehung im Kräftespiel der Zeit, Braunschweig 1951.

Vogt, Adolf: Oberst Max Bauer 1869–1929. Generalstabsoffizier im Zwielicht, Osnabrück 1974.

Volkmann, Erich Otto: Die Annexionsfragen des Weltkrieges, Berlin 1929.

Volkov, Shulamit: Walther Rathenau. Ein jüdisches Leben in Deutschland 1867–1922, München 2012.

Vollmann, Hansjörg W.: Eigenständigkeit und Konzernintegration: Die Cassella, ihre Eigentümer und ihr Führungspersonal, Darmstadt 2011.

Walden, Paul: Geschichte der organischen Chemie seit 1880, Berlin 1941.

Walther, Karl Klaus: Hans Hasso von Veltheim. Eine Biographie, Halle 2005.

Weber, Hellmuth: Ludendorff und die Monopole. Deutsche Kriegspolitik 1916–1918, Berlin 1966.

Weber, Max: Die protestantische Ethik und der Geist des Kapitalismus, hg. und eingeleitet von Dirk Kaesler, München 2013 (zuerst 1904/1920).

Ders.: Wirtschaft und Gesellschaft, in: Max-Weber-Gesamtausgabe I/23, Tübingen 2013 (zuerst 1920).

Weber-Kellermann, Ingeborg: Frauenleben im 19. Jahrhundert. Empire und Romantik, Biedermeier, Gründerzeit, München 1983.

Wehler, Hans-Ulrich: Deutsche Gesellschaftsgeschichte. Bd. 3. Von der «Deutschen Doppelrevolution» bis zum Beginn des Ersten Weltkrieges 1849–1914, München 1995.

Ders.: Deutsche Gesellschaftsgeschichte. Bd. 4. Vom Beginn des Ersten Weltkriegs bis zur Gründung der beiden deutschen Staaten 1914–1949, München 2003.

Weisbach, Werner: «Und alles ist zerstoben». Erinnerungen aus der Jahrhundertwende, Wien u. a. 1937.

Weisbrod, Bernd: Schwerindustrie in der Weimarer Republik. Interessenpolitik zwischen Stabilisierung und Krise, Wuppertal 1978.

Weller, B. Uwe: Maximilian Harden und die «Zukunft», Bremen 1970.

Weßling, Wolfgang: Hindenburg, Neudeck und die deutsche Wirtschaft. Tatsachen und Zusammenhänge einer «Affäre», in: Vierteljahrschrift für Sozial- und Wirtschaftsgeschichte 64 (1977), S. 41–73.

Wetzel, Walter: Origins of and education and career opportunities for the profession of «chemist» in the second half of the nineteenth century in Germany, in: David Knight/Helge Kragh (Hg.), The Making of the Chemist. The Social History of Chemistry in Europe, 1789–1914, Cambridge 1998, S. 77–94.

Wickel, Helmut: I.-G. Deutschland. Ein Staat im Staate, Berlin 1932.

Wiedenfeld, Kurt: Die Organisation der Kriegsrohstoffbewirtschaftung im Weltkriege, Hamburg 1936.

Ders.: Zwischen Staat und Wirtschaft. Aus meinem Leben, Berlin 1960.

Wiel, Paul: Wirtschaftsgeschichte des Ruhrgebietes. Tatsachen und Zahlen, Essen 1970.

Williamson, Oliver E.: Die ökonomischen Institutionen des Kapitalismus. Unternehmen, Märkte, Kooperationen, Tübingen 1990.

Willstätter, Richard: Aus meinem Leben, Weinheim 1949.

Wimmer, Wolfgang: «Wir haben fast immer etwas Neues». Gesundheitswesen und Innovationen der Pharma-Industrie in Deutschland 1880–1935, Berlin 1994.

Winkler, Heinrich August: Von der Revolution zur Stabilisierung. Arbeiter und Arbeiterbewegung in der Weimarer Republik 1918 bis 1924. 2., völlig durchges. u. korr. Aufl., Bonn 1985 (zuerst 1984).

Ders.: Weimar 1918–1933. Die Geschichte der ersten deutschen Demokratie. 4., durchges. Aufl., München 2005 (zuerst 1993).

Winnacker, Karl: Nie den Mut verlieren. Erinnerungen an Schicksalsjahre der deutschen Chemie, Düsseldorf 1971.

Pastor Witteborg, Geschichte der evangelisch-lutherischen Gemeinde Barmen-Wupperfeld 1777–1927, Barmen 1927.

Wittmütz, Volkmar: Das kommunale Budget in Elberfeld und Barmen während des 19. Jahrhunderts als Indikator für Gründerzeit, in: Karl Hermann Beeck (Hg.), Gründerzeit. Versuch einer Grenzbestimmung im Wuppertal. Abhandlungen und Spezialbibliographie, Köln 1984, S. 246–276.

Wolff, Eva: Nationalsozialismus in Leverkusen, Leverkusen 1988.

Wolff, Theodor: Tagebücher 1914–1919. Der Erste Weltkrieg und die Entstehung der Weimarer Republik in Tagebüchern, Leitartikeln und Briefes des Chefredakteurs am «Berliner Tageblatt» und Mitbegründers der «Deutschen Demokratischen Partei». Teil 1. Eingel. und hg. von Bernd Sösemann, Boppard am Rhein 1984.

Ders.: Die Wilhelminische Epoche. Fürst Bülow am Fenster und andere Begegnungen. Hg. und eingel. von Bernd Sösemann, Frankfurt am Main 1989.

Wolff-Rohé, Stephanie: Der Reichsverband der Deutschen Industrie 1919–1924/25, Frankfurt am Main 2001.

Wörner, Birgit: Frankfurter Bankiers, Kaufleute und Industrielle. Werte, Lebensstil und Lebenspraxis 1870 bis 1930, Frankfurt am Main 2011.

Wohl, Robert: The Generation of 1914, Cambridge/Mass. 1979.

Wormer, Eberhard J.: Art. «Pettenkofer, Max Josef von», in: Neue Deutsche Biographie 20 (2001), S. 271–273.

Young, Harry F.: Maximilian Harden, censor Germaniae. Ein Publizist im Widerstreit von 1892 bis 1927, Münster 1971.

Ziebura, Gilbert: Weltwirtschaft und Weltpolitik 1922/24–1931. Zwischen Rekonstruktion und Zusammenbruch, Frankfurt am Main 1984.

Zierold, Kurt: Forschungsförderung in drei Epochen. Deutsche Forschungsgemeinschaft. Geschichte, Arbeitsweise, Kommentar, Wiesbaden 1968.

Zollitsch, Wolfgang: Arbeiter zwischen Wirtschaftskrise und Nationalsozialismus. Ein Beitrag zur Sozialgeschichte der Jahre 1928 bis 1936, Göttingen 1990.

Zunkel, Friedrich: Industrie und Staatssozialismus. Der Kampf um die Wirtschaftsordnung in Deutschland 1914–1918, Düsseldorf 1974.

Ders.: Die Gewichtung der Industriegruppen bei der Etablierung des Reichsverbandes der Deutschen Industrie, in: Hans Mommsen u. a. (Hg.), Industrielles System und politische Entwicklung in der Weimarer Republik. Verhandlungen des Internationalen Symposiums in Bochum vom 12.–17. Juni 1973, Düsseldorf 1974, S. 637–647.

Zweig, Stefan: Die Welt von Gestern. Erinnerungen eines Europäers, Frankfurt am Main 1992 (zuerst 1942).

Dank

Im Wintersemester 2007/08 findet sich in meinen Aufzeichnungen eine Notiz, die Arbeit an der Duisberg-Biographie habe begonnen. Bewusst erinnern kann ich mich daran bestenfalls schemenhaft, zumal die erste Begegnung mit Carl Duisberg deutlich früher, im Rahmen der Forschungen zu meiner Habilitationsschrift Anfang der 1990er Jahre, erfolgte. Seither aber war er mir mit seiner überaus bemerkenswerten Korrespondenz und der Tatsache, dass es zu ihm neuere Untersuchungen nicht gibt, als Idee im Kopf geblieben. 2008 nun fing die ernsthafte Arbeit an, die jetzt zum Abschluss kommt. Dabei habe ich in vielerlei Hinsicht Hilfe und Unterstützung erfahren. Unterstützung zunächst durch die VW-Stiftung, die ein Forschungssemester ermöglichte, dann aber vor allem durch die Thyssen-Stiftung, die mir ein unbeschwertes Jahr im Münchener Historischen Kolleg gewährte, wo 2010/11 erste Teile des Manuskriptes und das Schema der gesamten Biographie entstanden. Hier war es vor allem Clemens Kraus, der mir die Arbeit sehr erleichterte. Später haben die überaus fruchtbare Atmosphäre am Frankfurter Historischen Seminar und das regelmäßige Gespräch mit den hiesigen Kollegen und Studenten den Fortgang der Darstellung maßgeblich gefördert. Möglich war sie aber nur, weil der Zugang zu den Quellen insbesondere des Bayer-Archives in Leverkusen besser nicht hätte sein können. Dort war es neben Michael Pohlenz, Michael Frings und Rüdiger Borstel vor allem Hans-Hermann Pogarell, dessen subtile Kenntnisse des Archivs mir den Zugang zu den umfangreichen Duisberg-Quellen wesentlich erleichterte. Das Leverkusener Archiv ist nicht zuletzt wegen der großen Kompetenz der Mitarbeiter, der einmaligen Arbeitsbedingungen und der einschlägigen Bestände ein überaus positiver Ort für die historische Forschung, die sich hier von Anfang an angenommen weiß. Unterstützt wurde ich bei der Quellenarbeit durch Johanna Rumpeltes und Johannes Schuck, die viele Quellen fotokopierten und zum Teil aufbereiteten. So entstand nach und nach ein Manuskript, das sehr von der Kritik und den Anregungen profitierte, die ich im Rahmen zahlreicher Kolloquien erhielt, bei denen ich Teile des Textes vorstellen konnte, so in Freiburg, Göttingen, Regensburg und Zürich. Den schließlich entstandenen Text lasen teilweise oder zu großen Teilen Tilman Allert, Martin Dornes, Andreas Fahrmeir, Sabine Freitag, Rainer Hank, Dieter Hein, Kordula Kühlem, Ulrike Lindner, Ulrich Oevermann, Friederike Sattler, Margit Szöllösi-Janze und schließlich Vernessa Oberhansl und Johanna Rumpeltes. Michael C. Schneider ließ mich an seinen Kenntnissen zur Industrieforschung vor 1914 teilhaben. Matthias Kemmerer vereinheitlichte und korrigierte den Anmerkungsapparat und gestaltete zusammen mit Felix Krieger Verzeichnisse und Register. Ihnen allen bin ich ebenso wie Sebastian Ullrich und Simone Gundi vom Lektorat des Beck-Verlages für zahllose kritische Hinweise, Vorschläge und Verbesserungen dankbar, die selbstredend die Verantwortung für verbliebene Fehler nicht von mir nehmen. Ein Wort des Dankes gebührt schließlich der Gerda Henkel Stiftung, die das Manuskript in ihre «Historische Bibliothek» aufgenommen hat.

Frankfurt am Main, im Juli 2016

Abkürzungsverzeichnis

AEG = Allgemeine Elektricitäts-Gesellschaft
AOK = Armeeoberkommando
Agfa = Actien-Gesellschaft für Anilin-Fabrication
Apeka = Artillerieprüfungskommission
AStA = Allgemeiner Studentenausschuss
BAL (AS) = Bayer Archiv Leverkusen (Autographen-Sammlung)
BASF = Badische Anilin- und Sodafabrik
B.I.Z = Berliner Illustrierte Zeitung
Böttinger-Festschrift = Geschichte und Entwicklung der Farbenfabriken vorm. Fried. Bayer & Co. Elberfeld in den ersten 50 Jahren, München 1918
Butib = Bund der technisch-industriellen Beamten
CDI = Centralverband Deutscher Industrieller
CFGE = Chemische Fabrik Griesheim-Elektron
DDP = Deutsche Demokratische Partei
DDR = Deutsche Demokratische Republik
Degun = Deutsche Gesellschaft zur Förderung des chemischen Unterrichts
DFG = Deutsche Forschungsgemeinschaft
DIHT = Deutscher Industrie- und Handelstag
DNVP = Deutschnationale Volkspartei
DStP = Deutsche Staatspartei
DVP = Deutsche Volkspartei
ETH = Eidgenössische Technische Hochschule Zürich
GBAG = Gelsenkirchener Bergwerks-AG
Geffrub = Gesellschaft von Freunden und Förderern der Universität Bonn
GHQ = Generalhauptquartier
GDNÄ = Gesellschaft Deutscher Naturforscher und Ärzte
GR = Gemeinschaftsrat
G.V. = Göttinger Vereinigung
I.G. = Interessen-Gemeinschaft Farben
IHK = Industrie- und Handelskammer
KPD = Kommunistische Partei Deutschlands
KRA = Kriegsrohstoffabteilung
KWG = Kaiser-Wilhelm-Gesellschaft
KWI = Kaiser-Wilhelm-Institut
MAN = Maschinenfabrik Augsburg-Nürnberg
MdR = Mitglied des Reichstags
NS = Nationalsozialismus / nationalsozialistisch
NSDAP = Nationalsozialistische Deutsche Arbeiterpartei
N.W.V = Naturwissenschaftlicher Verein Studierender der Universität Jena
OHL = Oberste Heeresleitung
OLG = Oberlandesgericht

RdI = Reichsamt des Inneren
RDI = Reichsverband der Deutschen Industrie
RA = Rechtsanwalt
RM = Reichsmark
RWTH = Rheinisch-Westfälische Technische Hochschule Aachen
RWA = Reichswirtschaftsamt
SA = Sturmabteilung
SPD = Sozialdemokratische Partei Deutschlands
TH = Technische Hochschule
UA = Unabhängiger Ausschuß für einen Deutschen Frieden
USPD = Unabhängige Sozialdemokratische Partei Deutschlands
VzW = Verband zur Wahrung der Interessen der Chemischen Industrie
VdA = Verein deutscher Arbeitgeberverbände (1904–1913, danach Vereinigung Deutscher Arbeitgeberverbände)
VdMA = Verein deutscher Maschinenbau-Anstalten
VRWR = Vorläufiger Reichswirtschaftsrat
Wumba = Waffen- und Munitionsbeschaffungsamt
ZAG = Zentralarbeitsgemeinschaft der industriellen und gewerblichen Arbeitgeber und Arbeitnehmer

Register